Oldenbourgs Lehr- und Handbücher der Wirtschafts- und Sozialwissenschaften

Bisher erschienene Werke:

Altrogge, Investition, 3. A.
Bamberg · Baur, Statistik, 9. A.
von Böventer · Illing, Einführung in die Mikroökonomie, 8. A.
Bohnet, Finanzwissenschaft: Staatliche Verteilungspolitik
Bühner, Betriebswirtschaftliche Organisationslehre, 8. A.
Domschke, Logistik: Transport, 4. A.
Domschke, Logistik: Rundreisen und Touren, 3. A.
Domschke · Drexl, Logistik: Standorte, 4. A.
Frerich, Sozialpolitik, 3. A.
Gehrels, Außenwirtschaftstheorie, 2. A.
Hanssmann, Einführung in die Systemforschung, 4. A.
Hanssmann, Quantitative Betriebswirtschaftslehre, 4. A.
Hauptmann, Mathematik für Betriebs- und Volkswirte, 3. A.
Holub · Schnabl, Input-Output-Rechnung: Input-Output-Analyse
Holub · Schnabl, Input-Output-Rechnung: Input-Output-Tabellen, 3. A.
Krug · Nourney · Schmidt, Wirtschafts- und Sozialstatistik, 4. A.
May, Ökonomie für Pädagogen, 4. A.
Oberhofer, Wahrscheinlichkeitstheorie, 3. A.
Oechsler, Personal und Arbeit – Einführung in die Personalwirtschaft unter Einbeziehung des Arbeitsrechts, 5. A.
Peters, Betriebswirtschaftslehre, 6. A.
Schneider, Allgemeine Betriebswirtschaftslehre, 3. A.

Sozialpolitik

Das Sozialleistungssystem der Bundesrepublik Deutschland
Darstellung, Probleme und Perspektiven der Sozialen Sicherung

Von

Professor Dr. Johannes Frerich

Rheinische Friedrich-Wilhelms-Universität Bonn

3. Auflage

Unveränderter Nachdruck der zweiten Auflage

R. Oldenbourg Verlag München Wien

Die Deutsche Bibliothek - CIP-Einheitsaufnahme

Frerich, Johannes:
Sozialpolitik : das Sozialleistungssystem der Bundesrepublik Deutschland ; Darstellung, Probleme und Perspektiven der sozialen Sicherung / von Johannes Frerich. - 3. Aufl. - München ; Wien : Oldenbourg, 1996
(Oldenbourgs Lehr- und Handbücher der Wirtschafts- und Sozialwissenschaften)
ISBN 3-486-23166-9

Gesamtherstellung: R. Oldenbourg Graphische Betriebe GmbH, München

ISBN 3-486-23166-9

Vorwort zur zweiten Auflage

Zwei Jahre nach dem Erscheinen dieses Buches ist die 1. Auflage bereits vergriffen. Um das Werk auch in nächster Zeit lieferbar halten zu können, hat der Verlag einen Nachdruck der ersten Auflage vorgenommen, die hiermit als 2., unveränderte Auflage vorgelegt wird.

Kritiker dieser Vorgehensweise werden vielleicht darauf hinweisen, daß die Entwicklung des Sozialleistungssystems in den letzten zwei Jahren nicht stehen geblieben ist, sondern daß sich vielmehr durchaus verschiedene Änderungen seiner Rechtsgrundlagen ergeben haben. Grundsätzlich dürfen jedoch die Auswirkungen dieser Rechtsänderungen auf die wesentlichen Elemente der Organisations-, Leistungs- und Finanzierungsstrukturen des Systems nicht überschätzt werden. Ungeachtet ihrer politisch motivierten Bezeichnung im Einzelfall sind grundlegende Strukturreformen doch weitgehend ausgeblieben. In manchen Bereichen ist zudem die Umsetzung der Rechtsänderungen in die Verwaltungspraxis noch im Fluß, und manche Rechtsänderungen werden auch erst in einigen Jahren oder noch später in Kraft treten. In vielen Fällen ist weiter die gesamtgesellschaftliche Wirksamkeit getroffener Neuregelungen bereits kurzfristig ungewiß, mittel- und langfristig damit noch schwieriger zu beurteilen; kurzfristig erkennbare wünschenswerte Folgeprozesse können sich mittel- und langfristig sogar in ihr Gegenteil verkehren. Des weiteren haben sich außergewöhnliche Situationsveränderungen in der Gesellschaft mit steigenden Aus- und Übersiedlerzahlen ergeben, deren sozialpolitische Beurteilung wegen stark eingeschränkter Prognostizierbarkeit ihrer weiteren Dynamik gegenwärtig sehr schwer möglich ist; der Ersatz von erfahrungsgestützten Analysen durch Bildung von Szenarien dürfte kein geeigneter Weg sein, zu einer sachgerechten Abschätzung des zukünftigen Politikbedarfs zu gelangen. Vor diesem Hintergrund wäre das Jahr 1989 als Zeitpunkt für eine grundlegende Neubearbeitung des Buches sehr schlecht gewählt.

Aus diesen Überlegungen heraus hatte ich keine grundsätzlichen Bedenken gegenüber dem Vorhaben des Verlages, einen unveränderten Nachdruck des Buches vorzunehmen, um dieses auch und gerade in der gegenwärtigen gesellschaftlichen Umbruchsituation kurzfristig verfügbar zu halten. Dabei sei mir zugleich der Hinweis erlaubt, daß der Verlag in Kürze eine umfassende *Geschichte der Sozialpolitik* herausbringen wird, die auf der Grundlage umfangreicher Quellenforschung von *Martin Frey* und mir verfaßt wurde. In diesem Buch wird auch die neueste sozialpolitische Gesetzgebung aufgearbeitet, die bei der Neuauflage der *Sozialpolitik* vernachlässigt werden mußte.

Johannes Frerich

Vorwort zur ersten Auflage

Die Sozialpolitik kann definiert werden als die Gesamtheit aller staatlichen und außerstaatlichen Maßnahmen und Bestrebungen zur Verbesserung der Lebenslage von wirtschaftlich und/oder sozial schwachen Personenmehrheiten. Von ihrer Zielrichtung her ist Sozialpolitik immer Verteilungspolitik; sie ist stets Beeinflussung von sich ansonsten einstellenden Verteilungen, sei es von Rechten oder Pflichten, von Einkommen oder Vermögen, sei es interpersonal und/oder intertemporal und/oder interregional. Dabei sind zwei Bereiche der Sozialpolitik zu unterscheiden: der Bereich der Regelung der Arbeitsentgelte und Arbeitsbedingungen sowie das Sozialleistungssystem mit seinen Sozialausgaben und Sozialeinnahmen. Gegenstand dieser Arbeit ist die soziale Umverteilung, die mit Hilfe der Sozialtransfers und ihrer Finanzierung bewirkt werden soll. Die über das Sozialleistungssystem hinausgehenden klassischen Bereiche der Sozialpolitik werden ausgeklammert.

Die vorliegende Arbeit ist als Lehr- und Handbuch konzipiert und bietet daher mehr als eine erste Einführung in die einnahmen-/ausgabenorientierte Sozialpolitik. Das Buch soll vor allem den Studenten der Wirtschafts- und Sozialwissenschaften, aber auch der Rechtswissenschaften, sowie auch allen interessierten Wirtschafts- und Verwaltungspraktikern einen umfassenden Überblick über den aktuellen Stand des Sozialleistungssystems in der Bundesrepublik Deutschland sowie die Langfristprobleme und Perspektiven der Sozialen Sicherung geben. Die Literaturangaben im laufenden Text erfüllen zu einem wesentlichen Teil die übliche Zitier- und Belegfunktion; zum anderen dienen sie jedoch dem Zweck, ein weitergehendes Selbststudium im Hinblick auf die angesprochene Thematik zu ermöglichen.

Hinsichtlich der inhaltlichen Abgrenzung ist das Buch voll und ganz an dem Sozialbudget 1986 der Bundesregierung orientiert; es kann insofern auch als Kommentar zur Sozialberichterstattung benutzt werden. Bei allen Bedenken, die zwar im einzelnen gegen die Abgrenzungen des Sozialbudgets angeführt werden müssen, ist dies doch eine Vorgehensweise, die es erlaubt, auch die quantitativen Dimensionen des Sozialleistungssystems in ihren Konturen sichtbar werden zu lassen.

Im Gegensatz zu den bisher vorliegenden Lehr- und Handbüchern zur Sozialpolitik ist dieses Buch durch eine primär funktionale Betrachtungsweise gekennzeichnet. Diese ermöglicht es, nicht nur Überschneidungen und Lücken im historisch gewachsenen Sozialleistungssystem zu erkennen, sondern auch die vielfach ungleiche Behandlung gleicher sozialer Tatbestände sichtbar werden zu lassen. Von diesem Grundprinzip der Darstellung wird nur insoweit abgewichen, wie in Einzelfällen eine funktionale Betrachtung systemwidrig wäre und/oder keine zusätzlichen Erkenntnisse bringen würde. Dem vor allen Dingen an einer institutionellen Betrachtung interessierten Leser wird der entsprechende Zugang zu diesem Buch jedoch mit Hilfe des detaillierten Sachregisters ohne Schwierigkeiten ermöglicht.

Dieses Buch ist zwar grundsätzlich im Zuge einer mehrjährigen Vorlesungstätigkeit zur Sozialpolitik im Wirtschaftswissenschaftlichen Fachbereich der

Rechts- und Staatswissenschaftlichen Fakultät der Rheinischen-Friedrich-Wilhelms-Universität Bonn entstanden, erhielt seine endgültige Struktur aber vor allen Dingen im Jahre 1986. Dies gilt auch für den Rechtsstand, der der Darstellung zugrundeliegt; jedoch wurden die bereits im Januar 1987 feststehenden Rechtsänderungen berücksichtigt.

Im Zuge der Fertigstellung dieses Buches ist eine nicht unbeträchtliche Dankesschuld entstanden. Herr Ministerialrat Dr. Brakel vom Bundesministerium für Arbeit und Sozialordnung hat mir wiederholt wichtige Sozialbudgetdaten zur Verfügung gestellt und war auch bei der Lösung wesentlicher Abgrenzungsfragen vielfach behilflich. Herr Diplom-Volkswirt Martin Frey, Institut für Gesellschafts- und Wirtschaftswissenschaften der Universität Bonn, hat die gesamte Fertigstellung des Buches, insbesondere seit dem Frühjahr 1986, in außerordentlich konstruktiv-kritischer Weise begleitet. Zu danken habe ich aber auch den vielen Studenten im Wirtschaftswissenschaftlichen Fachbereich der Rechts- und Staatswissenschaftlichen Fakultät der Universität Bonn, die bei der Durchführung der Korrekturen und der Erstellung der Register behilflich waren. Besonderer Dank gebührt auch meiner Frau, die mir sehr viel Verständnis für meine Arbeit entgegengebracht hat; zu entschuldigen habe ich mich im nachhinein vor allen Dingen bei meinen Kindern Sarah und Jan, da ich insbesondere seit dem Herbst 1986 meinen Vaterpflichten nur noch eingeschränkt nachkommen konnte. Hier gelobe ich für die Zukunft Besserung.

Johannes Frerich

Inhaltsverzeichnis

Kapitel 5: Allgemeine Dienste und Leistungen der Sozialen Sicherung 309

Kapitel 6: Finanzierung der Sozialleistungen 315

Kapitel 10: Probleme und Perspektiven des Familienlastenausgleichs . . 475

Kapitel 11: Probleme und Perspektiven des Ausbildungs- und Beschäftigungssystems 490

Einführung

1. Sozialpolitik und Gesellschaftspolitik

Der **Begriff der Sozialpolitik** ist nach *L. v. WIESE* (1956, S. 547) erstmalig im Jahre 1854 durch *W. H. RIEHL* in die gesellschaftspolitische Diskussion eingeführt worden, also zu einem Zeitpunkt, da die neuere staatliche Sozialpolitik bereits anderthalb Jahrzehnte alt war (Preußisches Regulativ 1839). Der Begriff fand in der Folgezeit zunehmend Verwendung, aber seine Ausbreitung blieb weitgehend auf den deutschen Sprachraum beschränkt (ähnlich lautende Termini im Englischen und Französischen weisen jedenfalls eine deutlich andere Begriffsqualität auf).

Insbesondere nach der **Gründung des Vereins für Socialpolitik** (1872) war der Begriff der Sozialpolitik aus der gesellschaftspolitischen Diskussion nicht mehr wegzudenken; er ging auch in die wissenschaftliche Diskussion ein, behielt aber selbst dort weitgehend seinen Charakter als politisches Schlagwort, Programm und Parole (vgl. *E. BOETTCHER*, 1957, S. 5), „zwar von Gelehrten, aber nicht eigentlich für Zwecke der wissenschaftlichen Erkenntnis geprägt" (*L. v. WIESE*, 1956, S. 547). Dies ist nicht zuletzt aus der typischen Interessenlage jener Generation von Gelehrten zu erklären, die sich einerseits als Vertreter der deutschen historischen Schule besonders mit den zeitgebundenen wirtschaftlichen und gesellschaftlichen Vorgängen und Verhältnissen befaßten und sich andererseits insbesondere als Kathedersozialisten in dem Bemühen um die Beseitigung sozialer Mißstände engagierten.

Noch um die Jahrhundertwende stand für die gesamte deutsche Nationalökonomie die **Soziale Frage** im Mittelpunkt ihres Interesses; verschiedene Wissenschaftler verschrieben sich schwergewichtig der Beschäftigung mit ihr. Dabei waren sie nicht an Aussagen über die Wirklichkeit allein um der Erkenntnis willen orientiert, vielmehr entstand die Wissenschaft von der Sozialpolitik erst dann, „als zum Wissen über die Wirklichkeit auch eine Wertung und Bewertung hinzutraten"; für die seinerzeitige Wissenschaft von der Sozialpolitik war die „Einheit von Wissen über die Wirklichkeit mit Zielvorstellungen und Maßnahmen zur Änderung dieser Wirklichkeit" konstitutiv (*E. BOETTCHER*, 1957, S. 5).

Daher schien die Objektivität der Wissenschaft von der Sozialpolitik nicht gewährleistet zu sein; der Verdacht der Unwissenschaftlichkeit kam auf, und verschiedene namhafte Vertreter der deutschen historischen Schule waren nicht länger bereit, die Sozialpolitik als wissenschaftliche Disziplin zu akzeptieren. Mit seinem berühmten Aufsatz über die „Objektivität" sozialwissenschaftlicher und sozialpolitischer Erkenntnis leitete *M. WEBER* 1904 den niemals beendeten **Werturteilsstreit** ein (vgl. *M. WEBER*, 1904, S. 22ff.). Seither ist die Diskussion darüber nicht abgeklungen, ob Sozialpolitik lediglich ein historischer oder ein systematischer Begriff ist und ob überhaupt eine wertfreie Wissenschaft von der Sozialpolitik möglich ist (vgl. hierzu im einzelnen *G. KLEINHENZ*, 1970).

In den Anfängen der sozialpolitischen Diskussion war man sich über das Kernproblem, das den Gegenstand der Sozialpolitik ausmachte, durchaus einig. So bezog sich die Eröffnungsrede von *G. SCHMOLLER* auf der ersten Sitzung des Vereins für Socialpolitik vor allen Dingen auf die Soziale Frage im Sinne der **Arbeiterfrage,** und diese stand auch weiterhin im Mittelpunkt seines wissenschaftlichen Interesses (vgl. *G. SCHMOLLER*, 1890, S. 37ff.). Auch *H. HERKNER* befaßte sich ebenso wie *L. BRENTANO* vor allen Dingen mit der Arbeiterfrage (vgl. *H. HERKNER,* 1894; *L. BRENTANO,* 1871/72; *L. BRENTANO,* 1883; *L. BRENTANO,* 1931). Verfolgt man außerdem die Arbeiten von *G. BRIEFS,* so wird deutlich, daß selbst in neuerer Zeit der Schutz der Industriearbeiter vor den negativen Folgen der Industrialisierung den Kern sozialpolitischen Denkens ausmachte (vgl. *G. BRIEFS,* 1926; *G. BRIEFS,* 1952; *G. BRIEFS,* 1955). Zwar hat sich im Laufe der Entwicklung die Soziale Frage zumindest in dem Sinne geändert, daß der Begriff der Sozialpolitik sukzessive mit anderen Problemlagen angereichert wurde (vgl. *W. FISCHER,* 1977, S. 35ff.), aber diese Wandlungen vollzogen sich weitgehend in Analogie zur Arbeiterfrage; insbesondere wurde die Bedeutung neuer sozialpolitischer Probleme immer wieder an der Sozialen Frage im engeren Sinne der Arbeiterfrage gemessen, und auch bei ihren Lösungsversuchen ist der Bezug zu den Anfängen neuerer staatlicher Sozialpolitik unverkennbar (vgl. *E. BOETTCHER,* 1957, S. 7):

(1) In diesem Sinne spricht *R. van der BORGHT* (1923, S. 2f.) von einem „engeren" Begriff der Sozialpolitik, der auf die vom Staat zur Lösung der Arbeiterfrage am Ende des 19. und am Anfang des 20. Jahrhunderts ergriffenen Maßnahmen bezogen wurde (vgl. *G. KLEINHENZ,* 1970, S.29). Diese Maßnahmen dienten der „Hebung der Klassen, die ihre Arbeitskraft im Dienste anderer in unselbständigen und abhängigen Berufsstellungen verwerten müssen" (*R. van der BORGHT,* 1923, S. 2); sie sollten „den Streit des vierten Standes mit den übrigen Klassen schlichten, den vierten Stand wieder harmonisch in den Staats- und Gesellschaftsorganismus einfügen" (*G. SCHMOLLER,* 1890, S. 62).

(2) Ähnlich spricht *L. SPINDLER* von der Sozialpolitik als der Gesamtheit der Maßnahmen, „durch die mit öffentlich-rechtlicher Gewalt ausgestattete Körperschaften vom Standpunkte des Ganzen aus zugunsten der Arbeitnehmerklasse in das Arbeitsverhältnis oder die unmittelbar damit zusammenhängenden Gebiete eingreifen" (*L. SPINDLER,* 1922, S. 63).

Auch neuere Definitionen der Sozialpolitik knüpfen vielfach an die Soziale Frage im engeren Sinne der Arbeiterfrage an, wenn auch die ursprünglich an Begriffe wie Wohlfahrt, Mildtätigkeit, Hilfe gegen unverschuldete Armut usw. anschließende Sinngebung bis hin zu sozialreformerischen Bemühungen um eine Korrektur der kapitalistischen Wirtschaftsordnung ausgeweitet wurde. Allerdings finden sich auch sehr früh erste deutliche Ansatzpunkte einer **Loslösung** der Sinngebung des Begriffs der Sozialpolitik **von der Arbeiterfrage** und in Analogie dazu einbezogenen gesellschaftlichen Problemlagen:

(1) So versteht *L. v. BORTKIEWICZ* unter einem engeren Begriff der wirtschaftlichen Sozialpolitik die „Anteilnahme verschiedener sozialer Klassen an dem Volksvermögen und Volkseinkommen" und unter einem weiteren Begriff der Sozialpolitik „die in Gesetzgebung und Verwaltung sich äußernde Stellungnahme des Staates zu den sozialen Gegensätzen" (*L. v. BORTKIEWICZ,* 1899, S. 332ff.). Damit grenzt sich *L. v. BORTKIEWICZ* einerseits von *W. SOMBART* ab, der unter Sozialpolitik „diejenigen Maßnahmen der Wirtschaftspolitik (versteht), die Erhaltung, Förderung oder Unterdrükkung bestimmter Wirtschaftssysteme oder ihrer Bestandteile zum Zwecke oder zur Folge haben" (*W. SOMBART,* 1897, S. 8), und versucht andererseits die Abgrenzung der Sozialpolitik durch *A. WAGNER* als „diejenige Politik des Staates, welche Mißstände im Gebiete des Verteilungsprozesses mit Mitteln der Gesetzgebung und Verwaltung zu bekämpfen sucht" (*A. WAGNER,* 1891, S. 4) zu ergänzen.

(2) In ähnlicher Weise wie *L. v. BORTKIEWICZ* definiert *L. v. WIESE* die Sozialpolitik als die „Betätigung des Staates (oder staatsähnlicher öffentlicher Gewalten) gegenüber den gesellschaftlichen Klassen", wobei er „in dem Streben nach Ausgleich von ethi-

schen (besonders Gerechtigkeits-) Anforderungen und politischen Machtansprüchen das Wesentliche des sozialpolitischen Geistes" sieht (*L. v. WIESE*, 1921). Vergleichbar ist auch die Definition von *G. v. MAYR*, der die Sozialpolitik als „zielbewußte Einflußnahme der öffentlichen Gewalt auf die Gestaltung der Lage der verschiedenen gesellschaftlichen Schichten ... im Interesse der schutzbedürftigen Schichten" bezeichnet (*G. v. MAYR*, 1921, S. 172ff.).

(3) Während damit bereits der Begriff der Klasse durch den der gesellschaftlichen Schicht ersetzt wird, spricht *L. HEYDE* wiederum von Klassen und Ständen als dem Objektbereich der Sozialpolitik, engt aber seine Definition nicht auf die staatlichen Maßnahmen ein. „Sozialpolitik ist der Komplex von Bestrebungen und Maßnahmen, die primär den Zweck verfolgen, das Verhältnis der Stände und Klassen zueinander und zu den Staatsgewalten nach Maßgabe von Wertvorstellungen zu beeinflussen" (*L. HEYDE*, 1949, S. 11). Die Beschränkung der Sozialpolitik auf staatliche Einflußnahmen wurde von *L. HEYDE* bereits frühzeitig abgelehnt, und diese Auffassung findet sich bei ihm auch später wieder, wenn er neben der staatlichen Sozialpolitik auf die sozialpolitischen Maßnahmen und Bestrebungen der Verbände und der Betriebe hinweist (vgl. *L. HEYDE*, 1966, S. 11).

(4) In den 30er Jahren war es *F. LÜTGE*, der der alleinigen Berücksichtigung der staatlichen Sozialpolitik eine konsequente Absage erteilte. Er verstand unter der Sozialpolitik „die Gesamtheit der Maßnahmen, deren Sinn und Aufgabe es ist, unter systemgerechter Befolgung eines einheitlichen sozialen Grundgedankens die sozialen Beziehungen der gesellschaftlichen Gruppen untereinander und zu der Gesamtheit sowie die Beziehung der Gesamtheit zu den gesellschaftlichen Gruppen zu regeln" (*F. LÜTGE*, 1932, S. 492). Der Staat wird bei *F. LÜTGE* bewußt aus der Definition der Sozialpolitik herausgelassen, weil er „nicht unbedingt die mächtigste und alles überragende Gestaltung des Soziallebens zu sein braucht" (*F. LÜTGE*, 1932, S.502). Auffallend ist bei *F. LÜTGE* die Betonung einer einheitlichen sozialen Grundidee; er ist der Auffassung, daß Sozialpolitik nur als ein „mit allen Zweigen der Sozialtheorie in Übereinstimmung stehendes System" sinnvoll möglich ist (*F. LÜTGE*, 1932, S.502).

Damit deutet sich die **Entwicklung der Sozialpolitik in Richtung auf eine allgemeine Gesellschaftspolitik** an. Die Deutung der Sozialpolitik „als ein nur durch raum-zeit-bezogene gesellschaftliche Bedingungen unterscheidbarer Zweig der allgemeinen Gesellschaftspolitik"(*G. KLEINHENZ*, 1970, S. 33) wurde schon durch *L. v. WIESE* und *A. GÜNTHER* vollzogen; aber erst die Überlegungen von *A. AMONN* in Verbindung mit denen von *O. v. ZWIEDINECK-SÜDENHORST* führten zu einer weitergehenden Präzisierung:

(1) *L. v. WIESE* spricht von dem „Kampf der gesellschaftlichen Klassen um die Macht", der Gegenstand einer „allgemeinen Sozialpolitik" sei (*L. v. WIESE*, 1921, S. 30f.). *A. GÜNTHER* (1922, S. 49) spricht von der Sozialpolitik als der gesellschaftlichen Politik, die von der Gesellschaft ausgehe und auf den Staat abziele (vgl. im einzelnen *G. KLEINHENZ*, 1970, S. 33).

(2) *A. AMONN* (1924, S. 159ff.) läßt nicht jede Stellungnahme des Staates zu den Klassengegensätzen als Sozialpolitik gelten, sondern nähert sich sehr stark der Definition von *O. v. ZWIEDINECK-SÜDENHORST* an, der Sozialpolitik als „die auf Sicherung fortdauernder Erreichung der Gesellschaftszwecke gerichtete Politik" (*O. v. ZWIEDINECK-SÜDENHORST*, 1911, S. 38) abgrenzt. Unter Bezugnahme auf *O. v. ZWIEDINECK-SÜDENHORST* (1911, S. 38) bezeichnet *A. AMONN* als Sozialpolitik insbesondere „die politischen Bestrebungen und Maßnahmen, die ihrem Wesen nach speziell der Erhaltung und Stärkung des inneren, materiellen Zusammenhangs der Gesellschaft zu dienen bestimmt sind" (*A. AMONN*, 1924, S. 189).

Diese sehr weiten Definitionen werden unter **Bezugnahme auf konkrete Problemlagen** ausgefüllt, und hierin liegt dann ihr **typischer Raum-Zeit-Bezug**. Trotz dieses historischen Bezuges ist das Verständnis von Sozialpolitik bereits ein deutlich anderes als bei jenen Autoren, die sich unmittelbar auf die Arbeiterfrage und analoge Problemlagen bezogen. Der Wandel der Sozialen Frage und die Anreicherung des Ausgangstatbestandes der Arbeiterfrage mit neuen sozialpolitischen Problemen zwangen zu einer Abgrenzung der Sozialpolitik, die für diese Veränderungen offen war. Gleichzeitig drohte jedoch die Gefahr, daß die Abgrenzung der Sozialpolitik weitgehend unbestimmt und Sozialpolitik damit zu einer Leerformel wurde.

Diese Tendenz zeigt sich dann aber vor allen Dingen in jenen Bestrebungen, die darauf abzielten, die **Sozialpolitik** aus jeder historischen Bindung zu lösen und **als gesellschaftliche Ordnungspolitik bzw. Gesellschaftspolitik** schlechthin zu verstehen (vgl. *G. KLEINHENZ*, 1970, S. 35):

(1) In dieser Richtung liegen die Definitionen der Sozialpolitik als „Inbegriff der Maßnahmen, die zur Verwirklichung von Gemeinschaftszwecken gerichtet sind auf eine Beeinflussung des Verhältnisses von Gesellschaftsgruppen zueinander" (*W. WEDDIGEN*, 1930, S. 517) oder als „die auf die Eingliederung von Gesellschaftsgruppen in ein Gesellschaftsganzes gerichtete Politik" (*W. WEDDIGEN*, 1957, S. 2). Hinzuweisen ist in diesem Zusammenhang auch auf *O. NEULOH*, der Sozialpolitik versteht als „das auf die Ordnung der Gesellschaft und der Vergesellschaftungsprozesse gerichtete Handeln, mit dem Ziele der Sicherung fortdauernder Erreichung der Gesellschaftszwecke" (*O. NEULOH*, in: *O. v. ZWIEDINECK-SÜDENHORST*, 1961, S. 82). Zu erwähnen ist auch die Definition von *K. C. THALHEIM* (1934, S. 5), der Sozialpolitik als „Maßnahmen und Bestrebungen, die durch Beeinflussung der sozialen Gliederung des Volkes und des Verhältnisses seiner sozialen Gruppen zueinander und zum Ganzen von Volk und Staat die Erhaltung des sozialen Gleichgewichtes sichern sollen", definiert. Nach *A. GECK* besteht die Sozialpolitik einerseits aus einer „sozialen Ordnungspolitik" und andererseits aus einer „sozialen Wohlfahrtspolitik im Sinne des Gemeinwohls", also aus einer „Politik der Ordnung des menschlichen Zusammenlebens" (*A. GECK*, 1950, S. 18).

(2) *L. PRELLER* weist darauf hin, daß „an die Stelle einer Sozialpolitik aus dem Aspekt des Arbeitslebens sich allmählich eine Gesamtpolitik aus der Blickrichtung des menschlichen Wertes, des Menschen als Wert sonderer Prägung entfaltet: eine ‚soziale Politik'" (*L. PRELLER*, 1962, S. 302f.). Die Sozialpolitik löst sich damit aus der Bindung an das Arbeitsleben und wird zu einer Gesellschaftspolitik schlechthin; „aus Sozialpolitik wird Gesellschaftspolitik" (*W. SCHREIBER*, 1966, S. 304). Während *L. PRELLER* (1962, S. 302f.) erst einen entsprechenden Trend zu erkennen glaubt, ist für *S. WENDT* dieser Prozeß bereits zu einem Abschluß gekommen: „ Die Ordnung des Volkslebens als gesellschaftlicher Zusammenhang des Ganzen ist Gegenstand und Ziel der Sozialpolitik geworden" (*S. WENDT*, 1959, S. 379). Für dieses neuere Verständnis von Sozialpolitik ist auch die Position von *H. ACHINGER* kennzeichnend, der Sozialpolitik als Gesellschaftspolitik charakterisiert und damit den Übergang von der Arbeiterfrage zur Wohlfahrtsstaatlichkeit hervorhebt (vgl. *H. ACHINGER*, 1971).

Historische Bindung auf der einen Seite und **Ausweitung zu allgemeiner Gesellschaftspolitik** auf der anderen Seite kennzeichnen die gesamte Spannweite der in der Literatur anzutreffenden Definitionen der Sozialpolitik. Beides ist als unbefriedigend empfunden worden; schon frühzeitig wurde deswegen versucht, den Begriff der Sozialpolitik auf bestimmte **Teilbereiche der Gesellschaftspolitik** zu begrenzen:

(1) Nach *A. WEBER* orientiert sich die Sozialpolitik an der Gesamtheit der arbeitenden Menschen (vgl. *A. WEBER*, 1931, S. 174). Nach *L. PRELLER* wirkt die Sozialpolitik „vom Aspekt des Arbeitslebens aus auf die Struktur der menschlichen Gesellschaft im Sinne des Menschen als eines Wertes eigener Prägung" (*L. PRELLER*, 1962, S. 291). In ähnlicher Weise definiert *W. VOSS*, wenn er als Grundproblem der Sozialpolitik das Arbeitsverhältnis bezeichnet (vgl. *W. VOSS*, 1925, S.26.).

(2) *F. A. WESTPHALEN* definiert die Sozialpolitik im Sinne einer „bestimmten Form der Organisierung des Wirtschaftslebens" (*F. A. WESTPHALEN*, 1931, S. 98). *M. WEBER* (Bern) setzt die Sozialpolitik in einen bewußten Gegensatz zur Wirtschaftspolitik, die sich mit der Vermehrung des Sozialprodukts beschäftige, während die Sozialpolitik sich mit der Verteilung des Sozialprodukts und der Stellung der sozialen Schichten untereinander befasse (vgl. *M. WEBER*/Bern, 1953, S. 173).

(3) *K. PRIBRAM* definiert Sozialpolitik als den „Komplex der Bestrebungen und Maßnahmen, die darauf abzielen, die sonst grundsätzlich anerkannte Selbstverantwortlichkeit des Einzelnen zu beeinflussen, zu beschränken, sei es durch Eingriffe der Staatsgewalt, sei es durch die Wirksamkeit frei gebildeter Verbände" (*K. PRIBRAM*, 1925, Sp. 53).

(4) *G. WEISSER* versteht unter der Sozialpolitik den „Inbegriff der Einrichtungen und Maßnahmen, die bestimmt sind, die Lebenslage sozial schwacher Schichten zu beeinflussen" (*G. WEISSER*, 1956, S. 412). Die sozial schwachen Schichten begrenzt *G. WEISSER* auf solche Bevölkerungsgruppen, deren „Lebenslage sich, absolut betrachtet, in der Nähe des sozialen Existenzminimums befindet oder (und) relativ so weit unter der Lebenslage anderer Schichten liegt, daß sich aus dem Abstand Gefahren für den Bestand der Gesellschaft ergeben" (*G. WEISSER*, 1956, S. 411). Nach *I. NAHNSEN* stellt sich die praktische Sozialpolitik dar als „Inbegriff aller jener Maßnahmen, deren unmittelbarer Zweck es ist, sozial gefährdete Gesellschaftsschichten zu schützen und zu fördern und damit Störungen und Konflikte im Ablauf des Gesellschaftsprozesses zu verhindern oder zu heilen" (*I. NAHNSEN*, 1961, S. 123). Mit dieser Definition schließt sich *I. NAHNSEN* (1961, S. 123) an *G. WEISSER* (1956, S. 412) insofern an, als auch sie sozial schwache Schichten zur Zielgruppe der Sozialpolitik werden läßt.

G. KLEINHENZ (1970, S. 58 ff.) knüpft in seinem Bemühen, einerseits die historische Bindung des Begriffs Sozialpolitik aufzugeben und andererseits seine Ausweitung zu einer allgemeinen Gesellschaftspolitik zu vermeiden, an diese Inhaltsbestimmungen der Sozialpolitik von *G. WEISSER* und *I.NAHNSEN* an. Allerdings wird bei ihm analog zu vielen älteren Definitionen eine Eingrenzung auf den Bereich der staatlichen Maßnahmen vollzogen. Er definiert als Sozialpolitik diejenigen „Handlungen der Leitung des Staates, die darauf gerichtet sind, die Lebenslage von gesellschaftlich schwachen Personenmehrheiten dahingehend zu beeinflussen, daß die mit der Gesellschaftsordnung verfolgten Ziele in bezug auf die Lebenslagen der Individuen erreicht werden" (*G. KLEINHENZ*, 1970, S. 76).

Ohne die für *G. KLEINHENZ* (1970) typische Begrenzung der Sozialpolitik auf staatliche Maßnahmen definierte bereits *H. LAMPERT* (1966, Sp.2085) in einer weitgehenden Abstraktion von konkreten Zielen, Mitteln und Trägern die Sozialpolitik als die „Summe aller von den jeweiligen Trägern der Sozialpolitik... eingesetzten Mittel, die diese Träger für geeignet halten, um die wirtschaftlichen Lebensbedingungen von einzelnen und sozialen Gruppen sowie deren soziale Stellung entsprechend den bei den Trägern der Sozialpolitik vorherrschenden Wert- und Ordnungsvorstellungen zu beeinflussen". Auch in neuerer Zeit behält *H. LAMPERT* die Abstraktion von konkreten Zielen, Grundsätzen, Objekten,

Mitteln und Trägern der Sozialpolitik bei und stellt insbesondere zwei wichtige Zielrichtungen jeder Sozialpolitik heraus, nämlich „die Verbesserung der wirtschaftlichen Lage und der sozialen Stellung solcher Personenmehrheiten, die absolut oder relativ, d.h. im Vergleich zu anderen, als wirtschaftlich und/oder sozial schwach gelten" sowie (für den Fall des Eintritts existenzgefährdender Risiken) „die Sicherung der wirtschaftlichen Lage und der sozialen Stellung solcher Personenmehrheiten, die nicht in der Lage sind, auf sich gestellt für diese Risiken Vorsorge zu treffen" (*H. LAMPERT,* 1980b, S. 6f.).

Diese Definition vermeidet sowohl die historische Bindung als auch die Ausweitung zu allgemeiner Gesellschaftspolitik, und sie ist relativ offen gegenüber gesellschaftlichen Veränderungen. Wir wollen uns dieser Definition von *H. LAMPERT* anschließen.

2. Sozialpolitik als Wissenschaft

Mit seinen Erörterungen zur „Objektivität" sozialwissenschaftlicher und sozialpolitischer Erkenntnis hat *M. WEBER* (1904, S. 22ff.) nicht nur den Werturteilsstreit (vgl. *C. v. FERBER,* 1959, S. 21ff.; *W. WEBER/E. TOPITSCH,* 1952, S. 158ff.) eingeleitet, sondern zugleich auch die seither beherrschende Verbindung von Werturteilsstreit und sozialpolitischer Diskussion herbeigeführt (vgl. *H. ACHINGER,* 1963, S. 39). In der Tat ist die Diskussion um die Sozialpolitik als Wissenschaft auf eine typische Weise mit dem **Werturteilsstreit** verbunden: Einerseits löste gerade die Vermengung von Sachaussagen und Wertungen in der Sozialpolitik den Werturteilsstreit aus, und andererseits konnte auch die Diskussion um den Wissenschaftscharakter der Sozialpolitik deswegen nicht zu einem Abschluß kommen, weil über viele Jahrzehnte hinweg das Werturteilsproblem nicht einer allgemein akzeptierten Lösung zugeführt wurde. Diesen Kontext müssen wir im folgenden beachten, wenn wir die grundsätzliche Frage nach dem Möglichkeitsbereich einer wertfreien oder normativen Wissenschaft von der Sozialpolitik stellen.

Es muß von vornherein betont werden, daß sich die **Entscheidung für einen bestimmten Wissenschaftsbegriff** nicht voraussetzungslos und allgemeinverbindlich treffen läßt. Weder die im folgenden rezipierten Grundzüge der analytischen Wissenschaftstheorie des Kritischen Rationalismus noch andere Wissenschaftstheorien lassen sich zwingend als die allein richtigen erweisen (vgl. *G. FLEISCHMANN,* 1966, S. 2). Hinter der Wahl eines bestimmten Wissenschaftsbegriffes stehen stets „interessengeleitete Entscheidungen" für bestimmte Ideen, Modelle oder Programme von Wahrheit und Objektivität der wissenschaftlichen Arbeit (vgl. *R. PRIM/H. TILMANN,* 1973, S. 14). Entsprechend ist es auch nicht verwunderlich, daß weitreichende Meinungsunterschiede über den Wissenschaftsbegriff nicht nur zwischen den verschiedenen Disziplinen, sondern auch innerhalb einzelner Bereiche der Wissenschaft – so auch innerhalb der Sozialwissenschaften – zu verzeichnen sind (vgl. *R. JOCHIMSEN/H. KNOBEL,* 1971; *E. TOPITSCH,* 1972; *G. FLEISCHMANN,* 1966; *H. SEIFFERT,* 1975; *W. STEGMÜLLER,* 1975/76; *K.-D. OPP,* 1976; *H. ALBERT,* 1972; *Th. W. ADORNO* u.a., 1972).

Von den Vertretern einer **normativen Wissenschaft von der Sozialpolitik** wird hervorgehoben, daß sich die wissenschaftliche Sozialpolitik mit auf Wertungen beruhendem sozialpolitischem Handeln beschäftige. Von daher zähle die Sozialpolitik zu den wertenden Disziplinen (vgl. *L. HEYDE,* 1925, S. 71ff.; *B. MOLITOR,* 1957, S. 152ff.; *W. VOSS,* 1925, S. 36ff.; *L. v. WIESE,* 1956, S. 550ff.). *A. GÜNTHER* (1925, S. 8ff.) geht davon aus, daß die wissenschaftliche Disziplin der Sozialpolitik die „Bezogenheit auf geltende, nur durch Werturteil zu erfassende Dinge ... bewußt zu Werturteilen" steigere. *A. GECK* (1950, S. 16) zählt die wissenschaftliche Sozialpolitik zu den „sozialen Normwissenschaften, welche Normen für das Sozialleben zu entwickeln suchen". Von hier aus ergibt sich die auch gegenwärtig noch aktuelle Frage nach der Notwendigkeit und der Möglichkeit einer normativen Wissenschaft von der Sozialpolitik, die jedoch sehr unterschiedlich beantwortet wird:

(1) Die *Vertreter des Wertplatonismus* legen den Werturteilen einen kognitiven Gehalt bei, ja, sie qualifizieren sie als Ausdruck einer besonderen Erkenntnisart, auf die die Wissenschaft nicht verzichten könne. Eine normative Sozialwissenschaft wäre von daher sowohl möglich als auch notwendig (vgl. *H. ALBERT,* 1967, S. 185). Diese Auffassung berührt in entscheidender Weise die Frage nach der Wahrheitsgeltung von Werturteilen (vgl. *M. WEBER,* 1904, S. 23ff.). Da die Wahrheitsgeltung von Aussagen in einem engen Zusammenhang mit ihrem empirischen Gehalt steht, müßten Werturteile nach dieser Auffassung als eine Unterklasse von Tatsachenaussagen betrachtet werden können. Werturteile haben jedoch keinen Informationsgehalt in bezug auf die Realität, da sie „keinen bestehenden Sachverhalt darstellen, sondern die Herstellung eines Sachverhalts erst verlangen" (*V. KRAFT,* 1951, S. 199). Das Fehlen des Informationsgehalts in bezug auf die Realität macht auch die intersubjektive Überprüfbarkeit der Werturteile unmöglich, und die Werturteile sind von daher mit einem apriorischen Gültigkeitsanspruch versehen. Vom Standpunkt der analytischen Wissenschaftstheorie aus muß die wertplatonistische Vorstellung einer normativen Sozialwissenschaft als widerlegt gelten (vgl. *H. ALBERT,* 1967. S. 185).

(2) Die *antiplatonischen Normativisten* verneinen zwar die Frage nach dem Erkenntnisgehalt der Werturteile, machen sie „aber dennoch als persönliche Bekenntnisse zur Grundlage normativer Systeme" (*H. ALBERT,* 1967, S. 186). Gegen diese Behandlung der Werturteile kann weder aus logischer noch aus empirischer Sicht argumentiert werden. „Jedenfalls wird auch der Gegner normativer Sozialwissenschaft die explizite Herausstellung von Wertprämissen der ideologischen Verschleierung der eigenen Wertposition vorziehen" (*H. ALBERT,* 1967, S. 186), wie sie manche pseudo-theoretischen Systeme kennzeichnet.

(3) Die *Positivisten* leugnen nicht nur den Erkenntnisgehalt von Werturteilen, sondern verlangen auch ihre Eliminierung aus den Sozialwissenschaften. Die Verwendung von Werturteilen widerspricht danach der kognitiven Funktion der Wissenschaft. Für die Verbannung der „Werturteile als nichtkognitive Aussagen aus der Wissenschaft" spricht die Tatsache, daß die „praktische Anwendung sozialwissenschaftlicher Erkenntnisse ohne Aufnahme von Wertprämissen in die sozialwissenschaftlichen Aussagesysteme ohne weiteres möglich ist" (*H. ALBERT,* 1967, S. 186).

Sieht man die Wissenschaft von der **Sozialpolitik als Erfahrungswissenschaft** an, so besteht die Aufgabe des Wissenschaftlers darin, Aussagen über die Realität zu formulieren und diese zu Theorien zusammenzufügen. Dies impliziert aus der Sicht des Kritischen Rationalismus (vgl. *K. R. POPPER,* 1976) zweierlei:

(1) Im Bereich des Entdeckungszusammenhangs von Theorien ist der Wissenschaftler völlig frei: Hier spielen Phantasie und Intuition eine große Rolle, hier können sich persönliche Erfahrungen zu allgemeinen Vermutungen verdichten.

(2) Im Bereich des Begründungszusammenhangs von Theorien gelten demgegenüber strenge Regeln. Diese Regeln sollen den Prozeß der Annäherung an die Wahrheit begünstigen, und zwar dadurch, daß insbesondere die intersubjektive Überprüfbarkeit einer Theorie sichergestellt wird.

Eine **Theorie** läßt sich als eine thematisch und logisch systematisierte Menge von empirischen Aussagen umschreiben. Thematisch bestimmt ist eine Theorie durch das konstitutive Erkenntnisobjekt. Logisch kann eine Theorie als ein axiomatisch-deduktives System geordnet werden, wobei als Axiome alle empirischen Aussagen auftreten, die thematisch zugehörig, jedoch logisch unabhängig bzw. nicht aus übergeordneten Aussagen ableitbar sind. Deduktiv ist eine Theorie insoweit, als aus den Axiomen als übergeordneten Aussagen die ihnen logisch impliziten speziellen Aussagen abgeleitet werden:

(1) Die *empirischen Aussagen* einer Theorie sind Tatsachenaussagen, im Gegensatz zu den *präskriptiven Aussagen*, deren Inhalt aus Vorschriften, Einstellungen oder Stellungnahmen zu Ereignissen und Phänomenen besteht. Tatsachenaussagen können entweder als deskriptive Sätze singuläre Ereignisse mit einem bestimmten Raum-Zeit-Bezug beschreiben oder aber als hypothetische Sätze über die Feststellung von Einzeltatsachen hinausgehen, indem sie Tatsachen zueinander in Beziehung setzen. Die grammatikalische Form einer hypothetischen Aussage oder Hypothese ist meist die einer Konditionalaussage (Wenn-dann-Aussage).

(2) Im Gegensatz zu den *deskriptiven Aussagen*, die raum-zeitlich beschränkt und insofern singulärer Art sind, beanspruchen *hypothetische Aussagen* eine raum-zeitlich unbeschränkte Gültigkeit. In dieser *universellen Gültigkeit* nehmen die empirischen Aussagen keinen Bezug auf ein bestimmtes Raum-Zeit-Gebiet, sondern gelten immer und überall. Im strengen Sinne lassen sie darüber hinaus keine Ausnahme zu, sind also *deterministisch formuliert* (nomologische Hypothesen). Gerade im Bereich der Sozialwissenschaften lassen sich jedoch selten Hypothesen formulieren, die das universelle Gelten eines Sachverhalts in deterministischer Form behaupten. Regelmäßig läßt sich das Auftreten eines Ereignisses unter bestimmten Anfangs- und Randbedingungen der hypothetischen Aussage nur mit einer gewissen Wahrscheinlichkeit erwarten; derartige *probabilistische Hypothesen* basieren auf der Annahme, daß bei einer großen Zahl von Fällen abschätzbare und hinreichend stabile Tendenzen auftreten.

(3) Tatsachenaussagen sind mit *aposteriorischer Gültigkeit* ausgestattet, d.h. ihre Gegenüberstellung mit der Wirklichkeit wird für notwendig erachtet, und ihre (stets lediglich vorläufige) Gültigkeit richtet sich nach dem Ergebnis der Konfrontation mit der Realität. Diese setzt eine solche Formalierung der Aussagen voraus, daß sie überhaupt mit Beobachtungssätzen konfrontiert und gegebenenfalls durch diese Gegenüberstellung widerlegt werden können (Möglichkeit der Falsifikation).

(4) Die *empirische Überprüfbarkeit einer Theorie* setzt nicht allein einen *Realitätsbezug* der Aussagen dergestalt voraus, daß sich die Sprachsymbole dieser Aussagen auf erfahrbare Tatbestände beziehen, sondern ist an die Voraussetzung des *Informationsgehaltes* oder empirischen Gehaltes der Aussagen gebunden, der sich seinerseits nach dem Ausmaß der Falsifikationsmöglichkeiten bestimmt (Anzahl der potentiellen Falsifikatoren). Nur wenn die empirischen Aussagen nicht mit allem, was in der Realität geschieht und zu beobachten ist, vereinbar sind, kann eine Theorie an der Erfahrung scheitern.

(5) Die so verstandene empirische Überprüfbarkeit einer Theorie bedarf natürlich der *logischen Konsistenz* des Aussagensystems. Die empirischen Aussagen müssen den Regeln

der formalen Logik genügen; sie müssen in sich widerspuchsfrei und aus übergeordneten Sätzen in einem axiomatischen System richtig abgeleitet worden sein.

(6) Zu der intersubjektiven Überprüfbarkeit einer Theorie gehört die strenge Beachtung der wissenschaftslogischen Norm der *Offenlegung des Erkenntnisweges;* nur dann kann der Erkenntnisfindungsprozeß nachvollzogen, können Irrtümer festgestellt und ein wissenschaftlicher Fortschritt bewirkt werden. Zweifellos ist dies für diejenigen Wissenschaftler, die der modernen analytischen Wissenschaftstheorie verpflichtet sind, Praxis und Programm. Mit der Vorlage der Ergebnisse wissenschaftlicher Forschung wird auch zugleich die methodische Vorgehensweise mitgeliefert, die es erlaubt, eine Überprüfung der vorgelegten Ergebnisse vorzunehmen.

Als *M. WEBER* 1904 die Ausmerzung aller Werturteile aus den Sozialwissenschaften sowie eine scharfe Trennung von Sozialwissenschaft und Politik forderte, stellte er sich in einen deutlichen Gegensatz zur weithin vorherrschenden Wissenschaftsauffassung. „Seit dem Beginn der Werturteilsdebatte in den Sozialwissenschaften hat sich in der Nationalökonomie aber eine Entwicklung vollzogen, die sie immer mehr dem Ideal einer positiven wertfreien Wissenschaft anzunähern scheint. Wir verfügen heute über eine große Zahl von Untersuchungen, die sich auf das Instrumentarium des empirisch-theoretischen Denkens beschränken und keinen unmittelbaren Schluß auf die moralisch-politische Einstellung des Autors mehr zulassen" (*H. ALBERT,* 1967, S. 179). Die Ergebnisse einer solchen wertfreien Wissenschaft können jedoch nichtsdestoweniger zu einer eminent politischen Angelegenheit werden. **Werturteilsfreie Wissenschaft bedeutet nicht politische Bedeutungslosigkeit**. Wäre im Gegenteil eine Beziehung zur Politik nicht herstellbar, so wäre „... die Nationalökonomie eine Wissenschaft ohne jede praktische Bedeutung, eine Tatsache, die vielleicht für die Motivation des Forschers völlig unerheblich wäre, für die soziale Rolle dieser Wissenschaft und ihrer Vertreter aber kaum ohne Konsequenzen sein dürfte" (*H. ALBERT,* 1967, S. 179).

Worin aber ist die politische Bedeutung einer wertfreien Sozialwissenschaft zu sehen? Die moderne Wissenschaftslogik gibt darauf folgende Antwort:

(1) Positive Aufgabe einer wertfreien Wissenschaft:

Eine empirisch relevante Theorie erfüllt keinen Selbstzweck, sondern ist Mittel zum Zweck. Sie dient einmal der Erklärung und zum anderen der Prognose im Sinne einer Informationsprognose und/oder einer Entscheidungsprognose. Die Erklärungsfunktion der Theorie besteht in der exakten Begründung der Existenz einzelner Ereignisse oder von Ereigniskomplexen. Die Informationsprognose befaßt sich damit, die Folgen bestimmter Gegebenheiten und Ereignisse vorherzusagen. Die Entscheidungsprognose sagt aus, welche Bedingungen und Ereignisse gegeben sein müssen, damit bestimmte Ergebnisse eintreten. Erklärung und Prognose haben die gleiche logische Struktur; sie unterscheiden sich nur durch den jeweils unterschiedlichen Ausgangspunkt in der deduktiven Ableitung.

Jede rationale Wirtschafts- und Gesellschaftspolitik muß auf empirisch relevante Theorien zurückgreifen. Insbesondere soll es mit ihrer Hilfe möglich sein, Aussagen über die Wirkungen bestimmter Eingriffe in den Ablauf des wirtschaftlichen und sozialen Geschehens zu machen. Solche Prognosen sind notwendig, selbst wenn sie dem tatsächlichen Ablauf sozioökonomischer Prozesse einen sehr großen Spielraum lassen. Sie sind deswegen erforderlich, weil nur mit ihrer Hilfe eine Aussage über die faktische Vereinbarkeit oder Unvereinbarkeit bestimmter Maßnahmen und Zielsetzungen miteinander getroffen werden kann. Nur empirisch relevante Theorien können in diesem Sinne auch politisch relevant sein (vgl. *H. ALBERT,* 1967, S. 179ff.).

Diese positive Aufgabe einer wertfreien Wissenschaft ist auch für die Sozialpolitik von hoher Relevanz, weil gerade der Sozialpolitiker sich durch eine enge Beziehung zu konkreten gesellschaftlichen Problemen auszeichnet.

(2) Kritische Aufgabe einer wertfreien Wissenschaft:

Neben dieser so verstandenen positiven Aufgabe hat eine wertfreie Wissenschaft auch eine kritische Aufgabe. In diesem Sinne dient sie der Ideologiekritik, indem sie im Rahmen einer logisch-semantischen Analyse den versteckten Wertgehalt von Pseudo-Theorien offenlegt und diesen zugleich im Rahmen einer soziologischen Analyse auf die zugrundeliegenden sozialen Macht- und Interessenkonstellationen zurückführt (vgl. *H. ALBERT,* 1967, S. 179).

Dieser kritischen Aufgabe einer wertfreien Wissenschaft kommt im Rahmen der Sozialpolitik eine erhebliche Bedeutung zu, weil gerade hier angesichts eines deutlichen Theoriedefizits Pseudo-Theorien mit hohem Ideologiegehalt zu beobachten sind.

Folgt man also der analytischen Wissenschaftsauffassung des Kritischen Rationalismus, so zeigen sich **Objektivität und Wahrheit** wissenschaftlicher Erkenntnis in bezug auf die Realität in ihrer **intersubjektiven Überprüfung** (vgl. *K. R. POPPER,* 1980, S. 267ff.; *K. R. POPPER,* 1976, S. 18; *K. R. POPPER,* 1974). Werturteile aber sind einer intersubjektiven Überprüfung nicht zugänglich, da sie keinen empirischen Gehalt haben. Dieser Mangel wird auch nicht durch die Geltung bestimmter Werturteile für viele Individuen überwunden.

Dabei steht jedoch außer Zweifel, daß die **Existenz eines allgemein anerkannten Wertsystems** die wissenschaftliche Arbeit gerade im Bereich der Sozialpolitik sehr erleichtern würde. „Hätten wir ein System von Aussagen, aus dem wir unsere politischen Entscheidungen für jede mögliche Situation ohne weiteres ableiten könnten, dann wäre damit ohne Zweifel das Ziel erreicht, das die Moralmetaphysiker, die politischen Philosophen und darüber hinaus ein großer Teil der Vertreter sozialwissenschaftlicher Disziplinen, z.B. die Wohlfahrtstheoretiker, zu allen Zeiten angestrebt haben. Die Sozialwissenschaft wäre nicht nur die Erkenntnisgrundlage einer rationalen Politik, sondern enthielte darüber hinaus die Wertprämissen politischer Entscheidungen“ (*H. ALBERT,* 1967, S. 184). Bisher konnte jedoch noch für kein System von Normen eine allgemeine Verbindlichkeit überzeugend nachgewiesen oder erreicht werden. Auch die empirische Feststellung einer relativ großen Übereinstimmung der Wirtschaftssubjekte in einem Lande in bezug auf bestimmte gesellschaftliche Wertideen macht diese nicht für jedermann zu jeder Zeit verbindlich.

Allerdings zeigt sich hier zugleich ein Bereich, in dem der Wissenschaftler auch bei grundsätzlich wertfreier Ausrichtung seiner Arbeit tätig werden kann. Die **logische und empirische Analyse von Werturteilen** impliziert nicht die Notwendigkeit von Wertaussagen seitens des Wissenschaftlers selbst. Er kann reine Tatsachenaussagen über vorhandene Wertungen und erwartete Veränderungen von Werthaltungen formulieren. „Wenn das normativ Gültige Objekt empirischer Untersuchung wird, so verliert es, als Objekt, den Norm-Charakter: es wird als ‚seiend‘, nicht als ‚gültig‘ behandelt“ (*M. WEBER,* 1968, S. 489ff.). Auch hier geht es dann allein um die Seinserkenntnis, von der jedoch „ kein logisch gangbarer Weg zu dem, was sein soll“ (*B. MOLITOR,* 1965, S. 3) führt.

Aus der Tatsache, daß sich die Wissenschaft von der Sozialpolitik mit dem auf Wertungen beruhenden sozialpolitischen Handeln beschäftigt, folgt nicht zwingend ein normatives Verständnis dieser Wissenschaft. Hier wurde offensichtlich das wissenschaftstheoretische Anliegen von *M. WEBER* weitgehend mißverstanden. „Die Wissenschaft von der Sozialpolitik kann die auf Wertungen beruhenden Bestrebungen und Handlungen ihres Gegenstandsbereiches als empirisch-deskriptive Wissenschaft analysieren, ohne selbst Werturteile abgeben zu müssen" (*G. KLEINHENZ*, 1970, S. 26). **Die Abgabe von Werturteilen ist in der Wissenschaft von der Sozialpolitik grundsätzlich nicht notwendig**.

Allerdings dürfen die **Grenzen einer wertfreien Wissenschaft von der Sozialpolitik** angesichts eines erheblichen Theoriedefizits nicht übersehen werden. „Es gibt praktisch keine Theorie der Sozialpolitik, die diesen Namen verdient, und es ist ein utopisches Unterfangen, eine Theorie zu konstruieren, die gerade auf diese Ansammlung praktisch bedeutsamer Probleme passen würde" (*H. ALBERT*, 1967, S. 183). Da es keine umfassende sozialpolitische Theorie gibt, muß sich der Wissenschaftler, der sich mit sozialpolitischen Fragen beschäftigt, mit einem relativ schmalen Reservoir empirisch überprüfbarer Hypothesen begnügen, die zum Teil anderen Bereichen der Sozialwissenschaften entlehnt worden sind. Gerade im Bereich der wissenschaftlichen Sozialpolitik wird es nicht zu vermeiden sein, auf andere sozialwissenschaftliche Disziplinen und deren Theorien, Methoden und Forschungsergebnisse zurückzugreifen. Dieser Zwang kann sich jedoch im Hinblick auf die praktisch-politische Relevanz sozialpolitischer Erkenntnis schließlich als ein großer Vorteil erweisen:

(1) Die Tatsache, daß die wissenschaftliche Sozialpolitik es mit einer Vielzahl von Problemen zu tun hat, die unter „theoretisch-systematischen Gesichtspunkten kaum eine besondere Verwandtschaft miteinander haben" (*H. ALBERT*, 1967, S. 183), sowie der Zwang zum Rückgriff auf Theorien, Methoden und Forschungsergebnisse anderer Sozialwissenschaften machen es verständlich, daß die Sozialpolitik bisher kaum als eine eigenständige wissenschaftliche Disziplin angesehen wurde.

Anfänglich stand die wissenschaftliche Beschäftigung mit der Sozialpolitik in einem engen Zusammenhang mit der nationalökonomischen Verteilungslehre (vgl. *L. v. WIESE*, 1956, S. 548). Sozialpolitik wurde als Teil der Politischen Ökonomie, als Teil der praktischen Volkswirtschaftslehre angesehen (vgl. *W. VOSS*, 1925, S. 11). Die Einschätzung der wissenschaftlichen Sozialpolitik als „Tochter der Nationalökonomie" (*L. v. WIESE*, 1921, S. 5) sowie die Feststellung, daß die „leitenden Gesichtspunkte für die Wirtschaftspolitik ... auch für die Sozialpolitik" (*W. VOSS*, 1925, S. 11) gelten, sind von Nationalökonomen niemals in Frage gestellt worden. Die wissenschaftliche Sozialpolitik wurde von hier aus stark durch nationalökonomische Denkschemata geprägt.

So führte die auf die Naturrechtslehre und den Utilitarismus zurückgehende Wertbasis der klassischen Nationalökonomie zu einer weitgehenden Ablehnung nicht nur wirtschaftspolitischer Eingriffe, sondern auch sozialpolitischer Maßnahmen. Im Vergleich dazu ging die sozialreformerische Richtung der deutschen historischen Schule der Nationalökonomie von der Notwendigkeit eines schrittweise erfolgenden Abbaus von Übelständen in der Gesellschaft aus.

W. SOMBART betrachtet unter diesem Gesichtspunkt die Sozialpolitik als eine Form der Wirtschaftsordnungspolitik (*W. SOMBART*, 1897, S. 44). *F. A. WESTPHALEN* sieht in der Sozialpolitik „eine bestimmte Form der Organisierung des Wirtschaftslebens" (*F. A. WESTPHALEN*, 1931, S. 101f.). In neuerer Zeit betonte noch *W. WEDDIGEN*, daß sich „die Sozialpolitik als Wissenschaft hauptsächlich wirtschaftswissenschaftlicher Erkenntnisse" bediene, und er schlägt deshalb die Bezeichnung „Sozial-Wirtschaftspolitik" vor (*W. WEDDIGEN*, 1957, S. 8f.).

(2) Wenngleich auch von seiten der Wirtschaftswissenschaften die Stellung der wissenschaftlichen Sozialpolitik innerhalb der Nationalökonomie grundsätzlich nie in Frage

gestellt wurde, so wird doch gleichzeitig deutlich gemacht, daß es sozialpolitisch relevante Tatbestände gibt, die sich überhaupt nicht mit dem Instrumentarium der Nationalökonomie analysieren lassen, so daß eine wissenschaftliche Sozialpolitik eben nicht nur als Teil der Wirtschaftswissenschaften betrachtet werden kann. Insbesondere wird die Notwendigkeit des Rückgriffs auf Theorien, Methoden und Forschungsergebnisse anderer Sozialwissenschaften, die – wie z.B. die Soziologie (vgl. *G. BRIEFS*, 1922, S. 36; *G. v. MAYR*, 1921, S. 176) – sich ebenfalls sozialpolitischen Problemen zugewandt haben, vielfach hervorgehoben.

So ist es für *K. PRIBRAM* (1926, S. 577ff.) unmöglich, in der Sozialpolitik eine selbständige und unabhängige Wissenschaftsdisziplin zu sehen, er betont vielmehr, daß die Sozialpolitik in alle anderen Zweigdisziplinen der Politik hineinreiche und diese gewissermaßen überlagere; Grundlagendisziplinen der Sozialpolitik seien nicht nur die Soziologie, sondern auch die Wirtschaftspolitik sowie andere auf das soziale Leben gerichtete Zweige der Politik.

G. WEISSER (1956, S. 410ff.) weist ebenfalls auf die Notwendigkeit eines engen Zusammenwirkens der wissenschaftlichen Sozialpolitik mit anderen Wissenschaftsdisziplinen hin; nach seiner Auffassung können die Rechtswissenschaft, die Soziologie, die Statistik und die Ökonometrie, die sozialwissenschaftliche Modellforschung insbesondere in den Wirtschaftswissenschaften, die Sozialpsychologie und die Geschichtsforschung und letztlich auch die Bevölkerungswissenschaft sowie die besiedlungs- und wohnpolitische Forschung die wissenschaftliche Sozialpolitik entscheidend befruchten.

Diese Vorstellungen von *G. WEISSER* werden von *I. NAHNSEN* aufgegriffen. Eine selbständige Wissenschaft von der Sozialpolitik kann nach ihrer Auffassung nur die relevanten Ergebnisse verschiedener Sozialwissenschaften unter der spezifisch sozialpolitischen Fragestellung zusammenfassen; entscheidend sei das Vorhandensein einer eigenen zentralen Fragestellung, die schließlich auf diese Weise die Bildung einer selbständigen Wissenschaft von der Sozialpolitik ermögliche (vgl. *I. NAHNSEN*, 1961, S. 115ff.).

Bis heute gibt es noch **keine umfassende Theorie der Sozialpolitik**. Dies mag zum Teil daran liegen, daß die Sozialpolitik über viele Jahrzehnte hinweg wissenschaftlich diskreditiert war; sie galt überwiegend als unwissenschaftlich. Von daher ist die Entwicklung einer eigenständigen Theorie der Sozialpolitik gehemmt worden. Eine weitere Ursache des typischen Theoriedefizits liegt aber auch in der Heterogenität des Untersuchungsobjektes begründet; dieses besteht aus einer Fülle von kaum in einem systematischen Zusammenhang zu erfassenden Problemen. Das Theoriedefizit der Sozialpolitik zwingt sie zum Rückgriff auf die Theorien, Methoden und Forschungsergebnisse anderer Sozialwissenschaften. Hierin liegt jedoch zugleich eine besondere Chance, in einem engen Zusammenwirken mit anderen Sozialwissenschaften zu Aussagesystemen zu gelangen, die von weitreichender praktisch-politischer Bedeutung sind.

3. Sozialpolitik und Verteilungspolitik

Es sind kaum wirtschafts- und gesellschaftspolitische Maßnahmen denkbar, die als verteilungsneutral bezeichnet werden können. Aber über diese prinzipielle Gemeinsamkeit mit allen anderen Politikbereichen hinaus ist doch für die Sozialpolitik ein engerer Zusammenhang zu Verteilungsfragen festzustellen. Die Sozialpolitik steht primär im Dienste der Verteilungsaufgabe, wenn man im Anschluß an *G. WEISSER* (1956, S. 410ff.), *G. KLEINHENZ* (1970, S. 76) und *H. LAMPERT* (1980b, S. 6f.) davon ausgeht, daß sie die Lebenslage wirtschaftlich und/oder sozial schwacher Personenmehrheiten verbessern soll. Sozialpolitik ist stets Beeinflussung von sich ansonsten einstellenden Verteilungen, sei es von Rechten oder Pflichten, von Einkommen oder Vermögen, sei es interpersonal und/oder intertemporal und/oder interregional. **Sozialpolitik ist von ihrer Zielrichtung her immer Verteilungspolitik**.

Üblicherweise wird in der Verteilungstheorie zwischen einer **Primärverteilung** und einer **Sekundärverteilung** unterschieden. Die Primärverteilung ergibt sich aus den Marktprozessen in einer bestimmten Periode unter Berücksichtigung der jeweiligen Ausgangslage. Die Korrektur der Primärverteilung führt zur Sekundärverteilung. Auf diese beiden **Stufen des Verteilungsprozesses** wirkt die Sozialpolitik sehr unterschiedlich ein:

(1) Jener Bereich der Sozialpolitik, der mit *E. LIEFMANN-KEIL* (1961, S. 234ff.) als *Regelung der Arbeitsentgelte und Arbeitsbedingungen* bezeichnet werden kann, wirkt vor allen Dingen auf die sog. Primärverteilung ein. Aber dies gilt nicht uneingeschränkt. Die Einkommenspolitik der Sozialpartner beeinflußt zugleich unmittelbar den Umfang der Sozialtransfers in Form von Renten; Arbeitnehmerschutz und Unfallverhütung wirken sich auf den Umfang der Sozialtransfers im Falle von Arbeitsunfällen und Berufskrankheiten aus.

(2) Das *Sozialleistungssystem* mit seinen Sozialeinnahmen und Sozialausgaben soll prinzipiell eine Korrektur der Primärverteilung in Richtung auf eine gewünschte Sekundärverteilung bewirken. Im allgemeinen sind jedoch auch weitergehende Wirkungen auf die Entstehung einer bestimmten Primärverteilung nicht auszuschließen (z.B. über negative Anreizeffekte des Sozialleistungssystems).

Im Einzelfall kann es durchaus schwierig sein, die eine oder andere wirtschafts- und sozialpolitische Maßnahme als Beeinflussung der Primärverteilung oder der Sekundärverteilung zu deuten. In jedem Fall aber werden mit den Maßnahmen, die auf die Sekundärverteilung wirken, wiederum Daten für die Primärverteilung der nächsten Wirtschaftsperiode gesetzt (vgl. *R. L. FREY*, 1973, S. 25ff.).

Gegenstand dieser Arbeit ist die soziale Umverteilung, die mit Hilfe der **Sozialtransfers** und ihrer **Finanzierung** bewirkt werden soll. Die über das Sozialleistungssystem hinausgehenden klassischen Bereiche der Sozialpolitik werden ausgeklammert. Inhaltlich ist die vorliegende Darstellung an dem **Sozialbudget der Bundesregierung** orientiert und entspricht damit weitgehend dem vorherrschenden Verständnis von einnahmen-/ausgabenorientierter Sozialpolitik (vgl. BMA/Hrsg., 1983; *R. HAUSER*, u.a., 1985; *R. ZEPPERNICK*, 1986).

ERSTER HAUPTTEIL

Das Sozialleistungssystem in funktionaler Analyse

Kapitel 1: Leitbilder, Zielsysteme und Gestaltungsprinzipien der Sozialpolitik

1. Leitbilder der Sozialpolitik

1.1 Normenprobleme der Sozialpolitik

Das Sozialleistungssystem der Bundesrepublik Deutschland hat sich im Zuge einer langen Entwicklung herausgebildet. Von Anfang an waren die sozialpolitischen Bemühungen darauf gerichtet, die Lebenslage von wirtschaftlich schwachen Personenmehrheiten zu verbessern. Von der ursprünglichen Einengung auf die Arbeiterfrage hat sich die Sozialpolitik sehr schnell gelöst, der Gegenstandsbereich der Sozialpolitik weitete sich im Laufe der Zeit sukzessive aus, was einerseits zu einer gewaltigen Expansion des Sozialleistungssystems führte und andererseits die Sozialpolitik immer mehr zu einer allgemeinen Gesellschaftspolitik werden ließ.

Angesichts der unübersehbaren gesellschaftspolitischen Bedeutung des Sozialleistungssystems ist das **Defizit an Normendiskussion** gerade in diesem Bereich um so bemerkenswerter. Die Beschäftigung mit Normen, auf die hin praktische Sozialpolitik betrieben und wissenschaftliche Sozialpolitik in ihrer beschreibenden, systematisierenden und analysierenden Funktion gelehrt wird, ist seit dem Beginn des Werturteilsstreites weitgehend diskreditiert, und dies mit unübersehbaren Folgen. Die bis heute nicht überwundene Scheu vor der Diskussion der Orientierungsmaßstäbe sozialpolitischen Handelns beeinträchtigte bis in die Gegenwart die Überschaubarkeit und Nachvollziehbarkeit praktischer Sozialpolitik und die intersubjektive Überprüfbarkeit wissenschaftlicher Forschungsergebnisse im positivistischen bzw. kritisch-rationalistischen Sinne. Die Verdrängung der Normendiskussion führte in diesem Bereich der praktischen Politik, dessen Orientierung an gesellschaftlichen Wertideen offensichtlich ist, vielfach zu einem impliziten Einbezug von Normen, was wiederum die wissenschaftliche Beschäftigung mit der praktischen Politik wesentlich erschwerte. Der auch von den Vertretern einer wertfreien Wissenschaft eingeräumte Spielraum für die Beschäftigung mit Normen blieb mit weitreichenden Konsequenzen für die praktische und wissenschaftliche Sozialpolitik überwiegend ungenutzt.

Die Vernachlässigung der Normendiskussion ist umso bedauerlicher, als die Ignorierung der Normenfrage zu einer wesentlichen Einengung des Nachdenkens über „die Grundlagen entscheidungsgeleiteten Verhaltens der Menschen" (vgl. *W. W. ENGELHARDT*, 1973, S. 10) führen muß. Gerade für den Bereich der Sozialpolitik ist zu vermuten, daß das entscheidungsgeleitete Verhalten der Menschen vor allen Dingen durch „spontan entworfene Leitbilder" (*W. W. ENGELHARDT*, 1973, S. 53) angesichts vorhandener Problemlagen ausgelöst wird. Faßt man **Leitbilder** als „eine Art individueller Utopien" auf, so liegt diese erste Sinnorientierung des Verhaltens von einzelnen oder von Gruppen in einem vor-rationalen Raum; Leitbilder sind noch nicht zu rationalen Größen gewordene Bestimmungen menschlichen Handelns, sie sind „individuelle Zielformeln mit überdeterminierten Spielräumen" (*W. W. ENGELHARDT*, 1973, S. 11). Bestimmen so Leitbilder die erste und spontane Phase menschlichen Handelns, so kommen dann in späteren Phasen rational durchdachte und damit geplante Konzeptionen in Form von **Zielsystemen** und **Ziel-Mittel-Systemen** hinzu; sie führen zur Entstehung von Programmen und Strategien (vgl. *W. W. ENGELHARDT*, 1973, S. 53). Der vor-rationale Raum menschlichen Handelns mit seiner Bestimmung durch individuelle Utopien wird mit dem Übergang zu rationalen Zielsystemen und Ziel-Mittel-Systemen verlassen (vgl. *Ph. HERDER-DORNEICH*, 1968, S. 43ff.; *E. HEUSS*, 1965, S. 16ff. und 25ff.).

In dieser **Zuordnung von Leitbildern und Zielen** ergeben sich zweifellos auch Überschneidungen; gemeinsam ist beiden die Vorstellung über etwas Anzustrebendes und Erwünschtes, wobei die Leitbilder den Zielen nicht nur tatsächlich, sondern auch logisch übergeordnet sind; sind Leitbilder noch regelmäßig für verschiedenste Lebens- und Politikbereiche überwiegend gleichermaßen gültig, so bedingt ihre Konkretisierung und Rationalisierung im Hinblick auf Zielsysteme und Ziel-Mittel-Systeme im allgemeinen eine Einengung des Blickwinkels auf bestimmte Lebens- und Politikbereiche; Leitbilder stellen häufig verschiedene Sachbereiche umgreifende Normen dar, während Ziele als sachbereichsspezifische und insofern konkretisierte Normen aufzufassen sind (vgl. *H. SANMANN*, 1973, S. 62ff.).

Allein in diesem Sinne können **Ziele als rationale Größen** aufgefaßt werden, die dann in den entscheidungslogischen Teildisziplinen der Gesellschaftspolitik Verwendung finden. So behandelt die Entscheidungstheorie die menschlichen Wahlakte unter teleologischen bzw. zweckrationalen Aspekten, obwohl „die gleichen Akte unter einem anderen Gesichtspunkt auch als Resultate seelischer Triebkräfte, die mit zweckmäßiger Entscheidung nichts zu tun haben, erscheinen" (*G. GÄFGEN*, 1968, S. 23). Ziele basieren – so gesehen – kaum allein in wert- oder zweckrationalen Gegebenheiten; sie **bleiben Bestandteile von Leitbildern**, sind aber als „pragmatischer Vernunft zugängliche Gebilde ... nicht schlechthin irrational oder bloß zufällig bedingt" (*W. W. ENGELHARDT*, 1973, S. 17). Der gemeinsame Ausgangspunkt von Leitbildern und Zielen sind „vermutlich vor-rational also spontan unter dem Einfluß von Emotionen gestaltete aktive Wahrnehmungserlebnisse einzelner Personen" (*W. W. ENGELHARDT*, 1973, S. 17), deren handlungsrelevante Transformation durch die gestalt- und emotionstheoretischen Arbeiten, durch die ältere und neuere Psychoanalyse sowie durch neuere teleologische Motivationstheorien nur zum Teil erklärt werden konnte.

Die Schwierigkeiten einer Analyse der **Entstehung und Wandlung von Leitbildern und Zielsystemen** mit Hilfe einer Sinndeutung ihres präskriptiven Gehalts, mit Hilfe von Beobachtungstechniken der Gestaltwahrnehmung und unter Verwendung der Methoden der Inhaltsanalyse und der Sprachstatistik dürften – ungeachtet mancher intersubjektiv überprüfbarer Resultate – neben wissenschaftstheoretisch-methodologischen Bedenken weithin verantwortlich für die Verdrängung der Normendiskussion sein. Die vor diesem Hintergrund erhobene Forderung nach einer **Dogmatisierung letzter Grundwerte** (vgl. *B. KÜLP*, 1969, S. 98) würde beträchtliche Einengungen der erfahrungswissenschaftlichen Analyse gesellschaftlicher Prozesse mit sich bringen, deren Gefahren nur durch eine rationale Diskussion von Normen vermindert werden können (vgl. *H. ALBERT*, 1968, S. 73ff.). Jede Dogmatisierung letzter Grundwerte reduziert das Nachdenken über die Grundlagen entscheidungsgeleiteten Handelns der Menschen und führt vielfach zu unzulässig generalisierten Verhaltensannahmen in der sozialwissenschaftlichen Forschung, deren Ergebnisse dann nur noch beschränkt gültig sein können oder aber sogar fehlerhaft sein müssen (vgl. hierzu im einzelnen *W. W. ENGELHARDT*, 1973, S. 22ff., und die dort angeführte Literatur). Diese Gefahr der Entwertung erfahrungswissenschaftlicher Analyse dürfte auch für positivistisch oder kritisch-rationalistisch orientierte Wissenschaftler Grund genug sein, sich mit Leitbildern als individuellen Utopien und Zielen als quasi-rationalen Bestimmungsstücken menschlichen Verhaltens zu befassen.

Dabei darf nicht übersehen werden, daß gerade in der Gegenwart die Analyse der Sinnorientierung menschlichen Handelns insofern wesentlich erleichtert wird, als im Laufe der Geschichte ein bedeutsamer **Strukturwandel der Utopien** von ganzheitlich strukturierten zu gestalthaften und damit stärker realisierbaren Utopien stattgefunden hat, die diese in die Nähe der quasi-rationalen Ziele und Ziel-Mittel-Systeme rücken (vgl. *W. W. ENGELHARDT*, 1969, S. 665ff.); indem „das Jetzt und Hier, dies immer wieder Anfangende in der Nähe" (*E. BLOCH*, 1959, S. 11) in den Vordergrund trat, wurde aus der „großen fernen Utopie" in der Gegenwart „der begrenzte zeitnahe Entwurf" (*R. JUNGK*, 1964, S. 30f.), eine Entwicklung, die zumindest in der Wirtschaftspolitik die erfahrungswissenschaftliche Zielanalyse wesentlich begünstigt hat (vgl. *J. WERNER, B. KÜLP*, 1971, S. 27ff. und 109ff.; *W. KNIPS*, 1970; *F. MEHLER*, 1970; *W. JAHNKE*, 1971, S. 296ff.), während Zielsystemanalysen in der Sozialpolitik immer noch vergleichsweise selten anzutreffen sind (vgl. *E. LIEFMANN-KEIL*, 1961, S. 6ff.).

Leitbilder im Sinne eines realistischen Gesellschaftsentwurfs stehen bereits an der Grenze des vor-rationalen Raums der Bestimmung menschlichen Handelns. Sie haben zwar noch nicht das Stadium quasi-rationaler Ziele erreicht, sind aber schon verstärkt als Orientierungsmaßstäbe der praktischen Politik verwendbar. Nichtsdestoweniger werden sie sehr häufig als „Leerformeln" bezeichnet, deren Nutzbarmachung im einzelnen durchaus erhebliche Schwierigkeiten mit sich bringen kann. Ihre politische und wissenschaftliche Verwendung verlangt nicht nur eine umfassende Sinndeutung, sondern auch ihre Betrachtung unter logischen und empirischen Aspekten zwecks Aufdeckung von Zielbeziehungen, Zielkonflikten und Zielkompatibilitäten; die Analyse des Zustandekommens von Zielformeln ist in diesem Zusammenhang ebenfalls in ihrer Bedeutung nicht zu unterschätzen, da sie nicht zuletzt auch eine Feststellung der Aktualität und des Geltungsbereichs von Zielformeln erlaubt (vgl. *W. W. ENGELHARDT*, 1973, S. 55; *H. FLOHR*, 1968, S.70ff.; *H. FLOHR*, 1964).

Die in diesem Sinne verstandene **rationale Normendiskussion** ermöglicht es, die Ebene der „Leerformeln" zu verlassen und zugleich die subjektive, kaum nachzuvollziehende fallweise durchgeführte Interpretation von Leitbildern einzuschränken. Gerade für die Sozialpolitik, die wie kaum ein anderer Bereich der Gesellschaftspolitik immer wieder mit generellen gesellschaftlichen Wertideen begründet wird, ist die rationale Normendiskussion unerläßlich; zumindest ist sie eine entscheidende Grundlage für die Herauslösung der Sozialpolitik aus den tagespolitischen Opportunitätserwägungen der Parteien, und sie könnte auch den

Einfluß verdeckter Partialinteressen unterschiedlichster Gruppierungen in der Gesellschaft wenn nicht zurückdrängen, so doch offenlegen. Zugleich würden die entscheidenden Grundlagen für eine rationale Sozialpolitik gelegt (vgl. *H.-P. BANK*, 1975).

1.2 Sozialstaatspostulat des Grundgesetzes

Der **Begriff des Sozialstaates** wurde seit dem 19. Jahrhundert verschiedentlich verwendet und entwickelte sich im Laufe der Zeit zu einer verfassungsrechtlichen Norm, die einen Wesenszug des Staates bezeichnen soll. Die Weimarer Reichsverfassung enthielt eine aus vielen Einzelnormen bestehende soziale Programmatik; die meisten Länderverfassungen nach dem Zweiten Weltkrieg enthalten neben den sozialen Einzelnormen auch eine sozialstaatliche Zentralnorm. Im Grundgesetz ist allein die **sozialstaatliche Zentralnorm** (Art. 20 und 28 GG) anstelle von **sozialstaatlichen Einzelnormen** verankert, während die übrigen Staatsfundamentalnormen (Demokratie, Rechtsstaat, Bundesstaat) zusätzlich in verschiedenen Einzelnormen ausgeprägt sind (vgl. *H. F. ZACHER*, 1977, S. 152f.).

Mit dieser Festlegung des Grundgesetzes allein auf eine sozialstaatliche Zentralnorm wird die Ableitung von sozialpolitischen Leitbildern und Zielsystemen zu einer Aufgabe, die notwendigerweise mit einem weiten **Spielraum für unterschiedliche Interpretationen** verbunden ist und die zugleich unterschiedliche Auslegungen des Wortes „sozial" mit sich bringt. In Anlehnung an *H. P. BULL* (1973) und *F. PILZ* (1978) lassen sich insbesondere **vier Ansätze der Sozialstaatsinterpretation** darstellen:

(1) Der *konfliktreduzierende Ansatz* der Sozialstaatsinterpretation geht vom liberalen Staatsverständnis des 19. Jahrhunderts aus. Der Staat hat lediglich die Aufgabe der Erstellung und Bewahrung eines Ordnungsrahmens, innerhalb dessen sich das Leben in der Gesellschaft ungehindert entfalten kann. Altliberale Vorstellungen von einer „staatsfreien Sphäre der Gesellschaft" und einer „Selbstregulierung gesellschaftlicher Prozesse" reduzieren den Inhalt des Sozialstaatsprinzips auf einen Interessenausgleich im Sinne einer „sozialen Harmonie" (vgl. *F. PILZ*, 1978, S. 42f.). In diesem Rahmen kommt dem Staat lediglich eine „Befriedungsfunktion" zu. Das Verhältnis zwischen Bürgern und Staat ist nach diesem Sozialstaatsverständnis (vgl. *C.-F. MENGER*, 1953) durch wechselseitige Pflichten und Ansprüche gekennzeichnet. Der einzelne ist zur Teilnahme an der Gesamtaufgabe (vgl. *E. FECHNER*, 1973, S. 14) verpflichtet, und er kann im Einzelfall Ansprüche gegen die Allgemeinheit geltend machen.

(2) Der *notmindernde und gerechtigkeitsorientierte Ansatz* der Sozialstaatsinterpretation führt zu einer Verpflichtung des Staates zur Linderung oder Behebung von Not unter dem Aspekt der Gerechtigkeit. Die Notminderung bezieht sich auf die Beseitigung konkreter Probleme durch zeitlich begrenzte Aktivitäten (z.B. bei Ernteschäden, Bränden, usw.) sowie auf die Bewältigung dauerhafter Notlagen (soziale Schwäche einzelner oder von Gruppen auf Dauer). Zur Erfüllung dieser Verpflichtung hat der Staat in umfassender Weise öffentliche Güter bereitzustellen. Die Notminderung soll der Verwirklichung der sozialen Gerechtigkeit dienen, die im einzelnen über eine Neugestaltung der Einkommensumverteilung bis hin zur Abschaffung des Privateigentums und eine überproportionale Förderung der wirtschaftlich und sozial Schwachen (insbesondere in Ausbildung und Beruf) erreicht werden soll (vgl. *F. PILZ*, 1978, S. 44ff.; *W. ABENDROTH*, 1954, S. 279ff.; *W. ABENDROTH*, 1966; *F. NIEHL*, 1975). Bei dieser Interpretation geht das Sozialstaatsprinzip über eine bewahrende Daseinsvorsorge hinaus und bezweckt eine aktive Gestaltung der Gesellschaftsprozesse unter Berück-

sichtigung der unterschiedlichen Chancen der einzelnen Bevölkerungsgruppen (vgl. *A. MURSWIECK*, 1976). In diesem Sinne sieht *R. HERZOG* (1970, S. 174; 1976, S. 161) das Sozialstaatsprinzip als Verfassungsauftrag zur Herstellung sozialer Gleichheit an, während *C. F. MENGER* (1953, S. 69) eine Verpflichtung des Staates zu einer vorbeugenden Daseinsfürsorge mit einer Neuordnung des Wirtschaftlichen sieht. Das Bundesverfassungsgericht sieht zwar auch eine Pflicht des Staates, für einen Ausgleich der sozialen Gegensätze zu sorgen, billigt ihm aber einen erheblichen Gestaltungsspielraum zu (vgl. BVerfGE 12, 354, 367).

(3) Der *demokratie-identische Ansatz* der Sozialstaatsinterpretation stellt in historischer Begründung eine enge Verzahnung von Demokratieprinzip und Sozialstaatsprinzip her. „Sozial wird hier synonym mit demokratisch in allen nichtstaatlichen Systemen verwendet" (*F. PILZ*, 1978, S. 47). Diese Sozialstaatsinterpretation stellt sich als ein politisches Gegenmodell zum herrschenden Sozialstaatsverständnis des zweiten Ansatzes dar (vgl. *W. ABENDROTH*, 1954, S. 279ff.; *H.-H. HARTWICH*, 1970, S. 344ff.). Die politische Forderung kulminiert in der Überwindung des gesellschaftlichen status quo. Das insbesondere von *H.-H. HARTWICH* formulierte sozialstaatliche Alternativmodell überträgt dem Staat nicht nur ein notminderndes und gerechtigkeitsorientiertes Wirken, sondern verlangt von ihm eine Beseitigung aller systemimmanenten Ursachen wirtschaftlicher und/oder sozialer Schwächen einzelner Gruppen. Im einzelnen gehören hierzu die Weiterentwicklung der Wirtschaftsordnung durch Sozialisierung, die Verankerung eines „realen" Freiheitsbegriffs in der rechtsstaatlichen Ordnung sowie die umfassende Demokratisierung von Wirtschaft und Gesellschaft (vgl. *H.-H. HARTWICH*, 1970, S. 344ff.).

(4) Der *steuerungspolitische Ansatz* der Sozialstaatsinterpretation betont die Notwendigkeit staatlicher Eingriffe in den Wirtschaftsablauf. „Der Sozialstaat kann in diesem Ansatz seine mannigfachen Aufgaben nur dann hinreichend erfüllen, wenn die politischen Prozesse nach bestimmten sozialen Kriterien gesteuert werden" (*F. PILZ*, 1978, S. 48). Dieser Ansatz, der weitgehend abgelehnt wird (vgl. *H. P. BULL*, 1973, S. 174), geht typischerweise von einem dualen Verhältnis von Staat und Wirtschaft/Gesellschaft als zwei konkretisierbaren und abgrenzbaren Bereichen aus. Der erste Bereich durchdringe dabei den zweiten mit Befehlen, und so reiche der steuerungspolitische Ansatz bis an die Grenze einer Befehlswirtschaft.

Das **Grundgesetz enthält keine Konkretisierung des Sozialstaatsprinzips**; seine inhaltliche Ausprägung ist vielmehr in den „richtungsweisenden Erklärungen und Handlungen, die zur Ausfüllung des von der Verfassung eingeräumten Freiraumes geführt haben" (*H. WINTERSTEIN*, 1973, S. 77f.), zu suchen. Damit könnte das Sozialstaatsprinzip „in erster Annäherung mit den vorherrschenden Definitionen der Sozialpolitik gleichgesetzt werden" (*C. WATRIN*, 1977, S. 963). Eine solche Sozialstaatsinterpretation nähert sich dem zweiten Ansatz, bleibt jedoch nach wie vor weitgehend unbestimmt. Diese Unbestimmtheit des Sozialstaatsprinzips bringt aber zugleich auch die Chance mit sich, dem Wandel des Sozialen und der Dynamik der Sozialpolitik Rechnung tragen zu können.

Zwischen dem Sozialstaatsprinzip und den **Staatsfundamentalnormen der Demokratie, des Rechtsstaates und des Bundesstaates** bestehen enge Verbindungen, durch die die Staatsgewalt materiell determiniert und legitimiert wird:

(1) Die *Demokratie* des Grundgesetzes stellt sich als eine egalitäre und repräsentative Parteiendemokratie dar. Im Zeichen einer „sozialen Demokratie" werden Ansprüche auf Veränderung dieser Staats- und Herrschaftsform erhoben, um die Gleichheit im Sinne der Kopfzahlgleichheit durch eine materielle Gleichheit zu ersetzen. Die Realisierung dieser Forderung würde „den Sozialstaat – seinem eigenen egalitären und offenen We-

sen zuwider – als Besitzstand der zu einer bestimmten Zeit ‚Unterprivilegierten‘ usurpieren, ohne garantieren zu können, daß Vorhandensein, Maß und Dauer ihres Machtprivilegs mit dem Vorhandensein, dem Maß und der Dauer ihres materiellen Nachteiles übereinstimmen“ (*H. F. ZACHER*, 1977, S. 156). Eine solche Umgestaltung der demokratischen Rechte ist nach dem Grundgesetz illegitim.

(2) Die *Rechtsstaatlichkeit* gilt auch für den Bereich des Sozialen und begründet hier Rechtssicherheit, Vertrauens- und Rechtsfriedensschutz; sie sichert auch dem sozialstaatlichen Recht seine Verwirklichung (vgl. *H. F. ZACHER*, 1977, S. 156f.).

(3) Die Formel vom *sozialen Bundesstaat* kann „wohl dahin verstanden werden, daß auch die soziale Aufgabe auf Bund und Länder verteilt ist und daß mit dieser föderativen Spaltung der staatlichen Sphäre auch im sozialen Bereich eine Intensivierung der sozialen Verantwortung des Gesamtstaates verbunden ist“ (*H. F. ZACHER*, 1977, S. 157).

Die **Allgemeinheit und Offenheit des Sozialstaatsprinzips** ist von erheblicher Bedeutung im Hinblick auf die typische Dynamik dieses Bereichs der Gesellschaftspolitik. Im historischen Ablauf ändern sich die sozialpolitischen Problemlagen fortlaufend; alte Probleme verlieren an Bedeutung und neue Fragen entstehen. Auf diese Veränderung der gesellschaftlichen Situation wird mit unterschiedlichen Maßnahmen verschiedener Breite und Intensität reagiert, deren Wirkungen im einzelnen kaum vorhersehbar sind und die daher auch wiederum neue Problemlagen entstehen lassen können. Von daher ist auch kaum zu erwarten, daß jemals ein auf lange Sicht gültiger gesellschaftlicher Konsens über die konkreten Aufgaben des Sozialstaates erreicht wird. Die Sozialpolitik unterliegt einem **Prinzip permanenter Veränderung**, und das Sozialstaatspostulat des Grundgesetzes muß grundsätzlich für solche fortlaufenden Wandlungen offen sein (vgl. *H. F. ZACHER*, 1977, S. 158).

Diese Charakteristik des Sozialstaatsprinzips bedingt aber auch seine weitgehende **Geltungsschwäche als Verfassungsnorm**. Das Sozialstaatsprinzip kann nicht unmittelbar „als Grundlage administrativer Eingriffe in die Sphäre des einzelnen“ (*H. F. ZACHER*, 1977, S. 159) genommen werden. Dennoch ist das Sozialstaatsprinzip nicht ohne rechtliche Wirkung; es ist nicht nur eine Schranke für den Verfassungsgeber, sondern vor allen Dingen ein Argument für politisches und administratives Handeln sowie eine Grundlage der Beurteilung und Auslegung von Gesetzen. Diese Funktion des Sozialstaatsprinzips sollte in ihrer gesellschaftspolitischen Bedeutung nicht unterschätzt werden (vgl. auch *G. FRANK*, 1983).

1.3 Soziale Gerechtigkeit als gesellschaftliche Wertidee

Die Sozialpolitik ist nach der vorherrschenden Interpretation von Sozialstaatlichkeit auf die **Verwirklichung sozialer Gerechtigkeit** gerichtet (vgl. *D. KATH*, 1981, S. 372ff.). Damit ist die Handlungsmaxime des Sozialstaates weder inhaltlich konkretisiert (vgl. *H. SANMANN*, 1972, S. 189ff.) noch sind ihre Begrenzungen durch die Staatsfundamentalnormen der Demokratie, des Rechtsstaates und des Bundesstaates berücksichtigt (vgl. *H. F. ZACHER*, 1977, S. 155ff.). Weitergehende Reflexionen über den Inhalt des Prinzips der sozialen Gerechtigkeit sind daher unumgänglich (vgl. auch *A. NETZLER*, 1985).

Zwar hat *John RAWLS* (1975) seine **Theorie der Gerechtigkeit** wohl kaum mit der Absicht formuliert, einen Beitrag zur deutschen Diskussion um die Interpretation des Sozialstaatsprinzips zu leisten, dennoch sind seine Überlegungen in diesem Zusammenhang von großer Bedeutung, da sie weitgehend mit einem Sozialstaatsbegriff konvergieren, der die Einordnung der sozialstaatlichen Zentralnorm in das System der Staatsfundamentalnormen beachtet (vgl. *C. WATRIN*, 1976, S. 60). Zweifellos ist die *RAWLS*sche Theorie der sozialen Gerechtigkeit als Alternative zum **Utilitarismus** zu sehen und in der Auseinandersetzung mit ihm entstanden. Während der Utilitarismus das größte Glück der meisten (gleichgültig, wie es sich verteilt) zum Kriterium gesellschaftlicher Entscheidungen macht, entwickelt *RAWLS* in **vertragstheoretischer Perspektive** unter Bezug auf die Sozialnatur des ichbezogen handelnden Menschen Gerechtigkeitsgrundsätze, die von allen Beteiligten als Fairneßprinzipien akzeptiert werden können und daher die Richtschnur gesellschaftlichen Denkens und Handelns sein sollen. Dabei ist *RAWLS* jedoch nicht ein „altmodischer Harmoniephilosoph", sondern er faßt „vielmehr die Gesellschaft als ein Unternehmen der Zusammenarbeit zum gegenseitigen Vorteil auf, das sowohl durch Interessenkonflikte als auch durch -harmonien gekennzeichnet ist. Interessenübereinstimmung besteht, weil die gesellschaftliche Zusammenarbeit, verglichen mit dem Fall, daß jeder auf seine eigenen Anstrengungen angewiesen ist, allen ein besseres Leben ermöglicht. Interessenkonflikte hingegen entstehen, weil es den Menschen nicht gleichgültig ist, wie die Früchte ihrer Zusammenarbeit verteilt werden" (*C. WATRIN*, 1976, S. 48 mit dem Hinweis auf *J. RAWLS*, 1975, S. 149). Bei Verwirklichung demokratischer Gleichheit und vernünftigem Handeln können sich jedoch die Gesellschaftsmitglieder auf zwei **Gerechtigkeitsgrundsätze als Fairneßprinzipien** einigen:

(1) *Prinzip strikter Gleichheit in den Grundrechten und -pflichten für alle.* Nach diesem Gerechtigkeitsgrundsatz hat „jedermann gleiches Recht auf das umfangreichste Gesamtsystem gleicher Freiheiten, das für alle möglich ist" (*J. RAWLS*, 1975, S. 336 und S. 81). Zu den Freiheitsrechten gehören die Gewissens- und Gedankenfreiheit, die politische Freiheit, die Rede- und Versammlungsfreiheit, die Freiheit der Person, das Recht auf persönliches Eigentum und der Schutz vor willkürlicher Inhaftierung (vgl. *J. RAWLS*, 1975, S. 82), nicht jedoch in vollem Umfange die Wirtschaftsfreiheiten (vgl. *J. RAWLS*, 1975, S. 83). Zum Schutz dieser Grundfreiheiten ist ein „umfangreiches System protektiver Institutionen erforderlich, zu denen *RAWLS* auch die Einschränkung der Mehrheitsentscheidungen zählt, da andernfalls die Freiheitsrechte der Minoritäten gefährdet werden können" (vgl. *C. WATRIN*, 1976, S. 51). *RAWLS* läßt nur wenige Gründe der Freiheitsbeschränkung gelten (Freiheitseinschränkung zum Schutz des Gesamtsystems der Freiheiten und zur Abwendung von Schaden für alle); diese Freiheitsbeschränkungen bedürfen jedoch allgemeiner Zustimmung. Die Freiheitsrechte haben im Gesamtsystem des *RAWLS*schen Gedankengebäudes den Vorrang vor Verteilungsgesichtspunkten und damit vor dem folgenden zweiten Prinzip.

(2) *Prinzip für die nichtegalitäre Verteilung.* Dieser Grundsatz besagt, daß „soziale und wirtschaftliche Ungleichheiten, etwa verschiedener Reichtum oder verschiedene Macht, nur dann gerecht sind, wenn sich aus ihnen Vorteile für jedermann ergeben, insbesondere für die schwächsten Mitglieder der Gesellschaft" (*J. RAWLS*, 1975, S. 32). Damit umschreibt das zweite Prinzip die Bedingungen, unter denen eine Ungleichverteilung von Gütern im weitesten Sinne als gerecht angesehen werden kann. Der Gegensatz zum Egalitarismus ist offensichtlich, wenngleich das *RAWLS*sche Prinzip eine Nebenbedingung enthält, die wiederum selbst in hohem Maße Egalitäres umfaßt. Grundsätzlich sind nämlich soziale und wirtschaftliche Ungleichheiten dann akzeptabel, wenn sie „den am wenigsten Bevorzugten den größtmöglichen Vorteil" bringen, wenn sie also die Ärmeren besser stellen; wenn die Besserstellung eines Bevorzugten die Lage der

schlechter Gestellten nicht mehr verbessert, so gilt sie nicht als gerecht (vgl. *J. RAWLS*, 1975, S. 81, 84 und 96). Außerdem müssen die Ämter und Positionen allen Gesellschaftsmitgliedern nach den Regeln der fairen Chancengleichheit offenstehen (vgl. *J. RAWLS*, 1975, S. 336).

John RAWLS bringt zweifellos eine **liberale Interpretation** der Idee der sozialen Gerechtigkeit; doch darf diese nicht mit altliberalen und sozialdarwinistischen Vorstellungen verwechselt werden. Grundsätzlich haben bei *RAWLS* die Freiheitsrechte den Vorrang vor den Verteilungsgesichtspunkten. Jedoch folgt aus seiner kooperativen Idee der Gesellschaft, daß diese so gestaltet werden sollen, daß „die Anstrengungen der besser Gestellten die Lage der schlechter Gestellten zu verbessern helfen"; die Ungleichheitsregel „erlaubt den besser Gestellten, ihre Vorteile nur in dem Umfang für sich zu nutzen, wie damit auch den weniger Begünstigten geholfen wird" (*C. WATRIN*, 1976, S. 53).

Die *RAWLS*sche **Ungleichheitsregel** basiert auf den wechselseitigen Vorteilen friedlicher Kooperation für jedermann; sie wird als ein für jedermann vorteilhaftes und von allen akzeptiertes Prinzip betrachtet (vgl. *J. RAWLS*, 1975, S. 125). Akzeptiert werden kann diese Regel jedoch nur, wenn die Ungleichheit nicht Ausfluß einer Ordnung ist, „in der Privilegien, Marktzugangsbeschränkungen oder andere Mängel im System der fairen Chancengleichheit bestehen" (*C. WATRIN*, 1976, S. 61); wird diese Nebenbedingung verletzt, so gilt die Ungleichheit in der Einkommens- und Vermögensverteilung als ungerecht, und in diesem Falle entsteht die Forderung nach Gleichheit. Hier zeigt sich dann das egalitäre Element in der *RAWLS*schen Position, die ansonsten dem aktuellen Egalitarismus eine deutliche Absage erteilt.

2. Ziele der Sozialpolitik

Das gesellschaftspolitische Leitbild der sozialen Gerechtigkeit enthält einen weiten Unbestimmtheitsbereich, so daß sein normativer Gehalt ohne zusätzliche Interpretation gering ist. *J. RAWLS* (1975) hat eine typisch liberale Interpretation der sozialen Gerechtigkeit vorgestellt. Seine gerechte Ordnung ist eine „konkrete Utopie", die noch nicht verwirklicht ist, aber doch realisierbar erscheint. Sie ist durch egalitäre und nichtegalitäre Elemente mit wechselseitigen Beziehungen und gleichzeitiger Einbindung in eine kooperative Ordnung der Gesellschaft gekennzeichnet.

Auch bei *J. RAWLS* hat soziale Gerechtigkeit – ebenso wie bei vielen anderen Autoren (vgl. *E. LIEFMANN-KEIL*, 1961, S. 6ff.; *B. KÜLP*, 1971, S. 109ff.; *J. TINBERGEN*, 1977, S. 9ff.) – etwas mit Gleichheit bzw. Ungleichheit zu tun. Die *RAWLS*sche Ausfüllung dieses Kriteriums ist stark beachtet worden, umreißt jedoch nicht die gesamte Spannweite möglicher Interpretationen dieser gesellschaftlichen Wertidee mit unterschiedlichen Möglichkeiten zur Ableitung sozialpolitischer Handlungsmaximen. Im folgenden sollen einige Prinzipien erläutert werden, die sich an dem engen **Zusammenhang zwischen sozialer Gerechtigkeit und Gleichbehandlung** orientieren, aber jeweils zu unterschiedlichen Handlungsmaximen sozialpolitischer Entscheidungsträger führen:

(1) Das *Prinzip der absoluten Gleichheit* besagt in seiner extremsten Form, daß zwischen den einzelnen Menschen in einer Gesellschaft hinsichtlich ihrer verschiedenen Rechte und Pflichten sowie ihrer sozialen und wirtschaftlichen Möglichkeiten keine Unterschiede existieren sollen. Abgemildert findet sich dieses Prinzip häufig mit der Forderung verbunden, daß gewisse Differenzierungsgrade zwischen den verschiedenen Menschen nicht überschritten werden sollen oder zumindest untere Schwellenwerte (z.B. existenzminimales Einkommen) zu beachten sind; die nach beiden Abmilderungen des Grundprinzips der absoluten Gleichheit noch vorhandenen Differenzierungen dürfen zudem nicht durch die Zugehörigkeit zu einer nach Rasse, Religion usw. bestimmten Gruppe determiniert werden. Für das Prinzip der absoluten Gleichheit ergeben sich verschiedene *Merkmale:*

- Zweifellos ist der *normative Gehalt* des Prinzips absoluter Gleichheit im Sinne des Nichtvorhandenseins irgendwelcher Unterschiede (z.B. in den Einkommen) sehr hoch, trotzdem ergeben sich erhebliche Probleme bei der Konkretisierung dieses Maßstabes. Soweit das Prinzip absolute Einkommensgleichheit postuliert, tauchen in der *praktischen Verwendung* Fragen der Bestimmung des Umfangs der zu betrachtenden Personengruppen (Einzeleinkommen, Haushaltseinkommen einschließlich des Einkommens der Kinder) sowie der sachlichen (Erfassung aller Einkommensbestandteile) und der zeitlichen Ausdehnung der Betrachtung (Erfassung des Stunden-, Tage-, Wochen-, Monats-, Jahres- oder Lebenseinkommens) auf.

- Begründet wird das Prinzip absoluter Gleichheit als Handlungsmaxime der Sozial- und Verteilungspolitik sehr häufig mit dem Hinweis, daß grundsätzlich alle Menschen gleich seien; allerdings ist unverkennbar, daß die Menschen zwar in vielerlei Hinsicht gleich, aber auch in mancher Hinsicht ungleich sind. Die weitgehend *ethische Begründung* des Prinzips absoluter Gleichheit wird durch *ökonomische Begründungen* ergänzt. Im Rahmen der *älteren Wohlfahrtstheorie* wird unter Bezugnahme auf das Erste Gossensche Gesetz darauf hingewiesen, daß eine Egalisierung der Einkommen den Gesamtnutzen der Mitglieder einer Gesellschaft erhöhen könne, wobei jedoch sehr häufig verschiedene Voraussetzungen unbeachtet bleiben oder implizit getroffen werden (Nutzen als Gesamtsumme der Einzelnutzen; interpersonelle Nutzenvergleichbarkeit und identische Bedürfnisstrukturen der Betroffenen). *Neuere wohlfahrtsökonomische Untersuchungen* weisen verstärkt auf die Schwächen dieser Begründung hin (vgl. *H. MÜLLER-GRÖLING,* 1965). Eine weitere ökonomische Begründung der absoluten Einkommensgleichheit wird aus *konjunkturpolitischer Sicht* gegeben; nach dieser Auffassung führt eine Nivellierung der Einkommen zu einer Vergrößerung der durchschnittlichen Konsumneigung und zu einer Erhöhung der gesamtwirtschaftlichen Nachfrage, der Produktion und des Beschäftigungsgrades. Bei dieser Argumentation muß vorausgesetzt werden, daß die Einkommensegalisierung nur die Konsumnachfrage und nicht die Investitionsgüternachfrage beeinflußt; hier sind jedoch unter Umständen kontraktive Investitionseffekte als Folge verringerter Investitionsneigung (Verringerung der Rendite) und reduzierter Investitionsmöglichkeit (Verringerung der Selbstfinanzierungsmöglichkeiten) festzustellen. Es ist noch weitgehend ungeklärt, wie das Verhältnis der expansiven Konsumeffekte zu den kontraktiven Investitionseffekten beschaffen ist.

- Das sozial- und verteilungspolitische Ziel der absoluten Einkommensgleichheit steht in einem deutlichen *Spannungsverhältnis zu verschiedenen gesamtwirtschaftlichen Erfordernissen.* Da die Lenkungsfunktion der Güter- und Faktorpreise beeinflußt wird, sind Fehlallokationen möglich und realistisch. Zudem können sich schwierige Probleme hinsichtlich der Erhaltung der Preisniveaustabilität bei Hochkonjunktur ergeben; zumindest kehrt sich in der Situation der Hochkonjunktur das obige Egalisierungsargument um. Die durchaus realistischen kontraktiven Investitionseffekte können das Wachstum des Sozialprodukts beeinträchtigen; hinzu treten die negativen Auswirkungen eines weitgehenden Wegfalls von Leistungsanreizen.

Die erwähnte Forderung nach *Garantie eines Mindesteinkommens* ist im Sozialhilferecht formell festgelegt. Die Sozialhilfe orientiert sich dabei weitgehend an einem sog. kulturellen Existenzminimum, dessen Festlegung jedoch nicht eindeutig, sondern interpretationsbedürftig ist.

Die Forderung nach *Begrenzung der Einkommensdifferenzierung* ist solange inhaltsleer, als es nicht gelingt, allgemein anerkannte Maßstäbe der Einkommensdifferenzierung zu entwickeln. Die Verteilungsmaße von *V. PARETO, C. GINI* und *M. C. LORENZ* fanden zwar in der sozial- und verteilungspolitischen Diskussion eine erhebliche Beachtung, führen jedoch im Einzelfall zu sehr unterschiedlichen Ergebnissen (vgl. *A. B. ATKINSON,* 1970, S. 244ff.; *S.-C. KOLM,* 1976, S. 416ff.) und bleiben daher letztlich doch umstritten (vgl. *B. KÜLP,* 1971, S. 121ff.).

(2) Die *Prinzipien relativer Gleichheit* unterscheiden sich von dem Prinzip der absoluten Gleichheit durch die Wahl eines Bezugsstandards. Bezug genommen wird dabei regelmäßig entweder auf die Leistung bzw. den Bedarf; beide Vorgehensweisen führen jedoch zu sehr unterschiedlichen Ergebnissen:

- Das *Leistungsprinzip* als Prinzip relativer Gleichheit besagt, daß jeder, der eine gleich hohe Leistung erbringt, auch ein gleich hohes Einkommen erhalten soll. Dieses Prinzip liegt ganz auf der Linie alter, aber auch neuerer liberaler Vorstellungen, nach denen mit der Realisierung des Leistungsprinzips gleichzeitig eine Maximierung des Sozialprodukts im Interesse aller bei optimaler Allokation der Produktionsfaktoren und des Vorhandenseins von Leistungsanreizen mit entsprechenden Produktivitätssteigerungen erreicht werde.

  Die *Konkretisierung* des Leistungsprinzips kann anhand verschiedener Maßstäbe erfolgen, deren inhaltliche Ausfüllung mit unterschiedlichen Problemen verbunden ist. Diese zeigen sich bereits, wenn – wie überwiegend gefordert wird – die Leistung im Sinne des *Beitrags zum Sozialprodukt* verstanden werden soll. In der typischen Situation des Zusammenwirkens mehrerer Faktoren ergeben sich Zurechnungsprobleme, die nach unterschiedlichen, wenn auch weitgehend willkürlichen Ansätzen gelöst werden können (*C. MENGER:* Verlustprinzip; *E. BÖHM-BAWERK:* Substitutionsprinzip bzw. Prinzip der zweitbesten Verwendung). Da die vorgeschlagenen Lösungsansätze jedoch kaum befriedigen, wird insbesondere aus liberaler Sicht die Heranziehung der *Marktpreise* vorgeschlagen; die Einkommensverteilung wird dann dem Markt überlassen, die marktlich bestimmte Einkommensverteilung sei gerecht, staatliche Eingriffe seien zu vermeiden. Gegen diese Auffassung ist eine doppelte Kritik möglich: Einerseits stimmen die marktlich honorierte Leistung und die subjektive Leistung im Sinne des persönlichen Aufwandes nur in den seltensten Fällen überein, wenngleich auch nach liberaler Auffassung langfristig eine Angleichung von objektiver und subjektiver Leistung bewirkt werde, wenn die Mobilität der Produktionsfaktoren nicht durch psychologische, institutionelle und wirtschaftliche Faktoren behindert werde. Allerdings sind solche Einschränkungen der Faktormobilität realistisch und sogar typisch, so daß die Anpassungsmechanismen der Märkte nur unvollkommen arbeiten können. Andere Kritiker der liberalen Position weisen insbesondere auf die Möglichkeiten einer monopolistischen Verknappungspolitik mit den dadurch bedingten Einkommensverzerrungen hin. Gerade dieser Kritikpunkt veranlaßte verschiedene Autoren, als Leistung eine solche im Sinne der *Konkurrenzpreise* zu propagieren. Nicht der tatsächlich realisierte Preis, sondern der Preis bei vollständiger Konkurrenz sei der geeignete Maßstab der Leistung. Allerdings muß ein sich bei vollständiger Konkurrenz ergebender Lohn nicht unbedingt ein gerechter Lohn sein. Machtfaktoren, deren Geltung insbesondere von *E. PREISER* betont wird, bewirken auch bei vollständiger Konkurrenz eine ungleichgewichtige Stellung von Arbeitnehmern und Arbeitgebern. Dies wird vor allem in Zeiten der Unterbeschäftigung zu Lasten der Arbeitnehmer, in Zeiten der Hochkonjunktur häufig zu Lasten der Arbeitgeber deutlich. Unabhängig von vielen möglichen Einwänden gegen diese Überlegungen ist insbesondere darauf hinzuweisen, daß die objektive Leistung durchaus von der subjektiven, und zwar auch im Falle der vollständigen Konkurrenz, abweichen kann.

Versuche zur Definition der *subjektiven Leistung* wurden insbesondere von der Grenznutzenschule (*W. St. JEVONS, C. MENGER, L. WALRAS*) unternommen, ohne daß jedoch eine befriedigende Lösung des Problems der praktischen Ermittlung des Leistungsbeitrages eines Wirtschaftssubjekts erreicht wurde. Die Lösungsansätze der analytischen Arbeitsplatzbewertung mit ihrer Erfassung einzelner Leistungskomponenten unter Berücksichtigung der erforderlichen Verantwortung, der körperlichen und geistigen Fähigkeiten und schließlich der körperlichen und geistigen Belastungen nach Maßgabe unterschiedlicher Intensitätsgrade stellen zweifellos einen erheblichen Fortschritt in Richtung auf die Ermittlung der subjektiven Leistung dar; die notwendige Zusammenfügung der einzelnen Leistungskomponenten zu einem Gesamtmaßstab wirft jedoch erhebliche meßtheoretische Probleme auf.

Die Propagierung des Leistungsprinzips als Maßstab der sozialen Gerechtigkeit steht in einem *Spannungsverhältnis zur sozialen Sicherheit und zum sozialen Frieden*. Die soziale Sicherheit wird gefährdet, wenn das Leistungsprinzip im Falle von Krankheit, Unfall und Invalidität usw. dem Arbeitnehmer nur eine begrenzte persönliche Zukunftsvorsorge erlaubt oder aber diese aus Gründen einer hohen Zeitpräferenz eingeschränkt wird. Die mit dem Wirken des Leistungsprinzips verbundenen Einkommensdifferenzierungen können zu sozialer Unzufriedenheit und zu sozialen Spannungen mit der Folge sozialer Konflikte und der Gefährdung des sozialen Friedens führen.

- Das *Bedarfsprinzip* steht vor noch größeren Schwierigkeiten seiner inhaltlichen Bestimmung als das Leistungsprinzip. Der Bedarf ist hier im Sinne von Bedürfnis zu verstehen und stellt im individuellen, subjektiven Sinne das dar, was der einzelne als seinen Bedarf bezeichnet. Ein so umgrenzter Bedarfsbegriff kann kaum als Maßstab sozial- und verteilungspolitischer Maßnahmen verwendet werden. Nicht zuletzt ist völlig unklar, wie weit der Begriff des Bedarfes gefaßt werden soll und wie die Knappheit der Bedürfnisbefriedigungsmöglichkeiten berücksichtigt werden soll (vgl. *E. LIEFMANN-KEIL,* 1961, S. 17). Gerade die Knappheit der Bedürfnisbefriedigungsmöglichkeiten läßt es nicht zu, daß der individuelle, subjektive Bedarf uneingeschränkt zum Maßstab sozial- und verteilungspolitischer Maßnahmen gemacht wird; denkbar wäre die Verwendung eines durchschnittlichen und gesellschaftlich anerkannten Bedarfs. In der praktischen Sozial- und Verteilungspolitik wird teilweise auf einen derartigen modifizierten Bedarf Bezug genommen, teilweise aber auch auf den Bedarf im individuellen, subjektiven Sinne.

Das *RAWLS*sche Modell einer „konkreten Utopie" stützt weder die eine noch die andere der hier aufgezeigten **Extrempositionen**. Seine Idee einer gerechten Ordnung vereinigt in sich verschiedene Elemente. Indem er in den Rahmen dieser Ordnung auch die Sicherung des Existenzminimums durch Einkommensbeihilfen nach dem Modell der negativen Einkommensteuer einbezieht, werden Aspekte eines abgemilderten Prinzips der absoluten Gleichheit deutlich. Diese Gleichheit bezieht sich aber nur auf den Schwellenwert des Existenzminimums. Im übrigen schlägt er die Schaffung einer gerechten Marktwirtschaftsordnung vor, die zwar wesentliche Elemente der vollständigen Konkurrenz enthält, aber durch dieses Modell keineswegs in vollem Umfange wiedergegeben wird. Die sich an offenen Wettbewerbsmärkten ohne List, Gewalt, Betrug oder Privilegien herausbildende Verteilung wird als gerecht bezeichnet. Elemente des Leistungsprinzips sind unverkennbar. Die Geltung des Leistungsprinzips wird jedoch in dem Maße eingeschränkt, in dem wirtschaftliche Vorteile allein zugunsten der

Bessergestellten anfallen. Die Bessergestellten dürfen in den Genuß dieser Vorteile nur dann kommen, wenn auch die wirtschaftlich schwächsten Personen der Gesellschaft dadurch Vorteile haben.

3. Gestaltungsprinzipien der Sozialpolitik

3.1 Solidaritäts- und Subsidiaritätsprinzip

Zu den grundlegenden Gestaltungsprinzipien eines Systems der Sozialen Sicherheit gehören seit den Anfängen der Sozial- und Verteilungspolitik das Solidaritätsprinzip und das Subsidiaritätsprinzip. Beide Prinzipien beziehen sich auf die **innere Gliederung einer Gesellschaft** und der in ihr bestehenden interdependenten Ordnung des sozial- und verteilungspolitischen Geschehens. Zwar haben beide Prinzipien im Laufe einer langen Entwicklung einen Bedeutungswandel erfahren, aber ihre gesellschaftspolitische Relevanz ist auch in der Gegenwart unbestritten. Dies gilt insbesondere für das **Solidaritätsprinzip**, dessen gesellschaftliche Bedeutung angesichts drängender Zukunftsprobleme des Sozialleistungssystems zweifellos zunehmen wird:

(1) Der *Begriff der Solidarität,* der so alt wie die Sozial- und Verteilungspolitik überhaupt ist, entstammt der Rechtssprache und betrifft dort die solidarische Verpflichtung oder Haftung mehrerer Schuldner gegenüber einem Gläubiger. Mit der Übertragung ins gesellschaftliche Leben meint Solidarität als solidarische Gesinnung und solidarisches Verhalten den Grundsatz „alle für einen, d.h. für jeden einzelnen, aber ebenso einer, d.h. jeder einzelne, für alle" (*O. v. NELL-BREUNING,* 1957, S. 213).

Die Solidarität war ursprünglich die auf einer tatsächlichen Verbundenheit der Interessen basierende *Gruppensolidarität* (z.B. die in den Arbeitskampfsituationen entstandene „Bruderhilfe der Arbeitskollegen", vgl. *G. W. BRÜCK,* 1976, S. 47); sie entstand letztlich aus der Erkenntnis, daß „alle in einem Boot sitzen". Die dadurch bedingte Verbundenheit der Individuen in der Gruppe reicht aber nur so weit, wie gemeinsame Interessen berührt werden; regelmäßig betrifft daher die Solidarität auch nur ganz bestimmte gleichartige Lebensinteressen der einzelnen in einer Gruppe.

Gerade für die Gegenwart ist die Frage unverzichtbar, ob und inwieweit sich diese Gruppensolidarität zu einer *gesamtgesellschaftlichen Solidarität* ausgeweitet hat oder zumindest eine gesamtgesellschaftliche Solidarität an die Seite der Gruppensolidarität getreten ist. In der Tat legt die Entwicklung des Sozialleistungssystems die Vermutung nahe, daß der gesamtgesellschaftlichen Solidarität eine immer größere Bedeutung zukommt. Die Solidarhaftung ist in vielen Bereichen des Sozialleistungssystems nicht mehr auf enge Gruppen bezogen, sondern hat sich vielmehr in Richtung auf die Gesamtgesellschaft ausgeweitet. Dies zeigt sich insbesondere in jenen Subsystemen, die mittlerweile nahezu jedermann betreffen oder für jedermann offenstehen und für die steuerfinanzierte Zuweisungen eine immer größere Bedeutung gewinnen. Eine solche Tendenz zeigt sich aber auch in der Veränderung des Verständnisses von Solidarhaftung im Bereich der Alterssicherung mit der Konstituierung eines Solidarvertrages zwischen den Generationen. Unverkennbar ist, daß sich mit dieser Entwicklung die solidarische Gesinnung und auch das solidarische Verhalten verändern; je größer die Gruppe wird und je mehr sie sich schließlich in Richtung auf die Gesamtgesellschaft ausweitet, um so schwächer wird tendenziell die freiwillige Solidarität und um so mehr muß die zwangsweise Solidarhaftung zum Zuge kommen.

(2) Diese Entwicklung betrifft zugleich den alten und immer noch aktuellen gesellschaftsphilosophischen Streit zwischen *Individualismus und Kollektivismus*. Die individualistische Position der Gesellschaftsphilosophie geht von dem Einzelmenschen aus und leugnet seine Bezogenheit auf die Gesellschaft. Die Gesellschaft wird von dem einzelnen nur als Mittel für sein eigenes Wohlergehen betrachtet. Der Kollektivismus stellt sich ebensosehr als Einseitigkeitslehre, aber mit einem anderen Ausgangspunkt dar. Das Kollektiv wird in den Vordergrund gestellt, und ihm wird die Bezogenheit auf die Einzelmenschen abgesprochen: „Das ganze sei nicht auf seine Glieder bezogen oder hingeordnet; vielmehr wird ihm die Selbstzwecklichkeit zugeschrieben und demgemäß der Einzelmensch zur bloßen Mittelhaftigkeit degradiert" (*O. v. NELL-BREUNING*, 1957, S. 216). Läßt der Individualismus das „alle für einen" gelten und lehnt er das „einer für alle" ab, so wendet sich der Kollektivismus gegen das „alle für einen" und raubt zugleich dem „einer für alle" seinen Sinn (vgl. *O. v. NELL-BREUNING*, 1957, S. 217). Zweifellos werden weder der Individualismus noch der Kollektivismus der Wirklichkeit gerecht; sie sind Einseitigkeitslehren, denen die solidaristische Gesellschaftsphilosophie als Doppelseitigkeitslehre gegenüberzustellen ist. Allerdings darf nicht übersehen werden, daß mit dem Übergang von der gruppenmäßigen Solidarhaftung zur gesamtgesellschaftlichen Solidarhaftung die individualistische Position verstärkt an Boden gewinnt und das Auseinanderfallen von Einzelinteresse und Gesamtinteresse eklatant wird.

Das Solidaritätsprinzip erfährt eine wesentliche Ergänzung durch das **Subsidiaritätsprinzip**. Die Diskussion um diesen Gestaltungsgrundsatz des Systems der Sozialen Sicherheit schließt überwiegend an die schon klassische Formulierung in der päpstlichen *Encyclica quadragesimo anno* aus dem Jahre 1931 an. Die dort zum Subsidiaritätsprinzip enthaltenen Aussagen wurden in einer ersten Phase der Diskussion im Sinne einer „Rangordnung der Sozialkörper" (*G. W. BRÜCK*, 1976, S. 44) ausgelegt. Zunächst solle sich der einzelne selbst helfen; und erst dann – wenn er dazu nicht mehr in der Lage sei – müsse ihm die Hilfe des Familienverbandes zuteil werden; erst danach dürften ersatzweise die Gemeinden, für diese wiederum danach ersatzweise das Land und schließlich der Gesamtstaat herangezogen werden. Diese **Rangordnung der Sozialkörper** wurde nicht nur **sachlich**, sondern zugleich auch **zeitlich** interpretiert.

Die **katholische Soziallehre** tolerierte anfangs diese Rangordnungsvorstellung, die sich jedoch bald zu einem bedeutenden Hemmnis der sozial- und verteilungspolitischen Dynamik entwickelte. In dieser Situation legte *O. v. NELL-BREUNING* (1957, S. 219ff.) das Subsidiaritätsprinzip in einer der Situation unserer Zeit entsprechenden Weise aus:

(1) Das Subsidiaritätsprinzip betrifft das Verhältnis der verschiedenen Sozialkörper zueinander und betont die Notwendigkeit der *Selbsthilfe* der wirtschaftlich und/oder sozial schwachen Personen. Die *Fremdhilfe* soll nur insoweit gewährt werden, wie sie dazu geeignet ist, die Selbsthilfe zu ermöglichen. Soweit die Selbsthilfe ohne Fremdhilfe denkbar ist, soll diese unterbleiben, da andernfalls eigene Initiative und eigene Aktivität erstickt werden können. Eine solche Fremdhilfe wäre dann keine echte Hilfe. Die Eigenhilfe hat gegenüber der Fremdhilfe stets den Vorrang, und die Fremdhilfe wiederum soll Hilfe zur Selbsthilfe sein.

(2) Damit taucht die Frage nach den individuellen und/oder gesellschaftlichen *Vorleistungen* sowie den sich daran anschließenden *Ergänzungs- und Zusatzleistungen* auf. Der Vorrang der Eigenhilfe vor Fremdhilfe bedeutet nicht in jedem Fall, daß der einzelne Vorleistungen zu erbringen hat, an die sich dann gesellschaftliche Ergänzungs- und Zusatzleistungen anschließen. In bestimmten Fällen mag ein derartiges Verständnis von Subsidiarität gerechtfertigt sein. In vielen Fällen muß aber die Gesellschaft, bevor der

einzelne zur Selbst- oder Eigenhilfe in der Lage ist, Vorleistungen erbringen, die überhaupt erst die Basis schaffen, auf der sich eigene Initiative und eigene Aktivität entfalten können. Je nach Lage des einzelnen Falles werden entweder die einzelnen oder aber die Gesellschaft sinnvollerweise Vorleistungen zu erbringen haben.

(3) Das Subsidiaritätsprinzip hat Bedeutung über das Verhältnis von Gesellschaft und Einzelmensch hinaus und berührt das „Verhältnis der größeren und umfassenderen Gesellschaft zu den kleineren, von ihr umfaßten Gesellschaften" (*O. v. NELL-BREUNING,* 1957, S. 224). In diesem Zusammenhang besagt das Subsidiaritätsprinzip nicht, daß sich die *kleineren Einheiten der Gesellschaft* zunächst in der sozialen Hilfe erschöpfen sollen, bevor die *nächsthöhere Instanz* einzugreifen habe. Eine solche Interpretation würde den obigen Überlegungen fundamental widersprechen. Subsidiarität meint im Verhältnis der verschiedenen „Sozialkörper" zueinander vielmehr ein Gliederungsprinzip des Sozialen, das „der begrenzten unmittelbaren Reichweite der konkreten Existenz des Menschen entspricht" (*N. BLÜM,* 1974, S. 282). Dies bedeutet, daß man das, was die kleineren sozial- und verteilungspolitischen Einheiten in gleicher Weise oder gar besser machen können, auch diesen Einheiten überlassen solle, weil – bis zum Beweis des Gegenteils im einzelnen Fall – die Nächstbeteiligten am ehesten gezielt und zweckmäßig helfen können. Damit ist eine Sachfrage verbunden, die gründlich und unvoreingenommen geprüft werden muß; es muß geklärt werden, ob „die Aufgabe, um die es geht, von dem kleineren Lebenskreis, der engeren Gemeinschaft, dem räumlich oder fachlich enger begrenzten Gemeinwesen ausreichend und zufriedenstellend und ohne Überanstrengung der Kräfte geleistet werden kann, oder ob es zu ihrer richtigen und befriedigenden Lösung des Eingreifens der umfassenderen Gemeinschaft, des räumlich oder fachlich weiter umgrenzten Gemeinwesens usw. bedarf" (*O. v. NELL-BREUNING,* 1957, S. 225). Erst nach Klärung der Sachfrage kann gemäß dem Subsidiaritätsprinzip in der einen oder anderen Weise eine Entscheidung getroffen werden; diese wird also durch das Subsidiaritätsprinzip selbst nicht im vorhinein bestimmt.

Solidaritäts- und Subsidiaritätsprinzip sind in der hier verstandenen Form gesellschaftliche Wertideen, die sowohl dem Individualismus als auch dem Kollektivismus eine entschiedene Absage erteilen. Betont das Subsidiaritätsprinzip verstärkt die Selbstverantwortung des Menschen und der kleineren Gemeinwesen, so leugnet es doch nicht die Verantwortung des Ganzen für die kleineren Einheiten der Gesellschaft. Das Solidaritätsprinzip betont die Selbstverantwortung des einzelnen nicht nur für sich selbst, sondern zugleich auch für die Gesamtgesellschaft, insbesondere für die Solidargemeinschaft, der der einzelne angehört.

3.2 Kausal- und Finalprinzip

Das Sozialleistungssystem in der Bundesrepublik Deutschland ist durch **unterschiedlichste Institutionen** gekennzeichnet, die jeweils für die **Abdeckung bestimmter sozialer Risiken für bestimmte Personenkreise** zuständig sind. Dabei sind vielfältige Überschneidungen in den Aktivitäten der Leistungsträger hinsichtlich der leistungsmäßigen Behandlung bestimmter sozialer Risiken, aber auch hinsichtlich der erfaßten Personenkreise festzustellen. Neben dieser **Mehrgleisigkeit** ist das historisch gewachsene System auch durch typische Lücken gekennzeichnet; den Leistungsüberschneidungen auf der einen Seite stehen oft **Leistungslücken** auf der anderen Seite gegenüber.

Angesichts sich überlappender Aktivitätsbereiche der Leistungsträger mit unterschiedlichen Leistungsregelungen für unterschiedliche Personenkreise ergibt sich sehr häufig eine **unterschiedliche Behandlung gleicher sozialer Tatbestände**, je nachdem welcher Leistungsträger in Anspruch genommen werden kann. Im Zeitablauf kann darüber hinaus die Zuständigkeit der Leistungsträger wechseln, so daß der Leistungsempfänger im Hinblick auf denselben Sicherungstatbestand nach Maßgabe bestimmter Fristen nacheinander eine Reihe von Sozialleistungsträgern durchlaufen muß.

Diese **Schwächen des heutigen Systems** sind in seiner historisch gewachsenen Gliederung mit unterschiedlichen Aktivitätsbereichen, unterschiedlichen Personenkreisen und unterschiedlichsten Leistungsregelungen angelegt, wobei die Leistungsabgabe sich fast ausschließlich nach dem **Anspruchsgrund** mit entsprechenden Folgen für die Zuständigkeit einzelner Leistungsträger und unterschiedlichen Leistungsausprägungen in sachlicher und zeitlicher Hinsicht richtet. Die Leistungsabgabe des Systems der sozialen Sicherheit ist in diesem Sinne nach dem **Kausalprinzip** gestaltet.

Seit vielen Jahren ist die Diskussion um eine Abkehr von der kausalen Orientierung des Systems der Sozialen Sicherheit im Gange und seither nicht abgeklungen. Zwar ist die kausale Orientierung des Systems angesichts seiner Entstehungsweise im historischen Ablauf verständlich, doch sind zugleich die Mängel dieses Systems immer deutlicher geworden. Als Alternative wird eine verstärkte Ausrichtung des Systems der Sozialen Sicherheit an dem **Finalprinzip** gefordert, das bisher nur in Teilbereichen und ansatzweise verwirklicht worden ist. Dabei steht weniger ein radikaler Bruch mit dem bisherigen System zur Diskussion, sondern vielmehr ein Ausgleich seiner offensichtlichen Mängel bei gleichzeitiger Nutzung seiner bisherigen Vorzüge (vgl. *H. ACHINGER*, 1953; *B. MOLITOR*, 1957, S. 245ff.; *W. BOGS, H. MEINHOLD, H. ACHINGER*, 1967, S. 1ff.; *H. FENGE*, 1970, S. 652ff.; *W. ALBERS*, 1976).

Mit dem Finalprinzip ist nicht nur eine andere Betrachtungsweise des Systems der Sozialen Sicherheit intendiert, sondern zugleich eine deutlich **unterschiedliche Gesamtkonzeption** der Leistungsabgabe sozial- und verteilungspolitischer Institutionen. Das vom Kausalprinzip bestimmte System „sucht individuelle Schäden und Notstände von Fall zu Fall auszugleichen, soweit der Schadensgrund eine eindeutige Zuordnung ermöglicht, die eigenen Vorleistungen hinreichen oder ggf. nackte individuelle Bedürftigkeit vorliegt. Das System ist rückwärts gewandt und wirkt im wesentlichen statisch" (*B. MOLITOR*, 1957, S. 253). Das nach dem Finalprinzip organisierte Sicherungssystem geht von **typischen sozial- und verteilungspolitischen Risiken und Problemlagen** aus, denen die Menschen in einer Gesellschaft in gleicher oder zumindest ähnlicher Weise ausgesetzt sind oder ausgesetzt sein können. Ausgehend von diesen sozialen Tatbeständen (basic needs) wird den Gesellschaftsmitgliedern ein **soziales Sicherungsversprechen** gegeben. „Jedem Gesellschaftsmitglied wird, welchen Notlagen es auch immer ausgesetzt sein mag, die Grundchance einer Existenz in Gesundheit, Leistungsfähigkeit und Einkommenssicherheit geboten. Diese Grundchance ist als gesellschaftliche Vorleistung konzipiert, die den einzelnen und seine Familie erst in die Lage versetzt,eigene Leistungen sinnvoll und mit Gewinn einzusetzen. In diesem Sinne trägt ein finalgestaltetes Sicherungssystem dynamischen Charakter" (*B. MOLITOR*, 1957, S. 253f.).

Die stärkere Geltung des Finalprinzips kann die wesentlichen Schwächen des historisch gewachsenen Sicherungssystems überwinden helfen. Das finale Sicherungsversprechen mit seiner Orientierung am aktuellen Bedarf reduziert die typische Ungleichartigkeit in der Behandlung gleicher sozialer Tatbestände durch ein primär kausal orientiertes System; die Finalität eines sozialen Sicherungssystems erfordert geradezu, daß **gleiches gleich behandelt** wird. Mit ihr ist nicht vereinbar, wenn „der gleiche Notstand ungleich behandelt wird, die gleiche Sicherungsaktion qualitativ verschieden gestaltet ist, je nachdem, welche Stellung der Betroffene im Arbeits- und Wirtschaftsleben innehat und welcher Sicherungsträger nach dem Schadensgrund in Frage steht" (*B. MOLITOR,* 1957, S. 249). Allerdings hebt die Finalität des Sozialleistungssystems die Differenzierung von Leistungen nicht auf, sondern fordert sie sogar nach Maßgabe der Differenzierung sozialer Tatbestände. Wird in dieser Weise die Leistungsabgabe des Systems der Sozialen Sicherheit nach den Grundrisiken und ihrer jeweiligen konkreten Ausprägung und dem daraus folgenden Sicherungsbedarf bemessen, so erscheint nicht nur das Problem der Leistungskumulierung weniger bedeutsam zu sein, sondern ebenso das Problem der Lückenhaftigkeit des historisch gewachsenen Sozialleistungssystems. Mit der Abgabe eines finalen Sicherungsversprechens vermindern sich in dieser Weise die Gefahren, die für den einzelnen Leistungsempfänger aus der gegebenen Kompetenzzersplitterung der Leistungsträger resultieren.

Mit der stärkeren Finalisierung des Sozialleistungssystems ist nicht notwendigerweise eine Abkehr von der kausalen **Finanzierung** der Sozialleistungen verbunden. Zwar fordert das Finalprinzip, daß während der Dauer der sozial- und verteilungspolitischen Leistungsabgabe grundsätzlich nur ein Leistungsträger zuständig sein soll, aber dies schließt einen finanziellen Ausgleich zwischen den verschiedenen Leistungsträgern nicht aus. Die Beibehaltung der kausalen Finanzierung mit ihrer Orientierung an bestimmten finanziell verpflichteten Personenkreisen vermeidet eine durchaus unnötige Schwächung der Gruppensolidarität, deren Bedeutung für das Sozialleistungssystem oben hervorgehoben wurde.

3.3 Prinzipien der Versicherung, Versorgung und Fürsorge

Ebenso wie das Solidaritäts- und Subsidiaritätsprinzip sowie das Kausal- und Finalprinzip stellen die Prinzipien der Versicherung, Versorgung und Fürsorge fundamentale Gestaltungsgrundsätze des Systems der Sozialen Sicherung dar. In historischer Sicht erweist sich die Fürsorge zweifellos als das älteste Verfahren, wenngleich sie auch schon frühzeitig durch Versorgung ergänzt wurde, während die Versicherung vor allen Dingen seit Beginn der neueren staatlichen Sozialpolitik unübersehbar an Bedeutung gewann (vgl. *P. QUANTE,* 1957, S. 227ff.). In idealtypischer Form sind diese Maximen der Sozialen Sicherung jedoch in kaum einem Sicherungsbereich verwirklicht, regelmäßig treten sie in unterschiedlichsten Kombinationen auf, wenn auch die Strukturierung der einzelnen Subsysteme der Sozialen Sicherung schwerpunktmäßig nach dem einen oder anderen Prinzip erfolgt (vgl. *G. W. BRÜCK,* 1976, S. 51ff.):

(1) Unter einer *Versicherung* wird üblicherweise die „gegenseitige Deckung zufälligen schätzbaren Geldbedarfs zahlreicher gleichartig bedrohter Wirtschaften" (*A. MANES,* 1928) verstanden. Unter der Voraussetzung einer großen Zahl gleichartiger versicherter Risiken (Gesetz der großen Zahl), der Zufälligkeit des Eintritts der Versicherungsfälle und ihrer Unabhängigkeit ist nicht nur die Zahl der eintretenden Versicherungsfälle, sondern auch die Höhe der benötigten Deckung nach den Regeln der versicherungs-

mathematischen Wahrscheinlichkeitsrechnung schätzbar. „Diese Schätzbarkeit der Risiken ermöglicht eine Kalkulation der von den Versicherten zu tragenden Beiträge, denn diese Beiträge wieder sollen ja ausreichen, um den schätzungsweise eintretenden Bedarf zu decken" (*P. QUANTE*, 1957, S. 231). Die Kalkulation von Beiträgen und Leistungen erfolgt in dieser Weise nach dem *versicherungstechnischen Äquivalenzprinzip*.

Diesem Grundgedanken folgt auch die *Sozialversicherung*. Auch sie ist durch einen Zusammenschluß der mit gleichartigen und schätzbaren Risiken belasteten Personen zu Gefahrengemeinschaften und durch einen Risikoausgleich innerhalb einer Gemeinschaft gekennzeichnet. Ebenso wie in der Privatversicherung ergibt sich auch in der Sozialversicherung aufgrund der gezahlten Beiträge ein bestimmter Leistungsanspruch im Versicherungsfalle. Jedoch wird das versicherungstechnische Äquivalenzprinzip der Privatversicherung durch das *Solidarprinzip* ergänzt. „Dies einmal dadurch, daß für unterschiedlich hohe Beiträge vielfach gleiche Leistungen (bei Sachleistungen gilt das stets) gewährt werden (Umverteilung von den Beziehern höherer zu den Beziehern niedrigerer Einkommen)" und zum anderen dadurch, daß trotz gleich hoher Beiträge „die Mitversicherung der Familienangehörigen sichergestellt ist (Umverteilung von den Unverheirateten und kinderlosen Ehepaaren zu den Verheirateten und Familien mit Kindern)" (*G. W. BRÜCK*, 1976, S. 53). Die versicherungstechnische Äquivalenz von Beiträgen und Leistungen wird zum Zwecke des sozialen Ausgleichs durchbrochen, der Ausdruck der Solidarität in der jeweiligen Gefahrengemeinschaft ist (vgl. *R. ALTENDORF*, 1971; *K. KRESSMANN*, 1971). Im Gegensatz zur Individualversicherung werden nicht alle Elemente des versicherten Risikos nach Maßgabe einer strengen Gefahrenklassifikation in der Gestaltung von Beiträgen und Leistungen zum Ausdruck gebracht. Dies führt zu den typischen Umverteilungseffekten der Sozialversicherung.

(2) Mit der Gewährung von allgemeinen Staatszuschüssen an die Sozialversicherung gewinnen in dieser Versorgungsgesichtspunkte an Bedeutung. Daneben existieren aber selbständige *Versorgungssysteme*, wie z.B. die Beamtenversorgung und die Kriegsopferversorgung. Typisch für die Versorgungsleistungen ist im Gegensatz zur Sozialversicherung die Finanzierung aus allgemeinen Haushaltsmitteln und nicht aus Beiträgen der Leistungsempfänger. Nichtsdestoweniger begründen die Versorgungssysteme Rechtsansprüche auf Leistungen in Gestalt von Festbeträgen (vgl. *G. W. BRÜCK*, 1976, S. 55). Analog zur Sozialversicherung findet auch in denjenigen Systemen, die nach der Versorgungsmaxime gestaltet sind, eine Bedürftigkeitsprüfung nicht statt; soweit allerdings analog zur Sozialversicherung durch „Anrechnungsbestimmungen" Leistungskumulationen reduziert werden sollen, ist „eine Art gemilderter Bedürftigkeitsprüfung" (*W. BOGS*, 1955, S. 37) festzustellen.

(3) Das *Fürsorgeprinzip*, das am stärksten in der Sozialhilfe verwirklicht ist, sieht ebenfalls eine Finanzierung der Leistungen aus allgemeinen Haushaltsmitteln ohne Beitragsleistung der Leistungsempfänger vor. Die Leistungsempfänger haben einen Rechtsanspruch auf Sozialhilfe, der aber nur „dem Grunde nach" (*G. W. BRÜCK*, 1976, S. 56) besteht. Im einzelnen entscheidet eine Bedürftigkeitsprüfung über die Art und den Umfang der sozialen Hilfe. Diese ist individualisierte Hilfe (nach Art und Umfang der Lage des Einzelfalles angepaßt) und zugleich subsidiäre Hilfe (Ersatz der Eigenhilfe bzw. der Hilfe von Angehörigen).

Kapitel 2: Das Sozialleistungssystem im Überblick

1. Wirtschaftskreislauf und Sozialbudget

1.1 Kreislaufschema und Soziale Sicherung

Mit seinem „Tableau économique" begründete *F. QUESNAY* nicht nur das erste logisch geschlossene System der Volkswirtschaftslehre, sondern zugleich auch die **nationalökonomische Kreislauftheorie** (vgl. *F. QUESNAY,* 1758). Zwar befaßten sich bereits die Merkantilisten, wie z.B. *R. CANTILLON* im Jahre 1725 (vgl. *R. CANTILLON,* 1755), mit kreislaufmäßigen Zusammenhängen, aber zu einer systematischen Erfassung des Wirtschaftskreislaufs, zur Entwicklung eines geschlossenen Kreislaufschemas und zu seiner analytischen Verwendung drangen erst die Physiokraten mit *F. QUESNAY* vor. Die Marxsche Kreislaufanalyse stellt sich weitgehend als eine Fortentwicklung der physiokratischen Lehre dar (vgl. *K. MARX,* 1977), womit zugleich das Betrachtungsfeld in Richtung auf die Analyse des evolutorischen Kreislaufgeschehens ausgeweitet wurde. In der Folgezeit wandte sich *BÖHM-BAWERK* den bereits von Marx aufgeworfenen kreislauftheoretischen Problemen zu, wobei bei ihm verstärkt der Kapitalstock in seiner zeitlichen Entwicklung in den Vordergrund der Betrachtung rückte (vgl. *E. v. BÖHM-BAWERK,* 1921).

Die daran anschließende Kritik, insbesondere von *F. BURCHARDT* (1931/1932), führte zu beachtlichen Weiterentwicklungen und zu einer stärkeren Annäherung des allgemeinen Kreislaufschemas an die empirische Wirklichkeit, wenngleich auch noch weitgehend fiktive Größen anstelle empirischer Daten verwendet wurden (vgl. *M. R. LEHMANN,* 1926, S. 165ff.; *W. LEONTIEF,* 1928, S. 603ff.; *F. WILKEN,* 1928; *H. ELLINGHAUS,* 1929; *H. NEISSER,* 1931, S. 365ff.; *C. FÖHL,* 1937; *P. BINDER,* 1939; *M. BOSCH,* 1939; *A. BILIMOWIC,* 1943, S. 199ff.; *H. PETER,* 1943).

Die verstärkte Hinwendung der Nationalökonomie zur **Konjunkturforschung** begünstigte die Synthese von makroökonomischer Theorie und Wirtschaftsstatistik (vgl. *W. KRAUS,* 1961). Insbesondere die Konjunkturlehre von *E. WAGEMANN* und die Untersuchungen des Geld- und Güterkreislaufs durch *F. GRÜNIG* förderten die Entwicklung der Kreislauftheorie in Richtung auf eine **Volkswirtschaftliche Gesamtrechnung** (vgl. *E. WAGEMANN,* 1928; *F. GRÜNIG,* 1933/34). Auch in anderen Ländern brachten die 30er Jahre erste Ansätze Volkswirtschaftlicher Gesamtrechnungen (vgl. *W. KRAUS,* 1961, S. 25), wobei der enge Zusammenhang zur Diskussion um die Keynessche Theorie der Beschäftigung, des Zinses und des Geldes nicht zu übersehen ist.

Allerdings erfolgte der entscheidende Durchbruch zur Synthese der Kreislauftheorie und der Wirtschaftsstatistik in Richtung auf eine Volkswirtschaftliche Gesamtrechnung erst unter dem Druck der kriegswirtschaftlichen Ereignisse sowie der späteren Wiederaufbaunotwendigkeiten. In Großbritannien, in den Vereinigten Staaten, in den Niederlanden sowie in den skandinavischen Staaten wurden bahnbrechende Arbeiten geleistet (vgl. *J. E. MEADE, R. STONE*, 1941; *J. E. MEADE, R. STONE*, 1944; *R. STONE*, 1947; *R. STONE*, 1951; *J. R. HICKS*, 1948; *S. KUZNETS*, 1938; *S. KUZNETS*, 1945; *J. TINBERGEN*, 1949; *J. TINBERGEN*, 1959; *J. B. D. DERKSEN*, 1946; *E. van CLEFF*, 1941; *R. A. FRISCH*, u.a., 1948; *E. LINDAHL*, u.a., 1937; *I. OHLSSON*, 1953). Vor dem Hintergrund dieser Arbeiten entwickelte schließlich die OEEC ein **Standardsystem** Volkswirtschaftlicher Gesamtrechnungen (vgl. OEEC, 1952).

Im Laufe einer fast 200jährigen Entwicklung ist die Volkswirtschaftliche Gesamtrechnung im Zuge einer Synthese von Wirtschaftstheorie und Wirtschaftsbeobachtung entstanden. Im Rahmen eines empirisch orientierten Kreislaufschemas wird dabei der gesamte Wirtschaftsprozeß in bestimmte Teilbereiche aufgegliedert und die systematische Analyse der zwischen den einzelnen Sektoren oder Polen der Volkswirtschaft fließenden wertmäßigen Ströme in einem logisch geschlossenen System ermöglicht. Dies liefert einerseits dem Wirtschaftspolitiker Erkenntnisse über das Ineinandergreifen der ökonomischen Subsysteme Haushalte, Unternehmungen, Staat, Ausland und Vermögensrechnung, wie sie vorher nicht denkbar waren. Zugleich wurde im Zuge einer sich ausweitenden Globalsteuerung der Wirtschaft die Nutzung der Volkswirtschaftlichen Gesamtrechnungen als Entscheidungshilfe der staatlichen Wirtschaftspolitik vorangetrieben. Die Volkswirtschaftliche Gesamtrechnung als Synthese von nationalökonomischer Kreislauftheorie und empirischer Wirtschaftsanalyse gewann zunehmende Bedeutung als **Informations- und Entscheidungshilfe** der wirtschaftspolitischen Instanzen.

Bis in die 50er Jahre hinein beschränkte sich dabei die Nationalökonomie auf die Entwicklung volkswirtschaftlicher Rechensysteme mit den Sektoren **Haushalte, Unternehmungen, Staat, Ausland** sowie **Vermögensrechnung**. Das zunehmende Gewicht des Sozialsektors für die Volkswirtschaft brachte jedoch in den 60er Jahren die sozialwissenschaftliche Forschung dazu, auch die Verflechtungen zwischen **Sozialer Sicherung** und Volkswirtschaft zu untersuchen. Bahnbrechende Arbeiten wurden in diesem Zusammenhang von *H. HENSEN* (1955), *K.-D. SCHMIDT, U. SCHWARZ* und *G. THIEBACH* (1965), *E. WENK* (1965), *A. J.-F. van BUGGENHOUT* (1967/68) und *E. KAISER* (1970) geleistet. 1975 folgte die Studie von *W. HESS* (1975, S. 23ff.). Vor dem Hintergrund dieser Arbeiten kann die kreislaufmäßige Einbindung der Sozialen Sicherung in der in der Übersicht 1 dargelegten Form schematisiert werden.

Die **Einnahmen der Sozialen Sicherung** werden in der Übersicht 1 durch die Ströme SBH, SBU, SBStH, ZwStH, ZwU, ZU, ZStH und ÜASS gekennzeichnet. Die **Ausgaben der Sozialen Sicherung** betreffen die Ströme EL, SLM, SLG, ADL, LGSS und ÜSSA. In dieser Weise enthält das Kreislaufschema nur die monetären Transfers, die in Beziehung zum Sektor der Sozialen Sicherung stehen. Nicht-monetäre Transfers – wie z.B. die unmittelbaren Güter- und Leistungstransfers an die einzelnen Leistungsempfänger und die Bereitstellung Allgemeiner Dienste und Leistungen – können dem vorliegenden Kreislaufschema nur indirekt, d.h. nicht im Übergang zu den Leistungsempfängern, entnommen werden. Als Differenz sämtlicher Sozialeinnahmen und Sozialausgaben weist das Kreislaufschema mit FS den **Finanzierungssaldo** der Sozialen Sicherung in laufender Rechnung aus.

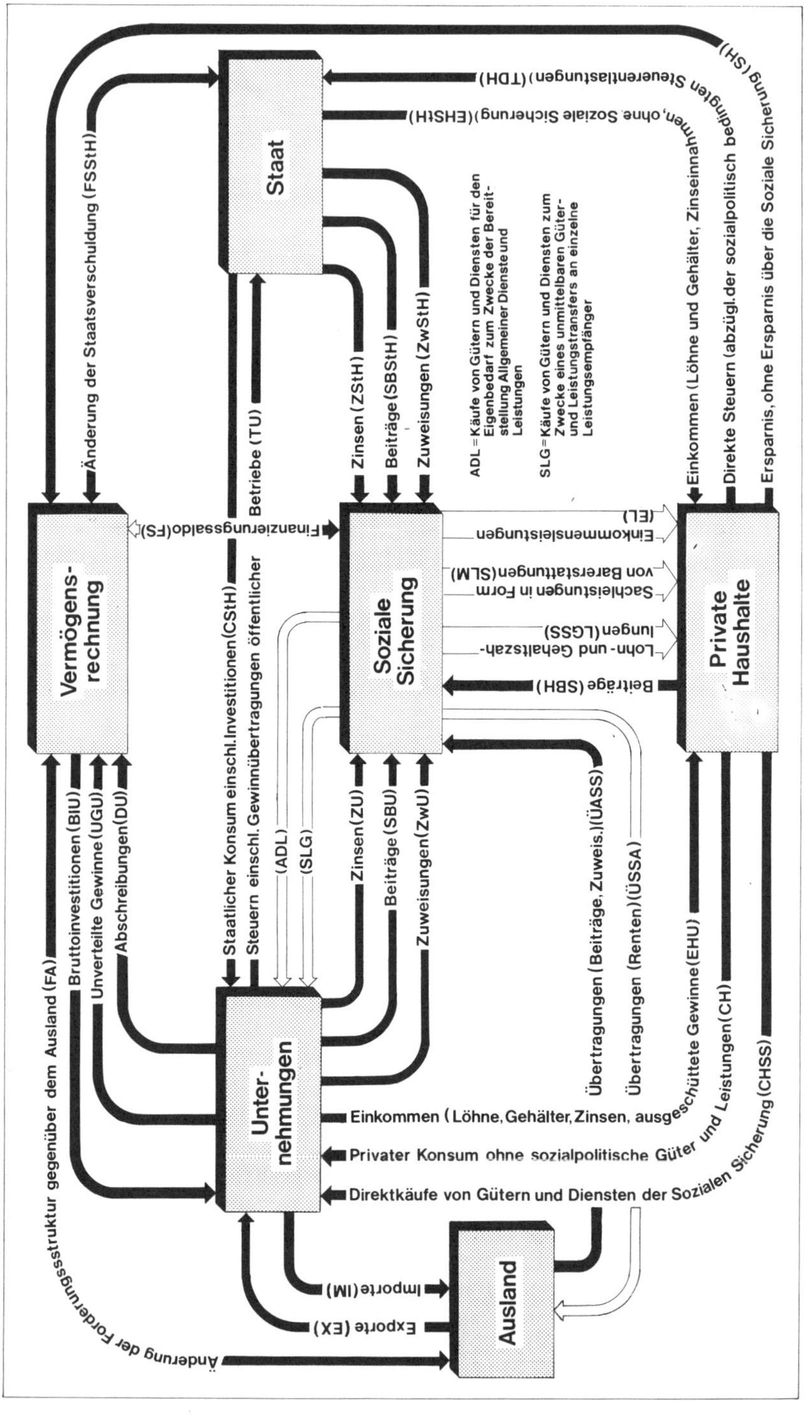

Übersicht 1: Soziale Sicherung im Wirtschaftskreislauf

1.2 Sozialbudget als Grundlage rationaler Sozialpolitik

Die schematische Darstellung des Wirtschaftskreislaufs unter Einbeziehung der Sozialen Sicherung kann für den Wirtschafts- und Sozialpolitiker insbesondere dann von erheblicher Bedeutung sein, wenn es gelingt, die aufgezeigten Beziehungszusammenhänge numerisch zu belegen. Dieser über die schematische Veranschaulichung des Wirtschaftsablaufs und der Stellung der Sozialen Sicherung in ihm hinausgehende Schritt ist durch beachtliche Fortschritte der Wirtschafts- und Sozialstatistik in den letzten Jahren weitgehend möglich geworden. Überwiegend können hypothetische Beziehungszusammenhänge durch gemessene Werte ersetzt werden, und das Kreislaufschema bietet von daher für den Wirtschafts- und Sozialpolitiker sowohl diagnostische als auch prognostische Verwendungsmöglichkeiten.

Erstmals wurde von *G. MACKENROTH* (1952, S. 39f.) in einem Vortrag vor dem Verein für Socialpolitik am 19.4.1952 in Berlin die **Erstellung eines nach Sozialeinnahmen und Sozialausgaben differenzierten Sozialbudgets** gefordert. Das damit verbundene Grundanliegen der gesamtwirtschaftlichen Einbindung des Sozialsektors wurde in der Mitte der 60er Jahre im Auftrage der Bundesregierung ausgearbeiteten **Sozialenquête** wieder aufgegriffen (vgl. *H. ACHINGER, W. BOGS, H. MEINHOLD, L. NEUNDÖRFER, W. SCHREIBER,* 1966). Das Sozialbudget sollte sich danach auf diejenigen Sozialeinnahmen und Sozialausgaben konzentrieren, die auf gesetzlicher Grundlage beruhen und mit öffentlichen Einrichtungen verbunden sind. Unter Bezugnahme auf die Sozialenquête hat die Bundesregierung Anfang 1969 das erste Sozialbudget vorgelegt (vgl. *H. BERIÉ,* 1977, S. 836). Es folgten Sozialbudgets in den Jahren 1970, 1971, 1972, 1973, 1974, 1976, 1978, 1980, 1983 sowie schließlich 1986.

In diesem zeitlichen Ablauf erwies sich sehr bald die seitens der Verfasser der Sozialenquête vorgesehene **inhaltliche Abgrenzung** der Sozialbudgets als zu eng. Die **institutionelle Gliederung** des Sozialbudgets wurde durch eine **funktionale Differenzierung** ergänzt, zusätzliche Institutionen und Funktionen wurden erfaßt sowie weitere Leistungsarten einbezogen (vgl. *H. BERIÉ,* 1977, S. 865f.). Dabei wurden nicht nur Sozialleistungen berücksichtigt, die über Sozialversicherungsträger oder Verwaltungen von Gebietskörperschaften oder andere öffentliche Einrichtungen fließen, sondern auch solche, die von privaten Unternehmen und anderen Organisationen direkt oder indirekt bereitgestellt werden. Allerdings konnte diese weite und allein an dem Vorliegen bestimmter sozialer Tatbestände orientierte Abgrenzung der Leistungsbereiche der Sozialen Sicherung nicht voll eingehalten werden. So werden z.B. auch heute noch nicht die Leistungen privater Organisationen ohne Erwerbscharakter (z.B. Freie Wohlfahrtsverbände) aus Gründen mangelnden statistischen Materials erfaßt; gleiches gilt weitgehend für die Leistungen privater Versicherungsunternehmen (vgl. *H. BERIÉ,* 1977, S. 846).

Wie der Sozialbericht 1980 betont, steht die regelmäßige Erstellung eines Sozialbudgets im Dienste einer rationalen und vorausschauenden Sozialpolitik (vgl. Sozialbericht 1980, Textband, S. 66). Diese Aufgabe der Sozialbudgets war auch in der Sozialenquête hervorgehoben worden; sie verstand unter einer **rationalen Sozialpolitik** eine staatliche Politik, die ihre Ziele explizit im Rahmen der aus dem engen Wechselspiel von Wirtschafts- und Sozialpolitik resultierenden Grenzen verfolgt. Die Sozialenquête weist darauf hin, daß Maßnahmen der Sozialen Sicherung durchaus zu Störungen an anderer Stelle des Gesamtsystems führen können und daß gerade durch eine mangelnde Koordination von Sozial- und Wirtschaftspolitik die Grenzen verengt werden, innerhalb derer die Sozialpolitik operieren kann. Eine in diesem Sinne verstandene rationale Sozialpolitik bedarf umfangreicher Informationen (vgl. Sozialbericht 1980, Textband, S. 66). Die **Sozialbudgets** sollen diese Informationen liefern, und hierin ist ihre **erste Aufgabe** zu sehen. Auf der anderen Seite ist die Sozialpolitik stets – wie die Sozialenquête betont – zukunftsorientiert. Insofern ist bei der Erstellung der Sozialbudgets von der vergangenheitsorientierten Informationserfassung und -verarbeitung zumindest zu einer kurz- und mittelfristigen Prognose der Sozialeinnahmen und Sozialausgaben überzugehen. Die Sozialenquête weist darauf hin, daß es erst auf der Grundlage derartiger Prognoserechnungen möglich ist, über zusätzliche Aufgaben der Sozialpolitik insbesondere hinsichtlich ihrer zeitlichen und sachlichen Priorität zu entscheiden. In ihrer Verwendung als Grundlage einer zukunftsorientierten Gestaltung des Sozialleistungssystems liegt die **zweite Aufgabe** der Sozialbudgets, nämlich ihre Entscheidungshilfefunktion, begründet.

Die Sozialbudgets der Bundesregierung sollen also einmal Informationen über das Sozialleistungssystem liefern, zum anderen sollen sie den sozialpolitischen Entscheidungsinstanzen Hilfen bei seiner zukunftsorientierten Gestaltung bieten. „Die erste Aufgabe, die Informationshilfe, kann zwar als eine gewisse Vorstufe zur zweiten Aufgabe, der Entscheidungshilfe, angesehen werden, dennoch ist sie selbständig zu sehen und konzipiert. Die Aufgabe der Informationshilfe wird man nämlich dann schon als erfolgreich erfüllt ansehen können, wenn die gebotenen Informationen nicht als Entscheidungshilfen akzeptiert und genutzt werden. Die Informationsaufgabe kann auch als die mehr statische, wenn auch permanente Aufgabe bezeichnet werden. Die Entscheidungshilfe ist dagegen die mehr dynamische Aufgabe, die häufig ad hoc und auf die jeweilige Entscheidungsfrage gezielten Charakter trägt. Bei ihr spielt die Zukunftsbetrachtung die entscheidende Rolle“ (*H. BERIÉ*, 1977, S. 837). Beide Aufgabenbereiche der Sozialbudgets sollen im folgenden beleuchtet werden.

Die **Informationshilfefunktion** des Sozialbudgets kann wie folgt gekennzeichnet werden:

(1) Die Bedeutung der Sozialbudgets als Informationshilfe liegt vor allen Dingen in der umfassenden quantitativen Zusammenstellung der Sozialleistungen und der zu ihrer Finanzierung dienenden Sozialeinnahmen begründet. Die Erstellung differenzierter Übersichten über das Sozialleistungssystem war Mitte der 60er Jahre noch nicht ohne weiteres möglich. Einerseits waren statistisch-technische Schwierigkeiten zu überwinden, andererseits bestanden aber auch noch grundlegende konzeptionelle und methodische Divergenzen. Diese Schwierigkeiten können heute als weitgehend beseitigt gelten.

(2) Damit rückt auch die Herausarbeitung der volkswirtschaftlichen Bedeutung der Sozialleistungen und ihrer Finanzierung in den Bereich des Möglichen. Dies bedeutet zunächst einmal die Vermittlung eines zutreffenden Bildes von den relevanten Größenordnungen der Sozialleistungen und ihrer Finanzierung unter gesamtwirtschaftlichen Aspekten. Die Ermittlung von Sozialleistungsquoten ist hier ein erster Ansatzpunkt. Darüber hinaus ist auf diejenigen gesamtwirtschaftlichen Wirkungen hinzuweisen, die typisch für das System der Sozialen Sicherung sind und doch über die eigentlichen sozialpolitischen Ziele hinausgehen (konjunkturelle Wirkungen, Wachstums- und Struk-

tureffekte der Sozialen Sicherung); diese Einflüsse auf das ökonomische Gesamtsystem entstehen im Zusammenwirken von Sozialleistungen und Sozialfinanzierung; zu ihrer Erforschung kann das Sozialbudget zumindest erste Anhaltspunkte liefern.

(3) Weitere wesentliche Informationen kann das Sozialbudget für die Zwecke einer Analyse der vieldiskutierten Belastungsproblematik bieten und in diesem Zusammenhang zugleich den Zugang zu einer Untersuchung der Umverteilungseffekte des Sozialleistungssystems eröffnen. Ferner können in diesem Rahmen Lücken und Schwachstellen des Sicherungssystems ebenso wie Leistungskumulierungen offengelegt werden.

Im Rahmen ihrer **Entscheidungshilfefunktion** sollen die Sozialbudgets dazu dienen, die Grundlagen für eine rationale Sozialpolitik zu festigen:

(1) Eine rationale Sozialpolitik ist ohne problembezogene Prognosen nicht möglich. Zu denken ist in diesem Zusammenhang vor allen Dingen an die Vorausschätzungen der Sozialleistungen und der Sozialeinnahmen in den verschiedenen Subsystemen der Sozialen Sicherung. Dabei werden sich die zukunftsorientierten Modellrechnungen zur Rentenfinanzierung von den Vorausschätzungen zur Ausgabenentwicklung im Gesundheitswesen nicht nur hinsichtlich der zugrundeliegenden Daten, sondern auch der verwendeten Methodik unterscheiden. Darüber hinaus ist ein Unterschied zu machen zwischen solchen Prognosen, die den Status quo fortschreiben, und jenen Prognosen, bei denen eine Veränderung des Status quo als Folge politischer Entscheidungen (z.B. Verlagerung der Sozialleistungen von einem Leistungsbereich zu einem anderen, stärkere Betonung des Finalprinzips statt des Kausalprinzips usw.) zu berücksichtigen ist.

(2) Die gegenwärtig vorliegenden Vorausschätzungen der Sozialleistungen und ihrer Finanzierung beziehen sich regelmäßig auf das Erscheinungsjahr des Sozialbudgets sowie auf ein vier Jahre später liegendes Jahr. Sie knüpfen an die Institutionen des Sozialbudgets an und eröffnen von hier aus den Weg zu einer Prognose nach Funktionsbereichen. Längerfristige Prognosen sind insbesondere zur Rentenfinanzierung verfügbar (Prognosezeitraum von 15 Jahren).

(3) Sämtliche Prognosen stehen unter ganz bestimmten Annahmen zur gesamtwirtschaftlichen und demographischen Entwicklung; es sind stets bedingte Vorhersagen. Ihre Einfügung in den gesamtgesellschaftlichen Systemzusammenhang ist sachnotwendig. Nur wenn dies beachtet wird, können die Prognosen des Sozialbudgets ihre Entscheidungshilfefunktion im Hinblick auf Verbesserungen des Sozialleistungssystems, auf strukturelle Änderungen des Systems und auf die Erfassung der Belastungsgrenzen von Gruppen, Wirtschaftszweigen und Gesamtwirtschaft erfüllen.

Bereits im Rahmen der Informationshilfefunktion der Sozialbudgets, noch mehr aber bei der Erfüllung der Entscheidungshilfefunktion erweist sich eine isolierte Betrachtung des Systems der Sozialen Sicherung ebenso wie eine nur grobe Bezugnahme auf gesamtwirtschaftliche Daten als unzureichend. Die Einbeziehung des Sozialbudgets in die **Volkswirtschaftliche Gesamtrechnung** schien bereits den Verfassern der Sozialenquête unerläßlich zu sein, wird allerdings in dem Maße problematisch, in dem die Definitionen und Abgrenzungen der zu berücksichtigenden Vorgänge unterschiedlich sind:

(1) Die Volkswirtschaftliche Gesamtrechnung kennt als *Leistungsarten* die Einkommensübertragungen und den Staatsverbrauch (der Sozialversicherung); das Sozialbudget unterscheidet nach Einkommensleistungen (einmalige sowie laufende Geldleistungen, Steuerentlastungen, Preisermäßigungen), Sachleistungen (Waren und Dienstleistungen sowie auch Barerstattungen für solche Leistungen) und nach Allgemeinen Diensten und Leistungen (nicht unmittelbar einzelnen Personen zurechenbar).

(2) Die institutionell gegliederte Einnahmeseite des Sozialbudgets kennt andere *Finanzierungsarten* als die Volkswirtschaftliche Gesamtrechnung. Die Sozialbudgets unterscheiden nach tatsächlichen Beiträgen der Versicherten und der Arbeitgeber sowie nach unterstellten Beiträgen der Arbeitgeber (z.B. für Entgeltfortzahlung, Beamtenpensionen und Beihilfen). Neben den Zuweisungen aus öffentlichen Mitteln (z.B. Bundeszuschüsse zur Rentenversicherung, Mittel zur Finanzierung von Entschädigungsleistungen und von Sozialen Hilfen und Diensten) weisen die Sozialbudgets auch Zuweisungen aus nichtöffentlichen Mitteln (z.B. für die Vermögensbildung) aus. Eine weitere Finanzierungsart der Sozialbudgets sind Vermögenserträge sowie Verrechnungen der Institutionen untereinander.

Ungeachtet der Schwierigkeiten einer Integration von Sozialer Sicherung und Volkswirtschaftlicher Gesamtrechnung liegt ihre Notwendigkeit doch auf der Hand. In einem Anhang zu den Sozialbudgets wird versucht, die anstehenden Definitions- und Abgrenzungsprobleme zu lösen, indem sozialpolitische Definitionen und Abgrenzungen in solche der Volkswirtschaftlichen Gesamtrechnung transformiert werden. Diese Vorgehensweise ist sicherlich auch insofern sinnvoll, als die Volkswirtschaftliche Gesamtrechnung bereits einen recht hohen Entwicklungsstand aufweist und darüber hinaus auch international überwiegend vereinheitlicht ist. Allerdings darf diese Einbeziehung der Sozialen Sicherung in die Volkswirtschaftliche Gesamtrechnung aus sozialpolitischer Sicht nicht zu einer weitgehenden Aggregierung der Einnahmen- und Ausgabenströme der Sozialen Sicherung führen. Eine ausgeprägte Differenzierung des Gesamtsystems nach Sozialleistungsinstitutionen und Funktionsbereichen scheint nach wie vor erforderlich zu sein, um unterschiedliche Entwicklungen in einzelnen Leistungsbereichen und die dabei anstehenden Probleme rechtzeitig erkennen zu können. Neben der notwendigerweise stärker aggregierten Volkswirtschaftlichen Gesamtrechnung kommt daher den institutionell und funktionell erheblich differenzierteren Sozialbudgets aus sozialpolitischer, aber auch aus gesamtwirtschaftlicher Sicht eine eigenständige Bedeutung zu.

2. Sozialleistungen im Überblick

2.1 Entwicklungsdynamik der Sozialleistungen

Der **Umfang des Sozialbudgets** hat sich in den letzten Jahren beträchtlich ausgeweitet. 1960 waren es erst 63,8 Mrd. DM, 1986 dagegen 603,8 Mrd. DM. In der Indexbetrachtung ist eine Zunahme der Sozialleistungen von 100,0 im Jahre 1960 auf 945,7 im Jahre 1986 festzustellen. Dabei ist – zumindest bis zur Verschärfung der Wirtschaftskrise und den intensivierten Konsolidierungs- und Sanierungsbemühungen – der Umfang der Sozialleistungen deutlich stärker angewachsen als das Bruttosozialprodukt. Der Trend der Sozialleistungsquote als Relation der im Sozialbudget beschriebenen Leistungen zum (nominalen) Bruttosozialprodukt war insbesondere bis Mitte der 70er Jahre deutlich aufwärts gerichtet; erst ab Ende der 70er und vor allem ab Anfang der 80er Jahre zeichnete sich ein signifikanter Rückgang der Sozialleistungsquote ab.

Die **Sozialleistungsquote** ist nur ein grober Indikator der Einbeziehung der Sozialleistungen in das ökonomische Gesamtsystem. Die Entwicklung dieser Relationsziffer hängt von der Entwicklung des Bruttosozialproduktes sowie dem jeweiligen Umfang der Sozialleistungen ab. Steigen die Sozialleistungen schneller als das Bruttosozialprodukt, so erhöht sich die Sozialleistungsquote; im umgekehrten Falle sinkt sie. Grundsätzlich tendiert die Sozialleistungsquote dazu, im Konjunkturaufschwung zu sinken, im Konjunkturabschwung dagegen anzusteigen. Die Ursache hierfür liegt vor allem darin, daß ein großer Teil der Sozialleistungen bei dem gegebenen Regelungsstand mit 1-3jähriger Verzögerung auf Schwankungen des Bruttosozialprodukts und seiner Wachstumsrate reagiert. Andere Sozialleistungen neigen gerade im Konjunkturabschwung zu einer deutlichen Ausweitung, während sie in der Hochkonjunktur relativ geringer ausfallen. Diese Dynamik der Sozialleistungsquote wird zum Teil durch politische Maßnahmen überlagert, die in der Regel jedoch erst mit einer zeitlichen Verzögerung wirksam werden.

Eine ähnliche Entwicklungsdynamik wie die gesamten Sozialleistungen weisen auch die **Sozialleistungen pro Kopf** der Wohnbevölkerung auf. 1960 waren es 1152 DM, 1986 dagegen 9898 DM. In der Indexbetrachtung ist eine Zunahme der Pro-Kopf-Leistungen von 100,0 im Jahre 1960 auf 859,2 im Jahre 1986 festzustellen. Die Entwicklung der Pro-Kopf-Leistungen spiegelt nicht nur den zunehmenden Umfang des Sozialbudgets wider, sondern ebenso die Veränderungen in den demographischen Prozessen.

Von den gesamten Sozialleistungen entfallen gegenwärtig etwa 68% auf **Einkommensleistungen;** diese Einkommensleistungen stellen sich als Geldleistungen (Barleistungen) mit Lohnersatzfunktion sowie als Minderbelastungen durch Steuer- oder Zinsermäßigungen dar. Etwa 27% der Sozialleistungen bestehen aus **Sachleistungen;** diese betreffen Waren und Dienstleistungen, die den Anspruchsberechtigten unentgeltlich zur Verfügung gestellt oder deren Kosten ihnen vollständig oder zum Teil erstattet werden; sie sind ebenso wie die Einkommensleistungen einzelnen Personen zurechenbar. Dieses Kriterium erfüllen die **Allgemeinen Dienste und Leistungen** mit einem Anteil von etwa 5% am Sozialbudget nicht. Hier handelt es sich um Leistungen allgemeiner Art, die in Zuschüsse, Maßnahmen und Innerer Dienst untergliedert werden. Die Zuschüsse stellen Leistungen der Institutionen des Sozialbudgets an nicht im Sozialbudget erfaßte Einrichtungen (z.B. Freie Jugendhilfe, Deutsches Rotes Kreuz) für ihre spezifischen Aufgaben dar. Unter den Begriff der Maßnahmen fallen beratende, beaufsichtigende und betreuende Leistungen, soweit sie ebenfalls nicht einzelnen Personen unmittelbar zugeordnet werden können. Der Innere Dienst umfaßt alle Ausgaben, die zur Durchführung der Aufgaben der einzelnen Institutionen notwendig sind (Verwaltungsaufgaben und dergleichen).

2.2 Sozialleistungen nach Institutionen

Die im Sozialbudget erfaßten Sozialleistungen werden von einer großen Zahl von Institutionen erbracht. Eine Institution kann bereits eine einzige Einrichtung sein (z.B. die Bundesanstalt für Arbeit), aber auch eine größere Zahl in sich vergleichbarer Einrichtungen (z.B. Sozialhilfe). Darüberhinaus weist das Sozialbudget neben konkreten auch abstrakte Einheiten als Institutionen aus (z.B. das beamtenrechtliche System mit den Pensionen, Familienzuschlägen und Beihilfen; die Entgeltfortzahlung als Teil der Arbeitgeberleistungen; die indirekten Leistungen in Form der Steuerermäßigungen sowie der Vergünstigungen im Wohnungswesen).

Die verschiedenen Institutionen erfüllen zum Teil sehr unterschiedliche, zum Teil aber auch parallele Aufgaben, wie es der historisch gewachsenen Gliederung des Sozialleistungssystems entspricht. Das Gewicht der einzelnen Sozialleistungsinstitutionen ist innerhalb des gesamten Sozialbudgets sehr unterschiedlich:

(1) Rentenversicherung:
Die Rentenversicherung umfaßt als Sozialleistungsinstitution die Rentenversicherung der Arbeiter, der Angestellten sowie die knappschaftliche Rentenversicherung. Ihre Leistungen bestehen in erster Linie aus Rentenzahlungen an Versicherte (Renten wegen Kindererziehung, Renten wegen Erwerbsminderung, Altersruhegelder) sowie an Hinterbliebene (Witwen- und Witwerrenten; Renten an die frühere Ehefrau oder an den früheren Ehemann; Waisenrenten); hinzu treten die Leistungen der Rentenversicherung als Rehabilitationsträger. Die Leistungen der Rentenversicherung machten 1986 29,7% des Sozialbudgets aus; im Leistungsspektrum dominieren die Einkommensleistungen mit 89,4%; daneben fallen vor allen Dingen Sachleistungen an.

(2) Krankenversicherung:
Die Krankenversicherung ist nach der Rentenversicherung die bedeutendste Sozialleistungsinstitution; ihre Leistungen in Form der Maßnahmen zur Früherkennung von Krankheiten, der Krankenhilfe, der Mutterschaftshilfe, der Sonstigen Hilfen, des Sterbegeldes und der Familienhilfen beliefen sich 1986 auf 19,6% des Sozialbudgets. Im Leistungsspektrum der Krankenversicherung dominieren typischerweise die Sachleistungen mit 88,1%; die Einkommensleistungen haben einen vergleichsweise geringen Umfang.

(3) Unfallversicherung:
Die Aufgaben der Unfallversicherung bestehen in der Verhütung von Unfällen und Berufskrankheiten, in der Durchführung von Rehabilitationsmaßnahmen sowie in der Zahlung von Renten, Beihilfen, Abfindungen, Sterbegeldern usw. an leistungsberechtigte Versicherte, ihre Angehörigen oder ihre Hinterbliebenen. Die Gesamtleistungen beliefen sich 1986 auf 2,0% des Sozialbudgets. Im Leistungsspektrum der Unfallversicherung dominieren die Einkommensleistungen mit 65,7% der Gesamtleistungen. Daneben fallen vor allem Sachleistungen, aber auch Allgemeine Dienste und Leistungen an.

(4) Arbeitsförderung:
Das Leistungsspektrum der Arbeitsförderung umfaßt die Leistungen der Bundesanstalt für Arbeit (Förderung der beruflichen Bildung, Förderung der Arbeitsaufnahme und sonstige arbeitsmarktpolitische Maßnahmen, Leistungen zur Rehabilitation, Leistungen der produktiven Winterbauförderung und Maßnahmen zur Arbeitsbeschaffung, Kurzarbeitergeld, Leistungen an Arbeitslose usw.) sowie sonstige Arbeitsförderungsmaßnahmen (Arbeitslosenhilfe und beschäftigungspolitische Maßnahmen). Die Gesamtleistungen beliefen sich 1986 auf 7,2% des Sozialbudgets mit einem Anteil der Einkommensleistungen von 53,8% und der Sachleistungen von 25,3%.

(5) Kindergeld:
Unter die Institution Kindergeld fallen die Leistungen nach dem Bundeskindergeldgesetz sowie die Zahlungen an die Rentenversicherungsträger aufgrund der Kinderzuschußverordnung vom 11. Mai 1979. Das Leistungsvolumen belief sich 1986 auf 2,4% des Sozialbudgets; für die Zukunft wird mit einem deutlichen Absinken des Leistungsumfangs gerechnet. Die Leistungen bestehen fast ausschließlich aus laufenden Einkommensleistungen.

(6) Erziehungsgeld:

Unter die Institution Erziehungsgeld fallen die Erziehungsgeldzahlungen ab 1. 1. 1986 mit einem Anteil von 0,3% am Sozialbudget des Jahres 1986; es handelt sich dabei fast ausschließlich um Einkommensleistungen.

(7) Altershilfe für Landwirte:

Die Altershilfe für Landwirte erbringt Gesundheitsmaßnahmen, stellt bei Krankheit und Tod eine Betriebs- und Haushaltshilfe, gewährt Altersgeld und vorzeitiges Altersgeld, eine Übergangshilfe bzw. ein Hinterbliebenengeld sowie gegebenenfalls eine Landabgaberente; als spezifische Leistung ist zudem die Möglichkeit der Gewährung von Beitragsnachentrichtungszuschüssen zu erwähnen. Die Gesamtleistungen erreichten 1986 einen Anteil von 0,6% des Sozialbudgets. Die Leistungen bestehen gegenwärtig zu 86,0% aus Einkommensleistungen.

(8) Versorgungswerke:

Die Institution der Versorgungswerke umfaßt Einrichtungen für die Angehörigen der freien Berufe mit einer Leistungsgewährung bei Berufs- und Erwerbsunfähigkeit, bei Alter sowie zugunsten der Hinterbliebenen; das Leistungsspektrum ist in etwa vergleichbar mit demjenigen der Rentenversicherung. Das gesamte Leistungsvolumen umfaßte 1986 0,2% des Sozialbudgets. Von herausragender Bedeutung sind die Einkommensleistungen.

(9) Beamtenrechtliches System:

Das beamtenrechtliche System gewährt Leistungen der Alters- und Hinterbliebenenversorgung sowie Leistungen bei Krankheit und Invalidität. Die Gesamtleistungen beliefen sich 1986 auf 9,0% des Sozialbudgets. Die Leistungen bestehen zu 85,4 % aus Einkommensleistungen.

(10) Arbeitgeberleistungen:

Die Arbeitgeberleistungen umfassen die Entgeltfortzahlung (bei Krankheit, bei Heilverfahren und bei Mutterschaft), die betriebliche Altersversorgung (Pensionskassen, Betriebsrenten, Direktversicherung), die Zusatzversorgung (hauptsächlich Renten bei Berufs- und Erwerbsunfähigkeit, bei Alter und an Hinterbliebene) sowie sonstige Arbeitgeberleistungen (Beihilfen bei Krankheit, Familienzulagen, Wohnungsleistungen, betrieblicher Gesundheitsdienst). Das Leistungsvolumen belief sich 1986 auf 8,8% des Sozialbudgets und bestand zu 93,5% aus Einkommensleistungen.

(11) Entschädigungsinstitutionen:

Die Entschädigungsinstitutionen umfassen die Kriegsopferversorgung, den Lastenausgleich, die Wiedergutmachung und sonstige Entschädigungen. Die Leistungen beliefen sich 1986 auf 2,9% des Sozialbudgets. Die Entschädigungsleistungen bestehen zu 76,0 % aus Einkommensleistungen.

(12) Institutionen der Sozialen Hilfen und Dienste:

Die Institutionen der Sozialen Hilfen und Dienste stellen Leistungen der Sozialhilfe, der Jugendhilfe, der Ausbildungsförderung, des Wohngeldgesetzes, des öffentlichen Gesundheitsdienstes und der Vermögensbildungsgesetze bereit. Das gesamte Leistungsvolumen belief sich 1986 auf 7,8% des Sozialbudgets. Die Leistungen bestehen insgesamt zu 46,3% aus Einkommensleistungen und 37,4% aus Sachleistungen.

(13) Indirekte Leistungen:

Die indirekten Leistungen umfassen insbesondere Steuerermäßigungen. Diese betreffen als Ermäßigungen von Steuern auf Einkommen u. a. die erhöhten Absetzungen für Wohngebäude, das steuerbegünstigte Bausparen sowie die steuerbegünstigten Aufwendungen für die Berufsausbildung, die Altersentlastungsbeträge, die Haushaltsfreibeträge, das Ehegatten-Splitting, die Kindergrundfreibeträge, die außergewöhnlichen Belastungen, die Ausbildungsfreibeträge, die Pauschbeträge für Körperbehinderte sowie die Freibeträge für Kriegsopfer und gleichgestellte Personen. Neben diesen Ermäßigungen von Steuern auf Einkommen sind Ermäßigungen von Steuern auf Vermögen zu konstatieren wie Ehegattenfreibeträge, Kinderfreibeträge, Altersfreibeträge sowie Grundsteuerermäßigungen. Hinzu tritt die Steuerermäßigung aufgrund des Kfz-Steuererlasses für Körperbehinderte. Der Gesamtumfang der sozial bedingten Steuerermäßigungen belief sich 1986 auf 9,1% des Sozialbudgets.

Zu den indirekten Leistungen gehören weiterhin Vergünstigungen im Wohnungswesen; diese betreffen den sozialen Wohnungsbau (Zinszuschüsse, Tilgungszuschüsse und Zinsermäßigungen), die Wohnungsfürsorge der öffentlichen Arbeitgeber (Zinsermäßigungen) und den Lastenausgleich (Zinsermäßigungen). Das Leistungsvolumen belief sich 1986 auf 0,9% des Sozialbudgets.

Sowohl die Steuerermäßigungen als auch die Vergünstigungen im Wohnungswesen bestehen zu 100% aus Einkommensleistungen.

2.3 Sozialleistungen nach Funktionen

Die verschiedenen Sozialleistungsinstitutionen erbringen ihre Leistungen in unterschiedlichen Funktionsbereichen der Sozialen Sicherung. Der Sozialbericht versteht unter Sozialleistungsfunktionen soziale Tatbestände, Risiken oder Bedürfnisse, deren Eintritt und Vorhandensein die Anspruchsberechtigung auf Sozialleistungen auslöst. Der Sozialbericht nennt insgesamt 8 Funktionsbereiche der Sozialen Sicherung:

(1) Funktionsbereich Alter und Hinterbliebene:

Der Funktionsbereich Alter und Hinterbliebene faßt die Leistungen der Alters- und Hinterbliebenensicherung zusammen. Die Leistungen bei Alter umfassen Altersruhegelder (unter Berücksichtigung der flexiblen Altersgrenze), ferner Renten und rentenähnliche Leistungen, die nicht Altersruhegelder sind, an Personen jenseits der für das Altersruhegeld geltenden Altersgrenze, unabhängig davon, aus welchem Anlaß die Leistung ursprünglich zugebilligt wurde. Die Leistungen an Hinterbliebene umfassen die Leistungen an Witwen (Witwer) unter 60 (65) Jahren sowie die Leistungen beim Tod von Begünstigten und Familienangehörigen (Sterbegeld). Familienzuschläge und Waisenrenten sind jedoch dem Funktionsbereich Ehe und Familie zugeordnet. Die gesamten Leistungen im Funktionsbereich Alter und Hinterbliebene beliefen sich 1986 auf 38,2% des Sozialbudgets und bestanden zu etwa 92% aus Einkommensleistungen.

(2) Funktionsbereich Krankheit und Invalidität (Gesundheit):

Der Funktionsbereich Krankheit und Invalidität erfaßt die Leistungen zur Verhütung von Krankheiten, die Leistungen bei Krankheit sowie bei Arbeitsunfällen/Berufskrankheiten und bei allgemeiner Invalidität. Die Vorbeugungsmaßnahmen betreffen die Leistungen zur Verhütung von Krankheiten, von Arbeitsunfällen und Berufskrankheiten sowie von Berufs- und Erwerbsunfähigkeit. Die Leistungen bei Krankheit (außer bei Arbeitsunfall/Berufsunfall) umfassen diejenigen Leistungen, die der Linderung der Krankheit oder der Wiederherstellung der Gesundheit dienen, einschließlich der Geldleistungen bei Arbeitsunfähigkeit. Die Leistungen bei Arbeitsunfall/Berufskrankheit umfassen die Ausgaben zur Entschädigung von Personen, die von Arbeitsunfällen/Berufskrankheiten betroffen sind; die Leistungen dienen der Wiederherstellung der Erwerbsfähigkeit durch Arbeits- und Berufsförderung (Berufshilfe) und der Linderung der Verletzungs- und Krankheitsfolgen; hierzu gehören auch Geldleistungen an Verletzte bzw. berufskranke Personen. Die Leistungen bei allgemeiner Invalidität fallen dann an, wenn eine dauernde und mit Einschränkung oder Verlust der Berufs- oder Erwerbsfähigkeit verbundene Beeinträchtigung der Gesundheit durch physische Gebrechen vorliegt; außerdem fallen hier Leistungen bei Behinderung an (außer als Folge von Arbeitsunfall/Berufskrankheit sowie von politischen Ereignissen). Die Familienzuschläge zu den Einkommensleistungen werden dem Funktionsbereich Ehe und Familie zugerechnet. Rentenleistungen an Personen über 60 Jahre (Frauen) bzw. über 65 Jahre (Männer) werden den Leistungen für Alter und Hinterbliebene zugeordnet. Die Gesamtleistungen im Funktionsbereich Krankheit und Invalidität beliefen sich 1986 auf 33,1% des Sozialbudgets; sie bestanden zu 62% aus Sachleistungen.

(3) Funktionsbereich Ehe und Familie:

Der drittwichtigste Funktionsbereich der Sozialen Sicherung ist derjenige von Ehe und Familie. Hierin enthalten sind die Leistungen für Kinder, an Ehegatten und bei Mutterschaft. Einbezogen werden auch entsprechende Leistungen aus dem beamtenrechtlichen System sowie gemäß Tarifvertragsrecht des Öffentlichen Dienstes. Für Kinder fallen Unterhaltsleistungen an (auch Kinderzuschläge und Waisenrenten). Die Leistungen für Ehegatten umfassen solche Leistungen (einschließlich Zuschläge), die wegen des Unterhalts von Ehegatten entrichtet werden. Die Leistungen bei Mutterschaft umfassen alle diejenigen Leistungen, die im Zusammenhang mit Schwangerschaft und Entbindung stehen, einschließlich der Leistungen für Mutter und Kind während der ersten Tage nach der Entbindung und während der Schutzfristen sowie während des Mutterschaftsurlaubs, ferner Mutterschaftsvorsorgeleistungen. Die Leistungen im Funktionsbereich Ehe und Familie beliefen sich auf 13,0% des Sozialbudgets im Jahre 1986 mit einem Anteil der Einkommensleistungen von etwa 90%.

(4) Funktionsbereich Beschäftigung:

Die Leistungen im Funktionsbereich Beschäftigung betreffen die berufliche Bildung, die sonstige Mobilität und die Leistungen bei Arbeitslosigkeit. Die Leistungen zur beruflichen Bildung umfassen die Förderung der Ausbildung, Fortbildung und Umschulung sowie die Berufsberatung im Rahmen des Arbeitsförderungsgesetzes, der Reichsversicherungsordnung, des Angestelltenversicherungs- und des Reichsknappschaftsgesetzes, des Bundesversorgungs-, Lastenausgleichs-, Bundessozialhilfe-, Jugendwohlfahrts- und Bundesausbildungsförderungsgesetzes. Zu den sonstigen mobilitätsfördernden Maßnahmen gehören die Leistungen zur Förderung der Arbeitsaufnahme, des Arbeitsplatzwechsels und der Schaffung von Arbeitsplätzen; Maßnahmen zur ganzjährigen Beschäftigung in der Bauwirtschaft (einschließlich Schlechtwetter- und Wintergeld) sowie die Arbeitsberatung und -vermittlung werden ebenfalls hinzugerechnet. Die Leistungen bei Arbeitslosigkeit fallen bei vorübergehender unfreiwilliger Nichtteilnahme am Erwerbsleben in Form des Arbeitslosengeldes, des Kurzarbeitergeldes und der Arbeitslosenhilfe an. Sämtliche Familienzuschläge zu den Einkommensleistungen sind dem Funktionsbereich Ehe und Familie zugeordnet. Das Leistungsvolumen im Funktionsbereich Beschäftigung belief sich 1986 auf 8,7% des Sozialbudgets; der Anteil der Einkommensleistungen belief sich auf etwa 60%.

(5) Funktionsbereich Folgen politischer Ereignisse:

Zu den Leistungen im Funktionsbereich Folgen politischer Ereignisse gehören konsumtive Leistungen, die als Entschädigung für die Folgen politischer Ereignisse, insbesondere bei Kriegsschäden, gezahlt werden. Auch die Belastung der Rentenversicherungsträger durch Berufs- und Erwerbsunfähigkeitsrenten, soweit sie auf Kriegsfolgen zurückgehen, wird diesen Leistungen in pauschaler Form zugerechnet. Entschädigungen für Vermögensverluste sind hierin jedoch nicht enthalten. Außerdem werden die Familienzuschläge zu den Einkommensleistungen dem Funktionsbereich Ehe und Familie, die Renten an Personen über 60 (Frauen) bzw. 65 Jahre (Männer) den Leistungen im Funktionsbereich Alter und Hinterbliebene zugeschlagen. Der Funktionsbereich Folgen politischer Ereignisse umfaßte 1986 1,7% des Sozialbudgets mit einem Anteil der Einkommensleistungen von etwa 68%.

(6) Funktionsbereich Wohnen:

Dem Funktionsbereich Wohnen werden die Leistungen zur Verbesserung der Wohnungsversorgung, insbesondere das Wohngeld und die Mietverbilligung des Sozialen

Wohnungsbaus, zugerechnet. Das Leistungsvolumen belief sich im Jahre 1986 auf 2,1% des Sozialbudgets; der Anteil der Einkommensleistungen machte knapp 68% aus.

(7) Funktionsbereich Sparen:

Der Funktionsbereich Sparen umfaßt die Leistungen nach den Gesetzen zur Förderung der Vermögensbildung für Arbeitnehmer, dem Spar-Prämiengesetz und dem Wohnungsbau-Prämiengesetz sowie die steuerliche Begünstigung des Bausparens und der 7b-Abschreibung. Das Leistungsvolumen belief sich auf 2,7% des Sozialbudgets im Jahre 1986 und bestand fast ausschließlich aus Einkommensleistungen.

(8) Funktionsbereich Allgemeine Lebenshilfen:

Der Funktionsbereich Allgemeine Lebenshilfen umfaßt Leistungen, die bei Vorliegen besonderer wirtschaftlicher oder sonstiger Notlagen zugewendet werden. Hierzu gehören vor allen Dingen Leistungen der Rentenversicherung sowie der Sozial- und Jugendhilfe, ferner die sogenannten Sonstigen Hilfen, die von der Krankenversicherung als ärztliche Beratung und Hilfe zur Empfängnisregelung erbracht werden. Der Leistungsumfang dieses Funktionsbereichs belief sich 1986 auf 0,6% des Sozialbudgets, wobei die Einkommensleistungen und Sachleistungen in etwa gleichgewichtig von herausragender Bedeutung waren.

Tabelle 1: Sozialleistungen 1960-1990

Jahr	Sozialbudget Mio. DM	Sozialbudget Index	Bruttosozialprodukt Mrd. DM	Bruttosozialprodukt Index	Sozialleistungsquote %	Einwohner Mio.	Einwohner Index	Pro-Kopf-Sozialbudget DM	Pro-Kopf-Sozialbudget Index
1960	63 845	100,0	303,0	100,0	21,07	55,4	100,0	1 152	100,0
1961	70 948	111,1	331,4	109,4	21,41	56,2	101,3	1 262	109,5
1962	77 594	121,5	360,5	119,0	21,52	56,8	102,5	1 366	118,5
1963	82 894	129,8	382,1	126,1	21,69	57,4	103,5	1 444	125,3
1964	90 635	141,9	419,6	138,5	21,60	58,0	104,6	1 563	135,6
1965	114 603	179,5	458,2	151,2	25,01	58,6	105,7	1 956	169,7
1966	128 509	201,3	487,4	160,9	26,37	59,1	106,7	2 174	188,7
1967	137 504	215,4	493,7	162,9	27,85	59,3	107,0	2 319	201,2
1968	146 202	229,0	533,7	176,1	27,39	59,5	107,3	2 457	213,2
1969	158 340	248,0	597,8	197,3	26,49	60,1	108,4	2 635	228,6
1970	180 144	282,1	675,7	223,0	26,66	60,7	109,4	2 968	257,5
1971	198 752	311,3	751,8	248,1	26,44	61,3	110,6	3 242	281,4
1972	223 922	350,7	825,1	272,3	27,14	61,7	111,3	3 629	314,9
1973	252 592	395,6	918,9	303,3	27,49	62,0	111,8	4 074	353,5
1974	300 626	470,8	985,6	325,3	30,50	62,1	111,9	4 841	420,1
1975	346 598	542,8	1 029,4	339,7	33,67	61,8	111,5	5 608	486,7
1976	373 024	584,2	1 123,0	370,6	33,22	61,5	111,0	6 065	526,3
1977	397 839	623,1	1 196,3	394,8	33,26	61,4	110,8	6 480	562,3
1978	418 612	655,6	1 290,0	425,7	32,45	61,3	110,6	6 829	592,6
1979	443 820	695,1	1 395,3	460,5	31,81	61,4	110,7	7 228	627,2
1980	475 730	745,1	1 485,2	490,2	32,03	61,6	111,1	7 723	670,2
1981	508 797	796,9	1 545,1	509,9	32,93	61,7	111,3	8 246	715,6
1982	524 435	821,4	1 597,1	527,1	32,84	61,6	111,2	8 514	738,8
1983	535 378	838,5	1 674,1	552,5	31,98	61,3	110,6	8 734	758,2
1984	554 574	868,6	1 756,9	579,8	31,57	61,0	110,1	9 091	789,1
1985	572 297	896,3	1 837,9	606,6	31,14	61,0	110,1	9 302	814,4
1986	603 779	945,7	1 950,0	643,6	30,96	61,0	110,1	9 898	859,2
1990	688 622	1 078,5	2 341,0	722,6	29,42	59,4	107,2	11 593	1 006,0

Quellen: Bundesministerium für Arbeit und Sozialordnung: Arbeits- und Sozialstatistik 1985 sowie Sozialbudget 1986. Institut der deutschen Wirtschaft: Zahlen zur wirtschaftlichen Entwicklung der Bundesrepublik Deutschland 1986. Bevölkerungsprognose gem. Tab. 27 (Modell II) und 28 (Modell A).

Tabelle 2: Sozialleistungen (einschl. Verrechnungen) nach Institutionen 1965-1990 in Mio. DM

Institutionen	1965	1970	1975	1980	1981	1982	1983	1984	1985	1986	1990
Rentenversicherung	31 569	52 224	101 125	142 585	150 022	159 210	162 457	171 377	175 237	179 584	214 273
R. der Arbeiter	20 019	31 896	61 813	80 216	83 856	88 688	89 773	94 863	96 020	97 240	112 390
Angestelltenvers.	9 777	16 432	43 143	57 137	61 876	67 351	71 585	71 211	77 390	81 540	98 020
Knappsch. Rentenvers.	4 045	6 129	9 769	13 319	13 929	14 590	14 848	14 670	14 740	14 970	16 720
Krankenversicherung	15 988	26 088	61 142	90 066	96 654	97 532	100 992	108 944	114 543	118 535	138 690
Unfallversicherung	3 266	4 240	7 155	10 019	10 588	11 074	11 207	11 395	11 673	11 986	13 874
Arbeitsförderung	1 566	3 882	18 066	22 844	31 374	38 303	39 537	37 968	38 990	43 654	45 263
Kindergeld	2 884	2 891	14 638	17 609	19 165	16 898	15 435	14 967	14 464	14 590	13 600
Erziehungsgeld										1 705	2 900
Altershilfe f. Landwirte	488	900	1 867	2 775	2 903	3 004	3 048	3 190	3 327	3 631	4 283
Versorgungswerke	81	204	560	920	1 000	1 126	1 169	1 221	1 263	1 309	1 530
Beamtenrechtl. System	16 207	24 027	37 044	46 331	48 765	49 830	50 493	50 911	52 039	54 220	59 585
Pensionen	10 677	15 825	26 016	32 947	34 688	35 327	36 094	36 104	36 793	38 055	41 270
Familienzuschläge	4 336	6 218	7 048	7 617	7 781	7 883	7 957	7 966	8 206	8 915	10 415
Beihilfen	1 194	1 984	3 980	5 767	6 296	6 620	6 442	6 841	7 040	7 250	7 900
Arbeitgeberleistungen	8 167	18 802	29 738	44 953	45 630	44 092	45 118	47 804	50 000	53 264	62 825
Entgeltfortzahlung	4 500	12 500	18 490	27 880	26 900	23 890	23 500	25 000	26 000	27 301	32 501
Betriebl. Altersvers.	1 980	3 050	5 320	8 100	8 860	9 610	10 390	11 220	11 570	11 940	13 110
Zusatzversorgung	727	1 732	3 483	5 883	6 580	7 117	7 688	7 934	8 205	8 508	9 942
Sonst. Arbeitgeberlstg.	960	1 520	2 445	3 090	3 290	3 475	3 540	3 650	4 225	5 515	7 272
Entschädigungen	10 051	11 534	15 919	17 761	18 133	18 117	17 886	17 589	17 058	17 354	16 738
Kriegsopferversorgung	5 803	7 488	11 135	13 480	13 789	14 031	13 952	13 826	13 435	13 792	13 575
Lastenausgleich	2 017	1 785	1 844	1 713	1 628	1 584	1 484	1 404	1 297	1 227	954
Wiedergutmachung	1 800	1 959	2 398	2 156	2 252	2 180	2 133	2 016	1 980	2 000	1 770
Sonstige Entschädigungen	431	302	542	412	464	322	317	343	346	335	439
Soz. Hilfen und Dienste	5 468	11 644	32 321	40 771	43 895	45 265	45 262	43 997	45 286	47 166	50 781
Sozialhilfe	2 194	3 540	9 218	14 972	16 591	18 154	19 423	20 677	22 182	23 536	26 984
Jugendhilfe	1 016	1 602	4 260	6 789	7 235	7 401	7 225	7 602	7 761	7 863	8 090
Ausbildungsförderung	171	629	2 309	3 149	3 167	3 110	2 502	698	469	454	457
Wohngeld	178	660	1 797	2 009	2 625	2 872	2 800	2 594	2 648	3 068	3 150
Öff. Gesundheitsdienst	529	758	1 361	1 669	1 812	1 854	1 844	1 880	1 930	2 000	2 300
Vermögensbildung	1 380	4 455	13 376	12 183	12 465	11 874	11 468	10 546	10 296	10 245	9 800
Direkte Leistungen	94 972	155 365	317 889	433 840	465 000	481 408	489 561	506 327	520 825	543 363	621 045
Indirekte Leistungen	19 631	24 779	28 709	41 890	43 797	43 027	45 817	48 247	51 472	60 419	67 577
Steuerermäßigungen	15 800	20 726	24 059	35 930	37 377	38 657	41 097	43 177	46 052	54 879	61 357
Verg. im Wohnungswesen	3 831	4 053	4 650	5 960	6 420	4 370	4 720	5 070	5 420	5 540	6 220
Sozialbudget	114603	180 144	346 598	475 730	508 797	524 435	535 378	554 574	572 297	603 779	688 622

Quelle: Bundesministerium für Arbeit und Sozialordnung: Sozialbudget 1986.

Tabelle 3: Sozialleistungen (einschl. Verrechnungen) nach Institutionen 1965-1990 (Struktur in %)

Institutionen	1965	1970	1975	1980	1981	1982	1983	1984	1985	1986	1990
Rentenversicherung	27,5	29,0	29,2	30,0	29,5	30,4	30,3	30,9	30,6	29,7	31,1
R. der Arbeiter	17,5	17,7	17,8	16,9	16,5	16,9	16,8	17,1	16,8	16,1	16,3
Angestelltenvers.	8,5	9,1	12,4	12,0	12,2	12,8	13,4	12,8	13,5	13,5	14,2
Knappsch. Rentenvers.	3,5	3,4	2,8	2,8	2,7	2,8	2,8	2,6	2,6	2,5	2,4
Krankenversicherung	14,0	14,5	17,6	18,9	19,0	18,6	18,9	19,6	20,0	19,6	20,1
Unfallversicherung	2,8	2,4	2,1	2,1	2,1	2,1	2,1	2,1	2,0	2,0	2,0
Arbeitsförderung	1,4	2,2	5,2	4,8	6,2	7,3	7,4	6,8	6,8	7,2	6,6
Kindergeld	2,5	1,6	4,2	3,7	3,8	3,2	2,9	2,7	2,5	2,4	2,0
Erziehungsgeld	0,0	0,0	0,0	0,0	0,0	0,0	0,0	0,0	0,0	0,3	0,4
Altershilfe f. Landwirte	0,4	0,5	0,5	0,6	0,6	0,6	0,6	0,6	0,6	0,6	0,6
Versorgungswerke	0,1	0,1	0,2	0,2	0,2	0,2	0,2	0,2	0,2	0,2	0,2
Beamtenrechtl. System	14,1	13,3	10,7	9,7	9,6	9,5	9,4	9,2	9,1	9,0	8,7
Pensionen	9,3	8,8	7,5	6,9	6,8	6,7	6,7	6,5	6,4	6,3	6,0
Familienzuschläge	3,8	3,5	2,0	1,6	1,5	1,5	1,5	1,4	1,4	1,5	1,5
Beihilfen	1,0	1,1	1,1	1,2	1,2	1,3	1,2	1,2	1,2	1,2	1,1
Arbeitgeberleistungen	7,1	10,4	8,6	9,4	9,0	8,4	8,4	8,6	8,7	8,8	9,1
Entgeltfortzahlung	3,9	6,9	5,3	5,9	5,3	4,6	4,4	4,5	4,5	4,5	4,7
Betriebl. Altersvers.	1,7	1,7	1,5	1,7	1,7	1,8	1,9	2,0	2,0	2,0	1,9
Zusatzversorgung	0,6	1,0	1,0	1,2	1,3	1,4	1,4	1,4	1,4	1,4	1,4
Sonst. Arbeitgeberlstg.	0,8	0,8	0,7	0,6	0,6	0,7	0,7	0,7	0,7	0,9	1,1
Entschädigungen	8,8	6,4	4,6	3,7	3,6	3,5	3,3	3,2	3,0	2,9	2,4
Kriegsopferversorgung	5,1	4,2	3,2	2,8	2,7	2,7	2,6	2,5	2,3	2,3	2,0
Lastenausgleich	1,8	1,0	0,5	0,4	0,3	0,3	0,3	0,3	0,2	0,2	0,1
Wiedergutmachung	1,6	1,1	0,7	0,5	0,4	0,4	0,4	0,4	0,3	0,3	0,3
Sonstige Entschädigungen	0,4	0,2	0,2	0,1	0,1	0,1	0,1	0,1	0,1	0,1	0,1
Soz. Hilfen und Dienste	4,8	6,5	9,3	8,6	8,6	8,6	8,5	7,9	7,9	7,8	7,4
Sozialhilfe	1,9	2,0	2,7	3,1	3,3	3,5	3,6	3,7	3,9	3,9	3,9
Jugendhilfe	0,9	0,9	1,2	1,4	1,4	1,4	1,3	1,4	1,4	1,3	1,2
Ausbildungsförderung	0,1	0,3	0,7	0,7	0,6	0,6	0,5	0,1	0,1	0,1	0,1
Wohngeld	0,2	0,4	0,5	0,4	0,5	0,5	0,5	0,5	0,5	0,5	0,5
Öff. Gesundheitsdienst	0,5	0,4	0,4	0,4	0,4	0,4	0,3	0,3	0,3	0,3	0,3
Vermögensbildung	1,2	2,5	3,9	2,6	2,4	2,3	2,1	1,9	1,8	1,7	1,4
Direkte Leistungen	82,9	86,2	91,7	91,2	91,4	91,8	91,4	91,3	91,0	90,0	90,2
Indirekte Leistungen	17,1	13,8	8,3	8,8	8,6	8,2	8,6	8,7	9,0	10,0	9,8
Steuerermäßigungen	13,8	11,5	6,9	7,6	7,3	7,4	7,7	7,8	8,0	9,1	8,9
Verg. im Wohnungswesen	3,3	2,2	1,3	1,3	1,3	0,8	0,9	0,9	0,9	0,9	0,9
Sozialbudget	100,0	100,0	100,0	100,0	100,0	100,0	100,0	100,0	100,0	100,0	100,0

Quelle: Bundesministerium für Arbeit und Sozialordnung: Sozialbudget 1986.

Tabelle 4: Sozialleistungen (einschl. Verrechnungen) nach Institutionen 1965-1990 (Sozialleistungsquoten in %)

Institutionen	1965	1970	1975	1980	1981	1982	1983	1984	1985	1986	1990
Rentenversicherung	6,89	7,73	9,82	9,60	9,71	9,97	9,70	9,75	9,53	9,21	9,15
R. der Arbeiter	4,37	4,72	6,00	5,40	5,43	5,55	5,36	5,40	5,22	4,99	4,80
Angestelltenvers.	2,13	2,43	4,19	3,85	4,00	4,22	4,28	4,05	4,21	4,18	4,19
Knappsch. Rentenvers.	0,88	0,91	0,95	0,90	0,90	0,91	0,89	0,83	0,80	0,77	0,71
Krankenversicherung	3,49	3,86	5,94	6,06	6,26	6,11	6,03	6,20	6,23	6,08	5,92
Unfallversicherung	0,71	0,63	0,70	0,67	0,69	0,69	0,67	0,65	0,64	0,61	0,59
Arbeitsförderung	0,34	0,57	1,76	1,54	2,03	2,40	2,36	2,16	2,12	2,24	1,93
Kindergeld	0,63	0,43	1,42	1,19	1,24	1,06	0,92	0,85	0,79	0,75	0,58
Erziehungsgeld										0,09	0,12
Altershilfe f. Landwirte	0,11	0,13	0,18	0,19	0,19	0,19	0,18	0,18	0,18	0,19	0,18
Versorgungswerke	0,02	0,03	0,05	0,06	0,06	0,07	0,07	0,07	0,07	0,07	0,07
Beamtenrechtl. System	3,54	3,56	3,60	3,12	3,16	3,12	3,02	2,90	2,83	2,78	2,55
Pensionen	2,33	2,34	2,53	2,22	2,25	2,21	2,16	2,05	2,00	1,95	1,76
Familienzuschläge	0,95	0,92	0,68	0,51	0,50	0,49	0,48	0,45	0,45	0,46	0,44
Beihilfen	0,26	0,29	0,39	0,39	0,41	0,41	0,38	0,39	0,38	0,37	0,34
Arbeitgeberleistungen	1,78	2,78	2,89	3,03	2,95	2,76	2,70	2,72	2,72	2,73	2,68
Entgeltfortzahlung	0,98	1,85	1,80	1,88	1,74	1,50	1,40	1,42	1,41	1,40	1,39
Betriebl. Altersvers.	0,43	0,45	0,52	0,55	0,57	0,60	0,62	0,64	0,63	0,61	0,56
Zusatzversorgung	0,16	0,26	0,34	0,40	0,43	0,45	0,46	0,45	0,45	0,44	0,42
Sonst. Arbeitgeberlstg.	0,21	0,22	0,24	0,21	0,21	0,22	0,21	0,21	0,23	0,28	0,31
Entschädigungen	2,19	1,71	1,55	1,20	1,17	1,13	1,07	1,00	0,93	0,89	0,71
Kriegsopferversorgung	1,27	1,11	1,08	0,91	0,89	0,88	0,83	0,79	0,73	0,71	0,58
Lastenausgleich	0,44	0,26	0,18	0,12	0,11	0,10	0,09	0,08	0,07	0,06	0,04
Wiedergutmachung	0,39	0,29	0,23	0,15	0,15	0,14	0,13	0,11	0,11	0,10	0,08
Sonstige Entschädigungen	0,09	0,04	0,05	0,03	0,03	0,02	0,02	0,02	0,02	0,02	0,02
Soz. Hilfen und Dienste	1,19	1,72	3,14	2,75	2,84	2,83	2,70	2,50	2,46	2,42	2,17
Sozialhilfe	0,48	0,52	0,90	1,01	1,07	1,14	1,16	1,18	1,21	1,21	1,15
Jugendhilfe	0,22	0,24	0,41	0,46	0,47	0,46	0,43	0,43	0,42	0,40	0,35
Ausbildungsförderung	0,04	0,09	0,22	0,21	0,20	0,19	0,15	0,04	0,03	0,02	0,02
Wohngeld	0,04	0,10	0,17	0,14	0,17	0,18	0,17	0,15	0,14	0,16	0,13
Öff. Gesundheitsdienst	0,12	0,11	0,13	0,11	0,12	0,12	0,11	0,11	0,11	0,10	0,10
Vermögensbildung	0,30	0,66	1,30	0,82	0,81	0,74	0,69	0,60	0,56	0,53	0,42
Direkte Leistungen	20,73	22,99	30,88	29,21	30,10	30,14	29,24	28,82	28,34	27,86	26,53
Indirekte Leistungen	4,28	3,67	2,79	2,82	2,83	2,69	2,74	2,75	2,80	3,10	2,89
Steuerermäßigungen	3,45	3,07	2,34	2,42	2,42	2,42	2,45	2,46	2,51	2,81	2,62
Verg. im Wohnungswesen	0,84	0,60	0,45	0,40	0,42	0,27	0,28	0,29	0,29	0,28	0,27
Sozialbudget	25,01	26,66	33,67	32,03	32,93	32,84	31,98	31,57	31,14	30,96	29,42

Quelle: Bundesministerium für Arbeit und Sozialordnung: Sozialbudget 1986.

Tabelle 5: Sozialleistungen (einschl. Verrechnungen) nach Funktionen 1965-1990 in Mio. DM

Funktionen	1965	1970	1975	1980	1981	1982	1983	1984	1985	1986	1990
Alter und Hinterbliebene	45 372	72 342	135 027	185 225	194 732	205 257	211 098	218 646	223 785	230 377	267 333
Alter	42 742	68 035	126 981	173 412	182 839	193 098	200 158	207 178	212 026	218 270	253 271
Hinterbliebene	2 629	4 306	8 046	11 812	11 893	12 159	10 940	11 468	11 759	12 107	14 062
Gesundheit	30 867	53 084	107 487	157 799	167 130	168 346	171 126	183 258	191 786	199 778	232 671
Vorbeugung	2 914	4 418	8 101	9 967	11 075	10 755	9 680	10 220	11 081	11 728	13 763
Krankheit	19 873	36 346	77 055	112 477	117 978	116 989	120 001	129 446	135 666	141 095	164 876
Arbeitsunfall, Berufskrankheit	3 121	4 875	8 323	11 987	12 511	12 613	12 772	13 346	13 768	14 251	16 592
Invalidität (allgemein)	4 959	7 445	14 009	23 368	25 566	27 989	28 674	30 246	31 270	32 704	37 441
Ehe und Familie	23 414	30 805	47 998	61 936	65 196	64 213	64 184	65 315	67 738	78 455	88 452
Kinder	11 867	14 901	25 143	32 647	34 958	33 186	31 272	31 194	31 415	41 312	43 923
Ehegatten	10 549	14 528	20 696	25 348	26 004	26 897	28 844	30 327	32 393	33 471	40 470
Mutterschaft	998	1 376	2 159	3 941	4 233	4 130	4 068	3 794	3 930	3 671	4 059
Beschäftigung	2 403	5 798	22 146	30 732	39 573	46 515	48 180	44 610	46 089	52 269	57 022
Berufliche Bildung	663	2 337	6 992	10 721	12 136	11 942	11 457	9 658	10 107	12 467	15 777
Mobilität	740	1 709	2 153	5 735	5 833	4 564	4 600	5 201	6 172	8 902	12 009
Arbeitslosigkeit	1 000	1 753	13 001	14 276	21 604	30 010	32 123	29 752	29 810	30 901	29 235
Übrige Funktionen	12 548	18 115	33 940	40 039	42 165	40 104	40 790	42 745	42 899	42 900	43 145
Folgen politischer Ereignisse	3 841	4 732	7 625	9 086	9 554	9 729	9 820	9 895	9 747	10129	10 217
Wohnen	4 936	5 948	8 195	10 383	11 524	9 707	10 577	11 314	12 296	12 838	11 715
Sparförderung	2 670	6 045	16 096	17 283	17 845	17 544	17 108	16 466	16 236	16 085	17 050
Allgemeine Lebenshilfen	1 100	1 390	2 024	3 287	3 242	3 124	3 285	5 070	4 620	3 849	4 163
Sozialbudget	114 603	180 144	346 598	475 730	508 797	524 435	535 378	554 574	572 297	603 779	688 623

Quelle: Bundesministerium für Arbeit und Sozialordnung: Sozialbudget 1986.

Tabelle 6: Sozialleistungen (einschl. Verrechnungen) nach Funktionen 1965-1990 (Struktur in %)

Funktionen	1965	1970	1975	1980	1981	1982	1983	1984	1985	1986	1990
Alter und Hinterbliebene	39,6	40,2	39,0	38,9	38,3	39,1	39,4	39,4	39,1	38,2	38,8
Alter	37,3	37,8	36,6	36,5	35,9	36,8	37,4	37,4	37,0	36,2	36,8
Hinterbliebene	2,3	2,4	2,3	2,5	2,3	2,3	2,0	2,1	2,1	2,0	2,0
Gesundheit	26,9	29,5	31,0	33,2	32,8	32,1	32,0	33,0	33,5	33,1	33,8
Vorbeugung	2,5	2,5	2,3	2,1	2,2	2,1	1,8	1,8	1,9	1,9	2,0
Krankheit	17,3	20,2	22,2	23,6	23,2	22,3	22,4	23,3	23,7	23,4	23,9
Arbeitsunfall, Berufskrankheit	2,7	2,7	2,4	2,5	2,5	2,4	2,4	2,4	2,4	2,4	2,4
Invalidität (allgemein)	4,3	4,1	4,0	4,9	5,0	5,3	5,4	5,5	5,5	5,4	5,4
Ehe und Familie	20,4	17,1	13,8	13,0	12,8	12,2	12,0	11,8	11,8	13,0	12,8
Kinder	10,4	8,3	7,3	6,9	6,9	6,3	5,8	5,6	5,5	6,8	6,4
Ehegatten	9,2	8,1	6,0	5,3	5,1	5,1	5,4	5,5	5,7	5,5	5,9
Mutterschaft	0,9	0,8	0,6	0,8	0,8	0,8	0,8	0,7	0,7	0,6	0,6
Beschäftigung	2,1	3,2	6,4	6,5	7,8	8,9	9,0	8,0	8,1	8,7	8,3
Berufliche Bildung	0,6	1,3	2,0	2,3	2,4	2,3	2,1	1,7	1,8	2,1	2,3
Mobilität	0,6	0,9	0,6	1,2	1,1	0,9	0,9	0,9	1,1	1,5	1,7
Arbeitslosigkeit	0,9	1,0	3,8	3,0	4,2	5,7	6,0	5,4	5,2	5,1	4,2
Übrige Funktionen	10,9	10,1	9,8	8,4	8,3	7,6	7,6	7,7	7,5	7,1	6,3
Folgen politischer Ereignisse	3,4	2,6	2,2	1,9	1,9	1,9	1,8	1,8	1,7	1,7	1,5
Wohnen	4,3	3,3	2,4	2,2	2,3	1,9	2,0	2,0	2,1	2,1	1,7
Sparförderung	2,3	3,4	4,6	3,6	3,5	3,3	3,2	3,0	2,8	2,7	2,5
Allgemeine Lebenshilfen	1,0	0,8	0,6	0,7	0,6	0,6	0,6	0,9	0,8	0,6	0,6
Sozialbudget	100,0	100,0	100,0	100,0	100,0	100,0	100,0	100,0	100,0	100,0	100,0

Quelle: Bundesministerium für Arbeit und Sozialordnung: Sozialbudget 1986.

Tabelle 7: Sozialleistungen (einschl. Verrechnungen) nach Funktionen 1965-1990 (Sozialleistungsquoten in %)

Funktionen	1965	1970	1975	1980	1981	1982	1983	1984	1985	1986	1990
Alter und Hinterbliebene	9,90	10,71	13,12	12,47	12,60	12,85	12,61	12,44	12,18	11,81	11,42
Alter	9,33	10,07	12,34	11,68	11,83	12,09	11,96	11,79	11,54	11,19	10,82
Hinterbliebene	0,57	0,64	0,78	0,80	0,77	0,76	0,65	0,65	0,64	0,62	0,60
Gesundheit	6,74	7,86	10,44	10,62	10,82	10,54	10,22	10,43	10,44	10,25	9,94
Vorbeugung	0,64	0,65	0,79	0,67	0,72	0,67	0,58	0,58	0,60	0,60	0,59
Krankheit	4,34	5,38	7,49	7,57	7,64	7,33	7,17	7,37	7,38	7,24	7,04
Arbeitsunfall, Berufskrankheit	0,68	0,72	0,81	0,81	0,81	0,79	0,76	0,76	0,75	0,73	0,71
Invalidität (allgemein)	1,08	1,10	1,36	1,57	1,65	1,75	1,71	1,72	1,70	1,68	1,60
Ehe und Familie	5,11	4,56	4,66	4,17	4,22	4,02	3,83	3,72	3,69	4,02	3,78
Kinder	2,59	2,21	2,44	2,20	2,26	2,08	1,87	1,78	1,71	2,12	1,88
Ehegatten	2,30	2,15	2,01	1,71	1,68	1,68	1,72	1,73	1,76	1,72	1,73
Mutterschaft	0,22	0,20	0,21	0,27	0,27	0,26	0,24	0,22	0,21	0,19	0,17
Beschäftigung	0,52	0,86	2,15	2,07	2,56	2,91	2,88	2,54	2,51	2,68	2,44
Berufliche Bildung	0,14	0,35	0,68	0,72	0,79	0,75	0,68	0,55	0,55	0,64	0,67
Mobilität	0,16	0,25	0,21	0,39	0,38	0,29	0,27	0,30	0,34	0,46	0,51
Arbeitslosigkeit	0,22	0,26	1,26	0,96	1,40	1,88	1,92	1,69	1,62	1,58	1,25
Übrige Funktionen	2,74	2,68	3,30	2,70	2,73	2,51	2,44	2,43	2,33	2,20	1,84
Folgen politischer Ereignisse	0,84	0,70	0,74	0,61	0,62	0,61	0,59	0,56	0,53	0,52	0,44
Wohnen	1,08	0,88	0,80	0,70	0,75	0,61	0,63	0,64	0,67	0,66	0,50
Sparförderung	0,58	0,89	1,56	1,16	1,15	1,10	1,02	0,94	0,88	0,82	0,73
Allgemeine Lebenshilfen	0,24	0,21	0,20	0,22	0,21	0,20	0,20	0,29	0,25	0,20	0,18
Sozialbudget	25,01	26,66	33,67	32,03	32,93	32,84	31,98	31,57	31,14	30,96	29,42

Quelle: Bundesministerium für Arbeit und Sozialordnung: Sozialbudget 1986.

Tabelle 8: Leistungs- und Finanzierungsarten sowie Finanzierungsquellen des Sozialbudgets 1970-1990 in Mio. DM

Arten	1970	1975	1980	1981	1982	1983	1984	1985	1986	1990
Leistungsarten										
Einkommensleistungen	136 015	241 322	327 258	345 647	354 185	365 074	376 109	387 633	411 106	469 684
Barerstattungen	9 435	25 244	33 048	38 902	44 144	40 697	39 847	38 695	39 298	41 505
Waren und Dienste	26 065	62 912	91 362	98 886	100 459	103 346	110 691	116 717	121 316	140 716
Allgemeine Dienste und Leistungen	8 629	17 120	24 062	25 362	25 647	26 261	27 927	29 252	32 059	36 718
Zuschüsse	550	1 797	3 980	4 056	3 693	3 828	4 731	5 311	6 693	7 898
Maßnahmen	3 796	6 794	9 543	9 996	10 206	10 338	10 689	10 960	11 721	13 193
Innerer Dienst	4 283	8 529	10 539	11 310	11 748	12 095	12 507	12 981	13 644	15 627
Insgesamt	180 144	346 598	475 730	508 797	524 435	535 378	554 574	572 297	603 779	688 623
Finanzierungsarten										
Sozialbeiträge	108 196	205 779	308 770	328 958	339 745	348 445	366 608	383 355	402 527	468 931
der Versicherten	41 627	85 097	124 557	136 119	145 977	147 790	154 585	162 381	170 730	199 951
– Arbeitnehmer	32 554	58 917	91 149	97 590	102 499	105 668	111 113	117 065	123 437	145 623
– Selbständige	1 051	3 976	4 983	5 116	5 504	5 708	5 981	6 193	6 561	7 654
– sonst. Personen	8 022	22 204	28 425	33 413	37 974	36 414	37 491	39 123	40 731	46 674
der Arbeitgeber	66 569	120 682	184 213	192 839	193 768	200 655	212 023	220 974	231 797	268 981
– tatsächliche Beiträge	37 790	71 712	110 200	117 706	124 059	127 153	133 525	139 957	147 217	173 107
– unterstellte Beiträge	28 779	48970	74 013	75 133	69 709	73 502	78 498	81 017	84 579	95 874
Zuweisungen	77 745	137 053	176 980	191 319	194 292	191 264	192 730	198 385	213 746	233 331
aus öffentlichen Mitteln	72 701	126 787	166 305	180 209	183 254	180 445	181 826	187 311	202 346	221 022
sonstige Zuweisungen	5 044	10 266	10 675	11 110	11 038	10 819	10 904	11 074	11 400	12 309
Sonstige Einnahmen	4 583	9 133	10301	11 859	12 162	12 005	12 936	12 908	12 808	15 105
Insgesamt	190 524	351 965	496 051	532 136	546 199	551 714	572 274	594 648	629 080	717 368
Finanzierungssaldo	10 380	5 367	20 321	23 340	21 764	16 336	17 700	22 351	25 301	28 745
Finanzierungsquellen										
Unternehmen	58 866	106 959	158 844	165 925	165 951	171 850	181 893	189 023	197 033	227 744
Bund	47 415	85 877	111 599	122 087	124 205	120 098	119 917	122 418	130 471	141 855
Länder	26 566	42 737	56 822	60 360	60 284	61 352	62 753	65 110	71 752	80 680
Gemeinden	12 438	24 919	35 485	38 053	39 732	40 581	42 746	44 975	47 986	53 919
Sozialversicherung	535	1 157	1 152	1 305	1 286	1 210	1 310	1 372	1 428	1 742
Private Organisationen	1 238	2 455	2 813	2 938	3 017	3 126	3 261	3 370	3 556	4 142
Private Haushalte	43 413	87 735	129 211	141 374	151 565	153 416	160 359	168 241	176 778	207 231
Übrige Welt	52	125	125	95	160	81	36	139	75	55
Insgesamt	190 524	351 965	496 051	532 136	546 199	551 714	572 274	594 648	629 080	717 368

Quelle: Bundesministerium für Arbeit und Sozialordnung: Sozialbudget 1986.

Tabelle 9: Leistungs- und Finanzierungsarten sowie Finanzierungsquellen des Sozialbudgets 1970-1990 (Struktur in %)

Arten	1970	1975	1980	1981	1982	1983	1984	1985	1986	1990
Leistungsarten										
Einkommensleistungen	75,5	69,6	68,8	67,9	67,5	68,2	67,8	67,7	68,1	68,2
Barerstattungen	5,2	7,3	6,9	7,6	8,4	7,6	7,2	6,8	6,5	6,0
Waren und Dienste	14,5	18,2	19,2	19,4	19,2	19,3	20,0	20,4	20,1	20,4
Allgemeine Dienste und Leistungen	4,8	4,9	5,1	5,0	4,9	4,9	5,0	5,1	5,3	5,3
Zuschüsse	0,3	0,5	0,8	0,8	0,7	0,7	0,9	0,9	1,1	1,1
Maßnahmen	2,1	2,0	2,0	2,0	1,9	1,9	1,9	1,9	1,9	1,9
Innerer Dienst	2,4	2,5	2,2	2,2	2,2	2,3	2,3	2,3	2,3	2,3
Insgesamt	100,0	100,0	100,0	100,0	100,0	100,0	100,0	100,0	100,0	100,0
Finanzierungsarten										
Sozialbeiträge	56,8	58,5	62,2	61,8	62,2	63,2	64,1	64,5	64,0	65,4
der Versicherten	21,8	24,2	25,1	25,6	26,7	26,8	27,0	27,3	27,1	27,9
– Arbeitnehmer	17,1	16,7	18,4	18,3	18,8	19,2	19,4	19,7	19,6	20,3
– Selbständige	0,6	1,1	1,0	1,0	1,0	1,0	1,0	1,0	1,0	1,1
– sonst. Personen	4,2	6,3	5,7	6,3	7,0	6,6	6,6	6,6	6,5	6,5
der Arbeitgeber	34,9	34,3	37,1	36,2	35,5	36,4	37,0	37,2	36,8	37,5
– tatsächliche Beiträge	19,8	20,4	22,2	22,1	22,7	23,0	23,3	23,5	23,4	24,1
– unterstellte Beiträge	15,1	13,9	14,9	14,1	12,8	13,3	13,7	13,6	13,4	13,4
Zuweisungen	40,8	38,9	35,7	36,0	35,6	34,7	33,7	33,4	34,0	32,5
aus öffentlichen Mitteln	38,2	36,0	33,5	33,9	33,6	32,7	31,8	31,5	32,2	30,8
sonstige Zuweisungen	2,6	2,9	2,2	2,1	2,0	2,0	1,9	1,9	1,8	1,7
Sonstige Einnahmen	2,4	2,6	2,1	2,2	2,2	2,2	2,3	2,2	2,0	2,1
Insgesamt	100,0	100,0	100,0	100,0	100,0	100,0	100,0	100,0	100,0	100,0
Finanzierungsquellen										
Unternehmen	30,9	30,4	32,0	31,2	30,4	31,1	31,8	31,8	31,3	31,7
Bund	24,9	24,4	22,5	22,9	22,7	21,8	21,0	20,6	20,7	19,8
Länder	13,9	12,1	11,5	11,3	11,0	11,1	11,0	10,9	11,4	11,2
Gemeinden	6,5	7,1	7,2	7,2	7,3	7,4	7,5	7,6	7,6	7,5
Sozialversicherung	0,3	0,3	0,2	0,2	0,2	0,2	0,2	0,2	0,2	0,2
Private Organisationen	0,6	0,7	0,6	0,6	0,6	0,6	0,6	0,6	0,6	0,6
Private Haushalte	22,8	24,9	26,0	26,6	27,7	27,8	28,0	28,3	28,1	28,9
Übrige Welt	0,0	0,0	0,0	0,0	0,0	0,0	0,0	0,0	0,0	0,0
Insgesamt	100,0	100,0	100,0	100,0	100,0	100,0	100,0	100,0	100,0	100,0

Quelle: Bundesministerium für Arbeit und Sozialordnung: Sozialbudget 1986.

Tabelle 10: Sozialleistungen und ihre Finanzierung (einschl. Verrechnungen) nach Arten und Institutionen 1986 in Mio. DM

Arten / Institutionen	Leistungen							
	Insgesamt	Einkommensleistungen	Barerstattungen	Waren und Dienste	Allgemeine Dienste und Leistungen			Verrechnungen
					Zuschüsse	Maßnahmen	Innerer Dienst	
Rentenversicherung	179 584	160 504	11 464	3 540		473	2 454	1 149
R. der Arbeiter	97 240	84 275	5 851	1 947		273	1 384	3 510
Angestelltenvers.	81 540	63 218	4 351	1 537		166	951	11 317
Knappsch. Rentenvers.	14 970	13 011	1 262	56		34	119	488
Krankenversicherung	118 535	7 699	3 325	101 150		1 568	4 128	665
Unfallversicherung	11 986	7 880	254	1 956		712	852	332
Arbeitsförderung	43 654	23 487	11 044		4 707	1 991	1 520	905
Kindergeld	14 590	13 940					340	310
Erziehungsgeld	1 705	1 670					35	
Altershilfe f. Landwirte	3 631	3 123	169	237		10	79	13
Versorgungswerke	1 309	1 229	6			6	68	
Beamtenrechtl. System	54 220	46 286	7 407			138	389	
Pensionen	38 055	37 443	242			115	255	
Familienzuschläge	8 915	8 832				8	75	
Beihilfen	7 250	11	7 165			15	59	
Arbeitgeberleistungen	53 264	49 827	372			2 780	285	
Entgeltfortzahlung	27 301	27 301						
Betriebl. Altersvers.	11 940	11 940						
Zusatzversorgung	8 508	8 171	52				285	
Sonst. Arbeitgeberlstg.	5 515	2 415	320			2 780		
Entschädigungen	17 354	13 193	1 267	794	83	870	883	264
Kriegsopferversorgung	13 792	10075	1 091	772	80	800	736	238
Lastenausgleich	1 227	976	139			33	53	26
Wiedergutmachung	2 000	1 859		22	3	37	79	
Sonstige Entschädigungen	335	283	37				15	
Soz. Hilfen und Dienste	47 166	21 850	3 990	13 639	1 903	3 173	2 611	
Sozialhilfe	23 536	10 862	1 123	9 371		535	1 645	
Jugendhilfe	7 863	407	15	4 173	1 857	816	595	
Ausbildungsförderung	454	431				6	17	
Wohngeld	3 068		2 852			67	149	
Öff. Gesundheitsdienst	2 000				46	1 749	205	
Vermögensbildung	10 245	10 150		95				
Direkte Leistungen	543 360	350 687	39 298	121 316	6 693	11 721	13 644	
Indirekte Leistungen	60 419	60 419						
Steuerermäßigungen	54 879	54 879						
Verg. im Wohnungswesen	5 540	5 540						
Sozialbudget	603 779	411 106	39 298	121 316	6 693	11 721	13 644	

Quelle: Bundesministerium für Arbeit und Sozialordnung: Sozialbudget 1986.

Tabelle 10: Fortsetzung

Finanzierung									
Insgesamt	Sozialbeiträge					Zuweisungen		Sonstige Einnahmen	Verrechnungen
	der Versicherten			der Arbeitgeber		öffentliche	sonstige		
	Arbeitnehmer	Selbständige	Sonstige Personen	tatsächlich	unterstellt				
186 136	68 051	888	8 262	72 008		35 548		1 069	310
102 680	31 468	432	4 801	33 114		21 648		480	10 737
82 650	35 560	456	3 387	37 212		5 313		549	173
14 972	1 023		74	1 682		8 587		40	3 566
118 985	40 401	1 300	31 987	40 452		1 426	4	2 224	1 191
12 756		1 440		9 497		844		964	11
41 688	14 297		310	15 795		10 703	185	348	50
14 590						14 590			
1 705						1 705			
3 642		1 015	22			2 585		20	
4 201	233	1 918	145	233				1 671	
54 220					28 849	19 560	4 327	19	1 465
38 055					21 797	12 975	2 317	6	960
8 915						6 523	1 987		405
7 250					7 052	62	23	13	100
69 856	455		5	9 232	55 730	73	820	2 955	585
27 300					27 300				
26 740	450			2 790	23 500				
10 300	5		5	6 442		73	820	2 955	
5 515					4 930				585
17 354						17 350		4	
13 792						13 792			
1 227						1 223		4	
2 000						2 000			
335						335			
47 166						37 543	6 064	3 533	26
23 536						21 070		2 440	26
7 863						7 213		650	
454						450		4	
3 068						3 068			
2 000						1561		439	
10 245						4 181	6 064		
568 661	123 437	6 561	40 731	147 217	84 579	141 927	11 400	12 808	
60 419						60 419			
54 879						54 879			
5 540						5 540			
629 080	123 437	6 561	40 731	147 217	84 579	202 346	11 400	12 808	

Tabelle 11: Sozialleistungen (ohne Verrechnungen) nach Funktionen und Institutionen 1986 in Mio. DM

Funktionen / Institutionen		Alter und Hinterbliebene			Gesundheit				
	Insgesamt	Insgesamt	Alter	Hinterblieb.	Insgesamt	Vorbeugung	Krankheit	Arb. unfall	Invalidität
Rentenversicherung	178 435	151 990	146 046	5 944	19 284	4 167	291	806	14 021
R. der Arbeiter	93 730	79 064	75 773	3 290	11 142	2 331	179	513	8 120
Angestelltenvers.	70 223	61 807	59 736	2 071	6 193	1 763	102	212	4 116
Knapp. Rent.vers.	14 482	11 119	10 537	583	1 949	73	10	81	1 784
Krankenversicherung	117 870	2 197		2 197	112 392	1 514	107 517	3 361	
Unfallversicherung	11 654	4 131	3 051	1 080	6 854	556		6 298	
Arbeitsförderung	42 749								
Kindergeld	14 280								
Erziehungsgeld	1 705								
Altershilfe f. Landw.	3 618	2 481	2 293	188	457	209	35	8	205
Versorgungswerke	1 309	1 171	1 115	56	67	16		3	49
Beamtenrechtl. Syst.	54 220	34 690	32 336	2 354	10 229	170	6 782	218	3 060
Pensionen	38 055	34 557	32 336	2 221	3 218			159	3 060
Familienzuschläge	8 915								
Beihilfen	7 250	133		133	7 011	170	6 782	59	
Arbeitgeberleist.	53 264	17 521	17 258	263	31 110	1 869	23 267	3 558	2 416
Entgeltfortzahlung	27 301				26 361	1 340	22 653	2 368	
Betr. Altersvers.	11 940	10 746	10 746		1 194			239	955
Zusatzversorgung	8 508	6 775	6 512	4 988	1 541			80	1 461
Sonst. Arbeitg.lstg.	5 515				2 014	529	614	871	
Entschädigungen	17 090	7 978	7 953	25	738	96	301		341
Kriegsopfervers.	13 554	5 874	5 856	18	715	96	278		341
Lastenausgleich	1 201	940	933	7					
Wiedergutmachung	2 000	1 164	1 164		23		23		
Sonst. Entschädig.	335								
Soz. Hilfen u. Dienste	47 166	4 988	4 988		17 817	3 132	2 782		11 903
Sozialhilfe	23 536	4 988	4 988		15 613	1 195	2 515		11 903
Jugendhilfe	7 863				204	200	4		
Ausbildungsförd.	454								
Wohngeld	3 068								
Öff. Gesundheitsd.	2 000				2 000	1 738	262		
Vermögensbildung	10 245								
Direkte Leistungen	543 360	227 147	215 040	12 107	198 948	11 728	140 975	14 251	31 995
Indirekte Leistungen	60 419	3 230	3 230		830		121		709
Steuerermäßigungen	54 879	3 230	3 230		830		121		709
Verg. im Wohnungswesen	5 540								
Sozialbudget	603 779	230 377	218 270	12 107	199 778	11 728	141 095	14 251	32 704

Quelle: Bundesministerium für Arbeit und Sozialordnung: Sozialbudget 1986.

Tabelle 11: Fortsetzung

Ehe und Familie				Beschäftigung				Folg. pol. Er- eign.	Woh- nen	Spar- förde- rung	Allg. Leb. hilfen
Ins- ge- samt	Kin- der	Ehe- gat- ten	Mut- ter- schaft	Ins- ge- samt	Ber. Bil- dung	Mo- bili- tät	Arb. losig- keit				
2 774	2 774			2 828			2 828	1 153			406
1 658	1 658			950			950	652			264
930	930			810			810	359			123
186	186			1 067			1 067	142			18
2 323			2 323					664			294
487	487			182	182						
				42 748	8 428	6 247	28 073		1		
14 280	14 280										
1 705	1 705										
511	20	492									169
35	35							4			32
9 290	5 076	4 118	95								11
280	280										
8 915	4 797	4 118									
95			95								11
1 762	806		956	1 655		1 655		133	1 070		13
940			940								
46	46							133			13
776	760		16	1 655		1 655			1 070		
401	176	225		18	18			7 667	39		249
251	167	84		18	18			6 696	1		
97		97						63			101
								813			
53	9	44						96	38		148
6 465	5 767	401	297	2 134	2 134				3 188	10 245	2 329
401	386		15	1 355	1 355				120		1 059
6 065	5 382	401	282	325	325						1 270
				454	454						
									3 068		
										10 245	
40 035	31 127	5 236	3 671	49 564	10 762	7 902	30 901	9 621	4 298	10 245	3 503
38 420	10 185	28 235		2 705	1 705	1 000		508	8 540	5 840	346
38 420	10 185	28 235		2 705	1 705	1 000		508	3 000	5 840	346
									5 540		
78 455	41 312	33 471	3 671	52 269	12 467	8 902	30 901	10 129	12 838	16 085	3 849

Tabelle 12: Sozialleistungen (ohne Verrechnungen) nach Funktionen, Arten und Institutionen 1986 in Mio. DM

Funktionen / Institutionen	Alter u. Hinterbliebene			Gesundheit			Ehe und Familie		
	Einkommensleistg.	Sachleistungen	Allg. Dienste und Leistg.	Einkommensleistg.	Sachleistungen	Allg. Dienste und Leistg.	Eink. kommensleistg.	Sachleistungen	Allg. Dienste und Leistg.
Rentenversicherung	139 096	10 436	2 458	14 429	4 567	289	2 714		60
R. der Arbeiter	72 412	5 273	1 379	8 441	2 524	177	1 620		38
Angestelltenvers.	56 783	4 056	968	4 268	1 832	93	911		19
Knapp. Rent.vers.	9 901	1 108	111	1 720	210	19	183		3
Krankenversicherung		2 100	97	6 667	100 282	5 443	1 032	1 135	156
Unfallversicherung	3 811	16	304	3 560	2 084	1 210	449		38
Arbeitsförderung									
Kindergeld							13 940		340
Erziehungsgeld							1 670		35
Altershilfe f. Landw.	2 415	2	64	209	237	11	497		14
Versorgungswerke	1 099	6	66	64		3	31		4
Beamtenrechtl. Syst.	33 978	374	338	3 189	6 940	101	9 108	93	88
Pensionen	33 978	242	337	3 189		30	276		4
Familienzuschläge							8 832		83
Beihilfen		132	1		6 940	71		93	2
Arbeitgeberleist.	17 243	52	226	29 047	304	1 759	1 744	16	3
Entgeltfortzahlung				26 361			940		
Betr. Altersvers.	10 746			1 194					
Zusatzversorgung	6 497	52	226	1 492		49	44		3
Sonst. Arbeitg.lstg.					304	1 710	760	16	
Entschädigungen	7 325	145	509	82	347	308	385		16
Kriegsopfervers.	5 499	8	367	82	325	307	237		14
Lastenausgleich	729	137	75				97		
Wiedergutmachung	1 097		68		22	1			
Sonst. Entschädig.							51		2
Soz. Hilfen u. Dienste	3 872	682	435	5 861	8 295	3 661	635	3 333	2 498
Sozialhilfe	3 872	682	435	5 861	8 222	1 531	343	58	
Jugendhilfe					73	131	292	3 275	2 498
Ausbildungsförd.									
Wohngeld									
Öff. Gesundheitsd.						2 000			
Vermögensbildung									
Direkte Leistungen	208 838	13 813	4 495	63 107	123 056	12 785	32 205	4 577	3 252
Indirekte Leistungen	3 230			830			38 420		
Steuerermäßigung	3 230			830			38 420		
Verg. im Wohnungswesen									
Sozialbudget	212 069	13 813	4 495	63 937	123 056	12 785	70 626	4 577	3 252

Quelle: Bundesministerium für Arbeit und Sozialordnung: Sozialbudget 1986.

Tabelle 12: Fortsetzung

Funktionen / Institutionen	Beschäftigung			Folg. pol. Ereignisse			Wohnen		
	Ein-kom-mens-leistg.	Sach-leistun-gen	Allg. Dienste und Leistg.	Eink. kom-mens-leistg.	Sach-leistun-gen-	Allg. Dienste und Leistg.	Ein-kom-mens-leistg.	Sach-leistun-gen	Allg. Dienste und Leistg.
Rentenversicherung	2 738		90	1 139		14			
R. der Arbeiter	909		41	644		8			
Angestelltenvers.	781		29	354		4			
Knapp. Rent.vers.	1 048		20	141		1			
Krankenversicherung					664				
Unfallversicherung	60	110	12						
Arbeitsförderung	23 486	11 044	8 218				1		
Kindergeld									
Erziehungsgeld									
Altershilfe f. Landw.									
Versorgungswerke				4					
Beamtenrechtl. Syst.									
Pensionen									
Familienzuschläge									
Beihilfen									
Arbeitgeberleist.	1 655			129		4			1 070
Entgeltfortzahlung									
Betr. Altersvers.									
Zusatzversorgung				129		4			
Sonst. Arbeitg.lstg.	1 655								1 070
Entschädigungen	9	3	6	5 154	1 527	986	1	37	1
Kriegsopfervers.	9	3	6	4 246	1 527	922	1		
Lastenausgleich				57		5			
Wiedergutmachung				762		50			
Sonst. Entschädig.				88		8		37	1
Soz. Hilfen u. Dienste	646	1 115	373				120	2 852	216
Sozialhilfe	100	1 040	215				120		
Jugendhilfe	115	75	135						
Ausbildungsförd.	431		23						
Wohngeld								2 852	216
Öff. Gesundheitsd.									
Vermögensbildung									
Direkte Leistungen	28 594	12 272	8 699	6 425	2 191	1 004	122	2 889	1 287
Indirekte Leistungen	2 705			508			8 540		
Steuerermäßigung	2 705			508			3 000		
Verg. im Wohnungswesen							5 540		
Sozialbudget	31 299	12 272	8 699	6 933	2 191	1 004	8 662	2 889	1 287

Tabelle 12: Fortsetzung

Funktionen / Institutionen	Sparförderung			Allg. Lebenshilfen		
	Einkommensleistg.	Sachleistungen	Allg. Dienste und Leistg.	Einkommensleistg.	Sachleistungen	Allg. Dienste und Leistg.
Rentenversicherung				388	1	17
R. der Arbeiter				250	1	13
Angestelltenvers.				120		3
Knapp. Rent.vers.				18		
Krankenversicherung					294	
Unfallversicherung						
Arbeitsförderung						
Kindergeld						
Erziehungsgeld						
Altershilfe f. Landw.				2	167	
Versorgungswerke				31		1
Beamtenrechtl. Syst.				11		
Pensionen						
Familienzuschläge						
Beihilfen				11		
Arbeitgeberleist.				10		3
Entgeltfortzahlung						
Betr. Altersvers.						
Zusatzversorgung				10		3
Sonst. Arbeitg.lstg.						
Entschädigungen				237	2	10
Kriegsopferversorgung						
Lastenausgleich				93	2	6
Wiedergutmachung						
Sonst. Entschädig.				144		4
Soz. Hilfen u. Dienste	10 150	95		566	1 258	505
Sozialhilfe				566	493	
Jugendhilfe					765	505
Ausbildungsförderung						
Wohngeld						
Öff. Gesundheitsd.						
Vermögensbildung	10 150	95				
Direkte Leistungen	10150	95		1 245	1 722	536
Indirekte Leistungen	5 840			346		
Steuerermäßigungen	5 840			346		
Verg. im Wohnungswesen						
Sozialbudget	15 990	95		1 591	1 722	536

Tabelle 13: Steuerermäßigungen nach Arten 1965-1986 in Mio. DM

Steuerarten	1965	1970	1975	1980	1981	1982	1983	1984	1985	1986
Steuern auf Einkommen										
Erhöhte Absetz. für Wohngeb. (§§ 7b, 54 EStG)	620	800	2 200	4 200	4 500	4 800	4 800	5 100	5 150	5 200
Kinderkomponente zu § 7b (§ 34f EStG)					50	155	260	335	410	485
Steuerbegünst. Bausparen (§ 10 (1) Nr. 3 EStG)	670	790	520	900	880	870	840	820	790	640
Freibetrag f. Berufsausb. (§ 10 (1) Nr. 7 EStG)		21	26	31	32	33	34	35	36	37
Ehegattensplitting (§ 26b EStG)	8 500	11 500	16 000	20 300	20 800	21 600	23 500	25 000	26 900	27 800
Kinderfreibeträge (§ 32 (2) a.F. EStG)	3 800	4 800								
Altersfreibetrag (§ 32 (2) EStG)	300	350	700	450	460	470	480	490	500	510
Haushaltsfreibetrag (§ 32 (3) Nr. 1 EStG)			400	470	490					
Haushaltsfreibetrag (§ 32 (3) Nr. 2 EStG)			370	495	525	900	900	900	900	810
Außergewöhnliche Belastungen (§ 33 EStG)	117	162	185	260	260	270	280	280	280	280
Außergew. Belast. in besond. Fällen (§ 33a EStG)	663	918	1 045	4 200	4 570	4 675	2 500	2 110	2 280	3 030
– Unterhalt u. Berufsausbildung (§ 33a (1) EStG)	355	492	560	1 260	1 320	1 385	1 400	1 400	1 400	1 640
– Unterh. v. Kindern d. and. Elternteils (§ 33a (1a) EStG)				220	230	240	250	260	270	280
– Ausbildungsfreibeträge (§ 33a (2) EStG)	208	288	328	770	870	800	800	400	400	900
– Kinderbetreuungskosten (§ 33a (3) Nr. 1 EStG)				1 900	2 100	2 200			160	160
– Aufwendungen f. Haushaltshilfe (§ 33a (3) Nr. 2 EStG)	100	138	157	27	27	27	27	27	27	27
– Altersheim-Freibetrag (§ 33a (3) Nr. 2 EStG)			10	23	23	23	23	23	23	23
Kinderfreibeträge nach EStG						0	1 800	1 800	1 800	9 000
Pauschbetrag f. Körperbeh. und Hinterbl. (§ 33b EStG)	350	350	830	900	900	925	925	950	950	950
Freibetrag für Flüchtlinge (§ 52 (24) EStG)	5	5	3	2	2	2	2	2	2	2
Steuerfreiheit best. Zuschläge (§ 33b EStG)				870	920	920	930	940	970	1 000
Lohnsteuerpauschalierung Zukunftssicherung (§ 40b EStG)				450	500	550	760	840	920	980
Zukunftssicherungsfreibetrag (§ 2 LStDV)				500	500	500	500	500	500	500
Schuldzinsenabzug (§ 21a Abs. 4 EStG)							600	1 200	1 800	1 800
Steuern auf Vermögen										
Ehegattenfreibetrag (§ 6 (1) VStG)	70	110	370	290	295	300	305	310	315	320
Kinderfreibetrag (§ 6 (2) VStG)	60	90	150	120	125	128	131	135	139	145
Altersfreibetrag (§ 6 (3), 6 (4) VStG)	25	30	40	37	38	39	40	40	40	40
Grundsteuerermäßigung (§§ 82, 92-94 II. WoBauG)	560	720	1 100	1 320	1 300	1 280	1 260	1 240	1 220	1 200
Andere Steuern										
Steuererlaß für Körperbehind. (§ 3a Kfz StG)	60	80	110	135	230	240	250	150	150	150

Quelle: Bundesministerium für Arbeit und Sozialordnung: Sozialbudget 1986.

Tabelle 14: Steuerermäßigungen nach Arten und Funktionen in %

Arten / Funktionen	Alter und Hinterbliebene	Gesundheit	Ehe und Familie	Beschäftigung	Folgen polit. Ereignisse	Wohnen	Sparförderung	Allgemeine Lebenshilfen
Steuern auf Einkommen								
Erhöhte Absetz. für Wohngeb. (§§ 7b, 54 EStG)							100	
Kinderkomponente zu § 7b (§ 34f EStG)			100					
Steuerbegünst. Bausparen (§ 10 (1) Nr. 3 EStG)							100	
Freibetrag f. Berufsausb. (§ 10 (1) Nr. 7 EStG)				100				
Ehegattensplitting (§ 26b EStG)			100					
Kinderfreibeträge (§ 32 (2) a.F. EStG)			100					
Altersfreibetrag (§ 32 (2) EStG)	100							
Haushaltsfreibetrag (§ 32 (3) Nr. 1 EStG)	100							
Haushaltsfreibetrag (§ 32 (3) Nr. 2 EStG)	100							
Außergewöhnliche Belastungen (§ 33 EStG)	18	12	12	40				18
Außergew. Belast. in besond. Fällen (§ 33a EStG)								
– Unterhalt u. Berufsausbildung (§ 33a (1) EStG)	18	12	12	40				18
– Unterh. v. Kindern d. and. Elternteils (§ 33a (1a) EStG)			100					
– Ausbildungsfreibeträge (§ 33a (2) EStG)				100				
– Kinderbetreuungskosten (§ 33a (3) Nr. 1 EStG)			100					
– Aufwendungen f. Haushaltshilfe (§ 33a (3) Nr. 2 EStG)	80	20						
– Altersheim-Freibetrag (§ 33a (3) Nr. 2 EStG)	100							
Kinderfreibeträge nach EStG			100					
Pauschbetrag f. Körperbeh. und Hinterbl. (§ 33b EStG)		54			46			
Freibetrag für Flüchtlinge (§ 52 (23) EStG)					100			
Steuerfreiheit best. Zuschläge (§ 33b EStG)				100				
Lohnsteuerpauschalierung Zukunftssichg. (§ 40b EStG)	100							
Zukunftssicherungsfreibetrag (§ 2 LStDV)	100							
Schuldzinsenabzug (§ 21a Abs. 4 EStG)						100		
Steuern auf Vermögen								
Ehegattenfreibetrag (§ 6 (1) VStG)			100					
Kinderfreibetrag (§ 6 (2) VStG)			100					
Altersfreibetrag (§ 6 (3), 6 (4) VStG)	100							
Grundsteuerermäßigung (§§ 82, 92-94 II. WoBauG)						100		
Andere Steuern								
Steuererlaß für Körperbehind. (§ 3a Kfz StG)		54			46			

Quelle: Bundesministerium für Arbeit und Sozialordnung: Sozialbudget 1986.

Tabelle 15: Sozialleistungen (ohne Verrechnungen) nach Arten und Funktionen 1986 in Mio. DM

Funktionen / Arten	Insgesamt	Einkommensleistungen	Barerstattungen	Waren und Dienste	Allg. Dienste und Leistungen: Zuschüsse	Maßnahmen	Innerer Dienst
Alter und Hinterbliebene	230 377	212 069	13 128	685		799	3 696
Alter	218 270	203 395	10 026	685		734	3 430
Hinterbliebene	12 107	8 674	3 103			65	265
Gesundheit	199 778	63 937	10 473	112 583	117	6 351	6 317
Vorbeugung	11 728	2 370	266	5 788	116	2 761	427
Krankheit	141 095	30 429	8 212	96 267	1	2 033	4 154
Arbeitsunfall, Berufskrankheit	14 251	7 209	294	5 060		997	691
Invalidität (allgemein)	32 704	23 929	1 701	5 468		560	1 045
Ehe und Familie	78 455	70 626	109	4 468	1 467	648	1 137
Kinder	41 312	35 467		2 951	1 328	609	958
Ehegatten	33 471	33 179		178	53	6	55
Mutterschaft	3 671	1 979	109	1 339	86	33	125
Beschäftigung	52 269	31 299	11 067	1 205	4 842	2 070	1 786
Berufliche Bildung	12 467	6 844	2 501	1 205	1 098	400	419
Mobilität	8 902	4 389	133		3 744	404	232
Arbeitslosigkeit	30 901	20 066	8 433			1 267	1 136
Übrige Funktionen							
Folgen politischer Ereignisse	10 129	6 933	998	1 193	83	509	412
Wohnen	12 838	8 662	2 889			1 137	150
Sparförderung	16 085	15 990		95			
Allgemeine Lebenshilfen	3 849	1 591	634	1 088	184	207	145
Sozialbudget	603 779	411 106	39 298	121 316	6 693	11 721	13 644

Quelle: Bundesministerium für Arbeit und Sozialordnung: Sozialbudget 1986.

Tabelle 16: Finanzierung (ohne Verrechnungen) nach Finanzierungsquellen und Institutionen 1986 in Mio. DM

Institutionen / Quellen	Insgesamt	Unternehmen	Bund	Länder	Gemeinden	Sozialversicherung	Private Organis.	Private Haushalte	Übrige Welt
Rentenversicherung	185 826	62 633	36 629	3 314	3 751	435	691	78 372	
R. der Arbeiter	91 943	31 639	21 976	331	727	42	131	37 097	
Angestelltenvers.	82 477	29 296	6 066	2 981	3 024	379	558	40 172	
Knappsch. Rentenvers.	11 406	1 697	8 587	2		14	2	1 104	
Krankenversicherung	117 794	36 379	2 355	1 632	2 094	433	802	74 098	
Unfallversicherung	12 745	9 619	599	252	647	71	61	1 496	
Arbeitsförderung	41 638	13 914	10 975	640	788	157	315	14 774	75
Kindergeld	14 590		14 590						
Erziehungsgeld	1 705		1 670	28		7			
Altershilfe f. Landwirte	3 642	20	2 583					1 039	
Versorgungswerke	4 201	859	33	17	183			3 110	
Beamtenrechtl. System	52 755	10 295	14 116	21 113	6 098		1 120	13	
Pensionen	37 095	5 886	12 304	14 288	4 024		593		
Familienzuschläge	8 510	1 987	1 070	3 569	1 438		446		
Beihilfen	7 150	2 422	742	3 256	636		81	13	
Arbeitgeberleistungen	69 271	56 957	3 389	4 250	3 180	97	506	892	
Entgeltfortzahlung	27 300	21 840	819	2 730	1 365		410	137	
Betriebl. Altersvers.	26 740	26 290						450	
Zusatzversorgung	10 300	4 727	1 740	1 520	1 815	97	97	306	
Sonst. Arbeitgeberlstg.	4 930	4 100	830						
Entschädigungen	17 354		14 444	2 598	308			4	
Kriegsopferversorgung	13 792		12 331	1 245	216				
Lastenausgleich	1 227		816	330	77			4	
Wiedergutmachung	2 000		977	1 023					
Sonstige Entschädigungen	335		320		15				
Soz. Hilfen und Dienste	47 140	6 357	4 459	10 810	22 246	227	61	2 979	
Sozialhilfe	23 510	300	60	5 694	15 316			2 140	
Jugendhilfe	7 863		408	1 154	5 651	200		450	
Ausbildungsförderung	454		278	172				4	
Wohngeld	3 068		1 426	1 566	76				
Öff. Gesundheitsdienst	2 000	54	56	715	790			385	
Vermögensbildung	10 245	6 003	2 231	1 509	413	27	61		
Direkte Leistungen	568 661	197 033	105 843	44 653	39 295	1 428	3 556	176 778	75
Indirekte Leistungen	60 419		24 628	27 099	8 691				
Steuerermäßigungen	54 879		22 800	23 455	8 623				
Verg. im Wohnungswesen	5 540		1 828	3 644	68				
Sozialbudget	629 080	197 033	130 471	71 752	47 986	1 428	3 556	176 778	75

Quelle: Bundesministerium für Arbeit und Sozialordnung: Sozialbudget 1986.

Tabelle 17: Finanzierung (ohne Verrechnungen) nach Arten und Quellen 1986 in Mio. DM

Arten / Quellen	Insgesamt	Sozialbeiträge					Zuweisungen		sonstige Einnahmen
		der Versicherten			der Arbeitgeber		öffentliche	sonstige	
		Arbeitnehmer	Selbständige	Sonstige Personen	tatsächlich	unterstellt			
Unternehmen	197 033				124 092	55 410	35	11 263	6 233
Bund	130 471				3 685	5 653	120 591		543
Länder	71 752				6 893	18 667	45 841		351
Gemeinden	47 986				7 991	3 631	35 396		968
Sozialversicherung	1 428				1 135		34		259
Private Organisationen	3 556				1 966	1 082	446	63	
Private Haushalte	176 778	123 437	6 561	40 731	1 456	137	2		4 454
Übrige Welt	75							75	
Sozialbudet	629 080	123 437	6 561	40 731	147 217	84 579	202 346	11 400	12 808

Quelle: Bundesministerium für Arbeit und Sozialordnung: Sozialbudget 1986.

Tabelle 18: Verrechnungen zwischen den Institutionen 1986 in Mio. DM

Ausgaben \ Einnahmen	Renten-versicherung der Arbeiter	Renten-versicherung der Angestellten	Knappschaftl. Renten-versicherung	Kranken-versicherung	Unfall-versicherung	Arbeits-förderung	Pensionen	Familienzuschläge	Beihilfen	andere Institutionen	Summe
							im öffentlichen Dienst				
Rentenversicherung der Arbeiter											
Erstattung f. Berufsförderung						41					
Erstattung f. Knappschaftl. KVdR			84								
Erstattung f. Leistungen an EU-Rentner				432							
Erstattung f. Leist. an Empf. v. Altersruhegeld				108							
Wanderversicherungsausgleich			2 621								
Wanderungsausgleich			9								
Erstattung f. Kinderzulage zur Verletztenrente					4						3 299
Unterstellte Verrechnungen							133	60	18		211
Angestelltenversicherung											
Erstattung f. Berufsförderung						7					
Erstattung f. Knappschaftl. KVdR			16								
Erstattung f. Leistungen an EU-Rentner				177							
Erstattung f. Leist. an Empf. v. Altersruhegeld				44							
Wanderversicherungsausgleich			794								
Wanderungsausgleich			2								
Erstattung f. Kinderzulage zur Verletztenrente					1						
Liquiditätsausgleich ArV/AnV	10 222										11 263
Unterstellte Verrechnungen							23	26	5		54

Tabelle 18: Fortsetzung

Einnahmen / Ausgaben	Rentenversicherung der Arbeiter	Rentenversicherung der Angestellten	Knappschaftl. Rentenversicherung	Krankenversicherung	Unfallversicherung	Arbeitsförderung	Pensionen	Familienzuschläge	Beihilfen	andere Institutionen	Summe
							im öffentlichen Dienst				
Knappschaftliche Rentenversicherung											
Erstattung f. Berufsförderung						2					
Erstattung f. Leistungen an EU-Rentner				19							
Erstattung f. Leist. an Empf. v. Altersruhegeld				5							
Wanderversicherungsausgleich	327	91									444
Unterstellte Verrechnungen							34	8	2		44
Krankenversicherung											
Unterstellte Verrechnungen							487	148	30		665
Unfallversicherung (allgemein)											
Erstattung f. Heilanstaltspflege				99							
Erstattung von Übergangsgeld				89							188
Unterstellte Verrechnungen							94	30	12		136
Unfallversicherung (Schüler)											
Erstattung f. Heilanstaltspflege				5							5
Unterstellte Verrechnungen							3				3
Arbeitsförderung											
Erst. f. Leist.empf. d. BAfU					3						
Erstattungen f. Bedienstete der BAfU					3						
Vorruhestandsgeld (Zuschuß an Arbeitgeber)										585	591
Unterstellte Verrechnungen							182	100	32		314

Tabelle 18: Fortsetzung

Einnahmen / Ausgaben	Rentenversicherung der Arbeiter	Rentenversicherung der Angestellten	Knappschaftl. Rentenversicherung	Krankenversicherung	Unfallversicherung	Arbeitsförderung	Pensionen	Familienzuschläge	Beihilfen	andere Institutionen	Summe
							im öffentlichen Dienst				
Kindergeld											
Kindergeldzahlungen ArV	188										
Kindergeldzahlungen AnV		82									
Kindergeldzahlungen KnRV			40								310
Altershilfe für Landwirte											
Unterstellte Verrechnungen							4	8	1		13
Kriegsopferversorgung											
Erstattung (§ 19 BVG)				213							213
Unterstellte Verrechnungen								25			25
Lastenausgleich											
Erstattung an Sozialhilfe für Krankenversorgung										26	26
Summe	10737	173	3566	1191	11	50	960	405	100	611	17804

Quelle: Bundesministerium für Arbeit und Sozialordnung: Sozialbudget 1986.

3. Sozialfinanzen im Überblick

3.1 Finanzierungsquellen

Die gesamte Finanzmittelaufbringung für die Zwecke der Sozialen Sicherung belief sich 1986 auf 629,1 Mrd. DM. Diese Mittel fließen dem Sozialsektor aus unterschiedlichen Quellen zu, die zugleich Pole des Wirtschaftskreislaufes repräsentieren. Der Sozialbericht unterscheidet nach Unternehmen, Bund, Ländern, Gemeinden, Sozialversicherung, privaten Organisationen, privaten Haushalten und der übrigen Welt als Finanzierungsquellen:

(1) Unternehmen:

Die Unternehmen tragen mit Arbeitgeberbeiträgen und unterstellten Beiträgen zur Finanzierung der Sozialen Sicherung bei; in geringerem Umfange fallen auch Zuweisungen und sonstige Einnahmen an. Der Anteil der Unternehmen am gesamten Finanzmittelaufkommen der Sozialen Sicherung belief sich 1986 auf 31,3%.

(2) Haushalte von Bund, Ländern und Gemeinden:

Die Haushalte von Bund, Ländern und Gemeinden sind vor allen Dingen mit gesetzlichen Zuweisungen (z.B. in Form der Bundeszuschüsse an die Rentenversicherung) oder als Träger von Einrichtungen (z.B. der Sozialhilfe) an der Finanzierung von Sozialleistungen beteiligt. Hinzu kommt jene Finanzmittelaufbringung, die Bund, Länder und Gemeinden als Arbeitgeber oder Dienstherren in Form tatsächlicher oder unterstellter Beiträge tragen (Beiträge zur Sozialversicherung, Finanzierung von Gehaltsfortzahlung im Krankheitsfall, Pensionen und Beihilfen). Außerdem trägt die öffentliche Hand den Einnahmeausfall, der durch indirekte Leistungen bewirkt wird (z.B. bei den steuerlichen Vergünstigungen). In geringerem Umfange fallen auch sonstige Einnahmen an. 1986 belief sich der Anteil des Bundes am gesamten Finanzmittelaufkommen auf 20,7%, der Anteil der Länder auf 11,4% und der der Gemeinden auf 7,6%.

(3) Sozialversicherung:

Die Sozialversicherung trägt insbesondere mit tatsächlichen Beiträgen als Arbeitgeber sowie durch sonstige Einnahmen zur Finanzierung der Sozialen Sicherung bei. 1986 machte der Finanzierungsanteil der Sozialversicherung 0,2% aus.

(4) Private Organisationen:

Die privaten Organisationen finanzieren die Soziale Sicherung insbesondere mit tatsächlichen und unterstellten Arbeitgeberbeiträgen, darüberhinaus aber auch mit Zuweisungen aus öffentlichen Mitteln und sonstigen Zuweisungen. Der Anteil am gesamten Finanzmittelaufkommen belief sich 1986 auf 0,6%.

(5) Private Haushalte:

Bei den privaten Haushalten dominieren die Beiträge der Versicherten; nicht zu vernachlässigen sind auch die sonstigen Einnahmen, wohingegen die Beiträge der Arbeitgeber von relativ geringer Bedeutung sind. In der Vergangenheit fielen auch die Beiträge der Rentner nicht ins Gewicht, dies hat sich jedoch inzwischen geändert. 1986 trugen die privaten Haushalte einen Finanzierungsanteil von 28,1%.

(6) Ausland:

Das Ausland trägt ausschließlich mit Zuweisungen aus sonstigen Mitteln zur Finanzierung der Sozialleistungen in der Bundesrepublik bei. Insgesamt hat die übrige Welt einen verschwindend kleinen Anteil an der gesamten Finanzmittelaufbringung der Sozialen Sicherung.

3.2 Finanzierungsarten

3.2.1 Sozialbeiträge und Finanzierungsverfahren

An dem gesamten Finanzmittelaufkommen sind die Sozialbeiträge zu etwa 64% beteiligt; dieser Anteilswert weist längerfristig eine steigende Tendenz auf. Dabei handelt es sich einerseits um tatsächliche Beiträge, die die Versicherten oder ihre Arbeitgeber an die Sozialleistungsinstitutionen abführen, um auf diese Weise Leistungsansprüche zu erwerben oder zu erhalten. Der Anteil der **Beiträge der Versicherten** an dem gesamten Finanzmittelaufkommen beläuft sich auf über 27%. Hierbei handelt es sich um Beiträge der Arbeitnehmer, der Selbständigen und sonstiger Personen. Die tatsächlichen **Beiträge der Arbeitgeber** liegen mit über 23% im Anteilswert etwas niedriger, weisen aber ebenfalls eine steigende Tendenz auf. Neben den tatsächlichen Beiträgen sind unterstellte Beiträge zu berücksichtigen; diese stellen den Gegenwert für diejenigen Leistungen dar, die die Arbeitnehmer oder sonstige Berechtigte von den Arbeitgebern unmittelbar erhalten, soweit für gleichartige Leistungen ein beitragsorientiertes System existiert. Die unterstellten Beiträge der Arbeitgeber liegen bei etwa 13% des gesamten Finanzmittelaufkommens, wobei dieser Anteilswert langfristig leicht schwankt. Selbst wenn man den Anteil der unterstellten Beiträge von demjenigen der gesamten Sozialbeiträge abzieht, liegt die Beitragsfinanzierung der Sozialen Sicherung immer noch bei gut 50% des gesamten Finanzmittelaufkommens (vgl. *H. F. ZACHER*, 1980).

Zur **Ordnung der Beitragsfinanzierung** in der Sozialen Sicherung sind verschiedene Verfahren denkbar, die dem privaten Versicherungswesen entlehnt worden sind und in den verschiedenen Zweigen des Sozialleistungssystems in unterschiedlicher Weise zur Anwendung kamen oder gegenwärtig noch kommen. Es handelt sich dabei um das Kapitaldeckungsverfahren, das Anwartschaftsdeckungsverfahren, das Abschnittsdeckungsverfahren sowie das Umlageverfahren.

Das **Kapitaldeckungsverfahren** als System der Verbindlichkeits- oder Anspruchsdeckung ist typisch für die privaten Versicherungen, die „nicht auf staatliche Hilfe rechnen können, wenn ihre Finanzmittel zur Bezahlung der fälligen Renten nicht mehr ausreichen" (*W. WITTMANN,* 1972, S. 189). Die Beitragsbemessung erfolgt nach Maßgabe der in dem jeweiligen Jahr eintretenden Versicherungsfälle. Wenn in einem bestimmten Jahr eine bestimmte Gruppe von Wirtschaftssubjekten z.B. in das Rentenalter gelangt, so wird der Kapitalwert aller Rentenansprüche ermittelt, die in dem jeweiligen Jahr zu laufen beginnen. Der Kapitalwert der Rentenansprüche entspricht dem notwendigen Deckungskapital. Das Deckungskapital muß einschließlich der zu erwartenden Zinserträge ausreichen, „alle periodisch wiederkehrenden Renten bis zu ihrem Erlöschen zu bezahlen. In dem Deckungskapital oder Kapitalwert der Renten wickelt demnach der Versicherer die ganze Folge der Renten in dem Jahr rechnerisch ab, in dem die Rentenansprüche entstehen. Die Gegenwart trägt die volle Last der Rentenansprüche" (*W. MAHR*, 1964, S. 124). Die Versicherten müssen in dem jeweiligen Jahr soviel Beiträge entrichten, daß das notwendige Deckungskapital angesammelt werden kann.

Da die Beiträge in dem Jahr ihres Anfalls nur zum Teil zur Finanzierung von Versicherungsleistungen benötigt werden, ist das Kapitaldeckungsverfahren durchweg mit einer erheblichen Fondsbildung verbunden. Dem Fonds fließen die nicht benötigten Beiträge zu. Die angesammelten Gelder werden grundsätzlich zu einem wesentlichen Teil in Wertpapieren, Immobilien usw. angelegt. Daraus ergeben sich jedoch unter Umständen beträchtliche Liquiditätsprobleme, die insbesondere in einer schweren Wirtschaftskrise sichtbar werden. Gerät nämlich die Volkswirtschaft in eine Rezession, so reduziert sich regelmäßig das Beitragsaufkommen (wegen geringerer Zahl der Beitragszahler und/oder niedrigeren Pro-Kopf-Beiträgen). Um nunmehr den Verpflichtungen zur Rentenzahlung noch nachkommen zu können, müssen Teile des fest angelegten Geldes liquidisiert werden. In einer Rezession finden sich aber nur in begrenztem Umfange Käufer für Wertpapiere und für Immobilien; auch wird der zu erzielende Erlös häufig niedriger sein als in der Situation der Hochkonjunktur. Trotz eines hohen Vermögens können die Versicherungsträger dann in Zahlungsschwierigkeiten geraten.

Aber auch im Falle einer ausgeglichenen wirtschaftlichen Entwicklung können sich bei Anwendung des Kapitaldeckungsverfahrens gravierende Probleme für die Versicherungsträger ergeben. Nur bei einem stationären Versichertenbestand mit stets unveränderter Alterszusammensetzung bleibt die nach dem Kapitaldeckungsverfahren aufzubringende Summe für jedes Jahr von Anfang an die gleiche. Bei tiefgreifenden demographischen Verschlechterungen des Versichertenbestandes werden sich aber über kurz oder lang auch Finanzierungsschwierigkeiten für die Versicherungen ergeben; zumindest können die Beiträge dann längerfristig nicht konstant gehalten werden.

Das **Anwartschaftsdeckungsverfahren** war im Rahmen der Rentenfinanzierung bis 1957 gültig. Es stellt sich als eine Spielart des Kapitaldeckungsverfahrens dar, führt sogar zu wesentlich höheren Fondsbildungen und ist daher noch verstärkt mit jenen Problemen belastet, die bereits für das Kapitaldeckungsverfahren festgestellt wurden.

Nach dem Anwartschaftsdeckungsverfahren wird die Beitragsbemessung nicht auf das Jahr des Eintritts des Versicherungsfalles abgestellt, sondern auf das Jahr des Eintritts einer bestimmten Gruppe in die Versicherung (Versicherungsbeginn), wobei zugleich die gesamte Laufzeit des Versicherungsverhältnisses berücksichtigt wird. Für die in die Versicherung eintretende Gruppe wird per Eintrittsjahr der Kapitalwert der zu erwartenden Versicherungsansprüche, wie zum Beispiel der Rentenzahlungen, unter Berücksichtigung von Zinsen und Zinseszinsen errechnet. Dieser Kapitalwert muß gedeckt werden durch den Kapitalwert der Beiträge, die von den neu in die Versicherung eingetretenen Wirtschaftssubjekten über die gesamten Beitragsjahre hinweg aufzubringen sind. Entsprechend ist die Höhe der Beiträge zu bemessen. Auf diese Weise sind dann alle Rentenansprüche und alle Anwartschaften der einer Gruppe angehörenden Personen gedeckt (vgl. *W. MAHR*, 1964, S. 125).

Auch bei dem Anwartschaftsdeckungsverfahren kann sich unter der Voraussetzung einer ausgeglichenen wirtschaftlichen Entwicklung nach Maßgabe demographischer Einflüsse eine beträchtliche Variabilität der Beitragssätze ergeben. Nur wenn der Versichertenbestand in dem Sinne stationär ist, daß er Jahr für Jahr die gleiche Alterszusammensetzung aufweist, ist mit konstanten Beiträgen zu rechnen. In diesem Fall ist die Zahl der Beitragsjahre für jede in die Versicherung neu eintretende Gruppe die gleiche, und es spricht auch einiges für eine weitgehend gleiche Rentenzahldauer in Abhängigkeit von der Lebenserwartung der

Versicherten. Dies ist jedoch nur ein theoretischer Grenzfall; vielmehr ist bei Einführung des Anwartschaftsdeckungsverfahrens normalerweise eine Generation vorhanden, die einen anderen Altersaufbau hat wie der künftige alljährliche Neuzugang. Entsprechend errechnet sich für die alte Generation ein anderes Deckungskapital als für den alljährlichen Neuzugang mit den entsprechenden Konsequenzen für die Beitragsbemessung.

Die mit dem Kapitaldeckungsverfahren und dem Anwartschaftsdeckungsverfahren verbundenen Probleme im Zuge konjunktureller Schwankungen und demographischer Veränderungen sowie die durch Kriege und Inflationen bedingte Vermögensvernichtung der Versicherungsträger ließen im Rahmen der Reformdiskussion der Sozialen Sicherung in den 50er Jahren auch die Frage nach einem Verfahrenswechsel in der Beitragsfinanzierung entstehen. Hinzu kam die Überlegung, daß letztlich konsumtiv zu verwendende Sozialleistungen immer nur aus dem Sozialprodukt der jeweiligen Periode entnommen werden können, weil eine Konsumtion investiv angelegter Mittel zwar für den einzelnen möglich, für die gesamte Volkswirtschaft aber nicht denkbar ist (vgl. *G. MACKENROTH*, 1952, S. 39ff.). Ein radikaler Bruch mit dem bisherigen Finanzierungsverfahren wurde jedoch nicht vollzogen. Vielmehr ging man im Zuge der Rentenreform des Jahres 1957 zu einem **Abschnittsdeckungsverfahren** mit einem Deckungsabschnitt von zehn Jahren über. Für diesen Deckungsabschnitt sollten die Beiträge so bemessen werden, daß alle laufenden Rentenzahlungen finanziert werden konnten. Außerdem sollte die Rentenversicherung eine Rücklage in Höhe einer Jahresausgabe aus den Beiträgen sowie den sonstigen Kapitalerträgen ansammeln.

Im Prinzip stellte sich das Abschnittsdeckungsverfahren als eine Spielart des Kapitaldeckungsverfahrens dar. Bereits im Zuge der Rezession 1966/67 wurden die Mängel dieses Verfahrens sichtbar, und der Deckungsabschnitt wurde von zehn auf vier Jahre begrenzt. Dieses Vorgehen kann als ein letzter Versuch gewertet werden, das Kapitaldeckungsverfahren als Bemessungsverfahren der Beitragsfinanzierung in der Rentenversicherung beizubehalten. 1969 ging man dann endgültig zum heute gültigen **Umlageverfahren** der Beitragsbemessung in der Rentenversicherung über, zunächst mit der Auflage der Bildung einer Schwankungsreserve in Höhe von drei Monatsausgaben, die inzwischen auf eine Monatsausgabe abgeschmolzen wurde.

Auch in den meisten anderen Zweigen des Sozialleistungssystems sind Umlageverfahren festzustellen. Sie treten entweder als **Prämienverfahren** (wie z.B. bei der Krankenversicherung) auf, bei denen die Beiträge ex ante in einer bestimmten Höhe festgelegt werden, oder aber sie sind Verfahren, bei denen ex post die Beiträge **(Umlagen)** nach Maßgabe des tatsächlichen Jahresaufwandes bestimmt werden (Unfallversicherung). Lediglich in einigen wenigen Zweigen des Sozialleistungssystems (z.B. in den Versorgungswerken für freie Berufe) sind Kapital- bzw. Anwartschaftsdeckungsverfahren festzustellen. Dabei handelt es sich vor allen Dingen um Zweige, die für den Fall der Finanzierungsschwierigkeiten keine staatlichen Subventionen zu erwarten haben.

Dem Umlageverfahren liegt prinzipiell eine Sozialproduktsperiode zugrunde. Die Versicherungsleistungen werden aus den laufenden Einkommen der Versicherten finanziert, und die Gesamtbeitragssumme der jeweiligen Periode entspricht dann den Gesamtleistungen dieser Periode. Konjunkturelle Schwankungen und demographische Veränderungen verhindern weitgehend die **Konstanz**

Übersicht 2: Finanzierungsverfahren, Beitragssätze und Fondsbildung

1. Annahmen

Ausgangsbevölkerung: 60 Mio. Einwohner, Alter 1-60 Jahre, vollständig gleichmäßige Altersstruktur; in den folgenden 15 Jahren Wachstum der Bevölkerung um jeweils 1 Mio. pro Jahr, keine Sterbefälle, anschließend stationärer Bevölkerungsprozeß; stets 40 Mio. Erwerbstätige (21-60 Jahre), 1-20jährige sind nicht erwerbstätig; das Arbeitsentgelt beträgt 30 000 DM p.a., stationärer Wirtschaftsprozeß, d.h. kein Wachstum und keine Zinsen; Rentenbezug nach Vollendung des 60. Lebensjahres für 15 Jahre in Höhe einer Festrente von 12 000 DM p.a.

2. Kapiteldeckungsverfahren

Beitragssatz b:

$$\frac{1\,000\,000 \cdot 15 \cdot 12\,000}{40\,000\,000 \cdot 30\,000} = \underline{0{,}15}$$

Fondsbildung in einem Zeitraum von 40 Jahren (in Mrd. DM):

Jahr	E		A	
1	180		12	
2	180		24	
3	180		36	
.	.		.	
.	.		.	
15	180		180	
.	.		.	
.	.		.	
.	.		.	
40	180		180	
S	7 200	–	5 940	= Fonds = <u>1 260 Mrd. DM</u>

Die Fondsbildung ist nach 15 Jahren beendet.

3. Anwartschaftsdeckungsverfahren

Beitragssatz b:

$$\frac{1\,000\,000 \cdot 15 \cdot 12\,000}{1\,000\,000 \cdot 40 \cdot 30\,000} = \underline{0{,}15}$$

Fondsbildung in einem Zeitraum von 40 bzw. 55 Jahren (in Mrd. DM):

Jahr	E		A		
1	4,5		0		
2	9,0		0		
3	13,5		0		
.	.		.		
.	.		.		
40	180,0		0		
S	3 690,0	–	0	= Fonds = <u>3 690</u>	
41	180,0		12		
42	180,0		24		
43	180,0		36		<u>4 950 Mrd. DM</u>
.	.		.		
.	.		.		
55	180,0		180		
S	2 700,0	–	1 440	= Fonds = <u>1 260</u>	

Die Fondsbildung ist erst nach 55 Jahren beendet.

Übersicht 2: Fortsetzung

4. Abschnittsdeckungsverfahren

15 Mio. Rentner, 10 Jahres-Abschnitt, Reserve in Höhe einer Jahresausgabe.

Beitragssatz b:

$$\frac{15000000 \cdot 12000 \cdot 10 \cdot 1{,}10}{40000000 \cdot 30000 \cdot 10} = \underline{0{,}165}$$

Fondsbildung: 1 Jahresausgabe = 180 Mrd. DM

5. Umlageverfahren

15 Mio. Rentner, 1 Jahres-Abschnitt, Reserve in Höhe einer Monatsausgabe.

Beitragssatz b:

$$\frac{15000000 \cdot 12000 \cdot 13/12}{40000000 \cdot 30000} = \underline{0{,}1625}$$

Fondsbildung: 1 Monatsausgabe = 15 Mrd. DM

des Beitragssatzes. Wenn sich beispielsweise die Zahl der Beitragszahler vermindert, z.B. als Folge einer Arbeitslosigkeit, längerer Schul- und Berufsausbildung oder früherem Eintritt in das Rentenalter, so sind die Beitragssätze zu erhöhen oder aber die Leistungssätze zu reduzieren. Erhöht sich demgegenüber die Zahl der Beitragszahler infolge eines konjunkturellen Aufschwungs oder infolge des Eintritts geburtenstarker Jahrgänge in das Erwerbsleben, so können die Beiträge gesenkt oder aber die Leistungssätze erhöht werden. Erhöht sich die Zahl der Leistungsempfänger, z.B. infolge längerer Lebenserwartung oder steigender Invalidisierung oder infolge des Eintritts geburtenstarker Jahrgänge in das Rentenalter, dann müssen die Beiträge erhöht oder aber die Leistungssätze reduziert werden. Umgekehrt können die Beiträge gesenkt oder die Leistungssätze erhöht werden, wenn sich die Zahl der Leistungsempfänger vermindert, z.B. infolge höherer Sterblichkeit oder des Eintritts geburtenschwacher Jahrgänge in das Rentenalter. Beschließt der Gesetzgeber Leistungsverbesserungen, z.B. in Form der Einführung einer flexiblen Altersgrenze oder struktureller Systemverbesserungen, dann müssen die Beiträge erhöht oder aber die durchschnittlichen Leistungssätze reduziert werden. Erhöht sich das Pro-Kopf-Beitragsaufkommen infolge einer Zunahme der Beitragsbemessungsgrundlage des einzelnen Versicherten, dann können gemäß dem Umlageverfahren ebenfalls die Renten erhöht werden oder aber strukturelle Leistungsverbesserungen in Angriff genommen werden (vgl. *G. W. BRÜCK,* 1976, S. 71, S. 165f.).

Hier wird deutlich, daß das Umlageverfahren bei konsequenter Durchführung nahezu jährlich eine Veränderung der Beitragssätze mit sich bringen muß. Da die laufende Reaktion auf jede kleinere Datenänderung jedoch kaum vertretbar ist, gewinnt die Bildung einer **Schwankungsreserve** eine besondere Bedeutung.

3.2.2 Finanzierung durch Zuweisungen

Die Finanzierung aus Beiträgen findet eine beachtliche Ergänzung in den öffentlichen Zuweisungen. Sämtliche Maßnahmen der Sozialhilfe und der Sozialversorgung werden aus allgemeinen Haushaltsmitteln und damit überwiegend aus

Steuern finanziert. Gleiches gilt für das Kindergeld; auch nahezu alle infrastrukturellen Maßnahmen (Bau von Krankenhäusern, Kindergärten, Altenheimen usw.) werden aus öffentlichen Mitteln finanziert. Darüber hinaus ergeben sich aber auch in denjenigen Sozialleistungsbereichen, in denen überwiegend eine Beitragsfinanzierung vorgesehen ist, umfangreiche öffentliche Zuweisungen.

Für die im Verhältnis zur Beitragsfinanzierung **zusätzliche Zuweisungsfinanzierung** sind unterschiedliche Begründungen denkbar, die sich wesentlich ergänzen:

(1) Verschiedene Sozialleistungseinrichtungen haben typischerweise staatliche Aufgaben übernommen (z.B. bisherige Zahlung von Mutterschaftsgeld seitens der sozialen Krankenversicherung). Für die Bewältigung derartiger gesellschaftlicher Aufgaben werden allgemeine Haushaltsmittel zweckgebunden zur Verfügung gestellt. Man spricht hier von einer sogenannten „Auftragsfinanzierung".

(2) In verschiedenen Sozialleistungsbereichen kennt man die sogenannten Bundeserstattungen; aufgrund eines „Aufopferungsanspruchs" stehen bestimmten Sozialleistungsinstitutionen Ansprüche auf Haushaltsmittel zu (z.B. Bundeserstattungen an die gesetzliche Rentenversicherung wegen verschiedener Kriegsfolgelasten: durch Kriegstod und kriegsbedingten Geburtenrückgang erfolgte Abnahme der Beitragszahler; kriegsbedingte Invaliditätszunahme).

(3) Weiterhin ist auf die sogenannten „Bundeszuschüsse" in verschiedenen Sozialleistungszweigen hinzuweisen. In diesem Fall läßt der Staat als Gewährsträger der Sozialen Sicherheit denjenigen Sozialleistungsträgern, die in finanzielle Schwierigkeiten gekommen sind, öffentliche Mittel zukommen. Zu derartigen Zuweisungen ist es bereits in vielen Sozialleistungsbereichen gekommen.

Die öffentlichen Zuweisungen erreichen gegenwärtig einen Anteil an dem gesamten Finanzmittelaufkommen von gut 32%, und sie weisen trotz absolut zunehmender Beträge langfristig einen sinkenden Anteilswert auf. Dies liegt darin begründet, daß die öffentlichen Zuweisungen nur auf einen Teil der Ausweitung des Sozialleistungssystems reagieren und bei Konsolidierungsmaßnahmen vor allen Dingen versucht wird, die öffentlichen Haushalte zu entlasten.

Neben den Zuweisungen aus öffentlichen Mitteln sind solche aus nicht öffentlichen Mitteln festzustellen. Hierbei handelt es sich zumeist um Verwaltungsleistungen, die von Arbeitgebern getragen werden müssen, ohne daß dafür Beiträge erhoben werden können. Hinzuweisen ist in diesem Zusammenhang z.B. auf die Ausgaben für die Verwaltung von Betriebskrankenkassen. Die Gesamtheit der Zuweisungen aus nichtöffentlichen Mitteln beläuft sich gegenwärtig auf 1,8% des gesamten Finanzmittelaufkommens; und auch dieser Anteilswert weist langfristig eine sinkende Tendenz auf.

3.2.3 Sonstige Einnahmen und Verrechnungen

Die **sonstigen Einnahmen** sind für verschiedene Sozialleistungseinrichtungen durchaus von Bedeutung. Überwiegend bestehen sie aus Zinsen und anderen **Vermögenserträgen.** Für das Gesamtbudget der Sozialen Sicherung weisen sie einen Anteil von gut 2% am gesamten Finanzmittelaufkommen auf; dieser Wert ist langfristig im Sinken begriffen.

Neben den Beiträgen, Zuweisungen und sonstigen Einnahmen kennt das Sozialbudget im Hinblick auf einzelne Sozialleistungsinstitutionen auch sogenannte

Verrechnungseinnahmen. Die Verrechnungen sind Zahlungen und unterstellte Übertragungen der Institutionen untereinander, die bei der zahlenden Institution als Verrechnung auf der Leistungsseite und bei der empfangenden Institution als Verrechnung auf der Finanzierungsseite erscheinen. Für das Gesamtbudget gleichen sich diese Verrechnungen aus.

3.3 Finanzierungssalden

Als Differenz von Sozialeinnahmen und Sozialausgaben ergibt sich der Finanzierungssaldo der Sozialen Sicherung in laufender Rechnung. Dieser Finanzierungssaldo zeigt an, ob die Einnahmen ausgereicht haben, um die laufenden Ausgaben zu decken, ob ein Überschuß mit einer Vermögensaufstockung erzielt wurde oder aber die Vermögensreserve in Anspruch genommen werden mußte. Derartige Salden treten nur bei denjenigen Sozialleistungsinstitutionen auf, bei denen eine überwiegende Beitragsfinanzierung vorliegt und/oder keine Defizitdekkungsgarantie des Staates gegeben ist. Finanzierungssalden sind daher insbesondere in den großen Zweigen der Sozialversicherung von Bedeutung, und hier können sich neben den Finanzierungsüberschüssen auch Finanzierungsdefizite ergeben.

4. Historischer Überblick

Das in diesem Kapitel überblicksweise skizzierte Sozialleistungssystem der Bundesrepublik Deutschland kann auf eine lange Geschichte zurückblicken. Es hat sich insbesondere in den letzten 100 Jahren herausgebildet, reicht mit seinen historischen Wurzeln aber teilweise erheblich weiter zurück. Die folgende Übersicht vermittelt einen Überblick über die historische Perspektive des derzeitigen Sozialleistungssystems, wobei die institutionelle Gliederung des Sozialbudgets 1986 zugrunde gelegt wird.

4.1 Rentenversicherung

1854
Mit dem Preußischen Knappschaftsgesetz werden Knappschaftsvereine Zwangseinrichtungen mit Selbstverwaltung. Versicherungspflicht für alle Berg-, Hütten-, Salinen- und Aufbereitungsarbeiter. Voraussetzungen: mindestens 16 Jahre alt, nicht älter als 50 Jahre, körperlich und geistig gesund. Versicherungsleistungen: Invalidengeld bei Eintritt von Invalidität, Witwen- und Kindergeld als Hinterbliebenenrenten.

1889
Schaffung einer auf der Versicherungspflicht basierenden Invaliditäts- und Alterssicherung. Versicherungspflicht aller Arbeiter ab dem 16. Lebensjahr sowie bestimmter Angestellter mit einem Jahresverdienst von weniger als 2000 Mark. Doppelversicherung für knappschaftsversicherte Bergarbeiter. Rentenleistungen dienen allein der Linderung wirtschaftlicher Not in Fällen der Erwerbsunfähigkeit und des Alters. Gewährung von Invalidenrenten bei Minderung der Erwerbsfähigkeit um mindestens zwei Drittel und Nachweis von 200 Beitragswochen; Altersrente für 70jährige nach 1200 Beitragswochen. Finanzierung durch gleich hohe Beiträge der Versicherten und ihrer Arbeitgeber sowie einen jährli-

chen Reichszuschuß von 50 Mark je Rente; Anwendung des Beitragsmarkenverfahrens und des Kapitaldeckungsverfahrens. Errichtung von 31 territorial gegeneinander abgegrenzten Versicherungsanstalten als Körperschaften des öffentlichen Rechts mit Selbstverwaltung (paritätische Besetzung der Organe durch Vertreter der Versicherten und der Arbeitgeber).

1891
Einführung der Selbstversicherung mit Eintrittsmöglichkeiten bis zum vollendeten 40. Lebensjahr.

1899
Ausdehnung der Versicherungspflicht auf weitere Gruppen von Angestellten; Erweiterung der Möglichkeit der freiwilligen Versicherung; Neufassung des Begriffs der Erwerbsunfähigkeit (Berücksichtigung der Zumutbarkeit); fakultative Einrichtung von Rentenstellen; Einführung eines begrenzten Gemeinlastverfahrens; Ermächtigung der Versicherungsträger zur Einleitung von Heilverfahren.

1911/13
Reichsversicherungsordnung mit Erweiterung des Kreises der versicherungspflichtigen Personen; Einführung der freiwilligen Zusatzversicherung; Schaffung der Hinterbliebenensicherung als Unterhaltsersatz (Zahlung von Arbeiterwitwenrenten nur bei Invalidität der Witwe; Gewährung von Waisenrenten an Kinder unter 15 Jahren).

Schaffung einer eigenständigen Alterssicherung für Angestellte. Versicherungspflicht für Angestellte bis zu einer bestimmten Jahresverdienstgrenze; bei Einkommen von weniger als 2000 Mark Doppelversicherung in der Invaliden- und Angestelltenversicherung; Möglichkeit der freiwilligen Weiterversicherung; Errichtung einer Reichsversicherungsanstalt für Angestellte (Selbstverwaltung, paritätische Besetzung der Organe); Zahlung von Ruhegeld bei Berufsunfähigkeit (Minderung der Erwerbsfähigkeit um 50%) und bei Vollendung des 65. Lebensjahres; Gewährung von Witwenrenten ohne weitere Bedingungen; Finanzierung durch gleich hohe Beiträge der Versicherten und ihrer Arbeitgeber (keine Reichszuschüsse). Einführung des Anwartschaftsdeckungsverfahrens.

1916
Herabsetzung der Altersgrenze in der Invalidenversicherung vom 70. auf das 65. Lebensjahr; erstmalige Erhöhung der Beiträge.

1921/22
Anpassung der Rentenversicherungsleistungen an die fortschreitende Inflation.

Beseitigung der Doppelversicherung in der Invaliden- und Angestelltenversicherung; Abschaffung der Altersrente als selbständige Leistung (genereller Anspruch auf Invalidenrente ab dem 65. Lebensjahr).

Einführung einer freiwilligen Versicherung in Form der Weiterversicherung für Versicherte, die aus einer versicherungspflichtigen Beschäftigung ausgeschieden oder wegen Überschreitung der Jahresarbeitsverdienstgrenze versicherungsfrei geworden waren.

1923
Reichsgesetzliche Regelung des Knappschaftsrechts. Knappschaftliche Invalidenpension wegen Berufsunfähigkeit bei Vollendung des 50. Lebensjahres und Zurücklegung von 25 Versicherungsjahren (darunter mindestens 15 durch Verrichtung wesentlicher bergmännischer Arbeiten). Errichtung eines einheitlichen Reichsknappschaftsvereins (Selbstverwaltung, paritätische Besetzung der Organe).

1924
Neufassung des Versicherungsgesetzes für Angestellte. Erweiterung der freiwilligen Versicherungsmöglichkeiten; Abgrenzung des versicherungspflichtigen Personenkreises durch

den sog. „Berufskatalog der Angestelltenversicherung". In der Invalidenversicherung Übergang vom Anwartschaftsdeckungsverfahren zu einem modifizierten Umlageverfahren (inflationsbedingte Vermögensverluste). In allen Versicherungszweigen mehrfache Änderungen der Leistungsgewährung (u.a. zeitweise Zahlung einer Einheitsrente).

1926
Neufassung des Reichsknappschaftsgesetzes. Umbenennung des Reichsknappschaftsvereins in Reichsknappschaft. Neuaufteilung der Beitragslasten (3/5 Versicherte, 2/5 Arbeitgeber). Beseitigung der Doppelversicherung in der Angestelltenversicherung.

1927
Zahlung der Witwenrente in der Invalidenversicherung ohne die Voraussetzung der eigenen Invalidität an Witwen, die das 65. Lebensjahr vollendet haben.

1930/32
Mehrfache Einschränkungen des Leistungsrechts als Folge der Wirtschaftskrise und der damit verbundenen Finanzierungsschwierigkeiten.

1933
Einleitung einer umfassenden Sanierung. Verstärkung der Reichshilfe; Rückkehr zum Anwartschaftsdeckungsverfahren. Angleichung der Leistungen sowie der Mittelaufbringung der drei Versicherungszweige. Einheitliches System der Rentenversicherung.

1934
Aufbaugesetz mit Ablösung des Selbstverwaltungsprinzips durch das Führerprinzip.

1936
Möglichkeit der freiwilligen Selbstversicherung für alle Auslandsdeutschen. Anrechnung von Ersatzzeiten auf die Wartezeit.

1937
Leistungsverbesserungen durch das Ausbaugesetz. Beeinflussung der Rentenhöhe durch Ersatzzeiten; Anwartschaftserhaltung durch Halbdeckung ab 1938 (bis dahin Dreivierteldeckung); Einführung der Selbstversicherung für alle Staatsbürger (Eintritt bis zum vollendeten 40. Lebensjahr).

Finanzielle Sanierung der knappschaftlichen Pensionsversicherung; Einführung des Anwartschaftsdeckungsverfahrens; Gemeinschaftshilfe der beiden anderen Versicherungszweige; Änderung der Verteilung der Beitragslasten.

1938
Gesetz über die Altersversorgung der Handwerker. Einbeziehung der ersten großen Selbständigengruppe in die Versicherungspflicht; Pflichtversicherung in der Angestelltenversicherung; Wahlmöglichkeiten zwischen der Pflichtversicherung in der gesetzlichen Rentenversicherung oder einer gleichwertigen privaten Lebensversicherung.

1941/42
Einführung der Krankenversicherung der Rentner. Ersetzung des Beitragsmarkenverfahrens durch das Lohnabzugsverfahren.

Neuregelung der Rentenversicherung im Bergbau mit Installierung der „Knappschaftlichen Rentenversicherung"; endgültige Beendigung der Doppelversicherung der knappschaftsversicherten Bergarbeiter; umfangreiche Leistungsverbesserungen.

1949
Anpassung der Leistungen an das veränderte Lohn- und Preisgefüge. Strukturelle Verbesserungen bei den Leistungsvoraussetzungen. Herabsetzung der Invaliditätsgrenze in der

Arbeiterrentenversicherung auf 50% der Erwerbsminderung. Unbedingte Witwenrente in der Arbeiterrentenversicherung.

1950
Wiederherstellung der Selbstverwaltung bei den Sozialversicherungsträgern.

1951/56
Rentenerhöhungen durch das Rentenzulagengesetz, das Grundbetragserhöhungsgesetz, das Mehrbetragsgesetz sowie das Sonderzulagengesetz.

1957
Grundlegende Neuordnung der gesetzlichen Rentenversicherung durch die erste große Rentenreform. Einführung einer neuen Rentenformel für die Rentenberechnung (Grundsatz der Lohnbezogenheit der Renten). Rente mit Lohnersatzfunktion, dynamische Rente. Angleichung des materiellen Rechts der Rentenversicherung der Arbeiter an das der Angestelltenversicherung.

Ersetzung des alten Invaliditätsbegriffs durch die einheitlich geltenden Begriffe der Berufs- und Erwerbsunfähigkeit; in der knappschaftlichen Rentenversicherung Einführung der „verminderten bergmännischen Berufsfähigkeit".

Frauen, Arbeitslose und Bergleute können unter bestimmten Voraussetzungen bereits mit Vollendung des 60. Lebensjahres Altersrenten beziehen (vorgezogenes Altersruhegeld). Beibehaltung der Weiterversicherung als Form der freiwilligen Versicherung unter erschwerten Bedingungen.

Übergang zum Abschnittsdeckungsverfahren.

1960
Neuregelung des Fremdrenten- und Auslandsrentenrechts. Eingliederung der Vertriebenen und Flüchtlinge in die Rentenversicherung (an die Stelle des ursprünglichen Entschädigungsprinzips tritt das Eingliederungsprinzip).

1962
Übertragung der Durchführung der Handwerkerversicherung von der Angestellten- auf die Arbeiterrentenversicherung. Begrenzung der Dauer der Versicherungspflicht auf 18 Jahre.

1964
Neuregelung des Finanzausgleichs zwischen der Arbeiterrenten- und der Angestelltenversicherung.

1965
Änderungen in der Rentenberechnung. Werteinheiten beitragsloser Zeiten werden fortan individuell berechnet.

1967
Einsparungsmaßnahmen als Folge der wirtschaftlichen Rezession. Erweiterung des pflichtversicherten Personenkreises durch Aufhebung der Jahresarbeitsverdienstgrenze in der Angestelltenversicherung. Deutliche Erhöhung der Beitragssätze.

1969
Einführung des reinen Umlageverfahrens mit einer vorgeschriebenen Rücklage von drei Monatsausgaben. Einrichtung eines Finanzierungsverbundes zwischen den Rentenversicherungsträgern.

1972
Strukturelle Leistungsverbesserungen durch das Rentenreformgesetz:

Öffnung der gesetzlichen Rentenversicherung für alle Bürger (Versicherungspflicht auf Antrag für Selbständige, Möglichkeit der freiwilligen Versicherung für fast alle nicht versicherungspflichtigen Personenkreise, z.B. Hausfrauen; Einräumung großzügiger Nachversicherungsmöglichkeiten).

Einführung flexibler Altersgrenzen (nach Vollendung des 63. Lebensjahres bei Erfüllung der besonderen Wartezeit);

Gewährung von Altersrenten an Behinderte, Berufs- und Erwerbsunfähige ab dem 62. Lebensjahr;

Einführung der Rente nach Mindesteinkommen;

Vorziehung der jährlichen Rentenanpassung um ein halbes Jahr.

1973
Beschränkung des Zuverdienstes beim Bezug von flexiblem Altersruhegeld.

1974
Neuregelung der Rehabilitationsleistungen durch das Rehabilitationsangleichungsgesetz.

1976
Einführung des Versorgungsausgleichs bei jeder Ehescheidung (sog. Renten-Splitting) ab 1977.

1977/78
Konsolidierungsmaßnahmen als Folge veränderter gesamtwirtschaftlicher Rahmenbedingungen durch das 20. Rentenanpassungsgesetz: Rücknahme der vorgezogenen Rentenanpassung; Aktualisierung der Allgemeinen Bemessungsgrundlage; Reduzierung der vorgeschriebenen Mindestrücklage auf eine Monatsausgabe; „Einfrieren" der Höhe des Kinderzuschusses; Einschränkung des anspruchsberechtigten Personenkreises bei Waisenrente, Kinderzuschuß und Heilverfahren.

Weitere Konsolidierungsmaßnahmen durch das 21. Rentenanpassungsgesetz: Vorübergehende Abkoppelung der Allgemeinen Bemessungsgrundlage von der Bruttolohnentwicklung und Anpassung der Renten für 1979, 1980 und 1981 mit fest vorgegebenen Sätzen. Von 1982 an Ersetzung des Pauschalbeitrages der Rentenversicherung an die Krankenversicherung durch an den Einkommensverhältnissen orientierte individuelle Beiträge der Rentner. Erhöhung des Beitragssatzes ab 1981.

Stufenweise Herabsetzung der flexiblen Altersgrenze für Schwerbehinderte und für berufs- bzw. erwerbsunfähige Versicherte auf das 60. Lebensjahr (1.1.1979 und 1.1.1980).

Ab dem 1. Juli 1978 Zahlung der Rentenversicherungsbeiträge der Bundesanstalt für Arbeit nach Maßgabe der bisherigen Arbeitsentgelte; Zeiten der Arbeitslosigkeit als Beitragszeiten.

1981
„Operation '82" vom 22.12.1981. Reduzierung der Rentenversicherungsbeiträge für Wehr- und Zivildienstleistende: Einschränkung der Inanspruchnahme von Rehabilitationsleistungen; Reduzierung des Beitragssatzes.

Künstlersozialversicherungsgesetz vom 27. Juli 1981. Einführung der Versicherungspflicht für selbständige Künstler und Publizisten in der Angestelltenversicherung ab dem 1.1.1983.

1982
Haushaltsbegleitgesetz 1983 vom 20.12.1982. Bemessung der Rentenversicherungsbeiträge für Arbeitslose nach den Lohnersatzleistungen (Zeiten der Arbeitslosigkeit wieder als Ausfallzeiten); erneute Senkung der Rentenversicherungsbeiträge für Wehr- und Zivildienst-

leistende. Verschiebung der Rentenanpassung vom Jahresbeginn auf die Jahresmitte. Erhöhung des Beitragssatzes; Kürzung des Bundeszuschusses; Kürzung der pauschalen Zahlungen an die Krankenversicherung. Der den Rentnern gewährte Beitragszuschuß zu ihrer Krankenversicherung wird ab Mitte 1983 schrittweise abgeschmolzen. Einführung einer Selbstbeteiligung bei medizinischen Rehabilitationsmaßnahmen.

1983
Erleichterte Beitragserstattung für Ausländer, die in der Zeit vom 1. Oktober 1983 bis zum 30. September 1984 auf Dauer in ihre Heimatländer zurückkehren, nach dem Rückkehrförderungsgesetz vom 28.11.1983.

Haushaltsbegleitgesetz 1984 vom 22.12.1983. Herabsetzung der Wartezeit für das Altersruhegeld vom vollendeten 65. Lebensjahr an von 15 auf 5 Jahre; Erschwerung der Anspruchsvoraussetzungen für Renten wegen verminderter Erwerbsfähigkeit; Ersetzung des Kinderzuschusses durch das Kindergeld; Änderung der Witwenrentenabfindung; Neuregelung der Beitragsbemessung für einmalige Entgeltzahlungen; volle Einbeziehung des Krankengeldes in die Beitragspflicht; Aktualisierung der Rentenanpassung (maßgebend ist künftig der Lohnanstieg im jeweiligen Vorjahr). Entlastung der Rentenversicherung von den Leistungen zur Behandlung von Tbc-Erkrankungen und bei der Finanzierung der knappschaftlichen Krankenversicherung der Rentner.

1985/86
Schrittweise Erhöhung des Beitragssatzes mit zeitlicher Befristung; Erhöhung des Bundeszuschusses. Neuregelung der Beiträge der Rentner zu ihrer Krankenversicherung.

Gleichstellung von Männern und Frauen bei den Hinterbliebenenrenten; Anrechnungsmodell mit Freibetragsregelung. Anrechnung von Kindererziehungszeiten in der Rentenversicherung.

4.2 Krankenversicherung

1845/54
Erste gesetzliche Regelungen über Kranken- und Unterstützungskassen enthält die Preußische Allgemeine Gewerbeordnung von 1845; sie gestattet die Bildung von Krankenunterstützungskassen nicht nur für Handwerker und Gesellen, sondern auch für Fabrikarbeiter. Grundsatz des freiwilligen Beitritts; durch Ortsstatut Beitragspflicht (mit Ausnahmen) begründbar. Nach der Preußischen Allgemeinen Gewerbeordnung von 1849 können auch Fabrikarbeiter durch Ortsstatut zum Beitritt zu einer Kasse verpflichtet werden. Entstehung von Zwangshilfskassen und freiwilligen Fabrikkrankenkassen sowie freien Hilfskassen. 1854 gestattet das Preußische Gesetz über die Unterstützungskassen den Bezirksregierungen die Einführung eines Kassenzwangs. Trotz verbesserter legislatorischer Möglichkeiten nur langsame Weiterentwicklung des gewerblichen Hilfskassenwesens.

1861/70
Die Gewerbeordnungen oder speziellen Gesetze Hamburgs, Mecklenburgs, Sachsens, Bayerns, Württembergs und Badens sehen Regelungen bezüglich der Krankenversorgung der Gesellen und Fabrikarbeiter vor; teilweise erste Krankenpflegeversicherungen.

1876
Gesetz über eingeschriebene Hilfskassen. Kassen mit zwangsweiser oder freiwilliger Mitgliedschaft können bei Erfüllung bestimmter gesetzlich festgelegter Voraussetzungen den Status einer „eingeschriebenen Hilfskasse" erhalten (eigene Rechtspersönlichkeit).

1883
Krankenversicherungsgesetz. Einführung eines Versicherungszwanges für die Mehrzahl der gewerblichen Arbeiter sowie für Betriebsbeamte mit einem Jahresverdienst von weniger als 2000 Mark. Betriebs-, Bau-, Innungs-, Knappschafts- und Ortskrankenkassen werden zu Trägern der gesetzlichen Krankenversicherung. Verwaltung der Kassen nach dem Selbstverwaltungsprinzip, wobei sich die Organe entsprechend dem Beitragsaufkommen zu 2/3 aus Vertretern der Versicherten und zu 1/3 aus Vertretern der Arbeitgeber zusammensetzen. Die gesetzlichen Mindestleistungen für Versicherte bestehen in freier ärztlicher Behandlung, freier Arzneimittelversorgung sowie der Zahlung von Krankengeld bei Arbeitsunfähigkeit, Sterbegeld und einer Wöchnerinnenunterstützung; Leistungdauer maximal 13 Wochen; Krankenkassen haben die Möglichkeit, Zusatzleistungen zu gewähren (z.B. Familienhilfe).

1885
Ausdehnung des Versicherungszwanges auf Beschäftigte des Verkehrsgewerbes sowie der Reichs- und Staatsbetriebe.

1892
Neuregelung des Verhältnisses zu den Freien Hilfskassen, die fortan zur Gewährung von Sachleistungen verpflichtet werden. Erweiterung des versicherten Personenkreises. Regelungen zum Kassenarztsystem.

1903
Erweiterung der Leistungsdauer von 13 auf 26 Wochen sowie andere fakultative Leistungsverbesserungen.

1911
Reichsversicherungsordnung. Ausdehnung der Versicherungspflicht auf land- und forstwirtschaftliche Arbeiter, Dienstboten, Hausgewerbetreibende, Lehrer und Erzieher. Erhöhung der Einkommensgrenze von 2000 auf 2500 Mark. Beseitigung der Gemeindekrankenversicherung und der Baukrankenkassen. Neuerrichtung der Landkrankenkassen. Erweiterung der Leistungen der Wochenhilfe; Einführung der Hauspflege.

1923
Gesetzliche Regelung der Beziehungen zwischen Ärzten und Krankenkassen. Neuregelung des Verhältnisses zwischen den gesetzlichen Krankenkassen und den privilegierten Ersatzkassen. Erweiterung der Versicherungspflicht.

1926
Ausbau der Wochenhilfe als Pflichtleistung für alle weiblichen Versicherten sowie in häuslicher Gemeinschaft mit Versicherten lebende weibliche Personen. Gewährung eines Wochengeldes an Erwerbstätige für die Dauer von 4 bzw. 6 Wochen vor und 6 Wochen nach der Niederkunft.

1927
Neuregelung der Krankenversicherung der Seeleute und Errichtung der See-Krankenkasse.

1930/31
Leistungseinschränkungen. Einführung einer Rezept- und Krankenscheingebühr. Einführung eines vertrauensärztlichen Dienstes. Familienkrankenhilfe wird zur Pflichtleistung ohne besondere Zusatzbeiträge.

Umfassende Neuregelung des Verhältnisses von Krankenkassen und Kassenärzten. Errichtung der Kassenärztlichen Vereinigungen. Honorierung der Kassenärzte durch pauschalierte Gesamtvergütung.

1933
Erweiterung des Aufsichtsrechts über die Krankenkassen. Möglichkeit der Einsetzung von Kommissaren. Neuordnung der Zulassung zur kassenärztlichen Tätigkeit. Zum alleinigen Träger der Beziehungen zwischen Kassenärzten und Krankenkassen wird die nach dem Führerprinzip aufgebaute Kassenärztliche Vereinigung Deutschlands (KVD).

1934
Aufbaugesetz. Übertragung von Aufgaben der Krankenversicherung auf die Rentenversicherung. Weiterer Abbau des Selbstverwaltungsprinzips zugunsten des Führerprinzips.

1936/37
Aufbau eines vertrauensärztlichen Dienstes. Eingliederung der Ersatzkassen in das Gefüge der gesetzlichen Krankenversicherung.

1938
Erweiterung der Versicherungspflicht auf Artisten und selbständige Hebammen.

1941
Einführung der Krankenversicherung der Rentner. Ausbau des Leistungsrechts (u.a. Gewährung zeitlich unbegrenzter Krankenpflege).

1942
Mutterschutzgesetz. Verbesserung der Wochenhilfeleistungen.

Einzug von Kranken-, Arbeitslosen- und Rentenversicherungsbeiträgen durch die Krankenversicherung.

1951/52
Wiederherstellung der Selbstverwaltung.

Mutterschutzgesetz erweitert den Leistungskatalog der gesetzlichen Krankenversicherung auf erwerbstätige Mütter, denen ein Anspruch nach der RVO nicht zustand.

Anpassung der unverändert gebliebenen Versicherungspflichtgrenzen an die neuen Lohn- und Preisverhältnisse; in der GKV werden die Versicherungspflichtgrenze für Angestellte, die Beitragsbemessungsgrenze, die Leistungsbemessungsgrenze und die Beitrittsgrenze von 4500 auf 6000 DM jährlich angehoben.

1955
Schaffung einer neuen gesetzlichen Grundlage für den organisatorischen Aufbau, die Rechtsstellung und die Aufgaben der Landesverbände der Krankenkassen und deren Bundesvereinigungen.

Neuordnung und Vereinheitlichung der Beziehungen zwischen den Ärzten, Zahnärzten und Krankenkassen. Gesetzlicher Auftrag an die Kassenärztlichen Vereinigungen, die ambulante medizinische Versorgung mit den Ärzten sicherzustellen. Volle rechtliche Absicherung der autonomen Stellung der Ärzte.

1956
Rentner der Rentenversicherung der Arbeiter und Angestellten und ihre rentenberechtigten Hinterbliebenen werden Mitglieder der gesetzlichen Krankenkassen; Neugestaltung und Erweiterung des Leistungsrechts.

1965
Einführung der Einzelleistungsvergütung. Erhöhung des Krankengeldes und des Hausgeldes für die Zeit nach der 6. Woche der Arbeitsunfähigkeit.

1967
Neuordnung der Mutterschaftshilfe; Neuaufteilung der Aufbringung des Mutterschaftsgeldes zwischen dem Bund und den Krankenkassen. Grundlegende Änderung der Krankenversicherung der Rentner: Beteiligung der Rentner mit 2% ihrer Rente an den Aufwendungen der Rentenversicherungsträger für die Krankenversicherung (diese Eigenleistung entfällt ab Anfang 1970 wieder).

1969
Einführung einer Rückvergütung für nicht verwendete Krankenscheine.

1970
Dynamisierung der Einkommensgrenze auf 75% der Beitragsbemessungsgrenze der Arbeiterrentenversicherung (zugleich Versicherungspflichtgrenze für Angestellte). Einführung eines Arbeitgeberanteils zum KV-Beitrag für freiwillig versicherte Angestellte. Einführung von Vorsorge- und Früherkennungsmaßnahmen.

1972
Duales System der Krankenhausfinanzierung. Finanzierung der Bereitstellung von Krankenhäusern als öffentliche Aufgabe; Übernahme der Investitionskosten durch Bund und Länder. Grundsätze für die Pflegesatzregelung.

Einführung einer Krankenversicherung für Landwirte.

1973
Einführung eines Rechtsanspruchs auf zeitlich unbegrenzte Gewährung von Krankenhauspflege. Gewährung von Haushaltshilfe. Zahlung von Krankengeld bei Verdienstausfall wegen Betreuung eines kranken Kindes. Aufhebung der Krankenscheinprämie.

1974
Einbeziehung der GKV in den Kreis der Rehabilitationsträger. Medizinische Rehabilitationsleistungen insbesondere zugunsten bisher nicht ausreichend versorgter Familienangehöriger.

1975
Einbeziehung Behinderter, die in Werkstätten für Behinderte oder in gleichartigen Einrichtungen beschäftigt sind, in die Krankenversicherung. Öffnung der Krankenversicherung für Schwerbehinderte. Wegfall der Altersgrenze für behinderte Kinder in der Familienhilfe der GKV.

Begründung einer Versicherungspflicht für eingeschriebene Studenten der Hochschulen, sofern sie nicht durch Familienhilfe geschützt sind.

1976
Verbesserung der kassenärztlichen und kassenzahnärztlichen Versorgung der Bevölkerung.

1977/80
Krankenversicherungs-Kostendämpfungsgesetz 1977. Einberufung der „Konzertierten Aktion im Gesundheitswesen“. Neuregelung der Honorare für Ärzte und Zahnärzte. Höchstbeträge für Arzneimittel. Überprüfung des Leistungsspektrums und begrenzte Selbstbeteiligung. Verbesserung der Organisation und Wirtschaftlichkeit der medizinischen Versorgung. Neuregelung der finanziellen Grundlagen der Krankenversicherung der Rentner.

Einführung einer kaufmännischen Buchführung ab 1979 sowie einer Kosten- und Leistungsrechnung ab 1980 zur Förderung der Wirtschaftlichkeit der Krankenhäuser.

Ab 1979 Begrenzung von Betriebsmitteln, Rücklagen und Verwaltungsvermögen der Krankenversicherungsträger auf das zur Aufgabenerfüllung notwendige Maß.

Gesetz über Mutterschaftsurlaub und Mutterschaftsgeld mit Wirkung vom 1. Juli 1979 an.

1981
Krankenhaus-Kostendämpfungsgesetz und Kostendämpfungs-Ergänzungsgesetz. Verbesserung der Planungs- und Steuerungsinstrumente im Krankenhausbereich; Verbesserung der wirtschaftlichen Betriebsführung; Stärkung der Selbstverwaltung und Verbesserung der Bedarfsplanung; Änderung der Pflegesatzfestsetzung. Ausgabenbegrenzungen in den Bereichen Zahnersatz sowie Arznei- und Heilmittel.

1982
Haushaltsbegleitgesetz 1983 vom 20.12.1982. Leistungsausschluß für bestimmte Arzneimittel (Bagatellarzneimittel). Heraufsetzung der Verordnungsblattgebühr bei Arznei- und Verbandsmitteln. Zuzahlungsverpflichtung bei Krankenhausbehandlung und Kuren. Ausbau der häuslichen Krankenpflege. Verstärkte Beteiligung der Rentner an ihrer Krankenversicherung.

1983
Die aufgrund des Krankenversicherungs-Kostendämpfungsgesetzes von 1977 vorgesehene Gebührenordnung für Ärzte und Zahnärzte ist am 1.1.1983 mit Übergangsfristen in Kraft getreten; Ende 1983 Verlängerung der Übergangsfrist für Teilbereiche.

Haushaltsbegleitgesetz 1984 vom 22.12.1983. Reduzierung des erweiterten Mutterschaftsurlaubs und des Mutterschaftsgeldes. Verstärkte Berücksichtigung von Einmal- und Sonderzahlungen bei der Beitragsbemessung.

1984
Krankenhaus-Neuordnungsgesetz. Beseitigung der Mischfinanzierung der Investitionen. Modifikation des Selbstkostendeckungsgrundsatzes der Pflegesatzbemessung. Reduzierung des Einflusses der Länder auf die Pflegesatzgestaltung.

1985
Bundespflegesatzverordnung konkretisiert mit Wirkung vom 1. Januar 1986 an die gesetzlichen Vorgaben des Krankenhaus-Neuordnungsgesetzes vom 20. Dezember 1984 bezüglich der Pflegesätze. Lockerung der Dreijahresfrist bei Wiederholungskuren der Krankenkassen durch das Beschäftigungsförderungsgesetz 1985.

4.3 Unfallversicherung

1838/69
Auf dem Gebiet des Unfallschutzes Anfang des 19. Jahrhunderts nur fragmentarische Regelungen.

Gesetz über die Eisenbahn-Unternehmungen verpflichtet 1838 die preußischen Eisenbahnunternehmen zur Haftung für alle Schäden an beförderten Gütern und Personen, sofern der Schaden nicht durch eigenes Verschulden der Eisenbahnbenutzer oder ein unabwendbares Ereignis eingetreten war.

1869 weitere Präzisierung dieser Haftpflicht. Andere deutsche Staaten folgen weitgehend dem preußischen Vorbild.

1871
Reichshaftpflichtgesetz. Schaffung eines Entschädigungsanspruchs gegenüber dem Unternehmer, wenn diesem ein Verschulden an einem Betriebsunfall nachgewiesen werden kann (Verschuldenshaftung); Beweislast auf Seiten des Geschädigten.

1884
Unfallversicherungsgesetz. Schaffung eines auf der Zwangsmitgliedschaft beruhenden Versicherungsschutzes bei Unfällen für alle Arbeiter und Betriebsbeamten mit einem Jahresverdienst bis zu 2000 Mark in Bergwerken, Brüchen, Fabriken, auf Werften, gefährlichen Baustellen oder im Schornsteinfegergewerbe. Entschädigungsanspruch aufgrund der Gefährdungshaftung. Leistungen: Übernahme der Kosten des Heilverfahrens vom Beginn der 14. Woche nach Eintritt des Unfalls, im Todesfalle Gewährung eines Sterbegeldes (20facher Tageslohn), bei Erwerbsminderung Zahlung einer Rente (abhängig vom Grad der Erwerbsminderung) an den Verletzten, im Todesfalle an dessen Hinterbliebene; bei voller Erwerbsunfähigkeit beträgt die Rente des Versicherten 2/3 des Arbeitsverdienstes.

Träger der Unfallversicherung werden nach dem Industrieverbandsprinzip gegliederte Berufsgenossenschaften, denen die Unternehmer versicherungspflichtiger Betriebe kraft Gesetzes angehören; Anwendung des Umlageverfahrens; Beitragshöhe richtet sich nach Maßgabe der Einstufung der Betriebe in Gefahrenklassen; Berufsgenossenschaften erhalten das Recht, Unfallverhütungsvorschriften zu erlassen.

Möglichkeit der Anrufung paritätisch (Arbeitnehmer/Arbeitgeber) zusammengesetzter Schiedsgerichte; Berufungsinstanz wird das neu errichtete Reichsversicherungsamt, zugleich oberste staatliche Aufsichtsbehörde der Berufsgenossenschaften.

1885
Ausdehnung der Versicherungspflicht auf sämtliche Betriebe der Post-, Telegraphen-, Eisenbahn-, Marine- und Heeresverwaltungen sowie des Transport- und Verladegewerbes; für Reichs- und Staatsbetriebe treten an die Stelle der Berufsgenossenschaften staatliche Aufsichtsbehörden.

1886
Einbeziehung der in land- und forstwirtschaftlichen Betrieben beschäftigten Personen in die Unfallversicherung.

Beamte des Reiches und Soldaten erhalten bei Betriebsunfällen Anspruch auf dieselben Mindestleistungen, wie sie privaten Arbeitnehmern aus der Unfallversicherung zustanden.

1887
Einbeziehung der in der Seeschiffahrt beschäftigten Personen in die Unfallversicherungspflicht sowie Erweiterung der Unfallversicherungspflicht im Baugewerbe.

1900
Stärkere Abstimmung und Vereinheitlichung der verschiedenen Unfallversicherungsbereiche durch das Haupt- und Mantelgesetz. Übertragung von Streitsachen auf die nach dem Invalidenversicherungsgesetz errichteten „Schiedsgerichte für Arbeiterversicherung“. Schaffung einer Unfallfürsorge für Gefangene. Erhöhung der Versicherungspflichtgrenze von 2000 auf 3000 Mark. Verpflichtung der Berufsgenossenschaften, die Einhaltung der Unfallverhütungsvorschriften durch technische Aufsichtsbeamte zu kontrollieren.

1911
Reichsversicherungsordnung. Punktuelle Erweiterung der Versicherungspflicht. Erhöhung der Versicherungspflichtgrenze von 3000 auf 5000 Mark. Verpflichtung der Berufsgenossenschaften zum Erlaß von Unfallverhütungsvorschriften. Ermächtigung des Bundesrates, bestimmte gewerbliche Berufskrankheiten in den Versicherungsschutz einzubeziehen.

1918/23
Anpassung der Rentenleistungen an die fortschreitende Inflation. Einführung der Zulagen als Teuerungsausgleich.

1925
Ausdehnung des Unfallversicherungsschutzes auf zunächst 11 Berufskrankheiten sowie auf Unfälle auf dem Weg zu und von der Arbeitsstätte. Verpflichtung der Berufsgenossenschaften zur Berufsfürsorge (Maßnahmen zur Wiedergewinnung oder Erhöhung der Erwerbsfähigkeit). Gewährung von Kinderzulagen an Schwerbehinderte.

1928
Erweiterung der Unfallversicherungspflicht auf weitere Betriebe und Tätigkeiten. Ausdehnung der Versicherungspflicht auf den kaufmännischen und verwaltenden Teil des Unternehmens. Gewährung eines Versicherungsschutzes für Personen, deren Tätigkeiten im öffentlichen Interesse liegen (z.B. Lebensretter).

1929
Erweiterung der entschädigungspflichtigen Berufskrankheiten auf 22.

1931/32
Leistungsabbau in der Unfallversicherung. Teilrenten von weniger als 20% nur noch in besonderen Fällen. Kinderzulagen und Waisenrenten nur noch bis zur Vollendung des 15. Lebensjahres. Senkung der Unfallrenten um 7,5 bis 15%.

1934
Aufbaugesetz. Beseitigung der Selbstverwaltung und Einführung des Führerprinzips.

1936
Neuregelung der Beziehungen zwischen den Trägern der Kranken- und denen der Unfallversicherung. Erweiterung der Zahl der entschädigungspflichtigen Berufskrankheiten auf 26.

1937
Einführung neuer Vorschriften über die Bewertung der Leistungen. Einbeziehung von Lehrwerkstätten, Fachschulen, Schulungskursen und anderen der Berufsausbildung dienenden Einrichtungen in den Schutz der Unfallversicherung.

1939
Erweiterung des Unfallversicherungsschutzes in der Landwirtschaft (allgemeine Versicherungspflicht für Bauern, Kleinlandwirte und deren Angehörige). Beseitigung der wesentlichsten durch die Notverordnungen geschaffenen Einschränkungen im Leistungsrecht.

1942
Grundlegende Neuordnung der Unfallversicherung. Ersetzung des bisherigen Systems der Betriebsversicherung durch das System der Personenversicherung. Ausdehnung der Unfallversicherung auf alle auf Grund eines Arbeits-, Dienst- oder Lehrverhältnisses Beschäftigten. Ablösung des Begriffs des „Betriebsunfalls“ durch den des „Arbeitsunfalls“. Einführung besonderer Unterstützungen während der Dauer der Heilbehandlung.

1952
Wiedereinführung des Selbstverwaltungsprinzips. Gewährung von Zulagen zu den Geldleistungen der Unfallversicherung in Höhe von 5-25%; Aufbesserung der Mindestsätze der Unfallrenten.

1957/60
Erhöhung der Bemessungsgrundlage der Unfallrenten in dem Maße, in dem sich die durchschnittlichen Verdienste der Industriearbeiter gesteigert haben; anschließend Anhebung in dem Ausmaß, wie sich die durchschnittlichen Löhne und Gehälter seit 1957 entwickelt haben.

1963
Unfallversicherungs-Neuregelungsgesetz. Ausdehnung des Unfallversicherungsschutzes auf den Weg zum Arzt anläßlich eines Arbeitsunfalls, auf den Weg zum Geldinstitut anläßlich der jeweils ersten Lohnabhebung eines Versicherten und auf bisher nicht in der Berufskrankheiten-Verordnung erfaßte Berufskrankheiten. Die Unfallverhütung wird als wichtigste Aufgabe der Unfallversicherung in den Vordergrund der Leistungen gestellt; Unternehmen mit mindestens 20 Beschäftigten werden verpflichtet, Sicherheitsbeauftragte einzusetzen. Dynamisierung der Rentenleistungen. Verpflichtung der Bundesregierung, einen jährlichen Unfallverhütungsbericht vorzulegen.

1971
Wesentliche Ausdehnung des versicherten Personenkreises auf Kinder in Kindergärten, Schüler und Studenten sowie berufstätige Eltern, die ihr Kind dem Kindergarten oder anderer Obhut anvertrauen und dabei Umwege auf dem Weg zur Arbeitsstätte in Kauf nehmen müssen.

1974
Rehabilitations-Angleichungsgesetz bringt eine Vereinheitlichung der medizinischen und beruflichen Rehabilitationsmaßnahmen der einzelnen sozialen Leistungszweige. Grundsatz des Vorrangs der Wiedereingliederung vor der Rente.

1978
Neuregelungen hinsichtlich der Kinderzulagen, Waisenrenten und der Höchstgrenzen beim Zusammentreffen von Renten aus der Renten- und der Unfallversicherung. Rentenanpassung erfolgt künftig durch Rechtsverordnung.

1982
Haushaltsbegleitgesetz 1983 vom 20.12.1982. Verschiebung der Rentenanpassung um ein halbes Jahr. Differenzbetrag zwischen Kindergeld und Kinderzulage wird von den Kindergeldstellen gezahlt. Kürzung des Übergangsgeldes für Maßnahmen der beruflichen Rehabilitation.

1983
Haushaltsbegleitgesetz 1984 vom 22.12.1983. Aktualisierung der Rentenanpassung analog zur Rentenversicherung. Berücksichtigung der Beteiligung der Rentner an den Beiträgen für ihre Krankenversicherung im Anpassungssatz der Unfallversicherung. Ersetzung der Kinderzulage der Unfallversicherung für neu eintretende Versicherungsfälle durch das Kindergeld nach dem Bundeskindergeldgesetz. Herabsetzung der Witwen- und Witwerrentenabfindungen. Weitere Absenkung des Übergangsgeldes bei Maßnahmen zur beruflichen Rehabilitation.

1985/86
Anhebung des Übergangsgeldes für Rehabilitanden auf das Niveau von 1983 mit Wirkung vom 1.1.1986. Gleichbehandlung von Witwen und Witwern ab 1.1.1986 analog zur Rentenversicherung.

4.4 Arbeitsförderung

1879
Errichtung einer ersten verbandlichen Arbeitslosenunterstützung durch den Deutschen Buchdrucker-Verband. Arbeitslose Verbandsmitglieder erhalten bei längerer Mitgliedschaft zeitlich begrenzte Unterstützungen aus der örtlichen Verbandskasse. Andere Gewerkschaften folgen diesem Beispiel.

1896
Gründung der Stadtkölnischen Versicherungskasse gegen Arbeitslosigkeit im Winter; einer der ersten Versuche kommunaler Hilfsmaßnahmen zur Unterstützung Erwerbsloser außerhalb der Armenfürsorge.

1900
Genter System als kombinierte Hilfe von Gemeinden und Arbeitervereinigungen. Zuschußsystem. Von einer Reihe von Gemeinden praktiziert, insgesamt aber nur eine Notlösung.

1914
Ausbau der öffentlichen Arbeitsvermittlung. Bereitstellung von finanziellen Mitteln durch das Reich zur Unterstützung von Personen, die kriegsbedingt erwerbslos und unterstützungsbedürftig geworden, aber arbeitsfähig und arbeitswillig waren. Teil der Kriegswohlfahrtspflege.

1918
Schaffung einer reichsgesetzlichen Fürsorge für den Fall der Erwerbslosigkeit. Gemeinden werden verpflichtet, für arbeitsfähige und arbeitswillige Personen, die sich infolge kriegsbedingter Erwerbslosigkeit in bedürftiger Lage befinden, eine Fürsorge einzurichten, die nicht den Rechtscharakter der Armenpflege haben durfte. Unterstützung für maximal 26 Wochen; Finanzierung zu 50% durch das Reich, zu 33,3% durch die Länder und zu 16,6% durch die Gemeinden. Weiterer Ausbau der öffentlichen Arbeitsnachweise.

1919
Einführung der produktiven Erwerbslosenfürsorge in Form der Notstandsarbeiten.

1920
Errichtung des Reichsamts für Arbeitsvermittlung.

1922
Erlaß des Arbeitsnachweisgesetzes. Neuorganisation des Arbeitsvermittlungswesens auf der Grundlage der Unparteilichkeit, Unentgeltlichkeit, der Neutralität und der Vermittlung nach der Eignung; Errichtung von 22 Landesämtern und 869 kommunalen Arbeitsnachweisämtern.

1923
Neuordnung der Finanzierung der Erwerbslosenfürsorge; Belastung der Arbeitgeber und der Arbeitnehmer mit Beiträgen.

1924
Neufassung der Verordnung über die Erwerbslosenfürsorge; unterstützungsberechtigt sind fortan nur noch Erwerbslose, die während der letzten 12 Monate mindestens 13 Wochen krankenversicherungspflichtig beschäftigt waren.

1926
Einführung einer Krisenfürsorge für Personen, die aus der Erwerbslosenfürsorge ausgesteuert worden waren; Unterstützung nur bei Bedürftigkeit; Finanzierung zu 75% durch das Reich und zu 25% durch die Länder. Verlängerung der Höchstbezugsdauer der Erwerbslosenfürsorge zunächst auf 39, dann auf 52 Wochen.

1927
Gesetz über Arbeitsvermittlung und Arbeitslosenversicherung.

Völlige Neuorganisation der Arbeitsverwaltung durch Zusammenfassung von Arbeitsvermittlung und Arbeitslosenversicherung, Loslösung der Arbeitsvermittlung von der kommunalen Selbstverwaltung und Ausbau in Form der wirtschaftlichen Selbstverwaltung. Trägerin der Arbeitsvermittlung, der Arbeitslosenversicherung und der Berufsberatung wird die als öffentlich-rechtliche Körperschaft mit autonomer Selbstverwaltung errichtete Reichsanstalt für Arbeitsvermittlung und Arbeitslosenversicherung; als behördlicher Unterbau Errichtung von 13 Landes- und 361 Arbeitsämtern; drittelparitätische Besetzung der Organe (Arbeitnehmer, Arbeitgeber, öffentliche Körperschaften).

Einführung einer Arbeitslosenversicherung in Form einer Zwangsversicherung. Versicherungspflicht aller krankenversicherungspflichtigen Arbeitnehmer sowie der Angestellten bis zu einem Jahresgehalt von 8400 RM. Finanzierung durch Beiträge (je zur Hälfte von Arbeitnehmern und Arbeitgebern) und öffentliche Zuweisungen.

Anspruch auf Versicherungsleistungen erhalten Versicherte, die arbeitswillig, arbeitsfähig, aber unfreiwillig arbeitslos sind und die Anwartschaft erfüllt haben; Arbeitslosenunterstützung, die nach 11 Lohnklassen differenziert wird und aus einer Hauptunterstützung sowie Familienzulagen besteht, wird für längstens 26 Wochen gewährt; Erhaltung der Anwartschaften in der Rentenversicherung und Versicherung der Unterstützungsempfänger gegen Krankheit; als Nebenleistungen Gewährung von Kurzarbeiterunterstützung sowie von Krisenunterstützung (bei Bedürftigkeit).

1929
Engere und exaktere Abgrenzung des Begriffs „Arbeitslosigkeit“; Verlängerung der Anwartschaftszeit auf 52 Wochen versicherungspflichtiger Beschäftigung in den letzten 2 Jahren; Anrechnung von Renten auf die Unterstützung; Staffelung der Wartezeit nach dem Familienstand.

1930
Erhöhung der Beitragssätze von zunächst 3,0% auf 4,5%, gegen Ende des Jahres auf 6,5%.

1931
Einschneidende Kürzungen im Leistungsrecht. Kürzung der Unterstützungssätze um 6,3 bis 14,3%. Verschärfung der Pflicht zur Arbeitsaufnahme. Gewährung von Unterstützung an Ehefrauen nur bei Bedürftigkeit. Herabsetzung der Höchstbezugsdauer der Arbeitslosenunterstützung auf 20 Wochen.

1932
Arbeitslosenunterstützung mit Rechtsanspruch nur noch für 6 Wochen, danach Prüfung der Hilfsbedürftigkeit; Kürzung der Unterstützungssätze in der Arbeitslosenversicherung um 23% und in der Krisenfürsorge um 10%; Einführung einer „Abgabe zur Arbeitslosenhilfe“; Aufhebung der Aussteuerung aus der Krisenfürsorge.

1933
Fortführung und Ausweitung der Arbeitsbeschaffungsmaßnahmen zwecks Beseitigung der Arbeitslosigkeit. Beseitigung der Organe der Selbstverwaltung der Reichsanstalt. Einführung punktueller Leistungsverbesserungen in der Arbeitslosenversicherung. Befreiung der Hausgehilfinnen und der Beschäftigten in der Landwirtschaft von der Beitragspflicht zur Arbeitslosenversicherung.

1935
Ausweitung der Kompetenzen der Reichsanstalt im Bereich der Berufsberatung und Stellenvermittlung. Einführung einer Schlechtwettergeldregelung für beim Bau der Reichsautobahnen beschäftigte Bauarbeiter.

1937
Gewährung einer Reihe von Leistungsverbesserungen; im wesentlichen Wiederherstellung des Zustandes, wie er vor Beginn der Krise bestand.

1938/39
Völlige Reorganisation des Trägers der Arbeitslosenversicherung. Umbenennung der Reichsanstalt in „Reichsstock für Arbeitseinsatz"; dieser formal selbständigen Körperschaft oblag weiterhin die Einziehung und haushaltsmäßige Verwendung der Beiträge, der Reichsarbeitsminister verwaltete sie jedoch nach Art eines Sondervermögens; Übernahme der Aufgaben des Präsidenten der Reichsanstalt durch den Reichsarbeitsminister.

Aufgabe des Versicherungsprinzips in der Arbeitslosenversicherung ab 1939; Arbeitslosenhilfe erhalten fortan alle einsatzfähigen, arbeitswilligen, hilfsbedürftigen, unfreiwillig arbeitslosen Erwerbspersonen. Erfüllung einer Anwartschaft ist nicht mehr erforderlich.

1951
Gesetz über ein Sofortprogramm zur Arbeitsbeschaffung sieht die Bereitstellung von 200 Mio. DM zur verstärkten Förderung von Arbeitsbeschaffungsmaßnahmen vor.

1952
Errichtung der Bundesanstalt für Arbeitsvermittlung und Arbeitslosenversicherung als öffentlich-rechtlicher Körperschaft mit Selbstverwaltung (Arbeitnehmer, Arbeitgeber, öffentliche Körperschaften).

1956
Bisherige gesetzliche Regelung des Schutzes Arbeitsloser aus dem Jahre 1927 wird den neuen Bedürfnissen und Erkenntnissen der Arbeitsmarktpolitik angepaßt; erstmalige Definition der Begriffe „Arbeitsvermittlung" und „Berufsberatung"; Anhebung der Beitrags- und Bemessungsgrenzen; Verbesserung der Voraussetzungen für den Bezug von Arbeitslosenhilfe; Einführung der Wegeunfallversicherung für Arbeitslose; Aufstellung eines umfassenden Katalogs von Maßnahmen zur Verhütung und Beendigung der Arbeitslosigkeit.

1959
Schaffung von Anreizen zum Bauen in der witterungsungünstigen Jahreszeit durch Zuschüsse und Darlehen an Bauherren (Ausgleich für Mehrkosten des Winterbaus) und an Bauunternehmer (Erleichterung zusätzlicher Investitionen); Arbeitnehmer erhalten Zuschüsse und Beihilfen (Fahrtkosten, Trennungsgeld) sowie Schlechtwettergeld.

1966/68
Erhöhung der Leistungsbemessungsgrenze für das Arbeitslosengeld. Erhöhung der Familienzuschläge und Beseitigung der Anrechnung des Kindergeldes auf die Familienzuschläge.

Verbesserung der Relation von Arbeitslosengeld und Arbeitslosenhilfe zum Arbeitsentgelt; Einführung eines Unterhaltsgeldes für Teilnehmer an beruflichen Bildungsmaßnahmen.

Erweiterung der Arbeitslosenversicherungspflicht auf alle Angestellten.

1969
Arbeitsförderungsgesetz. Ablösung des Gesetzes über Arbeitsvermittlung und Arbeitslosenversicherung. Erweiterung der Aufgabenbereiche der Arbeitsverwaltung um den Bereich der Förderung der beruflichen Bildung. Hauptziele sind die Sicherung der Vollbeschäftigung, die Sicherung optimaler Berufschancen durch Förderung der beruflichen Bildung und Anpassung, der Schutz vor sozialem Abstieg infolge von Arbeitslosigkeit und Kurzarbeit. Einführung der produktiven Winterbauförderung. Maximale Ausweitung des Kreises der Beitragspflichtigen. Bundesanstalt für Arbeit (so die neue Bezeichnung) erhält das Recht, eigene Aktivitäten zur Arbeitsbeschaffung zu entwickeln.

Verbesserung des Unterhaltsgeldes bei beruflichen Bildungsmaßnahmen.

1972
Neuordnung der Förderung des Winterbaus und Einführung eines Wintergeldes für Bauarbeiter; Kosten der Winterbauförderung werden durch Umlage gedeckt, die von den Betrieben des Baugewerbes aufzubringen ist.

1974
Einführung einer von den Arbeitgebern zu finanzierenden Konkursausfallversicherung, die dem Arbeitnehmer im Falle der Zahlungsunfähigkeit seines Arbeitgebers den vollen Nettolohn für die letzten drei Monate sichert und die für diesen Zeitraum noch nicht entrichteten Sozialversicherungsbeiträge übernimmt. Dynamisierung von Arbeitslosengeld, Arbeitslosenhilfe und Unterhaltsgeld. Arbeitsförderung als Rehabilitationsträger.

1975
Beitragsgerechtere Gestaltung der Vorschriften über die Förderung der beruflichen Bildung; Verbesserung der Liquidität des Rücklagevermögens der BfA; Vereinfachung des Leistungsrechts; Anpassung der Vorschriften an die arbeitsmarktpolitischen Ziele des AFG; Konkretisierung des Begriffs der Zumutbarkeit in der Arbeitslosenversicherung; Erhöhung des Beitragssatzes.

1977/78
Verbesserung und Erleichterung der Arbeitsvermittlung; Neuregelung der Anrechnung von Abfindungen auf das Arbeitslosengeld; Verschärfung der Sperrzeiten-Regelung.

Gewährung von Wintergeld an Bauarbeiter, die auf europäische Baustellen nördlich des 42. Grades nördlicher Breite entsandt worden sind.

1979
Verbesserung der Förderung der beruflichen Bildung und der Vermittlungsfähigkeit von Arbeitslosen, situationsgerechtere Ausgestaltung der übrigen Leistungen der BfA; weitere Konkretisierung des Begriffs der Zumutbarkeit eines Arbeitsplatzes.

1981
„Operation '82" mit Arbeitsförderungs-Konsolidierungsgesetz vom 22.12.1981. Erhöhung des Beitragssatzes. Begrenzung der Krankenversicherungsbeiträge für Leistungsempfänger. Verlängerung der anspruchsbegründenden beitragspflichtigen Beschäftigung. Veränderung der Bemessungsgrundlage des Arbeitslosengeldes. Verlängerung der Sperrzeit. Kürzung des Unterhaltsgeldes und des Übergangsgeldes. Einschränkungen beim Kurzarbeitergeld und bei der Förderung der Arbeitsaufnahme. Erstattungspflicht der Arbeitgeber (Arbeitslosengeld einschl. Sozialversicherungsbeiträge für ein Jahr) bei Freisetzung von 59jährigen Arbeitnehmern.

1982
Haushaltsbegleitgesetz 1983 vom 20.12.1982. Erhöhung des Beitragssatzes. Bemessung der RV-Beiträge nach der Höhe der Lohnersatzleistungen. Stärkere Staffelung der Bezugsdauer des Arbeitslosengeldes nach der Dauer der Beitragsleistung. Herabsetzung des Übergangsgeldes.

1983
Gesetz zur Förderung der Rückkehrbereitschaft von Ausländern mit überwiegend zeitlich befristeten Regelungen.

Haushaltsbegleitgesetz 1984 vom 22.12.1983. Verstärkung der Beitragspflicht für Einmalzahlungen. Beitragspflicht für Krankengeld. Senkung der Leistungssätze für Arbeitslosengeld, Arbeitslosenhilfe, Kurzarbeitergeld, Schlechtwettergeld, Unterhaltsgeld und Übergangsgeld.

1984
Gesetz über eine Vorruhestandsregelung für Arbeitnehmer mit Wirkung vom 1. Mai 1984 bei gleichzeitiger Anpassung des AFG und der 59er Regelung. Erstes Gesetz zur Änderung des Jugendarbeitsschutzgesetzes vom 15. Okt. 1984.

1985
Stufenweise Herabsetzung des Beitragssatzes. Verlängerung der Sperrfrist. Verlängerung der Höchstdauer des Anspruchs auf Arbeitslosengeld für ältere Arbeitslose. Zulassung befristeter Arbeitsverträge für eine Übergangszeit zum Zwecke der Beschäftigungsförderung.

1986
Befristete Herabsetzung des Beitragssatzes. Erhöhung der Leistungssätze beim Unterhaltsgeld und Übergangsgeld. Weitere Verbesserung des Anspruchs auf Arbeitslosengeld für ältere Arbeitslose. 58jährige und ältere Arbeitslosengeldempfänger müssen der Arbeitsvermittlung nicht mehr zur Verfügung stehen. Herabsetzung der Altersgrenze für die ABM-Teilnahme älterer Arbeitsloser. Erneut befristete Verlängerung des Kurzarbeitergeldbezuges. Gesetz zur Sicherung der Neutralität der Bundesanstalt für Arbeit bei Arbeitskämpfen.

4.5 Kindergeld

1935
Zahlung einmaliger Kinderbeihilfen an Familien mit vier und mehr Kindern unter 16 Jahren.

1936
Einführung laufender Kinderbeihilfen für die fünften und weiteren Kinder; in der Folgezeit Gewährung laufender Kinderbeihilfen auch für die dritten und vierten Kinder.

1945
Abschaffung der Kinderbeihilfen.

1954
Kindergeldgesetz. Gewährung von Kindergeld an alle Arbeitnehmer, Selbständigen und mithelfenden Familienangehörigen in Höhe von 25 DM für das dritte und jedes weitere Kind bis zum vollendeten 18. Lebensjahr. Finanzierung durch Beiträge der Arbeitgeber. Zahlung durch die neu errichteten Familienausgleichskassen.

1955/59
Erweiterung des Kreises der Bezugsberechtigten von Kindergeld. Stufenweise Anhebung des Kindergeldes.

1961
Einführung eines Kindergeldes für das 2. Kind für Personen, deren Einkommen jährlich 7200 DM nicht übersteigt. Auszahlung dieses aus Bundesmitteln gewährten Kindergeldes durch die neu errichteten Kindergeldkassen.

1964
Bundeskindergeldgesetz. Vereinheitlichung der Kindergeldregelungen. Zahlung des gesamten Kindergeldes aus allgemeinen Haushaltsmitteln des Bundes. Gewährung des Kindergeldes durch die Bundesanstalt für Arbeit. Erhöhung der Kindergeldbeträge ab dem dritten Kind. Erhöhung der Jahresarbeitsverdienstgrenze für den Bezug von Zweitkindergeld.

1970/73
Beseitigung der Differenzierung zwischen Kindern lediger und verheirateter Eltern. Stufenweise Anhebung der für das Zweitkindergeld maßgeblichen Einkommensgrenze. Erhöhung des Kindergeldes für das dritte Kind.

1974/75
Umstellung des Familienlastenausgleichs ab dem 1.1.1975 von den bisherigen progressionsabhängigen steuerlichen Kinderfreibeträgen zum einheitlichen Kindergeld ab dem 1. Kind. Schaffung eines steuerfreien, einkommensunabhängigen, nach der Kinderzahl gestaffelten Kindergeldes. Berücksichtigt werden Kinder bis zur Vollendung des 18. Lebensjahres, in Ausbildung befindliche Kinder bis zur Vollendung des 27. Lebensjahres.

Nach dem Haushaltsstrukturgesetz vom 18.12.1975 werden Kindergeld, Kinderzuschüsse und Kinderzulagen nicht mehr für volljährige Kinder gezahlt, sofern diese ein eigenes angemessenes Einkommen beziehen (ab 1.7.1976).

1976
Gewährung von Kindergeld für 18- bis 23-jährige Kinder, sofern diese keinen Ausbildungs- oder Arbeitsplatz haben, weder Arbeitslosengeld noch Arbeitslosenhilfe beziehen und der Arbeitsvermittlung zur Verfügung stehen (ab 1.9.1976).

1978/81
Mit Wirkung vom 1.1.1978 Erhöhung des Kindergeldes für das 2. Kind von 70 auf 80 DM, für das 3. und jedes weitere Kind von 120 auf 150 DM.

Erhöhung des Kindergeldes für das 3. und jedes weitere Kind mit Wirkung vom 1.1.1979 von 150 auf 200 DM monatlich.

Erhöhung des Kindergeldes für das 2. Kind mit Wirkung vom 1.7.1979 von 80 auf 100 DM monatlich.

Mit Wirkung vom 1.2.1981 Erhöhung des Kindergeldes für das 2. Kind auf 120 DM, für das dritte und jedes weitere Kind auf 240 DM.

1981
Durch das Zweite Haushaltsstrukturgesetz mit Wirkung vom 1.1.1982 Senkung des Kindergeldes um je 20 DM monatlich (für das 2. und 3. Kind) und Einengung des Kreises der kindergeldrechtlich zu berücksichtigenden Kinder.

1982
Haushaltsbegleitgesetz 1983. Kindergeld wird für das 2. und jedes weitere Kind bei Berechtigten mit höherem Einkommen stufenweise gemindert (bis auf 70 DM für das 2. Kind sowie bis auf 140 DM für das 3. und jedes weitere Kind); diese Sockelbeträge werden als Mindestbeträge – einkommensunabhängig – gezahlt; maßgebliche Einkommensgrenzen richten sich nach dem Familienstand und der Kinderzahl.

1983
Haushaltsbegleitgesetz 1984. Ersetzung des Kinderzuschusses der Rentenversicherung für künftige Versicherungsfälle durch das Kindergeld nach dem Bundeskindergeldgesetz; gleiche Regelung für Kinderzulage der Unfallversicherung.

1984
Zehntes Gesetz zur Änderung des Bundeskindergeldgesetzes vom 21.12.1984. Erhöhung der Altersgrenze für ausbildungswillige oder arbeitslose Jugendliche von 18 auf 21 Jahre.

1985/86
Elftes Gesetz zur Änderung des Bundeskindergeldgesetzes vom 27. Juni 1985. Erhöhung der Freibeträge für die einkommensabhängige Minderung des Kindergeldes. Kindergeld-

zuschlag bei Nichtausnutzung des (vervielfachten) einkommensteuerlichen Kinderfreibetrages. Einführung eines Kindergeldes für alleinstehende Kinder (Vollwaisen).

4.6 Erziehungsgeld

1985
Gesetz über Erziehungsgeld und Erziehungsurlaub löst mit Wirkung vom 1.1.1986 die Regelungen über erweiterten Mutterschaftsurlaub und Mutterschaftsgeld ab (vgl. Krankenversicherung). Im Anschluß an die Mutterschutzfrist von 8 bzw. 12 Wochen nach der Entbindung Erziehungsurlaub und Erziehungsgeld bis zur Vollendung des 10. Monats in Höhe von 600 DM (vom Beginn des 7. Monats an einkommensabhängig). Für ab dem 1.1.1988 geborene Kinder Erweiterung auf 1 Jahr. Erziehungsurlaub kann wahlweise vom Vater oder der Mutter in Anspruch genommen werden. Befreiung von der Beitragspflicht in der GKV, Kündigungsschutz, Einschränkung der gleichzeitigen Erwerbstätigkeit.

4.7 Altershilfe für Landwirte

1957
Schaffung der Altershilfe für Landwirte als Grundsicherung für die selbständigen Landwirte. Organisation in Anlehnung an die landwirtschaftlichen Unfallberufsgenossenschaften. Gewährung von Altersgeld in Form eines Bargeldzuschusses zum Altenteil für ehemalige Landwirte und deren Witwen/Witwer. Finanzierung durch für alle Beitragspflichtigen gleichhohe Beiträge (im Prinzip: Umlageverfahren); Zuschüsse des Bundes in Form von Darlehen als Starthilfe.

1961
Wegen der mittlerweile entstandenen Defizite Einführung des Prinzips der Fehlbedarfsdeckung aus Bundesmitteln; die Fehlbedarfsdeckung gewährleistet bis 1972, daß der Unterschiedsbetrag zwischen Beitragsaufkommen einerseits und den Gesamtaufwendungen andererseits in voller Höhe aus Bundesmitteln gedeckt wurde.

1963
Einführung des „vorzeitigen Altersgeldes" bei Erwerbsunfähigkeit; Finanzierung der Mehrkosten aus Bundesmitteln. Allgemeine Erhöhung der Altersgelder, auch in der Folgezeit zunächst diskretionär.

1965
Im Zuge des Ausbaus präventiver und rehabilitativer Maßnahmen Schaffung der Möglichkeit einer Gewährung medizinischer Rehabilitationsleistungen.

Einführung der Betriebs- und Haushaltshilfe.

Einbeziehung der mithelfenden Familienangehörigen, die am 1. Mai 1965 das 50. Lebensjahr vollendet hatten, in das Sicherungssystem der Altershilfe für Landwirte.

1969
Einführung der Landabgaberente als besondere sozialrechtliche Maßnahme zur Strukturverbesserung; Finanzierung aus Bundesmitteln.

1970
Möglichkeit der Nachentrichtung von Beiträgen zur Rentenversicherung seitens der Landwirte, die ihren Betrieb aufgegeben haben und rentenversicherungspflichtig tätig sind. Zuschußgewährung aus Bundesmitteln.

Wesentliche Erweiterung der oberen Grenze des begünstigten Betriebsgrößenbereichs der Landabgaberente.

1973/74
Einbeziehung der Altersgelder in das in der Renten- und Unfallversicherung geltende Dynamisierungsrecht; die Altersgelder werden alljährlich durch Gesetz an die wirtschaftliche Entwicklung angepaßt; durch Bindung an das Altersgeld nimmt die Landabgaberente an der Dynamisierung der Altersgelder teil.

Staffelung der Höhe des Altersgeldes nach der Dauer der Beitragszahlung an die landwirtschaftliche Alterskasse.

Anpassung des Umfangs der medizinischen und ergänzenden Leistungen an jene der Arbeiterrentenversicherung durch das Rehabilitationsangleichungsgesetz.

Neuordnung der Finanzierung der Altershilfe für Landwirte. Festlegung eines Bundesmittelhöchstbetrages auf der Basis der 1973 zur Verfügung gestellten Bundesmittel; Anpassung entsprechend der Entwicklung der laufenden Geldleistungen; faktische Einführung einer Fehlbedarfsdeckung durch die Beiträge der Versicherten.

1975
Einführung eines Waisengeldes in der Altershilfe für Landwirte; Halbwaisen erhalten ein Viertel, Vollwaisen die Hälfte des Altersgeldgrundbetrages eines Unverheirateten. Dynamisierungsverbund auch für Waisengelder.

1980
Ausbau der sozialen Sicherung der Witwen und Witwer landwirtschaftlicher Unternehmer durch Leistungen in besonderen Bedarfssituationen; seitdem können sie Hinterbliebenengeld, Übergangshilfe oder Betriebs- und Haushaltshilfe erhalten; Leistungsart ist von der Weiterführung oder der Abgabe des landwirtschaftlichen Unternehmens abhängig; besondere Bedarfssituationen sind die Kindererziehung und ein vorgerücktes Alter (Vollendung des 45. Lebensjahres).

Erweiterung des in der Altershilfe für Landwirte versicherten, begrenzten Personenkreises der mithelfenden Familienangehörigen.

1982/83
Aufhebung der von der Ausgabenentwicklung abhängigen dynamischen Erhöhung der Bundesmittel. Absolute Begrenzung und Absenkung der Bundesmittel. Verschiebung der Anpassung der Altersgelder um ein halbes Jahr. Die Landabgaberente wird bis Ende 1983 verlängert.

1984
Absenkung des erneut eingeführten relativen Höchstbetrages der Bundesmittel. Aktualisierung der Anpassung der Altersgelder analog zur Rentenversicherung.

1985/86
Erhöhung des relativen Höchstbetrages der Bundesmittel. Zuschüsse zu den Beiträgen für die Altershilfe für Landwirte zur Entlastung kleiner und mittlerer bäuerlicher Betriebe. Jüngere hauptberuflich mitarbeitende Familienangehörige werden in die Altershilfe für Landwirte einbezogen. Verbesserung der sozialen Absicherung der Frauen.

4.8 Versorgungswerke

1920/25
Gründung erster Versorgungswerke der verkammerten freien Berufe als öffentlich-rechtliche Einrichtungen mit Pflichtmitgliedschaft. Notarkasse in München 1920/25. Bayerische Ärzteversorgung (Ärzte einschließlich Pfalz und Rheinhessen, Zahnärzte einschl. Pfalz, Tierärzte einschl. Pfalz, Saarland, Rheinland-Pfalz) 1923. Bayerische Apothekerversorgung (einschl. Rheinland-Pfalz und Baden-Württemberg) 1925.

1951/57
Gründung weiterer Versorgungswerke in den 50er Jahren. Saarländische Ärzteversorgung sowie Baden-Württembergische Versorgungsanstalt für Ärzte, Zahnärzte und Tierärzte 1951. Versorgungswerk der Architektenkammer des Saarlandes 1952. Versorgungswerk der Bezirksärztekammer Koblenz 1953. Versorgungswerke der Steuerberater und Steuerbevollmächtigten im Saarland sowie der Rechtsanwaltskammer des Saarlandes 1954. Versorgungswerk der Bezirksärztekammer Trier 1956. Versorgungswerke der Zahnärztekammer Westfalen-Lippe sowie der Zahnärztekammer Nordrhein 1957.

1958/71
Nach der Rentenreform des Jahres 1957 bis zur Rentenreform 1972 große Zahl von Neugründungen; kein allgemeiner Zugang zur gesetzlichen Rentenversicherung für Angehörige der freien Berufe. Versorgungswerk der Tierärztekammer Hessen 1958. Versorgungswerke der Zahnärztekammer Hessen sowie der Ärztekammer Nordrhein 1959. Versorgungswerke der Tierärztekammer Schleswig-Holstein und der Ärztekammer Westfalen-Lippe 1960. Versorgungswerke der Tierärztekammer Nordrhein, der Tierärztekammer Niedersachsen sowie der Landeszahnärztekammer Rheinland-Pfalz 1961. Notarversorgungskasse Koblenz 1962. Versorgungswerk der Tierärztekammer Westfalen-Lippe 1963. Versorgungswerke der Ärztekammer Niedersachsen, der Ärztekammer Schleswig-Holstein sowie der Zahnärztekammer Hamburg 1964. Versorgungswerke der Zahnärztekammer Berlin/Bremen sowie der Zahnärztekammer Niedersachsen 1965. Versorgungwerk der Ärztekammer Berlin 1966. Versorgungswerke der Zahnärztekammer Schleswig-Holstein sowie der Ärztekammer Bremen 1967. Versorgungswerk der Landesärztekammer Hessen 1968. Versorgungswerk der Architektenkammer Baden-Württemberg (einschl. Schleswig-Holstein), 1970. Versorgungswerke der Ärztekammer Hamburg sowie der Landesapothekerkammer Hessen und Bayerische Architektenversorgung (einschl. Niedersachsen – Freischaffende Architekten – und Rheinland-Pfalz) 1971.

1975/81
Deutlich geringere Zahl der Neugründungen seit der Rentenreform 1972. Gemeinsame Ausgleichskasse im Seelotsenwesen der Reviere 1975. Versorgungswerke der Apothekerkammer Westfalen-Lippe sowie der Saarländischen Notarkammer 1978. Versorgungswerke der Apothekerkammer Nordrhein sowie der Architektenkammer Nordrhein-Westfalen 1979. Versorgungswerk der Apothekerkammer Niedersachsen 1980. Versorgungswerk der Apothekerkammer Schleswig-Holstein 1981.

4.9 Beamtenrechtliches System*

* Soldatenversorgung siehe Kriegsopferversorgung

1805
Erste Realisierung der Konzeptionen eines modernen Berufsbeamtentums durch die bayerische Hauptlandespragmatik. Bayern postuliert für seine Beamten die Unkündbarkeit und garantiert ihnen eine Versorgung.

1872
Preußisches Gesetz über die Pensionierung der unmittelbaren Staatsbeamten.

1873
Reichsbeamtengesetz. In den Ruhestand versetzte dienstunfähige Beamte erhalten Anspruch auf eine lebenslange Pension, wenn sie eine Dienstzeit von wenigstens 10 Jahren zurückgelegt haben; Mindestpension 20/80 des zuletzt bezogenen Diensteinkommens, Höchstpension 60/80 nach 50 Dienstjahren. Bei vorhandener Bedürftigkeit Pension von 20/80 des Diensteinkommens auf Dauer bzw. auf Zeit an vor Vollendung des zehnten Dienstjahres dienstunfähig gewordene und in den Ruhestand versetzte Beamte.

1881
Reichshinterbliebenenfürsorgegesetz. Reich übernimmt für seine Beamten die Versorgung der Witwen und Waisen; Witwen erhalten 1/3 der vom Beamten am Todestag erdienten Pension als Witwengeld; Waisengeld beträgt bei Halbwaisen 1/5, bei Vollwaisen 1/3 des Witwengeldes; Kürzung des Witwengeldes, wenn die Witwe 15 Jahre jünger als der verstorbene Beamte ist.

1886
Reform des Reichsbeamtenrechts. Beamte können mit Vollendung des 65. Lebensjahres in den Ruhestand treten bzw. versetzt werden, ohne dienstunfähig zu sein. Pension nach 10 Dienstjahren 15/60 des Diensteinkommens, maximal 45/60 nach 40 Dienstjahren.

1907
Erlaß von Vorschriften für den Fall der Kumulation von Aktivenbezügen und Versorgungsbezügen.

1920
Preußen (später auch das Reich und andere Länder) führt für seine Beamten erstmals eine gesetzliche Altersgrenze ein (65 Jahre, für Richter 68 Jahre).

1923
Neuregelung der Versorgung der Reichsbeamten. Pension beträgt nunmehr bei 10jähriger und kürzerer Dienstzeit 35% und steigt mit jedem Dienstjahr bis zum 25. Dienstjahr um 2%, danach um 1%; Höchstbetrag 80% des letzten Diensteinkommens. Witwengeld beträgt mittlerweile 60% der erdienten Pension des verstorbenen Beamten.

1937
Deutsches Beamtengesetz. Erlaß eines reichseinheitlichen Beamtenrechts, Zusammenfassung der Regelungen zur Versorgung der Ruhestandsbeamten und ihrer Hinterbliebenen. Beginn der ruhegehaltsfähigen Dienstzeit erst mit dem 27. Lebensjahr; Abschaffung der Wartezeit; Differenzierung des Steigerungssatzes nach Laufbahngruppen; Erreichung des Höchstsatzes von 80% nach 30 Dienstjahren. Keine grundsätzlichen Änderungen für die Hinterbliebenen.

1950
Vorläufige Regelung der Rechtsverhältnisse der im Dienst des Bundes stehenden Personen.

1953
Neuregelung der Versorgung der Bundesbeamten und ihrer Hinterbliebenen durch das Bundesbeamtengesetz; weitgehende Anknüpfung an die Regelungen vor 1937.

1957
Beamtenrechtsrahmengesetz zur Vereinheitlichung des Beamtenrechts der Länder und des Bundes.

1961
Deutsches Richtergesetz. Spezifischer Status für die Richter. Hinsichtlich der Versorgung allgemeine Verweisung auf das Beamtenrecht.

1976
Nach Ausweitung der Kompetenzen des Bundesgesetzgebers und des Bundesrates Erlaß des Beamtenversorgungsgesetzes. Mit dem Beamtenversorgungsgesetz wird das zu diesem Zeitpunkt stark zersplitterte Versorgungsrecht bundeseinheitlich geregelt.

1977
Partielle Neuregelung der familienbezogenen Teile der Dienstbezüge der Beamten durch Änderung des Beamtenbesoldungsgesetzes.

1979
Änderung der Alters- und Hinterbliebenenversorgung nach dem Beamtenversorgungsgesetz. Änderungen des Bundesbesoldungsgesetzes.

1981/82
Haushaltsstrukturgesetz. Änderungen des Beamtenversorgungsgesetzes und des Bundesbesoldungsgesetzes. Anrechnung von Rentenansprüchen auf Pensionsansprüche wird verschärft. Kürzung der Bezüge im öffentlichen Dienst. Verschiebung der Besoldungsanpassung. Begrenzung der Beihilfefähigkeit von Arztkosten.

1982
Haushaltsbegleitgesetz 1983 vom 20.12.1982.
Begrenzungen des Besoldungsanstieges und Einschränkungen bei der Beihilfe.

1983
Haushaltsbegleitgesetz 1984 vom 22.12.1983.
Senkung der Eingangsbesoldung und der Anwärterbezüge.

1985
Herabsetzung der Antragsaltersgrenze für Bundesbeamte vom 63. auf das 62. Lebensjahr durch das Vierte Gesetz zur Änderung besoldungsrechtlicher Vorschriften vom 20. Dezember 1985.

4.10 Arbeitgeberleistungen

4.10.1 Entgeltfortzahlung

1897
Handlungsgehilfen (Angestellte) haben nach § 63 HGB im Krankheitsfalle einen Anspruch auf Gehaltsfortzahlung gegenüber ihrem Arbeitgeber.

1955
Entwurf eines Gesetzes zur Gleichstellung der Arbeiter im Krankheitsfall. Arbeiter und Angestellte sollen bei Krankheit gleichgestellt werden. Im Vergleich zur Gehaltsfortzahlung für Angestellte (6 Wochen, ohne Karenztage) erhalten Arbeiter nur ein Krankengeld in Höhe von 50% des Grundlohns (3 Karenztage).

1957
Gesetz zur Verbesserung der wirtschaftlichen Sicherung der Arbeiter im Krankheitsfalle. Gespaltene Lösung des Problems der Gleichstellung von Arbeitern und Angestellten. Verpflichtung der Arbeitgeber zur Zahlung eines Zuschusses zu den Leistungen der GKV (Krankengeld, Hausgeld) bis zu einer Dauer von sechs Wochen. Gesamtleistung in Höhe von 90% des Nettoarbeitsentgelts, zwei Karenztage.

1961
Gesetz zur Änderung und Ergänzung des Gesetzes zur Verbesserung der wirtschaftlichen Lage der Arbeiter im Krankheitsfall. Beibehaltung der gespaltenen Lösung des Problems der Gleichstellung von Arbeitern und Angestellten. Erhöhung des Arbeitgeberzuschusses zwecks Erreichung einer Gesamtleistung von 100% des Nettoarbeitsentgelts; nur noch ein Karenztag.

1962
Entwurf eines Gesetzes über die Fortzahlung des Arbeitsentgelts im Krankheitsfall (Lohnfortzahlungsgesetz). Gleichstellung der Arbeiter im Krankheitsfall in Form einer sog. arbeitsrechtlichen Lösung: volle Lohnfortzahlung für sechs Wochen; keine Karenztage; Einschaltung des vertrauensärztlichen Dienstes zur Begutachtung der Arbeitsunfähigkeit; 75% der Aufwendungen der Arbeitgeber für die Entgeltfortzahlung sollten seitens der Krankenversicherung erstattet werden. Diese Regelung sollte für Arbeiter und Angestellte gleichermaßen gelten, trat jedoch nicht in Kraft.

1969
Gesetz über die Fortzahlung des Arbeitsentgeltes im Krankheitsfall (Lohnfortzahlungsgesetz). Verwirklichung der arbeitsrechtlichen Lösung. Alle Arbeitnehmer erhalten im Falle ihrer Arbeitsunfähigkeit oder bei Arbeitsverhinderungen infolge von Kuren, die ein Sozialversicherungsträger bei voller Kostenübernahme bewilligt hat, für die ersten sechs Wochen das ihnen bei regelmäßiger Arbeitszeit zustehende Arbeitsentgelt (einschl. der Sozialabgaben) durch den Arbeitgeber weiterbezahlt. Verschiedene Ausnahmen für nur kurzfristig oder geringfügig beschäftigte Arbeiter. Nachweis der Arbeitsunfähigkeit innerhalb von drei Kalendertagen durch ärztliches Attest, gegebenenfalls vertrauensärztliche Begutachtung des Gesundheitszustandes. Finanzierung durch die einzelnen Arbeitgeber, jedoch Ausgleichsverfahren für kleinere Betriebe. Endgültige Abschaffung der Karenztage.

1985
Beschäftigungsförderungsgesetz vom 26. April 1985. Mit Wirkung vom 1.1.1986 Einbeziehung der Arbeitgeberaufwendungen bei Mutterschaft sowie bei Krankheit von Auszubildenden in das Ausgleichsverfahren nach dem Lohnfortzahlungsgesetz; Krankenkassen können die Teilnahme am Ausgleichsverfahren auf Betriebe mit 30 Arbeitnehmern (statt bisher 20) erhöhen.

4.10.2 Betriebliche Altersversorgung

1832/82
Einzelne Unternehmer schaffen in ihren Betrieben Unterstützungseinrichtungen, die der Alterssicherung der Arbeitnehmer dienen. Gutehoffnungs-Hütte 1832, Krupp und Henschel 1858, Siemens 1872, BASF 1879, Farbwerke Hoechst 1882.

1889
Die Carl-Zeiss-Stiftung räumt für ihre Mitarbeiter einen Pensionsanspruch bzw. einen Anspruch auf Hinterbliebenenrente ein, soweit die Mitarbeiter vor Vollendung ihres 40. Lebensjahres in den Stiftungsbetrieb eingetreten sind. Gleichzeitig wird den Arbeitnehmern eine Abgangsentschädigung (sechs Monatslöhne) zugesichert, wenn sie nach mindestens dreijähriger Betriebszugehörigkeit ohne eigenes Verschulden durch die Firma gekündigt werden.

1974
Das Gesetz zur Verbesserung der betrieblichen Altersversorgung vom 19. Dezember 1974 schreibt erstmals gesetzliche Mindestnormen für die betriebliche Altersversorgung vor. Weitgehende Beseitigung der Verfallbarkeit betrieblicher Versorgungsanwartschaften beim Ausscheiden des Arbeitnehmers aus dem Betrieb. Begrenzung der Anrechenbarkeit anderer Versorgungsbezüge auf betriebliche Versorgungsleistungen. Angleichung der Altersgrenzen an diejenigen der gesetzlichen Rentenversicherung. Verpflichtung der Arbeitgeber, alle drei Jahre eine Anpassung der Betriebsrenten zu prüfen. Sicherung der Ansprüche aus der betrieblichen Altersversorgung auch für den Fall der Zahlungsunfähigkeit des Arbeitgebers; Träger der Insolvenzsicherung ist der Pensionssicherungsverein VVaG.

4.10.3 Zusatzversorgung

1859
Preußische Staatsbahnen richten für ihre Arbeiter eine Unterstützungskasse ein. Gründung ähnlicher Kassen seitens anderer Landeseisenbahnverwaltungen in der Folgezeit. Alters-, Invaliditäts- und Hinterbliebenenversorgung einschl. Unfall- und Krankenversicherung.

Vor 1900 schaffen auch zahlreiche Gemeinden Versorgungsregelungen in Form von Ruhelohnordnungen.

1912
Schaffung einer Versorgungseinrichtung für die Bezirksschornsteinfegermeister in Preußen.

1922
Die seit Mitte des 19. Jahrhunderts bei den staatlichen Eisenbahnverwaltungen für die Arbeiter eingerichteten Unterstützungskassen schließen sich nach dem Übergang der Ländereisenbahnen auf das Reich zu einem Verband zusammen.

1924
Zwischen 1924 und 1928 erlassen nahezu alle damaligen Länder Ruhelohnordnungen. Gleichzeitig weiterer Ausbau der Ruhelohnordnungen in den Gemeinden und kommunalen Betrieben. Gewährung von Zusatzversorgungsbezügen aus Haushaltsmitteln zwecks Aufstockung der Sozialversicherungsrente zu einer Gesamtversorgung analog der Beamtenversorgung.

1925
Gründung einer Versorgungsanstalt im Bereich der Postverwaltung (VAP) zum Zwecke der Gewährung einer Zusatzversorgung.

1928
Abschluß eines Abkommens über eine zusätzliche Alters- und Hinterbliebenenversorgung der Arbeiter bei den Reichsverwaltungen zwischen dem Reich, dem Land Preußen und den damaligen Gewerkschaften. Versicherung der Arbeiter bei der 1929 gegründeten Zusatzversorgungsanstalt des Reiches und der Länder (ZRL).

Vereinbarung einer Höherversicherung für die Angestellten der Reichsverwaltungen (sog. Überversicherung) zum Zwecke einer zusätzlichen Alterssicherung.

1929/30
Nach Gründung der ZRL treten Bayern, Mecklenburg-Schwerin und Mecklenburg-Strelitz 1929 dieser Versorgungseinrichtung bei. 1930 erfolgt der Beitritt von Baden.

1933
Nach einer Neufassung der Satzung der ZRL wird die ursprüngliche Beschränkung der Versicherungsmöglichkeit auf Arbeiter aufgegeben.

1935
Überführung der Einzelkassen der ehemaligen Ländereisenbahnen in die Reichsbahnversicherungsanstalt als Rechtsvorgängerin der heutigen Bundesbahnversicherungsanstalt.

1937
Ausdehnung der Zusatzversorgung der Bezirksschornsteinfegermeister mit Pflichtmitgliedschaft auf das gesamte damalige Reichsgebiet.

1938
Grundlegende Neuordnung des öffentlichen Zusatzversorgungswesens im Rahmen der Allgemeinen Tarifordnung für Arbeitnehmer im öffentlichen Dienst. Verbot der Einräumung von Anwartschaften nach bestehenden oder neuen Ruhelohnordnungen für neueingestellte Arbeitnehmer; Ausnahmeregelung für rechtlich selbständige kommunale Betriebe. Gemeinden erhalten die Möglichkeit der Begründung einer Mitgliedschaft bei einer Zusatzversorgungskasse (Stadt-/Gebietskassen) unter der Voraussetzung einer der ZRL entsprechenden Ausgestaltung des Versicherungs- und Leistungssystems. Auf der Grundlage dieser Neuregelung entsteht eine Reihe kommunaler Zusatzversorgungskassen. Die meisten norddeutschen Länder sowie die preußischen Gemeinden treten in der Folgezeit überwiegend der ZRL bei.

Für Angestellte sieht die Allgemeine Tarifordnung nebeneinander die Möglichkeit der Überversicherung, der Versicherung bei der ZRL und die Bildung eines Versorgungsstocks vor.

1943/44
Die Gemeinsame Dienstordnung für die Verwaltungen und Betriebe des Reiches über die zusätzliche Alters- und Hinterbliebenenversorgung der nichtbeamteten Gefolgschaftsmitglieder vom 10.12.1943 tritt am 1. Januar 1944 in Kraft; ähnliche Dienstordnungen in den Ländern. Fortsetzung der Gleichschaltung der Arbeitnehmer im öffentlichen Dienst. Abbau der Überversorgung in der gesetzlichen Rentenversicherung.

Seitens der Zusatzversorgungsanstalt des Reiches und der Länder sowie der kommunalen Zusatzversorgungskassen Gewährung von Ruhegeldern, Witwenrenten und Waisenrenten. Ruhegelder mit Grund- und Steigerungsbetrag in Höhe von etwa 20-25% des letzten Bruttoarbeitsentgelts. Witwenrente 50%, Halbwaisenrente 25% und Vollwaisenrente 33 1/3% des Ruhegeldes des Verstorbenen. Keine Dynamisierung der Leistungen. Finanzierung der Leistungen aus Beiträgen; 1/3 Arbeitnehmer, 2/3 Arbeitgeber.

1950
Gesetz zur vorläufigen Regelung der Rechtsverhältnisse der im Dienst des Bundes stehenden Personen. Für Angestellte und Arbeiter der Bundesverwaltung wird die Anwendung der Gemeinsamen Dienstordnung für die Verwaltungen und Betriebe des Reiches über die zusätzliche Alters- und Hinterbliebenenversorgung der nichtbeamteten Gefolgschaftsmitglieder vom 10. Dezember 1943 vorgeschrieben.

1951
Die Zusatzversorgungsanstalt des Reiches und der Länder wird in Versorgungsanstalt des Bundes und der Länder (VBL) umbenannt.

1952
Durch Tarifvertrag wird das Dienstordnungsrecht des Bundes mit geringen Abweichungen auch auf den Bereich der Länder übertragen.

1955/57
Abschluß von Tarifverträgen des Bundes und der Länder mit Zusatzversorgungsregelungen.

1962
Aufnahme von Tarifverhandlungen im Bereich des Bundes, der Länder und der Gemeinden zum Zwecke einer Neuregelung der Zusatzversorgung. Ziele waren der Abbau der entstandenen Überversorgung, die Umstellung des Finanzierungssystems und die Dynamisierung der Gesamtversorgung.

1966
Abschluß eines Versorgungstarifvertrags mit Wirkung vom 1. Januar 1967. Umgestaltung der Zusatzversorgung in Anlehnung an die Beamtenversorgung. Umstellung der Finanzie-

rung auf ein kombiniertes Beitrags- und Umlagesystem mit Abschnittsdeckungsverfahren; Arbeitnehmerbeitrag von 1,5%, Arbeitgeberbeitrag von 1,0%, Restfinanzierung durch von den Arbeitgebern aufzubringende Umlagen.

1969
Umgestaltung und Neuregelung der Versorgung der Bezirksschornsteinfegermeister. Pflichtversicherung für die Dauer ihrer Bestellung nach dem Handwerkerversicherungsgesetz in der Rentenversicherung der Arbeiter; zugleich Pflichtmitglieder der Versorgungsanstalt.

1970
Änderungen des Beitragsrechts und des Finanzierungssystems der öffentlich-rechtlichen Zusatzversorgung. Schrittweise Übernahme des Arbeitnehmerbeitrags seitens der Arbeitgeber.

1971
Gesetz zur Neuregelung der Hüttenknappschaftlichen Pensionsversicherung im Saarland. Weiterentwicklung dieser Pensionsversicherung in Richtung auf eine moderne überbetriebliche Zusatzversicherung. Zusatzrenten können durch eine Rechtsverordnung der Bundesregierung alle zwei Jahre an die veränderten wirtschaftlichen Verhältnisse angepaßt werden (so z.B. 1971, 1973, 1975).

1974
Gesetz über die Errichtung einer Zusatzversorgungskasse für Arbeitnehmer in der Land- und Forstwirtschaft. Gewährung von Ausgleichsleistungen an ehemalige Land- und Forstarbeiter, die keine Ansprüche an die tarifvertraglich geschaffene Zusatzaltersversorgung haben oder deren Ansprüche infolge Alters (kurze Versicherungszeit) nur gering sind. Finanzierung dieser Alt- und Uraltlast aus Bundesmitteln. Gleichzeitig wird der Tarifvertrag über die überbetriebliche Zusatzversorgung in der Land- und Forstwirtschaft für allgemeinverbindlich erklärt.

1977
Aufnahme von Tarifverhandlungen im öffentlichen Dienst zwecks Abbaus der Überversorgung.

1978
Endgültige Beseitigung der Beitragsfinanzierung im Bereich der Zusatzversorgung im öffentlichen Dienst. Umstellung der Finanzierung auf ein reines Umlagesystem.

1979
Die Bundesbahnversicherungsanstalt führt ihre Zusatzversorgung nunmehr nach den gleichen Grundsätzen wie die VBL durch.

1982
Umstellung des für die Versorgungsrenten geltenden Dynamisierungsverfahrens auf eine Spitzenanrechnung. Anrechnung der Rente aus der gesetzlichen Rentenversicherung in ihrer tatsächlichen Höhe auf die jeweilige Gesamtversorgung. Nunmehr führen nur noch Erhöhungen der Gesamtversorgung nach Maßgabe der Beamtenversorgungsbezüge zu einer Veränderung des verfügbaren Einkommens. Sukzessiver Abbau der aus dem alten Dynamisierungsrecht folgenden Überversorgung.

1983/85
In der Lohnrunde 1983 Einigung zwischen den Tarifvertragsparteien über einen am 1. Januar 1985 in Kraft tretenden Abbau der Überversorgung im öffentlichen Dienst. Begrenzung der Gesamtversorgung auf 45-90% eines fiktiven Nettoarbeitsentgelts. Vermeidung von

Überversorgungsfällen durch Änderung der Steuer- und Beitragslast. Übergangsregelung für vorhandene Versorgungsrentner sowie am 30.6.1983 pflichtversicherte Arbeitnehmer mit stufenweisem Abbau der Überversorgung bei gleichzeitiger Begrenzung der erreichbaren Gesamtversorgung auf 91,75% des fiktiven Nettoarbeitsentgelts.

1986
Drittes Agrarsoziales Ergänzungsgesetz vom 20.12.1985 verbessert die Alterssicherung von Landarbeitern; Erhöhung der Ausgleichsleistung von monatlich 70 auf 90 DM in der bundesgesetzlichen Zusatzversorgung für ältere Landarbeiter unter Einbeziehung weiterer 7 Jahrgänge in diese Zusatzversorgung.

4.10.4 Sonstige Arbeitgeberleistungen

1863
Krupp startet ein umfangreiches Programm zum Bau von Werkswohnungen. Andere Großunternehmen schließen sich in der Folgezeit an. Dieser Wohnungsbau dient nicht zuletzt der Verbesserung der Gesundheit der Arbeitnehmer und ergänzt insofern bereits bestehende oder in der Folgezeit geschaffene Einrichtungen des betrieblichen Gesundheitsdienstes. Beihilfen im Krankheitsfalle sowie Familienzulagen zu Lohn oder Gehalt sind ebenfalls bereits festzustellen.

1973
Gesetz über Betriebsärzte, Sicherheitsingenieure und andere Fachkräfte für Arbeitssicherheit. Verpflichtung der Arbeitgeber, Betriebsärzte und Fachkräfte für Arbeitssicherheit zu bestellen. Stärkung der Zusammenarbeit im Betrieb, um eine sachverständige Anwendung der Arbeitsschutz- und Unfallverhütungsvorschriften, eine sachverständige Anwendung neuer arbeitsmedizinischer und sicherheitstechnischer Erkenntnisse sowie einen optimalen Einsatz der vorhandenen Mittel im Interesse des Arbeitsschutzes und der Unfallverhütung zu erzielen.

Gesetz über die Mindestanforderungen an Unterkünfte für Arbeitnehmer. Rechtsverbindliche Verpflichtung der Arbeitgeber, Unterkünfte, die sie ihren Arbeitnehmern zur Verfügung stellen, gewissen Mindestanforderungen entsprechend auszugestalten und zu belegen.

4.11 Soziale Entschädigungssysteme

4.11.1 Kriegsopferversorgung

1871
Militärpensionsgesetz des Deutschen Reiches. Offiziere erhalten nach 10jähriger Dienstzeit eine den Beamten entsprechende Versorgung; Versorgung wegen Dienstbeschädigung bei Nichterfüllung der Wartezeit. Unteroffiziere und Mannschaften erhalten nach 8jähriger Dienstzeit eine Versorgung bei Vorliegen einer Dienstbeschädigung, aber erst nach 18jähriger Dienstzeit allgemeine Versorgungsansprüche.

1906
Offizierspensions- und Mannschaftsversorgungsgesetz. Für Offiziere keine Änderungen gegenüber Militärpensionsgesetz. Mannschaften wird im Falle der Dienstbeschädigung eine Versorgung ohne Wartezeit gewährt. Gewährung einer Versorgung bei Minderung der Erwerbsfähigkeit nach 12 Jahren, schließlich einer jährlichen Rente nach 18 Dienstjahren.

1915
Bis zum Beginn des 1. Weltkrieges Kriegsopferversorgung aufgrund der Militärversorgungsgesetze; vor allen Dingen Geldleistungen. Mit dem Beginn der Kriegsereignisse Notwendigkeit der Gewährung von Eingliederungshilfen an zurückkehrende Kriegsbeschädig-

te. Ein erster Schritt in Richtung einer Vereinheitlichung und Zentralisierung dieser Kriegsopferfürsorge erfolgt 1915 mit dem Zusammenschluß der bestehenden Hauptfürsorgeorganisationen zum Reichsausschuß für Kriegsbeschädigtenfürsorge.

1917
Unternehmen mit mehr als 50 Arbeitnehmern müssen je 50 Arbeitnehmer einen Schwerkriegsbeschädigten beschäftigen.

1919
Offiziers- und Kapitulantenentschädigungsgesetz. Nicht übernommene Berufssoldaten mit bestimmter Mindestdienstzeit erhalten Übergangsgebührnisse. Gewährung einer Pension für Berufsoffiziere mit einer aktiven Dienstzeit von mindestens 10 Jahren.

Entmilitarisierung der Versorgung der Kriegsbeschädigten und -hinterbliebenen durch Übertragung der Zuständigkeiten von den Militärversorgungsbehörden auf das Reichsarbeitsamt. In der Folgezeit Errichtung von 25 Hauptfürsorgeämtern und 312 Versorgungsämtern.

1920
Völlige Umgestaltung des Versorgungsrechts durch das Reichsversorgungsgesetz. Beseitigung der Differenzierung der Renten nach dem Dienstgrad; Rentenhöhe richtet sich nunmehr nach der Erwerbsminderung, dem Zivilberuf, dem Familienstand und dem Wohnort. Einführung eines Rechtsanspruchs auf kostenlose Heilbehandlung der auf Dienstbeschädigungen beruhenden Gesundheitsstörungen. Gewährung von Renten ab einer Erwerbsminderung um 15%. Daneben Schwerbeschädigtenzulage, Pflegezulage, Ausgleichszulage, Frauen- und Kinderzulagen. Möglichkeit der Kapitalabfindung. Hinterbliebenenversorgung umfaßt die Witwen, Waisen sowie die Eltern versorgungsberechtigter Beschädigter, sofern der Tod Folge einer Dienstbeschädigung war.

1921
Regelung der Versorgung der Soldaten der Reichswehr. Angleichung der Versorgung der Offiziere an die der Reichsbeamten.

1922
Neuregelung des Verfahrensrechts in Versorgungssachen.

1927
Bezug von Hinterbliebenenrenten ist nunmehr auch dann möglich, wenn der Tod des Versorgungsberechtigten nicht die Folge einer Dienstbeschädigung war. Einführung spezieller Erziehungsbeihilfen für Kriegerwaisen.

1930/32
Verschiedene krisenbedingte Leistungskürzungen (u.a. Beschränkung der Kinderzulagen und Waisenrenten bis zur Vollendung des 15. Lebensjahres).

1933
Gewährung verschiedener Leistungsverbesserungen angesichts sich abzeichnender Erholung der Wirtschaft.

1934
Ausbau der Hinterbliebenenversorgung. Witwen erhalten eine einheitliche Rente in Höhe von 60% der Vollrente des Verstorbenen ohne Rücksicht auf ihr Alter, ihre Erwerbsfähigkeit und das Vorhandensein von Kindern.

Einführung einer besonderen Frontzulage.

Neuregelung des Verfahrens in Versorgungssachen.

1938
Neuregelung der Versorgung der Soldaten der Wehrmacht. Angleichung der Versorgung der Unteroffiziere an diejenige der Offiziere.

Beschränkung der ärztlichen Nachuntersuchungen und abschließende Regelung der Frage der Geltendmachung von Versorgungsansprüchen. Beschränkung der Zulässigkeit der Berufung in Verfahren über Versorgungssachen. Schaffung von Elternbeihilfen.

1945/49
In den einzelnen Besatzungszonen werden die Kriegsbeschädigten und -hinterbliebenen nach unterschiedlichen rechtlichen Regelungen versorgt.

1950
Bundesversorgungsgesetz. Für das gesamte Bundesgebiet einheitliche Regelung der Kriegsopferversorgung. Versorgungsberechtigt sind nicht allein die Soldaten der Wehrmacht und ihre Angehörigen, sondern alle durch unmittelbare Kriegseinwirkung Geschädigten (einschl. Kriegsgefangenschaft und Internierung im Ausland). Drei Leistungsbereiche: Heilung und Rehabilitation, bedürfnisorientierte Fürsorge und Maßnahmen zur Wiedereingliederung in Beruf und Gesellschaft sowie Rentenleistungen. Rechtsanspruch eines jeden Geschädigten auf eine Grundrente, zusätzlich Ausgleichsrente bei Bedürftigkeit.

1957
Regelung der Versorgung der ehemaligen Soldaten der Bundeswehr und ihrer Hinterbliebenen durch das Soldatenversorgungsgesetz.

1960
Gesetz zur Änderung und Ergänzung des Kriegsopferrechts. Einführung des Berufsschadensausgleichs und der Schwerstbeschädigtenzulage für Erwerbsunfähige; damit Möglichkeit der stärkeren Berücksichtigung des individuellen beruflichen, wirtschaftlichen und gesundheitlichen Schadens.

Gesetz über den Zivildienst der Kriegsdienstverweigerer. Nach dem Zivildienstgesetz werden die Regelungen der Kriegsopferversorgung analog angewandt.

1961
Gesetz zur Verhütung und Bekämpfung übertragbarer Krankheiten beim Menschen. Das Bundesseuchengesetz regelt die Entschädigung bei Impfschäden. Art und Höhe der Leistungen entsprechen denen der Kriegsopferversorgung.

1964
Zweites Neuordnungsgesetz der Kriegsopferversorgung. Ausdehnung des Berufsschadensausgleichs auf alle Schwerbeschädigten. Einführung eines Schadensausgleichs für Witwen.

1965
Das Gesetz über die unentgeltliche Beförderung von Kriegs- und Wehrdienstbeschädigten sowie von anderen Behinderten im Nahverkehr gibt den neben den schon bisher begünstigten Schwerbeschädigten auch Schwerkriegsbeschädigten mit einer Minderung der Erwerbsfähigkeit von mindestens 50% (sofern sie erheblich gehbehindert sind) das Recht zur unentgeltlichen Benutzung der Nahverkehrsmittel.

1966
Drittes Gesetz zur Änderung und Ergänzung des Kriegsopferrechts. Bundesregierung wird verpflichtet, in zweijährigem Abstand (erstmals 1969) über Möglichkeiten der Leistungsanpassung zu berichten. Dabei sind die wirtschaftliche Leistungsfähigkeit und das reale Wachstum der Volkswirtschaft zu berücksichtigen.

1970
Gesetz über die Anpassung der Leistungen des Bundesversorgungsgesetzes. Die Rentenleistungen der Kriegsopferversorgung werden jährlich an die wirtschaftliche Entwicklung angepaßt. Die Anpassung erfolgt analog zu dem in der gesetzlichen Rentenversicherung angewendeten Verfahren.

1973
Gleichstellung der Pflegezulagenempfänger, die nicht Schwerbeschädigte sind, mit den Schwerbeschädigten hinsichtlich der Heil- und Krankenbehandlung. Erhöhung des Bestattungsgeldes. Schaffung einer Alterssicherungsgrundlage für Personen, die Pflegezulagenempfänger unentgeltlich gepflegt haben.

1974
Vorverlegung des Anpassungstermins der Renten um drei Monate. Gleichstellung der Pflegezulagenempfänger mit einer Minderung der Erwerbsfähigkeit von weniger als 50% mit den Schwerbeschädigten hinsichtlich der Rentenleistungen.

Rehabilitations-Angleichungsgesetz bringt nahezu vollständige Anpassung der Heilbehandlungsleistungen für Hinterbliebene bzw. Angehörige an diejenigen für die Beschädigten selbst.

1975
Vorverlegung des Anpassungstermins der Rentenleistungen um weitere drei Monate.

1976
Das Gesetz über die Entschädigung für Opfer von Gewalttaten sieht im Bereich der Gewaltkriminalität für die Opfer vorsätzlicher Gewalttaten und ihrer Hinterbliebenen einen Anspruch auf Entschädigung vor. Die für Kriegsopfer geltenden Vorschriften des Bundesversorgungsgesetzes sind entsprechend anzuwenden.

1978
Zehntes Gesetz über die Anpassung der Leistungen des Bundesversorgungsgesetzes. Anpassung der Versorgungsbezüge für die Jahre 1979/81 und strukturelle Leistungsverbesserungen.

1979
Gesetz über die unentgeltliche Beförderung Schwerbehinderter im öffentlichen Personenverkehr. Erweiterung des begünstigten Personenkreises. Ausschließlich die Schwere der Behinderung ohne Rücksicht auf wirtschaftliche Verhältnisse ist maßgebend für die Freifahrtvergünstigung im öffentlichen Nah- und Fernverkehr. Sofern ständige Begleitung erforderlich, sind Begleitpersonen Schwerbehinderter miteinbezogen. Der Begriff Nahverkehr wird erweitert.

Neuordnung des Rechts der Kriegsopferfürsorge.

1981
Anpassung der Kriegsopferrenten mit Wirkung vom 1. Januar 1982. Aufrechterhaltung des Dynamisierungsverbundes zwischen gesetzlicher Rentenversicherung und Kriegsopferversorgung.

1982
Haushaltsbegleitgesetz 1983 vom 20.12.1982. Verschiebung des Anpassungstermins der Kriegsopferrenten auf den 1. Juli. Berücksichtigung des Krankenversicherungsbeitrages der Rentner der gesetzlichen Rentenversicherung im Anpassungssatz für die Kriegsopferrenten. Änderungen der Berechnungsvorschriften für den Berufsschadensausgleich. Ausschluß von von der Versicherungspflicht in der gesetzlichen Krankenversicherung befreiten

Personen von den subsidiären Leistungen der Heilbehandlung wegen Nichtschädigungsfolgen und von der Krankenbehandlung. Die im Versorgungsrecht vorgesehenen Zuschüsse zum Zahnersatz werden denen in der gesetzlichen Krankenversicherung angepaßt. Das Übergangsgeld bei Rehabilitation wird wie bei den anderen Rehabilitationsträgern herabgesetzt. Kuren für Berechtigte der Kriegsopferversorgung sind von der Zuzahlungspflicht (im Gegensatz zur Renten- und Krankenversicherung) befreit.

1983/84
Die Kriegsopferversorgung ist von speziellen Sparmaßnahmen des Haushaltsbegleitgesetzes 1984 ausgenommen. Die Änderungen bei der beruflichen Rehabilitation im Rahmen der Kriegsopferfürsorge folgen den Änderungen, wie sie im Rehabilitations-Angleichungsgesetz für alle Träger der beruflichen Rehabilitation vorgesehen sind. Außerdem ergeben sich durch die Aktualisierung der Rentenanpassungen in der gesetzlichen Rentenversicherung entsprechende Auswirkungen bei der Erhöhung der Kriegsopferrenten ab 1984.

Die unentgeltliche Beförderung Schwerbehinderter wird eingeschränkt. Schwerbehinderte mit einer Minderung der Erwerbsfähigkeit um 80% und mehr gehören nur noch dann zum begünstigten Personenkreis, wenn sie tatsächlich in ihrer Bewegungsfähigkeit im Straßenverkehr erheblich beeinträchtigt sind. Einführung einer Eigenbeteiligung von 120 DM jährlich in Form einer Jahreswertmarke. Ausnahmeregelungen für blinde und hilfslose Schwerbehinderte, für typische Gruppen einkommensschwacher Schwerbehinderter sowie für Kriegsbeschädigte und Verfolgte. Unentgeltliche Beförderung Schwerbehinderter im Schienenverkehr fällt mit Ausnahme der S-Bahn ersatzlos weg. Möglichkeit zur kumulativen Inanspruchnahme der Vergünstigungen im öffentlichen Personenverkehr und bei der Kraftfahrzeugsteuer wird eingeschränkt.

Novellierung des Opferentschädigungsgesetzes. Verbesserung der Härteregelungen.

1985
Anpassung der Renten der Kriegsopferversorgung zum 1. Juli entsprechend den Regelungen der gesetzlichen Rentenversicherung unter Berücksichtigung eines Abschlags für den Krankenversicherungsbeitrag der Rentner. Strukturelle Leistungsverbesserungen mit Wirkung vom 1.1.1986. Gleichbehandlung von Witwen und Witwern ab 1.1.1986 analog zur Rentenversicherung.

Gesetz zur Erweiterung der unentgeltlichen Beförderung Schwerbehinderter im öffentlichen Personenverkehr vom 18. Juli 1985; Erweiterung des berechtigten Personenkreises; Ausdehnung der Befreiung von der Eigenbeteiligung; Einbeziehung der Eisenbahnen in die unentgeltliche Beförderung im Nahverkehr.

1986
Anpassung der Kriegsopferrenten analog zu 1985. Auch 1986 strukturelle Verbesserungen der Kriegsopferversorgung mit Wirkung zum 1.1.1987.

4.11.2 Lastenausgleich

1871
Erlaß eines Gesetzes, um der Zivilbevölkerung die im Krieg von 1870/71 entstandenen materiellen Schäden zu ersetzen.

1914/18
Erlaß weiterer gesetzlicher Regelungen zum Ausgleich von Kriegsschäden (führten allerdings nur zu Teilentschädigungen).

1923/28
Verabschiedung verschiedener Gesetze über die Entschädigung der in den abgetretenen Gebieten enteigneten Deutschen (Aufwendung von rund 10,4 Mrd. Mark für rund 390000 Schadensfälle).

1940/45
Erlaß verschiedener Regelungen hinsichtlich kriegsbedingter Schäden: Schadensfeststellung, Schadensentschädigung, Regelungen zum Lebensunterhalt.

1949
Erlaß des Soforthilfegesetzes; sieht als Vorstufe zum Lastenausgleich Unterhaltshilfen sowie Hilfen für eine Berufsausbildung, einen Existenzaufbau, zur Schaffung von Arbeitsplätzen und Wohnraum sowie zur Beschaffung von Hausrat vor.

1952
Währungsausgleichsgesetz gewährt Vertriebenen, die eine Spareinlage im Vertreibungsgebiet hatten, eine Entschädigung für Verluste an Reichsmark-Sparguthaben.

Feststellungsgesetz dient der Vorbereitung des Gesetzes über den Lastenausgleich; es regelt die Schadensfeststellung, definiert die Schadenstatbestände und bezeichnet den Kreis der Antragsberechtigten.

Lastenausgleichsgesetz strebt an, die Schäden des verlorenen Krieges weitgehend gleichmäßig und gerecht auf die Gesamtbevölkerung zu verteilen. Personen mit größerem Besitz haben jährliche Abgaben zu leisten, die in einen Fonds fließen, aus dem Geschädigte eine Ausgleichszahlung erhalten, die sich nach der Höhe des erlittenen Verlusts richtet. Als Ausgleichsleistungen gewährt das Gesetz mit Rechtsanspruch Hauptentschädigung, Kriegsschadensrente (Unterhaltshilfe bzw. Entschädigungsrente) sowie Hausratsentschädigung; ohne Rechtsanspruch werden Eingliederungsdarlehen, Wohnraumhilfe sowie Leistungen aus dem Härtefonds gewährt.

1953
Nach dem Altsparergesetz können Personen, denen im Zusammenhang mit der Neuordnung des Geldwesens im Bundesgebiet Gläubigerverluste an Altsparanlagen entstanden sind, als Ausgleichsleistungen im Lastenausgleich Entschädigungen erhalten.

Bundesvertriebenengesetz und Bundesevakuiertengesetz. Anwendung der LAG-Leistungsregelungen auf Vertriebene und Evakuierte; einige Sondervorschriften.

1955
Häftlingshilfegesetz gewährt Hilfen an Personen, die aus politischen Gründen außerhalb der BRD in Gewahrsam genommen wurden. Anwendung der Regelungen anderer Entschädigungsgesetze. Beschädigten- und Hinterbliebenenversorgung, Unterhaltsbeihilfe für Angehörige, Eingliederungshilfen und Ausgleichsleistungen sowie weitere Hilfen und Vergünstigungen.

1965
Beweissicherungs- und Feststellungsgesetz betr. Vermögensschäden in der DDR, die in die Hauptentschädigung des LAG einbezogen werden.

Flüchtlingshilfegesetz gewährt Hilfen an DDR-Flüchtlinge. Hilfen bei der Eingliederung als Landwirt, bei der Unterbringung in Lehr- und Ausbildungsstellen, erleichterte Berufszulassung, Finanzierungshilfen, Wohnraumversorgung, Beihilfen zum Lebensunterhalt, Einrichtungshilfe, Eingliederungsdarlehen.

1969
Für bestimmte im Lastenausgleich bis dahin nicht erfaßte Schadenstatbestände sieht das Reparationsschädengesetz die Entschädigung nach Hauptentschädigungsgrundsätzen vor.

1972
Bei gleichzeitiger Anpassung der Leistungen zum 1. Januar 1974 werden die Unterhaltshilfe und die Beihilfe zum Lebensunterhalt dynamisiert.

1975
Gleichstellung der Flüchtlinge aus der DDR mit den Vertriebenen und Gleichbehandlung der Vermögensschäden in der DDR mit Vertreibungsschäden; Abschluß der Lastenausgleichsgesetzgebung.

1979
Vorverlegung des Anpassungstermins für die Unterhaltshilfe auf den 1. Januar (damit Gleichsetzung mit den Anpassungsterminen in der gesetzlichen Rentenversicherung und in der Kriegsopferversorgung).

4.11.3 Wiedergutmachung

1953
Bundesentschädigungsgesetz. Bundesgesetz zur Entschädigung für Opfer der nationalsozialistischen Verfolgung. Personen, die wegen ihrer Gegnerschaft zum Nationalsozialismus oder wegen ihrer Rasse, ihres Glaubens oder ihrer Weltanschauung durch nationalsozialistische Gewaltmaßnahmen Schaden an Leben, Körper, Gesundheit, Freiheit, Eigentum, Vermögen oder in ihrem beruflichen oder wirtschaftlichen Fortkommen erlitten haben, haben einen Anspruch auf Entschädigung. Entschädigung nach Art des erlittenen Schadens. Kapitalentschädigungen, Renten, Abfindungen, Heilverfahren, Krankenversorgung, Umschulungsbeihilfen, Hinterbliebenenversorgung, Darlehen, Ausbildungsbeihilfen. Rentenanpassung entsprechend den Erhöhungen der Dienst- und Versorgungsbezüge der Bundesbeamten. Zur Wiedergutmachung nationalsozialistischen Unrechts bestehen Globalabkommen mit Israel sowie 12 europäischen Staaten.

1974
Änderung des Bundesentschädigungsgesetzes zwecks Aktualisierung der Leistungsregelungen.

1980
Änderung des Bundesentschädigungsgesetzes durch das Zweite Gesetz über die Prozeßkostenhilfe.

4.11.4 Sonstige Entschädigungen

1950
Heimkehrergesetz regelt Hilfsmaßnahmen für Heimkehrer aus der Kriegsgefangenschaft. Entlassungsgeld, Übergangsbeihilfe, Darlehen, Wohnraumzuteilung.

1954
Das Kriegsgefangenenentschädigungsgesetz regelt die Entschädigung ehemaliger deutscher Kriegsgefangener.

1957
Das Unterhaltssicherungsgesetz regelt die Sicherung des Unterhalts der zum Wehrdienst einberufenen Wehrpflichtigen und ihrer Angehörigen.

1969
Durch das Vierte Gesetz zur Änderung und Ergänzung des Häftlingshilfegesetzes wird eine Heimkehrerstiftung als Stiftung für ehemalige Kriegsgefangene errichtet. Diese Stiftung gewährt an Personen, die im Zusammenhang mit dem 2. Weltkrieg in Kriegsgefangenschaft

geraten sind, sowie an die Witwen verstorbener ehemaliger Kriegsgefangener Darlehen in unterschiedlicher Höhe zum Aufbau und zur Sicherung der wirtschaftlichen Existenz, zur Beschaffung von Wohnraum, für sonstige förderungswürdige Vorhaben, die beruflichen, sozialen oder ähnlichen Zwecken dienen, sowie einmalige Zuwendungen zur Linderung unverschuldeter Notlagen.

1979
Siebentes Gesetz zur Änderung und Ergänzung des Kriegsgefangenenentschädigungsgesetzes. Die Heimkehrerstiftung wird rechtlich und finanziell in die Lage versetzt, über ihre nach geltendem Recht zulässigen Leistungen hinaus weitere Leistungen an solche ehemaligen Kriegsgefangenen zu gewähren, denen wegen ihrer Kriegsgefangenschaft in der Rentenversicherung erhebliche Nachteile entstehen. Diese Nachteile müssen eine wirtschaftliche Härte bedeuten, beurteilt wird dies unter Berücksichtigung der Einkommens- und Vermögensverhältnisse.

4.12 Soziale Hilfen und Dienste

4.12.1 Sozialhilfe

1370
Erlaß städtischer Bettelordnungen; Beschränkung der Fürsorgepflicht auf die „eigenen Armen"; Erlaubnis zum Betteln wird vom Tragen eines Bettelabzeichens und dem Vorliegen einer Bedürftigkeit abhängig gemacht.

1522
Beginn des Erlasses städtischer Armenordnungen; Aufstellung konkreter Kriterien für die Gewährung von Unterstützungen; Vereinheitlichung der Finanzierung der öffentlichen Armenfürsorge; Einführung von Bedürftigkeitsprüfungen; Überwachung der Armen durch besondere Behörden.

1530
Reichspolizeiordnung. Verpflichtung der Städte und Kommunen, ihre Armen selbst zu ernähren und zu erhalten.

1794
Allgemeines Preußisches Landrecht anerkennt explizit den Grundsatz, daß der Staat für die Wohlfahrt seiner Bürger verantwortlich ist; Staat übernimmt jedoch nicht selbst die Pflege der Hilfsbedürftigen, sondern verpflichtet die Stadt- und Dorfgemeinden zur Durchführung der Armenpflege.

1842
Preußisches Gesetz über die Verpflichtung zur Armenpflege. Armenrechtliche Gemeindezugehörigkeit wird nicht mehr allein durch einen Aufnahmeakt der Gemeinde erworben, sondern auch dadurch, daß ein Wohnsitz begründet wurde oder sich eine Person drei Jahre in einer Gemeinde aufgehalten hat.

1870
Reichseinheitliche Regelung der öffentlichen Armenpflege durch das Unterstützungswohnsitzgesetz. Subsidiär eintretende Fürsorgepflicht umfaßt allerdings nur die Aufrechterhaltung des Existenzminimums. Hilfsbedürftigen werden ein Obdach, der unentbehrliche Lebensunterhalt, die Pflege in Krankheitsfällen sowie im Falle des Todes ein Armenbegräbnis gewährt. Erwerb des Unterstützungswohnsitzes nach einem 2jährigen Aufenthalt in der Gemeinde. Kein subjektiv-öffentliches Recht auf Unterstützung. Inanspruchnahme von Unterstützungen hat zeitweiligen Verlust des Wahlrechts zur Folge.

1894
Herabsetzung der Altersgrenze für die Fähigkeit zum selbständigen Erwerb und Verlust des Unterstützungswohnsitzes vom vollendeten 24. auf das 18. Lebensjahr. Verpflichtung des Ortsarmenverbandes des Dienstortes, erkrankte Arbeitnehmer statt sechs 13 Wochen lang zu versorgen.

1908
Novelle zum Unterstützungswohnsitzgesetz. Weitere Herabsetzung der Altersgrenze auf das vollendete 16. Lebensjahr. Verlust des bisherigen und Erwerb eines neuen Unterstützungswohnsitzes nach einem (bis dahin 2 Jahren) Jahr. Verlängerung der Unterstützungspflicht der Arbeitsgemeinde von 13 auf 26 Wochen.

1924
Grundlegende Neuregelung des gesamten Fürsorgewesens. Erlaß der Verordnung über die Fürsorgepflicht und der Reichsgrundsätze über Voraussetzung, Art und Ausmaß der öffentlichen Fürsorge. Träger der Fürsorge werden Bezirks- und Landesfürsorgeverbände. Einsetzen der Fürsorge bei Hilfsbedürftigkeit. Fürsorge hat nunmehr von Amts wegen zu beginnen und ist nicht mehr mit entrechtenden Folgen verbunden. Gewährung des notwendigen Lebensbedarfs; dieser bestand im Lebensunterhalt, der Krankenhilfe, der Hilfe zur Wiederherstellung der Arbeitskraft, der Hilfe für Schwangere und bei Minderjährigen in der Erziehung und Erwerbsbefähigung; Leistungen werden nach sog. Regelsätzen gewährt.

Neben der allgemeinen Fürsorge Einrichtung einer sog. gehobenen Fürsorge für Kriegsbeschädigte und -hinterbliebene, Klein- und Sozialrentner; Unterstützungssätze müssen für diese Gruppen über den Regelsätzen liegen.

1930/32
Kürzung der Fürsorgeleistungen. Verschärfung der Ersatzansprüche gegenüber den Unterstützten. Weitere Vereinheitlichung der materiellen Fürsorgebestimmungen.

1934
Kleinrentnergesetz. Näher begrenzter Kreis von Kleinrentnern innerhalb der Fürsorge erhält eine sog. Kleinrentnerbeihilfe.

1936
Gesetz über die Befreiung von der Pflicht zum Ersatz von Fürsorgekosten. Bis Ende 1934 erhaltene Fürsorgeleistungen müssen nicht mehr erstattet werden.

1953
Gesetz über die Änderung und Ergänzung fürsorgerechtlicher Bestimmungen. Anknüpfung der Anerkennung eines über die üblichen Leistungen der Fürsorge hinausgehenden Mehrbedarfs nicht mehr an einen Rentenanspruch, sondern an das Vorhandensein bestimmter Tatbestände, die in der Person des Hilfsbedürftigen liegen. Gewährung öffentlicher Fürsorgeleistungen nur noch bei Vorliegen tatsächlicher Hilfsbedürftigkeit; Einkommens- und Vermögensanrechnung mit nur eng begrenzten Ausnahmeregelungen.

1957
Körperbehindertengesetz. Sichert anderweitig nicht entsprechend versorgten Körperbehinderten eine rechtzeitige und umfassende medizinische Betreuung, eine Schul- und Lehrausbildung und sorgt – soweit möglich – für die Eingliederung ins Erwerbsleben. Erweiterung der Meldepflicht von Körperbehinderungen und Erweiterung des Begriffs der Hilfsbedürftigkeit.

1959
Gesetz über die Tuberkulosehilfe. Spezielle Fürsorgeregelungen.

1961
Bundessozialhilfegesetz löst das alte Fürsorgerecht ab und paßt die Fürsorge dem veränderten Sozialverständnis an. Gesetz faßt das gesamte Leistungsrecht einschl. des Körperbehindertengesetzes und des Tuberkulosehilfegesetzes zusammen. Den Kern des Gesetzes bilden die Vorschriften über Inhalt und Umfang der Sozialhilfe. Tragende Grundsätze des Sozialhilferechts sind die Gewährung der Hilfe nach den Besonderheiten des Einzelfalles (Grundsatz der Individualisierung) und der Nachrang der Sozialhilfe (Grundsatz der Subsidiarität). Hilfe für den Lebensunterhalt und Hilfe in besonderen Lebenslagen mit unterschiedlichen Voraussetzungen. Deutliche Erweiterung des materiellen Umfangs von Fürsorgeleistungen durch neue Hilfsarten mit Weiterentwicklungsmöglichkeiten.

1965
Gesetz zur Änderung und Ergänzung des Bundessozialhilfegesetzes. Berücksichtigung von Erfahrungen bei der Durchführung des Sozialhilfegesetzes. Verbessert schwerpunktmäßig die Regelungen über die Einkommensgrenzen, die Mehrbedarfsbestimmungen für bestimmte Personengruppen und die Blindenhilfe.

1969
Zweites Änderungsgesetz des Bundessozialhilfegesetzes enthält neben weiteren Präzisierungen der Leistungsregelungen erneut Leistungsverbesserungen, insbesondere im Bereich der Maßnahmen, die zur Sicherung der Eingliederung Behinderter in das Erwerbsleben erforderlich sind. Erweiterung des anspruchsberechtigten Personenkreises (Personen, denen eine Behinderung droht; psychisch Behinderte). Änderung der Einkommens- und Vermögensgrenzen. Einführung zusätzlicher Familienzuschläge. Dynamisierung der Leistungen für Blinde und Sehbehinderte in Anpassung an die Leistungen nach dem Bundesversorgungsgesetz.

1974
Drittes Gesetz zur Änderung des Bundessozialhilfegesetzes. Anpassung des Sozialhilferechts an die allgemeine wirtschaftliche und soziale Entwicklung, vor allem Besserstellung der Hilfesuchenden durch Erweiterung der Hilfen in besonderen Lebenslagen sowie laufende Anpassung von Festbeträgen an die Entwicklung der Regelsätze oder der Arbeitnehmer-Einkommen. Dynamisierung einer Reihe laufender Geldleistungen der Sozialhilfe und des Einkommensschutzes. Einschränkung der Ersatzpflicht unterhaltspflichtiger Angehöriger.

Bindung des Familienzuschlags an den Regelsatz des Haushaltsvorstandes. Gewährung vorsorgender Gesundheitshilfe in gleichem Umfang wie den Versicherten in der GKV. Gleichstellung von Männern und Frauen bzgl. der Zumutbarkeit einer Arbeitsaufnahme bei Kindererziehung. Ausdehnung der Gefährdetenhilfe (Obdachlose, Nicht-Seßhafte, Strafhaft-Entlassene). Altenhilfe auch zur Vorbereitung auf das Alter. Heizölkostenzuschuß.

1975
Verordnungsmäßige Umsetzung der 1974 geänderten Bestimmungen über die Eingliederungshilfe für Behinderte. Anpassung des Pflegegeldes und der Grundbeträge der besonderen Einkommensfreigrenze der Sozialhilfe an die Entwicklung der allgemeinen Bemessungsgrundlage in der Rentenversicherung der Arbeiter. Erhöhung von Mindestleistungen für Behinderte.

Aufnahme der Hilfen bei Schwangerschaftsabbruch, Sterilisation und zur Familienplanung in das Bundessozialhilfegesetz.

1976
Anpassung der Vorschriften über die Berechnung des Einkommens in der Sozialhilfe. Verbesserung der Hilfen für ältere Menschen; Heimmitwirkungsverordnung sieht die Bildung von Heimbeiräten vor.

1978
Verordnung über bauliche Mindestanforderungen für Altenheime, Altenwohnheime und Pflegeheime für Volljährige. Interessenschutz der Heimbewohner durch Sicherung einer baulichen Mindestausstattung der von ihnen bewohnten Heime.

Verordnung über Pflichten der Träger von Altenheimen, Altenwohnheimen und Pflegeheimen für Volljährige im Falle der Entgegennahme von Leistungen zum Zwecke der Unterbringung eines Bewohners oder Bewerbers; Sicherung von Finanzierungsbeiträgen alter oder behinderter Heimbewohner an Heimträger.

1979
Verordnung über die Erhöhung der Barbeträge, die in der Sozialhilfe unberücksichtigt bleiben. Heizölkostenzuschuß.

1981
Einführung einer Rechtsberatungs- und Prozeßkostenhilfe.

1982
Leistungseinschränkungen in der Sozialhilfe durch das 2. Haushaltsstrukturgesetz vom 22.12.1981. Kürzungen des Zusatztaschengeldes für Heimbewohner; Kürzung der Mehrbedarfszuschläge bei den Regelsätzen; Begrenzung der Anpassung der Regelsätze auf 3%; Festschreibung des Pflege- und Blindengeldes bis 1983. Rücknahme einiger Leistungseinschränkungen für Heimbewohner und Behinderte durch Gesetz vom 4.11.1982.

1983/84
Wie bei der Rentenversicherung halbjährige Verschiebung der Anpassung der Regelsätze für laufende Leistungen zum Lebensunterhalt vom 1.1.1983 auf den 1.7.1983; Begrenzung der Anpassung auf 2%. Weitere punktuelle Leistungseinschränkungen.

Ab 1984 wieder jährliche Anpassung entsprechend der Entwicklung der tatsächlichen Lebenshaltungskosten.

1985/86
Viertes Gesetz zur Änderung des Bundessozialhilfegesetzes vom 21. Juni 1985. Verbesserung der Leistungen für Alleinerziehende mit einem Kind und Hilfeempfänger der Altersstufe 60-64 Jahre; allgemeine Leistungsanpassung zum 1. Juli 1985.

Verordnung vom 22. Mai 1986. Verbesserung der Einkommensvoraussetzungen für Hilfen in besonderen Lebenslagen.

4.12.2 Jugendhilfe

1922
Reichsjugendwohlfahrtsgesetz. Gewährleistung der Erziehung Minderjähriger zur leiblichen, geistigen und seelischen Tüchtigkeit.

1961
Gesetz für Jugendwohlfahrt. Regelt die Aufgaben, Angebote und Leistungen sowie Organe der öffentlichen Jugendhilfe. Verbesserung der Rechtsstellung junger Menschen. Recht auf Erziehung zur leiblichen, seelischen und gesellschaftlichen Tüchtigkeit. Unterstützung der Familien im Hinblick auf ihre Erziehungsaufgaben. Erziehungsberatung, Kinder- und Jugenderholung, Pflege und Erziehung außerhalb des Elternhauses, Erziehungsbeistandsschaft, freiwillige Erziehungshilfe und Fürsorgeerziehung.

1970
Gesetz zur Änderung des Gesetzes für Jugendwohlfahrt. Zielgruppe dieser gesetzgeberischen Maßnahme sind nichteheliche Kinder, Kinder in unvollständigen Ehen sowie wer-

dende Mütter. Gesetzliche Amtsvormundschaft des Jugendamtes wird ersetzt durch Amtspflegschaft. Nichteheliche Mutter erhält grundsätzlich die volle elterliche Gewalt. Die Lage aller Kinder, die nicht in der Obhut beider Eltern aufwachsen, wird verbessert. Jugendamt hat alle werdenden Mütter zu beraten und gegebenenfalls zu unterstützen.

Neuordnung des Bundesjugendplanes. Verstärkung der politischen Bildung als Schwerpunkt. Soziale Schwerpunkte sind unterstützende Maßnahmen für Mitarbeiter in der Behindertenhilfe, die freiwilligen sozialen Dienste und Hilfen zur Integration jugendlicher Spätaussiedler. Neuschaffung eines Programms zur sportlichen Jugendbildung.

1974
Verordnung über die Erhöhung der Regelbedarfssätze für die Bemessung des Unterhalts für nichteheliche Kinder. Ferner Verbesserung der allgemeinen Verwaltungsvorschriften für die Gewährung von Beihilfen zur Eingliederung junger Zuwanderer.

1977
Veränderung der Vorschriften zum Unterhaltsregelbedarf für Minderjährige; Anwendung der Regelbedarfssätze auch auf den Unterhaltsbedarf minderjähriger ehelicher Kinder, deren Eltern geschieden sind oder nicht nur vorübergehend getrennt leben.

1979
Gesetz zur Neuregelung des Rechts der elterlichen Sorge. Zielgruppe sind Familien, Eltern, Kinder und Pflegeeltern. Anpassung des in seinen Grundzügen seit 1900 unveränderten Rechts über das Verhältnis zwischen Eltern und Kindern an die Wertvorstellungen des Grundgesetzes und die heutigen gesellschaftlichen Bedingungen.

Gesetz zur Sicherung des Unterhalts von Kindern alleinstehender Mütter und Väter durch Unterhaltsvorschüsse oder -ausfalleistungen. Verbesserung der Erziehungsbedingungen der Kinder alleinstehender Elternteile. Zielgruppe sind Kinder unter 6 Jahren, die bei einem alleinstehenden Elternteil leben. Sie erhalten auf Antrag eine Unterhaltsleistung aus öffentlichen Mitteln bis zur Höhe des Regelbedarfs für nichteheliche Kinder, wenn der andere Elternteil keinen Unterhalt in entsprechender Höhe leistet oder im Falle seines Todes keine entsprechenden Waisenbezüge gezahlt werden. Staatliche Unterstützung wird für längstens drei Jahre gezahlt.

4.12.3 Ausbildungsförderung

1952
Förderung der beruflichen Bildung im Rahmen der Kriegsfolgengesetze (Lastenausgleichs-, Häftlingshilfe-, Heimkehrer- und Bundesversorgungsgesetz); Ausgleichsmaßnahmen für die durch den Zweiten Weltkrieg bedingten Beeinträchtigungen der beruflichen Bildung. Förderung von Studierenden an Hochschulen nach dem Honnefer Modell. Studierende an Ingenieur-, Kunst- und Musikschulen sowie Pädagogischen Hochschulen werden nach dem Rhöndorfer Modell gefördert; dieses beruht auf Vereinbarungen der Länder.

1965
Einführung einer Ausbildungszulage nach dem Kindergeldrecht. Eltern mit mindestens zwei Kindern erhalten eine Ausbildungszulage, wenn die Kinder zwischen dem 15. und 27. Lebensjahr eine öffentliche oder private allgemeine oder berufsbildende Schule oder Hochschule besuchen.

1969
Übergang der Gesetzgebungskompetenz für die Ausbildungsförderung auf den Bund. Neuregelung der Förderung der beruflichen Bildung durch das Arbeitsförderungsgesetz. Bundeseinheitliche Regelung der Förderung der schulischen Bildung durch das Erste Gesetz über individuelle Förderung der Ausbildung (Ausbildungsförderungsgesetz).

Nach dem Ausbildungsförderungsgesetz besteht mit Wirkung vom 1.7.1970 ein Rechtsanspruch auf Förderung einer der Neigung, Eignung und Leistung entsprechenden Ausbildung, wenn dem Auszubildenden die für seinen Lebensunterhalt und seine Ausbildung erforderlichen Mittel anderweitig nicht zur Verfügung stehen. Ausbildungsförderung erhalten Schüler von weiterführenden allgemeinbildenden Schulen und Fachoberschulen ab Klasse 11 sowie von Berufsfachschulen, soweit für deren Besuch der Realschulabschluß oder eine vergleichbare Vorbildung Voraussetzung ist, ferner Schüler von Fachschulen, Berufsaufbauschulen, Abendrealschulen, Abendgymnasien und Kollegs. Gleiches gilt für Praktikanten, die im Zusammenhang mit den genannten Schulen ein Praktikum leisten müssen. Die Förderung erfolgt nach Bedarfssätzen, differenziert nach Schulgruppen; Erhöhung bei auswärtiger Unterbringung; Anrechnung von Einkommen und Vermögen des Auszubildenden, seines Ehegatten und seiner Eltern in bestimmten Grenzen.

1970
Gesetz zur Änderung des Ausbildungsförderungsgesetzes. Zielgruppe dieses Änderungsgesetzes sind Schüler von Fachschulen, Berufsaufbauschulen, Abendrealschulen, Abendgymnasien und Kollegs. Anpassung der Bedarfssätze des Ausbildungsförderungsgesetzes an die angehobenen Bedarfssätze des Honnefer Modells.

1971
Zweites Gesetz zur Änderung des Ausbildungsförderungsgesetzes. Zielgruppe sind Auszubildende, die Waisenrenten oder Waisengelder und gleichzeitig Mittel nach dem Ausbildungsförderungsgesetz erhalten. Teilweise Freistellung der Waisenrenten und Waisengelder von der Anrechnung auf den Bedarf des halb- oder vollwaisen Auszubildenden nach dem Ausbildungsförderungsgesetz.

Drittes Gesetz zur Änderung des Ausbildungsförderungsgesetzes. Zielgruppe sind Schüler von Fachschulen, Abendgymnasien, Kollegs und Fachoberschüler mit abgeschlossener Berufsausbildung. Angleichung der Bedarfssätze des Ausbildungsförderungsgesetzes an die zum 1. Januar 1971 angehobenen Bedarfssätze des Honnefer Modells.

Bundesgesetz über die individuelle Förderung der Ausbildung (Bundesausbildungsförderungsgesetz). Stufenweiser Ausbau eines umfassenden einheitlichen Systems der Ausbildungsförderung, das jedem Auszubildenden einen Rechtsanspruch auf Förderung einer der Neigung, Eignung und Leistung entsprechenden Ausbildung einräumt, wenn die dafür erforderlichen Mittel anderweitig nicht zur Verfügung stehen. Ablösung des Ausbildungsförderungsgesetzes für weiterführende, allgemeinbildende und fachliche Schulen; gleiches gilt für die Regelungen des Honnefer-Modells für Hochschulen sowie die Vereinbarungen der Länder nach dem Rhöndorfer Modell für Ingenieurschulen sowie Kunst-, Musik- und Pädagogische Hochschulen. Wesentliche Vereinfachung des Rechtsgebietes der Ausbildungsförderung.

1973
Erstes Gesetz zur Änderung des Bundesausbildungsförderungsgesetzes. Zielgruppe sind Berufsfachschüler sowie ausländische Auszubildende. Erweiterung der Förderung im Schulbereich (Aufnahme von Berufsfachschülern der Klasse 11, auch wenn der Besuch dieser Klasse den Realschulabschluß nicht voraussetzt) mit Wirkung vom 1. Januar 1974 an. Erhöhung des Freibetrages vom Einkommen des Auszubildenden.

1974
Zweites Gesetz zur Änderung des Bundesausbildungsförderungsgesetzes. Anhebung der Bedarfssätze und Freibeträge jeweils um 20%. Sonderverbesserungen für einzelne Gruppen. Ausdehnung der Ausbildungsförderung auf Schüler der Klasse 10, die nicht bei den Eltern wohnen. Förderung des Besuchs auch einer außerhalb Europas gelegenen Ausbildungsstätte. Einführung der elternunabhängigen Förderung für Auszubildende, die das 35. Lebensjahr vollendet haben. Einführung eines Darlehensanteils bei der Förderung des

Erststudiums und Gewährung der Förderleistung für eine weitere – nach einem Fachrichtungswechsel – andere Ausbildung ausschließlich als Darlehen.

1975
Drittes Gesetz zur Änderung des Bundesausbildungsförderungsgesetzes. Erweiterung des Kreises der Förderungsberechtigten auf Auszubildende aus den Mitgliedstaaten der EG und Kinder deutscher Eltern oder eines deutschen Elternteils, die nicht die deutsche Staatsangehörigkeit besitzen, wenn sie ihren ständigen Wohnsitz in der Bundesrepublik Deutschland einschl. des Landes Berlin haben.

Gesetz zur Verbesserung der Haushaltsstruktur. Senkung des Vomhundertsatzes für die Bemessung des Zusatzfreibetrages vom Einkommen des Ehegatten und der Eltern des Auszubildenden, gleichzeitig Verdoppelung des Erhöhungssatzes für Kinder; Anhebung der Bagatellgrenze; Einschränkung der Förderung mit Zuschuß nach Fachrichtungswechsel; Einführung eines Härteausgleichs in Höhe von 10% des Förderbetrages zum Ausgleich für verschobene Anpassung der Bedarfssätze und Freibeträge an die wirtschaftliche Entwicklung.

1977
Viertes Gesetz zur Änderung des Bundesausbildungsförderungsgesetzes. Anhebung der Bedarfssätze für die Förderung um 16%; Erhöhung der Freibeträge vom Einkommen des Auszubildenden, seiner Eltern und seines Ehegatten um etwa 18%; deutliche Erhöhung des pauschalen Abzugs der Aufwendungen zur sozialen Sicherung von den Einkünften; neue Vorschriften für die Vermögensanrechnung mit Fortfall des Förderungsanspruchs, wenn der Auszubildende, die Eltern oder der Ehegatte vermögenssteuerpflichtig sind.

1978
Fünftes Gesetz zur Änderung des Bundesausbildungsförderungsgesetzes. Einbeziehung von Schülern der Klase 10 aller schulischen Formen der beruflichen Grundausbildung und der Klasse 10 der Berufsfachschulen in die Ausbildungsförderung.

1979
Sechstes Gesetz zur Änderung des Bundesausbildungsförderungsgesetzes. Anhebung der Bedarfssätze und Freibeträge. Senkung der Altersgrenze für den Beginn einer Förderung von 35 auf 30 Jahre. Verbesserung der elternunabhängigen Förderung und der Bedingungen für den Teilerlaß und die Rückzahlung von Darlehen.

1981
Zweites Haushaltsstrukturgesetz mit Wirkung vom 1.1.1982. Wegfall der Zuschüsse zur studentischen Krankenversicherung. Volle Anrechnung staatlicher Leistungen an Schüler und Studenten auf den Ausbildungsfreibetrag der Eltern.

1982
Haushaltsbegleitgesetz 1983 bringt eine grundlegende Neuregelung der Ausbildungsförderung. Beschränkung der Ausbildungsförderung für Schüler auf diejenigen, die ausbildungsbedingt nicht bei ihren Eltern wohnen können, und auf Auszubildende des Zweiten Bildungsweges. Vollständige Umstellung der Studentenförderung auf Darlehen mit Erlaßmöglichkeiten. Neuregelung der Bedarfssätze und Freibeträge.

1984/86
Mit dem 8. BAföG-Änderungsgesetz vom Mai 1984 sowie dem 10. BAföG-Änderungsgesetz vom Mai 1986 werden die Bedarfssätze und Einkommensfreibeträge an die wirtschaftliche Entwicklung angepaßt. Neben dem 10. BAföG-Änderungsgesetz sieht auch das 9. BAföG-Änderungsgesetz vom Juni 1985 strukturelle Leistungsverbesserungen vor; u.a. erhalten Schüler wieder Förderungsleistungen für den Monat August; Auszubildende, die mindestens ein Kind im Haushalt betreuen, werden in die Förderung wieder einbezogen; Ver-

besserungen beim Studium im Ausland; Erhöhung der Einkommensgrenzen in bezug auf die Rückzahlung; Erweiterung der Voraussetzungen für die Gewährung eines Darlehenserlasses für die Zeit der Kinderbetreuung; Verbesserung für geförderte Behinderte.

4.12.4 Wohngeld

1960
Gesetz über die Gewährung von Miet- und Lastenbeihilfen. Gewährung von Wohngeld in Form von Miet- und Lastenbeihilfen. Ausgleich von Mieterhöhungen, die als Folge des Gesetzes über den Abbau der Wohnungszwangswirtschaft und über ein soziales Miet- und Wohnrecht vom 23. Juni 1960 auftreten.

1965
Das Wohngeldgesetz ersetzt die frühere Bezeichnung „Miet- und Lastenbeihilfen" durch den Begriff „Wohngeld". Wohngeldgewährung nunmehr sowohl für Alt- und Sozialwohnungen als auch für steuerbegünstigte und frei finanzierte Wohnungen.

1970
Zweites Wohngeldgesetz. Zielgruppe sind Mieter und Eigentümer von Wohnraum, deren Wohnkosten im Einzelfall im Verhältnis zum Einkommen zu hoch sind. Anpassung des Wohngeldes an die veränderten Wohn- und Einkommensverhältnisse, Anhebung der Einkommensgrenzen, Einbeziehung zusätzlicher Empfängergruppen, Beseitigung unbilliger Härten, Einführung eines vereinfachten, schnelleren und billigeren Verfahrens der Wohngeldermittlung (besser ausgewogene, EDV-gerechte Wohngeldtabellen).

1971
Gesetz zur Änderung des Zweiten Wohngeldgesetzes. Neubewilligung von Wohngeld nach Inkrafttreten des Zweiten Wohngeldgesetzes bei Verschlechterung der finanziellen Verhältnisse (Übergangsregelung).

Zweites Gesetz zur Änderung des Zweiten Wohngeldgesetzes betrifft Wohngeldempfänger mit mehr als acht Familienmitgliedern. Erhöhung des Wohngeldes für diese Haushalte.

1973
Drittes Gesetz zur Änderung des Zweiten Wohngeldgesetzes. Anpassung der Leistungen des Zweiten Wohngeldgesetzes mit Wirkung von 1974 an an die allgemeine Einkommens- und Mietentwicklung.

1977
Viertes Gesetz zur Änderung des Zweiten Wohngeldgesetzes. Mit Wirkung vom 1. Januar 1978 Anpassung der Wohngeldtabellen an die zwischenzeitliche Mieten- und Einkommensentwicklung unter weitgehender Beseitigung bisheriger struktureller Verzerrungen; Anpassung der Miethöchstbeträge an die Mietentwicklung; Differenzierung des allgemeinen Freibetrages durch pauschalen Abzug von 15%, 22,5% oder 30%; Annäherung der Einkommensgrenzen des Wohngeldes an die des sozialen Wohnungsbaues.

1980
Fünftes Gesetz zur Änderung des Zweiten Wohngeldgesetzes begünstigt einkommensschwächere Haushalte, insbesondere ab 4 Personen, sowie Alleinerziehende. Anpassung der Wohngeldleistungen an die Mieten- und Einkommensentwicklung. Verstärkung der familienpolitischen Komponente.

1981
Zweites Haushaltsstrukturgesetz mit Wirkung vom 1.1.1982. Verschiedene Einschränkungen der Leistungen nach dem Wohngeldgesetz für Wohnungseigentümer und Mieter. Orientierung der zuschußfähigen Belastung der Wohnungseigentümer an den tatsächlichen

Belastungsverhältnissen. Einschränkung verschiedener Sonderregelungen für Schwerbehinderte. Berücksichtigung des Einkommens der letzten 12 Monate und nicht mehr des letzten vollen Kalenderjahres für die Wohngeldbemessung. Teilweise Reduzierung der Pauschalabzüge für die Ermittlung des wohngeldrelevanten Einkommens.

1982
Haushaltsbegleitgesetz 1983. Beseitigung struktureller Verzerrungen bei der Einkommensermittlung für das Wohngeld. Aufhebung oder Einschränkung bestimmter Freibeträge; weitere Annäherung des Pauschalbetrages für Steuern und Sozialversicherungsbeiträge an die tatsächliche Abgabenbelastung; Streichung von Wohngeldbeträgen unter 20 DM im Monat. Aufhebung der Wohngeldzahlungen für Studenten.

1985
Mit Wirkung vom 1. Januar 1986 allgemeine Erhöhung des Wohngeldes. Strukturelle Verbesserungen durch Verstärkung der Kinder- und Familienkomponente. Anhebung der Miethöchstbeträge und der Einkommensgrenzen. Ermittlung des wohngeldrelevanten Einkommens nach Maßgabe der Einnahmen im Bewilligungszeitraum und nicht mehr nach dem Einkommen der letzten 12 Monate. Staffelung der Miethöchstbeträge nicht mehr nach den Gemeindegrößen, sondern nach den sich aus dem örtlichen Mietenniveau ergebenden Mietenstufen.

4.12.5 Öffentlicher Gesundheitsdienst

1934
Gesetz über die Vereinheitlichung des Gesundheitswesens. Dieses Gesetz ist bis heute unverändert die Rechtsgrundlage des öffentlichen Gesundheitsdienstes.

Leistungsinanspruchnahme des öffentlichen Gesundheitsdienstes seitens der gesamten Bevölkerung möglich. Gesundheitsplanung, gesundheitlicher Umweltschutz, Beratung und Aufklärung der Bevölkerung in gesundheitlichen Fragen sowie Verhütung und Bekämpfung von Krankheiten; präventive und rehabilitative Maßnahmen für Bevölkerungsgruppen, die besonderer gesundheitlicher Hilfe bedürfen; Erstellung von Gutachten für Behörden und Körperschaften.

4.12.6 Vermögensbildung

1952
Gesetz über die Gewährung von Prämien für Wohnbausparer. Das Wohnungsbau-Prämiengesetz gewährt Prämien für Bausparleistungen, Sparleistungen (bei Verwendung der Sparsummen im Rahmen des Wohnungsbaus oder zum Erwerb von Wohnungseigentum), den Erwerb von Anteilen an Bau- und Wohnungsgenossenschaften und für Kapitalansammlungsverträge mit gemeinnützigen Wohnungs- und Siedlungsträgern. Familienstandsbezogene Staffelung der Prämiensätze von 25% bis 35%. Jahreshöchstsatz für prämienbegünstigte Aufwendungen 400 DM.

1958
Gesetz zur Änderung des Gesetzes über die Gewährung von Prämien für Wohnbausparer (Wohnungsbau-Prämiengesetz). Stärkere Begünstigung des Erwerbs von Eigenheimen. Versagung der Prämie im Falle der Abtretung des Anspruchs auf den Bausparvertrag; Ausnahme bei völliger Erwerbsunfähigkeit.

1959
Gesetz über die Gewährung von Prämien für Sparleistungen (Spar-Prämiengesetz). Bildung von Eigentum durch Förderung des Sparens. Ersetzung der bisherigen Sparförderung

im Rahmen des Sonderausgabenabzugs durch ein Prämiensystem. Gewährung von Sparprämien in Höhe von 20% für bestimmte Sparbeiträge (grundsätzlich auf 5 Jahre festgelegt) im Rahmen bestimmter Höchstbeträge.

1961
Gesetz zur Förderung der Vermögensbildung der Arbeitnehmer. Begünstigung von Teilen des Arbeitslohnes bis zu 312 DM jährlich. Festlegungsfrist 5 Jahre. Betriebs- oder Einzelvereinbarungen zwischen Arbeitgeber und Arbeitnehmer als Grundlage. Gebundene Sparbeiträge, Bau, Erwerb und Entschuldung öffentlich geförderter Familienheime, Erwerb von Belegschaftsaktien, Begründung von Darlehensforderungen gegen den Arbeitgeber als Anlageformen.

1963
Gesetz zur Änderung des Spar-Prämiengesetzes. Prämiensätze und -höchstbeträge für Sparer mit Kindern werden wesentlich angehoben.

1965
Zweites Gesetz zur Förderung der Vermögensbildung der Arbeitnehmer. Ausweitung des Kreises der Begünstigten auf alle Arbeitnehmer sowie die Beschäftigten des öffentlichen Dienstes. Freistellung der Wahl der Anlage im Rahmen der gesetzlichen Anlagemöglichkeiten. Einführung der Möglichkeit des Abschlusses von Tarifverträgen über vermögenswirksame Leistungen. Wegfall der Lohnsteuer- und Sozialversicherungsbeiträge für vermögenswirksame Leistungen. Steuerliche Erleichterungen der Zahlung vermögenswirksamer Leistungen für mittelständische Unternehmen.

1966
Zweites Gesetz zur Überleitung der Haushaltswirtschaft des Bundes in eine mehrjährige Finanzplanung (Steueränderungsgesetz 1966). Beginn der Harmonisierung der Sparförderung. Änderungen der Sonderausgabenregelung, des Wohnungsbau- sowie des Spar-Prämiengesetzes mit Einschränkung der Kumulierungsmöglichkeit und Verlängerung der Sperrfristen.

1969
Gesetz über die Gewährung von Investitionszulagen und zur Änderung steuerrechtlicher und prämienrechtlicher Vorschriften (Steueränderungsgesetz 1969). Einführung einer verstärkten Sparförderung für Bezieher niedriger und mittlerer Einkommen sowie für kinderreiche Familien durch Erhöhung der Wohnungsbau- und Sparprämien sowie Gewährung einer einkommensabhängigen Zusatzprämie.

1970
Drittes Gesetz zur Förderung der Vermögensbildung der Arbeitnehmer. Einführung einer Arbeitnehmersparzulage anstelle der Lohnsteuer- und Sozialabgabenbefreiung; Zulagensystem mit 30 bzw. 40%; Verdoppelung des Begünstigungsrahmens von 312 auf 624 DM pro Jahr. Erweiterung des Anlagekataloges durch Einbeziehung von Lebensversicherungsverträgen. Durch Einführung einer Einkommensgrenze (24000 DM bzw. 48000 DM bei zusammen veranlagten Ehegatten) Konzentration der staatlichen Förderung auf untere und mittlere Einkommensbereiche. Ausweitung der Steuervergünstigung für Kleinbetriebe von 3000 DM auf 6000 DM pro Jahr. Erhöhung der Transparenz der staatlichen Sparförderung. Insgesamt Setzung erhöhter Anreize zum Abschluß von Tarifverträgen für vermögenswirksame Leistungen für die Tarifvertragsparteien.

Gesetz über vermögenswirksame Leistungen für Bundesbeamte, Berufssoldaten und Soldaten auf Zeit. Gesetz sieht vermögenswirksame Leistungen für die genannten Personengruppen in Höhe von 13 DM monatlich vor. Begrenzung der Leistungen auf untere Besoldungsgruppen.

1971

Erstes Gesetz zur Vereinheitlichung und Neuregelung des Besoldungsrechts in Bund und Ländern. Die Begrenzung vermögenswirksamer Leistungen auf untere Besoldungsgruppen gemäß dem Gesetz über vermögenswirksame Leistungen für Bundesbeamte, Berufssoldaten und Soldaten auf Zeit aus dem Jahre 1970 entfällt.

1972

Gesetz zur Änderung des Spar-Prämiengesetzes. Erweiterung des Katalogs der sparprämienbegünstigten Anlagemöglichkeiten entsprechend dem Dritten Vermögensbildungsgesetz.

1975

Gesetz zur Verbesserung der Haushaltsstruktur (Haushaltsstrukturgesetz). Verringerung der künftigen Haushaltsbelastungen durch Einschränkung der Prämiengewährung. Senkung des Prämiensatzes bei Sparprämien von bisher 20% auf 14%. Herabsetzung der Wohnungsbauprämien von bisher 23% auf 18%. Grundprämien jeweils zuzüglich 2% für jedes Kind unter 18 Jahren.

1980

Neuregelung der staatlichen Sparförderung. Gewährung von Leistungen nach Spar-Prämiengesetz nur noch für bis zum 12. November 1980 abgeschlossene Sparverträge. Zum gleichen Zeitpunkt Erhöhung der Festlegungsfrist für Bausparbeiträge bei Inanspruchnahme der Wohnungsbauprämie von 7 auf 10 Jahre; Kürzung der Grundprämie von 18 auf 14%.

1981

Zweites Haushaltstrukturgesetz. Mit Wirkung vom 1.1.1982 Kürzung der steuer- und sozialabgabenfreien Sparzulage nach dem Dritten Vermögensbildungsgesetz von 30% auf 23% bzw. von 40% auf 33% (bei Familien mit drei und mehr Kindern), soweit es sich um Anlagen nach dem Wohnungsbau-Prämiengesetz, beim Erwerb von Belegschaftsaktien sowie beim Abschluß von Wertpapier-Sparverträgen zum Erwerb von Aktien und Investmentanteilen von Aktienfonds handelt. Für die übrigen Anlageformen (Geldsparen, Lebensversicherungssparen) ist die Sparzulage auf 16 bzw. 26% reduziert worden.

1983

Vermögensbeteiligungsgesetz vom 22.12.1983 mit Wirkung vom 1.1.1984. Ausdehnung des Anlagekatalogs des Dritten Vermögensbildungsgesetzes auf weitere Formen der Kapitalbeteiligung. Erhöhung des Förderungsbetrages auf 936 DM für die in Kapitalbeteiligungen und Darlehensforderungen gegen den Arbeitgeber angelegten vermögenswirksamen Leistungen. Ausdehnung der wegen vermögenswirksamer Leistungen gewährten Steuerermäßigungen für kleine Unternehmen. Ermöglichung vorzeitiger Verfügung über vermögenswirksame Leistungen in Form von Vermögensbeteiligungen auch bei Aufnahme einer selbständigen Tätigkeit.

1985

Senkung der Festlegungsfrist für Bausparbeiträge bei Inanspruchnahme der Wohnungsbauprämie von 10 auf 7 Jahre.

4.13 Steuerermäßigungen

4.13.1 Steuern auf Einkommen

4.13.1.1 Erhöhte Absetzungen für Wohngebäude

1949
Zweites Steuerneuordnungsgesetz vom 20. April 1949. Verstärkte Förderung des privaten Wohnungsbaus. Einführung des § 7b mit Wirkung vom 1. Januar 1949 für solche Wohngebäude, die nach dem 31.12.1948 fertiggestellt werden.

1953
Steueränderungsgesetz vom 24. Juni 1953. Im Rahmen der Kleinen Steuerreform Einführung der 66 2/3%-Grenze der Nutzung zu Wohnzwecken in § 7b. Ausdehnung der 7b-Vergünstigungen auf Kleinsiedlungen, Kaufeigenheime, Eigentumswohnungen und Dauerwohnrechte mit Wirkung ab 1.1.1953.

1955
Steuerneuordnungsgesetz vom 16. Dezember 1955 bringt eine Erweiterung des § 7b Abs. 3. Im Gegensatz zu der bis dahin geltenden Regelung, wonach dem Ersterwerber von Kleinsiedlungen und Kaufeigenheimen die erhöhte AfA nur dann gewährt wurde, wenn der Bauherr solche vor dem Verkauf nicht in Anspruch genommen hatte, standen die erhöhten AfA nunmehr sowohl dem Bauherrn als auch dem Ersterwerber zu, letzterem allerdings nur in dem Umfange, wie sie von dem Bauherrn noch nicht ausgeschöpft worden waren.

1958
Steueränderungsgesetz vom 18. Juli 1958 führt zu einer Ausdehnung der 7b-Vergünstigung auf im Saarland errichtete Wohngebäude (Art. 17 StÄndG 1958). Neu aufgenommen wurde die Bestimmung, daß bei Ein- und Zweifamilienhäusern, die nach dem 31. Dezember 1958 errichtet werden, die erhöhten AfA von dem Teil der Herstellungskosten, der 120000 DM übersteigt, nicht mehr vorgenommen werden dürfen (Art. 1 Ziff. 6a, bb StÄndG 1958). Ferner wurde mit § 7b Abs. 5 die Möglichkeit geschaffen, die erhöhten Absetzungen auf die Folgejahre zu übertragen, sofern diese im Jahr der Herstellung sowie den beiden Folgejahren nicht genutzt werden konnten. In den ersten 4 Jahren konnten somit insgesamt 26 v.H. der bis zum Ende des 4. Jahres aufgewandten Herstellungskosten abgesetzt werden.

1960
Steueränderungsgesetz vom 30. Juni 1960. Herabsetzung der Vomhundertsätze für die erhöhten Absetzungen gem. § 7b der beiden ersten Jahre von 10 auf 7,5%. Verkürzung der Laufzeit der erhöhten Absetzungen für die Folgejahre von 10 auf 8 Jahre bei gleichzeitiger Erhöhung des Vomhundertsatzes von 3 auf 4%. Ausdehnung der 7b-Vergünstigung auf zum Wohngebäude gehörende Garagen. Anwendung der Neuregelung bei Bauten, bei denen der Antrag auf Baugenehmigung nach dem 8. März 1960 gestellt worden ist.

1963
Gesetz zur Einschränkung des § 7b Einkommensteuergesetz vom 15. Mai 1963. Für Gebäude sowie für Zubauten, Ausbauten bzw. Umbauten, für die der Antrag auf Baugenehmigung nach dem 9. Oktober 1962 und vor dem 1. April 1964 gestellt worden war, war nach diesem Gesetz nicht mehr der § 7b, sondern der neugeschaffene § 54 anzuwenden. Für den genannten Zeitraum keine Begünstigung mehr für den Bau von Mietwohngebäuden (auch Dreifamilienhäusern), ferner für Zubauten, Ausbauten und Umbauten an bestehenden Gebäuden und für den Wiederaufbau von durch Kriegseinwirkungen ganz oder teilweise zerstörten Gebäuden sowie für den Ersterwerb eines eigentumsähnlichen Dauerwohnrechts.

1964
Steueränderungsgesetz vom 25. März 1964. Verlängerung der Geltungsdauer des § 54 Einkommensteuergesetz bis zum 30. Juni 1964.

Gesetz zur Neuregelung der Absetzungen für Abnutzungen bei Gebäuden vom 16. Juni 1964. Verlängerung der Geltungsdauer des § 54 Einkommensteuergesetz bis zum 31. Dezember 1964. Neufassung des § 7b für Bauvorhaben, für die der Antrag auf Baugenehmigung nach dem 31. Dezember 1964 gestellt worden ist. Enthielt gegenüber der alten Fassung des § 7b eine Reihe erheblicher Einschränkungen. Begünstigt waren nach der Neuregelung nur noch Einfamilienhäuser, Zweifamilienhäuser und Eigentumswohnungen, die zu mehr als 66 2/3% Wohnzwecken dienten. Im Jahr der Fertigstellung und in den 7 folgenden Jahren konnten jeweils 5% der Herstellungskosten abgesetzt werden. Erhöhte Absetzungen bei Einfamilienhäusern oder Eigentumswohnungen bis zur Grenze von 150000 DM, bei Zweifamilienhäusern bis zur Grenze von 200000 DM.

1973
Dritte Verordnung über steuerliche Konjunkturmaßnahmen vom 7. Juni 1973. Suspendierung der erhöhten Absetzungen gem. § 7b Einkommensteuergesetz für Einfamilienhäuser, Zweifamilienhäuser und Eigentumswohnungen, für die der Antrag auf Baugenehmigung nach dem 8. Mai 1973 und vor dem 1. Januar 1974 gestellt wurde.

1977
Gesetz über steuerliche Vergünstigungen bei der Herstellung oder Anschaffung bestimmter Wohngebäude vom 11. Juli 1977. Ausdehnung des § 7b Einkommensteuergesetz auf den Erwerb von Ein- und Zweifamilienhäusern sowie auf Eigentumswohnungen.

1981
Zweites Haushaltsstrukturgesetz vom 22. Dezember 1981. Anhebung der Absetzungshöchstbeträge des § 7b um jeweils 50000 DM. Höchstbeträge erstmals für Objekte, für die der Bauantrag nach dem 29. Juli 1981 gestellt oder für die mit den Bauarbeiten nach diesem Stichtag begonnen worden ist; entsprechende zeitliche Eingrenzung für die Anschaffung von Gebäuden. Einführung einer Kinderkomponente gem. § 34f. Einkommensteuergesetz.

1986
Wohneigentum-Förderungsgesetz. Mit Wirkung ab 1. Januar 1987 Ablösung des § 7b durch den § 10e Einkommensteuergesetz. Ausweitung der Kinderkomponente gemäß § 34 f.

4.13.1.2 *Steuerbegünstigung des Bausparens*

1934
Einkommensteuergesetz vom 16. Oktober 1934. Der neue § 10 läßt erstmals den Abzug von Beiträgen zu Bausparkassen als Sonderausgaben zu.

1946
Kontrollratsgesetz Nr. 12 vom Januar 1946. Durch Art. IX Ziff. 2 wird die Abziehbarkeit von Bausparkassenbeiträgen im Rahmen der Sonderausgaben aufgehoben.

1948
Gesetz der Militärregierung Nr. 64 vom 22. Juni 1948. Wiedereinführung der Abzugsfähigkeit von Bausparkassenbeiträgen. Erweiterung des Kreises der abzugsfähigen Sonderausgaben durch Aufwendungen für den Ersterwerb von Anteilen an Bau- und Wohnungsbaugenossenschaften.

1960
Steueränderungsgesetz vom 30. Juni 1960. Verlängerung der Sperrfrist für Bausparverträge, die nach dem 8. März 1960 abgeschlossen worden sind, von 5 auf 6 Jahre. Beschränkung

des Abzugs der nach dem 4. Vertragsjahr geleisteten Bausparbeiträge auf das Eineinhalbfache.

1966
Steueränderungsgesetz. Heraufsetzung der Sperrfrist für Bausparverträge von 6 auf 10 Jahre. Einführung eines Kumulierungsverbots, das die gleichzeitige Inanspruchnahme des Sonderausgabenabzugs für Bausparverträge, der Begünstigung nach dem Wohnungsbau-Prämiengesetz oder der Begünstigung nach dem Spar-Prämiengesetz ausschließt.

1974
Steuerreformgesetz vom 5. August 1974. Einführung eines allgemeinen Kreditaufnahmeverbotes für begünstigungsfähige Bausparbeiträge und damit Aufhebung seiner Beschränkung auf die ersten 5 Jahre nach Vertragsabschluß. Neufassung der Vorschriften über das Begünstigungswahlrecht und das Kumulierungsverbot für Bausparbeiträge.

1977
Steueränderungsgesetz vom 15. August 1977. Mit Wirkung ab 21. August 1977 Erweiterung der Regelungen über die steuerlich unschädliche vorzeitige Verfügung über Bausparbeiträge um den Tatbestand der Arbeitslosigkeit.

1980
Gesetz zur Änderung und Vereinfachung des Einkommensteuergesetzes und anderer Gesetze (sog. Omnibusgesetz) vom 18. August 1980. Aufhebung der Bindung an die einmal getroffene Wahl zwischen Sonderausgabenabzug und Wohnungsbau-Prämie für Bausparbeiträge.

1981
Subventionsabbaugesetz vom 26. Juni 1981. Als Folge der Beseitigung des Sonderausgabenabzugs von Bausparbeiträgen, für die eine Arbeitnehmer-Sparzulage gewährt wird, entfällt für vermögenswirksame Leistungen die Ausnahme vom Kumulierungsverbot.

Zweites Haushaltsstrukturgesetz vom 22. Dezember 1981. Mieter können zur Modernisierung ihrer Wohnung Bausparmittel vor Ablauf der Festlegungsfrist steuerunschädlich verwenden.

1983
Rückkehrförderungsgesetz vom 28. November 1983. Bestimmte Ausländer, die die BRD nach dem 30. September 1983 auf Dauer verlassen, können über ihre Bausparbeiträge vor Ablauf der Festlegungsfrist steuerunschädlich verfügen.

1986
Gesetz über eine Wiedereingliederungshilfe im Wohnungsbau für rückkehrende Ausländer vom 18. Februar 1986. Ausländer aus sog. ehemaligen Anwerbestaaten können Bausparmittel unter bestimmten Voraussetzungen zum Wohnungsbau im Heimatland verwenden.

4.13.1.3 Freibetrag für Berufsausbildung

1969
Steueränderungsgesetz vom 20. Februar 1969. Erweiterung des Katalogs der Sonderausgaben um die Aufwendungen für die eigene Berufsausbildung oder die Weiterbildung in einem nicht ausgeübten Beruf.

4.13.1.4 Ehegattenbesteuerung und Ehegattensplitting

1820
Preußisches Gesetz zur Einführung einer Klassensteuer vom 30. Mai 1820 sieht eine Steuer-

erhebung „in der Regel nach Haushaltungen" vor. Gesamte Familie als Einheit behandelt; Zusammenveranlagung ohne Splitting.

1891
Preußisches Einkommensteuergesetz vom 24. Juni 1891 geht von der Haushaltsbesteuerung insofern ab, als dem Einkommen eines Steuerpflichtigen nur noch das Einkommen seiner Ehefrau hinzugerechnet wird.

1902
Sächsisches Einkommensteueränderungsgesetz vom 3. August 1902 durchbricht den Grundsatz der Haushaltsbesteuerung und geht zur Einzelbesteuerung über. Veranlagung nicht mehr nach Haushaltungen, sondern nach einzelnen Personen mit eigenem Einkommen.

Bayerische Deklaration vom 28. August 1902 schränkt die Veranlagung nach Haushaltungen ein. Getrennte Veranlagung für Haushaltsvorstand, Ehefrau und Kinder, wenn das zusammengerechnete Einkommen unter 2000 M. beträgt.

1910
Badisches Einkommensteuergesetz vom 1. Juni 1910 sieht im Hinblick auf die Besteuerung der Ehegatten die Zusammenveranlagung vor. Ausnahmeregelung für das aus eigener Erwerbstätigkeit der Ehefrau stammende Einkommen bis zum Betrag von 500 M. jährlich.

Bayerisches Einkommensteuergesetz vom 10. August 1910 sieht ebenfalls grundsätzlich die Zusammenveranlagung von Ehegatten vor. Ausnahmeregelungen für das eigene Einkommen der Ehefrau in Abhängigkeit von Einkommensgrenzen.

1920
Einkommensteuergesetz vom 20. März 1920 sieht die Zusammenveranlagung von nicht dauernd getrennt lebenden Ehegatten vor und führt zu einer begrenzten Einbeziehung von Einkünften minderjähriger Kinder, die zum Haushalt des Steuerpflichtigen zählen. Steuerfreibetrag von 500 DM pro Person mit anrechenbarem Einkommen.

1921
Einkommensteueränderungsgesetz vom 24. März 1921 schränkt die Zusammenveranlagung von Ehegatten ein. Gesonderte Veranlagung für Ehefrauen mit Einkünften aus selbständiger und nichtselbständiger Arbeit in einem dem Ehemann fremden Betrieb.

1925
Das Einkommensteuergesetz vom 10. August 1925 behält die 1921 eingeführte Form der Ehegattenbesteuerung bei.

1934
Einkommensteuergesetz vom 16. Oktober 1934 beseitigt die gesonderte Besteuerung der Ehefrau bei bestimmten Einkünften und kehrt zur uneingeschränkten Zusammenveranlagung der Ehegatten unter Zusammenrechnung aller ihrer Einkünfte zurück. Wiederverwendung der früheren Bezeichnung Haushaltsbesteuerung. Einkommensteuertabelle mit höheren Steuersätzen für Ledige im Vergleich zu zusammenveranlagten kinderlosen Verheirateten.

1941
Erneute Änderung der Ehegattenbesteuerung durch die Einkommensteuer-Durchführungsverordnung 1941. Einkünfte der Ehefrau aus nichtselbständiger Arbeit in einem dem Ehemann fremden Betrieb bleiben fortan bei der Zusammenveranlagung wieder außer Ansatz und werden (nach dem steuerlich anzuerkennenden Familienstand) gesondert besteuert.

1949
Übernahme der 1941 eingeführten Form der Ehegattenbesteuerung in die Einkommensteuer-Durchführungsverordnung 1949.

1955
Steuerneuordnungsgesetz vom 16. Dezember 1955. Beibehaltung der Zusammenveranlagung von nicht dauernd getrennt lebenden Ehegatten. Allerdings weitere Einschränkung und Neuregelung der tariflichen Besteuerung der ausscheidenden Einkünfte. Ausscheidung nicht mehr nur der Einkünfte der Ehefrau aus nichtselbständiger Arbeit in einem dem Ehemann fremden Betrieb, sondern auch solcher aus selbständiger Arbeit sowie aus Gewerbebetrieb unter bestimmten Voraussetzungen. Einführung der Möglichkeit, statt der Einkünfte der Ehefrau diejenigen des Ehemannes auszuscheiden. Möglichkeit der Beantragung einer Zusammenveranlagung mit allen Einkünften. Besteuerung der ausscheidenden Einkünfte grundsätzlich nach der Steuerklasse I; verschiedene Ausnahmeregelungen.

1956
Steueränderungsgesetz vom 5. Oktober 1956. Möglichkeit des Ausscheidens von Einkünften des Ehemannes aus der Zusammenveranlagung wird gestrichen. Beseitigung der Wechselmöglichkeit zwischen den Steuerklassen. Einführung eines Freibetrages von 250 DM für den Fall der unbeschränkten Zusammenveranlagung.

1957
Steueränderungsgesetz vom 26. Juli 1957. Grundlegende Neugestaltung der Ehegattenbesteuerung, nachdem das Bundesverfassungsgericht in seinem Urteil vom 17. Januar 1957 die bisherigen Vorschriften über die Zusammenveranlagung für verfassungswidrig und damit nichtig erklärt hatte. Einführung einer Übergangsregelung für den Veranlagungszeitraum 1949 bis 1957 mit Zulassung der Inanspruchnahme der jeweils günstigeren Besteuerungsmöglichkeit für Ehegatten. Grundsatz der getrennten Veranlagung; auf Antrag unbeschränkte bzw. beschränkte Veranlagung. Zulassung der Wahlmöglichkeit zwischen der Ausscheidung der Einkünfte des Ehemannes oder aber der Ehefrau sowie des Wechsels der Steuerklassen für den Zeitraum 1955 bis 1957. Erhöhung des Sonderfreibetrages bei uneingeschränkter Zusammenveranlagung auf 600 DM.

1958
Steueränderungsgesetz vom 18. Juli 1958. Einführung der heutigen Form der Ehegattenbesteuerung. Wahlmöglichkeit zwischen getrennter Veranlagung oder Zusammenveranlagung. Bei Fehlen der erforderlichen Erklärung wird Zusammenveranlagung durchgeführt. Einführung des sog. Ehegattensplittings.

1969
Steueränderungsgesetz vom 20. Februar 1969 beseitigt Abweichungen zwischen der Einkommensteuerveranlagung und dem Lohnsteuerverfahren hinsichtlich der Gewährung von Kinder- und Sonderfreibeträgen sowie hinsichtlich der Ehegattenbesteuerung. Einführung der sog. besonderen Veranlagung für das Jahr der Eheschließung bzw. der Auflösung der Ehe durch Tod oder Scheidung.

1974
Steuerreformgesetz vom 5. August 1974 bringt den teilweisen Wegfall der 1969 eingeführten besonderen Veranlagung. Ehegatten haben danach für den Veranlagungszeitraum der Eheschließung nur noch die Wahl zwischen der Zusammenveranlagung oder der getrennten Veranlagung.

1985
Steuersenkungsgesetz vom 26. Juni 1985. Wiederzulassung der besonderen Veranlagung für den Veranlagungszeitraum der Eheschließung. Anhebung des Höchstbetrages für den

Abzug von Unterhaltsleistungen an den geschiedenen oder dauernd getrennt lebenden Ehegatten als Sonderausgaben von 9000 DM auf 18000 DM (sog. begrenztes Realsplitting).

4.13.1.5 Kinderfreibeträge

1891
Preußisches Einkommensteuergesetz vom 24. Juni 1891. Steuerpflichtige mit einem Einkommen von weniger als 3000 M. können für Kinder sowie andere zum Haushalt gehörende Familienangehörige, denen der Steuerpflichtige Unterhalt aufgrund gesetzlicher Pflicht gewährt, jeweils 50 M. vom steuerbaren Einkommen abziehen.

1902
Sächsisches Einkommensteueränderungsgesetz vom 3. August 1902. Einfügung eines Kinderparagraphen in das Einkommensteuergesetz. Bei Einkommen bis zu 3100 M. werden für jedes nicht besonders zur Einkommensteuer veranlagte Familienmitglied vom 7. bis 14. Lebensjahr 50 M. vom Einkommen abgezogen; bei Vorhandensein von 3 und mehr Kindern mindestens Ermäßigung um eine Steuerklasse.

1903
Württembergisches Einkommensteuergesetz vom 8. August 1903. Einführung eines sog. Kinderprivilegs. Stufenweise Ermäßigung der Einkommensteuer in Abhängigkeit von Einkommensgrenzen und Kinderzahl.

Hamburgisches Einkommensteuergesetz vom 2. Februar 1903 mit einer Novelle vom 18. Januar 1904. Steuerermäßigungen in Abhängigkeit von der Familiengröße und dem Haushaltseinkommen. Steuerermäßigungen bis zu 75%.

1906
Novelle zum preußischen Einkommensteuergesetz vom 19. Juni 1906. Ausdehnung der Kinderermäßigung auf höhere Einkommensgruppen und Verbindung der Ermäßigung nach Stufen mit dem Abzug bestimmter Beträge vom Einkommen.

1909
Preußische Novelle zum Einkommensteuergesetz vom 29. Mai 1909. Beseitigung des Abzugs fester Beträge vom Einkommen; Steuerermäßigung nur noch nach Steuerstufen. Stärkere Differenzierung der Steuerermäßigung nach Familiengröße und Einkommenshöhe.

1910
Bayerisches Einkommensteuergesetz vom 10. August 1910. Steuerermäßigung nach Familiengröße und Einkommenshöhe bis sechs Tarifstufen. Neben Kindern bis zum 15. Lebensjahr konnten auch Kinder über 15 Jahre bis zur Volljährigkeit oder wirtschaftlichen Selbständigkeit berücksichtigt werden, solange sie sich noch in der Vorbildung zu einem Beruf befanden oder ihrer aktiven Militärpflicht genügten.

1913
Mecklenburgisches Einkommensteuergesetz vom 6. Mai 1913. Ermäßigung der Steuersätze in Abhängigkeit von der Familiengröße und der Einkommenshöhe. Feststellung der für die Ermäßigung maßgebenden Personenzahl unter Ausschluß der Ehefrau sowie der Kinder über 14 Jahren bei Vorhandensein eines eigenen Einkommens von mehr als 400 M.

Wehrbeitragsgesetz vom 3. Juli 1913 mit nach Vermögen und Einkommen differenzierten Abgaben berücksichtigt die Kinderzahl. Abgabenermäßigung um 5 bzw. 10% in Abhängigkeit von der Einkommenshöhe und der Kinderzahl. Ausschluß der Ermäßigung bei Überschreiten bestimmter Einkommensgrenzen.

1920
Einkommensteuergesetz vom 20. März 1920. Nach Einkommen und Kinderzahl differenzierte Freibeträge. 16. Lebensjahr als Altersgrenze für berücksichtigungsfähige Kinder.

1925
Einkommensteuergesetz vom 10. August 1925. Gewährung von Steuerermäßigungen durch vom Einkommen abzuziehende Kinderfreibeträge, ausgedrückt als Vomhundertsätze des zu versteuernden Einkommens, begrenzt durch Mindest- und Höchstbeträge.

1934
Einkommensteuergesetz vom 16. Oktober 1934. Ausweitung der steuerlichen Bevorzugung der Familien mit mehreren Kindern zu Lasten der Ledigen und der Verheirateten ohne Kinder. Ermäßigung der Einkommensteuer zwischen 15% und 100% in Abhängigkeit von der Kinderzahl; Höchst- und Mindestbeträge sowie Ausschluß der Kinderermäßigung bei sehr hohen Einkommen. Auch in der Lohnsteuertabelle nach der Kinderzahl differenzierte Steuersätze. Begrenzung der berücksichtigungsfähigen Kinder auf solche Kinder, die mindestens 4 Monate zum Haushalt des Steuerpflichtigen gehören; Berücksichtigung auch von Stiefkindern und Pflegekindern sowie von in Berufsausbildung stehenden Kindern bis zum 25. Lebensjahr.

1939
Steueränderungsgesetz vom 27. Februar 1939. Kinderermäßigung wird fortan für minderjährige Kinder auch dann gewährt, wenn sie zwar nicht zum Haushalt des Steuerpflichtigen gehören, aber überwiegend auf seine Kosten unterhalten und erzogen werden.

1944
Steuervereinfachungsverordnung vom 14. September 1944 setzt die Altersgrenze für die Berücksichtigung von Kinderfreibeträgen auf das 18. Lebensjahr herab. Beseitigung des Erfordernisses der Haushaltszugehörigkeit oder der Unterhaltsgewährung. Neufassung des Begriffs der berücksichtigungsfähigen Kinder.

1946
Kontrollratsgesetz Nr. 12 vom Januar 1946 führt zu einer Neugestaltung der Kinderermäßigung in der Weise, daß ohne Rücksicht auf die Höhe des Einkommens für jedes zu berücksichtigende Kind ein konstanter Freibetrag gilt. Zurückverlegung der Altersgrenze auf das 16. Lebensjahr und Wiedereinführung des Erfordernisses der Haushaltszugehörigkeit oder der Unterhaltsgewährung. Gewährung von Kinderermäßigung auf Antrag nur für Kinder in beruflicher Ausbildung, die das 21. Lebensjahr noch nicht vollendet haben.

1948
Gesetz der Militärregierung Nr. 64 vom 22. Juli 1948 führt zur allgemeinen Erhöhung des Kinderfreibetrages. Aufhebung der durch das Kontrollratsgesetz Nr. 12 vorgenommenen Änderungen der Anspruchsvoraussetzungen.

1953
Steueränderungsgesetz vom 24. Juni 1953 (Kleine Steuerreform). Erster Schritt zu einer stärkeren steuerlichen Entlastung kinderreicher Familien durch Anhebung der Freibeträge für das 3. und jedes weitere Kind.

1955
Steuerneuordnungsgesetz vom 16. Dezember 1955. Erhöhung der Freibeträge mit Staffelung nach der Kinderzahl.

1956
Steueränderungsgesetz vom 5. Oktober 1956 bringt Erhöhung des Freibetrages für das 2. Kind, das bisher dem 1. Kind gleichgestellt war.

1958
Steueränderungsgesetz vom 18. Juli 1958 bringt Neufestsetzung der Kinderfreibeträge und der Voraussetzungen für ihre Gewährung. Staffelung der Kinderfreibeträge nach dem 1., dem 2. und nach weiteren Kindern. Wesentliche Kostentragung als Anspruchsvoraussetzung. Kinderermäßigung auch für Kinder zwischen dem 18. und 25. Lebensjahr, die zum Wehrdienst einberufen worden sind sowie für über 18 Jahre alte Kinder, die wegen körperlicher oder geistiger Gebrechen dauern erwerbsunfähig sind.

1961
Steueränderungsgesetz vom 13. Juli 1961 führt zur Erhöhung des Kinderfreibetrages. Überwiegende Kostentragung als Anspruchsvoraussetzung von bisher mehr als 75% auf 50% reduziert.

1964
Gesetz zur Förderung des freiwilligen sozialen Jahres vom 17. August 1964. Ableistung eines freiwilligen sozialen Jahres wird im Hinblick auf die Gewährung eines Kinderfreibetrages der Ableistung des Wehrdienstes/Ersatzdienstes gleichgestellt.

Steueränderungsgesetz vom 16. November 1964. Heraufsetzung der Altersgrenze für über 18 Jahre alte Kinder vom Veranlagungszeitraum 1965 an von 25 auf 27 Jahre. Wegfall des Kinderfreibetrages für über 18 Jahre alte Kinder bei Vorhandensein eigener Einkünfte von mehr als 7200 DM.

1969
Steueränderungsgesetz vom 20. Februar 1969. Beseitigung der Vier-Monats-Frist als Voraussetzung für den Kinderfreibetrag; nunmehr nur noch der Geburtstermin entscheidend. Weitere Geltung der Vier-Monats-Frist hinsichtlich der Kostentragung und der Berufsausbildung für Kinder über 18 Jahre. Nur ein Kinderfreibetrag für dasselbe Kind bei zusammenlebenden Eltern.

1974
Steuerreformgesetz vom 5. August 1974 führt zur Streichung aller steuerlichen Kinderfreibeträge. Übergang zur kindergeldrechtlichen Regelung des Familienlastenausgleichs. Beibehaltung der einkommensteuerrechtlichen Definition des Kinderbegriffs.

1977
Steueränderungsgesetz vom 15. August 1977. Unter bestimmten Voraussetzungen Gleichstellung derjenigen Kinder zwischen dem 18. und dem 23. Lebensjahr, die ihre Berufsausbildung mangels eines Ausbildungsplatzes nicht beginnen oder fortsetzen können oder nicht erwerbsfähig sind.

1980
Gesetz zur Änderung und Vereinfachung des Einkommensteuergesetzes und anderer Gesetze (sog. Omnibusgesetz). Anpassung des Kinderbegriffes an die durch die Neuregelung des Adoptionsrechts geänderten Verhältnisse.

1981/83
Zweites Haushaltsstrukturgesetz vom 22. Dezember 1981. Ab 1983 Herabsetzung des Lebensalters für Kinder, die ohne weitere Voraussetzungen bei Veranlagung von Steuerpflichtigen berücksichtigt werden, von 18 auf 16 Lebensjahre. Einschränkung der Voraussetzungen, unter denen ältere und behinderte Kinder berücksichtigt werden können.

Haushaltsbegleitgesetz 1983 vom 20. Dezember 1982. Nach Streichung des Kinderbetreuungsbetrages gem. § 33a Abs. 3 Einkommensteuergesetz erneute Einführung eines Kinderfreibetrages in Höhe von 432 DM.

1984
Steuerbereinigungsgesetz 1985 vom 14. Dezember 1984. Anpassung der Kinderfreibetragsregelungen an die Änderungen des Bundeskindergeldgesetzes.

1985
Steuersenkungsgesetz 1986 vom 26.6.1985. Mit Wirkung vom 1.1.1986 Neuregelung und Vervielfachung der Kinderfreibeträge.

4.13.1.6 Altersfreibeträge

1922
Einkommensteueränderungsgesetz vom 20. Juli 1922 mit Einführung eines Altersfreibetrages. Ermäßigung der Einkommensteuer für Steuerpflichtige über 60 Jahre in Abhängigkeit von der Höhe des steuerbaren Einkommens sowie der Art des Einkommens.

1955
Steuerneuordnungsgesetz vom 16. Dezember 1955 führt zur Einführung eines Altersfreibetrages. Gewährung an Steuerpflichtige, die mindestens vier Monate vor Ende des Veranlagungszeitraumes das 70. Lebensjahr vollendet haben. Staffelung des Altersfreibetrages nach dem Personenkreis.

1958
Steueränderungesgesetz vom 18. Juli 1958 führt bei unveränderter Beibehaltung der Altersvoraussetzung zur Vereinheitlichung des Altersfreibetrages.

1961
Erhöhung des Altersfreibetrages durch das Steueränderungsgesetz vom 13. Juli 1961.

1965
Weitere Erhöhung des Altersfreibetrages durch das Steueränderungsgesetz vom 14. Mai 1965. Gleichzeitig Herabsetzung der Altersgrenze für die Gewährung dieses Freibetrages von 70 auf 65 Jahre.

1969
Steueränderungsgesetz vom 20. Februar 1969. Mit Wirkung vom Veranlagungszeitraum 1970 an Einführung eines modifizierten Stichtagsprinzips mit der Wirkung, daß der Altersfreibetrag bereits dann gewährt wird, wenn der Steuerpflichtige vier Monate vor Beginn des Veranlagungszeitraums, in dem er das 65. Lebensjahr vollendet, das 64. Lebensjahr vollendet hatte.

1974
Steuerreformgesetz vom 5. August 1974. Nunmehr genügt es bei Inanspruchnahme des Altersfreibetrages, daß der Steuerpflichtige vor Beginn des Kalenderjahres, in welchem er sein Einkommen bezogen hat, das 64. Lebensjahr vollendet hat.

Einführung eines sog. Altersentlastungsbetrages zwecks steuerlicher Entlastung der im Alter bezogenen Einkünfte, die nicht Leibrenten oder Versorgungsbezüge sind. Der Altersentlastungsbetrag ist ein Betrag von 40% des Arbeitslohnes und der positiven Summe der Einkünfte, die nicht solche aus nichtselbständiger Arbeit sind, höchstens jedoch ein Betrag von insgesamt 3000 DM je Kalenderjahr; er steht Steuerpflichtigen zu, die vor Beginn des Kalenderjahres, in welchem sie ihr Einkommen bezogen haben, das 64. Lebensjahr vollendet haben.

4.13.1.7 Haushaltsfreibeträge

1934
Einkommensteuergesetz vom 16. Oktober 1934. Besteuerung von verwitweten und geschiedenen Personen ohne Kinderermäßigung wie bei Verheirateten ohne Kinderermäßigung, wenn aus ihrer Ehe Kinder hervorgegangen waren oder sie mindestens vier Monate vor dem Ende des Kalenderjahres das 55. Lebensjahr vollendet hatten.

1939
Steueränderungsgesetz vom 27. Februar 1939. Einstufung unverheirateter Frauen ohne Kinderermäßigung in die Steuergruppe II (kinderlose Verheiratete), sofern sie mindestens vier Monate vor dem Ende des Veranlagungszeitraumes das 50., aber nicht das 65. Lebensjahr vollendet hatten. Unverheiratete Männer und Frauen ohne Kinderermäßigung, aus deren früherer Ehe ein Kind hervorgegangen war, werden bei Vollendung des 65. Lebensjahres wie Verheiratete ohne Kinderermäßigung (Steuergruppe III) behandelt.

1946
Kontrollratsgesetz Nr. 12 vom Januar 1946. Einstufung unverheirateter Steuerpflichtiger ohne Kinderermäßigung in die für verheiratete Personen ohne Kinderermäßigung maßgebende Steuerklasse, wenn sie mindestens 4 Monate vor Ablauf des Veranlagungszeitraumes das 65. Lebensjahr vollendet hatten; dadurch ein „Freibetrag" von zunächst bis zu 12400 RM, mit Wirkung ab dem 21.6.1948 von bis zu 600 DM.

1950
Gesetz zur Änderung des Einkommensteuergesetzes vom 29. April 1950. Herabsetzung der Altersgrenze für Verwitwete auf das 50. Lebensjahr und für die anderen Steuerpflichtigen auf das 60. Lebensjahr, um als Alleinstehende wie Verheiratete besteuert zu werden (Steuerklasse II).

1955
Steuerneuordnungsgesetz vom 16. Dezember 1955. Beseitigung der unterschiedlichen Altersgrenzen und einheitliche Festsetzung der Altersgrenze auf das 55. Lebensjahr als Voraussetzung für die Einordnung in Steuerklasse II. Dadurch wird unverheirateten Personen ab einem bestimmten Lebensalter ein besonderer Freibetrag in Höhe von maximal 900 DM gewährt. Geltung ab 1.1.1955.

1958
Steueränderungsgesetz vom 18. Juli 1958 bringt eine Neuordnung der Besteuerung der älteren unverheirateten Personen ohne Kinderermäßigung und der unverheirateten Personen mit Kinderermäßigung aufgrund der Neugestaltung des Einkommensteuertarifs im Zusammenhang mit der Einführung des Splitting-Verfahrens. Bestimmten unverheirateten Personen wird zur steuerlichen Berücksichtigung ihrer verminderten Leistungsfähigkeit ein besonderer „Haushaltsfreibetrag" zugebilligt. Festsetzung des Freibetrages auf 840 DM und Herabsetzung der dafür maßgeblichen Altersgrenze auf das 50. Lebensjahr. Einführung eines neuen Sonderfreibetrages von 1200 DM für unverheiratete Steuerpflichtige, bei denen mindestens ein Kinderfreibetrag vom Einkommen abgezogen wird (Sonderfreibetrag für Alleinerziehende, sog. Halbfamilien).

1974
Steuerreformgesetz vom 5. August 1974. Regelung der Haushaltsfreibeträge in § 32 Abs. 3 Einkommensteuergesetz. Der Haushaltsfreibetrag für ältere Personen betrug weiterhin 840 DM, der für Alleinerziehende wurde auf 3000 DM erhöht.

1980
Steuerentlastungsgesetz vom 16. August 1980. Anhebung der Haushaltsfreibeträge von 840 auf 864 DM und von 3000 auf 4212 DM. Anpassung an geänderte Rundungsvorschriften.

1981
Zweites Haushaltsstrukturgesetz vom 22. Dezember 1981. Streichung des Haushaltsfreibetrages für über 49 Jahre alte Alleinstehende ohne Kinder. Haushaltsfreibetrag ist dadurch ausschließlich ein Freibetrag für Steuerpflichtige, die weder die Voraussetzungen für das Ehegatten-Splitting noch die Voraussetzungen für das Verwitweten-Splitting bzw. das Splitting nach Auflösung der Ehe erfüllen, denen aber ein Kinderfreibetrag anzurechnen ist. Dieser Haushaltsfreibetrag wird unabhängig vom Alter des Steuerpflichtigen gewährt.

1985
Steuersenkungsgesetz 1986 vom 26. Juni 1985. Anhebung des Haushaltsfreibetrages für Alleinerziehende um 324 DM auf 4536 DM.

4.13.1.8 Außergewöhnliche Belastungen

1851
Im preußischen Einkommensteuergesetz vom 1. Mai 1851 findet sich erstmals ein Vorläufer des heutigen Rechtsinstituts der außergewöhnlichen Belastung; die Steuerpflichtigen sind u.a. „unter Berücksichtigung ihrer gesamten Verhältnisse und der durch diese bedingten besonderen Leistungsfähigkeit einzuschätzen".

1891
Das preußische Einkommensteuergesetz vom 24. Juni 1891 bringt eine weitere Ausdehnung und wirksamere Berücksichtigung von Umständen, welche die steuerliche Leistungsfähigkeit herabmindern. Insbesondere Berücksichtigung außergewöhnlicher Belastungen durch Unterhalt und Erziehung der Kinder sowie durch besondere Unglücksfälle. In Abhängigkeit von der Höhe des Einkommens stufenweise Herabsetzung der Steuersätze.

1902
Das sächsische Einkommensteueränderungsgesetz vom 3. August 1902 berücksichtigt verschiedene Umstände, welche die Steuerfähigkeit wesentlich vermindern; in diesen Fällen Ermäßigung der tariflichen Steuersätze um höchstens drei Klassen.

Die bayerische Deklaration vom 28. August 1902 berücksichtigt ebenfalls verschiedene die steuerliche Leistungsfähigkeit wesentlich beeinträchtigende Umstände; außergewöhnliche Belastungen durch Unterhalt und Erziehung der Kinder, aufgrund von Verpflichtungen zum Unterhalt mittelloser Angehöriger, aufgrund andauernder Krankheit sowie als Folge besonderer Unglücksfälle. Stufenweise Herabsetzung der Steuerlast unter Berücksichtigung von Einkommensgrenzen.

1903
Das württembergische Einkommensteuergesetz vom 8. August 1903 sieht die Ermäßigung des anzuwendenden Steuersatzes um höchstens drei Stufen bei Vorliegen von Umständen vor, die die steuerliche Leistungsfähigkeit wesentlich beeinträchtigen. Einkommensgrenze von 5000 M.

1909
Mit der preußischen Novelle zum Einkommensteuergesetz vom 29. Mai 1909 wurde die für die Berücksichtigung besonderer wirtschaftlicher Verhältnisse maßgebende Einkommensgrenze deutlich angehoben.

1910
Das badische Einkommensteuergesetz vom 1. Juni 1910 enthält eine Bestimmung, wonach besondere die steuerliche Leistungsfähigkeit beeinträchtigende Verhältnisse in gewissen, allerdings sehr engen Grenzen Berücksichtigung finden; Steuerermäßigung um höchstens 2 Stufen bei weniger als 3000 M. Jahreseinkommen.

Im bayerischen Einkommensteuergesetz vom 10. August 1910 sind Steuerermäßigungen von 2 bis 4 Stufen bei Einkommen bis 6000 M. sowie bei Vorliegen besonderer wirtschaftlicher Verhältnisse vorgesehen.

1920
Einkommensteuergesetz vom 20. März 1920. Berücksichtigung besonderer wirtschaftlicher Verhältnisse, die die Leistungsfähigkeit des Steuerpflichtigen wesentlich beeinträchtigen, bis zu einem steuerbaren Einkommen von 30000 M. Bis zu dieser Einkommensgrenze einkommensabhängige Abstufung der Steuerentlastung. Berücksichtigung außergewöhnlicher Belastungen durch Unterhalt und Erziehung der Kinder, durch Verpflichtung zum Unterhalt mittelloser Angehöriger, durch Krankheit, Körperverletzung, Verschuldung, Unglücksfälle oder besondere Aufwendungen im Haushalt infolge der Erwerbstätigkeit der Ehefrau.

1921
Erhöhung der für die Berücksichtigung außergewöhnlicher Belastungen maßgebenden Einkommensgrenze auf 80000 M. durch das Einkommensteueränderungsgesetz vom 24. März 1921.

1922
Einkommensteueränderungsgesetz vom 20. Juli 1922 führt zur Erhöhung der für die Berücksichtigung besonderer wirtschaftlicher Verhältnisse maßgebenden Einkommensgrenze auf 200000 M.

1925
Durch das Einkommensteuergesetz vom 10. August 1925 wird die für die Berücksichtigung außergewöhnlicher Belastungen maßgebende Einkommensgrenze wieder auf 30000 M. herabgesetzt. Als außergewöhnliche Belastungen werden nunmehr auch Aufwendungen im Haushalt berücksichtigt, die durch die Erwerbstätigkeit einer Witwe mit minderjährigen Kindern veranlaßt werden. Daneben Steuerermäßigungen für Unterhaltsaufwendungen zugunsten getrennt lebender Ehefrauen und nicht zum Haushalt des Steuerpflichtigen zählender ehelicher und unehelicher minderjähriger Kinder. Steuerermäßigung teilweise durch Kürzung des tarifmäßigen Steuersatzes, in besonderen Fällen Steuerermäßigung durch Abzug vom Einkommen.

1934
Im Einkommensteuergesetz vom 16. Oktober 1934 weiterhin Berücksichtigung außergewöhnlicher Belastungen; nur noch Ermäßigung, nicht mehr völliger Erlaß der Einkommensteuer. Steuerermäßigung nur noch auf Antrag, nicht mehr wie bis dahin von Amts wegen. Herabsetzung der Einkommensgrenze auf 20000 RM (nur noch bei mehr als 2 Kindern 30000 RM). Höhe der Steuerermäßigung blieb dem Ermessen des Finanzamtes überlassen.

1938
Das Einkommensteuergesetz vom 1. Februar 1938 bringt die Streichung der Einkommensgrenzen und die Einführung des Begriffs der Zwangsläufigkeit außergewöhnlicher Belastungen. Aufstellung gewisser Sonderbelastungs-Mindestgrenzen, die nach dem Familienstand und der Höhe des Einkommens gestaffelt sind.

1941
Nach dem Einkommensteuergesetz vom 1. Februar 1938 liegt eine außergewöhnliche Belastung dann vor, wenn einem Steuerpflichtigen größere Aufwendungen als der überwiegenden Mehrzahl vergleichbarer Steuerpflichtiger entstehen und wenn diese Aufwendungen nicht zu den Betriebsausgaben, Werbungskosten oder Sonderausgaben gehören. Mit der Einkommensteuer-Durchführungsverordnung 1941 wird nicht mehr auf die überwiegende Mehrzahl der Steuerpflichtigen gleicher Verhältnisse, sondern auf die einfache Mehrheit

abgestellt. An die Stelle der Sonderbelastungs-Mindestgrenzen tritt die gewöhnliche Belastung, die ebenfalls in gestaffelten Vomhundertsätzen des Einkommens ausgedrückt ist; Einführung eines Rechtsanspruchs auf Steuerermäßigung hinsichtlich des übersteigenden Betrages.

1947
Durch die Einkommensteuer-Durchführungsverordnung 1947 Umbenennung der gewöhnlichen Belastungen in zumutbare Mehrbelastung mit Mehrbelastungsgrenzen. Anhebung der Vomhundertsätze und Bemessung der Mehrbelastungsgrenze nach dem um die Einkommensteuer gekürzten Einkommen.

1950
Gesetz zur Änderung des Einkommensteuergesetzes vom 29. April 1950. Streichung der zuvor als Sonderausgaben ausgestalteten Begünstigung der Wiederbeschaffung von Hausrat und Kleidung; nunmehr Berücksichtigung als außergewöhnliche Belastung. Begrenzung der Regelung auf Teilkriegsgeschädigte, während für Flüchtlinge, Vertriebene, politisch Verfolgte, Spätheimkehrer und Totalkriegsgeschädigte vom Einkommen abzuziehende feste Freibeträge zur steuerlichen Abgeltung von Wiederbeschaffungsaufwendungen eingeführt wurden.

1955
Das Steuerneuordnungsgesetz vom 16. Dezember 1955 bringt die Unterscheidung zwischen außergewöhnlichen Belastungen allgemeiner Art und außergewöhnlichen Belastungen in besonderen Fällen (vgl. weiter unten). Das Gesetz bringt Begriffsbestimmungen der Außergewöhnlichkeit und Zwangsläufigkeit; Aufwendungen müssen den Umständen nach notwendig sein und dürfen einen angemessenen Betrag nicht übersteigen. Vergleichsmaßstab ist die überwiegende Mehrzahl vergleichbarer Steuerpflichtiger. Streichung der Voraussetzung der wesentlichen Beeinträchtigung der steuerlichen Leistungsfähigkeit. Umbenennung der zumutbaren Mehrbelastung in zumutbare Eigenbelastung. Staffelung der zumutbaren Eigenbelastung nach dem Familienstand sowie nach dem Einkommen (bis 3000 und mehr als 3000 DM).

1965
Durch die Einkommensteuer-Durchführungsverordnung 1965 wird die für die zumutbare Eigenbelastung maßgebliche Einkommensgrenze von 3000 auf 6000 DM angehoben. Gleichzeitig Verringerung der zumutbaren Eigenbelastung für Steuerpflichtige mit mehr als 4 Kindern.

1974
Mit dem Steuerreformgesetz vom 5. August 1974 wird der Begriff der zumutbaren Eigenbelastung in zumutbare Belastung umbenannt. Abzug der geltend gemachten außergewöhnlichen Belastungen nicht mehr vom Einkommen, sondern vom Gesamtbetrag der Einkünfte. Differenziertere Staffelung der zumutbaren Belastung nach der Bemessungsgrundlage und dem Familienstand, weniger nach der Kinderzahl.

1978
Durch das Steueränderungsgesetz 1979 vom 30. November 1978 Berücksichtigung von Kindern von nicht in ehelicher Gemeinschaft lebenden Eltern und von nicht-ehelichen Kindern für die Berechnung der zumutbaren Belastung auch bei demjenigen Elternteil, der seiner Unterhaltsverpflichtung nachkommt, dem die Kinder jedoch nicht zugeordnet sind.

1980
Gesetz zur Änderung und Vereinfachung des Einkommensteuergesetzes und anderer Gesetze (sog. Omnibusgesetz) vom 18. August 1980 vereinfacht die Berechnung der zumutbaren Belastung und verstärkt die Familienkomponente.

1985
Nach dem Steuersenkungsgesetz 1986 vom 26. Juni 1985 zählen für die Bemessung der zumutbaren Belastung als Kinder wieder solche, für die der Steuerpflichtige einen Kinderfreibetrag erhält.

4.13.1.9 Außergewöhnliche Belastungen in besonderen Fällen

1933
Gesetz zur Bekämpfung der Arbeitslosigkeit vom 1. Juni 1933. Einführung der Bestimmung, daß 50 RM für jede Hausgehilfin je Kalendermonat abgesetzt werden können, in dem sie zum Haushalt des Steuerpflichtigen gehört. Beschränkung auf 3 Hausgehilfinnen.

1939
Steueränderungsgesetz vom 27. Februar 1939. Beseitigung der Möglichkeit, Aufwendungen für eine Hausgehilfin als Sonderausgaben abzusetzen.

1955
Steuerneuordnungsgesetz vom 16. Dezember 1955. Außergewöhnliche Belastungen in besonderen Fällen sind Aufwendungen für den Unterhalt und die Berufsausbildung von Personen, für die der Steuerpflichtige keinen Kinderfreibetrag erhält, ferner die Kosten der auswärtigen Unterbringung eines in Berufsausbildung stehenden Kindes sowie die Aufwendungen, die durch die Beschäftigung einer Hausgehilfin erwachsen. Festlegung von Höchstbeträgen der außergewöhnlichen Belastung.

1956
Steueränderungsgesetz vom 5. Oktober 1956. Erhöhung des Freibetrages für auswärtige Unterbringung. Erweiterung des Kreises der Steuerpflichtigen, die wegen der Beschäftigung einer Hausgehilfin eine Steuerermäßigung beantragen können, zugunsten von erwerbstätigen Ehegatten und unverheirateten erwerbstätigen Personen, wenn zu ihrem Haushalt mindestens zwei Kinder gehören.

1957
Steueränderungsgesetz vom 26. Juli 1957. Anhebung des Höchstbetrages für außergewöhnliche Belastungen durch Unterhalt und Berufsausbildung.

1958
Steueränderungsgesetz vom 18. Juli 1958 bringt eine Heraufsetzung der Höchstbeträge bei auswärtiger Unterbringung eines Kindes sowie für die Beschäftigung einer Hausgehilfin.

1960
Steueränderungsgesetz 1960 vom 30. Juni 1960 führt zu einer Erhöhung des Betrages, bis zu dem eigene Einkünfte des Unterhaltsempfängers unschädlich sind.

1961
Durch das Steueränderungsgesetz vom 13. Juli 1961 Erhöhung sämtlicher Höchstbeträge für außergewöhnliche Belastungen.

1964
Steueränderungsgesetz vom 25. März 1964. Für die Fälle, in denen statt einer Hausgehilfin stundenweise eine Haushaltshilfe beschäftigt wird, Zubilligung der Hälfte des für eine Hausgehilfin zustehenden Höchstbetrages.

1969
Steueränderungsgesetz 1968 vom 20. Februar 1969 stellt sicher, daß die Berücksichtigung außergewöhnlicher Belastungen durch Berufsausbildung nicht zu einer Schlechterstellung im Vergleich zur Neuregelung des beschränkten Sonderausgabenabzugs für Berufs- und Weiterbildungskosten führt.

1974

Nach dem Steuerreformgesetz vom 5. August 1974 werden die für außergewöhnliche Belastungen in besonderen Fällen abziehbaren Beträge nicht mehr vom Einkommen, sondern vom Gesamtbetrag der Einkünfte abgezogen. Aufwendungen wegen Unterhalt und Berufsausbildung werden nur noch berücksichtigt, wenn sie für Personen geleistet werden, für die kein Anspruch auf Kindergeld oder eine entsprechende Leistung besteht. Erhöhung der Höchstbeträge der abziehbaren Aufwendungen von 1200 auf 3000 DM. Anrechnung von Einkünften und Bezügen der unterhaltenen Personen ab 3600 DM (bis dahin 1200 DM). Ersetzung der Regelungen über außergewöhnliche Belastungen wegen auswärtiger Unterbringung einer in Berufsausbildung stehenden Person durch die Regelung über die Ausbildungsfreibeträge (wirksam ab 1977). Einführung eines Freibetrages für Heimbewohner (Altersheim-Freibetrag); bei Unterbringung des Steuerpflichtigen oder seines Ehegatten in einem Heim kann ein Freibetrag von 1200 DM angesetzt werden.

1977

Steueränderungsgesetz vom 15. August 1977. Einführung eines Freibetrages für Unterhalt zahlende Elternteile. Jedem Steuerpflichtigen wird ein Freibetrag von 600 DM im Kalenderjahr für jedes in Betracht kommende Kind zugestanden, wenn er seinen Unterhaltsverpflichtungen gegenüber dem Kind nachkommt.

1978

Steueränderungsgesetz 1979 vom 30. November 1978. Erhöhung des Höchstbetrages für außergewöhnliche Belastungen wegen Unterhalt und Berufsausbildung auf 3600 DM (Anrechnung eigener Einkünfte ab 4200 DM). Einschränkung der Absetzbarkeit von Unterhaltsaufwendungen an nicht im Inland ansässige Personen. Ferner wird zugelassen, daß ein Ausbildungsfreibetrag für ein Kind aus einer nichtintakten Ehe sowie für ein nichteheliches Kind grundsätzlich auf die beiden Elternteile je zur Hälfte aufgeteilt wird, wenn beiden Eltern Aufwendungen für die Berufsausbildung des Kindes erwachsen.

Einführung eines sog. Kinderbetreuungsbetrages. Aufwendungen, die einem Steuerpflichtigen für Dienstleistungen zur Beaufsichtigung oder Betreuung eines Kindes erwachsen, können bis zu einem Höchstbetrag von 600 DM jährlich für jedes noch nicht 18 Jahre alte Kind und grundsätzlich bei jedem Elternteil berücksichtigt werden (ab 1980).

1980

Gesetz zur Änderung und Vereinfachung des Einkommensteuergesetzes und anderer Gesetze (sog. Omnibusgesetz) vom 18. August 1980. Für die Gewährung der Ausbildungsfreibeträge von 1800 DM und 4200 DM ist nicht mehr zu prüfen, ob die Berufsausbildung der entscheidende Anlaß für die auswärtige Unterbringung ist. Aufhebung der Sonderregelung für die Anrechnung der einem Kind als Zuschuß gewährten Leistungen nach BAföG auf den in Betracht kommenden Ausbildungsfreibetrag (Anrechnung nur dann, wenn sie 2400 DM im Jahr übersteigen).

1981

Zweites Haushaltsstrukturgesetz 1982 vom 22. Dezember 1981. Ausbildungsbeihilfen aus öffentlichen Mitteln sind auf die Ausbildungsfreibeträge in voller Höhe anzurechnen. Ausbildungsfreibeträge sind ab 1982 für Kinder im Ausland auf das nach den Verhältnissen des Wohnstaates notwendige und angemessene Maß zu begrenzen.

1982

Haushaltsbegleitgesetz 1983 vom 20. Dezember 1982. Reduzierung der Ausbildungsfreibeträge um die Hälfte. Aufhebung des Kinderbetreuungsbetrages.

1985

Steuersenkungsgesetz 1986 vom 26. Juni 1985. Anhebung des Höchstbetrages für als außergewöhnliche Belastung abziehbare Unterhaltsaufwendungen für bedürftige Angehörige von 3600 DM auf 4500 DM.

4.13.1.10 Weitere Einkommensteuerermäßigungen

1953
Steueränderungsgesetz vom 24. Juni 1953 (Kleine Steuerreform). Gewährung von Freibeträgen für die Wiederbeschaffung von Hausrat und Kleidung gem. § 33a EStG letztmalig für den Veranlagungszeitraum 1954; Berücksichtigung von Wiederbeschaffungsaufwendungen ansonsten nur noch nach den allgemeinen Grundsätzen des § 33 EStG. Lediglich für einen bestimmten begünstigten Personenkreis ist der § 33a EStG 1953 aufgrund des § 52 Abs. 23 EStG 1979 weiterhin anzuwenden. Ferner Schaffung einer Ermächtigung für die Bundesregierung, die Gewährung von Pauschbeträgen für körperbehinderte Personen auf dem Verordnungswege zu regeln.

1955
Steuerneuordnungsgesetz vom 16. Dezember 1955. Einführung des § 33a Abs. 6 für die Gewährung von Pauschbeträgen für Werbungskosten, Sonderausgaben und außergewöhnliche Belastungen bei körperbehinderten Personen. Für körperbehinderte Personen, denen aufgrund gesetzlicher Vorschriften Beschädigtenversorgung zustand, konnten nach dem Grad der Minderung der Erwerbsfähigkeit gestaffelte Pauschbeträge festgesetzt werden. Zugleich Ermächtigung der Bundesregierung zur Ausdehnung der Pauschbetragsregelung auf andere Gruppen (z.B. Zivilbeschädigte, Hinterbliebene von Körperbeschädigten).

1960/61
Einkommensteuer-Durchführungsverordnung 1960. Neuregelung der Pauschbeträge für Körperbehinderte mit Festlegung des Kreises der anspruchsberechtigten Personen.

Steueränderungsgesetz vom 13. Juli 1961. Wegfall der Pauschalierungsmöglichkeit für Werbungskosten und Sonderausgaben aufgrund einer Körperbeschädigung.

1974
Steuerreformgesetz vom 5. August 1974 ersetzt den § 33a Abs. 6 EStG durch den neuen § 33b Einkommensteuergesetz. Unmittelbare Aufnahme der Pauschbeträge für Körperbehinderte und Hinterbliebene sowie der materiell-rechtlichen Voraussetzungen in das Einkommensteuergesetz. Anhebung der Pauschbeträge für Körperbehinderte um 40%, für Blinde und ständig Hilflose um 50%. Nachweisverfahren weiterhin durch Rechtsverordnung geregelt (§ 65 EStDV).

Gesetz zur Verbesserung der betrieblichen Altersversorgung vom 19. Dezember 1974. Einführung einer besonderen Lohnsteuer-Pauschalierung bei bestimmten Ausgaben des Arbeitgebers für die Zukunftssicherung der Arbeitnehmer. Nach § 40b Abs. 1 Einkommensteuergesetz kann der Arbeitgeber die Lohnsteuer von den Beiträgen für eine Direktversicherung des Arbeitnehmers und für Zuwendungen an eine Pensionskasse mit einem Pauschsteuersatz von 10% der Beiträge und Zuwendungen erheben, soweit diese nicht steuerfrei sind. Die pauschale Lohnsteuererhebung von Beiträgen für eine Direktversicherung ist nur zulässig, wenn die Versicherung nicht auf den Erlebensfall eines früheren als des 60. Lebensjahres abgeschlossen und eine vorzeitige Kündigung des Versicherungsvertrages durch den Arbeitnehmer ausgeschlossen ist. Im übrigen ist die Lohnsteuer-Pauschalierung auf pauschalbesteuerungsfähige Leistungen von 2400 DM jährlich je Arbeitnehmer begrenzt.

1978
Steueränderungsgesetz 1979 vom 30. November 1978. Körperbehinderten- bzw. Hinterbliebenenpauschbetrag, der einem Kind geschiedener oder dauernd getrennt lebender Eltern oder einem nichtehelichen Kind zusteht, wird grundsätzlich auf beide Elternteile je zur Hälfte übertragen.

1982
Haushaltsbegleitgesetz 1983 vom 20. Dezember 1982. Einführung des erweiterten Schuldzinsenabzugs nach § 21a Abs. 4 Einkommensteuergesetz.

1984
Steuerbereinigungsgesetz 1985 vom 14. Dezember 1984. Einführung eines neuen § 33c Einkommensteuergesetz ab 1985. Alleinerziehende Elternteile können Kinderbetreuungskosten für Kinder, die uneingeschränkt steuerpflichtig sind und zu Beginn des Kalenderjahres das 16. Lebensjahr noch nicht vollendet haben, geltend machen, soweit die Aufwendungen durch die Erwerbstätigkeit des Steuerpflichtigen veranlaßt sind. Der anrechenbare Höchstbetrag beträgt bei Einzelnachweis für das 1. Kind 4000 DM sowie 2000 DM für das 2. und jedes weitere Kind (Pauschbeträge von 480 DM je Kind).

1985
Steuersenkungsgesetz 1986 vom 26. Juni 1985. Ausdehnung des Kinderbetreuungskostenabzugs auf behinderte und länger kranke Alleinerziehende und Ehegatten.

4.13.2 Steuern auf Vermögen

1893
Preußisches Ergänzungssteuergesetz vom 18. Juli 1893 kennt (wie auch die späteren Gesetze anderer Bundesstaaten) keine Steuervergünstigungen für kinderreiche Familien. Begrenzte Steuerentlasung jedoch für Personen in wirtschaftlich besonders bedrängter Lage; Steuerfreiheit für weibliche Personen, die minderjährige Familienangehörige zu ernähren hatten, sowie für vaterlose minderjährige Waisen und für Erwerbsunfähige (Grenze des steuerbaren Vermögens 20000 M., des Jahreseinkommens 1200 M.). Bis zu einem Vermögen von 32000 M. jährliche Steuer höchstens 3 M., sofern keine Veranlagung zur Einkommensteuer. Bei Veranlagung zu den ersten 4 Stufen der Einkommensteuer, Ermäßigung der Ergänzungssteuer um 2 M. Im Falle der Geltendmachung außergewöhnlicher Belastungen bei der Einkommensteuer Ermäßigung der Ergänzungssteuer um 2 Stufen (bis zu einem Vermögen von 52000 M.).

1913
Mecklenburgisches Ergänzungssteuergesetz vom 6. Mai 1913 mit ähnlichen Regelungen wie im preußischen Ergänzungssteuergesetz. Bis zu einem Vermögen von 20000 M. und einem Einkommen von 1200 M. jährlich Steuerfreiheit für weibliche Personen mit Unterhaltspflicht für minderjährige Familienangehörige sowie für vaterlose minderjährige Waisen. Grundsätzliche Steuerfreiheit für Vermögen von weniger als 6000 M.

Wehrbeitragsgesetz vom 3. Juli 1913 berücksichtigt explizit die Kinderzahl. Für Steuerpflichtige mit einem Vermögen bis zu 100000 M. Ermäßigung der Abgabe für das 3. und jedes folgende Kind um 5% im Falle einer Unterhaltsgewährung aufgrund gesetzlicher Verpflichtung. Bis zu einer Vermögensgrenze von 200000 M. Ermäßigung des Wehrbeitrages um je 10% für den 3. und jeden weiteren Sohn, der seine gesetzliche Militärdienstpflicht abgeleistet hatte.

1917
Änderung des Kriegssteuergesetzes vom 9. April 1917 mit Einführung eines außerordentlichen Zuschlages zugunsten des Reiches in Höhe von 20% des Betrages, der aufgrund des Kriegssteuergesetzes vom 21. Juni 1916 zu entrichten war. Ermäßigung des Zuschlages bei einem Vermögen von weniger als 100000 M. in Abhängigkeit von der Kinderzahl; mehr als 2 Kinder 15%, mehr als 3 Kinder 10%, mehr als 4 Kinder 5%, mehr als 5 Kinder (unter 18 Jahren) kein Zuschlag.

1922
Vermögensteuergesetz vom 8. April 1922 mit Erleichterungen für Steuerpflichtige, die entweder über 60 Jahre alt oder erwerbsunfähig oder nicht nur vorübergehend verhindert waren, ihren Lebensunterhalt durch eigenen Erwerb zu bestreiten. Auf Antrag Befreiung von der Vermögensteuer jeweils für 1 Kalenderjahr in Abhängigkeit von Vermögensart, Vermögenshöhe und Einkommenshöhe (nicht hauptsächlich Grund- und Betriebsvermögen; Vermögensgrenze 500000 M., Einkommensgrenze 20000 M.). Berücksichtigung außergewöhnlicher Belastungen konnte zu einem vollständigen (Vermögensgrenze 200000 M.) oder hälftigen (Vermögen bis 500000 M.) Erlaß der Vermögenssteuer führen.

1934
Vermögensteuergesetz vom 16. Oktober 1934. Erstmals ausdrückliche Berücksichtigung des Familienstandes in Form von Freibeträgen bei der Vermögenssteuer. Grundfreibetrag von 10000 RM (für über 60 Jahre alte oder längere Zeit erwerbsunfähige Personen, beide mit nicht mehr als 3000 RM Jahreseinkommen, 20000 RM); je 10000 RM für die Ehefrau und jedes minderjährige Kind. Freibetrag für volljährige Kinder bei Berufsausbildung auf Kosten des Steuerpflichtigen vor Vollendung des 25. Lebensjahres. Berücksichtigung auch von Stiefkindern, Adoptivkindern und Pflegekindern. Steuerpflicht nur für den überschießenden Vermögensbetrag.

1946/47
Kontrollratsgesetz Nr. 13 vom 11. Februar 1946 und Kontrollratsgesetz Nr. 59 vom 20. Oktober 1947. Beseitigung sämtlicher Freibeträge für Familienangehörige. Freibetrag von 10000 RM nur noch für den Steuerpflichtigen selbst.

1948
Gesetz zur vorläufigen Neuordnung der Steuern vom 22. Juni 1948 mit beschränkter Wiedereinführung der Freibeträge des Vermögensteuergesetzes 1934. Freibeträge für den Steuerpflichtigen und die Ehefrau je 10000 DM und für die Kinder (bis zur Vollendung des 18. Lebensjahres; früher bis zur Volljährigkeit) je 5000 DM. Gewährung des Kinderfreibetrages auch für Kinder vom 18. bis zum 25. Lebensjahr bei Unterhalt und Berufsausbildung auf Kosten des Steuerpflichtigen. Wiedereinführung des Freibetrages wegen Alters oder Erwerbsunfähigkeit.

1954
Vermögensteuergesetz vom 10. Juni 1954 mit Gewährung eines Kinderfreibetrags in Höhe von 5000 DM erstmals auch für Kinder, die das 25. Lebensjahr vollendet haben, wenn sie auf Kosten des Steuerpflichtigen unterhalten, für einen Beruf ausgebildet werden und der Abschluß der Berufsausbildung durch Umstände verzögert wird, die weder die Kinder noch der Steuerpflichtige zu vertreten haben (z.B. Ableistung des Wehrdienstes). Neueinführung des Freibetrages für Kinder ohne Rücksicht auf ihr Alter, wenn außerstande, sich selbst zu unterhalten. Änderungen in den Voraussetzungen für den Freibetrag wegen Alter oder Erwerbsunfähigkeit hinsichtlich des Begriffs „Erwerbsunfähigkeit“ sowie des „Einkommens“- und „Gesamtvermögens“-Begriffs.

1957
Gesetz zur Änderung steuerlicher Vorschriften vom 26. Juli 1957. Für Kinder, die das 18. Lebensjahr vollendet und Vermögenssteuer aufgrund selbständiger Veranlagung zu entrichten haben, Wegfall des Freibetrages. Änderung der Vorschriften über den Freibetrag wegen Alter oder Erwerbsunfähigkeit; jeder Ehegatte erhielt einen Freibetrag, wenn er in seiner Person die Voraussetzungen erfüllte.

1961
Steueränderungsgesetz 1961 vom 13. Juli 1961 mit Erhöhung der Freibeträge für den Steuerpflichtigen und seine Ehefrau von 10000 auf 20000 DM (ab 1.1.1960); Gewährung des

Ehegattenfreibetrages, wenn beide Ehegatten unbeschränkt steuerpflichtig sind und nicht dauernd getrennt leben. Erhöhung des Kinderfreibetrages von 5000 auf 20000 DM. Zusätzlicher Freibetrag von 5000 DM für den Steuerpflichtigen nach Vollendung des 60. Lebensjahres oder bei Erwerbsunfähigkeit (für mindestens 3 Jahre) bis zu einer Vermögensgrenze von 100000 DM; bei Zusammenveranlagung und Erfüllung der Voraussetzungen durch beide Ehegatten Erhöhung des Freibetrages auf 10000 DM und der Vermögensgrenze auf 200000 DM. Einführung eines erhöhten Freibetrages wegen Alter (ab Vollendung des 65. Lebensjahres) oder wegen Erwerbsunfähigkeit (voraussichtlich für mindestens 3 Jahre erwerbsunfähig) mit spezifischen Voraussetzungen (Gesamtvermögen nicht mehr als 100000 DM, steuerfreie Ansprüche des Steuerpflichtigen gem. § 68 Ziff. 1-4 und 6a des Bewertungsgesetzes von nicht mehr als 3600 DM p.a.; Begünstigung von Steuerpflichtigen, die ihre Altersversorgung vor allem durch Ansammlung privaten Vermögens sichern).

1974
Vermögensteuergesetz vom 17. April 1974 ohne prinzipielle Änderungen hinsichtlich der Voraussetzungen für die Gewährung von Freibeträgen für den Steuerpflichtigen und für den Ehegatten sowie der Freibeträge wegen Alter und Erwerbsunfähigkeit. Erhöhung des Freibetrages für den Steuerpflichtigen und dessen Ehegatten von 20000 auf 70000 DM, bei Zusammenveranlagung von Ehegatten somit auf 140000 DM. Erhöhung der Kinderfreibeträge auf ebenfalls 70000 DM, allerdings mit Einschränkung, daß für die Gewährung nicht allein das Lebensalter entscheidend ist, sondern eine Zusammenveranlagung des Kindes mit den Eltern oder einer Einzelperson vorliegt; Beseitigung der Mehrfachgewährung von Kinderfreibeträgen. Erhöhung des Alters- und Erwerbsunfähigkeitsfreibetrages von 5000 auf 10000 DM und Heraufsetzung der hierfür maßgeblichen Vermögensgrenze auf 150000 DM. Anhebung des erhöhten Alters- oder Erwerbsunfähigkeitsfreibetrages von 25000 auf 50000 DM, der maßgeblichen Vermögensgrenze auf 300000 DM und der unschädlichen Bezüge gem. BewG von jährlich 3600 auf 4800 DM. Neueingeführt wurde für den gewöhnlichen Alters- oder Erwerbsunfähigkeitsfreibetrag eine sog. Gleitklausel über die Verminderung des Freibetrages bei Überschreitung der Gesamtvermögensgrenzen; danach vermindert sich der Freibetrag um den Betrag, der das Gesamtvermögen von 150000, im Fall der Zusammenveranlagung von 300000 DM übersteigt; voller Wegfall des Freibetrages ab einem Gesamtvermögen von 160000 bzw. 320000 DM.

4.13.3 Grundsteuerermäßigungen

1919
Reichssiedlungsgesetz vom 11. August 1919 sah selbst keine Grundsteuerbefreiung vor; allerdings gewährten einzelne Länder für aufgrund dieses Gesetzes errichtete Siedlerstellen nach Maßgabe des Landesrechts auf bestimmte Zeit Befreiungen oder Ermäßigungen von der Grundsteuer.

1925
Preußisches Grundvermögenssteuergesetz vom 28. Dezember 1925. Teilweiser oder völliger Erlaß der Grundsteuer für Wohnungsbauten mit Fertigstellung vom 1. April 1918 bzw. 1. April 1924 bis zum 31. März 1931. Entsprechende Regelungen mit unterschiedlicher Ausgestaltung in den meisten deutschen Bundesstaaten.

1930
Völlige Befreiung der zwischen dem 1. April 1931 und dem 31. März 1934 bezugsfertig gewordenen Wohnungsneubauten von der Grundsteuer bis zum 31. März 1939 aufgrund des Realsteuersenkungsgesetzes vom 1. Dezember 1930.

1933
Zweites Gesetz zur Verminderung der Arbeitslosigkeit vom 21. September 1933 mit Gewährung von Grundsteuerermäßigungen bzw. -befreiungen für Kleinwohnungen und Ei-

genheime, die in der Zeit vom 1. April 1934 bis 31. März 1937 (Eigenheime bis zum 31. März 1939) bezugsfertig wurden. Derartige Wohnungen waren von der Grundsteuer des Landes ganz und von der Grundsteuer der Gemeinde zur Hälfte befreit. Diese Vergünstigungen galten für Kleinwohnungen bis zum 31. März 1939 und für Eigenheime bis zum 31. März 1944.

1936

Reichsgesetz vom 2. April 1936 brachte teilweise eine reichseinheitliche Regelung der Grundsteuerpflicht bzw. -befreiung. Wohngebäude mit Bezugsfertigkeit zwischen dem 1. April 1918 und dem 31. März 1931 waren grundsätzlich zur Gemeindegrundsteuer heranzuziehen; demgegenüber wurde die Befreiung von der Landesgrundsteuer, soweit sie am 31. März 1936 für derartige Wohngebäude vorgesehen war, um ein Jahr verlängert.

Das Realsteuergesetz vom 3. Dezember 1936 gewährte verschiedene Grundsteuerbefreiungen auf Zeit. Die aufgrund des 1. Reichssiedlungsgesetzes gewährten landesrechtlichen Vergünstigungen bei der Grundsteuer sollten bis zu dem landesrechtlich vorgesehenen Zeitpunkt aufrechterhalten bleiben. Für den älteren Neuhausbesitz (vom 1.4.1918 bis zum 31.3.1931 bezugsfertig geworden) wurde die weitere Fortführung der Grundsteuerbefreiung versagt. Beibehaltung der Grundsteuerbefreiungen für den mittleren Neuhausbesitz (vom 1.4.1931 bis zum 31.3.1934 bezugsfertig geworden); gleiche Regelung für den neuesten Neuhausbesitz. Der für die Steuerbefreiungen für Eigenheime maßgebliche Stichtag wurde vom 31.3.1939 auf 30.9.1937 zurückverlegt; danach gänzliche Aufhebung der Grundsteuerbefreiungen. Übergangslösung für sog. Arbeiterwohnstätten, die in der Zeit vom 1. April 1937 bis 31. März 1940 errichtet wurden; Befreiung von der Grundsteuer für 20 Jahre (Rückerstattungs- bzw. Beihilfeverfahren).

1937

Grundsteuerdurchführungsverordnung mit teilweiser Grundsteuerbefreiung für den älteren, mittleren und neuesten Neuhausbesitz; Vergünstigung für Wohngebäude bzw. Kleinwohnungen, die nach dem 1. April 1924 bezugsfertig geworden waren und aufgrund früherer Gesetze von der Grundsteuer befreit waren; Steuerermäßigung von 25%. Gewährung bis zum nächsten Hauptfeststellungszeitpunkt (1.1.1941; unterblieb wegen des Krieges; daher Fortgeltung über das Kriegsende hinaus).

Verordnung über die Förderung von Arbeiterwohnstätten vom 1. April 1937. Als Arbeiterwohnstätten, denen eine Beihilfe in Höhe der Grundsteuer gewährt wurde, galten demnach Kleinsiedlungen, Volkswohnungen, Heuerlings- und Werkswohnungen sowie Eigenheime für sämtliche Arbeiter und Handwerker, die aufgrund von Bestimmungen der Reichsregierung gefördert wurden.

1941/44

Verordnung vom 17. September 1941 mit Ausdehnung der besonderen Grundsteuererstattung auf bis 1943 fertiggestellte Arbeiterwohnstätten.

Verordnung vom 18. Januar 1943 mit Ausdehnung der besonderen Grundsteuererstattung auf bis 1944 fertiggestellte Arbeiterwohnstätten.

Verordnung vom 13. Mai 1944 mit Ausdehnung der besonderen Grundsteuererstattung auf bis zum 31. März 1945 fertiggestellte Arbeiterwohnstätten.

1950

I. Wohnungsbaugesetz vom 24. April 1950 mit Grundsteuerermäßigungen auf bestimmte Zeit für bestimmte Wohngebäude außerhalb des Grundsteuergesetzes. Geltung im gesamten Bundesgebiet außer Bayern. Begünstigt waren Wohnungen, die nach dem 31.12.1949 bezugsfertig wurden; diese Wohnungen mußten durch Neubau, durch Wiederaufbau zerstörter oder Wiederherstellung beschädigter Gebäude oder durch Ausbau oder Erweiterung bestehender Gebäude geschaffen worden sein. Steuervergünstigung bestand darin, daß die Grundsteuer auf die Dauer von 10 Jahren nur nach dem Steuermeßbetrag erhoben wurde, in welchem die neugeschaffenen Wohnungen nicht enthalten waren. Begünstigt waren lediglich Kleinwohnungen mit einer Wohnfläche von 80 m^2, in besonderen Fällen von nicht mehr als 120 m^2. Bei vermieteten Wohnungen durfte die Miete höchstens in Höhe der zur Deckung der Kosten erforderlichen Summe erhoben werden (Kostenmiete).

1951
Grundsteuergesetz 1951 bestimmte, daß der Bund für Arbeiterwohnstätten, die in der Zeit vom 1. April 1937 bis 31. März 1945 bezugsfertig geworden waren, zur Erzielung tragbarer Lasten und Mieten eine Beihilfe in Höhe der Grundsteuer für die Dauer von 20 Jahren gewährt. Der Beihilfezeitraum begann mit dem 1. April, der auf das Kalenderjahr folgte, in dem die Arbeiterwohnstätte bezugsfertig geworden war.

Grundsteueränderungsgesetz vom 10. August 1951. Ermächtigung der Bundesregierung zum Erlaß von Rechtsverordnungen mit Zustimmung des Bundesrates über eine völlige oder teilweise Grundsteuerbefreiung bis zu 5 Jahren für Neusiedlerstellen; Begünstigung von aufgrund des Reichssiedlungsgesetzes und der Bodenreformgesetze der Länder gegründeten Neusiedlerstellen sowie von land- und forstwirtschaftlichen Betrieben, die nach dem Flüchtlingssiedlungsgesetz als wüste Höfe Heimatvertriebenen zur Verfügung gestellt worden waren.

1956/57
II. Wohnungsbaugesetz vom 27. Juni 1956 und Verwaltungsanordnung über die Grundsteuervergünstigung nach dem II. Wohnungsbaugesetz vom 20. April 1957. Erhebliche materiell-rechtliche und verfahrensrechtliche Abweichungen gegenüber dem I. WoBauG. Grundsteuerermäßigung für öffentlich geförderten sowie steuerbegünstigten Wohnungsbau. Für Wohnungen mit Förderung durch zinsverbilligte Darlehen oder Annuitätszuschüsse der öffentlichen Hand ist Gewährung der Grundsteuervergünstigung (Vorlage des Bewilligungsbescheides) zwingende Folge. Anerkennung einer Wohnung als steuerbegünstigt durch besonderen Verwaltungsakt in Form eines Anerkennungsbescheides. Grundsteuerbefreiung für einen Zeitraum von 10 Jahren; nur noch Besteuerung des Bodenwertanteils.

4.13.4 Kraftfahrzeugsteuerermäßigungen

1935
Nach der Kraftfahrzeugsteuer-Durchführungsverordnung 1935 konnte gewissen Kriegs- und Zivilbeschädigten die Kraftfahrzeugsteuer im Billigkeitsweg ohne Rechtsanspruch und unter engen Voraussetzungen (auch bei Kriegsbeschädigten nur unter Berücksichtigung der wirtschaftlichen Verhältnisse, bei Zivilbeschädigten sogar nur „bei besonderen wirtschaftlichen Verhältnissen") erlassen werden.

1946
Erste Kraftfahrzeugsteuer-Durchführungsverordnung zum Kontrollratsgesetz Nr. 14 vom 11. Februar 1946. Der Kraftfahrzeugsteuererlaß für gewisse Körperbehinderte aus dem Jahre 1935 wird fortgeführt.

1955
Kraftfahrzeugsteuergesetz vom 20. Juni 1955 bestimmte, daß Körperbehinderten, die sich infolge ihrer Körperbehinderung ein Personenfahrzeug halten müssen, die Steuer für einen Pkw von nicht mehr als 2400 ccm Hubraum auf Antrag erlassen werden kann. Anspruchsberechtigt waren Schwerbeschädigte im Sinne des BVG sowie Personen, die den Körperschaden infolge nationalsozialistischer Verfolgungs- und Unterdrückungsmaßnahmen erlitten haben, ohne Rücksicht auf ihre wirtschaftlichen Verhältnisse, bei Minderung der Erwerbsfähigkeit um mindestens 50%. Sonstigen Körperbehinderten konnte unter Berücksichtigung der wirtschaftlichen Verhältnisse die Steuer erlassen werden, wenn sie zur Fortbewe-

gung auf die Benutzung eines Pkw nicht nur vorübergehend angewiesen waren. Nicht gewährt werden durfte die Steuerbegünstigung, wenn der Pkw zur Beförderung anderer Personen bzw. zur Beförderung von Gütern benutzt werden sollte.

1960
Kraftfahrzeugsteueränderungsgesetz 1960 führte mit Wirkung vom 1.1.1961 zum Wegfall der bis dahin geltenden Hubraumgrenze von 2400 ccm. Ferner wurde bestimmt, daß bei mißbräuchlicher Verwendung die Steuervergünstigung nur für die Zeit der mißbräuchlichen Verwendung, mindestens jedoch für einen Monat zu widerrufen war.

1964
Kraftfahrzeugsteuergesetz 1964. Konkretisierung der Schädlichkeit der Benutzung des steuerbegünstigten Pkw durch andere Personen. Danach durften der Ehegatte sowie Pflegepersonen und unter Umständen andere Angehörige das Fahrzeug im Rahmen der Haushaltsführung mitbenutzen. Ferner waren die gelegentliche unentgeltliche Mitbeförderung anderer Personen sowie die Beförderung von Handgepäck unschädlich.

1978
Kraftfahrzeugsteuergesetz vom 22. Dezember 1978. Beseitigung der Unterscheidung zwischen Schwerbeschädigten und anderen Körperbehinderten. Steuerbefreiung für alle Behinderten in vollem Umfange, wenn sie nicht nur vorübergehend in ihrer Bewegungsfähigkeit im Straßenverkehr erheblich beeinträchtigt sind; eine derartige erhebliche Beeinträchtigung wird bei einer dauernden Minderung der Erwerbsfähigkeit um mindestens 80% unterstellt. Vorliegen einer Beeinträchtigung ist durch einen Ausweis oder eine Bescheinigung des zuständigen Versorgungsamtes nachzuweisen. Schwerkriegsbeschädigte und gleichgestellte, aber nicht erheblich behinderte Personen wurden den behinderten Begünstigten gleichgestellt, sofern die Erwerbsminderung mindestens 50% betrug.

1984
Steuerentlastungsgesetz 1984 vom 22. Dezember 1983. Mit Wirkung vom 1.4.1984 nach Personengruppen differenzierte Einschränkungen des ursprünglichen Kfz-Steuererlasses für Körperbehinderte.

4.14 Vergünstigungen im Wohnungswesen

1918
Verordnung eröffnet öffentlichen Körperschaften die Möglichkeit, den Wohnungsbau durch Baukostenzuschüsse in Gang zu bringen.

1921
Wohnungsabgabegesetz vom Juni 1921 gestattet Ländern und Gemeinden, Altbauwohnungen mit einer zusätzlichen Steuer bzw. Abgabe von 5 v.H. der Friedensmiete zu belegen, vorausgesetzt, daß diese Mittel zur Förderung des Wohnungsbaus verwendet werden.

1924
Einführung der sog. Hauszinssteuer. Vor 1918 fertiggestellten Gebäuden wurde ein Geldentwertungsausgleich auferlegt. Die hieraus resultierenden zusätzlichen Steuereinnahmen mußten von den Ländern zunächst zu mindestens 10%, ab 1925 zu mindestens 15-20% zur Förderung der Neubautätigkeit verwandt werden (Gewährung von sog. Hauszinssteuerhypotheken).

1925/26
Mit den Bremer Richtlinien (1925) bzw. den Berliner Richtlinien (1926) unternahm das Reich den Versuch, für die Länder einheitliche Grundsätze für die Vergabe von Hauszinssteuerhypotheken aufzustellen.

Reich erhält die gesetzliche Ermächtigung, Kredite zur Förderung des Kleinwohnungsbaus bereitzustellen.

1928/29
Das Reich wird ermächtigt, zugunsten der Deutschen Bau- und Bodenbank für deren Kredite aus dem Privatkapitalmarkt Bürgschaften bis zur Höhe von 250 Mio. RM im Jahr einzugehen.

1930/32
Notverordnung vom 30. Dezember 1930 ermächtigt den Reichsarbeitsminister, Grundsätze für die Verwendung des Wohnungsbauanteils des Hauszinssteueraufkommens aufzustellen. Nach den daraufhin erlassenen Reichsgrundsätzen für den Kleinwohnungsbau durften nur noch Wohnungen mit einer Größe von max. 60 m^2 und einer Miete von höchstens 40 RM gefördert werden. Förderung sowohl durch Darlehen als auch durch Zinszuschüsse.

Durch das Gesetz über Bergmannssiedlungen vom März 1930 werden Möglichkeiten geschaffen, die Errichtung besonderer Wohnsiedlungen für Bergleute zu fördern.

Ende 1931 wird das Förderungsprogramm der sog. vorstädtischen Kleinsiedlung gestartet, wodurch vor allem langfristig Erwerbslosen billige Wohngelegenheiten verschafft werden sollten. Nach den Richtlinien vom Juni 1932 konnten Familien mit 5 und mehr Kindern Reichsdarlehen bis zu 3 000 RM erhalten. Zudem wurde ihnen ein Zinsnachlaß von dreimal 40 RM oder ein Baukostenzuschuß von 120 RM gewährt.

1933
Erweiterung der Förderung der Kleinsiedlung. Darlehensberechtigt waren fortan neben unterstützten Erwerbslosen auch Kurzarbeiter. Begrenzung des Darlehens auf 2250 RM, Streichung des verlorenen Zuschusses, Möglichkeit eines Zusatzdarlehens für kinderreiche Familien von 500 RM.

1934
Start eines neuen Programms zur Förderung des Landarbeiterwohnungsbaus. Gewährung von Zuschüssen (bis zu 300 RM jährlich für 6 Jahre) zur Verzinsung und Tilgung der Darlehen für neue Familienwohnungen für verheiratete landwirtschaftliche Arbeiter (Landarbeiterwohnungen) oder für Ersatzbauten (Altenteilerwohnungen).

Erlaß neuer Bestimmungen für die Übernahme von Reichsbürgschaften für den Kleinwohnungsbau. Vorrangige Förderung billiger Kleinwohnungen für wirtschaftlich schwache Bevölkerungskreise.

1935
Erlaß des Gesetzes zur Förderung des Wohnungsbaus. Bereitstellung von Reichsdarlehen an die Gemeinden (1 000 RM je Wohnung), die diese gemeinnützigen Wohnungsbauunternehmen zur Verfügung stellen konnten. Bei Errichtung von Wohnungen für kinderreiche Familien konnte das Darlehen um 300 RM erhöht werden. Darlehen waren mit 4 v.H. zu verzinsen und mit 1 v.H. zu tilgen.

Weitere Ausdehnung und völlige Umgestaltung des Programms zur Förderung der Kleinsiedlung. Förderungsberechtigt waren nunmehr alle Deutschen mit einem Monatseinkommen von weniger als 200 RM. Begrenzung des Darlehens auf 1 000 RM je Siedlerstelle (Zusatzdarlehen von 400 RM für Kinderreiche, Kriegs- und Berufsgeschädigte). Verzinsung des Darlehens mit 4 v.H. und Tilgung mit 1 v.H. (kinderreichen Familien konnte ein Zinsnachlaß von 40 RM für die ersten 3 Jahre eingeräumt werden).

1936
Vereinfachungen und materielle Verbesserungen im Bereich der Förderung der Kleinsiedlung. Erhöhung des Darlehensbetrages auf 1 500 RM zuzüglich etwaiger Zusatzdarlehen.

Erweiterung des Zinsnachlasses für bedürftige kinderreiche Familien (weniger als 120 RM Monatseinkommen) von drei auf fünf Jahre.

Änderung und Ergänzung der Reichsgrundsätze für den Kleinwohnungsbau. Darlehen aus Mitteln des Hauszinssteueraufkommens wurden auf 1500 RM je Wohnung begrenzt; weiterhin 4 v.H. Verzinsung, 1 v.H. Tilgung.

1937
Schaffung weiterer Subventionsmaßnahmen für den Landarbeiterwohnungsbau. Landesrentenbank stellte für den Bau von Werkswohnungen Darlehen bis zu 5500 RM, für Heuerlingswohnungen bis zu 6350 RM und für Eigenheimstellen bis zu 8000 RM zur Verfügung. Ab Ende 1937 zudem Gewährung von verlorenen Reichszuschüssen von durchschnittlich 600 RM je Wohnung.

Abermalige Verbesserungen im Bereich der Förderung der Kleinsiedlung. Erhöhung des Darlehenshöchstbetrages für kinderreiche Familien auf 2000 RM. Reichsdarlehen waren fortan nur noch mit 3 v.H., von minderbemittelten Siedlern mit 2 v.H. und von kinderreichen Siedlern mit 1 v.H. zu verzinsen. Erhöhung der Zusatzdarlehen für Familien mit 4 und mehr Kindern. Senkung des Zinsnachlasses für kinderreiche Familien von 40 auf 25 RM.

1938
Weitere Erleichterungen im Rahmen des Kleinsiedlungsprogramms. Reich verzichtet für die Dauer der Rückzahlung der Fremddarlehen gänzlich auf eine Verzinsung und verlangt in dieser Zeit lediglich eine 1 v.H.ige Tilgung (2 v.H. bei einem Monatseinkommen von mehr als 150 RM). Nach Abdeckung der Vorlasten Verzinsung mit 4 v.H. sowie erhöhte Tilgung.

1950
I. Wohnungsbaugesetz – Förderung des Wohnungsbaus, insbesondere des sozialen Wohnungsbaus, als gemeinsame Aufgabe des Bundes, der Länder und Gemeinden. Wohnungsbauprogramm für breite Schichten; entsprechend Vorgaben bzgl. Größe, Ausstattung und Miete/Belastung. In der Folgezeit verschiedene Sonderprogramme des sozialen Wohnungsbaus; Umsiedlerwohnungsbau, Wohnungsbau für Sowjetzonenflüchtlinge, Bergarbeiter, Landarbeiter.

1953
Gesetz zur Änderung und Ergänzung des I. Wohnungsbaugesetzes. Forcierte Förderung des Wohnungsbaus durch Einsatz öffentlicher Mittel, insbesondere durch Ausgabe verbilligter Darlehen und Übernahme staatlicher Bürgschaften.

Baulandbeschaffungsgesetz. Sicherung des für den Wohnungsbau erforderlichen Bedarfs an Bauland zu tragbaren Bedingungen.

1956
II. Wohnungsbaugesetz (Wohnungsbau- und Familienheimgesetz). Forcierte Erstellung von Eigenheimen; Festlegung einer Mindestausstattung der Wohnungen im sozialen Wohnungsbau; vorrangige Förderung der Bezieher niedriger Einkommen, kinderreicher Familien und Schwerbeschädigter. An Stelle der im I. Wohnungsbaugesetz dominierenden Bereitstellung öffentlicher Mittel wird nun der Schwerpunkt stärker auf die Förderung der Finanzierung des Wohnungsbaus durch Eigen- und Kapitalmarktmittel gelegt, deren Beschaffung durch Zins-, Tilgungs- und Aufwendungsbeihilfen erleichtert wird. Gewährung öffentlicher Mittel in Form von Darlehen oder Zuschüssen; beim Bau von Familieneigenheimen zusätzlich zinslose Familienzusatzdarlehen in Höhe von 2000 DM bei zwei Kindern, die sich um 3000 DM für das dritte und jedes weitere Kind erhöhen. Wohnfläche im Rahmen des öffentlich geförderten sozialen Wohnungsbaus unterliegt Begrenzungen. Förderungsanspruch für Bauherren, die für den Eigenbedarf bauen, nur wenn das Einkommen bestimmte Grenzen nicht übersteigt.

1957

Gesetz zur Änderung des I. Wohnungsbaugesetzes und des II. Wohnungsbaugesetzes. Verstärkung der Eigentumsbildung in der Wohnungsbauförderung.

1965

Wohnungsbauänderungsgesetz. Verstärkte Eigentumsbildung im Wohnungsbau. Einführung des degressiven Förderungssystems im sozialen Wohnungsbau, indem Kapitalmarktzinsen mit abnehmenden Quoten für jeweils zeitlich befristete Abschnitte subventioniert werden. Schaffung des sog. Zweiten Förderungsweges. Sicherung der Zweckbestimmung von Sozialwohnungen.

1971

Langfristiges Wohnungsbauprogramm: Sozialprogramm, Regionalprogramm, Modernisierungsprogramm.

Mit der Grundförderung des Sozialprogramms angemessene Wohnraumversorgung einkommensschwacher Personengruppen angestrebt; insbesondere für benachteiligte Gruppen wie kinderreiche Familien, alte Menschen und Schwerbehinderte zusätzliche Begünstigung in einem Intensivprogramm.

Im Rahmen des Regionalprogramms Förderung von Wohnungen in Regionen mit besonders großem Wohnungsbedarf in Form einer degressiv gestaffelten Miet- oder Lastenverbilligung durch Aufwendungsdarlehen für 12 Jahre. Programm gilt für Personengruppen, deren Einkünfte die Einkommensgrenzen des sozialen Wohnungsbaus um bis zu 40 v.H. überschreiten.

Förderung der Modernisierung von Altbauwohnungen. Erweiterung der Möglichkeiten für die Vergabe von Darlehen an einkommensschwache Gebäudeeigentümer. Gewährung von Aufwandszuschüssen zur Verbilligung von Kapitalmarktmitteln für Modernisierungszwekke.

Wohnungsbauänderungsgesetz. Anpassung des II. Wohnungsbaugesetzes an neue Förderungsmethoden des langfristigen Wohnungsbauprogramms. Anhebung der Einkommensgrenzen (für den Haushaltsvorstand von 9000 auf 12000 DM und des Zuschlagsbetrages für jeden Familienangehörigen von 2400 auf 3000 DM). Bevorrechtigung besonders einkommensschwacher Wohnungssuchender bei der Vergabe älterer und damit billigerer Sozialwohnungen; Verlängerung der Bindungsfrist auf 10 Jahre bei freiwilliger, vorzeitiger Rückzahlung der öffentlichen Mittel.

1973

Wohnungsbauänderungsgesetz. Mit Wirkung von 1974 an Anhebung der Einkommensgrenzen für die Wohnberechtigung im sozialen Wohnungsbau. Einkommensgrenzen: 18000 DM zuzüglich 9000 DM für das 2. und 4200 DM für jedes weitere Familienmitglied. Zuschlag von 4200 DM für jeden Schwerbehinderten; Zuschlag von 4800 DM für junge Ehepaare unter 40 Jahren während der ersten 5 Jahre. Ermächtigung zum Erlaß von Rechtsverordnungen zur Erreichung einer sozial befriedigenden Nutzung des Sozialwohnungsbestandes.

1976

Gesetz zur Förderung von Wohnungseigentum und Wohnbesitz im sozialen Wohnungsbau. Erleichterung der Finanzierung von Wohnungseigentum und Einführung der Wohnbesitzwohnung, die öffentlich gefördert wird und ein schuldrechtliches Dauerwohnrecht begründet.

Wohnungsmodernisierungsgesetz. Vergabe preiswerter Darlehen für Modernisierungszwecke, um so eine Stabilisierung der Mieten zu erreichen.

1977
Beendigung der Bereitstellung von Mitteln zur Förderung des Wohnungsbaus seitens der Rentenversicherungsträger.

1978
Änderung des Wohnungsmodernisierungsgesetzes zur besseren Wohnraumversorgung breiter Schichten der Bevölkerung. Förderung von Maßnahmen zur Einsparung von Heizenergie in Wohnungen.

1980
Gesetz zur Änderung des Wohnungsbindungsgesetzes und des II. Wohnungsbaugesetzes. Anhebung der Einkommensgrenzen im sozialen Wohnungsbau unter besonderer familienpolitischer Akzentuierung; familiengerechtere Ausgestaltung der maßgeblichen Wohnflächenbegrenzungen im sozialen und steuerbegünstigten Wohnungsbau.

1981
Gesetz zum Abbau der Fehlsubventionierung und der Mietverzerrung im Wohnungswesen mit Wirkung vom 1. Januar 1982; freigesetzte Mittel werden für den sozialen Wohnungsbau eingesetzt.

1983
Zinsanhebungen für ältere Sozialwohnungen, differenziert nach Eigenheimen und Mietwohnungen sowie nach den Bewilligungsterminen öffentlicher Darlehen. Einführung einer Fehlbelegungsabgabe. Beginn eines Sonderprogramms zur Objektförderung im sozialen Wohnungsbau.

1984
Erhöhung der Pauschalsätze für die Instandhaltungskosten von Sozialwohnungen, differenziert nach dem Baujahrgang und der Ausstattung der Wohnungen.

1985
Gesetz zur Wohnrechtsvereinfachung. Aufhebung der gesetzlichen Mietpreis- und Belegungsbindung bei Eigenheimen und eigengenutzten Eigentumswohnungen nach Ablösung der öffentlichen Mittel (nicht mehr erst 8 Jahre danach). Modifizierung der Fehlbelegungsabgabe. Veränderung der Einkommensgrenzen, des Einkommensbegriffs, der Kinderkomponente sowie verschiedener Bestimmungen über Größe und Ausstattung von Sozialwohnungen.

Kapitel 3: Einkommensleistungen im System der Sozialen Sicherung

Die Einkommensleistungen im System der Sozialen Sicherung sind unterschiedlichen **Funktionsbereichen** zugeordnet. Entsprechend ihrem relativen Gewicht im Hinblick auf das gesamte Sozialbudget werden zunächst die Funktionsbereiche Alter und Hinterbliebene sowie Krankheit und Invalidität betrachtet; es folgt die Darstellung der Einkommensleistungen in den Funktionsbereichen Ehe und Familie, Ausbildung und Beschäftigung, Folgen politischer Ereignisse, Wohnungsversorgung, Sparen und Vermögensbildung und Allgemeine Lebenshilfen.

Bereits *E. LIEFMANN-KEIL* (1961, S. 176ff.) gliederte die Einkommensleistungen der Sozialen Sicherung nach bestimmten **Ausgangstatbeständen**, an die die Leistungsgewährung anschließt. Ein **Einkommensausgleich** über Sozialleistungen knüpft an vorhandene Einkommensbelastungen sowie Einkommensverluste an. Als **Einkommensbelastungstatbestände** kommen in Frage:

(1) Einkommensbelastung durch Ehegatten. Der Einkommensausgleich wird durch das einkommensteuerliche Ehegattensplitting angestrebt.

(2) Einkommensbelastung durch Aufzucht von Kindern. Ein Einkommensausgleich erfolgt über direkte und indirekte Einkommensleistungen. Als direkte Einkommensleistung stellt sich das Kindergeld dar; als indirekte Einkommensleistung sind Steuervergünstigungen festzustellen.

(3) Einkommensbelastung durch Erziehung und Ausbildung der Kinder. Der Einkommensausgleich wird über Ausbildungsförderung und steuerliche Ausbildungsfreibeträge angestrebt.

Zum anderen knüpfen die Einkommensleistungen an Ausgangstatbestände an, die **Einkommensverluste** darstellen:

(1) Einkommensverluste durch Unterbrechung der Erwerbstätigkeit infolge Arbeitslosigkeit, Krankheit, Unfall/Berufskrankheit. Es werden Einkommensleistungen in Form von Arbeitslosengeld, Arbeitslosenhilfe und Kurzarbeitergeld gezahlt; hinzuweisen ist auch auf die Entgeltfortzahlung im Krankheitsfalle sowie auf Krankengeld, Übergangsgeld und dergleichen.

(2) Einkommensverluste durch Verringerung der Erwerbsmöglichkeiten. Bei gesundheitlich bedingter Beeinträchtigung der Erwerbsmöglichkeiten werden Renten wegen Erwerbsminderung gezahlt; im Falle verringerter Erwerbsmöglichkeiten als Folge wirtschaftlicher Strukturwandlungen sind in Einzelfällen Anpassungshilfen (z.B. in der Landwirtschaft und im Bergbau) festzustellen.

(3) Politisch bedingte Einkommensverluste. Hier handelt es sich um Einkommensverluste, die auf Krieg und Kriegsfolgen sowie andere politische Ursachen zurückzuführen sind. In diesen Fällen stellt das Sozialleistungssystem Einkommensleistungen im Rahmen der Kriegsopferversorgung, des Lastenausgleichs usw. zur Verfügung.

(4) Einkommensverluste durch Beendigung der Erwerbstätigkeit. Im Falle von Alter sowie Erwerbsunfähigkeit werden Altersruhegelder bzw. Erwerbsunfähigkeitsrenten gezahlt.

(5) Einkommensausfall durch Tod. Der Ausfall des Ernährers einer Familie bedingt die Zahlung von Hinterbliebenenrenten.

Die an unterschiedliche soziale Tatbestände anknüpfenden Einkommensleistungen orientieren sich entweder am **Minimum-Standard-Prinzip** (Existenzsicherung) oder am Kompensationsprinzip (Sicherung der bisherigen sozialen Stellung). Das Minimum-Standard-Prinzip ist in der Sozialhilfe sehr stark ausgeprägt; eine Sonderform dieses Prinzips ist in Grund- oder Sockelrenten zu sehen, wie sie in verschiedenen sozialen Entschädigungssystemen festzustellen sind. In jedem Fall erfolgt die Orientierung der Einkommensleistungen an einem Minimumbedarf; die Leistungsgewährung erfolgt prinzipiell unabhängig von früheren Einkommen und darauf bezogenen früheren Beiträgen; der in vielen Fällen festzustellende Bedürftigkeitsnachweis ist von daher systemgerecht.

Im Vergleich dazu führt die Zugrundelegung des **Kompensationsprinzips** zu einer Ausrichtung der Einkommensleistungen an früheren Einkommen, aber nicht unbedingt an früheren Zahlungen des Leistungsempfängers. Nach einer ersten Ausprägung des Kompensationsprinzips sind die Einkommensleistungen von der Versicherungsdauer und der relativen Lebenseinkommensposition abhängig; eine derartige indirekte Einkommensabhängigkeit ist bei den Einkommensleistungen der Rentenversicherung gegeben. Eine zweite Form des Kompensationsprinzips stellt eine direkte Einkommensabhängigkeit durch Bezugnahme auf das Einkommen der letzten Jahre bzw. des letzten Jahres her; diese Form des Kompensationsprinzips ist grundsätzlich in der Krankenversicherung, der Arbeitslosenversicherung sowie in Sonderbereichen der Alterssicherung festzustellen. Eine weitere Ausprägung des Kompensationsprinzips führt zu einer Orientierung der Einkommensleistungen an der früheren Tätigkeit und der damit verbundenen sozialen Stellung und soll zu einer Erhaltung des tradierten Lebensstandards beitragen; diese Ausprägung des Kompensationsprinzips findet sich vor allem in der Beamtenversorgung.

1. Einkommensleistungen der Alters- und Hinterbliebenensicherung

Die Alters- und Hinterbliebenensicherung hat sich in der Vergangenheit sehr stark gewandelt. Ursprünglich stand die soziale Absicherung der Alten und Hinterbliebenen im Rahmen der Familie und/oder des Betriebes im Vordergrund; dabei wurden vor allen Dingen Sachleistungen erbracht. Die insbesondere im 19. Jahrhundert einsetzende Auflösung tradierter Lebens- und Arbeitsformen führte schließlich zur Entwicklung staatlich organisierter Sicherungssysteme, die ursprünglich von einzelnen Gruppen ausgingen und mittlerweile nahezu die gesamte Gesellschaft erfassen. Zugleich erfolgte ein Strukturwandel im Leistungsspektrum für Alte und Hinterbliebene; an die Stelle der anfänglich vorherrschenden Sachleistungen sind überwiegend Einkommensleistungen getreten.

Die Einkommensleistungen der Alters- und Hinterbliebenensicherung werden in der Gegenwart nicht nur von den Rentenversicherungen der Arbeiter und Angestellten sowie der knappschaftlichen Rentenversicherung erbracht; hinzu treten vielmehr auch direkte Einkommensleistungen der Unfallversicherung, der

Altershilfe für Landwirte, der Versorgungswerke, des beamtenrechtlichen Systems und der Zusatzversicherungen, der betrieblichen Altersversorgung, der sozialen Entschädigungssysteme und der Sozialhilfe sowie indirekte Einkommensleistungen durch Steuerermäßigungen.

1.1 Rentenversicherung

Die Rentenversicherung ist das umfassendste Sicherungssystem für Alte und Hinterbliebene. Ende 1984 waren rund 30 Mio. Personen in der Rentenversicherung versichert; dies sind mehr als vier Fünftel der männlichen und etwa drei Viertel der weiblichen Wohnbevölkerung zwischen 20 und 60 Jahren. Entsprechend erbringt die Rentenversicherung den überwiegenden Teil der Einkommensleistungen für Alte und Hinterbliebene.

Ende 1984 wurden in der gesetzlichen Rentenversicherung über 13,8 Mio. Renten gezahlt. Hierzu gehören vor allen Dingen Altersruhegelder für Versicherte und Witwenrenten (einschließlich der ins Ausland gezahlten Renten). Ergänzend treten spezielle Zuwendungen an hochbetagte Rentner sowie Abfindungen für Witwenrenten hinzu. Berufsunfähigkeitsrenten, Erwerbsunfähigkeitsrenten sowie Bergmannsrenten und spezielle Fürsorgeleistungen nach SVAG Saar gehören insoweit in diesen Funktionsbereich der Sozialen Sicherung, als sie an Personen jenseits der für das Altersruhegeld geltenden Altersgrenze gezahlt werden.

1.1.1 Alterssicherung

1.1.1.1 Leistungsberechtigte

Einen Anspruch auf **Altersruhegelder** aus den Rentenversicherungen der Arbeiter und Angestellten sowie der knappschaftlichen Rentenversicherung haben nur Versicherte. Grundsätzlich ist die Rentenversicherung als **Zwangsversicherung** konzipiert worden, so daß sich die **Versicherungspflicht** überwiegend **kraft Gesetzes** ergibt:

(1) Versicherungspflichtig sind ohne Rücksicht auf die Höhe ihres Arbeitsentgeltes alle (wirtschaftlich unselbständigen) *Arbeitnehmer*, wenn sie als vorwiegend manuell tätige Arbeiter (Rentenversicherung der Arbeiter), vorwiegend geistig tätige Angestellte (Angestelltenversicherung) oder als Arbeitnehmer in bergbaulichen Betrieben (knappschaftliche Rentenversicherung) gegen Entgelt oder als Auszubildende (oder sonst zu ihrer Berufsausbildung auch ohne Entgelt) beschäftigt werden. Dabei geht die so bestimmte Versicherungspflicht kraft Gesetzes in der knappschaftlichen Rentenversicherung und in der Angestelltenversicherung derjenigen in der Rentenversicherung der Arbeiter vor.

(2) Die Versicherungspflicht kraft Gesetzes erfaßt vor allen Dingen Arbeitnehmer. Hinzu treten aber auch *verschiedene Gruppen von Selbständigen*. Hierzu gehören in der Rentenversicherung der Arbeiter: Hausgewerbetreibende, Küstenschiffer, Küstenfischer sowie selbständige Handwerker (mit zeitlich begrenzter Versicherungspflicht nach dem Handwerkerversicherungsgesetz). Versicherungspflichtige Selbständige der Rentenversicherung der Angestellten sind Lehrer und Erzieher (ohne Angestellte), Personen in der Kranken-, Wochen-, Säuglings- und Kinderpflege (ohne Angestellte), Hebammen mit Niederlassungserlaubnis, Seelotsen, Artisten sowie selbständige Künstler und Publizisten (nach Maßgabe des Künstlersozialversicherungsgesetzes).

(3) Eine Versicherungspflicht kraft Gesetzes gilt auch für *Personen in besonderen Einrichtungen*, so z.B. für Jugendliche während einer Maßnahme der Jugendhilfe in besonderen Einrichtungen, für Behinderte während berufsfördernder Maßnahmen, insbesondere in den Berufsbildungswerken, und für Behinderte in geschützten Einrichtungen nach Maßgabe des Gesetzes über die Sozialversicherung Behinderter.

(4) *Sonstige Personengruppen*, die der Versicherungspflicht kraft Gesetzes unterliegen, sind: Personen, die im Rahmen eines inländischen Beschäftigungsverhältnisses auf befristete Dauer in das Ausland entsandt werden; Deutsche, die im Ausland bei einer amtlichen Vertretung des Bundes oder gleichgestellten Institutionen beschäftigt sind; Mitglieder geistlicher Genossenschaften, Diakonnissen, Schwestern vom Deutschen Roten Kreuz und Angehörige ähnlicher Gemeinschaften; Personen, die zum Wehrdienst oder zu einem Zivildienst von mehr als drei Tagen einberufen werden (mit Ausnahmen); Heimarbeiter; Personen die in einem freiwilligen sozialen Jahr gegen Entgelt beschäftigt sind; Bezieher von Mutterschaftsgeld/Erziehungsgeld, von Kranken- oder Übergangsgeld (Verletztengeld); weitere Personengruppen unter differenzierten Voraussetzungen.

Von dieser so umgrenzten Versicherungspflicht kraft Gesetzes sind **verschiedene Personengruppen** kraft Gesetzes oder auf Antrag **ausgenommen**:

(1) Eine *Versicherungsfreiheit kraft Gesetzes* besteht bei folgenden Personengruppen: Personen, die als Entgelt für eine Beschäftigung, die nicht der Berufsausbildung dient, nur freien Unterhalt erhalten; geringfügig Beschäftigte/selbständig Tätige (mit Ausnahme von Beschäftigungen zur Ausbildung, von Behinderten und im Rahmen eines freiwilligen sozialen Jahres), die regelmäßig weniger als 15 Stunden in der Woche arbeiten und nur geringfügig (nicht mehr als 1/7 der monatlichen Bezugsgröße gem. § 18 SGB IV, 1987: 430 DM) verdienen oder deren Entgelt/Arbeitseinkommen zwar höher ist, jedoch ein Sechstel des Gesamteinkommens nicht übersteigt, oder deren Beschäftigung/Tätigkeit innerhalb eines Jahres auf längstens zwei Monate oder 50 Tage begrenzt ist und nicht berufsmäßig ausgeübt wird; selbständige Künstler und Publizisten, wenn ihr Arbeitseinkommen ein Sechstel der geltenden Einkommensbezugsgröße, bei höheren Arbeitseinkommen ein Sechstel des Gesamteinkommens nicht übersteigt; Studierende, die während ihres Studiums gegen Entgelt beschäftigt sind; Beamte, solange sie lediglich für ihren Beruf ausgebildet werden. Versicherungsfrei kraft Gesetzes sind vor allen Dingen auch diejenigen Personen, deren Altersversorgung im allgemeinen sichergestellt ist (Bezieher von Altersruhegeld, Beamte und Ruhestandsbeamte, beamtenähnliche Personen wie Richter und Geistliche), ferner Berufssoldaten und Soldaten auf Zeit sowie Polizeivollzugsbeamte auf Widerruf. Unter bestimmten sehr differenzierten Voraussetzungen sind auch Befreiungen von der Versicherungspflicht in der Handwerkerversicherung festzustellen.

(2) Bestimmte Personengruppen können die *Versicherungsfreiheit auf Antrag* erreichen. Überwiegend handelt es sich hier um Personen, deren lebenslängliche Versorgung einschließlich der Hinterbliebenenversorgung nach beamtenrechtlichen Gesichtspunkten oder analogen Regelungen gewährleistet ist. Ebenso fallen hierunter Personen, die auf Grund unmittelbaren oder mittelbaren gesetzlichen Zwangs Mitglieder einer öffentlich-rechtlichen Versicherungs- oder Versorgungseinrichtung ihres Berufsstandes sind (z.B. Ärzte, Rechtsanwälte usw.). Schließlich können auch Staatenlose oder Ausländer unter bestimmten Voraussetzungen von der Versicherungspflicht befreit werden (z.B. als Besatzungsmitglieder von Schiffen, als nur begrenzte Zeit in knappschaftlichen Betrieben Beschäftigte).

Von der grundsätzlich vorherrschenden Versicherungspflicht kraft Gesetzes sind also diejenigen Personengruppen ausgenommen, für die die Versicherungsfreiheit kraft Gesetzes besteht oder die die Versicherungsfreiheit auf Antrag erreichen können. Ergänzend treten jene Personengruppen hinzu, für die eine **Versicherungspflicht auf Antrag** begründet werden kann oder die die Möglichkeit einer **freiwilligen Versicherung** nutzen; ergänzend ist auf die Möglichkeiten zur **Nachversicherung**, zur **Nachentrichtung von Beiträgen** sowie zur **Höherversicherung** hinzuweisen:

(1) Die Möglichkeit der Begründung einer *Versicherungspflicht auf Antrag* besteht insbesondere für selbständig Erwerbstätige, die als solche nicht bereits kraft Gesetzes versicherungspflichtig sind. Sie haben die Möglichkeit, innerhalb von zwei Jahren nach Aufnahme der selbständigen Erwerbstätigkeit einen Antrag auf Einbeziehung in die Versicherungspflicht zu stellen. Die Versicherungspflicht auf Antrag kann auch unter bestimmten Voraussetzungen für die deutschen Schiffsbesatzungen unter ausländischer Flagge sowie für Deutsche im Ausland begründet werden, soweit die Versicherungspflicht nicht bereits kraft Gesetzes gegeben ist. Versicherungspflichtige auf Antrag sind den Versicherungspflichtigen kraft Gesetzes gleichgestellt.

(2) Für alle nicht versicherungspflichtigen Personen ab dem 16. Lebensjahr (Deutsche sowie Ausländer, die im Geltungsbereich des Sozialgesetzbuches wohnen) besteht die *Möglichkeit einer freiwilligen Versicherung*. Ausgenommen sind hiervon Bezieher von Altersruhegeld; für Beamte, Richter und ihnen gleichgestellte Personen besteht dieses Recht auf freiwillige Versicherung nur unter sehr eingeschränkten Voraussetzungen. In der knappschaftlichen Rentenversicherung gibt es keine Möglichkeit der freiwilligen Versicherung. Hinzuweisen ist darauf, daß für die Anrechnung freiwilliger Beiträge zeitliche und sachliche Grenzen gelten (mit verschiedenen Sonderregelungen).

(3) Neben der freiwilligen Versicherung sieht das Rentenrecht auch die Möglichkeit der *Nachversicherung* vor. Im Rahmen einer Nachversicherung werden Beiträge (Pflichtbeiträge) für Zeiten entrichtet, in denen zwar eine an sich rentenversicherungspflichtige Beschäftigung ausgeübt wurde, aber der Beschäftigte wegen gewährleisteter Versorgungsanwartschaften entweder kraft Gesetzes versicherungsfrei oder auf Antrag des Arbeitgebers von der Versicherungspflicht befreit war. Die Nachversicherung muß erfolgen für diejenigen Beschäftigten, die aus einer versicherungsfreien Beschäftigung in diesem Sinne ausscheiden, ohne daß sie eine Versorgung erhalten.

(4) Das Rentenrecht sieht auch die Möglichkeit der *Nachentrichtung von Beiträgen* (Ausnahme: knappschaftliche Rentenversicherung) vor. Von dieser Möglichkeit können insbesondere folgende Personengruppen Gebrauch machen: Vertriebene, Flüchtlinge und Evakuierte (ehemals Selbständige); weibliche NS-Verfolgte mit Heiratserstattung; ehemalige Soldaten der Reichswehr sowie ehemalige Angehörige der Schutzpolizei alten Rechts und ehemalige Polizeibeamte des Reichswasserschutzes; weibliche Versicherte, die sich die Beiträge wegen Heirat haben erstatten lassen; ehemalige Beamtinnen, die wegen Heirat ausgeschieden sind; Referendare, wissenschaftliche Assistenten und Assessoren für Zeiten vor dem 1. März 1957; Geistliche und andere Kirchenbedienstete aus der DDR; ehemalige landwirtschaftliche Unternehmer und deren Familienangehörige.

(5) Die Möglichkeit einer *Höherversicherung* besteht nur in den Rentenversicherungen der Arbeiter und Angestellten, nicht in der knappschaftlichen Rentenversicherung. Im Rahmen der Höherversicherung werden neben Pflichtbeiträgen oder freiwilligen Beiträgen zusätzliche Beiträge entrichtet, die sich später in einem Rentenzuschlag auswirken (nicht dynamisiert). Die Höherversicherungsbeiträge werden nicht auf die Wartezeiten angerechnet.

1.1.1.2 Leistungsbemessung

1.1.1.2.1 Leistungsfaktoren

Die Höhe der Altersruhegelder wird durch verschiedene **individuelle und generelle Faktoren** bestimmt. Hierzu gehören die Zahl der anrechnungsfähigen Versicherungsjahre J, der Steigerungssatz St pro Jahr, der Vomhundertsatz der persönlichen Bemessungsgrundlage PB sowie die Allgemeine Bemessungsgrundlage AB.

Die Zahl der anrechnungsfähigen **Versicherungsjahre J** stellt sich als individueller Bestimmungsfaktor der Rentenhöhe dar. Anrechnungsfähige Versicherungsjahre sind **Beitragszeiten, Ersatzzeiten, Ausfallzeiten** sowie gegebenenfalls **Zurechnungszeiten**:

(1) *Beitragszeiten* sind diejenigen Zeiten, für die Pflichtbeiträge oder freiwillige Beiträge zur Rentenversicherung entrichtet wurden oder als entrichtet gelten. Überwiegend handelt es sich um die normalen beitragspflichtigen Beschäftigungszeiten der Versicherten.

(2) *Ersatzzeiten* sind Zeiten ohne Beitragsleistung, in denen – bedingt durch außergewöhnliche Umstände, die nicht ausschließlich in der Person des Versicherten liegen oder die auf einem besonderen Lebensschicksal beruhen – von dem Versicherten keine Beiträge entrichtet werden konnten. Ersatzzeiten werden für die Erfüllung der Wartezeit angerechnet und auch entsprechend bei der Rentenberechnung berücksichtigt.

Zu den Ersatzzeiten gehören: Militärischer oder militärähnlicher Dienst auf Grund gesetzlicher Dienst- oder Wehrpflicht oder während eines Krieges; Zeiten des deutschen Minenräumdienstes nach dem 8.5.1945 (in der Hauptsache der Dienst früherer Angehöriger der Kriegsmarine); Zeiten der Kriegsgefangenschaft; Zeiten der Internierung oder Verschleppung von Personen nach dem Heimkehrergesetz (nur im Zusammenhang mit dem Zweiten Weltkrieg); Zeiten, in denen der Versicherte während oder nach Beendigung eines Krieges, ohne Kriegsteilnehmer zu sein, durch feindliche Maßnahmen an der Rückkehr aus dem Ausland oder aus den früheren deutschen Ostgebieten verhindert gewesen oder dort festgehalten worden ist; Zeiten der Freiheitsentziehung, der Freiheitsbeschränkung, der verfolgungsbedingten Arbeitslosigkeit und des verfolgungsbedingten Auslandsaufenthaltes von Verfolgten nach dem Bundesentschädigungsgesetz; Zeiten des Gewahrsams von Personen nach dem Häftlingshilfegesetz (nur in Zusammenhang mit dem Zweiten Weltkrieg); die Zeit vom 1.1.1945 bis 31.12.1946 sowie außerhalb dieses Zeitraumes liegende Zeiten der Vertreibung, Flucht, Umsiedlung von Personen nach dem Bundesvertriebenengesetz; Zeiten anschließender Krankheit oder unverschuldeter Arbeitslosigkeit.

Ersatzzeiten werden für die Wartezeit und bei der Rentenberechnung berücksichtigt, wenn vor der jeweiligen Ersatzzeit mindestens ein Pflicht- oder freiwilliger Beitrag entrichtet war. Ist ein solcher Beitrag nicht vorhanden, sind Ersatzzeiten dennoch anrechenbar, wenn eine der folgenden Bedingungen erfüllt ist: innerhalb von drei Jahren nach dem Ende der Ersatzzeit oder nach Beendigung einer durch die Ersatzzeit aufgeschobenen oder unterbrochenen Ausbildung liegt ein Pflichtbeitrag vor (im Falle der Verfolgtenersatzzeit innerhalb von drei Jahren, nachdem der Verfolgte im Bundesgebiet einschließlich Berlin-West seinen Wohnsitz genommen hat); der Pflichtbeitrag liegt zwar erst nach Ablauf der drei Jahre nach dem Ende der Ersatzzeit vor, aber die sogenannte Halbbelegung oder eine verkürzte Halbbelegung ist erfüllt. Von dieser generellen Regel gibt es eine Ausnahme für die Handwerker; war ein Handwerker während einer Ersatzzeit versicherungspflichtig auf Grund seiner Eintragung in die Handwerksrolle, so wird die Ersatzzeit auch dann angerechnet, wenn für diese Zeit keine Beiträge entrichtet wurden.

(3) Auch *Ausfallzeiten* gehören zu den beitragslosen Zeiten, in denen der Versicherte an einer versicherungspflichtigen Erwerbstätigkeit ohne eigenes Verschulden gehindert war. Im Gegensatz zu den Ersatzzeiten liegen die Ursachen der Beitragslosigkeit aber verstärkt in der persönlichen Sphäre des Versicherten.

Zu den Ausfallzeiten, die bei der Rentenberechnung den anrechnungsfähigen Versicherungsjahren hinzugezählt werden, gehören: Zeiten der krankheits- oder unfallbedingten Arbeitsunfähigkeit; Zeiten der Arbeitslosigkeit (vom 1.7.1978 bis 31.12.1982 Beitragszeit); Zeiten der Schwangerschaft und des Wochenbetts; Zeiten der Schul- und abgeschlossenen Fachschulausbildung bis zur Höchstdauer von jeweils vier Jahren, abgeschlossene Hochschulausbildung bis zur Höchstdauer von fünf Jahren (Voraussetzung: sämtlich nach Vollendung des 16. Lebensjahres); Rentenbezugszeiten vor Vollendung des 55. Lebensjahres.

Anrechnungsvoraussetzung für die Ausfallzeiten ist entweder die Erfüllung der sogenannten Halbbelegung (mit mindestens 60 Pflichtbeiträgen) oder die sogenannte verkürzte Halbbelegung (Zeitraum vom 1. Januar 1973 bis zum Versicherungsfall muß mindestens zur Hälfte mit Pflichtbeiträgen belegt sein). Bei Handwerkern werden Zeiten der Arbeitsunfähigkeit, der Schwangerschaft oder des Wochenbettes nur dann angerechnet, wenn der bzw. die Betreffende während dieser Zeiten im Gewerbebetrieb keine anderen Personen beschäftigt hat als einen Lehrling, den Ehegatten oder einen Verwandten ersten Grades; diese Regelung gilt auch für alle in der Rentenversicherung auf Antrag pflichtversicherten Selbständigen. Für vor 1957 liegende Ausfallzeiten sieht das Gesetz die Berücksichtigung einer pauschalen Ausfallzeit vor, wenn der Versicherte nicht längere Ausfallzeiten nachweist (Pauschalierung in Abhängigkeit von den Beitrags- und Ersatzzeiten). Die Ausfallzeiten zählen zwar zu den anrechnungsfähigen Versicherungsjahren, in der Regel jedoch nicht zu der anspruchsbegründenden Wartezeit (Versicherungszeit).

(4) Im Falle der Berufs- oder Erwerbsunfähigkeitsrenten sind zusätzlich *Zurechnungszeiten* zu berücksichtigen. Die Zurechnungszeit ist die Zeit vom Eintritt der Berufs- oder Erwerbsunfähigkeit bis zum 55. Lebensjahr des Versicherten. Dabei bestehen besondere Anrechnungsvoraussetzungen (Halbbelegung oder 36 Pflichtbeitragsmonate innerhalb der letzten 60 Kalendermonate vor Eintritt der Berufs- oder Erwerbsunfähigkeit). Die Zurechnungszeiten, die einer Versorgung nach beamtenrechtlichen Vorschriften oder Grundsätzen zugrundegelegt werden, können – ebenso wie die entsprechenden Ersatzzeiten und Ausfallzeiten – bei Versicherten, die vor 1966 Beamte geworden sind, für die Versicherungsjahre nicht mitgezählt werden.

(5) Eine beitragslose Zeit besonderer Art sind die *Zeiten des Bezuges von Anpassungsgeld* für entlassene Arbeitnehmer des Bergbaus. Anpassungsgeld wird Untertagearbeitern beim Verlust des Arbeitsplatzes im Bergbau nach Vollendung des 50. bzw. 55. Lebensjahres gewährt, und zwar längstens für fünf Jahre für die Zeit bis zur Erfüllung der Voraussetzungen der Knappschaftsausgleichsleistung, des Altersruhegeldes oder der Erwerbsunfähigkeitsrente. Die Anrechnung dieser Zeiten soll infolge von Rationalisierungs- oder Stillegungsmaßnahmen arbeitslose Arbeitnehmer des Steinkohlenbergbaus und des Braunkohlentiefbaus im Bereich der knappschaftlichen Rentenversicherung vor rentenrechtlichen Nachteilen schützen.

Der **Steigerungssatz St** je anrechnungsfähigem Versicherungsjahr ist der zweite Bestimmungsfaktor der Rentenhöhe. Mit diesem Steigerungssatz wird die Anzahl der Versicherungsjahre multipliziert. Der Steigerungssatz richtet sich nach der Rentenart und dem Rentenversicherungsträger. Für die verschiedenen Altersruhegelder der Rentenversicherungen der Arbeiter und Angestellten gilt ein Steigerungssatz von 1,5% pro Jahr, während für das knappschaftliche Altersruhegeld sowie für das besondere Knappschaftsruhegeld in Form der Knappschaftsausgleichsleistung 2,0% anzusetzen sind. Die politisch bedingte Festlegung des Steigerungssatzes ist an der Lohnersatzfunktion der Altersruhegelder orientiert; diese sollen nach dem Ende der Lebensarbeitszeit eine ausreichende Lebensgrundlage gewährleisten. Da die Steigerungssätze über die Versicherungszeit konstant sind, wirkt sich die Versicherungsdauer in der gesetzlichen Rentenversicherung linear auf die Rentenhöhe aus; alle Versicherungsjahre werden in diesem Sinne gleich behandelt.

Der dritte Bestimmungsfaktor der Rentenhöhe ist der **Vomhundertsatz der persönlichen Bemessungsgrundlage PB**. Hierin drückt sich die relative Einkommensposition des einzelnen Versicherten während seiner gesamten Versicherungszeit aus. Zu ihrer Ermittlung werden die Bruttoarbeitsentgelte des einzelnen Versicherten zum Durchschnittsarbeitsentgelt aller Versicherten in Beziehung gesetzt; für die Versicherten in der Arbeiterrentenversicherung sowie in der Angestelltenversicherung wird das Durchschnittsarbeitsentgelt aller Versicherten als einheitliche Größe bestimmt, während für die in knappschaftlichen Betrieben Beschäftigten zusätzlich die Bruttoarbeitsentgelte dieser Personengruppe berücksichtigt werden. Die Entgelte der Lehrlinge und Anlernlinge bleiben außer Ansatz. Bei der Ermittlung der individuellen und durchschnittlichen Bruttoarbeitsentgelte ist die Beitragsbemessungsgrenze zu berücksichtigen. Der sich aus der Inbeziehungsetzung von individuellem Arbeitsentgelt und durchschnittlichem Arbeitsentgelt ergebende Quotient wird über die gesamte Versicherungszeit gemittelt. Ein Vomhundertsatz der persönlichen Bemessungsgrundlage PB von 100% zeigt an, daß der betreffende Versicherte während seines gesamten Versicherungslebens, also im Mittel aller Versicherungsjahre, ein durchschnittliches Einkommen erzielte bzw. ihm ein durchschnittliches Einkommen angerechnet wurde.

Bei der Ermittlung der Bruttoarbeitsentgelte und des Vomhundertsatzes der persönlichen Bemessungsgrundlage wird grundsätzlich von dem tatsächlich erzielten Entgelt ausgegangen. In verschiedenen Fällen wird jedoch von diesem Grundsatz abgewichen:

(1) Gewisse *Beitragszeiten* und beitragslose Zeiten werden bei der Rentenberechnung mit *Tabellenwerten* angesetzt. In diesem Sinne existieren *Sonderregelungen* für Lehrlingszeiten, für die ersten fünf Kalenderjahre einer Pflichtversicherung, für die Zeiten eines längeren Bezugs von Sachbezügen, für Beitragszeiten während der Inflation, für Beitragszeiten mit nicht mehr zugänglichen Versicherungsunterlagen, für Fremdrentenzeiten sowie für Zeiten zusätzlicher Beiträge in Ersatz- und Ausfallzeiten und bei Doppelversicherung in verschiedenen Versicherungszweigen. Gleiches gilt für *Ersatz- und Ausfallzeiten* in bestimmten Fällen; hier werden regelmäßig nach Maßgabe differenzierter Regelungen fiktive und pauschalierte Arbeitsentgelte zugrundegelegt. Grundsätzlich ist die Tendenz sichtbar, beitragslose Zeiten mit weniger als 100% des durchschnittlichen monatlichen Bruttoarbeitsentgeltes aller Versicherten zu bewerten. Dies gilt z.B. für Wehrdienst- oder Zivildienstleistende (70%) und Ausbildungsausfallzeiten (90%).

(2) Der Vomhundertsatz der persönlichen Bemessungsgrundlage PB wird für die Rentenberechnung *nicht immer in voller Höhe berücksichtigt*. Seit dem 1. Januar 1968 ist PB in der Arbeiterrenten- und Angestelltenversicherung auf 200% und in der knappschaftlichen Rentenversicherung auf 247,4% zu begrenzen. Beträgt jedoch PB im Einzelfall mindestens 201% bzw. 251%, so ist ein Ausgleich durch eine begrenzte Rentenleistung im Rahmen der Höherversicherung zu gewähren. Diese Fälle sind jedoch sehr selten und ergeben sich vor allen Dingen aus der hohen Bewertung von Angestelltenversiche-

rungsbeiträgen in den 30er und 40er Jahren. Seit 1957 liegen die maximalen Werte für PB generell unter den aufgezeigten Grenzwerten.

(3) Seit 1972 ist eine *Rente nach Mindesteinkommen* vorgesehen. Wenn ein Versicherter aus seinen Pflichtbeiträgen vor 1973 nicht mindestens 75% des Durchschnittsentgelts aller Versicherten erreicht, dann wird er so gestellt, wie wenn er 75% des Durchschnittsentgelts aller Versicherten verdient hätte; vorausgesetzt wird, daß mindestens 25 Versicherungsjahre aus Pflichtbeiträgen, Ersatzzeiten oder einer Zurechnungszeit zurückgelegt sind. Mit dieser Rentenberechnung nach Mindesteinkommen sollen Härten ausgeglichen werden, die aus einer unangemessen niedrigen Entlohnung in der Vergangenheit folgten (z.B. Unterbewertung von Frauenarbeit, regional- oder branchenbedingte Lohngefälle, niedrige Löhne in der Haus- und Landwirtschaft sowie niedrige Bewertung von Sachbezügen).

(4) Der Versicherte, der einen Anspruch auf Altersrente hat, kann nach Vollendung des 65. Lebensjahres auf den Bezug eines Altersruhegeldes trotz Erfüllung sämtlicher Voraussetzungen für die Dauer von maximal zwei Jahren verzichten. Der Versicherte erhält dann entsprechend der längeren Versicherungszeit und der möglichen Veränderung des Prozentsatzes der persönlichen Bemessungsgrundlage eine entsprechend modifizierte Rente. Hinzu kommt ein *Rentenzuschlag* von 0,6% für jeden Verzichtsmonat (maximal 14,4%). Dieser Rentenzuschlag wird zu der persönlichen Bemessungsgrundlage hinzugefügt. Allerdings kann der Versicherte diese Regelung nur dann in Anspruch nehmen, wenn er vor der Vollendung des 65. Lebensjahres kein Altersruhegeld und zwischen dem 63. und 65. Lebensjahr keine Rente wegen Erwerbsminderung bezogen hat. Vorteilhaft erweist sich die Inanspruchnahme dieser Regelung nur für diejenigen Versicherten, deren Restlebensdauer nach dem 67. Lebensjahr mehr als 14 Jahre beträgt.

Der vierte Bestimmungsfaktor der Rentenhöhe ist die **Allgemeine Bemessungsgrundlage AB**. Mit Hilfe von AB wird die Rentenberechnung auf zeitnahe wirtschaftliche Verhältnisse bezogen. Ihre jährlichen Veränderungen richten sich nach der Bruttolohnentwicklung. Nach dem Wortlaut des Gesetzes soll dabei die Entwicklung der durchschnittlichen jährlichen Bruttoarbeitsentgelte aller Versicherten der Rentenversicherung der Arbeiter und der Angestellten ohne Lehrlinge und Anlernlinge berücksichtigt werden; für die Leistungen der knappschaftlichen Rentenversicherung sind zusätzlich die durchschnittlichen Bruttoarbeitsentgelte der Versicherten dieses Versicherungszweiges zu beachten. Tatsächlich sind aber entsprechende Bruttoarbeitsentgelte nur einmal vom Statistischen Bundesamt für das Jahr 1955 errechnet worden. Seitdem erfolgt eine prozentuale Fortschreibung der durchschnittlichen Bruttoarbeitsentgelte, wobei von den Veränderungen der Bruttolohn- und -gehaltssumme je beschäftigtem Arbeitnehmer, auch soweit die Bruttoarbeitsentgelte nicht der Beitragsbemessung in der gesetzlichen Rentenversicherung unterliegen (z.B. Beamtengehälter sowie Gehälter über der Beitragsbemessungsgrenze), ausgegangen wird.

Alljährlich wird die Allgemeine Bemessungsgrundlage AB durch **Rechtsverordnung** für das folgende Jahr neu bestimmt, wobei das Statistische Bundesamt angehört wird. Die **Berechnungsmethodik** selbst ist gesetzlich festgelegt und kann nur im förmlichen Gesetzgebungsverfahren geändert werden:

(1) Von 1957 bis 1977 bestand eine *unmittelbare Lohnabhängigkeit* der Allgemeinen Bemessungsgrundlage. Ausgegangen wurde von dem durchschnittlichen Bruttoarbeitsentgelt im Mittel des dreijährigen Zeitraums vor dem Kalenderjahr, das dem Eintritt des Versicherungsfalles vorausgegangen war. Aus den durchschnittlichen Bruttoarbeitsentgelten für die Jahre 1973, 1974 und 1975 errechnete sich so z.B. die Allgemeine

Bemessungsgrundlage für das Jahr 1977. In der Arbeiterrenten- und Angestelltenversicherung belief sich die Allgemeine Bemessungsgrundlage des Jahres 1977 auf 20161 DM und in der knappschaftlichen Rentenversicherung auf 20375 DM.

(2) Für das erste Halbjahr 1978 erfolgte eine „*Teilaktualisierung*" der Allgemeinen Bemessungsgrundlage. Die Allgemeine Bemessungsgrundlage wurde um den Vomhundertsatz angepaßt, um den sich die Summe der durchschnittlichen Bruttoarbeitsentgelte in den drei Kalenderjahren vor dem Eintritt des Versicherungsfalles gegenüber der Summe dieser Durchschnittsentgelte in den drei Kalenderjahren vor dem Kalenderjahr, das dem Eintritt des Versicherungsfalles vorausgegangen war, verändert hatte. Für das erste Halbjahr 1978 waren demgemäß die Durchschnittsentgelte der drei Jahre 1975, 1976 und 1977 in Beziehung zu setzen zu den Durchschnittsentgelten der Jahre 1974, 1975 und 1976. Mit dem sich so ergebenden Steigerungsfaktor wurde die Allgemeine Bemessungsgrundlage von 1977 nach 1978 fortgeschrieben. In der Arbeiterrenten- und Angestelltenversicherung belief sich die Allgemeine Bemessungsgrundlage für das erste Halbjahr 1978 auf 21608 DM, in der knappschaftlichen Rentenversicherung auf 21838 DM.

(3) Für die Zeit vom 1.7.1978 bis zum 31.12.1981 erfolgte eine *Lohnabkopplung* der Allgemeinen Bemessungsgrundlage. Für die zweite Jahreshälfte 1978 und das Jahr 1979 wurde die Allgemeine Bemessungsgrundlage des Jahres 1977 pauschal um 4,5% angehoben; die sich so ergebenden Werte wurden 1980 und 1981 jeweils um weitere 4% erhöht. Entsprechend belief sich die Allgemeine Bemessungsgrundlage des Jahres 1981 auf 22787 DM in der Arbeiterrenten- und in der Angestelltenversicherung; in der knappschaftlichen Rentenversicherung lag sie bei 23030 DM.

(4) Für die Jahre 1982 und 1983 wurde die *Teilaktualisierung* der Allgemeinen Bemessungsgrundlage wieder *aufgegeben*, ohne jedoch zu einer unmittelbaren Lohnabhängigkeit zurückzukehren. Ausgehend von der Allgemeinen Bemessungsgrundlage für das Jahr 1981 veränderte sich diese in den beiden folgenden Jahren jeweils um den Vomhundertsatz, um den sich die Summe der durchschnittlichen Bruttoarbeitsentgelte in den drei Kalenderjahren vor dem Kalenderjahr, das dem Eintritt des Versicherungsfalles voraufging, gegenüber der Summe dieser Durchschnittsentgelte in dem Dreijahreszeitraum verändert hatte, der ein Jahr vorher endete. Für das Jahr 1982 wurde demgemäß die Summe der Bruttoarbeitsentgelte der Jahre 1978 bis 1980 auf die Summe der Bruttoarbeitsentgelte der Jahre 1977 bis 1979 bezogen und mit dem so ermittelten Steigerungsfaktor die Allgemeine Bemessungsgrundlage 1981 nach 1982 fortgeschrieben. Zugleich wurde der Anpassungstermin für die Renten auf den 1. Juli 1982 verschoben.

(5) Im Jahre 1984 erfolgte eine *verschärfte Aktualisierung* der Allgemeinen Bemessungsgrundlage. Für die Zeit vom 1.1.1984 bis zum 30. Juni 1984 galt die Allgemeine Bemessungsgrundlage des Jahres 1983 in Höhe von 25445 bzw. 25716 DM für Bestandsrenten und Zugangsrenten fort. Ab dem 1. Juli 1984 belief sich die Allgemeine Bemessungsgrundlage auf 26310 DM bzw. 26590 DM; die Steigerung entsprach dem Lohnanstieg des Jahres 1983. Entsprechend wurde auch in den Folgejahren verfahren.

1.1.1.2.2 Rentenformel und Rentenniveau

Die vier Bestimmungsfaktoren der Rentenhöhe wirken in der **Rentenformel** multiplikativ zusammen. Die Jahresrente L ergibt sich somit wie folgt:

$$J \cdot St \cdot PB \cdot AB = L$$

Die **Ermittlung der Jahresrente** ist anhand eines **Beispiels** demonstriert.

Im Zuge der Rentenreform des Jahres 1957 strebte man mit der Einführung der bruttolohnbezogenen dynamischen Rente zugleich ein **Rentenniveau** von etwa

Übersicht 3: Ein Beispiel zur Berechnung des Altersruhegeldes

Das Versicherungsleben eines Angestellten sei durch fünf Jahre Ausbildungszeit nach Vollendung des 16. Lebensjahres sowie durch 40 Jahre Beitragszeit gekennzeichnet. Er hat zum 1. Juli 1986 nach Erfüllung aller erforderlichen Voraussetzungen den Rentenantrag gestellt. Für sein Altersruhegeld wird – bezogen auf die 45 Versicherungsjahre – ein Steigerungssatz von 1,5% pro Jahr zugrundegelegt.

Der Vomhundertsatz der persönlichen Bemessungsgrundlage PB wird wie folgt ermittelt:

Fünf Jahre Ausbildungszeit –	100% des Durchschnittsverdienstes = 500 Werteinheiten für 60 Monate
Zehn Jahre Beitragszeit –	100% des Durchschnittsverdienstes = 1000 Werteinheiten für 120 Monate
Zehn Jahre Beitragszeit –	120% des Durchschnittsverdienstes = 1200 Werteinheiten für 120 Monate
Zehn Jahre Beitragszeit –	160% des Durchschnittsverdienstes = 1600 Werteinheiten für 120 Monate
Zehn Jahre Beitragszeit –	200% des Durchschnittsverdienstes = 2000 Werteinheiten für 120 Monate

45 Jahre – 6300 Werteinheiten – 540 Monate

$$PB = \frac{6\,300 \cdot 12}{540} = 140\%$$

Für die Versicherungsfälle ab 1.7.1986 wird die Allgemeine Bemessungsgrundlage mit 27885 DM zugrundegelegt.

Ergebnis:

$$L = \frac{45 \cdot 1{,}5}{100} \cdot \frac{27\,885 \cdot 140}{100} = 26\,351{,}33 \text{ DM}$$

Monatliche Rente: 2195,94 DM

Die so ermittelte Rente verringert sich noch um den Krankenversicherungsbeitrag des Rentners (ab 1.7.1986: 5,2%).

60 bis 65 Prozent des durchschnittlichen Bruttoarbeitsverdienstes aller Versicherten mit 40 bis 45 Versicherungsjahren an. Diese Norm wurde jedoch niemals realisiert. Gegenwärtig liegt das Bruttorentenniveau bei 40 anrechnungsfähigen Versicherungsjahren und einem Vomhundertsatz der persönlichen Bemessungsgrundlage von 100% bei etwa 45,1%; werden 45 anrechnungsfähige Versicherungsjahre zugrundegelegt, so ergibt sich ein Bruttorentenniveau von 50,7%.

Die ursprüngliche Berechnungsmethodik der Renten bedingte, daß sich diese nicht synchron mit der Entwicklung der Löhne und Gehälter veränderten; gerade im Zuge konjunktureller Schwankungen kam es zeitweilig zu beträchtlichen Auseinanderentwicklungen: Im Abschwung stieg das Rentenniveau an, während es im Aufschwung im Vergleich zu den Arbeitsverdiensten zurückblieb. Aus diesen Gründen wurde im Zuge der Rentenreform des Jahres 1972 eine **Rentenniveausicherungsklausel** eingeführt. Diese Klausel sieht vor, daß das Rentenniveau bei einer persönlichen Bemessungsgrundlage von 100% und 40 anrechnungsfähigen Versicherungsjahren (Eckrente) zuzüglich des Zuschusses zur Krankenversicherung der Rentner nicht unter 50% bzw. 66 2/3% der monatlichen Bruttoarbeitsverdienste des vorletzten Jahres absinken soll. Für den Fall, daß das Rentenniveau in zwei aufeinanderfolgenden Jahren diese Grenzwerte nicht erreicht, hat die Bundesregierung Maßnahmen zu einer zusätzlichen Rentenanpassung zu prüfen. Die Grenzwerte sind für die Rentenanpassung aber keine zwingenden Untergrenzen, sondern nur Orientierungspunkte; die Bundesregierung soll lediglich daran erinnert werden, daß es wünschenswert wäre, ein dauerhaftes Absinken der Renten unter eine Mindestgrenze zu verhindern.

1.1.1.2.3 Leistungszuschläge und Leistungsbegrenzung

Die nach der Rentenformel unter Berücksichtigung individueller und genereller Faktoren ermittelte **Jahresrente** kann durch **verschiedene Leistungszuschläge** modifiziert werden:

(1) Der Versicherte erhält für jeden Höherversicherungsbeitrag einen bestimmten Steigerungsbetrag, der vom Lebensjahr des Versicherten und dem Entrichtungsjahr des Beitrages abhängig ist und mit der Beitragshöhe unterproportional zunimmt. Leistungen aus der Höherversicherung nehmen jedoch nicht an der Rentenanpassung teil.

(2) Die Versichertenrente erhöht sich um Steigerungsbeträge, die sich aus denjenigen Prozenten der persönlichen Bemessungsgrundlage PB ergeben, die über die Maximalgrenze hinausgehen. Übersteigen die Werte der persönlichen Bemessungsgrundlage die Maximalwerte von PB = 200% bzw. PB = 250%, so werden die darüberliegenden ganzzahligen Werte mit der Zahl der anrechnungsfähigen Kalendermonate sowie dem Durchschnittsbetrag von 0,03 DM multipliziert; der sich ergebende Betrag wird zur Jahresrente hinzugefügt.

(3) Die Renten der knappschaftlichen Rentenversicherung (mit Ausnahme der Knappschaftsausgleichsleistungen) können sich um einen Leistungszuschlag erhöhen, wenn der Versicherte als Untertagearbeiter tätig war. Wenn der Versicherte mindestens fünf Jahre ständig unter Tage gearbeitet hat und diese Tätigkeit danach fortsetzte, so beträgt der Leistungszuschlag für die ersten weiteren fünf Jahre je 0,1% und für die nächsten 10 Jahre unter Tage je 0,2% und schließlich für jedes weitere Jahr der Tätigkeit unter Tage 0,3% des 2,474fachen der Allgemeinen Bemessungsgrundlage in der knappschaftlichen Rentenversicherung.

(4) An hochbetagte Rentner zahlen die Rentenversicherungen vielfach bei Vollendung des 90., 95. sowie 100. Lebensjahres einmalige und der Höhe nach eng begrenzte Sonderzuwendungen.

Diesen Leistungszuschlägen stehen auf der anderen Seite **Leistungsbegrenzungen** gegenüber, die auf **Leistungskumulationen** abstellen:

(1) Die Zahlung zweier Versichertenrenten aus der Rentenversicherung ist ausgeschlossen; der Rentner erhält nur eine Rente aus seiner eigenen Versicherung. Zu der eigenen Versichertenrente kann jedoch eine Hinterbliebenenrente hinzutreten.

(2) Erhält ein Versicherter eine Unfallrente aus der gesetzlichen Unfallversicherung und tritt ein Altersruhegeld hinzu, so wird zwar die Unfallrente ungekürzt weitergezahlt, aber die Rente aus der gesetzlichen Rentenversicherung ruht insoweit, als bestimmte Höchstgrenzen überschritten werden. Die Kürzung des Altersruhegeldes erfolgt dann, wenn beide Renten zusammen (ohne Kinderzuschuß) sowohl 80% (Arbeiterrenten- und Angestelltenversicherung) bzw. 95% (knappschaftliche Rentenversicherung) des der Unfallrente zugrundeliegenden Jahresarbeitsverdienstes als auch 80% bzw. 95% der persönlichen Bemessungsgrundlage (Vomhundertsatz der persönlichen Bemes-

sungsgrundlage multipliziert mit der Allgemeinen Bemessungsgrundlage) übersteigen. Allerdings sind auch hier einige Ausnahmen vorgesehen.

(3) Außerdem schließt die Gewährung einer Knappschaftsausgleichsleistung bei Vollendung des 55. Lebensjahres und Aufgabe der Tätigkeit im Bergbau die Zahlung einer anderen knappschaftlichen Rente aus.

1.1.1.3 Leistungsvoraussetzungen

Die Altersruhegelder aus der Rentenversicherung der Arbeiter und Angestellten sowie der knappschaftlichen Rentenversicherung werden dann gezahlt, wenn der Versicherte ein bestimmtes Lebensalter (**Altersgrenze**) erreicht, bestimmte **Wartezeiten** erfüllt und einen **Rentenantrag** gestellt hat; anschließend ist der Rentner verschiedenen **Beschränkungen des Hinzuverdienstes** unterworfen:

(1) Die *Regelaltersgrenze* für den Bezug eines Altersruhegeldes ist für alle Versicherten die Vollendung des 65. Lebensjahres. Die *Wartezeit* für das Altersruhegeld wegen Vollendung des 65. Lebensjahres ist 1984 von bisher 15 Versicherungsjahren (Beitrags- und Ersatzzeiten) auf fünf Versicherungsjahre herabgesetzt worden. Der Altersruhegeldempfänger ist keiner *Einschränkung des Hinzuverdienstes* unterworfen.

(2) *Alle Versicherten* können ab Vollendung des 63. Lebensjahres ein *flexibles Altersruhegeld* beantragen, wenn die *Wartezeit* von 35 anrechnungsfähigen Versicherungsjahren – mit einer Versicherungszeit (Beitrags- und Ersatzzeiten) von 15 Jahren – erfüllt ist. Unter den gleichen Voraussetzungen können auch *Schwerbehinderte, Berufs- und Erwerbsunfähige* ab dem 60. Lebensjahr ein flexibles Altersruhegeld beantragen. Grundsätzlich besteht für Bezieher eines flexiblen Altersruhegeldes bis zur Vollendung des 65. Lebensjahres bei einer zeitlichen Beschränkung der Beschäftigung auf zwei Monate oder 50 Arbeitstage *keine Einschränkung des Hinzuverdienstes*; sonst können bis zu 1000 DM monatlich hinzuverdient werden. Der Hinzuverdienst für Schwerbehinderte, Berufs- und Erwerbsunfähige ist bis zur Vollendung des 62. Lebensjahres auf 430 DM monatlich eingeschränkt (ab 1.1.1987: 1/7 der monatlichen Bezugsgröße nach § 18 SGB IV).

(3) *Arbeitslose* können nach einer Arbeitslosigkeit von mindestens 52 Wochen innerhalb der letzten anderthalb Jahre ein vorgezogenes Altersruhegeld ab Vollendung des 60. Lebensjahres beantragen, wenn sie die *Wartezeit* von 15 Jahren (Beitrags- und Ersatzzeiten) erfüllt und in den letzten zehn Jahren mindestens acht Jahre eine rentenversicherungspflichtige Beschäftigung oder Tätigkeit ausgeübt haben (anrechenbare Zeiten einer Arbeitslosigkeit sind gleichgestellt). *Weibliche Versicherte* können ebenfalls ab dem 60. Lebensjahr ein vorgezogenes Altersruhegeld beantragen; die *Wartezeit* (Beitrags- und Ersatzzeiten) beträgt 15 Jahre bei wenigstens 121 Monats-Pflichtbeiträgen in den letzten 20 Jahren. Auch in den Fällen des vorgezogenen Altersruhegeldes für Arbeitslose und für Frauen besteht bei einer zeitlichen Beschränkung der Beschäftigung im Jahre auf zwei Monate oder 50 Arbeitstage *keine Einschränkung des Hinzuverdienstes*. Im übrigen können zunächst nur bis zu 430 DM monatlich (ab 1.1.1987: 1/7 der monatlichen Bezugsgröße nach § 18 SGB IV) hinzuverdient werden. Allerdings erhöht sich von der Vollendung des 62. Lebensjahres an bei Schwerbehinderten und vergleichbaren Personen, bei allen übrigen Personen von der Vollendung des 63. Lebensjahres an die Hinzuverdienstgrenze auf 1000 DM monatlich, wenn die versicherungsrechtlichen Voraussetzungen für das flexible Altersruhegeld vorliegen.

(4) Das besondere vorgezogene Altersruhegeld für *Bergleute* erhalten auf Antrag diejenigen Versicherten ab Vollendung des 60. Lebensjahres, die eine *Versicherungszeit* von 25 Jahren in der knappschaftlichen Rentenversicherung zurückgelegt, 25 Jahre lang ständige Arbeiten unter Tage oder diesen gleichgestellte Arbeiten verrichtet haben und eine Beschäftigung in einem knappschaftlichen Betrieb nicht mehr ausüben. Ohne

Rücksicht auf die Dauer der Tätigkeit und die Höhe des Arbeitsentgelts bewirkt die erneute Aufnahme einer Beschäftigung in einem knappschaftlichen Betrieb stets den *Wegfall der Leistung*; bei einer Beschäftigung außerhalb des Bergbaus bestehen keinerlei Verdienstbeschränkungen.

(5) Das knappschaftliche Altersruhegeld in Form der *Knappschaftsausgleichsleistung* erhält auf Antrag derjenige Versicherte, der seine bisherige Beschäftigung in einem knappschaftlichen Betrieb nach Vollendung des 55. Lebensjahres beendet und eine Versicherungszeit von 25 Jahren in der knappschaftlichen Rentenversicherung zurückgelegt hat, sofern eine der folgenden *Voraussetzungen* erfüllt ist: Verrichtung von 15 Jahren Hauerarbeiten unter Tage oder diesen gleichgestellten Arbeiten vor dem 1. Januar 1972; Aufgabe von Hauerarbeiten unter Tage oder diesen gleichgestellten Arbeiten infolge verminderter bergmännischer Berufsfähigkeit vor dem 1. Januar 1972 und Verrichtung von 25 Jahren ständiger Arbeiten unter Tage oder diesen gleichgestellten Arbeiten; Aufgabe der bisherigen Tätigkeit unter Tage infolge verminderter bergmännischer Berufsfähigkeit nach dem 31. Dezember 1971 und Verrichtung von 25 Jahren ständiger Arbeiten unter Tage oder diesen gleichgestellten Arbeiten; Verrichtung von mindestens fünf Jahren Hauerarbeiten unter Tage oder diesen gleichgestellten Arbeiten bis zum 31. Dezember 1967 und Verrichtung von 25 Jahren ständiger Arbeiten unter Tage oder diesen gleichgestellten Arbeiten; Verrichtung einer Beschäftigung unter Tage während 25 Jahren und Beendigung der bisherigen Beschäftigung in einem knappschaftlichen Betrieb aus Gründen, die nicht in der Person des Versicherten liegen; Aufgabe der Beschäftigung unter Tage infolge von Krankheit und anderen Gebrechen oder von Schwäche der körperlichen oder geistigen Kräfte und Beendigung der bisherigen Beschäftigung in einem knappschaftlichen Betrieb aus Gründen, die nicht in der Person des Versicherten liegen. Die Knappschaftsausgleichsleistung erhält bei Erfüllung der sonstigen Voraussetzungen auch der Versicherte, der seine bisherige Beschäftigung in einem knappschaftlichen Betrieb nach Vollendung des 50. Lebensjahres infolge von Stillegungs- oder Rationalisierungsmaßnahmen verloren und bis zur Vollendung des 55. Lebensjahres Anpassungsgeld für entlassene Arbeitnehmer des Bergbaus bezogen hat. Auch im Falle der Knappschaftsausgleichsleistung bewirkt die erneute Aufnahme einer Beschäftigung in einem knappschaftlichen Betrieb ohne Rücksicht auf die Dauer der Tätigkeit und die Höhe des Arbeitsentgeltes stets den *Wegfall der Leistung*; bei einer Beschäftigung außerhalb des Bergbaus bestehen keinerlei Verdienstbeschränkungen.

Altersruhegeldempfänger sind grundsätzlich rentenversicherungsfrei. Allerdings sind bei Aufnahme einer Beschäftigung aus arbeitsmarktpolitischen Gründen die Arbeitgeberbeiträge zur Sozialversicherung zu entrichten. Diese wirken sich jedoch nicht auf die weitere Rentenbiographie aus. Der Bezieher eines Altersruhegeldes wird jedoch dann wieder versicherungspflichtig, wenn wegen des Überschreitens der Hinzuverdienstgrenzen oder der sonstigen Einschränkungen das flexible oder vorgezogene Altersruhegeld entfällt; liegen die entsprechenden Voraussetzungen erneut vor, wird das Altersruhegeld wieder gewährt, wobei die seit dem Wegfall des Altersruhegeldes entrichteten Beiträge bei der neuen Rentenberechnung berücksichtigt werden. Empfänger der Knappschaftsausgleichsleistung werden grundsätzlich versicherungspflichtig, wenn sie eine Erwerbstätigkeit außerhalb eines knappschaftlichen Betriebes aufnehmen; die entrichteten Beiträge werden bei einem späteren Versicherungsfall berücksichtigt.

1.1.1.4 Leistungsanpassung

Die Altersruhegelder der Rentenversicherungen der Arbeiter und Angestellten sowie der knappschaftlichen Rentenversicherung sind **bruttolohnbezogen dyna-**

misiert. Die **Anpassung der Renten** erfolgt nach **Maßgabe der Veränderung der Allgemeinen Bemessungsgrundlage**, die jedes Jahr erneut durch Rechtsverordnung festgesetzt wird. Für die Bestandsrenten bedarf es dabei neben der erneuten Ermittlung der Allgemeinen Bemessungsgrundlage eines förmlichen Rentenanpassungsgesetzes.

Gegenwärtig wird die Rentenanpassung zum **1. Juli des jeweiligen Jahres** vorgenommen. Bis zum 1. Juli ist demgemäß auch für die laufenden Renten die Allgemeine Bemessungsgrundlage des Vorjahres maßgeblich; das gleiche gilt für die Zugangsrenten des ersten Halbjahres. Alle Zugangs- und Bestandsrenten werden in der zweiten Jahreshälfte mit der angepaßten Allgemeinen Bemessungsgrundlage neu berechnet.

1.1.2 Hinterbliebenensicherung

Ende der 60er Jahre setzte eine verstärkte Politisierung der Diskussion um die Gleichberechtigung von Mann und Frau ein. Im Zusammenhang mit den seinerzeit geplanten Reformen des Ehe- und Familienrechts wurde auch die Frage nach dem Splitten von Rentenanwartschaften im Ehescheidungsrecht sowie die weitergehende Frage der Schaffung einer eigenständigen Sozialen Sicherung der Frau aufgeworfen.

Die anfänglich noch wenig beachtete Diskussion (vgl. *F. PAPPAI*, 1973, S. 161 ff.) wurde durch das Urteil des Bundesverfassungsgerichts vom 12.3.1975 in die Richtung einer allgemeinen Reform der Hinterbliebenenversorgung gelenkt (vgl. BVerfGE 39, S. 169 ff.). Von grundlegender Bedeutung waren dabei in der Folgezeit neben dem **Witwerrentenurteil** vom 12.3.1975 das **Witwenrentenurteil** vom 6.6.1978 (BVerfGE 48, S. 346ff.) sowie das **Urteil zum Versorgungsausgleich** vom 28.2.1980 (BVerfGE 53, S. 257ff.). Sämtliche Urteile des Bundesverfassungsgerichts machten auf Ungereimtheiten der seinerzeit geltenden rechtlichen Regelungen der Hinterbliebenenversorgung aufmerksam.

Diese Regelungen haben ihren Ursprung in der bei Schaffung der Rentenversicherung typischen Rollenverteilung zwischen Mann und Frau; daraus resultierte auch eine unterschiedliche **Funktionalität der Renten**. Die Rente an den Mann wurde als Lohnersatz betrachtet, während sich die Witwenrente aus dem Unterhaltsanspruch der nicht erwerbstätigen Frau gegenüber ihrem Mann ergab.

Die verschiedenen Urteile des Bundesverfassungsgerichts ließen keinen Zweifel daran, daß diese Regelungen zwar zunächst noch als verfassungskonform gelten konnten, sich aber auf der anderen Seite Veränderungen im Rollenverhalten abgezeichnet hatten, die eine Neuordnung der Hinterbliebenenversorgung notwendig machten. Dem Gesetzgeber wurde aufgegeben, eine entsprechende Reform bis zum Ende des Jahres 1984 durchzuführen (vgl. *H. KALTENBACH*, 1980, S. 263 ff.; *H. PENTENRIEDER*, 1982, S. 95 ff.; *C. HERMANN*, 1984).

1.1.2.1 Regelungsstand bis zum 31.12.1985

Die Rentenversicherung zahlt gegenwärtig mehr als 4 Mio. Witwenrenten, für die fast ausschließlich die alten gesetzlichen Regelungen der Hinterbliebenensicherung gültig sind. Die Neuregelung ab dem 1.1.1986 dürfte erst allmählich an Bedeutung gewinnen; außerdem bestehen für eine Übergangszeit Wahlmöglichkeiten zwischen altem und neuem Recht. Ferner bricht das neue Recht nicht völlig mit dem tradierten Regelungsstand. Aus diesem Grunde ist es sinnvoll, an dieser Stelle nicht nur den neuen Rechtsstand darzulegen, sondern auch die alten Regelungen zu umreißen sowie jene Diskussion zu skizzieren, die schließlich in die vorhandene Neuregelung einmündete.

Nach dem alten Regelungsstand zahlt die Rentenversicherung beim Tode eines Versicherten an den überlebenden Ehegatten unter bestimmten Voraussetzungen eine Hinterbliebenenrente. Der Regelfall der Hinterbliebenenrente war (neben der Waisenrente) die **Witwenrente**, die nach dem Tode des versicherten Ehemannes an die Witwe gezahlt wurde. Eine **Witwerrente** wurde nach dem alten Recht nur dann nach dem Tode der Ehefrau an den überlebenden Ehemann gezahlt, wenn die Verstorbene den Unterhalt der Familie überwiegend bestritten hatte.

Neben der Witwen- und Witwerrente ist gegebenenfalls eine **Geschiedenenrente** denkbar, wenn die Ehe mit dem Versicherten vor dem 1.7.1977 geschieden, für nichtig erklärt oder aufgehoben worden ist; für Scheidungsfälle nach diesem Stichtag kommt statt der Geschiedenenrente der **Versorgungsausgleich** in Frage. Geschiedenenrente wird nicht nur an die frühere Ehefrau, sondern gegebenenfalls auch an den früheren Ehemann gezahlt, sofern die Verstorbene den Unterhalt der ehemaligen Familie überwiegend bestritten hat; allerdings muß dann zugleich zu Lebzeiten des Versicherten eine Unterhaltsverpflichtung gegenüber dem Ehegatten bestanden haben.

Neben der Geschiedenenrente und dem Versorgungsausgleich ist in diesem Zusammenhang auch auf die **Erziehungsrente** hinzuweisen; der Versicherte, dessen Ehe nach dem 30.6.1977 aufgelöst wurde, erhält eine Erziehungsrente, wenn der frühere Ehegatte verstirbt und der Versicherte selbst unverheiratet ist, mindestens ein waisenrentenberechtigtes Kind erzieht und wegen der Kindererziehung an einer beruflichen Tätigkeit mit monatlichen Einkünften von durchschnittlich mehr als drei Zehnteln der für Monatsbezüge geltenden Beitragsbemessungsgrenze gehindert ist. Allerdings muß der überlebende Ehegatte vor dem Tode seines früheren Ehegatten eine Versicherungszeit von mindestens 60 Kalendermonaten zurückgelegt haben. Auch diese Rentenart hat ebenso wie die Geschiedenenrente und die Witwerrente bisher eine geringe Bedeutung in der gesetzlichen Rentenversicherung; im Vordergrund stehen gegenwärtig noch die Witwenrenten.

Der **Leistungsumfang der Witwenrente** alten Rechts ist sehr unterschiedlich:

(1) Die *große Witwenrente* beträgt 60% der unter Berücksichtigung einer gegebenenfalls vorhandenen Zurechnungszeit berechneten Versichertenrente wegen Erwerbsunfähigkeit (ohne Kinderzuschuß). Bezog der Versicherte bis zu seinem Tode bereits eine Rente, so sind mindestens 60% der zum Zeitpunkt seines Todes dem Versicherten zustehenden Rente (ohne Kinderzuschuß) zu zahlen. Die große Witwenrente wird allerdings nur dann gewährt, wenn die Witwe das 45. Lebensjahr vollendet hat oder mindestens ein waisenrentenberechtigtes Kind unter 18 Jahren erzieht oder die Sorge für ein waisenrentenbeziehendes gebrechliches Kind trägt oder selbst berufs- oder erwerbsunfähig ist.

(2) Die *kleine Witwenrente* beläuft sich auf 60% der Rente, die dem Versicherten zugestanden hätte, wenn er im Zeitpunkt seines Todes berufsunfähig gewesen wäre (ohne Zurechnungszeiten und ohne Kinderzuschuß). Diese kleine Witwenrente ist im Gegensatz zur großen Witwenrente an keine weitergehenden Voraussetzungen gebunden.

(3) Für die ersten drei Monate nach dem Tode des Versicherten gelten für die Witwenrente *Sonderregelungen*. Gezahlt werden für diese Zeit 100% der Bezugsgröße der großen oder der kleinen Witwenrente bzw. die volle bereits vorhandene und zum Zeitpunkt des Todes des Versicherten gezahlte Altersrente (jeweils ohne Kinderzuschuß); für frühere Ehegatten gilt diese Sonderregelung nicht.

(4) Sind nach dem Tode eines Versicherten mehrere Rentenberechtigte vorhanden, so wird die Rente nach Maßgabe der Dauer der jeweiligen Ehe aufgeteilt. Bei *Wiederheirat* der Rentenberechtigten wird die Rente nicht mehr gezahlt; Wiederheirat führt also grundsätzlich zum Wegfall der Witwenrente; die Witwen werden dann mit dem Zweifachen ihrer Jahresrente abgefunden.

Analog zur Altersrente wird auch die Hinterbliebenenrente erst dann gezahlt, wenn der **Versicherungsfall** eingetreten ist, die **Wartezeit** erfüllt ist und der **Rentenantrag** gestellt wurde. Erfüllt werden muß die kleine Wartezeit von 60 Kalendermonaten mit einigen weiteren Eingrenzungen.

Auch für die Gewährung von Hinterbliebenenrenten nach altem Recht bestehen verschiedene **Kumulationsregelungen,** die eine Leistungseingrenzung bewirken:

(1) Neben der Witwenrente können sowohl eigenes Einkommen als auch eine eigene Versichertenrente bezogen werden. Bezüglich des Zusammentreffens der beiden Renten ist jedoch eine Einschränkung in der Rentenhöhe dann vorgesehen, wenn in beiden Renten eine Zurechnungszeit enthalten ist; in diesem Fall wird nur die günstigere Zurechnungszeit berücksichtigt, und die andere Rente wird dann ohne Zurechnungszeit gezahlt.

(2) Die Witwenrente fällt weg, wenn die Witwe wieder heiratet; wird eine neue Ehe aufgelöst (z.B. durch Tod), lebt die frühere Witwenrente wieder auf. Auf die wiederaufgelebte Rente wird jedoch eine neue Witwenrente aus der Versicherung des letzten Ehegatten angerechnet.

(3) Trifft eine Witwenrente aus der gesetzlichen Rentenversicherung mit einer gleichartigen Rente aus der Unfallversicherung zusammen, so darf ein bestimmter Grenzbetrag nicht überschritten werden. Dieser Grenzbetrag beträgt sechs Zehntel der Erwerbsunfähigkeitsrente aus der gesetzlichen Rentenversicherung und der Unfallvollrente aus der Unfallversicherung. Wird bei Zusammenlegung beider Renten, die die Witwe erhält, dieser Grenzbetrag überschritten, so ruht insoweit die Hinterbliebenenrente aus der gesetzlichen Rentenversicherung.

(4) Für die Gesamtheit der Hinterbliebenenrenten (Witwenrente, Waisenrenten, usw.) bestehen Höchstgrenzen. Die Hinterbliebenenrenten dürfen zusammen nicht höher sein als diejenige Rente, die dem Versicherten einschließlich des Kinderzuschusses zugestanden hätte, wenn er im Zeitpunkt seines Todes Anspruch auf Rente wegen Erwerbsunfähigkeit aus der Arbeiter- bzw. Angestelltenversicherung oder auf eine entsprechende Knappschaftsrente gehabt hätte. Überschreitet die Summe der Hinterbliebenenrenten diese Höchstgrenze, so erfolgt eine anteilige Kürzung.

Wird eine Hinterbliebenenrente an den überlebenden Ehegatten gezahlt, so besteht ab dem 45. Lebensjahr **keine Verdienstbeschränkung**. Eine Verdienstbeschränkung ist jedoch vor dem 45. Lebensjahr dann zu beachten, wenn die Hinterbliebene berufs- oder erwerbsunfähig ist und aufgrund dessen die große Witwenrente zuerkannt wurde.

Die Witwenrente wird ebenso wie das Altersruhegeld für den Versicherten laufend angepaßt; hier besteht ein uneingeschränkter **Dynamisierungsverbund**.

1.1.2.2 Diskutierte Neuordnungsmodelle

Im Hinblick auf den **Auftrag des Bundesverfassungsgerichts** hat die Bundesregierung mit Beschluß vom 17.8.1977 eine unabhängige Sachverständigenkommission eingesetzt, deren Aufgabe über das Urteil des Bundesverfassungsgerichts hinaus ausgeweitet wurde. Diese Kommission sollte nicht nur Vorschläge für die Neuordnung des Hinterbliebenenrechts entwickeln, sondern auch zur Frage einer Neugestaltung der Sozialen Sicherung der Frau Stellung nehmen und Möglichkeiten des Abbaus der Ungleichbehandlung der Geschlechter im Rentenrecht erörtern. Die Kommission legte am 21. Mai 1979 ihren Bericht vor, in dem sie neben einer Problemanalyse alternative **Lösungsmodelle** anbot (vgl. BMA, 1979).

Die von der Sachverständigenkommission erarbeiteten Modelle enthalten die **Grundstrukturen denkbarer Lösungen**, die durch modellunabhängige Maßnahmen ergänzt wurden. Diskutiert, aber schließlich verworfen, wurden folgende Lösungsansätze:

(1) *Modell einer abgeleiteten Hinterbliebenenversorgung*. Nach diesem Modell sollte jeder einzelne Versicherte seine eigene Rente entsprechend dem bis dahin geltenden Recht erhalten, aber darüber hinaus eine Hinterbliebenenrente nach dem Tod des Ehegatten in Höhe von 75 oder 70% der Erwerbsunfähigkeitsrente des verstorbenen Ehegatten bei gleichzeitiger Anrechnung von eigenem Einkommen und der Rente aus eigener Versicherung. Vorausgesetzt wurde jedoch das Vorliegen einer Bedarfssituation (Berufs- oder Erwerbsunfähigkeit, Altersgrenze im Sinne der gesetzlichen Rentenversicherung, Kindererziehung, vorgerücktes Alter). Wenngleich dieses Modell durch eine einfache und verständliche Regelung bestach und auch einen geringen Verwaltungsaufwand verursacht hätte, so wurde es doch abgelehnt, weil es keinen Ansatz zum Ausbau eigener Ansprüche der Frau bot, die Gleichbehandlung nicht verwirklichte und schließlich durch die Anrechnung von Einkommen und eigener Rente die erwerbstätigen gegenüber den nichterwerbstätigen Hinterbliebenen benachteiligte.

(2) *Modell des Splitting der Rentenanwartschaften*. Nach diesem Modell werden die im Laufe der Ehe erworbenen Rentenanwartschaften laufend aufgeteilt; beide Ehegatten gehören zum versicherten Personenkreis und erwerben zu Lebzeiten gleich hohe Ansprüche aus der Rentenversicherung. Für dieses Modell sprach die vollkommene Gleichbehandlung von Männern und Frauen, die Erleichterung der Wahlmöglichkeit zwischen Hausfrauen- und Erwerbstätigkeit sowie die Gewährleistung einer eigenständigen Sicherung der Frau. Nichtsdestoweniger wurde dieses Modell abgelehnt, weil es zu erheblichen Verminderungen des Versorgungsniveaus jeweils überlebender Ehegatten mit der Notwendigkeit von Härteregelungen geführt hätte, deren finanzielle Auswirkungen kaum überschaubar waren. Außerdem hätte das Risiko einer späteren Verminderung des Versorgungsniveaus einen deutlichen Zwang zur Erwerbstätigkeit ausüben und die als Vorteil herausgestellte Wahlmöglichkeit zwischen Hausfrauen- und Erwerbstätigkeit einschränken können. Schließlich wäre durch das Rentensplitting auch die Lohnersatzfunktion der Rente in Frage gestellt worden. Zudem zeichnete sich dieses Modell durch einen erheblichen Verwaltungsaufwand aus.

(3) *Modell der Hausfrauenpflichtversicherung*. Nach diesem Modell wurde eine Pflichtversicherung für den Ehegatten, der den Haushalt führt, vorgeschlagen. Die Beiträge sollten aus dem Einkommen des erwerbstätigen Ehegatten finanziert werden; Sonderregelungen waren für Zeiten der Kindererziehung vorgesehen. Jeder Ehegatte sollte aufgrund spezifischer Beitragsleistungen einen eigenen Rentenanspruch erwerben. Nach dem Tod des Ehegatten sollte der jeweils überlebende Ehegatte eine Rentenleistung erhalten, wenn er invalide wäre oder die Altersgrenze erreicht hätte; diese Rente sollte sich auf 75% der Gesamtversorgung aus der Ehe zuzüglich der eigenen, vor der Ehe er-

worbenen Rentenansprüche belaufen. Den deutlichen Vorteilen einer Einbeziehung der Hausfrauentätigkeit in die Pflichtversicherung sowie einer eigenständigen Sicherung der Frau stehen zum Teil übermäßige finanzielle Belastungen des Familieneinkommens, der Zwang zur Aufnahme von Erwerbstätigkeit seitens der Ehefrauen und schließlich mögliche Überversorgungseffekte im Alter als Nachteile gegenüber.

Aus der Diskussion weiterer Möglichkeiten zur Sozialen Sicherung der Frau und der Hinterbliebenen ergab sich schließlich ein Vorschlag der Kommission, der das **Modell einer Teilhaberente** zum Inhalt hatte. Außerdem wurden Vorschläge bezüglich einer Rente wegen Kindererziehung sowie einer Rente wegen vorgerückten Alters unterbreitet. Schließlich wurden detaillierte Regelungen bezüglich der Anrechnung von Zeiten der Kindererziehung sowie weiterer Problembereiche entwickelt:

(1) Nach dem *Prinzip der Teilhaberente* erhält der überlebende Ehegatte einen bestimmten Prozentsatz der von ihm und seinem Ehegatten insgesamt erworbenen Rentenanwartschaften. Der Tod des Ehegatten löst nicht automatisch einen Rentenfall aus, sondern es muß vielmehr eine Bedarfssituation hinzukommen (Berufs- oder Erwerbsunfähigkeit; Erreichen der rentenrechtlichen Altersgrenze). Die Höhe der Teilhaberente wurde nach verschiedenen Varianten zur Diskussion gestellt: Nach der Variante 1 beläuft sich die Teilhaberente auf 75% der Gesamtanwartschaften beider Ehegatten in der Ehe zuzüglich 100% der eigenen Anwartschaften außerhalb der Ehe; nach der Variante 2 beträgt die Teilhaberente 75% der Gesamtanwartschaften vor und in der Ehe; nach der Variante 3 wird eine Teilhaberente in Höhe von 70% der Gesamtanwartschaften vor und in der Ehe verbunden mit einer Garantieregelung (mindestens 100% der eigenen Anwartschaften) gezahlt. Für die Einführung dieser Teilhaberente waren unterschiedliche Übergangsregelungen vorgesehen.

(2) Die *Rente wegen Kindererziehung* ist keine Teilhaberente, sondern eine nur aus den Anwartschaften des Verstorbenen abgeleitete Rente, deren Höhe sich auf 75% bzw. 70% der Rentenansprüche des Verstorbenen (ohne Anrechnung von eigenem Einkommen) belaufen sollte. Die Zahlung einer Rente wegen Kindererziehung sollte von verschiedenen Voraussetzungen abhängig sein (Tod des Ehegatten; kein Vorliegen einer Bedarfssituation für Teilhaberente, aber Vorliegen der Bedarfssituation Kindererziehung: Erziehung von Kindern bis zum Alter von 18 bzw. 15 Jahren unabhängig davon, ob der Erziehende erwerbstätig ist oder nicht).

(3) Die *Rente wegen vorgerückten Alters* ist ebenfalls keine Teilhaberente, sondern eine aus den Anwartschaften des Verstorbenen abgeleitete Rente. Sie sollte sich auf 75% bzw. 70% der Rentenansprüche des Verstorbenen belaufen, unter Anrechnung von eigenem Erwerbseinkommen oberhalb einer festzulegenden dynamischen Grenze mit Anrechnungsregelungen bei Überschreiten dieser Grenze. Die Zahlung einer Rente wegen vorgerückten Alters sollte den Tod des Ehegatten voraussetzen; außerdem sollte weder eine Bedarfssituation für die Teilhaberente noch eine solche für die Kindererziehungsrente vorliegen; vorausgesetzt wurde die Bedarfssituation eines vorgerückten Alters, wobei der Hinterbliebene im Zeitpunkt des Todes seines Ehegatten oder bei Wegfall einer Rente wegen Kindererziehung oder Invalidität mindestens 45 Jahre alt sein mußte und kein ausreichendes Erwerbseinkommen haben durfte.

(4) Die *Anrechnung von Zeiten der Kindererziehung* sollte unterschiedlich gestaltet werden, je nachdem ob die Kinder nach Inkrafttreten oder vor Inkrafttreten der Reform geboren werden. Die Regelungen für Kinder, die nach Inkrafttreten der Reform geboren werden, sahen eine Anrechnung von drei Jahren Kindererziehung als fiktive Pflichtbeitragszeiten für den erziehenden Elternteil mit einem Vomhundertsatz der persönlichen Bemessungsgrundlage von 100% bzw. 75% vor. Für Kinder, die vor dem Inkrafttreten der Reform geboren werden, sollte den Müttern ein Jahr Kindererzie-

hung in Form eines Rentenzuschlages mit einem Vomhundertsatz der persönlichen Bemessungsgrundlage von 75% angerechnet werden. Die Kosten für diese Erziehungszeiten sollten vom Bund erstattet werden.

Die Vorschläge der Sachverständigenkommission für die Soziale Sicherung der Frau und der Hinterbliebenen (vgl. *H. KALTENBACH*, 1980, S. 263 ff.; *B. v. MAYDELL*, 1980, S. 270 ff.) wurden parallel zu einer intensiven **öffentlichen Diskussion** entwickelt. In diese Diskussion wurden auch Vorschläge der SPD, der FDP sowie der CDU/CSU eingebracht, die zum Teil mit den Kommissionsvorschlägen korrespondierten, zum Teil aber auch erheblich von ihnen abwichen (vgl. *H. KALTENBACH*, 1980, S. 263 ff.). Außerdem entwickelten auch die Arbeitgeber sowie der DGB eigene Vorstellungen zur Neuordnung der Hinterbliebenenversorgung und zum Ausbau eines eigenständigen Rentenanspruchs der Frauen (vgl. *W. DRÄGER*, 1980, S. 346 ff.; *E. STANDFEST*, 1980, S. 341 ff.). Das Thema fand zugleich weitreichendes **wissenschaftliches Interesse**. Dieses Interesse konzentrierte sich nicht allein darauf, die Vor- und Nachteile der Kommissionsvorschläge sowie der Vorschläge der Parteien und der Sozialpartner zu erörtern, sondern führte auch zu einzelnen weiterreichenden Lösungsvorschlägen zum Zwecke der Schaffung einer eigenständigen Sozialen Sicherung der Frauen (vgl. *H. J. KRUPP / V. MEINHARDT*, 1979, S. 669 ff.; *E. STANDFEST*, 1979, S. 682 ff.; *H. J. KRUPP*, 1980, S. 329 ff.; *H. J. KRUPP*, u.a., 1981; *B. PRASE*, 1982, S. 68 ff.).

Mit **fortschreitender Wirtschaftskrise** wurde die Unvertretbarkeit der bis dahin im politischen Raum diskutierten Lösungsmöglichkeiten immer deutlicher:

(1) Die sich im demographischen Prozeß abzeichnenden *Finanzierungsprobleme der Rentenversicherung* schienen keine zusätzlichen Belastungen durch eine Reform der Alterssicherung zu erlauben. Es mußte damit gerechnet werden, daß die Hauptbelastung einer nicht kostenneutralen Neuregelung erst dann eintritt, wenn der demographische Prozeß die Rentenversicherung sowieso in eine kritische Phase drängt. Die finanziellen Konsequenzen der diskutierten Neuregelungen waren im einzelnen nur schwer abzuschätzen; genauere Berechnungen lagen nicht vor. Zwar war man bemüht, durch die Auswertung von Rentenanspruchsbeständen erste Aufschlüsse zu erhalten (vgl. *M. RORARIUS*, 1980, S. 358 ff.), aber die statistische Auswertung von Versicherten- und Rentnerdaten reichte zur Beurteilung der anstehenden Frage nicht aus (vgl. BMA, 1981, S. 71). Eine dynamische Abschätzung der zu erwartenden Finanzierungsverläufe war nicht möglich, lediglich grobe Abschätzungen bzw. Modellrechnungen wurden durchgeführt (vgl. *F. RAUSCHENBACH/K. MAIER*, 1975, S. 269 ff.; *W. SCHMÄHL*, 1980, S. 306 ff.; *W. SCHMÄHL*, 1981a, S. 32 ff.; *H.-W. MÜLLER/W. STEEGER*, 1981, S. 20 ff.). Zudem schien eine einfache Lösung der mit einiger Sicherheit zu erwartenden zusätzlichen Finanzierungsprobleme durch eine Reduzierung des Teilhabesatzes oder durch Einschränkung der Zahl der Kindererziehungsjahre (vgl. *E.-J. BORCHERT*, 1981) wegen der kaum überschaubaren Unterversorgungsprobleme und Ungereimtheiten in der Verteilungssituation nicht akzeptabel zu sein (vgl. BMA, 1981, S. 71).

(2) Die diskutierten Lösungsvorschläge stellten weitreichende *Eingriffe in das Prinzip der Beitragsäquivalenz* dar. Zweifellos weist auch das bisherige System äquivalenztheoretische Schwächen auf. Die Reform der Hinterbliebenenversorgung sollte aber diese Schwächen nicht vertiefen (vgl. BMA, 1981, S. 71 ff.).

Verschiedene *verteilungspolitische Ungereimtheiten* des vorhandenen Sicherungssystems wären durch die Reformvorschläge nicht gelöst worden. Die Diskriminierung der nichterwerbstätigen, kindererziehenden Frau wäre kaum aufgehoben worden. Die

„Doppelverdienerhaushalte" mit hohem Einkommen wären nach wie vor extrem begünstigt worden (vgl. BMA, 1981, S. 72).

(3) Nach den im politischen Raum diskutierten Neuregelungen der Sozialen Sicherung der Frau und der Hinterbliebenen wären nach wie vor *Unterversorgungssituationen* für eine beträchtliche Anzahl von Frauen zu erwarten gewesen, vor allen Dingen für diejenigen, die durch Kinderaufzucht zur langfristigen Stabilität der Rentenversicherung beitragen. Die Unterbrechung der Erwerbstätigkeit zum Zwecke der Kindererziehung konstitutiert zu einem erheblichen Teil die Unterversorgung alleinstehender Frauen. Die Lösungsvorschläge hätten hieran nicht viel geändert. Es sind sogar Situationen denkbar, in denen es zu einem Absinken des Versorgungsniveaus gekommen wäre (vgl. BMA, 1981, S. 72). Von hier aus wäre es notwendig gewesen, die Teilhaberente durch eine Mindestrente zu ergänzen, woraus sich jedoch weitere Finanzierungsprobleme für die Rentenversicherung ergeben hätten.

1.1.2.3 Neuregelung ab dem 1.1.1986

Lange Jahre haben es die parlamentarischen Entscheidungsinstanzen vermieden, sich auf einen der diskutierten Lösungsvorschläge festzulegen. Hierzu mögen nicht zuletzt die Unsicherheiten über die finanziellen Folgen jeglicher Lösung beigetragen haben. Die anzustrebende Neuordnung sollte finanziell vertretbar sein und die Grundsätze der Beitragsäquivalenz, einer partnerschaftlichen Ehe und einer Nicht-Diskriminierung der kindererziehenden Frau berücksichtigen.

Erst zehn Jahre nach der Aufforderung des Bundesverfassungsgerichts an den Bonner Gesetzgeber, für eine Gleichstellung von Frauen und Männern im Rentenrecht zu sorgen, hat der Bundestag das von der Bundesregierung vorgelegte Reformgesetz zur Hinterbliebenenversorgung verabschiedet. Danach werden in Zukunft nicht nur Frauen, sondern auch Männer einen Anspruch auf Hinterbliebenenrente haben, wenn ihr rentenberechtigter Ehegatte nach dem 31. Dezember 1985 gestorben ist.

Zweifellos ist die Gleichstellung der Männer mit den Frauen der Kern der 1985 verabschiedeten Reform der Hinterbliebenenversorgung. In das Rentenrecht hat damit ein für Männer und Frauen gleichermaßen geltendes **Anrechnungsmodell mit dynamisierten Freibeträgen** unter Beibehaltung der eigenen Rentenansprüche Eingang gefunden:

(1) In Zukunft werden nicht nur Witwen, sondern auch Witwer – neben der eigenen Rente – eine Hinterbliebenenrente in Höhe von 60% der Anwartschaften des verstorbenen Ehepartners erhalten. Diese Hinterbliebenenrente wird jedoch dann gekürzt, wenn die eigenen anrechenbaren Einkünfte einen Freibetrag pro Monat von 3,3% der Allgemeinen Bemessungsgrundlage (zuzüglich 0,7% für jedes waisenrentenberechtigte Kind) übersteigen; der übersteigende Betrag wird zu 40% auf die Hinterbliebenenrente angerechnet.

(2) Bei der Festsetzung der Hinterbliebenenrente werden neben der eigenen Rente weitere Einkünfte des überlebenden Ehepartners berücksichtigt. Hierzu zählen Erwerbseinkommen (Lohn, Gehalt) sowie Einkünfte, die an die Stelle von Erwerbseinkommen treten (Beamtenpensionen und Leistungen aus berufsständischen Versorgungswerken). Diese Einkünfte werden jedoch zunächst pauschal gekürzt (bei Erwerbseinkommen um 35%, bei Beamtenbezügen und Bezügen aus berufsständischer Versorgung um 27,5% und bei Beamtenpensionen um 37,5%). Renten aus eigener Versicherung der Arbeiter- und Angestelltenversicherung werden um darin enthaltene Höherversicherungsanteile, Kinderzuschüsse sowie Krankenversicherungsbeiträge gekürzt. Renten aus eigener Versicherung der knappschaftlichen Rentenversicherung werden zusätz-

lich um 25% abgemindert. Nicht angerechnet werden Einkünfte aus Kapitalvermögen, Vermietung oder Verpachtung, Leistungen einer privaten Lebensversicherung, Betriebsrenten und Zusatzversorgungen im öffentlichen Dienst, Grund- und Ausgleichsrenten der Kriegsopferversorgung sowie Wohngeld und andere Sozialhilfeleistungen. Die Kürzung der Hinterbliebenenrente wird jedoch im Einzelfall in Zukunft insoweit wieder aufgehoben, wie die anrechenbaren Einkünfte gegebenenfalls sinken und der Kürzungsbetrag damit niedrigere Werte annimmt.

(3) Für Frauen, deren Ehemann in den ersten 10 Jahren nach Inkrafttreten des neuen Gesetzes stirbt, ist eine Übergangsregelung vorgesehen. Danach soll das neue Recht im ersten Jahr nach dem Tod des Ehepartners nicht angewendet werden, und vom zweiten bis fünften Jahr soll der Anrechnungsbetrag von 10% des anrechnungspflichtigen Einkommens um jährlich 10% auf 40% steigen. Diese Übergangsregelung wird auch für Witwer gelten, die nach altem Recht einen Anspruch auf Witwerrente gehabt hätten.

(4) Versicherten, die bei Inkrafttreten des Gesetzes am 1. Januar 1986 50 Jahre oder älter sind, wird Wahlfreiheit eingeräumt, sich bis Ende 1988 für das bislang geltende alte Hinterbliebenenrentenrecht oder das neue Recht zu entscheiden.

In der **Kritik** an dieser neuen Regelung der Hinterbliebenenversorgung ist insbesondere der Katalog der anrechenbaren und nichtanrechenbaren Einkünfte umstritten. Betroffen von dem Anrechnungsverfahren sind vor allem überlebende Ehefrauen mit einer hohen eigenen Alterssicherung und/oder hohen anderen anrechnungspflichtigen Einkommen. Diese Witwen, die insofern schlechter gestellt werden, dürften sich jedoch in der Minderzahl befinden; für die Mehrzahl der Witwen dürfte das anrechnungspflichtige Einkommen den Freibetrag nicht übersteigen, und sie werden damit durch das neue Recht nicht schlechter als bisher gestellt. Für viele Witwer können sich demgegenüber Verbesserungen der Einkommenssituation im Vergleich zum alten Recht ergeben.

Übersicht 4: Ein Beispiel zur Berechnung der Hinterbliebenenrente

Ein Ehepaar bezieht ab dem 1.7.1985 zwei Renten. Die Rente des Mannes beträgt 1600 DM, die der Frau 900 DM. Die Allgemeine Bemessungsgrundlage beläuft sich auf 27099 DM (bis 30.6.1986).

Starb der Mann vor dem 31.12.1985, erhält die Frau nach dem bisherigen Recht weiter ihre eigene Rente von 900 DM. Aus der Rente des Mannes bekommt sie zusätzlich 60% (960 DM) als Witwenrente; insgesamt verfügt die Frau also über eine Rente von 1860 DM. Starb jedoch die Frau, bezieht der Mann weiter seine eigene Rente von 1600 DM; aus der Rente seiner Frau erhält er grundsätzlich keine Witwerrente.

Starb der Mann nach dem 31.12.1985, so bekommt die Frau nach dem neuen Recht weiter ihre Rente von 900 DM. Aus der Rente des Mannes hat sie außerdem einen Anspruch auf eine Witwenrente in Höhe von 60% (960 DM). Da ihre eigene Rente von 900 DM den im neuen Gesetz festgelegten Freibetrag kaum überschreitet, erhält die Witwe fast die volle Witwenrente ausgezahlt. Insgesamt beträgt ihre Altersrente ca. 1860 DM. Starb demgegenüber die Frau, so bekommt der Mann auch nach dem neuen Recht weiter seine Rente von 1600 DM. Außerdem hat er aus der Rente seiner Frau einen Anspruch auf 60% Witwerrente (540 DM). Allerdings übersteigt seine eigene Rente von 1600 DM den im neuen Gesetz festgelegten Freibetrag um ca. 700 DM, die zu 40% (ca. 280 DM) bei der Festlegung der Witwerrente berücksichtigt werden. Dies bedeutet, daß die Witwerrente von 540 DM um ca. 280 DM gekürzt wird; der Witwer erhält also im Ergebnis zu seiner eigenen Rente zusätzlich 260 DM ausbezahlt; insgesamt beträgt seine Altersrente somit ca. 1860 DM.

Damit entsteht notwendigerweise die Frage nach der **Kostenneutralität** der Neuregelung der Hinterbliebenensicherung. Die Neuregelung wird sich zweifellos kostenmäßig in Grenzen halten. Ob allerdings eine Kostenneutralität gegeben ist, ist fraglich. Für die Mehrzahl der Witwen wird sich finanziell kaum etwas ändern; für die Witwer bringt demgegenüber die durchgeführte Neuregelung eine wesentliche Verbesserung, sofern die verstorbene Ehefrau selbst eine hohe Rente bezogen hat und die eigenen anrechnungsfähigen Einkünfte des Witwers den Freibetrag nicht oder nicht wesentlich übersteigen. Bisher fehlen allerdings ausreichende Informationen über die Einkommensdifferenzierung im Alter; von daher bleiben die finanziellen Folgen der Neuregelung letztlich ungewiß.

Im Vergleich zu allen anderen lange diskutierten Lösungsansätzen einer Neuregelung der Hinterbliebenensicherung trägt die getroffene Neuregelung dem Gesichtspunkt der **Beitragsäquivalenz** weitgehend Rechnung. In gewissem Umfange stellt jede Hinterbliebenenrente eine versicherungsfremde Leistung dar, die zumindest nicht äquivalenztheoretisch begründet werden kann. Eine solche nicht durch eigene Beiträge begründete Rente sollte nur insoweit gewährt werden, wie eine nach dem Einkommen bemessene Bedarfssituation vorliegt. Die Neuregelung der Hinterbliebenenversorgung grenzt die Abweichungen vom Prinzip der Beitragsäquivalenz ein und kodifiziert zugleich den aus dem veränderten Rollenverhalten von Mann und Frau notwendigerweise folgenden Grundsatz der gegenseitigen Unterhaltsverpflichtung der Ehegatten.

1.2 Unfallversicherung

Es ist die **Aufgabe der Unfallversicherung**, Arbeitsunfälle und Berufskrankheiten zu verhüten sowie nach deren Eintritt gesundheitliche Schäden und ihre wirtschaftlichen Folgen zu beheben oder zu mildern. Im Vergleich zu den Einkommensleistungen der Rentenversicherung im Funktionsbereich Alter und Hinterbliebene sind die entsprechenden **Leistungen der Unfallversicherung** von untergeordneter Bedeutung. Im Vordergrund stehen Renten an Verletzte; diese werden jedoch nur insoweit dem Funktionsbereich Alter und Hinterbliebene zugerechnet, als sie nach Erreichen der für das Altersruhegeld gültigen Altersgrenze gezahlt werden. Ferner sind zu nennen Renten, Überbrückungshilfen, Beihilfen und Abfindungen an Witwen, Witwer und sonstige Hinterbliebene (auch ins Ausland gezahlte Leistungen) mit Ausnahme der Leistungen an Waisen.

1.2.1 Leistungsberechtigte

Die Unfallversicherung ist derjenige Zweig der Sozialversicherung, der noch stärker als die Rentenversicherung als **Zwangsversicherung** konzipiert ist und nahezu die gesamte Bevölkerung als **Pflichtversicherte** erfaßt. Pflichtversichert sind vor allen Dingen die Arbeitnehmer und ihnen gleichgestellte Personen, aber auch verschiedene Gruppen von Selbständigen und schließlich noch nicht Erwerbstätige:

(1) Pflichtversichert kraft Gesetzes sind vor allen Dingen Arbeitnehmer und ihnen gleichgestellte Personen unabhängig von der Art und Dauer der Beschäftigung und der Höhe des Einkommens. Dazu gehören insbesondere die aufgrund eines Arbeits-, Dienst- oder Lehrverhältnisses beschäftigten Personen und die Arbeitslosen.

(2) Pflichtversichert sind auch die Heimarbeiter und Hausgewerbetreibenden, die Künstler, Artisten und Schausteller, die Hebammen und Masseure. Zu diesen häufig als arbeitnehmerähnlich bezeichneten Selbständigen treten landwirtschaftliche Unternehmer, Unternehmer gewerblicher Kleinbetriebe der Küstenschiffahrt und Küstenfischerei sowie die in diesen und in anderen Unternehmen tätigen Ehegatten.

(3) Geschützt werden durch die Unfallversicherung auch jene Personen, die im Interesse des Gemeinwohls tätig werden. Hierzu gehören Entwicklungshelfer, Personen, die im Gesundheits-, Veterinärwesen, in der Wohlfahrtspflege und im Zivilschutz tätig sind, Nothelfer und Lebensretter, Blutspender und Spender körpereigener Gewebe, Personen, die im Interesse öffentlicher Körperschaften, Anstalten oder Stiftungen ehrenamtlich tätig sind, Zeugen, die von einem Gericht, einem Staatsanwalt oder einer sonstigen Stelle zur Beweiserhebung herangezogen werden.

(4) Kraft Gesetzes werden auch Lernende während der beruflichen Aus- und Fortbildung sowie ehrenamtlich Lehrende geschützt. Der Schutz der Unfallversicherung erstreckt sich auch auf Kinder während des Besuchs von Kindergärten, auf Schüler während des Besuchs allgemeinbildender Schulen sowie auf Studierende während der Aus- und Fortbildung an Hochschulen.

(5) Geschützt sind auch Personen, die im Rahmen der Selbsthilfe an öffentlich geförderten oder steuerbegünstigten Wohnungsbauten mitwirken, sowie Personen, die an Rehabilitationsmaßnahmen teilnehmen, und schließlich auch Strafgefangene.

Der Versicherungsschutz kann sich auch auf andere Personengruppen erstrekken, die Tätigkeiten ähnlich wie die vorgenannten Personen ausüben. Durch Satzung der Träger der Unfallversicherung kann die Versicherungspflicht auf weitere Personenkreise ausgedehnt werden. Schließlich können nicht pflichtversicherte Unternehmer eine **freiwillige Versicherung** begründen; sie erwerben damit den gleichen Versicherungsschutz wie die Pflichtversicherten.

Versicherungsfrei sind insbesondere Beamte und andere Personen hinsichtlich der Unfälle im Rahmen eines Dienst- oder Arbeitsverhältnisses, für das beamtenrechtliche Unfallfürsorgeregelungen oder analoge Grundsätze gelten. Gleiches gilt für Personen, die bei Arbeitsunfällen eine Versorgung nach dem Bundesversorgungsgesetz erhalten, ferner für Mitglieder geistlicher Genossenschaften, Diakonissen, Schwestern vom Deutschen Roten Kreuz sowie für Angehörige ähnlicher Gemeinschaften, soweit ihre lebenslange Versorgung gewährleistet ist. Versicherungsfrei sind ebenfalls Ärzte, Heilpraktiker, Zahnärzte und Apotheker bei ihrer freiberuflichen Tätigkeit sowie Unternehmer von nicht gewerbsmäßig betriebenen Binnenfischereien oder Imkereien, soweit sie nicht Bestandteil oder Nebenbetrieb eines landwirtschaftlichen Unternehmens sind, deren Ehegatten, Kinder und Verwandte, Fischerei- oder Jagdgäste sowie Mitglieder von Sportfischereivereinigungen.

1.2.2 Leistungsbemessung

Im Funktionsbereich Alter und Hinterbliebene fallen insbesondere Einkommensleistungen der Unfallversicherung an Witwen, Witwer und sonstige Hinterbliebene (mit Ausnahme der Leistungen an Waisen) an. Von herausragender Bedeutung sind dabei die **Witwenrenten**, deren maßgeblicher Bestimmungsfaktor in dem Jahresarbeitsverdienst des verstorbenen Unfallversicherten zu sehen ist.

Der **Jahresarbeitsverdienst des Verstorbenen** umfaßt den Gesamtbetrag aller Arbeitsentgelte und Arbeitseinkommen im letzten Jahr vor dem Eintritt des Versicherungsfalles. Allerdings sind für diesen individuellen Faktor der Rentenbemessung Höchst- und Mindestgrenzen zu beachten. Die ursprünglich festgelegte **Höchstgrenze** von 36000 DM jährlich wird nach Maßgabe der Satzung der einzelnen Träger der Unfallversicherung inzwischen weit überschritten; bei den meisten Trägern der Unfallversicherung liegen die Höchstgrenzen bei dem Doppelten und mehr. Die **Mindestgrenze** des Jahresarbeitsverdienstes bestand früher in dem 300fachen des für den Beschäftigungsort festgesetzten Ortslohns; dieser Ortslohn war die untere Grenze dessen, was ein ungelernter Arbeiter an einem Tage zu verdienen pflegte; da dieser Betrag in den einzelnen Landesteilen recht unterschiedlich sein konnte, oblag die Festsetzung des Ortslohns den dazu bestimmten Landesbehörden. Seit dem Inkrafttreten des Sozialgesetzbuches am 1.7.1977 wird der Mindestjahresarbeitsverdienst abweichend bestimmt. Die Mindestgrenze des Jahresarbeitsverdienstes liegt seitdem für Personen, die das 18. Lebensjahr vollendet haben, bei 60% und für Personen, die das 18. Lebensjahr noch nicht vollendet haben, bei 40% der im Zeitpunkt des Unfalls maßgebenden Bezugsgröße für die Sozialversicherung. Das Bundesministerium für Arbeit und Sozialordnung gibt diese Bezugsgröße alljährlich bekannt (1987: 36120 DM).

In verschiedenen Wirtschaftszweigen sowie für verschiedene Personengruppen werden davon **abweichende Bezugsgrößen der Rentenbemessung** festgelegt. Im Bereich der See-Unfallversicherung wird von den Durchschnittsheuern ausgegangen; in der landwirtschaftlichen Unfallversicherung werden teilweise durchschnittliche Jahresarbeitsverdienste festgesetzt. Für Kindergartenkinder, Schüler, Studenten und Lernende gilt eine Sonderregelung: Solange sie das sechste Lebensjahr noch nicht vollendet haben, ein Viertel, solange sie das 14. Lebensjahr noch nicht vollendet haben, ein Drittel der durchschnittlichen Bruttolohn- und -gehaltssumme, die für das zweite Kalenderjahr vor dem Unfall ermittelt worden ist; nach Vollendung des 14. Lebensjahres gilt für den Mindestjahresarbeitsverdienst jeweils die allgemeine Regelung, wenn sie für den Berechtigten günstiger ist.

Die **Witwenrenten** werden nach Maßgabe des Jahresarbeitsverdienstes des verstorbenen Ehemannes errechnet. Grundsätzlich beträgt die Witwenrente jährlich 30% des Jahresarbeitsverdienstes des verstorbenen Ehemannes, und sie wird bis zum Tode der Witwe bzw. bis zu ihrer Wiederverheiratung gezahlt. Liegen bei der Witwe die Voraussetzungen für die große Witwenrente im Sinne der Rentenversicherung vor, so erhöht sich die Witwenrente auf 40% des Jahresarbeitsverdienstes. Für die ersten drei Monate nach dem Tode des Versicherten wird die Witwenrente mittels einer **Überbrückungshilfe** auf die Vollrente des Versicherten aufgestockt, die diesem im Überlebensfalle bei voller Erwerbsunfähigkeit zugestanden hätte (zwei Drittel des Jahresarbeitsverdienstes). War der Tod des Versicherten nicht die Folge eines Arbeitsunfalles oder einer Berufskrankheit, so erhält die Witwe keine Witwenrente, aber stattdessen eine einmalige **Witwenbeihilfe** in Höhe von 40% des Jahresarbeitsverdienstes; in bestimmten Härtefällen kann eine **laufende Beihilfe** gewährt werden.

Der **Regelfall der Hinterbliebenenrente** war bis zum 31.12.1985 die Rente an die Witwe eines Verstorbenen. Aber auch der Witwer einer Verstorbenen erhielt dann eine Rente, wenn die verstorbene Ehefrau den Unterhalt der Familie überwiegend bestritten hatte, und zwar so lange, wie sie ihn auch für die Zukunft bestritten hätte; die Höhe der Witwerrente entsprach derjenigen der Witwenrente.

Seit dem 1.1.1986 gilt auch in der Unfallversicherung die Gleichschaltung der Voraussetzungen für Witwen- und Witwerrenten mit Anrechnung eigener Erwerbs- und Erwerbsersatzeinkommen sowie Freibetragsregelungen analog zur Hinterbliebenenrente in der Rentenversicherung.

Neben der Witwen- und Witwerrente ist auch eine **Geschiedenenrente** möglich. Diese hat zur Voraussetzung, daß der Verstorbene zur Zeit seines Todes zur Unterhaltszahlung verpflichtet war oder Unterhalt wenigstens während des letzten Jahres vor seinem Tode tatsächlich gezahlt hat. Auch die Höhe dieser Rente entspricht derjenigen der Witwenrente; Überbrückungshilfe erhält die geschiedene Ehefrau allerdings nicht. **Verwandte der aufsteigenden Linie** wie Eltern, Großeltern sowie Stief- oder Pflegeeltern können dann eine Rente erhalten, wenn der Versicherte diese aus seinem Arbeitsverdienst wesentlich unterhalten hat oder ohne den Unfall wesentlich unterhalten würde. Die Elternrente beträgt 30% des Jahresarbeitsverdienstes, für einen Elternteil jedoch nur 20%. Sind Eltern und Großeltern vorhanden, so können nur die Eltern eine Rente erhalten. Die Rente ist nur solange zu zahlen, wie ohne den Unfall ein Anspruch auf Unterhalt gegen den Versicherten hätte geltend gemacht werden können.

Grundsätzlich können Witwen und Witwer anstelle der laufenden Rentenzahlungen eine **Abfindung** zum Erwerb von Grundbesitz, zum Wohnungsbau oder zu ähnlichen Zwecken erhalten. Dieser Abfindung kann die Rente in voller Höhe für den kalkulierten Zahlungszeitraum zugrundegelegt werden. Bei Wiederheirat der Witwe wird jedoch nur eine Abfindung in Höhe der zweifachen Jahresrente gezahlt.

Für die Gesamtsumme der Hinterbliebenenrenten (einschließlich der Waisenrenten) gelten **Höchstgrenzen**. Grundsätzlich dürfen sämtliche Hinterbliebenenrenten nicht mehr als 80% des Jahresarbeitsverdienstes betragen; wird dieser Maximalwert überschritten, so werden die einzelnen Renten anteilig gekürzt.

1.2.3 Leistungsvoraussetzungen

Die Leistungen der Unfallversicherung knüpfen an bestimmte, die versicherten Personen schädigende Ereignisse an. Anspruchstatbestände sind grundsätzlich **Arbeitsunfälle**, **Wegeunfälle** sowie **Berufskrankheiten**:

(1) *Arbeitsunfälle* sind solche Unfälle, die ein Versicherter während seiner beruflichen Tätigkeit erleidet, wobei es auf das Verschulden des Versicherten an dem Arbeitsunfall nicht ankommt (Ausnahme: vorsätzliche Herbeiführung eines Unfalls). Zu den Arbeitsunfällen gehören auch schädigende Ereignisse, die sich bei Verwahrung, Beförderung, Instandhaltung und Erneuerung des Arbeitsgerätes sowie bei Botengängen und auf Reisen im Auftrag des Betriebes ereignen. Gleiches gilt für Unfälle anläßlich von Betriebsveranstaltungen wie z.B. Betriebsausflügen, Betriebssport und dergleichen. Den Arbeitsunfällen werden auch solche Unfälle zugerechnet, die sich auf dem Weg zu dem Geldinstitut ereignen, an das der Arbeitgeber Lohn oder Gehalt überweist.

(2) *Wegeunfälle* sind solche die Person des Versicherten schädigende Ereignisse, die sich auf dem Weg von der Wohnung zur Arbeitsstätte ereignen. Dabei kommt es nicht auf das benutzte Verkehrsmittel an; geschützt sind auch Unfälle mit dem eigenen Auto, auch solche, die auf ein Verschulden des Versicherten zurückzuführen sind (Ausnahme: Trunkenheitsdelikte). Der Schutz der Unfallversicherung umfaßt den gesamten Weg von der Wohnung zur Arbeitsstätte und zurück; geschützt sind allerdings nur die-

jenigen Unfälle, die sich auf dem kürzesten Weg zwischen der Wohnung und der Arbeitsstätte ereignen.

(3) Den Arbeitsunfällen und Wegeunfällen gleichgestellt sind bestimmte katalogmäßig erfaßte *Berufskrankheiten*. Ein bekanntes Beispiel hierfür ist die sogenannte „Staublunge".

Im Gegensatz zur Rentenversicherung bedarf es bei der Unfallversicherung keines Leistungsantrages des Versicherten oder seiner Hinterbliebenen zum Erhalt der ihnen zustehenden Leistungen. Grundsätzlich ist der jeweilige Unternehmer zur **Schadensanzeige** verpflichtet. Die Leistungen der Unfallversicherung werden **von Amts wegen** festgestellt.

1.2.4 Leistungsanpassung

Seit dem Jahre 1963 sind die Unfallrenten **dynamisiert**; sie werden **jährlich angepaßt**. Maßgebende Bezugsgröße der Anpassung der Unfallrenten ist die durchschnittliche Bruttolohn- und -gehaltssumme der versicherten Arbeitnehmer. Gegenwärtig ist die **Entwicklung der Arbeitsentgelte** des jeweiligen Vorjahres für die Anpassung der Unfallrenten zum 1. Juli des laufenden Jahres maßgebend. Dabei wird wie bei der Rentenversicherung die steigende Beteiligung der Rentner an den Kosten für ihre Krankenversicherung berücksichtigt (zum 1.7.1987 von 5,2% auf 5,9%; Rentenanpassung daher +2,93% statt +3,7%).

1.3 Altershilfe für Landwirte

Mit der Entwicklung eines Alterssicherungssystems für Landwirte wurde 1957 begonnen. Anfänglich wurde ein **Bargeldzuschuß zum Altenteil** für landwirtschaftliche Unternehmer eingeführt, um eine frühzeitige Hofübergabe im Sinne strukturpolitischer Überlegungen zu erleichtern. Nach vielfältigen Ergänzungen dieser Altershilfe ist inzwischen ein ausgeformtes Sicherungssystem entstanden, das den landwirtschaftlichen Unternehmern und ihren Angehörigen eine **Grundsicherung** für das Alter bietet. Von einer Vollsicherung entsprechend der Rentenversicherung der Arbeiter und Angestellten wurde bewußt Abstand genommen, da davon auszugehen ist, daß der ältere Landwirt auch in Zukunft nach der Hofübergabe das Recht auf Wohnung und Verpflegung als sogenannter **Altenteiler** behält. Die Altershilfe für Landwirte will demzufolge vor allen Dingen den zusätzlichen Bargeldbedarf der älteren Landwirte und ihrer Angehörigen decken und sie in dieser Weise absichern.

Innerhalb der gesamten Altershilfe für Landwirte stehen die Einkommensleistungen eindeutig im Vordergrund. Zum Funktionsbereich Alter und Hinterbliebene gehören das Altersgeld für landwirtschaftliche Unternehmer, für Witwen und für mitarbeitende Familienangehörige, das vorzeitige Altersgeld, das Hinterbliebenengeld oder die Übergangshilfe für Witwen und die Landabgaberente für landwirtschaftliche Unternehmer bei Alter sowie für Witwen. Das vorzeitige Altersgeld für landwirtschaftliche Unternehmer sowie für mitarbeitende Familienangehörige rechnet nur insoweit zum Funktionsbereich Alter und Hinterbliebene, als es an Personen jenseits der für das Altersgeld gültigen Altersgrenze gezahlt wird.

1.3.1 Leistungsberechtigte

Anspruch auf die Einkommensleistungen der Altershilfe für Landwirte haben die in diesem Sicherungssystem versicherten Personen. Hierzu gehören die landwirtschaftlichen Unternehmer, die nach dem Gesetz Weiterversicherten sowie ein begrenzter Kreis mitarbeitender Familienangehöriger.

(1) Als *landwirtschaftliche Unternehmer* werden alle Unternehmer der Land- und Forstwirtschaft einschließlich des Wein-, Obst-, Gemüse- und Gartenbaus, der Teichwirtschaft, der Fischzucht und der Seen- und Flußfischerei sowie Imkerei angesehen. Diese Unternehmer sind grundsätzlich dann pflichtversichert, wenn der landwirtschaftliche Betrieb die Existenzgrundlage der betreffenden Personen bildet; dies bedeutet nicht, daß der gesamte Lebensunterhalt aus dem landwirtschaftlichen Unternehmen folgt, sondern daß dieses Unternehmen eine wichtige Grundlage für die Existenz der bäuerlichen Familie sein muß. Diese notwendige Voraussetzung der Versicherungspflicht ist insbesondere dann erfüllt, wenn das Unternehmen die von der landwirtschaftlichen Alterskasse im Einvernehmen mit dem Gesamtverband der landwirtschaftlichen Alterskassen festgesetzte Mindesthöhe der Existenzsicherung erreicht. Bei der Mindesthöhenfestsetzung werden Maßstäbe des Wirtschaftswertes, des Flächenwertes oder des Arbeitsbedarfs des Unternehmens nach billigem Ermessen aufgrund der örtlichen oder bezirklichen Gegebenheiten herangezogen. Bei rein landwirtschaftlichen Flächen beträgt die Mindesthöhe im Bundesdurchschnitt 4-5 Hektar, schwankt aber sehr stark nach Bewirtschaftungsart und Lage. Erreicht das Unternehmen die so festgesetzte Mindesthöhe der Existenzgrundlage, so wird die Pflichtmitgliedschaft in der Altershilfe für Landwirte unwiderlegbar vermutet. Betreiben Ehegatten gemeinsam ein landwirtschaftliches Unternehmen, so ist nur derjenige in der landwirtschaftlichen Alterskasse versichert, der das Unternehmen überwiegend leitet; bei gleichwertiger Leitung sind beide Ehegatten pflichtversichert. Landwirtschaftliche Unternehmer, deren Unternehmen für sie keine Existenzgrundlage bildet, sind in der landwirtschaftlichen Alterskasse nicht versichert; regelmäßig sind diese Personen anderweitig sozial abgesichert (z.B. als Arbeitnehmer in der Rentenversicherung).

(2) Scheiden landwirtschaftliche Unternehmer aus der Versicherungspflicht aus, so können sie auf Antrag die Pflichtversicherung fortsetzen. Dies ist möglich, wenn innerhalb einer zweijährigen Frist nach Beendigung der landwirtschaftlichen Unternehmerstellung ein Antrag auf *Weiterversicherung* gestellt wird und eine mindestens 60-kalendermonatige Vorversicherungszeit als landwirtschaftlicher Unternehmer vorliegt. Im Anschluß besteht die Versicherungspflicht bis zu bestimmten gesetzlich festgelegten Endzeitpunkten. Auch der hinterbliebene Ehegatte eines landwirtschaftlichen Unternehmers kann die Versicherungspflicht auf Antrag begründen.

(3) *Ältere mitarbeitende Familienangehörige* unterliegen der Versicherungspflicht, wenn sie in einem bestimmten Verwandtschaftsverhältnis zum landwirtschaftlichen Unternehmer stehen, mindestens fünf Jahre hauptberuflich in einem landwirtschaftlichen Unternehmen mitarbeiten, am 1. Mai 1980 das 50., aber noch nicht das 65. Lebensjahr vollendet haben, vor dem 1. Mai 1980 noch keine Versicherungszeit von 180 Kalendermonaten in der gesetzlichen Rentenversicherung zurückgelegt haben und keinen Anspruch auf Leistungen nach dem Gesetz über eine Altershilfe für Landwirte haben, auch nicht bei Erreichen der Altersgrenze haben werden und nicht als Weiterversicherte beitragspflichtig sind. Auf die arbeitsrechtliche Stellung des mitarbeitenden Familienangehörigen kommt es dabei nicht an.

(4) Seit dem 1.1.1986 sind auch *jüngere hauptberuflich mitarbeitende Familienangehörige* in der Land- und Forstwirtschaft ab dem 25. Lebensjahr in die Altershilfe für Landwirte miteinbezogen, um auch für diese Personengruppe eine finanziell tragbare soziale Absicherung für das Alter, bei Invalidität und im Hinterbliebenenfall zu schaffen.

Von der so umgrenzten Versicherungspflicht für landwirtschaftliche Unternehmer, für die Weiterversicherten und die mitarbeitenden Familienangehörigen gibt es verschiedene **Befreiungsregelungen** innerhalb des Systems der landwirtschaftlichen Altershilfe sowie im Verhältnis zu anderen Sicherungssystemen. So können sich insbesondere die landwirtschaftlichen Unternehmer von der Beitragspflicht befreien lassen, wenn sie vor Antragstellung mindestens 60 Kalendermonate in der gesetzlichen Rentenversicherung versicherungspflichtig waren und zur Zeit der Antragstellung versicherungspflichtig beschäftigt sind oder als selbständige Handwerker in der Handwerksrolle eingetragen sind; auch Beamte und ihnen versorgungsrechtlich gleichgestellte Personen können sich von der Beitragspflicht als landwirtschaftliche Unternehmer befreien lassen. Die Inanspruchnahme dieser Befreiungsregelungen kann nicht widerrufen werden.

1.3.2 Leistungsbemessung

Im Mittelpunkt der Leistungen der landwirtschaftlichen Altershilfe stehen das Altersgeld sowie das vorzeitige Altersgeld für landwirtschaftliche Unternehmer, für Witwen und für mitarbeitende Familienangehörige. **Altersgeld** und **vorzeitiges Altersgeld** werden grundsätzlich pauschaliert an alle Leistungsberechtigten bei Erfüllung der entsprechenden Voraussetzungen gezahlt. Das Altersgeld und das vorzeitige Altersgeld belaufen sich für den verheirateten Landwirt ab 1. Juli 1987 auf 571,50 DM, für den unverheirateten Landwirt sowie für die Witwe oder den Witwer auf 381,20 DM monatlich. Die Witwe und der Witwer erhalten jedoch unter bestimmten Voraussetzungen für die ersten drei Monate nach dem Tode des Ehegatten die volle Einkommensleistung für Verheiratete. Steht beiden Ehegatten jeweils ein Leistungsanspruch zu, so erhält jeder Ehegatte nur das einem unverheirateten Leistungsberechtigten zustehende Geld. Mithelfende Familienangehörige erhalten grundsätzlich eine Einkommensleistung in Höhe von 50% des Altersgeldes eines verheirateten bzw. unverheirateten Landwirts. Diese Einkommensleistungen erhöhen sich um jeweils 3 Prozent für 12 Monatsbeiträge, die 180 Monatsbeiträge für Zeiten vor dem 65. Lebensjahr übersteigen.

Unter bestimmten Voraussetzungen kann nach dem Tod eines Ehegatten der hinterbliebene Ehegatte ein **Hinterbliebenengeld** bzw. eine **Übergangshilfe** erhalten; die Berechtigten beziehen stets den dynamisierten Grundbetrag des Altersgeldes für unverheiratete Landwirte.

Im Rahmen des Alterssicherungssystems für Landwirte wird gegebenenfalls eine **Landabgaberente** für landwirtschaftliche Unternehmer bei Alter sowie für Witwen gezahlt. Diese Landabgaberente setzt sich zusammen aus dem Altersgeld sowie einem Erhöhungsbetrag und liegt damit um knapp 50% höher als das Altersgeld.

Für die Einkommensleistungen aus dem Alterssicherungssystem der Landwirte bestehen in gewissem Umfange **Kumulationsbeschränkungen**. Treffen mehrere laufende Einkommensleistungen aus der Altershilfe für Landwirte in einer Person zusammen, so wird nur eine Leistung, und zwar jeweils die höhere, gewährt. Beim Zusammentreffen mehrerer Leistungen aus verschiedenen Sicherungssystemen gelten Kumulationsregelungen für die Empfänger des vorzeitigen Altersgeldes bzw. des Hinterbliebenengeldes. Beziehen die betreffenden Personen zugleich eine Rente aus der Rentenversicherung oder der Unfallversicherung oder Versorgungsbezüge nach beamtenrechtlichen Vorschriften oder Grundsätzen, so wird das vorzeitige Altersgeld bzw. das Hinterbliebenengeld um 25%, höchstens um den Betrag dieser konkurrierenden Leistungen gekürzt. Allerdings entfällt bei Bezug von vorzeitigem Altersgeld für die Zeit nach Vollendung des 65. Lebensjahres dann die Kürzung, wenn vor Beginn der Leistungen für mindestens 180 Kalendermonate Beiträge entrichtet worden sind; das gilt auch bei Vorliegen der Voraussetzungen für ein Altersgeld. Ein Zusammentreffen mit Leistungen anderer Leistungsbereiche beeinflußt die Höhe des Anspruchs auf Altersgeld wegen Vollendung des 65. Lebensjahres nicht, da das Altersgeld lediglich eine Teilsicherung darstellt; Ausnahmen hierzu bestehen nur im Alt- bzw. Übergangsrecht. Für das Hinterbliebenengeld bzw. die Übergangshilfe sind neben diesen Kumulationsbeschränkungen **Ruhensvorschriften** bei Anspruch auf Arbeitslosengeld oder Unterhaltsgeld bzw. Krankengeld oder Übergangsgeld zu beachten.

1.3.3 Leistungsvoraussetzungen

Der Bezug des Altersgeldes und des vorzeitigen Altersgeldes, des Hinterbliebenengeldes, der Übergangshilfe sowie der Landabgaberente ist an differenzierte Voraussetzungen bezüglich der Altersgrenzen und der Wartezeiten sowie an weitere für dieses Sicherungssystem typische Bedingungen gebunden:

(1) Der *landwirtschaftliche Unternehmer* erhält dann *Altersgeld*, wenn er sein Unternehmen abgegeben, das 65. Lebensjahr vollendet und bis zum 60. Lebensjahr mindestens 180 Monatsbeiträge an die landwirtschaftliche Alterskasse gezahlt hat. Ein *vorzeitiges Altersgeld* erhält der Landwirt dann, wenn er das Unternehmen abgegeben hat, erwerbsunfähig im Sinne der Rentenversicherung ist und bis zum 60. Lebensjahr oder bis zur Erwerbsunfähigkeit mindestens 60 Monatsbeiträge an die landwirtschaftliche Alterskasse gezahlt hat.

(2) Eine *Witwe* (oder ein Witwer) erhält nur dann Altersgeld oder vorzeitiges Altersgeld, wenn das Unternehmen abgegeben wurde und sie (er) selbst nicht Landwirt ist. Bei Erfüllung dieser Grundvoraussetzung erhält die Witwe (oder der Witwer) dann *Altersgeld*, wenn der verstorbene Ehegatte selbst Anspruch auf Altersgeld hatte und die Ehe vor Vollendung des 65. Lebensjahres des Verstorbenen geschlossen war. Liegen diese Voraussetzungen nicht vor, so besteht dennoch ein Anspruch auf Altersgeld für die Witwe, wenn sie das 60. Lebensjahr (der Witwer das 65. Lebensjahr) vollendet hat und der verstorbene Landwirt mindestens bis zum 60. Lebensjahr oder bis zu seinem Tode 180 Monatsbeiträge an die landwirtschaftliche Alterskasse gezahlt hat; dabei zählen auch diejenigen Beiträge mit, die die Witwe (oder der Witwer) nach dem Tode des Landwirtes entrichtet hat. Bei Erfüllung der obigen Grundvoraussetzung erhält die Witwe (oder der Witwer) ein *vorzeitiges Altersgeld*, wenn der verstorbene Ehegatte Anspruch auf vorzeitiges Altersgeld hatte und die Ehe vor dem 65. Lebensjahr des Verstorbenen geschlossen wurde. Liegen diese Voraussetzungen nicht vor, so besteht dann Anspruch auf vorzeitiges Altersgeld für die Witwe, wenn sie erwerbsunfähig ist und der verstorbene Landwirt mindestens bis zum 60. Lebensjahr oder bis zu seinem Tode 60 Monatsbeiträge an die landwirtschaftliche Alterskasse gezahlt hat; dabei zählen auch die Beiträge mit, die die Witwe (oder der Witwer) nach dem Tode des Landwirts entrichtet hat. In jedem Fall aber muß das Unternehmen abgegeben worden sein, zudem darf der überlebende Ehegatte nicht mehr als Landwirt tätig sein.

(3) Ein *Hinterbliebenengeld* erhält die Witwe (oder der Witwer) eines Landwirtes, wenn das Unternehmen abgegeben wurde und sie selbst nicht Landwirt ist, sie den Unterhalt ihrer Familie nicht überwiegend bestritten hatte, im Haushalt ein Kind lebt, das jünger als 16 Jahre oder gebrechlich ist, sie nur geringes Arbeitseinkommen hat und der ver-

storbene Landwirt mindestens bis zur Vollendung des 60. Lebensjahres oder bis zu seinem Tode 60 Monatsbeiträge an die landwirtschaftliche Alterskasse gezahlt hat. Wird ein Kind nicht erzogen, kann die Witwe ein Hinterbliebenengeld auch dann erhalten, wenn sie das 45. Lebensjahr vollendet hat und eine unterhaltssichernde berufliche Tätigkeit nicht ausgeübt wird und auch nicht erwartet werden kann. Bei Bezug von Altersruhegeld oder vorzeitigem Altersruhegeld wird dieses Hinterbliebenengeld nicht gezahlt.

(4) Während die Zahlung des Hinterbliebenengeldes die Abgabe des Unternehmens voraussetzt, kann bei Weiterführung des Unternehmens ein Anspruch auf *Übergangshilfe* bestehen. Dieser Anspruch besteht dann, wenn die Witwe (oder gegebenenfalls der Witwer) das Unternehmen des Verstorbenen, das einen Wirtschaftswert von 25000 DM nicht überschreiten darf, als beitragspflichtiger landwirtschaftlicher Unternehmer weiterführt und im Haushalt der Witwe oder des Witwers mindestens ein waisengeldberechtigtes Kind oder Pflegekind lebt, das das 16. Lebensjahr noch nicht vollendet hat. Ferner darf das Arbeitsentgelt oder das Arbeitseinkommen der Witwe oder des Witwers im Monatsdurchschnitt bestimmte Höchstgrenzen nicht übersteigen. Ebenso dürfen Renten aus der gesetzlichen Rentenversicherung, der gesetzlichen Unfallversicherung, einer berufsständischen Versicherungs- oder Versorgungseinrichtung, einer Einrichtung der betrieblichen oder überbetrieblichen Alters- und Hinterbliebenenversorgung oder Versorgungsbezüge nach beamtenrechtlichen Vorschriften oder Grundsätzen, die die Witwe oder der Witwer erhalten, ein Viertel der monatlichen Bezugsgröße nicht überschreiten. Schließlich muß der verstorbene Unternehmer mindestens bis zur Vollendung des 60. Lebensjahres oder bis zu seinem Tod, mit Ausnahme der Zeiten des Bezuges eines vorzeitigen Altersgeldes, und für mindestens 60 Kalendermonate Beiträge an die landwirtschaftliche Alterskasse entrichtet haben.

(5) Die *Landabgaberente* ist im Kern eine zeitlich begrenzte strukturpolitische Förderungsmaßnahme. Ein Landwirt erhält dann eine Landabgaberente, wenn er bis zum 31.12.1983 sein landwirtschaftliches Unternehmen zum Zwecke der Strukturverbesserung abgegeben hat und in den letzten fünf Jahren landwirtschaftlicher Unternehmer war. Außerdem mußte der Landwirt das 60. Lebensjahr vollendet haben oder berufsunfähig im Sinne der Rentenversicherung sein; ersatzweise mußte er das 55. Lebensjahr vollendet haben und nicht vermittlungsfähig sein. Schließlich mußte der landwirtschaftliche Unternehmer mindestens 60 Monatsbeiträge an die landwirtschaftliche Alterskasse gezahlt haben. Eine Witwe oder ein Witwer erhalten dann Landabgaberente, wenn auch der Verstorbene Anspruch auf diese hatte und der überlebende Ehegatte selbst nicht Landwirt war.

Da alle laufenden Einkommensleistungen der Altershilfe für Landwirte die Abgabe des landwirtschaftlichen Unternehmens (Ausnahme: Übergangshilfe) voraussetzen, ist die **Möglichkeit des Hinzuverdienstes** aus der selbständigen landwirtschaftlichen Unternehmertätigkeit von vornherein ausgeschlossen. Allerdings dürfen die Leistungsempfänger der landwirtschaftlichen Altershilfe geringfügige landwirtschaftliche Nutzflächen bei der Abgabe des landwirtschaftlichen Unternehmens für sich behalten und entsprechend nutzen. Darüber hinausgehende Einschränkungen des Hinzuverdienstes bestehen beim Anspruch auf **Altersgeld** nicht. Demgegenüber sind die Möglichkeiten des Hinzuverdienstes beim **vorzeitigen Altersgeld** wegen der Bindung des Anspruchs an das Vorliegen der Erwerbsunfähigkeit im Sinne der Rentenversicherung eng begrenzt. Eine regelmäßige und nicht nur geringfügige Tätigkeit darf nicht mehr ausgeübt werden, weil dann die Voraussetzung der Erwerbsunfähigkeit in Frage gestellt ist. Dies gilt auch für eine Erwerbstätigkeit außerhalb der Landwirtschaft. Verschärfte Einschränkungen des Hinzuverdienstes bestehen beim **Hinterbliebenengeld** und der **Übergangshilfe**; Arbeitsentgelt oder Arbeitseinkommen des hinterbliebenen

Ehegatten dürfen bestimmte Monatsbeträge nicht überschreiten (1987: 1710 DM monatlich). Alle Ansprüche auf laufende Einkommensleistungen, die die Abgabe des landwirtschaftlichen Unternehmens voraussetzen, ruhen, wenn der Berechtigte erneut landwirtschaftliche Flächen über 25% der von der landwirtschaftlichen Alterskasse festgesetzten Mindesthöhe bewirtschaftet.

1.3.4 Leistungsanpassung

Die laufenden Einkommensleistungen des Alterssicherungssystems für Landwirte werden ebenso wie die Renten aus der Rentenversicherung und aus der Unfallversicherung **regelmäßig der allgemeinen wirtschaftlichen Entwicklung angepaßt**. Dabei besteht zwischen der Rentenversicherung und der landwirtschaftlichen Altershilfe ein enger **Dynamisierungsverbund** in dem Sinne, daß die Einkommensleistungen der Altershilfe für Landwirte in gleichem Maße (jedoch ohne Berücksichtigung von Krankenversicherungsbeiträgen) und zum gleichen Zeitpunkt wie die Arbeiter- und Angestelltenrenten anzupassen sind (1.7.1987: +3,7%).

1.4 Versorgungswerke

Die berufsständischen Versorgungwerke haben eine Tradition, die bis in die 20er Jahre dieses Jahrhunderts zurückreicht. 1923 wurde die Bayerische Ärzteversorgung als ältestes Versorgungswerk der verkammerten freien Berufe in Form einer öffentlich-rechtlichen Einrichtung mit Pflichtmitgliedschaft gegründet. 1925 folgten die Bayerische Apothekerversorgung sowie die Notarkasse in München. Die Zeit nach dem Zweiten Weltkrieg brachte eine Reihe von Neugründungen. Diese sind darauf zurückzuführen, daß einerseits durch den Krieg und die Kriegsfolgen für eine Fülle von Personen die bis dahin anderweitig geschaffene Basis der Alterssicherung vernichtet worden war und andererseits bis 1972 den meisten Selbständigen der Zugang zur Rentenversicherung verwehrt wurde. Ab 1973 wurden nur noch wenige Versorgungswerke gegründet. Heute gibt es in der Bundesrepublik 42 berufsständische Versorgungswerke der verkammerten freien Berufe (Apotheker, Ärzte, Zahnärzte und Tierärzte; Rechtsanwälte, Notare, Steuerberater und Steuerbevollmächtigte; Architekten und Seelotsen); sie haben insgesamt etwa 200000 Mitglieder und bieten diesen eine soziale Absicherung bei Alter, Invalidität und Tod.

Die Einkommensleistungen der berufsständischen Versorgungswerke im Funktionsbereich Alter und Hinterbliebene umfassen Altersruhegelder, Witwenrenten, Abfindungen für Versichertenrenten und Witwenrenten sowie Renten bei Berufs- und Erwerbsunfähigkeit; die letzteren sind jedoch nur dann dem Funktionsbereich Alter und Hinterbliebene zuzurechnen, wenn sie an Personen jenseits der für das Altersruhegeld gültigen Altersgrenze gezahlt werden.

1.4.1 Leistungsberechtigte

Die berufsständische Versorgung ist – von wenigen Ausnahmen abgesehen – als **Pflichtversicherung** konzipiert; sie erfaßt sowohl die abhängig Beschäftigten als auch die selbständig tätigen Angehörigen der verkammerten freien Berufe, soweit entsprechende Versorgungseinrichtungen unterhalten werden. Die Zulassung zu einem dieser Berufe und die Ausübung dieses Berufes konstituieren kraft öffentlich-rechtlicher Verpflichtung die Mitgliedschaft in dem jeweiligen berufsständischen Versorgungswerk. Eine **Ausnahme** gilt für ältere Berufsangehörige, die nach Errichtung einer Versorgungseinrichtung Kammermitglied werden; für sie ist die Teilnahme an der Versorgung regelmäßig ab einem bestimmten Lebensalter (41. oder 45. Lebensjahr) ausgeschlossen. Von dieser Risikoauslese aus Gründen der Finanzierungssicherheit abgesehen findet ein weiterer Ausschluß von Berufsstandsangehörigen nicht statt. Auf der anderen Seite sind andere Mitglieder nicht zugelassen, so daß die berufsständische Versorgung einen **weitgehend homogenen Mitgliederkreis** umfaßt.

Sofern Angehörige der verkammerten freien Berufe als Beamte oder Berufssoldaten tätig sind, sind sie regelmäßig wegen ihrer Zugehörigkeit zu anderen Versorgungseinrichtungen kraft Satzung des berufsständischen Versorgungswerks von der Mitgliedschaft befreit oder können sich auf Antrag befreien lassen. Bei Wegfall des Befreiungsgrundes tritt im allgemeinen erneut eine Pflichtmitgliedschaft ein. Angehörige der verkammerten freien Berufe, die trotz ihrer Berufsausübung kraft Satzung der berufsständischen Versorgungswerke nicht versicherungspflichtig sind oder deren Pflichtmitgliedschaft endet, haben die **Möglichkeit der freiwilligen Versicherung** oder **Weiterversicherung**. Diese Möglichkeit ist auch denjenigen Personen gegeben, deren Pflichtmitgliedschaft mit der Beendigung der Berufsausübung erlischt (z.B. Wechsel in einen nichtverkammerten freien Beruf; Entziehung der Zulassung zu diesem Beruf). Unselbständig tätige Berufsstandsangehörige können sich zwar regelmäßig von der Versicherungspflicht in der Rentenversicherung befreien lassen; auf der anderen Seite führt die Aufrechterhaltung einer Mitgliedschaft in der Rentenversicherung im allgemeinen nicht zur Freistellung von der Mitgliedschaft in der berufsständischen Versorgungseinrichtung; allerdings ist dann häufig eine Mitgliedschaft mit ermäßigter Beitragsleistung festzustellen.

1.4.2 Leistungsbemessung

Grundsätzlich geht es den berufsständischen Versorgungswerken darum, ihre Mitglieder bei Eintritt der sozialen Risiken Alter, Tod und Invalidität angemessen zu schützen. Insbesondere soll durch die Zahlung von Altersruhegeldern und Hinterbliebenenrenten ein bestimmter Einkommensstatus erhalten bleiben. Vergleicht man dieses **Sicherungsziel** und seine Realisierung in der Praxis der Versorgungswerke mit der Situation der in der Rentenversicherung Versicherten, so ist auch für die berufsständischen Sicherungssysteme in der Regel eine **Vollsicherung** festzustellen. Bei näherer Betrachtung ergeben sich jedoch beachtliche Unterschiede im Versorgungsniveau. Besonders hoch liegt das durchschnittliche Versorgungsniveau bei den Architekten, extrem niedrig ist es bei den Rechtsanwälten; dazwischen liegen Ärzte, Apotheker, Tierärzte und Zahnärzte. Kann man bei den letzteren nur noch eingeschränkt von einer Vollsicherung, eher von einer vollen Grundsicherung sprechen, so ist für die Rechtsanwälte nur eine **Teilsicherung** gegeben, die sich allerdings auch in einer entsprechenden Reduktion der Beitragsleistungen ausdrückt.

Die **Bestimmungsfaktoren der Leistungsbemessung** sind zwar bei den einzelnen berufsständischen Versorgungswerken sehr unterschiedlich gestaltet, und sie wirken auch in unterschiedlicher Weise zusammen, dennoch lassen sich im Grundsatz wie bei der Rentenversicherung **individuelle und generelle Faktoren** unterscheiden:

(1) Zu den *individuellen Faktoren* der Leistungsbemessung gehören jene, die entweder durch das Mitglied des Versorgungswerkes beeinflußbar sind oder aber die besonderen persönlichen Lebensumstände des Mitglieds betreffen.

Ein wichtiger individueller Leistungsbemessungsfaktor ist das *Bruttoeinkommen des Versicherten*, soweit es beitragspflichtig ist. Je höher die Beiträge sind, umso höher sind die daraus folgenden Renten. Gleichzeitig bestimmt das Verhältnis der *Beitragsleistung* des einzelnen zur durchschnittlichen Beitragsleistung aller Mitglieder die relative Position des einzelnen Beitragszahlers; man könnte diese Beitragsrelation gewissermaßen – analog zur Rentenversicherung – als Vomhundertsatz der persönlichen Bemessungsgrundlage interpretieren.

Ein weiterer individueller Bestimmungsfaktor der Rentenbemessung ist im allgemeinen in dem *Eintrittsalter* und in Verbindung damit in der *Versicherungsdauer* zu sehen; diese wirkt sich bei den einzelnen Versorgungswerken entweder linear oder degressiv auf die Rentenhöhe aus. Die Versicherungsdauer ist regelmäßig nur insoweit von Bedeutung, als während dieser Zeit Beiträge geleistet worden sind; der Rentenversicherung vergleichbare *Ersatzzeiten* spielen für die Versorgungswerke kaum eine Rolle, und auch *Ausfallzeiten* werden nur begrenzt berücksichtigt. Einige Versorgungswerke bemühen sich aber, Zeiten einer Berufsunfähigkeit zu kompensieren; ferner werden auch Zeiten des Bezuges von Arbeitslosengeld oder Arbeitslosenhilfe oder die Ableistung von Wehrdienst bzw. Zivildienst als Zeiten der Erwerbstätigkeit fingiert, sofern für diese Zeiten Beiträge seitens der Bundesanstalt für Arbeit bzw. des Bundes entrichtet werden. Zeiten des Mutterschutzes, für die der Bund keine Beiträge mehr entrichtet, werden ebenfalls häufig als Versicherungszeiten fingiert.

Wird die Versicherungsdauer durch die Inanspruchnahme der *flexiblen Altersgrenze* im Vergleich zur Regelaltersgrenze verkürzt oder verlängert, so werden die Leistungen der berufsständischen Versorgungswerke regelmäßig mit versicherungsmathematischen Abschlägen oder Zuschlägen gezahlt; eine derartige versicherungsmathematische Kalkulation ist bei der Rentenversicherung nicht festzustellen.

(2) Die berufsständischen Versorgungswerke berücksichtigen bei der Rentenbemessung neben den individuellen Faktoren auch *generelle Faktoren*. Dabei handelt es sich um Bestimmungsfaktoren der Leistungsbemessung, die durch das einzelne Mitglied nicht oder allenfalls nur indirekt beeinflußbar sind.

Ein derartiger genereller Faktor der Rentenbemessung kann sich beispielsweise in der Festlegung eines bestimmten *Vomhundertsatzes der in der aktiven Zeit eingezahlten Beiträge* als Jahresrente ausdrücken. Einige Versorgungswerke verwenden auch *Festsätze*, die eine ähnliche Funktion wie die *Steigerungssätze pro Jahr* in der Rentenversicherung haben. Diese Festsätze sind dann im allgemeinen mit der Versicherungsdauer und der persönlichen Beitragsrelation als individuellen Faktoren zu multiplizieren; der so ermittelte Gesamtfaktor wird dann auf eine spezifische Allgemeine Bemessungsgrundlage bezogen, um die Jahresrente zu ermitteln.

Die *Allgemeine Bemessungsgrundlage* kann als genereller Faktor der Rentenberechnung in verschiedener Form ausgedrückt sein: häufig wird die gewichtete durchschnittliche Versorgungsabgabe der Mitglieder des jeweiligen Versorgungswerkes im Jahr der Einweisung in die Altersrente zugrundegelegt; andere Versorgungswerke verwenden den Höchstbeitrag zur Angestelltenversicherung im Jahr der Einweisung in die Altersrente; schließlich findet man auch zur Ermittlung der Allgemeinen Bemessungsgrundlage spezifische Anwendungen bestimmter Beamten-Besoldungsgruppen oder Vergütungsgruppen des Bundesangestelltentarifvertrages.

Die **Höhe des** von einem berufsständischen Versorgungswerk gezahlten **Altersruhegeldes** ergibt sich im Zusammenwirken individueller und genereller Faktoren der Rentenbemessung. So gesehen kann man auch für die berufsständischen

Versorgungswerke von einer **Rentenformel** sprechen, die allerdings von Fall zu Fall unterschiedlich ist:

(1) Im Rahmen der Bayerischen Ärzteversorgung wird beispielsweise ein jährliches Altersruhegeld von 20% der bis zum Eintritt des Versicherungsfalles geleisteten Beiträge (verbunden mit einer Mindestsicherung) gezahlt. Wenn also jemand während seines Versicherungslebens insgesamt 300000 DM an Beiträgen geleistet hat, so errechnet sich nach der hier zugrundegelegten „Rentenformel" eine Jahresrente von 60000 DM.

(2) Bei anderen Versorgungswerken wird die Rentenhöhe differenzierter ermittelt. Unterstellen wir beispielsweise eine Versicherungsdauer von 40 Jahren und eine persönliche Beitragsrelation von 1,0 sowie einen vom Eintrittsalter abhängigen Festsatz pro Jahr von 12,0%, so ergibt sich durch multiplikative Verknüpfung ein Rentenbemessungsfaktor von 480%. Entspricht die Allgemeine Bemessungsgrundlage dem Höchstbeitrag zur Rentenversicherung im Jahre 1987 mit 12790,80 DM, so ergibt sich eine Jahresrente von 61395,84 DM. Bei dieser Form der Rentenbemessung erfolgt eine weitgehende Annäherung an die Rentenformel der gesetzlichen Rentenversicherung.

Als **Witwen- oder Witwerrente** werden bei den Versorgungswerken vereinzelt 50% oder 66 2/3% bis zu 70%, in der Regel jedoch etwa 60% des Altersruhegeldes gewährt.

Im Gegensatz zur Rentenversicherung sehen die Satzungen der berufsständischen Versorgungswerke grundsätzlich keine Regelungen vor, die **Leistungskumulationen** unterbinden. Allerdings werden bei der Gemeinsamen Ausgleichskasse der Seelotsen Renten der gesetzlichen Rentenversicherung sowie Versorgungsbezüge aus einem früheren Beamtenverhältnis angerechnet. Diese Kumulationsregelung gilt im allgemeinen sowohl für die Altersruhegelder der Versicherten als auch für die Hinterbliebenenrenten. Zusätzliche Erwerbseinkommen werden nur in ganz seltenen Ausnahmefällen aufgrund besonderer Beschlüsse der Mitgliederversammlung angerechnet.

1.4.3 Leistungsvoraussetzungen

Die **Regelaltersgrenze** für den Bezug des Altersruhegeldes ist die Vollendung des 65. Lebensjahres. Allerdings gilt oft für bestimmte Jahrgänge („Altlast") ein späterer Altersrentenbeginn. Häufiger ist die **Flexibilisierung der Altersgrenze** im Sinne einer Vorverlegung des Altersrentenbeginns; abgestellt wird dabei im allgemeinen auf die Vollendung des 62. oder 60. Lebensjahres. Von der Regelaltersgrenze des 65. Lebensjahres sind in Einzelfällen Ausnahmen festzustellen. Für verschiedene Berufsgruppen liegt die Regelaltersgrenze bei der Vollendung des 70. Lebensjahres (Notare) bzw. des 67. Lebensjahres (Rechtsanwaltsversorgungswerk).

Überwiegend kennen die berufsständischen Versorgungswerke für das **Altersruhegeld** keine **Wartezeit**; sie verlangen im allgemeinen nur die Vollendung des Regelalters. In Ausnahmefällen wird für den Bezug des Altersruhegeldes eine Wartezeit von 60 Monaten vorausgesetzt.

Für die **Witwenrenten** sind verschiedene zeitliche Eingrenzungen zu beachten, die sogenannten Versorgungsehen entgegenwirken sollen; so sind Rentenausschlüsse oder Rentenminderungen festzustellen, wenn das Mitglied des Versorgungswerkes bei der Eheschließung bereits ein bestimmtes Alter überschritten hatte, zum Zeitpunkt der Eheschließung bereits Berufsunfähigkeitsrente bezog, wenn der Altersunterschied zwischen den Partnern eine bestimmte Anzahl von Jahren überschreitet oder wenn die Ehe kurz vor dem Tode des Mitglieds geschlossen wurde. Im Gegensatz zum bisherigen Recht der Rentenversicherung wird eine **Witwerrente** auch dann gewährt, wenn die verstorbene versorgungsberechtigte Ehefrau den gemeinsamen Lebensunterhalt nicht überwiegend bestritten hat.

Im Falle der Wiederheirat werden Witwe oder Witwer abgefunden. Die **Abfindung** ist regelmäßig altersabhängig und liegt zwischen drei und fünf Jahresrenten. Ein Wiederaufleben des Anspruchs auf Witwen- oder Witwerrente kennen die Versorgungswerke im allgemeinen nicht; einzelne Versorgungswerke schließen sogar Abfindungszahlungen nach einer gewissen Rentenlaufzeit aus.

Für die Altersruhegelder der berufsständischen Versorgungswerke gelten grundsätzlich keine **Hinzuverdienstgrenzen**. Dies gilt im allgemeinen sowohl für die Inanspruchnahme der Rente bei Erreichen der Regelaltersgrenze als auch bei Inanspruchnahme der flexiblen Altersgrenze. Bei Bezug einer Berufsunfähigkeitsrente sind jedoch Hinzuverdienste im berufsstandsbezogenen Beruf in vollem Umfange rentenschädlich; rentenunschädlich ist im allgemeinen ein Hinzuverdienst aus einer nicht berufsstandsbezogenen Tätigkeit. In Einzelfällen sind aber auch hier Anrechnungsregelungen festzustellen.

1.4.4 Leistungsanpassung

Die Einkommensleistungen der berufsständischen Versorgungswerke im Funktionsbereich Alter und Hinterbliebene sind im allgemeinen dynamisiert. Die Dynamisierung wird regelmäßig aus Überschüssen finanziert. Diese Überschüsse fallen deswegen an, weil die den Rentenzahlungen zugrundeliegenden Wahrscheinlichkeiten im Rahmen versicherungsmathematischer Kalkulationen sehr vorsichtig angesetzt sind. Die tatsächlichen Rechnungsergebnisse der Versorgungswerke sind häufig besser als die nach der zugrundeliegenden versicherungsmathematischen Kalkulation im voraus erwarteten Salden der laufenden Finanzierungsrechnung. Dies ermöglicht eine Anpassung der Einkommensleistungen an zeitnahe wirtschaftliche Verhältnisse.

1.5 Beamtenversorgung

Die Anfänge einer systematisch organisierten Beamtenversorgung gehen auf die ersten Jahre des 19. Jahrhunderts zurück. Seinerzeit wurde eine Entwicklung eingeleitet, die zur **Unkündbarkeit der Beamten** und zur **Garantie einer Versorgung** für sie führte. Diese Entwicklung war im wesentlichen zu Beginn der 70er Jahre des vorigen Jahrhunderts mit dem Reichsbeamtengesetz vom 31. März 1873 abgeschlossen. Mit dem Reichshinterbliebenenfürsorgegesetz vom 20. April 1881 wurde auch die Versorgung der Witwen und Waisen in das System der Beamtenversorgung eingefügt. Die weitere Entwicklung führte zu vielfältigen Veränderungen, die jedoch die Grundsätze des Berufsbeamtentums (Unkündbarkeit und Versorgung) nicht in Frage stellten.

Das Sozialbudget erfaßt auch die Alters- und Hinterbliebenenversorgung für Beamte. Die Einkommensleistungen des beamtenrechtlichen Systems im Funktionsbereich Alter und Hinterbliebene umfassen die Ruhegehälter und Witwengelder an Ruhestandsbeamte und Hinterbliebene (einschließlich der entsprechenden ins Ausland gezahlten Leistungen).

1.5.1 Leistungsberechtige

Im Gegensatz zur gesetzlichen Rentenversicherung und anderen Sicherungssystemen beruht die Alters- und Hinterbliebenensicherung der Beamten nicht auf speziellen eigenen Vorsorgeleistungen. Der Versorgungsanspruch ist vielmehr untrennbar mit der **Eigenart des Dienstverhältnisses** der Beamten verbunden; diese stehen in einem **besonderen öffentlich-rechtlichen Dienst- und Treueverhältnis**, das den Staat verpflichtet, nach Beendigung des aktiven Dienstverhältnisses für den Ruhestandsbeamten und seine Hinterbliebenen zu sorgen. Dieser Anspruch ist in seinem Kern durch Art. 33 Abs. 5 GG geschützt. Das **Bundesverfassungsgericht** hat hierzu folgendes ausgeführt (vgl. BVerfGE 44, 249):

„Das Eigentümliche des Beamtenverhältnisses liegt darin, daß es die Beteiligten je in umfassender Weise rechtlich in Anspruch nimmt; es begründet für den Beamten vor allem eine besondere politische Treuepflicht gegenüber dem Staat und seiner Verfassung sowie die Pflicht, seine volle Arbeitskraft lebenslang dem Dienstherrn zur Verfügung zu stellen, und für den Dienstherrn vor allem die Pflicht, den Beamten und seine Familie lebenslang amtsangemessen zu alimentieren und ihnen Fürsorge und Schutz zu gewähren. Die wechselseitigen Ansprüche unterscheiden sich ihrer Art nach vom Anspruch auf Leistung und Gegenleistung innerhalb des entgeltlichen Arbeits- und Angestelltenvertrags und stehen sich vor allem in anderer Weise gegenüber, als sich Leistung und Gegenleistung im entgeltlichen Arbeits- und Angestelltenvertrag gegenüberstehen.

Die vom Dienstherrn nach Maßgabe der Verfassung geschuldete Alimentierung ist nicht eine dem Umfang nach beliebig variable Größe, die sich einfach nach den ‚wirtschaftlichen Möglichkeiten' der öffentlichen Hand oder nach den politischen Dringlichkeitsbewertungen hinsichtlich der verschiedenen vom Staat zu erfüllenden Aufgaben oder nach dem Umfang der Bemühungen um Verwirklichung des allgemeinen Sozialstaatsprinzips bemessen läßt. Alimentation des Beamten und seiner Familie ist etwas anderes und Eindeutigeres als staatliche Hilfe zur Erhaltung eines Mindestmaßes sozialer Sicherung und eines sozialen Standards für alle ...

Der hergebrachte und zu beachtende Grundsatz des Berufsbeamtentums und des Berufsrichterrechts fordert eine amtsangemessene Alimentierung; d.h. die Dienstbezüge sowie Alters- und Hinterbliebenenversorgung sind so zu bemessen, daß sie einen je nach Dienstrang, Bedeutung und Verantwortung des Amtes und entsprechender Entwicklung der allgemeinen Verhältnisse angemessenen Lebensunterhalt gewähren und als Voraussetzung dafür genügen, daß sich der Beamte ganz dem öffentlichen Dienst als Lebensberuf widmen und in wirtschaftlicher Unabhängigkeit zur Erfüllung der dem Berufsbeamtentum vom Grundgesetz zugewiesenen Aufgabe, im politischen Kräftespiel eine stabile, gesetzestreue Verwaltung zu sichern, beitragen kann ... Dem Gefüge der Ämter innerhalb der Staatsorganisation entspricht deshalb eine Stufung der Bezüge innerhalb der Besoldungsordnung.

Der Gesetzgeber, der die Angemessenheit der Dienstbezüge einschließlich Alters- und Hinterbliebenenversorgung zu konkretisieren hat, muß dabei außer den schon genannten Gesichtspunkten – Bedeutung der Institution des Berufsbeamtentums, Rücksicht darauf, daß das Beamtenverhältnis für qualifizierte Kräfte anziehend sein muß, Ansehen des Amtes in den Augen der Gesellschaft, vom Amtsinhaber geforderte Ausbildung, Verantwortung des Amtes, Beanspruchung des Amtsinhabers (häufig als „Leistung" bezeichnet) – auch berücksichtigen, daß heute nach allgemeiner Anschauung zu den Bedürfnissen, die der arbeitende Mensch soll befriedigen können, nicht nur die Grundbedürfnisse des Menschen nach Nahrung, Kleidung und Unterkunft, sondern im Hinblick auf den allgemeinen Lebensstandard und die allgemeinen Verbrauchs- und Lebensgewohnheiten auch ein Minimum an ‚Lebenskomfort' gehört: z.B. Ausstattung des Haushalts mit dem üblichen elektrischen Gerät einschließlich seiner Unterhaltung, Radio- und Fernsehgerät samt laufenden Kosten, Zeitungs- und Zeitschriftenbezug, Theaterbesuch und Besuch ähnlicher Veranstaltungen, Kraftwagen, Urlaubsreise, Bausparvertrag, Lebensversicherung und Krankenversicherung, Ausgaben für Fortbildung, soziale und politische Aktivitäten und vernünftige Freizeitbeschäftigung. Alimentation in der Wohlstandsgesellschaft bedeutet mehr als Unterhaltsgewährung in Zeiten, die für weite Kreise der Bürgerschaft durch Entbehrung und Knappheit gekennzeichnet waren. Das Alimentationsprinzip liefert einen Maßstabsbegriff, der jeweils den Zeitverhältnissen gemäß zu konkretisieren ist."

In diesem Sinne bilden dienstrechtlicher Status und soziale Sicherung eine für die Beamtenversorgung typische Einheit. Nur wer Beamter ist, kann für den Fall des Alters, der Invalidität oder des Todes hinsichtlich seiner eigenen Person oder derjenigen seiner Hinterbliebenen versorgt werden. Es gibt keine andere Sicherungsberechtigung in diesem speziellen System; es gibt auch keine Befreiungsmöglichkeit hinsichtlich der Sicherung aus diesem System.

Im einzelnen haben **Anspruch auf Leistungen** der Alters- und Hinterbliebenenversorgung: Beamte (einschließlich Richter) des Bundes, der Bundesbahn und der Bundespost, der Länder und Gemeinden, Beamte sonstiger öffentlichrechtlicher Körperschaften sowie die Hinterbliebenen von aktiven oder Ruhestandsbeamten, ferner gleichgestellte Bedienstete (und ihre Hinterbliebenen) der Träger der Rentenversicherung, der Krankenversicherung, der Unfallversicherung, der landwirtschaftlichen Altershilfe und der Bundesanstalt für Arbeit. Weiterhin sind auch Berufssoldaten sowie Soldaten auf Zeit der Bundeswehr anspruchsberechtigt.

1.5.2 Leistungsbemessung

Die Ruhestandsversorgung der Beamten umfaßt unter bestimmten Voraussetzungen das Ruhegehalt, den kinderbezogenen Anteil im Ortszuschlag und die jährliche Sonderzuwendung sowie Beihilfen im Krankheitsfalle. Im Mittelpunkt steht dabei das **Ruhegehalt**, das eine Vollsicherung entsprechend den aufgezeigten Grundsätzen gewährleisten soll und auf der Grundlage der **ruhegehaltsfähigen Dienstzeit** sowie der **ruhegehaltsfähigen Dienstbezüge** berechnet wird:

(1) In der ruhegehaltsfähigen Dienstzeit kommt der *Zeitfaktor* der Leistungsbemessung zum Ausdruck. Die ruhegehaltsfähige Dienstzeit umfaßt jene Dienstzeit, die der Beamte vom ersten Tage seines Eintritts in das Beamtenverhältnis nach Vollendung des 17. Lebensjahres im Dienste eines öffentlich-rechtlichen Dienstherrn im Bundes- oder Reichsgebiet im Beamtenverhältnis abgeleistet hat. Als ruhegehaltsfähige Dienstzeit gelten auch Zeiten eines berufsmäßigen oder nicht berufsmäßigen Wehrdienstes, Reichsarbeitsdienstes oder Polizeivollzugsdienstes sowie Zivildienstzeiten. Ebenso werden berücksichtigt Zeiten einer Kriegsgefangenschaft oder einer Internierung bzw. eines Gewahrsams. Unter bestimmten Voraussetzungen *sollen* auch Zeiten in einem privatrechtlichen Arbeitsverhältnis als Arbeiter oder Angestellter im öffentlichen Dienst berücksichtigt werden, sofern diese Tätigkeit zur Ernennung als Beamter geführt hat. Verschiedene Dienstzeiten *können* bei der Ermittlung der ruhegehaltsfähigen Dienstzeit berücksichtigt werden: Rechtsanwaltszeiten; Entwicklungshelferzeiten zum Teil; Zeiten des Erwerbs besonderer Fachkenntnisse; Ausbildungs- und Studienzeiten innerhalb bestimmter Grenzen; Zeiten einer hauptberuflichen Tätigkeit im Dienste öffentlich-rechtlicher Religionsgesellschaften oder ihrer Verbände bzw. im öffentlichen oder nicht-öffentlichen Schuldienst, im Dienst der Fraktionen des Bundesta-

ges, des Landtags oder kommunaler Vertretungskörperschaften oder im Dienst von kommunalen Spitzenverbänden sowie im ausländischen öffentlichen Dienst. Zeiten bei zwischenstaatlichen oder überstaatlichen Einrichtungen *müssen* sogar berücksichtigt werden.

Die Berücksichtigung des Zeitfaktors der ruhegehaltsfähigen Dienstzeit ist bei der Leistungsbemessung *degressiv* ausgestaltet. Bis zur Vollendung einer zehnjährigen ruhegehaltsfähigen Dienstzeit beträgt das Ruhegehalt 35% der ruhegehaltsfähigen Dienstbezüge; das Ruhegehalt steigt mit jedem weiteren Dienstjahr bis zum vollendeten 25. Dienstjahr um zwei Prozent jährlich an, anschließend folgt ein weiterer Anstieg um jährlich ein Prozent bis zum Höchstsatz von 75% der ruhegehaltsfähigen Dienstbezüge. Der Versorgungssatz von 75% ist nach 35 Dienstjahren erreicht.

Hinsichtlich der Soldatenversorgung gelten einige Besonderheiten; wenn ein Soldat aufgrund einer besonderen gesetzlichen Altersgrenze mit dem vollendeten 53. Lebensjahr in den Ruhestand tritt, so erhöht sich das Ruhegehalt um 5%; dieser Erhöhungsbetrag wird im Laufe von fünf Jahren abgeschmolzen. Insgesamt darf aber auch hier nicht die Maximalversorgung von 75% der ruhegehaltsfähigen Dienstbezüge überschritten werden.

(2) In den ruhegehaltsfähigen Dienstbezügen kommt der *Entgeltfaktor* der Leistungsbemessung zum Ausdruck. Zu den ruhegehaltsfähigen Dienstbezügen gehören das Grundgehalt, das dem Beamten zuletzt gezahlt wurde, einschließlich der Amtszulagen; hinzu kommt der Ortszuschlag bis zur Stufe 2; ferner werden berücksichtigt sonstige Dienstbezüge (Stellenzulagen, Zuschüsse zum Grundgehalt, Zulagen und Ausgleichszulagen), sofern für ruhegehaltsfähig erklärt.

Die Höhe der Versorgungsbezüge der Ruhestandsbeamten ergibt sich aus der **multiplikativen Verknüpfung des Zeitfaktors mit dem Entgeltfaktor**. Allerdings kennt das Beamtenrecht auch eine **Mindestversorgung**. Diese beträgt 65% der ruhegehaltsfähigen Dienstbezüge aus der Endstufe der Besoldungsgruppe A 3 zuzüglich eines Erhöhungsbetrages. Erreicht die nach den allgemeinen Grundsätzen ermittelte Versorgung des Ruhestandsbeamten nicht die Höhe dieser Mindestversorgung, so wird diese gewährt.

Das Ruhegehalt des Ruhestandsbeamten wird ergänzt durch **Leistungszuschläge** aufgrund des Familienstandes und der Familiengröße. Ferner ist eine jährliche **Sonderzuwendung** (Weihnachtsgeld) zu berücksichtigen; diese Sonderzuwendung wird in Höhe des monatlichen Versorgungsbezuges gezahlt. Außerdem erhält der Ruhestandsbeamte eine einmalige **Ausgleichszahlung** bei Vorliegen einer gesetzlich bestimmten vorgezogenen Altersgrenze.

Im Mittelpunkt der beamtenrechtlichen **Hinterbliebenenversorgung** stehen insbesondere die überlebenden Ehegatten; dabei sind Witwen und Witwer völlig gleichgestellt. Unter sehr engen Voraussetzungen können auch der frühere Ehegatte sowie weitere Angehörige in aufsteigender Linie (Eltern usw.) eine Hinterbliebenenversorgung erhalten. Die Bemessungsgrundlage für das Witwengeld (60%) und alle anderen Leistungen der Hinterbliebenenversorgung ist das Ruhegehalt, das der Verstorbene erhalten hat oder hätte erhalten können, wenn er am Todestag in den Ruhestand getreten wäre. Entsprechend dem Ruhegehalt des Ruhestandsbeamten sind auch hier Leistungszuschläge aufgrund der Familiengröße sowie eine jährliche Sonderzuwendung zu berücksichtigen. Unter bestimmten eng begrenzten Voraussetzungen ist eine Kürzung des Witwengeldes möglich (z.B. Witwe mehr als 20 Jahre jünger als der Verstorbene und ohne Kind); allerdings ist dabei auch gleichzeitig wiederum eine Mindestversorgung vorgesehen, die sich an der Mindestversorgung des Ruhestandsbeamten orientiert. Heiratet die Witwe erneut, endet die Zahlung des Witwengeldes; die Witwe erhält dann eine Abfindung in Höhe des doppelten Jahresbetrages. Bei Auflösung der Ehe lebt das Witwengeld wieder auf; die gezahlte Witwenabfindung ist dann in angemessenen Teilbeträgen zu tilgen.

Das beamtenrechtliche Versorgungssystem kennt verschiedene **Leistungsbegrenzungen**, wenn die Versorgungsbezüge mit Einkommen sowie mit anderen Versicherungs- oder Versorgungsleistungen zusammentreffen. Dabei gelten für die **Versorgung des Ruhestandsbeamten** folgende Regeln:

(1) Erhält ein Ruhestandsbeamter aus einer *weiteren Tätigkeit im öffentlichen Dienst* ein Einkommen, so werden die Versorgungsbezüge neben dem Verwendungseinkommen nur bis zum Erreichen bestimmter Höchstgrenzen gezahlt. Bis zur Vollendung des 65. Lebensjahres sind dies die Bezüge bis zum Erreichen der ruhegehaltsfähigen Dienstbezüge aus der Endstufe der Besoldungsgruppe, aus der sich das Ruhegehalt berechnet. Ab Vollendung des 65. Lebensjahres erhöht sich die Grenze um 40% des die Höchstgrenze übersteigenden Gesamteinkommens aus der Versorgung und der Verwendung im öffentlichen Dienst. Weitere Ruhensvorschriften sind im Zusammenhang mit Abgeordnetenentschädigungen zu berücksichtigen. Demgegenüber bleiben Einkommen aus einer Tätigkeit außerhalb des öffentlichen Dienstes und aus Vermögen unberücksichtigt (mit einigen Ausnahmen für schwerbehinderte Beamte und Richter).

(2) Beim *Zusammentreffen mehrerer Versorgungsbezüge* werden diese nur bis zu einer gewissen Höchstgrenze gewährt. Dabei sind verschiedene Fälle zu unterscheiden:

Erwirbt ein Ruhestandsbeamter einen weiteren Anspruch auf Ruhegehalt oder eine ähnliche Versorgung, so sind neben den neuen Versorgungsbezügen die früheren Versorgungsbezüge nur bis zu einer Höchstgrenze zu zahlen; diese Höchstgrenze ergibt sich aus dem Ruhegehalt, das unter Zugrundelegung der gesamten ruhegehaltsfähigen Dienstzeit und der ruhegehaltsfähigen Dienstbezüge aus der Endstufe der ruhegehaltsfähigen Besoldungsgruppe errechnet wird.

Erwirbt ein überlebender Ehegatte einen weiteren Anspruch auf Ruhegehalt oder eine ähnliche Versorgung, so gilt ebenfalls eine Höchstgrenzenregelung; die Höchstgrenze beläuft sich auf 75% der ruhegehaltsfähigen Dienstbezüge aus der Endstufe der für die Bemessung des Witwengeldes relevanten Besoldungsgruppe, in jedem Fall wird ein Betrag von 20% der früheren Versorgungsbezüge belassen.

Eine entsprechende Regelung gilt, wenn ein Ruhestandsbeamter einen Anspruch auf Witwengeld/Witwergeld oder eine ähnliche Versorgung erwirbt; allerdings erhält der Ruhestandsbeamte mindestens Gesamtbezüge in Höhe seines eigenen Ruhegehalts; außerdem wird ihm mindestens ein Betrag in Höhe von 20% des neuen Versorgungsbezuges belassen.

Diese Höchstgrenzen können sich gegebenenfalls noch um Ortszuschlags-Unterschiedsbeträge erhöhen.

(3) Wenn ein Ruhestandsbeamter aus einer Verwendung im öffentlichen Dienst einer *zwischenstaatlichen oder überstaatlichen Einrichtung* eine zusätzliche Versorgung erhält, so ruht sein deutsches Ruhegehalt in Höhe des Betrages, der einer Minderung des Vomhundertsatzes von 2,14 für jedes im zwischenstaatlichen oder überstaatlichen Dienst vollendete Jahr entspricht. In jedem Fall erhält der Beamte Gesamtbezüge mindestens in Höhe des deutschen Ruhegehaltes.

(4) Versorgungsbezüge können auch mit *Versichertenrenten* aus der gesetzlichen Rentenversicherung oder Versichertenrenten aus einer Zusatzversorgung des öffentlichen Dienstes zusammentreffen. Neben diesen Leistungen wird die Beamtenversorgung nur bis zu dem Betrag des Ruhegehaltes gewährt, das sich unter Berücksichtigung der Zeit

vom vollendeten 17. Lebensjahr bis zum Eintritt des Versorgungsfalles aus der Endstufe der maßgeblichen Besoldungsgruppe ergibt.

Ähnliche Anrechnungs- und Ruhensvorschriften gelten auch für die **Hinterbliebenenversorgung**. Neben einem Einkommen aus einer Tätigkeit im öffentlichen Dienst können die Versorgungsbezüge nur bis zum Erreichen bestimmter Höchstgrenzen gezahlt werden. Höchstbetragsregelungen ergeben sich auch für das Zusammentreffen mehrerer Versorgungsbezüge sowie für das Zusammentreffen von Versorgungsbezügen mit Renten. Allerdings bleiben dabei Renten aus einer eigenen Beschäftigung oder Tätigkeit außer Betracht.

1.5.3 Leistungsvoraussetzungen

Die Zahlung eines **Ruhegehalts** an den Ruhestandsbeamten ist von verschiedenen **Voraussetzungen** abhängig:

(1) Die Versorgung eines Ruhestandsbeamten knüpft an das Erreichen eines bestimmten Alters an. Die *Regelaltersgrenze* liegt für Beamte und Richter bei der Vollendung des 65., für Soldaten bei der Vollendung des 60. Lebensjahres. Neben dieser Regelaltersgrenze sind besondere gesetzliche Altersgrenzen für verschiedene Personengruppen vorgesehen: Beamte des gehobenen Flugverkehrskontrolldienstes (53. Lebensjahr); Polizeivollzugsbeamte (60. Lebensjahr); Richter am Bundesverfassungsgericht und an den obersten Gerichtshöfen des Bundes (68. Lebensjahr); Berufssoldaten wie Strahlflugzeugführer und Kampfbeobachter (41. Lebensjahr); Berufsunteroffiziere, Leutnants, Oberleutnants und Hauptleute im Truppendienst sowie Offiziere des militärfachlichen Dienstes (53. Lebensjahr), Majore im Truppendienst (55. Lebensjahr), Oberleutnants im Truppendienst (57. Lebensjahr) und Oberste im Truppendienst (59. Lebensjahr).

Das beamtenrechtliche System kennt auch *vorgezogene Altersgrenzen*. Diese Altersgrenzen sind für Beamte des Bundes sowie der Länder die Vollendung des 62. Lebensjahres; für Richter der obersten Gerichtshöfe des Bundes ist die Vollendung des 66. Lebensjahres maßgebend, für Richter im Landesdienst die Vollendung des 62. Lebensjahres. Nach Erreichen dieser Altersgrenzen können Beamte auf Antrag ohne Nachweis der Dienstunfähigkeit in den Ruhestand versetzt werden. Für schwerbehinderte Beamte gibt es Sonderregelungen.

Auf der anderen Seite kann auch die *Regelaltersgrenze* der Beamten *hinausgeschoben* werden: jeweils bis zu einem Jahr, längstens bis zum 70. Lebensjahr, mit Sonderregelungen nach Landesgesetzen.

(2) Die Zahlung eines Ruhegehalts an den Ruhestandsbeamten ist nicht nur vom Erreichen der Altersgrenze abhängig, sondern auch von der Erfüllung einer *Wartezeit*. Die Wartezeit umfaßt eine Dienstzeit von mindestens fünf Jahren.

(3) Die Zahlung eines Ruhegehalts an den Ruhestandsbeamten ist weiterhin davon abhängig, daß im Zeitpunkt des Erreichens der maßgebenden Altersgrenze ein *Dienstverhältnis auf Lebenszeit* besteht. Verschiedene Sonderregelungen gelten für Richter sowie für Beamte auf Zeit.

Der Bezug der **Hinterbliebenenversorgung** ist ebenfalls von bestimmten Leistungsvoraussetzungen abhängig. Diese sind der Tod eines anspruchsvermittelnden Bediensteten sowie die Hinterbliebenen-Position der Berechtigten/des Berechtigten. Der überlebende Ehegatte hat jedoch keinen Anspruch auf Witwen-/Witwergeld, wenn die Ehe mit dem Verstorbenen weniger als drei Monate gedauert hat, es sei denn, daß nach den besonderen Umständen des jeweiligen Falles die Annahme einer Versorgungsehe nicht gerechtfertigt ist. Gleiches gilt für den Fall, daß die Ehe erst nach dem Eintritt des Beamten in den Ruhestand geschlossen worden ist und der Ruhestandsbeamte zur Zeit der Eheschließung das 65. Lebensjahr bereits vollendet hatte. In diesem zweiten Fall kann dem überlebenden Ehegatten jedoch ein **Unterhaltsbeitrag** bewilligt werden, auf den seine Einkünfte in angemessenem Umfang anzurechnen sind.

1.5.4 Leistungsanpassung

Die Versorgungsbezüge der Ruhestandsbeamten und der Hinterbliebenen sind **dynamisiert** und werden jeweils auf zeitnahe wirtschaftliche Verhältnisse bezogen. Sie werden entsprechend den Aktivenbezügen laufend an die Entwicklung der Einkommensverhältnisse angepaßt. Grundsätzlich sind die Versorgungsbezüge vom gleichen Zeitpunkt an entsprechend zu erhöhen, zu dem die **Dienstbezüge bei aktiven Bediensteten** allgemein erhöht werden; diese Anpassung erfolgt durch Bundesgesetz. Darüber hinaus werden Anpassungszuschläge vorgenommen, wenn sich **strukturelle Besoldungsveränderungen** ergeben. Diese Anpassungszuschläge werden vom Bundesminister des Inneren jährlich festgestellt.

1.6 Betriebliche Altersversorgung

Die ersten **Vorläufer** einer betrieblichen Altersversorgung gehen bereits auf die 30er Jahre des vorigen Jahrhunderts zurück. Noch bevor der Staat auf sozialpolitischem Gebiet umfassend tätig wurde, entstanden in verschiedenen Unternehmen soziale Unterstützungseinrichtungen für die Arbeitnehmer. Den Anfang machte die Gutehoffnungshütte im Jahre 1832; Krupp und Henschel folgten 1858, Siemens 1872, BASF 1879 und schließlich die Farbwerke Hoechst 1882. Auch die weiteren Jahrzehnte sind durch eine **zunehmende Ausbreitung** der betrieblichen Altersversorgung trotz des umfassenden Ausbaus des Sozialleistungssystems gekennzeichnet. Lange Zeit fehlte es jedoch an **verbindlichen Regeln** für die betriebliche Altersversorgung; erste Regeln wurden von der **Rechtsprechung** entwickelt, die sich insbesondere mit den Problemen der Verfallbarkeit und der Anpassung betrieblicher Versorgungsleistungen befaßte; die **Finanzverwaltung** bemühte sich darum, Mißbräuche der steuerlichen Möglichkeiten im Zusammenhang mit der betrieblichen Altersversorgung einzugrenzen. Der Gesetzgeber selbst wurde jedoch erst sehr spät tätig und schuf 1974 auf der Grundlage der Rechtsprechung des Bundesarbeitsgerichts das **Gesetz zur Verbesserung der betrieblichen Altersversorgung** (Betriebsrentengesetz vom 19.12.1974). Damit wurden wesentliche Problemkomplexe bisheriger betrieblicher Ruhegeldsysteme einer gesetzlichen Regelung zugeführt. Unabhängig davon unterliegen jedoch nach wie vor Einführung und Leistungshöhe betrieblicher Altersversorgung allein der **Entscheidung des Arbeitgebers**. In diesem Sinne gehören die betrieblichen Versorgungsleistungen zu den vertraglichen und freiwilligen Arbeitgeberleistungen im System der Sozialen Sicherung.

Die Einkommensleistungen der betrieblichen Altersversorgung im Funktionsbereich Alter und Hinterbliebene umfassen:

(1) *Direktrenten*. Im Rahmen einer Direktversicherung schließt der Arbeitgeber eine im allgemeinen von ihm allein finanzierte Lebensversicherung zugunsten des bezugsberechtigten Arbeitnehmers ab.

(2) *Betriebsrenten*. Aufgrund betrieblicher Pensionszusagen hat sich der Arbeitgeber zur Zahlung von Versorgungsleistungen an seine Arbeitnehmer verpflichtet.

(3) *Renten der Pensionskassen bzw. Unterstützungskassen*. Die Begründung betrieblicher Altersversorgungen mittels Pensionskassen räumt dem Arbeitnehmer einen Rechtsanspruch auf Versorgungsleistungen ein; dieser Rechtsanspruch ist regelmäßig bei den Unterstützungskassen nicht gewährleistet.

Gegenwärtig haben etwa 65% aller Arbeitnehmer in etwa 30% aller Unternehmen Anwartschaften auf eine betriebliche Altersversorgung. Dabei stehen die Direktrenten und die Betriebsrenten eindeutig im Vordergrund, Versorgungsanwartschaften der Pensionskassen bzw. Unterstützungskassen folgen erst mit weitem Abstand.

1.6.1 Funktion und Verbreitung der betrieblichen Altersversorgung

Die betriebliche Altersversorgung soll jene Versorgungslücken ausgleichen, die zwischen einer wünschenswerten Gesamtversorgung und den bereits vorhandenen Leistungen anderer Sicherungssysteme, insbesondere der Rentenversicherung, bestehen. Diese Versorgungslücken sind besonders gravierend für diejenigen Arbeitnehmer, die mit ihren Bruttoarbeitsentgelten deutlich über der Beitragsbemessungsgrenze der Rentenversicherung liegen; allgemein werden sich diese Versorgungslücken in dem Maße vertiefen, in dem die Leistungen der Rentenversicherung nur noch begrenzt wachsen oder sogar eingeschränkt werden müssen. Die Funktion der betrieblichen Versorgungsleistungen ist also wie bei den Zusatzversicherungen und Zusatzversorgungen im öffentlichen Dienst in einer **Ergänzung und Aufstockung vorhandener Leistungen** der Alters- und Hinterbliebenensicherung zu sehen.

Gegenwärtig nimmt die betriebliche Altersversorgung bereits eine herausragende Stellung in der betrieblichen Sozialpolitik ein. Da es sich bei dieser Form der Alters- und Hinterbliebenensicherung im Grundsatz um **freiwillige Leistungen der Arbeitgeber** handelt, ist es nur zu verständlich, daß nicht alle Arbeitnehmer Leistungen der betrieblichen Altersversorgung erhalten bzw. Anwartschaften darauf erworben haben. Der Verbreitungsgrad der betrieblichen Altersversorgung ist in den letzten Jahren zwar beträchtlich gestiegen, nichtsdestoweniger gibt es noch einen beachtlichen Anteil von Arbeitnehmern insbesondere in den Klein- und Mittelbetrieben, die keine zusätzliche Versorgung oder Versorgungsanwartschaft in dieser Form besitzen. Eine genaue **Analyse des Verbreitungsgrades** der betrieblichen Altersversorgung nach Wirtschaftszweigen und Arbeitnehmergruppen stößt auf erhebliche Schwierigkeiten, da nur geringes Zahlenmaterial existiert.

Für die Jahre 1973 und 1976 hat das **Statistische Bundesamt** eine Erhebung über die betriebliche Altersversorgung durchgeführt:

(1) Nach den Ergebnissen dieser Erhebung ist die Zahl der Unternehmen mit betrieblicher Altersversorgung von 33000 im Jahre 1973 auf etwa 43000 im Jahre 1976 gestiegen, wobei zu beachten ist, daß die Zahl der Unternehmen insgesamt um etwa drei Prozent ab-

genommen hatte. Der unternehmensbezogene Verbreitungsgrad der betrieblichen Altersversorgung hat sich von etwa 27% auf 36% erhöht.

(2) Die Abnahme der Gesamtzahl der Unternehmen im betrachteten Zeitraum um etwa 3% war begleitet von einer Abnahme der Arbeitnehmerzahlen um etwa 9%; demgegenüber nahm die Zahl der Arbeitnehmer mit betrieblicher Altersversorgung nur um 3% ab, nämlich von etwa 7 Millionen auf 6,8 Millionen. Der Verbreitungsgrad der betrieblichen Altersversorgung ist in bezug auf die Arbeitnehmer von 60,5% auf etwa 65% gestiegen.

(3) Der Verbreitungsgrad der betrieblichen Altersversorgung hat sich somit eindeutig erhöht. Die absolute Abnahme der durch die betriebliche Altersversorgung begünstigten Arbeitnehmer konzentrierte sich wesentlich auf die größten Unternehmen; in den kleineren Unternehmen hatte demgegenüber die Anzahl der Arbeitnehmer mit betrieblicher Altersversorgung deutlich zugenommen. Hier handelt es sich um jene Unternehmensgruppe, die in der Vergangenheit der Einrichtung betrieblicher Versorgungsinstitutionen außerordentlich abwartend gegenüberstand.

(4) Zwar sind die Erhebungen des Statistischen Bundesamtes nicht flächendeckend durchgeführt worden, sondern vernachlässigten vielmehr Kleinstbetriebe sowie Betriebe der Bauwirtschaft, der Landwirtschaft und des öffentlichen Dienstes sowie Teilzeitbeschäftigte und Auszubildende, dennoch lassen sich die Ergebnisse mit einigen Vorbehalten auf die Gesamtwirtschaft übertragen, da die Beschäftigten in der öffentlichen Verwaltung sowie in der Bauwirtschaft und der Landwirtschaft nahezu vollzählig zusatzversorgt sind. Die Aussage, daß die betriebliche Altersversorgung mittlerweile 65% aller vollzeitbeschäftigten Arbeitnehmer erfaßt, scheint von daher gesichert zu sein.

(5) Dieser Versorgungsgrad ist noch deutlich höher, wenn man nur die Unternehmen betrachtet, die eine betriebliche Altersversorgung eingerichtet haben; in diesen Betrieben ist der Anteil der zusatzversorgten Arbeitnehmer von 81% im Jahre 1973 auf 86% im Jahre 1976 gestiegen. Hervorzuheben ist die Entwicklung für die leitenden Angestellten (von 92% auf 94%) und für die übrigen Angestellten (von 82% auf 85%). Allerdings hat der Anteil der Unternehmen mit betrieblicher Altersversorgung, der alle Arbeitnehmergruppen in diese Zusatzversicherung einbezieht, in der gleichen Zeit leicht abgenommen.

In den Jahren 1979 und 1981 führte das **Ifo-Institut für Wirtschaftsforschung** weitere Befragungen zur Verbreitung der betrieblichen Altersversorgung durch. Dabei bestätigte sich, daß der Verbreitungsgrad der betrieblichen Altersversorgung mit der Unternehmensgröße eng korreliert. Zugleich wurden erhebliche Unterschiede zwischen den verschiedenen Wirtschaftszweigen deutlich; für den Bereich des Handels war ein geringerer Verbreitungsgrad als für die Industrie festzustellen. Die Ifo-Befragung bestätigte auch ein Ansteigen des Verbreitungsgrades nach Unternehmen und nach Arbeitnehmern in den letzten Jahren.

Im Jahre 1982 hat **Infratest** eine Untersuchung über den Verbreitungsgrad der betrieblichen Altersversorgung und ihre Leistungen durchgeführt; die Ergebnisse dieser Untersuchung bestätigen weitgehend die bisherigen Entwicklungstendenzen, wenn auch die Unternehmen angesichts der Wirtschaftskrise bei der Einrichtung betrieblicher Altersversorgungen deutlich vorsichtiger geworden sind.

1.6.2 Leistungsberechtigte, Leistungsbemessung und Leistungsanpassung

Die **Abgrenzung des Personenkreises** mit Anwartschaften aus betrieblicher Altersversorgung ist im wesentlichen durch die Entscheidung der Unternehmer (mit gewissen Eingrenzungen durch die Rechtsprechung des Bundesarbeitsgerichts) vorgegeben, eine solche Zusatzversorgung für ihre Arbeitnehmer einzuführen. Insoweit stellt sich die betriebliche Altersversorgung als ein **geschlossenes System** dar; ein freiwilliger Beitritt anderer Personen ist nicht möglich. Allerdings erhalten auch nicht alle Beschäftigten eines Unternehmens eine betriebliche Versorgungszusage; manchmal sind die Zusagen auf bestimmte Arbeitnehmergruppen (z.B. auf die leitenden Angestellten) beschränkt, oder es wird die Möglichkeit des Erwerbes von Versorgungsanwartschaften von einem bestimmten Stichtag des Beginns der Betriebszugehörigkeit bzw. der Dauer der Betriebszugehörigkeit abhängig gemacht. Überwiegend werden **Arbeitnehmer** durch die betriebliche Altersversorgung begünstigt; in verschiedenen Fällen jedoch auch **Nichtarbeitnehmer** (Betriebsinhaber, Organe von juristischen Personen, selbständige Handelsvertreter usw.). Der Kreis der Leistungsberechtigten kann demzufolge in verschiedener Hinsicht von dem in der Rentenversicherung versicherten Personenkreis abweichen.

Die **Höhe der Leistungen** der betrieblichen Altersversorgung richtet sich meist nach der Dauer der Betriebszugehörigkeit und der Höhe des Arbeitsentgelts:

(1) Die *Dauer der Betriebszugehörigkeit* wirkt sich in verschiedener Hinsicht auf die Leistungsbemessung aus. Zum einen ist regelmäßig für die Erfüllung einer *Wartezeit* eine bestimmte Dauer der Betriebszugehörigkeit erforderlich. Zum anderen ist die Dauer der Betriebszugehörigkeit ein *leistungssteigernder Faktor*. Mit zunehmender Dauer der Betriebszugehörigkeit steigt die Gesamtleistung im allgemeinen linear (wie bei der Rentenversicherung) oder degressiv (wie bei der Beamtenversorgung) an. Grundsätzlich werden nur die tatsächlichen Zeiten der Betriebszugehörigkeit berücksichtigt; vereinzelt finden sich auch Regelungen, die der Berücksichtigung beitragsloser Zeiten in der Rentenversicherung ähnlich sind.

(2) Neben dem Zeitfaktor ist der *Entgeltfaktor* maßgebend für die Leistungsbemessung der betrieblichen Altersversorgung. Die Versorgungszusagen werden im allgemeinen nach Vergütungsgruppen gestaffelt. Dies gilt insbesondere für die sogenannten *DM-Leistungspläne*. Aber auch bei den vielfach verbreiteten *Prozentplänen* und *Gesamtversorgungszusagen* ist die Bedeutung des Entgeltfaktors für die Leistungsbemessung unübersehbar.

(3) Die *Anrechnung der Leistungen* anderer Alters- und Hinterbliebenensicherungssysteme ist von der Art der Versorgungszusage aus der betrieblichen Altersversorgung abhängig. Bei *Gesamtversorgungszusagen* ist im allgemeinen die Rente der Rentenversicherung anzurechnen. Bei den *DM-Leistungsplänen* bleiben gesetzliche Renten sowie andere Alters- und Hinterbliebenensicherungsleistungen weitgehend unberücksichtigt. Das gleiche gilt auch für *Prozentpläne*, sofern sie wie die meisten DM-Leistungspläne auf eine Höchstbegrenzungsklausel verzichten.

Die Problematik der **Leistungsanpassung** bezieht sich sowohl auf die Anpassung der Anwartschaften als auch auf die Anpassung der laufenden Leistungen:

(1) Gesamtversorgungszusagen und Prozentpläne gehen regelmäßig für die Leistungsbemessung von dem jeweiligen Arbeitseinkommen aus. Damit ergibt sich eine automatische *Anpassung der Anwartschaften* an die Lohn- und Gehaltsentwicklung. Im Vergleich dazu lauten die DM-Leistungspläne auf feste Geldbeträge; aber auch sie werden von Zeit zu Zeit angepaßt, wenngleich auch eine gesetzliche Verpflichtung hierzu nicht besteht.

(2) Für die *Anpassung der laufenden Leistungen* fehlen im Gegensatz zur Anpassung der Anwartschaften regelmäßig ausdrückliche Regelungen. Eine generelle Anpassung laufender Renten an den Kaufkraftschwund ist nicht sichtbar. Gesetzlich sind die Arbeit-

geber lediglich dazu verpflichtet, im Abstand von jeweils drei Jahren eine Anpassung der Leistungen zu überprüfen. Grundsätzlich bleibt die Anpassung der Leistungen jedoch einer Ermessensentscheidung des Betriebes unterworfen, wobei die wirtschaftliche Lage des Betriebes und die Belange der Leistungsempfänger zu berücksichtigen sind.

1.6.3 Regelungsstand des Betriebsrentengesetzes

Insbesondere zu Beginn der 70er Jahre wurden typische **Mängel und Unzulänglichkeiten** bisheriger betrieblicher Altersversorgungen diskutiert. Diese sind:

(1) Die *Verfallbarkeit von Versorgungsanwartschaften* (Beendigung des Arbeitsverhältnisses vor Eintritt des Versorgungsfalles, insbesondere vor Erreichen der Altersgrenze).

(2) Die *Aushöhlung betrieblicher Versorgungsrenten* (Anrechnung steigender gesetzlicher Renten auf betriebliche Versorgungsrenten bei Gesamtversorgungssystemen und Prozentplänen mit Höchstbegrenzungsklauseln).

(3) Die stark *einschränkte Insolvenzsicherung* der Versorgungsrenten (Verlust der Versorgung bei Insolvenz des Arbeitgebers).

(4) Die *fehlende oder eingeschränkte Anpassung* der Versorgungsrenten im Zeitablauf.

Die Aufdeckung dieser Schwachpunkte bisheriger Altersversorgungen, die bei bestimmten Organisationsformen besonders deutlich sind, führte 1974 zu dem Gesetz zur Verbesserung der betrieblichen Altersversorgung. Das **Betriebsrentengesetz** hat sich insbesondere vor dem Hintergrund der bisherigen Rechtsprechung mit den Problembereichen (1) bis (3) befaßt und zu dem Problembereich (4) eine Lösungsrichtung aufgezeigt:

(1) Das Betriebsrentengesetz kodifiziert unter bestimmten Voraussetzungen der Dauer der Versorgungszusage und der Dauer der Betriebszugehörigkeit eine *Unverfallbarkeit betrieblicher Versorgungsanwartschaften* dem Grunde und der Höhe nach. Eine Ausnahme bilden die Versorgungsleistungen aus Unterstützungskassen. Insgesamt wird durch die Unverfallbarkeitsregelungen die Beeinträchtigung der Freizügigkeit der Arbeitnehmer weitgehend aufgehoben, während bis dahin die Anwartschaft mit dem Arbeitsplatzwechsel regelmäßig verloren ging.

(2) Hinsichtlich des Problems der Aushöhlung betrieblicher Versorgungsleistungen durch die Anrechnung oder Berücksichtigung anderer Versorgungsbezüge führte das Betriebsrentengesetz zu dem Ergebnis, daß die *Dynamisierung sozialer Leistungen* dem Arbeitnehmer zugute kommen und nicht nur den Arbeitgeber entlasten soll. Ein Anrechnungsverbot gilt insbesondere für solche Versorgungsbezüge, die auf eigenen Beiträgen des Versorgungsempfängers beruhen, nicht jedoch für die Renten aus der gesetzlichen Rentenversicherung, soweit sie auf Pflichtbeiträgen basieren.

(3) Durch das Betriebsrentengesetz werden die Betriebe zur *Absicherung der Versorgungszusagen* gegen das Insolvenzrisiko verpflichtet; sie haben regelmäßig Beiträge zur Insolvenzsicherung zu leisten. Träger der Insolvenzsicherung ist der Pensionssicherungsverein VVaG in Köln.

(4) Die Regelung des Anpassungsproblems der betrieblichen Versorgungsleistungen ist im Betriebsrentengesetz am wenigsten einer Lösung zugeführt worden. Es sind lediglich Kriterien aufgestellt worden, nach denen die Anpassungsnotwendigkeit zu prüfen und zu entscheiden ist. Die Anpassung der Versorgungsleistungen bleibt letztlich in das Ermessen der Arbeitgeber gestellt, wenngleich auch die Rechtsprechung des Bundesarbeitsgerichts bereits verschiedene Zweifelsfragen geklärt und zu einer gewissen Eingrenzung des Ermessensspielraums geführt hat.

1.7 Zusatzversorgung

Die Anfänge der Zusatzversicherungen und Zusatzversorgungen gehen bis in die Mitte des 19. Jahrhunderts zurück. 1859 errichteten die Preußischen Staatsbahnen eine **Unterstützungskasse** für ihre Arbeiter; andere Landeseisenbahnen folgten diesem Beispiel, und auch die Gemeinden schufen in der Folgezeit ähnliche Einrichtungen für ihre Arbeitnehmer. Mitte der 20er Jahre dieses Jahrhunderts – also in einer Zeit, in der sich die Sozialversicherung in einer schweren Krise befand – entstanden in fast allen deutschen Ländern sogenannte **Ruhelohnordnungen**, die sich überwiegend an der beamtenrechtlichen Versorgung orientierten. 1925 wurde eine Versorgungsanstalt gegründet, die im Bereich der Postverwaltung eine Zusatzversorgung gewährte. 1929 entstand die **Zusatzversorgungsanstalt des Reiches und der Länder**, der neben dem Land Preußen nach und nach andere Länder beitraten (bis 1941 war der Beitritt der süddeutschen und norddeutschen Länder fast ohne Ausnahme erfolgt). 1935 wurde die **Reichsbahnversicherungsanstalt** als Rechtsvorgängerin der heutigen **Bundesbahn-Versicherungsanstalt** geschaffen. Ab 1938 konnten die Gemeinden Mitglied einer Zusatzversorgungskasse werden; entsprechend wurden ab 1939 kommunale Zusatzversorgungskassen als Stadt- oder Gebietskassen gegründet. Außerdem traten viele Gemeinden direkt der **Zusatzversorgungsanstalt des Reiches und der Länder** bei. Diese wurde 1951 in die **Versorgungsanstalt des Bundes und der Länder** überführt.

Im System der Zusatzversicherungen und Zusatzversorgungen nimmt die **Versorgungsanstalt des Bundes und der Länder** eine herausragende Stellung ein. Sowohl der Bund und die Länder (Ausnahme Hamburg und Saarland) als auch die Gemeinden und die kommunalen Betriebe in Niedersachsen und Schleswig-Holstein sowie ein Teil der Gemeinden und gemeindlichen Betriebe in Nordrhein-Westfalen versichern ihre Arbeiter und Angestellten bei dieser Versorgungseinrichtung. Die übrigen Gemeinden und kommunalen Betriebe haben sich regelmäßig für **kommunale Zusatzversorgungskassen** entschieden. Die Sozialversicherungsträger, die kirchlichen und karitativen Einrichtungen sowie viele Einrichtungen und Unternehmen unter öffentlichem Einfluß versichern ihre Arbeitnehmer im allgemeinen entweder bei der Versorgungsanstalt des Bundes und der Länder oder den Zusatzversorgungskassen.

Die Einkommensleistungen dieser Zusatzversicherungen und Zusatzversorgungen im Funktionsbereich Alter und Hinterbliebene umfassen Altersruhegelder, Witwenrenten, Abfindungen für Versichertenrenten und Witwenrenten sowie Renten bei Berufsunfähigkeit oder Erwerbsunfähigkeit, soweit diese an Personen jenseits der für das Altersruhegeld geltenden Altersgrenze gezahlt werden.

1.7.1 Zusatzversorgung bei Bund, Ländern und Gemeinden

Das Zusatzversicherungs- und -versorgungssystem bei Bund, Ländern und Gemeinden, das seit 1967 in **Versorgungstarifverträgen** verankert ist, umfaßt nicht nur die genannten Gebietskörperschaften, sondern auch andere Gebietskörperschaften und deren Verbände sowie sonstige juristische Personen des öffentlichen und privaten Rechts. Die Versorgungstarifverträge verpflichten die jeweiligen Arbeitgeber, die mindestens 17jährigen Arbeitnehmer (mit einigen Ausnahmen) bei einer Zusatzversorgungseinrichtung zu versichern, es sei denn, daß der

Arbeitnehmer vom Beginn der **Pflichtversicherung** an bis zur Vollendung des 65. Lebensjahres die Wartezeit von fünf Jahren nicht mehr erfüllen kann. Im übrigen besteht nur dann keine Versicherungspflicht, wenn der Arbeitnehmer bereits auf anderer Rechtsgrundlage Versorgungsansprüche beamtenrechtlicher oder soldatenrechtlicher Art hat, wenn für ihn bereits eine Zusatzversorgung besteht oder wenn er Mitglied der knappschaftlichen Rentenversicherung ist.

Die **Versicherungsfälle** der Zusatzversicherungs- und -versorgungseinrichtungen stimmen regelmäßig mit denen der gesetzlichen Rentenversicherung überein. Im Mittelpunkt des Leistungsspektrums stehen **Versorgungs- und Versicherungsrenten** an die Versicherten und ihre Hinterbliebenen (einschließlich eventueller Abfindungen). Ausgangspunkt der Rentenberechnung ist die sogenannte **Gesamtversorgung**, die als wünschenswerte Alters- und Hinterbliebenenversorgung anzusehen ist:

(1) Ein wichtiger Bestimmungsfaktor der Gesamtversorgung ist das *gesamtversorgungsfähige Entgelt*. Zur Ermittlung dieser Größe wird grundsätzlich von dem jeweiligen monatlichen steuerpflichtigen Arbeitslohn ausgegangen und ein Durchschnitt für die letzten drei Kalenderjahre vor Eintritt des Versicherungsfalles gebildet. Übersteigt der Arbeitslohn die Beitragsbemessungsgrenze in der gesetzlichen Rentenversicherung, so wird der Überschußbetrag um 20% gekürzt.

(2) Ein zweiter Bestimmungsfaktor der Gesamtversorgung ist die *gesamtversorgungsfähige Zeit*, aufgrund derer dem Versorgungsberechtigten jeweils ein bestimmter Versorgungsprozentsatz zugestanden wird. Dieser Versorgungsprozentsatz beträgt nach Erfüllung der fünfjährigen Wartezeit 35% und steigt nach Vollendung einer gesamtversorgungsfähigen Zeit von 10 Jahren in den folgenden 15 Jahren um jährlich zwei Prozent sowie in den weiteren Jahren der gesamtversorgungsfähigen Zeit um jährlich ein Prozent bis zum Höchstsatz von 75% an.

(3) Aus der multiplikativen Verknüpfung von Versorgungsprozentsatz und gesamtversorgungsfähigem Entgelt ergibt sich die *anzustrebende Gesamtversorgung*. Für diese sind jedoch *Höchstgrenzen* gegeben.

(4) Für die Zwecke der Begrenzung der Gesamtversorgung wird ein *fiktives Nettoarbeitsentgelt* des Versorgungsberechtigten ermittelt. Zu diesem Zweck wird das gesamtversorgungsfähige Entgelt um die Lohnsteuer in der Steuerklasse III/0 oder I in Abhängigkeit von den Familienverhältnissen bei Eintritt des Versicherungsfalles vermindert; ebenso wird der Arbeitnehmeranteil an den Beiträgen zur Sozialversicherung unter Beachtung der Beitragsbemessungsgrenzen abgezogen. Auf dieses fiktive Nettoarbeitsentgelt werden *Normwerte des Versorgungsprozentsatzes* angewandt. In diesem Sinne ist die Gesamtversorgung bis zum Ablauf von 10 Jahren auf 45% des fiktiven Nettoarbeitsentgelts begrenzt. Für das 11. bis 25. Jahr erhöht sich dieser Prozentsatz jährlich um 2,33% und in den folgenden 10 Jahren um jährlich ein Prozent bis höchstens 89,95%.

(5) In dieser Weise wird die Gesamtversorgung für den Versorgungsberechtigten ermittelt. Die *Gesamtversorgung für Witwen* wird davon abgeleitet und beträgt 60% der Gesamtversorgung, die der Verstorbene erhalten hatte oder erhalten hätte. Dabei darf die Gesamtversorgung für sämtliche Hinterbliebenen nicht die Gesamtversorgung des Verstorbenen übersteigen.

Auf die weitgehend beamtenähnlich ausgestaltete Gesamtversorgung werden Alters- und Hinterbliebenenrenten der gesetzlichen Rentenversicherung in vollem Umfang angerechnet; die **Versorgungsrente** soll die Differenz ausgleichen und damit die Regelsicherung der gesetzlichen Rentenversicherung ergänzen und aufstocken.

Wenn ein Arbeitnehmer nach Erfüllung der Wartezeit, jedoch vor Eintritt des Versicherungsfalles aus dem Arbeitsverhältnis und damit aus der Pflichtversicherung ausgeschieden ist, so erhält er bei Eintritt des Versicherungsfalles eine **Versicherungsrente**. Diese beträgt monatlich 1,25% der Summe der insgesamt entrichteten Beiträge und der entsprechenden Leistungen aus den Umlagen, die erhoben wurden. Die Versicherungsrente ist lediglich der versicherungsmathematische Gegenwert der gezahlten Beiträge und Umlagen. Die **Witwenrente** beträgt in diesem Falle 60% der Versicherungsrente des ehemals in der Zusatzversicherungs- und -versorgungseinrichtung Versicherten.

Die Versorgungsrente ist eine **dynamische Alters- und Hinterbliebenenversorgung mit Ergänzungs- und Aufstockungsfunktion**. Sie wird regelmäßig auf zeitnahe wirtschaftliche Verhältnisse bezogen. Dabei können Anpassungsprozesse der Versorgungsrenten grundsätzlich von zwei Seiten her stattfinden. Zum einen ändert sich das gesamtversorgungsfähige Entgelt regelmäßig nach Maßgabe der Anpassung der Beamtenversorgung. Unter Berücksichtigung der jeweils relevanten Versorgungsprozentsätze ergibt sich dann die neue Gesamtversorgung, die ihrerseits erneut einer Höchstbetragsrechnung zu unterziehen ist. Auf die neue maximale Gesamtversorgung ist sodann die ihrerseits ebenfalls angepaßte Rente aus der gesetzlichen Rentenversicherung anzurechnen. Auf diese Weise wird jeweils die neue Versorgungsrente festgestellt.

Neben der Zusatzversicherung und -versorgung bei Bund, Ländern und Gemeinden ist auf die Zusatzversorgung bei der Bundesbahn-Versicherungsanstalt sowie bei der Versorgungsanstalt der Deutschen Bundespost hinzuweisen:

(1) Die *Bundesbahn-Versicherungsanstalt* mit Sitz in Frankfurt am Main wird nicht nur für ihre Bediensteten als Zusatzversorgungsanstalt tätig, sondern ebenso für die Bediensteten der Wasser- und Schiffahrtsverwaltung des Bundes und einer Reihe von Ländern sowie die Bediensteten der Duisburg-Ruhrorter-Häfen AG. Die Zusatzversorgung wird nach den Grundsätzen der Versorgungsanstalt des Bundes und der Länder durchgeführt.

(2) Auch die *Versorgungsanstalt der Deutschen Bundespost* mit Sitz in Stuttgart gewährt ihren Versicherten im großen und ganzen Leistungen, wie sie auch von der Versorgungsanstalt des Bundes und der Länder erbracht werden. Allerdings besteht bei ihr auch die Möglichkeit einer freiwilligen Versicherung für diejenigen Arbeitnehmer, die mit weniger als der Hälfte der regelmäßigen Wochenarbeitszeit beschäftigt sind; deren Rente beträgt grundsätzlich 1,25% der Summe der gezahlten Beiträge und entspricht damit der Versicherungsrente der Versorgungsanstalt des Bundes und der Länder.

In der Bundesrepublik ist weiterhin eine Reihe von Sonderformen der Zusatzversorgung festzustellen, die jedoch mittlerweile quantitativ in den Hintergrund getreten sind. Hinzuweisen ist vor allen Dingen auf das Hamburger Ruhegeldgesetz, das eine Gesamtversorgung im Wege der gesetzlichen Direktzulage gewährleistet. Zusatzversorgungseinrichtungen mit von der obigen Regelform abweichendem Leistungsrecht sind vor allem die Versorgungsanstalt der Deutschen Bühnen, die Versorgungsanstalt der Deutschen Kulturorchester, die Pensionskasse Deutscher Eisenbahner und Straßenbahner sowie die Bremische Ruhelohnkasse; abweichende Versorgungsregelungen gelten auch für die Versorgungsordnungen der einzelnen Rundfunkanstalten. Sehr unterschiedlich ausgestaltete Versorgungssysteme sind auch bei öffentlich-rechtlichen Banken und Versicherungsanstalten festzustellen, bei denen die Versorgung vielfach mehrstufig organisiert ist (Arbeitgeberdirektzusagen zuzüglich Leistungen einer Pensionskasse oder Versicherungseinrichtung). Tendenziell wird in allen diesen Fällen abweichender Versorgungsregelung das Bemühen um eine Annäherung an die Beamtenversorgung sichtbar.

1.7.2 Hüttenknappschaftliche Pensionsversicherung im Saarland

Auch die Hüttenknappschaftliche Zusatzversicherung im Saarland verfolgt das Ziel, jene Versorgungslücke zu schließen, die zwischen den Vorstellungen über eine angemessene Altersversorgung und der Versorgung durch die gesetzliche Rentenversicherung besteht. In diesem Sinne werden **Zusatzrenten bei Erreichung der Altersgrenze**, aber auch an **Hinterbliebene** gezahlt. Da die zu gewährenden Leistungen prinzipiell vergleichbare Leistungen der gesetzlichen Rentenversicherung ergänzen sollen, gelten für den Rentenbezug weitgehend die gleichen Voraussetzungen wie in der Rentenversicherung mit der Anwendung entsprechender Verfahrensgrundsätze.

Versichert sind in dieser Pensionsversicherung vor allen Dingen die Arbeitnehmer der Saar-Hütten sowie weiterer Unternehmen der eisenerzeugenden, -verarbeitenden und -weiterverarbeitenden Industrie des Saarlandes. Neben der **Pflichtversicherung** ist auch die Möglichkeit einer freiwilligen **Weiterversicherung** gegeben.

Die **Höhe der Zusatzrenten an Versicherte** ist nach der für den Versicherten maßgebenden und nach dem Arbeitsentgelt errechneten Bemessungsgrundlage sowie unter Zugrundelegung eines jährlichen Steigerungssatzes von 0,45% zu ermitteln. Die **Zusatzrenten für hinterbliebene Ehegatten** betragen 60% der Zusatzrente des Versicherten. Bei Vorhandensein mehrerer Berechtigter, hinsichtlich der erhöhten Zahlung im Sterbevierteljahr und hinsichtlich der Begrenzung der Hinterbliebenenzusatzrenten auf einen Höchstbetrag gelten entsprechende Regelungen der Rentenversicherung. Unter bestimmten Voraussetzungen sind Beitragserstattungen möglich, ebenso können Kleinstzusatzrenten abgefunden werden.

Die **Anpassung der Zusatzrenten** erfolgt anders als in der Rentenversicherung nach einem Zweijahresrhythmus unter Berücksichtigung der Entwicklung der Löhne, Gehälter und Zusatzrenten, der langfristigen Finanzlage der Versicherung und der Erhaltung eines angemessenen Abstandes der Summe der Leistungen aus der Hüttenknappschaftlichen Zusatzversicherung zu denen der gesetzlichen Rentenversicherung; zugleich bildet jedoch die Anpassung der Renten in der gesetzlichen Rentenversicherung die Obergrenze für die Anpassung der Hüttenknappschaftlichen Zusatzrenten.

1.7.3 Zusatzversorgung für Bezirksschornsteinfegermeister

Die Altersversorgung der Bezirksschornsteinfegermeister besteht aus einer Gesamtversorgung, die zum Teil auf die gesetzliche Rentenversicherung zurückgeht und zum Teil auf einer Zusatzversorgung aus der **Versorgungsanstalt der Deutschen Bezirksschornsteinfegermeister** beruht. Mitglieder dieser Versorgungseinrichtung sind die aktiven und die ehemaligen Bezirksschornsteinfegermeister. Sie erhalten im Leistungsfalle bei Erreichen der Altersgrenze ein **Ruhegeld**; ebenso wird ein **Witwengeld** als Leistung der Hinterbliebenenversorgung gezahlt.

Die Höhe des Ruhegeldes richtet sich grundsätzlich nach der Dauer der Mitgliedschaft des betreffenden Schornsteinfegermeisters in der Versorgungsanstalt. Für jedes Jahr der Mitgliedschaft wird ein bestimmter Prozentsatz erworben; der **Jahreshöchstbetrag des Ruhegeldes** beträgt 72% des jeweiligen jährlichen Bruttoeinkommens eines verheirateten, kinderlosen Angestellten des Bundes in der höchsten Altersstufe der Vergütungsgruppe Vc BAT (ohne Berücksichtigung vermögenswirksamer Leistungen und solcher Einkommensbestandteile, die nicht grundsätzlich allen Angestellten dieser Vergütungsgruppe zufließen). Auf dieses Ruhegeld wird die Versichertenrente aus der gesetzlichen **Rentenversicherung**, soweit sie auf Pflichtbeiträgen beruht, angerechnet; gleiches gilt unter Umständen auch für eine Verletztenrente aus der gesetzlichen **Unfallversicherung**, sofern bestimmte Höchstgrenzen überschritten werden. Nach dem Tode des Versicherten erhält die Witwe **Witwengeld** in Höhe von 60% des Ruhegeldes; auch hier bestehen Anrechnungsvorschriften und Kumulationsregelungen.

1.7.4 Zusatzversorgung für Arbeitnehmer in der Land- und Forstwirtschaft

Gerade für die Arbeitnehmer in der Land- und Forstwirtschaft ist die Alterssicherung regelmäßig niedriger als in anderen Bereichen und weicht deutlich von **wünschenswerten Versorgungsstandards** ab. Die Landarbeiterrenten gehören – trotz der Renten nach Mindesteinkommen – zu den niedrigsten Renten, die an langjährig Versicherte gezahlt werden. Angesichts dieser Situation haben die Gewerkschaft Gartenbau, Land- und Forstwirtschaft sowie die Mitgliedsverbände des Gesamtverbandes der deutschen land- und forstwirtschaftlichen Arbeitgeberverbände e.V. 1973 einen **Tarifvertrag** abgeschlossen, der eine überbetriebliche Zusatzversorgung zum Gegenstand hat; dieser Tarifvertrag wurde Anfang 1974 für allgemeinverbindlich erklärt und brachte für alle aktiv erwerbstätigen Arbeitnehmer in der Land- und Forstwirtschaft, wenn sie am 1. Juli 1972 (ab 1.1.1986: 1. Juli 1979) mindestens 50 Jahre alt waren, eine Zusatzversorgung. Gleichzeitig übernahm der Bund die sogenannte **Alt- und Uraltlast** für die davor liegenden Beschäftigungszeiten noch erwerbstätiger oder aus dem Erwerbsleben ausgeschiedener Arbeitnehmer der Land- und Forstwirtschaft.

Die von dieser Zusatzversorgung erfaßten landwirtschaftlichen Arbeitnehmer erhalten zusätzlich zu der Rente aus der gesetzlichen Rentenversicherung bei Erfüllung bestimmter Wartezeiten eine **Rentenbeihilfe**; diese wird auch an Witwen und Witwer gezahlt. Die Rentenbeihilfe beträgt ab dem 1.1.1986 monatlich 90 DM (vorher 70 DM) zusätzlich zu der Rente aus der gesetzlichen Rentenversicherung. Für die Beschäftigungszeiten vor den genannten Stichtagen wird unter bestimmten Voraussetzungen eine pauschale **Ausgleichsleistung** gezahlt; einen entsprechenden Anspruch haben auch Witwen und Witwer, wenn bestimmte zusätzliche Voraussetzungen erfüllt sind.

1.8 Soziale Entschädigungssysteme

Die sozialen Entschädigungssysteme erbringen im Funktionsbereich Alter und Hinterbliebene Einkommensleistungen in unterschiedlichen Subsystemen. Die Einkommensleistungen der **Kriegsopferversorgung** sind vor allen Dingen Versorgungsbezüge für Beschädigte sowie für Witwen und Witwer in Form von Renten und Abfindungen nach dem Bundesversorgungsgesetz, soweit sie an Personen im In- und Ausland jenseits der üblichen Altersgrenze gezahlt werden; die entsprechenden Versorgungsbezüge für Eltern rechnen voll zum Funktionsbereich Alter und Hinterbliebene. Gleiches gilt für die Leistungen an Hinterbliebene aufgrund des Gesetzes zur Entschädigung von Opfern von Gewalttaten und für die Versorgungsbezüge für Witwen und Eltern aufgrund des Soldatenversorgungsgesetzes sowie des Häftlingshilfegesetzes; die Versorgungsbezüge für Beschädigte im Sinne des letztgenannten Gesetzes fallen jedoch nur insoweit in den Funktionsbereich Alter und Hinterbliebene, als sie jenseits der üblichen Altersgrenze gezahlt werden, andernfalls gehören sie zum Funktionsbereich Krankheit und Invalidität.

Der **Lastenausgleich** erbringt im Funktionsbereich Alter und Hinterbliebene insbesondere Unterhaltshilfen, Entschädigungsrenten sowie Beihilfen an Personen im In- und Ausland gemäß Lastenausgleichsgesetz; hinzu kommen die Einkommensleistungen in Form der Unterhaltshilfen, der Unterhaltsbeihilfen sowie der Entschädigungsrenten gemäß Reparationsschädengesetz. Eine gleichzeitige Zuordnung dieser Leistungen zu anderen Funktionsbereichen ist die Ausnahme; so wird lediglich ein geringer Teil der Unterhaltshilfen im Inland gemäß Lastenausgleichsgesetz dem Funktionsbereich Folgen politischer Ereignisse zugeordnet. Der Grund hierfür ist darin zu sehen, daß nahezu sämtliche Berechtigte mittlerweile die Altersgrenze überschritten haben.

Im Bereich der **Wiedergutmachung** nach dem Bundesentschädigungsgesetz werden für die Zwecke der Alters- und Hinterbliebenenversorgung Renten und Kapitalentschädigungen an Personen im In- und Ausland wegen Schäden an Leben, an Körper und Gesundheit sowie im beruflichen Fortkommen aufgrund nationalsozialistischen Unrechts erbracht. Diese Leistungen werden insoweit dem Funktionsbereich Alter und Hinterbliebene zugerechnet, als die Berechtigten die übliche Altersgrenze bereits überschritten haben; andernfalls fallen sie in den Funktionsbereich Folgen politischer Ereignisse.

Einkommensleistungen der **sonstigen Entschädigungen** gemäß Unterhaltssicherungsgesetz, Häftlingshilfegesetz, Kriegsgefangenenentschädigungsgesetz und Allgemeinem Kriegsfolgengesetz fallen im Funktionsbereich Alter und Hinterbliebene nicht an.

Die zusammenfassende Darstellung der einkommensmäßigen Entschädigungsleistungen soll vor allen Dingen im Funktionsbereich Folgen politischer Ereignisse vorgenommen werden, soweit sie aufgrund ihrer Entstehungsgeschichte dort einzuordnen sind. Dadurch beschränkt sich die Darstellung in anderen Funktionsbereichen auf einige Hinweise.

1.9 Sozialhilfe

Im Gesamtsystem der Sozialen Sicherung kommt der Sozialhilfe nach wie vor eine erhebliche und in der Gegenwart sogar steigende **Bedeutung** zu. Dieser Stellenwert der Sozialhilfe resultiert aus den Lücken, die die anderen Sozialleistungssysteme bisher nicht geschlossen haben. So ist es denkbar, daß die anderen Sicherungssysteme bestimmte Personenkreise nicht erfassen, für bestimmte Notlagen keine Leistungen vorsehen oder im Einzelfall keine ausreichenden und angemessenen Leistungen erbringen können. Die Sozialhilfe kennt keinen nach bestimmten äußeren Merkmalen abgrenzbaren Personenkreis; sie kümmert sich vielmehr um die von dem übrigen Sozialleistungssystem vernachlässigten Hilfsbedürftigen.

Hilfsbedürftig im Sinne der Sozialhilfegesetzgebung ist derjenige, der aus eigenen Kräften seinen Lebensunterhalt nicht bestreiten oder sich in besonderen Lebenslagen nicht selbst helfen kann und auch von anderer Seite keine ausreichende Hilfe erhält. Sind diese Voraussetzungen erfüllt, so besteht ein **Recht auf persönliche und wirtschaftliche Hilfe**, die dem besonderen Bedarf des einzelnen entspricht, ihn zur Selbsthilfe befähigt, die Teilnahme am Leben in der Gemeinschaft ermöglicht und die Führung eines menschenwürdigen Lebens sichert.

Für die Sozialhilfe sind **zwei Grundsätze** typisch:

(1) *Grundsatz der Individualisierung* der Hilfeleistung. Die Sozialhilfe stellt typischerweise auf den Einzelfall ab, und hierin liegt sicherlich ihre große Stärke. Der Hilfsbedürftige hat einen Rechtsanspruch auf diejenige Hilfe, die seinem Bedarf entspricht und die ihn zur Selbsthilfe befähigt. Dieser Anspruch besteht unabhängig davon, ob der einzelne Sozialhilfeempfänger verschuldet oder unverschuldet in Not geraten ist oder ob er jemals eine Gegenleistung für die Gemeinschaft erbracht hat. Daß die Träger der Sozialhilfe entgegen diesem Grundsatz der Individualisierung der Sozialhilfe vielfach schematisierend vorgehen, liegt in den Sachzwängen einer verwaltungsmäßig organisierten Massenproduktion von Hilfeleistungen begründet.

(2) Der Grundsatz der Individualisierung der Sozialhilfe wird durch den *Grundsatz der Subsidiarität* ergänzt. Um einen Mißbrauch der Sozialhilfeleistungen weitgehend zu vermeiden, ist es notwendig, die Bedürftigkeit des Sozialhilfeempfängers zu prüfen, da die Sozialhilfe nur denjenigen Menschen zufließen soll, die sich selbst nicht helfen können und auch die erforderliche Hilfe von anderen nicht erhalten. Die Sozialhife wird mit ihren Leistungen ohne Gegenleistungen erst dann tätig, wenn alle Möglichkeiten der Selbsthilfe sowie der Hilfe durch Familie und private Verbände ausgeschöpft oder sonstige Ansprüche an die öffentliche Hand ausgeschlossen sind. In diesem Sinne ist die Sozialhilfe subsidiär.

Über lange Zeit hinweg war in der sozialpolitischen Diskussion die Vorstellung tragend, daß das hinter der Sozialhilfe stehende Problem der Hilfsbedürftigkeit kein vorrangiges gesellschaftspolitisches Thema mehr sei. Erst die neuere Forschung hat die Existenz einer breiteren materiellen **Armut** in der Bundesrepublik Deutschland aufgedeckt und zum Kernpunkt einer **Neuen Sozialen Frage** gemacht. Dabei sei allerdings dahingestellt, inwieweit die in dieser Diskussion aufgestellten Armutsthesen einer Nachprüfung standhalten. Das Anwachsen der statistisch ausgewiesenen Armut beruht sicherlich auch wesentlich darauf, daß die Armutsschwelle im Laufe der letzten Jahre beträchtlich angehoben worden ist. Über eine Reihe von Jahren wurde der **Sozialhilferegelsatz** stärker erhöht, als es der Zunahme der Lebenshaltungskosten entsprochen hätte, so daß sich die Sozialhilfeleistungen pro Leistungsfall auch real beträchtlich ausgedehnt haben. Unübersehbar ist in der Gegenwart aber das Anwachsen der Sozialhilfeleistungen im Zuge der langandauernden **Massenarbeitslosigkeit** und der **Verkürzung des Leistungsniveaus** anderer Sozialleistungsträger.

Die Sozialhilfe wird entweder als **Hilfe zum Lebensunterhalt** oder als **Hilfe in besonderen Lebenslagen** gewährt; hinzu treten die Beratung Behinderter oder ihrer Personensorgeberechtigten sowie die Hilfe bei der Beschaffung und Erhaltung einer Wohnung:

(1) Die *Hilfe zum Lebensunterhalt* umfaßt insbesondere Leistungen zur Sicherstellung der Befriedigung persönlicher Bedürfnisse des täglichen Lebens (Ernährung, Unterkunft, Kleidung, Körperpflege, Hausrat, Heizung; andere persönliche Bedürfnisse). Zu den schützenswerten Bedürfnissen gehören auch diejenigen, die die Beziehungen zur Umwelt sowie die Teilnahme am kulturellen Leben betreffen.

Als Hilfe zum Lebensunterhalt sind auch bestimmte *Sonderleistungen* vorgesehen, wie z.B. die Übernahme von Beiträgen für eine freiwillige Krankenversicherung, für eine angemessene Alterssicherung oder für ein angemessenes Sterbegeld, die Übernahme von Bestattungskosten oder Hilfen zur Sicherung der Wohnung.

Auf diese Hilfe zum Lebensunterhalt besteht ein *Rechtsanspruch*. Soweit sie außerhalb von Heimen und Anstalten gewährt wird, ist sie eine Geldleistung, deren Höhe sich zwar nach der individuellen Notlage zu richten hat, aber aus Gründen einer gleichmäßigen Leistungsbemessung eine gewisse Schematisierung vorsieht. Die Festsetzung erfolgt nach *Regelsätzen*, die neben dem persönlichen Lebensbedarf auch die Leistungen umfassen, die zur allgemeinen Haushaltsführung gehören. Die laufenden Leistungen für die Sicherung der Wohnung (für Miete und vergleichbare Kosten) werden neben den Regelsätzen in Höhe der tatsächlich entstandenen Aufwendungen gezahlt. Die Hilfe zum Lebensunterhalt in einem Heim, einer Anstalt oder gleichartigen Einrichtungen besteht ebenfalls aus den tatsächlichen Aufwendungen sowie einem angemessenen Taschengeld. Für als notwendig anerkannte Bedürfnisse, die in den Regelsätzen nicht berücksichtigt sind, erhalten Empfänger von laufender Sozialhilfe auch *einmalige Leistungen*; teilweise wird auch ein *Mehrbedarf* gegenüber den Regelsätzen anerkannt.

(2) Die *Hilfe in besonderen Lebenslagen* umfaßt:

- Hilfe zum Aufbau oder zur Sicherung der Lebensgrundlage.
- Vorbeugende Gesundheitshilfe, Krankenhilfe, Hilfe bei nicht rechtswidrigem Schwangerschaftsabbruch und bei nicht rechtswidriger Sterilisation, Hilfe zur Familienplanung und Hilfe für werdende Mütter und Wöchnerinnen.
- Eingliederungshilfe für Behinderte, insbesondere auch Hilfe zur Teilnahme am Leben in der Gemeinschaft.
- Tuberkulosehilfe.
- Blindenhilfe, Hilfe zur Pflege und Hilfe zur Weiterführung des Haushalts.
- Hilfe zur Überwindung besonderer sozialer Schwierigkeiten.
- Altenhilfe.
- Hilfe in anderen besonderen Lebenslagen.

Wird die Hilfe in besonderen Lebenslagen in einer Anstalt, in einem Heim oder einer Einrichtung zur teilstationären Betreuung durchgeführt, so umfaßt die Hilfe in besonderen Lebenslagen auch den in der Einrichtung geleisteten Lebensunterhalt.

Die gesamten Leistungen der Sozialhilfe, die an dieser Stelle im Überblick dargelegt wurden, stellen nur zum Teil Einkommensleistungen dar; soweit sie Einkommensleistungen sind, fallen sie außerdem nur in einem begrenzten Umfange in den Funktionsbereich Alter und Hinterbliebene. Dies sind dann insbesondere Hilfen zum Lebensunterhalt außerhalb von Anstalten in Form einmaliger und laufender Leistungen sowie Hilfen für Auslandsdeutsche.

1.10 Steuerermäßigungen

Steuerermäßigungen gehören – soweit sie sozialpolitisch begründet werden – zu den indirekten Einkommensleistungen im System der Sozialen Sicherung. Diese Steuerermäßigungen umfassen im Funktionsbereich Alter und Hinterbliebene:

(1) den Altersfreibetrag gemäß § 32 Abs. 2 EStG,

(2) die Haushaltsfreibeträge nach § 32 Abs. 3 Nr. 1 (1975/81) und 2 EStG (ab 1975),

(3) die Berücksichtigung außergewöhnlicher Belastungen nach § 33 und § 33a Abs. 1 EStG wegen Unterhalt und Berufsausbildung,

(4) die Berücksichtigung der Aufwendungen für eine Haushaltshilfe gemäß § 33a Abs. 3 Nr. 2 EStG,

(5) den Altersheim-Freibetrag nach § 33a Abs. 3 Nr. 2 EStG,

(6) die Lohnsteuerpauschalierung nach § 40b EStG,

(7) den Zukunftssicherungsfreibetrag nach § 2 LStDV,

(8) den Altersfreibetrag gemäß § 6 Abs. 3 und Abs. 4 VStG.

2. Einkommensleistungen bei Krankheit und Invalidität

Die Schaffung eines Lohnersatzes für kranke und invalide Arbeitnehmer war schon sehr früh ein Hauptanliegen staatlicher Sozialpolitik. Auch in der Gegenwart sind die Einkommensleistungen der Sozialen Sicherung im Funktionsbereich Krankheit und Invalidität von erheblicher Bedeutung. Mehr als die Hälfte dieser Leistungen wird durch die **Entgeltfortzahlung** der Arbeitgeber für die Arbeitnehmer bei Krankheit und Heilverfahren erbracht; dies ist nahezu die Gesamtleistung der Institution Entgeltfortzahlung; nur ein relativ geringer Teil entfällt als Entgeltfortzahlung bei Mutterschaft in den Funktionsbereich Familie. Die **Rentenversicherung** erbringt im Funktionsbereich Krankheit und Invalidität ergänzende Leistungen zur Rehabilitation (Übergangsgeld bei Heilbehandlung und Berufsförderung sowie sonstige Hilfen und Unterstützungen für Rehabilitanden) und Renten wegen Erwerbsminderung (Berufsunfähigkeits- und Erwerbsunfähigkeitsrenten sowie Bergmannsrenten und Fürsorgeleistungen nach SVAG Saar). Die Leistungen der **Krankenversicherung** bestehen aus Barleistungen der Krankenhilfe, der Genesendenfürsorge sowie aus Barleistungen im Rahmen vorbeugender Maßnahmen für Einzelpersonen. Die **Unfallversicherung** erbringt im Funktionsbereich Krankheit und Invalidität Verletztengelder bei Heilbehandlung, Übergangsgelder bei Berufshilfe und besondere Unterstützungen für Rehabilitanden sowie Renten an Verletzte im In- und Ausland einschließlich eventueller Mehrleistungen und Rentenabfindungen. Die Leistungen der **Altershilfe für Landwirte** in diesem Funktionsbereich bestehen aus der Landabgaberente für landwirtschaftliche Unternehmer bei Berufsunfähigkeit sowie aus dem vorzeitigen Altersgeld für landwirtschaftliche Unternehmer und für mitarbeitende Familienangehörige. Die **Versorgungswerke** zahlen Renten bei Berufs- oder Erwerbsunfähigkeit und das **beamtenrechtliche System** Ruhegehälter bei Invalidität (auch Auslandszahlungen). Die Einkommensleistungen der **Zusatzversorgungssysteme** des öffentlichen Dienstes bestehen aus Renten bei Berufsunfähigkeit und Erwerbsunfähigkeit; die entsprechenden **Versorgungsleistungen der Privatwirtschaft** sind Leistungen der Pensionskassen, Betriebsrenten und Direktrenten (Lebensversicherung); festzustellen sind auch Arbeitgeberbeihilfen im Krankheitsfalle. Im Rahmen der **Kriegsopferversorgung** werden Leistungen an Geschädigte nach dem Gesetz zur Entschädigung von Opfern von Gewalttaten sowie Versorgungsbezüge an Beschädigte nach dem Zivildienstgesetz, nach dem

Soldatenversorgungsgesetz und aufgrund des Häftlingshilfegesetzes erbracht. Hinzu treten Einkommensleistungen der **Sozialhilfe** und **Steuerermäßigungen**.

2.1 Entgeltfortzahlung im Krankheitsfalle

Die besondere **Bedeutung der Lohn- und Gehaltsfortzahlung** des Arbeitgebers für kranke Arbeitnehmer resultiert daraus, daß die meisten Krankheitsfälle eine Dauer von weniger als 6 Wochen haben. Für diese Zeit muß der Arbeitgeber dem Arbeitnehmer das Bruttoentgelt ohne Unterbrechung (einschließlich der Beiträge zur Sozialversicherung) weiterzahlen. Die **Entgeltfortzahlungspflicht des Arbeitgebers** gilt nicht nur für die Arbeitsverhinderung als Folge „normaler" Krankheitsfälle mit ambulanter und/oder stationärer Heilbehandlung, sondern sie ist auch dann gegeben, wenn ein Sozialleistungsträger bei voller Kostenübernahme eine Heilbehandlung (z.B. Kuren) bewilligt oder die Arbeitsunfähigkeit auf eine legale Sterilisation oder einen legalen Schwangerschaftsabbruch zurückgeht.

Lohn- und Gehaltsfortzahlung erhalten im Krankheitsfalle **sämtliche Arbeitnehmer**; von dieser Regelung sind lediglich kurzfristig oder geringfügig beschäftigte Arbeitnehmer ausgenommen. Gleiches gilt für Frauen, die ein Mutterschaftsgeld beziehen, wobei dieses allerdings als eine Form der Entgeltfortzahlung anzusehen ist. Grundsätzlich darf die Arbeitsunfähigkeit nicht selbstverschuldet sein, und sie muß durch eine ärztliche Bescheinigung innerhalb von drei Kalendertagen nachgewiesen werden. Bei begründeten Zweifeln können die Arbeitgeber die Arbeitsunfähigkeit des Arbeitnehmers durch den **Vertrauensärztlichen Dienst** der Krankenkassen begutachten lassen; neben dem Arbeitgeber können auch der Versicherte sowie der behandelnde Kassenarzt die Einschaltung des Vertrauensärztlichen Dienstes verlangen.

Die Mitwirkung der Krankenversicherung an der Lohn- und Gehaltsfortzahlung des Arbeitsgebers im Krankheitsfalle geht im Einzelfall über diese Einschaltung des Vertrauensärztlichen Dienstes hinaus. Weigert sich nämlich ein Arbeitgeber, den Lohn oder das Gehalt fortzuzahlen, so besteht ein **Anspruch auf Krankengeld** vom Beginn der Arbeitsunfähigkeit an; in Höhe des gezahlten Krankengeldes geht allerdings der Lohnfortzahlungsanspruch auf die Krankenkasse über.

2.2 Lohnersatz durch Krankengeld

Die Krankenversicherung wirkt in der Bundesrepublik Deutschland nicht nur in gewissem Umfange bei der Entgeltfortzahlung der Arbeitgeber für kranke Arbeitnehmer mit, sondern sie erbringt auch beträchtliche eigene Leistungen der Einkommenssicherung bei Krankheit und Invalidität.

Ohne Zweifel kommt der **gesetzlichen Krankenversicherung** für das gesamte Gesundheitswesen die zentrale Bedeutung zu. In der gesetzlichen Krankenversicherung sind über 34% der Bevölkerung pflichtversichert und mehr als 7% freiwillig versichert. Die versicherten Rentner machen etwa 18% und die als Familienangehörige mitversicherten Personen etwa 32% der Bevölkerung aus. Mithin sind etwa 91% der gesamten Bevölkerung in der gesetzlichen Krankenversicherung versichert. Die privaten Krankenversicherungen erfassen im Vergleich zu der gesetzlichen Krankenversicherung nur gut 8,5% der Bevölkerung. Nicht versichert gegen Krankheit sind etwa 0,2% der Gesamtbevölkerung.

2.2.1 Leistungsberechtigte

Bei der gesetzlichen Krankenversicherung müssen Pflichtmitglieder und freiwillige Mitglieder unterschieden werden. Die **Pflichtversicherung** ist eine Zwangsversicherung; sie kann weder durch schriftliche noch durch mündliche Absprache zwischen den Beteiligten ausgeschlossen werden:

(1) Die Versicherungspflicht der gesetzlichen Krankenversicherung erfaßt vor allen Dingen in der Bundesrepublik Deutschland gegen Entgelt beschäftigte *Arbeiter* und *Angestellte* sowie Auszubildende in betrieblicher, nicht ausschließlich schulischer Berufsausbildung (ohne Rücksicht auf ihre Staatsangehörigkeit). Zu den versicherungspflichtigen Arbeitnehmern zählen auch *Heimarbeiter* sowie Personen, die in Einrichtungen der *Jugendhilfe* für eine Erwerbstätigkeit befähigt werden sollen, und *Behinderte*, die in Berufsbildungswerken an berufsfördernden Maßnahmen teilnehmen. Die Versicherungspflicht gilt für alle Arbeiter (hauptsächlich körperlich Arbeitende) ohne Rücksicht auf eine obere Einkommensgrenze; gleiches gilt für Angestellte auf Seefahrzeugen und angestellte Arbeitnehmer, die in einem knappschaftlichen Betrieb beschäftigt sind. Für die große Zahl der Angestellten besteht demgegenüber eine Jahresarbeitsverdienstgrenze als *Versicherungspflichtgrenze* (75% der Beitragsbemessungsgrenze der Rentenversicherung der Arbeiter und Angestellten).

(2) Von der Versicherungspflicht werden auch verschiedene Gruppen von *selbständig Tätigen* erfaßt. Dies sind vor allen Dingen die *land- und forstwirtschaftlichen Unternehmer*, die ihren Lebensunterhalt vorwiegend aus der landwirtschaftlichen Tätigkeit bestreiten. Versicherungspflichtig sind auch die hauptberuflich mitarbeitenden Familienangehörigen des landwirtschaftlichen Unternehmers, sofern sie über 18 Jahre alt oder als Auszubildende beschäftigt sind. Auch für die über 65jährigen Personen, die während der letzten 15 Jahre mindestens 60 Monate als landwirtschaftliche Unternehmer oder mitarbeitende Familienangehörige tätig waren, und die überlebenden Ehegatten dieser Personen besteht eine Versicherungspflicht (Altenteiler). Auch *außerhalb der Land- und Forstwirtschaft* sind verschiedene Gruppen von selbständig Tätigen versicherungspflichtig; dies sind z.B. Hausgewerbetreibende, Lehrer (z.B. Fahrlehrer und Erzieher), Musiker und Artisten, selbständige Hebammen, Krankenschwestern, Familienpflegerinnen, soweit sie die für Angestellte geltende Versicherungspflichtgrenze nicht überschreiten. Gleiches gilt für selbständige Künstler und Publizisten nach dem Künstlersozialversicherungsgesetz.

(3) Grundsätzlich sind auch alle *Rentner* krankenversicherungspflichtig, wenn sie eine Versicherten- oder Hinterbliebenenrente der Rentenversicherung der Arbeiter, Angestellten, Handwerker oder Bergleute beziehen, ferner die Bezieher von Altersgeld, vorzeitigem Altersgeld und Landabgaberente der Altershilfe für Landwirte; ausgenommen sind lediglich die Bezieher von Bergmannsrente. Der Rentenbewerber ist ebenfalls versicherungspflichtig. Soweit Rentner oder Rentenbewerber als Arbeitnehmer oder als Behinderte in geschützten Einrichtungen oder als landwirtschaftliche Unternehmer oder mitarbeitende Familienangehörige tätig und damit versicherungspflichtig sind, hat diese Versicherungspflicht aufgrund einer tatsächlichen Tätigkeit Vorrang; ebenso geht die Versicherung der Teilnehmer an berufsfördernden Maßnahmen zur Rehabilitation der Rentnerkrankenversicherung vor.

(4) Die Teilnehmer an berufsfördernden Maßnahmen zur *Rehabilitation* sind bei Bezug von Übergangsgeld in der gesetzlichen Krankenversicherung versichert. Eine Ausnahme bildet der Bezug des Übergangsgeldes der Kriegsopferversorgung; in diesem Fall besteht keine Versicherungspflicht, weil der Rehabilitand Heil- oder Krankenbehand-

lung nach dem Bundesversorgungsgesetz erhält. Die Teilnahme an einer medizinischen Rehabilitationsmaßnahme bei gleichzeitigem Anspruch auf Übergangs- oder Krankengeld begründet keine neue Versicherungspflicht, sondern läßt die bestehende Mitgliedschaft wie bei krankheitsbedingter Arbeitsunfähigkeit oder Schwangerschaft bestehen.

(5) Die Pflichtversicherung erstreckt sich auch auf *Arbeitslose* bei Bezug von Arbeitslosengeld oder Arbeitslosenhilfe. Gleiches gilt für die *Teilnehmer an beruflichen Fortbildungs- oder Umschulungsmaßnahmen* bei Bezug von Unterhaltsgeld. Auch die *Bezieher von Kurzarbeiter- oder Schlechtwettergeld* bleiben pflichtversichert.

(6) Versicherungspflichtig sind auch die eingeschriebenen *Studenten* der staatlichen und der staatlich anerkannten Hochschulen sowie Personen, die eine nach Studien- oder Prüfungsordnungen vorgeschriebene berufspraktische Tätigkeit verrichten. Ein anderweitiger Krankenversicherungsschutz wird dabei jedoch berücksichtigt.

Im Rahmen der so umgrenzten Versicherungspflicht bestehen Ausnahmeregelungen der **Versicherungsfreiheit kraft Gesetzes oder auf Antrag**. Die Versicherungsfreiheit kraft Gesetzes betrifft insbesondere Arbeitnehmer oder Selbständige in geringfügiger Beschäftigung oder Tätigkeit (mit bestimmten zeitlichen oder relativen einkommensmäßigen Begrenzungen). Diese Ausnahmeregelung gilt jedoch nicht für Auszubildende, Behinderte in geschützten Einrichtungen, Helfer im Sinne des Gesetzes zur Förderung eines freiwilligen sozialen Jahres, selbständige Hebammen, selbständig tätige Pflegepersonen und Berufspraktikanten. Beamte, Richter, Berufssoldaten, sonstige Beschäftigte im öffentlichen Dienst und Geistliche der als öffentlich-rechtliche Körperschaften anerkannten Religionsgemeinschaften sind im allgemeinen kraft Gesetzes versicherungsfrei; vorausgesetzt wird, daß diesen Personen eine Anwartschaft auf Ruhegehalt und Hinterbliebenenversorgung zugesichert ist oder sie für ihren Beruf ausgebildet oder vorläufig beschäftigt werden. Haben sie lediglich beamtenähnliche Versorgungsansprüche, so besteht die Möglichkeit einer Befreiung auf Antrag. Versicherungsfrei sind auch Beamtenanwärter. Pensionierte Beamte und andere Ruhegeldempfänger sind bei Aufnahme einer abhängigen Beschäftigung zwar versicherungspflichtig, werden aber auf Antrag ebenfalls befreit. Die Versicherungsfreiheit kraft Gesetzes erfaßt auch die große Zahl von Mitgliedern geistlicher Genossenschaften sowie die Werkstudenten. Unter bestimmten Voraussetzungen können sich auch landwirtschaftliche Unternehmer und Rentner bei Vorhandensein einer privaten Krankenversicherung von der Versicherungspflicht in der gesetzlichen Krankenversicherung befreien lassen. Ähnliches gilt für Teilnehmer an berufsfördernden Maßnahmen zur Rehabilitation, Studenten, Berufspraktikanten und Behinderte in geschützten Einrichtungen bei Vorhandensein einer mit der gesetzlichen Krankenversicherung vergleichbaren Privatversicherung. Personen, für die eine Versicherungspflichtgrenze gilt, werden zwar, wenn sie durch die Versicherungspflichtgrenze eingeholt werden, versicherungspflichtig, können sich jedoch befreien lassen, wenn eine gleichwertige private Krankenversicherung abgeschlossen worden ist. Soweit Befreiungsmöglichkeiten von der Versicherungspflicht an einen Antrag gebunden sind, sind bestimmte Fristen für die Antragstellung zu berücksichtigen.

Die **Begründung eines freiwilligen Versicherungsverhältnisses** ist im Gegensatz zur Pflichtversicherung weitgehend von der Entscheidung des einzelnen abhängig. Eine Reihe von Personen hat das Recht, der gesetzlichen Krankenversicherung freiwillig beizutreten. Im Einzelfall sind hier sehr unterschiedliche Regelungen zu beachten. Unter bestimmten Voraussetzungen können Personen, die aus der Versicherungspflicht ausscheiden, die Versicherung freiwillig fortsetzen. Hierzu sind jedoch Anträge innerhalb bestimmter Fristen mit entsprechender Beitragszahlung notwendig. Der Versicherungsschutz der freiwillig Versicherten entspricht im allgemeinen demjenigen der Pflichtversicherten; einzelne Leistungsansprüche können bei ermäßigten Beiträgen ausgeschlossen werden. Für einen Teil der freiwillig Versicherten sind wesentliche Leistungseinschränkungen möglich, ebenso wie die Erfüllung zusätzlicher Voraussetzungen verlangt werden kann: Ausschluß von Vorerkrankungen, Vorlage eines Gesundheitszeugnisses, Wartezeit für den Leistungsbezug, Anwendung einer Altersgrenze und dergleichen; diese Bedingungen gelten jedoch nicht für Schwerbehinderte. Von der freiwilligen Versicherung grundsätzlich ausgeschlossen sind versicherungsfreie Personen in Nebenbeschäftigungen oder Nebentätigkeiten; in allen anderen Fällen darf das jährliche Gesamteinkommen die Jahresarbeitsverdienstgrenze für Angestellte nicht übersteigen.

Für den so umgrenzten Versichertenkreis erbringt die gesetzliche Krankenversicherung umfangreiche Sachleistungen, aber auch Einkommensleistungen, zu denen vor allen Dingen das **Krankengeld** gehört. Das Krankengeld wird insbesondere bei länger anhaltender krankheitsbedingter Arbeitsunfähigkeit und der dadurch erfolgten Erschöpfung des Entgeltfortzahlungsanspruchs gezahlt; es wird aber, von diesem Regelfall abgesehen, unter bestimmten Voraussetzungen auch denjenigen Arbeitnehmern gewährt, die zur Betreuung eines kranken Kindes von der Arbeit freigestellt werden (maximal 5 Arbeitstage pro Jahr und Kind). Im übrigen ist der **Kreis der Anspruchsberechtigten** etwas enger gefaßt als der Kreis der Versicherten der gesetzlichen Krankenversicherung.

Anspruch auf Krankengeld haben nur versicherungspflichtige Arbeitnehmer einschließlich der Auszubildenden in betrieblicher Ausbildung und der Behinderten in geschützten Einrichtungen, soweit sie tatsächlich Entgelt beziehen; gleiches gilt für versicherungspflichtige mitarbeitende Familienangehörige in der Landwirtschaft und Arbeitslose, aber nicht für Rentner, Studenten, Berufspraktikanten und mitversicherte Familienangehörige. Für freiwillig Versicherte kann der Anspruch auf Krankengeld bei gleichzeitig ermäßigtem Beitrag ausgeschlossen werden.

2.2.2 Leistungsumfang

Das Krankengeld beläuft sich für alle Leistungsberechtigten auf 80% des wegen der Arbeitsunfähigkeit **regelmäßig entgangenen Bruttoentgelts** (ca. 100% des bisherigen Nettoentgelts), soweit es der Beitragsberechnung unterliegt (Regellohn). Das Krankengeld darf jedoch nicht höher sein als das bisherige Nettoeinkommen. Als **Lohnersatzleistung** wird das Krankengeld seit 1984 zu Beiträgen zur Rentenversicherung und Arbeitslosenversicherung herangezogen. Der Leistungsempfänger zahlt in der Regel die Hälfte des Gesamtbeitrages (Arbeitnehmeranteil); entsprechende Beiträge zahlt die Krankenkasse (gewissermaßen als Arbeitgeberbeiträge).

Grundsätzlich wird bei der Berechnung des Krankengeldes von dem **tatsächlichen Entgelt**, das der Beitragsberechnung unterliegt, ausgegangen. Dies gilt auch für die mitarbeitenden Familienangehörigen in der Landwirtschaft, an die die landwirtschaftliche Krankenkasse ein Krankengeld zahlt (nicht jedoch an die landwirtschaftlichen Unternehmer selbst), sofern die betreffenden Personen rentenversicherungspflichtig sind. In anderen Fällen wird ein Krankengeld in Höhe von einem Achtel des nach Maßgabe der jeweils gültigen Jahresarbeitsverdienstgrenze bestimmten Regellohns pro Tag gezahlt.

Krankengeld wird grundsätzlich **ohne zeitliche Begrenzung** gezahlt, solange Krankheit verbunden mit Arbeitsunfähigkeit vorliegt. Wegen derselben Krankheit beläuft sich die Leistungsdauer jedoch auf **maximal 78 Wochen** innerhalb von **drei Jahren**. Der Anspruch auf Krankengeld endet bereits vor Ablauf dieser Frist, wenn der betreffenden Person Rente wegen Erwerbsunfähigkeit oder Altersruhegeld, vorzeitiges Altersgeld, Altersgeld oder Landabgaberente zugebilligt wird. Berufsunfähigkeitsrenten und Bergmannsrenten werden auf das Krankengeld angerechnet. Krankenversicherungspflichtig beschäftigte Rentenempfänger erhalten Rente und Krankengeld nebeneinander, Erwerbsunfähigkeitsrentner und Altersruhegeldempfänger jedoch nur bis zu sechs Wochen. Bei Bezug von Übergangsgeld ruht der Anspruch auf Krankengeld; ansonsten steht Krankengeld auch während der Dauer des Krankenhaus- oder Kuraufenthalts zu.

Wenn der Leistungsberechtigte aufgrund ärztlicher Gutachten als **erwerbsunfähig** anzusehen ist, so kann ihn die Krankenkasse dazu auffordern, Rehabilitationsmaßnahmen beim Rentenversicherungsträger zu beantragen; kann der Leistungsberechtigte **Altersruhegeld** beziehen und hat er das 65. Lebensjahr vollendet, so kann ihn die Krankenkasse zur Stellung eines Rentenantrages auffordern. In beiden Fällen muß der Versicherte diesen Aufforderungen innerhalb von 10 Wochen entsprechen; andernfalls entfällt das Krankengeld, kann jedoch nach erfolgter Antragstellung wieder aufleben.

Das Krankengeld wird nach Ablauf eines Jahres wie die Renten aus der gesetzlichen Rentenversicherung auf zeitnahe wirtschaftliche Verhältnisse bezogen; die Lohnersatzleistung Krankengeld ist damit **dynamisiert**.

2.3 Übergangsgeld bei Rehabilitation

Werden für dauernd kranke und behinderte Personen **medizinische und/oder berufsfördernde Rehabilitationsmaßnahmen** (vgl. Kapitel 4) durchgeführt, so erhalten sie im allgemeinen an Stelle des Krankengeldes ein Übergangsgeld, soweit nicht die gesetzliche Krankenversicherung (dann Krankengeld), die Kriegsopferversorgung (dann Versorgungskrankengeld) oder die Sozialhilfe (dann Pflegegeld) als Rehabilitationsträger tätig werden. Das Übergangsgeld wird von dem jeweils zuständigen Träger der Rehabilitationsmaßnahmen gezahlt.

Im Rahmen der **Rentenversicherung** ist die Zahlung des Übergangsgeldes die wichtigste der ergänzenden Leistungen während der Rehabilitation und soll die wirtschaftliche Versorgung des Versicherten und seiner Familie sicherstellen. Das Übergangsgeld wird ähnlich berechnet wie das Krankengeld, wobei jedoch von der höheren Beitragsbemessungsgrenze der Rentenversicherung auszugehen ist:

(1) Während *medizinischer Rehabilitationsmaßnahmen* beträgt das Übergangsgeld 75% des Krankengeldes. Es erhöht sich auf 90% des Krankengeldes, wenn der Rehabilitationsteilnehmer Kinder hat oder sein Ehegatte pflegebedürftig ist.

(2) Während *berufsfördernder Rehabilitationsmaßnahmen* beträgt das Übergangsgeld 70% des Krankengeldes; es erhöht sich wiederum unter der Voraussetzung, daß der Rehabilitationsteilnehmer Kinder hat oder daß sein Ehegatte pflegebedürftig ist, auf 80% des Krankengeldes.

Auch die **Unfallversicherung** gewährt im Rahmen der von ihr durchgeführten Heilbehandlung sowie während der Berufshilfe ein Übergangsgeld:

(1) Für die Dauer einer *Heilbehandlung* wird als Übergangsgeld ein Verletztengeld gezahlt. Dieses ist auf die gleiche Art und Weise zu berechnen wie das Krankengeld aus der Krankenversicherung und wird für die Dauer der Arbeitsunfähigkeit gezahlt, jedoch dann nicht, wenn der Versicherte Arbeitsverdienst oder Krankengeld erhält.

(2) Während der *Berufshilfe* wird ebenfalls ein Übergangsgeld gezahlt. Dieses beträgt 70%, unter bestimmten Voraussetzungen 80% (Rehabilitationsteilnehmer hat Kinder oder einen pflegebedürftigen Ehegatten) der Berechnungsgrundlage. Berechnungsgrundlage sind 80% des zuletzt verdienten Bruttoarbeitsentgelts (Regellohn).

Seit 1984 sind nicht nur aufgrund des Krankengeldes **Beiträge zur Rentenversicherung und zur Arbeitslosenversicherung** zu entrichten, sondern ebenso bei Bezug von Versorgungskrankengeld, Verletztengeld und Übergangsgeld. Die Beiträge für das Verletztengeld sind ebenso wie beim Krankengeld je zur Hälfte vom Leistungsträger und Leistungsbezieher zu zahlen. Für das Übergangsgeld sowie das Versorgungskrankengeld werden die Beiträge allein von dem Leistungsträger entrichtet. Für den Leistungsempfänger vermindert sich also das Übergangsgeld in Form des Verletztengeldes um den Beitrag zur gesetzlichen Rentenversicherung sowie den Beitrag zur Arbeitslosenversicherung.

Die Bezieher von Übergangsgeld, für die bei berufsfördernden Bildungsmaßnahmen in Einrichtungen **Verpflegung** bereitgestellt wird, müssen sich mit einem nach den Familienverhältnissen abgestuften **Eigenanteil** beteiligen. Der Verwaltungsvereinfachung dient die Festsetzung eines monatlichen Pauschalsatzes, bei dessen Höhe etwaige Fehlzeiten berücksichtigt sind.

Auf der anderen Seite wird das **Übergangsgeld in Einzelfällen ergänzt**. So gewährt die Kriegsopferversorgung unter bestimmten Voraussetzungen eine zusätzliche Beihilfe. Auch die Unfallversicherung gewährt in Einzelfällen Sonderunterstützungen in Form einmaliger Beihilfen. Schließlich können an die Stelle des Kranken- und Übergangsgeldes auch **freiwillige Arbeitgeberleistungen** treten, wie z.B. in Form der freiwilligen Entgeltfortzahlung bei Freistellung eines Arbeitnehmers zur Betreuung eines kranken Kindes.

Das Übergangsgeld ist wie das Krankengeld **dynamisiert**; es wird nach den gleichen Verfahrensweisen wie bei der Rentenanpassung auf zeitnahe wirtschaftliche Verhältnisse bezogen.

2.4 Renten wegen Erwerbsminderung

Bei länger andauernder Beeinträchtigung der Arbeitsfähigkeit entsteht die Frage nach einem Einkommensersatz durch Rentenzahlungen, dies insbesondere dann, wenn sich medizinische und berufsfördernde Rehabilitationsmaßnahmen nicht als erfolgreich erweisen oder von vornherein nicht sinnvoll sind. Je nach der Ursache der Erwerbsminderung (allgemeine Invalidität und Behinderung, Arbeitsunfall und Berufskrankheit, kriegsbedingte Körperschäden, Gewalteinwirkungen usw.) erbringen unterschiedliche Sozialleistungsinstitutionen nach Maßgabe differenzierter Voraussetzungen und Leistungsbemessungen Renten wegen Erwerbsminderung, die jedoch grundsätzlich nur insoweit in diesen Funktionsbereich gehören, wie sie vor Erreichen der Altersgrenzen für Altersruhegelder gezahlt werden.

2.4.1 Rentenversicherung

Von den **Neuzugängen in der Rentenversicherung** der Arbeiter und Angestellten und der knappschaftlichen Rentenversicherung waren im Jahre 1985 37,5% Berufsunfähigkeitsrenten sowie Erwerbsunfähigkeitsrenten; knapp 2/5 aller Zugangsrenten stellten sich also als Renten wegen Erwerbsminderung dar. Gut 3/5 aller Zugangsrenten bestanden aus Altersruhegeldern. Davon entfielen auf die Altersruhegelder wegen Vollendung des 60. Lebensjahres und mindestens einjähriger Arbeitslosigkeit 6,9%, auf die Altersruhegelder an Frauen nach Vollendung des 60. Lebensjahres 16,0%, auf die Altersruhegelder an Schwerbehinderte nach Vollendung des 60. Lebensjahres 6,9% und auf die flexiblen Altersruhegelder nach Vollendung des 63. Lebensjahres 8,9%. Etwa 23,4% aller Zugangsrenten waren Altersruhegelder nach Vollendung des 65. Lebensjahres, und nur 0,2% stellten hinausgeschobene Altersruhegelder dar.

Die Rente wegen Erwerbsminderung aus der gesetzlichen Rentenversicherung setzt den **Eintritt einer allgemeinen Invalidität** im Sinne einer Berufsunfähigkeit, Erwerbsunfähigkeit oder (als Sonderfall der knappschaftlichen Rentenversicherung) einer verminderten bergmännischen Berufsfähigkeit voraus:

(1) *Berufsunfähig* ist derjenige Versicherte, dessen Erwerbsfähigkeit durch Krankheit oder andere Gebrechen oder Schwäche seiner körperlichen und geistigen Kräfte auf weniger als die Hälfte derjenigen eines körperlich und geistig gesunden Versicherten mit ähnlicher Ausbildung und gleichwertigen Kenntnissen und Fähigkeiten gemindert ist. Der Berufsunfähige kann eine ihm nach seiner Ausbildung, nach seinem bisherigen Beruf und nach den besonderen Anforderungen seiner bisherigen Berufstätigkeit zumutbare Tätigkeit nicht mehr ausüben. Der Bereich des Zumutbaren erfaßt auch jene angemessenen Tätigkeiten, für die der Betreffende mit Erfolg rehabilitiert werden kann. Der Berufsunfähige erhält Rente wegen Berufsunfähigkeit bzw. Knappschaftsrente wegen Berufsunfähigkeit.

(2) Die *Erwerbsunfähigkeit* stellt sich als ein höherer Grad der Invalidität dar. Wer infolge von Krankheit oder anderen Gebrechen oder von Schwäche seiner körperlichen oder geistigen Kräfte auf absehbare Zeit eine Erwerbstätigkeit in gewisser Regelmäßigkeit nicht mehr ausüben kann oder nicht mehr als nur geringfügige Einkünfte durch Erwerbstätigkeit erzielen kann, ist erwerbsunfähig. Reicht zwar die Erwerbsfähigkeit dazu aus, ein Achtel der Beitragsbemessungsgrenze oder sogar die Lohnhälfte mit einer Tätigkeit zu überschreiten, liegt dennoch Erwerbsunfähigkeit vor, wenn der Teilzeitarbeitsmarkt dem Betreffenden verschlossen ist. Erwerbsunfähige Versicherte erhalten eine Rente wegen Erwerbsunfähigkeit bzw. eine Knappschaftsrente wegen Erwerbsunfähigkeit, die jedoch nicht neben einer Berufsunfähigkeitsrente gezahlt wird.

(3) *Vermindert bergmännisch berufsfähig* ist derjenige Versicherte, der infolge von Krankheit oder anderen Gebrechen oder Schwäche seiner körperlichen oder geistigen Kräfte weder imstande ist, die von ihm bisher verrichtete knappschaftliche Arbeit auszuüben, noch imstande ist, andere im wesentlichen wirtschaftlich gleichwertige Arbeiten von Personen mit ähnlicher Ausbildung sowie gleichwertigen Kenntnissen und Fähigkeiten

in knappschaftlichen Betrieben auszuüben. Verminderte bergmännische Berufsfähigkeit wird unter Ausschluß eines Gegenbeweises gesetzlich vermutet, wenn der Bergmann das 50. Lebensjahr vollendet, eine Versicherungszeit von 300 Kalendermonaten in der knappschaftlichen Rentenversicherung zurückgelegt, 300 Kalendermonate ständiger Arbeiten unter Tage oder diesen gleichgestellte Arbeiten verrichtet hat und eine seinem knappschaftlichen Hauptberuf gegenüber wirtschaftlich gleichwertige Arbeit nicht mehr ausübt; als wirtschaftlich gleichwertig gelten in diesem Sinne alle Arbeiten im Bergbau und außerhalb des Bergbaus, für die ein Lohn gezahlt wird, der um nicht mehr als 7,5% unter dem Lohn im knappschaftlichen Hauptberuf liegt. Der vermindert bergmännisch berufsfähige Versicherte der knappschaftlichen Rentenversicherung erhält Bergmannsrente; diese fällt mit der Gewährung der Knappschaftsrente wegen Berufsunfähigkeit oder wegen Erwerbsunfähigkeit oder des Knappschaftsruhegeldes weg.

Die **Berechnung der Renten wegen Erwerbsminderung** erfolgt grundsätzlich in gleicher Weise wie die Berechnung der Altersruhegelder. Im einzelnen sind jedoch folgende Unterschiede festzustellen:

(1) Den *anrechnungsfähigen Versicherungsjahren* wird die sogenannte Zurechnungszeit als Zeit zwischen dem Eintritt des Versicherungsfalles und der Vollendung des 55. Lebensjahres hinzugefügt. Diese Zeit wird dem Versicherten zugerechnet, sofern er in den fünf Jahren vor dem Eintritt der Invalidität für mindestens 36 Monate Beiträge für eine rentenversicherungspflichtige Beschäftigung oder Tätigkeit entrichtet hat oder die Zeit vom Beginn der Versicherung bis zu seiner Invalidität mindestens zur Hälfte mit Pflichtbeiträgen abgedeckt hat (Halbdeckung).

(2) Unterschiedlich gegenüber der Berechnung des Altersruhegeldes sind die *Steigerungssätze* der Renten wegen Erwerbsminderung: Rente wegen Berufsunfähigkeit 1,0%; Knappschaftsrente wegen Berufsunfähigkeit bei Fortsetzung einer knappschaftlichen Beschäftigung 1,2% und im übrigen 1,8%; Rente wegen Erwerbsunfähigkeit 1,5%; Knappschaftsrente wegen Erwerbsunfähigkeit 2,0%; Bergmannsrente 0,8%. Mit der Einführung unterschiedlicher Steigerungssätze erfolgt eine Differenzierung der Renten nach Maßgabe der Möglichkeiten einer anderweitigen Verwertung der Arbeitskraft.

(3) Die Bewertung der Zurechnungszeit im Rahmen der *Ermittlung des Vomhundertsatzes der persönlichen Bemessungsgrundlage* erfolgt nach den gleichen Kriterien wie bei den Ersatzzeiten; maßgebend ist derjenige Prozentsatz der persönlichen Bemessungsgrundlage, der sich unmittelbar vor Beginn der Zurechnungszeit aus allen vorhergehenden Zeiten ergibt (unter Ausschluß der Ausbildungs-Ausfallzeiten). Übersteigt der Vomhundertsatz der persönlichen Bemessungsgrundlage die Maximalgrenzen, so erfolgt eine Anhebung der Rente wegen Erwerbsminderung, die bei der Rente wegen Erwerbsunfähigkeit in gleicher Höhe liegt wie bei der Altersrente, für die Rente wegen Berufsunfähigkeit jedoch um ein Drittel abgemindert wird.

(4) Hinsichtlich der *Allgemeinen Bemessungsgrundlage* bestehen zwischen der Berechnung der Altersruhegelder und der Renten wegen Erwerbsminderung keine Unterschiede.

Die Renten wegen Erwerbsminderung werden grundsätzlich auf unbestimmte Zeit gezahlt. Besteht jedoch die begründete Aussicht, daß die Berufs- oder Erwerbsunfähigkeit in absehbarer Zeit behoben sein kann, darf die **Rente** nur **auf Zeit**, und zwar längstens für 3 Jahre, bewilligt werden. Beruht die Berufs- oder Erwerbsunfähigkeit nicht ausschließlich auf dem Gesundheitszustand des Berechtigten – z.B. weil der Teilarbeitsmarkt verschlossen ist –, darf die Rente ebenfalls nur auf Zeit geleistet werden; eine Ausnahme besteht dann, wenn der

Berechtigte innerhalb von zwei Jahren nach Rentenbeginn das 60. Lebensjahr vollendet.

Das Bestehen der Berufsunfähigkeit, Erwerbsunfähigkeit und verminderten bergmännischen Berufsfähigkeit muß in regelmäßigen Abständen durch den Rentenversicherungsträger **überprüft** werden; eine Ausnahme besteht dann, wenn von vornherein eine Änderung der Verhältnisse bei dem Versicherten ausgeschlossen werden kann.

Da Renten wegen Erwerbsminderung auch mit anderen Sozialleistungen zusammentreffen können, sind verschiedene **Kumulationsregelungen** zu beachten. Beim Zusammentreffen einer Rente wegen Erwerbsminderung mit einer **Unfallrente** gelten die gleichen Grundsätze wie beim Altersruhegeld. Neben einem **Arbeitslosengeld** wird grundsätzlich die Rente wegen Berufsunfähigkeit oder verminderter bergmännischer Berufsfähigkeit bis zur Höhe des Arbeitslosengeldes für den Zeitraum, für den beide Leistungen zusammentreffen, nicht gezahlt; die Rente wegen Erwerbsunfähigkeit ruht demgegenüber nicht, sie löst vielmehr ein Ruhen des Arbeitslosengeldes aus.

Die Gewährung der Renten wegen Erwerbsminderung ist an verschiedene **Voraussetzungen** gebunden:

(1) Tritt der Versicherungsfall ein, so wird die Rente auf *Antrag* festgesetzt (nach der allgemeinen Rentenformel berechnet); der Rentenantrag ist nicht an eine Altersgrenze gebunden.

(2) Die *Wartezeit für die Renten wegen Erwerbsminderung* ist dann erfüllt, wenn vor Eintritt der Berufsunfähigkeit, Erwerbsunfähigkeit oder verminderten bergmännischen Berufsfähigkeit eine Versicherungszeit von 60 Kalendermonaten (bei der verminderten bergmännischen Berufsfähigkeit nur knappschaftliche Versicherungszeiten) gegeben ist und der Versicherte in den letzten fünf Jahren vor Eintritt der Minderung der Erwerbsfähigkeit mindestens drei Jahre eine versicherungspflichtige Beschäftigung oder Tätigkeit ausgeübt hat. Die letzte Teilvoraussetzung ist die gleiche wie diejenige für die Anerkennung von Zurechnungszeiten. Bei Feststellung des Fünfjahreszeitraumes für eine Rente wegen verminderter Erwerbsfähigkeit bleiben unberücksichtigt: Ausfallzeiten, Ersatzzeiten, Rentenbezugszeit, Zeiten des Bezugs von Anpassungsgeld im Bergbau, Zeiten der Kindererziehung bis zum vollendeten 5. Lebensjahr des Kindes; um diese Zeiten verlängert sich der Fünfjahreszeitraum. Eine mindestens dreijährige versicherungspflichtige Beschäftigung oder Tätigkeit in den letzten fünf Jahren ist dann nicht erforderlich, wenn die Minderung der Erwerbsfähigkeit durch einen Arbeitsunfall oder durch einen Freizeitunfall innerhalb der ersten sechs Jahre nach Beendigung einer Ausbildung eingetreten ist.

Die Wartezeit ist für die *Erwerbsunfähigkeitsrente* auch dann erfüllt, wenn anstelle einer Versicherungszeit von 60 Kalendermonaten vor Eintritt der Erwerbsunfähigkeit insgesamt eine Versicherungszeit von 240 Kalendermonaten nachgewiesen wird.

Die Wartezeit für die *Bergmannsrente* für Untertagearbeiter nach Vollendung des 50. Lebensjahres ist erfüllt, wenn der Versicherte eine Versicherungszeit von 300 Kalendermonaten in der knappschaftlichen Rentenversicherung zurückgelegt und 300 Kalendermonate ständig Arbeiten unter Tage oder diesen gleichgestellte Arbeiten verrichtet hat.

(3) Auch bei den Renten wegen Erwerbsminderung sind *Hinzuverdienstgrenzen* zu beachten:

Bei der *Rente wegen Berufsunfähigkeit* führt eine Beschäftigung dann nicht zum Wegfall der Berufsunfähigkeitsrente, wenn mit dieser Tätigkeit nicht die Lohnhälfte erreicht werden kann. Bei Versicherten, die aus teilzeitarbeitsmarktbedingten Gründen berufsunfähig sind, liegt generell zumindest ein halbschichtiges Leistungsvermögen vor; in diesen Fällen führen sozial unzumutbare Tätigkeiten nicht zum Wegfall der Rente; sozial zumutbare Tätigkeiten jedoch, die das halbschichtige Leistungsvermögen zeitlich übersteigen, führen zum Wegfall der Berufsunfähigkeitsrente.

Bei der *Rente wegen Erwerbsunfähigkeit* führt eine Beschäftigung unter zwei Stunden täglich unabhängig von der Höhe des Einkommens nicht zum Wegfall der Rente. Kann der Versicherte täglich noch zwei Stunden bis unter halbschichtig tätig sein, so führt eine Beschäftigung, mit der er mehr als ein Achtel der Beitragsbemessungsgrenze erzielt, zur Rückwandlung der Erwerbsunfähigkeitsrente in eine Berufsunfähigkeitsrente. Jede selbständige Erwerbstätigkeit schließt den Anspruch auf Erwerbsunfähigkeitsrente, nicht jedoch auf Berufsunfähigkeitsrente aus.

Bei der *Bergmannsrente* wegen verminderter bergmännischer Berufsfähigkeit führt eine Beschäftigung dann nicht zur Entziehung der Rente, wenn der damit erzielte Lohn 87,5% des Lohns im knappschaftlichen Hauptberuf bzw. die persönliche Rentenbemessungsgrundlage des Rentenempfängers nicht erreicht; handelt es sich um eine Tätigkeit, die gegenüber dem knappschaftlichen Hauptberuf nicht als im wesentlichen qualitativ gleichwertig anzusehen ist, bewirkt auch ein die beiden vorgenannten Grenzen erreichender oder überschreitender Lohn nicht den Wegfall der Bergmannsrente. Bei der Bergmannsrente für Untertagearbeiter nach Vollendung des 50. Lebensjahres führt eine Beschäftigung dann nicht zur Entziehung der Rente, wenn der damit erzielte Lohn 92,5% des Lohns im knappschaftlichen Hauptberuf nicht erreicht.

Auch die Renten wegen Erwerbsminderung aus der gesetzlichen Rentenversicherung sind **dynamisiert**; sie werden über die ständige Neuberechnung der Allgemeinen Bemessungsgrundlage auf zeitnahe wirtschaftliche Verhältnisse bezogen. Die Rentenanpassung erfolgt also in gleicher Weise wie bei den Altersruhegeldern.

2.4.2 Unfallversicherung

Auch in der Unfallversicherung haben die Renten wegen Erwerbsminderung – hier Verletztenrenten genannt – eine besondere Bedeutung. Die Zahlung einer **Verletztenrente** setzt voraus, daß ein Körperschaden mit Erwerbsminderung durch Arbeitsunfall oder Berufskrankheit ohne vorsätzliche Beteiligung des Verletzten eingetreten ist und die Erwerbsfähigkeit nicht durch Rehabilitationsmaßnahmen wiederhergestellt werden kann; zudem muß die Erwerbsfähigkeit des Versicherten um mindestens 20% und länger als 13 Wochen gemindert sein. Im Gegensatz zur Rentenversicherung bedarf es **keines Antrags** des Verletzten auf Zahlung einer Verletztenrente; die Leistungen der Unfallversicherung werden vielmehr **von Amts wegen** festgestellt.

Die **Höhe der Verletztenrente** richtet sich nach dem Grad der Erwerbsminderung und dem Jahresarbeitsverdienst des Versicherten. Ist die Erwerbsfähigkeit als die Fähigkeit des Versicherten, sich unter Ausnutzung der Arbeitsgelegenheiten, die sich ihm nach seinen gesamten Kenntnissen, körperlichen und geistigen Fähigkeiten im ganzen Bereich des wirtschaftlichen Lebens bieten, einen Erwerb zu schaffen, zu 100% verloren gegangen, so wird die sogenannte **Vollrente** gezahlt; gleiches gilt für Verletzte mit nur eingeschränkter Erwerbsfähigkeit, solange sie infolge des Arbeitsunfalls ohne Arbeitseinkommen sind. Die Vollrente beläuft sich auf zwei Drittel des Jahresarbeitsverdienstes des Versicherten. Die **Teilrente** beläuft sich nach Maßgabe des Grades der Minderung der Erwerbsfähigkeit auf einen Teil der Vollrente. Bei einer Erwerbsminderung um 25% beträgt die Verletztenrente folglich ein Viertel der Vollrente.

Zu der Verletztenrente wird eine **Schwerverletztenzulage** an diejenigen Personen gezahlt, die einer Erwerbstätigkeit nicht mehr nachgehen können und keine Rente aus der Rentenversicherung erhalten. Bei Schwerverletzten muß die Minderung der Erwerbsfähigkeit mindestens 50% betragen. Die Schwerverletztenzulage beträgt 10% der Verletztenrente. Neben der Schwerverletztenzulage sind auch **Zusatz- oder Mehrleistungen** zur Verletztenrente möglich (z.B. einmalige Beträge bis zur Höhe der Jahresvollrente, eine monatlich wiederkehrende Zahlung bis zur Höhe der Vollrente für die Maximaldauer von fünf Jahren).

Unter bestimmten Voraussetzungen ist auch eine **Rentenabfindung** möglich: bei Renten für einen sehr begrenzten Zeitraum, bei geringer Minderung der Erwerbsfähigkeit, unter bestimmten altersmäßigen Voraussetzungen des Verletzten, zum Erwerb bestimmter Wirtschaftsgüter, zur Begründung oder Stärkung einer Existenzgrundlage usw.

Die Verletztenrenten der Unfallversicherung sind ebenso wie die Rentenleistungen der Rentenversicherung **dynamisiert**. Maßgebend ist wie bei der Rentenversicherung die Entwicklung der Arbeitsentgelte des Vorjahres, wobei die Beteiligung der Rentner an den Beiträgen für ihre Krankenversicherung berücksichtigt wird. Die Rentenanpassungssätze in den beiden Versicherungszweigen sind seit 1984 einander angeglichen.

2.4.3 Altershilfe für Landwirte

Das System der Altershilfe für Landwirte bietet ebenfalls die Möglichkeiten einer Einkommenssicherung durch Renten wegen Erwerbsminderung. Das vorzeitige Altersgeld für landwirtschaftliche Unternehmer und für mitarbeitende Familienangehörige ist an die Voraussetzung der Erwerbsunfähigkeit gebunden. Demgegenüber setzte die Landabgaberente an landwirtschaftliche Unternehmer die Berufsunfähigkeit im Sinne der Rentenversicherung voraus.

2.4.4 Versorgungswerke

Auch im System der berufsständischen Alters- und Hinterbliebenensicherung erfolgt eine Absicherung des Versicherten gegenüber dem Invaliditätsrisiko. Der Versicherungsfall tritt dann ein, wenn der Versicherte berufsunfähig wird. Allerdings unterscheidet sich der **Begriff der Berufsunfähigkeit** grundsätzlich von dem der gesetzlichen Rentenversicherung. Berufsunfähigkeit ist hier der auf den Berufsstand bezogene Wegfall der Erwerbsfähigkeit (z.B. als Arzt, Apotheker, Architekt usw.); der Berufsunfähigkeitsbegriff der berufsständischen Versorgung erlaubt nur eine Verweisungsmöglichkeit auf solche Berufstätigkeiten, die eine Teilnahmepflicht in der einschlägigen Berufskammer auslösen würden. Dieser Berufsunfähigkeitsbegriff ist auch mit der Erwerbsunfähigkeit im Sinne der gesetzlichen Rentenversicherung nicht vergleichbar; der berufsunfähige Berufsstandsangehörige kann außerhalb seiner berufsstandsbezogenen Betätigung auch auf nicht absehbare Zeit einer nicht nur geringfügigen Erwerbstätigkeit in gewisser Regelmäßigkeit nachgehen; wichtig ist lediglich, daß bei der ausgeübten Tätigkeit die speziellen freiberuflichen Kenntnisse nicht oder höchstens nur teilweise verwendet werden.

Für die **Berechnung der Rente** wegen Erwerbsminderung werden der **Zeit- und Entgeltfaktor** aus der Aktiven-Beitragszeit bis zum Verlust der berufsstandsbezogenen Erwerbsfähigkeit berücksichtigt. Die sich daraus ergebende Rente wird regelmäßig ergänzt durch die Berücksichtigung einer Zurechnungszeit als Zeit zwischen dem Eintritt der berufsstandsbezogenen Erwerbsunfähigkeit und dem Regelalter für die Einweisung in die Altersrente. Im übrigen entspricht der Modus der Leistungsfestsetzung demjenigen der Berechnung der Altersrente; ebenso sind entsprechende **Kumulationsregelungen** zu berücksichtigen.

Für die Rente wegen Erwerbsminderung wird in der Regel keine oder nur eine sehr kurze **Wartezeit** vorausgesetzt. Bereits nach Zahlung der ersten Beiträge entsteht eine Anwartschaft, die im Versicherungsfall die Zahlung einer Rente wegen Erwerbsminderung bedingt. Nur wenige Versorgungswerke fordern eine Wartezeit, die dann allerdings regelmäßig derjenigen der gesetzlichen Rentenversicherung angeglichen ist.

Rente wegen Erwerbsminderung setzt bei den berufsständischen Versorgungseinrichtungen den vollständigen Verlust der Erwerbsfähigkeit im berufsstandsbezogenen Beruf voraus; bei jedem **Hinzuverdienst** im ursprünglichen Beruf entfällt die Berufsunfähigkeitsrente. Rentenunschädlich ist demgegenüber ein Hinzuverdienst aus einer nicht berufsstandsbezogenen Erwerbstätigkeit. Bei einzelnen Versorgungswerken gibt es jedoch auch für derartige Einkünfte aus einer nicht berufsstandsbezogenen Erwerbstätigkeit Anrechnungsvorschriften.

Für die **Anpassung der Renten** wegen Erwerbsminderung im Zeitablauf gelten die gleichen Grundsätze wie für die Altersrenten.

2.4.5 Beamtenversorgung

Das beamtenrechtliche System sieht ein Eintreten des Beamten in den Ruhestand nicht nur dann vor, wenn der Bedienstete die Altersgrenze erreicht hat, sondern auch, wenn er dienstunfähig geworden ist. Ist der Beamte infolge eines Dienstunfalles dienstunfähig geworden, so erhält er ein Unfallruhegehalt; in anderen Fällen erhält er ein Ruhegehalt. Beide Fälle der Einkommenssicherung knüpfen an den Begriff der **Dienstunfähigkeit** an:

(1) Ein Beamter auf Lebenszeit ist dann dienstunfähig, wenn er infolge körperlichen Gebrechens oder wegen Schwäche seiner körperlichen oder geistigen Kräfte *zur Erfüllung seiner Dienstpflichten dauernd unfähig* ist. Als dienstunfähig können Beamte und Richter auch dann angesehen werden, wenn sie infolge Erkrankung innerhalb eines Zeitraumes von sechs Monaten mehr als drei Monate keinen Dienst getan haben und keine Aussicht besteht, daß sie innerhalb weiterer sechs Monate wieder voll dienstfähig werden. Ein Berufssoldat kann als dauernd dienstunfähig angesehen werden, wenn die Wiederherstellung seiner Dienstfähigkeit innerhalb eines Jahres seit Beginn der Dienstunfähigkeit nicht zu erwarten ist.

(2) Der Begriff der Dienstunfähigkeit orientiert sich also an der *Fähigkeit des Beamten zur Erfüllung seiner Dienstpflichten*. Dabei schafft die Unfähigkeit, den konkreten Dienst zu verrichten, nur eine Vermutung für die Dienstunfähigkeit; denn es kommt nicht darauf an, ob der Beamte die zuletzt ausgeübte Tätigkeit wieder ausüben kann oder nicht. Solange dem Beamten eine Tätigkeit zugewiesen werden kann, die seinen körperlichen und geistigen Kräften entspricht, ist er nicht dienstunfähig; allerdings muß das neue Amt zumutbar sein. Dies gilt insbesondere dann, wenn es sich um ein Amt im Dienstbereich des bisherigen Dienstherrn handelt und wenn das neue Amt derselben oder einer

gleichwertigen Laufbahn angehört wie das bisherige Amt und mit mindestens demselben Endgrundgehalt verbunden ist.

(3) Der Begriff der Dienstunfähigkeit unterscheidet sich wesentlich von den Begriffen der *Berufsunfähigkeit* und der *Erwerbsunfähigkeit* im Sinne der Rentenversicherung. Es kommt bei der Dienstunfähigkeit des Beamten nicht auf eine verminderte Fähigkeit zur Ausübung einer Erwerbstätigkeit auf dem allgemeinen Arbeitsmarkt an, sondern vielmehr auf die verminderte Fähigkeit zur Wahrnehmung des wahrgenommenen oder eines anderen zumutbaren Amtes. Zudem kennt das Beamtenrecht solche Abstufungen, wie sie in den Begriffen Berufsunfähigkeit und Erwerbsunfähigkeit zum Ausdruck kommen, überhaupt nicht.

Das Ruhegehalt wegen Dienstunfähigkeit sowie das Unfallruhegehalt werden auf der Grundlage der **ruhegehaltsfähigen Dienstzeit** sowie der ruhegehaltsfähigen Dienstbezüge berechnet. Der Zeitfaktor ist dabei in verschiedener Hinsicht von Bedeutung:

(1) Zur Ermittlung der ruhegehaltsfähigen Dienstzeit eines dienstunfähigen Beamten ist zu der nach den üblichen Kriterien bestimmten Dienstzeit auch die sogenannte *Zurechnungszeit* zu einem bestimmten Bruchteil hinzuzufügen. Ist der Beamte vor Vollendung des 55. Lebensjahres wegen Dienstunfähigkeit in den Ruhestand getreten, wird die Zeit vom Eintritt in den Ruhestand bis zum Ablauf des Monats der Vollendung des 55. Lebensjahres der ruhegehaltsfähigen Dienstzeit zu einem Drittel hinzugerechnet. Von dieser grundsätzlichen Regelung wird dann abgewichen, wenn der Beamte durch einen Dienstunfall dienstunfähig wurde und in den Ruhestand versetzt werden mußte. Der Berechnung seiner ruhegehaltsfähigen Dienstzeit wird dann die Hälfte der Zurechnungszeit hinzugerechnet.

(2) Aufgrund der ruhegehaltsfähigen Dienstzeit wird der *Ruhegehaltssatz* ermittelt. Im speziellen Fall des Unfallruhegehaltes erhöht sich der Ruhegehaltssatz um 20% bis zum Höchstsatz von 75%; mindestens beträgt der Ruhegehaltssatz 66 2/3%. Beruht jedoch das Unfallruhegehalt auf einem qualifizierten Dienstunfall und ist der Bedienstete in seiner Erwerbsfähigkeit um mindestens 50% gemindert, wird stets der Höchstruhegehaltssatz von 75% zugrundegelegt.

Der zweite Faktor der Ermittlung des Ruhegehaltes bzw. des Unfallruhegehaltes besteht in den **ruhegehaltsfähigen Dienstbezügen**. Für die Ermittlung der ruhegehaltsfähigen Dienstbezüge gelten folgende Besonderheiten:

(1) Grundsätzlich ist das Grundgehalt der maßgebenden Besoldungsgruppe nach derjenigen *Dienstaltersstufe* zugrundezulegen, die der Beamte bis zur Altersgrenze hätte erreichen können; dabei sind die Dienstbezüge aus einem Beförderungsamt bei Dienstunfähigkeit grundsätzlich schon dann ruhegehaltsfähig, wenn der Beamte sie mindestens ein Jahr bezogen hat.

(2) Die Einjahresfrist für die Berücksichtigung der Dienstbezüge aus einem *Beförderungsamt* gilt dann nicht, wenn die Dienstunfähigkeit eine Folge eines Dienstunfalls ist. Wurde der Beamte infolge eines qualifizierten Dienstunfalls in den Ruhestand versetzt und ist er zu diesem Zeitpunkt durch diesen Dienstunfall in seiner Erwerbsfähigkeit um mindestens 50% beschränkt, so werden die ruhegehaltsfähigen Dienstbezüge nach Maßgabe von 75% der Endstufe der nächsthöheren Besoldungsgruppe bemessen.

Aus dem Zusammenwirken von ruhegehaltsfähiger Dienstzeit und ruhegehaltsfähigen Dienstbezügen ergeben sich das Ruhegehalt bzw. das Unfallruhegehalt. Die **Mindestversorgung** richtet sich nach den gleichen Grundsätzen wie bei Erreichen einer Altersgrenze. Tritt der Beamte wegen eines Dienstunfalls in den Ruhestand, so tritt an die Stelle der Mindestversorgung von 65% eine solche von 75%.

Der wegen Dienstunfähigkeit in den Ruhestand versetzte Beamte erhält neben dem Ruhegehalt bzw. dem Unfallruhegehalt auch eine **jährliche Sonderzuwendung**. Beim Zusammentreffen dieser Versorgungsbezüge mit Einkommen und anderen Versicherungs- oder Versorgungsleistungen gelten ähnliche Regelungen wie beim Altersruhegehalt. Allerdings stehen diese **Kumulationsregeln** unter dem Vorbehalt, daß ein Unfallausgleich bei der Berechnung eventueller Ruhensbeträge unberücksichtigt bleibt und demzufolge dem durch einen Dienstunfall verletzten erwerbsgeminderten früheren Bediensteten mindestens ein Betrag als Versorgung zu belassen ist, der unter Berücksichtigung der Minderung der Erwerbsfähigkeit dem Unfallausgleich entspricht.

Die Zahlung eines Ruhegehaltes wegen Dienstunfähigkeit ist von der Erfüllung einer **Wartezeit** von mindestens fünf Jahren abhängig, es sei denn, daß der Beamte infolge Krankheit, Verwundung oder sonstiger Beschädigung, die er sich ohne grobes Verschulden bei Ausübung oder aus Veranlassung des Dienstes zugezogen hat, dienstunfähig geworden ist. Beamte, die bei Eintritt der Dienstunfähigkeit diese Voraussetzungen nicht erfüllen, können an Stelle des Ruhegehaltes einen **Unterhaltsbeitrag** erhalten; dieser kann auch Beamten auf Zeit sowie Beamten und Richtern auf Probe gewährt werden, die wegen Dienstunfähigkeit entlassen werden. Beamte und Richter, deren Dienstverhältnis nach einem Dienstunfall durch Entlassung endet, erhalten einen Unterhaltsbeitrag für die Dauer einer durch den Dienstunfall verursachten Erwerbsbeschränkung.

Die Ruhegehälter wegen Dienstunfähigkeit sowie die Unfallruhegehälter werden entsprechend den allgemeinen Regeln der Beamtenversorgung laufend angepaßt; sie werden ständig auf zeitnahe wirtschaftliche Verhältnisse bezogen und sind somit **dynamisiert**.

2.4.6 Betriebliche Altersversorgung

Auch im Rahmen der betrieblichen Altersversorgung sind vielfach Renten wegen Erwerbsminderung festzustellen. Allerdings gibt es dabei eine Vielzahl unterschiedlicher Regelungen, die der freien Vereinbarung unterliegen, so daß sich qualifizierte Aussagen bezüglich der Leistungsbemessung, Leistungsvoraussetzungen und Leistungsanpassung nicht machen lassen. Grundsätzlich ist allerdings eine weitgehende Annäherung an die Regelungen der gesetzlichen Rentenversicherung festzustellen, in Ausnahmefällen eine solche an beamtenrechtliche Versorgungsregeln.

2.4.7 Zusatzversorgung

Die **Zusatzversorgung im öffentlichen Dienst** bei Bund, Ländern und Gemeinden sieht ebenfalls Renten wegen Erwerbsminderung vor. Sie unterscheidet dabei in enger Anlehnung an die Regeln der gesetzlichen Rentenversicherung zwischen den Versicherungsfällen der Berufs- und der Erwerbsunfähigkeit. Der **Versicherungsfall der Erwerbsunfähigkeit** wird in der Regel genauso behandelt wie der Versicherungsfall Alter bei vorgezogenem Altersruhegeld. Ist demgegenüber der Versicherungsfall wegen **Berufsunfähigkeit** eingetreten, so wird die

Gesamtversorgung um 20% gekürzt; dies geschieht vor allem deshalb, weil für die Berufsunfähigkeitsrente in der Rentenversicherung der Steigerungssatz nur ein Prozent und nicht wie bei Erwerbsunfähigkeit und Alter 1,5% beträgt.

Auch die **Hüttenknappschaftliche Pensionsversicherung** im Saarland gewährt unter gewissen Voraussetzungen eine Zusatzrente wegen Berufsunfähigkeit in Höhe der vergleichbaren Leistungen der gesetzlichen Rentenversicherung; entsprechend sind auch die Anspruchsvoraussetzungen ausgestaltet.

Die **Zusatzversorgung für Bezirksschornsteinfegermeister** sieht ebenfalls Rentenzahlungen im Invaliditätsfall vor, wenn der betreffende Bezirksschornsteinfegermeister wegen Dienstunfähigkeit in den Ruhestand getreten ist.

Die **Zusatzversorgung für Arbeitnehmer der Land- und Forstwirtschaft** sieht die Zahlung von Beihilfen bei Berufs- und Erwerbsunfähigkeit sowie pauschale Ausgleichsleistungen vor; die Ausgleichsleistung wird gezahlt, wenn der ehemalige land- und forstwirtschaftliche Arbeitnehmer eine Erwerbsunfähigkeitsrente aus der gesetzlichen Rentenversicherung erhält und 180 Monate innerhalb der letzten 25 Jahre vor der Erwerbsunfähigkeit in der Land- und Forstwirtschaft beschäftigt war sowie am 1.7.1972 (ab 1.1.1986: 1.7.1979) das 50. Lebensjahr vollendet hatte; in Einzelfällen bestehen hier Ausnahmeregelungen.

2.4.8 Kriegsopferversorgung

Die gesetzlichen Regelungen in der Kriegsopferversorgung nach dem Gesetz zur Entschädigung von Opfern von Gewalttaten, nach dem Zivildienstgesetz, nach dem Soldatenversorgungsgesetz sowie nach dem Häftlingshilfegesetz sehen auch und gerade Renten wegen Erwerbsminderung vor. Ihre Darstellung soll zusammenfassend im Funktionsbereich Folgen politischer Ereignisse vorgenommen werden, da sie ursprünglich aufgrund ihrer Entstehungsgeschichte überwiegend dort einzuordnen waren.

2.5 Sozialhilfe

Die Einkommensleistungen der Sozialhilfe im Funktionsbereich Krankheit und Invalidität umfassen einmalige und laufende Leistungen zum Lebensunterhalt außerhalb von Anstalten, soweit diese Leistungen vor Erreichen der Altersgrenze gezahlt werden; hinzu treten die Einkommensleistungen zur Eingliederung Behinderter (Unterhalt, Beschäftigung in Werkstätten, sonstige Hilfen), die Unterhaltshilfen im Rahmen der Tbc-Hilfe sowie die Zahlung des Pflegegeldes im Rahmen der Hilfe zur Pflege, das Landesblinden- und Pflegegeld, ferner Hilfen für Auslandsdeutsche.

2.6 Steuerermäßigungen

Die sozialpolitisch begründeten Steuerermäßigungen, die dem Funktionsbereich Krankheit und Invalidität zuzurechnen sind, beruhen vor allen Dingen auf dem Pauschbetrag für Körperbehinderte und Hinterbliebene nach § 33b Einkommensteuergesetz. Hinzu treten die Steuerermäßigungen aufgrund der Berücksichtigung außergewöhnlicher Belastungen nach § 33 EStG und nach § 33a Abs. 1 EStG (Unterhalt und Berufsausbildung). Zu beachten sind auch die Steuerermäßigungen durch einkommensteuerliche Anrechnung der Aufwendungen für Haushaltshilfen nach § 33a Abs. 3 Nr. 2 EStG sowie der Kfz-Steuererlaß für Körperbehinderte gemäß § 3a KfzStG.

Der ursprüngliche **Kfz-Steuererlaß** für Körperbehinderte mit generellen Regelungen ist ab 1984 durch ein differenziertes Regelungssystem ersetzt worden. Von der Kfz-Steuer bleiben ab 1.4.1984 weiterhin befreit: Blinde, außergewöhnlich gehbehinderte und hilflose Schwerbehinderte sowie Schwerbehinderte, denen die Kfz-Steuer am 1. Juni 1979 – ohne Rücksicht auf ihr Einkommen – erlassen war (im wesentlichen Kriegsbeschädigte und NS-Verfolgte). Anderen Schwerbehinderten, die tatsächlich in ihrer Bewegungsfähigkeit im Straßenverkehr erheblich beeinträchtigt sind, wird die Kfz-Steuer um 50% ermäßigt; diese Schwerbehinderten können nicht gleichzeitig das Recht auf ermäßigte Beförderung (Wertmarke) im öffentlichen Personenverkehr und die Kfz-Steuerermäßigung in Anspruch nehmen (Kumulationsverbot); sie können zwischen beiden Vergünstigungen wählen. Die unentgeltliche Beförderung der ständig notwendigen Begleitperson bleibt auch weiterhin, sowohl im Eisenbahnverkehr als auch im übrigen öffentlichen Personenverkehr, erhalten, und zwar ohne Rücksicht darauf, ob der Schwerbehinderte selbst bezahlen muß oder nicht.

3. Einkommensleistungen im Familienlastenausgleich

Die Sozialleistungen im Funktionsbereich Ehe und Familie dienen dem Familienlastenausgleich. Sie sollen die Belastungen mindern, die durch Kinder, Ehegatten und Mutterschaft entstehen. Überwiegend werden in diesem Funktionsbereich Einkommensleistungen erbracht. Die **Rentenversicherung** zahlt Kinderzuschüsse zu Altersruhegeldern, zu Berufsunfähigkeits- und Erwerbsunfähigkeitsrenten einschließlich der Bergmannsrenten und der Knappschaftsausgleichsleistungen sowie Waisenrenten; hinzu kommen Kindergeldausgleichsbeträge. Die **Krankenversicherung** erbringt Geldleistungen der Mutterschaftshilfe (Mutterschaftsgeld einschließlich der Pauschbeträge bei Mutterschaft und sonstigen Barleistungen der Mutterschaftshilfe, ferner Mutterschaftsgeld bei Mutterschaftsurlaub; eingerechnet sind auch die Leistungen des Bundes nach dem Mutterschutzgesetz). Die **Unfallversicherung** zahlt ähnlich wie die Rentenversicherung Kinderzuschüsse zu Verletztenrenten, ferner Waisenrenten sowie einmalige und laufende Beihilfen an Waisen. Die Leistungen der Institutionen **Kindergeld** und **Erziehungsgeld** sind in vollem Umfange dem Funktionsbereich Ehe und Familie zuzuordnen. In der **landwirtschaftlichen Altershilfe** fallen neben den Waisengeldern auch Verheiratetenzuschläge zum Altersgeld, zum vorzeitigen Altersgeld sowie zur Landabgaberente an. Die **Versorgungswerke** zahlen Waisenrenten. Das **beamtenrechtliche System** erbringt neben den Waisengeldern Familienzuschläge (Kinderzuschläge und erhöhte Ortszuschläge für Ehegatten und Kinder) für aktive Beamte, Ruhestandsbeamte sowie für Arbeiter und Angestellte der Gebietskörperschaften und der Sozialversicherung. Die **Zusatzversicherungs- und -versorgungssysteme** zahlen Waisenrenten. Die **Arbeitgeber** tragen die Entgeltfortzahlung bei Mutterschaft sowie darüberhinaus Familienzulagen zu Lohn oder Gehalt. Die Einkommensleistungen der **Kriegsopferversorgung** umfassen Waisenrenten (auch ins Ausland) und Versorgungsbezüge für Waisen sowie Kinder- und Ehegattenzuschläge zu Versorgungsbezügen nach dem Bundesversorgungsgesetz, nach dem Soldatenversorgungsgesetz sowie nach dem Häftlingshilfegesetz; außerdem ist auf die Erziehungsbeihilfen für Kinder und Waisen hinzuweisen. Der **Lastenausgleich** erbringt Ehegattenzuschläge zu den Unterhaltshilfen. Im Bereich der **sonstigen Entschädigungen** werden Allgemeine Leistungen gemäß § 5 USG und Einzelleistungen gemäß § 6 USG erbracht. Im Bereich der **Sozialhilfe** sind Einkommensleistungen in Form von einmaligen und laufenden Leistungen zum Lebensunterhalt außerhalb von Anstalten sowie Schuldendiensthilfen für Familiendarlehen festzustellen. Die Einkommensleistungen der **Jugendhilfe** umfassen Hilfen für Mutter und Kind außerhalb von Anstalten gemäß dem Jugendwohlfahrtsgesetz, Unterhaltsvorschüsse gemäß dem Unterhaltsvorschußgesetz sowie Beihilfen an Zuwanderer nach dem Bundesjugendplan. Von herausragender Bedeutung sind im Funktionsbereich Ehe und Familie neben den Kindergeldzahlungen die **Steuerermäßigungen**.

3.1 Kindergeld

Die Minderung von Unterhaltslasten durch Kindergeld ist vor allen Dingen für diejenigen Personen relevant, die ihren Wohnsitz oder gewöhnlichen Aufenthalt im Bundesgebiet einschließlich Berlin-West haben. **Anspruch auf Kindergeld** hat aber auch derjenige, der zwar außerhalb des Bundesgebietes wohnt, aber:

(1) von seinem im Bundesgebiet ansässigen Arbeitgeber oder Dienstherrn zur vorübergehenden Dienstleistung in ein Gebiet außerhalb des Bundesgebietes entsandt, abgeordnet, versetzt oder kommandiert ist oder

(2) als Bediensteter der Deutschen Bundesbahn, der Bundespost oder der Bundesfinanzverwaltung in einem der der Bundesrepublik Deutschland benachbarten Staaten beschäftigt ist oder

(3) Versorgungsbezüge nach beamten- oder soldatenrechtlichen Vorschriften oder Grundsätzen oder eine Versorgungsrente von einer Zusatzversorgungsanstalt für Arbeitnehmer des öffentlichen Dienstes erhält oder

(4) als Entwicklungshelfer Unterhaltsleistungen im Sinne des Entwicklungshelfer-Gesetzes erhält.

Die für den Kindergeldanspruch **berücksichtigungsfähigen Kinder** sind vor allen Dingen leibliche und als Kind angenommene (adoptierte) Kinder; hinzu kommen Stiefkinder, Pflegekinder sowie Enkelkinder und Geschwister, die der Berechtigte in seinem Haushalt aufgenommen hat (im einzelnen sind weitere Voraussetzungen zu beachten).

Das **Kindergeld** beträgt für das erste Kind 50 DM, für das zweite Kind 100 DM, für das dritte Kind 220 DM und für das vierte und jedes weitere Kind je 240 DM monatlich. Das Kindergeld für das zweite und jedes weitere Kind wird jedoch stufenweise bis auf einen Sockelbetrag von 70 DM für das zweite Kind und 140 DM für jedes weitere Kind gemindert, wenn bestimmte **Einkommensgrenzen** überschritten werden:

(1) Für die Minderung des Kindergeldes sind die Einkommensverhältnisse im vorletzten Kalenderjahr maßgebend. Das Bruttoarbeitsentgelt eines Arbeitnehmers, der keine weiteren Einkünfte hat, vermindert sich um den Weihnachts- und den Arbeitnehmer-

freibetrag, die Werbungskosten, die Lohn- und Kirchensteuer, die Sozialabgaben bzw. entsprechende Vorsorgeaufwendungen sowie Unterhaltszahlungen. Die maßgebliche Einkommensgrenze beträgt dann für ein Ehepaar mit zwei Kindern 42000 (45480) DM netto pro Jahr, mit drei Kindern 49800 (54680) DM netto pro Jahr, mit vier Kindern 57600 (63880) DM Jahresnettoeinkommen usw. Für Eltern mit mehr als zwei Kindern erhöht sich also die Einkommensgrenze um 7800 (9200) DM netto jährlich für jedes weitere Kind (Neuregelung für die Fälle, in denen das Einkommen eines der Jahre nach 1985 maßgeblich ist).

(2) Um zu vermeiden, daß eine geringfügige Überschreitung der Einkommensgrenze eine unverhältnismäßig hohe Kindergeldminderung zur Folge hat, ist eine Reduzierung in Stufen von je 20 DM monatlich bis zum Sockelbetrag vorgesehen. Bei Erreichen der jeweiligen Grenze werden also nur 20 DMvom Kindergeld abgezogen; für je 480 DM, um die das Jahreseinkommen die Einkommensgrenze übersteigt, dann weitere 20 DM monatlich usw. bis zum Sockelbetrag.

Von dieser Minderung des Kindergeldes auf den Sockelbetrag sind knapp 70% der Eltern mit zwei Kindern und 75% der Eltern mit drei oder mehr Kindern **nicht** betroffen.

Bei der Geltendmachung des Kindergeldanspruchs ist die folgende **Altersgrenzenregelung** zu berücksichtigen:

(1) Grundsätzlich werden die Kinder bis zur Vollendung des 16. Lebensjahres berücksichtigt.

(2) Vom vollendeten 16. bis zum vollendeten 27. Lebensjahr wird ein Kind berücksichtigt, wenn es

- sich in Schul- oder Berufsausbildung befindet (zur Ausbildung gehört auch die Übergangszeit zwischen zwei Ausbildungsabschnitten, wenn der nächste Ausbildungsabschnitt spätestens im vierten auf die Beendigung des vorherigen Ausbildungsabschnitts folgenden Monat beginnt; bleibt die Bewerbung um einen Ausbildungsplatz in diesem Ausbildungsabschnitt erfolglos, endet die Berücksichtigung mit Ablauf des Monats, in dem dem Ausbildungswilligen die Ablehnung bekanntgegeben worden ist; entsprechendes gilt für Übergangszeiten vor und nach Ableistung des gesetzlichen Grundwehrdienstes oder des Zivildienstes, wenn durch diesen Dienst die Ausbildung unterbrochen wurde) oder
- ein freiwilliges soziales Jahr im Sinne des Gesetzes zur Förderung eines freiwilligen sozialen Jahres leistet oder
- wegen körperlicher oder geistiger oder seelischer Behinderung sich nicht selbst unterhalten kann (ein behindertes Kind wird auch nach Vollendung des 27. Lebensjahres – ohne altersmäßige Begrenzung – berücksichtigt, wenn die Behinderung vor Vollendung des 27. Lebensjahres eingetreten ist) oder
- als einzige Hilfe des Haushaltsführenden ausschließlich im Haushalt des Berechtigten tätig ist und dem Haushalt mindestens vier weitere Kinder angehören oder
- anstelle des länger als 90 Tage arbeitsunfähig erkrankten Haushaltsführenden den Haushalt des Berechtigten führt (dem Haushalt muß mindestens ein weiteres Kind angehören).

(3) Wehr- oder Zivildienstleistende werden während dieser Zeit kindergeldrechtlich nicht berücksichtigt; es wird kein Kindergeld gezahlt.

(4) Ein Kind, das nach Vollendung des 27. Lebensjahres noch in Schul- oder Berufsausbildung steht, wird weiter berücksichtigt, wenn es

- den gesetzlichen Grundwehrdienst oder Zivildienst geleistet hat oder

- sich freiwillig – für höchstens drei Jahre – zum Wehrdienst oder Polizeivollzugsdienst verpflichtet und mit diesem Dienst seine Wehr- oder Zivildienstpflicht erfüllt hat oder
- eine vom Wehr- und Zivildienst befreiende Tätigkeit als Entwicklungshelfer im Sinne des Entwicklungshelfer-Gesetzes ausgeübt hat.

In diesen Fällen erhöht sich die Altersgrenze von 27 Jahren um den Zeitraum, den die vorgenannten Tätigkeiten beansprucht haben, höchstens jedoch um einen der Dauer des Grundwehrdienstes, bei anerkannten Kriegsdienstverweigerern um einen der Dauer des gesetzlichen Zivildienstes entsprechenden Zeitraum.

Für Kinder über 16 Jahre sind jedoch neben den Altersgrenzen auch **Einkommensgrenzen** zu berücksichtigen:

(1) Ein in Berufsausbildung stehendes Kind über 16 Jahre wird nicht berücksichtigt, wenn ihm vom Ausbildenden eine Ausbildungsvergütung in Höhe von wenigstens 750 DM monatlich brutto zu zahlen ist.

(2) Das gleiche gilt, wenn einem Kind

- während einer beruflichen Fortbildung oder Umschulung vom Arbeitsamt Unterhaltsgeld von wenigstens 580 DM monatlich zu zahlen ist oder nur deshalb nicht zusteht, weil es über anzurechnendes Einkommen verfügt,
- während einer Rehabilitationsmaßnahme von einem Träger der gesetzlichen Unfall- oder Rentenversicherung oder der Kriegsopferversorgung Übergangsgeld nach einer Bemessungsgrundlage von wenigstens 750 DM monatlich zu zahlen ist.

(3) Leistungen nach dem Bundesausbildungsförderungsgesetz schließen – unabhängig von ihrer Höhe – die kindergeldrechtliche Berücksichtigung des Kindes nicht aus.

Für arbeitslose Kinder und alleinstehende Vollwaisen gelten **Sonderregelungen**; das gleiche gilt für verheiratete, verwitwete und geschiedene Kinder:

(1) Kinder im Alter bis zu 21 Jahren, die keinen Ausbildungs- oder Arbeitsplatz haben, werden auch berücksichtigt, wenn sie bei der Berufsberatung des Arbeitsamtes als Bewerber um eine berufliche Ausbildungsstelle gemeldet sind oder nach Beratung durch die Berufsberatung der Arbeitsvermittlung zur Verfügung stehen. Das gilt nicht für Kinder, die aus einer Erwerbstätigkeit ein Nettoarbeitsentgelt oder Arbeitslosengeld oder Arbeitslosenhilfe von wenigstens 400 DM monatlich beziehen.

(2) Verheiratete, geschiedene oder verwitwete Kinder, die das 16. Lebensjahr vollendet haben, werden nur berücksichtigt, wenn sie vom Kindergeldberechtigten überwiegend unterhalten werden, weil ihr Ehegatte oder früherer Ehegatte ihnen keinen ausreichenden Unterhalt leisten kann oder dem Grunde nach nicht unterhaltspflichtig ist oder weil sie als Verwitwete keine ausreichenden Hinterbliebenenbezüge erhalten. Der Unterhaltsbedarf eines in Ausbildung stehenden Kindes ist monatlich mit 710 DM (gemäß BAföG-Bedarfssatz) zu bewerten. Überwiegendes Unterhalten setzt also Unterhaltsleistungen des Kindergeldberechtigten im Wert von mehr als 355 DM voraus. Unterhaltsleistungen können als Bar- oder Sachleistungen erbracht werden.

(3) Seit dem 1.1.1986 können Vollwaisen, die in der Bundesrepublik Deutschland einschließlich Berlin (West) leben und für die keine andere Person Anspruch auf Kindergeld oder eine ähnliche Leistung hat, für sich selbst Kindergeld bekommen. Dieses Kindergeld beträgt 50 DM monatlich; es wird im übrigen nach ähnlichen Grundsätzen gezahlt wie das den Eltern zustehende Kindergeld.

Das Kindergeld wird grundsätzlich **nicht** für Kinder gezahlt, für die ein Elternteil oder eine andere Person Anspruch auf eine der folgenden, **dem Kindergeld vergleichbaren Leistungen** hat:

(1) Kinderzuschuß zu einer Versichertenrente aus einer gesetzlichen Rentenversicherung; der Anspruch eines Kindes auf Waisenrente aus der Sozialversicherung schließt jedoch die Gewährung von Kindergeld für dieses Kind nicht aus, auch wenn in der Waisenrente aus einer gesetzlichen Rentenversicherung ein Kinderzuschuß enthalten ist.

(2) Kinderzulage zu einer Verletztenrente aus der gesetzlichen Unfallversicherung.

(3) Leistungen für Kinder, die außerhalb des Bundesgebietes gewährt werden und dem Kindergeld, dem Kinderzuschuß oder der Kinderzulage vergleichbar sind.

(4) Leistungen für Kinder, die von einer zwischen- oder überstaatlichen Einrichtung gewährt werden und dem Kindergeld vergleichbar sind.

(5) Kinderzuschlag zu Auslandsdienstbezügen für Angehörige des öffentlichen Dienstes.

Ist eine der in den Fällen (1) bis (3) genannten Leistungen niedriger als das für das Kind in Betracht kommende Kindergeld, wird von der Kindergeldstelle der Unterschiedsbetrag als Kindergeld gezahlt, es sei denn, daß im Falle (1) der Rentenversicherungsträger einen Kindergeld-Ausgleichsbetrag zu zahlen hat.

3.2 Kinderzuschüsse und Kinderzulagen

Die **Rentenversicherungsträger** zahlen neben den Renten wegen Berufs- und Erwerbsunfähigkeit sowie neben dem Altersruhegeld für jedes Kind einen Kinderzuschuß. Der Kinderzuschuß ist in der Rentenversicherung der Arbeiter und Angestellten auf monatlich 152,90 DM und in der knappschaftlichen Rentenversicherung auf monatlich 154,50 DM festgeschrieben; die Zahlung dieses Kinderzuschusses führt grundsätzlich zum Wegfall des Kindergeldes. Für Versicherungsfälle ab 1984 ist der Kinderzuschuß der Rentenversicherung durch das Kindergeld nach dem Bundeskindergeldgesetz ersetzt worden.

Die **Unfallversicherung** gewährt denjenigen Personen, die wegen einer Minderung der Erwerbsfähigkeit um mindestens 50% eine Verletztenrente beziehen, einen Anspruch auf eine Kinderzulage je Kind in Höhe von 10% der Rente. Trifft die Kinderzulage der Unfallversicherung mit einem Kinderzuschuß der Rentenversicherung zusammen, so wird nur die Kinderzulage der Unfallversicherung – allerdings mindestens in Höhe des Kinderzuschusses der Rentenversicherung – gezahlt. Die Kinderzulage wird seitens der Unfallversicherung nicht mehr auf die Höhe des Kindergeldes aufgestockt; ein eventueller Differenzbetrag wird vielmehr von den Kindergeldstellen gezahlt. Für Versicherungsfälle ab dem 1. Januar 1984 ist die Kinderzulage der Unfallversicherung durch das Kindergeld nach dem Bundeskindergeldgesetz ersetzt worden (bei gleichzeitiger Festschreibung der zu diesem Zeitpunkt bereits laufenden Zahlungen).

Kinderzuschläge (und Erziehungsbeihilfen für Kinder und Waisen) sind auch im Rahmen der **Kriegsopferversorgung** bei Versorgungsbezügen nach dem Bundesversorgungsgesetz, nach dem Soldatenversorgungsgesetz sowie nach dem Häftlingshilfegesetz festzustellen. Die Kinderzuschläge orientieren sich dabei an der Kindergeldregelung.

3.3 Waisenrenten und Waisengelder

Nach dem Tod eines Versicherten der gesetzlichen **Rentenversicherung** erhalten seine hinterbliebenen Kinder eine **Waisenrente**; dabei besteht ein Anspruch auf eine Halbwaisenrente, wenn nur ein versicherter Elternteil verstorben ist; sind dagegen beide Elternteile verstorben, so entsteht ein Anspruch auf eine Vollwaisenrente aus den Versicherungen beider Elternteile; gezahlt wird jedoch nur die höhere Waisenrente:

(1) Bei *Halbwaisen* beträgt die Waisenrente ein Zehntel der auf den Todestag des Versicherten als Erwerbsunfähigkeitsrente berechneten Versichertenrente ohne Kinderzuschuß, jedoch mit Zurechnungszeit; hinzu kommt der Betrag des Kinderzuschusses (Erhöhungsbetrag).

(2) Für *Vollwaisen* beträgt die Waisenrente ein Fünftel der auf den Todestag des Versicherten als Erwerbsunfähigkeitsrente berechneten Versichertenrente ohne Kinderzuschuß, jedoch mit Zurechnungszeit; diese Rente erhöht sich um ein Zehntel der für die Berechnung der Versichertenrente maßgebenden Allgemeinen Bemessungsgrundlage (Erhöhungsbetrag).

(3) Der *Erhöhungsbetrag* für Halb- und Vollwaisenrenten wird in bestimmten Fällen nur zur Hälfte gezahlt (z.B. wenn die Waisen gleichzeitig Waisengeld nach beamtenrechtlichen Vorschriften oder aus einer öffentlich-rechtlichen Versicherungs- oder Versorgungseinrichtung einer Berufsgruppe erhalten).

Anspruchsberechtigt sind die ehelichen Kinder des Versicherten sowie die in den Haushalt aufgenommenen Stiefkinder, für ehelich erklärten Kinder, adoptierten Kinder, nichtehelichen Kinder (wenn Vaterschaft festgestellt), Pflegekinder (bei Aufnahme in den Haushalt des Versicherten) sowie Enkelkinder und Geschwister (die vom Versicherten in seinen Haushalt aufgenommen bzw. deren Lebensunterhalt er überwiegend bestritten hat). Für den Kreis dieser Anspruchsberechtigten wird die Waisenrente bis zur Vollendung des 18. Lebensjahres ohne weitere Voraussetzungen gewährt, danach bis zur Vollendung des 25. Lebensjahres bei Schul- oder Berufsausbildung bzw. freiwilligem sozialen Jahr oder Unfähigkeit zur Bestreitung des Lebensunterhaltes infolge körperlicher oder geistiger Gebrechen. Nach Vollendung des 25. Lebensjahres steht eine Waisenrente nur für die Dauer der erfüllten Wehr- oder Zivilpflicht zu, wenn dieser Dienst die Schul- oder Berufsausbildung unterbrochen oder verzögert hatte. Sind mehrere Kinder vorhanden, so erhält jedes Kind eine Waisenrente; die Hinterbliebenenrenten – Witwen- und Waisenrenten – werden jedoch anteilig gekürzt, wenn sie zusammengerechnet höher sind als die Rente, die dem Versicherten wegen Erwerbsunfähigkeit zugestanden hätte.

Die **Unfallversicherung** zahlt an **Halbwaisen** 20% und an **Vollwaisen** 30% des Jahresarbeitsverdienstes des Versicherten als jährliche Waisenrente; darüberhinaus sind spezielle **Beihilfen** möglich. Auch bei der Unfallversicherung erhalten die Kinder des Verstorbenen die Waisenrente regelmäßig bis zur Vollendung des 18. Lebensjahres sowie bei Schul- oder Berufsausbildung und bei Gebrechlichkeit bis zur Vollendung des 25. Lebensjahres; bei Wehr- und Zivildienst kann wie bei der Rentenversicherung über diese Zeitgrenze hinaus noch Waisenrente gezahlt werden. Die Gesamtheit aller Hinterbliebenenrenten darf jedoch 80% des Jahresarbeitsverdienstes des Versicherten nicht übersteigen, andernfalls werden die einzelnen Hinterbliebenenrenten **anteilig gekürzt**.

Die **landwirtschaftliche Alterskasse** zahlt nach dem Tode eines landwirtschaftlichen Unternehmers an seine Kinder dann Waisengeld, wenn der Verstorbene bis zur Vollendung des 60. Lebensjahres oder bis zu seinem Tode (mit Ausnahme der Zeiten einer Erwerbsunfähigkeit oder des Bezuges einer Landabgaberente) für mindestens 60 Kalendermonate Beiträge an die Alterskasse gezahlt hat. Im Gegensatz zum Tod eines landwirtschaftlichen Unternehmers begründet der Tod seines Ehegatten keinen Anspruch auf Waisengeld. Außerdem wird das Waisengeld nur gezahlt, wenn die Waise selbst nicht landwirtschaftlicher Unternehmer ist. **Vollwaisen** erhalten 50%, **Halbwaisen** 25% des der Dynamisierung unterliegenden Grundbetrages des Altersgeldes für unverheiratete Berechtigte. Das Waisengeld wird bis zur Vollendung des 18. Lebensjahres gezahlt; bei Schul- oder Berufsausbildung oder bei Gebrechlichkeit bis zur Vollendung des 25. Lebensjahres. Über diese Altersgrenze hinaus wird das Waisengeld auch dann gezahlt, wenn Wehr- oder Zivildienst die Ausbildung unterbrochen oder verzögert haben.

Auch die **berufsständischen Versorgungswerke** zahlen regelmäßig Waisenrenten. Grundlage für ihre Berechnung ist die Versichertenrente; als **Halbwaisenrente** werden regelmäßig zwischen 10 und 20% in Ausnahmefällen bis zu 40% der Versichertenrente gewährt; der Betrag der **Vollwaisenrente** liegt überwiegend zwischen 20% und 30%, in Ausnahmefällen bei 40% der Versichertenrente. Die Rentenzahlung unterliegt im allgemeinen einer ähnlichen **zeitlichen Begrenzung** wie bei der Rentenversicherung. Im einzelnen sind auch hier **Kumulationsregelungen** zu beachten, die sich überwiegend an der Anspruchsregelung für Kindergeldzahlungen orientieren.

Das **beamtenrechtliche System** zahlt ebenfalls **Waisengelder** an die Kinder des Verstorbenen. Als Waisen sind dabei die leiblichen und die adoptierten Kinder des Bediensteten zu berücksichtigen (mit Ausnahmen). Das **Halbwaisengeld** beträgt 12%, das **Vollwaisengeld** 20% des Ruhegehaltes, das der Verstorbene erhalten hat oder hätte erhalten können, wenn er am Todestag in den Ruhestand getreten wäre. Das Vollwaisengeld wird auch dann gezahlt, wenn zwar nicht beide Elternteile gestorben sind, aber der überlebende Elternteil nicht zum Bezug von Witwengeld berechtigt ist; das Vollwaisengeld darf dann aber zuzüglich eines etwaigen Unterhaltsbeitrages der Mutter den Betrag des Witwengeldes und des Waisengeldes nach dem Satz für Halbwaisen nicht übersteigen. Ergeben sich für eine Waise **mehrere Waisengeldansprüche** aus beamtenrechtlichen Versorgungsverhältnissen, so wird nur das höchste Waisengeld gezahlt. Die Waise erhält zusätzlich den kinderbezogenen Anteil im Ortszuschlag, wenn kein überlebender Ehegatte vorhanden ist, der ihn erhält. Außerdem erhält die Waise unter bestimmten Voraussetzungen noch einen Ausgleichsbetrag in Höhe des Kindergeldes für das erste Kind nach dem Bundeskindergeldgesetz. Auch für das Waisengeld des beamtenrechtlichen Systems gelten **zeitliche Eingrenzungen** (Zahlung bis zur Vollendung des 18. bzw. 27. Lebensjahres unter weitgehend ähnlichen Voraussetzungen wie in der Rentenversicherung; bei Ableistung des Wehr- oder Zivildienstes entsprechende Fristverlängerung).

Im Rahmen der **Zusatzversorgung im öffentlichen Dienst** haben Waisen einen Anspruch auf Waisenversorgungsrente (Halbwaisen 12%, Vollwaisen 20% der Rente des Verstorbenen). Diesen Anspruch haben die leiblichen und die als Kind angenommenen Kinder bis zum vollendeten 18. Lebensjahr, bei Schul- oder Berufsausbildung sowie bei körperlichen oder geistigen Gebrechen bis zum vollendeten 25. Lebensjahr. Die Gesamtversorgung der Hinterbliebenen ist jedoch auf die Gesamtversorgung des Verstorbenen begrenzt; hat ein Hinterbliebener eigene Ansprüche gegen eine Zusatzversorgungseinrichtung, so wird jeweils nur die höhere Versorgungsrente gezahlt, die andere ruht, soweit sie den Betrag der Garantierente (Versicherungsrente) übersteigt. Bei der **Hüttenknappschaftlichen Zusatzversicherung des Saarlandes** beträgt die Halbwaisenrente 10%, die Vollwaisenrente 20% der Zusatzrente des Versicherten; nach der **Zusatzversorgung für Bezirksschornsteinfegermeister** werden an Halbwaisen 20% sowie an Vollwaisen 40% des Ruhegeldes gezahlt, das der Verstorbene erhalten hat oder erhalten hätte, wenn er zum Zeitpunkt des Todes anspruchsberechtigt gewesen wäre. Im übrigen sind hier ähnliche Regelungen festzustellen wie in der Rentenversicherung.

Auch die **Kriegsopferversorgung** leistet nach Maßgabe der Grundrente sowie der Ausgleichsrente Zahlungen an Waisen; hinzu kommen spezielle Beihilfen. In all diesen Fällen des Bezuges von Waisenrente, Waisenbeihilfe und darüberhinausgehenden Beihilfen sind im Einzelfall sehr differenzierte Leistungsvoraussetzungen zu beachten (Altersgrenzenregelung im wesentlichen gemäß Bundeskindergeldgesetz; spezielle Anrechnungsvorschriften für Einkommen und/oder Vermögen).

3.4 Erziehungsgeld und Erziehungsurlaub

Am 1. Januar 1986 ist das Bundeserziehungsgeldgesetz in Kraft getreten, das die bisherigen gesetzlichen Regelungen zum Mutterschaftsurlaub und Mutterschaftsgeld während des Mutterschaftsurlaubs ablöst. Die neuen gesetzlichen Vorschriften gelten nur in den Fällen, in denen das Kind nach dem 31.12.1985 geboren ist. Ist das Kind vor dem 1. Januar 1986 geboren worden, sind die gesetzlichen Vorschriften zum Mutterschaftsurlaub bis zum Abschluß des Mutterschaftshilfefalles maßgebend.

3.4.1 Erziehungsgeld

Nach den bisherigen gesetzlichen Vorschriften bestand nur dann ein Anspruch auf Mutterschaftsurlaub und -geld, wenn die Mutter nach dem Mutterschutzgesetz in einem Arbeitsverhältnis stand und verschiedene weitere Voraussetzungen gegeben waren. Die Neuregelung hat den anspruchsberechtigten Personenkreis auf alle Mütter und Väter ausgedehnt. **Anspruch** auf Erziehungsgeld hat, wer

(1) seinen Wohnsitz oder seinen gewöhnlichen Aufenthalt in der Bundesrepublik Deutschland einschließlich im Land Berlin hat,

(2) mit einem Kind, für das ihm die Personensorge zusteht, in einem Haushalt lebt,

(3) dieses Kind selbst betreut und erzieht und

(4) keine oder keine volle Erwerbstätigkeit ausübt.

Kinder im Sinne des neuen Gesetzes sind auch Adoptivkinder, also Kinder, die mit dem Ziel der Annahme als Kind im Haushalt des Antragstellers aufgenommen werden, wobei die Einwilligung der leiblichen Kindeseltern vorausgesetzt ist. Gleiches gilt für Stiefkinder, die der Antragsteller in seinen Haushalt aufgenommen hat. Der Anspruch auf Erziehungsgeld erlischt dann nicht, wenn der Erziehungsberechtigte aus einem wichtigen Grund die Betreuung und Erziehung des Kindes nicht sofort aufnehmen kann (z.B. auch bei einem Krankenhausaufenthalt); gleiches gilt für eine Unterbrechung der Betreuungs- und Erziehungstätigkeit.

Dem Anspruch auf Erziehungsgeld steht eine volle **Erwerbstätigkeit** entgegen. Eine geringfügige Tätigkeit (wöchentliche Arbeitszeit von weniger als 19 Stunden) wird jedoch gesetzlich nicht als Hinderungsgrund gesehen.

Anspruch auf Erziehungsgeld haben Mütter und Väter; allerdings wird für die Betreuung und Erziehung eines Kindes nur einmal einer Person Erziehungsgeld gewährt. Auch im Falle der Betreuung und Erziehung mehrerer Kinder wird für denselben Zeitraum nur einmal Erziehungsgeld gezahlt. Ehegatten haben das **Wahlrecht**, wer von ihnen das Erziehungsgeld beziehen soll, sofern beide Teile die Anspruchsberechtigung erfüllen; jeder Ehegatte hat das Recht, einen zusammenhängenden Teil des Bezugszeitraumes für sich zu bestimmen.

Das Erziehungsgeld **beträgt** in den ersten sechs Lebensmonaten des Kindes 600 DM monatlich. Vom Beginn des 7. Lebensmonates an wird das Erziehungsgeld einkommensabhängig gewährt. Die Ermittlung der Einkommensgrenzen erfolgt unter Berücksichtigung von Abzügen nach dem Einkommensteuergesetz und Zuschlägen für Kinder und nichtberufstätige Ehegatten.

Für die in der Zeit vom 1.1.1986 bis einschließlich 31.12.1987 geborenen Kinder wird das Erziehungsgeld bis zur Vollendung des 10. Lebensmonats gewährt; für Kinder, die ab dem 1.1.1988 geboren werden, wird das Erziehungsgeld demgegenüber für das 1. Lebensjahr gezahlt. Fallen die Anspruchsvoraussetzungen im Laufe des **Bezugszeitraumes** weg, wird Erziehungsgeld bis zum Ablauf des Lebensmonats gezahlt, in dem der Grund für den Wegfall der Anspruchsvoraussetzung eingetreten ist.

3.4.2 Erziehungsurlaub

Die Arbeitnehmer, die einen Anspruch auf Erziehungsgeld haben, haben gleichzeitig einen Anspruch auf Erziehungsurlaub. Dieser besteht auch dann, wenn die Einkommensgrenzen für das Erziehungsgeld überschritten werden. Der Anspruch auf Erziehungsurlaub besteht jedoch nicht für die gesetzlichen Mutterschutzfristen.

Für die **Inanspruchnahme des Erziehungsurlaubs** gilt im einzelnen folgendes:

(1) Der Erziehungsurlaub muß spätestens vier Wochen vor dem Urlaubsantritt vom Arbeitgeber verlangt werden; dabei muß der Arbeitnehmer erklären, bis zu welchem Lebensmonat des Kindes er den Erziehungsurlaub in Anspruch nehmen will.

(2) Die Aufteilung des Erziehungsurlaubs unter den Ehegatten ist grundsätzlich möglich, jedoch an entsprechende Voraussetzungen gebunden.

(3) Der Arbeitnehmer ist an sein Verlangen gebunden. Unter besonderen Umständen kann mit Zustimmung des Arbeitgebers ein Erziehungsurlaub vorzeitig beendet werden, wobei die Kündigungsmöglichkeit gegebenenfalls eingestellter Ersatzkräfte zu berücksichtigen ist.

(4) Kann der Arbeitnehmer aus einem wichtigen Grunde (z.B. Krankenhausaufenthalt) einen Erziehungsurlaub nicht rechtzeitig verlangen, kann dies innerhalb einer Woche nach Wegfall des Grundes nachgeholt werden.

(5) Eine Änderung in der Anspruchsberechtigung hat der Arbeitnehmer dem Arbeitgeber unverzüglich mitzuteilen, wobei ein Bescheid über den Wegfall des Erziehungsgeldes vorzulegen ist.

Während des Erziehungsurlaubs besteht ein besonderer **Kündigungsschutz**. Gleichzeitig darf jedoch eine zulässige Teilzeitarbeit nicht bei einem anderen Arbeitgeber geleistet werden. Alle Bezieher von Erziehungsgeld bleiben in der gesetzlichen Krankenversicherung versichert, sind aber während des Bezuges von Erziehungsgeld von der **Beitragspflicht** befreit; diese Regelung gilt sowohl für Pflichtversicherte als auch für freiwillig Versicherte. Allerdings entfällt die Beitragsfreiheit, wenn Arbeitsentgelt bezogen wird oder Beiträge aufgrund des Bezuges einer Rente der gesetzlichen Rentenversicherung, von Versorgungsbezügen oder Arbeitseinkommen zu entrichten sind.

3.5 Kindererziehungszeiten in der Rentenversicherung

Mit der Neuregelung der Hinterbliebenenversorgung wurden in das Recht der Rentenversicherung erstmalig Kindererziehungszeiten eingeführt. Aus Gründen der Finanzierbarkeit ist der Kreis der Berechtigten auf Angehörige der Jahrgänge ab 1921 beschränkt worden. Die bei Inkrafttreten des Gesetzes am 1.1.1986 bereits 65jährigen Personen werden nicht berücksichtigt. Gleiches gilt für versicherungsfreie bzw. von der Versicherungspflicht befreite Personen; eine Nachversicherung führt jedoch zur Anrechnung von Erziehungszeiten.

Die **Anspruchsberechtigung** ist im einzelnen wie folgt geregelt:

(1) Begünstigt werden in erster Linie die leiblichen Eltern eines Kindes; ihnen sind Adoptivmütter und Adoptivväter, Stiefmütter und Stiefväter sowie Pflegemütter und Pflegeväter gleichgestellt, wobei vorausgesetzt wird, daß das Kind in den Haushalt der Ersatzeltern aufgenommen worden ist.

(2) Vorausgesetzt wird weiterhin, daß das Kind im Inland erzogen wurde oder erzogen wird; auf die Staatsangehörigkeit des Kindes und seiner Erzieher kommt es nicht an; auch Ausländer können Erziehungszeiten angerechnet bekommen, sofern sie ihre Kinder im Inland erziehen. Asylbewerber werden nicht berücksichtigt; bei Erziehung außerhalb des Geltungsbereichs des Gesetzes werden grundsätzlich keine Erziehungszeiten angerechnet (verschiedene Ausnahmen).

(3) Bei gemeinsamer Erziehung eines Kindes durch mehrere Personen werden die Kindererziehungszeiten nur einer Person angerechnet. Dies ist für Kindererziehungszeiten sowohl vor 1986 als auch ab 1986 grundsätzlich die Mutter. Mit Hilfe einer gemeinsamen Erklärung können die Eltern jedoch erreichen, daß die Erziehungszeiten dem Vater angerechnet werden. Dazu muß die sachliche Voraussetzung der Kindeserziehung durch den Vater erfüllt sein. Für diese Erklärung existieren Ausschlußfristen sowohl bei den Erziehungszeiten vor 1986 als auch bei den Erziehungszeiten ab 1986. Ein ähnliches Wahlrecht haben auch Ersatzeltern.

Für die **Dauer** der anzurechnenden Kindererziehungszeit gelten folgende Regelungen:

(1) Als Erziehungszeit wird dem Berechtigten ein Jahr zuerkannt. Dieses Erziehungsjahr beginnt mit dem Ersten des Monats nach dem Geburtsmonat und dauert die folgenden 12 Kalendermonate an. Endet die Erziehung des Kindes während dieses Jahres, so en-

det auch die anrechenbare Kindererziehungszeit mit dem Ablauf des jeweiligen Monats. Endet die Erziehung durch den Berechtigten deshalb, weil sie etwa – durch den Tod der Mutter – ein anderer übernimmt, so wird beim zweiten Erzieher die Erziehungszeit vom Folgemonat des Wechsels an berücksichtigt.

(2) Für jedes Kind wird ein Erziehungsjahr angerechnet. Überschneiden sich die Erziehungszeiten oder werden zur selben Zeit deckungsgleich mehrere Kinder, z.B. Zwillinge erzogen, so verlängert sich der 12-Monats-Zeitraum für jedes weitere Kind um die Anzahl der Monate, in denen gleichzeitig mehrere Kinder erzogen worden sind.

(3) Die Kindererziehungszeit wird auf die rentenrechtliche Wartezeit angerechnet und hat damit zugleich rentenbegründende Wirkung. Dabei sind die Erziehungszeiten vor 1986 Versicherungszeiten eigener Art mit ersatzzeitenähnlicher Wirkung. Die Erziehungszeiten ab 1986 sind demgegenüber Pflichtbeitragszeiten. Hieraus ergeben sich für die Anrechnung weiterer beitragsloser Zeiten wichtige Folgerungen.

Bei der **Bewertung** der Kindererziehungszeiten spielt das Einkommen der Eltern keine Rolle. Die Bewertung erfolgt nach Maßgabe eines Vomhundertsatzes der persönlichen Bemessungsgrundlage von 75%. Rentenrechtliche Vorteile können sich daher aus der Anrechnung von Kindererziehungszeiten nur dann ergeben, wenn der betreffende Zeitraum ohne die Anrechnung der Kindererziehungszeit einen Vomhundertsatz der persönlichen Bemessungsgrundlage unter 75% aufweist. Liegt der Vomhundertsatz der Persönlichen Bemessungsgrundlage jedoch bereits über 75%, so können sich aus der Anrechnung von Kindererziehungszeiten in der Rentenversicherung Nachteile ergeben; diese Negativwirkung ist mittlerweile durch Gesetzesänderung ausgeschlossen worden.

Personen, die trotz der Anrechnung von Kindererziehungszeiten die Wartezeit von 60 Kalendermonaten – auch mit freiwilligen Beiträgen – bis zum 65. Lebensjahr nicht erfüllen können, haben die Möglichkeit der **Nachentrichtung** von Beiträgen. Dieses Nachentrichtungsrecht hat, wer zur freiwilligen Versicherung berechtigt ist, und wem Zeiten der Kindererziehung vor dem 1. Januar 1986 angerechnet werden, aber durch eine laufende Beitragsentrichtung vom 1. Januar 1987 an bis zum Monat der Vollendung seines 65. Lebensjahres die Wartezeit für ein Altersruhegeld wegen Vollendung des 65. Lebensjahres nicht mehr erfüllen kann. Dieser Versicherte kann auf Antrag freiwillige Beiträge für so viele Monate nachentrichten, wie zur Erfüllung der Wartezeit von 60 Kalendermonaten noch erforderlich sind, und zwar für Zeiten nach dem 31. Dezember 1980, die noch nicht mit Beiträgen zur Rentenversicherung belegt sind.

Alle **Zugangsrenten** werden ab dem 1.1.1986 unter Berücksichtigung anrechenbarer Kindererziehungszeiten festgestellt. Personen, die jedoch zum 1.1.1986 bereits eine Berufs- oder Erwerbsunfähigkeitsrente oder ein vorzeitiges bzw. flexibles Altersruhegeld bezogen, erhalten nicht schon von diesem Zeitpunkt an eine um die Kindererziehungszeiten erhöhte Rente. Vielmehr muß bis zum Eintritt des nächsten Versicherungsfalles oder bis zur Vollendung des 65. Lebensjahres gewartet werden. Nach Vollendung des 65. Lebensjahres können die Rentner aber in jedem Falle eine Neuberechnung der Rente unter Berücksichtigung der Kindererziehungszeiten verlangen.

3.6 Familienzulagen zum Arbeitsentgelt

Neben diesen Sozialleistungen sind vielfältige kindbezogene öffentliche Leistungen sowie auch Kinderzuschläge in Wirtschaft und Gewerbe festzustellen. Im **öffentlichen Dienst** erhalten Beamte, Richter, Berufssoldaten, Soldaten auf Zeit und Angestellte für ihre **Kinder** erhöhte Ortszuschläge. Die Arbeiter des öffentlichen Dienstes erhalten auf tarifrechtlicher Grundlage einen Sozialzuschlag, der den Beträgen des erhöhten Ortszuschlages der Beamten und Angestellten angepaßt ist. In beiden Fällen gilt der Kinderbegriff des Bundeskindergeldgesetzes; Orts- und Sozialzuschlag sind jedoch nicht steuerfrei, sie sind unter den üblichen Voraussetzungen sogar beitragspflichtig zur Sozialversicherung. Der im Ortszuschlag enthaltene Kinderanteil ist Bestandteil der ruhegehaltsfähigen Dienstbezüge des Beamten und wirkt sich daher auf die Versorgung der Ruhestandsbeamten sowie auch der Witwen und Waisen aus. Im öffentlichen Dienst werden darüberhinaus unter bestimmten Voraussetzungen Auslandskinderzuschläge gewährt; diese betragen 10% des Grundgehalts sowie des Auslandszuschlags der Besoldungsgruppe A 10 (10. Stufe) zuzüglich Kaufkraftausgleich für jedes Kind im Ausland; für im Inland verbleibende Kinder gelten besondere Sätze. In **Wirtschaft und Gewerbe** werden teilweise aufgrund tariflicher oder betrieblicher Vereinbarungen, teilweise auf freiwilliger Basis unabhängig vom Kindergeld Zulagen gewährt, deren Höhe sehr unterschiedlich ist.

Vielfach werden im öffentlichen Dienst, aber auch in der privaten Wirtschaft nicht nur Familienzuschläge für Kinder, sondern auch für **Ehegatten** gezahlt. Im öffentlichen Dienst gelten regelmäßig erhöhte Ortszuschläge, an die sich die private Wirtschaft mit ihren Leistungen weitgehend angepaßt hat. Zum Teil sind jedoch auch darüberhinausgehende Familienzuschläge für Verheiratete in der privaten Wirtschaft aufgrund freiwilliger oder tarifvertraglicher Vereinbarungen gegeben. Die sozialen Entschädigungssysteme sehen ebenfalls spezielle Verheiratetenzuschläge vor; auch die Sozialhilfe berücksichtigt den Familienstand; von geringerer Bedeutung sind im Vergleich dazu die Leistungen der Jugendhilfe.

3.7 Steuerermäßigungen

Im Rahmen des Familienlastenausgleichs sind Steuererleichterungen von besonderer Bedeutung. Zwei Drittel aller sozialpolitisch motivierten Steuerermäßigungen konzentrieren sich auf den Funktionsbereich Familie. An erster Stelle stehen hierbei die Auswirkungen des **Ehegattensplitting** nach § 26b EStG; hinzu treten Steuerermäßigungen durch **außergewöhnliche Belastungen** nach § 33 EStG, nach § 33a Abs. 1a EStG und nach § 33a Abs. 1 EStG, ferner die Kinderkomponente zu § 7b EStG (§ 34f EStG).

Der Kinderbetreuungskostenfreibetrag nach § 33a (3) Nr. 1 EStG ist mittlerweile entfallen und durch einen allgemeinen **Kinderfreibetrag** ersetzt worden. Im Hinblick auf die **Vermögensteuer** sind der Ehegattenfreibetrag gemäß § 6 Abs. 1 sowie der Kinderfreibetrag gemäß § 6 Abs. 2 VStG von Bedeutung.

Durch das **Steuersenkungsgesetz 1986** wurde mit Wirkung vom 1.1.1986 an der Kinderfreibetrag von 432 DM auf 2484 DM erhöht. Der Kinderfreibetrag wird im allgemeinen für die Kinder gewährt, für die Kindergeld zusteht. Dauernd getrennt lebende und geschiedene Ehepartner sowie Eltern eines nichtehelichen

Kindes erhalten den Kinderfreibetrag aber jeweils nur zur Hälfte. Der ungekürzte Freibetrag wird jedoch auch gewährt, wenn

(1) der andere (leibliche oder Adoptiv-) Elternteil vor dem 1.1.1986 verstorben ist oder
(2) der Arbeitnehmer das Kind nur allein adoptiert hat oder
(3) es sich um ein Pflegekind handelt und das Pflegekindschaftsverhältnis nur zum Arbeitnehmer besteht.

Für im Ausland lebende Kinder gelten Sonderregelungen:

(1) Für Kinder, die ganzjährig im Ausland leben (besonders für Kinder von Gastarbeitern) gibt es keinen Kinderfreibetrag mehr. Das gilt nicht für Kinder, die im Inland eine Wohnung beibehalten haben (z.B. die elterliche Wohnung), in die sie regelmäßig, etwa während der Schulferien, zurückkehren.
(2) Für Steuerpflichtige mit Kindern in der DDR oder in einem Ostblock-Staat wird aus Billigkeitsgründen eine Kinderermäßigung gewährt, wenn sie Deutsche im Sinne des Art. 116 GG sind (Kinder von Spätaussiedlern, in der DDR oder Ostberlin wohnende Kinder).

Soweit für im Ausland lebende Kinder kein Kinderfreibetrag gewährt wird, können die Eltern ihre tatsächlichen Unterhaltsaufwendungen nach § 33a Abs. 1 EStG als außergewöhnliche Belastung geltend machen. Das gleiche gilt auch für über 16 Jahre alte Kinder, die als Arbeitslose der Arbeitsvermittlung zur Verfügung stehen und für die kein Kinderfreibetrag gewährt wird. Im Gegensatz dazu wird für über 16 Jahre alte Kinder, die keinen Ausbildungsplatz finden und deshalb keine Berufsausbildung beginnen oder fortsetzen können, ein Kinderfreibetrag sogar bis zum 27. Lebensjahr gewährt.

Eltern, die den ihnen nach dem EStG zustehenden Kinderfreibetrag wegen ihres niedrigen Einkommens nicht oder nicht voll nutzen können, erhalten als Ausgleich hierfür ab 1986 auf Antrag einen Zuschlag zum Kindergeld; der Zuschlag beträgt höchstens 46 DM monatlich je Kind. Kein Zuschlag wird gezahlt, wenn für das Kalenderjahr, für das der Kinderfreibetrag gewährt wurde, Lohn- oder Einkommensteuer zu entrichten war; der Kinderfreibetrag ist nämlich voll genutzt worden, wenn auch nur eine geringfügige Steuer angefallen ist. Der Zuschlag wird nur für die Kalendermonate gezahlt, in denen für die Kinder, für die der Kinderfreibetrag zusteht, auch das Kindergeld oder eine vergleichbare Leistung (z.B. Kinderzuschuß oder Kinderzulage) zu zahlen ist. Der Antrag auf den Zuschlag muß spätestens sechs Monate nach Ablauf des Jahres bei der Kindergeldkasse gestellt werden; ist für das maßgebliche Jahr eine Einkommensteuererklärung abgegeben oder beim Finanzamt der Lohnsteuerjahresausgleich beantragt worden, so beginnt die sechsmonatige Antragsfrist erst mit dem Zugang des Steuerbescheids.

4. Einkommensleistungen im Ausbildungs- und Beschäftigungssystem

Die Sicherung eines möglichst hohen Beschäftigungsstandes der abhängig Erwerbstätigen gehört zu den vorrangigen Aufgaben der wirtschafts- und sozialpolitischen Entscheidungsträger. Demzufolge nehmen auch in der Sozialpolitik und nicht nur in der allgemeinen Wirtschaftspolitik die **Maßnahmen zur Verhinderung von Arbeitslosigkeit** einen breiten Raum ein. Der Sicherung vor Arbeitslosigkeit dienen insbesondere die Arbeitsvermittlung und die Berufsberatung, die Förderung der Ausbildung, Fortbildung und Umschulung, die Förderung der beruflichen Rehabilitation, die Förderung der Arbeitsaufnahme und die Maßnahmen zur Erhaltung und Schaffung von Arbeitsplätzen. An die Seite dieser auf Verhinderung von Arbeitslosigkeit gerichteten Maßnahmen treten jene Leistungen, die die **soziale Sicherung bei Arbeitslosigkeit und Zahlungsunfähigkeit des Arbeitgebers** gewährleisten sollen.

In dem in dieser Weise abgegrenzten Funktionsbereich Ausbildung und Beschäftigung dominieren die Einkommensleistungen. Von herausragender Bedeutung sind dabei die Einkommensleistungen der **Arbeitsförderung**:

(1) Die Arbeitsförderung erbringt im Rahmen der allgemeinen arbeitsmarktpolitischen Maßnahmen Einkommensleistungen bei der individuellen Förderung der beruflichen Ausbildung, Fortbildung und Umschulung insbesondere in Form des Unterhaltsgeldes; von Bedeutung sind auch Bildungsbeihilfen für arbeitslose Jugendliche.

(2) Im Rahmen der Förderung der Arbeitsaufnahme werden Einkommensleistungen in Form der Trennungsbeihilfen und Überbrückungsbeihilfen gezahlt.

(3) Im Rahmen von Rehabilitationsmaßnahmen werden Einkommensleistungen als Übergangsgeld oder Ausbildungsgeld sowie im Zuge sonstiger berufsfördernder Maßnahmen als Trennungsbeihilfen, Überbrückungsbeihilfen und Verdienstausfallausgleich gezahlt.

(4) Der Erhaltung von Arbeitsplätzen sowie der Förderung der ganzjährigen Beschäftigung in der Bauwirtschaft dienen das Kurzarbeitergeld, das Schlechtwettergeld und das Wintergeld.

(5) Bei Arbeitslosigkeit und bei Zahlungsunfähigkeit des Arbeitgebers fallen Arbeitslosengeld, Arbeitslosenhilfe und Konkursausfallgeld sowie Erstattungen an ausländische Versicherungsträger an.

Diese Einkommensleistungen der Sozialen Sicherung vor und bei Arbeitslosigkeit werden durch spezielle Leistungen und Leistungen in besonderen Situationen ergänzt. Hierzu gehören soziale Hilfsmaßnahmen für Arbeitnehmer der Kohle- und Stahlindustrie und des Eisenerzbergbaus in Form von Trennungsentschädigungen, Lohnbeihilfen, Wartegeld, Umschulungsbeihilfen und Übergangsbeihilfen, Abfindungen für Rentenempfänger und Bezieher von Anpassungsgeld sowie Hausbrandabfindungen. Zu erwähnen sind auch die Erstattungen schweizerischer Leistungen an deutsche Grenzgänger seitens der Bundesanstalt für Arbeit. Zu berücksichtigen sind ferner das Überbrückungsgeld im Rahmen der Förderung der Arbeitsaufnahme in Berlin sowie die Arbeitslosenhilfe und das Unterhaltsgeld nach dem Entwicklungshelfer-Gesetz. Schließlich gewähren auch die Länder spezielle Beihilfen an Arbeitnehmer des Kohlebergbaus sowie Stipendien für Umschulungsmaßnahmen. Eingliederungsbeihilfen und Arbeitslosengeld im Rahmen der Heimkehrerfürsorge, Einkommensleistungen im Rahmen der Eingliederung von Aussiedlern sowie solche im Zuge arbeitsmarktpolitischer Programme für Regionen mit besonderen Beschäftigungsproblemen und zusätzliche arbeitsmarktpolitische Vermittlungshilfen (Eingliederungsbeihilfen) runden das Leistungsspektrum der Arbeitsförderung ab.

Die Leistungen der **Arbeitsförderung** werden durch Arbeitgeberleistungen der Mobilitätsförderung ergänzt.

Von erheblicher Bedeutung sind auch die Einkommensleistungen der **Rentenversicherung** im Funktionsbereich Ausbildung und Beschäftigung. Hierbei handelt es sich um das vorzeitige Altersruhegeld wegen Arbeitslosigkeit sowie um die Knappschaftsausgleichsleistung.

Von relativ geringer Größenordnung sind die Einkommensleistungen der **Unfallversicherung**; sie umfassen im Rahmen der Berufshilfe und der ergänzenden Leistungen zur Berufshilfe für Verletzte die Zahlung von Übergangsgeld und andere Übergangsleistungen.

Im Rahmen der **sozialen Entschädigungssysteme** werden diesem Funktionsbereich zuzuordnende Einkommensleistungen nach dem Bundesversorgungsgesetz erbracht, die der beruflichen Ausbildung, Fortbildung und Umschulung dienen.

Die Einkommensleistungen der **Sozialen Hilfen und Dienste** im Funktionsbereich Ausbildung und Beschäftigung erreichen eine beachtliche Größenordnung. Die **Sozialhilfe** gewährt Ausbildungshilfen sowie, im Rahmen von Sondermaßnahmen, Arbeitsentgelt. Im Bereich der **Jugendhilfe** werden Geldleistungen der Berufshilfe sowie Hilfen zur Fortsetzung einer Ausbildung erbracht. Von besonderer Bedeutung sind vor allem die Leistungen nach dem **Bundesausbildungsförderungsgesetz**.

Zum weiteren ist auf **Steuerermäßigungen** im Funktionsbereich Ausbildung und Beschäftigung hinzuweisen.

4.1 Förderung der Ausbildung, Fortbildung und Umschulung

Das Sozialgesetzbuch begründet in seinem Allgemeinen Teil ein Recht auf individuelle Förderung von Ausbildungsmaßnahmen, wenn dem Betreffenden die hierfür erforderlichen Mittel nicht anderweitig zur Verfügung stehen. Das seit 1971 gültige **Bundesausbildungsförderungsgesetz** hat nicht alle Bereiche der Ausbildungsförderung zusammengefaßt. Wesentliche Hilfen zur Schulausbildung, zur schulischen Berufsausbildung und betrieblichen Berufsausbildung sind besonderen Regelungen vorbehalten. So richtet sich die Förderung der betrieblichen und überbetrieblichen Berufsausbildung sowie die Teilnahme an berufsvorbereitenden Maßnahmen vor allem nach dem Recht der **Arbeitsförderung**. Auch im Rahmen der **Unfallversicherung** ist eine Ausbildungsförderung als berufsfördernde Maßnahme zur Rehabilitation möglich. Das **Bundesversorgungsgesetz** sieht eine Förderung von Ausbildungsmaßnahmen vor. Schließlich ist auch auf jene Ausbildungshilfen hinzuweisen, die nach den Regelungen des **Bundessozialhilfegesetzes** sowie des **Jugendwohlfahrtsgesetzes** erbracht werden. Der Hochbegabtenförderung dienen spezielle Förderwerke; der wissenschaftliche Nachwuchs erfuhr lange Zeit Hilfen durch das **Graduiertenförderungsgesetz**, dessen Schicksal allerdings gegenwärtig recht unbestimmt ist. Alle diese Bereiche der Ausbildungsförderung bezwecken im weitesten Sinne eine individuelle Förderung der Schul- und Berufsausbildung und sollen vorhandene Bildungsbarrieren, soweit sie auf finanzielle Schwierigkeiten zurückzuführen sind, abbauen.

4.1.1 Schüler- und Studentenförderung nach dem Bundesausbildungsförderungsgesetz

Das Bundesausbildungsförderungsgesetz begünstigte ursprünglich Schüler verschiedenster Schulformen sowie Studierende, Teilnehmer an Fernunterrichtslehrgängen und Praktikanten:

(1) Schüler von Gymnasien, Fachoberschulen und Berufsfachschulen ab Klasse 11, von Abendhauptschulen, Abendrealschulen, Abendgymnasien, Kollegs, Berufsaufbauschulen und Fachschulen.

(2) Schüler der Klasse 10 der weiterführenden allgemeinbildenden Schulen und von Berufsfachschulen, wenn der Auszubildende nicht bei seinen Eltern wohnt und von der Wohnung der Eltern eine zumutbare Ausbildungsstätte nicht erreichbar ist.

(3) Studierende an Höheren Fachschulen, Akademien und Hochschulen.

(4) Teilnehmer an Fernunterrichtslehrgängen, die wie die genannten Ausbildungsstätten unter denselben Zugangsvoraussetzungen auf denselben Abschluß vorbereiten, vorausgesetzt, daß der Auszubildende bereits vor Beginn des Förderungszeitraums erfolgreich an einem Lehrgang teilgenommen hatte und er die Vorbereitung auf den Ausbildungsabschluß in längstens sechs Monaten beenden kann und seine Arbeitskraft durch den Lehrgang für einen zusammenhängenden Zeitraum von mindestens zwei Monaten voll in Anspruch genommen wird.

(5) Praktikanten, die ein Praktikum im Zusammenhang mit dem Besuch der Ausbildungsstätten oder Fernunterrichtslehrgänge leisten müssen.

Die **Förderung der Schüler** im 10. Schuljahr der beruflichen Schulen und des Berufsgrundbildungsjahres ist zum 31. Juli 1983 ausgelaufen. Ferner wird ab Beginn des Schuljahres 1983 an Schüler, die zuhause wohnen können, keine Ausbildungsförderung mehr geleistet; ausgenommen sind die Abendschulen und Kollegs. Ebenso werden Schüler aus besonders einkommensschwachen Familien, die bereits vor Beginn des Schuljahres 1983 nach dem Bundesausbildungsförderungsgesetz gefördert wurden und deren Familien sich auf diese Leistungen eingestellt haben, bis zum Schulabschluß weiter gefördert, wenn sie nach der Neuregelung des Jahres 1983 nicht mehr anspruchsberechtigt wären. Von diesen Ausnahmen abgesehen, sind in Zukunft nur noch diejenigen Schüler anspruchsberechtigt, die nicht bei ihren Eltern wohnen können, weil sie von deren Wohnort aus eine entsprechende zumutbare Ausbildungsstätte nicht erreichen können. Diese Schüler erhalten seit 1.7.1986 einen Bedarfssatz (Eckwert) von 525 DM bei einem Elternfreibetrag von 1570 DM; die durch die Härteregelung begünstigten Schüler aus besonders einkommensschwachen Familien erhalten den niedrigeren Bedarfssatz (Eckwert) von 200 DM bei einem Elternfreibetrag von 1100 DM.

Mit Beginn des Wintersemesters 1983/84 wurde die **studentische Ausbildungsförderung** auf Volldarlehen umgestellt. Bis dahin erhielten die Studenten je nach der Höhe des Familieneinkommens und des Vermögens eine Ausbildungsförderung, die sich aus einem monatlichen **Grunddarlehen** in Höhe von 150 DM und einem **Zuschuß** von regelmäßig bis zu 570 DM zusammensetzte. Drei Jahre nach einem berufsqualifizierenden Abschluß setzte die Rückzahlungspflicht des Grunddarlehens mit einem Mindestrückzahlungsbetrag von 120 DM monatlich ein. Die Höhe der Schulden betrug bei fünfjähriger Förderung 9000 DM. Nach der **Umstellung auf Volldarlehen** kann ein Student grundsätzlich einen Darlehensbetrag bis zu 710 DM erhalten (ab 1.7.1986), bestehend aus einem Bedarfs-

Tabelle 19: Bedarfssätze gemäß Bundesausbildungsförderungsgesetz

Ausbildungsstellenart	Gesetzliche Grundlage	Bedarfssätze ab 1.7.1986[1]	
		zu Hause wohnhaft	auswärtige Unterbringung
Abendhauptschulen, Abendrealschulen	§ 12 (1)	525	
Weiterführende allgemeinbildende Schulen, Berufsfachschulen, Fach- und Fachoberschulen (ohne abgeschlossene Berufsausbildung)	§ 12 (2) 1		525*
Fachoberschulen (mit abgeschlossener Berufsausbildung), Abendhauptschulen, Berufsausbauschulen, Abendrealschulen	§ 12 (2) 2		640*
Fachschulen (mit abgeschlossener Berufsausbildung), Abendgymnasien, Kollegs	Grundbetrag § 13 (1) f. Unterkunft § 13 (2)	475 60	475 195
Höhere Fachschulen, Akademien, Kunsthochschulen, Hochschulen	Grundbetrag § 13 (1) f. Unterkunft § 13 (2)	515 60	515 195

* Wird nur dann gewährt, wenn von der Wohnung der Eltern aus eine entsprechende zumutbare Ausbildungsstätte nicht erreichbar ist. [1] in DM je Monat.

Quelle: Zehntes Gesetz zur Änderung des Bundesausbildungsförderungsgesetzes, Bundesrats-Drucksache 224/86 vom 16. Mai 1986.

satz von 515 DM und einem Mietzuschuß von bis zu 195 DM. Auch die Ausbildungsförderung auf Darlehensbasis richtet sich nach Einkommens- und Vermögensgrenzen. Die Darlehensrückzahlungspflicht beginnt fünf Jahre nach Ende der Förderungshöchstdauer und ist einkommensabhängig; die Rückzahlungsmindestrate beträgt 120 DM im Monat wie bisher; die Rückzahlungsfrist ist grundsätzlich auf 20 Jahre begrenzt. Die gesamte Darlehensschuld beläuft sich bei fünfjähriger Förderung für einen Vollgeförderten auf über 40 000 DM. Dabei sind jedoch verschiedene **Erlaßmöglichkeiten** vorgesehen: ein Student, der sein Studium vier Monate vor Ende der Förderungshöchstdauer (9 Semester für Juristen; 14 Semester für Mediziner) abgeschlossen hat, erhält 5 000 DM gutgeschrieben; gehört dieser Student zu den 30% der Leistungsbesten der durch BAföG geförderten Kandidaten eines Examensjahrgangs, dann darf er weitere 25% seiner Schuld vom Darlehen abziehen; zahlt dieser Student den Restbetrag innerhalb von fünf Jahren nach Beendigung der Förderungshöchstdauer zurück, wird ihm der Darlehensbetrag, der noch übriggeblieben ist, zusätzlich um bis zu 50% gemindert. Nur unter diesen engen Voraussetzungen wird die Darlehensschuld eines geförderten Studenten in Zukunft nicht wesentlich höher sein als in der Vergangenheit.

Nach dem Bundesausbildungsförderungsgesetz wird vor allen Dingen eine **Ausbildung in der Bundesrepublik Deutschland** gefördert; die **Ausnahmen** sind eng begrenzt. Persönliche Voraussetzungen für den Anspruch auf Ausbildungsförderung sind die deutsche Staatsangehörigkeit, ferner Eignung und ein bestimmtes Alter. **Ausländer** erhalten unter besonderen Bedingungen eine Ausbil-

Tabelle 20: Freibeträge vom Einkommen gemäß Bundesausbildungsförderungsgesetz

Freibeträge in DM	Gültig ab 1. Juli 1986	Anhebung zum 1. Juli 1987
Grundfreibetrag vom Elterneinkommen (nicht geschieden, nicht dauernd getrennt lebend) § 25 (1) 1	1 570	1 600
Grundfreibetrag für andere alleinstehende Elternteile § 25 (1) 2	1 075	1 100
Freibetrag für Kinder/Ehegatten in der Ausbildung § 25 (3) 1	85	90
Freibetrag für Kinder unter 15 Jahren § 25 (3) 2b	370	380
Freibetrag für Kinder über 15 Jahren § 25 (3) 2b	485	500
– Anhebung der Höchstbeträge in § 25 Abs. 4 Nr. 2	60/140/210	–
Freibetrag vom Einkommen des Auszubildenden im/in der		
– Gymnasium, Berufsfachschule usw. § 23 (1) 1a	135	135
– Fachoberschule, Abendhauptschule usw. § 23 (1) 1b	195	200
– Hochschule, Abendgymnasium, Fachschule § 23 (1) 1c	265	270
Freibetrag für den Ehegatten des Auszubildenden (nicht dauernd getrennt lebend) § 23 (1) 2	460	470
Freibetrag bei verheirateten Auszubildenden mit mindestens 1 Kind unter 10 Jahren, das sich im Haushalt befindet § 23 (1) Satz 2	675	690
Freibetrag für jedes Kind des Auszubildenden § 23 (1) 3	370	380
Freibetrag von der Waisenrente § 23 (4)	130	135
Grundfreibetrag vom Einkommen des Darlehensnehmers § 18a (1)	1 075	1 100
– Freibetrag für dessen Ehegatten § 18a (1) 1	485	500
– Freibetrag für dessen Kinder		
– unter 15 Jahren § 18a (1) 2a	370	380
– über 15 Jahren § 18a (1) 2b	485	500

Quelle: Zehntes Gesetz zur Änderung des Bundesausbildungsförderungsgesetzes, Bundesrats-Drucksache 224/86 vom 16. Mai 1986.

dungsförderung. Die Leistungen des Auszubildenden müssen erwarten lassen, daß er das angestrebte Ausbildungsziel erreicht. Ab Überschreiten eines bestimmten **Alters** (30 Jahre) wird die Ausbildungsförderung nur noch in Sonderfällen gewährt.

Die Ausbildungsförderung wird nach dem **Bedarfsprinzip** für den Lebensunterhalt und die Ausbildungskosten geleistet. Als monatlicher Bedarf sind Pauschalbeträge vorgegeben, die nach unterschiedlichen Ausbildungsstätten differenziert sind. Ferner wird berücksichtigt, ob der Auszubildende bei den Eltern oder auswärts wohnt. Auf den jeweiligen Bedarf werden Einkommen und Vermögen des Auszubildenden, seines Ehegatten und seiner Eltern – wenn bestimmte Freibeträge und Anrechnungsgrenzen überschritten werden – angerechnet; in diesem Sinne stellt sich die Ausbildungsförderung als familienabhängige Förderung dar.

4.1.2 Leistungen der Arbeitsförderung

Grundsätzlich knüpft die Leistungsgewährung nach dem Arbeitsförderungsgesetz an die **Beitragspflicht** zur Bundesanstalt für Arbeit an. Beitragspflichtig sind:

(1) Personen, die als Arbeiter oder Angestellte gegen Entgelt oder zu ihrer Berufsausbildung beschäftigt sind; jugendliche Behinderte, die in Einrichtungen für Behinderte, insbesondere in Berufsbildungswerken, an einer berufsfördernden Maßnahme teilnehmen, die ihnen eine Erwerbstätigkeit auf dem allgemeinen Arbeitsmarkt ermöglichen soll, sowie Jugendliche, die in Einrichtungen der Jugendhilfe durch Beschäftigung für eine Erwerbstätigkeit befähigt werden sollen, stehen den zu ihrer Berufsausbildung Beschäftigten gleich. Gleiches gilt für Rehabilitanden, für die der jeweilige Rehabilitationsträger die Beiträge entrichtet. Arbeitnehmer im Sinne des Arbeitsförderungsgesetzes sind auch die Heimarbeiter.

(2) Wehr- und Ersatzdienstleistende, wenn sie für länger als drei Tage einberufen worden sind und unmittelbar vor Dienstantritt gemäß (1) beitragspflichtig oder arbeitslos waren. Bei Wehrdienstleistenden und Ersatzdienstleistenden, denen nach gesetzlichen Vorschriften während ihrer Dienstleistung Arbeitsentgelt weiter zu gewähren ist, gilt das Beschäftigungsverhältnis als durch den Wehrdienst oder den zivilen Ersatzdienst nicht unterbrochen.

(3) Gefangene, die Arbeitsentgelt, Ausbildungsbeihilfe oder Ausfallentschädigung erhalten. Die beitragspflichtigen Gefangenen gelten als Arbeitnehmer im Sinne des Arbeitsförderungsgesetzes.

Nicht erfaßt werden **von der Beitragspflicht** zur Arbeitslosenversicherung vor allen Dingen alle Selbständigen für ihre eigene Person, die Beamten und die Ruhestandsbeamten, die nur geringfügig oder nur gelegentlich Beschäftigten und die während ihres Studiums gegen Entgelt tätigen Studenten. Beitragsfreiheit gilt auch für alle Arbeitnehmer, die das 63. Lebensjahr vollendet haben, denen ein Anspruch auf Rente wegen Erwerbsunfähigkeit aus der gesetzlichen Rentenversicherung zuerkannt ist oder die wegen einer Minderung ihrer Arbeitsfähigkeit der Arbeitsvermittlung auf Dauer nicht zur Verfügung stehen. Gleiches gilt für Arbeitnehmer, die eine Grund- oder Hauptschule, eine Realschule oder ein Gymnasium besuchen; außerdem sind auch Ausländer in einer Beschäftigung zu ihrer beruflichen Aus- und Fortbildung unter bestimmten Voraussetzungen beitragsfrei.

In dieser Weise ist der **Personenkreis**, der Leistungen nach dem Arbeitsförderungsgesetz in Anspruch nehmen kann, **deutlich weiter gefaßt** als bei anderen Institutionen, die Ausbildung, Fortbildung und Umschulung als Rehabilitationsträger fördern. Der anspruchsberechtigte Personenkreis besteht nicht vorrangig aus kranken, invaliden und behinderten Arbeitnehmern, sondern erfaßt alle Arbeitnehmer, die vor bzw. bei Arbeitslosigkeit gesichert werden sollen. Die Maßnahmen der Arbeitsförderung sind unmittelbar auf den Funktionsbereich Beschäftigung bezogen und erhalten von hier aus auch ihre primäre Begründung.

Da in einer modernen Industriegesellschaft ein hoher Grad der **beruflichen Mobilität** für eine Erhaltung der Vollbeschäftigung unabdingbar ist, kommt den Leistungen der Bundesanstalt für Arbeit zur Förderung der beruflichen Bildung eine erhebliche wirtschafts- und sozialpolitische Bedeutung zu. Die individuellen

Ausbildungs-, Fortbildungs- und Umschulungsmaßnahmen, auf die ein Rechtsanspruch besteht, sollen die Anpassungsfähigkeit der einzelnen Arbeitnehmer an die steigenden Anforderungen einer sich ständig verändernden Berufswelt erhöhen. Ergänzt werden die individuellen Förderungsmaßnahmen durch institutionelle Hilfen, die auf die Bereitstellung eines ausreichenden und bedarfsgerechten sowie qualitativ hochstehenden Angebots an beruflichen Bildungseinrichtungen gerichtet sind.

Die **individuelle Förderung der beruflichen Bildung** dient im Rahmen der beruflichen **Ausbildung** dem Erlernen notwendiger Kenntnisse und Fähigkeiten zur Ausübung eines Berufes. Die Bundesanstalt für Arbeit gewährt Auszubildenden **Berufsausbildungsbeihilfen** für eine berufliche Ausbildung in Betrieben oder überbetrieblichen Ausbildungsstätten sowie für die Teilnahme an Grundausbildungs- und Förderungslehrgängen und anderen berufsvorbereitenden Maßnahmen, soweit ihnen die hierfür erforderlichen Mittel anderweitig nicht zur Verfügung stehen:

(1) Die Berufsausbildungsbeihilfen werden als Zuschüsse oder Darlehen gewährt und richten sich nach dem Bedarf. Für unverheiratete Teilnehmer an berufsvorbereitenden Maßnahmen, die das 21. Lebensjahr noch nicht vollendet haben, richtet sich der Bedarf nach dem für zuhause wohnende Schüler geltenden Bedarfssatz des BAföG, vermindert um 215 DM; bei außerhalb des Haushalts der Eltern wohnenden Personen erhöht sich dieser Betrag um die Kosten der Unterkunft (ebenfalls gemäß BAföG). Für die übrigen Teilnehmer wird der Bedarf von der Bundesanstalt durch Anordnung bestimmt.

(2) Eigenes Einkommen, also vor allem die Ausbildungsvergütung, bzw. das die Freibeträge übersteigende Einkommen der Eltern oder Ehegatten wird angerechnet. War der Teilnehmer allerdings bereits ein Jahr beitragspflichtig beschäftigt, erhält er die Berufsausbildungsbeihilfe für den Lebensunterhalt ohne Anrechnung von Einkommen der Unterhaltsverpflichteten, wenn er arbeitslos ist.

(3) Die Leistungen zur Förderung der beruflichen Bildung werden grundsätzlich allen Deutschen gewährt – unter bestimmten Voraussetzungen aber auch Ausländern, insbesondere jenen aus EG-Staaten.

Die **individuelle Förderung der beruflichen Fortbildung** ist auf Maßnahmen gerichtet, die das Ziel haben, berufliche Kenntnisse und Fertigkeiten festzustellen, zu erhalten, zu erweitern oder der technischen Entwicklung anzupassen bzw. einen beruflichen Aufstieg zu ermöglichen, und die eine abgeschlossene Berufsausbildung oder eine angemessene Berufserfahrung voraussetzen. Die **berufliche Umschulung** betrifft den Erwerb solcher Kenntnisse und Fertigkeiten, die den Übergang in eine andere geeignete berufliche Tätigkeit ermöglichen.

Die **Teilnahme an Fortbildungs- und Umschulungsmaßnahmen** wird nur innerhalb bestimmter zeitlicher Grenzen gefördert (zwei oder vier Wochen bis zu zwei Jahren); notwendige Wiederholungen werden innerhalb enger Grenzen ermöglicht. Grundsätzlich beziehen sich die Förderungsmaßnahmen auf Personen mit einer abgeschlossenen Berufsausbildung und anschließender (mindestens) dreijähriger Berufstätigkeit; ist die Voraussetzung einer abgeschlossenen Berufsausbildung nicht erfüllt, so wird eine mindestens sechsjährige berufliche Tätigkeit vorausgesetzt. Die notwendige Dauer der beruflichen Tätigkeit verkürzt sich um zwei Jahre, wenn der Antragsteller an einer Maßnahme mit Vollzeitunterricht und einer Dauer bis zu sechs Monaten oder an einer Maßnahme mit Teilzeitunterricht und einer Dauer bis zu 24 Monaten teilnimmt. Unter den gleichen Voraussetzungen verkürzt sich auch für einen bereits einmal geförderten Arbeitnehmer die sonst notwendige Frist von mindestens drei weiteren Jahren beruflicher Tätigkeit bis zur erneuten Antragstellung um ein Jahr. Weitere Fristverkürzungen bei erster Antragstellung oder bei wiederholter Teilnahme an Fortbildungs- oder Umschulungsmaßnahmen sind unter speziellen Voraussetzungen möglich, insbesondere für Arbeitslose und von Arbeitslosigkeit unmittelbar bedrohte Personen.

Die Teilnehmer an Maßnahmen zur beruflichen Fortbildung und Umschulung mit grundsätzlich ganztägigem Unterricht erhalten gegebenenfalls ein **Unterhaltsgeld**:

(1) Das Unterhaltsgeld beträgt für Teilnehmer mit Kindern oder einem pflegebedürftigen, erwerbsunfähigen Ehegatten 73 v.H., für die übrigen Teilnehmer 65 v.H. des um die gesetzlichen Abzüge, die bei Arbeitnehmern gewöhnlich anfallen, verminderten Arbeitsentgelts.

Voraussetzung für dieses Unterhaltsgeld ist, daß die Teilnahme an der Bildungsmaßnahme notwendig ist, damit ein Antragsteller, der

- arbeitslos ist, beruflich eingegliedert wird,
- von Arbeitslosigkeit unmittelbar bedroht ist, nicht arbeitslos wird,
- keinen beruflichen Abschluß hat, eine berufliche Qualifikation erwerben kann,
- einen Beruf ergreifen will, in dem ein Mangel an Arbeitskräften auf dem für ihn in Betracht kommenden Arbeitsmarkt besteht oder in absehbarer Zeit zu erwarten ist, diesen ausüben kann.

Werden diese Voraussetzungen nicht erfüllt und kann von einem Antragsteller die Teilnahme an einer gleichwertigen Bildungsmaßnahme mit berufsbegleitendem Unterricht nicht erwartet werden, wird ein Unterhaltsgeld in Höhe von 58 v.H. des um die gesetzlichen Abzüge verminderten Arbeitsentgelts als Darlehen gewährt.

(2) Für Teilnehmer, die unmittelbar vor Eintritt in die Bildungsmaßnahme Arbeitslosengeld oder Arbeitslosenhilfe bezogen haben, bemißt sich das Unterhaltsgeld mindestens nach dem Arbeitsentgelt, nach dem die vorhergegangenen Leistungen zuletzt bemessen worden sind; jugendliche Berufsanfänger erhalten bei Teilnahme an Bildungsmaßnahmen ein Unterhaltsgeld nach einem Bemessungsentgelt in Höhe von 75% des zu erwartenden Facharbeiterlohnes.

(3) Zwischen dem 1.1.1986 und 31.12.1989 wird auch Teilnehmern an Maßnahmen zur beruflichen Fortbildung mit Teilzeitunterricht ein gekürztes Unterhaltsgeld gewährt, sofern sie bei Beginn der Maßnahme das 25. Lebensjahr noch nicht vollendet haben oder nach der Betreuung und Erziehung ihres Kindes in das Erwerbsleben zurückkehren.

(4) Einkommen aus einer neben der Teilnahme an einer Maßnahme ausgeübten selbständigen oder unselbständigen Tätigkeit wird auf das Unterhaltsgeld voll angerechnet, soweit es 30 DM wöchentlich überschreitet.

(5) Bricht ein Bezieher von Unterhaltsgeld die Teilnahme an der Maßnahme ohne wichtigen Grund ab, so kann die Bundesanstalt von ihm das gewährte Unterhaltsgeld insoweit zurückfordern, als ihm für die gleiche Zeit weder Arbeitslosengeld noch Arbeitslosenhilfe zugestanden hätte.

Die **Leistungssätze des Unterhaltsgeldes** werden in regelmäßigen Abständen neu festgesetzt und berücksichtigen das im Bemessungszeitraum in der Arbeitsstunde durchschnittlich erzielte Bruttoarbeitsentgelt und die durchschnittliche tarifliche Arbeitszeit bestimmter Bemessungszeiträume (mit verschiedenen Sonderregelungen, z.B. für Berufsanfänger). Für das so ermittelte Bruttoarbeitsentgelt wird die Höhe des Unterhaltsgeldes nach bestimmten Leistungsgruppen ermittelt, in die der einzelne Arbeitnehmer aufgrund der für ihn geltenden Lohnsteuerklasse einzuordnen ist. Die Leistungsgruppe A gilt für nichtverheiratete Arbeitnehmer ohne Kinder mit der Steuerklasse I und für verheiratete Arbeitnehmer mit der Steuerklasse IV; die Leistungsgruppe B wird bei verheirateten Arbeitnehmern mit der Steuerklasse I oder II und bei nichtverheirateten Arbeitnehmern mit mindestens einem Kind mit der Steuerklasse I zugrunde gelegt; die Leistungsgruppe C gilt für verheiratete Arbeitnehmer mit der Lohnsteuerklasse III; die Leistungsgruppe D betrifft verheiratete Arbeitnehmer mit der Lohnsteuerklasse V; die Leistungsgruppe E wird bei Arbeitnehmern mit der Lohnsteuerklasse VI zugrundegelegt. Durch dieses Leistungsgruppenverfahren wird erreicht, daß das Unterhaltsgeld jeweils einen bestimmten Prozentsatz des gewöhnlichen Nettoarbeitsentgelts beträgt, das dem ermittelten und für die Höhe des Unterhaltsgeldes zugrundezulegenden durchschnittlichen Bruttowochenarbeitsentgelt entspricht.

4.1.3 Ausbildungshilfen der Sozialen Entschädigungssysteme, der Sozialhilfe und der Jugendhilfe

Nach dem **Bundesversorgungsgesetz** sind Erziehungsbeihilfen im Rahmen der Ausbildungsförderung vorgesehen. Diese Beihilfen kommen den Kindern von Kriegsbeschädigten, geschädigten Bundeswehrsoldaten und Zivildienstangehörigen zugute. Die Leistungen richten sich nach dem angemessenen Bedarf für Erziehung, Ausbildung und Lebensunterhalt unter Berücksichtigung von Einkommens- und Vermögensgrenzen.

Sehr viel gewichtiger ist im Vergleich zu den sozialen Entschädigungssystemen die Stellung der **Sozialhilfe** in der Ausbildungsförderung. Allerdings geht die Ausbildung nach dem Bundesausbildungsförderungsgesetz oder dem Arbeitsförderungsgesetz den Maßnahmen der Sozialhilfe vor. Die Leistungen der **Jugendhilfe** gehen vor allen Dingen an junge Menschen, die ihre Schul- und Berufsausbildung in Heimen, Heimsonderschulen und Heimwerkstätten erhalten. Auch die Ausbildungshilfen der Jugendhilfe haben subsidiären Charakter und treten demzufolge nur dann ein, wenn andere Hilfen nicht gegeben werden können oder nicht ausreichen.

4.2 Förderung der Arbeitsaufnahme

Die Leistungen zur Förderung der Arbeitsaufnahme sollen die **regionale Mobilität der Arbeitnehmer** erhöhen und finanzielle Hindernisse beseitigen, die einer Arbeitsaufnahme im Wege stehen. Nur in Ausnahmefällen handelt es sich dabei um Einkommensleistungen mit Lohnersatzfunktion. Hierzu gehören **Trennungsbeihilfen**, die gezahlt werden, wenn die Arbeitsaufnahme die Führung eines getrennten Haushalts erfordert, und **Überbrückungsbeihilfen**, die bis zur Dauer von zwei Monaten gewährt werden können. Die Überbrückungsbeihilfen sollen bei einer Arbeitsaufnahme den Lebensunterhalt des Arbeitnehmers und seiner Familie bis zur ersten vollen Lohnzahlung sicherstellen; hierbei handelt es sich allerdings in der Regel um Darlehen, die bis zu bestimmten wöchentlichen Höchstbeträgen zur Verfügung gestellt werden. Die Förderung der Arbeitsaufnahme durch Leistungen an Arbeitnehmer ist auf Arbeitslose und von Arbeitslosigkeit unmittelbar Bedrohte beschränkt, soweit diese die erforderlichen Mittel nicht selbst aufbringen können.

Zur Förderung der Arbeitsaufnahme in **Berlin** werden besondere Lohn- oder Gehaltszuschläge gewährt, die politisch bedingte Nachteile ausgleichen sollen. Spezielle Anpassungshilfen sind auch für **Bergleute** festzustellen, die angesichts der notwendigen und laufend stattfindenden Anpassungen der Beschäftigtenzahlen des Bergbaus an die veränderte Lage auf dem Energiemarkt umgesetzt werden müssen; diese Anpassungshilfen für Bergleute sollen die Lohnnachteile bei anderer Beschäftigung sowie die mit anderer Beschäftigung zusätzlich entstehenden Kosten ausgleichen; bei vorübergehender Arbeitslosigkeit in der Übergangsphase zu einer neuen Beschäftigung können Bergleute ein Wartegeld bis zu 80% des früheren Nettomonatslohns zur Aufstockung des Arbeitslosengeldes für die Dauer von 12 Monaten erhalten; weitere Übergangshilfen werden unter speziellen Voraussetzungen gewährt; hinzuweisen ist auch auf besondere Abfindungen und Umschulungszulagen für Bergleute, die aus bergbaulichen Betrieben freigesetzt werden.

Seit Anfang 1986 kann die Bundesanstalt für Arbeit Arbeitslosen, die eine selbständige Tätigkeit aufnehmen wollen und mindestens 10 Wochen Arbeitslosengeld oder Arbeitslosenhilfe bezogen haben, für längstens 13 Wochen **Überbrückungsgeld** gewähren. Das Überbrückungsgeld wird maximal bis zur Höhe des vorher bezogenen Arbeitslosengeldes oder der Arbeitslosenhilfe gewährt. Außerdem ist eine Stellungnahme einer fachkundigen Stelle über die Tragfähigkeit der Existenzgründung vorzulegen.

4.3 Berufsfördernde Leistungen zur Rehabilitation

Zum weiteren Bereich der Förderung der Ausbildung, Fortbildung und Umschulung sowie der Förderung der Arbeitsaufnahme und damit der Sicherung vor Arbeitslosigkeit gehören auch die berufsfördernden Maßnahmen zur Rehabilitation, die nach dem **Rehabilitationsangleichungsgesetz von 1974** weitgehend einheitlich gewährt werden. Die **Rentenversicherung** gewährt Leistungen an ihre Versicherten sowie an Berufs- und Erwerbsunfähigkeitsrentner, wenn Behinderungen aufgrund allgemeiner Leiden vorliegen. Die **Unfallversicherung** führt Rehabilitationsmaßnahmen nach Arbeitsunfällen oder bei Berufskrankheiten durch. Die **Kriegsopferversorgung** gewährt Rehabilitationsmaßnahmen an Kriegsbeschädigte, Kriegshinterbliebene, Wehrdienstgeschädigte usw. Die **Bundesanstalt für Arbeit** bewilligt Rehabilitationsmaßnahmen zur beruflichen Eingliederung, sofern nicht einer der vorgenannten Träger zuständig ist. Die **Sozialhilfe** ist erst an letzter Stelle und subsidiär zuständig.

4.3.1 Leistungen der Arbeitsförderung

Die Bundesanstalt für Arbeit gewährt nach dem Arbeitsförderungsgesetz als berufsfördernde Leistungen zur Rehabilitation diejenigen Hilfen, die erforderlich sind, um die Erwerbsfähigkeit der körperlich, geistig oder seelisch Behinderten entsprechend ihrer Leistungsfähigkeit zu erhalten, zu bessern, herzustellen oder wiederherzustellen und die Behinderten möglichst auf Dauer beruflich einzugliedern. Dabei sind Eignung, Neigung und bisherige Tätigkeit angemessen zu berücksichtigen. Hilfen können auch zum beruflichen Aufstieg erbracht werden.

Diese Leistungen zur Rehabilitation sollen für die Dauer gewährt werden, die zur Erreichung des Berufsziels vorgeschrieben oder allgemein üblich ist. Sie werden sowohl für die **berufliche Ausbildung** als auch für die **berufliche Fortbildung** und **Umschulung** weitgehend gemäß den allgemeinen Vorschriften zur Förderung der beruflichen Bildung seitens der Bundesanstalt für Arbeit erbracht, sofern nicht ein anderer Rehabilitationsträger zuständig ist.

Allerdings sind einige **Besonderheiten** zu beachten. Die Leistungen zur beruflichen Ausbildung werden auch dann gewährt, wenn die berufliche Ausbildung wegen Art oder Schwere der Behinderung in einer besonderen Ausbildungsstätte für Behinderte stattfindet und in einem zeitlich nicht überwiegenden Abschnitt schulisch durchgeführt wird. Behinderte Auszubildende erhalten die individuellen Förderungsleistungen zur beruflichen Ausbildung auch dann, wenn ihnen die erforderlichen Mittel aufgrund eines Unterhaltsanspruches zur Verfügung stehen; dies gilt nicht, soweit die Nichtberücksichtigung des Unterhaltsanspruches offensichtlich ungerechtfertigt wäre. Behinderte in anerkannten Werkstätten für Behinderte erhalten berufsfördernde und ergänzende Leistungen zur Teilnahme an Maßnahmen im Eingangsverfahren sowie im Arbeitstrainingsbereich, sofern erwartet werden kann, daß sie nach Teilnahme an diesen Maßnahmen in der Lage sind, ein Mindestmaß wirtschaftlich verwertbarer Arbeitsleistung im Sinne des Schwerbehindertengesetzes zu erbringen. Leistungen für die berufliche Fortbildung und Umschulung sollen in der Regel nur gewährt werden, wenn die Maßnahme bei ganztägigem Unterricht nicht länger als zwei Jahre dauert, es sei denn, daß eine Eingliederung nur durch eine längerdauernde Maßnahme zu erreichen ist. Die Maßnahmefrequenz ist eingeschränkt; in der Regel ist eine Wiederholung erst nach Ablauf von drei Jahren möglich. Die Leistungen zur Förderung der Arbeitsaufnahme gelten für Behinderte entsprechend.

Kann der Behinderte wegen der Teilnahme an einer Maßnahme der beruflichen Fortbildung oder Umschulung keine ganztägige Erwerbstätigkeit ausüben, so hat er Anspruch auf **Übergangsgeld** als ergänzender Leistung der beruflichen Rehabilitation. Das gleiche gilt, wenn der Behinderte keine ganztägige Erwerbstätigkeit ausüben kann, weil er an einer Maßnahme der Berufsfindung und Arbeitserprobung oder der Berufsvorbereitung einschließlich einer wegen der Behinderung erforderlichen Grundausbildung oder an einer Maßnahme der beruflichen Ausbildung in einem Betrieb oder in einer überbetrieblichen Einrichtung teilnimmt:

(1) Das Übergangsgeld beträgt 80% bzw. 70% der Berechnungsgrundlage. 80% werden gezahlt, wenn der Teilnehmer Kinder hat oder sein Ehegatte pflegebedürftig ist; in allen anderen Fällen werden 70% gezahlt. Berechnungsgrundlage sind 80% des zuletzt verdienten Lohnes oder Gehaltes (Regellohn). In dieser Weise ist die Berechnung des Übergangsgeldes auf ein pauschaliertes Nettoentgelt bezogen.

(2) Für die Berechnung des Regellohnes ist das von dem Behinderten im letzten vor Beginn der Maßnahme abgerechneten Lohnabrechnungszeitraum des letzten Beschäftigungsverhältnisses, mindestens das während der letzten abgerechneten vier Wochen (Bemessungszeitraum) erzielte Arbeitsentgelt durch die Zahl der Stunden zu teilen, für die es gezahlt wurde. Das Ergebnis ist mit der Zahl der sich aus dem Inhalt des Arbeitsverhältnisses ergebenden regelmäßigen wöchentlichen Arbeitsstunden zu vervielfachen und durch sieben zu teilen. Ist das Arbeitsentgelt nach Monaten bemessen oder ist eine Berechnung des Regellohnes in der aufgezeigten Weise nicht möglich, so gilt der dreißigste Teil des in dem letzten vor Beginn der Maßnahme abgerechneten Kalendermo-

nat erzielten Arbeitsentgeltes als Regellohn. Dieser Regellohn wird bis zur Höhe der für den Beitrag zur Bundesanstalt für Arbeit geltenden Beitragsbemessungsgrenze berücksichtigt.

(3) In besonderen Fällen (z.B. wenn kein Arbeitsentgelt vorliegt) gelten Sonderregelungen für die Ermittlung der Leistungshöhe des Übergangsgeldes.

(4) Das Übergangsgeld ist dynamisiert; es wird regelmäßig analog zur Rentenanpassung auf zeitnahe wirtschaftliche Verhältnisse bezogen.

Dieses Übergangsgeld kann ein Behinderter im allgemeinen nur dann erhalten, wenn er innerhalb der letzten fünf Jahre vor Beginn der Maßnahme mindestens zwei Jahre lang eine die **Beitragspflicht begründende Beschäftigung** ausgeübt hat. Die übrigen berufsfördernden und ergänzenden Leistungen unterliegen nicht dieser Einschränkung. Im übrigen wird der Leistungsanspruch auf Übergangsgeld durch verschiedene **Kumulationsregelungen** eingegrenzt:

(1) Treffen Übergangsgeld und Arbeitsentgelt zusammen, so ist das Übergangsgeld um das um die gesetzlichen Abzüge verminderte Arbeitsentgelt zu kürzen; in bestimmten Fällen ist das Übergangsgeld um 80% des erzielten Arbeitseinkommens zu kürzen.

(2) Das Übergangsgeld ist zu kürzen um Geldleistungen, die eine öffentlich-rechtliche Stelle im Zusammenhang mit der Teilnahme an einer berufsfördernden Maßnahme zur Rehabilitation gewährt, um Renten, wenn dem Übergangsgeld ein vor Beginn der Rentengewährung erzieltes Arbeitsentgelt oder Arbeitseinkommen zugrundeliegt, sowie um Renten, die aus demselben Anlaß wie die berufsfördernden Maßnahmen zur Rehabilitation gewährt werden, wenn durch die Anrechnung eine unbillige Doppelleistung vermieden wird.

4.3.2 Berufshilfe der Unfallversicherung

Sofern die Unfallversicherung als Rehabilitationsträger zuständig ist, gewährt sie Leistungen der **Berufshilfe**, die zusammen mit ergänzenden Leistungen den Leistungen der Arbeitsförderung vergleichbar sind. Durch die Berufshilfe soll der Verletzte wieder voll in das Arbeitsleben eingegliedert werden. Vorrangig soll erreicht werden, daß er seine bisherige Berufstätigkeit wieder aufnehmen kann; ist dies nicht möglich, so soll der Verletzte für einen anderen Beruf ausgebildet werden, wobei die Kosten dieser Maßnahme übernommen werden. Während der Berufshilfe wird ein **Übergangsgeld** gezahlt.

4.4 Leistungen der Arbeitsförderung zur Erhaltung von Arbeitsplätzen

Die Maßnahmen der Bundesanstalt für Arbeit zur Erhöhung der beruflichen und regionalen Mobilität der Arbeitnehmer durch Förderung der Ausbildung, Fortbildung und Umschulung sowie der Arbeitsaufnahme einschließlich der berufsfördernden Leistungen zur Rehabilitation dienen im weitesten Sinne dazu, den Eintritt von Arbeitslosigkeit zu vermeiden oder die Dauer der Arbeitslosigkeit zu begrenzen. Spezielle Instrumente der Arbeitsförderung zur Sicherung vor Arbeitslosigkeit sind das Kurzarbeitergeld, das Schlechtwettergeld sowie das Wintergeld.

4.4.1 Kurzarbeitergeld

Das Kurzarbeitergeld dient der **Erhaltung von Arbeitsplätzen bei vorübergehendem Arbeitsmangel** in Betrieben und Betriebsabteilungen. Kurzarbeitergeld wird Arbeitnehmern bei vorübergehendem Arbeitsausfall in denjenigen Betrieben gewährt, in denen regelmäßig mindestens ein Arbeitnehmer beschäftigt ist, wenn zu erwarten ist, daß durch die Gewährung von Kurzarbeitergeld den Arbeitnehmern die Arbeitsplätze und dem Betrieb die eingearbeiteten Arbeitnehmer erhalten werden. Besteht ein erheblicher Mangel an Arbeitskräften, so soll Kurzarbeitergeld insoweit nicht gewährt werden, als die Lage auf dem Arbeitsmarkt die Vermittlung der Arbeitnehmer in andere Arbeitsverhältnisse, die für die Arbeitnehmer zumutbar sind, erfordert. Kurzarbeitergeld wird nicht gewährt in denjenigen Betrieben, die keine regelmäßige Arbeitszeit haben, sowie in Betrieben des Schaustellergewerbes und in Theater-, Lichtspiel- und Konzertunternehmen. Auf der anderen Seite haben aber auch Heimarbeiter einen Anspruch auf Kurzarbeitergeld, wenn sie ihren Lebensunterhalt ausschließlich oder weitaus überwiegend aus dem Beschäftigungsverhältnis als Heimarbeiter beziehen.

Kurzarbeitergeld wird nur in denjenigen Betrieben gezahlt, in denen der vorübergehende Arbeitsausfall auf **wirtschaftlichen Ursachen** konjunktureller oder struktureller Art beruht oder mit sonstigen Ereignissen verbunden ist, die unabwendbar zu einem unvermeidbaren Arbeitsausfall führen; sofern der Arbeitsausfall **branchenüblich, betriebsüblich** oder **saisonbedingt** ist oder ausschließlich auf **betriebsorganisatorischen Umständen** beruht, wird Kurzarbeitergeld nicht gezahlt.

Der für die Zahlung des Kurzarbeitergeldes konstitutive Arbeitsausfall muß dem Arbeitsamt **angezeigt** worden sein und einen bestimmten Umfang haben (mindestens vier Wochen lang für mindestens ein Drittel der Belegschaft ein Ausfall von mehr als 10% der Arbeitszeit; für Heimarbeiter innerhalb eines Kalendermonats eine Lohneinbuße um mehr als 20%).

Allerdings wird Kurzarbeitergeld nur dann gezahlt, wenn ein Betrieb eindeutig verkürzt gearbeitet hat. **Überstunden** auf der einen und Kurzarbeit auf der anderen Seite werden deshalb gegeneinander aufgerechnet. Bei Anspruchsprüfung werden die Ausfallstunden und Arbeitsstunden (einschließlich Überstunden), die während des Gewährungszeitraums im Gesamtbetrieb anfallen, gegeneinander aufgerechnet. Erst wenn das Ergebnis ein Minus von mehr als 3% der Normalarbeitszeit ausweist, darf Kurzarbeitergeld beansprucht werden. Ausgenommen sind Fälle, in denen die Kurzarbeiter der betroffenen Betriebsabteilung nicht in eine andere Abteilung umgesetzt werden können. Auch beim einzelnen Kurzarbeiter erfolgt eine Aufrechnung von Arbeitsausfall und Mehrarbeit; kein Kurzarbeitergeld wird gezahlt für Ausfallstunden, wenn die insgesamt geleisteten Arbeitsstunden im maßgeblichen Zeitraum die regelmäßige Arbeitszeit übersteigen. Auf diese Weise sollen Betriebe und Arbeitnehmer die Beschäftigungsrisiken zunächst bis zu einem gewissen Grade selbst auffangen.

Unter diesen Voraussetzungen wird ein Kurzarbeitergeld nach Maßgabe des Arbeitsausfalls gewährt. Die **Leistungssätze** betragen 68% für Leistungsempfänger mit Kindern und 63% für Leistungsempfänger ohne Kinder. Bemessungsgrundlage ist das letzte pauschalierte Nettoentgelt. Zu seiner Ermittlung wird von dem Arbeitsentgelt, das der Arbeitnehmer ohne den Arbeitsausfall in der Arbeitsstunde erzielt hätte, und der Zahl der Netto-Ausfallstunden ausgegangen. Für die Umwandlung des so bestimmten entgangenen Bruttoarbeitsentgelts in das entgangene Nettoarbeitsentgelt wird in pauschaler Weise nach dem Leistungsgruppenverfahren vorgegangen, wie es bereits für das Unterhaltsgeld erläutert wurde. Unter Berücksichtigung dieser Leistungsgruppeneinteilung beträgt das Kurzarbeitergeld 68% bzw. 63% des entgangenen gewöhnlichen Nettoentgelts.

Das Kurzarbeitergeld wird nur auf **Antrag** gewährt; dieser muß innerhalb von drei Monaten gestellt sein, wobei der Arbeitgeber dem Arbeitsamt die Voraussetzungen für die Gewährung von Kurzarbeitergeld nachzuweisen hat. Die **Bezugsdauer** des Kurzarbeitergeldes beträgt sechs Monate; sie kann jedoch unter besonderen Bedingungen durch Rechtsverordnung auf 12 bzw. 24 Monate verlängert werden (z.B. bis zum 31.3.1987 auf 24 Monate für längerfristig verkürzt arbeitende Betriebe).

Wird dem Antrag auf Kurzarbeitergeld seitens der Bundesanstalt für Arbeit stattgegeben, so haben diejenigen Arbeitnehmer einen **Anspruch auf Kurzarbeitergeld**, die in dem betreffenden Betrieb eine die Beitragspflicht zur Bundesanstalt für Arbeit begründende Beschäftigung ungekündigt fortsetzen oder aus zwingenden Gründen aufnehmen und infolge des Arbeitsausfalls ein vermindertes Arbeitsentgelt oder kein Arbeitsentgelt beziehen. Arbeitnehmer, die wegen Vollendung des 63. Lebensjahres der Beitragspflicht zur Bundesanstalt für Arbeit nicht unterliegen, erhalten ebenfalls Kurzarbeitergeld. Unter bestimmten Voraussetzungen kann dieses Kurzarbeitergeld auch gekündigten Arbeitnehmern gewährt werden. Keinen Anspruch auf Zahlung von Kurzarbeitergeld haben insbesondere die unständig und hauswirtschaftlich Beschäftigten; auch für Zeiten des Urlaubs und für gesetzliche Feiertage besteht grundsätzlich kein Anspruch auf Kurzarbeitergeld.

4.4.2 Schlechtwettergeld und Wintergeld

Das Kurzarbeitergeld hat sich in der Vergangenheit als ein schnell wirksames und differenziert einzusetzendes Instrument der Arbeitsmarktpolitik in den verschiedensten Branchen erwiesen. In gleicher Weise sind beachtliche Erfolge der Präventivmaßnahmen im Rahmen der Förderung der ganzjährigen Beschäftigung in der Bauwirtschaft festzustellen. Die **produktive Winterbauförderung** zielt auf die Erhaltung der witterungsabhängigen Arbeitsplätze in der Bauwirtschaft im Winter ab; sie soll darauf hinwirken, daß Bauarbeiter und Baustellen vor den nachteiligen Folgen des Winterwetters ausreichend geschützt werden, um die Bautätigkeit unter zumutbaren Bedingungen auch im Winter fortführen zu können. Neben den in diesem Rahmen vor allen Dingen eingesetzten Investitionskostenzuschüssen und Mehrkostenzuschüssen an Unternehmer der Bauwirtschaft werden auch Einkommensleistungen mit Lohnersatzfunktion für Arbeitnehmer eingesetzt.

Die Arbeitnehmer des Baugewerbes erhalten ein **Wintergeld** zur Abgeltung der witterungsbedingten Mehraufwendungen bei Arbeit in der witterungsungünstigen Jahreszeit sowie ein **Schlechtwettergeld** bei witterungsbedingtem Arbeitsausfall:

(1) Das Wintergeld beträgt 2 DM für jede Arbeitsstunde. Es wird an Arbeiter, die in Betrieben des Baugewerbes auf einem witterungsabhängigen Arbeitsplatz beschäftigt

sind, für die Zeit vom 1. Dezember bis 31. März (nicht in der Zeit vom 25. Dezember bis 1. Januar) zusätzlich zum sonstigen Arbeitsentgelt gezahlt. Das Wintergeld wird nur auf Antrag gewährt. Der Antrag ist vom Arbeitgeber unter Beifügung der Stellungnahme der Betriebsvertretung oder von der Betriebsvertretung selbst bis zum Ablauf einer Ausschlußfrist von drei Monaten nach dem Ende der Schlechtwetterzeit zu stellen.

(2) Wenn trotz entsprechender Schutzvorkehrungen in der Bauwirtschaft nicht gearbeitet werden kann, wird Schlechtwettergeld in der Schlechtwetterzeit vom 1. November bis zum 31. März gezahlt. Die Höhe des Schlechtwettergeldes richtet sich nach dem Arbeitsverdienst, den der Arbeitnehmer während der ausgefallenen Arbeitsstunden netto bekommen hätte; es beträgt 68% für Arbeitnehmer, die Kinder erziehen, und 63% für alle übrigen Arbeitnehmer.

Das Schlechtwettergeld ist prinzipiell mit dem Kurzarbeitergeld vergleichbar. Es wird nur gezahlt, wenn der **Arbeitsausfall ausschließlich durch zwingende Witterungsgründe** verursacht ist, an einem Arbeitstag mindestens eine Stunde der Arbeitszeit ausfällt und der Arbeitsausfall dem Arbeitsamt unverzüglich angezeigt wird. Anspruch auf Schlechtwettergeld hat derjenige Arbeitnehmer, der bei Beginn des Arbeitsausfalles auf einem witterungsabhängigen Arbeitsplatz als Arbeiter in einer die Beitragspflicht begründenden Beschäftigung steht und infolge des Arbeitsausfalles für die Ausfallstunden kein Arbeitsentgelt bezieht. Vermögenswirksame Leistungen für Ausfallstunden schließen den Anspruch nicht aus; gleiches gilt für Arbeitsentgelt, das unter Anrechnung des Schlechtwettergeldes gezahlt wird und zusammen mit diesem nach Abzug der Steuern sowie der Beiträge zur Sozialversicherung und zur Bundesanstalt für Arbeit nicht oder nur geringfügig höher ist als das Schlechtwettergeld. Anspruch auf Schlechtwettergeld besteht nur für Tage, an denen das Arbeitsverhältnis fortbesteht; Arbeitnehmern, deren Arbeitsverhältnis gekündigt ist, kann Schlechtwettergeld gewährt werden, solange sie keine andere angemessene Arbeit aufnehmen können. Anspruch auf Schlechtwettergeld besteht nicht für Tage, an denen die Arbeit aus anderen als zwingenden Witterungsgründen ausfällt, insbesondere nicht für Zeiten des Urlaubs und für gesetzliche Feiertage, für Zeiten, für die ein Anspruch auf Arbeitsentgelt besteht, sowie für Zeiten, in denen der Arbeitnehmer eine andere und nicht nur kurzzeitige Beschäftigung ausübt. Für die Leistungsbemessung gelten die Vorschriften über das Kurzarbeitergeld entsprechend.

4.5 Leistungen der Arbeitsförderung bei Arbeitslosigkeit und bei Zahlungsunfähigkeit des Arbeitgebers

Neben diesen auf Vermeidung der Arbeitslosigkeit abzielenden Maßnahmen ist die soziale Absicherung der Arbeitslosen gerade in der Gegenwart von erheblicher Bedeutung. Bei eingetretener Arbeitslosigkeit werden Einkommensleistungen mit Lohnersatzfunktion in Form des Arbeitslosengeldes, der Arbeitslosenhilfe sowie (in besonders gelagerten Fällen) des Konkursausfallgeldes gewährt.

4.5.1 Arbeitslosengeld

Einen **Anspruch auf Arbeitslosengeld** hat derjenige Arbeitnehmer, der arbeitslos ist, der Arbeitsvermittlung zur Verfügung steht, die Anwartschaftszeit erfüllt, sich beim Arbeitsamt arbeitslos gemeldet und Arbeitslosengeld beantragt hat;

wer das 65. Lebensjahr vollendet hat, hat vom Beginn des folgenden Monats an keinen Anspruch mehr auf Arbeitslosengeld:

(1) *Arbeitslos im Sinne des Arbeitsförderungsgesetzes* ist ein Arbeitnehmer, der vorübergehend nicht in einem Beschäftigungsverhältnis steht oder nur eine kurzzeitige Beschäftigung ausübt. Kurzzeitig ist eine Beschäftigung, die auf weniger als 19 Stunden wöchentlich der Natur der Sache nach beschränkt zu sein pflegt oder im voraus durch einen Arbeitsvertrag beschränkt ist. Gelegentliche Abweichungen von geringer Dauer bleiben unberücksichtigt; im einzelnen bestehen jedoch verschiedene Sonderregelungen.

(2) *Der Arbeitsvermittlung steht* nur derjenige Arbeitslose *zur Verfügung*, der eine zumutbare Beschäftigung unter den üblichen Bedingungen des allgemeinen Arbeitsmarktes ausüben kann und darf sowie bereit ist, jede zumutbare Beschäftigung anzunehmen, die er ausüben kann und darf, und schließlich das Arbeitsamt täglich aufsuchen kann sowie für das Arbeitsamt erreichbar ist. Der Arbeitsvermittlung steht nicht zur Verfügung, wer nur kurzzeitige Beschäftigungen ausüben kann und darf (Minderung der Leistungsfähigkeit; Berufsunfähigkeit im Sinne der gesetzlichen Rentenversicherung; tatsächliche oder rechtliche Bindungen), wer wegen allgemeiner häuslicher Bindungen (Ausnahme wegen Betreuung aufsichtsbedürftiger Kinder oder pflegebedürftiger Personen) Beschäftigungen nur zu bestimmten Arbeitszeiten ausüben kann oder wer wegen seines Verhaltens nach der im Arbeitsleben herrschenden Auffassung für eine Beschäftigung als Arbeitnehmer nicht in Frage kommt.

Bei der Beurteilung der Zumutbarkeit sind die Interessen des Arbeitslosen und die der Gesamtheit der Beitragszahler gegeneinander abzuwägen. Dabei sind alle Umstände des Einzelfalles, insbesondere die bisherige berufliche Tätigkeit und die beruflichen Kenntnisse und Fähigkeiten des Arbeitslosen, seine familiären und sonstigen persönlichen Verhältnisse, die Lage und Entwicklung des Arbeitsmarktes sowie die Dauer der Arbeitslosigkeit zu berücksichtigen. Beschäftigungen sind nicht allein deshalb unzumutbar, weil sie nicht der bisherigen beruflichen Tätigkeit des Arbeitslosen entsprechen, der Beschäftigungsort vom Wohnort des Arbeitslosen weiter entfernt ist als der bisherige Beschäftigungsort, die Arbeitsbedingungen ungünstiger sind als bei der bisherigen Beschäftigung oder die Dauer, Lage oder Verteilung der Arbeitszeit von der bisherigen Beschäftigung abweichen. Die nähere Bestimmung der Zumutbarkeit ist speziellen Anordnungen der Bundesanstalt für Arbeit vorbehalten.

(3) Die *Anwartschaftszeit* ist dann erfüllt, wenn der Arbeitslose in den drei Jahren, die der Arbeitslosigkeit unmittelbar vorausgehen (Rahmenfrist), mindestens 360 Kalendertage (12 Monate) beitragspflichtig beschäftigt war. Der Bundesminister für Arbeit und Sozialordnung ist ermächtigt worden, die Vorversicherungszeit für Saisonarbeitnehmer durch Rechtsverordnung auf acht Monate herabzusetzen. Zeiten einer Beschäftigung, für die kein Arbeitsentgelt gezahlt wird, unterbrechen eine die Beitragspflicht begründende Beschäftigung nur dann, wenn sie jeweils vier Wochen überschreiten.

Den Zeiten einer die Beitragspflicht begründenden Beschäftigung stehen solche Zeiten gleich, in denen der Arbeitslose als Wehr- oder Ersatzdienstleistender beitragspflichtig war, ferner die Beschäftigungszeiten nach Vollendung des 63. Lebensjahres und die Zeiten einer Beschäftigung von Deutschen im Sinne des Art. 116 GG im ehemaligen Reichsgebiet sowie bei Vertriebenen die außerhalb des ehemaligen Reichsgebietes zurückgelegten Beschäftigungszeiten, wenn der Arbeitslose Rechte als Vertriebener geltend machen kann. Gleiches gilt für Zeiten, in denen der Arbeitslose wegen Teilnahme an einer Maßnahme der beruflichen Fortbildung oder Umschulung Unterhaltsgeld bezogen hat oder in denen er wegen einer berufsfördernden Maßnahme zur Rehabilitation beitragspflichtig war. Ausländische Beschäftigungszeiten können den Beschäftigungszeiten im Inland gleichgestellt werden.

(4) Sind alle diese Voraussetzungen erfüllt und hat sich der Arbeitnehmer beim Arbeitsamt *arbeitlos gemeldet* sowie *Arbeitslosengeld beantragt*, so entsteht der Anspruch auf Arbeitslosengeld.

Der Anspruch entsteht mit dem Tag der Arbeitslosmeldung; er kann auch früher beginnen, wenn die rechtzeitige Meldung beim Arbeitsamt wegen eines Feiertages oder Wochenendes nicht möglich war. Die **Dauer des Anspruchs** richtet sich nach dem zeitlichen Umfang der bisherigen Beschäftigung innerhalb der auf vier Jahre erweiterten Rahmenfrist. Das Arbeitsförderungsgesetz sieht folgende Staffelung vor:

12 Monate Beschäftigung = 4 Monate Anspruch
18 Monate Beschäftigung = 6 Monate Anspruch
24 Monate Beschäftigung = 8 Monate Anspruch
30 Monate Beschäftigung = 10 Monate Anspruch
36 Monate Beschäftigung = 12 Monate Anspruch

Die Höchstdauer des Bezuges von Arbeitslosengeld wird für Arbeitslose ab vollendetem 44. Lebensjahr (bei gleichzeitiger Erweiterung der Rahmenfrist auf 7 Jahre) stufenweise erhöht, und zwar ab vollendetem

44. Lebensjahr auf 16 Monate
49. Lebensjahr auf 20 Monate
54. Lebensjahr auf 24 Monate

Arbeitslose, die das 58. Lebensjahr vollendet haben, können Arbeitslosengeld weiterbeziehen, ohne der Arbeitsvermittlung zur Verfügung zu stehen.

Die **Höhe des Arbeitslosengeldes** richtet sich nach dem letzten Arbeitsverdienst; es beträgt 68% für Arbeitnehmer, die Kinder erziehen, und 63% für alle übrigen Arbeitnehmer. Für die Bemessung des Arbeitslosengeldes wird von dem in der tariflichen Arbeitszeit durchschnittlich erzielten Arbeitslohn ausgegangen, wobei jedoch nicht der Bruttolohn, sondern das gewöhnliche Nettoarbeitsentgelt – bestimmt nach Maßgabe des Leistungsgruppenverfahrens wie beim Kurzarbeitergeld – die Bemessungsgrundlage abgibt. Hierbei gelten einige Sonderregelungen:

(1) Bei Arbeitnehmern, die vor Eintritt der Arbeitslosigkeit bei ihrem Ehegatten oder einem nahen Verwandten beschäftigt waren, wird das Arbeitslosengeld nach dem tariflichen Arbeitsentgelt bemessen, das der Arbeitslose bei vergleichbarer Tätigkeit bei einem fremden Arbeitgeber verdienen kann. Damit soll Manipulationsmöglichkeiten, etwa durch Erhöhung des Arbeitsentgeltes gegen Ende des Arbeitsverhältnisses, entgegengewirkt werden.

(2) Arbeitslose, denen beim Ausscheiden eine Urlaubsabgeltung gezahlt wird, erhalten für die Zeit des abgegoltenen Urlaubs kein Arbeitslosengeld.

(3) Für Arbeitnehmer, die gegen Zahlung einer Abfindung vorzeitig, d.h. ohne Einhaltung der ordentlichen Kündigungsfrist, ausscheiden, kann der Anspruch auf Arbeitslosengeld bis zu 12 Monate ruhen.

(4) Wer nach abgeschlossener Ausbildung arbeitslos wird, dessen Arbeitslosengeld wird ab 1984 nach der Hälfte des Arbeitslohns errechnet, den der Ausgebildete aufgrund seiner während der Ausbildung erworbenen Kenntnisse und Fähigkeiten erzielen könnte, mindestens nach der bisherigen Ausbildungsvergütung.

(5) Arbeitslosengeld und Nebenverdienst dürfen 80% des letzten Nettoeinkommens nicht überschreiten.

Die maximale Bezugsdauer des Arbeitslosengeldes beläuft sich – mit Ausnahme der älteren Arbeitnehmer – auf 12 Monate nach einer Beschäftigung von 36 Monaten. Der **Anspruch auf Arbeitslosengeld ruht** jedoch in bestimmten Zeiten: Zeiten für die der Arbeitslose Arbeitsentgelt erhält oder zu beanspruchen hat; Zeiten des Anspruchs auf Unterhaltsgeld, Krankengeld, Mutterschaftsgeld, Übergangsgeld oder Sonderunterstützung nach dem Mutterschutzgesetz; Zeiten des Bezugs von Altersruhegeld/Knappschaftsruhegeld aus den gesetzlichen Rentenversicherungen; Zeiten des Bezugs von Knappschaftsausgleichsleistung aus der knappschaftlichen Rentenversicherung; ähnliche Bezüge öffentlich-rechtlicher Art für Zeiten vor Vollendung des 65. Lebensjahres; Zeiten des Hochschulbesuches oder des Besuches eines anderen, der wissenschaftlichen oder fachlichen Ausbildung dienenden Schule. Neben den Ruhenszeiten sind auch **Sperrzeiten** für das Arbeitslosengeld zu beachten:

(1) Eine Sperrzeit von acht Wochen tritt ein,
- bei Lösung des Arbeitsverhältnisses seitens des Arbeitslosen, bei vertragswidrigem Verhalten und einer dadurch vorsätzlich und grob fahrlässig herbeigeführten Arbeitslosigkeit;
- bei Nichtannahme oder Nichtantritt einer vom Arbeitsamt unter Benennung des Arbeitgebers und der Art der Tätigkeit angebotenen Arbeit;
- bei Weigerung, an einer Maßnahme zur beruflichen Ausbildung, Fortbildung oder Umschulung zur Verbesserung der Vermittlungsaussichten oder zur beruflichen Rehabilitation teilzunehmen;
- bei Abbruch einer der genannten Maßnahmen.

(2) Eine Sperrzeit von vier Wochen tritt ein, wenn eine achtwöchige Sperrzeit für den Arbeitslosen eine besondere Härte bedeuten würde.

(3) Eine Sperrzeit von zwei Wochen tritt ein,
- bei Lösung des Arbeitsverhältnisses seitens des Arbeitslosen bzw. vertragswidrigem Verhalten, wenn das Arbeitsverhältnis innerhalb von vier Wochen nach dem Ereignis, das die Sperrzeit begründet, ohne Sperrzeit geendet hätte;
- bei Nichtannahme einer angebotenen Arbeit, wenn diese bis zu vier Wochen befristet gewesen wäre.

(4) Ist nach Entstehung eines Arbeitslosengeldanspruches bereits einmal eine mindestens achtwöchige Sperrzeit verhängt worden, erlischt im Wiederholungsfalle der noch zustehende Anspruch auf Arbeitslosengeld.

(5) Zwischen dem 1. Januar 1985 und dem 31. Dezember 1989 erhöht sich die achtwöchige Sperrzeit auf 12 Wochen und die vierwöchige Sperrzeit auf 6 Wochen.

Das Arbeitslosengeld ist **dynamisiert**, es wird – wie die Renten aus der gesetzlichen Rentenversicherung – an die wirtschaftliche Entwicklung angepaßt.

4.5.2 Arbeitslosenhilfe

An die Stelle des Arbeitslosengeldes tritt unter bestimmten **Voraussetzungen** die Arbeitslosenhilfe:

(1) Anspruch auf Arbeitslosenhilfe hat, wer arbeitslos ist, der Arbeitsvermittlung zur Verfügung steht, sich beim Arbeitsamt arbeitslos gemeldet und Arbeitslosenhilfe beantragt hat, keinen Anspruch auf Arbeitslosengeld hat, weil er die Anwartschaft nicht erfüllt, bedürftig ist und innerhalb der letzten 12 Monate Arbeitslosengeld bezog oder mindestens 150 Kalendertage beitragspflichtig beschäftigt war. In bestimmten Fällen kann diese Vorbeschäftigungszeit auch durch andere Zeiten erfüllt werden.

(2) Die Arbeitslosenhilfe hängt von der Bedürftigkeit, d.h. vom Einkommen und Vermögen ab. Eigenes Einkommen wird dabei voll auf die Arbeitslosenhilfe angerechnet, das Einkommen von Ehegatten und – bei unverheirateten Minderjährigen – Eltern, sofern es 115 DM (ab 1987: 150 DM) in der Woche übersteigt. Dieser Betrag erhöht sich um 55 DM (ab 1987: 70 DM) wöchentlich für jede Person (außer dem Antragsteller), für die dieser Angehörige Unterhalt zahlt.

Bei der Bedürftigkeitsprüfung zu berücksichtigen sind neben dem Vermögen Unterhaltsansprüche gegenüber Dritten, die der Antragsteller geltend machen kann. Eigenes Vermögen bzw. das des Ehepartners wird berücksichtigt, soweit es 8000 DM übersteigt. Das Vermögen der Eltern eines minderjährigen unverheirateten Arbeitslosen wird bei der Bewertung nur dann herangezogen, wenn es 12000 DM übersteigt und eine Verwertung zumutbar ist.

(3) In der Regel wird die Arbeitslosenhilfe längstens für ein Jahr bewilligt. Danach müssen die Anspruchsvoraussetzungen beim Arbeitsamt erneut nachgewiesen werden.

Die **Berechnungsgrundlage** für die Arbeitslosenhilfe ist das letzte Nettoarbeitsentgelt, das wie bei dem Arbeitslosengeld auf der Grundlage des Bruttoarbeitsentgeltes und eines Leistungsgruppenverfahrens bestimmt wird. Für Arbeitnehmer, die Kinder erziehen, beträgt die Arbeitslosenhilfe 58% des letzten Nettoarbeitsverdienstes; für alle übrigen Anspruchsberechtigten beläuft sich der **Leistungssatz** auf 56%.

4.5.3 Konkursausfallgeld

Das Konkursausfallgeld stellt sich als eine spezielle Einkommensleistung mit Lohnersatzfunktion dar, die den Arbeitnehmer davor bewahren soll, beim Konkurs des Arbeitgebers über den Verlust des Arbeitsplatzes hinaus auch noch Lohneinbußen hinnehmen zu müssen. **Anspruch** auf Konkursausfallgeld hat ein Arbeitnehmer, der bei der Eröffnung des Konkursverfahrens über das Vermögen seines Arbeitgebers für die letzten der Eröffnung des Konkursverfahrens vorausgehenden drei Monate des Arbeitsverhältnisses noch Ansprüche auf Arbeitsentgelt hat. Die Abweisung eines Antrages zur Eröffnung des Konkursverfahrens mangels Masse sowie die vollständige Beendigung der Betriebstätigkeit stehen der Eröffnung des Konkursverfahrens gleich.

Das Konkursausfallgeld wird auf **Antrag** in **Höhe** des rückständigen Nettoverdienstes vom Arbeitsamt gezahlt. Der Antrag auf Konkursausfallgeld muß innerhalb von zwei Monaten nach Eröffnung des Konkursverfahrens gestellt worden sein. Das Arbeitsamt zahlt auf das Konkursausfallgeld angemessene **Vorschüsse**, wenn der Arbeitnehmer die letzte Lohnabrechnung und eine Bescheinigung des Arbeitgebes, des Konkursverwalters, des Betriebsrates oder eines für die Lohnabrechnung zuständigen Arbeitnehmers mit entsprechenden Angaben über Umfang und Zeitraum nicht befriedigter Lohnansprüche vorlegt. Die Leistung bezieht sich maximal auf **drei Monate** vor Konkurseröffnung. Das Konkursausfallgeld erhalten alle Arbeitnehmer, auch wenn sie nicht in der Arbeitslosenversicherung versichert sind.

4.6 Steuerermäßigungen

Die Steuerermäßigungen betreffen im Funktionsbereich Ausbildung und Beschäftigung die steuermindernde Anrechnung außergewöhnlicher Belastungen nach § 33 EStG und die Berücksichtigung der Ausbildungsfreibeträge gemäß § 33a Abs. 2 EStG. Hinzu kommen Steuerermäßigungen für außergewöhnliche Belastungen nach § 33a Abs. 1 EStG (wegen Unterhalt und Berufsausbildung). Weiterhin zu berücksichtigen ist der Freibetrag für die Berufsausbildung nach § 10 Abs. 1 Nr. 7 EStG. Schließlich ist auf die Steuerfreiheit bestimmter Zuschläge nach § 33b EStG hinzuweisen.

Der Bezug von Arbeitslosengeld und Arbeitslosenhilfe wird ebenso wie der Bezug von Kurzarbeitergeld und Schlechtwettergeld im Rahmen des Lohnsteuerjahresausgleichs bzw. bei der Veranlagung zur Einkommensteuer berücksichtigt. Die genannten Lohnersatzleistungen sind zwar steuerfrei; auf das zu versteuernde Einkommen ist jedoch der Steuersatz anzuwenden, der sich ergäbe, wenn neben dem steuerpflichtigen Arbeitslohn auch ein den Lohnersatzleistungen entsprechender Bruttoarbeitslohn erzielt worden wäre (Progressionsvorbehalt). Damit wird verhindert, daß in Einzelfällen (Netto-) Arbeitslohn, Arbeitslosengeld und Lohnsteuererstattung ein tatsächliches Nettoeinkommen ergeben, das über dem früheren Nettoarbeitsentgelt liegt.

5. Einkommenssicherung gegenüber den Folgen politischer Ereignisse

Die Entwicklung eigenständiger, von der Fürsorge abgetrennter sozialer Entschädigungssysteme begann erst zu einer Zeit, als die Versorgung der Kriegsbeschädigten sowie der Witwen und Waisen von gefallenen Soldaten zu einem unübersehbaren staats- und gesellschaftspolitischen Problem wurde. Aus der Idee heraus, daß einzelnen Personengruppen, die in Staat und Gesellschaft herausragende Sonderopfer gebracht hatten, ein spezifischer, von Beitragszahlung und Bedürftigkeit unabhängiger Aufopferungsanspruch zuerkannt werden müsse, entstand 1920 das **Reichsversorgungsgesetz**, das 1950 durch das **Bundesversorgungsgesetz** abgelöst wurde.

Das damit begründete soziale Entschädigungssystem für Kriegsopfer erwies sich in der Folgezeit bald als ergänzungsbedürftig. Insbesondere setzte sich die Erkenntnis durch, daß in modernen Kriegen nicht nur die Soldaten und ihre Angehörigen von den Kriegsfolgen unmittelbar betroffen sind, sondern in steigendem Maße auch die gesamte Zivilbevölkerung; ferner breitete sich die Idee aus, daß Aufopferungsansprüche begründende Sonderopfer auch unabhängig von Krieg und Kriegsfolgen und somit jederzeit in Staat und Gesellschaft auftreten können.

Vor diesem Hintergrund wurde das soziale Entschädigungssystem der Kriegsopferversorgung beträchtlich ausgeweitet. In einer Reihe von Gesetzen (**Soldatenversorgungsgesetz**, **Zivildienstgesetz**, **Häftlingshilfegesetz**, **Gesetz über die Entschädigung für Opfer von Gewalttaten**, **Gesetz über Unterhaltsbeihilfen für Angehörige von Kriegsgefangenen**) wurden die Regelungen der Kriegsopferversorgung auf weitere Personenkreise übertragen, denen analoge Aufopferungsansprüche zuerkannt wurden.

An die Seite des sozialen Entschädigungssystems der Kriegsopferversorgung trat 1952 nach einigen Vorläufern das **Lastenausgleichsgesetz**, das in der Folgezeit neben vielfältigen Novellierungen weitere Ergänzungen durch zusätzliche Gesetze (**Flüchtlingshilfegesetz**, **Reparationsschädengesetz**) erfuhr. Mit diesem zweiten sozialen Entschädigungssystem sollte vor allen Dingen neben den schweren Schädigungen an Leib und Leben auch ein Ausgleich für jene Sachschäden geschaffen werden, die in einem vorher nie gekannten Ausmaß als Folge der unmittelbaren Kriegshandlungen, der Vertreibung und der wirtschaftlichen Auswirkungen von Krieg und Nachkriegszeit entstanden waren.

Mit dem **Bundesentschädigungsgesetz** von 1956 wurde dann ein dritter sozialer Entschädigungsbereich begründet, der diejenigen Sonderopfer ausgleichen soll, die die durch den Nationalsozialismus politisch verfolgten Personen mit Schäden an Leben und Gesundheit, Einschränkung oder Verlust der Freiheit sowie Schäden am Eigentum, ferner Nachteilen im beruflichen und wirtschaftlichen Fortkommen erbracht haben.

Neben diesem dritten sozialen Entschädigungsbereich der Wiedergutmachung sind weitere Entschädigungsleistungen (nach dem **Gesetz zur Sicherung des Unterhalts der zum Wehrdienst einberufenen Wehrpflichtigen und ihrer Angehörigen**, nach dem **Kriegsgefangenenentschädigungsgesetz**, nach dem **Häftlingshilfegesetz**, nach dem **Allgemeinen Kriegsfolgengesetz**) gegeben, die unter dem Sammelbegriff der sonstigen Entschädigungen zusammengefaßt werden.

Die Leistungen im **Funktionsbereich Folgen politischer Ereignisse** werden zwar überwiegend durch diese **sozialen Entschädigungssysteme** geprägt; nichtsdestoweniger ist eine volle Übereinstimmung mit denjenigen Institutionen, die Entschädigungsleistungen gewähren, nicht gegeben. So werden nach den typischen Abgrenzungskriterien des Sozialbudgets verschiedene Leistungen der Entschädigungsinstitutionen anderen Funktionsbereichen zugeordnet. Überwiegend fallen die Leistungen an alte Menschen und an Hinterbliebene in den Funktionsbereich Alter und Hinterbliebene. Aber auch in den Funktionsbereichen Gesundheit, Ehe und Familie, Beschäftigung, Wohnen und Allgemeine Lebenshilfen sind Leistungen der sozialen Entschädigungssysteme festzustellen. Auf der anderen Seite werden die Folgen politischer Ereignisse auch durch andere Sozialleistungsinstitutionen mitgetragen. Sowohl die verschiedenen **Alterssicherungssysteme** (Rentenversicherung, Versorgungswerke, Zusatzversorgung) als auch die soziale **Krankenversicherung** tragen die Folgen politischer Ereignisse über zusätzliche Belastungen ihres Leistungssystems. Schließlich wirken sich die Folgen politischer Ereignisse auch in typischen **Steuerermäßigungen** aus, die letztlich von der Gesamtheit der Steuerzahler zu tragen sind.

5.1 Soziale Entschädigungssysteme

5.1.1 Kriegsopferversorgung

Die im Funktionsbereich Folgen politischer Ereignisse erbrachten Einkommensleistungen der Kriegsopferversorgung bestehen aus **Versorgungsbezügen** für in- und ausländische Beschädigte sowie für Hinterbliebene (Beschädigtenrenten, Berufsschadensausgleich, Hinterbliebenenrenten einschließlich Abfindungen). Hinzu kommen weitere Leistungen in Form von einmaligen Unterstützungen und laufenden Unterhaltsbeihilfen für Ehefrauen, für Kinder und für Eltern sowie Ersatzleistungen an die Krankenkassen (Einkommensausgleich). Zu beachten sind ferner ergänzende Hilfen zum Lebensunterhalt sowie sonstige Hilfen in Form einmaliger oder laufender Beihilfen an Beschädigte sowie an ihre Hinterbliebenen. Typisch für die Einkommensleistungen der Kriegsopferversorgung ist ihre weitgehende Ausrichtung an der **Schwere der Schädigung** und/oder an dem **typischen Bedarf**:

(1) Versorgungsberechtigte Beschädigte haben unabhängig von ihrer wirtschaftlichen Lage Anspruch auf eine *Grundrente*. Diese Grundrente dient dem Ausgleich von Mehraufwendungen durch körperliche Versehrtheit des Beschädigten als Folge einer anerkannten Schädigung. Der Anspruch auf Grundrente ist nur dann gegeben, wenn die Erwerbsfähigkeit infolge einer anerkannten Schädigung um 30% oder mehr gemindert ist; im weiteren sind die Grundrenten nach dem Grad der Minderung der Erwerbsfähigkeit gestaffelt. Fast die Hälfte der Empfänger einer Grundrente sind Schwerbeschädigte, d.h. Beschädigte mit einer Minderung der Erwerbsfähigkeit um 50% und mehr; für sie erhöht sich die Grundrente entsprechend der vorliegenden Staffelung. Nach Vollendung des 65. Lebensjahres wird die Grundrente für Schwerbeschädigte außerdem durch einen Erhöhungsbetrag aufgestockt.

(2) Schwerbeschädigte erhalten neben der Grundrente eine *Ausgleichsrente*, die sie dafür entschädigen soll, daß sie infolge ihres Gesundheitszustands, ihres hohen Alters oder aus einem von ihnen nicht zu vertretenden sonstigen Grund eine ihnen zumutbare Erwerbstätigkeit nicht oder nur in beschränktem Umfang oder nur mit überdurchschnittlichem Kräfteaufwand ausüben können.

   Die Höhe der Ausgleichsrente ist vom Grad der Erwerbsminderung abhängig. Den Empfängern einer Pflegezulage von mindestens Stufe III wird die volle Ausgleichsrente gezahlt, den übrigen Pflegezulagenempfängern wenigstens die Hälfte. Die Ausgleichsrente ist für jugendliche Schwerbeschädigte und Kinder reduziert: Schwerbeschädigte unter 14 Jahren erhalten bis zu 30%, unter 18 Jahren bis zu 50% des Betrages der Ausgleichsrente; allerdings wird der volle Betrag dann gezahlt, wenn der jugendliche Schwerbeschädigte seinen Lebensunterhalt allein bestreiten muß; gegebenenfalls sind die wirtschaftlichen Verhältnisse des jugendlichen Schwerbeschädigten und seiner unterhaltspflichtigen Angehörigen zu berücksichtigen.

   Die volle Ausgleichsrente ist um das anzurechnende Einkommen zu mindern. Dabei sind Einkünfte aus gegenwärtiger Erwerbstätigkeit und übrige Einkünfte zu unterscheiden. Einkünfte aus gegenwärtiger Erwerbstätigkeit sind Einkünfte aus nichtselbständiger Arbeit, Land- und Forstwirtschaft, Gewerbebetrieb, selbständiger Tätigkeit sowie Versorgungskrankengeld, Krankengeld und Verletztengeld (sofern nicht nach einem zuvor bezogenen Arbeitslosengeld oder Unterhaltsgeld gemäß Arbeitsförderungsgesetz bemessen und nach Maßgabe des zugrundeliegenden Bruttoeinkommens). Von der Summe dieser Einkünfte ist ein Freibetrag abzusetzen. Dieser beläuft sich bei den Einkünften aus gegenwärtiger Erwerbstätigkeit auf 1,5% und bei den übrigen Einkünften auf 0,65% des analog zur Leistungsanpassung dynamisierten Bemessungsbetrages (1986: 30687 DM). Im Falle der erwerbsunfähigen Beschädigten sind Einkommensgrenzen zu berücksichtigen (Einkünfte aus gegenwärtiger Erwerbstätigkeit: weniger als 1/12 – übrige Einkünfte: weniger als 1/20 des Bemessungsbetrages). Einzelheiten der Ermittlung des anzurechnenden Einkommens werden durch Rechtsverordnung des Bundesministers für Arbeit und Sozialordnung geregelt.

(3) Anerkannte Schwerstbeschädigte erhalten eine *Zulage*. Die Staffelung dieser Zulage erfolgt nach einem Stufensystem.

(4) *Verheiratete* Schwerbeschädigte erhalten einen *Zuschlag* zu ihrer Rente. Diesen Zuschlag erhalten auch geschiedene Schwerbeschädigte, wenn sie im eigenen Haushalt für ein Kind zu sorgen haben. Auch hier sind Einkommensgrenzen zu berücksichtigen; Empfänger von Pflegezulage erhalten jedoch stets den vollen Betrag.

Tabelle 21: Beschädigtenrenten gemäß Bundesversorgungsgesetz ab dem 1. Juli 1986 (in DM)

Monatliche Renten bei einer Minderung der Erwerbsfähigkeit um	Grundrenten	Ausgleichsrenten
30 Prozent	161	–
40 Prozent	218	–
50 Prozent	296	375 } ab dem 1.1.1987
60 Prozent	375	375 } 518 DM
70 Prozent	518	518
80 Prozent	628	628
90 Prozent	752	752
bei Erwerbsunfähigkeit	847	847

Quelle: Fünfzehntes Anpassungsgesetz – KOV – vom 23. Juni 1986.

(5) Rentenberechtigte Beschädigte, deren Einkommen aus gegenwärtiger oder früherer Tätigkeit durch die Schädigung nachhaltig gemindert sind und die insofern einen Einkommensverlust haben, erhalten gegebenenfalls einen *Berufsschadensausgleich*. Dieser beläuft sich auf 40% des Einkommensverlustes bis zu einer Höchstgrenze. Der Einkommensverlust des Beschädigten wird unter Zugrundelegung von Vergleichseinkommen der Berufs- oder Wirtschaftsgruppe, welcher der Beschädigte ohne die Schädigung nach seinen Lebensverhältnissen, Kenntnissen und Fähigkeiten und dem bisherigen Arbeits- und Ausbildungswillen wahrscheinlich angehört hätte, bestimmt.

(6) Die Witwe eines Beschädigten hat Anspruch auf *Witwenrente*, wenn ein Beschädigter an einem Leiden stirbt, das als Versorgungsleiden anerkannt und für das ihm Rente zuerkannt war. Unter den gleichen Voraussetzungen erhält ein überlebender Witwer eine entsprechende Rente, wobei bis zum 31.12.1985 vorausgesetzt wurde, daß die Verstorbene den Lebensunterhalt der Familie überwiegend bestritten hatte. Witwen- oder Witwerrente wird nicht gezahlt, wenn die Ehe erst nach der Schädigung geschlossen worden ist und nicht mindestens ein Jahr gedauert hat, es sei denn, die Ehe wurde nicht aus Versorgungsgründen geschlossen.

Jede Witwe erhält unabhängig von ihrer wirtschaftlichen Lage die *Grundrente*. Die *Ausgleichsrente* erhält sie jedoch nur dann, wenn sie durch Krankheit oder andere Gebrechen nicht vor vorübergehend wenigstens die Hälfte ihrer Erwerbsfähigkeit verloren oder das 45. Lebensjahr vollendet oder für mindestens ein waisenrentenberechtigtes Kind zu sorgen hat.

Witwe oder Witwer können die *Ausgleichsrente* auch noch *unter weiteren Voraussetzungen* beziehen; allerdings wird auch hier nach Maßgabe detaillierter Vorschriften das Einkommen angerechnet. Unter bestimmten Voraussetzungen stehen *ehemalige Ehegatten* den Witwen und Witwern gleich. Auch besteht die Möglichkeit einer *Elternrente*, wenn durch den Tod eines Kindes ein Unterhaltsanspruch verlorengegangen ist und der Lebensunterhalt der Eltern nicht anderweitig gesichert ist.

(7) Auch Witwen können einen *Schadensausgleich* erhalten, wenn ihr Einkommen geringer ist als die Hälfte des Einkommens, das ihr Ehemann ohne Schädigung erzielt hätte. Das Vergleichseinkommen wird wie bei dem Berufsschadensausgleich für rentenberechtigte Beschädigte ermittelt. Gezahlt werden weitgehend unter den gleichen Voraussetzungen, unter denen Anspruch auf Ausgleichsrente für Witwen besteht, 40% des Unterschiedsbetrages zwischen der Hälfte des aktuellen Vergleichseinkommens der Berufs- oder Wirtschaftsgruppe des Verstorbenen und dem Bruttoeinkommen der Witwe zuzüglich Grund- und Ausgleichsrente. Auch hier sind Höchstgrenzen zu beachten; allerdings wird unter bestimmten Voraussetzungen auch ein höheres Vergleichseinkommen zugrundegelegt.

(8) Für den Fall der Wiederverheiratung einer Witwe oder eines Witwers tritt an die Stelle des Rentenanspruchs eine *Heiratsabfindung*. Bei Auflösung der neuen Ehe lebt im allgemeinen der Rentenanspruch wieder auf; allerdings werden Versorgungs-, Renten- oder Unterhaltsansprüche aus der neuen Ehe regelmäßig auf die aufgelebte Rente angerechnet.

(9) Grundsätzlich werden die Hinterbliebenenrenten dann gezahlt, wenn der Beschädigte an den Folgen einer Schädigung gestorben ist. Aber auch dann, wenn diese Voraussetzung nicht erfüllt ist, werden unter bestimmten Bedingungen Einkommensleistungen in Form von *Beihilfen* gewährt. Diese fallen insbesondere dann an, wenn der Beschädigte im Zeitpunkt seines Todes die Rente eines Erwerbsunfähigen oder wegen nicht nur vorübergehender Hilflosigkeit Pflegezulage bezogen hat. Auch bei einer Minderung der Erwerbsfähigkeit um 50-90% wird die Beihilfe unter bestimmten Voraussetzungen geleistet. Die Beihilfe beläuft sich auf zwei Drittel, bei Witwen und Waisen von Pflegezulagenempfängern oder Beschädigten mit Anspruch auf die Beschädigtenrente eines Erwerbsunfähigen auf die volle Höhe der entsprechenden Witwen- oder Waisenrenten. Bestimmte Einkommensgrenzen sind zu berücksichtigen. Bei Wiederverheiratung wird anstelle der Rente eine Heiratsabfindung gezahlt. Auch Witwer erhalten unter den Voraussetzungen für Witwenrenten derartige Beihilfen.

Die **Leistungen** der Kriegsopferversorgung werden im allgemeinen den Deutschen in der Bundesrepublik Deutschland gewährt. Allerdings erhalten auch Deutsche und deutsche Volkszugehörige, die ihren Wohnsitz oder gewöhnlichen Aufenthalt in Staaten haben, mit denen die Bundesrepublik Deutschland diplomatische Beziehungen unterhält, die gleiche Versorgung wie Berechtigte im Inland (mit einigen Einschränkungen). Sämtliche Versorgungsbezüge werden seit 1970 **jährlich an die wirtschaftliche Entwicklung** entsprechend der Dynamik der gesetzlichen Rentenversicherung **angepaßt**.

Unter bestimmten Voraussetzungen können an die Stelle der laufend angepaßten Rentenzahlungen auch **Kapitalabfindungen** treten, die den neunfachen Jahresbetrag der Grundrente erreichen können. Wird diese Kapitalabfindung in Anspruch genommen, dann werden die laufenden Rentenzahlungen eingestellt. Unter anderen Voraussetzungen können auch laufende Rentenzahlungen ruhen, wenn Leistungen der Kriegsopferversorgung mit entsprechenden Leistungen der gesetzlichen Unfallversicherung oder der Beamtenversorgung zusammentreffen. Schließlich sind auch detaillierte Vorschriften zu beachten, die das Zusammentreffen von Beschädigtenrenten mit Witwen- und Waisenrenten, von Beschädigten- oder Witwenrenten mit Elternrenten, von Rentenzahlungen mit Beihilfen sowie von Berufsschadensausgleich für Beschädigte mit dem Schadensausgleich für Witwen regeln und die **Leistungskumulation** begrenzen sollen.

Die Einkommensleistungen der Kriegsopferversorgung nach dem Bundesversorgungsgesetz werden mittlerweile zu mehr als 50% nicht mehr dem Funktionsbereich Folgen politischer Ereignisse, sondern dem Funktionsbereich Alter und Hinterbliebene zugerechnet. Die Leistungen aufgrund des Entschädigungsgesetzes für die Opfer von Gewalttaten werden dem Funktionsbereich Krankheit und Invalidität bzw. dem Funktionsbereich Alter und Hinterbliebene zugeordnet. Demgegenüber fallen die Leistungen aufgrund des Gesetzes zur Gewährung von Unterhaltsbeihilfen an die Angehörigen von Kriegsgefangenen ausnahmslos in den Funktionsbereich Folgen politischer Ereignisse; die Versorgungsbezüge aufgrund des Zivildienstgesetzes werden dem Funktionsbereich Krankheit und Invalidität zugeordnet. Die Leistungen aufgrund des Soldatenversorgungsgesetzes entfallen zu einem Teil auf den Funktionsbereich Alter und Hinterbliebene, berühren aber auch die Funktionsbereiche Familie und Gesundheit. Ähnliches gilt für die Einkommensleistungen aufgrund des Häftlingshilfegesetzes. Diese Abgrenzung beruht einerseits auf der altersmäßigen Unterscheidung der Leistungsempfänger (Leistungen vor Erreichung der Altersgrenze oder danach) und zum anderen auf den unterschiedlichen Ursachen der Leistungsgewährung (politische Ursachen oder lediglich analog geregelte zivile Ursachen).

5.1.2 Lastenausgleich

Diese Zuordnungskriterien der Kriegsopferversorgung gelten auch weitgehend für die Leistungen nach dem Lastenausgleichsgesetz. Sie fallen noch erheblich stärker als die entsprechenden Leistungen der Kriegsopferversorgung in den Funktionsbereich Alter und Hinterbliebene, aber auch in die Funktionsbereiche Familie, Beschäftigung sowie Allgemeine Lebenshilfen. Die Einkommensleistungen des Lastenausgleichs im Funktionsbereich Folgen politischer Ereignisse umfassen vor allen Dingen einen (wenn auch sehr geringen) Anteil an den Unterhaltshilfen. Die Leistungen nach dem Flüchtlingshilfegesetz werden vollständig dem Funktionsbereich Allgemeine Lebenshilfen und diejenigen nach dem Reparationsschädengesetz dem Funktionsbereich Alter und Hinterbliebene zugerechnet. Wenn im folgenden die Lastenausgleichsleistungen im Zusammenhang dargestellt werden, so muß diese Zuordnungsfrage ebenso bedacht werden wie auch die Tatsache, daß gerade hier die Einkommensleistungen in vielfältiger Weise mit Sachleistungen verwoben sind, so daß eine Trennung nicht sinnvoll erscheint.

Die Darstellung der Lastenausgleichsleistungen in dem Zusammenhang des Funktionsbereichs Folgen politischer Ereignisse begründet sich aus der Entstehungsgeschichte dieses Sozialleistungsbereichs. Die Aufgabe der Lastenausgleichsgesetzgebung und der Folgegesetze bestand darin, einen Schadensausgleich zu bewirken, der aufgrund von Vertreibungen und Zerstörungen in der Kriegs- und Nachkriegszeit und infolge der Neuordnung des Geldwesens bei der Währungsreform unter dem Aspekt der sozialen Gerechtigkeit notwendig wurde. Die Ausgleichsleistungen werden aufgrund von Vertreibungsschäden, Kriegssachschäden, Ostschäden, Sparerschäden oder Schäden in der DDR als Leistungen mit Rechtsanspruch und Leistungen ohne Rechtsanspruch gewährt.

Bei den **Leistungen mit Rechtsanspruch** handelt es sich um die Hauptentschädigung, die Kriegsschadenrente, die Hausratsentschädigung, die Entschädigung im Währungsausgleich für Sparguthaben Vertriebener und die Entschädigung nach dem Altsparergesetz. Die **Leistungen ohne Rechtsanspruch** umfassen Eingliederungsdarlehen (Aufbaudarlehen und Arbeitsplatzdarlehen), die Wohnraumhilfe, die Leistungen aus dem Härtefonds (als laufende Beihilfe, als Beihilfe zur Beschaffung von Hausrat, als Darlehen zum Existenzaufbau und zur Beschaffung von Wohnraum) sowie die Leistungen aufgrund sonstiger Förderungsmaßnahmen (Ausbildungshilfe, Heimförderung, Übernahme von Bürgschaften, Gewährung von Liquiditätskrediten, Beteiligung an öffentlichen Anstalten und Darlehen zur Förderung der Flüchtlingssiedlung). Alle diese Leistungen dienen dem **sozialen Schadensausgleich** und stellen **keine Abgeltung der entstandenen Verluste** dar.

In diesem Zusammenhang ist die **Kriegsschadenrente** von besonderer Bedeutung:

(1) Die Kriegsschadenrente soll durch *Schaffung einer Vollversorgung* den Geschädigten von Leistungen der Sozialhilfe und von Leistungen von Verwandten unabhängig machen. Einen Anspruch auf die Kriegsschadenrente hat nur der unmittelbar Geschädigte; sofern dieser vor der Antragstellung verstorben ist, steht das Anspruchsrecht seinem überlebenden Ehegatten zu. Stirbt der Berechtigte während des Bezugs von Kriegsschadenrente, so wird diese unter bestimmten Voraussetzungen an den überlebenden Ehegatten weitergezahlt. Voraussetzung für die Zahlung einer Kriegsschadenrente ist das Vorliegen eines Vertreibungsschadens, eines Kriegssachschadens, eines Ostschadens oder eines Sparerschadens (nicht dagegen eines Zonenschadens).

(2) Die Kriegsschadenrente kann einmal wegen *fortgeschrittenen Lebensalters* gewährt werden, wenn der Geschädigte bei Antragstellung das 65. (eine Frau das 60.) Lebensjahr vollendet hat und der Geschädigte vor dem 1.1.1890 (eine Frau vor dem 1.1.1895) geboren ist. Die auf dieser Basis gewährte Kriegsschadenrente fällt unmittelbar in den Funktionsbereich Alter und Hinterbliebene. Daneben wird jedoch auch die Kriegsschadenrente *wegen Erwerbsunfähigkeit* gewährt, falls der Geschädigte seinen Lebensunterhalt aus seinem Einkommen und aus seinem Vermögen nicht bestreiten kann und ihm dies auch nicht zumutbar ist; einem Erwerbsunfähigen gleichgestellt ist auch eine alleinstehende Frau mit Kindern (unter bestimmten Voraussetzungen).

(3) Die Kriegsschadenrente kommt in der Form der Unterhaltshilfe und der Entschädigungsrente vor. Die *Unterhaltshilfe* wird nach festen Beträgen, die nach der Größe der Familie abgestuft sind, berechnet. Dabei sind bestimmte Einkommensgrenzen zu berücksichtigen, die ebenfalls nach der Größe der Familie abgestuft sind. Verschiedene Einkünfte bleiben jedoch zugunsten des Geschädigten unberücksichtigt; insbesondere werden für nahezu alle Renten Freibeträge eingeräumt. Zur Unterhaltshilfe wird gegebenenfalls ein *Sozialzuschlag* gewährt.

(4) Im Gegensatz zur Unterhaltshilfe wird die *Entschädigungsrente* nach einem Vomhundertsatz bestimmter Schadenssummen berechnet. Zur Ermittlung des Schadens wird von dem in Reichsmark festgestellten Schadensbetrag ausgegangen und in pauschalierter Form ein Grundbetrag in Deutscher Mark ermittelt. Der Auszahlungsbetrag der Entschädigungsrente beträgt mindestens jährlich 4% dieses Grundbetrags. Je nach der Art der Schäden sowie nach dem Grad einer vorhandenen Erwerbsminderung sind differenzierte Vomhundertsätze zu berücksichtigen; außerdem werden Alterszuschläge unter bestimmten Voraussetzungen gezahlt. Die Entschädigungsrente wird nur gewährt, wenn bestimmte Einkommensgrenzen nicht überschritten werden; diese sind ihrerseits bestimmten sozialen Gesichtspunkten angepaßt. Übersteigt jedoch die Entschädigungsrente zuzüglich der Unterhaltshilfe und zuzüglich sonstiger Einkünfte (nach Abzug der Freibeträge und Vergünstigungen) bestimmte Einkommenshöchstbeträge, so ist die Entschädigungsrente um den übersteigenden Betrag zu kürzen. Weitere Kürzungsmöglichkeiten sind unter speziellen Voraussetzungen gegeben.

(5) Werden *sowohl Unterhaltshilfe als auch Entschädigungsrente* in Anspruch genommen, so wird ein Teil des Grundbetrags der Kriegsschadenrente gesperrt, und die Entschädigungsrente kann nur von dem den Sperrbetrag übersteigenden Teil des Grundbetrags gewährt werden. Soweit dem Grundbetrag der Kriegsschadenrente überwiegend Sparerschäden zugrundeliegen, wird der Sperrbetrag bei gleichzeitiger Inanspruchnahme der Unterhaltshilfe sogar um 30% erhöht. Hat der Geschädigte jedoch nur Anspruch auf Entschädigungsrente, müssen für einen überwiegend auf Sparerschäden beruhenden Grundbetrag Mindestbeträge erreicht werden.

(6) Sowohl bei der Unterhaltshilfe als auch bei der Entschädigungsrente gibt es verschiedene *Sonderregelungen für ehemals Selbständige*. Diese gelten insbesondere dann, wenn die Alters- und Hinterbliebenensicherung der ehemals Selbständigen durch den Ver-

lust ihrer Existenzgrundlage vernichtet oder beeinträchtigt worden ist. Unter bestimmten Voraussetzungen erhalten die ehemals Selbständigen die Kriegsschadenrente auch dann, wenn die allgemeinen Voraussetzungen für diese Rente nicht in vollem Umfange erfüllt sind (erleichterte persönliche Voraussetzungen).

Die Kriegsschadenrente endet mit dem Tod des Berechtigten, sofern nicht der überlebende Ehegatte oder eine alleinstehende Tochter die Voraussetzungen für den Weiterbezug erfüllt.

Der Anspruch auf Kriegsschadenrente konkurriert mit dem Anspruch auf **Hauptentschädigung**. Der Anspruch auf Hauptentschädigung wird in den meisten Fällen durch Anrechnung der Kriegsschadenrente und durch sonstige Erfüllungsbeträge aufgebraucht; allerdings erhalten die Empfänger von Unterhaltshilfe allein oder von Unterhaltshilfe neben Entschädigungsrente einen Mindesterfüllungsbetrag der Hauptentschädigung in bar ausgezahlt. Vorrang hat jedoch die Zahlung der laufenden Kriegsschadenrente. Sofern die Voraussetzungen für die Kriegsschadenrente und gleichzeitig für die Gewährung eines Existenzaufbaudarlehens erfüllt sind, steht den Geschädigten weitgehend ein Wahlrecht zu. Aufbaudarlehen für den Wohnungsbau und zur Förderung landwirtschaftlicher Nebenerwerbsstellen hindern den gleichzeitigen Bezug von Kriegsschadenrente nicht.

Die Kriegsschadenrente geht den Leistungen der **Sozialhilfe** vor. Hat ein Geschädigter Sozialhilfeleistungen bezogen und wird ihm für den betreffenden Zeitraum die Kriegsschadenrente zuerkannt, so sind die Nachzahlungsbeträge an Kriegsschadenrente an die Sozialhilfe weiterzuleiten. Befindet sich der Geschädigte in Anstalts- oder Heimunterbringung, so hat die Sozialhilfe ebenfalls vorrangig Anspruch auf die laufende Kriegsschadenrente. Auf der anderen Seite wird durch die Zahlung einer Kriegsschadenrente die grundsätzliche Verpflichtung der Sozialhilfe, Hilfe zum Lebensunterhalt oder in bestimmten Lebenslagen zu erbringen, nicht berührt.

Bestimmte Personengruppen, die die Ausgleichsleistungen nicht in Anspruch nehmen können, erhalten laufende **Beihilfen** aus dem **Härtefonds** des Ausgleichsfonds. Dabei muß es sich um Schäden handeln, die den im Lastenausgleichsgesetz berücksichtigten Schäden entsprechen oder ähnlich sind. Begünstigt werden durch derartige laufende Beihilfen insbesondere Personen, die als Flüchtlinge aus der DDR oder ihnen gleichgestellte Personen anerkannt sind und einen entsprechenden Ausweis besitzen, sowie Vertriebene, die bestimmte Stichtagsvoraussetzungen nicht erfüllen. Hinzu treten weitere Personengruppen. Von den spezifischen Umständen dieser Fälle abgesehen werden die laufenden Beihilfen entsprechend den Voraussetzungen und Grundsätzen gewährt, die auch für die Unterhaltshilfe (in gewissem Umfang auch für die Entschädigungsrente) gelten. Die Leistungen aus dem Härtefonds dürfen die allgemeinen Ausgleichsleistungen nicht übersteigen.

In der Vergangenheit wurden die Leistungssätze der Unterhaltshilfe vielfach durch Einzelgesetze erhöht, um die Berechtigten an der wirtschaftlichen Entwicklung teilnehmen zu lassen. Seit 1974 ist die **Unterhaltshilfe** entsprechend der Anpassung in der Rentenversicherung der Arbeiter **dynamisiert**. Angepaßt werden dabei nicht nur die Sätze der Unterhaltshilfe, sondern auch die Einkommensgrenzen sowie verschiedene Zuschläge zur Unterhaltshilfe. Die **Entschädigungsrente** wird demgegenüber **nicht angepaßt**. Jedoch liegen bei dieser die Einkommenshöchstbeträge deutlich höher als bei der Unterhaltshilfe, und diese Einkommensgrenzen werden seit 1974 laufend erhöht, so daß damit indirekt eine Anhebung der Entschädigungsrenten im Zeitablauf zustande kommt.

5.1.3 Wiedergutmachung

Die soziale Entschädigungsinstitution der Wiedergutmachung erbringt gewisse **Ausgleichsleistungen**, die im Bundesentschädigungsgesetz geregelt werden und zum Teil durch spezielle Wiedergutmachungsabkommen ergänzt sind. Diese Ausgleichsleistungen betreffen durch nationalsozialistische Verfolgung und nationalsozialistisches Unrecht bedingte Schäden an Leben, an Körper und Gesundheit, an Freiheit, an Eigentum und im beruflichen und wirtschaftlichen Fortkommen. Die Wiedergutmachung soll angemessen und den jeweiligen Verhältnissen entsprechend vorgenommen werden.

Weitaus überwiegend werden Einkommensleistungen in Form von **Kapitalabfindungen** gezahlt; es werden jedoch auch **Renten** gewährt, die nach dem Diensteinkommen bzw. der Versorgung vergleichbarer Beamter berechnet werden. Diese Entschädigungsrenten können bei Erhöhung der Dienst- und Versorgungsbezüge der Beamten angehoben werden.

Neben den Kapitalabfindungen und Rentenzahlungen für die angeführten Schadenskategorien enthält die Wiedergutmachungsinstitution **weitere Einkommensleistungen** in Form der Soforthilfe für Rückwanderer, in Form eines Härteausgleichs (Beihilfen, Kapitalentschädigungen) sowie weiterer und ergänzender Leistungen.

Die gesamten Leistungen der Wiedergutmachungsinstitution werden nach Maßgabe einer altersspezifischen Abgrenzung vor allem entweder dem Funktionsbereich Alter und Hinterbliebene oder dem Funktionsbereich Folgen politischer Ereignisse zugeordnet. Soweit es sich um Einkommensleistungen handelt, werden weitere Funktionen außer den genannten nicht berührt.

5.1.4 Sonstige Entschädigungen

Die Einkommensleistungen der sonstigen Entschädigungen umfassen im Funktionsbereich Folgen politischer Ereignisse Leistungen nach dem Häftlingshilfegesetz (Zinsverbilligung für Aussiedler und Zuwanderer; einmalige Unterstützungen nach § 9 HHG sowie Eingliederungshilfe nach §§ 9a-c HHG), nach dem Kriegsgefangenenentschädigungsgesetz (Entschädigungen sowie Beihilfen zur Hausratsbeschaffung) und nach dem Allgemeinen Kriegsfolgengesetz (Versorgungs- und Ersatzansprüche nach § 5 AKG).

5.2 Alterssicherungssysteme

Die Einkommensleistungen der **Rentenversicherung** im Funktionsbereich Folgen politischer Ereignisse bestehen aus Mehrbelastungen, die den Rentenversicherungen durch Krieg und Kriegsfolgen sowie ihnen gleichgestellte Vorgänge entstanden sind. Dabei handelt es sich vor allen Dingen um Mehrbelastungen durch die Anrechnung beitragsloser Zeiten, aber auch um Mehrbeträge, die sich aus einem früheren Bezug einer Berufsunfähigkeits-, Erwerbsunfähigkeits- und

Bergmannsrente ergeben. Ähnliche Mehrbelastungen ergeben sich auch für die **Versorgungswerke** sowie die **Zusatzversicherungen im öffentlichen Dienst** und für einzelne Berufe, allerdings in deutlich geringerer Größenordnung.

5.3 Steuerermäßigungen

Zu den direkten Einkommensleistungen des Funktionsbereichs Folgen politischer Ereignisse treten Steuerermäßigungen. Sie betreffen den Pauschbetrag für Körperbehinderte und Hinterbliebene nach § 33b EStG und den Freibetrag für Flüchtlinge, Kriegsopfer und gleichgestellte Personen nach § 52 Abs. 24 EStG. Von erheblicher Bedeutung ist ferner der Kfz-Steuererlaß für Körperbehinderte nach § 3a Kfz StG.

6. Einkommensleistungen im Wohnungswesen

6.1 Wohnungspolitischer Interventionismus

Die Versorgung der Bevölkerung mit ausreichendem Wohnraum zu angemessenen Bedingungen war schon sehr früh ein wichtiges Anliegen der staatlichen Sozialpolitik. Erste bescheidene wohnungspolitische Aktivitäten des Staates zeichneten sich bereits mit dem **Invalidenversicherungsgesetz** von 1889 ab, wonach ein Teil der Einnahmen der Versicherungsträger für Wohnungsbauzwecke verwendet werden konnte. Um die Jahrhundertwende entstanden sodann in einzelnen Städten und Ländern des Reiches **Wohnungsförderungs-, Wohnungsfürsorge- und Wohnungspflegegesetze**, die vor allen Dingen qualitative Anforderungen an Mietwohnungen, Anzeigepflichten für die Vermieter und Aufsichtsrechte für die Kommunalbehörden mit sich brachten und auch in einem begrenzten Umfange Wohnungsbauförderung bezweckten.

Zu Beginn des Ersten Weltkrieges begann der Staat mit einer zunächst auf die Kriegerfrauen begrenzten **Mieterschutzgesetzgebung**. Das gewaltige Wohnraumdefizit insbesondere der einkommensschwachen Arbeitnehmer führte in dem folgenden Jahrzehnt zu weitergehenden Interventionen in die Wohnungsmärkte. Das **Reichsmietengesetz** vom 24. März 1922, das **Mieterschutzgesetz** vom 1. Juni 1923 und das **Wohnungsmangelgesetz** vom 26. Juli 1923 markierten die Entwicklung zu einer öffentlichen Wohnraumbewirtschaftung, zu einem öffentlichen Mietpreisrecht und einem strengen Mieterschutz.

Diese soziale Wohnungsbestandspolitik wurde durch erste Anfänge einer sozialen Wohnungsbaupolitik ergänzt, wie sie sich in dem **preußischen Wohnungsgesetz** vom 28. März 1918 und dem **Wohnungsabgabegesetz** vom 26. Juni 1921 abzeichneten. Die Wohnungsbauleistung, die insbesondere von den Gemeinnützigen Wohnungsbauunternehmen getragen wurde, blieb jedoch in den 20er Jahren bescheiden und stieg erst gegen Ende der 20er Jahre nennenswert an.

Der Beginn des Nationalsozialismus markierte auch in der Wohnungspolitik einen deutlichen Wendepunkt. Bereits vor Beginn des Zweiten Weltkrieges wurde der Wohnungsbau erheblich eingeschränkt, während des Krieges kam er fast vollständig zum Erliegen. Die notwendige Folge dieser politischen Entwicklung war – vor allem angesichts der erheblichen Kriegszerstörungen des vorhandenen Wohnungsbestandes – eine scharfe **Wohnungszwangswirtschaft**. Diese blieb auch nach dem Zweiten Weltkrieg – angesichts der Vergrößerung des Wohnungsdefizites durch den Zustrom von Flüchtlingen und Vertriebenen – erhalten. Allerdings wurde nicht nur die Nutzung des noch verfügbaren Wohnungsbestandes einer staatlichen Regulierung unterworfen, sondern gleichzeitig wurde eine breit angelegte staatliche Neubauförderung ins Leben gerufen.

In den 50er Jahren verdreifachte sich die Wohnungsbauleistung im Vergleich zu jener Bauleistung, wie sie für die 20er Jahre typisch war. Die enorme Bauleistung schien den schrittweisen Abbau der Wohnungszwangswirtschaft und die Überführung der Wohnungswirtschaft in die soziale Marktwirtschaft zu ermöglichen. Das **Gesetz über den Abbau der Wohnungszwangswirtschaft** und über ein **soziales Miet- und Wohnrecht** vom 23. Juli 1960 markierte diese Wende in der staatlichen Wohnungspolitik. Nach und nach wurde die Wohnraumbewirtschaftung für alle Kreise mit einem Wohnungsfehlbestand von weniger als 3% aufgegeben. Während im frei finanzierten Wohnungsbau schon vorher keine Mietbindungen existierten und auch im steuerbegünstigten Wohnungsbau frei vereinbarte, sich aber an den Kosten orientierende Mieten zugelassen worden waren, wurde jetzt auch das Mietniveau für Altbauten angehoben; Miet- und Belegungsbindungen blieben jedoch für den sozialen Wohnungsbau erhalten. Der bisherige Mieterschutz wurde durch ein soziales Mietrecht abgelöst; die breit angelegte Subventionspolitik des Wohnungsbaus wurde durch eine sozialpolitisch motivierte Transferzahlung in Form des **Wohngeldes** ergänzt.

Angesichts der erheblichen Mietsteigerungen insbesondere für Altbauwohnungen, die sich gerade Ende der 60er Jahre ergaben, wurde der gesamte Wohnungsbestand mit dem **Gesetz zur Verbesserung des Mietrechts und zur Begrenzung des Mietanstiegs** vom 4. November 1971 und mit dem **Gesetz über den Kündigungsschutz für Mietverhältnisse über Wohnraum** vom 25. November 1971 wieder strengen Bindungen unterworfen. Mietpreisregelungen nach dem Vergleichsmietenkonzept und strenge Kündigungsschutzvorschriften, die auch den Bestand an frei finanzierten Wohnungen erfaßten, markierten die erneute Umorientierung der Wohnungspolitik; sollten das Miethöhegesetz und das Kündigungsschutzgesetz zunächst nur Übergangsregelungen schaffen, so wurden diese mit dem **Zweiten Wohnraumkündigungsschutzgesetz** vom 18. Dezember 1974 zu einem unbefristeten Dauerrecht.

In der Folgezeit ging jedoch insbesondere der Mietwohnungsbau ganz erheblich zurück. Vor diesem Hintergrund setzte zu Beginn der 80er Jahre ein erneutes Umdenken in der Wohnungspolitik ein. Auf der einen Seite wurde das **soziale Mietrecht** partiell gelockert und auf der anderen Seite die **Objektförderung** erheblich verstärkt. Die **Subjektförderung** in Form des Wohngeldes wurde zwar beibehalten, aber doch in verschiedener Hinsicht eingeschränkt; erst 1986 wurde die Subjektförderung erneut ausgeweitet.

6.2 Allgemeine Vergünstigungen im Wohnungswesen

Die allgemeinen Vergünstigungen im Wohnungswesen, die bei Erfüllung der jeweiligen Voraussetzungen nicht auf bestimmte Personengruppen beschränkt sind, umfassen im Funktionsbereich Wohnen die Leistungen der Institutionen Steuerermäßigungen sowie Vergünstigungen im Wohnungswesen. Die **Steuerermäßigungen** bestehen ausschließlich aus Grundsteuerermäßigungen (§§ 82, 92-94 II. Wohnungsbaugesetz) sowie aus Einkommensteuerermäßigungen durch Schuldzinsenabzug (§ 21a Abs. 4 EStG). Die **Vergünstigungen im Wohnungswesen** führen im Rahmen des sozialen Wohnungsbaus zu Zinsermäßigungen, zu Zinszuschüssen und zu Tilgungszuschüssen. Auf diese Leistungen sind die allgemeinen Vergünstigungen im Wohnungswesen jedoch letztlich nicht beschränkt. Für den sozialen Wohnungsbau gelten weitere Vergünstigungen, die allerdings auch teilweise für den frei finanzierten Wohnungsbau sowie für den steuerbegünstigten Wohnungsbau zutreffen. Im Hinblick auf die deutlich abgestufte Wohnungsbauförderung soll im folgenden zwischen dem frei finanzierten Wohnungsbau, dem steuerbegünstigten Wohnungsbau und dem öffentlich geförderten sozialen Wohnungsbau unterschieden werden.

6.2.1 Frei finanzierter Wohnungsbau

Dem frei finanzierten Wohnungsbau dienen zunächst einmal verschiedene **Sparförderungsmaßnahmen** wie die Gewährung von Wohnungsbauprämien, die Berücksichtigung von Bausparbeiträgen als Vorsorgeaufwendungen im Rahmen des Sonderausgabenabzugs bei der Einkommensteuer sowie die Gewährung von Arbeitnehmer-Sparzulagen für vermögenswirksame Leistungen; hinzu treten die **Abschreibungsvergünstigungen** des § 7b EStG (ab 1987: § 10e EStG) mit ihrer speziellen Kinderkomponente (vgl. Funktionsbereich Sparförderung und Vermögensbildung).

Anstelle der Abschreibungsvergünstigungen nach § 7b EStG können Bauherren (oder Erwerber im Jahr der Fertigstellung) von ganz oder teilweise vermieteten Wohngebäuden bzw. Eigentumswohnungen die sog. **degressive Abschreibung** nach § 7 Abs. 5 EStG in Anspruch nehmen, die ggf. günstiger ist als die Abschreibungsvergünstigung nach § 7b EStG (Abschreibungssatz von 5% in den ersten 8 Abschreibungsjahren ohne Begrenzung auf Gebäudehöchstbeträge).

6.2.2 Steuerbegünstigter Wohnungsbau

Beim steuerbegünstigten Wohnungsbau treten zusätzlich zu den Förderungsmaßnahmen des frei finanzierten Wohnungsbaus noch **Grundsteuervergünstigungen** hinzu; diese führen für die Dauer von 10 Jahren dazu, daß allein der auf diese Wohnungen entfallende Bodenwertanteil besteuert wird. Allerdings sind hierbei Wohnflächenbegrenzungen zu beachten, wie sie für den 2. Förderungsweg des sozialen Wohnungsbaus (vgl. weiter unten) bestehen.

6.2.3 Sozialer Wohnungsbau

Der öffentlich geförderte soziale Wohnungsbau kennt zusätzlich zu den für den frei finanzierten und für den steuerbegünstigten Wohnungsbau geltenden Förderungsmaßnahmen noch die **Gewährung öffentlicher Mittel in Form von Darlehen oder Zuschüssen**. Dabei sind nach dem II. Wohnungsbaugesetz zwei Förderungswege zu unterscheiden.

Nach dem **1. Förderungsweg** erhält ein Bauherr mit Kindern, die zum Familienhaushalt gehören und für die ihm Kinderfreibeträge nach dem Einkommensteuergesetz zustehen, ein **Familienzusatzdarlehen**. Dieses Darlehen beträgt im Rahmen der Neubauförderung für Bauherren mit einem Kind DM 2000, für Bauherren mit zwei Kindern DM 4000 und mit drei Kindern DM 7000; für jedes weitere Kind erhöht sich das Familienzusatzdarlehen um DM 5000. Die Gewährung dieser öffentlichen Mittel ist an verschiedene Voraussetzungen gebunden:

(1) *Einkommensbegrenzung:*

Das Gesamteinkommen der Angehörigen eines Haushalts darf verschiedene Einkommensgrenzen nicht übersteigen. Die Einkommensgrenze beläuft sich bei einer Person auf DM 21600 jährlich, sie erhöht sich für die zweite Person um DM 10200 und für jede weitere zum Familienhaushalt rechnende Person um DM 8000 jährlich. Dabei bestehen einige Sonderregelungen:

Für Aussiedler, Zuwanderer und gleichgestellte Personen erhöht sich diese Einkommensgrenze bis zum Ablauf des 5. Kalenderjahres nach dem Jahr der Einreise um DM 6300.

Für junge Ehepaare (beide Ehepartner unter 40 Jahren) erhöht sich die Einkommensgrenze bis zum Ablauf des 5. Kalenderjahres nach dem Jahr der Eheschließung um DM 8400 jährlich.

Für Schwerbehinderte und ihnen gleichgestellte Personen (Minderung der Erwerbsfähigkeit auf Dauer um mindestens 50%) ist eine Erhöhung der Einkommensgrenze um jeweils DM 4200 jährlich gegeben; dieser Betrag erhöht sich für Schwerstbehinderte (mindestens 80% Minderung der Erwerbsfähigkeit) auf jeweils DM 9000 jährlich.

Berechnungsgrundlage des Gesamteinkommens der Familie ist das steuerpflichtige Jahreseinkommen der einzelnen Familienmitglieder im vorausgegangenen Kalenderjahr. Abgezogen werden hiervon u.a. Aufwendungen zur Erfüllung gesetzlicher Unterhaltsverpflichtungen für nicht zum Haushalt rechnende Verwandte des Antragstellers oder seines Ehegatten und für den geschiedenen oder dauernd getrennt lebenden Ehegatten. Von dem sich danach ergebenem Jahreseinkommen sind nochmals 10% abzusetzen, wenn Steuern vom Einkommen gezahlt werden. Die Summe der so ermittelten Jahreseinkommen der einzelnen Familienmitglieder stellt das relevante Gesamteinkommen der Familie dar.

(2) *Objektbegrenzung:*

Grundsätzlich dient diese Wohnungsbauförderung der Neuschaffung von Wohnraum, wozu auch der Ausbau und die Erweiterung bestehender Gebäude zählen; in Ausnahmefällen kann auch der Erwerb vorhandener familiengerechter Wohnungen zur Eigennutzung durch kinderreiche Familien oder Schwerbehinderte gefördert werden, wenn dadurch einem Wohnungsnotstand abgeholfen wird.

Die Neubauförderung umfaßt den Bau und den Ersterwerb von Eigenheimen, Kleinsiedlungen und Eigentumswohnungen; Eigenheime (Kaufeigenheime) sind Grundstücke mit einem Wohngebäude, das nicht mehr als zwei Wohnungen enthält, von denen eine zum Bewohnen durch den Eigentümer oder einen Angehörigen bestimmt sein muß; eine Kleinsiedlung ist ein Eigenheim mit größerer Grundstücksfläche zur gartenbaumäßigen Nutzung; eine Eigentumswohnung ist eine Wohnung, an der rechtlich selbständiges Eigentum nach dem Wohnungseigentumsgesetz begründet ist.

(3) *Wohnflächenbegrenzung:*

Im öffentlich geförderten sozialen Wohnungsbau des 1. Förderungsweges sind verschiedene Wohnflächenbegrenzungen zu beachten; gefördert wird i.d.R. nur der Bau von solchen Familienheimen und Eigentumswohnungen, deren Wohnfläche 130 m^2 für Familienheime mit nur einer Wohnung und 200 m^2 für Familienheime mit zwei Wohnungen sowie 120 m^2 für eigengenutzte Eigentumswohnungen und Kaufeigentumswohnungen nicht überschreitet.

Nach dem **2. Förderungsweg** des II. Wohnungsbaugesetzes werden für einen etwas weiter abgegrenzten Personenkreis **Aufwendungsdarlehen** für Wohneigentum vornehmlich in regionalen Schwerpunkten in unterschiedlicher Höhe gewährt. Die Aufwendungsdarlehen werden 15 Jahre lang in abnehmender Höhe gezahlt, d.h. sie verringern sich jedes Jahr um 1/15. Vom 17. Jahr an setzen Verzinsung (6%) und Tilgung (2%) der Aufwendungsdarlehen ein. Die Förderbeträge werden bei Familienheimen und Eigentumswohnungen von Land zu Land verschieden für höchstens 90 m^2 Wohnfläche bei einem 4-Personen-Haushalt gewährt; gehören zum Familienhaushalt mehr bzw. weniger als 4 Personen, so vergrößert bzw. verringert sich die förderungswürdige Wohnfläche um jeweils 10 m^2 je Person.

Die Gewährung der Aufwendungsdarlehen ist an verschiedene **Voraussetzungen** gebunden:

(1) Auch bei der Gewährung öffentlicher Mittel im 2. Förderungsweg des sozialen Wohnungsbaus sind Einkommensgrenzen zu beachten; allerdings dürfen dabei die *Einkommensgrenzen* des 1. Förderungsweges um bis zu 40% überschritten werden.

(2) Die Wohnungsbauförderung nach dem 2. Förderungsweg ist wie beim 1. Förderungsweg durch bestimmte *Objektbegrenzungen* gekennzeichnet.

(3) Auch für den 2. Förderungsweg des sozialen Wohnungsbaus sind *Wohnflächenbegrenzungen* zu berücksichtigen; grundsätzlich gelten die Grenzwerte des 1. Förderungsweges mit einem Zuschlag von 20%.

Die Förderungsmittel des sozialen Wohnungsbaus können nur gewährt werden, soweit entsprechende Mittel verfügbar sind; insofern besteht **kein Rechtsanspruch**. Die Begrenztheit der vorhandenen Mittel zwingt dazu, über vorliegende Anträge i.d.R. nach sozialer Dringlichkeit zu entscheiden; wesentliche Kriterien sind dabei die Kinderzahl sowie Behinderungen, die besondere bauliche Maßnahmen erfordern.

6.3 Spezielle Vergünstigungen im Wohnungswesen

Neben den allgemeinen Vergünstigungen im Wohnungswesen sind spezielle Vergünstigungen zu beachten, die nur an bestimmte Personengruppen gewährt werden. Hierzu gehören die **Wohnungsfürsorge** der öffentlichen Arbeitgeber in Form von **Zinsermäßigungen**; hinzu kommen die Zinsermäßigungen für Aufbaudarlehen des Lastenausgleichsfonds. Sowohl die Zinsermäßigungen im Rahmen der Wohnungsfürsorge der öffentlichen Arbeitgeber als auch die Zinsermäßigungen des Lastenausgleichs stellen Leistungen der Institution Vergünstigungen im Wohnungswesen dar. Hinzu treten **Beihilfen** der Wohnungsfürsorge im Rahmen der Kriegsopferversorgung, **Annuitätszuschüsse** der Arbeitsförderung an Verwaltungsangestellte der Bundesanstalt für Arbeit sowie **Schuldendiensthilfen** für Familiendarlehen im Rahmen der sonstigen Sozialhilfe der Länder.

7. Einkommensleistungen der vermögenspolitischen Sparförderung und Eigentumsbildung

Bereits in den Anfängen der sozialpolitischen Diskussion in Deutschland wurde in der weitgehenden Vermögenslosigkeit der Arbeitnehmer ein entscheidender Faktor ihrer wirtschaftlichen und sozialen Notlage gesehen. Die staatliche Sozialpolitik vernachlässigte diesen Problembereich jedoch zunächst weitgehend. Vorübergehend gab es nach dem Ersten Weltkrieg eine **steuerliche Förderung von Sparverträgen der Altersvorsorge** mit einer Mindestlaufzeit von 20 Jahren; allerdings wurde diese Sparförderung im Jahre 1934 wieder abgeschafft und stattdessen die steuerliche Begünstigung des Bausparens eingeführt (vgl. *T. RUF*, 1977, S. 432).

Nach dem Zweiten Weltkrieg wurden im Anschluß an die Währungsreform 1948 die Beiträge an Lebensversicherungen und Bausparkassen, die Zahlungen für Kapitalansammlungsverträge sowie die Aufwendungen für den Ersterwerb von Aktien in die **einkommensteuerliche Sonderausgabenregelung** einbezogen; diese Maßnahmen sollten jedoch vor allen Dingen die gesamtwirtschaftliche Kapitalbildung fördern und dienten weniger der Vermögensbildung in Arbeitnehmerhand.

Da die steuerlichen Regelungen vor allen Dingen die Bezieher hoher Einkommen begünstigten, ging man im Laufe der Zeit von der Steuerbegünstigung ab und zur **Gewährung von Prämien** über. 1952 wurde die Bausparprämie eingeführt und 1959 die Sparprämie. Wohnungsbau-Prämiengesetz und Spar-Prämiengesetz wurden 1961, 1965 und 1970 durch das Erste bis Dritte Vermögensbildungsgesetz ergänzt. In dieser Entwicklung wurde die zunächst einheitliche Prämie sozial gestaffelt. Die Prämiensätze wurden erhöht; das anfängliche Verbot der Kumulierung von Prämien und Steuervergünstigungen wurde gelockert.

Die beginnende Wirtschaftskrise brachte dann aber eine **Tendenzwende** mit sich. Mitte der 70er Jahre wurden die Einkommensgrenzen für die Prämiengewährung eingeführt und schließlich Sparprämien sowie Bausparprämien herabgesetzt. Unter dem Druck leerer Kassen, aber auch angesichts kaum verkennbarer Zweifel an der Effizienz der staatlichen Sparförderung wurden ab Ende 1980 die Sparprämien nach dem Spar-Prämiengesetz für Neuverträge gänzlich ausgesetzt und die Bausparprämien weiter reduziert. Die folgende Entwicklung griff auch in das bestehende System der Arbeitnehmer-Sparzulagen nach dem Dritten Vermögensbildungsgesetz ein und führte zu einer sozialen Staffelung der Arbeitnehmer-Sparzulagen bei gleichzeitiger Berücksichtigung der Anlageart. Erst mit dem Vermögensbeteiligungsgesetz 1984 erhielt die Vermögensbildung für breite Schichten neue Impulse.

Im Gegensatz zu dieser Entwicklung in der vermögenspolitischen Sparförderung ist die **steuerliche Begünstigung des Erwerbs von Wohneigentum** nach § 7b EStG, die im Anschluß an die Währungsreform eingeführt und später vielfältig modifiziert und verbessert wurde, unter dem Einfluß der Wirtschaftskrise ab Mitte der 70er Jahre nicht abgebaut, sondern vielmehr weiterentwickelt worden. Bezog sie sich ursprünglich nur auf neue Wohnungsbauvorhaben, so wurde sie 1977 auf den Erwerb von gebrauchten Ein- und Zweifamilienhäusern sowie Eigentumswohnungen ausgedehnt. Weitere deutliche Verbesserungen ergaben sich ab

Mitte 1981. Ebenso wie der relativ geringere Abbau der Bausparprämien (im Vergleich zu den Sparprämien) und der Arbeitnehmer-Sparzulagen in Verbindung mit Bausparverträgen standen auch diese Entwicklungen im Dienste einer gezielten Vermögenspolitik, die zugleich Wohnungs- und Wohnungsbaupolitik ist; zudem wurden von hier aus positive arbeitsmarktpolitische Effekte im Hinblick auf die Bauwirtschaft erwartet. Weitere Neuregelungen der steuerlichen Begünstigung des Erwerbs von Wohneigentum mit gleicher Zielrichtung traten zum 1. Januar 1987 in Kraft.

7.1 Leistungen nach dem Spar-Prämiengesetz

Von überragender Bedeutung sind im Funktionsbereich Sparförderung und Vermögensbildung die Leistungen der Institution Vermögensbildung. Hierzu gehören die Leistungen nach dem Spar-Prämiengesetz, die Leistungen nach dem Wohnungsbau-Prämiengesetz sowie die Leistungen nach dem Dritten Vermögensbildungsgesetz und dem Vermögensbeteiligungsgesetz in Form der Arbeitnehmer-Sparzulage und der Arbeitgeberleistungen. Im folgenden sollen zunächst die Leistungen nach dem Spar-Prämiengesetz betrachtet werden.

Das Spar-Prämiengesetz begünstigt Sparverträge mit festgelegten Sparraten (Ratensparverträge), allgemeine Sparverträge sowie Wertpapiersparverträge:

(1) Im Rahmen eines *Ratensparvertrages* werden für die Dauer von 6 Jahren laufend, jedoch mindestens vierteljährlich, der Höhe nach gleichbleibende Sparbeiträge bei einem Kreditinstitut eingezahlt und bis zum Ablauf der Festlegungsfrist von 7 Jahren gebunden. Der *allgemeine Sparvertrag* ist durch die Einzahlung eines einmaligen Sparbeitrages mit einer *Festlegungsfrist* von sechs Jahren gekennzeichnet.

Während der Festlegungsfrist dürfen weder Sparbeiträge zurückgezahlt noch die Ansprüche aus dem Sparvertrag abgetreten oder beliehen werden. Allerdings kann das prämienbegünstigte Kontensparen auch zum Erwerb von Wertpapieren im Rahmen eines *Wertpapiersparvertrages* genutzt werden; dies ist solange prämienunschädlich, wie die erworbenen Wertpapiere (u.a. Aktien, Investmentzertifikate, festverzinsliche Wertpapiere) bis zum Ablauf der für den prämienbegünstigten Sparvertrag geltenden Sperrfrist festgelegt sind. Das prämienbegünstigte Sparguthaben kann auch auf einen Bausparvertrag übertragen werden, wenn mit der Auszahlung der Bausparsumme noch nicht begonnen wurde.

Die Festlegungsfrist *verkürzt* sich auf zwei Jahre im Falle der Heirat nach Abschluß eines prämienbegünstigten Sparvertrages. Die Festlegungsfrist kann ebenfalls prämienunschädlich unterbrochen werden, wenn nach Vertragsabschluß eine mindestens einjährige ununterbrochene Arbeitslosigkeit eingetreten ist und diese im Zeitpunkt der vorzeitigen Verfügung noch besteht. Im Falle des Todes eines Prämiensparers oder seines Ehegatten oder im Falle des Eintritts der völligen Erwerbsunfähigkeit des Prämiensparers oder seines Ehegatten kann ebenfalls über das Sparguthaben sofort verfügt werden. Vor Ablauf der Festlegungsfrist können die auf einen Sparvertrag eingezahlten Sparbeiträge auch im eigenen Betrieb oder im Rahmen einer selbständigen Tätigkeit für die Anschaffung von abnutzbaren Wirtschaftsgütern des Anlagevermögens verwendet werden, deren betriebsgewöhnliche Nutzungsdauer nicht vor Ablauf der für die Sparbeiträge geltenden Festlegungsfrist enden darf.

(2) Der *Höchstbetrag* des prämienbegünstigten Sparens beläuft sich auf 800 DM pro Kalenderjahr mit einer Verdoppelung auf 1600 DM für Ehegatten, wenn diese während des gesamten Jahres der Sparleistung verheiratet waren, nicht dauernd getrennt lebten und beide mindestens während eines Teils des Kalenderjahres unbeschränkt einkommen-

steuerpflichtig waren. Die Kinderzahl ist ohne Einfluß auf den Sparhöchstbetrag. Sie wirkt sich jedoch auf die *Prämie* aus. Die Grundprämie beläuft sich auf 14%, und sie erhöht sich für jedes Kind um 2%, wenn das Kind zu Beginn des Kalenderjahres, in dem die Sparbeiträge geleistet worden sind, das 17. Lebensjahr noch nicht vollendet hat. Voraussetzung für die Prämiengewährung ist die Einhaltung gewisser Grenzen des zu versteuernden Einkommens. Die *Einkommensgrenze* beläuft sich auf 24000 DM für Alleinstehende und 48000 DM für Verheiratete zuzüglich 1800 DM je Kind, wobei auch hier nur Kinder unter 18 Jahren berücksichtigt werden. Außerdem ist ein *Kumulierungsverbot* zu beachten; die zur „Höchstbetragsgemeinschaft" gehörigen Personen dürfen für dasselbe Kalenderjahr nicht bereits eine Wohnungsbauprämie oder die Steuervergünstigung für Bausparbeiträge in Anspruch genommen haben. Neben diesem Kumulierungsverbot und den Höchstbetragsgrenzen ist auch eine *Mindestgrenze der Spartätigkeit* mit Sparbeiträgen im Kalenderjahr von mindestens 60 DM gegeben.

(3) Diese Regelungen gelten nur noch für Sparverträge, die bis einschließlich dem 12. November 1980 abgeschlossen wurden. Für alle Verträge vom 13. November 1980 an ist die *Sparprämie entfallen*. Einzahlungen auf „Altverträge" bleiben jedoch prämienbegünstigt. Für die Zukunft hat im wesentlichen nur noch der Anlagekatalog des Spar-Prämiengesetzes einige Bedeutung.

7.2 Leistungen nach dem Wohnungsbau-Prämiengesetz

Während die Leistungen nach dem Spar-Prämiengesetz grundsätzlich ausgelaufen sind, werden die Leistungen nach dem Wohnungsbau-Prämiengesetz auch in Zukunft eine erhebliche Bedeutung haben:

(1) Nach dem Wohnungsbau-Prämiengesetz werden verschiedene *Möglichkeiten des Sparens und der Vermögensbildung* gefördert. Hierzu gehören Bausparverträge, Ersterwerb von Anteilen an Bau- und Wohnungsgenossenschaften, Wohnbau-Sparverträge mit einem Kreditinstitut sowie Kapitalansammlungsverträge mit einem Wohnungs- oder Siedlungsunternehmen. In der Praxis dominiert der Bausparvertrag. Dies ist ein Vertrag mit einer Bausparkasse zur Erlangung eines zinsgünstigen Baudarlehens, das nicht nur zum Neubau oder Kauf, sondern auch zum Um- oder Ausbau eines Wohnhauses, zum Erwerb eines Grundstücks zur späteren Bebauung mit einem Wohnhaus, zum Erwerb einer Eigentumswohnung sowie zur Ablösung von Hypotheken oder Grundschulden und für verschiedene andere wohnwirtschaftliche Zwecke verwendet werden kann.

(2) Bausparverträge können durch eine *Wohnungsbauprämie* gefördert werden. Die Sparhöchstbeträge sowie die Einkommensgrenzen sind die gleichen wie beim Spar-Prämiengesetz. Auch hier gelten die Höchstbetragsgemeinschaft sowie ein entsprechendes Kumulierungsverbot im Verhältnis zur Sparprämie. Die Festlegungsfrist für Bausparbeiträge beläuft sich für einschließlich dem 12. November 1980 abgeschlossene Verträge auf 7 Jahre, für ab dem 13.11.1980 abgeschlossene Verträge auf 10 Jahre; 1985 wurde sie wieder auf 7 Jahre herabgesetzt. Die frühere Grundprämie von 18% mit einem Zuschlag von jeweils 2% pro Kind wurde im Zuge der Neuregelung des Jahres 1980 um 4% auf 14% gekürzt.

(3) Alternativ zur Wohnungsbauprämie kann für Bausparbeiträge der *Sonderausgabenabzug* nach § 10 EStG in Anspruch genommen werden. Für diesen Sonderausgabenabzug, der nicht von Einkommensgrenzen abhängig ist, sind die Höchstbeträge für steuerlich abzugsfähige Versicherungs- und Bausparbeiträge des Einkommensteuerrechts zu berücksichtigen. Zudem gilt auch hier das Kumulierungsverbot im Hinblick auf die Sparprämie. Die Festlegungsfrist für Bausparbeiträge beträgt bei Beanspruchung der Steuervergünstigung 10 Jahre; innerhalb dieser Frist darf das Bausparguthaben nur für Zwecke des Wohnungsbaus verwendet werden.

(4) Analog zum Spar-Prämiengesetz sieht auch das Wohnungsbau-Prämiengesetz bei Inanspruchnahme der Wohnungsbauprämie oder der Steuervergünstigung Ausnahmeregelungen von der generellen Festlegungsfrist vor. Die Ausnahmeregelung für den Fall der Heirat gilt hier jedoch nicht.

7.3 Leistungen nach dem Dritten Vermögensbildungsgesetz (624-DM-Gesetz)

Die Leistungen nach dem Dritten Vermögensbildungsgesetz umfassen die Arbeitnehmer-Sparzulage und die Arbeitgeberleistungen zur Vermögensbildung:

(1) Durch das Dritte Vermögensbildungsgesetz soll das sogenannte *vermögenswirksame Sparen* gefördert werden. Hierunter ist die längerfristige Anlage von Teilen des Arbeitslohnes oder von Leistungen des Arbeitgebers zu verstehen. Dabei müssen die im 624-DM-Gesetz vorgeschriebenen Vereinbarungs- und Anlageformen beachtet werden. Die vermögenswirksame Anlage von Teilen des Arbeitslohnes kann sich nicht nur auf den laufenden Arbeitslohn, sondern auch auf einmalige Zuwendungen des Arbeitgebers (z.B. Weihnachtsgratifikation) beziehen; der Mindestumfang der Anlage beträgt 10 DM monatlich oder 60 DM im Kalenderjahr. In vielen Wirtschaftszweigen bestehen über Tarifverträge, Betriebsvereinbarungen oder Einzelverträge zusätzliche vermögenswirksame Leistungen, die seitens des Arbeitgebers über Lohn oder Gehalt hinaus gewährt werden. Weitgehend üblich ist mittlerweile eine Arbeitgeberleistung von 13 DM im Monat, für einzelne Branchen jedoch auch mehr.

(2) Das Gesetz sieht eine weitgehende *Anlagefreiheit* für die Sparleistungen nach dem 624-DM-Gesetz vor. Vor allen Dingen ist die Anlage nach dem Spar-Prämiengesetz sowie nach dem Wohnungsbau-Prämiengesetz vorgesehen. Daneben sind weitere Aufwendungen zum Wohnungsbau, zum Erwerb von Belegschaftsaktien, Aufwendungen zur Begründung von Darlehensforderungen gegen den Arbeitgeber sowie Lebensversicherungsverträge denkbar.

Die Anlage der vermögenswirksamen Leistungen nach dem *Spar-Prämiengesetz* oder dem *Wohnungsbau-Prämiengesetz* führt zusätzlich zur Arbeitnehmer-Sparzulage zur Gewährung einer Prämie entsprechend den oben im einzelnen dargelegten Voraussetzungen und Begrenzungen. Trotz des Auslaufens der Gewährung von Sparprämien dürfte die Anlage nach dem Spar-Prämiengesetz wegen der Arbeitnehmer-Sparzulage nach wie vor für Arbeitnehmer interessant sein, insbesondere weil sich auch der Höchstbetrag von 624 DM je nach der Zahl der arbeitenden Mitglieder einer Höchstbetragsgemeinschaft vervielfachen kann. Als Alternative zur Inanspruchnahme der Wohnungsbauprämie nach dem Wohnungsbau-Prämiengesetz kann die Steuervergünstigung nach § 10 EStG gewählt werden. Begrenzte Ausnahmeregelungen von dem generellen Kumulierungsverbot nach dem Spar-Prämiengesetz und dem Wohnungsbau-Prämiengesetz sind zu beachten.

Neben der Anlage der vermögenswirksamen Leistungen gemäß dem Spar-Prämiengesetz oder dem Wohnungsbau-Prämiengesetz ist auch eine vermögenswirksame Anlage in Form bestimmter *Aufwendungen zum Wohnungsbau* zugelassen. Als vermögenswirksame Anlage gilt danach der Bau, der Erwerb oder die Erweiterung eines Wohngebäudes oder einer Eigentumswohnung, der Erwerb eines Dauerwohnrechts, der Erwerb eines Grundstücks für Zwecke des Wohnungsbaus sowie die Erfüllung von Verpflichtungen im Zusammenhang mit den oben bezeichneten Vorhaben. Prämien werden jedoch auf diese Anlageform nicht gewährt; ebensowenig ist eine Sperrfrist einzuhalten.

In gleicher Weise wie bestimmte Aufwendungen zum Wohnungsbau sind auch Aufwendungen zur Begründung von *Darlehensforderungen gegen den Arbeitgeber* gemäß dem 624-DM-Gesetz begünstigt. Bei einem derartigen Arbeitnehmerdarlehen an den Arbeitgeber sind gewisse Voraussetzungen zu beachten (zusätzliche vermögenswirksame Leistungen zum Lohn oder Gehalt; Höchstgrenze von 624 DM; Mindestverzinsung mit 4%; Bürgschaft durch ein Kreditinstitut auf Kosten des Arbeitgebers). Für derartige Sparverträge ist gemäß dem Spar-Prämiengesetz eine Prämienbegünstigung gegeben, sofern nicht vor Ablauf der Sperrfrist über die Einzahlungsbeträge verfügt wird. Das Auslaufen der Prämienzahlung gilt jedoch auch für diese Verträge.

Der Kauf von *Belegschaftsaktien* gehört nach dem 624-DM-Gesetz ebenfalls zu den begünstigten Anlagemöglichkeiten. Regelmäßig erhalten die Arbeitnehmer derartige Aktien zu einem Vorzugskurs, wobei die sich ergebende Differenz zwischen Vorzugskurs und Börsenkurs innerhalb gewisser Grenzen steuer- und sozialabgabenfrei ist. Für die Dauer der Sperrfrist von 6 Jahren müssen die Aktien beim Arbeitgeber, bei einem von ihm bestellten Treuhänder oder bei einem Kreditinstitut in Verwahrung gegeben werden. Im Falle einer vorzeitigen Veräußerung (außer bei Tod oder Erwerbsunfähigkeit) wird eine Nachversteuerung mit 20% des steuerfrei gebliebenen Vorteils durchgeführt. Wurden die Belegschaftsaktien nach Maßgabe des Spar-Prämiengesetzes im Rahmen eines Wertpapiersparvertrages erworben, so konnte die Sparprämie in Anspruch genommen werden; auch für diese Verträge gilt jedoch das Auslaufen der Prämienzahlung.

Die vermögenswirksamen Leistungen nach dem 624-DM-Gesetz können auch zur Einzahlung auf einen vermögenswirksamen *Lebensversicherungsvertrag* verwendet werden. Begünstigt sind dabei Kapitalversicherungen auf den Todes- und Erlebensfall sowie Kapitalversicherungen mit festem Auszahlungszeitpunkt. Die Vorteile einer derartigen Anlage bestehen in der Steuerersparnis gemäß den Regelungen des Sonderausgabenabzugs nach § 10 EStG, zeigen sich ferner in einem typischen Risikoschutz (im Versicherungsfall gelangt die volle Versicherungssumme zur Auszahlung, auch wenn erst ein einziger Beitrag geleistet worden ist) und häufig in beträchtlichen Gewinnbeteiligungen (da die Lebensversicherungsunternehmen ihre Überschüsse zu einem Teil an die Versicherten weitergeben); gerade der letzte Vorteil kann zu einer deutlichen Werterhöhung der Anlage führen. Allerdings gelten für vermögenswirksame Lebensversicherungsverträge verschiedene einschränkende Voraussetzungen: Abschluß der Verträge nach dem 30. September 1970, Mindestvertragsdauer 12 Jahre (mit verschiedenen Ausnahmeregelungen analog zum Spar-Prämiengesetz), Zulässigkeit allein von Kapitalversicherungen, Verwendung der ausgeschütteten Gewinnanteile nur zur Erhöhung der Versicherungsleistung, Mindest- (13 DM monatlich) und Höchstbeträge (52 DM monatlich) der Zahlung an die Lebensversicherung und andere Regelungen.

(3) Während die Leistungen nach dem Spar-Prämiengesetz sowie nach dem Wohnungsbau-Prämiengesetz grundsätzlich von jedermann in Anspruch genommen werden können, gelten die Regelungen nach dem 624-DM-Gesetz nur für die *Arbeitnehmer* und damit für Arbeiter, Angestellte, Auszubildende, Heimarbeiter (sofern lohnsteuerpflichtig), mithelfende Familienangehörige (bei echtem, steuerlich anerkanntem Arbeitsverhältnis), ausländische Arbeitnehmer, Teilzeitbeschäftigte, Beamte, Richter, Berufs- und Zeitsoldaten. Ausgeschlossen sind demgegenüber die selbständig Gewerbetreibenden, die freiberuflich Tätigen, freie Mitarbeiter, Vorstandsmitglieder, GmbH-Geschäftsführer und persönlich haftende Gesellschafter von Kommanditgesellschaften. Auch können ehemalige Arbeitnehmer, wie Rentner und Pensionäre, nicht berücksichtigt werden, weil für sie ein Arbeitsverhältnis nicht mehr gegeben ist; gleiches gilt für Arbeitslose.

(4) Die Sparleistungen nach dem 624-DM-Gesetz werden bis zu einem Betrag von 624 DM im Jahr durch eine *Arbeitnehmer-Sparzulage* gefördert. Ab dem 1.1.1982 ist die steuerfreie und sozialabgabenfreie Arbeitnehmer-Sparzulage gekürzt und nach Anlagefor-

men gestaffelt worden. Die Sparzulage betrug bis dahin einheitlich 30% (bei Familien mit drei und mehr Kindern 40%); nunmehr beläuft sie sich auf 23% (33% bei drei und mehr Kindern) vor allem für Anlagen nach dem Wohnungsbau-Prämiengesetz, beim Erwerb von Belegschaftsaktien und beim Abschluß von Wertpapier-Sparverträgen zum Erwerb von Aktien sowie von Investmentanteilen von Aktienfonds. Für die übrigen Anlageformen, wie insbesondere das Kontensparen und die Lebensversicherung, gilt nur noch eine Sparzulage von 16% (bei drei und mehr Kindern 26%). Diese Arbeitnehmer-Sparzulage wird bei der Lohn- oder Gehaltsabrechnung dem Arbeitnehmer vergütet, aber schließlich zwischen Arbeitgeber und Finanzamt verrechnet. Die Gewährung der Arbeitnehmer-Sparzulage ist an die gleichen Einkommensgrenzen gebunden, wie sie auch für das prämienbegünstigte Sparen sowie das Bausparen gelten.

(5) Die Arbeitgeber erhalten bei Gewährung vermögenswirksamer Leistungen eine *Steuerermäßigung*, die vor allem kleineren Betrieben zugute kommt.

Diese Regelungen gelten für vermögenswirksame Leistungen, die ab dem 1.1.1982 und vor dem 1.1.1984 erbracht wurden. Für spätere vermögenswirksame Leistungen ist die Weiterentwicklung dieser Regelungen zum Vierten Vermögensbildungsgesetz zu berücksichtigen, wie sie insbesondere durch das Vermögensbeteiligungsgesetz 1984 geprägt wurde.

7.4 Leistungen nach dem Vermögensbeteiligungsgesetz 1984

Am 1. Januar 1984 ist ein neues Vermögensbeteiligungsgesetz in Kraft getreten. Dieses Gesetz sieht einmal einen Ausbau des 624-DM-Gesetzes vor; dabei wird der Anlagekatalog um zusätzliche Vermögensbeteiligungen erweitert, und der begünstigte Betrag wird für Vermögensbeteiligungen von 624 DM auf 936 DM erhöht. Außerdem führt das neue Vermögensbeteiligungsgesetz eine Lohnsteuerbefreiung für Vermögensbeteiligungen ein.

7.4.1 Ausbau des 624-DM-Gesetzes

Nach dem Dritten Vermögensbildungsgesetz waren bisher nur einige Formen der Vermögensbeteiligungen an Unternehmen begünstigt (z.B. der Erwerb von Aktien und Aktienfondsanteilen). Nunmehr ist durch das neue Vermögensbeteiligungsgesetz der **Anlagekatalog** erweitert worden. Neu aufgenommen sind: stille Beteiligungen, Genußscheine und Mitarbeitergenußrechte, Geschäftsguthaben an Genossenschaften (Genossenschaftsanteile). Für Mitarbeiterdarlehen und Namensschuldverschreibungen sind neue Formen der Absicherung vorgesehen.

Nach dem Dritten Vermögensbildungsgesetz waren bisher nur 624 DM im Jahr begünstigt; dieser **Betrag** ist nunmehr auf 936 DM erhöht worden. Für die zusätzlichen 312 DM gibt es eine Arbeitnehmer-Sparzulage, wenn der Betrag in Form von Vermögensbeteiligungen angelegt wird. Nicht begünstigt werden aber die zusätzlichen 312 DM bei den Anlageformen Kontensparen, Bausparen und Lebensversicherungssparen.

Werden mit den vermögenswirksamen Leistungen Vermögensbeteiligungen erworben, zahlt der Staat als **Arbeitnehmer-Sparzulage** 23%, bei drei und mehr Kindern 33%. Voraussetzungen für die Gewährung der Arbeitnehmer-Sparzulage sind:

(1) *Einkommensgrenzen* von 24000 DM für Alleinstehende und 48000 DM für Verheiratete zuzüglich 1800 DM für jedes Kind pro Jahr dürfen nicht überschritten werden.

(2) Die Vermögensbeteiligungen müssen 6 bis 7 Jahre *festgelegt* werden. Sie sind künftig auch ohne Nachteile vorzeitig verfügbar, wenn der Arbeitnehmer sich selbständig macht.

Die Arbeitnehmer-Sparzulage wird vom Arbeitgeber mit dem Lohn ausgezahlt.

7.4.2 Lohnsteuerbefreiung für Vermögensbeteiligungen

Nach § 19a EStG ist eine Lohnsteuerbefreiung für Vermögensbeteiligungen eingeführt worden. Die kostenlose und verbilligte Überlassung von Vermögensbeteiligungen wird steuerlich begünstigt. Überläßt ein Arbeitgeber seinem Arbeitnehmer eine Vermögensbeteiligung kostenlos oder verbilligt, muß der Arbeitnehmer für diesen Vorteil normalerweise Steuern zahlen. Dieser Vorteil ist künftig steuerfrei, soweit er nicht höher ist als der halbe Wert der Vermögensbeteiligung und soweit er nicht mehr als 300 DM beträgt. Damit kann die Steuerbefreiung in Unternehmen aller Größen und Rechtsformen in Anspruch genommen werden; bisher galt sie nur für Belegschaftsaktien. Voraussetzung für diese Begünstigung ist die Einhaltung einer sechsjährigen Sperrfrist. Im übrigen ist die steuerliche Begünstigung an keine Einkommensgrenzen gebunden.

7.5 Steuerermäßigungen

Die Leistungen der Institution Vermögensbildung erfahren eine Ergänzung durch Steuerermäßigungen. Oben wurde bereits auf die **Steuerbegünstigungen durch das Bausparen** gemäß § 10 Abs. 1 Nr. 3 EStG hingewiesen. Daneben sind in dem Zusammenhang dieser Darstellung die Regelungen der §§ 7b, 54 EStG mit den **erhöhten Absetzungen für Wohngebäude** von Bedeutung:

(1) Begünstigte Objekte sind Einfamilienhäuser, Zweifamilienhäuser und Eigentumswohnungen, die zu mehr als 66 2/3% Wohnzwecken dienen. Das Objekt muß im Inland gelegen sein, auf das Alter des Gebäudes kommt es nicht an.

(2) Die Herstellungs- oder Anschaffungskosten der begünstigten Objekte können steuermindernd 8 Jahre lang in Höhe von 5% der auf das Gebäude – ohne Grund und Boden – entfallenden Aufwendungen bis zum Höchstbetrag von 200000 DM bei Einfamilienhäusern und Eigentumswohnungen und von 250000 DM bei Zweifamilienhäusern berücksichtigt werden. Von dem nach 8 Jahren noch vorhandenen Restwert des Höchstbetrages können jährlich 2,5% abgeschrieben werden. Für den Teil der Anschaffungskosten, der die Höchstbeträge übersteigt, gelten die normalen Abschreibungssätze. Sie betragen bei Zweifamilienhäusern, vermieteten Einfamilienhäusern und Eigentumswohnungen, die vor dem 1.1.1925 fertiggestellt worden sind, jährlich 2,5%, bei solchen, die nach diesem Zeitpunkt fertiggestellt worden sind oder werden, jährlich 2%. Für die eigengenutzten Einfamilienhäuser und Eigentumswohnungen gilt eine andere Regelung. Nach Ablauf des Begünstigungszeitraumes von 8 Jahren sind gesonderte Abschreibungen für die Anschaffungs- oder Herstellungskosten nicht mehr möglich; die Abschreibungsbeträge werden im Rahmen der Nutzungswertberechnung abgegolten.

(3) Als Ergänzung der 7b-Abschreibung wird für das zweite und jedes weitere Kind ein zusätzlicher Kinderbonus in Höhe von 600 DM als Abzugsbetrag von der Steuerschuld gewährt.

(4) Grundsätzlich kann jeder Steuerpflichtige diese Vergünstigungen nur einmal in Anspruch nehmen, wobei ein Miteigentumsanteil einem vollen Objekt gleichsteht. Zusammenlebende Ehegatten können die erhöhten Absetzungen für insgesamt zwei Objekte nutzen. Nicht ausgeschöpfte Abschreibungsbeträge können unter bestimmten Voraussetzungen auf ein Folgeobjekt übertragen werden. Im Rahmen der Höchstbeträge sind neben den Anschaffungskosten auch nachträgliche Herstellungskosten begünstigt.

Diese Regelungen der §§ 7b, 54 EStG führen zu Steuerermäßigungen, die sich etwa auf das fünffache der Steuerbegünstigungen durch Bausparen gemäß § 10 EStG belaufen.

An die Stelle der Steuerermäßigungen nach § 7b EStG treten für Wohnungseigentum, das vom 1. Januar 1987 an erworben oder fertiggestellt wird, neue Regelungen gemäß § 10e EStG. Gegenüber dem bisherigen Regelungsstand ergeben sich dabei insbesondere folgende Änderungen:

(1) Die Steuerermäßigung nach § 10e EstG wird auf selbstgenutztes Eigentum beschränkt; vermietetes Wohneigentum gehört nicht mehr zu den begünstigten Objekten.

(2) Der anrechnungsfähige Betrag für die Höhe der Herstellungs- oder Anschaffungskosten des Gebäudes wird auf einheitlich 300000 DM angehoben. In die steuerliche Förderung wird die Hälfte der Anschaffungskosten für den zum selbstgenutzten Wohneigentum gehörenden Grund und Boden einbezogen.

(3) Die Vorteile aus der Nutzung des Wohneigentums bleiben in Zukunft steuerlich außer Betracht; die einkommensteuerliche Nutzungswertberechnung entfällt.

(4) Der Kinderbonus in Höhe von 600 DM als Abzugsbetrag von der Steuerschuld wird in Zukunft schon ab dem 1. Kind gewährt.

Neben den neuen Regelungen des § 10e EStG bleiben die alten Regelungen des § 7b EStG für Eigentum, das vor dem 1. Januar 1987 erworben oder fertiggestellt wurde, in Kraft. In einer 12 Jahre dauernden Übergangsfrist können die Bauherren solcher Objekte entscheiden, ob sie das alte oder das neue Recht für sich anwenden wollen.

8. Allgemeine Lebenshilfen durch Einkommensleistungen

Der Funktionsbereich Allgemeine Lebenshilfen umfaßt jene Leistungen, die in besonderen Notlagen gewährt werden oder die der sozialen Eingliederung dienen, ohne einem der anderen Funktionsbereiche zugeordnet werden zu können. Hierzu zählen Leistungen der **Rentenversicherung** und der **Altershilfe für Landwirte**, der **Versorgungswerke**, des **beamtenrechtlichen Systems** sowie der **Zusatzversorgung im öffentlichen Dienst**:

(1) Die Einkommensleistungen der Alterssicherungssysteme sind von verhältnismäßig geringer Bedeutung. Hierbei handelt es sich um Beitragserstattungen der Rentenversicherung und der Altershilfe für Landwirte, der Versorgungswerke sowie der Zusatzversorgung im öffentlichen Dienst.

(2) Seitens des beamtenrechtlichen Systems werden in geringem Umfange Beihilfen in Form von Sonderunterstützungen an aktive Beamte und Versorgungsempfänger gewährt.

Die von den **Sozialen Entschädigungssystemen** im Funktionsbereich Allgemeine Lebenshilfen gewährten Einkommensleistungen entfallen auf den Lastenausgleich und die sonstigen Entschädigungen:

(1) Die Einkommensleistungen des Lastenausgleichs gemäß Lastenausgleichsgesetz bestehen insbesondere aus der Gewährung von Beihilfen zum Lebensunterhalt und in besonderen Lebenslagen wie auch zur Hausratsbeschaffung aus dem Härtefonds; außerdem ist hier die Hausratsentschädigung gemäß Lastenausgleichsgesetz einzuordnen. Von Bedeutung sind auch die Einkommensleistungen, die im Zusammenhang mit der Krankenversorgung nach dem Lastenausgleichsgesetz in EG-Staaten sowie in Nicht-EG-Staaten erbracht werden. Zu diesen Einkommensleistungen des Lastenausgleichs im engeren Sinne treten jene Leistungen, die nach dem Flüchtlingshilfegesetz gewährt werden; es sind dies Beihilfen zum Lebensunterhalt, besondere laufende Beihilfen und Beihilfen zur Hausratsbeschaffung.

(2) Die Einkommensleistungen der sonstigen Entschädigungen im Funktionsbereich Allgemeine Lebenshilfen werden vor allen Dingen nach dem Unterhaltssicherungsgesetz erbracht. Das Unterhaltssicherungsgesetz sieht Allgemeine Leistungen an Familienangehörige im engeren Sinne (Deckung des Unterhaltsbedarfs und des Lebensbedarfs) sowie Einzelleistungen an sonstige Familienangehörige (z.B. Übernahme von Unterhaltsleistungen) vor; diese Leistungen sind dem Funktionsbereich Familie zuzurechnen. Zu dem Funktionsbereich Allgemeine Lebenshilfen gehören die Sonderleistungen an Familienangehörige im engeren Sinne sowie an die Dienstleistenden selbst: Erstattung von nicht zum laufenden Lebensunterhalt gehörenden, aber während der Dienstleistung weiter anfallenden Aufwendungen wie Kranken-, Schwangeren- und Wochenhilfe, Ersatz notwendiger Bestattungskosten für Familienangehörige, Beiträge für eine private Krankenversicherung, Beiträge zu einer freiwilligen Versicherung in der gesetzlichen Rentenversicherung, unter Umständen auch Beiträge zur Höherversicherung in der Rentenversicherung, Beiträge zu einer überbetrieblichen Alters- und Hinterbliebenenversorgung, Aufwendungen zur Erfüllung verschiedener Versicherungsverträge, zur Erfüllung von Verpflichtungen aus dem Bau oder Kauf von Eigenheimen oder Eigentumswohnungen; in Einzelfällen verschiedene Höchstgrenzen. Ebenso in den Funktionsbereich Allgemeine Lebenshilfen gehören die Leistungen an grundwehrdienstleistende Sanitätsoffiziere: Leistungen zur Unterhaltssicherung, Ersatz notwendiger Aufwendungen, die bei Ableistung des Grundwehrdienstes weiterlaufen, Beiträge für eine Versicherungs- oder Versorgungseinrichtung der Berufsgruppe. Hinzu kommen noch Verdienstausfallentschädigungen sowie Leistungen aus dem Härteausgleich nach dem Unterhaltssicherungsgesetz, die ebenfalls in diesen Funktionsbereich fallen.

Quantitativ bedeutungsvoller sind die Leistungen der **Sozialhilfe**. Im Mittelpunkt dieser Leistungen steht die Hilfe zum Lebensunterhalt nach Maßgabe der üblichen Regelsätze (vgl. Funktionsbereich Alter und Hinterbliebene). Zur Hilfe zum Lebensunterhalt tritt die Hilfe in besonderen Lebenslagen (Hilfe zum Aufbau einer Lebensgrundlage; Hilfe zur Rückführung von Deutschen aus dem Ausland). Diese Sozialhilfeleistungen finden ihre Ergänzung in verschiedenen Beihilfen und Zuschüssen, von denen insbesondere auf die Weihnachtsbeihilfe und den Heizölkostenzuschuß hinzuweisen ist.

Die **Steuerermäßigungen** im Funktionsbereich Allgemeine Lebenshilfen sind ausschließlich auf anrechenbare außergewöhnliche Belastungen nach den §§ 33 und 33a Abs. 1 EStG zurückzuführen. Erwachsen einem Steuerpflichtigen aus den typischen sozialen Risikolagen des Funktionsbereichs Allgemeine Lebenshilfen zwangsläufig größere Aufwendungen als der überwiegenden Mehrzahl der

Steuerpflichtigen gleicher Einkommensverhältnisse, gleicher Vermögensverhältnisse und gleichen Familienstandes, so wird auf Antrag die Einkommensteuer dadurch ermäßigt, daß der Teil der Aufwendungen, der die dem Steuerpflichtigen zumutbare Belastung übersteigt, vom Gesamtbetrag der Einkünfte abgezogen wird. Die Zwangsläufigkeit der außergewöhnlichen Belastungen wird insbesondere dann angenommen, wenn sich der Steuerpflichtige ihnen aus rechtlichen, tatsächlichen oder sittlichen Gründen nicht entziehen kann und soweit die Aufwendungen den Umständen nach notwendig sind und einen angemessenen Betrag nicht übersteigen. In diesem Sinne fallen im Funktionsbereich Allgemeine Lebenshilfen insbesondere außergewöhnliche Belastungen für den Unterhalt von Angehörigen an, soweit diese nicht anderen Funktionsbereichen zuzuordnen sind.

Kapitel 4: Sachleistungen im System der Sozialen Sicherung

Die im System der Sozialen Sicherung einzelnen Wirtschaftssubjekten zufließenden Leistungen stellen sich weitaus überwiegend als Einkommens- oder Sachleistungen dar. In dieser Kombination reichen die Sozialleistungen bis in die Anfänge der staatlichen Sozialpolitik zurück.

Sicherlich ist die Feststellung nicht ganz von der Hand zu weisen, daß die staatlich organisierte Sozialversicherung als „Versicherung durch und in Geld" (*G. W. BRÜCK*, 1976, S. 73) begann und auch in der Gegenwart vor allen Dingen Einkommensleistungen ausweist. Bei Alter und Tod, Krankheit und Invalidität, Arbeitslosigkeit und zusätzlichen Belastungen durch Kinder, zum Ausgleich der Folgen politischer Ereignisse und in sonstigen besonderen Lebenslagen fallen pekuniäre Leistungen an, die zusätzliche Einkommensbelastungen bzw. entstandene Einkommensverluste ausgleichen sollen. Bereits sehr früh erwies sich aber die alleinige Verwendung von Einkommensleistungen als sozialpolitisch wenig sinnvoll. Die häufig nicht zweckgerechte Verwendung des Geldes führte in verschiedenen Sicherungszweigen zu einer Verstärkung der unmittelbaren Gütertransfers. Weiterhin ließen Kostenersparnisgründe in Verbindung mit dem immer wieder sichtbar werdenden Bestreben zur Eindämmung von Leistungsansprüchen die Sachleistungen in Form der unmittelbaren Gütertransfers deutlicher in Erscheinung treten. Wo unmittelbare Gütertransfers sich als wenig sinnvoll erwiesen, traten an ihre Stelle die Barerstattungen an die jeweiligen Leistungsempfänger für den Kauf sozialpolitisch relevanter Güter und Dienste. In manchen Sicherungszweigen erlangten sie sogar das Übergewicht. In denjenigen Zweigen, in denen mit der Leistungsvergabe gleichzeitig gewisse Schutz- und Betreuungsfunktionen ausgeübt werden sollen, dominieren weiterhin die unmittelbaren Gütertransfers, und dies sind zugleich die Sicherungszweige, in denen die Sachleistungen generell im Vordergrund stehen.

Überwiegend sind die Sachleistungen entsprechend dem Finalprinzip am Bedarf orientiert. Dies führt zu einer weitgehenden Vernachlässigung des Prinzips der Äquivalenz von Leistung und Gegenleistung und damit zu weitreichenden Umverteilungseffekten. Die Sachleistungen bedingen insbesondere deswegen eine Umverteilung, weil entweder der Erhalt der gleichen Leistung – bei übereinstimmendem Bedarf – mit unterschiedlichen finanziellen Beiträgen der Leistungsempfänger – bei unterschiedlichen Einkommen und einkommensabhängiger Beitragslast – verbunden ist oder bei gleicher Beitragslast – und gleichen Einkommen – unterschiedlich hohe Leistungen – wegen unterschiedlichen Bedarfs gewährt werden. In dieser Weise wird das Äquivalenzprinzip durch das finale Solidarprinzip durchbrochen.

Stärker als alle anderen Sozialleistungen sind Sachleistungen von dem Kriterium der Bedarfsgerechtigkeit an Stelle der Leistungsgerechtigkeit geprägt. Damit tauchen aber zugleich erhebliche Probleme einer mißbräuchlichen Inanspruchnahme dieser Sozialleistungen auf. Zudem sind die mit der Leistungsabgabe und ihrer Finanzierung verbundenen Umverteilungsprozesse nicht immer „sozial" in dem Sinne, daß die Schwächeren begünstigt werden, sondern häufig sind auch die wirtschaftlich Stärkeren im Vorteil. Dies zeigt sich insbesondere dann, wenn die wirtschaftlich Stärkeren entsprechend ihrem individuellen Bedarf umfangreichere Leistungen in Anspruch nehmen, als es der Differenzierung der Beitragslast entspricht. Ferner kann sich hinter einer gleichhohen Beitragslast ein sehr unterschiedliches Einkommen verbergen (Beitragsbemessungsgrenze; nicht beitragspflichtige Einkommen). Damit entstehen Umverteilungsprozesse, die sehr häufig als „unsozial" bezeichnet werden.

1. Sachleistungen der Alters- und Hinterbliebenensicherung

Die dem Funktionsbereich Alter und Hinterbliebene zuzuordnenden Sachleistungen sind von relativ geringer Größenordnung, nichtsdestoweniger aber auch in diesem Funktionsbereich von erheblicher Bedeutung. Sie weisen eine typische Struktur auf.

Ein erheblicher Teil der Sachleistungen im Funktionsbereich Alter und Hinterbliebene wird in Form des Sterbegeldes (Regel-, Zusatz- und Mehrleistungen) von der sozialen Krankenversicherung (als Zuschuß zu den Bestattungskosten) erbracht. Hinzu treten Sterbegeldzahlungen der Unfallversicherung, der Versorgungswerke, des beamtenrechtlichen Systems und der Zusatzversorgung im öffentlichen Dienst sowie der Sozialen Entschädigungssysteme und der Sozialhilfe. Eine Betriebs- und Haushaltshilfe wird unter bestimmten Voraussetzungen seitens der Altershilfe für Landwirte zur Verfügung gestellt. Der Altenhilfe dienen insbesondere Leistungen der Sozialen Entschädigungssysteme und der Sozialhilfe, aber auch der Unfallversicherung. Die Rentenversicherung zahlt Beiträge zur Krankenversicherung der Rentner und die Altershilfe für Landwirte Nachentrichtungszuschüsse zur Alters- und Hinterbliebenensicherung.

1.1 Sterbegelder und Bestattungskosten

Die soziale **Krankenversicherung** zahlt beim Tod eines Versicherten ein Sterbegeld in Höhe des 20fachen täglichen Grundlohns, jedoch mindestens 100 DM. Die Satzung kann das Sterbegeld bis zum 40fachen des Grundlohns erhöhen und einen Mindestbetrag bis zu 150 DM festlegen. In der landwirtschaftlichen Krankenversicherung beträgt das Sterbegeld ein Vierundzwanzigstel der Jahresarbeitsverdienstgrenze. Im Falle des Todes eines mitversicherten Familienangehörigen wird die Hälfte des satzungsmäßigen Mitgliedersterbegeldes gezahlt, mindestens jedoch 50 DM (nicht in der landwirtschaftlichen Krankenversicherung). Grundsätzlich ist das Sterbegeld für die Bestattung bestimmt und wird deswegen an denjenigen gezahlt, der sie besorgt hat. Für einen eventuellen Restbetrag sind nacheinander der Ehegatte, die Kinder, der Vater, die Mutter und die Geschwister bezugsberechtigt, wenn sie mit dem Verstorbenen zur Zeit des Todes in einem Haushalt gelebt haben.

Die soziale **Unfallversicherung** zahlt ein Sterbegeld als Zuschuß zu den Bestattungskosten, wenn der Tod des Versicherten durch einen Arbeitsunfall oder durch eine Berufskrankheit eingetreten ist. Das Sterbegeld beläuft sich auf ein

Zwölftel des Jahresarbeitsverdienstes des Versicherten bei einem Mindestbetrag von 400 DM. Soweit das Sterbegeld höher ist als die Kosten der Bestattung, sind für den überschießenden Betrag nacheinander die Angehörigen wie in der sozialen Krankenversicherung bezugsberechtigt. Ergänzend zum Sterbegeld trägt die Unfallversicherung auch die Kosten für die Überführung des Verstorbenen an den Ort der Bestattung, wenn der Versicherte außerhalb seines Wohnorts tödlich verunglückt ist.

Auch bei verschiedenen **Versorgungswerken** gehört die Zahlung eines Sterbegeldes zu den Regel- oder Kannleistungen. Ähnliches gilt für verschiedene Institutionen der **Zusatzversicherung und Zusatzversorgung**. Die Zusatzversicherung im öffentlichen Dienst bei Bund, Ländern und Gemeinden zahlt z.B. beim Tode eines Versorgungsrentenberechtigten oder beim Tode des Ehegatten eines Versorgungsrentenberechtigten einen Betrag in Höhe der Gesamtversorgung (einschließlich evtl. Ausgleichsbeträge), höchstens jedoch 3000 DM; beim Tode einer versorgungsrentenberechtigten Witwe wird ein Betrag in Höhe der Gesamtversorgung des verstorbenen Versicherten, die der Berechnung der Gesamtversorgung für die Witwe zugrundelag, höchstens jedoch 3000 DM, gezahlt. Auch diese Zahlungen sind vorrangig zur Deckung der Bestattungskosten bestimmt.

Das **beamtenrechtliche System** zahlt (neben typischen Beihilfen auch zu den Bestattungskosten) beim Tode eines Beamten an den überlebenden Ehegatten, seine Kinder sowie die von ihm an Kindesstatt angenommenen Kinder ein Sterbegeld in Höhe des Zweifachen der monatlichen Dienstbezüge des Verstorbenen (ausschließlich der Vergütungen für Dienstaufwand). Beim Tode eines Ruhestandsbeamten beläuft sich das Sterbegeld auf das Zweifache des monatlichen Ruhegehalts oder des Unterhaltsbeitrags zuzüglich des Unterschiedsbetrags zwischen der Stufe 2 und der nach dem Besoldungsrecht in Betracht kommenden Stufe des Ortszuschlags; sind unmittelbar anspruchsberechtigte Angehörige nicht vorhanden, so wird das Sterbegeld auf Antrag den Verwandten der aufsteigenden Linie, Geschwistern, Geschwisterkindern oder Stiefkindern gezahlt, wenn diese zur Zeit des Todes des Beamten mit diesem in häuslicher Gemeinschaft gelebt haben oder wenn der Verstorbene ganz oder überwiegend ihren Lebensunterhalt bestritten hat; sonstige Personen erhalten das Sterbegeld nur bis zur Höhe ihrer Aufwendungen für die Krankheit und die Bestattung des Verstorbenen. Beim Tode einer Witwe, die Witwengeld oder Unterhaltsbeitrag erhalten hat, wird das Sterbegeld in Höhe des Zweifachen der vorgenannten Bezüge an Kinder oder an Kindesstatt angenommene Kinder gezahlt, wenn sie Waisengeld oder Unterhaltsbeitrag beziehen und zur Zeit des Todes zur häuslichen Gemeinschaft der Verstorbenen gehört haben.

Nach den Regelungen der **Kriegsopferversorgung** aufgrund des Bundesversorgungsgesetzes erhalten die Angehörigen von versorgungsberechtigten Beschädigten beim Tode eines rentenberechtigten Beschädigten ein Bestattungsgeld von 2043 DM, wenn der Tod Folge einer Schädigung ist; in anderen Fällen werden 1022 DM gezahlt. Auch im Falle des Todes nichtrentenberechtigter Beschädigter kann ein Bestattungsgeld bis zu 2043 DM gezahlt werden, sofern durch die Bestattung Kosten entstanden sind. Grundsätzlich sind andere aufgrund gesetzlicher Vorschriften für den gleichen Zweck zu gewährende Leistungen auf das Bestattungsgeld anzurechnen. Im Einzelfall werden auch die Kosten der Leichenüberführung nach dem früheren Wohnsitz des Verstorbenen erstattet (bei Überführung aus dem Ausland jedoch nur Beihilfegewährung). Beim Tode einer versorgungsberechtigten Witwe, die mindestens ein versorgungsberechtigtes Kind hinterläßt, wird ebenfalls ein Bestattungsgeld in Höhe von 2043 DM gezahlt, in allen übrigen Fällen des Todes eines versorgungsberechtigten Hinterbliebenen jedoch nur 1022 DM. Das Bestattungsgeld ist analog zum Anpassungsmodus in der Rentenversicherung dynamisiert. Zusätzlich zum Bestattungsgeld und zu den Überführungskosten wird beim Tod eines Beschädigten ein Sterbegeld in Höhe des Dreifachen der ihm für den Sterbemonat zustehenden Versorgungsbezüge gezahlt (Pflegezulage jedoch nur in eingeschränkter Höhe). Für das Sterbegeld sind die Hinterbliebenen in festgelegter Reihenfolge anspruchsberechtigt, sofern sie mit dem Beschädigten in häuslicher Gemeinschaft gelebt haben; andernfalls ist das Sterbegeld an denjenigen zu zahlen, der den Verstorbenen unterhalten hat. Das Sterbegeld wird neben den Hinterbliebenenrenten gezahlt. Dem Bundesversorgungsgesetz analoge Leistungen werden auch nach dem Soldatenversorgungsgesetz, dem Häftlingshilfegesetz sowie nach dem Gesetz über die Unterhaltshilfe für Angehörige von Kriegsgefangenen gewährt.

Nach der **Lastenausgleichgesetzgebung** können die Empfänger von Unterhaltshilfe gegen einen Monatsbeitrag von einer DM (Ehegatten 0,50 DM) an einer Sterbevorsorge teilnehmen, aufgrund derer im Todesfall jeweils 500 DM ausgezahlt werden. Außerdem sind Sterbegelder aus dem Härtefonds des Lastenausgleichs zu erwähnen.

Der Leistungskatalog der **Sozialhilfe** sieht für den Fall, daß andere Sozialleistungsträger nicht in Anspruch genommen werden können und die üblichen Anspruchsvoraussetzungen erfüllt sind, ebenfalls die Zahlung von Bestattungskosten als Sonderleistung der Hilfe zum Lebensunterhalt vor.

1.2 Betriebs- und Haushaltshilfe

Die Hinterbliebenenversorgung der landwirtschaftlichen Altershilfe wird in bestimmten besonderen Bedarfssituationen durch die **Übernahme der Kosten** für eine Betriebs- und Haushaltshilfe ergänzt. Diese Betriebs- und Haushaltshilfe erhält ein hinterbliebener Ehegatte zum Zwecke der Aufrechterhaltung des landwirtschaftlichen Unternehmens gegebenenfalls für die Dauer von 12 Monaten innerhalb einer Rahmenfrist von zwei Jahren.

Die Inanspruchnahme einer Betriebs- und Haushaltshilfe setzt die **Weiterführung des landwirtschaftlichen Unternehmens** des Verstorbenen durch den hinterbliebenen Ehegatten als beitragspflichtiger landwirtschaftlicher Unternehmer voraus. Außerdem muß die Hilfe zur Aufrechterhaltung des landwirtschaftlichen Unternehmens **erforderlich** sein.

Satzungsmäßig ist seitens der landwirtschaftlichen Alterskasse vorgesehen, daß sich der Leistungsberechtigte nach Ablauf von sechs Monaten der Inanspruchnahme einer Betriebs- und Haushaltshilfe an den entstehenden Aufwendungen **angemessen beteiligt**. Der Selbstbeteiligungsgrad richtet sich nach der Ertragskraft des Unternehmens und der Dauer der Inanspruchnahme der Leistung; die Selbstbeteiligung darf 50% der entstehenden Aufwendungen nicht überschreiten.

1.3 Altenhilfe

Im Bereich der Altenhilfe sind vor allem die sozialen Entschädigungssysteme von Bedeutung. Die seitens des **Lastenausgleichs** gezahlten Barerstattungen als Hilfen zur Pflege von Alten und Hinterbliebenen (LAG-Pflegezulagen) machen ein Vielfaches der Sterbegeldzahlungen aus.

Auch die **Sozialhilfe** erbringt im Rahmen ihrer Hilfe in besonderen Lebenslagen eine begrenzte Altenhilfe, die die durch das Alter entstehenden Schwierigkeiten mildern und den älteren Menschen die Teilnahme am Leben in der Gemeinschaft ermöglichen soll; die Altenhilfe besteht insbesondere in der Hilfe zur Vorbereitung auf das Alter, der Hilfe bei der Beschaffung und Haltung einer altersgerechten Wohnung oder bei der Aufnahme in ein Altenheim (einschließlich Taschengeldgewährung) sowie den Hilfen zum Besuch von Veranstaltungen geselliger und kultureller Art, zur Erhaltung der Verbindung mit nahestehenden Menschen oder zur Aufnahme einer von älteren Menschen gewünschten Betätigung, aber auch mitunter in der Übernahme von Beiträgen zur Arbeiterrentenversicherung.

Das Leistungsspektrum der **Unfallversicherung** umfaßt ebenfalls Leistungen zur Alters- und Pflegeheimunterbringung in allerdings sehr begrenzter Höhe.

1.4 Beitragsentrichtungen

Zu den Sachleistungen im Funktionsbereich Alter und Hinterbliebene gehören auch die Beiträge der Rentenversicherung der Arbeiter und Angestellten sowie der knappschaftlichen Rentenversicherung zur **Krankenversicherung der Rentner**. Die Beitragsentrichtung erfolgt sowohl für Pflichtversicherte als auch für freiwillig versicherte Rentner; ferner sind Krankenversicherungsbeiträge der Rentenversicherung gemäß § 154 Abs. 4 AFG festzustellen. Soweit es sich um Renten wegen Erwerbsminderung handelt, fallen diese Beiträge in den Funktionsbereich Krankheit und Invalidität.

Im Rahmen des Alterssicherungssystems für **Landwirte** ist eine Zuschußgewährung zur Nachentrichtung von Rentenversicherungsbeiträgen vorgesehen. Unter der für die Leistungen der landwirtschaftlichen Altershilfe üblichen Voraussetzung der Abgabe des Unternehmens ist eine Nachentrichtung von Beiträgen für die Zeiten nach dem 31.12.1955 möglich, in denen der Landwirt das 16. Lebensjahr vollendet hatte und entweder landwirtschaftlicher Unternehmer oder hauptberuflich mitarbeitender Familienangehöriger war. Allerdings dürfen diese Nachentrichtungszeiten nicht bereits mit Beiträgen belegt sein. Weiterhin muß der ehemalige Landwirt für die Zukunft eine versicherungspflichtige Beschäftigung oder Tätigkeit ausüben. Abweichend von diesem Grundsatz sind zur Nachentrichtung von Beiträgen auch Unternehmer berechtigt, die ihr Unternehmen nicht abgegeben haben, wenn sie sich aufgrund einer rentenversicherungspflichtigen Beschäftigung oder Tätigkeit oder aufgrund einer Eintragung in die Handwerksrolle von der Beitragspflicht zur Alterskasse haben befreien lassen.

Der Zuschuß zur Nachentrichtung von Beiträgen zur Rentenversicherung beträgt 70% der nachzuentrichtenden Beiträge unter Beachtung bestimmter Höchstgrenzen. Der Nachentrichtungszuschuß wird seitens der landwirtschaftlichen Alterskassen direkt an die Rentenversicherungsträger gezahlt, nachdem der berechtigte Landwirt seinen eigenen Beitragsanteil an den Träger der Rentenversicherung entrichtet hat. Die betreffenden Landwirte scheiden aus der landwirtschaftlichen Alterskasse aus, wobei allerdings für ältere Landwirte, die auch im Falle einer Nachentrichtung von Beiträgen kaum mehr eine ausreichende Alterssicherung erreichen können, Ausnahmen gelten.

2. Sachleistungen bei Krankheit und Invalidität

Im Funktionsbereich Krankheit und Invalidität fällt der überwiegende Teil der Sachleistungen des gesamten Sozialbudgets an. Eine herausragende Stellung kommt hierbei der sozialen Krankenversicherung zu (etwa 80% aller Sachleistungen dieses Funktionsbereichs). Weiterhin sind bedeutungsvoll die Rentenversicherung, die Unfallversicherung, die Altershilfe für Landwirte, das beamtenrechtliche System, Arbeitgeberleistungen, die sozialen Entschädigungssysteme sowie die Sozialhilfe und Jugendhilfe.

2.1 Krankenversicherung

Die gesetzliche Krankenversicherung erbringt für den Kreis ihrer Pflichtmitglieder und freiwilligen Mitglieder umfangreiche Sachleistungen; im Leistungskatalog dominieren **unmittelbare Transfers von Gesundheitsgütern**. Im Gegensatz dazu werden die privaten Krankenversicherungen, aber auch das beamtenrechtliche System vom Prinzip der Kostenerstattung geprägt und erbringen demzufolge Sachleistungen in Form der Barerstattungen.

Die gesetzliche Krankenversicherung versorgt also die Versicherten und die mitversicherten Angehörigen unmittelbar mit jenen Gesundheitsgütern, derer diese Personen bedürfen. Die gesundheitliche Versorgung erfolgt **bedarfsorientiert**; im Hinblick auf diesen Bedarf müssen die Sachleistungen zweckmäßig und ausreichend zur Heilung von Krankheiten sein, dürfen aber das Maß des Notwendigen nicht übersteigen. Der überwiegende Teil der erbrachten Sachleistungen stellt **Regelleistungen** dar, die von keiner Krankenkasse unterschritten werden dürfen; satzungsmäßig werden häufig ergänzende Leistungen als **Kannleistungen** vorgesehen. Typisch ist, daß derartige Mehrleistungen dann, wenn sie sich weitgehend einheitlich herausgebildet haben, im Laufe der Zeit sehr häufig zu Regelleistungen erklärt werden.

Der Leistungskatalog der gesetzlichen Krankenversicherung ist sehr umfassend. Im einzelnen ist auf folgende Sachleistungsbereiche hinzuweisen, die vor allem Leistungen im Inland, aber gegebenenfalls auch Leistungen im Ausland umfassen:

(1) *Vorsorgemaßnahmen:*

Die Vorsorgemaßnahmen dienen der *Früherkennung von Krankheiten* sowie ihrer Verhütung. Früherkennungsmaßnahmen werden insbesondere für Kinder in den ersten vier Lebensjahren durchgeführt, um jene Krankheiten aufzuspüren, die eine normale physische oder psychische Entwicklung des Kindes gefährden können. Auch die Krebsvorsorgeuntersuchungen für Frauen und Männer ab dem 20. bzw. 45. Lebensjahr gehören hierzu. Die Durchführung der Früherkennungsmaßnahmen obliegt den niedergelassenen Kassenärzten und den Krankenhausärzten, in Einzelfällen den Ärzten des Öffentlichen Gesundheitsdienstes.

Die Maßnahmen zur *Krankheitsverhütung* werden entweder als Gemeinschaftsaufgabe aller Krankenkassen von besonderen Abteilungen der Landesversicherungsanstalten oder von den einzelnen Kassen selbst durchgeführt. Als Gemeinschaftsaufgaben zu erwähnen sind die gesundheitliche Aufklärung der Versicherten über Krankheitsgefahren und Hygieneerfordernisse sowie die Reihenuntersuchungen und Schutzimpfungen auf Kosten oder unter Kostenbeteiligung der Krankenversicherung. Maßnahmen der einzelnen Kassen umfassen z.B. vorbeugende Kuren, Kieferregulierungsmaßnahmen und ähnliches.

Zu den Vorsorgemaßnahmen gehören auch *Leistungen der Mutterschaftshilfe* wie eine ärztliche Betreuung mit Untersuchungen zur Feststellung der Schwangerschaft und mit Vorsorgeuntersuchungen einschließlich der laborärztlich notwendigen Maßnahmen und der Beratungen während der Schwangerschaft zu bestimmten Vorsorgeterminen.

(2) *Heilung von Krankheit durch ärztliche und zahnärztliche Behandlung:*

Im Rahmen der Maßnahmen zur Heilung von Krankheiten kommt dem Kassenarzt (neben sonstigen Heilpersonen) eine Schlüsselstellung zu. Er legt die Sachleistungen zur Diagnose, Heilung und Pflege fest.

Die *ärztliche Behandlung* dient der Erkennung und Heilung von Krankheiten; sie umgreift alle Beratungen, Besuche, Untersuchungen, Eingriffe und Operationen, die nach dem medizinischen Entwicklungsstand notwendig und sinnvoll sind. Die Gebote der Wirtschaftlichkeit sind dabei zu beachten.

Zur *zahnärztlichen Behandlung* gehören die Behandlung aller Zahnkrankheiten sowie der Mund- und Kieferkrankheiten. Wichtig ist vor allen Dingen die konservierende Behandlung der Zähne, aber auch der Zahnersatz. Auch kieferorthopädische Behandlungen gehören in diesen Leistungsbereich. Die Krankenkasse zahlt das Honorar für den Zahnarzt zu 100%; der Zuschuß für die zahntechnischen Leistungen (Material- und Fertigungskosten) beträgt höchstens 60% (ggfs. Härteregelung).

Die ärztliche bzw. zahnärztliche Behandlung wird durch *Kassenärzte* durchgeführt. Die Inanspruchnahme anderer Ärzte ist auf Notfälle beschränkt; sonstige Angehörige der Heilberufe können nur auf Anordnung oder unter Aufsicht des Arztes mitwirken. Den krankenversicherten Personen steht die freie Arztwahl zu; der Arztwechsel ist während eines Kalendervierteljahres nur eingeschränkt möglich.

Der *Krankenschein* dient dem Nachweis der Zugehörigkeit zu einer Krankenkasse und ist Abrechnungsunterlage für die kassenärztlichen Leistungen; er gilt für ein Kalendervierteljahr. Im Einzelfall kann der behandelnde Arzt eine Überweisung an andere Fachärzte ausstellen.

Ärztliche und zahnärztliche Behandlung müssen den Versicherten seitens der Krankenkassen *unentgeltlich* (von der obigen Ausnahme abgesehen) zur Verfügung gestellt werden. Damit die Krankenkassen dieser Verpflichtung nachkommen können, ist den *kassenärztlichen Vereinigungen* die Aufgabe der Sicherung der ärztlichen Versorgung im Rahmen vertraglicher Vereinbarungen mit den Krankenkassen übertragen worden. Die kassenärztlichen Vereinigungen führen im Einvernehmen mit den Krankenkassen auch eine längerfristige Bedarfsplanung durch. Die Krankenkassen zahlen den kassenärztlichen Vereinigungen Gesamtvergütungen, deren Höhe für eine bestimmte Vertragsdauer ausgehandelt wird. Das Gesetz überläßt die Wahl des Vergütungssystems der freien Vereinbarung der Vertragspartner. In der Praxis dominiert die Vergütung nach Einzelleistungen. Die Gesamtvergütung wird seitens der kassenärztlichen Vereinigungen unter die Kassenärzte nach Verteilungsmaßstäben aufgeteilt, die von den kassenärztlichen Vereinigungen im Benehmen mit den Verbänden der Krankenkassen festgelegt werden.

(3) *Behandlung im Krankenhaus sowie in Kur- und Spezialeinrichtungen:*

Der Kassenarzt veranlaßt gegebenenfalls die Einweisung des Patienten in ein Krankenhaus oder in eine Kur- oder Spezialeinrichtung. Diese Einweisung ist von der medizinischen Beurteilung durch den Kassenarzt abhängig. Der Versicherte hat die Möglichkeit der freien Wahl des Krankenhauses; Einschränkungen sind jedoch möglich. Die Pflege in Krankenhäusern sowie Kur- und Spezialeinrichtungen umfaßt ärztliche oder zahnärztliche sowie pflegerische Betreuung, Verpflegung, Unterbringung, Medikamente, Anwendung von Arznei- und Hilfsmitteln und im Einzelfall medizinische Maßnahmen zur Rehabilitation. Die Krankenhauspflege ist wie die Krankenpflege zeitlich nicht begrenzt. Die Krankenkassen zahlen gegenwärtig für die Benutzer eines Krankenhauses einen einheitlichen Pflegesatz, mit dem alle medizinisch notwendigen Leistungen abgegolten werden, nicht aber die Investitionskosten der Krankenhäuser. Der Pflegesatz deckt auch nicht bestimmte Wahlleistungen für den Patienten (z.B. bessere Unterbringung, Wahl eines bestimmten Arztes). Die Deckung solcher Wahlleistungen erfolgt häufig durch Zusatzverträge mit privaten Krankenversicherungen.

Vom Beginn der Krankenhauspflege an haben die Versicherten für längstens 14 Tage je Kalenderjahr täglich 5 DM zuzuzahlen; Kinder bis 18 Jahre sind aus der Zuzahlungspflicht herausgenommen; bei teilstationärer Krankenhauspflege und bei Entbindung ist keine Zuzahlung vorgesehen.

Bei Kuren, die voll von den Sozialversicherungsträgern (Krankenkasse oder Rentenversicherungsträger) finanziert werden, hat der Versicherte 10 DM je Tag zuzuzahlen; Kinder bis zu 18 Jahren sind von der Zuzahlung ausgenommen; durch Härteregelungen der Krankenkassen sollen unzumutbare Belastungen vermieden werden. Auf der anderen Seite gelten für Versicherte, die bereits ein bestimmtes Alter überschritten haben, erschwerte Voraussetzungen zur Teilnahme an Kuren.

(4) *Versorgung mit Arznei-, Verband- und Heilmitteln einschließlich Brillen:*

Der Kassenarzt verordnet dem Versicherten die Arzneimittel und verantwortet die Auswahl unter den Aspekten der Notwendigkeit und der Wirtschaftlichkeit. Dabei sind die Anhaltspunkte für eine wirtschaftliche Arzneiverordnung gemäß den Richtlinien des Bundesausschusses der Ärzte und Krankenkassen zu berücksichtigen. Neben den Arzneimitteln verordnet der Kassenarzt auch die Verband- und Heilmittel sowie die Brillen. Die Verordnungsweise der Ärzte wird seitens der kassenärztlichen Vereinigungen dahingehend überprüft, ob sie sich im Rahmen bestimmter Erfahrungssätze (Höchstbetragsregelungen) halten; im Einzelfall muß der Arzt seine abweichende Verordnungsweise begründen.

Aus der Leistungspflicht der gesetzlichen Krankenversicherung sind vier Gruppen von Arzneimitteln ausgenommen:

- Arzneimittel zur Anwendung bei Erkältungskrankheiten und grippalen Infekten einschließlich bei diesen Krankheiten anzuwendender Schnupfenmittel, hustendämpfender und hustenlösender Mittel, Schmerzmittel;
- Mund- und Rachentherapeutika, ausgenommen bei Pilzinfektionen;
- Abführmittel;
- Arzneimittel gegen Reisekrankheit.

Von dieser Regelung sind Kinder bis zum vollendeten 16. Lebensjahr ausgenommen; Ausnahmen gelten auch dann, wenn die Regelung zu einer unzumutbaren Belastung des Versicherten führen würde.

Der Versicherte hat für jedes verordnete Mittel eine gesetzlich festgelegte Gebühr zu zahlen. Diese beträgt bei Arznei- und Verbandmitteln für jedes verordnete Mittel 2 DM, bei Heilmitteln 4 DM je Verordnung und bei Brillen 4 DM. Die Krankenkasse kann in Fällen, in denen über einen längeren Zeitraum Arznei-, Verband- oder Heilmittel benötigt werden, den Versicherten von der Zahlung befreien, wenn dieser unzumutbar belastet würde. Auf keinen Fall zahlt der Versicherte mehr als die tatsächlich entstandenen Kosten an die abgebende Stelle; dies gilt auch für die Instandsetzung von Heilmitteln und Brillen. Im übrigen rechnet die Krankenkasse die entstandenen Kosten unmittelbar mit den abgebenden Stellen ab. Seitens der Apotheken erhalten die gesetzlichen Krankenkassen aufgrund bestehender Vereinbarungen einen Rabatt; die Handelsspanne der Apotheken ist reguliert (Festzuschlags- und Höchstpreissystem); ähnliches gilt für die übrigen abgebenden Stellen.

(5) *Orthopädische Versorgung, Belastungserprobung und Arbeitstherapie:*

Die Versicherten haben einen Anspruch auf Stellung von Körperersatzstücken, orthopädischen und anderen Hilfsmitteln, soweit diese zur Vorbeugung gegen drohende Behinderungen erforderlich sind oder den Erfolg der Heilbehandlung sichern bzw. eine körperliche Behinderung ausgleichen können. Dabei wird nicht allein auf die Erhaltung oder Herstellung der Arbeitsfähigkeit der betreffenden Versicherten abgestellt. Die Krankenkassen sind zu einer zweckentsprechenden Auswahl dieser Hilfsmittel angehalten; die Verwendung solcher Mittel ist an ihre Zustimmung gebunden. Nicht nur Erstausstattung, sondern auch notwendige Änderungen, Instandsetzungen, Ersatzbeschaffungen usw. sind möglich.

Belastungserprobungen und arbeitstherapeutische Behandlungen sind als medizinische Maßnahmen zur Rehabilitation des Versicherten oder seines mitversicherten Angehörigen einzustufen. Zu ihnen ist deshalb die Krankenversicherung nur dann verpflichtet, wenn nicht andere Rehabilitationsträger tätig werden müssen.

(6) *Hauspflege:*

Die Krankenkassen haben nach ihrer Satzung die Möglichkeit, neben der medizinischen Pflege auch die Aufwendungen für die Hauspflege zu übernehmen, wenn ein Krankenhausaufenthalt dadurch verkürzt oder vermieden werden kann. Die Hauspflege ist bisher als stark eingeschränkte Ausnahme zu betrachten.

(7) *Genesendenfürsorge:*

Zur Festigung und Sicherung der Gesundheit kann die Krankenkasse einem Leistungsberechtigten auch nach der Krankheit den Aufenthalt in einem Genesungsheim vermitteln. Dieser Aufenthalt dient der Erholung von der Krankheit vor der Wiederaufnahme der Arbeit.

(8) *Ergänzende Leistungen:*

Insbesondere im Zusammenhang mit der medizinischen Behandlung in einem Krankenhaus sowie in Kur- oder Spezialeinrichtungen können für den Leistungsberechtigten *Reisekosten* entstehen (Aufwendungen für Fahrten, Verpflegung, Übernachtung und Gepräcktransport usw.). Diese Reisekosten werden für den Leistungsberechtigten und eine notwendige Begleitperson – mit Einschränkungen – übernommen. Die Krankenkasse finanziert unter bestimmten Voraussetzungen auch eine *Familienheimfahrt* oder die Fahrt eines Angehörigen zum Aufenthaltsort des Kranken, wenn dieser länger als acht Wochen von seiner Familie getrennt ist. Im übrigen werden seitens der gesetzlichen Krankenversicherung Fahrtkosten nur insoweit übernommen, als sie fünf DM übersteigen. In Härtefällen können die Krankenkassen Ausnahmen zulassen.

Die Gewährung einer *Haushaltshilfe* dient bei Krankenhausaufenthalt, Anstaltsentbindung oder Kuraufenthalt der Sicherstellung der Haushaltsführung, und sie ist möglich, wenn ein anderes Familienmitglied zur Führung des Haushalts nicht in der Lage ist; vorausgesetzt wird jedoch, daß in dem Haushalt ein Kind lebt, das noch nicht acht Jahre alt ist oder das behindert und auf Hilfe angewiesen ist.

Die Stellung einer Ersatzkraft als *Betriebshilfe* ist in der landwirtschaftlichen Krankenversicherung möglich. Grundsätzlich müssen die landwirtschaftlichen Krankenkassen eine solche Hilfe zur Weiterbewirtschaftung des Betriebes während der Krankenhauspflege des versicherten landwirtschaftlichen Unternehmers oder während dessen Unterbringung in einer Kur- oder Spezialeinrichtung dann zu Verfügung stellen, wenn die Behandlung länger als zwei Wochen dauert und in dem landwirtschaftlichen Betrieb keine Arbeitnehmer und keine mitarbeitenden versicherungspflichtigen Familienangehörigen beschäftigt werden. Die Betriebshilfe wird längstens für drei Monate zur Verfügung gestellt, in besonderen Fällen auch bereits während der ersten zwei Wochen der Krankheit des Unternehmers. Weitergehende Leistungen sind nach den Satzungen der landwirtschaftlichen Krankenkassen (z.B. Betriebshilfe auch während einer Entbindung, einer schweren Krankheit ohne Krankenhausaufenthalt usw.) möglich.

Als ergänzende Leistung der Krankenversicherung ist auch die Zahlung von *Sozialversicherungsbeiträgen* für Rehabilitanden anzusehen.

Die Krankenkassen übernehmen nicht nur für ihre Versicherten und mitversicherten Familienangehörigen die Krankenversorgung, sondern führen diese auch im Rahmen einer **Auftragsangelegenheit** für andere Gruppen von Sozialleistungsbeziehern durch. Dabei handelt es sich insbesondere um Kriegsbeschädigte, Angehörige von Schwerkriegsbeschädigten, Kriegshinterbliebene, Unfallverletzte und Berufskranke, Heimkehrer und Bezieher von Wiedergutmachungsleistungen. Im Einzelfall sind aufgrund örtlicher Vereinbarungen auch die Bezieher von Sozialhilfe einbezogen. Diese Leistungen sind zum Teil anderen Funktionsbereichen (z.B. Folgen politischer Ereignisse) zuzurechnen.

Die Träger der sozialen **Krankenversicherung** sind nach dem Gesetz über die Angleichung der Leistungen zur Rehabilitation (1974) als **Rehabilitationsträger** tätig. Die Rehabilitationsleistungen der gesetzlichen Krankenversicherung umfassen vor allen Dingen medizinische Leistungen, die dann erbracht werden, wenn nicht ein Träger der Rentenversicherung, der Unfallversicherung oder der Kriegsopferversorgung vorrangig zuständig ist. Anspruchsberechtigt sind neben den Versicherten auch die mitversicherten Familienangehörigen.

Als **medizinische Rehabilitationsleistungen** kommen – mit gewissen typischen Einschränkungen – die vorstehend erläuterten Sachleistungen in Betracht. Diese Leistungen müssen notwendig sein, um eine Krankheit zu heilen, zu bessern oder eine Verschlimmerung zu verhüten. Hierzu gehören auch Maßnahmen mit Unterbringung und Behandlung der Behinderten in speziellen Einrichtungen. Auch die Förderung des Behindertensports ist insofern zu einer Aufgabe der sozialen Krankenversicherung geworden. Typischerweise ist der Berechtigtenkreis für medizinische Rehabilitationsleistungen seitens der Krankenversicherung wegen der **Familienhilfe** weiter gefaßt als derjenige der Renten- und Unfallversicherung und erfaßt somit auch Personenkreise, für deren Rehabilitation bisher vielfach nur die Sozialhilfe in Frage kam.

2.2 Rentenversicherung

In ähnlicher Weise wie die soziale Krankenversicherung erbringt auch die Rentenversicherung **medizinische Rehabilitationsleistungen**. Der Leistungskatalog stimmt weitgehend mit demjenigen der Krankenversicherung überein. Allerdings werden die medizinischen Rehabilitationsleistungen der Rentenversicherung vor allem in Kur- und Spezialeinrichtungen durchgeführt.

Medizinische Rehabilitationsleistungen der Krankenversicherung und der Rentenversicherung unterscheiden sich nicht nur hinsichtlich der weitergehenden **Zielsetzung der Maßnahmen**, sondern auch hinsichtlich des erfaßten **Personenkreises**. Grundsätzlich können medizinische Rehabilitationsleistungen der Rentenversicherung nur seitens eines Versicherten in Anspruch genommen werden, dessen Erwerbsfähigkeit durch Krankheit oder andere Gebrechen oder Schwäche seiner körperlichen und geistigen Kräfte gefährdet oder gemindert ist und für den die Erwerbsfähigkeit voraussichtlich erhalten, wesentlich gebessert oder wiederhergestellt werden kann; die Maßnahmen sind also vorrangig auf eine dauerhafte berufliche Eingliederung des Betreuten auszurichten. In versicherungsrechtlicher Hinsicht ist der Kreis der Anspruchsberechtigten für medizinische Rehabilitationsmaßnahmen der Rentenversicherung eng begrenzt. Als anspruchsberechtigte Versicherte werden alle Personen angesehen, für die in den letzten 24 Kalendermonaten vor der Antragsstellung mindestens sechs Pflichtbeiträge entrichtet worden sind oder die die große Wartezeit von 180 Versicherungsmonaten erfüllen oder die die kleine Wartezeit von 60 Monaten erfüllt haben (bei vorliegender Berufs- oder Erwerbsunfähigkeit oder Befürchtung des Eintritts einer solchen in absehbarer Zeit) oder die versicherungspflichtig sind und ihre Beschäftigung oder Tätigkeit innerhalb von zwei Jahren nach Beendigung einer Schul- oder Berufsausbildung aufgenommen haben. Empfänger von Bergmannsrente, Rente wegen Berufsunfähigkeit, wegen Erwerbsunfähigkeit und Empfänger einer großen Witwenrente sind diesen Personen gleichgestellt. Zu den medizinischen Rehabilitationsleistungen treten gegebenenfalls **Berufsförderungsmaßnahmen** (sowie ergänzende Leistungen einschließlich der Übernahme von Sozialversicherungsbeiträgen) mit ähnlicher Anspruchsregelung hinzu.

Die Rentenversicherung hat über diese Leistungen zur Rehabilitation hinaus auch in der **allgemeinen Versorgung der Bevölkerung mit Gesundheitsgütern** eine lange Tradition aufzuweisen:

(1) Bereits die früheren intensiven Bemühungen der Rentenversicherung um eine bessere *Wohnungsversorgung* der Bevölkerung dienten vor allen Dingen gesundheitspolitischen Absichten.

(2) Darüberhinaus hat sich die Rentenversicherung seit vielen Jahrzehnten freiwillig der Bekämpfung der *Tuberkulose* angenommen; seit Anfang der 60er Jahre ist sie eine ihrer Pflichtaufgaben. So haben Versicherte, Ehegatten und Kinder sowie Rentner einen Rechtsanspruch auf Heilbehandlung, Berufsförderung und weitere Maßnahmen, wenn sie an aktiver behandlungsbedürftiger Tuberkulose erkrankt sind. Diese Leistungen werden unabhängig davon gewährt, ob die Erwerbsfähigkeit durch die in Betracht kommenden Maßnahmen beeinflußt werden kann oder nicht. Für die verschiedenen Anspruchsberechtigten sind zum Teil unterschiedliche Anspruchsvoraussetzungen gegeben. Weiterhin ist zu beachten, daß die gesetzliche Krankenversicherung während der ambulanten Behandlung grundsätzlich zuständig ist, die Rentenversicherung vor allen Dingen während der stationären Behandlung. Künftig werden die Leistungen zur Behandlung von Tbc-Erkrankungen nur noch von den Trägern der Krankenversicherung im Rahmen der für sie geltenden Vorschriften für die dort Versicherten einschließlich der mitversicherten Familienangehörigen erbracht. Die Rehabilitation des Erkrankten wird aber nach wie vor nach den allgemeinen Vorschriften von den Rentenversicherungsträgern durchgeführt.

(3) Der Rückgang der Tuberkuloseerkrankungen hat im Laufe der letzten Jahrzehnte die Bedeutung der Tbc-Heilverfahren der Rentenversicherung reduziert. Demgegenüber hat jedoch die Zahl der von den Rentenversicherungsträgern wegen *allgemeiner Er-*

krankungen gewährten Heilverfahren im Laufe der Zeit kontinuierlich zugenommen. Hierbei handelt es sich insbesondere um Behandlungen wegen Erkrankungen der Atmungsorgane, Erschöpfungskrankheiten, Frauenleiden, Herz- und Kreislauferkrankungen, Erkrankungen der oberen Luftwege, Nervenerkrankungen, rheumatische Erkrankungen sowie Stoffwechselkrankheiten. Da im Rahmen dieser gesundheitlichen Maßnahmen verstärkt fremde Einrichtungen in Anspruch genommen werden, ist generell der Anteil der Maßnahmen, der in eigenen Einrichtungen durchgeführt wird, als rückläufig zu bezeichnen.

2.3 Unfallversicherung

Nach dem Rehabilitationsangleichungsgesetz von 1974 erbringt die Unfallversicherung weitgehend die gleichen Leistungen zur Rehabilitation wie die Rentenversicherung. Die Heilbehandlungsmaßnahmen der Unfallversicherung kommen dann in Frage, wenn eine Körperverletzung oder Gesundheitsschädigung durch **Arbeitsunfall** oder **Berufskrankheit** vorliegt.

Bei krankenversicherten Verletzten richtet sich der **Leistungsanspruch** direkt gegen die **Krankenversicherung**, sofern es sich aufgrund der Feststellung des zuständigen Arztes (Durchgangsarztverfahren) nicht um gravierende Körperverletzungen oder Gesundheitsschädigungen handelt. In allen Fällen der Heilbehandlung für nichtkrankenversicherte Personen sowie für Personen, für die nach Maßgabe des Schweregrades der Körperverletzung oder Gesundheitsschädigung eine längerfristige ambulante Heilbehandlung oder aber eine stationäre Heilbehandlung erforderlich wird, richtet sich der Leistungsanspruch unmittelbar und in vollem Umfang an die **Unfallversicherung**. Soweit die Krankenversicherung Heilbehandlungsmaßnahmen übernimmt, besteht im Innenverhältnis zwischen ihr und der Unfallversicherung eine Erstattungspflicht aller Kosten, die nach Ablauf des 18. Tages nach dem Arbeitsunfall entstehen. Die Heilbehandlung selbst, die in ihrem Ausmaß und ihrer Struktur mit derjenigen der gesetzlichen Krankenversicherung vergleichbar ist, muß jedoch vom Unfalltag an gewährt werden, und zwar auch dann, wenn der Unfall keine Minderung der Erwerbsfähigkeit verursacht hat.

Die Heilbehandlung durch die Träger der Unfallversicherung dient dem **Ziel**, die Folgen eines Unfalls oder einer Berufskrankheit zu beseitigen oder zumindest so gering wie möglich zu halten. Die **Heilbehandlung** umfaßt insbesondere ärztliche und zahnärztliche Behandlung, Arznei- und Verbandmittel, Heilmittel einschließlich Krankengymnastik, Ausstattung mit Körperersatzstücken und orthopädischen Mitteln (einschließlich notwendiger Änderungen) sowie Gewährung von Pflege, ferner Belastungserprobung und Arbeitstherapie. Macht es die Art der Verletzung erforderlich, so wird Hilfe durch Krankenpfleger und Krankenschwestern gewährt (Hauspflege) oder die Heilbehandlung in einem Krankenhaus oder in einer Kur- oder Spezialeinrichtung durchgeführt (stationäre Behandlung).

Weitgehend der Verfahrensweise in der gesetzlichen Krankenversicherung entsprechend werden seitens der Unfallversicherung während der gewährten Heilbehandlungen **ergänzende Leistungen** gewährt. Erstattet werden Reisekosten, auch für Familienheimfahrten, Aufwendungen durch ärztlich verordneten Behindertensport, Kosten für eine Betriebs- bzw. Haushaltshilfe sowie für Kleiderverschleiß usw. Außerdem werden unter bestimmten Voraussetzungen die Beiträge zur Rentenversicherung, Krankenversicherung und zur Bundesanstalt für Arbeit zum Zwecke einer umfassenden sozialen Sicherung der Rehabilitanden durch die Träger der Unfallversicherung übernommen.

2.4 Altershilfe für Landwirte

Auch die Altershilfe für Landwirte kann zur Erhaltung, Besserung und Wiederherstellung der Erwerbsfähigkeit an Landwirte, deren Ehegatten, Witwen und Witwer sowie unter bestimmten Voraussetzungen an mitarbeitende Familienangehörige und Kinder Maßnahmen gewähren, die in Umfang und Struktur den medizinischen Leistungen zur Rehabilitation angeglichen sind. Vorausgesetzt wird jedoch, daß die Erwerbsfähigkeit infolge von Krankheit oder anderen Gebrechen oder Schwäche der körperlichen oder geistigen Kräfte gefährdet oder gemindert ist und eine Erhaltung, wesentliche Besserung oder Wiederherstellung der Erwerbsfähigkeit möglich erscheint. Die medizinischen Rehabilitationsleistungen umfassen insbesondere eine stationäre Heilbehandlung und entsprechen in dieser Hinsicht weitgehend den Leistungen der Krankenversicherung. Die ergänzenden Leistungen zur Rehabilitation bestehen im wesentlichen in der Übernahme der Reisekosten, auch für Familienheimfahrten. Während der stationären Heilbehandlung eines Landwirtes oder seines mitarbeitenden Ehegatten gewährt die landwirtschaftliche Alterskasse bis zu drei Monaten eine Betriebs- und Haushaltshilfe. Grundsätzlich wird eine Ersatzkraft gestellt; kann diese nicht gestellt werden, so sind die Kosten für eine selbstbeschaffte Ersatzkraft in angemessener Höhe zu erstatten.

2.5 Beamtenrechtliches System und Arbeitgeberleistungen

Die Sachleistungen des beamtenrechtlichen Systems im Funktionsbereich Krankheit und Invalidität betreffen vor allen Dingen die Maßnahmen der Unfallfürsorge sowie die Versorgung der Bediensteten im Krankheitsfall im Rahmen des Beihilfesystems.

Die **beamtenrechtliche Unfallfürsorge** wird gewährt, wenn ein Dienstunfall oder eine Berufskrankheit gegeben ist; die Leistungsregelungen der Unfallversicherung werden entsprechend angewandt. Dem Beamten werden entstandene Sachschäden erstattet; vor allen Dingen hat er aber einen Anspruch auf eine umfassende Heilbehandlung. Die Kosten der Heilbehandlung werden dem Beamten in bar erstattet (Sachleistungen in Form von Barerstattungen). Neben den Kosten der Heilbehandlung können die Kosten einer notwendigen Pflege in angemessenem Umfang übernommen werden. Einem Ruhestandsbeamten wird für die Dauer der Hilflosigkeit auf Antrag ein Zuschlag zum Unfallruhegehalt bis zur Höhe der ruhegehaltsfähigen Dienstbezüge gewährt. Bei länger andauernder Einschränkung der Erwerbsfähigkeit wird neben den Dienstbezügen oder dem Ruhegehalt ein Unfallausgleich gezahlt; hinzu können unter bestimmten Voraussetzungen einmalige Entschädigungen treten.

Die **Versorgung im Krankheitsfall** wird durch das Beihilfesystem gewährleistet. Dem Beamten, seinen Angehörigen und Hinterbliebenen werden nach weitgehend vereinheitlichten Regelungen der verschiedenen Dienstherrn Beihilfen im Krankheitsfalle gewährt. Diese Beihilfen decken nur einen Teil der jeweiligen Aufwendungen. Sie sind nach Familienstand und Kinderzahl gestaffelt und betragen 50% (Mindestsatz) bis 80% (Maximalsatz) der beihilfefähigen Aufwendungen. Versorgungsempfänger, die gleichzeitig eine Rente aus der gesetzlichen Rentenversicherung beziehen und in der Krankenversicherung der Rentner versicherungspflichtig sind, müssen regelmäßig zunächst auf die Leistungen aus der Krankenversicherung der Rentner zurückgreifen. Nur soweit die Aufwendungen über die Leistungen der Krankenversicherung der Rentner hinausgehen, sind diese beihilfefähig. Ehegatten und Kinder erhalten nur dann Beihilfen, wenn ihre Einkommen bestimmte Höchstgrenzen nicht überschreiten. Für die nicht von der Beihilfe gedeckten Krankheitskosten müssen die Versorgungsempfänger selbst aufkommen, in der Regel sichern sie sich durch Beiträge zu einer privaten Krankenversicherung ab.

Die **Zusatzversorgungssysteme im öffentlichen Dienst** erbringen in Einzelfällen begrenzte Leistungen zur Rehabilitation; hinzuweisen ist auch auf die Beihilfen im Krankheitsfalle, die als freiwillige und/oder vertragliche **Arbeitgeberleistungen** in der Privatwirtschaft gewährt werden.

2.6 Soziale Entschädigungssysteme

Die Sachleistungen der **Kriegsopferversorgung** im Funktionsbereich Krankheit und Invalidität umfassen die Leistungen aufgrund des Gesetzes zur Entschädigung der Opfer von Gewalttaten, des Gesetzes über den Zivildienst der Kriegsdienstverweigerer, aufgrund des Soldatenversorgungsgesetzes und des Häftlingshilfegesetzes mit analogen Regelungen gemäß Bundesversorgungsgesetz. Die entsprechenden Leistungen gemäß Bundesversorgungsgesetz fallen – soweit sie nicht die Angehörigen, sondern die Beschädigten selbst betreffen (mit Ausnahmen) – ebenso wie diejenigen des Gesetzes über die Unterhaltshilfe für Angehörige von Kriegsgefangenen in den Funktionsbereich Folgen politischer Ereignisse.

Die Leistungen der Kriegsopferversorgung umfassen im einzelnen:

(1) *Heilbehandlung für Beschädigte:*

Die Beschädigten erhalten eine Heilbehandlung für diejenigen Gesundheitsstörungen, die als Folge einer Schädigung anerkannt oder durch eine anerkannte Schädigungsfolge verursacht worden sind; Schwerbeschädigte haben einen Anspruch auf Heilbehandlung auch dann, wenn die Gesundheitsstörungen nicht als Folge einer Schädigung anerkannt sind. Umfang und Struktur der Heilbehandlung decken sich weitgehend mit den entsprechenden Leistungen der gesetzlichen Krankenversicherung, zum Teil gehen sie sogar darüber hinaus. So sind beispielsweise die Kuren für Berechtigte der Kriegsopferversorgung von der Zuzahlungspflicht von 10 DM je Tag befreit. Ferner erfolgt eine volle Versorgung mit Zahnersatz. Die Leistungen der Heilbehandlung werden von der gesetzlichen Krankenversicherung als Auftragsangelegenheit durchgeführt; die Leistungsberechtigten haben die freie Arztwahl.

(2) *Krankenbehandlung für Beschädigte:*

Die Krankenbehandlung wird Beschädigten gewährt, die Übergangsgeld beziehen und deren Erwerbsfähigkeit um weniger als 50% gemindert ist. Die Krankenbehandlung unterscheidet sich von der Heilbehandlung durch den etwas geringeren Leistungsumfang; der Leistungsumfang ist noch stärker als bei der Heilbehandlung den Leistungen der gesetzlichen Krankenversicherung angeglichen. So gilt beispielsweise für die Versorgung mit Zahnersatz eine Zuschußregelung.

(3) *Krankenbehandlung für Angehörige und gleichgestellte Personen:*

Einen Anspruch auf Krankenbehandlung haben die Schwerbeschädigten für den Ehegatten und für die Kinder sowie für sonstige Angehörige, die mit dem Schwerbeschädigten in häuslicher Gemeinschaft leben und von ihm überwiegend unterhalten werden. Anspruchsberechtigt sind auch die Pflegezulagenempfänger für diejenigen Personen, die eine unentgeltliche Pflege nicht nur vorübergehend übernommen haben, ferner Witwen, Waisen und versorgungsberechtigte Eltern. Der Leistungsumfang entspricht demjenigen der Krankenbehandlung für Beschädigte. Ebenso wie dort ist auch hier der Anspruch auf Krankenbehandlung dann ausgeschlossen, wenn die Krankenbehandlung anderweitig sichergestellt ist oder bestimmte Einkommensgrenzen überschritten werden.

(4) *Erholungsfürsorge:*

Im Rahmen der Erholungsfürsorge für Beschädigte und Hinterbliebene werden Erholungsaufenthalte von höchstens drei Wochen dann bewilligt, wenn die Erholung nach ärztlichem Urteil die Gesundheit oder die Arbeitsfähigkeit erhält, wenn sie notwendig und die Art der gewählten Erholung zweckmäßig ist.

Personen, die sich von der Versicherungspflicht in der gesetzlichen Krankenversicherung befreien lassen, werden von den subsidiären Leistungen der Heilbehandlung wegen Nichtschädigungsfolgen und der Krankenbehandlung ausgeschlossen. Damit wird verhindert, daß durch Befreiung von der Krankenversicherungspflicht und anschließenden Rückgriff auf die kostenfreie Heilbehandlung oder Krankenbehandlung nach dem Bundesversorgungsgesetz die Regelungen der Rentnerkrankenversicherung mit der Beteiligung der Rentner an den Krankenversicherungsbeiträgen und der Beitragspflicht auch für der Rente vergleichbare Einkünfte umgangen werden können.

Im Rahmen der **anderen sozialen Entschädigungssysteme** werden Sachleistungen bei Krankheit und Invalidität nur in einem begrenzten Umfang gewährt:

(1) Die Krankenversorgung der Empfänger von Unterhaltshilfe nach dem *Lastenausgleichsgesetz* wird den Allgemeinen Lebenshilfen zugeordnet, während die Krankenversorgung der Empfänger allein von Entschädigungsrente dem Funktionsbereich Krankheit und Invalidität, aber als Leistung der Sozialhilfe, zugerechnet wird.

(2) Im Rahmen der *Wiedergutmachung* werden Sachleistungen der Krankenversorgung nach dem Bundesentschädigungsgesetz als Ausgleichsleistung für Schädigungen durch die nationalsozialistische Verfolgung an Leben, Körper oder Gesundheit erbracht. Die Leistungen entsprechen den Vorschriften über die Unfallfürsorge der Bundesbeamten (Heilverfahren) bzw. (weitgehend) denjenigen der gesetzlichen Krankenversicherung (allgemeine Krankenversorgung).

(3) Im Rahmen der *sonstigen Entschädigungen* werden medizinische Behandlungs- und Rehabilitationsmaßnahmen nach dem Häftlingshilfegesetz durchgeführt. Die Krankenhilfe entspricht weitgehend den Leistungen der gesetzlichen Krankenversicherung.

2.7 Sozialhilfe und Jugendhilfe

Die **Sozialhilfe** steht mit ihren Sachleistungen im Funktionsbereich Krankheit und Invalidität nach der Krankenversicherung an zweiter Stelle. Die Maßnahmen zur gesundheitlichen Versorgung der Bevölkerung machen sogar den Hauptteil der Leistungen der Sozialhilfe im Bereich ihrer Hilfen in besonderen Lebenslagen aus. Hierbei handelt es sich um die vorbeugende Gesundheitshilfe, die medizinischen Behandlungs- und Rehabilitationsmaßnahmen, die speziellen Maßnahmen der Tuberkulosehilfe und der Blindenhilfe sowie um ergänzende Maßnahmen z.B. der Hilfe zur Pflege und zur Weiterführung des Haushalts:

(1) *Vorbeugende Gesundheitshilfe:*

Die vorbeugende Gesundheitshilfe betrifft zunächst Vorsorgeuntersuchungen zur Früherkennung von Krankheiten (z.B. Krebsbekämpfung); auf diese Maßnahmen besteht auch in der Sozialhilfe ein Anspruch analog zu den Vorschriften der gesetzlichen Krankenversicherung. Die vorbeugende Gesundheitshilfe geht jedoch über derartige Vorsorgemaßnahmen hinaus. Wenn nach ärztlichem Urteil eine Erkrankung oder ein sonstiger Gesundheitsschaden droht, können angemessene Erholungsmaßnahmen (z.B. für Kinder, Jugendliche, ältere Menschen und für Mütter) gewährt werden.

(2) *Medizinische Behandlungs- und Rehabilitationsmaßnahmen:*

Die Krankenhilfe umfaßt – bei freier Arztwahl – diejenigen medizinischen Behandlungsmaßnahmen, die auch nach den Regelungen der gesetzlichen Krankenversicherung vorgesehen sind. Ebenso wie in der gesetzlichen Krankenversicherung steht die Krankenhilfe auch bei der Sozialhilfe über die allgemeine Heilbehandlung hinaus im Dienste der Eingliederung der Behinderten. Die medizinischen Rehabilitationsmaßnahmen entsprechen weitgehend denen der gesetzlichen Krankenversicherung und verfolgen nicht nur den Zweck, die Erwerbs- oder Berufsfähigkeit des Behinderten herzustellen; dem Behinderten soll vielmehr die Teilnahme am Leben in der Gemeinschaft ermöglicht oder erleichtert werden, er soll eine angemessene Tätigkeit ausüben können und so weit wie möglich unabhängig von Pflege gemacht werden. Alle Personen, die nicht nur vorübergehend körperlich, geistig oder seelisch wesentlich behindert oder von einer Behinderung bedroht sind, haben Anspruch auf diese Eingliederungshilfe. Sie wird also auch an Kinder und Jugendliche und nicht nur an Erwerbstätige gewährt. Die Sozialhilfe greift jedoch nur dann ein, wenn nicht entsprechende Ansprüche an andere Sozialleistungsträger gerichtet werden können.

(3) *Tuberkulosehilfe:*

Die Tuberkulosehilfe soll nicht nur die Heilung von Tuberkulosekranken fördern, sondern darüber hinaus auch das Umfeld des Kranken gegen die Tuberkulose schützen. Neben der typischen Heilbehandlung wird auch die Hilfe zum Lebensunterhalt den besonderen durch die Krankheit verursachten Bedürfnissen des Kranken oder Genesenden und der mit ihm in häuslicher Gemeinschaft lebenden Personen angepaßt (Mehrbedarf gegenüber den Regelsätzen von 30%).

(4) *Blindenhilfe:*

Zum Ausgleich der durch die Blindheit bedingten Mehraufwendungen erhalten Blinde nach Vollendung des 1. Lebensjahres eine Blindenhilfe, soweit nicht entsprechende Leistungen nach anderen Rechtsvorschriften gewährt werden. Die Höhe der Blindenhilfe richtet sich nach derjenigen für blinde Kriegsopfer und ist nach dem Lebensalter der Blinden differenziert. Die Blindenhilfe kann versagt werden, wenn der Blinde eine ihm zumutbare Arbeit nicht aufnimmt oder die Teilnahme an beruflichen Rehabilitationsmaßnahmen verweigert. Die Blindenhilfe wird bei Heim- oder Anstaltsaufenthalt des Blinden in der Regel auf die Hälfte reduziert.

(5) *Hilfe zur Pflege:*

Die Sozialhilfe gewährt in einem beträchtlichen Umfange Hilfe zur Pflege. Anspruchsberechtigt sind Personen, die infolge Krankheit oder Behinderung so hilflos sind, daß sie nicht ohne Wartung und Pflege bleiben können. Bei Anstaltspflege werden die tatsächlich entstehenden Aufwendungen und ein Taschengeld gezahlt. Bei der Hauspflege werden je nach der Schwere des Pflegefalles unterschiedliche Maßnahmen ergriffen. In leichteren Fällen soll die Pflege durch Personen, die dem Pflegebedürftigen nahestehen, oder als Nachbarschaftshilfe durchgeführt werden; es werden die Aufwendungen für die Pflegepersonen mit evtl. darüberhinausgehenden Beihilfen erstattet. Ist eine besondere Pflegekraft erforderlich, so müssen die dafür angemessenen Kosten übernommen werden. In schweren Pflegefällen, in denen der Pflegebedürftige für die gewöhnlichen und regelmäßig wiederkehrenden Verrichtungen im täglichen Leben in erheblichem Umfang der Wartung und Pflege dauernd bedarf, wird ein monatliches Pflegegeld gezahlt; dieses kann angemessen erhöht werden, wenn der Zustand des Pflegebedürftigen es erfordert. In besonders schweren Pflegefällen (Schwerstbehinderte) wird ein Pflegegeld in Höhe des Mindestbetrages der Pflegezulage für Blinde nach dem Bundesversorgungsgesetz gezahlt. Das Pflegegeld ist dynamisiert.

(6) *Hilfe zur Weiterführung des Haushalts:*

In Ausnahmefällen ist auch eine Hilfe zur Weiterführung des Haushalts vorgesehen. Vorausgesetzt wird, daß kein Haushaltsangehöriger den Haushalt führen kann und die Weiterführung des Haushalts geboten ist (Krankheit der Hausfrau und Mutter). Zu den Aufgaben der Haushaltshilfe gehört auch die persönliche Betreuung von Haushaltsangehörigen. In Einzelfällen kann eine vorübergehende anderweitige Unterbringung von Haushaltsangehörigen notwendig sein; der Sozialhilfeträger hat dann die angemessenen Kosten zu zahlen.

(7) *Krankenversicherungsbeiträge:*

Die Sozialhilfe übernimmt in der Regel die Krankenversicherungsbeiträge für die Leistungsempfänger. Unter bestimmten Voraussetzungen werden auch die Krankenversicherungsbeiträge für pflegende Personen gezahlt.

Einige Sachleistungen der Gesundheitshilfe und der Erholungsfürsorge sind auch im Leistungskatalog der **Jugendhilfe** enthalten.

3. Sachleistungen im Familienlastenausgleich

Die Sachleistungen im Funktionsbereich Ehe und Familie bestehen aus Leistungen der gesetzlichen Krankenversicherung, des beamtenrechtlichen Systems, der Arbeitgeber, der Sozialhilfe und der Jugendhilfe.

3.1 Mutterschaftshilfe

Die Leistungen der **Krankenversicherung** bestehen ausschließlich aus Leistungen der Mutterschaftshilfe (ohne Mutterschaftsvorsorgeleistungen). Hierbei handelt es sich um die Leistungen im Zusammenhang mit der Entbindung einschließlich der Leistungen für Mutter und Kind während der ersten Tage nach der Entbindung und während der Schutzfrist. An Leistungen sind im einzelnen zu erwähnen: ärztliche Hilfe, Hebammenhilfe, Versorgung mit Medikamenten, mit Verband- und Heilmitteln. Die Versicherte hat Anspruch auf Entbindung in einem Krankenhaus oder einer Klinik und auf entsprechende pflegerische Betreuung für längstens sechs Tage; Hausentbindung und Hauspflege sind ebenfalls möglich; die entstehenden Kosten deckt dann in vollem Umfang die Krankenversicherung.

Die vom **beamtenrechtlichen System** im Funktionsbereich Ehe und Familie gewährten Sachleistungen sind ausnahmslos Leistungen bei Mutterschaft. Art und Umfang der Leistungen sind wesentlich dem Leistungskatalog der gesetzlichen Krankenversicherung angeglichen. Typisch für das beamtenrechtliche System ist jedoch, daß anstelle der unmittelbaren Zurverfügungstellung von Gesundheitsgütern eine Kostenerstattung nach dem Beihilfesystem tritt.

Die im Bereich der sonstigen **Arbeitgeberleistungen** festzustellenden Beihilfen im Krankheitsfalle betreffen zu einem geringen Teil den Funktionsbereich Ehe und Familie.

Die Sachleistungen der **Sozialhilfe** im Funktionsbereich Ehe und Familie stellen ebenfalls Hilfen für werdende Mütter und Wöchnerinnen dar. Die Leistungen entsprechen weitgehend denjenigen der gesetzlichen Krankenversicherung.

3.2 Jugendhilfe

Auf die Jugendhilfe entfallen über zwei Drittel sämtlicher Sachleistungen im Funktionsbereich Ehe und Familie. Zu mehr als 90% werden diese Sachleistungen unmittelbar für Kinder und Jugendliche erbracht, und zwar vor allen Dingen dann, wenn diese in ihrer Familie keine ausreichende Betreuung und Förderung erhalten. Insbesondere da, wo die Jugendhilfe Erziehungsleistungen des Elternhauses ganz oder teilweise ersetzen muß, fallen bedeutende Sachleistungen an. Diese stehen in einem Zusammenhang mit Kindertagesstätten sowie mit Familienpflege und Heimpflege. Dazu kommen Hilfen für Mutter und Kind in Einrichtungen sowie Beratungsmaßnahmen (Ehe, Familie, Jugend). Analog zur Sozialhilfe tritt die öffentliche Jugendhilfe nur insoweit ein, als die jeweils Unterhaltsverpflichteten die notwendigen Aufwendungen nicht tragen können. In jedem Fall soll unter den jeweils spezifischen Voraussetzungen des Einzelfalles der gesamte Lebensunterhalt einschließlich der Schul- und Berufsausbildung gesichert werden.

4. Sachleistungen im Ausbildungs- und Beschäftigungssystem

Die Sachleistungen im Funktionsbereich Ausbildung und Beschäftigung entfallen zu mehr als 90% auf die Arbeitsförderung mit ihren Leistungen zur Förderung der beruflichen Bildung sowie zur Förderung der Arbeitsaufnahme einschließlich ergänzender Sachleistungen. Teilweise treten diese Sachleistungen komplementär zu spezifischen Einkommensleistungen auf, überwiegend machen sie aber erst den Kern der Arbeitsförderungsmaßnahmen aus. Zu den Sachleistungen der Arbeitsförderung treten in begrenztem Umfange Sachleistungen der Unfallversicherung, der Kriegsopferversorgung, der Sozialhilfe und der Jugendhilfe hinzu.

4.1 Förderung der beruflichen Bildung und Eingliederung

Im Rahmen der Maßnahmen, die der Förderung der beruflichen Bildung und Eingliederung dienen, sind Arbeitsförderungsmaßnahmen im besonderen hervorzuheben. Hinzu treten die Maßnahmen der Berufshilfe der Unfallversicherung sowie ähnliche Maßnahmen der Sozialhilfe und der Jugendhilfe.

4.1.1 Arbeitsförderungsmaßnahmen

Die Sachleistungen der Bundesanstalt für Arbeit zur Förderung der beruflichen Bildung betreffen die **berufliche Ausbildung, Fortbildung und Umschulung**; sie sollen vorrangig eine Erhöhung der beruflichen Mobilität bewirken:

(1) *Förderung der beruflichen Ausbildung:*

Zur Förderung der beruflichen Ausbildung gewährt die Bundesanstalt für Arbeit den Auszubildenden Sachleistungen, die zu einer Überwindung der einer angemessenen beruflichen Qualifizierung entgegenstehenden Schwierigkeiten beitragen sollen. Ohne Anrechnung von Einkommen kann die Bundesanstalt für Arbeit im Rahmen der Berufsausbildungsbeihilfen für Teilnehmer an berufsvorbereitenden Maßnahmen die Lehrgangsgebühren, die Fahrtkosten sowie die Kosten für Lernmittel und Arbeitskleidung übernehmen. Die Bundesanstalt kann hierfür Pauschbeträge bestimmen.

(2) *Förderung der beruflichen Fortbildung und Umschulung:*

Zu den individuellen Förderungsmaßnahmen bei beruflicher Fortbildung und Umschulung gehört insbesondere ein Kostenersatz an Arbeitnehmer; die Bundesanstalt für Arbeit kann den einzelnen Leistungsempfängern die notwendigen Kosten der Fortbildungs- oder Umschulungsmaßnahme ganz oder teilweise erstatten. Dabei handelt es sich um die Lehrgangskosten, die Kosten für Lernmittel, Fahrtkosten, Kosten der Arbeitskleidung sowie Kosten der Unterbringung und Verpflegung (bei auswärtiger Unterbringung). Die Bundesanstalt kann auch die Kosten für die Betreuung der Kinder des Teilnehmers an einer Fortbildungs- oder Umschulungsmaßnahme ganz oder teilweise bis zu 60 DM monatlich tragen, wenn sie durch die Teilnahme an einer Maßnahme unvermeidbar entstehen und die Belastung durch diese Kosten für den Teilnehmer eine unbillige Härte darstellen würde.

Die Einzelheiten der Kostenerstattung werden aufgrund von Anordnungen der Bundesanstalt für Arbeit geregelt. Diese Anordnungen legen im allgemeinen Höchstgrenzen für die Erstattung einzelner Aufwendungen fest; von der Erstattung geringfügiger Kosten ist dabei grundsätzlich abzusehen. In Einzelfällen können jedoch die Kosten von der Bundesanstalt für Arbeit auch in voller entstandener Höhe getragen werden.

Berufliche Bildungsmaßnahmen müssen den Grundsätzen der Sparsamkeit und Wirtschaftlichkeit entsprechen und angemessene Teilnahmebedingungen bieten. Im Einzelfall sollen die Arbeitsämter darauf hinwirken, daß der Teilnehmer an einer beruflichen Bildungsmaßnahme statt an teuren auswärtigen Kursen mit Internatsunterbringung an einer Maßnahme in räumlicher Nähe seiner Wohnung teilnimmt. Die Bundesanstalt für Arbeit legt im Einzelfall Art, Beginn, Dauer und Ort der Maßnahmen fest, wobei die Qualität der Maßnahme zu berücksichtigen ist. Näheres wird durch Anordnung der Bundesanstalt für Arbeit bestimmt.

Die Maßnahmen zur beruflichen **Eingliederung von Behinderten** entsprechen im wesentlichen den Maßnahmen zur Förderung der beruflichen Bildung. Allerdings sind auch verschiedene Leistungen zu beachten, die sich nur zum Teil oder gar nicht mit den vorhergehend erwähnten Leistungen decken:

(1) Im Rahmen der berufsfördernden Rehabilitationsmaßnahmen werden diejenigen erforderlichen *Kosten* übernommen, die mit einer berufsfördernden Leistung zur Rehabilitation in unmittelbarem Zusammenhang stehen: Lehrgangskosten, Prüfungsgebühren, Lernmittel, Arbeitskleidung und Arbeitsgerät. Bei auswärtiger Unterbringung werden die erforderlichen Kosten für Unterkunft und Verpflegung getragen.

(2) Übernommen werden auch die mit der Teilnahme an einer berufsfördernden Maßnahme im Zusammenhang stehenden erforderlichen *Fahrtkosten*; hierzu gehören auch die Kosten für eine wegen der Behinderung erforderliche Begleitperson (einschließlich der notwendigen Verpflegungs- und Übernachtungskosten) sowie die Kosten des erforderlichen Gepäcktransports. Reisekosten können auch übernommen werden für im Regelfall eine Familienheimfahrt je Monat; an Stelle der Kosten für eine Familienheimfahrt können für die Fahrt eines Angehörigen vom Wohnort zum Aufenthaltsort des Behinderten Reisekosten übernommen werden.

(3) Eine *Haushaltshilfe* wird finanziert, wenn der Behinderte wegen der Teilnahme an einer berufsfördernden Maßnahme zur Rehabilitation außerhalb des eigenen Haushalts untergebracht ist und ihm aus diesem Grunde die Weiterführung des Haushalts nicht möglich ist; Voraussetzung ist jedoch, daß eine andere im Haushalt lebende Person den Haushalt nicht weiterführen kann und im Haushalt ein Kind lebt, das das 8. Lebensjahr noch nicht vollendet hat oder das behindert und auf Hilfe angewiesen ist.

(4) *Weitere Leistungen* kommen in Betracht, die unter Berücksichtigung von Art und Schwere der Behinderung erforderlich sind, um das Ziel der Rehabilitation zu erreichen oder zu sichern (z.B. Bewerbungskosten, Umzugskosten, technische Arbeitshilfen).

Grundsätzlich werden diese Eingliederungshilfen für Behinderte für diejenige Dauer gewährt, die zur Erreichung des Berufszieles vorgeschrieben oder allgemein üblich ist. Maßnahmen zur beruflichen Fortbildung oder Umschulung sollen regelmäßig nur gefördert werden, wenn sie bei ganztägigem Unterricht nicht länger als zwei Jahre dauern. Außerdem darf die Bundesanstalt für Arbeit diese Leistungen nur dann gewähren, wenn kein anderer Rehabilitationsträger zuständig ist.

Der Förderung der beruflichen Bildung und Eingliederung dient auch eine Reihe **spezieller Maßnahmen**, die der Vollständigkeit halber erwähnt werden sollen:

(1) Der Leistungskatalog der Arbeitsförderung sieht auch die berufliche Förderung von Chilenen vor.

(2) Für Entwicklungshelfer können die Kosten von Fortbildungsmaßnahmen übernommen werden.

(3) Die Arbeitsförderung sieht auch spezielle Maßnahmen zur Eingliederung von Aussiedlern vor; für Aussiedler werden beispielsweise die Kosten für Deutschlehrgänge erstattet.

4.1.2 Berufshilfe der Unfallversicherung

Die Unfallversicherung gewährt im Rahmen ihrer Berufshilfe Leistungen zur Förderung der beruflichen Bildung, die weitgehend denjenigen der Arbeitsförderung entsprechen. Allerdings tritt die Unfallversicherung nur dann ein, wenn die Berufsförderungsmaßnahme aufgrund eines Arbeitsunfalls oder aufgrund einer Berufskrankheit erforderlich geworden ist.

4.1.3 Sozialhilfe und Jugendhilfe

Die **Sozialhilfe** erbringt Leistungen der Ausbildung, Fortbildung und Umschulung für einen sehr weit gefaßten Personenkreis; ihre Leistungen sind nicht nur an kranke und behinderte Arbeitnehmer und an von Arbeitslosigkeit bedrohte Personen gerichtet, sondern werden praktisch jedermann zur Verfügung gestellt. Allerdings gehen die Leistungen anderer Rehabilitationsträger denjenigen der Sozialhilfe vor, und die Sozialhilfe gewährt auch nur dann die entsprechenden Leistungen, wenn der einzelne unter Berücksichtigung von Einkommens- und Vermögensgrenzen (auch bestimmter Verwandter) zu ihrer Erlangung selbst nicht in der Lage ist. Sind diese Voraussetzungen erfüllt, dann werden weitgehend die gleichen Leistungen wie seitens anderer Rehabilitationsträger gewährt.

Auch die entsprechenden Leistungen der **Jugendhilfe** sind nur subsidiärer Art und setzen Bedürftigkeit voraus. Sie betreffen insbesondere junge Menschen, die ihre Schul- und Berufsausbildung in Heimen, Heimsonderschulen und Heimwerkstätten erhalten.

4.2 Förderung der Arbeitsaufnahme

Die Sachleistungen zur Förderung der beruflichen Bildung dienen vor allem einer Erhöhung der beruflichen Mobilität; speziell einer **Erhöhung der regionalen Mobilität** der Arbeitnehmer dienen die Sachleistungen zur Förderung der Arbeitsaufnahme. Hierzu gehören die vollständige oder teilweise Übernahme der:

(1) Bewerbungskosten (Kosten für die Anfertigung und Versendung von Bewerbungsunterlagen),

(2) Reisekosten (Kosten für Fahrt, Verpflegung und Übernachtung),

(3) Kosten für die Arbeitsausrüstung wie Arbeitskleidung und Arbeitsgerät (soweit üblicherweise vom Arbeitnehmer zu stellen),

(4) Fahrtkosten für die täglichen Fahrten zwischen Wohnung und Arbeitsstätte (nur bei erschwerter Unterbringung des Arbeitnehmers auf dem Arbeitsmarkt) für eine Übergangszeit,

(5) Umzugskosten bei wegen einer auswärtigen Arbeitsaufnahme erforderlichem Umzug oder bei Umzug wegen Antritt eines auswärtigen Ausbildungsverhältnisses und

(6) Kosten für Familienheimfahrten bei Aufnahme einer auswärtigen Arbeit ohne Umzug.

Diese Sachleistungen zur Förderung der Arbeitsaufnahme werden seitens der Bundesanstalt für Arbeit regelmäßig als **Zuschüsse** innerhalb gewisser Höchstgrenzen und mit zeitlichen Einschränkungen gewährt. An die Stelle der Zuschüsse können im Einzelfall auch **Darlehen** treten. Die Sachleistungen zur Förderung der Arbeitsaufnahme dürfen jedoch nur solchen Arbeitssuchenden gewährt werden, die die erforderlichen Mittel nicht selbst aufbringen können; außerdem sind verstärkt Bagatellgrenzen zu berücksichtigen.

Sämtliche Leistungen zur Förderung der Arbeitsaufnahme werden auch im Rahmen der **beruflichen Rehabilitation** erbracht; sie werden in diesem Leistungsbereich gegebenenfalls noch durch besondere Maßnahmen ergänzt. Die Bundesanstalt für Arbeit gewährt diese Leistungen aber nur dann, wenn nicht ein anderer Rehabilitationsträger zuständig ist.

Die **Arbeitsaufnahme in Berlin** wird für alle Arbeitnehmer unter erleichterten Voraussetzungen gefördert. Insbesondere werden hier Reise- und Zuzugskostenvergütungen (einschließlich Familienheimfahrten) gezahlt. Diese Leistungen werden an Personen gewährt, die mindestens für die Dauer eines Jahres eine Beschäftigung in Berlin aufnehmen.

Auch im Rahmen der **Anpassungshilfen** für Arbeitnehmer der Kohle- und Stahlindustrie und des Eisenerzbergbaus werden typische Sachleistungen gewährt, die den Arbeitsplatzwechsel erleichtern sollen. Hierbei handelt es sich um die Erstattung der Fahrtkosten für die Fahrt zum neuen Arbeitsplatz sowie die Übernahme der Umzugskosten und der Anreisekosten für die Familie, wenn dies wegen des Arbeitsplatzwechsels erforderlich ist. Diese Leistungen werden weitgehend neben oder anstelle der Berufsförderungsleistungen nach dem Arbeitsförderungsgesetz gewährt; für sie sind bestimmte Höchstgrenzen und zeitliche Eingrenzungen vorgesehen.

Übersicht 5: Übernahme von Sozialversicherungsbeiträgen als ergänzende Sachleistung im Funktionsbereich Ausbildung und Beschäftigung

Lohnersatzleistung	Träger der Sozialversicherungsbeiträge zur			
	Rentenversicherung	Krankenversicherung	Unfallversicherung	Arbeitslosenversicherung
Arbeitslosengeld und Arbeitslosenhilfe	Bundesanstalt für Arbeit (§§ 1259 Abs. 1 Satz 1 Nr. 3a, 1385a RVO)	Bundesanstalt für Arbeit (§§ 155 Abs. 1 und 157 Abs. 1 AFG)	Bundesanstalt für Arbeit (§ 165 AFG i.V.m. §§ 539 und 654 RVO)	Keine Beitragszahlung
Unterhaltsgeld bei beruflicher Fortbildung der BfA	Bundesanstalt für Arbeit (§§ 1259 Abs. 1 Satz 1 Nr. 3a, 1385a RVO)	Bundesanstalt für Arbeit (§ 45 AFG, § 157 Abs. 1 AFG)	Bundesanstalt für Arbeit (§ 45 AFG)	Keine Beitragszahlung
Übergangsgeld der BfA	Bundesanstalt für Arbeit (§ 56 Abs. 3, Nr. 2 AFG)	Bundesanstalt für Arbeit (§ 56 Abs. 3, Nr. 2 und § 155 Abs. 3 AFG)	Bundesanstalt für Arbeit (§ 56 Abs. 3, Nr. 2 AFG)	Keine Betragsentrichtung (§ 186 Abs. 2)
Schlechtwettergeld, Kurzarbeitergeld	Arbeitgeber; auf Antrag gewährt BfA einen Zuschuß in Höhe von 50% der tatsächlichen Aufwendungen (§ 166 Abs. 3 AFG)	Arbeitgeber; auf Antrag gewährt BfA einen Zuschuß in Höhe von 50% der tatsächlichen Aufwendungen (§ 162, 163 Abs. 2 AFG)	Arbeitgeber der Leistungsempfänger	Allgemeine Regelung
Konkursausfallgeld	Bundesanstalt für Arbeit (§ 141n AFG)	Bundesanstalt für Arbeit (§ 141n AFG)	Arbeitgeber insgesamt	Bundesanstalt für Arbeit (§ 141n AFG)

4.3 Übernahme von Sozialversicherungsbeiträgen

Nach dem Arbeitsförderungsgesetz trägt die Bundesanstalt für Arbeit die Sozialversicherungsbeiträge für die Empfänger von Lohnersatzleistungen als ergänzende Sachleistung. Dies gilt natürlich nur, soweit die Bundesanstalt für Arbeit selbst die Lohnersatzleistungen zahlt; andernfalls sind andere Leistungs- und Rehabilitationsträger zuständig. Die Einzelheiten der Übernahme von Sozialversicherungsbeiträgen seitens der Bundesanstalt für Arbeit können der Übersicht 5 entnommen werden, wobei zugleich einige Ausnahmen von der generellen Regelung sichtbar werden.

5. Soziale Sicherung gegenüber den Folgen politischer Ereignisse durch Sachleistungen

Im Funktionsbereich Folgen politischer Ereignisse werden Sachleistungen erbracht, die zu etwa 70% auf die Kriegsopferversorgung sowie zu ca. 30% auf die soziale Krankenversicherung entfallen.

Die Sachleistungen der **Kriegsopferversorgung** im Funktionsbereich Folgen politischer Ereignisse bestehen überwiegend aus **medizinischen Behandlungs- und Rehabilitationsmaßnahmen** aufgrund des Bundesversorgungsgesetzes sowie aufgrund des Gesetzes über die Unterhaltshilfe für Angehörige von Kriegsgefangenen. Das Leistungsspektrum umfaßt vor allem Leistungen der Heil- und Krankenbehandlung für Kriegsbeschädigte selbst sowie für Angehörige von Kriegsgefangenen und entspricht im einzelnen weitgehend demjenigen der sozialen Krankenversicherung (vgl. Funktionsbereich Krankheit und Invalidität).

Im Rahmen der **Sonderfürsorge** der Kriegsopferversorgung haben Kriegsbeschädigte einen Anspruch auf ergänzende Hilfen, die über die üblichen medizinischen Heil- und Krankenbehandlungen hinausgehen. Eine Sonderfürsorge kommt für die besonders hart durch die Folgen einer Schädigung betroffenen Blinden, Ohnhänder, Querschnittsgelähmten, Hirnverletzten, sonstigen Pflegezulagenempfänger sowie Beschädigte mit einer Erwerbsminderung von mindestens 50% infolge von Tuberkulose oder infolge von Gesichtsentstellungen in Frage. Im Rahmen dieser Sonderfürsorge werden den jeweiligen Lebenslagen angepaßte Hilfen gewährt; zu erwähnen sind z.B. Pflegezulagen und Hilfen zur Pflege, Stellung eines Blindenführhundes sowie Pauschbeträge für Kleider- und Wäscheverschleiß.

Die medizinischen Sachleistungen werden teilweise von der **sozialen Krankenversicherung** im Auftragswege für den Bund erbracht. Allerdings erstattet der Bund der Krankenversicherung nur einen Teil der entstandenen Kosten, und hieraus erklärt sich vor allen Dingen der Anteil der Krankenversicherung an den Sachleistungen im Funktionsbereich Folgen politischer Ereignisse.

Die weiteren Sachleistungen im Funktionsbereich Folgen politischer Ereignisse bestehen aus **berufsfördernden Maßnahmen** und daran anschließende **ergänzende Leistungen zur Rehabilitation** (z.B. Zuschüsse zur Beschaffung und Unterhaltung eines Kraftfahrzeuges). Überwiegend sind diese Sachleistungen der

Kriegsopferversorgung durch das Rehabilitationsangleichungsgesetz von 1974 weitgehend denjenigen der anderen Rehabilitationsträger angepaßt worden (vgl. Funktionsbereich Krankheit und Invalidität sowie Ausbildung und Beschäftigung).

6. Sachleistungen im Wohnungswesen

Die Objektförderung im Wohnungswesen wird durch eine Subjektförderung ergänzt. Diese soll sicherstellen, daß jeder Familie und jedem alleinstehenden Bürger ein angemessener Wohnraum in einer Mietwohnung oder im eigenen Haus zur Verfügung steht. Wer hierfür Aufwendungen erbringen muß, die ihm nicht zugemutet werden können, hat ein Recht auf Zuschuß zur Miete oder zu vergleichbaren Aufwendungen. Die Subjektförderung verfolgt also das Ziel, soziale Härten auszugleichen, die durch nicht tragbare Wohnungskosten entstehen. Der Weg, auf dem dieses Ziel erreicht werden soll, ist derjenige der Gewährung von Sachleistungen in Form von Barerstattungen (zweckgebundene Geldleistungen).

6.1 Wohngeld

Im Mittelpunkt der Subjektförderung durch Sachleistungen steht die Wohngeldgewährung nach dem Wohngeldgesetz. Ende 1985 erhielten etwa 1,51 Mio. Haushalte Wohngeld; dies waren rund 10% der Mieterhaushalte und 1% der Haus- oder Wohnungseigentümer. Der durchschnittliche Mietzuschuß lag bei 118 DM, der durchschnittliche Lastenzuschuß bei 135 DM. Im Durchschnitt wurde bei den begünstigten Haushalten etwa 31,6% der Wohnkosten durch Wohngeld abgedeckt.

Ende 1984 waren gut zwei Drittel aller Wohngeldempfänger nicht erwerbstätig (überwiegend Rentner und Pensionäre). Etwa 18% der Wohngeldempfänger waren erwerbstätig und knapp 15% arbeitslos (1982 erst 7%). 28% aller Wohngeldempfänger erhielten gleichzeitig Leistungen der Sozialhilfe. Mit einem Anteil von nahezu 72% erfolgten die Wohngeldzahlungen überwiegend an Ein- und Zweipersonenhaushalte (vgl. Stat. Bundesamt, Fachserie 13, Reihe 4).

6.1.1 Formen des Wohngeldes

Wohngeld wird als Mietzuschuß oder Lastenzuschuß für Wohnraum in Alt- oder Neubauten – unabhängig davon, ob diese öffentlich gefördert, steuerbegünstigt oder freifinanziert sind – unter bestimmten Voraussetzungen mit Rechtsanspruch jeweils für ein Jahr steuerfrei gewährt:

(1) *Mietzuschuß* erhält vor allen Dingen der Mieter einer Wohnung oder eines Zimmers. Gleichgestellt sind der Inhaber einer Genossenschafts- oder einer Stiftswohnung, der Bewohner eines Heimes im Sinne des Heimgesetzes, der Inhaber eines mietähnlichen Dauerwohnrechts, der Eigentümer eines Mehrfamilienhauses (drei oder mehrere Wohnungen), eines Geschäftshauses oder eines Gewerbebetriebes, wenn er in diesem Hause wohnt, der Eigentümer eines Ein- oder Zweifamilienhauses, das nicht mehr als Eigenheim angesehen werden kann (weniger als 2/3 Wohnzwecken dienend) und in dem der Eigentümer wohnt, sowie der Inhaber einer landwirtschaftlichen Vollerwerbsstelle, deren Wohnteil nicht vom Wirtschaftsteil getrennt ist.

(2) *Lastenzuschuß* kann vor allen Dingen der Eigentümer eines Eigenheims oder einer Eigentumswohnung erhalten. Gleichgestellt sind der Eigentümer einer Kleinsiedlung, einer landwirtschaftlichen Nebenerwerbsstelle, einer landwirtschaftlichen Vollerwerbsstelle (falls Wohn- und Wirtschaftsteil voneinander getrennt sind und für den Wohnteil eine Wohngeld-Lastenberechnung aufgestellt werden kann) sowie der Inhaber eines eigentumsähnlichen Dauerwohnrechts. Erbbauberechtigte und diejenigen, die Anspruch auf Übereignung des Gebäudes oder der Wohnung bzw. auf Übertragung oder Einräumung des Erbbaurechts haben, sind dem Eigentümer gleichgestellt. Dem Inhaber eines eigentumsähnlichen Dauerwohnrechts entspricht derjenige, der Anspruch auf Bestellung oder Übertragung eines solchen Rechtes hat. In all diesen Fällen muß der Wohnrauminhaber den Wohnraum selbst bewohnen und die Belastung dafür aufbringen.

6.1.2 Einflußfaktoren des Wohngeldes

Die Gewährung des Wohngeldes in bestimmter Höhe hängt von der Zahl der zu einem Haushalt gehörenden Familienmitglieder, von der Höhe des Familieneinkommens sowie von der Höhe der zuschußfähigen Miete oder Belastung ab:

(1) *Zahl der zu einem Haushalt gehörenden Familienmitglieder:*

Zu den Familienmitgliedern zählen nahezu alle näheren Verwandten, die mit dem Haushaltsvorstand einen gemeinsamen Haushalt im Sinne einer Wohn- und Wirtschaftsgemeinschaft führen. Eine vorübergehende Abwesenheit ist dabei unerheblich. Ist ein Familienmitglied gestorben, so wird für die Dauer von zwei Jahren nach dem Sterbemonat die alte Haushaltsgröße weiter zugrundegelegt, es sei denn, daß die bisherige Wohnung vorher aufgegeben wird. Erhöht sich jedoch innerhalb dieser zwei Jahre nach dem Sterbemonat die Zahl der zum Haushalt rechnenden Familienmitglieder wieder auf den Stand vor dem Todesfall, so wird das verstorbene Familienmitglied nicht mehr zusätzlich mitgezählt.

(2) *Höhe des Familieneinkommens:*

Unter dem Familieneinkommen ist nach dem Wohngeldgesetz der *Gesamtbetrag der Jahreseinkommen* zu verstehen, die von allen zum Haushalt rechnenden Familienmitgliedern in Geld oder Geldeswert innerhalb des Bewilligungszeitraums voraussichtlich (in Ausnahmefällen werden die vergangenen Einnahmen zugrundegelegt) erzielt werden, abzüglich bestimmter Freibeträge. Verluste bei einer Einkommensart können nicht durch Absetzung von anderen Einnahmen oder von den Einnahmen eines anderen Familienmitgliedes ausgeglichen werden.

Zum Jahreseinkommen gehören z.B. Löhne, Gehälter, Arbeitslosengeld, Krankengeld, Renten aus der gesetzlichen Rentenversicherung, Ruhegelder, Witwen- und Waisengelder, Unterhaltszahlungen, Kindergeld und vergleichbare Leistungen.

Von dem so bestimmten Jahreseinkommen können abgesetzt werden:

- Familienfreibeträge (Kinderfreibeträge für die zum Haushalt rechnenden Kinder, und zwar stets in der Höhe des gesetzlichen Kindergeldes; Freibeträge für jedes Kind unter 12 Jahren von 100 DM monatlich für Elternteile, die allein mit Kindern zusammenwohnen und die wegen Erwerbstätigkeit oder Ausbildung nicht nur kurzfristig vom Haushalt abwesend sind; Freibeträge von 100 DM monatlich für jedes Kind mit eigenen Einnahmen vom vollendeten 16. bis vor vollendetem 25. Lebensjahr; Freibeträge von 200 DM monatlich für Familienmitglieder ab vollendetem 62. Lebensjahr, die einen Familienhaushalt führen mit Verwandten oder Verschwägerten in gerader absteigender Linie, von denen einer das 25. Lebensjahr vollendet hat, als besondere Altersfreibeträge).

- Werbungskosten (evtl. Pauschbeträge) und Betriebsausgaben,
- Grundrenten der Beschädigten und Hinterbliebenen nach dem Bundesversorgungsgesetz,
- Unterhaltshilfe nach dem Lastenausgleichsgesetz zu 50%,
- bestimmte steuerfreie und nicht zur Deckung des Lebensunterhalts bestimmte Einnahmen (z.B. Zuwendungen des Arbeitgebers aus Anlaß von Krankheit, Geburts- und Todesfällen),
- vom Arbeitgeber über das jeweils geschuldete Arbeitsentgelt hinaus erbrachte vermögenswirksame Leistungen,
- Freibeträge für bestimmte Personengruppen (Schwerbehinderte: 200 DM monatlich bei einem Grad der Behinderung von wenigstens 80% oder bei Pflegebedürftigkeit im Sinne von § 69 Abs. 3 Satz 1 des Bundessozialhilfegesetzes; Aussiedler und Heimkehrer: für vier Jahre seit Stellung des ersten Wohngeldantrags bis zu 200 DM monatlich),
- Aufwendungen zur Erfüllung gesetzlicher Unterhaltsverpflichtungen in einem bestimmten Umfang.

Das sich nach Berücksichtigung dieser Freibeträge ergebende Familieneinkommen vermindert sich pauschal um 6%; der pauschale Abzug erhöht sich auf:

- 12,5% bei Familienmitgliedern, die Pflichtbeiträge zur gesetzlichen Krankenversicherung oder zur gesetzlichen Rentenversicherung oder Steuern vom Einkommen entrichten.
- 20% bei Familienmitgliedern, die (a) Pflichtbeiträge zur gesetzlichen Krankenversicherung und zur gesetzlichen Rentenversicherung entrichten oder (b) die Steuern vom Einkommen entrichten und zusätzlich Pflichtbeiträge zur gesetzlichen Krankenversicherung oder Rentenversicherung leisten.
- 30% bei Familienmitgliedern, die Steuern vom Einkommen sowie Pflichtbeiträge zur gesetzlichen Krankenversicherung und zur gesetzlichen Rentenversicherung zahlen.

Tabelle 22: Höchstbeträge des Familieneinkommens gemäß Wohngeldgesetz (gültig seit 1.1.1986)

Zahl der zum Haushalt rechnenden Familienmitglieder	Höchstbetrag des berücksichtigungsfähigen monatlichen Familieneinkommens in DM	Entsprechendes monatliches Bruttoeinkommen (ohne Kindergeld) bei einem Verdiener vor einem pauschalen Abzug von			
		6%	12,5%	20%	30%
1	1 240	1 310	1 410	1 550	1 770
2	1 760	1 870	2 010	2 200	2 510
3	2 180	2 310	2 490	2 720	3 110
4	2 860	3 040	3 260	3 570	4 080
5	3 260	3 460	3 720	4 070	4 650
6	3 640	3 870	4 160	4 550	5 200
7	4 000	4 250	4 570	5 000	5 710
8	4 320	4 590	4 930	5 400	6 170
9	4 680	4 970	5 340	5 850	6 680
10	5 080	5 400	5 800	6 350	7 250

Quelle: Bundesministerium für Raumordnung, Bauwesen und Städtebau, Bonn 1985.

Den Pflichtbeiträgen zur gesetzlichen Renten- und Krankenversicherung sind laufende Beiträge mit entsprechender Zweckbestimmung gleichgestellt (z.B. freiwillige Beiträge zur gesetzlichen Krankenversicherung oder Rentenversicherung, Beiträge zu privaten Krankenversicherungen oder Beiträge für Lebensversicherungen), soweit sie vom Antragsberechtigten selbst entrichtet werden.

Die Summe der auf diese Weise ermittelten Jahreseinkommen der zum Haushalt rechnenden Familienmitglieder ist das Familieneinkommen.

(3) *Höhe der zuschußfähigen Miete oder Belastung:*

Unter der Miete wird das Entgelt für die Gebrauchsüberlassung von Wohnraum aufgrund von Mietverträgen, Untermietverträgen oder ähnlichen Nutzungsvereinbarungen verstanden; hierzu gehören auch Kosten des Wasserverbrauchs, Kosten der Abwasser- und Müllbeseitigung sowie die Kosten der Treppenbeleuchtung. Die Kosten des Betriebs zentraler Heizungs- und Warmwasserversorgungsanlagen, zentraler Brennstoffversorgungsanlagen sowie die vergleichbaren Kosten für die Fernheizung, Untermietzuschläge des Mieters an den Vermieter, Vergütungen für die Überlassung von Möbeln, Kühlschränken und Waschmaschinen, Zuschläge für die Benutzung von Wohnraum zu anderen als Wohnzwecken, anteilige Miete für ausschließlich gewerblich oder beruflich benutzten Wohnraum, anteilige Miete für ausschließlich einem anderen unentgeltlich oder entgeltlich zum Gebrauch überlassenen Wohnraum sowie die Vergütungen für die Überlassung einer Garage, eines Stellplatzes oder eines Hausgartens werden nicht berücksichtigt.

Unter Belastung bei Eigentümern von Eigenheimen, Eigentumswohnungen und anderen Eigentumsformen versteht man die Aufwendungen für den Kapitaldienst und für die Bewirtschaftung des Eigentums, die im Rahmen einer besonderen Wohngeld-Lastenberechnung zu ermitteln sind. In die Wohngeld-Lastenberechnung werden die Ausgaben für den Kapitaldienst (Zinsen, Tilgung usw.), die Instandhaltungskosten und Betriebskosten (pauschal mit m^2-Sätzen), die Grundsteuer sowie zu entrichtende Verwaltungskosten einbezogen. Nicht berücksichtigt werden die anteiligen Aufwendungen für den ausschließlich gewerblich oder beruflich genutzten Wohnraum sowie die anteiligen Aufwendungen für Wohnraum, der ausschließlich einem anderen unentgeltlich oder entgeltlich zum Gebrauch überlassen wird.

Die auf diese Weise bestimmte Miete oder Belastung ist nur bis zu bestimmten Höchstbeträgen zuschußfähig; unangemessen hohe Wohnkosten werden nicht bezuschußt. Die Höchstbeträge, bis zu denen Wohngeld gezahlt wird, hängen von der Familiengröße, der Mietenstufe der Gemeinde, dem Fertigstellungstermin der Wohnung (Jahr der Bezugsfertigkeit) sowie der heizungsmäßigen und sanitären Ausstattung der Wohnung ab.

Unter diesen Voraussetzungen ist die Höhe des Wohngeldes nach dem monatsdurchschnittlichen Familieneinkommen, der zu berücksichtigenden Miete oder Belastung sowie nach der Familiengröße gestaffelt. Hierzu sind umfangreiche Tabellenwerke entwickelt worden. Nach diesen Tabellen ergibt sich bei geringem Einkommen, großem Haushalt und hoher Miete ein relativ hohes Wohngeld, während bei hohem Einkommen, kleinem Haushalt und geringer Miete kaum Wohngeld zu erwarten sein dürfte. Bagatellbeträge unter 20 DM werden wegen des unangemessenen Verwaltungsaufwandes nicht gezahlt.

6.1.3 Wohngeldgewährung

Die Wohngeldgewährung erfolgt nur auf Antrag; der Antrag muß im allgemeinen vom Haushaltsvorstand gestellt werden. Wird dem Antrag stattgegeben, so wird das Wohngeld in der Regel erst vom Beginn des Monats an gewährt, in wel-

Tabelle 23: Höchstbeträge für die zuschußfähige Miete oder Belastung gemäß Wohngeldgesetz (gültig seit 1.1.1986)

Bei einem Haushalt mit	in Gemeinden mit Mieten der Stufe	für Wohnraum, der bezugsfertig geworden ist								
		bis zum 31. Dez. 1965			ab 1. Jan. 1966 bis zum 31. Dez. 1971		ab 1. Jan. 1972 bis zum 31. Dez. 1977		ab 1. Jan. 1978	
		ohne Sammelheizg. und ohne Bad oder Duschraum	mit Sammelheizg. oder mit Bad oder Duschraum	mit Sammelheizg. und mit Bad oder Duschraum	sonstiger Wohnraum	mit Sammelheizg. und mit Bad oder Duschraum	sonstiger Wohnraum	mit Sammelheizg. und mit Bad oder Duschraum	sonstiger Wohnraum	mit Sammelheizg. und mit Bad oder Duschraum
		Deutsche Mark								
einem Alleinstehenden	1	180	220	285	245	315	260	335	265	360
	2	190	235	305	265	340	275	355	285	380
	3	205	250	320	280	360	295	380	305	405
	4	220	265	340	295	380	310	400	320	430
	5	230	280	360	315	405	330	425	340	455
zwei Familienmitgliedern	1	235	285	365	320	410	330	430	345	460
	2	250	305	390	340	435	355	460	370	495
	3	265	325	415	360	465	380	490	390	525
	4	280	345	440	385	490	400	520	415	555
	5	295	365	465	405	520	425	550	440	590
drei Familienmitgliedern	1	280	340	435	380	490	395	515	410	550
	2	295	365	465	405	520	425	550	440	590
	3	315	390	495	430	555	450	585	470	625
	4	335	410	525	455	585	480	620	495	665
	5	355	435	555	485	620	505	655	525	700
vier Familienmitgliedern	1	325	395	510	440	565	460	600	480	640
	2	345	425	545	470	605	495	640	510	685
	3	365	450	575	500	645	525	680	545	730
	4	390	480	610	530	685	555	720	575	775
	5	410	505	645	560	720	590	760	610	815
fünf Familienmitgliedern	1	370	455	580	500	645	525	680	545	730
	2	395	485	620	535	690	565	730	585	780
	3	420	515	660	570	735	600	775	620	830
	4	445	545	695	605	780	635	820	655	880
	5	470	575	735	640	820	670	865	695	930
Mehrbetrag für jedes weitere Familienmitglied	1	45	55	70	60	80	65	85	65	90
	2	50	60	75	65	85	70	90	75	95
	3	50	65	80	70	90	75	95	75	100
	4	55	65	85	75	95	80	100	80	110
	5	55	70	90	80	100	80	105	85	115

Quelle: Bundesministerium für Raumordnung, Bauwesen und Städtebau, Bonn 1985.

chem der Antrag bei der Wohngeldstelle eingegangen ist. Für zurückliegende Zeiträume gibt es grundsätzlich – von zwei Ausnahmefällen abgesehen – kein Wohngeld:

(1) Erhöhen sich rückwirkend die zuschußfähigen Wohnkosten um mehr als 15% und haben die zum Haushalt rechnenden Familienmitglieder die Erhöhung nicht zu vertreten, so kann das Wohngeld noch innerhalb von drei Monaten nach Kenntnis der Wohnkostenerhöhung rückwirkend beantragt werden.

(2) Wohngeld kann in bestimmten Fällen auch für einen zukünftigen Zeitpunkt beantragt werden, z.B. vor Bezugsfertigkeit der neuen Wohnung oder des Eigenheims; allerdings wird das Wohngeld frühestens vom Beginn des Monats an gewährt, in dem die Wohnung bezogen wird.

Im allgemeinen wird das Wohngeld für 12 Monate bewilligt; anschließend ist ein Wiederholungsantrag zu stellen.

Das Wohngeld wird grundsätzlich nicht gewährt, wenn ein zum Haushalt rechnendes Familienmitglied Vermögenssteuer zu entrichten hat. Ferner wird auch das Wohngeld versagt, wenn aus öffentlichen Kassen Leistungen gewährt werden, die dem Wohngeld vergleichbar sind. Nicht antragsberechtigt sind aus diesem Grund alleinstehende Wehrpflichtige für die Dauer des Grundwehrdienstes und – von wenigen Ausnahmen abgesehen – alleinstehende Personen, die eine Ausbildung im Sinne des Bundesausbildungsförderungsgesetzes bzw. im Sinne des Arbeitsförderungsgesetzes (berufliche Ausbildung, § 40 AFG) durchführen; diese Personen erhalten über andere gesetzliche Regelungen staatliche Hilfen zum Wohnen bzw. zum Lebensunterhalt.

6.2 Sonstige Mietbeihilfen

Eingangs wurde bereits ausgeführt, daß über ein Viertel aller Wohngeldempfänger gleichzeitig Leistungen der Sozialhilfe erhält. Hierzu gehören gegebenenfalls auch Mietbeihilfen. Das Sozialamt übernimmt im Rahmen der Hilfen zum Lebensunterhalt auch die Kosten für die Wohnung wie Mietkosten, Heizungskosten und unter Umständen auch die laufenden Belastungen für Haus- oder Wohnungseigentum; allerdings wird das Wohngeld auf diese Leistungen angerechnet.

Eine ähnliche Funktion wie das Wohngeld haben auch die Mietbeihilfen gemäß § 7a USG. Diese Leistungen gehen den Leistungen nach Wohngeldgesetz vor (sonstige Entschädigungen).

7. Sachleistungen der Vermögensbildung

Durch das **Vermögensbeteiligungsgesetz 1984** ist ein neuer § 19a in das EStG eingefügt worden. Danach ist der Vorteil, den ein Arbeitnehmer durch unentgeltliche oder verbilligte Überlassung bestimmter Vermögensbeteiligungen von seinem Arbeitgeber erhält, soweit steuerfrei, wie er nicht höher als der halbe Wert der Vermögensbeteiligung ist und insgesamt 300 DM im Kalenderjahr nicht übersteigt. Voraussetzung für die steuerliche Begünstigung ist, daß die Vermögensbeteiligungen für eine Sperrfrist von 6 Jahren festgelegt werden.

Zur Ermittlung des Umfangs der Sachleistungen im Bereich der Vermögensbildung ist eine Bewertung der Vermögensbeteiligungen vorzunehmen. Als **Wert der Vermögensbeteiligung** ist grundsätzlich der gemeine Wert anzusetzen. Im einzelnen gilt folgendes:

(1) Vermögensbeteiligungen, die aus Aktien, Kuxen, Wandel- und Gewinnschuldverschreibungen sowie Genußscheinen bestehen, werden mit dem Kurswert angesetzt. Sind diese Vermögensbeteiligungen am Tag der Überlassung an einer deutschen Börse zum amtlichen Handel zugelassen, so werden sie grundsätzlich mit dem niedrigsten an diesem Tag für sie im amtlichen Handel notierten Kurs angesetzt. Liegt am Tag der Überlassung eine Notierung nicht vor, so ist der letzte innerhalb von 30 Tagen vor diesem Tag im amtlichen Handel notierte Kurs maßgebend. Entsprechendes gilt für Vermögensbeteiligungen, die nur in den geregelten Freiverkehr einbezogen sind. Überläßt eine Aktiengesellschaft oder eine Kommanditgesellschaft auf Aktien ihren Arbeitnehmern eigene Aktien, so tritt an die Stelle des Tages der Überlassung der Tag der Beschlußfassung über die Überlassung.

(2) Anteilscheine an einem Wertpapier-Sondervermögen, die von Kapitalanlagegesellschaften im Sinne des Gesetzes über Kapitalanlagegesellschaften ausgegeben werden, werden grundsätzlich mit dem Ausgabepreis am Tag der Überlassung bewertet.

(3) Geschäftsguthaben bei einer Genossenschaft, Beteiligungen als Stiller Gesellschafter sowie Darlehensforderungen gegen den Arbeitgeber werden mit dem Nennbetrag angesetzt, wenn nicht besondere Umstände einen höheren oder niedrigeren Wert begründen.

(4) Der Gewährung eines geldwerten Vorteils in obigem Sinne werden zweckgebundene Geldleistungen des Arbeitgebers für den Erwerb von Vermögensbeteiligungen durch den Arbeitnehmer an bestimmten Unternehmen innerhalb gewisser zeitlicher Eingrenzungen gleichgestellt. Als Wert der Vermögensbeteiligung sind in diesem Falle die Aufwendungen des Arbeitnehmers anzusetzen.

Der **geldwerte Vorteil** der Vermögensbeteiligungen bestimmt sich nach Maßgabe der Differenz zwischen dem Wert der Vermögensbeteiligung und dem Überlassungspreis. Wird die Sperrfrist eingehalten, so ist – innerhalb der o.a. Grenzen – dieser geldwerte Vorteil steuerfrei. Die sechsjährige Sperrfrist beginnt am 1. Januar, wenn der Arbeitnehmer die Vermögensbeteiligung vor dem 1. Juli, und am 1. Juli, wenn er die Vermögensbeteiligung nach dem 30. Juni des Kalenderjahres erhalten hat. Wird vor Ablauf der Sperrfrist die Festlegung einer Vermögensbeteiligung aufgehoben oder über eine Vermögensbeteiligung verfügt, ist eine **Nachversteuerung** durchzuführen; eine Nachversteuerung unterbleibt, wenn:

(1) der Arbeitnehmer oder sein von ihm nicht dauernd getrennt lebender Ehegatte nach Erhalt der Vermögensbeteiligung gestorben oder völlig erwerbsunfähig geworden ist oder

(2) der Arbeitnehmer nach Erhalt der Vermögensbeteiligung arbeitslos geworden ist und die Arbeitslosigkeit mindestens ein Jahr lang ununterbrochen bestanden hat und im Zeitpunkt der vorzeitigen Aufhebung der Festlegung oder vorzeitigen Verfügung noch besteht oder

(3) der Arbeitnehmer nach Erhalt der Vermögensbeteiligung, aber vor der vorzeitigen Verfügung geheiratet hat und im Zeitpunkt der vorzeitigen Verfügung mindestens zwei Jahre seit Beginn der Sperrfrist vergangen sind oder

(4) der Arbeitnehmer nach Erhalt der Vermögensbeteiligung unter Aufgabe der nichtselbständigen Arbeit eine Erwerbstätigkeit, die nach § 138 Abs. 1 der Abgabenordnung dem Finanzamt mitzuteilen ist, aufgenommen hat.

8. Allgemeine Lebenshilfen durch Sachleistungen

Die Sachleistungen im Funktionsbereich Allgemeine Lebenshilfen bestehen aus solchen der Rentenversicherung und der Altershilfe für Landwirte, der Krankenversicherung, des Lastenausgleichs sowie der Sozial- und Jugendhilfe:

(1) Von vergleichsweise geringer Bedeutung sind die Sachleistungen der *Alterssicherungssysteme* im Funktionsbereich Allgemeine Lebenshilfen. Es handelt sich dabei um die Kosten der Unterbringung von Sozialleistungsempfängern in Heimen sowie um ergänzende sonstige Aufwendungen.

(2) Die von der *Krankenversicherung* gewährten Sonstigen Hilfen betreffen vor allen Dingen die ärztliche Beratung und Hilfe zur Empfängnisregelung. Die Versicherten haben Anspruch auf ärztliche Beratung über alle Fragen der Empfängnisregelung einschließlich der erforderlichen Untersuchungen und der Verordnung von empfängnisregelnden Mitteln. Daneben besteht ein Leistungsanspruch bei einer nicht rechtswidrigen Sterilisation sowie bei einem nicht rechtswidrigen Schwangerschaftsabbruch durch einen Arzt einschließlich der erforderlichen Beratungen, Untersuchungen und Begutachtungen. Da für diese Sonstigen Hilfen der Krankenversicherung prinzipiell die generellen Regeln der Leistungsgewährung gelten, kommen im Einzelfall auch Hilfen zur Weiterführung des Haushalts und ähnliche Hilfen in Betracht. Analoge Leistungen gewährt unter den üblichen Voraussetzungen auch die *Sozialhilfe*.

(3) Nach der Gesetzgebung über den *Lastenausgleich* erhalten Empfänger von Unterhaltshilfe als spezieller Form der Kriegsschadenrente auch zusätzliche Leistungen der Krankenversorgung einschließlich Maßnahmen zur Früherkennung von Krankheiten. In den Funktionsbereich Allgemeine Lebenshilfen fallen Kostenerstattungen an Leistungsberechtigte der Krankenversorgung gemäß LAG.

(4) Die Sachleistungen der *Sozialhilfe* betreffen vor allem die sonstige Sozialhilfe in Form der sog. Gefährdetenhilfe. Diese Hilfe richtet sich insbesondere an Obdachlose, umherziehende Gruppen, Nichtseßhafte, Strafgefangene und verhaltensgestörte junge Menschen, deren typische Notlage durch nachteilige äußere Umstände oder durch persönliche Faktoren verursacht sein kann. Soweit diese Personen ihre besonderen sozialen Schwierigkeiten nicht aus eigener Kraft beheben können, haben sie einen Anspruch auf diejenige Hilfe, die ihnen die Teilnehme am Leben in der Gemeinschaft ermöglicht. Die grundsätzlich für die Sozialhilfe typische Anrechnung von Einkommen und Vermögen ist in diesem Zusammenhang sehr stark eingeschränkt, um den Erfolg der Hilfe zur Überwindung besonderer sozialer Schwierigkeiten in der Familie, in der Nachbarschaft, am Arbeitsplatz oder allgemein in der Gemeinschaft nicht zu gefährden.

(5) Die Leistungen der *Jugendhilfe* im Funktionsbereich Allgemeine Lebenshilfen umfassen die Freiwillige Erziehungshilfe und die Fürsorgeerziehung. Diese Leistungen werden überall dort erbracht, wo die Erziehungsleistungen des Elternhauses ganz oder teilweise ersetzt werden müssen. Hinzu treten Maßnahmen des Jugendschutzes, der Freizeithilfe und der Förderung internationaler Begegnungen. Den Jugendlichen sollen durch eine so verstandene allgemeine Lebenshilfe nach dem Jugendwohlfahrtsgesetz sozialer Schutz und soziale Sicherheit gewährt werden.

Kapitel 5: Allgemeine Dienste und Leistungen der Sozialen Sicherung

Neben denjenigen Leistungen, die unmittelbar bestimmten Personen zugerechnet werden können, erbringt das Sozialleistungssystem auch Leistungen allgemeiner Art, die in Zuschüsse, soziale Maßnahmen und Innerer Dienst untergliedert werden. Dabei stellen die **Zuschüsse** Leistungen dar, die an Einrichtungen und Institutionen außerhalb des hier abgegrenzten Sozialleistungssystems gehen (z.B. an die Träger der Freien Wohlfahrtspflege). Die **Sozialen Maßnahmen** betreffen Leistungen an Personenmehrheiten, deren Kosten nicht direkt einzelnen Personen zuzurechnen sind. Der **Innere Dienst** betrifft die Verwaltung der Sozialleistungsinstitutionen.

Die Erbringung der Allgemeinen Dienste und Leistungen durch die einzelnen Sozialleistungsinstitutionen sowie ihre Verteilung über die verschiedenen Funktionsbereiche der Sozialen Sicherung weisen ein sehr differenziertes Erscheinungsbild auf. Dies soll im folgenden verdeutlicht werden, wobei zugleich eine inhaltliche Bestimmung der Allgemeinen Dienste und Leistungen vorgenommen wird.

1. Rentenversicherung

Die Rentenversicherung erbringt Allgemeine Dienste und Leistungen, die überwiegend in die Funktionsbereiche Alter und Hinterbliebene sowie Krankheit und Invalidität fallen. Eine zentrale Stellung nimmt dabei der Innere Dienst ein, während die Sozialen Maßnahmen und Zuschüsse von erheblich geringerer Bedeutung sind:

(1) Die *Zuschüsse* der Rentenversicherung beziehen sich auf Zuschüsse zum Wohnungsbau, die bereits eine lange Tradition in der Rentenversicherung haben, mittlerweile jedoch ausgelaufen sind.

(2) Die *Sozialen Maßnahmen* umfassen den Sozialmedizinischen Dienst (einschließlich der Abschreibungen für entsprechende Einrichtungen) sowie die Beratung und Betreuung der Versicherten und der Rentner.

(3) Der *Innere Dienst* bezieht sich auf die Löhne und Gehälter (einschließlich der Versicherungsbeiträge) für die Bediensteten, den Sachbedarf der Verwaltung (Sachkosten einschließlich Abschreibungen; Nutzung eigener Heime einschließlich Abschreibungen), Zinsaufwendungen und die Aufwendungen für die Selbstverwaltung.

2. Krankenversicherung

Die Allgemeinen Dienste und Leistungen der Krankenversicherung sind fast vollständig dem Funktionsbereich Krankheit und Invalidität zuzurechnen. Im

Mittelpunkt steht dabei der Innere Dienst, gefolgt mit weitem Abstand von den Sozialen Maßnahmen, während Zuschüsse bei dieser Sozialversicherungsinstitution nicht festzustellen sind:

(1) Die *Sozialen Maßnahmen* der Krankenversicherung betreffen den Sozialmedizinischen Dienst durch Vertrauensärzte und -zahnärzte sowie sonstige Soziale Maßnahmen der Beratung sowie der allgemeinen Vorbeugung und Verhütung von Krankheiten.

(2) Der *Innere Dienst* besteht aus den Löhnen und Gehältern der Verwaltung, den Sachkosten der Verwaltung sowie den laufenden Kosten der Selbstverwaltung.

3. Unfallversicherung

Die Allgemeinen Dienste und Leistungen der Unfallversicherung werden überwiegend in den Funktionsbereichen Krankheit und Invalidität sowie Alter und Hinterbliebene erbracht; sie bestehen ausschließlich aus Sozialen Maßnahmen und dem Inneren Dienst:

(1) Die *Sozialen Maßnahmen* sind vor allen Dingen die Maßnahmen der Unfallverhütung sowie der Ersten Hilfe, ferner Leistungserstattungen an die Rentenversicherung sowie Beratungs- und Betreuungsmaßnahmen.

(2) Der *Innere Dienst* betrifft Löhne und Gehälter, anderen Verwaltungsbedarf (Verfahrenskosten, Sachaufwand der Verwaltung, Abschreibungen, Erstattungen für Verwaltungsarbeiten an andere Institutionen) sowie die Kosten der Selbstverwaltung.

4. Arbeitsförderung

Die Arbeitsförderung erbringt Allgemeine Dienste und Leistungen ausschließlich im Funktionsbereich Beschäftigung. Im einzelnen sind Zuschüsse, Soziale Maßnahmen und Innerer Dienst gegeben:

(1) Die *Zuschüsse* machen etwa 57% der Allgemeinen Dienste und Leistungen aus. Sie umfassen vor allen Dingen Einarbeitungszuschüsse, Eingliederungsbeihilfen sowie analoge Leistungen an Arbeitgeber im Rahmen von Rehabilitationsmaßnahmen, Zuschüsse an die Arbeitgeber zu den Lohnkosten und zu anderen Kosten der Beschäftigung älterer Arbeitnehmer, Zuschüsse an Einrichtungen der beruflichen Bildung, an Werkstätten für Behinderte sowie zur Errichtung von Jugendwohnheimen und Arbeitnehmerwohnheimen, Investitionskosten- und Mehrkostenzuschüsse an Arbeitgeber des Baugewerbes sowie Zuschüsse zu allgemeinen Arbeitsbeschaffungsmaßnahmen und zur verstärkten, jeweils problemangepaßten Förderung von Arbeitsbeschaffungsmaßnahmen im Rahmen einzelner Programme. Weiterhin sind Zuschüsse zur Förderung überregionaler Rehabilitationseinrichtungen, überbetrieblicher beruflicher Ausbildungsstätten sowie zur Schaffung zusätzlicher Ausbildungskapazitäten festzustellen. Ferner sind Zuschüsse zur Integration von Fachkräften aus Entwicklungsländern gegeben. Diese Zuschüsse ergänzen in typischer Weise die Einkommens- und Sachleistungen dieser Institution im Funktionsbereich Beschäftigung.

(2) Die *Sozialen Maßnahmen* machen etwa 24% der Allgemeinen Dienste und Leistungen aus. Hierbei handelt es sich um Eingliederungsmaßnahmen für ausländische Arbeitnehmer (Informations- und Betreuungsmaßnahmen, Koordinations- und Sondermaßnahmen, Übernahme von Reisekosten), arbeitsmarktpolitische Programme für Regio-

nen mit besonderen Problemen und die allgemeine Beratung und Betreuung der Arbeitnehmer. Zu erwähnen sind auch die Beschäftigungshilfen für jugendliche Arbeitslose, die Maßnahmen zur Ausbildung und Wiedereingliederung von Fachkräften der Entwicklungshilfe sowie die berufliche Einzelförderung von Angehörigen der Entwicklungsländer. Außerdem gehören zu den Sozialen Maßnahmen der Arbeitsförderung verschiedene Fürsorge- und Unterstützungsmaßnahmen einschließlich von Rehabilitationskostenerstattungen an die Rentenversicherung sowie aber auch die Übernahme von Stellen- und Bewerberanzeigen, Maßnahmen der Berufsorientierung und die Zurverfügungstellung von Ausbildungsmitteln. Hinzu treten Kosten für ärztliche Untersuchungen, Forschungsaufträge und Gutachten sowie die Öffentlichkeitsarbeit der Arbeitsförderung.

(3) Der *Innere Dienst* der Arbeitsförderung macht etwa 19% der Allgemeinen Dienste und Leistungen aus. Auch hier handelt es sich vor allen Dingen um Löhne und Gehälter sowie sonstigen Personalaufwand, sonstigen Verwaltungsbedarf (Gerichts- und ähnliche Kosten, Einzugskosten, Pauschale an Einzugsstellen der Beiträge, Reise- und Verpflegungskosten, Sachkosten einschließlich der Sachkosten ausländischer Dienststellen, Verwaltungskostenerstattungen sowie Kosten für Bauten) und Aufwendungen der Selbstverwaltung.

5. Kindergeld

Im Bereich der Institution Kindergeld fallen außer gewissen Verwaltungsausgaben keine Allgemeinen Dienste und Leistungen an.

6. Erziehungsgeld

Die Allgemeinen Dienste und Leistungen der Institution Erziehungsgeld bestehen aus Verwaltungsausgaben des Inneren Dienstes.

7. Altershilfe für Landwirte

Der Umfang der Allgemeinen Dienste und Leistungen (überwiegend im Funktionsbereich Alter und Hinterbliebene, aber auch in den Funktionsbereichen Gesundheit sowie Ehe und Familie) ist auch in der Altershilfe für Landwirte sehr gering; hier fallen nur Soziale Maßnahmen und Innerer Dienst an:

(1) Die *Sozialen Maßnahmen* machen in der Altershilfe für Landwirte 12% der Allgemeinen Dienste und Leistungen aus. Festzustellen sind hier ausschließlich Beratungs- und Betreuungsmaßnahmen für die Versicherten und die Rentner.

(2) Der *Innere Dienst* umfaßt mit 88% der Allgemeinen Dienste und Leistungen die Löhne und Gehälter sowie die Versicherungsbeiträge für Bedienstete und die Sachkosten der Verwaltung (einschließlich der Sach- und Personalkosten der Vermögensverwaltung der landwirtschaftlichen Alterskassen).

8. Versorgungswerke

Die Versorgungswerke erbringen Allgemeine Dienste und Leistungen insbesondere im Funktionsbereich Alter und Hinterbliebene. Dabei nimmt der Innere Dienst eine herausragende Stellung ein:

(1) Die *Sozialen Maßnahmen* der Versorgungswerke betreffen ausschließlich Beratungs- und Betreuungsmaßnahmen für Versicherte und Rentner.

(2) Der *Innere Dienst* der Versorgungswerke umfaßt Personalkosten der Verwaltung sowie anderen sachbezogenen Verwaltungsbedarf.

9. Beamtenrechtliches System

Das beamtenrechtliche System erbringt Allgemeine Dienste und Leistungen insbesondere im Funktionsbereich Alter und Hinterbliebene, aber auch in den Funktionsbereichen Gesundheit sowie Ehe und Familie. Von herausragender Bedeutung ist dabei der Innere Dienst, während Zuschüsse generell nicht festzustellen sind:

(1) Die *Sozialen Maßnahmen* des beamtenrechtlichen Systems betreffen ausschließlich Beratungs- und Betreuungsmaßnahmen.

(2) Der *Innere Dienst* umfaßt Löhne und Gehälter sowie sonstigen Personalaufwand der Verwaltung und den weiteren Sachbedarf der Verwaltung.

10. Arbeitgeberleistungen

Die **Zusatzversicherungs- und -versorgungssysteme** erbringen Allgemeine Dienste und Leistungen insbesondere im Funktionsbereich Alter und Hinterbliebene, aber auch in den Funktionsbereichen Krankheit und Invalidität sowie Familie, Folgen politischer Ereignisse und Allgemeine Lebenshilfen. Diese Leistungen umfassen ausschließlich die Personalkosten sowie den Sachbedarf der Verwaltung.

Allgemeine Dienste und Leistungen fallen im übrigen nur im Rahmen der **sonstigen Arbeitgeberleistungen** an. Hier sind lediglich Soziale Maßnahmen festzustellen, die ausschließlich die Funktionsbereiche Wohnen und Gesundheit betreffen. Es handelt sich vor allen Dingen um die betrieblichen Aufwendungen für Wohnungen sowie um die Aufwendungen für den betrieblichen Gesundheitsdienst.

11. Soziale Entschädigungssysteme

Die Sozialen Entschädigungssysteme erbringen Allgemeine Dienste und Leistungen insbesondere als Leistungen der **Kriegsopferversorgung**; in erster Linie sind diese Leistungen den Funktionsbereichen Alter und Hinterbliebene sowie

Folgen politischer Ereignisse zuzuordnen. Überwiegend handelt es sich dabei um den Inneren Dienst, gefolgt von den Sozialen Maßnahmen, während die Zuschüsse von geringerer Bedeutung sind:

(1) Der Anteil der *Zuschüsse* an den Allgemeinen Diensten und Leistungen der Sozialen Entschädigungssysteme ist relativ gering. Hierbei handelt es sich um Zuschüsse an das Sanatorium Valbella, um die Aufwendungen für das Rentenkapitalisierungsverfahren, um die Aufwendungen der Durchführung der Versehrtenleibesübungen und um Zuschüsse zu Einrichtungen für Versehrtenleibesübungen, um die Förderung der Neukonstruktion orthopädischer Hilfsmittel und anderer Hilfsmittel sowie um die Förderung des überregionalen Erfahrungsaustausches als Leistungen der Kriegsopferversorgung. Im Rahmen der Wiedergutmachung sind Zuschüsse an verschiedene Organisationen, die in diesem Bereich tätig sind, als zusätzliche Leistungen der Wiedergutmachung festzustellen.

(2) Die *Sozialen Maßnahmen* der Sozialen Entschädigungssysteme umfassen vor allem Dingen Beratungs- und Betreuungsmaßnahmen für die Leistungsberechtigten sowie verschiedene Erstattungen für Soziale Maßnahmen des Bundes und der Länder (Erstattung von Fahrgeldausfall an Unternehmen des Personennahverkehrs).

(3) Der *Innere Dienst* umfaßt Löhne und Gehälter sowie den zusätzlichen Sachbedarf der Verwaltung der einzelnen Institutionen, ferner Erstattungen an Krankenkassen für deren Verwaltungsaufwendungen.

12. Soziale Hilfen und Dienste

Im Rahmen der Sozialen Hilfen und Dienste werden Allgemeine Dienste und Leistungen in erheblichem Umfang erbracht. Soweit es sich dabei um Leistungen der **Sozialhilfe** handelt, beziehen sie sich insbesondere auf die Funktionsbereiche Krankheit und Invalidität, Alter und Hinterbliebene sowie Beschäftigung; die Leistungen der **Jugendhilfe** konzentrieren sich auf die Funktionsbereiche Ehe und Familie sowie Allgemeine Lebenshilfen; die **Ausbildungsförderung** erbringt Leistungen im Funktionsbereich Beschäftigung; die Allgemeinen Dienste und Leistungen der Institution **Wohngeld** sind dem Funktionsbereich Wohnen und diejenigen des **Öffentlichen Gesundheitsdienstes** dem Funktionsbereich Gesundheit zuzuordnen. Im Bereich der Institution **Vermögensbildung** werden keine Allgemeinen Dienste und Leistungen erbracht:

(1) Die *Zuschüsse* im Rahmen der Allgemeinen Dienste und Leistungen umfassen unterschiedliche Leistungen im Bereich der Jugendhilfe an Institutionen außerhalb des Sozialbudgets (nicht-staatliche Träger der Jugendhilfe wie Zuschüsse zu den Hilfen für Mutter und Kind in Anstalten, auch Zuschüsse an die Stiftung Mutter und Kind, Zuschüsse zur Heimpflege, Gesundheitshilfe und Berufshilfe, an Kindertagesstätten, zum Vormundschaftswesen, Adoptionswesen und zum Erziehungsbeistandswesen, zum Beratungswesen Ehe – Familie – Jugend, an Einrichtungen der Fortbildung, der Erholungspflege, der Freizeithilfe und des Jugendschutzes, Zuschüsse im Bereich der außerschulischen Bildung und für die Zwecke internationaler Begegnungen sowie Zuschüsse im Bereich sonstiger Jugendhilfen. Hinzu kommen Zuweisungen an Zweckverbände im Bereich des Öffentlichen Gesundheitsdienstes.

(2) Bei den *Sozialen Maßnahmen* im Bereich der Sozialhilfe handelt es sich um die Beratung und Betreuung von Sozialhilfeempfängern sowie verschiedene direkte Leistungen sozialer Einrichtungen der kommunalen Körperschaften. Im Bereich der Jugendhilfe

fallen neben Sozialen Maßnahmen der Beratung solche für den Bundesjugendplan, den Erziehungsbeistand, die Jugendgerichtshilfe und das Adoptionswesen an. Für die Ausbildungsförderung, das Wohngeld sowie den Öffentlichen Gesundheitsdienst sind Beratungs- und Betreuungsmaßnahmen als wesentlicher Inhalt Sozialer Maßnahmen festzustellen.

(3) Der *Innere Dienst* betrifft als Leistungsbereich der Allgemeinen Dienste und Leistungen ausschließlich den Personal- und Sachaufwand der Verwaltung.

Kapitel 6: Finanzierung der Sozialleistungen

Das Finanzmittelaufkommen der Sozialen Sicherung ist entsprechend der traditionellen kausalen Orientierung der Finanzierung an bestimmte Institutionen gebunden. Dabei sind – nach Institutionen differenziert – unterschiedliche Finanzierungsarten und Finanzierungsquellen festzustellen.

1. Rentenversicherung

Zur Finanzierung ihrer Leistungen – insbesondere in den Funktionsbereichen Alter und Hinterbliebene sowie Krankheit und Invalidität – fließen der Rentenversicherung Finanzmittel zu, die überwiegend durch die privaten Haushalte und die Unternehmen in Form von Sozialbeiträgen sowie durch den Bund in Form von Zuweisungen aufgebracht werden.

1.1 Sozialbeiträge

Grundsätzlich ist die Rentenversicherung als ein vorrangig beitragsorientiertes Sicherungssystem einzustufen. Der **Anteil der Beiträge** am gesamten Finanzmittelaufkommen belief sich 1986 auf 80,2% – allerdings mit beträchtlichen Abweichungen in den einzelnen Versicherungszweigen. In der Rentenversicherung der Arbeiter lag der Beitragsanteil bei 68,0% und in der Rentenversicherung der Angestellten bei 92,7%, während die knappschaftliche Rentenversicherung einen Beitragsanteil von nur 18,6% aufzuweisen hatte.

Die Beitragsfinanzierung der Rentenversicherung stellt sich als ein **nach Personengruppen differenziertes System** dar:

(1) Grundsätzlich bestimmt sich für alle versicherungspflichtigen Arbeitnehmer die Höhe der Beiträge nach dem Beitragssatz sowie der Beitragsbemessungsgrundlage. Der *Beitragssatz* beläuft sich seit dem 1.1.1987 in den Rentenversicherungen der Arbeiter und Angestellten auf 18,7% (ab 1990: 18,5%) sowie in der knappschaftlichen Rentenversicherung auf 24,45% (ab 1990: 24,25%). Hiervon haben die Arbeitnehmer 9,35% zu tragen und die Arbeitgeber entsprechend 9,35% bzw. 15,1%.

Beitragsbemessungsgrundlage ist das monatliche Bruttoarbeitsentgelt bis zur *Beitragsbemessungsgrenze*, wobei Sonderzahlungen wie Weihnachtsgeld und Urlaubsgeld (keine Freibeträge) nach der zum Zeitpunkt der Zahlung erreichten anteiligen Jahresbeitragsbemessungsgrenze berücksichtigt werden. Die Beitragsbemessungsgrenze verändert sich im Zeitablauf nach Maßgabe der Entwicklung der durchschnittlichen Bruttojahresarbeitsentgelte der Versicherten und wird demgemäß jedes Jahr neu festgelegt. Seit dem 1.1.1987 beläuft sie sich in der Arbeiterrenten- und Angestelltenversicherung auf 5700 DM monatlich und in der knappschaftlichen Rentenversicherung auf 7100 DM monatlich (Maximalbeiträge von 1065,90 DM bzw. 1735,95 DM). Wenn das monatliche Bruttoarbeitsentgelt des versicherten Arbeitnehmers ein Zehntel der Beitragsbemessungsgrenze nicht übersteigt, findet keine Beitragsaufteilung zwischen Arbeitnehmern und Arbeitgebern statt, sondern der Gesamtbeitrag ist zu 100% vom Arbeitgeber zu tragen.

(2) Für *versicherungspflichtige Selbständige* gelten die Regelungen unter (1) analog. An die Stelle des monatlichen Bruttoarbeitsentgelts tritt 1/12 des Jahresarbeitseinkommens bis zur Beitragsbemessungsgrenze. Selbständige tragen ihre Beiträge im allgemeinen zu 100% allein. Im einzelnen sind einige *Besonderheiten* zu beachten:

- Der vorstehende Grundsatz gilt auch für Versicherte nach dem *Handwerkerversicherungsgesetz*; die Handwerker zahlen jedoch wahlweise entweder einen monatlichen Durchschnittsbeitrag als Regelbeitrag (1987: 550 DM) oder aber jeden höheren Beitrag bis zu dem durch die Beitragsbemessungsgrenze bestimmten Maximalbeitrag, sofern die Einkünfte des Handwerkers die Durchschnittseinkünfte als Bemessungsgrundlage des Durchschnittsbeitrages übersteigen (mit Ausnahmen für Alleinmeister sowie Handwerker in den ersten Jahren ihrer Tätigkeit).
- Für *Heimarbeiter* und *Hausgewerbetreibende* werden die Beiträge nach der Bemessungsgrundlage von 1/12 des Jahresarbeitsverdienstes festgelegt und sind vom Auftraggeber und dem Heimarbeiter/Hausgewerbetreibenden zu je 50% zu zahlen.
- Für *Seelotsen* bemessen sich die Beiträge, die von ihnen allein zu tragen sind, nach dem für einen Kapitän auf großer Fahrt festgesetzten Durchschnitt des baren Arbeitsentgelts und des Durchschnittssatzes für Beköstigung.
- Bei den Versicherten nach dem *Künstlersozialversicherungsgesetz* bemessen sich die Beiträge ebenfalls nach dem jährlichen Arbeitseinkommen, jedoch mit der zahlungstechnischen Besonderheit, daß das im ersten Jahr erzielte, über der Beitragsbemessungsgrenze liegende Einkommen auch als Beitragsgrundlage für das Folgejahr dienen kann; die Beitragslast ist zur Hälfte vom Versicherten zu tragen; die andere Hälfte wird durch die Künstlersozialabgabe (2/3) sowie einen Bundeszuschuß (1/3) aufgebracht.

(3) Im Falle von *Jugendlichen* in Jugendhilfeeinrichtungen und *Behinderten* in Berufsbildungswerken richten sich die Beiträge nach dem Wert für Kost und Wohnung und sind vom Arbeitgeber allein zu tragen. Die Rentenversicherungsbeiträge für Behinderte, die in anerkannten Werkstätten für Behinderte, anerkannten Blindenwerkstätten, Anstalten, Heimen oder gleichartigen Einrichtungen beschäftigt werden, sind im wesentlichen – auf der Grundlage von 70% des durchschnittlichen Arbeitsentgelts aller Versicherten der Rentenversicherung im vorvergangenen Kalenderjahr – vom Bund und von den Ländern aufzubringen.

(4) Besonderheiten gelten auch für *sonstige Personengruppen*, die der Versicherungspflicht kraft Gesetzes unterliegen:

- Für *Entwicklungshelfer* wird von dem Verhältnis der Summe der Arbeitsentgelte der letzten drei vollbelegten Pflichtmonate zur Summe der für diesen Zeitraum monatlich geltenden Beitragsbemessungsgrenze ausgegangen; dieser Verhältniswert (mindestens 0,6667) wird auf die im jeweiligen Kalenderjahr geltende Beitragsbemessungsgrenze angewendet; die auf der Basis der so errechneten Beitragsbemessungsgrundlage ermittelten Beiträge sind von der antragstellenden Organisation allein zu tragen.
- Für versicherungspflichtige *Mitglieder von Genossenschaften* und Gemeinschaften richten sich die Beiträge nach den Geld- und Sachbezügen, die sie persönlich erhalten; die Beiträge sind vom Versicherten und der jeweiligen Gemeinschaft bzw. Genossenschaft zu je 50% zu tragen.
- Bei Personen, die während einer *Wehrdienstleistung* oder *Zivildienstleistung* versichert sind, bemessen sich die Beiträge nach 70% des durchschnittlichen monatlichen

Arbeitsentgelts aller Versicherten der drei Rentenversicherungszweige (ohne Lehrlinge und Anlernlinge); die Beiträge trägt der Bund allein.

- Für Personen, die ein *freiwilliges soziales Jahr* leisten, trägt der Arbeitgeber allein die Beiträge, die sich nach einem aus Unterhalt, Verpflegung, Arbeitsbekleidung und angemessenem Taschengeld bestimmten Betrag bemessen.
- Die Pflichtbeiträge für Zeiten der *Kindererziehung* gelten als durch den Bund entrichtet.

(5) Für Zeiten des Bezugs von Arbeitslosengeld, Arbeitslosenhilfe, Konkursausfallgeld, Kurzarbeitergeld, Schlechtwettergeld, Unterhaltsgeld bei beruflicher Fortbildung, Ausbildungsgeld und Übergangsgeld bei Rehabilitation zahlt die Bundesanstalt für Arbeit – soweit sie zuständig ist – die Beiträge nach Maßgabe der jeweiligen *Lohnersatzleistung*; gegebenenfalls treten andere Rehabilitationsträger entsprechend ein. Lediglich für das Kurzarbeitergeld sowie das Schlechtwettergeld sind die Beitragsanteile der Bundesanstalt für Arbeit auf 50% beschränkt; den Rest trägt der Arbeitgeber. Für das Versorgungskrankengeld werden die Beiträge vom Leistungsträger entrichtet. Die Rentenversicherungsbeiträge vom Krankengeld der Krankenversicherung und vom Verletztengeld der Unfallversicherung sind je zur Hälfte vom Leistungsträger und Leistungsempfänger zu tragen; werden das Krankengeld bzw. das Verletztengeld jedoch in Höhe der Leistung der Bundesanstalt für Arbeit an Arbeitslose gezahlt, so tragen Krankenkasse bzw. Unfallversicherung den Gesamtbeitrag.

(6) Im Gegensatz zu den versicherungspflichtigen Arbeitnehmern und Selbständigen bestimmen *freiwillig Versicherte* ihre Beiträge selbst – ohne unmittelbaren Bezug zu ihrem tatsächlichen Einkommen. Allerdings sind für freiwillig Versicherte (ebenso wie für Pflichtversicherte mit Selbstentrichtung der Beiträge) Mindestbeiträge zu beachten (freiwillig Versicherte für 1987 mindestens 94 DM; Pflichtversicherte mindestens 80 DM). Für beide Versichertengruppen ergeben sich die Höchstbeiträge nach Maßgabe der Beitragsbemessungsgrenze.

(7) Grundsätzlich ist den Pflichtversicherten eine *freiwillige Aufstockung* ihrer Beiträge im Gegensatz zu den freiwillig Versicherten, die bis zum Maximalbeitrag höhere Beiträge als einkommensbestimmt zahlen können, nicht möglich. Alle Versicherten haben jedoch die Möglichkeit der Entrichtung von Beiträgen zur Höherversicherung zwecks Erreichung einer zusätzlichen, in der Höhe nicht begrenzten, aber auch nicht dynamisierten Zusatzrente.

Die Beitragsfinanzierung wird in der Rentenversicherung nach dem **Umlageverfahren** geordnet (Generationenvertrag zwischen Aktiven und Rentnern). Die **Schwankungsreserve** ist für die Rentenversicherung der Arbeiter und Angestellten auf eine Monatsausgabe festgesetzt worden; wird diese Reserve am Ende von mindestens zwei aufeinanderfolgenden Jahren unterschritten, so ist der Beitragssatz anzupassen. In der knappschaftlichen Rentenversicherung ist das Umlageverfahren mit einer **Garantie der Defizitdeckung** durch den Bund verbunden; allerdings werden auch hier die Beitragssätze entsprechend der Entwicklung in den Rentenversicherungen der Arbeiter und Angestellten angepaßt.

1.2 Zuweisungen

Die öffentlichen Zuweisungen machten im System der Rentenversicherungen im Jahre 1986 19,1% aus. In der Rentenversicherung der Arbeiter belief sich der Zuweisungsanteil auf 21,1%, in der Angestelltenversicherung auf 6,4% sowie in der knappschaftlichen Rentenversicherung auf 57,4%:

(1) Die *Rentenversicherungen der Arbeiter und Angestellten* erhalten einen nicht zweckgebundenen Bundeszuschuß; zweckgebunden ist lediglich der Zuschuß zur Rentenversicherung der Handwerker in der Arbeiterrentenversicherung. Der Bundeszuschuß ist bei der Rentenreform des Jahres 1957 so festgesetzt worden, daß er angesichts eines Beitragssatzes von 14% zur vollen Defizitdeckung ausreichte. In der Folgezeit sollte sich der so festgelegte Bundeszuschuß entsprechend der Entwicklung der Allgemeinen Bemessungsgrundlage anpassen. Über die Veränderung der Allgemeinen Bemessungsgrundlage hinausgehende Ausgabensteigerungen der Rentenversicherung führten jedoch nicht zu einer entsprechenden Anhebung des Bundeszuschusses, so daß der Anteil der öffentlichen Zuweisungen längerfristig absank.

(2) Auch für die *knappschaftliche Rentenversicherung* wurden die Zuweisungen aus öffentlichen Mitteln so festgesetzt, daß sie angesichts des vorhandenen Beitragsaufkommens (sowie der übrigen Einnahmen) eine vollständige Deckung der Ausgaben bewirkten. Dieses Defizitdeckungsprinzip ist im Gegensatz zu den Rentenversicherungen der Arbeiter und Angestellten auch in der Gegenwart noch in vollem Umfange gültig. Demzufolge weist auch die knappschaftliche Rentenversicherung keinen nennenswerten Finanzierungssaldo in laufender Rechnung aus.

1.3 Sonstige Einnahmen und Verrechnungen

Die sonstigen Einnahmen der Rentenversicherung bestehen insbesondere aus **Vermögenserträgen**; sie fließen den Versicherungsträgern aus längerfristigen Geldanlagen (Hypotheken, Darlehen) und kurzfristigen Festgeldern zu. Ihr Umfang erreichte 1986 0,6% des gesamten Finanzmittelaufkommens. In der Arbeiterrentenversicherung waren es 0,5%, in der Angestelltenversicherung 0,7% und in der knappschaftlichen Rentenversicherung 0,3%.

Die **Verrechnungseinnahmen** der Rentenversicherung beliefen sich insgesamt nur auf 0,2% des Finanzmittelaufkommens; in der Arbeiterrentenversicherung waren es jedoch 10,5%, in der Angestelltenversicherung 0,2% und in der knappschaftlichen Rentenversicherung 23,8%. Der überwiegende Teil der Verrechnungen findet zwischen den Rentenversicherungsträgern statt. Dabei ist der **Liquiditätsausgleich** zwischen der Angestelltenversicherung und der Arbeiterrentenversicherung von besonderer Bedeutung. Dieser Finanzausgleich ist dann durchzuführen, wenn die Schwankungsreserve in einem Zweig der Rentenversicherung am Ende eines Jahres unter die durchschnittlichen Aufwendungen für 1 1/2 Kalendermonate sinkt, während sie in dem anderen Zweig der Rentenversicherung darüber liegt.

Die Verrechnungseinnahmen der Rentenversicherung der Arbeiter lassen in ihrer aggregierten Form die **Auswirkungen des internen Finanzausgleichs** nicht erkennen. Grundsätzlich haben die Träger der Rentenversicherung der Arbeiter (Landesversicherungsanstalten, Bundesbahn-Versicherungsanstalt, Seekasse) ihre finanzielle Selbständigkeit fast vollständig verloren. Nach Maßgabe eines Gemeinlastverfahrens sind die Ausgaben für Renten, Rentenabfindungen, Beitragserstattungen und die Beiträge zur Krankenversicherung der Rentner von den verschiedenen Trägern der Arbeiterrentenversicherung im Verhältnis der Beitragseinnahmen eines Kalenderjahres gemeinsam zu tragen. Auch für die sonstigen Ausgaben der Versicherungsträger (z.B. für Rehabilitationen) ist eine Lastenverteilung vorgesehen. Ergänzend tritt ein Defizitverteilungsverfahren hinzu, das nach Maßgabe differenzierter Kriterien eine Umverteilung negativer Finanzierungssalden bewirkt.

2. Krankenversicherung

Zur Finanzierung ihrer Leistungen – insbesondere im Funktionsbereich Krankheit und Invalidität – fließen der sozialen Krankenversicherung Finanzierungsmittel zu, die überwiegend von den privaten Haushalten sowie den Unternehmen als Sozialbeiträge aufgebracht werden.

2.1 Sozialbeiträge

Noch deutlicher als bei der Rentenversicherung steht bei der sozialen Krankenversicherung die Beitragsfinanzierung mit 95,9% im Jahre 1986 im Vordergrund:

(1) Für versicherungspflichtige *Arbeitnehmer* (einschließlich der Heimarbeiter) ist die Höhe der Beiträge von dem Beitragssatz und der Beitragsbemessungsgrundlage abhängig. In der sozialen Krankenversicherung gibt es allerdings keinen einheitlichen *Beitragssatz*, da die Krankenkassen den Beitragssatz entsprechend ihrer jeweiligen finanziellen Situation innerhalb gewisser Grenzen autonom festlegen können. Der durchschnittliche Beitragssatz für Arbeiter und Angestellte (gewogener Durchschnittssatz für Pflichtmitglieder; ohne Bergleute, die in der knappschaftlichen Kranken- und Rentenversicherung versicherungspflichtig sind) liegt 1987 bei 12,5% der Beitragsbemessungsgrundlage. *Beitragsbemessungsgrundlage* ist das jeweilige monatliche Bruttoarbeitsentgelt bis zur Beitragsbemessungsgrenze (= 75% der Beitragsbemessungsgrenze der Rentenversicherung der Arbeiter und Angestellten; 1987: 4275 DM monatlich). Einmal- und Sonderzahlungen werden wie bei der Rentenversicherung berücksichtigt. Bei einem Beitragssatz von 12,5% ergibt sich ein Höchstbeitrag von 534 DM. Mindestbeiträge sind nicht festgelegt. Die Beitragsbemessungsgrenze entspricht zugleich der *Versicherungspflichtgrenze* für Angestellte (und einiger arbeitnehmerähnlicher Selbständiger wie Hausgewerbetreibende, selbständige Lehrer, Hebammen usw.); eine Versicherungspflichtgrenze für Arbeiter gibt es nicht. Die Beiträge der versicherungspflichtigen Arbeitnehmer werden zur Hälfte vom Arbeitgeber getragen; verdient jedoch der Arbeitnehmer nicht mehr als 1/10 der Beitragsbemessungsgrenze in der Rentenversicherung, so trägt der Arbeitgeber den vollen Beitrag allein.

(2) *Pflichtversicherte Selbständige* tragen ihre Beiträge allein; dabei wird die Beitragsbemessungsgrundlage nach ähnlichen Regeln wie bei der Rentenversicherung ermittelt.

- Eine Ausnahme bilden die *Künstler*, die nach dem Künstlersozialversicherungsgesetz nur die Hälfte der Beitragslast zu tragen haben.
- Auch die Versicherten der *landwirtschaftlichen Krankenversicherung* tragen ihre Beiträge selbst. Die Höhe der Beiträge wird nach Beitragsklassen festgelegt, die nach dem Flächenwert und dem Einheitswert des landwirtschaftlichen Unternehmens differenziert sind. Der höchste Vergleichsbeitrag darf denjenigen der gesetzlichen Krankenkasse nicht übersteigen. Die Krankenversicherung der Altenteiler wird nicht über Beiträge finanziert.

(3) Der Zuschuß der Rentenversicherung zu den Krankenversicherungsbeiträgen der *Rentner*, der aufgrund des Rentenanpassungsgesetzes 1982 ab 1.1.1983 11,8% der Rente beträgt und damit so hoch wie der Krankenversicherungsbeitrag für die Rente ist, wird bis 1. Juli 1987 stufenweise auf 5,9% gesenkt werden; damit beteiligen sich die Rentner mit 5,9% ihrer Rente an den Kosten der Rentnerkrankenversicherung. Ferner haben alle pflichtversicherten Rentner, die der Rente vergleichbare Einnahmen (Versorgungsbezüge) erhalten oder neben Rente oder Versorgungsbezügen Arbeitseinkommen aus selbständiger Tätigkeit erzielen, aus diesen Einkünften Beiträge zu zah-

len. Diese ursprünglich auf die Rentenversicherung der Arbeiter und Angestellten beschränkte Regelung ist auf die knappschaftliche Krankenversicherung der Rentner ausgeweitet worden. Die Krankenversicherungsbeiträge aus den Renten werden direkt von der Rentenversicherung an die Krankenversicherung abgeführt; hinzu treten gegebenenfalls eigene Beitragszahlungen der Rentner mit weiteren Einkommen.

(4) Für *Wehr- und Zivildienstleistende*, für Personen, die ein *freiwilliges soziales Jahr* ableisten, für *Entwicklungshelfer*, für *Jugendliche in Jugendhilfeeinrichtungen* und *Behinderte* in Berufsbildungswerken ist die Tragung der Beitragslast zur Krankenversicherung analog zur Rentenversicherung geregelt. Gleiches gilt für die Bezieher von Lohnersatzleistungen (ohne Krankengeld usw.), wobei die Beiträge zur Krankenversicherung der Arbeitslosengeldempfänger und Empfänger von Unterhaltsgeld nach 100% des Bruttoentgelts bemessen werden.

(5) Der Krankenversicherungsbeitrag für *Studenten* richtet sich nach dem Bedarfssatz des BAföG, auf den ein Beitragssatz von 7/10 des durchschnittlichen allgemeinen Beitragssatzes der Krankenkassen anzuwenden ist. Studenten tragen wie pflichtversicherte Selbständige ihre Beiträge selbst.

(6) Die gleiche Regelung wie für pflichtversicherte Selbständige gilt auch für *freiwillig versicherte Angestellte*; als höherverdienende Angestellte haben sie jedoch gegen ihren Arbeitgeber einen Anspruch auf Zahlung der Hälfte des Betrages, der bei Pflichtversicherung zu zahlen wäre. Die freiwillig versicherten Angestellten zahlen jeweils satzungsmäßig bestimmte Beiträge (in Abhängigkeit vom gewählten Versicherungsschutz).

2.2 Zuweisungen

Die Zuweisungen aus öffentlichen Mitteln und die sonstigen Zuweisungen beliefen sich 1986 auf etwa 1,2% des gesamten Finanzmittelaufkommens der Krankenversicherung:

(1) Zuweisungen aus öffentlichen Mitteln des Bundes sind in verschiedenen Formen gegeben. Hierzu gehören die Beiträge für die Empfänger von Mutterschaftsgeld/Erziehungsgeld während des zusätzlichen Mutterschaftsurlaubs/Erziehungsurlaubs, die Erstattungen und Zuschüsse nach §§ 200d, 381a, 205 (3)a, 200d (3) RVO, nach dem KVLG, nach dem Seuchengesetz, nach § 4 STREG sowie nach § 17 SKAG Berlin.

(2) Die Zuweisungen aus nichtöffentlichen Mitteln betreffen die Verwaltungskosten der Betriebskrankenkassen. Sie stellen sich als Zuschüsse der Arbeitgeber dar.

2.3 Sonstige Einnahmen und Verrechnungen

Die sonstigen Einnahmen der Krankenversicherung bestehen insbesondere aus Vermögenserträgen und beliefen sich 1986 auf etwa 1,9% des gesamten Finanzmittelaufkommens. Die neben den Vermögenserträgen noch festzustellenden Verrechnungseinnahmen der sozialen Krankenversicherung haben mit 1,0% ebenfalls nur eine relativ geringe Bedeutung für das gesamte Finanzmittelaufkommen. Sie betreffen vor allen Dingen Erstattungen für Leistungen an Erwerbsunfähigkeitsrentner sowie Erstattungen für Leistungen an Empfänger von Altersruhegeld seitens der drei Rentenversicherungsträger. Hinzu kommen Erstattungen für Heilanstaltspflege sowie von Übergangsgeld seitens der Unfallversicherung. Vergleichbare Erstattungen sind seitens der Kriegsopferversorgung festzustellen.

Die Finanzierung der sozialen Krankenversicherung basiert also weitaus überwiegend auf Beiträgen. Die Regulierung der Beitragsfinanzierung erfolgt nach dem **Umlageverfahren** mit ex ante festgelegten Beitragssätzen (Prämienverfahren). Grundsätzlich ist in diesem Rahmen jede einzelne Krankenkasse für ihre finanzielle Situation selbst verantwortlich. Allerdings ist damit auch ihre Existenz von ihrer finanziellen Leistungsfähigkeit abhängig. Im Einzelfall sehen gesetzliche Regelungen die Zusammenlegung nicht leistungsfähiger Kassen mit leistungsfähigen Kassen vor. Neben dieser Möglichkeit eines Risikoausgleichs zwischen den Krankenkassen durch Neuorganisation ist auch ein **Finanzausgleich** unter den bestehenden Krankenkassen einer Kassenart innerhalb eines Landes vorgesehen. Dieser Finanzausgleich kann von den Landesverbänden der Krankenkassen durchgeführt werden, wenn das Verhältnis der Ausgaben (Regelleistungen abzüglich Erstattungen) zu den beitragspflichtigen Einkommen der Versicherten einer Krankenkasse die entsprechende Relation der Krankenkassen insgesamt um mehr als 5% übersteigt. Eine praktische Bedeutung hat diese Regelung bislang noch nicht gewonnen. Bedeutungsvoller ist eine dritte Form des Risikoausgleichs, nach der die durch die Beiträge der Rentenversicherung nicht gedeckten Aufwendungen für die Krankenversicherung der Rentner auf die Versicherten der gesetzlichen Krankenversicherung ohne Rücksicht auf ihre Kassenzugehörigkeit gleichgewichtig nach Maßgabe der Grundlohnsumme verteilt werden sollen. Zur Zeit beläuft sich dieser Belastungsausgleich auf etwa 3,2% des beitragspflichtigen Einkommens der Versicherten. Dieser Belastungsausgleich beseitigt insbesondere typische Benachteiligungen einzelner Kassen mit einem starken Überhang versicherter Rentner (insbesondere Ortskrankenkassen).

3. Unfallversicherung

Zur Finanzierung ihrer Leistungen – vor allem in den Funktionsbereichen Krankheit und Invalidität sowie Alter und Hinterbliebene – fließen der Unfallversicherung Finanzmittel insbesondere von den Unternehmen und den privaten Haushalten in Form von Sozialbeiträgen zu. Der Finanzierungsanteil der öffentlichen Hand ist relativ gering; bedeutungsvoller sind die sonstigen Einnahmen.

3.1 Sozialbeiträge

Bei der Finanzierung der Unfallversicherung kommt den Sozialbeiträgen eine herausragende Bedeutung zu; die Beitragsfinanzierung umfaßte 85,7% des gesamten Finanzmittelaufkommens im Jahre 1986:

(1) Die Unfallversicherung finanziert sich fast ausschließlich aus *Beiträgen der Arbeitgeber* (Unternehmer). Diese Beiträge sind auf der Grundlage des *Umlageverfahrens* ex post so zu bemessen, daß die Ausgaben des letzten Jahres gedeckt werden. Zum Zwecke der laufenden Finanzierung werden regelmäßig *Vorauszahlungen* auf die nach dem Ende des jeweiligen Jahres festzulegende Umlage erhoben.

- In den *gewerblichen Unternehmen*, aber auch in der Schiffahrt, werden die Beiträge nach den tatsächlichen Entgelten der Versicherten festgelegt. Eine Abstufung erfolgt nach den Gefahrenklassen, denen die einzelnen Unternehmen zuzuordnen sind. Diese Gefahrenklassen ergeben sich nach Maßgabe der Unfallhäufigkeit und Unfallschwere in den einzelnen Gewerbezweigen; ihre Festlegung ist alle fünf Jahre zu überprüfen. Unabhängig davon sind unter Berücksichtigung der Unfallhäufigkeit und Unfallschwere im Einzelfall Beitragszuschläge zu erheben oder Beitragsnachlässe zu gewähren. Bei der Bemessung der Beitragszuschläge oder Beitragsnachlässe bleiben Wegeunfälle außer Ansatz; in Einzelfällen können auch weitere Versicherungsfälle ausgenommen werden. Insgesamt sind die Beitragssätze auf diese Weise sehr unterschiedlich und sind selbst innerhalb einer Berufsgenossenschaft sehr differenziert.

- Die *landwirtschaftlichen Berufsgenossenschaften* orientieren sich bei der Beitragsbemessung an dem Arbeitsbedarf des Unternehmens, dem Einheitswert der Grundstücke des Unternehmens und anderen jeweils satzungsmäßig bestimmten Maßstäben.
- Der *Bund*, die *Länder*, die *Gemeinden* mit eigener Unfallversicherung, die *Gemeindeunfallversicherungsverbände*, die *Feuerwehrunfallversicherungskassen* und die *Bundesanstalt für Arbeit* (für ihre Bediensteten und die Empfänger von Lohnersatzleistungen) finanzieren zwar ihre Unfallversicherung regelmäßig aus ihren Haushaltsmitteln; diese Finanzmittelaufbringung wird jedoch aus Gründen der Vergleichbarkeit als Beitragsfinanzierung bezeichnet. Nur in Einzelfällen erheben die Gemeindeunfallversicherungsverbände von ihren Mitgliedern an Unfallhäufigkeit und Unfallschwere ausgerichtete Beiträge, teilweise auch mit einem Beitragsnachlaßverfahren. Im Gegensatz zu der gewerblichen und landwirtschaftlichen Unfallversicherung wird hier von einer unechten Unfallversicherung gesprochen.

(2) Die Beiträge werden zu 100% von den Unternehmern aufgebracht, zu denen jedoch auch die *versicherungspflichtigen Selbständigen* gehören, die keine Arbeitskräfte beschäftigen. Für Heimarbeiter, Zwischenmeister und Hausgewerbetreibende kann die Satzung der Berufsgenossenschaft die Zahlungspflicht dem Auftraggeber aufbürden. Während hier noch ein Unternehmer-Arbeitnehmer-Verhältnis fingiert werden kann, fallen aus diesem Schema die in der unechten Unfallversicherung geschützten Personen weitgehend heraus.

(3) Die Versicherungspflicht kann nach der Satzung der Berufsgenossenschaft auch auf die *Unternehmer* ausgedehnt werden. Die von ihnen aufgebrachten Beiträge gehören dann zu den Beiträgen der Versicherten.

3.2 Zuweisungen

Die Zuweisungsfinanzierung der Unfallversicherung belief sich 1986 auf 6,6% des gesamten Finanzmittelaufkommens:

(1) Die Küstenländer gewähren der *See-Berufsgenossenschaft* Zuschüsse zugunsten verschiedener Unternehmen der Küstenschiffahrt, die etwa 50% des Beitragsbedarfs abdecken.

(2) Der Bund zahlt erhebliche Zuschüsse an die *landwirtschaftliche Berufsgenossenschaft*, die ebenfalls zu einer Ermäßigung der Beiträge um etwa 50% führen. Diese Zuschüsse werden ohne spezielle gesetzliche Grundlage allein aufgrund des Bundeshaushalts und der Richtlinien des Bundesministers für Ernährung, Landwirtschaft und Forsten gezahlt.

(3) Zu den öffentlichen Zuweisungen rechnen auch die *Umlagebeiträge* der GUVV, der Städte und Länder sowie entsprechende *Einnahmen aus Ersatzansprüchen*.

(4) Außerdem sind verschiedene Einnahmen aus dem *Sozialfonds der EG* festzustellen. Ferner ist auch auf die *Verwaltungskosten* der Ausführungsbehörden des Bundes und der Länder hinzuweisen sowie auf weitere Zuweisungen geringeren Umfangs aus EG-Ländern und Nicht-EG-Staaten.

3.3 Sonstige Einnahmen und Verrechnungen

Die sonstigen Einnahmen der Unfallversicherung beliefen sich 1986 auf 7,6% des gesamten Finanzmittelaufkommens. Hierbei handelt es sich insbesondere um **Vermögenserträge**, um realisierte Ersatzansprüche gegen Dritte sowie um Einnahmen aus Geldbußen.

Im Vergleich hierzu haben die **Verrechnungseinnahmen** der Unfallversicherung mit weniger als 0,1% des gesamten Finanzmittelaufkommens einen sehr geringen Umfang. Im einzelnen sind es Erstattungen für Kinderzulagen zu den Verletztenrenten seitens der Rentenversicherung sowie Erstattungen der Bundesanstalt für Arbeit.

Die vorhandenen Verrechnungsströme lassen in ihrer Aggregation nicht die **Finanzmittelströme zwischen den einzelnen Berufsgenossenschaften** erkennen. Das der Finanzierung der Unfallversicherung zugrundeliegende Umlageverfahren ist mit einem Risikoausgleich (Gemeinlastverfahren) gekoppelt. Dabei ist den jeweiligen Satzungen ein weiter Spielraum für die Verteilung der Last gegeben; zwingende gesetzliche Regelungen existieren nur in begrenztem Umfange:

(1) Nach Maßgabe der Satzung können Teile einer Berufsgenossenschaft mit eigenen Organen die Belastung aus Arbeitsunfällen in ihrem örtlichen Zuständigkeitsbereich bis 2/3, speziell bei der Bergbauberufsgenossenschaft sogar in voller Höhe tragen; zwischen den Berufsgenossenschaften sind Vereinbarungen über eine völlige oder teilweise gemeinsame Lastentragung denkbar.

(2) Bei längerfristigen Ungleichgewichten sind Zusammenlegungen oder Auflösungen von Berufsgenossenschaften durch ein entsprechendes Bundesgesetz möglich.

(3) Im Bereich der gewerblichen Berufsgenossenschaften einschließlich der See-Berufsgenossenschaft ist ein Lastenausgleich vorgesehen, um längerfristigen Veränderungen in der Beschäftigungsstruktur Rechnung zu tragen. Bisher geht dieser Lastenausgleich vor allen Dingen zugunsten der Bergbauberufsgenossenschaft, deren Situation sich längerfristig nach Maßgabe von Rentenlast und Entschädigungslast verschlechtert hat.

4. Arbeitsförderung

Zur Finanzierung ihrer Leistungen – fast ausschließlich im Funktionsbereich Ausbildung und Beschäftigung – stehen der Arbeitsförderung Finanzmittel zur Verfügung, die insbesondere von den Unternehmen und den privaten Haushalten in Form von Sozialbeiträgen und dem Bund in Form von Zuweisungen aufgebracht werden. Andere Finanzierungsquellen und -arten sind von geringer Bedeutung.

4.1 Sozialbeiträge

Die Sozialbeiträge beliefen sich im Jahre 1986 auf 72,9% des gesamten Finanzmittelaufkommens:

(1) Zur Durchführung ihrer Aufgaben erhebt die Bundesanstalt für Arbeit von den Arbeitnehmern und Arbeitgebern *Beiträge*, soweit nicht spezielle Umlagen vorgesehen sind. Der Beitrag beläuft sich seit dem 1.1.1987 auf 4,3% der Beitragsbemessungsgrundlage für den Beitrag zur Rentenversicherung (gleiches Bruttoarbeitsentgelt, gleiche Beitragsbemessungsgrenze). Die Beiträge werden von den Arbeitgebern und Arbeitnehmern im allgemeinen je zur Hälfte aufgebracht. Dabei gelten einige *Besonderheiten*:

- In Einzelfällen trägt der Arbeitgeber zusätzlich den Beitragsanteil des Arbeitnehmers (z.B. im Falle geringfügiger Beschäftigung im Sinne der Rentenversicherung, bei Ableistung eines freiwilligen sozialen Jahres, für jugendliche Behinderte und andere Jugendliche unter bestimmten Voraussetzungen). Die Beiträge der Wehr- und Ersatzdienstleistenden trägt der Bund. Für Gefangene trägt unter bestimmten Voraussetzungen das für die Vollzugsanstalt zuständige Land die Beiträge.
- Für die Empfänger von Krankengeld der Krankenversicherung sowie Verletztengeld der Unfallversicherung sind die Beiträge zur Bundesanstalt für Arbeit je zur Hälfte von dem Leistungsberechtigten und dem Leistungsträger zu zahlen; werden jedoch das Krankengeld oder das Verletztengeld in Höhe der Leistungen der Bundesanstalt für Arbeit an Arbeitslose gezahlt, so trägt der Leistungsträger den Gesamtbeitrag.
- Für Übergangsgelder aus der Unfallversicherung, aus der Rentenversicherung sowie im Rahmen der Kriegsopferfürsorge und für das Versorgungskrankengeld der Kriegsopferversorgung übernimmt der Leistungsträger den Gesamtbeitrag zur Bundesanstalt für Arbeit.

(2) Zur Finanzierung der *produktiven Winterbauförderung* wird von den Arbeitgebern des Baugewerbes, in deren Betrieben die ganzjährige Beschäftigung zu fördern ist, eine Umlage erhoben. Diese Umlage ist monatlich nach einem Vomhundertsatz der Bruttoarbeitsentgelte der in den genannten Betrieben beschäftigten Arbeiter zu erheben (1986: 3%; in der parlamentarischen Beratung befindet sich ein Gesetzentwurf über das befristete Aussetzen der Arbeitgeberleistungen der produktiven Winterbauförderung mit einer Senkung des Umlagesatzes auf 2,1%). Die Verwaltungskosten und die sonstigen Kosten werden pauschaliert.

(3) Die Mittel für das *Konkursausfallgeld* werden seitens der Berufsgenossenschaften jährlich nachträglich durch Umlage aufgebracht. Auch hier sind die Verwaltungskosten sowie die sonstigen Kosten pauschaliert.

4.2 Zuweisungen

Die Beitragsfinanzierung der Arbeitsförderung wird in einem erheblichen Umfange durch Zuweisungen unterstützt. Der Gesamtumfang der Zuweisungen belief sich 1986 auf 26,1% des gesamten Finanzmittelaufkommens. Im einzelnen handelt es sich um folgende Finanzmittelzuflüsse:

(1) Öffentliche Zuweisungen zur Abdeckung der Kosten besonderer arbeitsmarktpolitischer Maßnahmen, die die Bundesanstalt für Arbeit im Auftrage des Bundes und der Länder durchführt.

(2) Öffentliche Zuweisungen zur Abdeckung der Kosten der Arbeitslosenhilfe (ohne Verwaltungskosten) seitens des Bundes.

(3) Zuweisungen des Bundes, der Länder und der Gemeinden zwecks Beteiligung dieser Körperschaften an den Versorgungslasten der Bundesanstalt für Arbeit.

(4) Zuweisungen des Bundes für Zwecke der beruflichen Bildung und der Ausbildungsförderung.

(5) Öffentliche Zuweisungen zur allgemeinen Defizitdeckung gemäß der Bundesgarantie für die Sicherstellung der Zahlungsfähigkeit der Bundesanstalt für Arbeit.

4.3 Sonstige Einnahmen und Verrechnungen

Die sonstigen Einnahmen der Arbeitsförderung beliefen sich 1986 auf 0,8% des gesamten Finanzmittelaufkommens. Es handelt sich dabei vor allen Dingen um **Vermögenserträge** sowie um vergleichbare Einnahmen. Die **Verrechnungseinnahmen** machten 1986 0,1% des gesamten Finanzmittelvolumens aus; sie bestanden ausschließlich aus Erstattungszahlungen der drei Rentenversicherungsträger für Berufsförderungsmaßnahmen der Bundesanstalt für Arbeit.

5. Kindergeld

Die Kindergeldzahlungen, die zu 100% dem Funktionsbereich Familie zuzurechnen sind, werden allein durch Zuweisungen aus Haushaltsmitteln des Bundes finanziert. Dies gilt unabhängig davon, ob das Kindergeld seitens der Bundesanstalt für Arbeit oder seitens der öffentlichen Arbeitgeber gezahlt wird.

6. Erziehungsgeld

Auch für das Erziehungsgeld gilt eine 100%ige Zuweisungsfinanzierung; neben dem Bund sind allerdings in einem sehr geringen Umfange auch die Länder und die Sozialversicherung an der Finanzierung beteiligt.

7. Altershilfe für Landwirte

Die Leistungen der Altershilfe für Landwirte, die vor allen Dingen in den Funktionsbereichen Alter und Hinterbliebene, Krankheit und Invalidität sowie Ehe und Familie erbracht werden, werden überwiegend durch den Bund und durch die privaten Haushalte finanziert. Die **Sozialbeiträge** machten 1986 28,5% des Finanzmittelaufkommens aus. Im Vergleich dazu beliefen sich die **Zuweisungen** aus öffentlichen Mitteln auf 71,0%. **Sonstige Einnahmen** (Vermögenserträge, Einnahmen aus Ersatz- und Regreßansprüchen, Einnahmen aus der Selbstbeteiligung im Rahmen der Betriebs- und Haushaltshilfe) waren 1986 in Höhe von 0,5% des gesamten Finanzmittelaufkommens vorhanden.

Die **Sozialbeiträge** werden seit 1975 durch Rechtsverordnung der Bundesregierung so festgesetzt, daß sie zusammen mit den weiteren Einnahmen sämtliche Ausgaben decken und Finanzierungsdefizite, aber auch Finanzierungsüberschüsse nachhaltig nicht entstehen lassen. Die Beiträge erhöhen sich, wenn eine neue

Rechtsverordnung der Bundesregierung nicht vorliegt, kraft Gesetzes um den Prozentsatz, um den die Leistungen jährlich erhöht werden. Ab 1.1.1987 beträgt der Einheitsbeitrag 162 DM monatlich und ist von jedem einzelnen landwirtschaftlichen Unternehmer nur einmal (also auch bei Vorhandensein mehrerer Betriebe) zu entrichten; hinzu kommt der Beitrag für die mithelfenden Familienangehörigen (50%).

Ab 1.1.1986 erhalten **kleine und mittlere bäuerliche Betriebe** nach der GAL-Beitragszuschußverordnung einen Zuschuß zum Einheitsbeitrag für die Altershilfe für Landwirte. In den ersten beiden Jahren seiner Einführung (1986/87) beträgt der Zuschuß je nach Einkommenssituation 25, 50 oder 75 DM. Hinzu treten ab 1.1.1986 Zuschüsse nach dem Sozialversicherungs- Beitragsentlastungsgesetz für einen etwas weiter gefaßten Personenkreis in Höhe von 1000 DM bis 2000 DM p.a. mit einer Differenzierung nach Einkommenssituation und Wirtschaftswert des Unternehmens.

Gerade im Bereich der landwirtschaftlichen Altershilfe ist eine reine Beitragsfinanzierung kaum möglich, da sich der Alterslastquotient besonders ungünstig entwickelt hat. 1973 zahlte der **Bund** bereits einen **Zuschuß** zu den Leistungen der Altershilfe in Höhe von 1,07 Mrd. DM; dieser Zuschuß erhöhte sich in jedem folgenden Jahr gemäß der Erhöhung der Aufwendungen für Alters- und Waisengeld gegenüber dem jeweiligen Vorjahr. Für 1982 und 1983 (1983: 2 Mrd. DM) wurden die Bundesmittel in absoluter Höhe gesetzlich festgelegt, während für 1984 wieder eine Dynamisierung bestimmt wurde. Der dynamisierte Bundeszuschuß belief sich seit 1984 auf 75% der Aufwendungen aller landwirtschaftlichen Alterskassen für Altersgelder, vorzeitige Altersgelder, Hinterbliebenengelder und Waisengelder. Ab 1986 ist der Bundeszuschuß auf 80,3% der laufenden Geldleistungen erhöht worden. Darüber hinaus trägt der Bund auch die Aufwendungen für die sozialen Maßnahmen zur Strukturverbesserung einschließlich der erforderlichen Verwaltungskosten unter Berücksichtigung der vom Europäischen Ausgleichs- und Garantiefonds für die Landwirtschaft zu zahlenden Zuschüsse.

Grundsätzlich werden sämtliche Aufwendungen von den landwirtschaftlichen Alterskassen gemeinsam getragen; über den Gesamtverband der landwirtschaftlichen Alterskassen wird ein **Ausgleich** vorgenommen. In diesen Ausgleich werden für jede einzelne Alterskasse 5% ihrer jährlichen Gesamtaufwendungen für das Altersgeld, mindestens aber 5% ihrer Beitragseinnahmen nicht einbezogen; diese Beträge verbleiben den jeweiligen Alterskassen unmittelbar.

8. Versorgungswerke

Zur Finanzierung ihrer Leistungen – insbesondere in den Funktionsbereichen Alter und Hinterbliebene, Krankheit und Invalidität, Ehe und Familie sowie Allgemeine Lebenshilfen – stehen den Versorgungswerken Finanzmittel zur Verfügung, die überwiegend durch die privaten Haushalte und die Unternehmen über Sozialbeiträge aufgebracht werden; hinzu kommt ein Finanzierungsanteil der öffentlichen Hand in relativ geringer Größenordnung.

Die Leistungen der Versorgungswerke werden überwiegend durch **Beiträge** (1986: 60,2%) finanziert. Dabei tragen die selbständig tätigen Mitglieder der berufsständischen Versorgungseinrichtungen ihre Beiträge in vollem Umfange selbst, während die unselbständig tätigen Mitglieder entweder – bei Befreiung von der Versicherungspflicht in der Angestelltenversicherung – ihren Beitrag zur Hälfte (Arbeitnehmeranteil) tragen oder – bei Fortsetzung einer Pflichtmitgliedschaft in der Rentenversicherung und gleichzeitiger Mitgliedschaft in der berufsständischen Versorgungseinrichtung – einen Mindestbeitrag übernehmen müssen; der Mindestbeitrag beläuft sich regelmäßig auf 10 bis 50% des normalerweise geltenden Beitrages. Der Beitragsanteil der unselbständig tätigen Mitglieder wird bei der ersten Alternative durch den Beitragsanteil des Arbeitgebers ergänzt. Die Bundesanstalt für Arbeit trägt die Beiträge zum Versorgungswerk für die unselbständig tätigen Mitglieder berufsständischer Versorgungseinrichtungen, die Arbeitslosengeld oder Arbeitslosenhilfe erhalten. Entsprechendes gilt für wehrdienst- oder zivildienstleistende Mitglieder berufsständischer Versorgungseinrichtungen.

Die **Beitragsbemessung** hängt eng mit der Höhe der angestrebten Leistungen, der jeweiligen Bemessungsgrundlage sowie dem Deckungsverfahren zusammen. Sehr deutlich wirken sich dabei Unterschiede in der Höhe der Leistungen aus; hinzu kommt eine Unterschiedlichkeit der verwendeten Bemessungsgrundlagen (Reineinkommen, Bruttoeinkommen, Abstufung nach dem Lebensalter usw.). Die Beiträge weisen folglich eine große Spannweite auf, und sie erreichen in manchen Fällen die Beitragssätze der Angestelltenversicherung.

Da die berufsständischen Versorgungswerke keine Zuweisungen aus öffentlichen Mitteln erhalten, werden zur Ordnung der Beitragsfinanzierung durchweg **modifizierte Anwartschaftsdeckungs- und Abschnittsdeckungsverfahren** angewendet, die zur Bildung beträchtlicher versicherungsmathematischer Rückstellungen führen. Aus der dadurch bewirkten Fondsbildung erklärt sich auch das beachtliche Ausmaß der **sonstigen Einnahmen** (39,8%), unter denen insbesondere Vermögenserträge aus Krediten an die öffentliche Hand, an Kreditinstitute und Unternehmen, aus Wertpapieren, Hypotheken, Grundstücken, Wohn- und Geschäftsbauten usw. zu verstehen sind. Diese Vermögenserträge waren 1986 sogar deutlich höher als die gesamten Leistungen der Versorgungswerke.

9. Beamtenrechtliches System

Zur Finanzierung seiner Leistungen – insbesondere in den Funktionsbereichen Alter und Hinterbliebene, Krankheit und Invalidität sowie Ehe und Familie – werden dem beamtenrechtlichen System Finanzierungsmittel in gleicher Höhe zur Verfügung gestellt; ein Finanzierungssaldo existiert in diesem Bereich nicht. Die Finanzierungsmittel werden insbesondere durch den Bund, die Länder, die Gemeinden sowie durch den Unternehmenssektor aufgebracht. Die Mittel stammen meist unmittelbar von den Dienstherren bzw. den öffentlichen Arbeitgebern; sie werden weitgehend ohne Einschaltung eines besonderen Trägers bereitgestellt und über den Personalhaushalt der jeweiligen Körperschaft abgerechnet. Lediglich aus Gründen der Vergleichbarkeit mit den entsprechenden beitragsorientierten Systemen wurden 1986 53,2% des gesamten Finanzmittelaufkommens als **Sozialbeiträge** ausgewiesen; hinzu kamen **Zuweisungen** in Höhe von

44,1%, **sonstige Einnahmen** in Höhe von 0,04% sowie **Verrechnungseinnahmen** in Höhe von 2,7% des gesamten Finanzmittelaufkommens:

(1) Die *Pensionen* wurden 1986 zu 57,3% durch unterstellte Beiträge der Arbeitgeber finanziert; weitere Beitragsarten sind nicht festzustellen. Die Zuweisungen beliefen sich auf 40,2% und fließen vorwiegend aus öffentlichen Mitteln. Die Verrechnungseinnahmen sind ausschließlich unterstellte Verrechnungen; hierdurch werden Pensionszahlungen anderer Institutionen des Sozialbudgets, vor allem der Träger der Sozialversicherung, an ihre Bediensteten erfaßt; der Anteil dieser Verrechnungseinnahmen belief sich 1986 auf 2,5% des Finanzmittelaufkommens. Die sonstigen Einnahmen sind von vernachlässigbarer Größenordnung.

(2) Im Bereich der *Familienzuschläge* ist eine Beitragsfinanzierung nicht festzustellen. Der Anteil der Zuweisungen belief sich 1986 auf 95,5%, von denen 73,2% auf Zuweisungen aus öffentlichen Mitteln und 22,3% auf sonstige Zuweisungen entfielen. Die Verrechnungseinnahmen beliefen sich auf 4,5% des gesamten Finanzmittelaufkommens und waren auch hier ausschließlich unterstellte Verrechnungen.

(3) In der Finanzierung der *Beihilfen* dominieren die unterstellten Beiträge der Arbeitgeber mit 97,3%. Hierdurch wird dem Modus der Krankheitskostentragung im Bereich der sozialen Krankenversicherung Rechnung getragen. Die Zuweisungen aus öffentlichen Mitteln sowie die sonstigen Zuweisungen belaufen sich auf 1,2% des Finanzmittelaufkommens; hinzu kommen sonstige Einnahmen (z.B. Erstattungszahlungen Dritter) von 0,2% sowie unterstellte Verrechnungen von 1,3%.

10. Arbeitgeberleistungen

Die Arbeitgeberleistungen in den Funktionsbereichen Krankheit und Invalidität, Alter und Hinterbliebene sowie Ehe und Familie werden überwiegend von den Unternehmen sowie der öffentlichen Hand finanziert. Als Finanzierungsarten sind vorwiegend Sozialbeiträge festzustellen, wobei die tatsächlichen und unterstellten Arbeitgeberbeiträge eindeutig im Vordergrund stehen; hinzu kommen Sozialbeiträge der Arbeitnehmer in geringer Größenordnung. Zuweisungen, sonstige Einnahmen und Verrechnungen treten gegenüber den Sozialbeiträgen in den Hintergrund.

10.1 Entgeltfortzahlung

Die Entgeltfortzahlung wird vollständig durch **unterstellte Beiträge der Arbeitgeber** finanziert. Diese fallen in dem Maße an, in dem tatsächlich Zahlungen an die Arbeitnehmer im Krankheitsfalle erfolgen. Grundsätzlich zahlt jeder einzelne Arbeitgeber die entsprechenden Beiträge für seine kranken Arbeitnehmer. Da jedoch die Kostenbelastung durch die Lohnfortzahlung für lohnintensive Klein- und Handwerksbetriebe kaum tragbar ist, ist ein **Ausgleichsverfahren** vorgesehen, das von den Orts- und Innungskrankenkassen, der Bundesknappschaft und der Seekrankenkasse durchgeführt wird. Die an diesem Ausgleichsverfahren beteiligten Arbeitgeber mit regelmäßig nicht mehr als 20 (ab 1.1.1986 bis zu 30) beschäftigten Arbeitnehmern erhalten 80% der Entgeltfortzahlung sowie der Arbeitgeberanteile zur Sozialversicherung erstattet. Die Mittel für dieses Ausgleichsverfahren werden durch eine Umlage seitens der beteiligten Arbeitgeber aufgebracht. Die in dieser Weise bewegten Finanzmittel kommen in den zusammengefaßten Zahlen für die Entgeltfortzahlung nicht zum Ausdruck.

10.2 Betriebliche Altersversorgung

Die betriebliche Altersversorgung finanzierte sich 1986 zu 98,3% aus **Sozialbeiträgen der Arbeitgeber**, von denen 10,4% auf tatsächliche Beiträge (an Pensionskassen, Unterstützungskassen, Lebensversicherungen sowie die Rentenversicherung) und 87,9% auf unterstellte Beiträge (z.B. Zuweisungen an Pensionsrückstellungen) entfielen. Im Falle von Pensionskassen und Direktversicherungen sind in Einzelfällen auch die **Arbeitnehmer** mit eigenen Beiträgen an der Finanzierung der betrieblichen Altersversorgung beteiligt. Dieser Anteil war jedoch 1986 mit 1,7% vergleichsweise gering.

10.3 Zusatzversorgung

Die Zusatzversicherungs- und Zusatzversorgungssysteme im öffentlichen Dienst sowie für einzelne Berufe erbringen Leistungen insbesondere in den Funktionsbereichen Alter und Hinterbliebene sowie Krankheit und Invalidität. Hierfür stehen ihnen Finanzierungsmittel zur Verfügung, die überwiegend durch die Unternehmen, den Bund, die Länder und die Gemeinden aufgebracht werden. Im Vordergrund stehen dabei tatsächliche **Beiträge** der Arbeitgeber (1986: 62,5%); hinzu treten **Zuweisungen** (1986: 8,7%) sowie **sonstige Einnahmen**, insbesondere Vermögenserträge (1986: 28,7%):

(1) Die *Zusatzversorgung im öffentlichen Dienst* finanziert sich überwiegend aus tatsächlichen Beiträgen der Arbeitgeber. Die Ordnung der Beitragsfinanzierung ist bei den verschiedenen öffentlich-rechtlichen Zusatzversorgungen sehr unterschiedlich. Bei der Zusatzversicherung der Versorgungsanstalt des Bundes und der Länder wird von einem Beitragssatz von 2,5% des zu versichernden Entgelts ausgegangen; der Beitrag wird seit 1973 für Arbeitnehmer des Bundes, der Länder und der kommunalen Verwaltungen insgesamt vom Arbeitgeber getragen; in anderen Bereichen sind in begrenztem Umfange Arbeitnehmeranteile festzustellen. Im Vergleich zu der Beitragsfinanzierung sind die Zuweisungen von untergeordneter Bedeutung. Die sonstigen Einnahmen machen regelmäßig etwa 2/3 der Sozialbeiträge aus und bestehen insbesondere aus Vermögenserträgen.

(2) Die *Zusatzversicherungen für einzelne Berufe* finanzieren sich überwiegend aus Beiträgen der Versicherten sowie aus tatsächlichen Beiträgen der Arbeitgeber. Beitragssätze und Beitragsbemessungsgrundlagen sowie Beitragsverteilungen unterscheiden sich in den einzelnen Versicherungszweigen in verschiedener Hinsicht, so daß generelle Aussagen an dieser Stelle nicht möglich sind. Entsprechend dem Zweck der zusätzlichen Altersversorgungen liegen die Beiträge überwiegend wesentlich niedriger als in der Rentenversicherung (niedrigere Beitragssätze, niedrigere Bemessungsgrundlage). In verschiedener Hinsicht ist jedoch eine deutliche Orientierung an der gesetzlichen Rentenversicherung festzustellen. Dies gilt insbesondere für die Hüttenknappschaftliche Zusatzversicherung im Saarland. Die Zusatzversorgung für Bezirksschornsteinfegermeister erhebt Beiträge je Kehrbezirk und Jahr. Die Zusatzversorgung für Arbeitnehmer in der Land- und Forstwirtschaft weist vor allem Beiträge der Arbeitgeber auf. In der Seemannskasse werden die Beiträge von den Arbeitgebern im Umlageverfahren aufgebracht; in Einzelfällen werden auch von den Versicherten Beiträge erhoben. Im Vergleich zu der überwiegenden Beitragsfinanzierung belaufen sich die Zuweisungen

regelmäßig auf 1/6 bis 1/8 des gesamten Finanzmittelaufkommens. So finden sich Bundeszuschüsse in der Hüttenknappschaftlichen Zusatzversicherung im Saarland. Für die Zusatzversorgung der Arbeitnehmer in der Land- und Forstwirtschaft werden neben den Beiträgen der Arbeitgeber auch Ausgleichszahlungen aus Mitteln des Bundes zur Verfügung gestellt. Die sonstigen Einnahmen, insbesondere Vermögenserträge, belaufen sich bei den Zusatzversicherungen für einzelne Berufe im Durchschnitt auf etwa 1/4 des gesamten Finanzmittelaufkommens.

10.4 Sonstige Arbeitgeberleistungen

Die sonstigen Arbeitgeberleistungen wurden 1986 zu 89,4% aus **unterstellten Beiträgen der Arbeitgeber** finanziert. Hierbei handelt es sich um unmittelbar in Leistungen umgesetzte Finanzmittelströme für Beihilfen im Krankheitsfalle, Familienzulagen zu Lohn oder Gehalt, für Werks- und Dienstwohnungen, Baukostenzuschüsse an die Arbeitnehmer und für den betrieblichen Gesundheitsdienst. Hinzu treten Leistungsverrechnungen (Zuschüsse zum Vorruhestandsgeld) mit einem Anteil von 10,6%.

11. Entschädigungen

Den Entschädigungssystemen stehen zur Finanzierung ihrer Leistungen – insbesondere in den Funktionsbereichen Alter und Hinterbliebene sowie Folgen politischer Ereignisse – Finanzmittel in leistungsentsprechender Höhe zur Verfügung. Die Finanzmittel werden durch den Bund, die Länder sowie die Gemeinden aufgebracht; sie bestehen fast ausschließlich aus Zuweisungen aus öffentlichen Mitteln.

11.1 Kriegsopferversorgung

Die Entschädigungsleistungen der Kriegsopferversorgung werden ausschließlich aus **öffentlichen Zuweisungen** finanziert. Überwiegend handelt es sich hierbei um Haushaltsmittel des Bundes. Die Länder tragen die Leistungen für die Versorgung von Impfgeschädigten, einen Teil der Leistungen der Kriegsopferfürsorge, der Versorgung der Opfer von Gewalttaten und die Erstattung von Fahrgeldausfällen sowie die Verwaltungskosten. Die kommunalen Gebietskörperschaften tragen einen Teil der Leistungen der Kriegsopferfürsorge, die jedoch mittlerweile von der Sozialhilfe abgetrennt wurde.

11.2 Lastenausgleich

Der Lastenausgleich finanzierte sich 1986 zu 99,7% aus **öffentlichen Zuweisungen**; hinzu kamen **sonstige Einnahmen** mit 0,3%:

(1) Der Lastenausgleich finanzierte sich ursprünglich überwiegend aus bestimmten *Stichtagsabgaben* (21.6.1948) in Form der Vermögensabgabe, der Hypothekengewinnabgabe und der Kreditgewinnabgabe. Allen Ausgleichsabgaben ist gemeinsam, daß sie aufgrund bestimmter Tatbestände, die am Währungsstichtag vorlagen oder infolge der Neuordnung des Geldwesens eintraten, erhoben wurden.

- Durch die *Vermögensabgabe* wurde das gesamte am Stichtag noch vorhandene und über den Krieg gerettete Vermögen mit einer Abgabeschuld von 50% belegt; diese Abgabeschuld war je nach der Vermögensart zu verzinsen und zu tilgen.
- Durch die *Hypothekengewinnabgabe* wurden Währungsgewinne, die durch die währungsmäßige Umstellung der Hypotheken entstanden waren, in Höhe von 90% erfaßt.
- Die *Kreditgewinnabgabe* umfaßte die Währungsgewinne der gewerblichen Unternehmen in entsprechender Weise.

Das gesamte Finanzmittelaufkommen aus den Lastenausgleichsabgaben ist stark rückläufig (Stundungen, Erlasse, Ablösungen). Entsprechend sind auch die sonstigen Einnahmen des Lastenausgleichs für die Finanzierung sämtlicher Leistungen von stark sinkender Bedeutung.

(2) Zur Finanzierung der Lastenausgleichsleistungen sind daher zunehmend *öffentliche Zuweisungen* erforderlich. Gegenwärtig zahlen Bund und Länder überwiegend die Unterhaltshilfe; der Bund zahlt weiterhin in beträchtlichem Umfange Zuschüsse zu den Leistungen aus dem Härtefonds. Bund und Länder finanzieren die Leistungen nach dem Flüchtlingshilfegesetz. Außerdem sind die Verwaltungskosten des Lastenausgleichs von den Gebietskörperschaften zu finanzieren.

11.3 Wiedergutmachung

Die Leistungen der Wiedergutmachung werden ausschließlich aus **öffentlichen Zuweisungen** finanziert. Bund und Länder (ohne Berlin) stellen die Finanzierungsmittel je zur Hälfte bereit. Die Entschädigungsleistungen des Landes Berlin werden zu 60% vom Bund, zu 25% von den Ländern (ohne Berlin) und zu 15% von dem Land Berlin selbst getragen. Die Verwaltungskosten der Wiedergutmachungsleistungen tragen die Länder, denen die Durchführung der Entschädigungsgesetze obliegt. Auf diese Weise ist die Wiedergutmachungslast der Länder etwas höher als die des Bundes.

11.4 Sonstige Entschädigungen

Die sonstigen Entschädigungen werden zu 100% aus **öffentlichen Zuweisungen** finanziert. Hiervon trägt der Bund etwa 95%; die Gemeinden übernehmen mit 5% der gesamten Finanzmittelaufbringung vor allen Dingen die Verwaltungskosten der Durchführung dieser Entschädigungsleistungen.

12. Soziale Hilfen und Dienste

Zur Finanzierung ihrer Leistungen in den Funktionsbereichen Ehe und Familie, Krankheit und Invalidität, Ausbildung und Beschäftigung, Alter und Hinterbliebene, Wohnen, Sparen und Allgemeine Lebenshilfen stehen den Institutionen der Sozialen Hilfen und Dienste Finanzmittel in leistungsentsprechender Höhe zur Verfügung. Die Finanzmittel werden vorrangig durch die Gemeinden, die Länder, den Bund und die Unternehmen aufgebracht. Weitaus überwiegend erfolgt die Finanzierung aus Zuweisungen, von denen der größte Teil aus öffentlichen Mitteln fließt und lediglich ein geringer Teil sonstige Zuweisungen darstellt.

Die sonstigen Einnahmen sind demgegenüber von untergeordneter Bedeutung, die Verrechnungseinnahmen sind vernachlässigbar gering.

12.1 Sozialhilfe

Die Sozialhilfe wurde 1986 zu 89,5% aus öffentlichen Mitteln als **Zuweisungen** finanziert. Diese Mittel werden überwiegend von den **kommunalen Gebietskörperschaften** aufgebracht; jedoch werden durch den Finanzausgleich zwischen Gemeinden und Ländern auch die Länder an der Finanzierung beteiligt. Der Bund beteiligt sich an der Tbc-Hilfe, an der Sozialhilfe für Deutsche im Ausland sowie an der Kriegsfolgenhilfe. Die **sonstigen Einnahmen der Sozialhilfe** beliefen sich auf 10,4%. Hierbei handelt es sich insbesondere um Finanzmittelzuflüsse aufgrund von Verpflichtungen anderer Personen zur Zahlung von Sozialhilfeleistungen oder zum Kostenersatz (Zahlungen unterhaltsverpflichteter Angehöriger, der Erben usw.). Die **Verrechnungseinnahmen** beliefen sich auf 0,1% des Finanzmittelaufkommens und betreffen die Zahlungen für die Krankenversorgung gemäß LAG.

12.2 Jugendhilfe

Die Jugendhilfe finanzierte sich 1986 zu 91,7% aus **öffentlichen Zuweisungsmitteln**. Hieran waren der Bund und die Länder, vor allem aber die Gemeinden (über 70%) beteiligt. Die privaten Haushalte und die Sozialversicherung erbrachten die **sonstigen Einnahmen** mit 8,3% des gesamten Finanzmittelaufkommens; hierbei handelt es sich um Kostenbeiträge der Minderjährigen, ihrer Eltern oder sonstiger Unterhaltsverpflichteter sowie um Teilnehmerbeiträge und Gebühren.

12.3 Ausbildungsförderung

Die Ausbildungsförderung finanzierte sich 1986 zu 99,1% aus **öffentlichen Zuweisungsmitteln**. Hieran waren der Bund mit 61,2% und die Länder mit 37,9% beteiligt. Grundsätzlich liegt der Finanzierungsanteil des Bundes bei 65% und derjenige der Länder bei 35%; da jedoch die bei der Durchführung der Ausbildungsförderungsgesetze entstehenden Verwaltungskosten von den Ländern getragen werden, verschieben sich die Finanzierungsanteile zu Lasten der Länder. Die **sonstigen Einnahmen** sind verschwindend gering (0,9%) und bestehen ausschließlich aus Finanzmittelaufbringungen privater Haushalte.

12.4 Wohngeld

Das Wohngeld wird ausschließlich aus **öffentlichen Zuweisungsmitteln** finanziert. Im Jahre 1986 belief sich der Finanzierungsanteil des Bundes auf 46,5%, derjenige der Länder auf 51,0% und der Gemeinden auf 2,5%.

12.5 Öffentlicher Gesundheitsdienst

Der öffentliche Gesundheitsdienst finanzierte sich 1986 zu 78,1% aus **öffentlichen Zuweisungsmitteln**. Diese Mittel wurden weitaus überwiegend von den Ländern und von den Gemeinden aufgebracht; der Anteil des Bundes war sehr gering. Die **sonstigen Einnahmen** erreichten einen Anteil von 21,9% des gesamten Finanzmittelaufkommens; dabei handelt es sich um Selbstbeteiligungsbeiträge sowie um Kostenerstattungen.

12.6 Vermögensbildung

Die Vermögensbildung finanziert sich zu 100% aus Zuweisungen. Hiervon entfielen im Jahre 1986 40,8% auf **Zuweisungen aus öffentlichen Mitteln** und 59,2% auf sonstige Zuweisungen. Der Bund trägt die Leistungen nach dem Spar-Prämiengesetz allein, während die Prämien nach dem Wohnungsbau-Prämiengesetz von Bund und Ländern je zur Hälfte getragen werden. Die Arbeitnehmer-Sparzulage nach dem Dritten Vermögensbildungsgesetz wird von Bund, Ländern und Gemeinden aus dem Lohnsteueraufkommen finanziert. Die Unternehmen erbringen mit einem Finanzierungsanteil von etwa 59% vor allen Dingen die **nicht-öffentlichen Zuweisungen** (Arbeitgeberleistungen zur Vermögensbildung).

13. Indirekte Leistungen

Die indirekten Leistungen betreffen vor allen Dingen die Funktionsbereiche Ehe und Familie, Wohnen, Sparen sowie Alter und Hinterbliebene. Die Finanzierung in leistungsentsprechender Höhe erfolgt vollständig aus öffentlichen Zuweisungen, an denen 1986 der Bund mit 40,8%, die Länder mit 44,9% und die Gemeinden mit 14,3% beteiligt waren.

13.1 Steuerermäßigungen

Die zu 100% aus öffentlichen Zuweisungen bestehenden Steuerermäßigungen wurden 1986 zu 41,6% vom **Bund**, zu 42,7% von den **Ländern** und zu 15,7% von den **Gemeinden** getragen.

13.2 Vergünstigungen im Wohnungswesen

Die Vergünstigungen im Wohnungswesen wurden 1986 zu 100% aus öffentlichen Zuweisungen finanziert. Hieran waren der **Bund** mit 33%, die **Länder** mit 65,8%, und die **Gemeinden** mit 1,2% beteiligt.

Kapitel 7: Organisatorische Grundlagen des Sozialleistungssystems

1. Äußere Organisation der Sozialleistungsträger

Das Sozialleistungssystem in der Bundesrepublik Deutschland weist eine **differenzierte institutionelle Gliederung** mit unterschiedlichsten Organisationsformen auf. Nur in wenigen Fällen stehen hinter dem einzelnen Sozialleistungszweig hochaggregierte Institutionen, die bundesweit tätig werden; in der Mehrzahl der Fälle bestehen die einzelnen Sozialleistungsträger aus einer Fülle organisatorischer Einheiten. Im staatlichen Bereich der Sozialpolitik sind diese häufig **aus der allgemeinen Staatstätigkeit ausgegliedert** und **rechtlich** sowie **finanziell verselbständigt**; für sie haben sich zudem unterschiedliche **Verbandsformen** herausgebildet. Im Bereich der außerstaatlichen Sozialpolitik ist zwar die Einbindung in vorhandene Organisationen typisch, aber auch hier sind organisatorische Verselbständigungen zu beobachten. In dieser Weise sind institutionelle Einordnung, Rechtsstatus und Verbandsformen der Sozialleistungsträger in der Bundesrepublik sehr differenziert und markieren in dieser Vielfalt die äußere Organisation des Sozialleistungssystems.

(1) Träger der Arbeiterrentenversicherung sind 18 *Landesversicherungsanstalten* (LVA; für die Mehrzahl der Arbeiter), die *Bundesbahn-Versicherungsanstalt* (für die Arbeiter der Bundesbahn) und die *Seekasse* (für Seeleute, Küstenschiffer und -fischer). Für die Angestellten ist die *Bundesversicherungsanstalt für Angestellte* zuständig, für die Beschäftigten in knappschaftlichen Betrieben die *Bundesknappschaft*. Die Rentenversicherungsträger sind rechtsfähige Körperschaften des öffentlichen Rechts mit Selbstverwaltung und begrenzter staatlicher Aufsicht. Sie haben sich im Verband Deutscher Rentenversicherungsträger (eingetragener Verein, privatrechtlicher Zusammenschluß ohne direkten staatlichen Einfluß) zusammengeschlossen.

(2) Die äußere Organisation der *Krankenversicherung* wird durch die Krankenkassen, die Kassenärztlichen Vereinigungen sowie den Vertrauensärztlichen Dienst geprägt:

- Zu den *Krankenkassen* gehören die Ortskrankenkassen, die Betriebskrankenkassen, die Innungskrankenkassen, die landwirtschaftlichen Krankenkassen, die Seekrankenkasse, die Bundesknappschaft sowie die Ersatzkassen für Angestellte und für Arbeiter. Die Ortskrankenkassen, die Betriebskrankenkassen, die Innungskrankenkassen sowie die landwirtschaftlichen Krankenkassen haben sich jeweils zu spezifischen Bundesverbänden zusammengeschlossen, die ebenso wie die Krankenkassen selbst Körperschaften des öffentlichen Rechts mit Selbstverwaltung unter staatlicher Aufsicht darstellen. Im Gegensatz zu diesen Krankenkassen ist die Bundesknappschaft nicht regional gegliedert; sie ist ebenfalls eine Körperschaft des öffentlichen Rechts mit Selbstverwaltung und Staatsaufsicht. Die Ersatzkassen für Angestellte und die Ersatzkassen für Arbeiter weisen zwar ebenfalls diesen Rechtsstatus auf, ihr Zusammenschluß zu zwei Ersatzkassenverbänden ist jedoch privatrechtlicher Art. Die Seekrankenkasse ist demgegenüber organisatorisch der Seekasse zugeordnet und über diese in das öffentlich-rechtliche System der Selbstverwaltungskörperschaften einbezogen.

- Die regional meist nach Ländern und personell nach Ärzten und Zahnärzten gegliederten *Kassenärztlichen Vereinigungen* tragen die Verantwortung für die ärztliche und zahnärztliche Versorgung der Bevölkerung, vertreten die Rechte der Kassenärzte gegenüber den Krankenkassen und sind den Krankenkassen gegenüber verpflichtet, die von der Krankenversicherung den Versicherten geschuldeten ärztlichen und zahnärztlichen Leistungen zu erbringen. Sie sind Körperschaften des öffentlichen Rechts mit Selbstverwaltung und staatlicher Aufsicht. Sie haben sich in der Kassenärztlichen Bundesvereinigung sowie der Kassenzahnärztlichen Bundesvereinigung (ebenfalls Körperschaften des öffentlichen Rechts) zusammengeschlossen. Diese vereinbaren mit den Bundesverbänden der Krankenkassen die Gesamtvergütungen für Ärzte und Zahnärzte.
- Der *Vertrauensärztliche Dienst* ist eine Gemeinschaftsaufgabe der Krankenversicherung mit Durchführung seitens der Landesversicherungsanstalten. Die Vertrauensärzte haben eine Kontrollfunktion im Verhältnis zu den Ärzten und zu den Patienten. Überregional besteht eine Arbeitsgemeinschaft für Gemeinschaftsaufgaben der Krankenversicherung.

(3) Träger der *Unfallversicherung* sind die gewerblichen Berufsgenossenschaften einschließlich der See-Berufsgenossenschaft, die landwirtschaftlichen Berufsgenossenschaften, die Gemeindeunfallversicherungsverbände, die Feuerwehrunfallversicherungskassen, die zu Versicherungsträgern erklärten Gemeinden, die Bundesanstalt für Arbeit, die Bundesländer sowie der Bund mit jeweils spezifischer Aufgabenabgrenzung. Von Bund, Ländern und Gemeinden abgesehen sind die Träger der Unfallversicherung Körperschaften des öffentlichen Rechts mit Selbstverwaltung und staatlicher Aufsicht. Die Unfallversicherungsträger haben sich zum Hauptverband der gewerblichen Berufsgenossenschaften, zum Bundesverband der landwirtschaftlichen Berufsgenossenschaften und zur Bundesarbeitsgemeinschaft der Unfallversicherungsträger der öffentlichen Hand in Form von eingetragenen Vereinen zusammengeschlossen.

(4) Die *Bundesanstalt für Arbeit* ist zuständig für die aus dem Arbeitsförderungsgesetz resultierenden Aufgaben; sie ist eine Selbstverwaltungskörperschaft mit staatlicher Aufsicht und weitreichender Aufgliederung: Hauptstelle, Landesarbeitsämter, Arbeitsämter, Zentralstelle für Arbeitsvermittlung in Frankfurt, Institut für Arbeitsmarkt- und Berufsforschung, Zentralamt für Aufgaben der Personalverwaltung und des Kassenwesens.

(5) Die Bundesanstalt für Arbeit fungiert auch als *Kindergeldkasse*; lediglich die Angehörigen des öffentlichen Dienstes erhalten das Kindergeld von ihren Arbeitgebern oder Dienstherren.

(6) Zahlstellen des *Erziehungsgeldes* sind zwar in den meisten Bundesländern die Arbeitsämter; teilweise sind jedoch auch die Versorgungsämter, die Jugendämter und Bezirksämter zuständig.

(7) Träger der *Altershilfe für Landwirte* sind die landwirtschaftlichen Alterskassen bei den landwirtschaftlichen Berufsgenossenschaften mit einem Gesamtverband beim Bundesverband der landwirtschaftlichen Berufsgenossenschaften. Landwirtschaftliche Alterskassen und Gesamtverband sind Körperschaften des öffentlichen Rechts mit Selbstverwaltung und Staatsaufsicht.

(8) Die meisten *Versorgungswerke* sind in der Rechtsform des Sondervermögens bei einer öffentlich-rechtlichen Körperschaft (Berufskammer) organisiert; daneben gibt es selbständige Körperschaften (bayerische Einrichtungen, baden-württembergische Ärzteversorgung). In allen Fällen existieren Selbstverwaltungsregelungen oder analoge Organisationsstrukturen, die der Staatsaufsicht unterliegen. Die meisten Versorgungswerke haben sich zur Arbeitsgemeinschaft berufsständischer Versorgungswerke zusammengeschlossen.

(9) Träger der *Beamtenversorgung* ist der jeweilige Dienstherr. Dienstherren können sein: der Bund, die Länder, die Gemeinden und die Gemeindeverbände sowie kraft besonderer Vorschrift andere Körperschaften, Anstalten und Stiftungen des öffentlichen Rechts. Unterstaatliche Dienstherren können zu Versorgungsverbänden zusammengeschlossen werden. Überwiegend ist jedoch die Beamtenversorgung Teil der allgemeinen öffentlichen Verwaltung.

(10) Die *Entgeltfortzahlung* sowie die vertraglichen und freiwilligen Arbeitgeberleistungen sind überwiegend als Teil der allgemeinen Unternehmensverwaltung organisiert (Lohnabteilungen, Sozialabteilungen). Ausnahmen ergeben sich insbesondere bezüglich der *betrieblichen Altersversorgung*. Hier sind betriebliche Unterstützungskassen (e.V., GmbH, Stiftung) oder Pensionskassen (Versicherungsvereine auf Gegenseitigkeit) als rechtlich selbständige Einrichtungen festzustellen. Auch ist die Inanspruchnahme privater Lebensversicherungen ebenso wie die Anbindung der betrieblichen Altersversorgung an eine bestehende Rentenanwartschaft (Höherversicherung) üblich.

Die *Zusatzversorgung* weist sehr unterschiedliche organisatorische Strukturen auf. Für die Zusatzversicherung der Arbeitnehmer des Bundes, der Länder und kommunaler Verwaltungen und Betriebe ist die Versorgungsanstalt des Bundes und der Länder (VBL) als rechtsfähige Anstalt des öffentlichen Rechts mit Staatsaufsicht zuständig. Die kommunalen Zusatzversorgungskassen bestehen z.T. in öffentlich-rechtlicher Rechtsform, z.T. sind sie privatrechtlich organisiert; die Stadtkassen sind rechtlich unselbständig. Die Hüttenknappschaftliche Zusatzversicherung im Saarland ist bei der Landesversicherungsanstalt für das Saarland in einer besonderen Abteilung organisiert. Für die Zusatzversorgung im Schornsteinfegerhandwerk ist die Versorgungsanstalt der Deutschen Bezirksschornsteinfegermeister als bundesunmittelbare rechtsfähige Anstalt des öffentlichen Rechts mit Staatsaufsicht zuständig. Träger der Zusatzversorgung für Arbeitnehmer in der Land- und Forstwirtschaft sind das Zusatzversorgungswerk für Arbeitnehmer in der Land- und Forstwirtschaft (ZLF) als gemeinsame Einrichtung der Tarifvertragsparteien sowie die Zusatzversorgungskasse für Arbeitnehmer in der Land- und Forstwirtschaft (ZLA). Die ZLA ist eine bundesunmittelbare Anstalt des öffentlichen Rechts mit Selbstverwaltung und Staatsaufsicht. Die Seemannskasse ist als unselbständige Sondereinrichtung der See-Berufsgenossenschaft mit eigenem Haushalt organisiert; sie bedient sich bei der Durchführung ihrer Aufgaben auch der Seekasse.

(11) Die Leistungen der *sozialen Entschädigungssysteme* werden von speziellen Dienststellen der öffentlichen Verwaltung erbracht:

- Für die *Versorgung der Kriegsopfer* sind die durch Bundesgesetz errichteten und unter Staatsaufsicht stehenden Versorgungsdienststellen (Landesversorgungsämter, Versorgungsämter, andere Versorgungsdienststellen und -heilstätten) zuständig.
- Der *Lastenausgleich* wird von den Ausgleichsbehörden durchgeführt. An erster Stelle steht das Bundesausgleichsamt mit Präsidialorganisation, Kontrollausschuß und Ständigem Beirat, in dem eine begrenzte Mitwirkung der Geschädigten zum Tragen kommt. Die Landesausgleichsämter sind Fachabteilungen der Landesministerien unter der Fachaufsicht des Bundesausgleichsamts; die Ausgleichsämter sind die Unterbehörden der Lastenausgleichsverwaltung für jeden Landkreis und jeden Stadtkreis innerhalb der allgemeinen Verwaltung. Bei den Ausgleichsämtern bestehen Ausgleichsausschüsse und bei den Landesausgleichsämtern Beschwerdeausschüsse als Mitwirkungsorgane der Geschädigten.
- Die *Wiedergutmachungsleistungen* nach dem Bundesentschädigungsgesetz werden von Dienststellen der Länder erbracht.
- Für die *sonstigen Entschädigungen* sind teilweise die Versorgungsdienststellen, teilweise die Ausgleichsämter zuständig. Speziell für Heimkehrer wurde eine rechtsfä-

hige Stiftung des öffentlichen Rechts errichtet. Die Vorbereitung der Leistungsabgabe dieser Stiftung ist weitgehend der Lastenausgleichsbank übertragen.

(12) Die *Sozialen Hilfen und Dienste* werden von unterschiedlichen Organisationseinheiten vorwiegend der öffentlichen Verwaltung erbracht:

- Für die *Sozialhilfe* sind örtliche und überörtliche Träger zuständig. Örtliche Träger sind die kreisfreien Städte und die Landkreise, deren Aufgaben zum Teil auf Gemeinden oder Gemeindeverbände übertragen werden. Die überörtlichen Träger der Sozialhilfe sind vorwiegend kommunale Selbstverwaltungskörperschaften oder staatliche Behörden.
- Die öffentliche *Jugendhilfe* wird von den Jugendämtern der Gemeinden und den Landesjugendämtern durchgeführt. Hinzu kommen Träger der freien Jugendhilfe (Organisationen der Freien Wohlfahrtspflege, Kirchen und Religionsgesellschaften sowie Jugendverbände).
- Die Leistungen nach dem *Bundesausbildungsförderungsgesetz* werden von den Ländern mit Landesämtern erbracht; bei den kreisfreien Städten und Kreisen bestehen Ämter für Ausbildungsförderung; entsprechende Ämter sind bei den staatlichen Hochschulen oder den Studentenwerken eingerichtet. Für die Verwaltung der Studiendarlehen ist das Bundesverwaltungsamt zuständig.
- Die für die *Wohngeldvergabe* zuständigen Stellen werden von den Ländern bestimmt; im allgemeinen sind dies die Verwaltungen der Städte und Landkreise.
- Der *öffentliche Gesundheitsdienst* wird von staatlichen und kommunalen Gesundheitsämtern durchgeführt.
- Für die Gewährung der Leistungen zur *Vermögensbildung* sind staatliche Dienststellen sowie Arbeitgeber zuständig. Bei der Gewährung von Sparprämien, Bausparprämien und Arbeitnehmer-Sparzulagen ist insbesondere an die Tätigkeit der Finanzämter zu denken; daneben sind Arbeitgeberleistungen im Rahmen der allgemeinen Unternehmensverwaltung festzustellen.

(13) Die *indirekten Leistungen* (Steuerermäßigungen, Vergünstigungen im Wohnungswesen) werden von der öffentlichen Verwaltung im allgemeinen und öffentlichen Arbeitgebern im besonderen erbracht. Für die *Steuerermäßigungen* sind die Finanzämter zuständig. Die *Vergünstigungen im Wohnungswesen* werden von öffentlichen Dienststellen der allgemeinen Verwaltung und des Lastenausgleichs sowie von öffentlichen Arbeitgebern gewährt.

Die äußere Organisation des Sozialleistungssystems ist in typischer Weise mit der inneren Organisation verbunden. Im Bereich der Sozialversicherung und in analogen Systemen existieren selbständige Körperschaften des öffentlichen Rechts mit Selbstverwaltung aufgrund des Selbstverwaltungsgesetzes vom 22. Februar 1951. Das Selbstverwaltungsprinzip unterscheidet den Bereich der Sozialversicherung eindeutig von dem der unmittelbaren Staatstätigkeit mit Versorgungs-, Fürsorge- und Sozialhilfeeinrichtungen, wenngleich auch hier im einzelnen Ansatzpunkte einer Mitwirkung der Sozialleistungsempfänger festzustellen sind.

2. Innere Organisation der Sozialleistungsträger

2.1 Selbstverwaltung in der Sozialversicherung

Der **historische Ursprung der Selbstverwaltung** liegt im Krankenkassenwesen; dort ist bereits im Jahre 1849 eine Beteiligung von Arbeitnehmern und Arbeitgebern an der Verwaltung der Krankenkassen festzustellen. 1865 wurde die Selbstverwaltung auch in den Knappschaftsvereinen realisiert. Der umfassende Aufbau der Selbstverwaltung begann jedoch erst mit der Bismarckschen Sozialgesetzgebung, also mit der Krankenversicherung 1883, der Unfallversicherung 1884 und der Invaliditäts- und Altersversicherung 1889. Bedeutungsvoll für die Entwicklung der Selbstverwaltung war in der Folgezeit die Reichsversicherungsordnung von 1911, die diese drei Versicherungszweige auf eine gemeinsame gesetzliche Grundlage stellte und die Selbstverwaltung der Sozialversicherungsträger einheitlich regelte. Das Angestelltenversicherungsgesetz führte 1911 für die Angestellten einen eigenen Versicherungsträger sowie eine Selbstverwaltung ein – allerdings mit einigen deutlichen Unterschieden zur Selbstverwaltung gemäß Reichsversicherungsordnung. Unter dem Einfluß des Nationalsozialismus wurde die Selbstverwaltung durch das Führerprinzip ersetzt. Der **Neubeginn der Selbstverwaltung** in der Sozialversicherung datiert in der Nachkriegszeit auf den 22. Februar 1951 mit der Schaffung des Selbstverwaltungsgesetzes. Im Mai 1953 kam es zu den ersten Wahlen für die Selbstverwaltungsorgane der Sozialversicherungsträger. 20 Jahre später verabschiedete der Deutsche Bundestag ein Gesetz, in dem das Selbstverwaltungsrecht weiterentwickelt und das Wahlverfahren vereinfacht wurden. 1975 legte die Bundesregierung einen umfassenden Selbstverwaltungsbericht vor; die darin enthaltenen Überlegungen zur Fortentwicklung des Selbstverwaltungsrechts sollten insbesondere die ehrenamtliche Selbstverwaltung stärken. Die weitere Entwicklung war hierauf sowie auf die Verbesserung der Wahlverfahren (zuletzt durch das Gesetz zur Verbesserung des Wahlrechts für die Sozialversicherungswahlen vom 27. Juli 1984) gerichtet (vgl. *H. WINTERSTEIN*, 1983/84; *C. GROSSHAUS/R. HERBER*, 1985).

Die besondere Bedeutung der Selbstverwaltung in der Sozialversicherung liegt darin, daß sie zu einer **Mitwirkung von Arbeitnehmern und Arbeitgebern** bei der Willensbildung des Versicherungsträgers und dem Vollzug seiner gesetzlichen Aufgaben führt. Dadurch können vorhandene Interessenkonflikte in beträchtlichem Umfange abgebaut werden. Die Ausübung der Selbstverwaltung erfolgt durch **Vertreter**, die ehrenamtlich tätig sind und die Willensbildung sowie die Geschäftsführung des Versicherungsträgers bestimmen. Dabei bestehen erhebliche Unterschiede zwischen der Selbstverwaltung in der **Renten-, Kranken- und Unfallversicherung** auf der einen Seite und der **Arbeitsförderung** auf der anderen Seite; mit der Selbstverwaltung in der Sozialversicherung sind darüberhinaus Selbstverwaltungs- und Mitwirkungsrechte bei **anderen Sozialleistungsträgern** nur begrenzt zu vergleichen.

Die **Organe der Selbstverwaltung** in der Renten-, Kranken- und Unfallversicherung sind die Vertreterversammlung und der Vorstand.

Alle sechs Jahre wählen die der Sozialversicherung angehörenden Personengruppen diejenigen Personen, die ehrenamtlich der **Vertreterversammlung** als Mitglieder angehören sollen. In der Knappschaftsversicherung besteht insofern eine Besonderheit, als die Wahlberechtigten hier zunächst Versichertenälteste wählen, die ihrerseits die Mitglieder der Vertreterversammlung bestimmen. Die Sozialversicherungswahlen sind frei und geheim; es besteht die Möglichkeit der Briefwahl. Vereinfacht werden die Wahlen in der Regel dadurch, daß relevante gesellschaftliche Gruppen, wie z.B. die Gewerkschaften, Vorschlagslisten einreichen oder sich von vornherein auf einen Vorschlag einigen, so daß der demokrati-

Übersicht 6: Selbstverwaltung in der Sozialversicherung

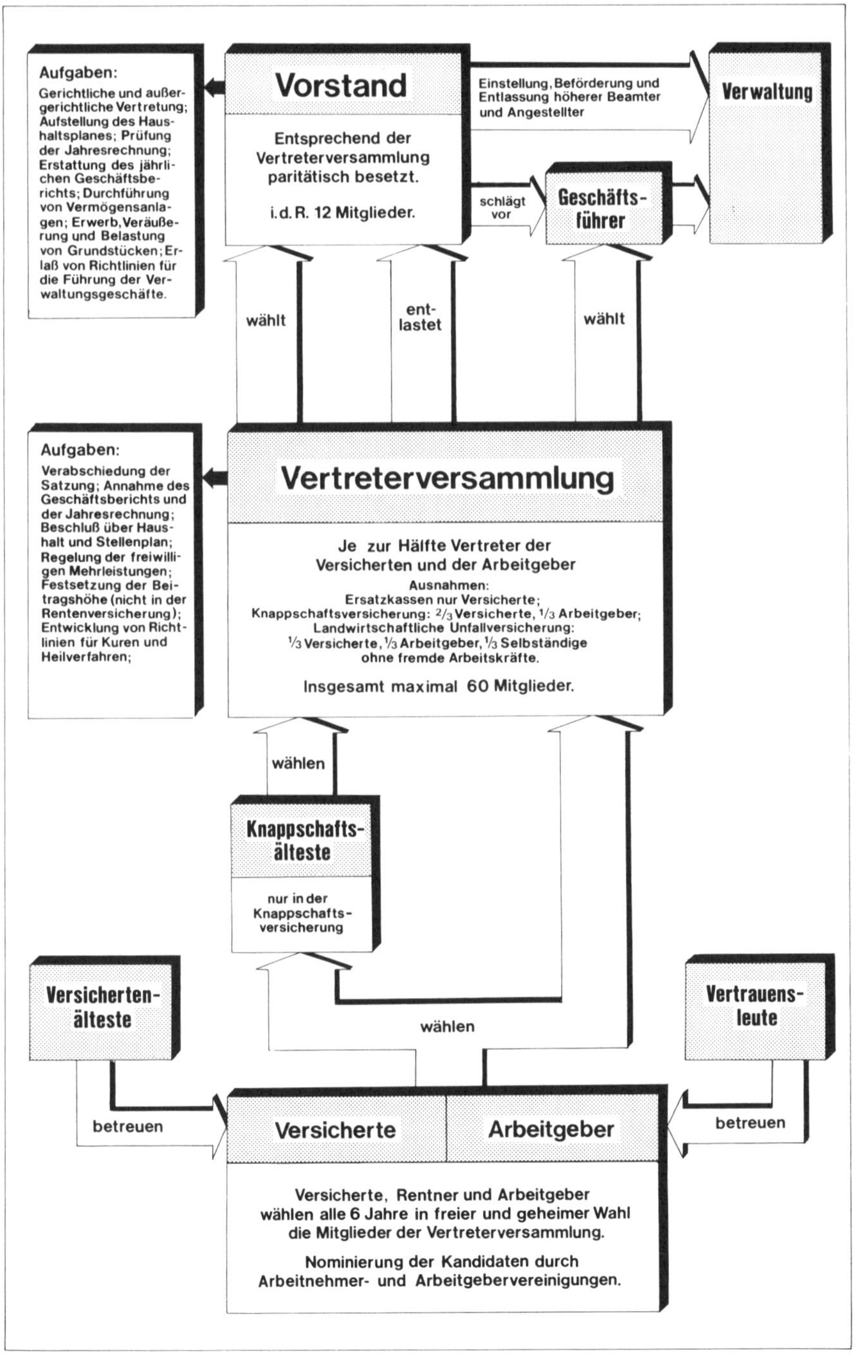

sche Wahlprozeß erheblich reduziert wird (fiktive Wahl). Je nach der Größe des betreffenden Versicherungsträgers darf die Vertreterversammlung aus höchstens 60 Mitgliedern bestehen. Sie beschließt über die Satzung, wählt den Vorstand sowie die Geschäftsführer, beschließt den Haushalt des Versicherungsträgers und erteilt dem Vorstand Entlastung und trifft die Entscheidung über Mehrleistungen sowie über den Beitragssatz (soweit nicht durch Gesetz erfolgt).

Der von der Vertreterversammlung gewählte **Vorstand** setzt sich je nach der Größe des Versicherungsträgers aus 20% bis 50% der Zahl der Mitglieder der Vertreterversammlung zusammen. Der Vorsitzende des Vorstands wird aus der Mitte des Vorstands gewählt. Grundsätzlich vertritt der Vorstand den Versicherungsträger gerichtlich und außergerichtlich; er hat insofern die Stellung eines gesetzlichen Vertreters. Zu seinen Funktionen gehört im einzelnen die Bestimmung der Richtlinien für die laufende Arbeit des Versicherungsträgers, die Entscheidung in besonderen Fällen und die Gewährleistung einer ordnungsgemäßen Durchführung der so bestimmten Politik des Versicherungsträgers. Der Vorstand hat gewissermaßen die Richtlinienkompetenz für die Führung der laufenden Verwaltungsgeschäfte, aber kein Recht zu Einzeleingriffen. Soweit Beschlüsse von Vorstand und Vertreterversammlung gegen Satzung oder Gesetz verstoßen, muß der Vorsitzende des Vorstandes von Amts wegen eine Beschwerde bei der Aufsichtsbehörde einreichen. Sowohl die Mitglieder der Vertreterversammlung als auch des Vorstandes sind ehrenamtlich tätig; sie erhalten lediglich Verdienstausfall und bare Auslagen erstattet sowie einen Pauschbetrag für den mit ihrer Tätigkeit verbundenen Zeitaufwand.

Der von der Vertreterversammlung auf Vorschlag des Vorstandes gewählte **Geschäftsführer** ist dagegen hauptberuflich in der Leitung der laufenden Verwaltungsgeschäfte des Versicherungsträgers tätig. Bei den großen Landesversicherungsanstalten, der Bundesversicherungsanstalt für Angestellte und der Bundesknappschaft besteht die Geschäftsführung aus drei Personen; sie werden auf Lebenszeit gewählt und gehören dem Vorstand mit beratender Stimme an.

Die Kernfrage der Selbstverwaltung war von Anfang an diejenige nach der **Zusammensetzung der die Selbstverwaltung ausübenden Organe**. Vorrangig wurde dabei von den Beitragsanteilen ausgegangen, und auch heute noch ist dieser Gesichtspunkt weitgehend realisiert. Da Arbeitnehmer und Arbeitgeber überwiegend den Sozialversicherungsbeitrag jeweils zur Hälfte zahlen, bestehen auch die Organe der Selbstverwaltung jeweils zur Hälfte aus Arbeitnehmer- und Arbeitgebervertretern. Jedoch sind hier weitreichende Ausnahmen festzustellen. Bei der Bundesbahn-Versicherungsanstalt als Träger der **Rentenversicherung** ist zwar die paritätische Besetzung der Organe gewährleistet, jedoch ist der Arbeitgeber nur durch einen Vertreter Mitglied der Organe mit insgesamt gleicher Stimmenzahl wie die Versichertenvertreter. In der Bundesknappschaft als Träger der Rentenversicherung und der Krankenversicherung sind die Organe zu 2/3 aus Vertretern der Arbeitnehmer und zu 1/3 aus Vertretern der Arbeitgeber zusammengesetzt. Die Organe der Betriebskrankenkassen als Träger der **Krankenversicherung** sind zwar paritätisch besetzt, aber analog zur Bundesbahn-Versicherungsanstalt als Träger der Rentenversicherung ist auch hier der Arbeitgeber nur durch einen Vertreter Mitglied eines Organs bei gleicher Stimmenzahl wie die Versichertenvertreter. In den Ersatzkassen der Krankenversicherung werden die Organe allein durch Vertreter der Arbeitnehmer geprägt, eine Ausnahme, deren Begründung in der Geschichte der Ersatzkassen zu suchen ist, die schon vor der Schaffung der gesetzlichen Krankenversicherung als Selbsthilfeeinrichtungen tätig waren. In der gesetzlichen **Unfallversicherung** zahlen zwar die Arbeitgeber allein die Beiträge; die Selbstverwaltungsorgane sind dennoch paritätisch je zur Hälfte mit Arbeitnehmern und Arbeitgebern besetzt. Auch dies ist historisch zu erklären, insofern als durch die soziale Unfallversicherung die private Schadenshaftung der Unternehmer für Arbeitsunfälle abgelöst wurde und dem Arbeitnehmer das überragende Interesse daran zuerkannt wurde, einen Schadensausgleich und eine wirksame Unfallverhütung zu realisieren. Von dieser generellen Regel gibt es jedoch eine Ausnahme; die Selbstverwaltungsorgane der landwirtschaftlichen Berufsgenossenschaften sind jeweils zu 1/3 mit Vertretern der Arbeitnehmer, der Arbeitgeber sowie der Selbständigen, die keine fremden Arbeitskräfte beschäftigen, besetzt.

Zur Selbstverwaltung gehört im weiteren Sinne auch die Wahl von **Versichertenältesten** und **Vertrauensmännern**. Die Versichertenältesten sollen die Versicherten beraten, und die Vertrauensmänner nehmen vor allen Dingen die Interessen der Arbeitgeber wahr. Der Umfang ihrer Tätigkeit wird durch die Satzung bestimmt. Sie werden durch die Vertreterversammlung gewählt, lediglich bei der Bundesknappschaft gibt es eine Urwahl von Versichertenältesten. Gesetzlich vorgeschrieben ist die Wahl von Versichertenältesten und Vertrauensmännern bei den Trägern der gesetzlichen Rentenversicherungen; allerdings kann hier das Satzungsrecht dahin wirken, daß die Wahl von Versichertenältesten entfällt, während die Satzung andererseits bei den übrigen Versicherungsträgern die Wahl von Versichertenältesten vorschreiben kann.

Im Bereich der **Arbeitsförderung** ist die Selbstverwaltung im Vergleich zur Renten-, Kranken- und Unfallversicherung durch verschiedene Besonderheiten gekennzeichnet. Die **Organe der Selbstverwaltung** der Bundesanstalt für Arbeit sind der Vorstand mit 9 Vertretern und der Verwaltungsrat mit 39 Vertretern; daneben existieren Verwaltungsausschüsse bei den Landesarbeitsämtern und Arbeitsämtern. Abweichend von der Beitragsaufteilung setzen sich diese Organe der Arbeitsförderung gemäß einer **Drittelparität** aus Vertretern der Arbeitnehmer, der Arbeitgeber und der öffentlichen Körperschaften zusammen. Dies ist nicht zuletzt deswegen einleuchtend, weil die Bundesanstalt für Arbeit weitreichende wirtschafts- und gesellschaftspolitische Funktionen übernimmt, die auch zu einem beträchtlichen Teil von der öffentlichen Hand finanziert werden. Die in den Selbstverwaltungsorganen vertretenen Personen werden nicht unmittelbar durch die Versicherten gewählt, sondern von den **Gewerkschaften**, den **Arbeitgeberverbänden** sowie den **öffentlichen Körperschaften** bestellt. Die Vertreter der öffentlichen Körperschaften im Vorstand und im Verwaltungsrat der Bundesanstalt für Arbeit werden von der Bundesregierung, dem Bundesrat sowie den Spitzenvereinigungen der kommunalen Selbstverwaltungskörperschaften, diejenigen in den Verwaltungsausschüssen der Landesarbeitsämter und Arbeitsämter von den Aufsichtsbehörden der Gemeinden vorgeschlagen. Die Aufgaben und Befugnisse der Organe der Arbeitsförderung ergeben sich aus dem **Arbeitsförderungsgesetz** sowie der **Satzung** der Bundesanstalt für Arbeit, die vom Verwaltungsrat beschlossen wird und der **Genehmigung** des Bundesministers für Arbeit und Sozialordnung bedarf.

2.2 Elemente der Selbstverwaltung in anderen Bereichen

Verschiedene Sozialleistungsinstitutionen sind an die Selbstverwaltungsmechanismen der Sozialversicherung gebunden oder in ihrer Ausgestaltung daran orientiert. So fungiert die Bundesanstalt für Arbeit auch als **Kindergeldkasse** für alle Arbeitnehmer privater Dienstherrn. Die **Altershilfe für Landwirte** ist organisatorisch an die landwirtschaftlichen Berufsgenossenschaften angebunden, und deren Organe sind auch für die Selbstverwaltung der Alterskassen zuständig; allerdings wirken in Angelegenheiten der Rentenversicherung der Landwirte die Vertreter der Arbeitnehmer in den Organen nicht mit. Die innere Organisation der **Versorgungswerke** ist meist dreistufig gegliedert: Verwaltung durch einen geschäftsführenden Ausschuß, Kontrolle durch einen aufsichtsführenden Ausschuß, Vertreterversammlung zur Beschlußfassung über die Satzung und Wahl der anderen Organe. Die Organe der **Versorgungsanstalt des Bundes und der Länder** sind Vorstand und Verwaltungsrat. Die **Hüttenknappschaftliche Zusatzversicherung im Saarland** ist an die Landesversicherungsanstalt für das Saarland angebunden. Die Organe der **Versorgungsanstalt der Deutschen Bezirksschornsteinfegermeister** sind Vertreterversammlung, Vorstand und Geschäftsführung; ähnlich ist auch die Selbstverwaltung in der **Zusatzversorgungskasse für Arbeitnehmer in der Land- und Forstwirtschaft** organisiert. Die **Seemannskasse** wird demgegenüber von den Organen der See-Berufsgenossenschaft verwaltet, allerdings wird bei Durchführung bestimmter Aufgaben auch die Seekasse als Rentenversicherungsträger tätig.

Im Bereich der **sozialen Entschädigungssysteme** sind ebenfalls Elemente einer Selbstverwaltung erkennbar. So werden im Bereich der **Kriegsopferversorgung** Beratungsausschüsse tätig, auf die die Kriegsopferverbände einen erheblichen Einfluß haben. Der **Lastenausgleich** verwirklicht Elemente einer Selbstverwaltung der Beschädigten in noch stärkerer Weise. So sind dem Präsidium des Bundesausgleichsamtes, das den Ausgleichsfonds selbständig verwaltet, ein Kontrollausschuß (22 Mitglieder: 11 vom Bundestag; 11 von den Landesregierungen) sowie ein Ständiger Beirat (mit beratender Funktion und bestehend aus Vertretern der Geschädigten und aus Sachverständigen) zugeordnet. Bei den Landesausgleichsämtern und Ausgleichsämtern bestehen Beschwerdeausschüsse bzw. Ausgleichsausschüsse, denen neben einem Vorsitzenden zwei Geschädigte als Beisitzer angehören; beide Ausschüsse haben in Einzelfällen wichtige Funktionen. Nichtsdestoweniger ist aber für die sozialen Entschädigungssysteme typisch, daß sie einen Teil der öffentlichen Verwaltung darstellen.

Dies gilt noch stärker für das **beamtenrechtliche System**, die **Sozialen Hilfen und Dienste** und die **indirekten Leistungen**. In Einzelfällen haben hier jedoch privatrechtliche Vereinigungen vom Beamtenbund bis hin zu den Verbänden der Freien Wohlfahrtspflege und der Jugendhilfe unterstützende und beratende Funktionen. Von Selbstverwaltung im eigentlichen Sinne kann aber damit nicht mehr gesprochen werden, vielmehr handelt es sich um einen typischen Einfluß von Gruppen und Verbänden auf politisch-administrative Entscheidungsprozesse.

3. Aufsicht und Mitwirkung des Staates

Die organisatorische Verselbständigung weiter Bereiche des Sozialleistungssystems in öffentlich-rechtlichen Selbstverwaltungskörperschaften wirft die Frage nach einer staatlichen Aufsicht und Mitwirkung auf, die sicherstellen soll, daß die Sozialleistungsträger nach Recht und Gesetz tätig werden. **Staatsaufsicht** und **Staatsmitwirkung** sind so gesehen eine notwendige Ergänzung der Selbstverwaltung.

Im Rahmen der Bismarckschen Sozialgesetzgebung wurde 1884 das **Reichsversicherungsamt** geschaffen. Dieses war oberste Aufsichts- und Rechtsprechungsinstanz für den Bereich der Sozialversicherung. Nach dem Zweiten Weltkrieg wurden die Rechtsprechungsfunktionen des Reichsversicherungsamtes einer besonderen Sozialgerichtsbarkeit übertragen und die Aufsicht über die Sozialversicherung dem neu errichteten Bundesversicherungsamt zugeordnet.

Das **Bundesversicherungsamt** ist eine selbständige Bundesoberbehörde im Geschäftsbereich des Bundesministers für Arbeit und Sozialordnung, und es führt die Aufsicht über die bundesunmittelbaren Sozialversicherungsträger durch. Zu ihnen gehören alle diejenigen Träger, deren Zuständigkeit über den Bereich eines einzelnen Landes hinausreicht, wie z.B. die Bundesversicherungsanstalt für Angestellte, die Landesversicherungsanstalt Oldenburg-Bremen, die Bundesknappschaft, ferner verschiedene Ersatzkassen, Betriebskrankenkassen, gewerbliche Berufsgenossenschaften sowie einige landwirtschaftliche Berufsgenossenschaften, Krankenkassen und Alterskassen.

Die Aufsicht über die bundesweit tätigen Verbände der Krankenversicherung sowie über die Kassenärztliche und Kassenzahnärztliche Bundesvereinigung übt unmittelbar der **Bundesminister für Arbeit und Sozialordnung** aus, soweit diese Verbände und Vereinigungen öffentlich-rechtlich organisiert sind. Der Verband Deutscher Rentenversicherungsträger sowie die privatrechtlichen Verbände der Ersatzkassen gehören demzufolge nicht dazu. Der unmittelbaren Aufsicht des Bundesministers für Arbeit und Sozialordnung unterliegt jedoch auch die Bundesanstalt für Arbeit.

Von dieser Bundesaufsicht zu unterscheiden ist die **Staatsaufsicht** durch die obersten Verwaltungsbehörden der Länder oder die nach Landesrecht bestimmten Behörden; sie trifft zu für die landesunmittelbaren Versicherungsträger, deren Zuständigkeitsbereich sich auf das Gebiet eines Landes beschränkt.

Die Staatsaufsicht in der Sozialversicherung greift in mancher Hinsicht auch auf **andere Sozialleistungsträger** über oder ist zumindest für sie vorbildlich. Die Bundesanstalt für Arbeit steht auch in ihrer Eigenschaft als Kindergeldkasse unter der Aufsicht des Bundesministers für Arbeit und Sozialordnung. Die landwirtschaftlichen Alterskassen unterliegen wegen ihrer Anbindung an die landwirtschaftlichen Berufsgenossenschaften der für diese typischen Aufsicht; der Gesamtverband der landwirtschaftlichen Alterskassen unterliegt der Aufsicht des Bundesversicherungsamtes. Die Aufsicht über die Versorgungswerke mit weitgehend regionaler Zuständigkeit führen die Innenminister der Länder; die Fachaufsicht wird gelegentlich auch durch die Wirtschaftsminister ausgeübt. Die Aufsicht über die bundesweit arbeitende Versorgungsanstalt des Bundes und der Länder führt der Bundesminister der Finanzen. Die Hüttenknappschaftliche Zusatzversicherung im Saarland steht unter der Aufsicht saarländischer Landesbehörden, da sie nur landesweit tätig ist. Die bundesweit relevante Versorgungsanstalt der Deutschen Bezirksschornsteinfegermeister wird vom Bundesminister der Finanzen beaufsichtigt. Die Aufsicht über die Zusatzversorgungskasse für Arbeitnehmer in der Land- und Forstwirtschaft übt das Bundesversicherungsamt aus; gleiches gilt für die Seemannskasse. Die Versorgungsdienststellen der Kriegsopferversorgung unterliegen der Aufsicht der Arbeitsminister der Länder. Das Bundesausgleichsamt steht unter der Aufsicht der Bundesregierung und übt zugleich die Fachaufsicht über die Landesausgleichsämter aus, die im übrigen den einzelnen Landesministerien zugeordnet sind; auch die Entschädigungsgesetze werden von den Ländern durchgeführt, und die sonstigen Entschädigungen unterliegen wegen ihrer Zuordnung zu den Versorgungsbehörden bzw. zu den Ausgleichsämtern den dort tätigen Aufsichtsbehörden. Soweit Sozialleistungsträger als Teil der vorhandenen öffentlichen und staatlichen Verwaltung tätig werden, sind für sie regelmäßig keine besonderen Aufsichtsbehörden geschaffen worden, sondern sie unterliegen den allgemeinen Kontrollmechanismen des Staats- und Verwaltungsapparates.

Die Staatsaufsicht über die Sozialleistungsträger hat die **Sicherstellung der Beachtung von Recht und Gesetz** zum Ziel. Die Tätigkeit der Sozialleistungsträger soll sich innerhalb der für sie geltenden Normen vollziehen. Hierzu gehören die formellen Gesetze, die Rechtsverordnungen, das Gewohnheitsrecht, die Grundsätze des allgemeinen Verwaltungsrechts, aber auch die Vorschriften des jeweiligen autonomen Rechts des Sozialleistungsträgers wie Satzungen, Krankenordnungen, Dienstordnungen, Versicherungsbedingungen, Gefahrtarife und Entschädigungsregelungen. Hinzu kommen die allgemeinen Verwaltungsvorschriften, die zu den von den Sozialleistungsträgern anzuwendenden Rechtsvorschriften erlassen worden sind.

Die in diesem Rahmen gegebenen **Aufsichtsbefugnisse** der Aufsichtsbehörden sind im **Sozialgesetzbuch** geregelt worden. Das Sozialgesetzbuch stellt in den Mittelpunkt der Aufsichtstätigkeit die Unterstützung des Sozialleistungsträgers. Bei Feststellung einer Verletzung von Recht und Gesetz soll die Aufsichtsbehörde den Sozialleistungsträger informieren und ihn beraten, wie der beanstandete Zustand innerhalb einer angemessenen Frist behoben werden kann. Die Aufsichtsbehörde kann dem Sozialleistungsträger eine entsprechende Pflicht auferlegen, die sogar mit verwaltungsvollstreckungsrechtlichen Mitteln bei eingetretener Unanfechtbarkeit durchgesetzt werden kann. Grundlage und Voraussetzung dieser Aufsichtstätigkeit ist ein umfassendes Informations- und Prüfungsrecht der Aufsichtsbehörde.

Die **Rechtsaufsicht** des Staates wird durch eine **Fachaufsicht** ergänzt, in der sich die Mitwirkung des Staates beim Zustandekommen von Maßnahmen der Sozialversicherungsträger in Form von Genehmigung, Zustimmung oder Bestätigung ausdrückt. So bedarf z.B. die autonome Rechtsetzung stets der staatlichen Mitwirkung; gleiches gilt für verschiedenste personelle und organisatorische Maßnahmen der Sozialleistungsträger. Aber auch bei den finanziellen Maßnahmen zeigt sich die Fachaufsicht des Staates in vielerlei Hinsicht, z.B. im Hinblick auf den gesamten Haushaltsplan, im Hinblick auf einzelne Vermögensanlagen usw.

In der Rechtsaufsicht sowie in der fachlichen Mitwirkung erschöpft sich jedoch nicht die Tätigkeit der Aufsichtsbehörden. Den Aufsichtsbehörden sind **vielfältige andere Verwaltungsaufgaben** übertragen worden. Dabei handelt es sich insbesondere um Verwaltungsaufgaben aus dem Personal- und Organbereich (z.B. Bestellung eines Wahlausschusses, Ergänzung der Vertreterversammlung, Ermächtigung bestimmter Bediensteter der Berufsgenossenschaften zur Erteilung vollstreckbarer Ausfertigungen). Zu diesen fallweisen Aufgaben kommen laufende hinzu. Das Bundesversicherungsamt hat beispielsweise zentrale Aufgaben bei der Ausbildung qualifizierten Nachwuchses der bundesunmittelbaren Versicherungsträger übernommen. Es fördert für die entsprechenden Personen die Berufsausbildung, überwacht die Ausbildung und führt Prüfungen durch. Hiervon zu unterscheiden sind laufende Tätigkeiten bei der Verwaltung und Verwendung von Finanzmitteln der Sozialleistungsträger. Das Bundesversicherungsamt hat die Aufgabe der Bewirtschaftung der Zuschüsse des Bundes übernommen und übt verschiedene Aufgaben im Rahmen der Krankenversicherung der Studenten aus. Ferner führt das Bundesversicherungsamt die übergreifenden Mittelverteilungen durch (z.B. Gemeinlastabrechnung für Renten, Beitragserstattungen, Krankenversicherung der Rentner, Defizitausgleich innerhalb der Arbeiterrentenversicherung, Finanzausgleich zwischen der Arbeiterrentenversicherung und der Angestelltenversicherung usw.).

4. Auskunfts- und Beratungswesen der Sozialleistungsinstitutionen

Das moderne Sozialleistungssystem ist im Laufe eines ganzen Jahrhunderts gewachsen. Das entstandene Sozialleistungsrecht ist so weit gefächert, differenziert und vielschichtig, daß es weder vom einzelnen Experten und noch viel weniger von dem einzelnen Sozialleistungsempfänger übersehen werden kann. Umso wichtiger sind Aufklärung, Beratung und Auskunft für die gesamte Bevölkerung und insbesondere für die unmittelbar Betroffenen über die Bedingungen und Mechanismen der Leistungsabgabe sozial- und verteilungspolitischer Institutionen. Das Sozialgesetzbuch trägt dieser Notwendigkeit mit seinen Bestimmungen über die Aufklärung, die Beratung und die Auskunft als normierte Verpflichtungen der Sozialleistungsträger Rechnung.

Die **Aufklärung** ist als generelle Unterrichtung der Bevölkerung über die Struktur und Arbeitsweise des Sozialleistungssystems aufzufassen. Sie richtet sich typischerweise nicht an den einzelnen Sozialleistungsempfänger, sondern an mehr oder weniger abgegrenzte Personenmehrheiten oder die gesamte Bevölkerung. Hierzu sind alle Sozialleistungsträger, aber auch die anderen mit dem Sozialleistungssystem befaßten Stellen verpflichtet. Diese erfüllen ihre Aufklärungsfunktion mittels Informationsschriften und Merkblättern, Plakaten und Zeitungsanzeigen sowie Zeitungsartikeln, Informationsveranstaltungen sowie Rundfunk- und Fernsehsendungen. Typisch ist also die Benutzung vor allem der Massenmedien.

Die **Beratung** ist demgegenüber verstärkt an den individuellen Belangen des einzelnen Sozialleistungsempfängers orientiert und beabsichtigt seine richtige und vollständige Unterrichtung über Rechte und Pflichten im Sozialleistungssystem. Zur Beratung ist vor allen Dingen derjenige Sozialleistungsträger verpflichtet, zu dem der einzelne in Leistungsbeziehungen tritt oder treten kann. Die Beratung ist persönlich und erfolgt im allgemeinen mündlich.

Die **Auskunft** hat noch stärker gezielten Charakter als die Beratung. Diese Informationsleistung wird gegenüber dem einzelnen erbracht und betrifft die individuelle Beantwortung von Fragen über Rechte und Pflichten im Sozialleistungssystem. Die Auskunft wird im allgemeinen von dem sachlich zuständigen Sozialleistungsträger erbracht. Auf sie besteht ein klagbarer Anspruch. Neben den jeweils zuständigen Sozialleistungsträgern sind verschiedene Stellen und Ämter übergreifend zur Auskunft verpflichtet. Es sind dies insbesondere Institutionen, die einen besonders engen Kontakt zum Bürger haben und gleichzeitig mit verschiedenen Sozialleistungsbereichen übergreifend befaßt sind. Dies sind insbesondere die Träger der gesetzlichen Krankenversicherung, über die ja auch sämtliche Beiträge zur Sozialversicherung eingezogen werden. Hinzu kommen die Träger der Sozial- und Jugendhilfe, die Ämter für Ausbildungsförderung sowie die Versicherungsämter bei den jeweiligen unteren Verwaltungsbehörden.

Die **Rentenversicherungsträger** haben eine allgemeine Aufklärungsfunktion für die Versicherten und die Rentner zu erfüllen. Hierzu geben sie Informations- und Merkblätter, Zeitschriften und Filme heraus. Darüberhinaus haben sie in den Großstädten ihres Zuständigkeitsbereichs im allgemeinen sowie in ihren Dienststellen im besonderen Auskunfts- und Beratungsstellen eingerichtet, und sie führen vielfach auch in kleineren Gemeinden Sprechtage durch. Daneben existieren „rollende" Auskunfts- und Beratungsstellen, die mit Spezialisten des Sozialleistungsrechts besetzt sind. Speziell im Bereich der Rehabilitation haben die Rentenversicherungsträger eine Vielzahl von Auskunfts- und Beratungsstellen eingerichtet, die allerdings auch über Fragen, die für andere Betroffene von Bedeutung sind, gezielte Informationen geben.

Die **Krankenkassen** sind nach den Regelungen des Sozialgesetzbuchs zu zentralen Auskunfts- und Beratungsstellen für den gesamten Sozialleistungsbereich geworden. Speziell üben sie Aufklärungs-, Beratungs- und Auskunftsfunktionen im Hinblick auf ihre Versicherten und deren Angehörige aus. Hierzu gehören Informationen über die Rechte und Pflichten ihrer Mitglieder, z.B. über Früherkennungsuntersuchungen usw. Ihre Informationsfunktionen üben die Krankenkassen regelmäßig in ihren Dienstgebäuden aus; wegen der großen Zahl der Krankenkassen sind darüberhinausgehende Auskunfts- und Beratungsstellen nur in Ausnahmefällen erforderlich; die Krankenkassen bedienen sich dann häufig der Auskunfts- und Beratungsstellen der anderen Sozialleistungsträger. In denjenigen Bereichen, in denen das Netz der Krankenkassen weniger dicht ist, werden zur Aufklärung der Mitglieder auch andere Institutionen tätig, z.B. die Landwirtschaftskammern und Kreislandwirtschaftsämter für die landwirtschaftlichen Krankenkassen.

Eine besonders umfangreiche Informationstätigkeit üben die Träger der **Unfallversicherung** aus. Dabei werden alle nur denkbaren Informationsmedien eingesetzt, um insbesondere die Unfallverhütung voranzutreiben. Die Träger der Unfallversicherung wirken zudem mit vielen anderen Behörden und Institutionen, die ebenfalls mit Fragen der Unfallverhütung befaßt sind, zusammen. Hierzu gehören die Dienststellen der Polizei, die Gewerbeaufsichtsämter, die Verkehrswacht, Automobilclubs usw. Die Durchführung von Unfallverhütungstagen und Verkehrssicherheitswochen soll das Bewußtsein für die Notwendigkeit und die Möglichkeiten der Unfallverhütung verstärken. Von besonderer Bedeutung ist die Informationsaufgabe der Träger der Unfallversicherung im Zusammenhang mit ihrer Überwachung der Einhaltung von Unfallverhütungsvorschriften und der Beratung der Betriebe bei der Einrichtung von Schutzvorkehrungen. Neben dieser gezielten Beratung „vor Ort" unterhalten die Unfallversicherungsträger keine besonderen Beratungsstellen, sie bedienen sich aber weitgehend der Versicherungsämter bei den unteren Verwaltungsbehörden; auch die Zusammenarbeit mit den Krankenkassen ist typisch und weit verbreitet.

Im Beratungs- und Auskunftswesen der Sozialversicherung haben die **Versichertenältesten** und **Vertrauensmänner** eine besondere Bedeutung. Die Versichertenältesten sollen insbesondere den Informationsfluß zwischen Versicherten und Sozialleistungsträgern verstärken; sie üben dabei eine gezielte Informationsfunktion aus. Die Vertrauensmänner der Arbeitgeber sind in ähnlicher Funktion im Verhältnis zwischen Sozialleistungsträgern und Arbeitgebern tätig.

Die **Versicherungsämter** bei den unteren Verwaltungsbehörden erfüllen insbesondere Beratungs- und Auskunftsfunktionen für das Gebiet der Rentenversicherung und der Unfallversicherung. Allerdings ist der von ihnen ausgehende Informationsfluß nicht hierauf beschränkt. Außerdem reicht ihre Bedeutung über die von Beratungs- und Auskunftsstellen weit hinaus. Die Versicherungsämter nehmen Rentenanträge entgegen, führen ihre Vorprüfung durch und beraten dabei gezielt den einzelnen Versicherten. Im Auftrage der Unfallversicherungsträger wirken Versicherungsämter bei der Aufklärung von Unfällen mit und nehmen Anträge auf Erhöhung oder Wiedergewährung einer Unfallrente mit entsprechender Vorprüfung entgegen.

Die **Bundesanstalt für Arbeit** und die **Arbeitsämter** erfüllen wichtige Informationsfunktionen im Hinblick auf ihren speziellen Arbeitsbereich sowie im Hinblick auf das Bundeskindergeldgesetz. Die übergreifende Aufklärungsfunktion obliegt dabei der Bundesanstalt für Arbeit. Im regionalen Bereich sind Landesarbeitsämter und Arbeitsämter aufklärend tätig, für sie kommen die Auskunfts- und Beratungsfunktion hinzu. Ergänzt wird ihre Tätigkeit durch überregionale Fachvermittlungsstellen für bestimmte Berufsgruppen.

Auch die **landwirtschaftlichen Alterskassen** und ihr Gesamtverband sind zur Aufklärung, Beratung und Auskunft für ihre Mitglieder verpflichtet. In diese Informationstätigkeit werden die Gemeinden sowie die Landwirtschaftskammern und die Kreislandwirtschaftsämter einbezogen. Auch die **Versorgungswerke** sowie die **Ergänzungssysteme** üben analoge Informationsfunktionen aus. Die Träger der **Sozialhilfe** und der **Jugendhilfe** sind häufig in Verbindung mit den Verbänden der Freien Wohlfahrtspflege als Auskunfts- und Beratungsstellen tätig. Über Fragen des Bundesausbildungsförderungsgesetzes beraten die **Ämter für Ausbildungsförderung**, aber auch die Auskunfts- und Beratungsstellen bei den jeweiligen Schulen, Hochschulen und sonstigen Ausbildungsstätten. Über **Lastenausgleichsleistungen** informieren die Gemeinden neben den Lastenausgleichsämtern; sie übernehmen auch die Vorprüfung von Anträgen. Die Bundesarbeitsgemeinschaft für Rehabilitation übt Auskunfts- und Beratungsfunktionen für Rehabilitanden aus.

Neben den Sozialleistungsträgern sind **Verbände** und **Interessengruppen** häufig als Aufklärungs-, Auskunfts- und Beratungsstellen tätig. Hierzu zählen Gewerkschaften und Arbeitgeberverbände, die Vereinigungen der Kriegsopfer und Vertriebenen sowie der Beamtenbund neben vielen anderen Organisationen. In speziellen Bereichen wie z.B. der Rentenversicherung sind auch private Berater zugelassen, die hauptberuflich oder nebenberuflich tätig sind.

5. Elemente der Sozialgerichtsbarkeit

Die **Verrechtlichung sozialer Tatbestände** im Sozialleistungssystem erfährt ihre notwendige Ergänzung durch eine Gerichtsbarkeit, die den Rechtsweg bei Rechtsverletzungen und Rechtsstreitigkeiten eröffnet. Relevant für das Sozialleistungssystem sind die Verwaltungsgerichte, die Arbeitsgerichte, die Finanzgerichte sowie schließlich für weite Bereiche eine speziell geschaffene Sozialgerichtsbarkeit als eine von den Verwaltungsbehörden getrennte Verwaltungsgerichtsbarkeit (1954).

Die **spezielle Sozialgerichtsbarkeit** ist nicht für den gesamten Bereich des Sozialleistungssystems und die dort anhängigen Rechtsstreitigkeiten zuständig. Rechtsstreitigkeiten in Angelegenheiten der Kriegsopferfürsorge, des Lastenausgleichs, der Sozialhilfe, des Wohngeldrechtes und des Zivildienstes sowie verschiedener Versorgungswerke der freien Berufe sind vor den **allgemeinen Verwaltungsgerichten** auszutragen. Für die vertraglichen und freiwilligen Arbeitgeberleistungen sind die **Arbeitsgerichte** zuständig. Rechtsstreitigkeiten bezüglich sozialpolitisch relevanter Steuerermäßigungen sind von den **Finanzgerichten** zu entscheiden. Allerdings ist dieser nicht von der speziellen Sozialgerichtsbarkeit erfaßte Bereich im Vergleich zum gesamten Sozialleistungssystem relativ schmal.

Die spezielle Sozialgerichtsbarkeit entscheidet über **öffentlich-rechtliche Streitigkeiten** im Hinblick auf die Rentenversicherung (der Arbeiter, der Angestellten, der in knappschaftlichen Betrieben Beschäftigten, der Handwerker und der Landwirte), die Krankenversicherung und das Kassenarztrecht, die Unfallversicherung und die Arbeitsförderung sowie das Kindergeld, die Zusatzversicherung für einzelne Berufe, die Entgeltfortzahlung, die Kriegsopferversorgung im allgemeinen, die Wiedergutmachung sowie sonstige Entschädigungen. Damit wird der überwiegende Teil des Sozialleistungssystems durch eine spezielle und von den Verwaltungsbehörden völlig getrennte Gerichtsbarkeit erfaßt.

Das **Bundessozialgericht** ist eines der Bundesobergerichte und untersteht der allgemeinen Dienstaufsicht des Bundesministers für Arbeit und Sozialordnung. **Landessozialgerichte** bestehen in jedem Bundesland; sie unterstehen ebenso wie die große Zahl der **Sozialgerichte** der Dienstaufsicht der Landesarbeitsminister bzw. der Justizminister der einzelnen Länder. In der Sozialgerichtsbarkeit sind Berufsrichter als **Richter** der ersten bis dritten Instanz tätig. Ehrenamtliche Richter wirken neben den Berufsrichtern in allen Rechtszügen mit. Die Sozialgerichte entscheiden grundsätzlich in **Kammern**, die Landessozialgerichte und das Bundessozialgericht in **Senaten**. Dem Großen Senat des Bundessozialgerichts obliegt die Entscheidung über Rechtsfragen von grundsätzlicher Bedeutung. Die Kammern und Senate der Sozialgerichtsbarkeit sind fachlich gegliedert nach Angelegenheiten der Sozialversicherung, der Arbeitsförderung, der Kriegsopferversor-

Übersicht 7: Aufbau der Sozialgerichtsbarkeit

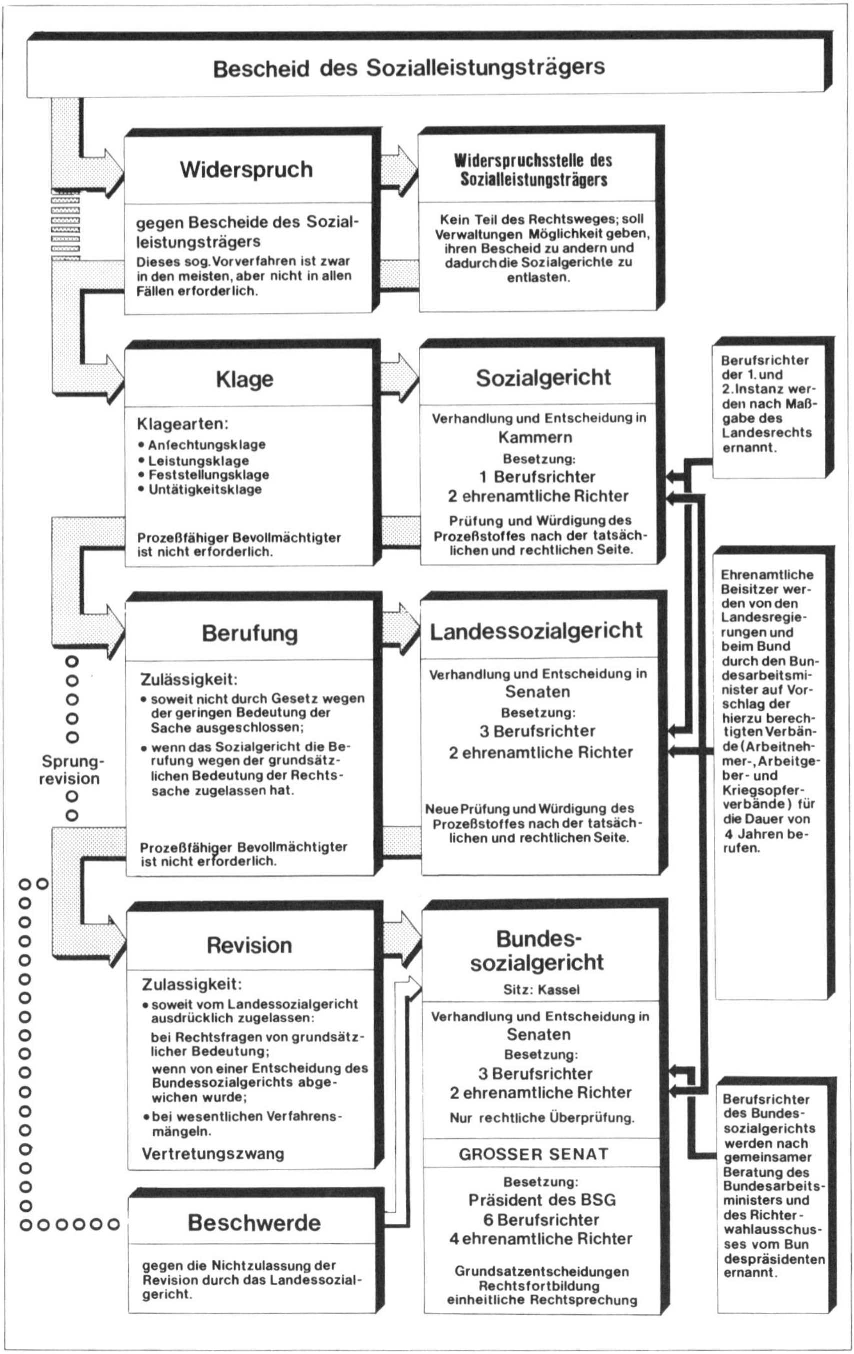

gung sowie der Angelegenheiten der Knappschaftsversicherung einschließlich der Unfallversicherung für den Bergbau.

Grundsätzlich sind die **Verfahren** vor den Gerichten der Sozialgerichtsbarkeit **kostenfrei**; eine Ausnahme gilt für Körperschaften und Anstalten des öffentlichen Rechts, die für jede Streitsache eine Gebühr entrichten müssen. Im übrigen werden die Personal- und Verwaltungskosten der Sozialgerichte und Landessozialgerichte von den Ländern getragen; das Bundessozialgericht finanziert sich aus Mitteln des Bundes.

Ausgangspunkt jeder Rechtsprechung ist die **Klage**. Diese geht im Regelfall von dem Sozialleistungsempfänger aus, der gegen einen Bescheid des Sozialleistungsträgers vorgehen will. Im allgemeinen wird eine Klage dann erhoben, wenn ein Sozialleistungsträger eine Versicherungs- oder Versorgungsleistung ganz oder teilweise verweigert. Aufhebung und Änderung des Bescheides sind dann Gegenstand der Klage. Die Klage kann sich aber auch auf die Aufhebung oder Änderung eines Verwaltungsaktes, auf die Feststellung des Bestehens von Rechtsverhältnissen und Zuständigkeiten oder die Nichtigkeit eines Verwaltungsaktes beziehen. Auch Ermessensentscheidungen der Sozialleistungsträger sind gerichtlich nachprüfbar.

Grundsätzlich entspricht das **Verfahren** vor den Gerichten der Sozialgerichtsbarkeit dem Verfahren vor den allgemeinen Verwaltungsgerichten. Auch hier gelten **Amtsermittlungsgrundsatz** sowie **Amtsbetrieb** (Erforschung des Sachverhaltes von Amts wegen, Betreibung des Verfahrens von Amts wegen). Vor den Sozialgerichten oder den Landessozialgerichten können die Beteiligten den Rechtsstreit entweder selbst führen oder sich durch einen prozeßfähigen Bevollmächtigten, i.d.R. einen Rechtsanwalt, vertreten lassen.

Der Klage geht im allgemeinen ein **Vorverfahren** voraus. Dies ist kein Teil des eigentlichen Rechtsweges, sondern soll den Sozialleistungsträgern die Möglichkeit einer Änderung ihres Bescheides zwecks Entlastung der Sozialgerichte bieten. Allerdings bedarf es eines derartigen Vorverfahrens nicht, wenn der Verwaltungsakt von einer obersten Landes- oder Bundesbehörde oder vom Präsidenten der Bundesanstalt für Arbeit ausgeht. In den Angelegenheiten der Kranken-, der Arbeitslosen- und der Rentenversicherung sowie der Kriegsopferversorgung findet in der Regel ein Vorverfahren statt. Sofern ein Vorverfahren erforderlich ist, beginnt dieses mit der Erhebung eines Widerspruchs. Erst danach kommt es zur Klage.

Über die eingereichte Klage entscheidet das Sozialgericht durch **Urteil**, gegen das im allgemeinen **Berufung** beim Landessozialgericht möglich ist. In dieser Berufungsinstanz sind die tatsächlichen und rechtlichen Umstände des einzelnen Falles erneut zu prüfen. In weiterer Instanz ist gegen das Urteil des Landessozialgerichts eine **Revision** beim Bundessozialgericht zulässig. Diese muß jedoch vom Landessozialgericht zugelassen werden (z.B. bei Rechtsfragen von grundsätzlicher Bedeutung oder bei einer Abweichung von einer Entscheidung des Bundessozialgerichts). Diese Zulassungspflichtigkeit der Revision dient der Entlastung des Bundessozialgerichts. Bei Nichtzulassung einer Revision durch das Landessozialgericht kann eine **Beschwerde** beim Bundessozialgericht eingereicht werden.

Abweichend von diesem typischen Verlauf ist auch eine sogenannte **Sprungrevision** bei strittigen Rechtsfragen von grundsätzlicher Bedeutung möglich, bei der der Übergang von den Sozialgerichten unmittelbar zum Bundessozialgericht vollzogen wird. Hierfür ist jedoch wiederum eine Zulassung durch das Sozialgericht notwendig, ebenso eine Zustimmung des Prozeßgegners.

Im Gegensatz zu den Sozialgerichten und den Landessozialgerichten ist das Bundessozialgericht in seiner Tätigkeit auf die Prüfung von Rechtsfragen beschränkt. Die Beteiligten müssen sich zudem durch einen Prozeßbevollmächtigten vertreten lassen, wobei lediglich für Behörden und Körperschaften des öffentlichen Rechts eine Ausnahme gilt. Prozeßbevollmächtigte müssen jedoch nicht unbedingt Rechtsanwälte sein; auch Angehörige von Gewerkschaften, Kriegsopferverbänden sowie Arbeitgeber- und Arbeitnehmervereinigungen sind im allgemeinen zugelassen. Im Einzelfall kann einem Kläger ein Prozeßbevollmächtigter unter Einräumung des Armenrechtes beigeordnet werden.

ZWEITER HAUPTTEIL

Probleme und Perspektiven der Sozialen Sicherung

Kapitel 8: Probleme und Perspektiven der Alters- und Hinterbliebenensicherung

1. Ausgangslage

1.1 Wirtschaftskrise als Krise des Sozialstaates

Die Bundesrepublik Deutschland befindet sich in der nach Dauer und Intensität schwersten **Wirtschaftskrise** seit ihrem Bestehen. Diese Krise ist weltweit sichtbar; in nahezu allen Industrieländern der westlichen Welt ergeben sich ähnliche Problemlagen. Hiobsbotschaften über geringes Wirtschaftswachstum, Pleitenrekorde, steigende oder zumindest doch lang anhaltende Massenarbeitslosigkeit, zerrüttete und vielfach nur schwer zu konsolidierende Staatsfinanzen sowie Kostenexplosionen in nahezu allen staatlichen Leistungsbereichen wechseln einander ab. Ein Ende dieser neuen Weltwirtschaftskrise ist kaum in Sicht, zumal es auch an wirksamen wirtschaftspolitischen Therapien fehlt, die zugleich politisch durchsetzbar wären.

Die **Ursachen** dieser Wirtschaftskrise reichen teilweise zeitlich weit zurück; **konjunkturelle Faktoren** sind zweifellos auch von Bedeutung, reichen aber zur Erklärung der Krise kaum aus. Vielmehr verdeckte die lange Zeit der Hochkonjunktur deutliche **strukturelle Schwächen** auch der deutschen Wirtschaft, die ihre Anpassungsfähigkeit an die veränderte weltwirtschaftliche Situation entscheidend beeinträchtigten und die nicht nur auf unternehmerische Versäumnisse, sondern auch auf Fehlentwicklungen der Wirtschafts- und Sozialpolitik zurückzuführen sind.

Erste Wachstumseinbrüche ergaben sich für die meisten Industrieländer als Folge der Vervielfachung der Energiepreise und der deutlich veränderten weltwirtschaftlichen Arbeitsteilung zwischen Industrieländern und Entwicklungsländern, insbesondere im Hinblick auf die sogenannten Standardartikel des Exports. Zunehmende Erschwernisse für die volkswirtschaftlichen Produktions- und Investitionsprozesse durch die umweltpolitische und sozialstaatliche Gesetzgebung sowie der seit Anfang der 70er Jahre verschärfte Verteilungskampf zwischen Arbeitgebern und Arbeitnehmern verstärkten insbesondere für die Bundesrepublik Deutschland den wirtschaftlichen Einbruch. Da die steigende Kostenbelastung der Unternehmen angesichts verstärkter Maßnahmen zur Inflationsbekämpfung und in verschiedenen Bereichen bereits sichtbar werdender Sättigungsphänomene nur noch in einem begrenzten Umfange in den Preisen überwälzt werden konnte, schlug sie sich in verringerten Gewinnerwartungen und damit reduzierter Investitionsneigung und Investitionsmöglichkeit nieder. Die Folge waren Beschäftigungseinbußen und Kaufkraftverluste, die nicht zuletzt auch zu einem Rückgang der Konsumgüternachfrage führten. Die lange Hochkonjunktur hatte zudem den Blick für die Notwendigkeit richtungweisender Basisinnovationen versperrt; die strukturelle Verkrustung der deutschen

Wirtschaft führte insbesondere angesichts der hohen Kostenbelastung auch zu einem verschärften Wettbewerbsdruck anderer Industrieländer (insbesondere Japans).

Nach einer kurzen und nur begrenzt wirksamen konjunkturellen Erholung der deutschen Wirtschaft Ende der 70er Jahre verschärfte sich die Wirtschaftskrise zu Beginn der 80er Jahre in entscheidender Weise. Die Arbeitslosenziffern überschritten jene Höchstwerte, die bis dahin für die Anfangsphase der Bundesrepublik kennzeichnend waren. Die Tendenz zu immer neuen Rekordzahlen an Unternehmenszusammenbrüchen setzte sich fort. Nichtsdestoweniger war die deutsche Wirtschaft darum bemüht, vorhandene strukturelle Schwächen zunehmend abzubauen; in vielen Bereichen wurden auch beachtliche Erfolge erzielt. Langsamer steigende Arbeitskosten, günstigere Perspektiven für die Energiepreise, die niedrigeren Zinsen im In- und Ausland, der niedrigere Dollarkurs sowie die Schaffung günstigerer wirtschafts- und sozialpolitischer Rahmenbedingungen für die Unternehmen ließen eine, wenn auch nur recht begrenzte Erholung der deutschen Wirtschaft in der jüngsten Gegenwart sichtbar werden. Diese Entwicklung schlug bisher aber kaum auf den Arbeitsmarkt durch; dieser konnte zumindest den demographisch bedingten Anstieg der Arbeitskräftezahlen nicht absorbieren. Trotz der Belebungstendenzen der deutschen Wirtschaft hält die schwere Massenarbeitslosigkeit unvermindert an; eine grundlegende Änderung der Arbeitsmarktsituation ist vorerst nicht zu erwarten.

Im **Ablauf der wirtschaftlichen Krise** nahmen anfangs noch die konsumtiven Staatsausgaben (Sozialleistungen, Subventionen, Verteidigungsausgaben) in einem nahezu eigendynamischen Prozeß einer unaufhörlichen Expansion (für den nicht zuletzt typische Defekte der Willensbildungs- und Entscheidungsmechanismen des politisch-administrativen Systems im Kontext der Logik demokratischen, bürokratischen und kollektiven Handelns verantwortlich sind) fast ungebremst zu, während die Steuereinnahmen regelmäßig hinter den jeweiligen Vorausschätzungen zurückblieben. Entsprechend mußten verstärkt Wechsel auf die Zukunft in Form steigender **Staatsverschuldung** gezogen werden. Die sich rasch abzeichnende Finanzkrise des Staates entwickelte sich zunehmend zu einer **Krise des Sozialstaates**, da nunmehr die Finanzierbarkeit vieler in besseren wirtschaftlichen Zeiten geschaffener Leistungsgesetze in Frage gestellt wurde. In nahezu allen Industrieländern der westlichen Welt ergaben sich ähnliche Problemlagen (vgl. *M. FELDSTEIN*, 1975; *M. J. BOSKIN*, 1979; *M. DERTHICK*, 1979; *M. PFAFF*/Hrsg., 1983; *H. WINTERSTEIN*/Hrsg., 1986).

Dabei hatte es national wie international nicht an warnenden Stimmen gefehlt, und die Entwicklungen in anderen „fortschrittlichen" Ländern (z.B. Schweden) gaben schon sehr früh aufschlußreiche Beispiele ab. Zweifel an der Machbarkeit des sozial Wünschenswerten kamen jedoch solange nicht auf, wie Vollbeschäftigung und starkes Wirtschaftswachstum die wirtschaftliche Landschaft beherrschten; auf mögliche Rückwirkungen der staatlich verordneten Sozial- und Subventionslasten auf die Wirtschaftstätigkeit, wie sie bei nachlassender Konjunktur besonders schwer wiegen müssen, wurde erst recht kaum geachtet. Warnungen drangen nicht durch; vielmehr sollte die „Belastbarkeit des ökonomischen Systems systematisch geprobt" werden.

Spätestens zu Beginn der 80er Jahre wurden die Grenzen der Belastbarkeit der deutschen Wirtschaft und diejenigen der Finanzierbarkeit des Sozial- und Subventionsstaates überdeutlich. Der Abbau der in Jahrzehnten geschaffenen Leistungsgesetze erweist sich aber seitdem als ungleich schwieriger als ihre Einführung. In einer Fülle von **Sanierungs- und Konsolidierungsgesetzen** wird seit 1977/78 und verstärkt seit 1982 versucht, den Sozialstaat über die Wirtschafts- und Finanzkrise zu retten. Überwiegend erfolgen jedoch die bisherigen staatlichen Eingriffe konzeptionslos; typisch ist für sie ein punktueller Interventionismus nach Maßgabe des politisch gerade Durchsetzbaren (vgl. *W. KANNENGIESSER*, 1981b, S. 325ff.; *W. KANNENGIESSER*, 1981c, S. 530ff.; *MARBURGER ARBEITSKREIS*, 1983).

1.2 Konsolidierungsmaßnahmen als punktueller Interventionismus

Der sozialpolitische Interventionismus des letzten Jahrzehnts erstreckte sich grundsätzlich auf sämtliche Sozialleistungssysteme, wurde aber im Bereich der Alterssicherung besonders deutlich. Bereits Mitte der 70er Jahre zeichneten sich zunehmende Defizite in der **Rentenversicherung** ab; die Finanzierung der dynamischen bruttolohnbezogenen Rente schien auch auf mittlere Sicht nicht mehr gewährleistet zu sein (vgl. *H. GROHMANN*, 1965; *G. BUTTLER/A. SEFFEN*, 1975).

Zweifellos standen diese **Finanzierungsprobleme** der Rentenversicherung in einem engen Zusammenhang mit der konjunkturellen Entwicklung der 70er Jahre; es wäre jedoch verfehlt, die Ursachen des Finanzierungsdefizits allein in der Wirtschaftsrezession zu suchen. Vielmehr brachte schon die **Rentenreform** des Jahres 1972 mit der Einführung der flexiblen Altersgrenze und der Rente nach Mindesteinkommen, der Öffnung der Rentenversicherung für die gesamte Bevölkerung, der vorgezogenen Rentenanpassung sowie der Einführung einer Rentenniveausicherungsklausel beträchtliche finanzielle Belastungen mit sich, deren Ausmaß für die folgenden 15 Jahre auf ca. 170-180 Mrd. DM geschätzt wurde (vgl. *H. WALDMANN* 1972, S. 288; *K. SCHENKE*, 1973, S. 1 ff.; *W. SCHMÄHL*, 1974; *W. SCHMÄHL*, 1972, S. 75 ff.; *H.-W. MÜLLER*, 1973, S. 144 ff.; *H.-J. KREMP*, 1974, S. 236 ff.; *F. PAPPAI*, 1973, S. 147 ff.; *G. GRIESEWELL*, 1975, S. 222 ff.; *H.-A. FRITZSCHE*, 1975). Die in der Folgezeit einsetzende **wirtschaftliche Rezession** veränderte ganz entscheidend die Finanzierungsmöglichkeiten dieser Rentenreform. Der Rückgang der Zahl der Beschäftigten und das langsamere Wachstum der Löhne und Gehälter führten zu bedeutenden Einnahmeausfällen (Verminderung der Beschäftigtenzahl um etwa 200000 oder um ein Prozent geringere Lohn- bzw. Gehaltssteigerung = jeweils Einnahmeausfall um rd. 1 Mrd. DM). Gleichzeitig stiegen die Bundeszuschüsse, deren Höhe sich an der Allgemeinen Bemessungsgrundlage orientierte, verzögert an. Auf der anderen Seite nahmen die Ausgaben der Rentenversicherung bei dem nunmehr gegebenen Regelungsstand beträchtlich zu. Einerseits nahm eine größere Zahl älterer Menschen in der Wirtschaftsrezession die Möglichkeiten der flexiblen Altersgrenze in Anspruch; andererseits erwies sich auch die Dynamik der Rentenanpassung nicht als konjunkturneutral, vielmehr erhöhten sich die Renten als Folge der starken Lohnsteigerungen der Vorjahre überdurchschnittlich. Zudem überstiegen die Zahlungen der Rentenversicherung an die Krankenversicherung der Rentner das ursprünglich vorgesehene Ausmaß. Des weiteren zeigte sich gerade Mitte der 70er Jahre in der demographischen Entwicklung ein typischer **Rentnerberg**, der die Alterslast zeitweilig in beachtlichem Umfange erhöhte.

Die strukturellen Veränderungen des Leistungsrechts durch die Rentenreform 1972, die Wirtschaftskrise der 70er Jahre sowie die demographische Entwicklung in den 70er Jahren haben insgesamt zu den Finanzierungsschwierigkeiten der Rentenversicherung in jener Zeit geführt. Mit dem 20. und 21. Rentenanpassungsgesetz vom 27. Juni 1977 bzw. 25. Juli 1978 wurde eine **mittelfristige Konsolidierung** der Rentenversicherung angestrebt:

(1) Im Rahmen dieser Konsolidierungsgesetze wurde der nächste Rentenanpassungstermin vom 1. Juli 1978 auf den 1.1.1979 verschoben und damit der vor 1972 geltende Regelungsstand wiederhergestellt. Zugleich wurde die Berechnung der Allgemeinen Bemessungsgrundlage als Basis der Rentenanpassung geändert, so daß das Jahr 1974 mit besonders hohen Lohnsteigerungsraten für die Rentenberechnung irrelevant wurde (vgl. *H. WINTERSTEIN*, 1980, S. 44 f.; *F. PILZ*, 1978, S. 96 ff.). Zusätzlich wurde für die Jahre 1979 bis 1981 die Rentenanpassung auf 4,5 bzw. 4% begrenzt. Im Bereich der Kinderzuschüsse und Waisenrenten wurden Einschränkungen vorgenommen. Beitragslose Zeiten von Hochschulabsolventen wurden von nun an geringer bewertet. Rehabilitationsaufwendungen wurden eingeschränkt. Es wurde eine Neuregelung der Krankenversicherung der Rentner in Angriff genommen.

(2) Neben diesen auf Leistungseinschränkungen gerichteten Maßnahmen zielten weitere Konsolidierungsmaßnahmen auf eine Erhöhung des Beitragsvolumens ab. Allerdings sollte angesichts der enormen Beitragssatzsteigerungen der letzten Jahre der Beitragszunahme nicht die entscheidende Konsolidierungsfunktion zukommen; die politischen und ökonomischen Grenzen einer weiteren Belastung der Beitragszahler mit Sozialabgaben sollten berücksichtigt werden (vgl. *H.-J. SCHMALTZ*, 1970; *H. E. LIEBING*, 1970, S. 353 ff.; *H. LAUX*, 1976, S. 690 ff.; *G.-U. BISCHOFF*, 1975, S. 119 ff.). Von besonderer Bedeutung für die Finanzlage der Rentenversicherung war daher, daß die Bundesanstalt für Arbeit ab dem 1. Juli 1978 für die Bezieher von Arbeitslosengeld, Arbeitslosenhilfe oder Unterhaltsgeld die Beiträge zur Rentenversicherung nach Maßgabe der bisherigen Arbeitsentgelte zahlte; diese beitragslosen Zeiten sollten in Zukunft nicht mehr als Ausfallzeiten, sondern als Beitragszeiten in die Rentenberechnung eingehen. Darüberhinaus wurden Änderungen in der Beitragsregelung für freiwillig sowie auf Antrag Pflichtversicherte vorgenommen, die zu einer Angleichung der Mindestbeiträge und zu einer Vorverlegung der Zahlungstermine führten. Schließlich wurden die Grenzen für eine versicherungsfreie Beschäftigung ebenso reduziert wie die Hinzuverdienstgrenzen bei Inanspruchnahme der flexiblen Altersgrenze. Hinsichtlich des Beitragssatzes selbst wurde beschlossen, ab 1981 eine Erhöhung von 18 auf 18,5% vorzunehmen.

(3) In Ergänzung dieser auf Ausgabeneinschränkungen und Einnahmeerhöhungen gerichteten Konsolidierungsmaßnahmen wurde zudem eine „Abschmelzung" der bisher erforderlichen Rücklage in Höhe von drei Monatsausgaben auf eine Monatsausgabe bestimmt. Ferner wurde der Finanzausgleich zwischen den Rentenversicherungsträgern neu geregelt.

Diese Konsolidierungsmaßnahmen zeigten bereits Ende der 70er Jahre erste **Erfolge**. Allerdings dürfen diese nicht allein den Maßnahmen des 20. und 21. Rentenanpassungsgesetzes zugeschrieben werden, sondern müssen im Gesamtzusammenhang der Verbesserung der wirtschaftlichen Situation sowie der Überwindung des „kleinen Rentnerberges" der 70er Jahre gesehen werden. Immerhin verbesserte sich die Finanzlage der Rentenversicherung im Übergang zu den 80er Jahren deutlich (vgl. *O. GEYER/J. GENZKE*, 1980, S. 464 ff.), und das Vertrauen in die Rentenversicherung schien wiederum weithin ungebrochen zu sein (vgl. *M. SCHMIDT*, 1981a, S. 99 ff.); für die Folgezeit wurde die Finanzentwicklung der Rentenversicherung recht günstig eingeschätzt.

Mit der **Verschärfung der Wirtschaftskrise** in den 80er Jahren änderte sich jedoch diese Situation entscheidend. Die Zahl der beschäftigten Beitragszahler sank rapide ab; die Lohnsteigerungsraten gingen gegenüber den Vorjahren zurück. Mit zunehmender Dauer der Arbeitslosigkeit verringerte sich die Zahl der Arbeitslosen mit Unterstützungsanspruch, so daß auch die Beitragszahlungen der Bundesanstalt für Arbeit an die Rentenversicherung zurückgingen. Auf diese Weise wuchsen die Beitragseinnahmen schwächer als vorausgeschätzt, während der Anstieg der Rentenausgaben (Rentenanpassungssätze höher als Lohnsteigerungsraten; weiterhin zunehmende Inanspruchnahme der flexiblen Altersgrenze) höher als erwartet ausfiel. Nichtsdestoweniger konnte bis Ende 1981 – trotz der Reduzierung des Bundeszuschusses für 1981 um 3,5 Mrd. DM – noch eine Schwankungsreserve von 21,5 Mrd. DM (zweieinhalb Monatsausgaben) aufgebaut werden. Im Spannungsfeld von wirtschaftlicher Entwicklung und erneut einsetzenden **Konsolidierungsmaßnahmen** – jeweils zugunsten des am stärksten betroffenen Sozialversicherungsträgers – verminderte sich jedoch diese Schwankungsreserve bis Ende 1984 auf knapp 10 Mrd. DM, wodurch die gesetzliche Untergrenze von einer Monatsausgabe etwas unterschritten wurde:

(1) Im Rahmen der „*Operation '82*" wurden verschiedene, die Rentenversicherung belastende Maßnahmen getroffen. So wurde der Beitragssatz für 1982 und 1983 von 18,5 auf 18,0% herabgesetzt, um die Anhebung des Beitragssatzes zur Bundesanstalt für Arbeit von 3 auf 4% teilweise zu kompensieren. Die aus dem Bundeshaushalt zu zahlenden Beiträge für Wehrdienst- und Zivildienstleistende wurden ab 1982 auf der Basis von 75% statt vorher 100% des durchschnittlichen Bruttoentgelts aller Versicherten berechnet. Entlastend für die Finanzlage der Rentenversicherung wirkte, daß die Voraussetzungen für die Inanspruchnahme von Rehabilitationsleistungen verschärft wurden.

(2) Das *Haushaltsbegleitgesetz 1983* trug der veränderten finanziellen Situation der Rentenversicherung stärker Rechnung. Dennoch enthält auch dieses Gesetz verschiedene belastende Maßnahmen. So bemessen sich die Rentenversicherungsbeiträge für Empfänger von Geldleistungen nach dem Arbeitsförderungsgesetz ab Jahresbeginn 1983 nicht mehr nach der Höhe des vorausgegangenen Bruttoarbeitsentgelts, sondern nur noch nach der Höhe der Unterstützungszahlungen. Der Bundeszuschuß wurde 1983 um 0,9 Mrd. DM gekürzt. Ferner wurde die Bemessungsgrundlage für die Beiträge der Wehr- und Zivildienstleistenden weiter von 75% auf 70% der Durchschnittsentgelte herabgesetzt. Entlastend für die Finanzlage der Rentenversicherung wirkte insbesondere, daß die Rentenanpassung ab 1983 vom Jahresbeginn auf die Jahresmitte verschoben wurde. Ferner sollte der den Rentnern gewährte Beitragszuschuß zu ihrer Krankenversicherung in Höhe von 11,8% der Rente, der zum Jahresbeginn 1983 die pauschalen Zahlungen der Rentenversicherung an die Krankenversicherung ablöste, Mitte 1983 um einen sowie Mitte 1984 und 1985 um jeweils zwei Prozentpunkte gekürzt werden; ab Jahresmitte 1985 sollten die Rentner einen eigenen Beitrag in Höhe von 5% der Rente tragen. Im Vorgriff auf die geplante Erweiterung der Beitragspflicht für das Krankengeld wurden die Zahlungen der Rentenversicherung an die Krankenversicherung im Jahre 1983 pauschal um 1,2 Mrd. DM gekürzt. Der Beitragssatz zur Rentenversicherung wurde bereits am 1. September 1983 statt – wie ursprünglich vorgesehen – am 1. Januar 1984 wieder auf 18,5% erhöht.

(3) Von den Maßnahmen des *Haushaltsbegleitgesetzes 1984* wirkte für die Finanzlage der Rentenversicherung die Herabsetzung der Wartezeit für das „Altersruhegeld wegen Vollendung des 65. Lebensjahres" von 15 auf 5 Jahre belastend. Überwiegend wirkten

die Maßnahmen des Haushaltsbegleitgesetzes 1984 jedoch entlastend für die Finanzlage der Rentenversicherung. So richtete sich die Rentenanpassung zur Jahresmitte ab 1984 nicht mehr nach der Einkommensentwicklung im Durchschnitt dreier vorangegangener Jahre, sondern nach dem Einkommenszuwachs im vergangenen Jahr, was angesichts der rückläufigen Lohnsteigerungen zu Einsparungen führte. Sonderzahlungen, wie z.B. das Weihnachtsgeld, wurden ab 1984 stärker als bisher in die Beitragspflicht einbezogen; während solche Zahlungen bisher nur in dem Monat berücksichtigt wurden, in dem sie zuflossen (mit der Folge, daß sie größtenteils die monatliche Beitragsbemessungsgrenze überschritten und deshalb beitragsfrei blieben), wurden sie bei der Berechnung der Beiträge nunmehr gleichmäßig auf die vorangegangenen Monate des Jahres verteilt. Außerdem entfiel der bisherige Freibetrag für das Weihnachtsgeld im Rahmen der Sozialversicherungspflicht. Berufs- und Erwerbsunfähigkeitsrenten wurden grundsätzlich nur noch gezahlt, wenn der Versicherte in den letzten fünf Jahren vor der Minderung der Erwerbsfähigkeit drei Jahre lang eine versicherungspflichtige Tätigkeit ausgeübt hatte. Das Krankengeld unterlag ab 1984 voll der Beitragspflicht in der Rentenversicherung. Der höhere Kinderzuschuß in der Rentenversicherung wurde durch das allgemeine Kindergeld ersetzt. Die Abfindung für Hinterbliebenenrenten bei Wiederheirat wurde von fünf auf zwei Jahresbeträge gekürzt. Die Rentenversicherung wurde bei der Finanzierung der knappschaftlichen Krankenversicherung der Rentner entlastet. Die Leistungen zur Behandlung von Tbc-Erkrankungen wurden von der Rentenversicherung auf die Krankenversicherung verlagert.

(4) Das *Gesetz zur Förderung der Rückkehrbereitschaft von Ausländern* wirkte auf kurze Sicht ausschließlich belastend im Hinblick auf die Finanzlage der Rentenversicherung. Ausländer, die nach geltendem Recht von der Beitragserstattung Gebrauch machen konnten, bekamen nach diesem Gesetz ihre Beiträge ohne die übliche Wartezeit von zwei Jahren erstattet, wenn sie in der Zeit vom 1. Oktober 1983 bis zum 30. September 1984 auf Dauer in ihre Heimatländer zurückkehrten.

(5) Nach dem *Arbeitsförderungs- und Rentenversicherungsänderungsgesetz 1984* wurde der Beitragssatz zur Rentenversicherung ab Jahresbeginn 1985 von 18,5 auf 18,7% erhöht. Gleichzeitig wurde der Beitragssatz zur Bundesanstalt für Arbeit, der durch das Haushaltsbegleitgesetz 1983 auf 4,6% erhöht worden war, um 0,2 Prozentpunkte auf 4,4% gesenkt.

(6) Nach dem *Gesetz zur Stärkung der Finanzgrundlagen der gesetzlichen Rentenversicherung* von 1985 wurden weitere entlastende Maßnahmen wirksam. So wurde der Beitragssatz zur Rentenversicherung für den Zeitraum vom 1. Juli 1985 bis zum 31. Dezember 1986 um 0,5 Prozentpunkte auf 19,2% angehoben; gleichzeitig wurde für diesen Zeitraum der Beitrag zur Bundesanstalt für Arbeit um 0,3 Prozentpunkte gesenkt. Der von den Rentnern selbst zu zahlende Krankenversicherungsbeitrag wurde zur Jahresmitte 1985 nur um 1,5 Prozentpunkte auf 4,5% statt – wie ursprünglich vorgesehen – auf 5% erhöht; in den folgenden beiden Jahren sollte der Krankenversicherungsbeitrag aber weiter um jeweils 0,7 Prozentpunkte auf 5,9% heraufgesetzt werden. Der Bundeszuschuß für 1985 wurde um den Betrag erhöht, der erforderlich war, um die Schwankungsreserve am Jahresende auf den gesetzlichen Mindeststand von einer Monatsausgabe aufzufüllen; die zusätzlich zu zahlenden Mittel wurden aber auf maximal 1,5 Mrd. DM begrenzt.

Die damit wirksam werdenden Sanierungs- und Konsolidierungsmaßnahmen reichen voraussichtlich aus, um die Rentenversicherung für die nächsten Jahre auf eine solide finanzielle Grundlage zu stellen. Das schließt jedoch nicht aus, daß es nach wie vor zeitweilig zu **Liquiditätsengpässen** kommen kann. Diese zeichneten sich bereits im Jahre 1985 ab. Aus diesem Grunde wurde 1985 (wie auch 1984) die Zahlung der **Bundeszuschüsse** zeitlich vorgezogen, um die liquiden Mittel solange wie möglich auf dem Stand einer halben Monatsausgabe zu halten. Ferner wurden den Rentenversicherungsträgern bei Bedarf bis zu 5 Mrd. DM vor dem Jahresende rückzahlbare zinslose **Betriebsmittelkredite** vom Bund gewährt, wenn die eigenen flüssigen Mittel aufgebraucht waren (vgl. *DEUTSCHE BUNDESBANK*, 1985a, S. 13 ff.).

1.3 Strukturelle Probleme der Alterssicherung

Es ist nicht zu übersehen, daß auch und gerade im Bereich der Alterssicherung neben kurz- und mittelfristigen finanziellen Problemen **grundlegende strukturelle Probleme** vorhanden sind, deren Lösung bisher immer wieder vertagt wurde:

(1) Aus dem bereits seit vielen Jahren zu beobachtenden Geburtenrückgang und der sich daraus in den folgenden Jahrzehnten ergebenden Veränderung der Alterslast resultieren für die Rentenversicherung langfristige finanzielle Probleme, die die Struktur des Alterssicherungssystems grundlegend in Frage stellen können. Auf die aus der Veränderung der Bevölkerungsstruktur resultierenden Grenzen des Sozialstaates wurde bereits frühzeitig aufmerksam gemacht, ohne daß bisher entsprechende Konsequenzen gezogen wurden (vgl. *E. LIEFMANN-KEIL*, 1967; *DIW*, 1975; *E. MÜLLER*, 1975; *H. ROHWER-KAHLMANN*, 1976; *B. MOLITOR*, 1976b; *W. WELLNER*, 1977; *G. MUHR*, 1977).

(2) Darüberhinaus weist das Alterssicherungssystem strukturelle Probleme auf, die schon seit Jahren unter den Schlagworten „Wildwuchs“ und „Inkonsistenzen“ sowie „Ungereimtheiten“ und „mangelnde Transparenz“ diskutiert wurden und Forderungen nach mehr sozialpolitischer Zielklarheit und Zielkoordination, nach einer verstärkten Harmonisierung der Leistungen, einer Beseitigung von Ungleichbehandlungen, nach mehr Finalität anstelle von Kausalität sowie nach verstärkter Integration von Wirtschafts- und Sozialpolitik entstehen ließen (vgl. *H. FENGE*, 1970, S. 652 ff.; *H. F. ZACHER*, 1973, S. 13; *W. ALBERS*, 1976; *F. VARELMANN*, 1977, S. 105 ff.; *W. ALBERS*, 1978, S. 598; *M. PFAFF/H. VOIGTLÄNDER*, 1978; *W. SCHMÄHL*, 1978a, S. 56 ff.; *W. SCHMÄHL*, 1978b, S. 85 ff.; *TRANSFER-ENQUETE-KOMMISSION*, 1979 und 1981).

Die **auf lange Sicht** zu erwartenden **Finanzierungsengpässe** werden es kaum erlauben, die übrigen in ihrer Bedeutung keineswegs geringer zu bewertenden strukturellen Probleme der Alterssicherung in einer für die bisherige Sozialpolitik **typischen Form** zu lösen. Bisher war die Geschichte des Sozialleistungssystems durch eine **unaufhörliche Expansion** gekennzeichnet; Strukturreformen konnten solange vertagt werden, wie es möglich war, im Zweifelsfall die vorhandenen Leistungen einfach aufzustocken, um vermeintliche oder tatsächliche Ungerechtigkeiten auszugleichen.

Die langfristigen Finanzierungsprobleme zwingen nunmehr zu sozialpolitischen Strategien, die in ihrer gesamten Auswirkung möglichst kostenneutral gehalten werden müssen. Im Spannungsfeld zwischen **Finanzierungsschwierigkeiten** und **Umverteilungsfragen** der Alterssicherung sind Lösungen der anstehenden Probleme zu suchen, die zugleich verhindern, daß aus dem vielzitierten Generationenvertrag ein Generationenkonflikt wird (vgl. *R. JACOBY*, 1974; *E. STANDFEST*, 1975, S. 138 ff.; *E. STANDFEST*, 1978a, S. 246 ff.; *H. LAMPERT*, 1980a; *W. KANNENGIESSER*, 1981a, S. 246 ff.; *J. PENTENRIEDER*, 1981, S. 318 ff.). Mit der Reform der Hinterbliebenensicherung, die am 1.1.1986 in Kraft trat und auf deren weitgehende Kostenneutralität gehofft wird, zeichnet sich ein entsprechendes Umdenken in der sozialen Sicherungspolitik ab.

2. Langfristige Finanzierung des Alterssicherungssystems

Langfristige Finanzierungsprobleme und mögliche Lösungsstrategien stehen seit einigen Jahren im Mittelpunkt der rentenpolitischen Diskussion. Anhand von Rentenformel und Finanzierungsgleichung der Rentenversicherung sollen im folgenden zunächst die verschiedenen Aspekte des Grundproblems verdeutlicht werden. Anschließend werden die Perspektiven des Bevölkerungsprozesses sowie die Entwicklungslinien der Erwerbsbeteiligung in ihrer Bedeutung für die langfristige Rentenfinanzierung erläutert. Die weiteren Ausführungen befassen sich mit Rentenniveau und Belastungsgrenzen, Finanzierungsbasis und Finanzierungsverfahren sowie Steuerfinanzierung und Beitragsäquivalenz und zeigen mögliche Lösungsstrategien der langfristigen Finanzierungsprobleme der Rentenversicherung auf. Zum Schluß soll die systemübergreifende Geltung des Finanzierungsproblems verdeutlicht werden.

2.1 Rentenformel und Finanzierungsgleichung

Die langfristigen Finanzierungsprobleme des Alterssicherungssystems können insbesondere am Beispiel der Rentenversicherung verdeutlicht werden. Wenn die folgenden Ausführungen sich explizit auf dieses Subsystem der Alterssicherung beziehen, so sollte diese Vorgehensweise nicht darüber hinwegtäuschen, daß sich im demographischen Wandel auch für die übrigen Alterssicherungssysteme ähnliche Probleme ergeben werden. Der Bezug zu den anderen Subsystemen der Alterssicherung soll zwar an geeigneter Stelle stets hergestellt werden, wird aber vor allen Dingen an späterer Stelle zusammenfassend aufgegriffen.

2.1.1 Finanzierungsgleichgewicht

Die langfristigen Finanzierungsprobleme der Rentenversicherung ergeben sich ebenso wie die kurz- und mittelfristigen finanziellen Schwierigkeiten im Spannungsfeld der **Einnahmen- und Ausgabenentwicklung** unter Berücksichtigung des zugrundeliegenden **Finanzierungsverfahrens**. Es ist daher an dieser Stelle unabdingbar, auf die wesentlichen Komponenten der Einnahmen- und Ausgabengestaltung der Rentenversicherung einzugehen.

Die **Ausgaben** der Rentenversicherung A bestehen überwiegend aus Rentenzahlungen wie Altersrenten, Invaliditätsrenten (Berufsunfähigkeits- und Erwerbsunfähigkeitsrenten) sowie Hinterbliebenenrenten (Witwen-, Witwer- und Waisenrenten). Die durchschnittliche Höhe der Versichertenrente L im Jahre t bestimmt sich wie folgt:

(1) $L_t = J \cdot St \cdot PB \cdot AB_t$

Hierbei bedeuten:

J = Zahl der anrechnungsfähigen Versicherungsjahre im Durchschnitt aller Rentenbezieher und Rentenarten,

St = Steigerungssatz pro Jahr im Durchschnitt aller Rentenbezieher und Rentenarten,

PB = Vomhundertsatz der persönlichen Bemessungsgrundlage im Durchschnitt aller Rentenbezieher und Rentenarten,

AB = Allgemeine Bemessungsgrundlage der Rentenberechnung.

Die Allgemeine Bemessungsgrundlage ist das Kernstück der bruttolohnbezogenen dynamischen Rente. Nach dem gegenwärtig gültigen Berechnungsverfahren wird die Allgemeine Bemessungsgrundlage eines bestimmten Jahres wie folgt ermittelt:

$$(2)\quad AB_t = AB_{t-1} \cdot \frac{EB_{t-1}}{EB_{t-2}}$$

Hierbei stellt EB das durchschnittliche beitragspflichtige Bruttojahresarbeitsentgelt aller Versicherten dar. Die individuellen Bruttoarbeitsentgelte *EB* werden für die Ermittlung dieses Durchschnitts nur insoweit herangezogen, als sie die jeweils gültige Beitragsbemessungsgrenze BBG nicht übersteigen:

$$(3)\quad EB_t \leq BBG_t$$

Die Beitragsbemessungsgrenze BBG verändert sich wie folgt:

$$(4)\quad BBG_t = BBG_{t-1} \cdot \frac{EB_{t-2}}{EB_{t-3}}$$

Die gesamten Rentenausgaben LA ergeben sich unter Berücksichtigung der Gesamtzahl der Rentner R sowie der Durchschnittsrente L:

$$(5)\quad LA_t = R_t \cdot L_t$$

Zu den Rentenausgaben treten die sonstigen Ausgaben SA in Form von weiteren Einkommensleistungen, Sachleistungen und Allgemeinen Diensten und Leistungen sowie Verrechnungsleistungen hinzu. Damit belaufen sich die gesamten Ausgaben der Rentenversicherung auf:

$$(6)\quad A_t = LA_t + SA_t$$

Die **Einnahmen** E der Rentenversicherung bestehen überwiegend aus Sozialbeiträgen SB, die sich nach der Zahl der Beitragszahler B, dem beitragspflichtigen Bruttoarbeitsentgelt EB sowie dem Beitragssatz b bestimmen:

$$(7)\quad SB_t = B_t \cdot EB_t \cdot b_t$$

Zu diesen Beitragseinnahmen SB kommen die öffentlichen Zuweisungen Z hinzu. Diese Zuweisungen Z sind grundsätzlich an die Entwicklung der durchschnittlichen Bruttojahresarbeitsentgelte EB gebunden:

$$(8)\quad Z_t = Z_{t-1} \cdot \frac{EB_{t-1} + EB_{t-2} + EB_{t-3}}{EB_{t-2} + EB_{t-3} + EB_{t-4}}$$

Zu berücksichtigen sind weiterhin sonstige Einnahmen SE einschließlich der Verrechnungseinnahmen. Die Einnahmen der Rentenversicherung ergeben sich damit zu:

(9) $E_t = SB_t + Z_t + SE_t$

Das **Finanzierungsgleichgewicht** der Rentenversicherung wird nicht nur von den verschiedenen Einnahmen E und Ausgaben A, sondern auch von dem zugrundeliegenden Finanzierungsverfahren beeinflußt. Das heute gültige Finanzierungsmodell beruht als **Umlageverfahren** auf dem Gedanken, daß die Ausgaben eines Jahres durch die Einnahmen desselben Jahres gedeckt werden müssen und daß darüberhinaus zum Ausgleich kurzfristiger Schwankungen eine begrenzte Finanzierungsreserve zu halten ist. Die Finanzierungsreserve S soll gegenwärtig eine Monatsausgabe zu Lasten des Versicherungsträgers (abzüglich der Bundeszuschüsse, aber auch sonstiger Erstattungen und Ausgleichszahlungen) ausmachen:

(10) $S_t^S = \dfrac{A_{t-1} - Z_{t-1}}{12}$

Die einmal angesammelte Finanzierungsreserve S muß nach Maßgabe der Entwicklung der Rentenausgaben angepaßt werden. Der in einem bestimmten Jahr wünschenswerte Saldo der laufenden Einnahmen- und Ausgabenrechnung entspricht dem notwendigen Zuwachs der Schwankungsreserve FS_t^S:

(11) $FS_t^S = S_t^S - S_{t-1}^S$

Weicht der wünschenswerte Finanzierungssaldo FS_t^S von dem tatsächlichen Finanzierungssaldo FS_t^i ab:

(12) $FS_t^S \gtrless FS_t^i$

so ergeben sich Über- oder Unterschreitungen der gesetzlich vorgeschriebenen Schwankungsreserve.

Das Finanzierungsgleichgewicht der Rentenversicherung läßt sich nunmehr wie folgt definieren:

(13) $FS^S = [B \cdot EB \cdot b_S + Z + SE] - [L \cdot R + SA]$

2.1.2 Faktoren des Beitragssatzes

Aus der Relation (13) lassen sich die verschiedenen Elemente des zur Erhaltung eines finanziellen Gleichgewichtes der Rentenversicherung **erforderlichen** Beitragssatzes b_S ermitteln:

(14) $b_S = \dfrac{R}{B} \cdot \dfrac{L}{EB} - \dfrac{Z}{B \cdot EB} + \dfrac{SA - SE}{B \cdot EB} + \dfrac{FS^S}{B \cdot EB}$

Der Quotient R/B wird als **Alterslast** bezeichnet. Die Alterslast steigt, wenn die Zahl der Rentner bei gegebener Anzahl der Beitragszahler ansteigt oder wenn die Zahl der Beitragszahler bei vorgegebener Anzahl der Rentner absinkt; gleiches ergibt sich, wenn die Zahl der Rentner schneller steigt als die der Beitragszahler. Eine steigende Alterslast macht unter sonst gleichen Bedingungen eine Erhöhung des Beitragssatzes erforderlich; eine Senkung des Beitragssatzes ist unter sonst gleichen Bedingungen nur bei einem Absinken der Alterslast denkbar. Die Entwicklung der Alterslast ist von verschiedenen **Faktoren** abhängig:

(1) Die Entwicklung der Alterslast wird durch die natürliche Bevölkerungsentwicklung und damit durch Alters- und Geschlechtsstruktur sowie Fruchtbarkeits- und Sterbeziffern der vorhandenen Bevölkerung und schließlich durch Wanderungsbewegungen geprägt.

(2) Neben diesen Komponenten des demographischen Prozesses ist der Umfang der Erwerbsbeteiligung von entscheidender Bedeutung, wie er insbesondere von dem Berufseintrittsalter (Problem der Ausbildungswege und -zeiten), von den alters- und geschlechtsspezifischen Erwerbsquoten, dem Arbeitsplatzangebot (Problem der langfristigen Wachstumstrends und der konjunkturellen Beschäftigungsschwankungen) sowie dem Berufsaustrittsalter (Problem des Renteneintrittsalters) beeinflußt wird.

(3) Als weiterer Bestimmungsfaktor der Alterslast ist die von der Entwicklung der Lebenserwartung abhängige Veränderung der Rentenbezugsdauer zu nennen.

Der Quotient L/EB stellt das sogenannte **Bruttorentenniveau** dar, wie es durch das vorhandene Rentenrecht und die jeweilige Rentenstruktur geprägt wird. Bei vorgegebenem Rentenrecht und vorgegebener Rentenstruktur hält sich die Variabilität dieses Quotienten in Grenzen, da die Veränderung von L nach Maßgabe der Relationen (1) und (2) mit der Größe EB verknüpft ist. Kurzfristig können sich jedoch Schwankungen des Quotienten L/EB dadurch ergeben, daß die Allgemeine Bemessungsgrundlage, die die Verbindung zwischen L und EB herstellt, der Entwicklung der durchschnittlichen Bruttoarbeitsentgelte mit einer zeitlichen Verzögerung folgt. Im Konjunkturaufschwung mit überdurchschnittlichen Lohnsteigerungsraten sinkt daher das Bruttorentenniveau, während es im Konjunkturabschwung mit unterdurchschnittlichen Lohnsteigerungsraten ansteigt. Langfristig ist jedoch der Quotient L/EB bei vorgegebenem Rentenrecht und vorgegebener Rentenstruktur weitgehend invariant. Allerdings ist gerade das Bruttorentenniveau der zentrale Ansatzpunkt verschiedener **rentenpolitischer Maßnahmen** zur Lösung der langfristigen Finanzierungsprobleme:

(1) Die als Aktualisierung der Allgemeinen Bemessungsgrundlage seit Jahren diskutierte Strategie stellt unmittelbar auf die Verbindung zwischen L und EB ab. Der Anpassungslag soll verringert werden, um die Rentenanpassung stärker an die niedrigeren Lohnsteigerungsraten der Gegenwart zu binden und zugleich einen gewissen Gleichschritt in der Entwicklung der Renten und Löhne herbeizuführen.

(2) Auch die als modifizierte Bruttoanpassung bzw. Nettoanpassung der Renten, modifizierte Ertragsanteilsbesteuerung sowie Neubewertung beitragsloser Zeiten diskutierten rentenpolitischen Strategien bezwecken letztlich eine Veränderung des Bruttorentenniveaus L/EB.

(3) Weitere Strategien zielen auf eine Erweiterung der Beitragsbemessungsgrundlage EB und damit auf eine Ausweitung der Finanzierungsbasis der Rentenversicherung ab. Zu nennen sind Veränderungen der unteren und oberen Beitragsbemessungsgrenze sowie Erleichterungen in der Anrechnung von freiwilligen Beiträgen. Familienstandsbezogene Beitragsdifferenzierungen können ebenso als eine Ausweitung der Beitragsbemessungsgrundlage für Familien mit geringer Kinder- und Jugendlichenlast interpretiert

werden. Hinzuweisen ist auch auf die Diskussion um die Erweiterung der Bemessungsgrundlage für den Arbeitgeberbeitrag über die Bruttoarbeitsentgelte hinaus.

Der Quotient Z/(B · EB) kennzeichnet den Einfluß der öffentlichen **Zuweisungen** Z (insbesondere in Form des Bundeszuschusses) auf den erforderlichen Beitragssatz b_S. Variabel ist vor allem die Zahl der Beitragszahler B. Demgegenüber ist der Quotient Z/EB langfristig weitgehend invariant, da der Zusammenhang zwischen Z und EB nach (8) vorgegeben ist. Allerdings wirken sich Senkungen, Erhöhungen oder Stundungen des Bundeszuschusses Z, wie sie in der Vergangenheit eher die Regel denn die Ausnahme darstellten, unmittelbar auf den erforderlichen Beitragssatz b_S aus. Auch der Bundeszuschuß Z ist in die Diskussion der langfristigen **Finanzierungsstrategien** der Rentenversicherung einbezogen worden:

(1) Diskutiert wird seit geraumer Zeit eine Regelbindung des Bundeszuschusses an die Entwicklung der gesamten Rentenausgaben LA, wodurch der Bundeszuschuß auch durch Veränderungen des Rentenrechts und der Rentenstruktur beeinflußt würde. Die demographisch bedingten Ausgabensteigerungen der Rentenversicherung würden ebenfalls zu Erhöhungen des Bundeszuschusses führen.

(2) In eine etwas andere Richtung gehen jene Lösungsstrategien, die die Größe Z direkt nach Maßgabe der Dynamik des Bevölkerungsprozesses variieren wollen.

Weiterhin wird der erforderliche Beitragssatz b_S durch die Differenz der **sonstigen Ausgaben** SA und der **sonstigen Einnahmen** SE – bezogen auf die gesamte Beitragsbemessungsgrundlage B · EB – beeinflußt. Die bisher stets positive Differenz (SA − SE) bindet grundsätzlich einen Teil des Beitragssatzes. Da die sonstigen Einnahmen SE deutlich weniger beeinflußbar sind als die sonstigen Ausgaben SA, kann auf diese Komponente des erforderlichen Beitragssatzes b_S nur mit Leistungseinschränkungen eingewirkt werden (z.B. Einschränkung von Kuren, Übernahme der Tbc-Hilfe seitens der Krankenversicherung usw.).

Die weitere Einflußgröße des erforderlichen Beitragssatzes b_S wird entscheidend durch den für die laufende Finanzierungsrechnung erforderlichen **Finanzierungssaldo** FS^S geprägt:

(1) Auf finanzielle Engpässe ist schon wiederholt durch „Abschmelzung" der Schwankungsreserve reagiert worden. Dadurch wurden sonst notwendige Erhöhungen des Beitragssatzes vermieden. Wegen der bereits erfolgten Senkung der Schwankungsreserve auf eine Monatsausgabe sind Entlastungseffekte für die Rentenversicherung von hier aus jedoch kaum noch zu erwarten.

(2) Ein steigener Einfluß dieser Komponente auf den erforderlichen Beitragssatz ist umgekehrt insbesondere dann denkbar, wenn an die Stelle des bisherigen Umlageverfahrens ein zumindest teilweise gültiges Kapitaldeckungsverfahren gesetzt wird. Verschiedene Strategien des zeitlichen Belastungsausgleichs zielen für die nähere Zukunft auf eine Erhöhung der Finanzierungsreserve ab, um diese Mittel in der späteren Zukunft entsprechend den demographisch bedingten Ausgabensteigerungen der Rentenversicherung verwenden zu können. Unter diesem Aspekt müßte der Beitragssatz in der Gegenwart erhöht werden, damit extreme Beitragssatzerhöhungen in der Zukunft vermieden werden können.

2.2 Perspektiven des Bevölkerungsprozesses

2.2.1 Problemstellung

Das Interesse der Ökonomen erstreckt sich bereits seit vielen Jahrhunderten auch auf Fragen der Bevölkerungsentwicklung. Dabei wurde ein enger Zusammenhang zwischen Wirtschafts- und Bevölkerungsentwicklung nie bestritten. Allerdings ergaben sich aus **historischen Fallanalysen** mit vorwiegend atheoretischer Ausrichtung nur relativ **pragmatische Erklärungsansätze** des Bevölkerungsprozesses, die selten über längere Zeit Beachtung fanden. Ausnahmen bilden einerseits die bevölkerungspessimistische Lehrmeinung von *MALTHUS*, der im Bevölkerungswachstum die entscheidende Ursache der Armut sah, sowie die Gegenmeinung von *GODWIN*, der die Ursache der Armut nicht im Bevölkerungswachstum, sondern in der ungerechten Verteilung der Produktionsmittel erblickte. Beide Lehrmeinungen finden auch heute noch Beachtung und spielen eine erhebliche Rolle bei der Formulierung wachstumspolitischer Strategien für Entwicklungsländer und bei der Diskussion des Geburtenrückgangs in den Industrieländern (vgl. *H. WANDER*, 1979a, S. 31 ff.).

Überwiegend sah man sich in der **Wirtschaftsgeschichte** mit dem Phänomen des Bevölkerungswachstums konfrontiert; allerdings sind auch einige Fälle der Bevölkerungsstagnation und des Bevölkerungsrückgangs überliefert. Derartige Phasen des Bevölkerungsprozesses in vorindustrieller Zeit waren die Niedergangsphase des Römischen Reiches, das 14. und 15. Jahrhundert in Europa im Gefolge der Großen Pest sowie das 17. Jahrhundert in Spanien. Die beginnende Industrialisierung war fast überall mit einem starken Bevölkerungswachstum verbunden; dabei sind auch einige abweichende Beispiele nachweisbar, die eine zum Teil sehr widersprüchliche Deutung erfahren haben (Irland – Auswanderung in die USA – und Frankreich seit der Mitte des 19. Jahrhunderts) (vgl. *W. FISCHER*, 1979, S. 9 ff.).

In der **Gegenwart** sehen sich die hochentwickelten Industriegesellschaften Westeuropas erneut einem Bevölkerungsprozeß gegenüber, der nach Jahrzehnten des Bevölkerungswachstums innerhalb weniger Jahre zu einer Bevölkerungsstagnation bzw. sogar zu einer Bevölkerungsschrumpfung geführt hat. Die seit Jahren zu beobachtende Geburtenentwicklung gefährdet die langfristige Bestandserhaltung der Bevölkerung. Sehr viel stärker als in früheren Zeiten begann man jedoch über die Auswirkungen dieser Entwicklung auf Wirtschaft und Gesellschaft nachzudenken. Dabei ist deutlich geworden, daß kaum ein gesellschaftlicher Politikbereich denkbar ist, der nicht durch die sich abzeichnende Bevölkerungsentwicklung in entscheidender Weise tangiert wird (vgl. *M. WINGEN*, 1978, S. 155 ff.; *BMJFG*, 1978; *R. DINKEL*, 1984; *B. FELDERER*/Hrsg., 1986).

Die besondere Bedeutung des Bevölkerungsprozesses für das System der **Alterssicherung** wurde bereits frühzeitig gesehen; schon bei der Einführung der bruttolohnbezogenen dynamischen Rente im Jahre 1957 wurde in einer breiten Reformdiskussion darauf hingewiesen, daß dieses Alterssicherungssystem grundsätzlich für eine wachsende Wirtschaft mit wachsender Bevölkerung konzipiert worden sei. Der Wechsel im Finanzierungsmodell vom Abschnittsdekkungsverfahren zum Umlageverfahren im Jahre 1969 wurde schließlich mit der gesetzlichen Auflage verbunden, für einen Zeitraum von jeweils 15 Jahren finanzielle Vorausberechnungen zu erstellen, die sowohl die Wirtschafts- als auch die Bevölkerungsentwicklung berücksichtigen. Der demographische Umbruch verstärkte zudem das Interesse an über diesen Zeitraum hinausreichenden längerfristigen Prognosen mit einem engen Kontext zum System der Alterssicherung, um die auf lange Sicht als Folge des Bevölkerungsprozesses zu erwartende finanzielle Belastung der Rentenversicherung in ihren Dimensionen sichtbar werden zu lassen. Allerdings handelt es sich dabei überwiegend um Trendprognosen, die die Interdependenzen zwischen Bevölkerungsprozeß und Wirtschaftsentwicklung weitgehend vernachlässigen und von daher nur eine begrenzte Aussagekraft haben (vgl. *H. GROHMANN*, 1965; *H. LÖWE*, 1971, S. 344 ff.; *H. LÖWE*, 1974, S. 1 ff.; *G. BUTTLER/A. SEFFEN*, 1975; *H. HAUTZINGER/W. KONANZ*, 1977; *G. FEICHTINGER*, 1977, S. 393 ff.; *W. DETTLING*, 1978; *H. KALTENBACH/C. ORSINGER*, 1979, S. 1 ff.; *H. GROHMANN*, 1980; *H.-J. STEINMANN*, 1981, S. 306 ff.; *R. DINKEL*, 1981, S. 104 f.; *BUNDESTAGSDRUCKSACHE* 8/680 und 8/4437).

2.2.2 Elemente des Bevölkerungsprozesses

Für die langfristige Bestandserhaltung einer Bevölkerung ist insbesondere die **natürliche Bevölkerungsbewegung** ausschlaggebend, wie sie sich in der statistischen Meßziffer der Nettoreproduktionsrate ausdrückt. Diese **Nettoreproduktionsrate** mißt die durchschnittliche Zahl an weiblichen Nachkommen, die eine Frau im Laufe ihres gesamten Lebens zur Welt bringen würde, wenn für sie die in der betreffenden Periode gegebenen altersspezifischen Fertilitätsraten und altersspezifischen Mortalitätsraten gelten würden. Nur eine Nettoreproduktionsrate von 1,0 führt zur langfristigen Bestandserhaltung der Bevölkerung; allerdings können sich (kurzfristig) auch bei einer unter 1,0 liegenden Nettoreproduktionsrate Bevölkerungszuwächse ergeben, die auf spezifischen Altersstruktureffekten beruhen (vgl. *G. FEICHTINGER*, 1977, S. 393 ff.).

In der Bundesrepublik Deutschland ergaben sich bezüglich der Nettoreproduktionsrate der Bevölkerung seit 1950 folgende **Entwicklungen**:

(1) Die Nettoreproduktionsrate der gesamten Bevölkerung belief sich im Jahre 1950 auf 0,933 und stieg bis zum Jahre 1965 auf 1,177 an. In dem folgenden Jahrzehnt war ein drastischer Rückgang der Nettoreproduktionsrate festzustellen, der ab 1980 in ein leichtes und kontinuierliches Absinken einmündete. 1985 belief sich die Nettoreproduktionsrate der Bevölkerung nur noch auf 0,597.

(2) Zwischen der Nettoreproduktionsrate der Deutschen und derjenigen der Ausländer in der Bundesrepublik besteht ein deutlicher Unterschied. Während sich die Nettoreproduktionsrate der Deutschen bis Ende der 70er Jahre auf 0,68 verminderte, lag die Nettoreproduktionsrate der Ausländer mit 0,94 noch relativ dicht bei der Bestandserhaltung (vgl. *DIW*, 1981, S. 323). Allerdings sind mittlerweile Angleichungstendenzen mit einem Absinken der Nettoreproduktionsrate der Ausländer festzustellen.

(3) Deutlich unterschiedlich entwickelte sich die Fruchtbarkeit in den verschiedenen Altersklassen. So stieg die Fertilität der 15- bis unter 20jährigen Mütter von 1950 bis 1971 sogar auf das Doppelte an. Auch in den höheren Altersklassen ist die Fruchtbarkeit zunächst deutlich gestiegen, hat aber ihren Wendepunkt mit wachsendem Alter zu einem jeweils früheren Zeitpunkt erreicht. Für die 20- bis unter 25jährigen Frauen sank die Fertilität erst ab 1976, für die 25- bis unter 35jährigen Frauen jedoch schon ab 1964. Die Fruchtbarkeit der 35- bis unter 45jährigen Frauen war im Vergleich dazu schon ab 1950 rückläufig (vgl. *G. FEICHTINGER*, 1977, S. 396).

Tabelle 24: Natürliche Bevölkerungsbewegung in der Bundesrepublik Deutschland 1950-1985

Jahr	Überschuß der Geborenen (+) bzw. Gestorbenen (−)				Nettoreproduktionsrate[2]
	Insgesamt	Deutsche	Ausländer	je 1000 Einwohner	
1950	+ 284 088	–	–	+ 5,7	0,933
1955	+ 238 256	–	–	+ 4,5	0,941
1960	+ 325 667	+ 318 119	+ 7 548	+ 5,9	1,098
1965	+ 366 700	+ 334 377	+ 32 323	+ 6,2	1,177
1970	+ 75 965	+ 20 963	+ 55 002	+ 1,3	0,946
1975	− 148 748	− 235 630	+ 86 882	− 2,4	0,642
1980	− 93 460	− 165 644	+ 72 184	− 1,5	0,658
1981	− 97 635	− 169 115	+ 71 480	− 1,6	0,655
1982	− 94 684	− 159 141	+ 64 457	− 1,5	0,647
1983	− 124 160	− 177 567	+ 53 407	− 2,0	0,620
1984	− 111 961	− 158 921	+ 46 960	− 1,8	0,605
1985[1]	− 118 141	− 164 170	+ 46 029	− 1,9	0,597

[1] vorläufige Ergebnisse.
[2] für Kalenderjahre; bis 1965 für die gesamte Bevölkerung, ab 1970 für die deutsche Bevölkerung; zugrundeliegende Sterbetafeln für die Jahre 1950 und 1955: 1949/51, für das Jahr 1960: 1960/62, ab 1965: 1970/72.
Quelle: Statistisches Bundesamt (Hrsg.): Statistische Jahrbücher für die Bundesrepublik Deutschland, versch. Jge., sowie Wirtschaft und Statistik, Heft 4/1986, S. 142* und 144*.

Diese Entwicklungen machen ein weitergehendes Nachdenken über die Bestimmungsgründe des Bevölkerungsprozesses notwendig und zwingen zu einer Beachtung der Interdependenzen zwischen ökonomischem und demographischem System. Die naive These einer unmittelbaren Entsprechung von Bevölkerungs- und Wirtschaftsentwicklung muß dabei als wohl kaum aussagekräftig abgelehnt werden. Bedeutungsvoller sind zwei **Erklärungsansätze des demographischen Prozesses**, die Rückkopplungsmechanismen zwischen Wirtschafts- und Bevölkerungsentwicklung explizit einbeziehen:

(1) Aus der bevölkerungswissenschaftlichen Diskussion der Nachkriegszeit resultierte das Konzept des „demographischen Übergangs“, welches „auf den historischen Erfahrungen der heutigen Industrieländer aufbaut und bestimmte Zusammenhänge zwischen sinkender Sterblichkeit, fortschreitender Industrialisierung und sinkender Fruchtbarkeit“ postuliert (*H. WANDER*, 1979a, S. 34). Auf der anderen Seite entstand die „ökonomische Theorie der Fruchtbarkeit“, die „das generative Verhalten als Ergebnis eines durch Kosten- und Nutzenerwägungen geleiteten Abstimmungsmechanismus zwischen Kinderwunsch und alternativen wirtschaftlichen und sozialen Zielen interpretiert“ (*H. WANDER*, 1979a, S. 34).

(2) Sowohl das Konzept des demographischen Übergangs als auch die Ansätze der ökonomischen Theorie der Fruchtbarkeit sind sehr umstritten, und dies vor allem wegen ihrer begrenzten Prognosefähigkeit. Im Gegensatz zu älteren Erklärungsansätzen des Bevölkerungsprozesses haben sie jedoch die wechselseitige Bedingtheit demographisch-ökonomischer Zusammenhänge und ihre Abhängigkeit von der jeweiligen Ausgangssituation deutlich gemacht und auf ihre Beeinflussung durch mikroökonomische Wert- und Nutzenvorstellungen sowie durch makroökonomisch-politische Bedingungen aufmerksam gemacht (vgl. *H. WANDER*, 1979a, S. 34 f.).

(3) Gegenüber dem Konzept des demographischen Übergangs (vgl. *F. W. NOTESTEIN*. 1953, S. 13 ff.; *A. J. COALE*, 1973, S. 53 ff.) scheint in der gegenwärtigen bevölkerungswissenschaftlichen Diskussion die ökonomische Theorie des generativen Verhaltens stark an Bedeutung zu gewinnen (vgl. *H. LEIBENSTEIN*, 1974, S. 457 ff.; *Th. W. SCHULTZ*, 1974, 2. Aufl. 1979, insbesondere mit den Beiträgen von *G. S. BECKER*, 1979, S. 299 ff.; *R. T. MICHAEL*, 1979, S. 120 ff. und *R. J. WILLIS*, 1979, S. 25 ff.; *H. WANDER*, 1979b, S. 61 ff.; *U. ROPPEL*, 1979, S. 107 ff.; *O. HATZOLD*, 1979, S. 145 ff.). In dieser Theorie wird die Fertilität als Entscheidungsvariable betrachtet, von der angenommen wird, daß sie innerhalb gewisser Grenzen rational geplant werden kann und daß dabei „die Aufteilung knapper Ressourcen auf konkurrierende nutzenstiftende Ziele eine wichtige Rolle spielt. Das Fertilitätsverhalten wird insofern abgeleitet aus einem (individuellen oder familialen) Entscheidungsprozeß, in dem Vor- und Nachteile (Nutzen und Kosten) des Kinderaufziehens rational abgewogen werden" (*U. ROPPEL*, 1979, S. 107). Dabei steht die Erklärung des Zusammenhangs zwischen Einkommenshöhe, direkten Kinderkosten und anderen Ausgaben für Kinder sowie Bildung und Zeitkosten auf der einen Seite und der Geburtenrate sowie der Zahl der Kinder auf der anderen Seite im Mittelpunkt der theoretischen und empirischen Forschung.

(4) Diese Theorie des generativen Verhaltens ist allein schon wegen der verwendeten Sprache heftiger Kritik ausgesetzt; aus wissenschaftlicher Sicht werden die vereinfachten und einseitig ökonomischen Verhaltensannahmen kritisiert. Allerdings sollte nicht übersehen werden, daß mit dieser ökonomischen Theorie der Fruchtbarkeit bevölkerungswissenschaftliches Neuland betreten wird, auf dem durchaus wertvolle Erkenntnisse erwartet werden können. Nichts wäre schädlicher, als diese neue Forschungsrichtung durch eine voreilige Kritik zweifellos vorhandener Schwächen und Fehler zu ersticken (vgl. *U. ROPPEL*, 1979, S. 132 ff.). Dies gilt umso mehr, als allein durch eine strengen wissenschaftlichen Kriterien genügende ökonomische Analyse auch die zweifellos vorhandenen Einflüsse der Wirtschafts- und Sozialpolitik auf den Bevölkerungsprozeß hinreichend erklärt werden können (vgl. *O. HATZOLD*, 1979, S. 145 ff.). Von hier aus lassen sich dann auch bevölkerungs- und familienpolitische Maßnahmen auf eine rational begründbare Basis stellen (vgl. *F. OETER*, 1976, S. 230 ff.; *F. OETER*, 1977, S. 26 ff.; *M. WINGEN*, 1977, S. 435 ff.). Eine Fortsetzung der schon Jahrzehnte alten Diskreditierung jeglicher Bevölkerungspolitik, wie sie aufgrund der Erfahrungen im Dritten Reich durchaus verständlich ist, wird demgegenüber kaum zu einer Lösung der Zukunftsprobleme unserer Gesellschaft beitragen.

(5) In diesem Zusammenhang dürfen auch die Rückwirkungen des Bevölkerungsprozesses auf das ökonomische System nicht übersehen werden. Die volkswirtschaftlichen Folgen eines Bevölkerungsrückgangs sind auch in reichen Industrieländern beträchtlich. Der Bevölkerungsrückgang verändert vor allem die Investitionsneigung und führt zu Verschiebungen in der Investitionsstruktur von den Erweiterungsinvestitionen hin zu den Rationalisierungs- und Ersatzinvestitionen; zugleich wird das quantitative Wachstum der Konsumgüternachfrage der privaten Haushalte betroffen. Weitere Entwicklungen betreffen nicht nur die private Investitions- und Konsumgüternachfrage, sondern auch die Nachfrage der öffentlichen Haushalte. Von hier aus verändert sich die Nachfrage nach dem Faktor Arbeit; bei gleichzeitiger Beeinflussung der Arbeitsproduktivität durch zunehmende Rationalisierung sind erhebliche Beschäftigungsrückwirkungen zu erwarten (vgl. *W. KLAUDER*, 1978; *E. KLINKMÜLLER/R. JANNECK*, 1979, S. 53 ff.; *F. STILLE*, 1979, S. 83 ff.; *W. KLAUDER*, 1980; *A. WAGNER*, 1980, S. 261 ff.; *R. DINKEL*, 1981, S. 104 f.).

Der Abnahme der Geburtenziffern steht eine **Zunahme der Lebenserwartung** gegenüber. Nach einer etwas uneinheitlichen Entwicklung in den ersten beiden Jahrzehnten des Bestehens der Bundesrepublik Deutschland hat sich anschließend der langfristige Trend unverkennbar durchgesetzt. In allen Altersgruppen

Tabelle 25: Durchschnittliche Lebenserwartung der Bevölkerung in Jahren

Vollendetes Altersjahr	männlich						
	1901/10	1924/26	1932/34	1949/51	1960/62	1970/72	1981/83
0	44,82	55,97	59,86	64,56	66,86	67,41	70,46
1	55,12	62,24	64,43	67,80	68,31	68,20	70,32
2	56,39	62,26	64,03	67,08	67,46	67,31	69,38
5	55,15	60,09	61,70	64,47	64,68	64,49	66,48
10	51,16	55,63	57,28	59,76	59,88	59,68	61,59
15	46,71	51,00	52,62	54,98	55,02	54,81	56,68
20	42,56	46,70	48,16	50,34	50,34	50,21	51,97
25	38,59	42,70	43,83	45,83	45,78	45,65	47,30
30	34,55	38,56	39,47	41,32	41,14	41,00	42,58
35	30,53	34,30	35,13	36,80	36,50	36,35	37,86
40	26,64	30,05	30,83	32,32	31,91	31,77	33,22
45	22,94	25,90	26,61	27,93	27,41	27,33	28,72
50	19,43	21,89	22,54	23,75	23,10	23,05	24,41
55	16,16	18,09	18,69	19,85	19,08	19,02	20,38
60	13,14	14,60	15,11	16,20	15,49	15,31	16,61
65	10,40	11,46	11,87	12,84	12,36	12,06	13,19
70	7,99	8,74	9,05	9,84	9,60	9,35	10,16
75	5,97	6,50	6,68	7,28	7,20	7,17	7,67
80	4,38	4,77	4,84	5,24	5,24	5,36	5,73
85	3,18	3,50	3,52	3,72	3,76	3,92	4,33
90	2,35	2,68	2,63	2,66	2,69	2,81	3,43

Vollendetes Altersjahr	weiblich						
	1901/10	1924/26	1932/34	1949/51	1960/62	1970/72	1981/83
0	48,33	58,82	62,81	68,48	72,39	73,83	77,09
1	57,20	63,89	66,41	71,01	73,46	74,32	76,84
2	58,47	63,85	65,96	70,26	72,60	73,42	75,90
5	57,27	61,62	63,56	67,61	69,78	70,56	72,99
10	53,35	57,11	59,09	62,84	64,93	65,70	68,07
15	49,00	52,47	54,39	57,99	60,02	60,79	63,14
20	44,84	48,09	49,84	53,24	55,17	55,97	58,27
25	40,84	43,92	45,43	48,55	50,33	51,14	53,40
30	36,94	39,76	41,05	43,89	45,53	46,30	48,54
35	33,04	35,56	36,67	39,26	40,78	41,50	43,70
40	29,16	31,37	32,33	34,67	36,09	36,77	38,93
45	25,25	27,20	28,02	30,14	31,48	32,14	34,23
50	21,35	23,12	23,85	25,75	27,00	27,65	29,65
55	17,64	19,20	19,85	21,50	22,65	23,32	25,22
60	14,17	15,51	16,07	17,46	18,48	19,12	20,93
65	11,09	12,17	12,60	13,72	14,60	15,18	16,88
70	8,45	9,27	9,58	10,42	11,12	11,63	13,09
75	6,30	6,87	7,09	7,68	8,16	8,59	9,75
80	4,65	5,06	5,15	5,57	5,85	6,16	7,03
85	3,40	3,76	3,70	4,02	4,17	4,37	4,98
90	2,59	2,92	2,72	2,89	3,03	3,16	3,62

Quelle: Statistisches Bundesamt (Hrsg.): Statistisches Jahrbuch für die Bundesrepublik Deutschland 1985, S. 78.

ist die durchschnittliche Lebenserwartung seit Anfang der 70er Jahre kontinuierlich angestiegen. Internationale Vergleiche, z.B. mit Schweden, zeigen, daß die deutsche Mortalitätsrate immer noch überdurchschnittlich hoch liegt. Daher ist auch für die Zukunft ein weiterer Rückgang der Sterblichkeit nicht unwahrscheinlich. Zumindest sind keine Gründe für einen abrupten Abbruch dieser Entwicklung mit einer steigenden durchschnittlichen Lebenserwartung der Bevölkerung erkennbar. Die Berücksichtigung einer steigenden Lebenserwartung ist von daher bei der Beurteilung der künftigen Rentenlast unabdingbar (vgl. *DIW*, 1981, S. 322 ff.; *M. SCHMIDT*, 1981c, S. 354 ff.).

Neben der natürlichen Bevölkerungsbewegung sind auch die **Wanderungen** für den Bevölkerungsprozeß relevant. Auswanderungen der deutschen Bevölkerung sind von vergleichsweise geringer Bedeutung. Bisherige Wanderungsbewegungen der Ausländer in das Bundesgebiet haben jedoch zu einem beträchtlichen Anteil der Ausländer an der Gesamtbevölkerung geführt. Seit Mitte der 70er Jahre ist allerdings auch dieser Wanderungssaldo negativ (vgl. Wirtschaft und Statistik, 1985, S. 364*). Es spricht einiges dafür, daß sich diese Entwicklung unter dem Einfluß der Arbeitsmarktsituation und der Schwierigkeiten einer befriedigenden sozialen Integration der Ausländer sowie aufgrund politisch-administrativer Einflüsse fortsetzen wird. Ein steigender Zuwanderungssaldo ist jedenfalls auf mittlere Sicht einigermaßen unwahrscheinlich, so daß von daher ein weiteres Aufstocken der deutschen Bevölkerung nicht zu erwarten ist (vgl. *M. FREY/U. MÜLLER*, Hrsg., Bonn 1982).

2.2.3 Neuere Bevölkerungsprognosen

Prognosen der Bevölkerungsentwicklung haben stets eine besondere Bedeutung im Rahmen der staatlichen Planung gehabt. Seit dem Sichtbarwerden des demographischen Umbruchs ist man verstärkt um die Erstellung derartiger Vorausschätzungen bemüht. Allerdings wurden seitdem aber auch die Risiken solcher Prognosen nur zu deutlich. Verschiedene Bundesministerien und das Statistische Bundesamt sowie Wirtschaftsforschungsinstitute und Einzelforscher erstellten in den letzten zwei Jahrzehnten Bevölkerungsprognosen, die zum Teil bereits nach einiger Zeit wieder korrigiert werden mußten. Immer mehr geht man deswegen dazu über, **Alternativprognosen** zu erstellen, um wenigstens die Spannweite möglicher Entwicklungen aufzuzeigen (vgl. z.B. *BUNDESTAGSDRUCKSACHE* 8/680 und 8/4437).

Alle neueren Bevölkerungsprognosen gehen von einer bestimmten **Ausgangsbevölkerung** mit einer bestimmten Alters- und Geschlechtsstruktur aus und treffen – eventuell differenziert nach Deutschen und Ausländern – **Annahmen über Sterbeziffern, Geburtenziffern sowie Wanderungen**. Dieser Rahmen einer jeden Prognose kann dabei sehr unterschiedlich gestaltet sein, und entsprechend unterschiedlich sind auch die Ergebnisse. An dieser Stelle soll zunächst eine neuere Simulationsrechnung zur Bevölkerungsentwicklung in der Bundesrepublik Deutschland vorgestellt werden, die vom DIW erstellt wurde (vgl. *H. BIRG*, 1981). Anschließend wird auf die von der Bundesregierung im Jahre 1984 vorgelegte Bevölkerungsprognose eingegangen (vgl. *BUNDESTAGSDRUCKSACHE* 10/863).

Unter Berücksichtigung differenzierter Annahmen über die Entwicklung der Sterbeziffern, der Geburtenziffern und der Wanderungen bei Deutschen und

Übersicht 8: Grundannahmen der DIW-Prognose

<table>
<tr><th colspan="2">Varianten</th><th colspan="4">Deutsche</th><th colspan="4">Ausländer</th></tr>
<tr><td rowspan="3">Sterbeziffern</td><td>S 1</td><td colspan="8">Sterbeziffern der Gesamtbevölkerung von 1977/79 konstant</td></tr>
<tr><td>S2</td><td colspan="4">Sterbeziffern für die Gesamtbevölkerung von 1977/79 verringern sich in 20 Jahren bei allen Altersjahren um 15vH (= 0,8 vH jährl.).</td><td colspan="4">Sterbeziffern für die ausländische Bevölkerung im Jahr 1979 (geschätzt) bleiben konstant.</td></tr>
<tr><td>S 3</td><td colspan="4">Wie vorstehend, aber Verringerung um 20 vH statt 15 vH (= 1,0 vH jährlich).</td><td colspan="4">Wie vorstehend, aber Anpassung der Ziffern bei den 0-10jährigen innerhalb von 20 Jahren an die Ziffern der Gesamtberechnung von 1977/79.</td></tr>
<tr><td rowspan="3">Geburtenziffern</td><td>G 1</td><td colspan="4">Konstanz der Geburtenziffern der Deutschen im Jahr 1979 (Nettoreproduktionsrate = 0,628).</td><td colspan="4">Konstanz der Geburtenziffern der Ausländer im Jahr 1979 (Nettoreproduktionsrate = 0,941).</td></tr>
<tr><td>G 2</td><td colspan="4">Konstanz der Nettoreproduktionsrate der Deutschen (0,628) bei generationsspezifischer Änderung der Geburtenziffern bis 1990:
15-24jährige: Rückgang
24-29jährige: Anstieg
29-38jährige: Konstanz
über 38jährige: Anstieg</td><td colspan="4">Rückgang der Nettoreproduktionsrate der Ausländer von 0,941 im Jahr 1979 auf 0,862 im Jahr 1990 bei generationsspezifischer Änderung der Geburtenziffern bis 1990:
15-19jährige: Konstanz
19-45jährige: Rückgang
über 45jährige: Konstanz</td></tr>
<tr><td>G 3</td><td colspan="4">Wie vorstehend, wobei die generationsspezifischen Änderungen von einer Zunahme der Geburtenziffern in allen Altersjahren überlagert werden (bis 2000 um 0,9 vH jährlich), so daß die Nettoreproduktionsrate von 0,628 im Jahr 1979 auf 0,745 im Jahr 2000 steigt.</td><td colspan="4">Wie vorstehend, wobei die generationsspezifischen Änderungen von einer allgemeinen Zunahme der Geburtenziffern überlagert werden (bis 2000 um 0,9 vH jährlich), so daß Nettoreproduktionsrate von 0,941 im Jahre 1979 auf 1,031 im Jahre 2000 steigt.</td></tr>
<tr><td colspan="2" rowspan="6">Wanderungen</td><td colspan="8">Jährliche Zu- und Fortzüge und Wanderungssalden von 1980 bis 2029</td></tr>
<tr><td>W</td><td>Zuzüge</td><td>Fortzüge</td><td>Saldo</td><td>W</td><td>Zuzüge</td><td>Fortzüge</td><td>Saldo</td></tr>
<tr><td>WK</td><td colspan="3">keine Wanderungen</td><td>WK</td><td colspan="3">keine Wanderungen</td></tr>
<tr><td>W 20</td><td>70 000</td><td>50 000</td><td>20 000</td><td>W 40</td><td>459 000</td><td>419 000</td><td>40 000</td></tr>
<tr><td>W 30</td><td>80 000</td><td>50 000</td><td>30 000</td><td>W 50</td><td>463 000</td><td>413 000</td><td>50 000</td></tr>
<tr><td>W 40</td><td>90 000</td><td>50 000</td><td>40 000</td><td>W 60</td><td>468 000</td><td>408 000</td><td>60 000</td></tr>
</table>

Quelle: Simulationsrechnung zur Bevölkerungsentwicklung in der Bundesrepublik Deutschland für Deutsche und Ausländer bis zum Jahr 2030. In: Wochenbericht des DIW, Nr. 24/1981.

Ausländern berechnete das **DIW** eine typische Veränderung des **Altersquotienten** als Relation der Bevölkerung von 60 Jahren und älter zu der Bevölkerung von 17 bis 59 Jahren. Die Streubreite dieses Quotienten ist in Abhängigkeit von den getroffenen Annahmen erheblich. Sowohl der Einfluß unterschiedlicher Fertilitätsraten als auch unterschiedlicher Sterbewahrscheinlichkeiten ist signifikant; je pessimistischer die Annahmen über die Fertilitätsraten ausgestaltet sind und je optimistischer der Rückgang der Sterblichkeit eingeschätzt wird, umso stärker ist der Anstieg des Altersquotienten bis zum Jahre 2030. Die Simulationsrechnung zeigt zugleich, daß ein positiver Wanderungssaldo diesen Anstieg des Altersquotienten erheblich abbremsen könnte. Lag der Quotient im Basisjahr 1980 bei 32,7%, so ergibt sich nach der DIW-Prognose ein Möglichkeitsbereich zukünftiger Entwicklungen, der für das Jahr 2030 von 51,9 bis 75,4% reicht (vgl. *DIW*, 1981, S. 323 f.).

Tabelle 26: Altersquotient im Jahre 2030 in v.H. gemäß DIW-Prognose

Annahme über die Sterbewahrscheinlichkeit	Annahme über die Geburtenziffern		
	G 1	G 2	G 3
	Keine Wanderungen		
S 1	65,9	66,3	60,1
S 2	73,3	73,6	66,8
S 3	75,0	75,4	68,4
	Wanderungssaldo: 80 000 Personen		
S 1	56,3	56,8	51,9
S 2	62,3	62,8	57,4
S 3	63,7	64,2	58,7

Quelle: DIW-Wochenbericht 28/1981, S. 324.

Übersicht 9: Verlauf des Altersquotienten in v.H. bis zum Jahr 2030 bei unterschiedlichen Annahmen gemäß DIW-Prognose

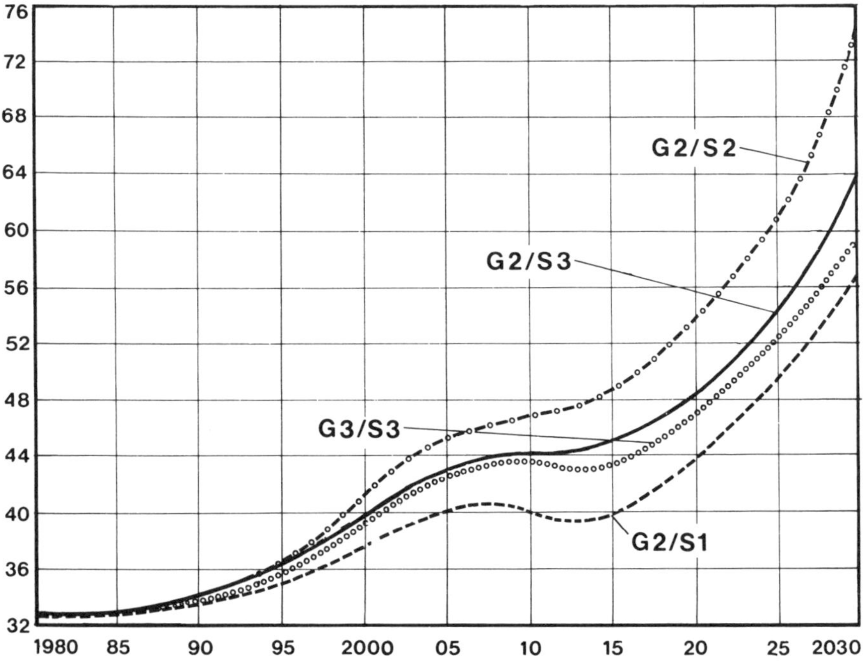

Quelle: DIW-Wochenbericht 28/1981, S. 324.

Die 1984 von der **Bundesregierung** vorgelegten Modellrechnungen zur Bevölkerungsentwicklung (vgl. *BUNDESTAGSDRUCKSACHE* 10/863) wurden getrennt für die deutsche und die ausländische Bevölkerung durchgeführt. Den Modellrechnungen zur **Entwicklung der deutschen Bevölkerung** wurden folgende **Annahmen** zugrundegelegt:

(1) Modell I (Status quo-Variante): Geburtenhäufigkeit des Jahres 1978 (Nettoreproduktionsrate 0,627) bleibt konstant.

(2) Modell II (negativ abweichende Modellvariante): Als Maß für die niedrigere Geburtenhäufigkeit wurde die Kinderzahl gewählt, die im Basisjahr 1978 in den Großstädten mit mehr als 100000 Einwohnern zu verzeichnen war; dort lag die Nettoreproduktionsrate bei ca. 0,5. Als Übergangsphase vom derzeitigen Geburtenniveau auf das mit einer Nettoreproduktionsrate von 0,5 wurde ein 10-Jahres-Zeitraum angenommen, beginnend 1980.

(3) Modell III (positiv abweichende Modellvariante): Als Maß für die höhere Geburtenhäufigkeit wurde ein Wert angesetzt, der dem Geburtenniveau der Kreise im Basisjahr 1978 entsprach (Nettoreproduktionsrate von etwa 0,8). Als Übergangsphase wurde wiederum ein Zeitraum von 10 Jahren angesetzt, beginnend 1980.

(4) Allen Modellrechnungen wurden die Sterblichkeitsverhältnisse der Jahre 1976/78 sowie ein nach Geschlecht und Alter ausgeglichener Wanderungssaldo zugrundegelegt.

Die Modellrechnungen zur **Entwicklung der ausländischen Bevölkerung** gingen im wesentlichen von folgenden **Annahmen** aus:

(1) Nach dem Modell A wird die Entwicklung der ausländischen Bevölkerung nur durch die Komponenten Geburtenhäufigkeit und Sterblichkeit bestimmt. Für die Geburtenentwicklung wurde eine lineare Abnahme der Nettoreproduktionsrate auf 0,84 im Jahre 2000, für die Sterblichkeitsentwicklung eine Angleichung an das Sterblichkeitsniveau der Deutschen bis 1990 angenommen. Ferner wurde ein nach Alter und Geschlecht ausgeglichener Wanderungssaldo unterstellt.

(2) Das Modell B unterscheidet sich von dem Modell A hinsichtlich des Wanderungssaldos; es wurde von einer jährlichen Zuwanderung von 20000 Ausländern entsprechend der Struktur des Wanderungssaldos im Jahre 1978 ausgegangen.

(3) Das Modell C unterscheidet sich von dem Modell A dahingehend, daß für das Jahr 1980 ein einmaliger Zuwanderungsüberschuß von 312000 Ausländern und für die weiteren Vorausberechnungsjahre ein jährlicher Zuwanderungsüberschuß von 55000 Ausländern angenommen wurde. Zusätzlich wurde für die Jahre 1988-1992 ein positiver Wanderungssaldo von 30000 Ausländern jährlich (Erweiterung der EG) zugrundegelegt.

Die vor diesem Hintergrund durchgeführten Modellrechnungen zeigten ebenfalls ein beträchtliches Ansteigen des **Altersquotienten** bis zum Jahre 2030 auf. Zu ähnlichen Ergebnissen kommen auch andere Untersuchungen, wobei allerdings neben den unterschiedlichen Grundannahmen, wie sie oben aufgeführt wurden, auch die **unterschiedliche Altersabgrenzung** berücksichtigt werden muß (vgl. *H. LÖWE*, 1971 und 1974; *BMJFG*, 1978, S. 106; *H. LAMPERT*, 1980a, S. 8ff.; *BMA*, 1981).

Besonders deutlich wird die Bedeutung der Altersabgrenzung für das Ergebnis derartiger Modellrechnungen im Falle einer unterschiedlichen Festlegung des **Renteneintrittsalters**. Überwiegend gehen die vorliegenden Untersuchungen von einem Renteneintrittsalter von 60 Jahren aus; setzt man stattdessen ein Ren-

Tabelle 27: Entwicklung der deutschen Bevölkerung nach Altersgruppen bis 2030 unter drei Annahmen über die Geburtenentwicklung

Art der Nachweisung	Stand 1. Jan. 1982	Modell I Geburtenhäufigkeit 1978 konstant						Modell II Geburtenhäufigkeit 1978 konstant bis 1979, Abnahme 1980 bis 1990 auf NRR 0,5, dann auf diesem Niveau konstant						Modell III Geburtenhäufigkeit 1978 konstant bis 1979, Zunahme 1980 bis 1990 auf NRR 0,8, dann auf diesem Niveau konstant					
		1985	1990	2000	2010	2020	2030	1985	1990	2000	2010	2020	2030	1985	1990	2000	2010	2020	2030
Bevölkerungsstand: in 1000	56 992	55 946	54 893	52 140	47 929	43 339	38 275	55 726	54 173	50 415	45 379	39 707	33 656	56 166	55 613	53 867	50 538	47 240	43 405
1982 = 100	100	98	96	91	84	76	67	98	95	88	80	70	59	99	98	95	89	83	76
Nach dem Alter: unter 20 in 1000	14 244	12 780	10 990	10 479	8 610	7 000	6 233	12 560	10 270	8 763	6 769	5 063	4 105	13 000	11 709	12 196	10 508	9 204	8 813
%	25	23	20	20	18	16	16	23	19	17	15	13	12	23	21	23	21	19	20
1982 = 100	100	90	77	74	60	49	44	88	72	62	48	36	29	91	82	86	74	65	62
20 bis unter 60 in 1000	30 809	31 335	32 010	29 182	27 070	24 050	18 590	31 335	32 010	29 173	26 360	22 354	16 098	31 335	32 010	29 191	27 780	25 747	21 139
%	54	56	58	56	56	55	49	56	59	58	58	56	48	56	58	54	55	55	49
1982 = 100	100	102	104	95	88	78	60	102	104	95	86	73	52	102	104	95	90	84	69
60 und mehr in 1000	11 939	11 831	11 894	12 479	12 250	12 289	13 452	11 831	11 894	12 479	12 250	12 289	13 452	11 831	11 894	12 479	12 250	12 289	13 452
%	21	21	22	24	26	28	35	21	22	25	27	31	40	21	21	23	24	26	31
1982 = 100	100	99	100	105	103	103	113	99	100	105	103	103	113	99	100	105	103	103	113
Belastungsquotienten: Auf 100 20- bis unter 60jähr. kommen unter 20jährige	46	41	34	36	32	29	34	40	32	30	26	23	26	41	37	42	38	36	42
60jährige und Ältere	39	38	37	43	45	51	72	38	37	43	46	55	84	38	37	43	44	48	64
unter 20- u. 60jährige und Ältere	85	79	71	79	77	80	106	78	69	73	72	78	109	79	74	85	82	83	105

Quelle: Bundestagsdrucksache 10/863, Tab. 7, S. 136f.

Tabelle 28: Entwicklung der ausländischen Bevölkerung nach Altersgruppen bis 2000 unter drei Annahmen über die Wanderungen

Art der Nachweisung	Stand 1. Jan. 1982	Modell A keine Wanderungen			Modell B jährlicher Zuwanderungsüberschuß 20 000			Modell C[1] jährlicher Zuwanderungsüberschuß 55 000[2]		
		1985	1990	2000	1985	1990	2000	1985	1990	2000
Bevölkerungsstand:										
in 1 000	4 721	4 910	5 179	5 601	4 978	5 362	6 027	5 105	5 747	7 003
1982 = 100	100	104	110	119	105	114	128	108	122	148
Nach dem Alter:										
unter 20 in 1 000	1 690	1 676	1 640	1 480	1 698	1 692	1 582	1 749	1 860	1 938
%	36	34	32	26	34	32	26	34	32	28
1982 = 100	100	99	97	88	100	100	94	103	110	115
20 bis unter 60 in 1 000	2 857	3 022	3 246	3 497	3 065	3 368	3 785	3 146	3 597	4 449
%	61	62	63	62	62	63	63	62	63	64
1982 = 100	100	106	114	122	107	118	132	110	126	156
60 und mehr in 1 000	175	212	293	624	215	303	659	210	291	616
%	4	4	6	11	4	6	11	4	5	9
1982 = 100	100	121	167	357	123	173	377	120	166	352
Belastungsquotienten: Auf 100 20- bis unter 60jährige kommen										
unter 20jährige	59	55	51	42	55	50	42	56	52	44
60jährige und Ältere	6	7	9	18	7	9	17	7	8	14
unter 20- und 60jährige und Ältere	65	62	60	60	62	59	59	62	60	57

[1] Ausgangsbasis: Stand 1. Januar 1980. [2] von 1988 bis 1992 85 000.
Quelle: Bundestagsdrucksache 10/863, Tab. 8, S. 138.

Tabelle 29: Entwicklung der Gesamtbevölkerung (Deutsche und Ausländer) nach Altersgruppen bis 2000

Art der Nachweisung	Stand 1. Jan. 1982	Modell I plus Modell A			Modell I plus Modell B			Modell I plus Modell C[1]			Weiterrechnung des Modells I, plus Modell C[1] ohne Zu- und Abwanderungen		
		1985	1990	2000	1985	1990	2000	1985	1990	2000	2010	2020	2030
Bevölkerungsstand:													
in 1 000	61 713	60 856	60 072	57 741	60 924	60 255	58 167	61 051	60 640	59 143	55 481	50 993	45 741
1982 = 100	100	99	97	94	99	98	94	99	98	96	90	83	74
Nach dem Alter:													
unter 20 in 1 000	15 933	14 456	12 630	11 959	14 478	12 682	12 061	14 529	12 849	12 417	10 518	8 779	7 876
%	26	24	21	21	24	21	21	24	21	21	19	17	17
1982 = 100	100	91	79	75	91	80	76	91	81	78	66	55	49
20 bis unter 60 in 1 000	33 665	34 357	35 256	32 679	34 400	35 378	32 967	34 481	35 606	33 631	31 579	28 408	22 671
%	55	56	59	57	56	59	57	56	59	57	57	56	50
1982 = 100	100	102	105	97	102	105	98	102	106	100	94	84	67
60 und mehr in 1 000	12 114	12 043	12 187	13 103	12 046	12 197	13 138	12 041	12 184	13 095	13 385	13 805	15 194
%	20	20	20	23	20	20	23	20	20	22	24	27	33
1982 = 100	100	99	101	108	99	101	108	99	101	108	110	114	125
Belastungsquotienten: Auf 100 20- bis unter 60jährige kommen													
unter 20jährige	47	42	36	37	42	36	37	42	36	37	33	31	35
60jährige und Ältere	36	35	35	40	35	34	40	35	34	39	42	49	67
unter 20- und 60jährige und Ältere	83	77	70	77	77	70	76	77	70	76	76	79	102

[1] Ausgangsbasis: Stand 1. Januar 1980.
Quelle: Bundestagsdrucksache 10/863, Tab. 9, S. 138.

teneintrittsalter von 65 Jahren an, so erreicht der Altersquotient nicht Werte über 70%, sondern lediglich Werte von gut 40% (vgl. *TRANSFER-ENQUETE-KOMMISSION*, 1981, S. 234).

Übereinstimmend zeigt sich in allen vorliegenden Untersuchungen ein typisches **zeitliches Muster** im Verlauf des Altersquotienten bis zum Jahre 2030. In den 80er Jahren stagniert danach der Altersquotient weitgehend; es folgen eine Phase eines deutlichen Anstiegs bis zum Jahre 2005, dann eine Phase erneuter Stagnation über wenige Jahre und anschließend ein sich verschärfender Anstieg (vgl. *TRANSFER-ENQUETE-KOMMISSION*, 1981, S. 230 f.).

2.2.4 Folgerungen

Die Entwicklung des Altersquotienten wird häufig als Maßstab für die Veränderung des **erforderlichen Beitragssatzes** zur gesetzlichen Rentenversicherung verwendet. Folgt man diesem Vorgehen, so liegt eine Veränderung des Beitragssatzes von gegenwärtig 18,7% auf bis zu 45% – bei extrem pessimistischer Einschätzung der Bevölkerungsentwicklung – im Bereich des Möglichen.

Allerdings darf die **Aussagefähigkeit** des auf der Basis von Bevölkerungsprognosen errechneten Altersquotienten nicht überschätzt werden. Die Bevölkerungsprognosen weisen bereits bezüglich der getroffenen Annahmen beträchtliche Fehlergrenzen auf, und sie werden ja gerade deswegen als Alternativprognosen mit einer großen Spannweite erstellt. Darüberhinaus werden die vorliegenden Prognosen kaum dem interdependenten System von Bevölkerung und Wirtschaft gerecht, aus dem heraus sich jedoch eine beträchtliche Variabilität der Bevölkerungsentwicklung ergeben kann. Nichtsdestoweniger machen alle vorliegenden Prognosen die besonderen Risiken des Bevölkerungsprozesses für die finanzielle Situation der Rentenversicherung deutlich (vgl. *H. GROHMANN*, 1981, S. 5 ff.).

Diesem zentralen Ergebnis der demographischen Analyse kann auch nicht entgegengehalten werden, daß sich ja geradezu parallel zum Anstieg des Altersquotienten die **Kinder- und Jugendlichenlast** vermindere. Einmal ist überhaupt nicht sicher, daß die verminderte Kinder- und Jugendlichenzahl zu einer entsprechenden Abnahme der finanziellen Last führt; zum anderen muß bedacht werden, daß diese finanzielle Last bisher überwiegend in den privaten Haushalten entsteht und daß die Umlenkung dieser Finanzmittel in die Alterssicherungssysteme nur begrenzt möglich sein dürfte.

2.3 Entwicklungslinien der Erwerbsbeteiligung

2.3.1 Problemstellung

Der Umfang der Erwerbsbeteiligung der Bevölkerung ist ein entscheidender Faktor der Finanzlage der Rentenversicherung, da diese sich überwiegend aus Beitragseinnahmen finanziert. Veränderungen im Erwerbsverhalten der Bevölkerung können die im Gefolge des demographischen Prozesses zu erwartenden zukünftigen finanziellen Belastungen erhöhen, aber auch herabsetzen. In jedem Fall ist eine **zweifache Wirkung** einer Veränderung der Erwerbstätigkeit zu beachten; jede Veränderung der Erwerbstätigkeit führt zunächst einmal und nahezu ohne jede zeitliche Verzögerung zu einer Veränderung des Beitragsaufkommens; auf lange Sicht verändern sich damit aber auch die Rentenausgaben.

Im einzelnen sind vor allem folgende **Fälle** zu unterscheiden:

(1) Eine Erhöhung der Zahl der Beschäftigten bei im großen und ganzen unveränderter Beschäftigten- und Lohnstruktur ohne gleichzeitigen Abbau der Arbeitslosenzahlen führt unmittelbar zu einer entsprechenden Erhöhung der Beitragseinnahmen für die Rentenversicherung. Die zusätzlichen Finanzmittel fließen der Rentenversicherung solange zu, wie die Erhöhung der Erwerbsbeteiligung anhält; mit erheblicher zeitlicher Verzögerung, aber dann unvermeidbar, erhöhen sich auch die Rentenausgaben in entsprechender Weise. Ist die Erhöhung der Erwerbsbeteiligung nur vorübergehender Art (Abfolge von geburtenstarken und geburtenschwachen Jahrgängen), so wird sich die Finanzlage der Rentenversicherung gerade in der kritischen Phase um 2020 bis 2030 – im Vergleich zur Ausgangssituation – rapide verschlechtern.

(2) Eine Arbeitszeitverkürzung ohne vollen Lohnausgleich hat im Prinzip gegenläufige Konsequenzen. In der unmittelbaren Gegenwart verschlechtert sich die Finanzlage der Rentenversicherung, in der Zukunft vermindern sich die Rentenausgaben. Allerdings wird die Zeitspanne zwischen Einnahmen- und Ausgabenänderungen wesentlich verkürzt. Niedrigere Lohnsteigerungen der Versicherten zeigen sich bereits nach relativ kurzer Zeit in einer verringerten Zunahme der Allgemeinen Bemessungsgrundlage und wirken daher sehr schnell auf die Ausgabenentwicklung der Rentenversicherung ein. Umgekehrtes gilt für zunehmende Lohnsteigerungsraten, sofern eine entsprechende Anpassung der Beitragsbemessungsgrenze vorausgesetzt werden kann; andernfalls werden die Einnahmen- und Ausgabenwirkungen allgemeiner Lohnerhöhungen abgeschwächt.

(3) Eine Verminderung der Zahl der Arbeitslosen ohne Lohnersatzleistungen führt unmittelbar zu einer Erhöhung der Beitragseinnahmen; die zukünftigen Leistungsausgaben erhöhen sich jedoch nur in dem Maße, in dem die Bewertung der Beitragszeiten über diejenige der Ausfallzeiten wegen Arbeitslosigkeit hinausgeht. Soweit es sich um Arbeitslose mit Lohnersatzleistungen handelt, fallen erhöhte Beitragseinnahmen nur nach Maßgabe der Differenz zwischen den nunmehrigen beitragspflichtigen Arbeitsentgelten und den Lohnersatzleistungen an.

Unter den gegenwärtigen Bedingungen würde eine strukturindifferente Erhöhung der Erwerbsbeteiligung (Alters-, Geschlechts- und Lohnstruktur) um etwa 1% zu zusätzlichen Beitragseinnahmen der Rentenversicherung um etwa 1 Mrd. DM führen. Die entlastende Wirkung einer in der Gegenwart einsetzenden Zunahme der Beitragseinnahmen dürfte jedoch in der kritischen Phase der Rentenversicherung wieder aufgezehrt sein, kann sich aber auch sogar zu einer zusätzlichen Zukunftslast entwickeln (vgl. *BMA*, 1981, S. 42).

2.3.2 Differenzierung der Erwerbsquoten

Grundsätzlich ist eine strukturindifferente Veränderung der Erwerbsbeteiligung unwahrscheinlich. Die Erwerbsbeteiligung der Bevölkerung ist nicht nur **alters- und geschlechtsspezifisch** differenziert, sondern weist auch erhebliche Unterschiede nach **Familienstand** und **Ausbildung** auf:

(1) Die Erwerbsquote von Männern erreicht im Alter von 30 bis 35 Jahren etwa 95%, verläuft dann bis zum Alter von etwa 55 Jahren relativ stetig, um schließlich deutlich abzusinken. Der Erwerbsverlauf von ledigen und geschiedenen Frauen ähnelt demjenigen der Männer, weist jedoch ein niedrigeres Niveau sowie ein deutliches Absinken ab 50

Tabelle 30: Erwerbsquoten nach Alter, Geschlecht und Familienstand in den Jahren 1960, 1970, 1980 und 1984

Alter von ... bis unter ... Jahren		männlich	weiblich zusammen	ledig	verheiratet	verwitwet	geschieden
15–20	1960	77,1	75,7	76,1	62,8	0,00	0,00
	1970	55,4	53,6	53,4	58,1	85,7	
	1980	48,5	41,4	40,9	55,3	–	–
	1984	46,5	41,0	40,6	56,7	–	–
20–25	1960	91,1	75,7	91,6	51,3	77,2	
	1970	85,9	69,8	84,2	55,1	79,2	
	1980	82,0	71,1	76,9	62,3	–	82,0
	1984	79,2	71,3	75,1	62,8	–	75,6
25–30	1960	96,0	52,1	92,2	39,6	76,1	
	1970	92,9	51,1	86,4	43,5	79,9	
	1980	90,2	62,5	84,8	55,3	64,7	83,1
	1984	86,7	65,6	80,9	58,1	–	76,6
30–35	1960	98,2	44,5	90,7	36,6	71,1	
	1970	98,4	45,4	88,5	39,8	76,5	
	1980	97,3	56,2	88,5	51,2	60,3	82,1
	1984	95,0	59,8	89,4	53,4	66,0	84,4
35–40	1960	97,7	44,9	88,2	36,9	65,5	
	1970	98,8	46,2	89,0	41,1	70,3	
	1980	98,3	55,4	90,9	50,8	57,8	84,8
	1984	97,1	59,8	90,3	54,6	66,5	87,1
40–45	1960	97,0	44,1	86,8	36,4	55,8	
	1970	98,5	48,4	90,5	42,3	71,8	
	1980	98,1	54,9	88,6	50,7	61,0	83,4
	1984	97,5	60,3	90,2	55,6	68,4	86,7
45–50	1960	96,1	40,9	82,8	34,2	46,6	
	1970	96,8	48,9	88,9	41,7	64,9	
	1980	96,8	52,2	88,1	47,5	49,5	77,9
	1984	96,6	56,4	87,0	51,5	61,2	88,1
50–55	1960	94,1	37,4	77,8	30,6	41,8	
	1970	95,1	44,8	84,8	37,5	52,8	
	1980	93,3	47,1	86,8	41,4	57,9	81,8
	1984	92,9	49,7	82,6	44,7	55,4	76,7
55–60	1960	89,0	32,4	70,0	26,4	31,7	
	1970	89,2	37,2	76,5	31,1	39,1	
	1980	82,3	38,7	77,2	31,8	37,4	72,4
	1984	80,1	40,2	78,0	34,6	37,6	70,6
60–65	1960	72,5	20,9	45,3	17,8	17,8	
	1970	74,7	22,5	46,7	18,8	22,3	
	1980	44,2	13,0	26,3	11,2	11,0	23,7
	1984	35,2	11,8	22,0	10,1	10,4	20,8
65 und mehr	1960	22,0	7,9	–	–	–	
	1970	26,7	4,6	12,2	7,6	4,7	
	1980	7,4	3,0	6,5	3,2	2,2	4,1
	1984	5,7	2,5	6,0	3,2	1,6	3,7
insgesamt	1960	63,6	33,4	38,4	32,3	23,8	
	1970	59,1	30,2	27,0	35,6	21,6	
	1980	58,4	32,6	28,2	40,6	10,2	62,8
	1984	60,0	35,3	33,3	42,5	9,2	65,4

Quelle: Statistisches Bundesamt (Hrsg.): Statistische Jahrbücher für die Bundesrepublik Deutschland, versch. Jge.

Jahren auf. Der Erwerbsverlauf verheirateter und verwitweter Frauen unterscheidet sich hiervon erheblich; die Erwerbsbeteiligung verheirateter Frauen steigt zwar auch in jüngeren Jahren an, sinkt dann bis zum Alter von 35 Jahren und fällt nach einer vergleichsweise stabilen Periode ab Erreichen des 50. Lebensjahres stufenweise ab; ähnliches gilt für den Erwerbsverlauf verwitweter Frauen; die Erwerbsbeteiligung verheirateter und verwitweter Frauen ist niedriger als diejenige der ledigen und geschiedenen Frauen.

(2) Bildung und Ausbildung beeinflussen sowohl bei Männern als auch bei Frauen den Umfang der Erwerbsbeteiligung. Personen mit höherer Bildung bzw. Ausbildung weisen regelmäßig ein höheres Niveau der Erwerbsbeteiligung auf (vgl. *A. B. PFAFF*, 1980, S. 288 ff.).

Diese Angaben vermitteln nur ein Querschnittsbild, wie es aufgrund der EG-Arbeitskräftestichprobe für Juni 1984 durch das Statistische Bundesamt dargelegt wurde. Im Hinblick auf die in den nächsten Jahrzehnten zu erwartenden demographischen Veränderungen mit ihren Auswirkungen auf die Finanzlage der Rentenversicherung sind gerade die möglichen **Verschiebungen des Erwerbsverhaltens** von entscheidender Bedeutung. Dabei zeichnen sich verschiedene Entwicklungslinien ab, deren Relevanz für die langfristige Finanzierung der Alterssicherung nicht unterschätzt werden sollte (vgl. *W. KLAUDER*, u.a., 1977):

(1) Die Erwerbsquote der Männer ist von 63,6% (1960) auf 60,0% (1984) zurückgegangen. Bei den Frauen ist die Erwerbsquote in dem gleichen Zeitraum von 33,4% auf 35,3% angestiegen.

(2) Aufgrund mittelfristiger Arbeitsmarktprojektionen ist auch weiterhin mit einer leichten Verringerung der Erwerbsbeteiligung der Männer zu rechnen; hierfür sind jene Faktoren maßgebend, die bereits in den letzten Jahren den Trend der Entwicklung bestimmten (verlängerte Ausbildungswege; früherer Renteneintritt).

(3) Die zukünftige Erwerbsbeteiligung der Frauen weist vermutlich ein differenzierteres Entwicklungsschema auf. So wird die Erwerbsquote der bis zu 25jährigen Frauen aufgrund längerer Ausbildungswege zurückgehen. Demgegenüber wird die Erwerbsbeteiligung der über 25jährigen tendenziell zunehmen (höhere Bildung, geringere Zahl der Kinder, steigende Neigung zur Erwerbstätigkeit auch bei verheirateten Frauen und Müttern). Die Erwerbsbeteiligung der über 60jährigen wird demgegenüber als Folge des gesunkenen Renteneintrittsalters weiterhin fallen (vgl. *A. B. PFAFF*, 1980, S. 288 ff.).

Soweit diese Entwicklungen in die spätere Zukunft projiziert werden können, ist mit einer Erhöhung der Erwerbsbeteiligung vor allen Dingen bei den Frauen zu rechnen. Allerdings kann eine Verbesserung der Arbeitsmarktsituation, wie sie für die 90er Jahre aufgrund der demographischen Entwicklung erwartet wird, zusätzlich zu allgemeinen Erhöhungen der Erwerbsbeteiligung führen.

2.3.3 Renteneintrittsalter und Rentenstruktur

Bei vorgegebener Arbeitsmarktsituation und veränderten Einstellungen insbesondere der Frauen zu Beruf und Erwerbstätigkeit sowie verlängerten Ausbildungswegen wird der künftige Trend in der Erwerbsbeteiligung vor allen Dingen durch den früheren Renteneintritt bestimmt. Der gegenüber der Regelaltersgrenze vorverlegte Renteneintritt hat mittlerweile ein beträchtliches Ausmaß angenommen.

Die gegenwärtige **Altersgrenzenregelung**, die durch die Rentenreform des Jahres 1972 in entscheidender Weise geformt wurde, erlaubt ein vorgezogenes Altersruhegeld ab dem 60. Lebensjahr für Frauen, für Arbeitslose, für anerkannte Schwerbeschädigte sowie für berufsunfähige oder erwerbsunfähige Personen, ferner ein flexibles Altersruhegeld für alle Personen ab dem 63. Lebensjahr. Bei Vorliegen der entsprechenden Voraussetzungen ist darüberhinaus ein wesentlich früherer Bezug einer Rente wegen Erwerbsminderung in Form der Berufsunfähigkeits- bzw. Erwerbsunfähigkeitsrente möglich.

Die Möglichkeiten der **Inanspruchnahme eines vorgezogenen oder flexiblen Altersruhegeldes** sind seit der Rentenreform 1972 in ständig steigendem Maße genutzt worden. Ging man ursprünglich davon aus, daß etwa ein Drittel der Berechtigten früher in Rente gehen würde, so sind es gegenwärtig bereits mehr als drei Viertel der Berechtigten, die zwischen dem 60. und 65. Lebensjahr die Altersrente beantragen; ein Abbruch dieses Trends ist für die nahe Zukunft noch nicht abzusehen (vgl. *H. KALTENBACH*, 1981a, 1981b; *M. SCHMIDT*, 1981b, S. 279 ff.; *M. LÖWISCH/M. HETZEL*, 1983; *J. GENOSKO*, 1985).

Ähnliche Entwicklungen ergeben sich im Bereich der **Berufsunfähigkeits- und Erwerbsunfähigkeitsrenten**. Grundsätzlich sind Neigung und Möglichkeit zur Inanspruchnahme dieser Renten vor Erreichen der Altersgrenze seit Anfang der 70er Jahre erheblich angestiegen. Dabei ist aufgrund der gegenwärtigen Rechtsprechung ein deutlicher Trend von den Berufsunfähigkeitsrenten hin zu den Erwerbsunfähigkeitsrenten festzustellen. Die Berufsunfähigkeitsrente darf in der Regel nur noch dann „vergeben" werden, wenn auch ein entsprechender Teilzeit-Arbeitsplatz verfügbar ist; andernfalls fällt die Entscheidung regelmäßig zugunsten der höheren Erwerbsunfähigkeitsrente.

Alle diese Entwicklungen haben zu einer erheblichen **Veränderung der Rentenstruktur** seit Mitte der 70er Jahre geführt. Die Altersruhegelder nach Vollendung der normalen Altersgrenze sind mittlerweile nicht mehr die Regel, sondern die fast schon selten gewordene Ausnahme. Der Anteil der Berufs- und Erwerbsunfähigkeitsrenten beträgt gegenwärtig fast 40%. Das durchschnittliche Rentenzugangsalter ist seit 1975 von 62 Jahren auf 59 Jahre zurückgegangen (vgl. *A. SEFFEN*, 1985, S. 30).

Zweifellos sind diese Entwicklungstendenzen des Renteneintrittsalters und der Rentenstruktur durch das ökonomische System mitverursacht worden. Angesichts der angespannten **Arbeitsmarktlage** ist die frühzeitige „Verrentung" geradezu zu einem beschäftigungspolitischen Instrument geworden. An dieser Situation wird sich in den nächsten Jahren kaum etwas ändern können, da die Zahl der Arbeitskräfte bis 1990 trotz der sinkenden Bevölkerungszahl – als Folge der enormen Bevölkerungszunahme in den 60er Jahren – kräftig zunehmen wird und mit hohen Arbeitslosenzahlen gerechnet werden muß.

2.3.4 Flexibilität des Beschäftigungs- und Rentensystems

Für die nahe und mittlere Zukunft ist davon auszugehen, daß die im Zuge des demographischen Prozesses auf den Arbeitsmarkt strömenden geburtenstarken Jahrgänge einen **Druck auf die Erwerbsbeteiligung** ausüben werden. Solange die Zahl der Arbeitslosen nicht zurückgeht, steigt die Bereitschaft, früher aus dem Erwerbsleben auszuscheiden. Damit muß die Zunahme der Erwerbspersonenzahl in den nächsten Jahren geringer als demographisch vorgegeben ausfallen. Mit der weiteren Veränderung der demographischen Situation wird jedoch ab den 90er Jahren das Arbeitskräftepotential geringer; es könnte sogar in Teilbereichen eine Entwicklung von der Arbeitslosigkeit zum **Arbeitskräftemangel** einsetzen.

Während auf diese Weise dann grundsätzlich die Zahl der Erwerbslosen sinken wird, ist jedoch unsicher, ob damit auch die Bereitschaft zu einem früheren **Renteneintritt** abnehmen wird:

(1) In diesem Zusammenhang ist es wichtig, daß innerhalb des Beschäftigungssystems Formen der Arbeitsorganisation geschaffen werden, die verstärkt einen gleitenden Übergang in den Ruhestand ermöglichen und die Chancen einer Inanspruchnahme von Teilzeitbeschäftigung erhöhen. Die hierfür notwendige höhere Anpassungsbereitschaft und Anpassungsfähigkeit des Beschäftigungssystems ist gegenwärtig noch nicht zu erkennen. Das Beschäftigungssystem ist zu starr auf die Alternative Vollarbeit oder gar keine Arbeit ausgerichtet; dies wird weder den Wünschen älterer Menschen gerecht, noch werden dadurch die spezifischen Probleme des demographischen Wandels berücksichtigt.

(2) Aber auch das Alterssicherungssystem müßte ein höheres Maß an Flexibilität erreichen. Die Rentenversicherung müßte in dem Maße Kombinationen aus Teilrente und Teilzeitbeschäftigung zulassen, in dem aufgrund der zunehmenden Lebenserwartung der Wunsch älterer Menschen zu einer Teilzeitbeschäftigung oder zu einem gleitenden Übergang in den Ruhestand ansteigt. Angesichts der im demographischen Wandel zu erwartenden finanziellen Belastung der Rentenversicherung ist eine vorgezogene Teilrente – kombiniert mit einer Teilzeitbeschäftigung – dem vollen Ausscheiden aus dem Beruf – verbunden mit der Zahlung der Vollrente – vorzuziehen. Auch für das Alterssicherungssystem muß die Forderung aufgestellt werden, sich angesichts der anstehenden Zukunftsprobleme gegenüber neuen Problemlösungen aufgeschlossener als bisher zu zeigen.

Eine höhere Flexibilität des Beschäftigungs- und Rentensystems ist umso notwendiger, als die Arbeitsmarktsituation der nächsten Jahre kaum eine Verminderung der demographischen Probleme durch verstärkten **Zuzug von Ausländern** erlauben wird. In den Modellrechnungen zur Bevölkerungsentwicklung führen zwar anhaltende positive Wanderungssalden aufgrund der spezifischen Alterszugehörigkeit der Wandernden und des für sie spezifischen regenerativen Verhaltens zu einer beträchtlichen Entlastung der Rentenversicherung. Für die kritische Phase der Rentenversicherung wird aber nur dann ein Entlastungseffekt erreicht, wenn der typische Zeitfaktor des demographischen Wandels berücksichtigt wird. Die Zuwanderung dürfte erst nach der Jahrtausendwende bis hin zum Jahre 2030 sukzessive erfolgen; nur dann würden die zusätzlichen Beitragseinnahmen zum richtigen Zeitpunkt entlastend wirken. Erfolgt die Zuwanderung bereits erheblich früher, nämlich mit teilweisem Arbeitskräftemangel ab den 90er Jahren, so steigen in der Krisenphase der Alterssicherung um 2030 die Rentenausgaben erheblich an; die Entlastungswirkung durch zusätzliche Ausländerbeschäftigung würde dann nicht eintreten.

Es ist jedoch kaum zu erwarten, daß die Wanderungsbewegungen in dieser Weise steuerbar sein werden; zudem legen die sowieso bereits vorhandenen Probleme einer sozialen Integration der Ausländer eine Zunahme der Ausländerbeschäftigung allein unter dem Aspekt der Finanzierungsprobleme des Alterssicherungssystems kaum nahe. Schließlich ist auch zu beachten, daß sich das regenerative Verhalten der Ausländer in der Bundesrepublik demjenigen der Deutschen allmählich anpassen wird, so daß sich zwar durch eine Zuwanderung von Ausländern zwischen 2000 und 2030 der Belastungsanstieg in der Rentenversicherung zunächst abschwächen ließe; das demographische Dauerproblem würde aber dadurch nicht beseitigt werden können (vgl. *BMA*, 1981, S. 44 f.).

2.3.5 Folgerungen

Unter den aufgezeigten Perspektiven des Erwerbsverhaltens und der Erwerbstätigkeit ist auch auf lange Sicht kaum mit einer spürbaren finanziellen Entlastung des Alterssicherungssystems zu rechnen. Eine umso größere Bedeutung kommt daher der Entwicklung der **Arbeitsproduktivität** und des **Realeinkommens** zu. Aufgrund einer realen Wachstumsrate von 1,5% p.a. würde sich das reale Bruttoeinkommen der Bevölkerung bis zum Jahre 2030 in etwa verdoppeln. Die durch den demographischen Wandel zu erwartende Steigerung der Beitragssätze zur Rentenversicherung wird diese Wohlstandssteigerung zwar zu einem erheblichen Teil „wegsteuern", aber es würde immer noch eine beträchtliche Zunahme des Netto-Wohlstandes verbleiben, sofern die sonstigen Steuer- und Abgabenbelastungen nicht überproportional ansteigen.

Die isolierte Betrachtung der Entwicklung der Alterslast und der dadurch bedingten Erhöhungen der Beitragssätze zur Rentenversicherung kann kaum ein zutreffendes Bild von jenem Situationswandel geben, der auf lange Sicht zu erwarten ist. Eine gezielte **Wachstumspolitik** ist nicht nur zur Vermeidung langandauernder Arbeitslosigkeit von Bedeutung, sondern beeinflußt auch die intergenerationalen Umverteilungsmöglichkeiten. Ein ausreichendes wirtschaftliches Wachstum kann dazu beitragen, daß aus dem „Generationenvertrag" des gegenwärtigen Alterssicherungssystems kein „Generationenkonflikt" wird, der die Lösung der anstehenden Zukunftsprobleme eher behindern denn erleichtern würde.

2.4 Rentenniveau und Belastungsgrenzen

2.4.1 Problemstellung

Die Belastung der deutschen Volkswirtschaft mit Steuern und Sozialabgaben hat mittlerweile eine kritische Grenze erreicht. Dies gilt sowohl für die Belastung der Unternehmen mit Lohnnebenkosten als auch für die Durchschnitts- und Grenzbelastung der Arbeitnehmerverdienste. Der **Steuer- und Abgabenwiderstand** ist erheblich angewachsen. Das Abtauchen von Unternehmern und Arbeitnehmern in eine „Untergrundwirtschaft" ist nicht mehr nur eine Randerscheinung in unserer Gesellschaft. Leistungsverweigerung ist zwar noch keinesfalls zum Regelfall geworden, beschränkt sich aber – nicht zuletzt angesichts eines gut ausgebauten Sozialleistungssystems – nicht mehr allein auf seltene Ausnahmefälle. Vor diesem Hintergrund wird die Sicherung der Renten bei gleichzeitiger Vermeidung einer Überforderung der Beitragszahler und ihrer Arbeitgeber zu einer dringenden wirtschafts- und sozialpolitischen Aufgabe, deren gesellschaftspolitische Bedeutung im Zuge des demographischen Wandels noch wachsen muß (vgl. *H. WINTERSTEIN*, 1980, S. 46 ff.; *H. SCHILD*, 1981, S. 360 ff.; *W. FUEST/R. KROKER*, 1983; *G. BUTTLER*, 1983).

Tabelle 31: Durchschnittliche Jahresarbeitsentgelte und Versichertenrenten 1957-1986

Jahr	Bruttojahresarbeitsentgelt der Versicherten in der			Nettoquote gemäß der gesamtwirtschaftlichen Abzugsbelastung[2]	Nettojahresentgelte[1] der Versicherten in der		Durchschnittlicher Monatsbetrag der Versichertenrenten		
	ArV + AnV	KnRV	Steigerung		ArV + AnV	KnRV	ArV[3]	AnV[3]	KnRV[4]
	DM		%	%	DM				
1957	5 043	5 096	+ 4,1	86,0	4 336	4 383	143,20	227,20	197,18
1958	5 330	5 386	+ 5,7	85,0	4 528	4 578	144,50	230,90	264,18
1959	5 602	5 661	+ 5,1	85,2	4 773	4 823	151,80	244,10	298,66
1960	6 101	6 165	+ 8,9	84,2	5 138	5 191	159,70	258,30	323,16
1961	6 723	6 794	+ 10,2	83,6	5 618	5 680	167,30	272,90	349,20
1962	7 328	7 405	+ 9,0	83,1	6 090	6 154	174,30	286,70	373,60
1963	7 775	7 857	+ 6,1	82,7	6 431	6 499	184,70	306,50	402,20
1964	8 467	8 556	+ 8,9	82,2	6 963	7 033	198,50	330,60	441,90
1965	9 229	9 326	+ 9,0	82,9	7 647	7 731	215,40	353,50	489,00
1966	9 893	9 997	+ 7,2	81,8	8 092	8 178	232,40	393,70	535,40
1967	10 219	10 327	+ 3,3	81,4	8 322	8 406	252,10	425,10	592,50
1968	10 842	10 957	+ 6,1	80,4	8 713	8 809	272,70	457,10	643,90
1969	11 839	11 965	+ 9,2	79,1	9 365	9 464	295,50	493,20	687,00
1970	13 343	13 485	+ 12,0	77,5	10 340	10 451	312,60	520,40	715,10
1971	14 931	15 090	+ 11,9	76,2	11 373	11 499	327,50	543,60	758,50
1972	16 335	16 508	+ 9,4	76,4	12 472	12 612	346,30	573,30	843,60
1973	18 295	18 489	+ 12,0	73,9	13 519	13 663	433,70	699,50	939,00
1974	20 381	20 597	+ 11,4	72,9	14 860	15 015	484,10	722,40	1035,90
1975	21 808	22 039	+ 7,0	73,1	15 952	16 111	531,50	843,30	1 143,10
1976	23 335	23 582	+ 7,0	71,4	16 652	16 388	585,80	916,40	1 266,10
1977	24 945	25 209	+ 6,9	70,6	17 612	17 798	639,50	993,10	1 380,10
1978	26 242	26 520	+ 5,2	71,3	18 718	18 909	635,30	980,20	1 370,40
1979	27 685	27 979	+ 5,5	71,6	19 823	20 033	657,70	1 006,10	1 417,30
1980	29 485	29 798	+ 6,5	70,6	20 814	21 037	679,10	1 028,80	1 471,40
1981	30 900	31 228	+ 4,8	70,3	21 726	21 953	701,30	1 052,90	1 526,20
1982	32 198	32 540	+ 4,2	69,5	22 385	22 615	736,60	1 096,00	1 613,10
1983	33 293	33 646	+ 3,4	68,9	22 930	23 182	775,60	1144,50	1 688,00
1984	34 292	34 655	+ 3,0	68,0	23 322	23 565	798,60	1 167,80	1 764,40
1985	35 286	35 660	+ 2,9	67,1	23 689	23 928	813,10	1 193,10	1 816,31
1986	36 592	36 979	+ 3,7	67,5	24 700	24 961	840,90	1 221,80	1 875,73

[1] berechnet aus dem Bruttojahresarbeitsentgelt mit dem Anteil der Nettolohn- und -gehaltssumme an der Bruttolohn- und -gehaltssumme; teilweise vorläufig.
[2] des Bruttoarbeitsentgelts. [3] 1957 bis 1984 jeweils September-Werte; 1985 und 1986 Juli-Werte. [4] 1957 bis 1984 jeweils Dezember-Werte; 1985 und 1986 Juli-Werte; Versichertenrenten einschl. Sold.
Quelle: Bundesministerium für Arbeit und Sozialordnung: Sozialbudget 1986 sowie Arbeits- und Sozialstatistik, lfde. Jge., und Rentenanpassungsbericht 1986.

Tabelle 32: Rentenniveau für Altersruhegelder (Bestandsrenten) in der Rentenversicherung der Arbeiter und Angestellten 1957-1986

Jahr[1]	Monatliche Rente[2] bei		Brutto- -renteniveau[3] bei		Netto- -renteniveau[3] bei	
	40	45	40	45	40	45
	anrechnungsfähigen Versicherungsjahren					
	in DM		in %			
1957	214,10	240,90	50,9	57,3	59,3	66,7
1958	214,10	240,90	48,2	54,2	56,7	63,8
1959	227,10	255,50	48,6	54,7	57,1	64,2
1960	240,60	270,70	47,3	53,2	56,2	63,2
1961	253,60	285,30	45,3	50,9	54,2	60,9
1962	266,30	299,60	43,6	49,1	52,5	59,0
1963	283,90	319,40	43,8	49,3	53,0	59,6
1964	307,10	345,50	43,5	49,0	52,9	59,5
1965	335,90	377,90	43,7	49,1	52,7	59,3
1966	363,80	409,30	44,1	49,6	53,9	60,7
1967	392,90	442,00	46,1	51,9	56,7	63,7
1968	424,50	477,60	47,0	52,9	57,3	64,5
1969	459,80	517,30	46,6	52,4	57,7	65,0
1970	489,00	550,20	44,0	49,5	56,8	63,9
1971	515,90	580,40	41,5	46,6	54,4	61,2
1972	600,40	675,50	42,2	47,5	57,0	64,2
1973	668,60	752,20	41,6	46,8	56,3	63,4
1974	743,50	836,50	41,6	46,8	57,0	64,1
1975	826,00	929,30	43,2	48,6	59,0	66,4
1976	916,90	1 031,50	44,8	50,4	62,8	70,7
1977	1 008,10	1 134,10	46,3	52,1	65,6	73,8
1978	1 008,10	1 134,10	46,1	51,9	64,6	72,7
1979	1 053,40	1 185,10	45,7	51,4	63,8	71,7
1980	1 095,60	1 232,50	44,6	50,2	63,2	71,1
1981	1 139,40	1 281,80	44,2	49,8	62,9	70,8
1982	1 205,00	1 355,60	44,9	50,5	64,6	72,7
1983	1 272,30	1 431,30	44,6	50,2	64,5	72,5
1984	1 315,50	1 480,00	45,3	50,9	65,2	73,4
1985	1 355,00	1 524,40	45,4	51,1	65,1	73,2
1986	1 394,30	1 568,60	45,1	50,7	63,5	71,5

[1] Angaben z.T. vorläufig, 1986 geschätzt.
[2] für Juli; brutto; bei einer persönlichen Bemessungsgrundlage von 100% (Durchschnittsverdienst).
[3] im Kalenderjahr; Bruttorente bzw. Rentenzahlbetrag gemessen am Brutto- bzw. Nettoarbeitsentgelt.
Quelle: Bundesministerium für Arbeit und Sozialordnung: Sozialbudget 1986.

Die **Belastung der Arbeitnehmer** mit Steuern und Sozialabgaben (gemäß der gesamtwirtschaftlichen Abzugsbelastung) hat sich seit den 50er Jahren erheblich verstärkt:

(1) Das durchschnittliche Bruttojahresarbeitsentgelt aller Versicherten in der Rentenversicherung der Arbeiter und Angestellten belief sich 1957 auf 5 043 DM und stieg bis zum

Jahre 1986 auf 36592 DM an; die entsprechenden Nettojahresarbeitsentgelte beliefen sich 1957 auf 4336 DM und 1986 auf 24700 DM.

(2) In der knappschaftlichen Rentenversicherung beliefen sich die durchschnittlichen Bruttojahresarbeitsentgelte 1957 auf 5096 DM und 1986 auf 36979 DM; die Nettojahresarbeitsentgelte erreichten 1957 4383 DM und 1986 24961 DM.

(3) Während die durchschnittlichen Bruttojahresarbeitsentgelte in der Indexbetrachtung (1957 = 100,0) auf 725,6 stiegen, erreichten die entsprechenden Nettojahresarbeitsentgelte nur einen Wert von 569,6.

(4) Die Nettoquote gemäß der gesamtwirtschaftlichen Abzugsbelastung belief sich 1957 auf 86,0% und 1986 auf etwa 67,5%.

Da sich die Rentenanpassungen an der Bruttolohnentwicklung orientieren, muß die Auseinanderentwicklung von Brutto- und Nettojahresarbeitsentgelten zu einer **Erhöhung des Nettorentenniveaus** führen. „Wenn die Bruttoentgelte stärker steigen als die Nettoentgelte, steigen bei Bruttoanpassungen auch die Renten stärker als die Nettoentgelte, wodurch sich das Nettorentenniveau erhöht" (*C. ORSINGER*, 1980, S. 420ff.).

In der Tat hat sich seit 1957 – von gewissen Schwankungen abgesehen – eine derartige Entwicklung eingestellt. Belief sich 1957 das Nettorentenniveau bei 40 (45) Versicherungsjahren erst auf 59,3% (66,7%) und fiel es sogar bis 1962 auf 52,5% (59,0%) ab, so ergab sich bis 1984 ein Anstieg auf 65,2% (73,4%). Innerhalb von zwei Jahrzehnten war das Nettorentenniveau um etwa 13 (14) Prozentpunkte gestiegen. Würde sich diese Entwicklung in den nächsten Jahrzehnten ungebremst fortsetzen, so könnten schließlich die Rentner in der ferneren Zukunft besser gestellt sein als die Beitragszahler. Die Gefahr eines derartigen Überholeffektes ist zwar gegenwärtig noch relativ gering, müßte sich jedoch im Zuge des demographischen Wandels in dem Maße verstärken, in dem die demographische Last allein von den Beitragszahlern getragen würde. Eine irgendwie geartete Lastenverteilung ist daher unumgänglich (vgl. *H. LAMPERT*, 1982).

2.4.2 Aktualisierung der Rentenanpassung

Seit der Rentenreform des Jahres 1957 sind die Einkommensleistungen der Rentenversicherung kontinuierlich angehoben worden. Die **Rentenanpassungen** erfolgten auf der Basis der Veränderung der Allgemeinen Bemessungsgrundlage. Dabei diente die jeweils aktuelle Allgemeine Bemessungsgrundlage unmittelbar der Berechnung der in dem jeweiligen Jahr neu entstehenden Renten, während die Anpassung der Bestandsrenten lange Zeit um ein Jahr verzögert erfolgte. Erst in jüngerer Vergangenheit wurde die Gleichstellung von Bestands- und Zugangsrenten realisiert.

Die **durchschnittliche Rentenhöhe** ist in ihrer Entwicklung von verschiedenen Faktoren abhängig. Hierzu zählen Veränderungen des Rentenrechts und der Rentenstruktur sowie veränderte Ausprägungen der individuellen und generellen Faktoren der Rentenberechnung. Die Entwicklung der Durchschnittsrente spiegelt alle diese Faktoren wider:

(1) Der durchschnittliche Monatsbetrag der Versichertenrenten in der Rentenversicherung der Arbeiter stieg von etwa 143,20 DM im Jahre 1957 auf 840,90 DM im Jahre 1986. In der Indexbetrachtung (1957 = 100,0) liegt eine Zunahme der Durchschnittsrente auf 587,2 vor.

Tabelle 33: Allgemeine Bemessungsgrundlage und Rentenanpassungen 1957-1987

Jahr	Allgemeine Bemessungsgrundlage in DM			Rentenanpassung	
	Rentenversicherung der Arbeiter und Angestellten	Knappschaftliche Rentenversicherung	Anhebung in %[1]	Zeitpunkt	Anhebung in %[2]
1957	4281	4326	–	–	–
1958	4542	4590	+ 6,1	–	–
1959	4812	4882	+ 5,94	1. Januar	+ 6,1
1960	5072	5126	+ 5,4	1. Januar	+ 5,94
1961	5325	5381	+ 5,0	1. Januar	+ 5,4
1962	5678	5737	+ 6,6	1. Januar	+ 5,0
1963	6142	6206	+ 8,2	1. Januar	+ 6,6
1964	6717	6788	+ 9,4	1. Januar	+ 8,2
1965	7275	7352	+ 8,3	1. Januar	+ 9,4
1966	7857	7939	+ 8,0	1. Januar	+ 8,3
1967	8490	8580	+ 8,1	1. Januar	+ 8,0
1968	9196	9293	+ 8,3	1. Januar	+ 8,1
1969	9780	9883	+ 6,35	1. Januar	+ 8,3
1970	10318	10427	+ 5,5	1. Januar	+ 6,35
1971	10967	11083	+ 6,3	1. Januar	+ 5,5
1972	12008	12136	+ 9,5	1. Januar	+ 6,3
1972	–	–	–	1. Juli	+ 9,5
1973	13371	13513	+ 11,35	1. Juli	+ 11,35
1974	14870	15028	+ 11,2	1. Juli	+ 11,2
1975	16520	16696	+ 11,1	1. Juli	+ 11,1
1976	18337	18531	+ 11,0	1. Juli	+ 11,0
1977	20161	20375	+ 9,9	1. Juli	+ 9,9
1978	[3])	[4])	–	–	–
1979	21068	21292	+ 4,5	1. Januar	+ 4,5
1980	21911	22144	+ 4,0	1. Januar	+ 4,0
1981	22787	23030	+ 4,0	1. Januar	+ 4,0
1982	24099	24356	+ 5,76	1. Januar	+ 5,76
1983	25445	25716	+ 5,59	1. Juli	+ 5,59
1984	26310	26590	+ 3,4	1. Juli	+ 3,4
1985	27099	27388	+ 3,0	1. Juli	+ 3,0
1986	27885	28181	+ 2,9	1. Juli	+ 2,9
1987	28917	29223	+ 3,7	1. Juli	+ 3,7

[1] prozentuale Erhöhungen sind für die verschiedenen Versicherungszweige gleich.
[2] Rentenanpassungssätze sind für die Rentenversicherung der Arbeiter und der Angestellten und die knappschaftliche Rentenversicherung gleich.
[3] 21 838 (1. Halbjahr), 21 292 (2. Halbjahr).
[4] 21 608 (1. Halbjahr), 21 068 (2. Halbjahr).
Quelle: Bundesministerium für Arbeit und Sozialordnung: Sozialbudget 1986; Rentenanpassungsbericht 1986.

(2) In der Angestelltenversicherung stieg der durchschnittliche Monatsbetrag der Versichertenrenten von etwa 227,20 DM auf 1221,80 DM; indexmäßig liegt eine Zunahme auf 537,8 vor.

(3) Demgegenüber stieg der durchschnittliche Monatsbetrag der Versichertenrenten in der knappschaftlichen Rentenversicherung von etwa 197,18 DM auf 1875,73 DM; in der Indexbetrachtung entspricht dies einer Zunahme auf 951,3.

In dem Zeitraum von 1957 bis 1984 wurde der **Anpassungsmodus der Renten** mehrfach geändert:

(1) In den Jahren 1958 und 1978 wurden keine Rentenanpassungen vorgenommen; 1972 erfolgten zwei Rentenanpassungen.

(2) Bis einschließlich 1971 erfolgte die Rentenanpassung zum 1. Januar; 1972 erfolgten zwei Rentenanpassungen zum 1. Januar und zum 1. Juli. Die Rentenanpassung zum 1. Juli wurde bis einschließlich 1977 aufrechterhalten. Von 1979 bis 1982 wurde die Rentenanpassung wiederum auf den 1. Januar verlegt. Seit 1983 erfolgt die Rentenanpassung zum 1. Juli.

(3) Das Berechnungsverfahren für die Veränderung der Allgemeinen Bemessungsgrundlage wurde seit 1957 wiederholt geändert; für die Jahre 1979 bis 1981 wurden von der Entwicklung der Bruttoarbeitsentgelte unabhängige Anpassungssätze der Allgemeinen Bemessungsgrundlage (und der Renten) vorgegeben.

Gerade die vielfältigen Änderungen des Berechnungsverfahrens der Allgemeinen Bemessungsgrundlage wurden in der Vergangenheit regelmäßig mit der Notwendigkeit einer **Aktualisierung** der Rentenanpassung begründet. Insgesamt hatten die durchgeführten Verfahrensänderungen folgende Wirkungen:

(1) Lag 1957 die Allgemeine Bemessungsgrundlage in der Rentenversicherung der Arbeiter und Angestellten bei 4281 DM und in der knappschaftlichen Rentenversicherung bei 4326 DM, so veränderte sie sich bis 1986 auf 27885 DM bzw. 28181 DM. In der Indexbetrachtung ergibt sich eine Steigerung von 1957 = 100,0 auf 1986 = 651,4.

(2) Die Allgemeine Bemessungsgrundlage des Jahres 1957 wurde als arithmetisches Mittel der durchschnittlichen Bruttojahresarbeitsentgelte der Jahre 1953 bis 1955 errechnet. Bei Beibehaltung dieses Berechnungsverfahrens hätte sich die Allgemeine Bemessungsgrundlage des Jahres 1986 aus den durchschnittlichen Bruttojahresarbeitsentgelten der Jahre 1982 bis 1984 ergeben müssen. Die Allgemeine Bemessungsgrundlage des Jahres 1986 hätte sich dann auf 33261 DM bzw. 33614 DM belaufen müssen. In der Indexbetrachtung (1957 = 100,0) hätte sich eine Steigerung auf 777,0 im Jahre 1986 ergeben.

(3) Setzt man die Indizes für 1986 gemäß (1) und (2) miteinander in Beziehung (777,0 : 651,4), so ergibt sich ein Abweichungsfaktor von 1,193; mit diesem Wert wären sämtliche Renten zu multiplizieren, um sie auf das Niveau zu bringen, das der Beibehaltung des alten Berechnungsverfahrens der Allgemeinen Bemessungsgrundlage entsprochen hätte.

Die gebremste Entwicklung der **Allgemeinen Bemessungsgrundlage** kann kaum allein mit einer Aktualisierung der Rentenanpassung begründet werden. Oben wurde aufgezeigt, daß sich die durchschnittlichen Bruttojahresarbeitsentgelte in der Indexbetrachtung von 1957 = 100,0 nach 1986 = 725,6 entwickelt haben. Diese Entwicklungsdynamik hätte einer vollständigen Aktualisierung der Allgemeinen Bemessungsgrundlage entsprochen. Die tatsächliche Entwicklung der Allgemeinen Bemessungsgrundlage führte jedoch nur zu einem Indexwert von 651,4 für das Jahr 1986. Damit gingen die Eingriffe in die Entwicklung der durchschnittlichen Rentenhöhe weit über jede Aktualisierung hinaus:

(1) Gegenüber der Beibehaltung des alten Berechnungsverfahrens der Allgemeinen Bemessungsgrundlage hätte sich durch vollständige Aktualisierung eine Veränderung der durchschnittlichen Rentenhöhe ergeben, die in einem Abweichungsfaktor von 777,0 : 725,6 = 1,07 zum Ausdruck kommt.

(2) Die über den reinen Aktualisierungseffekt hinausgehende Verringerung des Anstiegs der Allgemeinen Bemessungsgrundlage kommt in einem Abweichungsfaktor von 725,6: 651,4 = 1,11 zum Ausdruck.

(3) Die Konsolidierungskomponente gemäß (2) ist deutlich höher als die Aktualisierungskomponente gemäß (1).

Nach vielfältigen Änderungen der Berechnungsweise der Allgemeinen Bemessungsgrundlage ist man in der jüngsten Vergangenheit zu einem Anpassungsverfahren für die Renten übergegangen, das sich an der Entwicklung der durchschnittlichen Bruttoarbeitsentgelte des vergangenen Jahres orientiert. Damit ist der **Anpassungslag der Rentenentwicklung** zwar nicht vollständig beseitigt, aber doch wesentlich verkürzt worden. Eine vollständige Aktualisierung ist schon aus statistischen Gründen nicht möglich; sie würde die Kenntnis der Lohnzuwachsrate des jeweils bevorstehenden Jahres voraussetzen; die systematischen Risiken einer solchen Prognose sind offensichtlich; es würde sich regelmäßig ein nicht unbeträchtlicher Korrekturbedarf für die jeweilige Rentenanpassungsentscheidung ergeben. Davon abgesehen müssen auch die politisch-präjudizierenden Wirkungen einer solchen Prognose für die zukünftigen Lohnverhandlungen beachtet werden, die wirtschafts- und sozialpolitisch kaum wünschenswert sind. Mit dem gegenwärtig gültigen Berechnungsmodus für die Rentenanpassung ist damit der vorhandene Möglichkeitsbereich der Aktualisierung der Allgemeinen Bemessungsgrundlage voll ausgeschöpft worden.

Die **langfristigen Wirkungen** der getroffenen Aktualisierungsmaßnahmen sind im einzelnen folgende:

(1) Die Rentenversicherungsträger sind auf Dauer finanziell entlastet worden. Die Entlastung liegt immerhin in der Größenordnung von etwa 3-4 Beitragsprozenten zur Rentenversicherung.

(2) In verteilungspolitischer Hinsicht ist die erfolgte Aktualisierung der Rentenanpassung insofern von Bedeutung, als durch sie die bisherigen Schwankungen des Rentenniveaus beträchtlich reduziert werden. In der Vergangenheit waren gerade in konjunkturellen Aufschwungphasen mit zunehmenden Inflationstendenzen die Anpassungssätze relativ gering, während sich die Löhne schneller der Entwicklung anglichen; bei sinkenden Lohnzuwachsraten und abnehmender Inflation veränderte sich die Situation zugunsten der Rentner. In der Zukunft dürfte das Rentenniveau eine höhere Stabilität aufweisen.

(3) Verzichtet wird mit der Aktualisierung der Rentenanpassung weitgehend auf sonst mögliche konjunkturelle Stabilisierungseffekte. Allerdings waren diese Effekte bereits in der Vergangenheit kaum erkennbar. Vielmehr war ein Verhalten der politischen Entscheidungsinstanzen nach Maßgabe eines automatischen Stabilisatorkonzepts zunehmend schwieriger geworden; Überschüsse wurden regelmäßig zu Leistungsausweitungen verwendet oder aber zu einer Streichung öffentlicher Zuweisungen; bei nachlassender Konjunktur fehlten dann nicht nur die erforderlichen Mittel, sondern es kam auch häufig angesichts der in den Prosperitätsphasen erfolgten Leistungsausweitungen zu Überreaktionen. Insofern dürfte der konjunkturpolitische Nachteil der Aktualisierung der Rentenanpassung nicht allzu schwer wiegen.

2.4.3 Modifizierte Bruttoanpassung

Die mit den bisherigen Veränderungen des Berechnungsmodus der Rentenanpassung verbundenen finanziellen Entlastungen dürfen nicht darüber hinwegtäuschen, daß es durchaus zweifelhaft ist, ob die bruttolohnbezogene Rentendynamik angesichts der aufgezeigten Perspektiven des Bevölkerungsprozesses und der damit verbundenen steigenden Belastung der Beitragszahler auf längere Sicht beibehalten werden kann. Nicht zuletzt entsteht auch die Frage, ob das typische Auseinanderlaufen von Renten- und Nettolohnentwicklung unter grundsätzlichen verteilungspolitischen Aspekten, aber auch im Hinblick auf die anstehenden rentenpolitischen Zukunftsaufgaben auf Dauer akzeptiert werden kann. Sowohl die langfristigen Finanzierungsprobleme der Rentenversicherung als auch die immer bedeutsamer werdende verteilungspolitische Perspektive drängen offensichtlich verstärkt in Richtung auf eine Nettoanpassung der Renten und damit auf eine an der Nettolohnentwicklung orientierte Anpassungsdynamik (vgl. *BMA*, 1981, S. 49 ff.; *TRANSFER-ENQUETE-KOMMISSION*, 1981, S. 252 ff.; *W. SCHMÄHL*, 1981b, S. 203 ff.; *N. BERTHOLD/B. KÜLP*, 1984).

Die möglichen **Gestaltungsformen der Nettoanpassung** werden durch verschiedene Kriterien geprägt:

(1) Personelle Abgrenzung (Einbeziehung aller Selbständigen *und* abhängigen Erwerbspersonen; alleinige Berücksichtigung von Arbeitnehmern; Beschränkung auf die Versicherten der gesetzlichen Rentenversicherung).

(2) Erfassungstechnische Abgrenzung (Abzugsbelastung gemäß den Angaben der Volkswirtschaftlichen Gesamtrechnung; Abzugsbelastung nach Maßgabe typisierter Fälle, wie z.B. nach Haushaltstypen; Problematik der Abzugsbelastung auf Sonderzahlungen, der Lohnsteuerrückvergütungen sowie der statistischen Verrechnungen im Rahmen der Volkswirtschaftlichen Gesamtrechnung).

(3) Strukturelle Abgrenzung (Einbeziehung der gesamten Belastung mit Steuern und Sozialabgaben; Lohn- und Einkommensteuer sowie Sozialabgaben; nur Sozialabgaben; Ausschluß der Beiträge zur Arbeitsförderung und Arbeitslosenversicherung; Ausschluß der Krankenversicherungsbeiträge; Berücksichtigung nur der Beiträge zur Rentenversicherung).

(4) Abgrenzung nach der Form der Anpassungssätze (Verwendung pauschaler oder differenzierter Anpassungssätze; Differenzierung der Anpassungssätze nach Maßgabe der Rentenhöhe).

(5) Abgrenzung nach Maßgabe der verteilungspolitischen Vorgaben (Anwendung von Prinzipien absoluter oder relativer Gleichheit; Prinzip der Konstanthaltung des Nettorentenniveaus).

Mit der Kombination der verschiedenen Abgrenzungskriterien ergibt sich ein weiter Gestaltungsbereich für eine nettolohnbezogene Anpassungsdynamik der Renten. Jede denkbare Form der Nettoanpassung hat ihre typischen finanz- und verteilungspolitischen Wirkungen. Wegen der kaum überschaubaren Vielfalt der Gestaltungsmöglichkeiten ist im folgenden eine **Eingrenzung** erforderlich.

Die weiteren Betrachtungen sollen sich allein auf die Versicherten der gesetzlichen Rentenversicherung beziehen (1). Grundsätzlich wird von der gesamtwirtschaftlichen Abzugsbelastung ausgegangen (2); Änderungen in den Steuer- und Sozialabgaben werden jedoch auf den Beitrag zur Rentenversicherung beschränkt (3):

- Die Berücksichtigung der indirekten Steuern wirft kaum lösbare Erfassungsprobleme auf, während diejenige der direkten Steuern (Lohn- und Einkommensteuer) im Rahmen einer Neugestaltung der Rentenbesteuerung erfolgen soll.
- Eine Berücksichtigung von Beiträgen zur Bundesanstalt für Arbeit wäre sachlich nur schwer zu begründen, da Rentner grundsätzlich nicht arbeitslos werden können; Beitragsleistungen ohne Möglichkeit der Inanspruchnahme von Leistungen dürften rechtlich fragwürdig sein.
- Die Berücksichtigung von Krankenversicherungsbeiträgen muß deswegen entfallen, weil mittlerweile ein eigenständiger Krankenversicherungsbeitrag der Rentner eingeführt wurde, der sukzessive auf das durchschnittliche Niveau der Arbeitnehmerbeiträge angehoben werden soll.
- Die alleinige Berücksichtigung der Rentenversicherungsbeiträge führt zu einer unmittelbaren Anbindung der Nettoanpassung an die Belastungssituation in der Rentenversicherung. Eine solche Vorgehensweise ist den Betroffenen leichter verständlich zu machen als jede andere Form der Nettoanpassung. Die Durchsetzbarkeit einer solchen modifizierten Bruttoanpassung im politisch-administrativen System dürfte weniger in Frage gestellt sein als bei jedem anderen Verfahren.

Grundsätzlich wird der Verwendung pauschaler Anpassungssätze der Renten der Vorzug eingeräumt; jede Differenzierung der Anpassungssätze wirft neue Abgrenzungsfragen auf, die letztlich jedoch nur schematisiert gelöst werden können; im übrigen kann mit Hilfe einer veränderten Rentenbesteuerung individuellen Umständen sowieso gezielter entsprochen werden (4). Vor diesem Hintergrund sollen **zwei Modelle der modifizierten Bruttoanpassung** mit unterschiedlichen verteilungspolitischen Vorgaben entwickelt werden (5):

Ausgangssituation t_0

In vereinfachter Form ergibt sich das Finanzierungsgleichgewicht der Rentenversicherung nach folgender Relation:

(1) $B_0 \cdot EB_0 \cdot b_0 = R_0 \cdot L_0$

B = Zahl der Beitragszahler
EB = Bruttojahresarbeitsentgelt im Durchschnitt
R = Zahl der Rentner
L = Jahresrente im Durchschnitt
b = Beitragssatz

Das Bruttorentenniveau LB ist wie folgt definiert:

(2) $LB_0 = L_0 / EB_0$

Entsprechend ergibt sich das Nettorentenniveau LN mit:

(3) $LN_0 = L_0 / (EB_0 \cdot NQ_0) = L_0 / EN_0$

NQ = Nettoquote gemäß gesamtwirtschaftlicher Abzugsbelastung
EN = Durchschnittliches Nettojahresarbeitsentgelt

Demographisch-ökonomische Entwicklung $t_0 \rightarrow t_n$

Die Zahl der Rentner R steigt im Vorausberechnungszeitraum von t_0 bis t_n – bei vorgegebener Zahl der Beitragszahler B – um den Anteil d an:

(4) $R_n = R_0 \cdot (1 + d)$

(5) $B_0 = B_n$

Die Bruttojahresarbeitsentgelte EB steigen in demselben Zeitraum mit dem Faktor w an:

(6) $EB_n = EB_0 \cdot w$

(7) $EN_n = EB_n \cdot NQ_n$

Modell I

Die demographisch bedingten Beitragssatzsteigerungen zur Rentenversicherung sollen gruppenbezogen nach dem Prinzip der Kopfzahlgleichheit (Prinzip der absoluten Gleichheit) verteilt werden. Der Beitragssatz b_n, der vom Arbeitgeber und Arbeitnehmer je zur Hälfte zu tragen ist, ergibt sich wie folgt:

(8) $$b_n = b_0 \cdot \left[1 + d \left(\frac{2\,B_0}{2\,B_0 + R_0 (1 + d)} \right) \right]$$

Wenn sich Renten und Bruttoarbeitsentgelte im Gleichschritt verändern, ist das Bruttorentenniveau LB_n gleich:

(9) $$LB_n = \frac{L_n}{EB_n} = \frac{L_0 \cdot w (1 - r)}{EB_0 \cdot w}$$

wobei r den Reduktionsfaktor des Bruttorentenniveaus darstellt, der den Anteil der Rentner an der demographisch bedingten Finanzierungslast zum Ausdruck bringt:

(10) $$r = 1 - \left[\frac{b_0 \cdot B_0 \cdot EB_0}{R_0 (1 + d) \cdot L_0} \right] \left[1 + d \left(\frac{2\,B_0}{2\,B_0 + R_0 (1 + d)} \right) \right]$$

Für das Finanzierungsgleichgewicht der Rentenversicherung gilt dann:

(11) $B_n \cdot EB_n \cdot b_n = R_n \cdot L_0 \cdot w (1 - r)$

Modell II

Die demographisch bedingte Finanzierungslast soll bei Konstanz des Nettorentenniveaus auf Rentner und Beitragszahler verteilt werden. Der Beitragssatz b_n ergibt sich wie folgt:

(12) $$b_n = \frac{b_0 \cdot (1 + d) \cdot NQ_n}{NQ_0}$$

(13) $$NQ_n := NQ_0 - \frac{b_0 \cdot d}{2}$$

Die Durchschnittsrente L_n ist gleich:

$$(14)\ L_n = \frac{L_0 \cdot w \cdot NQ_n}{NQ_0}$$

Das Nettorentenniveau wird zu:

$$(15)\ LN_n = \frac{L_n}{EB_n \cdot NQ_n}$$

Das Finanzierungsgleichgewicht ergibt sich zu:

$$(16)\ B_n \cdot EB_n \cdot b_n = R_n \cdot L_0 \cdot w \cdot \frac{NQ_n}{NQ_0}$$

Übersicht 10: Ein Beispiel zur modifizierten Bruttoanpassung

Grundannahmen:

Zahl der Beitragszahler $B_0 = B_n = 100$
Zahl der Rentner $R_0 = 40$ mit $d = 1{,}0$
Durchschnittsrente $L_0 = 15000$ DM
Durchschnittliches Bruttoarbeitsentgelt $EB_0 = 30000$ DM
Beitragssatz $b_0 = 0{,}20$
Lohn- und Rentensteigerungsfaktor $w = 2{,}0$
Nettoquote $NQ_0 = 66\,^2/_3\%$

Modell I:

Beitragssatz $b_n = 0{,}34285$
Reduktionsfaktor des Bruttorentenniveaus $r = 0{,}14285$

Finanzierungsgleichgewicht:

$100 \cdot 60000 \cdot 0{,}34285 = 80 \cdot 15000 \cdot 2{,}0 \cdot (1 - 0{,}14285)$

Das Finanzierungsgleichgewicht der Rentenversicherung ist nach den durchgeführten Anpassungsmaßnahmen wiederhergestellt.

Die durchschnittliche finanzielle Belastung eines jeden Rentners (in DM) entspricht derjenigen eines jeden Arbeitnehmers,wobei der Arbeitgeber für jeden Arbeitnehmer die gleiche Last trägt.

Modell II:

Beitragssatz $b_n = 0{,}34$

Nettorentenniveau $LN_0 = LN_n = 0{,}75$

Finanzierungsgleichgewicht:

$100 \cdot 60000 \cdot 0{,}34 = 80 \cdot 15000 \cdot 2{,}0 \cdot 0{,}85$

Das Finanzierungsgleichgewicht der Rentenversicherung ist bei konstantem Nettorentenniveau und einer Steigerung des Beitragssatzes für Arbeitgeber und Arbeitnehmer um insgesamt 14% gewährleistet.

Der **Übergang** zu einer **Nettoanpassung bzw. modifizierten Bruttoanpassung** der Renten wird sowohl mit finanzpolitischen als auch verteilungspolitischen Argumenten begründet. Dabei stehen **finanzpolitische Aspekte** im Vordergrund:

(1) Eine nettolohnbezogene Anpassungsdynamik der Renten unter Berücksichtigung der vollen gesamtwirtschaftlichen Abzugsbelastung an Steuern und Sozialabgaben hätte bereits in der Vergangenheit zu einer beträchtlich geringeren Zunahme der Renten geführt:

- Bei vollständig aktualisierter Nettoanpassung der Renten nach Maßgabe der jeweilign Nettojahresarbeitsentgelte aller Versicherten wäre eine Durchschnittsrente von 100 DM im Jahre 1957 auf 569,60 DM im Jahre 1986 angewachsen. Diese Entwicklung liegt deutlich unter derjenigen der Allgemeinen Bemessungsgrundlage. Der Abweichungsfaktor beläuft sich auf 651,4 : 569,6 = 1,144. Die durchschnittliche Rente liegt um 14,4% höher als diejenige Rente, die sich bei vollständig aktualisierter Nettoanpassung aufgrund der jeweiligen Nettojahresarbeitsentgelte ergeben hätte.
- Hätte man den Berechnungsmodus der Allgemeinen Bemessungsgrundlage, wie er 1957 eingeführt wurde, auf die Entwicklung der Nettojahresarbeitsentgelte übertragen und auf diese Weise eine zeitverzögerte Nettoanpassung durchgeführt, so wäre eine Durchschnittsrente von 100 DM im Jahre 1957 auf 620,40 DM im Jahre 1986 gestiegen. In diesem Fall beträgt der Abweichungsfaktor 651,4 : 620,4 = 1,05. Die durchschnittliche Rente liegt demgemäß um 5,0% höher als die Vergleichsrente bei zeitverzögerter Nettoanpassung aufgrund der Nettojahresarbeitsentgelte.

(2) Die mit den Modellen I und II vorgestellten Konzepte der modifizierten Bruttoanpassung haben bedeutsame finanzpolitische Implikationen. Die aus dem demographischen Wandel resultierenden zusätzlichen finanziellen Lasten werden auf Arbeitnehmer, Arbeitgeber und Rentner so verteilt, daß das gestörte Finanzierungsgleichgewicht der Rentenversicherung wiederhergestellt wird. Allerdings bleibt die Frage offen, ob und inwieweit solche Lastenverteilungen im politisch-administrativen System durchsetzbar sein werden. In jedem Falle sollte eine Lösung der langfristigen Finanzierungsprobleme der Rentenversicherung nicht allein auf diesem Wege gesucht werden.

In der **verteilungspolitischen Diskussion** um die Einführung einer Nettoanpassung bzw. modifizierten Bruttoanpassung von Renten wird auf folgende Aspekte hingewiesen:

(1) Die Verteilungssituation zwischen Beitragszahlern und Rentnern wird unmittelbar verändert; dies ist die primäre Wirkung jeder derartigen Strategie.

(2) Für den einzelnen Rentner verändert sich die Relation zwischen Rente und letztem Nettoarbeitsentgelt (individuelle Pensionierungsrelation). Die Differenzierung der individuellen Pensionierungsrelationen bleibt bei pauschalierten Anpassungssätzen jedoch unberührt.

(3) Des weiteren verändert sich die Verteilungssituation zwischen Rentnern mit Alterseinkünften nur aus der gesetzlichen Rentenversicherung und Rentnern mit weiteren Alterseinkünften (aus anderen Alterssicherungssystemen und/oder aus Erwerbstätigkeit und/oder aus Vermögen).

(4) Gleiches gilt für die Verteilungssituation zwischen „Rentnern" unterschiedlicher Alterssicherungssysteme. Dieser Aspekt bedarf im Rahmen der Harmonisierungsdiskussion einer besonderen Beachtung.

Die finanzpolitischen und verteilungspolitischen Überlegungen zu einer Nettoanpassung von Renten können unter **ordnungspolitischen Aspekten** ergänzt werden. Ordnungspolitisch ist von Bedeutung, daß dem Übergang zu einer Nettoanpassung von Renten eine Tendenz zu einer Einschränkung der Staatstätigkeit innewohnt. Auf der einen Seite werden die Rentenausgaben vermindert, auf der anderen Seite wird die sonst erforderliche Höhe der Sozialbeiträge begrenzt. Der Staatseinfluß auf die Wirtschaft wird als Folge einer Nettoanpassung von Renten in der Zukunft geringer ausfallen als bei einer Beibehaltung des bisherigen Anpassungsverfahrens. Ordnungspolitisch bedenklich ist jedoch, daß mit dem Übergang zu einer Nettoanpassung von Renten die Beitragsäquivalenz entscheidend gefährdet werden kann. Die nächste Generation der Rentner wird gegebenenfalls weniger aus der Rentenversicherung zurückerhalten, als sie eingezahlt hat. Dieses Risiko kann aber letztlich nicht der Nettoanpassung zugeschrieben werden, sondern ergibt sich auch ohne Nettoanpassung im Zuge des demographischen Prozesses, in dem weniger Beitragszahler für immer mehr Rentner aufkommen müssen. Eine beitragsäquivalente Gestaltung des Generationenvertrages ist bei schrumpfender Bevölkerung kaum realisierbar.

Die **Implementationsprobleme** eines Übergangs zu einer Nettoanpassung der Renten dürften verhältnismäßig gering sein. Verwaltungsmäßige Probleme werden im Vergleich zu dem bisherigen Anpassungsverfahren kaum auftreten. Allerdings steigen die Schwierigkeiten des Übergangs zu einer Nettoanpassung mit einer eventuellen Differenzierung der Anpassungssätze; wegen der damit verbundenen Unsicherheiten ist eine pauschalierte Nettoanpassung allen differenzierenden Ansätzen vorzuziehen. Die Nettoanpassungsrate der Renten darf zudem nicht von der Anpassungsrate der Allgemeinen Bemessungsgrundlage getrennt werden. Andernfalls könnte das Verfahren der Nettoanpassung zu unterschiedlichen Rentenerhöhungen für identische Versicherungsfälle (gleiche Versicherungszeit, gleiche persönliche Bemessungsgrundlage) in Abhängigkeit vom Jahr des Rentenzugangs führen. Mit weiteren Implementationsproblemen ist grundsätzlich nicht zu rechnen (vgl. *TRANSFER-ENQUETE-KOMMISSION*, 1981, S. 257).

2.4.4 Modifizierte Ertragsanteilsbesteuerung

Die in der Vergangenheit zu beobachtende Auseinanderentwicklung von Nettoarbeitsentgelten und Renten beruht sowohl auf der gestiegenen Sozialabgabenlast als auch auf der Progression der Lohn- und Einkommensteuer. Formt man die bisherige Rentenanpassung zu einer modifizierten Bruttoanpassung um, bei der Veränderungen der Beitragssätze zur Arbeitslosenversicherung und Krankenversicherung aus systematischen Gründen außer acht bleiben und die daher neben der Entwicklung der Bruttoarbeitsentgelte lediglich die Zunahme des Beitragssatzes zur Rentenversicherung berücksichtigt, so entsteht im weiteren die Frage nach den **Möglichkeiten und Grenzen einer veränderten Besteuerung von Renten**. Diese Frage ergibt sich nicht nur im Zusammenhang der Überlegungen zur langfristigen Konsolidierung der Finanzen der Rentenversicherung, sondern berührt zugleich das grundlegende Problem der Harmonisierung unterschiedlicher Alterssicherungssysteme (vgl. *BMA*, 1981, S. 53 ff.; *TRANSFER-ENQUETE-KOMMISSION*, 1981, S. 257 ff.).

Mit seinem Beschluß vom 26.3.1980 stellte das **Bundesverfassungsgericht** Leitsätze für die Besteuerung von Alterseinkommen auf, die den Gesetzgeber zu einer Neugestaltung der Rentenbesteuerung nach den Prinzipien der steuerlichen Gleichbehandlung unter Beachtung sozialpolitischer Grundsätze veranlassen sollten (vgl. *K. LITTMANN*, 1983, S. 429). Der Gesetzgeber wurde verpflichtet, eine Neuregelung der Besteuerung von Alterseinkünften in Angriff zu nehmen, um die inzwischen eingetretenen Verzerrungen zu beseitigen; eine schematische Gleichbehandlung aller Alterseinkünfte wurde jedoch abgelehnt; gefordert wurde vielmehr eine Eingrenzung der Ungleichbehandlung unter Berücksichtigung der spezifischen Merkmale der verschiedenen Sicherungssysteme (vgl. BVerfGE 54, S. 11ff; *H.-P. SCHNEIDER*, 1980, S. 214 ff. und 302 ff.).

Die **Ungleichheit in der einkommensteuerlichen Behandlung der Alterseinkünfte** erstreckt sich nicht nur auf den Bereich der Rentenversicherung und der Beamtenversorgung, sondern reicht weit darüber hinaus. Versorgungsbezüge der Beamten sind ebenso wie die Bezüge aus betrieblichen Unterstützungskassen oder Bezüge aufgrund betrieblicher Pensionszusagen (Betriebsrenten) wie Einkünfte aus nichtselbständiger Arbeit (§ 19 Abs. 1 EStG) zu versteuern (Besonderheit: gegebenenfalls Versorgungsfreibetrag). Während die Versorgungsbezüge also steuerlich wie Löhne und Gehälter der Aktiven behandelt werden, unterliegen die Renten der gesetzlichen Rentenversicherung lediglich einer Besteuerung des Ertragsanteils im Rahmen der sonstigen Einkünfte (§ 22 Nr. 1a EStG). Gleiches gilt für die laufenden Leistungen der berufsständischen Versorgungseinrichtungen, bei denen die Mitgliedschaft durch Gesetz begründet ist, für die Bezüge aus der Zusatzversorgung des öffentlichen Dienstes, für die Versorgungsbezüge aus Direktversicherungen (Lebensversicherungen) im Rahmen der betrieblichen Altersversorgung (zu denen der Arbeitgeber zur Zukunftssicherung des Arbeitnehmers Beiträge geleistet hat) und für die laufenden Bezüge aus betrieblichen Pensionskassen (sofern es sich nicht ausnahmsweise um Arbeitslohn handelt). Mit Ausnahme der Renten aus der gesetzlichen Rentenversicherung fallen sämtliche nach dem Recht des Sozialgesetzbuches zu erbringenden Leistungen (§§ 18-29 SGB I) unter die Steuerfreiheit gem. § 3 EStG; demnach sind Unfallrenten, Leistungen der Altershilfe für Landwirte, Leistungen der sozialen Entschädigungssysteme sowie der Sozialhife steuerfrei (vgl. *K. LITTMANN*, 1983, S. 436 ff.).

Die gegenwärtige Regelung der **Ertragsanteilsbesteuerung** von Renten wurde nach dem Gesetz zur Neuordnung von Steuern vom 16.12.1954 (BGBl. I, S. 372) ab 1955 eingeführt. Grundsätzlich ergibt sich dabei der zu versteuernde Ertragsanteil der Rente wie folgt:

(1) Die Rente, deren Dauer von der Lebenszeit einer Person abhängt und deshalb unbestimmt ist, wird als eine vorschüssige Zeitrente angesehen, deren Laufzeit gleich der mittleren Lebenserwartung dieser Person zu Beginn des Rentenbezugs ist.

(2) Die durchschnittliche mittlere Lebenserwartung ergibt sich aufgrund der Allgemeinen deutschen Sterbetafel 1970/72 für männliche Personen (bis einschließlich 1981 entsprechende Sterbetafel von 1949/50).

(3) Es wird ein Zinssatz von 5,5% (bis einschließlich 1981 4%) angenommen.

(4) Für die Rente wird unter den Voraussetzungen (1) bis (3) der Kapitalwert ermittelt; dieser wird gleichmäßig über die voraussichtliche Laufzeit gem. (2) verteilt.

(5) Der Ertragsanteil stellt sich für die gesamte Dauer des Rentenbezugs gleichbleibend als Unterschiedsbetrag zwischen dem Jahresbetrag der Rente und dem Betrag dar, der sich bei gleichmäßiger zeitlicher Verteilung des Kapitalwerts der Rente ergibt.

Es gilt also:

$$EA = 100\left(1 - \frac{C_n}{L \cdot n}\right)$$

Hierbei bedeuten:

EA = Ertragsanteil in %
C_n = Kapitalwert der Rente L bei einer Laufzeit von n Jahren und einem Zinssatz von 5,5%
L = Anfängliche Jahresrente

Das Verfahren der Rentenbesteuerung nach § 22 Nr. 1a EStG geht also von einer an Durchschnittswerten orientierten Ermittlung des zu versteuernden Ertragsanteils (Zinsanteils) der Renten aus; der als Rest verbleibende Kapitalrückzahlungsanteil (Vermögensverzehr) der Rente bleibt steuerfrei. Vor diesem Hintergrund sind **Vomhundertsätze für den Ertragsanteil** errechnet worden, die auf den jeweiligen Rentenbetrag anzuwenden sind.

In der jüngeren finanzwissenschaftlichen Literatur wird diese Ertragsanteilsbesteuerung sowohl vom **Ansatz** als auch von den **Wirkungen** her **kritisiert** und ei-

Tabelle 34: Vomhundertsätze für den Ertragsanteil von Renten gemäß § 22 Nr. 1 Buchstabe a EStG

Bei Beginn der Rente vollendetes Lebensjahr des Renten-berechtigten	Ertrags-anteil in v.H.	Bei Beginn der Rente vollendetes Lebensjahr des Renten-berechtigten	Ertrags-anteil in v.H.	Bei Beginn der Rente vollendetes Lebensjahr des Renten-berechtigten	Ertrags-anteil in v.H.
0 bis 2	72	42	48	66	23
3 bis 5	71	43 bis 44	47	67	22
6 bis 8	70	45	46	68	21
9 bis 10	69	46	45	69	20
11 bis 12	68	47	44	70	19
13 bis 14	67	48	43	71	18
15 bis 16	66	49	42	72	17
17 bis 18	65	50	41	73	16
19 bis 20	64	51	39	74	15
21 bis 22	63	52	38	75	14
23 bis 24	62	53	37	76 bis 77	13
25 bis 26	61	54	36	78	12
27	60	55	35	79	11
28 bis 29	59	56	34	80	10
30	58	57	33	81 bis 82	9
31 bis 32	57	58	32	83	8
33	56	59	31	84 bis 85	7
34	55	60	29	86 bis 87	6
35	54	61	28	88 bis 89	5
36 bis 37	53	62	27	90 bis 91	4
38	52	63	26	92 bis 93	3
39	51	64	25	94 bis 96	2
40	50	65	24	ab 97	1
41	49				

ne Neuordnung der Rentenbesteuerung befürwortet (vgl. *N. ANDEL*, 1970, S. 327 ff.; *N. ANDEL*, 1979, S. 165 ff.; *K. LITTMANN*, 1980; *H. WEISE*, 1979, S. 396 ff.; *H.-G. PETERSEN*, 1979; *D. BRÜMMERHOFF*, 1979, S. 219 ff.; *K. H. FRIAUF*, 1974, S. 51 ff.; *K. KIRCHHOF*, 1979; *H.-P. SCHNEIDER*, 1980, S. 214 ff. und 302 ff.). Insbesondere werden folgende **Schwachpunkte** hervorgehoben:

(1) Die Fiktion einer Zahlung von Renten aus einer vorangegangenen Vermögensansammlung läßt sich heute nicht mehr aufrechterhalten. Das Finanzierungsmodell der Rentenversicherung entspricht nicht dem Kapitaldeckungs- bzw. Anwartschaftsdekkungsverfahren; finanziert werden die Renten aufgrund eines Umlageverfahrens, wobei die jeweils beitragszahlende Generation für die Gruppe der Rentner aufzukommen hat.

(2) Die verfahrenstechnischen Grundannahmen (Zinssatz von 4% bzw. 5,5%; Sterblichkeit 1949/50 bzw. 1970/72 ausschließlich für männliche Personen) sind weitgehend unrealistisch, vor allem zu wenig differenziert; sie werden außerdem nur auf die Rentenbezugsphase angewendet. Diese Verfahrensbedingungen führen notwendigerweise zu sehr niedrigen Ertragsanteilssätzen, so daß sich – unter Berücksichtigung der allgemeinen Tariffreibeträge sowie des Altersfreibetrages – faktisch eine Steuerfreiheit der Renten ergibt.

(3) Unter steuersystematischen Aspekten widerspricht die gegenwärtige Regelung dem finanzwissenschaftlichen Korrespondenzprinzip. Nach diesem Prinzip sollen im Lebensablauf alle Einkünfte einmal der Einkommensteuer unterliegen. Soweit die Beiträge zur Rentenversicherung steuerbegünstigt sind (Arbeitgeberbeitrag als Betriebsausgaben beim Arbeitgeber, beim Arbeitnehmer sowieso steuerfrei; Arbeitnehmerbeitrag als Sonderausgaben steuerbegünstigt), wären die Renten in vollem Umfange der Einkommensteuer zu unterwerfen.

Diese Schwachpunkte der gegenwärtigen Ertragsanteilsbesteuerung liefern aber keine ausreichende Basis für die Begründung einer **vollen Besteuerung** von Renten. In der Rentenversicherung erfolgt jedenfalls teilweise eine „Eigenfinanzierung" der Renten durch die Beiträge der Versicherten. Dieser Gesichtspunkt verliert seine Bedeutung auch dadurch nicht, daß die Beiträge zur gesetzlichen Rentenversicherung als Sonderausgaben steuerlich abzugsfähig sind und daß diese steuerliche Entlastung weitgehend dauerhaft ist. Das Einkommensteuerrecht kennt verschiedene Formen der Altersvorsorge und der Ersparnisbildung, die ausdrücklich dauerhaft begünstigt werden und für die nicht nur eine zeitlich begrenzte Verschiebung der Steuerbelastung beabsichtigt ist. Die volle Besteuerung von Renten würde unter diesen Aspekten zu einer Ungleichbehandlung verschiedener Formen der Altersvorsorge führen; eine Verstärkung jedweder Ungleichbehandlung aber ist gerade sozialpolitisch nicht wünschenswert.

Vor diesem Hintergrund ist zwar eine **verstärkte Ertragsanteilsbesteuerung der Renten** zu begründen, nicht aber ihre volle Heranziehung zur Einkommensteuer (vgl. *W. SCHMÄHL*, 1981b, S. 265 ff.):

(1) Der Selbstfinanzierungsanteil der Renten muß grundsätzlich steuerfrei bleiben. Der Grad der Selbstfinanzierung ergibt sich dabei nach Maßgabe der gezahlten Arbeitnehmer- und Arbeitgeberbeiträge; für den einzelnen Rentner wird die Summe der während der gesamten Versicherungszeit gezahlten Beiträge ermittelt.

(2) Die Rente enthält neben dem Selbstfinanzierungsanteil einen Zinsanteil. Dieser Zinsanteil ist der Besteuerung zu unterwerfen.

(3) Des weiteren enthält nahezu jede Rente einen Umverteilungsanteil. Soweit dieser Umverteilungsanteil steuerfrei bleiben soll, kann eine Freibetragsregelung eingeführt werden.

Unter diesen Voraussetzungen kann der modifizierte Ertragsanteil wie folgt bestimmt werden:

$$EA = 100\left(1 - \frac{\Sigma\ EB \cdot b}{L \cdot n}\right)$$

Hierbei bedeuten:

EB = Individuelles Bruttojahresarbeitsentgelt der einzelnen Versicherungsjahre J
b = Beitragssatz zur Rentenversicherung
L = Anfängliche Jahresrente
n = Voraussichtliche Laufzeit der Rente

Die **Vorzüge** dieser modifizierten Ertragsanteilsbesteuerung liegen in folgendem:

(1) Die verschiedenen Arten der Alterseinkünfte werden je nach dem Grad der Selbstfinanzierung durch Beiträge unterschiedlich besteuert. Bezüge aus der Zusatzversorgung im öffentlichen Dienst, die bisher praktisch steuerfrei blieben, würden stärker besteuert werden als Renten aus der gesetzlichen Rentenversicherung. Überversorgungssituationen ohne eigene Beitragsleistung würden damit abgebaut werden.

(2) Die modifizierte Ertragsanteilsbesteuerung ist in höherem Maße als das bisherige Verfahren individualorientiert. Der Selbstfinanzierungsanteil wird aufgrund individueller Beitragsleistung bestimmt. Die voraussichtliche Rentenlaufzeit ist geschlechtsspezifisch und nicht nur altersabhängig zu differenzieren.

(3) Die Sozialverträglichkeit einer modifizierten Ertragsanteilsbesteuerung kann durch Einführung von Freibeträgen (absolute Freibeträge i.V.m. relativen Freibeträgen und degressiver Staffelung nach der Höhe der Alterseinkünfte) erreicht werden.

(4) Im Ergebnis würden auch nicht gewollte Umverteilungen systematisch reduziert werden können. Die endgültige Entscheidung über bestimmte Umverteilungen würde jedenfalls generell in diejenige Lebensphase verlagert, in der erst unter sozialen Gerechtigkeitsaspekten entschieden werden kann, ob sie in vollem Umfange oder nur nach Abzug einer bestimmten Steuerlast Bestand haben sollen.

Die **finanzielle Ergiebigkeit** einer modifizierten Ertragsanteilsbesteuerung hängt bei vorgegebenem Steuertarif von verschiedenen Faktoren ab. Diese sind:

(1) Umfang der Beitragsleistungen während der gesamten Versicherungszeit, Höhe der anfänglichen Jahresrente und voraussichtliche Rentenbezugsdauer;

(2) Höhe der Freibeträge und ihre Ausgestaltung im einzelnen;

(3) Vorhandensein anderer Alterseinkünfte;

(4) Länge der Übergangsphase und Form des Übergangsmodus von der bisherigen zur modifizierten Ertragsanteilsbesteuerung.

Übersicht 11: Ein Beispiel zur modifizierten Ertragsanteilsbesteuerung

Grundannahmen:

Versicherungszeit J von 40 Jahren; anfängliches Bruttojahresarbeitsentgelt 6000 DM; Beitragssatz 18,75%. Jährliche Zunahme der Beiträge um 5% entsprechend der Lohnsteigerungsrate. Erste Rentenzahlung zu Beginn des 41. Jahres in Höhe von 21120 DM. Rentenbezugsdauer von 15 Jahren ab Vollendung des 60. Lebensjahres.

Ertragsanteil in % nach dem bisherigen Verfahren:

$$EA = 100\left(1 - \frac{C_n}{L \cdot n}\right)$$

$$EA = 100\left(1 - \frac{223546}{21110 \cdot 15}\right) = 29{,}4\%$$

Ertragsanteil in % bei modifizierter Besteuerung:

$$EA = 100\left(1 - \frac{\Sigma EB \cdot b}{L \cdot n}\right)$$

$$EA = 100\left(1 - \frac{135900}{21110 \cdot 15}\right) = 57{,}1\%$$

Zuverlässige **Schätzungen des Mittelaufkommens** liegen gegenwärtig noch nicht vor, da einerseits eine geeignete Festlegung der Einzelheiten einer modifizierten Ertragsanteilsbesteuerung fehlt und darüberhinaus verläßliche Daten über Einkunftsarten, Familienstand, Haushaltsgröße und Alter der Betroffenen noch nicht zur Verfügung stehen (vgl. *W. SCHMÄHL*, u.a., 1980, S. 348 ff. und S. 413 ff.).

Es darf nicht übersehen werden, daß mit der Diskussion um eine veränderte Rentenbesteuerung neben finanzpolitischen Überlegungen auch **verteilungspolitische Aspekte** in das Blickfeld der rentenpolitischen Auseinandersetzungen rükken, die bisher nur unzureichend berücksichtigt wurden:

(1) Eine veränderte Besteuerung der Renten wirkt auf die Verteilungssituation zwischen Rentnern und Versicherten ein und verstärkt die möglichen Harmonisierungseffekte einer Nettoanpassung bzw. modifizierten Bruttoanpassung.

(2) Jede Veränderung der Rentenbesteuerung berührt die Verteilungssituation zwischen den Rentnern der gesetzlichen Rentenversicherung und beeinflußt wie die Nettoanpassung die Pensionierungsrelationen und damit die Einkommensänderung bei Ausscheiden aus dem Erwerbsleben. Tendenziell wird eine Angleichung der individuellen Pensionierungsrelationen begünstigt; die Nettoanpassung mit einheitlichem Anpassungssatz läßt demgegenüber die Differenzierung der individuellen Pensionierungsrelationen weitgehend unverändert. Durch die modifizierte Ertragsanteilsbesteuerung wird der relative Lebenseinkommensverlauf der Versicherten umgestaltet.

(3) Dieser Harmonisierungseffekt berührt auch die Verteilungssituation zwischen Rentnern mit Einkünften aus unterschiedlichen Quellen (Erwerbseinkommen unterschiedlicher Art; andere Transferzahlungen). Die modifizierte Ertragsanteilsbesteuerung dient tendenziell dem Abbau von Kumulationen und Überversorgungen.

(4) Jede Veränderung der Rentenbesteuerung verändert die Verteilungssituation zwischen den „Rentnern" verschiedener Alterssicherungssysteme. Hier ist auf die bisherige ungleiche steuerliche Behandlung von Alterseinkünften hinzuweisen. Die modifizierte Ertragsanteilsbesteuerung bringt ein Mehr an Harmonisierung in diesem Bereich.

Die **Implementationsprobleme** einer modifizierten Ertragsanteilsbesteuerung dürften nicht erheblich sein. Dies gilt nicht nur für die systematischen Probleme eines Übergangs zu einer modifizierten Ertragsanteilsbesteuerung, sondern auch für die verwaltungsmäßigen Schwierigkeiten. Grundsätzlich sollte der Übergang zu einer modifizierten Ertragsanteilsbesteuerung stufenweise vollzogen werden; die Belastungen der Rentenbezieher sollten sich im Rahmen der Rentensteigerungen bewegen; von der Einführung eines Aufstockungsbetrages sollte aber abgesehen werden. In verwaltungsmäßiger Hinsicht könnte für die modifizierte Rentenbesteuerung analog zur Besteuerung von Löhnen und Gehältern ein Quellenabzugsverfahren verwirklicht werden; hinsichtlich der Berücksichtigung anderer Einkünfte könnte analog zur Erhebung von Krankenversicherungsbeiträgen der Rentner vorgegangen werden; die Einführung von Rentensteuerkarten sollte jedoch dem Gebot der Effizienz des Verwaltungshandelns geopfert werden. Allerdings stellt sich in jedem Falle die Frage nach dem notwendigen Finanzausgleich zwischen denjenigen Gebietskörperschaften, denen die Steuermehreinnahmen zufließen, und der gesetzlichen Rentenversicherung. An dem Steuermehraufkommen partizipieren die Versicherungsträger nicht automatisch, da sie keine Steuerhoheit besitzen. Es müßten geeignete Regelungen geschaffen werden, um das Steuermehraufkommen in Erhöhungen der öffentlichen Zuweisungen zu transformieren. In diesem Sinne würde die modifizierte Ertragsanteilsbesteuerung nicht zu einer Senkung der Rentenausgaben führen, sondern vielmehr unmittelbarer Anlaß einer Erhöhung öffentlicher Zuweisungen, insbesondere des Bundeszuschusses, sein können (vgl. *W. SCHMÄHL*, 1981b, S. 275 ff.).

2.4.5 Folgerungen

Die bisher diskutierten Lösungsstrategien für die langfristigen Finanzierungsprobleme der Rentenversicherung sollen im Prinzip zu einer verzögerten Entwicklung des Rentenniveaus führen. Es ist jedoch fraglich, ob die Aktualisierung der Rentenanpassung, der Übergang zu einer Nettoanpassung bzw. modifizierten Bruttoanpassung von Renten sowie die Einführung einer modifizierten Ertragsanteilsbesteuerung der Rentenversicherung auf lange Sicht die notwendigen finanziellen Spielräume verschaffen können. Bei realistischer Einschätzung der Durchsetzbarkeit der aufgezeigten Lösungsstrategien im politisch-administrativen System dürften die finanziellen Entlastungseffekte nicht über sechs bis zehn Beitragsprozente hinausgehen. Dies gilt umso mehr, als bereits – fast unbemerkt von der Öffentlichkeit – einige **bedeutsame Schritte** im Sinne der diskutierten Lösungsstrategien – mit entsprechenden Konsequenzen für die Entwicklung des Nettorentenniveaus in den letzten Jahren – vorweggenommen wurden, die somit für die langfristige Sanierung der Rentenversicherung nicht mehr zur Verfügung stehen:

(1) Die *Aktualisierung* der Rentenanpassung ist bereits soweit vorangetrieben worden, daß in dieser Hinsicht der gesamte Möglichkeitsbereich ausgeschöpft ist.

(2) Mit der Erhebung von *Krankenversicherungsbeiträgen* der Rentner ist ein Schritt in Richtung auf eine Nettoanpassung der Renten gemacht worden. Nach dem gegenwärtigen Regelungsstand soll der eigene Krankenversicherungsbeitrag der Rentner bis zum 1. Juli 1987 auf 5,9% der Rente ansteigen. Der Entlastungseffekt für die Rentenversicherung dürfte beträchtlich sein.

(3) Im Übergang von 1981 nach 1982 wurde die *Ertragsanteilsbesteuerung* geändert. Dies führte zu höheren Ertragsanteilen, die bei einem Renteneintrittsalter zwischen 60 und 65 Jahren mehrere Prozentpunkte ausmachen. Allerdings sind die zusätzlichen Steuereinnahmen nicht zur finanziellen Entlastung der Rentenversicherung verwandt worden.

Damit muß das Bemühen um weitere politisch durchsetzbare Möglichkeiten der Beeinflussung des Rentenniveaus weitergehen. Der Möglichkeitsbereich ist allerdings sehr eng abgesteckt. Einige Bedeutung hat jedoch in diesem Zusammenhang die **Anrechnung beitragsloser Zeiten** in der Rentenversicherung.

In der Rentenberechnung spielen nicht nur die Beitragszeiten, sondern auch beitragslose Zeiten (Ausfallzeiten, Ersatzzeiten, Zurechnungszeiten) eine nicht zu unterschätzende Rolle. Ging es anfangs nur darum, für einzelne benachteiligte Gruppen einen sozialen Ausgleich zu schaffen, so ist im Laufe der Jahre der Anwendungsbereich beitragsloser Zeiten ständig ausgeweitet worden. Mittlerweile dürfte jeder Rentner derartige beitragslose Zeiten in erheblichem Umfange für sich geltend machen können, so daß auch die anfänglich beabsichtigten interpersonellen Verteilungseffekte drastisch reduziert wurden.

Viele dieser Regelungen sind im Vertrauen auf anhaltende Vollbeschäftigung und hohes Wirtschaftswachstum geschaffen worden und erweisen sich nunmehr in Zeiten der Wirtschafts- und Finanzkrise als auf Dauer nicht finanzierbar. Sukzessive hat sich in den letzten Jahren ein **Trend zur niedrigeren Bewertung** beitragsloser Zeiten durchgesetzt:

(1) Bis Mitte der 70er Jahre erfolgte die Bewertung beitragsloser Zeiten überwiegend nach Maßgabe des bisherigen oder sogar des nach der Qualifikation möglichen Arbeitsentgeltes. So wurden beispielsweise Vollakademiker so gestellt, als wenn sie während ihrer Hochschulausbildung einen Vomhundertsatz der persönlichen Bemessungsgrundlage von 150% erreicht hätten.

(2) In den letzten Jahren wurde dieser Vomhundertsatz der persönlichen Bemessungsgrundlage für Ausbildungszeiten allgemein in verschiedenen Schritten auf 90% reduziert. Die Einsparungseffekte dürften auf lange Sicht beachtlich sein, da ein immer höherer Teil der Erwerbstätigen eine Fachschul- oder Hochschulausbildung durchläuft. Zudem wird sich die geringere Bewertung der Ausbildungsausfallzeiten gerade in jener Phase des demographischen Prozesses zeigen, in der die Belastungen der Rentenversicherung und der Beitragszahler deutlich ansteigen müssen.

(3) Die Bewertung der Ersatzzeiten für Wehrpflichtige und Zivildienstleistende wurde in verschiedenen Schritten auf 70% reduziert. Allerdings erhält die Rentenversicherung auch entsprechend niedrigere Beiträge der für die Beitragszahlung zuständigen Institutionen. Trotzdem geht von hier ebenfalls ein Entlastungseffekt für die Finanzlage der

Rentenversicherung auf lange Sicht aus. Zwar werden in der Gegenwart auch die Beitragseingänge niedriger ausfallen als noch vor einigen Jahren; wichtiger ist jedoch, daß in der kritischen Phase des demographischen Prozesses geringere Rentenzahlungen anfallen.

Der Spielraum für eine veränderte Bewertung beitragsloser Zeiten ist zweifellos noch nicht ausgeschöpft. Weitere Einschränkungen dürften gerade hier auch politisch durchsetzbar sein, da sie die Belastung der gegenwärtigen Beitragszahler nicht erhöhen und auch nicht in absehbarer Zeit zu verminderten Rentenzahlungen führen. Allerdings fehlt es bisher an zuverlässigen Schätzungen der finanziellen Entlastungseffekte einer veränderten Anrechnung und Bewertung beitragsloser Zeiten.

2.5 Finanzierungsbasis und Finanzierungsverfahren

Seit der Rentenreform des Jahres 1957 hat sich der Kreis der durch die Rentenversicherung erfaßten Personen ständig vergrößert. **Personelle Sicherungslücken** wurden insbesondere geschlossen durch:

(1) die Anhebung/Beseitigung der Versicherungspflichtgrenze für Angestellte;
(2) die Öffnung der Rentenversicherung für Selbständige und Hausfrauen.

Gleichzeitig wurde die **Beitragsbemessungsgrenze** laufend angepaßt, seit Ende der 70er Jahre sogar zeitweilig stärker als die Entwicklung der Allgemeinen Bemessungsgrundlage. Auf diese Weise wurde die Finanzierungsbasis der Rentenversicherung erheblich verbreitert.

Im Laufe der Zeit wurde auch das **Finanzierungsverfahren** den veränderten Finanzierungsnotwendigkeiten und -möglichkeiten angepaßt; der Übergang vom Kapitaldeckungs- bzw. Anwartschaftsdeckungsverfahren zum Abschnittsdeckungsverfahren und schließlich zum Umlageverfahren mit sukzessiver Verminderung der Finanzierungs- und Schwankungsreserve brachte deutliche Entlastungen für die Finanzlage der Rentenversicherung mit sich, indem die neben der Finanzierung der laufenden Renten notwendige Vermögensansammlung drastisch reduziert wurde.

Mittlerweile sind diese **Möglichkeiten weitgehend erschöpft**. Der Kreis der versicherungspflichtigen Personen läßt sich kaum noch erhöhen; die Beitragsbemessungsgrenze erfaßt bereits den größten Teil der Arbeitnehmereinkommen. Auch aus der Sicht des Finanzierungsverfahrens ist kaum eine weitere Entspannung der Finanzlage der Rentenversicherung zu erwarten, da mit der Wahl des Umlageverfahrens bei gleichzeitiger Haltung einer äußerst geringen Schwankungsreserve (eine Monatsausgabe) bereits die Grenze des Möglichen und Vertretbaren erreicht worden ist. Nichtsdestoweniger werden auch in dieser Richtung noch **rentenpolitische Überlegungen** angestellt, obwohl mittlerweile deutlich geworden ist, daß mit einer derartigen Verfahrensweise der Ausweitung der aktuellen Finanzierungsbasis der Rentenversicherung in vielen Fällen die langfristig anstehenden Finanzierungsprobleme nicht grundlegend gelöst werden können, sondern vielmehr häufig nur zugunsten der Gegenwart weitere Wechsel auf die Zukunft des Alterssicherungssystems gezogen werden.

2.5.1 Beitragsbemessungsgrundlage

Aktuelle Überlegungen zur Ausweitung der Finanzierungsbasis der gesetzlichen Rentenversicherung – innerhalb des vorhandenen Finanzierungssystems und des vorhandenen Leistungsrechts – konzentrieren sich vor allen Dingen auf jenen engen Bereich, in dem noch **Versicherungsfreiheit** oder **nichtbeitragspflichtige Einkommen** gegeben sind:

(1) Grundsätzlich kennt das System der gesetzlichen Rentenversicherung gegenwärtig keine obere, sondern nur eine untere *Versicherungspflichtgrenze* für geringfügige Beschäf-

Tabelle 35: Monatliche Beitragsbemessungs- und Versicherungspflichtgrenzen in der Rentenversicherung in DM 1949-1987

Gültig ab:	Beitragsbemessungsgrenze		Versicherungspflichtgrenze für Angestellte
	Rentenversicherung der Arbeiter und Angestellten	Knappschaftliche Rentenversicherung	
1. Juni 1949	600	700	600
1. September 1952	750	1 000	750
1. März 1957			1 250
1. Januar 1959	800	1 000	
1. Januar 1960	850	1 000	
1. Januar 1961	900	1 100	
1. Januar 1962	950	1 100	
1. Januar 1963	1 000	1 200	
1. Januar 1964	1 100	1 400	
1. Januar 1965	1 200	1 500	
1. Juli 1965			1 800
1. Januar 1966	1 300	1 600	
1. Januar 1967	1 400	1 700	
1. Januar 1968	1 600	1 900	[1])
1. Januar 1969	1 700	2 000	
1. Januar 1970	1 800	2 100	
1. Januar 1971	1 900	2 300	
1. Januar 1972	2 100	2 500	
1. Januar 1973	2 300	2 800	
1. Januar 1974	2 500	3 100	
1. Januar 1975	2 800	3 400	
1. Januar 1976	3 100	3 800	
1. Januar 1977	3 400	4 200	
1. Januar 1978	3 700	4 600	
1. Januar 1979	4 000	4 800	
1. Januar 1980	4 200	5 100	
1. Januar 1981	4 400	5 400	
1. Januar 1982	4 700	5 800	
1. Januar 1983	5 000	6 100	
1. Januar 1984	5 200	6 400	
1. Januar 1985	5 400	6 700	
1. Januar 1986	5 600	6 900	
1. Januar 1987	5 700	7 100	

[1] ab 1.1.1968 sind alle Angestellten versicherungspflichtig.

Quelle: Bundesministerium für Arbeit und Sozialordnung: Sozialbudget 1986; Rentenanpassungsbericht 1986.

tigungen. Diese Freigrenze war von Anfang an dynamisiert; für einige Jahre wurde sie allerdings auf 390 DM festgeschrieben, wodurch immer mehr Arbeitnehmer mit an sich geringfügiger Beschäftigung in die Versicherungspflicht gelangten. Außerdem wurden Regelungen geschaffen, um Umgehungstatbestände durch Mehrfachbeschäftigung desselben Arbeitnehmers zu verhindern. 1985 wurde die Freigrenze auf 400 DM, 1986 auf 410 DM und 1987 auf 430 DM angehoben (1/7 der monatlichen Bezugsgröße in der Sozialversicherung nach § 18 SGB IV).

(2) Die Anpassung der *Beitragsbemessungsgrenze* richtet sich grundsätzlich nach der Veränderung der durchschnittlichen Bruttoarbeitsentgelte. Auch in den Jahren, in denen die Entwicklung der Allgemeinen Bemessungsgrundlage von der bruttolohnbezogenen Dynamik gelöst wurde (1979-1981), wurde die Beitragsbemessungsgrenze entsprechend einem geglätteten Durchschnitt der Bruttolöhne fortgeschrieben. Dadurch hat sich das Verhältnis zwischen der Allgemeinen Bemessungsgrundlage und der Beitragsbemessungsgrenze deutlich verschoben. Die Beitragspflicht für Einmalzahlungen wurde dadurch verstärkt, daß diese zeitlich verteilt wurden, wodurch die Überschreitung der Beitragsbemessungsgrenze eingeschränkt werden konnte. Diskutiert wird seit einiger Zeit, die Beitragsbemessungsgrenze grundsätzlich fallenzulassen, um auf diese Weise auch die Spitzeneinkommen in die Beitragspflicht einzubeziehen; hierdurch würden sich allerdings auf lange Sicht – gleiches gilt für die beitragsrechtliche Behandlung von Sonderzahlungen – die Rentenzahlungen erhöhen müssen.

(3) Seit etlichen Jahren werden Möglichkeiten erörtert, zusätzliche Anreize für *freiwillige Beiträge* zur Rentenversicherung zu setzen. Bisher besteht die Möglichkeit einer freiwilligen Höherversicherung, bei der jedoch die späteren Rentenansprüche im Vergleich zu den normalen Beiträgen nur eingeschränkt entstehen. Auch für zusätzliche freiwillige Beiträge zur Rentenversicherung gilt, daß sie zu einem späteren Zeitpunkt zu höheren Rentenzahlungen führen.

Tabelle 36: Arbeitnehmerbeiträge zur Rentenversicherung 1949-1987

Zeitraum	Beiträge in v.H. des beitragspflichtigen Entgelts[1]	
	Rentenversicherung der Arbeiter und Angestellten	Knappschaftliche Rentenversicherung
ab 1. Juni 1949	5,00	8,00
ab 1. April 1955	5,50	–
ab 1. März 1957	7,00	–
ab 1. Juni 1957	–	8,50
ab 1. Januar 1968	7,50	–
ab 1. Januar 1969	8,00	–
ab 1. Januar 1970	8,50	–
ab 1. Januar 1973	9,00	–
ab 1. Januar 1981	9,25	9,00
ab 1. Januar 1982	9,00	8,75
ab 1. September 1983	9,25	9,00
ab 1. Januar 1984	–	9,25
ab 1. Januar 1985	9,35	9,35
ab 1. Juni 1985	9,60	9,60
ab 1. Januar 1987	9,35	9,35

[1] Soweit es nicht die jeweilige Beitragsbemessungsgrenze (vgl. Tabelle 35) überschreitet. Für die Arbeitgeberbeiträge gelten die gleichen Sätze mit Ausnahme der knappschaftlichen Rentenversicherung (bis Mai 1957 betrug der Arbeitgeberbeitrag 14,5%; ab 1. Juni 1957: 15,00%; ab 1. Januar 1982: 14,75%; ab 1. September 1983: 15,00%; ab 1. Januar 1985: 15,10%; ab 1. Juni 1985: 15,35%; ab 1. Januar 1987: 15,10%; ab 1. Januar 1990 sollen die Arbeitnehmerbeiträge aller Zweige auf 9,25%, der Arbeitgeberbeitrag in der knappschaftlichen Rentenversicherung auf 15,00% gesenkt werden).

2.5.2 Beitragsdifferenzierung

Überlegungen ganz anderer Art knüpfen unmittelbar an den demographischen Prozeß an. Dieser führt im Laufe der nächsten Jahrzehnte zu einem erheblichen Anstieg des Altersquotienten, dem jedoch ein nicht unerhebliches Absinken des **Kinder- und Jugendlichenquotienten** gegenübersteht:

(1) Sinkt die *Kinder- und Jugendlichenlast* im demographischen Prozeß, so eröffnet sich ein zusätzlicher finanzieller Spielraum für Beitragserhöhungen. Die Ausschöpfung dieses Spielraums müßte notwendigerweise zu nach dem Familienstand und der Kinderzahl differenzierten Beitragsleistungen führen (vgl. *F. OETER*, 1976, S. 230 ff.; *F. OETER*, 1977, S. 26 ff.).

(2) Eine derartige Beitragsdifferenzierung läßt sich auch unter dem Aspekt des sog. *Generationenvertrages* begründen. So wird vielfach argumentiert, daß dieser Generationenvertrag nicht nur eine Pflicht der Aktiven konstituiere, für die Inaktiven zu sorgen, sondern auch gleichzeitig die demographische Basis für die späteren eigenen Rentenansprüche zu schaffen (vgl. *W. BURKHARDT*, 1985).

Bei gegenwärtig annähernd ausgeglichenen Finanzierungsverhältnissen der gesetzlichen Rentenversicherung könnten durch eine zusätzliche Beitragsbelastung der durch eine Kinder- und Jugendlichenlast nicht betroffenen Personen über Jahre hinweg erhebliche Beitragsüberschüsse angesammelt werden, die später bei zunehmenden finanziellen Engpässen zur Rentenfinanzierung verwendet werden könnten. Eine derartige Lösungsstrategie für das demographisch bedingte Finanzierungsproblem würde zugleich den allgemeinen Vorstellungen eines verstärkten **Familienlastenausgleichs** entsprechen (vgl. *R. DINKEL*, 1981, S. 105 ff.).

2.5.3 Umbasierung des Arbeitgeberbeitrags

Alle diese Überlegungen zur Erweiterung der Finanzierungsbasis für die gesetzliche Rentenversicherung halten sich überwiegend im Rahmen des vorhandenen Systems, das neben der Finanzierung durch öffentliche Zuweisungen vor allen Dingen eine solche durch bruttolohnbezogene Arbeitnehmer- und Arbeitgeberbeiträge vorsieht. Seit Anfang der 60er Jahre wird jedoch bereits eine **Erweiterung der Bemessungsgrundlage für den Arbeitgeberbeitrag** diskutiert.

In den Jahren 1960 bis 1963 kamen sowohl ein interministerieller Arbeitskreis des Arbeits- und Wirtschaftsministeriums als auch zwei wissenschaftliche Gutachten (*J. H. MÜLLER*, Freiburg; *C. WATRIN*, Köln) zu einem ablehnenden Ergebnis bezüglich der Möglichkeiten einer Umbasierung der lohnbezogenen Sozialabgaben (vgl. insbesondere *C. WATRIN*/ *W. MEYER*, 1963). Der Gedanke einer Erweiterung der Bemessungsgrundlage für den Arbeitgeberbeitrag wurde in der Folgezeit zunächst fallengelassen.

Seit 1979 setzte eine erneute Diskussion um die Einführung einer sog. **Maschinensteuer** ein. Die mittlerweile offenkundig gewordenen langfristigen Finanzierungsprobleme der Rentenversicherung mögen angesichts der zunehmenden Ersetzung des Faktors Arbeit durch den Faktor Kapital für jene Forderung bestimmend gewesen sein, nach der in Zukunft ein Teil der Beitragslast für die Rentenversicherung von den Maschinen aufgebracht werden müsse. Auf diese Weise solle eine den veränderten wirtschaftlichen und sozialen Verhältnissen angepaßte Finanzierungsbasis für die Rentenversicherung geschaffen werden.

Die in der Diskussion befindlichen **Vorschläge** zur Erweiterung der Bemessungsgrundlage für den Arbeitgeberbeitrag zur Rentenversicherung sind sehr unterschiedlich, und sie lösen sich teilweise völlig von der bisherigen Bezugsbasis oder ergänzen diese in typischer Weise. Vergleichsweise gemäßigt sind jene Vorschläge, die zusätzlich zur bisherigen Bemessungsgrundlage eine Differenzierung der Beitragssätze nach Maßgabe der Kapitalintensität der Unternehmen vorsehen. Daneben findet sich der Vorschlag, die Lohnbasis durch die Abschreibungen zu ergänzen oder aber die Arbeitgeberbeiträge gleich auf die gesamte Netto- bzw. Bruttowertschöpfung der Unternehmen abzustellen.

Die Erweiterung der Bemessungsgrundlage für den Arbeitgeberbeitrag dient nach dem Stand der bisherigen Diskussion insbesondere zwei **Zielen**: einmal sollen die wettbewerblichen Nachteile für die mittelständische Wirtschaft beseitigt und Arbeitsplätze in lohnintensiven Wirtschaftszweigen gesichert werden, um so mittelfristig zum Abbau der strukturellen Arbeitslosigkeit beizutragen. Zum anderen erhofft man sich durch eine derartige Umstellung der Finanzierungsbasis der gesetzlichen Rentenversicherung eine leistungsfähigere Finanzierungsstruktur und eine höhere Stabilität des Beitragsaufkommens.

In der **wettbewerbspolitischen Diskussion** wird auf die strukturelle Benachteiligung lohnintensiver Betriebe durch prozentual gleich hohe lohnbezogene Arbeitgeberbeiträge hingewiesen; je höher der Lohnanteil an der Wertschöpfung sei, umso schwerer wiege die Beitragslast für diese Unternehmen. Dies seien zugleich vor allem kleinere und mittelgroße Unternehmen. Insbesondere bei weitgehend homogenen Produkten müßten sich diese relativ lohnintensiven Unternehmen wegen der durch die Sozialabgaben bedingten Wettbewerbsnachteile verstärkt an die kapitalintensiveren Produktionsweisen anpassen. Ihre Finanzierungsbasis sei für eine Umstellung auf kapitalintensivere Produktionsweisen jedoch häufig zu schmal. Im Ergebnis würden viele kleine und mittlere Unternehmen ihre Produktion aufgeben müssen. Unter diesen Gesichtspunkten diene eine Umorientierung des Arbeitgeberbeitrages der Erhaltung mittelständischer Unternehmen und sei ein Instrument gegen konzentrationsfördernde Tendenzen:

(1) Diese Argumentation für eine Erweiterung der Bemessungsgrundlage für den Arbeitgeberbeitrag geht an der Tatsache vorbei, daß auch wertschöpfungsbezogene Sozialabgaben nicht unbedingt wettbewerbsneutral sind; denn formale und reale Belastung der Unternehmen klaffen vielfach auseinander. Entscheidend für die tatsächliche Sozialabgabenbelastung sind die je nach der Marktlage ausgestalteten Überwälzungsmöglichkeiten. Ob die Überwälzung des Kostenfaktors Sozialabgaben gelingt, ist nicht eine Frage seiner Bemessungsbasis, sondern vor allem abhängig von der jeweiligen Marktposition eines Unternehmens und der Preiselastizität der Nachfrage. Unter diesen Gesichtspunkten kann eine Umbasierung der Sozialabgaben völlig neue Faktorpreisverhältnisse schaffen, die auch die Faktoreinsatzverhältnisse beeinflussen und schließlich das gesamte Preisgefüge in der Volkswirtschaft verändern. Die wettbewerblichen Folgen sind kaum zu übersehen.

(2) Geht die Wertschöpfungsabgabe tatsächlich und nach Maßgabe der vorhandenen Überwälzungsmöglichkeiten zu Lasten derjenigen Betriebe, die eine hohe Wertschöpfung haben, so sind doch die erwarteten struktur- und beschäftigungspolitischen Wirkungen deutlich überzogen. Lohnintensive Unternehmen sind nur zum Teil mit mittelständischen Unternehmen gleichzusetzen. Einerseits kommt eine Entlastung der lohn-

intensiven Unternehmen von Sozialabgaben keineswegs nur Klein- und Mittelbetrieben zugute; andererseits weisen auch Klein- und Mittelbetriebe häufig eine hohe Wertschöpfungsquote auf (z.B. Handwerksbetriebe). Diese Unternehmen würden sogar durch eine Umbasierung der Sozialabgaben zusätzlich belastet werden.

(3) Schließlich muß eine zusätzliche Belastung kapitalintensiver Produktionen vor allen Dingen jene Wachstumsimpulse dämpfen, die auf arbeitsparendem technischen Fortschritt beruhen und im Zuge des weltweit sichtbaren und notwendigen Strukturwandels gerade erst eine Sicherung von Arbeitsplätzen bewirken können. Unübersehbar ist auch die zusätzliche Belastung insbesondere kapitalintensiver Exportindustrien, deren Entwicklung zu einem bestimmenden Faktor der deutschen Volkswirtschaft geworden ist. Hier drohen eher Arbeitsplatzverluste denn Beschäftigungsgewinne. So gesehen läuft die Umbasierung der Sozialabgaben fundamentalen beschäftigungs- und wachstumspolitischen Zielsetzungen zuwider.

In der Argumentation für eine Neuordnung der Bemessungsgrundlage für den Arbeitgeberbeitrag wird auch auf die Möglichkeiten einer Verbesserung der Finanzierungsstruktur und einer höheren **Stabilität des Beitragsaufkommens** hingewiesen. Da dem Faktor Kapital im Strukturwandel der Wirtschaft eine wachsende Bedeutung zukomme, sei gerade unter dem Aspekt einer langfristigen Sicherung der Rentenfinanzierung eine Umbasierung des Arbeitgeberbeitrages erforderlich, um einer zunehmenden Auszehrung der Lohnsumme vorzubeugen:

(1) Die Gültigkeit dieser Argumentation wird jedoch dadurch eingeschränkt, daß bisherige empirische Befunde keineswegs auf eine langfristige Abnahme der gesamtwirtschaftlichen Lohnquote hindeuten. Somit dürfte die Stabilität der Lohnsumme als Bemessungsbasis der Sozialabgaben nicht gefährdet sein. Allerdings dürfte auch eine Neuregelung eine ähnliche Stabilität des Beitragsaufkommens gewährleisten.

(2) Unter normativen Gesichtspunkten ist darauf hinzuweisen, daß durch eine Umbasierung der Sozialabgaben und eine Erweiterung der Finanzierungsbasis das für die Rentenversicherung grundsätzlich konstitutive Prinzip einer sozialpartnerschaftlichen Aufteilung der Lasten der Alterssicherung angetastet wird. Eine Wertschöpfungsabgabe mit eventuell tendenziell steigender Belastung muß steuerwiderstandsähnliche Phänomene hervorrufen, die den gesellschaftlichen Konsens über die Aufteilung der Lasten der Alterssicherung in Frage stellen. Die Aufteilung der Finanzierungslasten der gesetzlichen Rentenversicherung zwischen Arbeitgebern und Arbeitnehmern ist zwar nicht zwingend ableitbar, ist aber so weitgehend akzeptiert, daß man sie in verteilungspolitischer Perspektive nicht in Frage stellen sollte (vgl. *BMA*, 1981, S. 61).

Die Umorientierung des Arbeitgeberbeitrages in Richtung auf eine Wertschöpfungsabgabe macht aus dem Beitrag grundsätzlich eine **Steuer** (vgl. *J. ISENSEE*, 1980, S. 145 ff.; *M. DÜNNWALD*, 1981, S. 51 ff.; *J. ISENSEE*, 1981, S. 53 ff.). Die Ertragshoheit über diese Steuer müßte den Gebietskörperschaften zufallen. Daraus würden sich verschiedene **Probleme** ergeben:

(1) Ein Teil des Arbeitgeberbeitrages würde durch die allgemeine Finanzverwaltung erhoben werden, wobei zusätzliche Belastungen bei den Finanzämtern ohne entsprechende Entlastungen bei den Sozialversicherungsinstitutionen entstehen müßten.

(2) Grundsätzlich könnte die Rentenversicherung von einer Neuregelung nur über eine Erhöhung des Bundeszuschusses profitieren. Dabei würde der föderative Aufbau der Bundesrepublik Finanzausgleichsprozesse erforderlich machen.

Es spricht einiges dafür, daß durch eine Umbasierung der Arbeitgeberbeiträge in Richtung auf eine Wertschöpfungsabgabe weder positive wettbewerbs-, struktur-, wachstums- und beschäftigungspolitische Wirkungen erzielt werden könnten, noch eine erhöhte Stabilität des Beitragsaufkommens zur Rentenversicherung erreicht werden würde. Da mit der diskutierten Neuregelung sowieso aus dem Arbeitgeberbeitrag eine Steuer wird und die Implementationsprobleme einer neuen Steuer kaum zu übersehen sind, ist eine begrenzte **Mehrwertsteuererhöhung** sicherlich eine geeignetere Lösung zur Bewältigung der anstehenden Finanzierungsprobleme der Rentenversicherung. Das Steueraufkommen könnte dann zur Speisung eines zusätzlichen Bundeszuschusses verwendet werden. Im Hinblick auf die Sozialabgaben könnte es dann bei der bisherigen Regelung bleiben (vgl. *BMA*, 1981, S. 62; *W. KRELLE*, u.a., 1985; *MARBURGER ARBEITSKREIS*, 1984; *W. SCHMÄHL*, u.a., 1984).

2.5.4 Teilkapitaldeckungsverfahren

Die bisherigen Überlegungen stellen auf eine Erweiterung der Finanzierungsbasis (Umfang der Versicherungs- und Beitragspflicht; Erweiterung der Bemessungsgrundlage für den Arbeitgeberbeitrag) sowie auf ein höheres Beitragsaufkommen aus der vorhandenen Finanzierungsbasis (durch Beitragsdifferenzierung) ab. Die damit verbundenen Möglichkeiten einer spürbaren Entlastung der Rentenversicherung auf lange Sicht dürften jedoch begrenzt sein; in einigen Fällen dürften sogar erhöhte Rentenausgaben gerade in der kritischen Phase der Rentenversicherung zu erwarten sein. Umso wichtiger wird die Frage, ob die anstehenden Probleme nicht durch einen zeitlichen Belastungsausgleich gemildert werden können. Dieser zeitliche Belastungsausgleich würde in der Gegenwart mit einer **Kapitalansammlung** verbunden sein, aus der dann für die Zukunft bessere Finanzierungsmöglichkeiten folgen könnten (vgl. *M. NEUMANN*, 1986).

Strategien des zeitlichen Belastungsausgleichs durch Kapitalansammlung bieten sich in unterschiedlicher Form an (vgl. *BMA*, 1981, S. 63 ff.). Eine erste Form des zeitlichen Belastungsausgleichs kann mit einer **Kapitalansammlung im Ausland** verbunden werden:

(1) Wird in der Gegenwart verstärkt gespart, so können diese Ersparnisse über den Kapitalexport ins Ausland transferiert werden. Entspricht dem Finanzmittelstrom (z.B. in Entwicklungsländer) gleichzeitig ein Güterstrom, so wird die Verminderung der inländischen Konsumgüternachfrage durch erhöhten Export ausgeglichen; kontraktive Effekte für den Wirtschaftskreislauf müßten also nicht auftreten. Wenn das exportierte Kapital verzinslich und rückzahlbar ist, so fließt es später mit Zinsen und Zinseszinsen in den volkswirtschaftlichen Kreislauf zurück. Diese Finanzmittel können dann zur Finanzierung der Renten verwendet werden. Erfolgt gleichzeitig mit der Mittelverwendung in erhöhtem Umfange ein Güterimport, so dürften auch inflationäre Effekte ausgeschlossen sein.

(2) Die Reichweite einer solchen Lösung dürfte jedoch sehr begrenzt sein. Auch in anderen westlichen Industrienationen laufen ähnliche demographische Prozesse ab; die Anwendung von Gegenstrategien ist möglich und sehr wahrscheinlich. Im Verhältnis zu den Entwicklungsländern dürften die Risiken einer derartigen Strategie kaum überschaubar bleiben; gegebenenfalls werden diese Länder nicht in der Lage sein, die einmal gewährten Kredite wieder zurückzuzahlen.

Die **Kapitalansammlung** aus verstärktem gegenwärtigem Sparen kann auch **im Inland** erfolgen:

(1) Stehen dem zusätzlichen Sparen in der Gegenwart zusätzliche Investitionen gegenüber, so sind auch bei dieser Strategie keine kontraktiven Effekte für den Wirtschaftskreislauf zu erwarten. Der Ausfall an Konsumgüternachfrage wird durch die Zunahme der Investitionsgüternachfrage ausgeglichen. Zusätzliche Investitionen ermöglichen ein verstärktes wirtschaftliches Wachstum und damit eine zusätzliche Güterbereitstellung in der Zukunft; es würde die gütermäßige Basis für die zukünftigen Rentenzahlungen geschaffen werden. Aus den Kapitalerträgen dieser Investitionen könnten zumindest zum Teil die künftigen Rentenzahlungen finanziell bewältigt werden. Eine Auflösung des geschaffenen Kapitalstocks selbst dürfte jedoch kaum möglich sein.

(2) Auch von dieser Strategie ist nur eine begrenzte Teillösung des anstehenden Problems zu erwarten. Insbesondere ist nicht sichergestellt, daß das zusätzliche Sparen auch tatsächlich zu zusätzlichen Investitionen führt. Außerdem muß bedacht werden, daß die zukünftigen Kapitalerträge unter Umständen nicht zur finanziellen Bewältigung der Rentenzahlungen ausreichen werden.

Strategien des zeitlichen Belastungsausgleichs durch Kapitalansammlung können gewiß einen weiteren Beitrag zu einer Lösung der anstehenden Probleme leisten. Sie sind insbesondere dann sinnvoll, wenn sich der Belastungsanstieg für die Rentenversicherung als ein vorübergehender erweist. Nun ist jedoch sehr ungewiß, ob die Bevölkerungsentwicklung in der Bundesrepublik nach einem demographischen Übergang zu einer neuen stabilen Situation hinführt. Vielmehr besteht das Risiko, daß der Altersquotient auch nach einer demographischen Übergangsphase noch entscheidend höher sein wird als heute, und die Bewältigung von Finanzierungsproblemen für die Alterssicherung könnte sich von daher als eine Daueraufgabe der Wirtschafts-, Finanz- und Sozialpolitik erweisen.

2.6 Steuerfinanzierung und Beitragsäquivalenz

2.6.1 Verteilungspolitische Aspekte

Staatliche Zuschüsse zur Finanzierung der Alterssicherung haben in Deutschland eine lange Tradition. Bereits bei Einführung der Invaliditäts- und Altersversicherung vor etwa 100 Jahren stellten die **Staatszuschüsse** eine dritte Finanzierungsquelle neben den Arbeitgeber- und Arbeitnehmerbeiträgen dar. Als Reichszuschuß wurde ein Festbetrag pro Rente gezahlt, der im Laufe der Entwicklung vielfach diskretionär modifiziert wurde.

Mit der Rentenreform des Jahres 1957 wurden die Finanzierungszuschüsse des Staates zur Rentenversicherung neu geregelt. Es wurde ein der damaligen Situation angemessener Bundeszuschuß bestimmt und für diesen eine Dynamisierung nach Maßgabe der Entwicklung der Allgemeinen Bemessungsgrundlage festgelegt. Seitdem erfolgt die Veränderung des Staatszuschusses zur Finanzierung der Rentenversicherung nicht mehr diskretionär, sondern vielmehr **regelgebunden**. Gleichzeitig ist der Gesichtspunkt einer staatlichen **Defizitdeckung** in den Hintergrund getreten, da der Bundeszuschuß sich nicht an den gesamten Ausgaben der Rentenversicherung orientiert; leistungsrelevanten Veränderungen des Rentenrechts und der Rentenstruktur trägt der Bundeszuschuß keine Rechnung.

Tatsächlich ist die regelgebundene Anpassung des Bundeszuschusses seit 1957 kaum realisiert worden. Zwar hielt sich der Bund bis Mitte der 60er Jahre in etwa an die getroffene Regelung; betrachtet man jedoch die weitere Entwicklung bis zum Beginn der 80er Jahre, so wurde der Bundeszuschuß nur in den Jahren 1976 bis 1978 regelgebunden geleistet; in anderen Jahren wurde er gestrichen, gekürzt oder zinslos gestundet. Faktisch erfolgte damit auch die Zahlung des an sich regelgebundenen Bundeszuschusses **diskretionär**. Da außerdem die Entwicklung der Rentenausgaben deutlich über diejenige der Allgemeinen Bemessungsgrundlage hinausging, sank der Bundeszuschuß in Relation zu den Ausgaben der Rentenversicherung der Arbeiter und Angestellten von etwa 30% im Jahre 1957 auf etwa 15% im Jahre 1986 ab; allein zur knappschaftlichen Rentenversicherung wird ein Bundeszuschuß gewährt, der zur vollen Defizitdeckung ausreicht.

Nichtsdestoweniger wird in der sozialpolitischen Diskussion der Steuerfinanzierung der Rentenausgaben für die Zukunft eine steigende Bedeutung zugemessen. Dabei spielen neben der Frage einer langfristigen Verbesserung der Finanzlage der Rentenversicherung auch verteilungspolitische und äquivalenztheoretische Überlegungen eine Rolle. In **verteilungspolitischer Perspektive** wird immer wieder betont, daß mit Hilfe einer Steuerfinanzierung der Renten stärker sozialpolitisch wünschenswerte **interpersonelle Umverteilungseffekte** erzeugt werden könnten:

(1) Für diese verteilungspolitische Überlegung spricht einiges, wenn man sie allein auf die progressiv ausgestalteten Lohn- und Einkommensteuern abstellt. Die Bezieher höherer Einkommen zahlen eine auch prozentual höhere Lohn- und Einkommensteuer als die Bezieher niedriger Einkommen. Damit könnte eine Umverteilung von den Beziehern höherer Einkommen zu denjenigen mit niedrigen Einkommen ermöglicht werden.

(2) Bei dieser Argumentation muß allerdings vorausgesetzt werden, daß die Steuerzahler auch tatsächlich die Träger dieser Steuer sind, also Überwälzungsmöglichkeiten in nennenswertem Umfange nicht existieren. Diese Annahme ist jedoch zweifellos fragwürdig; insofern sind auch die Verteilungswirkungen progressiv ausgestalteter direkter Steuern ungewiß.

(3) Hinzu kommt der für das deutsche Steuersystem typische Trend zu den indirekten Steuern, für die überwiegend eine regressive Wirkung mit überproportionaler Belastung der unteren Einkommen herausgestellt wird. Auch diese Auffassung hat allerdings mittlerweile Kritik hervorgerufen.

Insgesamt ist überhaupt nicht sicher, daß die Bezieher überdurchschnittlicher Einkommen im Vergleich zu den Beziehern unterdurchschnittlicher Einkommen eine überproportionale Steuerlast zu tragen haben. Selbst wenn dies so wäre, so müßte doch eine rentenpolitische Umverteilung noch lange nicht gewährleistet sein. Grundsätzlich erhalten die Bezieher höherer Einkommen auch eine – unter sonst gleichen Bedingungen – nahezu einkommensproportional höhere Rente als die Bezieher niedrigerer Einkommen. Die Bezieher hoher Einkommen nehmen darüberhinaus – weil sie sowieso schon eine relativ hohe Rente zu erwarten haben – die gesetzlichen Regelungen für das vorgezogene oder flexible Altersruhegeld häufiger in Anspruch als diejenigen Personen, die nur eine niedrige Rente zu erwarten haben. Da keine versicherungsmathematischen Abschläge auf das vorgezogene oder flexible Altersruhegeld erhoben werden, fallen die Rentenzahlungen bei gleicher Lebenserwartung überproportional hoch aus. Die überproportionale Belastung der Bezieher höherer Einkommen im Falle einer stärkeren Finanzierung der Renten durch progressiv ausgestaltete Lohn- und Einkommensteuern wird durch überproportional hohe Rentenzahlungen bei gleicher Lebenserwartung, aber früherem Renteneintritt wieder ausgeglichen. Folgt man dieser

Übersicht 12: Ein Beispiel zur Abschätzung der Umverteilungseffekte eines früheren Bezuges von Altersruhegeld

(1) Zum 1.7.1986 werden bei der Angestelltenversicherung zwei Rentenanträge gestellt. Der Antragssteller i = 1 beantragt ein vorgezogenes Altersruhegeld nach 40 Versicherungsjahren, der Antragsteller i = 2 ein Altersruhegeld nach 45 Versicherungsjahren. Für beide Antragsteller wird ein Vomhundertsatz der persönlichen Bemessungsgrundlage von PB = 1,0 errechnet. Der Steigerungssatz pro Jahr beträgt 0,015; die Allgemeine Bemessungsgrundlage AB beläuft sich auf 27885 DM. Zuletzt haben beide Antragsteller ein individuelles Bruttojahresarbeitsentgelt von 35286 DM bezogen, das zugleich dem durchschnittlichen Bruttojahresarbeitsentgelt 1985 aller Versicherten der Rentenversicherung der Arbeiter und Angestellten entsprach.

(2) Für den Antragsteller i = 1 wird eine Jahresrente von 16731 DM errechnet; für den Antragsteller i = 2 beläuft sich die Jahresrente auf 18822,38 DM. Beide Antragsteller haben die gleiche Lebenserwartung aufzuweisen; demzufolge wird dem Antragsteller i = 1 die Rente 20 Jahre gezahlt, während die Rentenbezugsdauer für i = 2 nur 15 Jahre beträgt. Beide Renten sollen sich im Zeitablauf um 3% p.a. erhöhen; diese Rentensteigerungsrate soll zugleich dem Zinssatz (der Diskontierungsrate) entsprechen. Demzufolge ergeben sich die Barwerte der verschiedenen Rentenzahlungen durch Multiplikation der ursprünglichen Jahresrente mit der Rentenbezugsdauer. Für den Antragsteller i = 1 beläuft sich der Barwert der Rentenzahlungen auf 334620 DM, während der Barwert der Rentenzahlungen für den Antragsteller i = 2 nur 282336 DM beträgt. Die Differenz der beiden Barwerte in Höhe von 52284 DM stellt eine Umverteilung zugunsten des Beziehers der vorgezogenen Altersrente dar.

(3) Außerdem ist ein erheblicher Beitragsausfall zu berücksichtigen. Der Antragsteller i = 1 hat eine um 5 Jahre kürzere Beitragszeit aufzuweisen. Geht man von einem individuellen Bruttojahresarbeitsentgelt in Höhe von 35286 DM und einem Beitragssatz von 19,2% aus, so beläuft sich der Beitragsausfall für das erste Jahr auf 6775 DM. Da Lohnsteigerungsrate und Diskontierungsrate 3% ausmachen und sich somit in ihrer Wirkung aufheben, kann der Barwert des gesamten Beitragsausfalls für 5 Jahre durch Multiplikation des Beitragsausfalls für das erste Jahr mit 5 errechnet werden. Der gesamte Beitragsausfall beläuft sich daher auf 33875 DM. Dieser Beitragsausfall stellt eine zusätzliche Belastung für die Rentenversicherung dar.

(4) Der Barwert der gesamten Mehrbelastung der Rentenversicherung durch das vorgezogene Altersruhegeld beläuft sich in diesem Beispiel auf 86159 DM. Nimmt nur eine Million Versicherte ein vorgezogenes Altersruhegeld unter den Bedingungen dieses Beispiels in Anspruch, so entsteht eine Mehrbelastung für die Rentenversicherung in Höhe von 86,2 Mrd. DM. Dies entspricht etwa einer Jahresausgabe der Rentenversicherung für Altersrenten. Dabei ist allerdings der zeitliche Verlauf der Mehrbelastungen für die Rentenversicherung noch nicht berücksichtigt; die liquiditätsmäßigen Auswirkungen im Zeitablauf dürften sich insgesamt zu einem wesentlich höheren Betrag addieren.

Argumentation, so ist die verteilungspolitische Überlegenheit der Steuerfinanzierung gegenüber der Beitragsfinanzierung keineswegs sichergestellt (vgl. *TRANSFER-ENQUETE-KOMMISSION*, 1981, S. 241 ff.).

2.6.2 Äquivalenztheoretische Aspekte

Die äquivalenztheoretischen Überlegungen zur Steuerfinanzierung unterstellen auch für die Rentenversicherung die prinzipielle Geltung des Versicherungsprinzips. Für die Rentenzahlungen sei grundsätzlich von einer Beitragsäquivalenz auszugehen; würde diese Beitragsäquivalenz durchbrochen, so müsse der Staat durch entsprechende Zuschüsse für die vorhandenen versicherungsfremden Leistungen aufkommen, um so das Finanzierungsgleichgewicht der Rentenversicherung wieder herzustellen.

Bei dieser Argumentation wird allerdings übersehen, daß in einem umlagefinanzierten Rentenversicherungssystem **Beitragsäquivalenz und Finanzierungsgleichgewicht** nur unter sehr restriktiven Bedingungen gewährleistet werden können, die im allgemeinen nicht nur durch staatliche Eingriffe verletzt werden:

(1) Im Falle eines stationären Wirtschafts- und Bevölkerungsprozesses können Finanzierungsgleichgewicht und Beitragsäquivalenz gleichzeitig realisiert werden, wenn die Relation von Rentenbezugsdauer D zur Dauer der Beitragszahlung J der Relation der Zahl der Rentner R zur Zahl der Beitragszahler B entspricht.

Finanzierungsgleichgewicht der Rentenversicherung:

$$(1)\quad B \cdot EB \cdot b = R \cdot J \cdot St \cdot PB \cdot AB$$

Beitragsäquivalenz für den Rentner:

$$(2)\quad J \cdot EB \cdot b = D \cdot J \cdot St \cdot PB \cdot AB$$

Finanzierungsgleichgewicht und Beitragsäquivalenz sind gleichzeitig erfüllt, wenn:

$$(3)\quad R : B = D : J$$

(2) Im Falle einer wachsenden Wirtschaft müssen grundsätzlich Lohnsteigerungsraten, Rentensteigerungsraten und Zinssatz als Kapitalertragsrate sowie Diskontierungsrate übereinstimmen.

Finanzierungsgleichgewicht der Rentenversicherung:

$$(4)\quad B \cdot EB \cdot b\,(1 + l)^n = R \cdot J \cdot St \cdot PB \cdot AB \cdot (1 + r)^n$$

$$n = 0, 1, 2, 3, \ldots$$

Beitragsäquivalenz für den Rentner:

$$(5)\quad \sum_n EB \cdot b \cdot [(1 + l)/(1 + i)]^n \cdot (1 + i)^J =$$

$$\sum_t J \cdot St \cdot PB \cdot AB \cdot (1 + r)^J \cdot [(1 + r)/(1 + i)]^t$$

$$n = 0, 1, 2, 3, \ldots, J - 1; \quad t = 0, 1, 2, 3, \ldots, D - 1$$

Wenn Lohnsteigerungsrate l, Rentensteigerungsrate r und Zinssatz i übereinstimmen, sind Finanzierungsgleichgewicht und Beitragsäquivalenz unter der Bedingung (3) erfüllt.

(3) Im Falle eines nicht-stationären Bevölkerungsprozesses entstehen bei beitragsäquivalenter Rentengestaltung Finanzierungsüberschüsse bzw. Finanzierungsdefizite.

Bei Verletzung der getroffenen Annahmen sind Beitragsäquivalenz und Finanzierungsgleichgewicht in einem umlagefinanzierten Rentenversicherungssystem grundsätzlich nicht mehr miteinander vereinbar. Allerdings ist in der Realität die

Übersicht 13: Ein Beispiel zu Beitragsäquivalenz und Finanzierungsgleichgewicht in der Rentenversicherung

(1) Für die Zwecke einer systematischen Analyse von Beitragsäquivalenz und Finanzierungsgleichgewicht in einem umlagefinanzierten Rentenversicherungssystem müssen einige Grundannahmen getroffen werden. Es sei ein stationärer Bevölkerungsprozeß vorausgesetzt; die Zahl der Beitragszahler B belaufe sich stets auf 24 Mio., diejenige der Rentner R auf 9 Mio. Die Dauer der Beitragszahlung betrage 40 Jahre (J = 40), der Steigerungssatz St sei 0,015. Das durchschnittliche Bruttojahresarbeitsentgelt EB belaufe sich auf 6000 DM und entspreche dem individuellen Bruttojahresarbeitsentgelt eines bestimmten Versicherten i (PB = 1,0). Die Allgemeine Bemessungsgrundlage AB betrage 5000 DM und stehe in einer festen Relation zum durchschnittlichen Bruttojahresarbeitsentgelt EB. Die Rentenbezugsdauer D betrage 15 Jahre. Die Finanzierung der Renten erfolge ausschließlich aus Beiträgen nach Maßgabe eines Beitragssatzes b von 18,75%. Lohnzahlungen, Beitragszahlungen sowie Rentenzahlungen erfolgen vorschüssig.

(2) Im folgenden sei zunächst unterstellt, daß Lohnsteigerungen sowie Rentenerhöhungen ausgeschlossen sind; außerdem gebe es kein Verzinsungsproblem.

Finanzierungsgleichgewicht der Rentenversicherung:

$$24 \cdot 6000 \cdot 0{,}1875 = 9 \cdot 40 \cdot 0{,}015 \cdot 1{,}0 \cdot 5000$$

Beitragsäquivalenz für i:

$$40 \cdot 6000 \cdot 0{,}1875 = 15 \cdot 40 \cdot 0{,}015 \cdot 1{,}0 \cdot 5000$$

Unter den getroffenen Annahmen sind sowohl das Finanzierungsgleichgewicht der Rentenversicherung im Zeitablauf als auch die Beitragsäquivalenz für den einzelnen Versicherten i gewährleistet.

(3) Nunmehr soll unterstellt werden, daß Löhne und Renten mit einer Rate von 5% p.a. wachsen; außerdem sei in der Volkswirtschaft ein Zinssatz von 5% (Kapitalertragsrate und Diskontierungsrate) gegeben.

Finanzierungsgleichgewicht der Rentenversicherung:

$$24 \cdot 6000 \cdot 0{,}1875 \cdot 1{,}05^n = 9 \cdot 40 \cdot 0{,}015 \cdot 1{,}0 \cdot 5000 \cdot 1{,}05^n$$
$$n = 0, 1, 2, 3, \ldots$$

Beitragsäquivalenz für i:

$$40 \cdot 6000 \cdot 0{,}1875 \cdot 1{,}05^{40} = 15 \cdot 40 \cdot 0{,}015 \cdot 1{,}0 \cdot 5000 \cdot 1{,}05^{40}$$

Die Beitragszahlungen des einzelnen Versicherten laufen 40 Jahre lang. Zu Beginn des ersten Jahres wird ein Beitrag von 1125 DM gezahlt; dieser erhöht sich für das folgende Jahr um 5%, für das nächste Jahr um weitere 5% usw., entsprechend einer geometrischen Reihe. Diskontiert man sämtliche Beiträge mit 5% auf den Zeitpunkt der ersten Beitragszahlung, so ergibt sich ein Gesamtbarwert der Beitragszahlungen von 45000 DM. Dies ist der gleiche Betrag, wie er unter (2) ausgewiesen wurde, da Lohnsteigerungsrate und Diskontierungsfaktor übereinstimmen. Zinst man den Barwert der Beitragszahlungen bis zum Zeitpunkt der ersten Rentenzahlung auf, so erhält man einen Betrag von 316800 DM.

Zu Beginn des 41. Jahres wird die erste Rente gezahlt. Unter den getroffenen Annahmen ist auch die Allgemeine Bemessungsgrundlage AB jährlich um 5% gestiegen, und sie beläuft sich zum Zeitpunkt der ersten Rentenzahlung auf 35200 DM. Die erste Rentenzahlung beträgt somit 21120 DM. In den folgenden Jahren steigt diese Rente – bis zum Ende der Rentenbezugsdauer – jährlich um 5%. Diskontiert man diese Rentenzahlungen wiederum mit 5% auf den Zeitpunkt der ersten Rentenzahlung, so erhält man einen Barwert der Rentenzahlungen von insgesamt 316800 DM. Der Barwert der Rentenzahlungen entspricht dem Barwert der Beitragszahlungen; die Rentenzahlungen sind beitragsäquivalent.

Übersicht 13: Fortsetzung

(4)	Im Falle eines nicht-stationären Bevölkerungsprozesses kann die Beitragsäquivalenz für den Versicherten i unter den Voraussetzungen gemäß (3) aufrechterhalten werden. Das Finanzierungsgleichgewicht der Rentenversicherung wird jedoch systematisch durchbrochen. Ein dauerhaftes Bevölkerungswachstum läßt grundsätzlich steigende Finanzierungsüberschüsse entstehen; eine Bevölkerungsschrumpfung bewirkt auf Dauer Finanzierungsdefizite. Wird jedoch das Bruttorentenniveau der sinkenden oder steigenden Alterslast zum Zwecke der Gewährleistung eines dauerhaften Finanzierungsgleichgewichts der Rentenversicherung angepaßt, so wird grundsätzlich die Beitragsäquivalenz (zugunsten oder zu Lasten des Versicherten i) nicht mehr aufrechtzuerhalten sein.

Beitragsäquivalenz der Renten sowieso in vielfältiger Hinsicht **durchbrochen** (vgl. *W. SCHMÄHL*, 1977; *W. BUTZ*, 1980; *G. WAGNER*, 1983; *I. SCHOLZ*, 1983; *W. SCHMÄHL*/Hrsg., 1983; *D. GÖBEL*, 1983; *W. SCHMÄHL*/Hrsg., 1985):

(1) In der Rentenformel werden neben Beitragszeiten auch beitragslose Zeiten berücksichtigt. Zwar können mittlerweile wohl alle Versicherten die Anrechnung derartiger Zeiten für sich in Anspruch nehmen, aber Umfang und Struktur der beitragslosen Zeiten weichen bei den verschiedenen Versicherten voneinander ab. Die Anrechnung beitragsloser Zeiten durchbricht das Äquivalenzprinzip in sehr unterschiedlicher Weise für die einzelnen Versicherten.

(2) Neben den Altersruhegeldern für Versicherte werden seitens der Rentenversicherung auch Renten wegen Erwerbsminderung sowie Hinterbliebenenrenten gezahlt. Nicht alle Versicherten nehmen Renten wegen Erwerbsminderung in Anspruch, nicht alle Versicherten haben Hinterbliebene, die Witwen- oder Waisenrenten erhalten. Außerdem sind für verschiedene Rentenarten unterschiedliche Steigerungssätze vorhanden, denen nicht unterschiedliche Beiträge gegenüberstehen. Insgesamt wird durch diesen sozialen Ausgleich zwischen den Versicherten für den einzelnen Versicherten das Äquivalenzprinzip durchbrochen.

(3) Die Einführung der Rente nach Mindesteinkommen war mit Umverteilungseffekten zugunsten der Rentner, die früher als Beschäftigte den Niedriglohngruppen zugerechnet wurden, verbunden.

(4) Ein gleicher Vomhundertsatz der persönlichen Bemessungsgrundlage kann auf sehr unterschiedlichen Lebenseinkommensverläufen beruhen. Den unterschiedlichen Lebenseinkommensverläufen entsprechen unterschiedliche zeitliche Verteilungen der Beitragszahlungen. Zu unterschiedlichen Zeitpunkten erfolgte Beitragszahlungen haben eine unterschiedliche Qualität. Dieser Aspekt wird bei der Ermittlung des Vomhundertsatzes der persönlichen Bemessungsgrundlage mit der Bildung eines arithmetischen Mittels über alle Versicherungsjahre nicht berücksichtigt.

(5) Allgemeine Bemessungsgrundlage und Bruttojahresarbeitsentgelte weisen im Zeitablauf eine unterschiedliche Entwicklung auf. Steigt die Allgemeine Bemessungsgrundlage schwächer als die Bruttojahresarbeitsentgelte, die der Beitragspflicht unterliegen, dann bleibt die Rentenhöhe hinter dem beitragsäquivalenten Niveau zurück. Auch diskretionäre Eingriffe in die Entwicklung der Allgemeinen Bemessungsgrundlage können (ebenso wie Verlagerungen von Rentenanpassungsterminen) Durchbrechungen der Beitragsäquivalenz zur Folge haben.

(6) Das Verhältnis der Rentenbezugsdauer zur Dauer der Beitragszahlung hat sich im Laufe der Zeit deutlich verschoben. Die Rentenbezugsdauer wurde länger, während die Dauer der Beitragszahlung kürzer wurde. Sofern diese Entwicklung nicht alle Rentner gleichmäßig betrifft, sind Umverteilungseffekte entstanden.

(7) Die Alterslast hat sich bereits in der Vergangenheit erheblich verschoben; im demographischen Wandel muß mit einer Verdoppelung der Alterslast gerechnet werden. Gehen die daraus resultierenden finanziellen Belastungen allein zu Lasten der zukünftigen Rentner, so werden ihre Bezüge unter dem beitragsäquivalenten Niveau liegen. Muß aber die demographisch bedingte Finanzierungslast allein von den zukünftigen Beitragszahlern getragen werden, ohne daß ihnen ein entsprechend höheres Rentenniveau zugesichert werden kann, ist ebenso die Beitragsäquivalenz durchbrochen. Mittlere Lösungen zwischen beiden Extremen verhindern nicht das Abweichen vom Prinzip der Beitragsäquivalenz, verteilen aber die zukünftige Finanzierungslast sozialpolitisch gerechter.

Die Durchbrechungen des versicherungstechnischen Äquivalenzprinzips haben sich im Laufe der vergangenen Jahrzehnte ständig ausgeweitet. Der **Umfang der versicherungsfremden Leistungen** wird bei unterschiedlicher Abgrenzung auf etwa 25 bis 45% der Gesamtausgaben der Rentenversicherung geschätzt (vgl. *TRANSFER-ENQUETE-KOMMISSION*, 1981, S. 247 f.). Vor diesem Hintergrund ergibt sich eine wichtige **Begründung für den Staatszuschuß** zur Finanzierung der Rentenausgaben. Soweit der Rentenversicherung von Staats wegen Leistungsregelungen aufgezwungen wurden, die eine Abweichung vom Prinzip der Beitragsäquivalenz mit sich bringen, müssen die sich daraus ergebenden finanziellen Lasten aus allgemeinen Haushaltsmitteln finanziert werden. Es sei allerdings darauf hingewiesen, daß die hier vertretene Einstandspflicht des Bundes für versicherungsfremde Leistungen verfassungsrechtlich nach wie vor **umstritten** ist (vgl. *J. PLAGEMANN/H. PLAGEMANN*, 1981, S. 125 ff.).

3. Harmonisierung unterschiedlicher Alterssicherungssysteme

Die Alterssicherungssysteme in der Bundesrepublik Deutschland sind das Ergebnis einer langen Entwicklung. Ersten gruppenorientierten Ansätzen einer Einkommenssicherung wurden im Laufe der Zeit immer weitere Subsysteme mit unterschiedlichen Abgrenzungen der erfaßten Personenkreise sowie differenzierten Leistungs- und Finanzierungsstrukturen hinzugefügt. Diese Entwicklung verlief weitgehend unsystematisch und unkoordiniert und hat zu sehr differenzierten Lösungen des Problems der Einkommenssicherung im Alter geführt. In diesem Zusammenhang taucht die Frage auf, ob und inwieweit eine Harmonisierung der überkommenen Systeme – bei gleichzeitiger Übertragung bisheriger rentenpolitischer Reformvorschläge auch auf andere Subsysteme der Alterssicherung – notwendig und möglich ist (vgl. *BMA*/Hrsg., Gutachten, 1983).

3.1 Alterssicherung im Systemvergleich

3.1.1 Gestaltungsformen und Funktionen

Die verschiedenen Alterssicherungssysteme unterscheiden sich hinsichtlich ihrer aus differenzierten Rechtsgrundlagen folgenden organisatorischen Strukturen sowie hinsichtlich ihrer spezifischen Sicherungsfunktionen:

(1) Hinsichtlich der aus spezifischen Rechtssystemen sich ergebenden *organisatorischen Strukturen* sind grundsätzlich öffentlich-rechtlich und privatrechtlich begründete Alterssicherungssysteme zu unterscheiden. Überwiegend sind öffentlich-rechtliche Organisationsformen festzustellen. Die gesetzliche Rentenversicherung ist eine Pflichtversicherung für alle Angestellten und Arbeiter mit einer weitgehenden Versicherungsmöglichkeit für andere Personenkreise; auch für die Altersversorgung der Handwerker und die Altershilfe für Landwirte gilt ebenso wie für die meisten Versorgungswerke der freien Berufe die Versicherungspflicht. Die Beamtenversorgung gründet sich auf die Alimentierungspflicht des Staates für seine Beamten. Die öffentlich-rechtlichen Zusatzversorgungssysteme sind ebenfalls durch die Pflichtversicherung gekennzeichnet, wobei jedoch freiwillige Versicherungsmöglichkeiten bestehen. Die betrieblichen Altersversorgungen sind im Gegensatz zu diesen öffentlich-rechtlichen Subsystemen der Alterssicherung privatrechtlich nach Maßgabe unterschiedlicher Gestaltungsformen organisiert.

(2) Unter dem Aspekt ihrer *Sicherungsfunktion* lassen sich Basissysteme und Zusatzsysteme der Alterssicherung unterscheiden. Die *Basissysteme* bezwecken entweder eine volle Einkommenssicherung im Alter oder zumindest eine Grundsicherung. Zu diesen Basissystemen gehört die gesetzliche Rentenversicherung, die eine Aufrechterhaltung der im Durchschnitt des Arbeitslebens erreichten relativen Einkommensposition auch im Alter bezweckt; gleiches gilt für die Altersversorgung der Handwerker, während die Altershilfe für Landwirte lediglich eine Grundsicherung im Alter bewirken soll. Auch die Beamtenversorgung sowie die meisten Versorgungswerke der freien Berufe gehören zu diesen Basissystemen; die Beamtenversorgung bezweckt einen angemessenen Unterhalt des Ruhestandsbeamten und seiner Familie, während die Versorgungswerke der freien Berufe eine Grundsicherung bzw. eine gehobene Grundsicherung der erfaßten Personenkreise zum Inhalt haben.

Die öffentlich-rechtlichen Zusatzversorgungen und die betriebliche Altersversorgung gehören zu den *Zusatzsystemen*, die bereits eine Basissicherung voraussetzen, die in spezifischer Weise aufgestockt werden soll. Dabei streben die öffentlich-rechtlichen Zusatzversorgungen eine Aufrechterhaltung des zuletzt erreichten Lebensstandards durch Ergänzung der Leistungen der gesetzlichen Rentenversicherung an. Auch die betriebliche Altersversorgung bezweckt eine Aufstockung der Leistungen der gesetzlichen Rentenversicherung.

3.1.2 Finanzierungsstrukturen

Weitere Unterschiede zwischen den verschiedenen Alterssicherungssystemen sind hinsichtlich der Finanzierungsstrukturen festzustellen. Dabei zeigen sich deutliche Differenzierungen bezüglich des Grades der Beitragsfinanzierung, der Modalitäten der Beitragsbemessung sowie der Finanzierungsverfahren:

(1) Die *relative Bedeutung der Beitragsfinanzierung* weist in den verschiedenen Alterssicherungssystemen eine erhebliche Spannweite auf. Für die gesetzliche Rentenversicherung der Arbeiter und Angestellten gilt eine überwiegende Beitragsfinanzierung mit Ergänzung durch Bundeszuschüsse; gleiches gilt für die Altersversorgung der Handwerker. In der knappschaftlichen Rentenversicherung sowie in der Altershilfe für Landwirte ist ein Überwiegen der Bundeszuschüsse festzustellen. Die Versorgungswerke der freien Berufe werden nahezu vollständig über Beiträge finanziert. Die Finanzierung der Beamtenversorgung erfolgt ausschließlich aus öffentlichen Mitteln der Arbeitgeber. Für die öffentlich-rechtlichen Zusatzversorgungen sind die finanziellen Beiträge der Arbeitgeber maßgeblich; hinzu treten vielfach öffentliche Zuschüsse. Die betriebliche Altersversorgung wird demgegenüber regelmäßig aus betrieblichen, d.h. privaten Mitteln finanziert.

Der unterschiedliche Grad der Beitragsfinanzierung der einzelnen Subsysteme der Alterssicherung begrenzt zugleich die Eingriffsmöglichkeiten im Sinne einer Harmonisierung. Die durch eigene Leistungen erworbenen Anwartschaften unterliegen nach dem Urteil des Bundesverfassungsgerichtes vom 28.2.1980 dem *Eigentumsschutz* des Art. 14 GG (vgl. BVerfGE 52, S. 257ff.).

(2) In den verschiedenen beitragsorientierten Subsystemen der Alterssicherung ist die *Beitragsbemessung* sehr unterschiedlich. Während für die gesetzliche Rentenversicherung eine bruttoeinkommensorientierte Beitragsbemessung mit Beitragsbemessungsgrenzen gilt, werden für die Altersversorgung der Handwerker in der Regel Einheitsbeiträge in Höhe des Beitrags des durchschnittlich verdienenden Arbeitnehmers in der gesetzlichen Rentenversicherung (mit Ausnahmen) erhoben; in der Altershilfe für Landwirte sind einkommensunabhängige Beiträge festzustellen. Die Versorgungswerke der freien Berufe weisen sehr differenzierte Regelungen mit einer Bemessung der Beiträge nach den Nettoeinkommen bzw. den Einnahmen unter Berücksichtigung von Mindest- und Höchstbeiträgen auf. Die öffentlich-rechtlichen Zusatzversorgungen sind durch eine bruttoeinkommensorientierte Beitragsbemessung gekennzeichnet, während in der betrieblichen Altersversorgung – soweit Beiträge erhoben werden – sehr unterschiedliche Regelungen festzustellen sind.

(3) Weiterhin sind die Finanzierungsstrukturen der einzelnen Alterssicherungssysteme durch unterschiedliche *Finanzierungsverfahren* gekennzeichnet. Für die gesetzliche Rentenversicherung, die Altersversorgung der Handwerker und für die Altershilfe für Landwirte werden Umlageverfahren zur Ordnung der Beitragsfinanzierung angewendet. Die Versorgungswerke der freien Berufe legen regelmäßig modifizierte Kapitaldeckungs- bzw. Anwartschaftsdeckungsverfahren zugrunde. Bei den öffentlich-rechtlichen Zusatzversorgungen sind ebenfalls Umlageverfahren gegeben. Im Rahmen der betrieblichen Altersversorgung sind je nach der spezifischen Organisationsform Anlehnungen an das Umlageverfahren der Rentenversicherung oder Finanzierungsverfahren mit Kapitalansammlung festzustellen.

3.1.3 Leistungsstrukturen

Neben den Finanzierungsstrukturen sind auch die Leistungsstrukturen der einzelnen Alterssicherungssysteme sehr unterschiedlich. Dies zeigt sich vor allem im Zusammenhang mit den grundsätzlichen Zielvorgaben der Alterssicherung sowie mit den Unterschieden in der Ausprägung und Bedeutung des Entgeltfaktors und des Zeitfaktors bei der Leistungsbemessung und schließlich hinsichtlich der Realisierung einer Mindestversorgung:

(1) Die *Orientierungsmaßstäbe der Leistungsbemessung* sind in den einzelnen Subsystemen der Alterssicherung sehr differenziert. Die gesetzliche Rentenversicherung stellt auf ein angestrebtes Eckrentenniveau in Höhe von 60% des Bruttoeinkommens vergleichbarer Arbeitnehmer ab; dies wurde allerdings bisher noch nicht erreicht. Die Altersversorgung der Handwerker ist daran angelehnt, während für die Altershilfe der Landwirte weitgehend feste Rentenbeträge vorgesehen sind. Die Versorgungswerke kennen sehr unterschiedliche Versorgungsziele mit teilweiser Anlehnung an jene der gesetzlichen Rentenversicherung und Aufstockung fester Rentenzahlbeträge aus Überschüssen. Für die Beamtenversorgung gilt ein Versorgungsziel von 75% der ruhegehaltsfähigen Dienstbezüge, für die öffentlich-rechtlichen Zusatzversorgungen ein solches von 75% des gesamtversorgungsfähigen Bruttoentgelts; für die betriebliche Altersversorgung gelten häufig ähnliche Versorgungsziele.

(2) Der *Entgeltfaktor* hat in der Leistungsbemessung der einzelnen Alterssicherungssysteme ebenfalls eine unterschiedliche Bedeutung. Die Leistungsbemessung der gesetzlichen Rentenversicherung knüpft an die relative Einkommensposition während des Er-

werbslebens an und verbindet diese mit den durchschnittlichen Bruttoarbeitsentgelten der Aktiven in individual-orientierter und dynamisierter Form. Gleiches gilt für die Altersversorgung der Handwerker, während in der Altershilfe für Landwirte die Leistungen vor allem nach verheirateten und unverheirateten Landwirten gestaffelt werden. Die Versorgungswerke der freien Berufe kennen sehr unterschiedliche Leistungsbemessungen mit Einheitsrenten, Mindestrenten, Höchstrenten sowie brutto-/nettoeinkommensabhängigen individualorientierten und teilweise dynamisierten Renten. Die Leistungsbemessung der Beamtenversorgung stellt auf die zuletzt bezogenen ruhegehaltsfähigen Dienstbezüge ab und ist damit individual- und bruttoorientiert bei gleichzeitiger Dynamisierung. Die öffentlich-rechtlichen Zusatzversorgungen bemessen die Leistungen nach dem Bruttoeinkommen der letzten Erwerbsjahre, teilweise jedoch auch in anderer Form; die Leistungen sind individual-orientiert und dynamisiert. Auch die Leistungen der betrieblichen Altersversorgung sind zum Teil einkommensorientiert, zum Teil jedoch auch vom Einkommen unabhängig; sie sind überwiegend nach Maßgabe der Dauer der Betriebszugehörigkeit individual-orientiert und nur teilweise dynamisiert.

(3) Der *Zeitfaktor* spielt in nahezu allen Subsystemen der Alterssicherung eine erhebliche Rolle. Aber auch hier ergeben sich typische Differenzierungen. So bestehen in der gesetzlichen Rentenversicherung die anrechnungsfähigen Versicherungsjahre aus Beitrags-, Ersatz- und Ausfallzeiten. In den ruhegehaltsfähigen Dienstjahren der Beamtenversorgung werden entsprechende Zeitkategorien in ähnlicher Weise erfaßt; es ist jedoch zu berücksichtigen, daß die Bewertung der beitragslosen Zeiten in der gesetzlichen Rentenversicherung im allgemeinen günstiger ist als in der Beamtenversorgung. Der Zeitfaktor wird sowohl in der Rentenversicherung als auch in der Beamtenversorgung mit einem zeitbezogenen Steigerungssatz kombiniert; dieser ist in der Rentenversicherung linear ausgebildet, in der Beamtenversorgung dagegen degressiv. Ähnliche Regelungen gelten für die Zusatzversorgungen im öffentlichen Dienst. Beamte, Arbeiter und Angestellte des öffentlichen Dienstes können das höchste Versorgungsniveau wesentlich rascher erreichen als ein Arbeitnehmer in der gewerblichen Wirtschaft.

Weiterhin sind die für den Bezug einer Altersrente bzw. eines Altersruhegeldes notwendigen Wartezeiten sehr unterschiedlich. Für den Beamten genügt bereits eine fünfjährige Dienstzeit, um Ruhegehalt wegen Erreichen der Altersgrenze zu beziehen, während demgegenüber Arbeitnehmer in der gesetzlichen Rentenversicherung bis in die jüngste Vergangenheit eine 15jährige Versicherungszeit zurückgelegt haben mußten; mittlerweile ist auch hier die Wartezeit auf 5 Jahre reduziert worden. Arbeiter und Angestellte des öffentlichen Dienstes können die Zusatzversorgungsrente ebenfalls bereits nach fünfjähriger Wartezeit erreichen.

Das Erreichen der Altersgrenze ist sowohl bei der Rentenversicherung als auch in der Beamtenversorgung auf das 65. Lebensjahr abgestellt. In beiden Sicherungssystemen ist ein früherer Bezug von Altersruhegeld möglich, für die Arbeitnehmer in der gesetzlichen Rentenversicherung ergeben sich dabei jedoch Einschränkungen des Rentenniveaus, während Beamte im allgemeinen dann den höchsten Versorgungsprozentsatz bereits erreicht haben.

Auch in den übrigen Alterssicherungssystemen spielt der Zeitfaktor natürlich eine erhebliche Rolle; die Regelungen bewegen sich im allgemeinen innerhalb der Spannweite, wie sie durch die gesetzliche Rentenversicherung und die Beamtenversorgung vorgezeichnet werden.

(4) Weitere Unterschiede zwischen den einzelnen Sicherungssystemen ergeben sich bezüglich der Realisierung einer bedarfsorientierten *Mindestversorgung*. Die Beamtenversorgung bietet nach fünfjähriger Dienstzeit eine Mindestversorgung in Höhe von 35% des letzten Diensteinkommens; in der gesetzlichen Rentenversicherung gibt es demgegenüber keine Mindestrente; die sog. Rente nach Mindesteinkommen ist mit einer derartigen Mindestversorgung nicht vergleichbar. Bezüglich der anderen Alterssiche-

rungssysteme sind differenziertere Regelungen festzustellen, die sich innerhalb dieser Spannweite bewegen.

(5) *Weitere systematische Unterschiede* in den Leistungsstrukturen der einzelnen Subsysteme der Alterssicherung ergeben sich bezüglich des Krankenversicherungsschutzes im Alter, bezüglich der Anrechenbarkeit von anderem Einkommen auf die Altersbezüge sowie hinsichtlich verschiedener Sonderzuwendungen.

Grundlegende Unterschiede zwischen den verschiedenen Subsystemen der Alterssicherung bestehen auch hinsichtlich der gesetzlichen Regelungen zur **Besteuerung von Alterseinkünften**. Auf der einen Seite werden die Renten aus beitragsorientierten Systemen kaum besteuert; die Ertragsanteilsbesteuerung der Altersrenten ist faktisch nicht wirksam. Auf der anderen Seite sind die Beamtenpensionen in vollem Umfange zu versteuern. Gerade für die Arbeiter und Angestellten im öffentlichen Dienst ergeben sich aus der faktischen Nichtbesteuerung von Renten bei gleichzeitiger Anhebung ihres Versorgungsniveaus in Richtung auf das Versorgungsniveau der Beamten beträchtliche Vorteile; hier entstehen systematisch Überversorgungssituationen. Das Bundesverfassungsgericht hat in seinem Urteil vom 26. März 1980 zur Besteuerung der Altersbezüge die verfassungsrechtliche Notwendigkeit einer Harmonisierung betont (vgl. BVerfGE 54, S. 11ff.).

3.2 Der Möglichkeitsbereich für Harmonisierungsbestrebungen

3.2.1 Grundsätzliche Aspekte

Die systematischen Unterschiede zwischen den verschiedenen Alterssicherungssystemen, auf die an dieser Stelle nur im grundsätzlichen eingegangen werden sollte, sind die Ansatzpunkte jeglicher Harmonisierungsbestrebungen (vgl. *BMI*, 1976; *BMA*, 1981, S. 74 ff.; *TRANSFER-ENQUETE-KOMMISSION*, 1981, S. 192 ff.). Allerdings sind der Harmonisierung der Alterssicherungssysteme deutliche Grenzen gezogen. Diese ergeben sich aus den unterschiedlichen **Rechtsgrundlagen** der verschiedenen Alterssicherungssysteme, aus ihrer unterschiedlichen **Funktionalität** sowie aus den Schwierigkeiten der Entwicklung eines allseits akzeptablen **Bewertungs- und Vergleichsmaßstabs** für die Leistungs- und Finanzierungsstrukturen:

(1) Unter dem Aspekt der Harmonisierung können nur öffentlich-rechtlich organisierte Sicherungssysteme betrachtet werden, wenn die privatrechtliche Gestaltungs- und Vertragsfreiheit betrieblicher Altersversorgungen weitgehend unangetastet bleiben soll. Ferner ist für die beitragsorientierten öffentlich-rechtlichen Subsysteme die verfassungsrechtliche Eigentumsgarantie im Hinblick auf die erworbenen Anwartschaften zu beachten.

(2) Die einzelnen Alterssicherungssysteme erfüllen sehr unterschiedliche Aufgaben. Im Hinblick auf eine Harmonisierung der Alterssicherungssysteme sind nur Basissysteme untereinander, Gesamtversorgungssysteme untereinander sowie Basissysteme mit Gesamtversorgungssystemen vergleichbar. Zusatzversorgungssysteme können nicht mit Basissystemen verglichen werden. Die Harmonisierung muß den typischen aus der Funktionsverschiedenheit der Systeme resultierenden Differenzierungen Rechnung tragen.

(3) Ein detaillierter Vergleich einzelner Regelungen der verschiedenen Systeme muß im Interesse einer funktionsgerechten Harmonisierung letztlich unbefriedigend bleiben. Zwar mag es durchaus sinnvoll sein, die Begründung einzelner Regelungen aufgrund der Funktionsverschiedenheit der verschiedenen Systeme zu überprüfen. Dieser Einzelvergleich muß jedoch letztlich zu einem Gesamtvergleich führen, da die differenzierten Einzelregelungen sehr häufig gegenläufige Tendenzen haben. Ein umfassender Gesamtvergleich setzt aber die Entwicklung eines rational begründbaren Bewertungsmaßstabes für die einzelnen Vor- und Nachteile der verschiedenen Alterssicherungssysteme voraus. Ein derartiger Bezugspunkt für die vielfältigen Einzelregelungen der Alterssicherung existiert bisher nicht; er müßte politisch vorgegeben und durch einen breiten gesellschaftlichen Konsens getragen werden.

Diese Voraussetzungen und Grenzen einer Harmonisierung der Alterssicherungssysteme führen dazu, daß jede Harmonisierungsbemühung im Ergebnis nur eine schrittweise Anpassung der verschiedenen Subsysteme in einem langwierigen Prozeß mit sich bringen kann. Drastische Veränderungen der Alterssicherungssysteme dürften sehr schnell an rechtliche Grenzen stoßen und darüberhinaus jene Grenzen berühren, die durch ihre Durchsetzbarkeit im politisch-administrativen System gezogen sind. Dies gilt umso mehr, als die Wirtschafts- und Finanzkrise unserer Volkswirtschaft bei gleichzeitig hoher und vielfach steigender Abgabenbelastung eine allgemeine Anpassung sämtlicher Alterssicherungssysteme an höchstmögliche Leistungsniveaus nicht zuläßt. Die Harmonisierung der Alterssicherungssysteme wird sich daher auf einen verhältnismäßig engen Möglichkeitsbereich beschränken müssen, in welchem vor allem typische Über- und Unterversorgungssituationen eine besondere sozialpolitische Bedeutung haben.

3.2.2 Leistungskumulation und Überversorgung

Ein auffallendes Merkmal der kausalorientierten Alterssicherungssysteme ist die Existenz von **Leistungskumulationen** im Sinne eines Zusammentreffens zweier Versichertenrenten, einer Pension mit Rente, zweier Pensionen, einer Versichertenrente mit Hinterbliebenenrente, zweier Hinterbliebenenrenten oder verschiedener Renten mit Leistungen der Sozialhilfe. Derartige Leistungskumulationen in einer Person bedeuten zwar nicht unbedingt eine **Überversorgung**; sie vermindern aber die Transparenz des sozialen Sicherungssystems, schränken die Gleichbehandlung gleicher sozialer Sachverhalte ein und erhöhen die Abhängigkeit sozialer Leistungen von Zufälligkeiten in den jeweiligen Lebensverläufen (*TRANSFER-ENQUETE-KOMMISSION*, 1981, S. 152f.).

Die häufig festzustellende Gleichsetzung von Leistungskumulationen mit Überversorgung ist jedoch fragwürdig, abgesehen davon, daß gesellschaftspolitisch weitgehend ungeklärt ist, was unter Überversorgung verstanden werden soll. Sieht man als Überversorgung eine Situation an, in der die Rentenansprüche über das bisherige Nettoeinkommen hinausgehen, so ist in der Mehrzahl der Kumulationsfälle eine derartige Einkommenssicherung kaum nachweisbar (vgl. *TRANSFER-ENQUETE-KOMMISSION*, 1979).

Ein typischer Überversorgungsfall in diesem Sinne ergibt sich jedoch aus der Regelung der **Zusatzversorgung** für die Arbeiter und Angestellten im öffentlichen Dienst. Diese Arbeitnehmer erhalten durch die Aufstockung ihrer Renten aus der gesetzlichen Rentenversicherung in vielen Fällen mehr als 100% der letzten Nettobezüge eines vergleichbaren aktiven Arbeitnehmers. Diese Überversorgung im öffentlichen Dienst ist umso bedenklicher, als die Zusatzversorgung allein aus Steuermitteln aufgebracht wird und die Zusatzversorgungsrenten ebenso wie die Renten aus der gesetzlichen Rentenversicherung lediglich einer faktisch kaum wirksamen Ertragsanteilsbesteuerung unterliegen. Die mittlerweile eingeführten Begrenzungen der Gesamtversorgung haben diese Situation nicht wesentlich verändert. Weder für die Beamten, deren Pensionen stärker besteuert werden, noch für die Arbeitnehmer der Privatwirtschaft sind – von Ausnahmefällen abgesehen – ähnliche Gesamtversorgungssituationen gegeben. Die Ausnahmefälle betreffen insbesondere diejenigen Arbeitnehmer in der Privatwirtschaft, deren Renten aus der gesetzlichen Rentenversicherung durch großzügig geregelte betriebliche Altersrenten aufgestockt werden. Aber hier erfolgt die Finanzierung nicht aus Steuermitteln, sondern – von den üblichen Steuervorteilen abgesehen – aus Mitteln der Arbeitgeber und/oder der Arbeitnehmer, wobei zugleich differenzierte Besteuerungsregelungen festzustellen sind. Aus Steuermitteln finanzierte Überversorgungen sind weder aus sozialpolitischer Sicht begründbar noch unter finanzwirtschaftlichen Aspekten vertretbar (vgl. *BMA*, 1981, S. 77 f.; *G. WEYERS/A. OBERHAUSER*, 1984).

3.2.3 Unterversorgung und Armutsdiskussion

Situationen der **Unterversorgung** bedeuten eine unzureichende Verwirklichung der Ziele der Vermeidung von Armut und/oder der Stetigkeit des Einkommens bei Erreichen der Altersgrenze. Dabei kommt dem Ziel der Vermeidung von Armut in der sozialpolitischen Diskussion eine herausragende Stellung zu; außerdem können gerade Mängel in der Stetigkeit des Einkommens nach Erreichen der Altersgrenze eine derartige Armut bewirken (vgl. *TRANSFER-ENQUETE-KOMMISSION*, 1979).

Ebenso wie die Überversorgung bedarf auch die Feststellung der Armut eines Maßstabes, d.h. der Festlegung einer Armutsgrenze, die zugleich im gesamtgesellschaftlichen Zusammenhang eine Abschätzung des Armutspotentials ermöglicht. Derartige **Armutsstandards** sind seit Beginn der Armutsdiskussion in den 60er Jahren wiederholt entwickelt worden und wurden auch gleichzeitig zur Abschätzung des Umfangs der Armut in entwickelten Volkswirtschaften verwandt (vgl. *G. SCHÄUBLE*, 1984).

Die mangelnde theoretische Fundierung derartiger Maßstäbe, allzu hoch angesetzte relative oder absolute Armutsgrenzen sowie unzulängliche statistische Informationen und Mängel ihrer Auswertung lassen jedoch die Ergebnisse dieser Armutsdiskussion und Armutsforschung aus heutiger Sicht als wenig überzeugend erscheinen (vgl. *H. GEISSLER*, 1975; *F. KLANBERG*, 1978).

Einkommensarmut im Alter mag in der Bundesrepublik zweifellos kein Massenphänomen mehr sein; nichtsdestoweniger sind Fälle einer typischen Unterversorgung festzustellen, die insbesondere alleinstehende ältere Frauen betreffen, die eigene Alterssicherungsansprüche in ausreichendem Maße nicht erwerben konnten (vgl. *E. STANDFEST*, 1974, S. 258 ff.). Umso bedeutungsvoller ist die Existenz eines sozialen Sicherungssystems, das keine **personellen Sicherungslücken** aufweist und **materielle Sicherungslücken** ausgleicht (vgl. *TRANSFER-ENQUETE-KOMMISSION*, 1981, S. 158 ff.):

(1) Mit dem sukzessiven Ausbau des Alterssicherungssystems sind die ursprünglich vorhandenen *personellen Sicherungslücken* immer weiter vermindert worden. Nichtsdestoweniger kann es in Einzelfällen durch einen Ausschluß von der Alterssicherung zu Sicherungslücken im Alter kommen. Seit der Öffnung der Rentenversicherung für Selbständige und Hausfrauen im Jahre 1972 gibt es in der Rentenversicherung praktisch keine generellen Ausschlüsse mehr. Allerdings sind personelle Sicherungslücken insofern noch vorhanden, als manche Berechtigten von der Möglichkeit zur freiwilligen Versicherung oder zur Pflichtversicherung auf Antrag keinen Gebrauch gemacht haben; dabei darf nicht übersehen werden, daß manche der berechtigten Personen auf andere Weise für ihr Alter vorsorgen (z.B. durch privatrechtliche Versicherungen), so daß von hier aus nicht unbedingt auf materielle Sicherungslücken geschlossen werden kann.

(2) Nichtsdestoweniger sind *materielle Sicherungslücken* nicht generell auszuschließen. Bedenklich sind solche Fälle insbesondere dann, wenn der Betreffende Zwangsmitglied im sozialen Alterssicherungssystem war, das Erwerbseinkommen gerade noch oberhalb der Armutsgrenze lag, aber die Rente nunmehr darunter gefallen ist. Hier wäre es sinnvoll, anstelle der verstärkten Inanspruchnahme der Sozialhilfe von vornherein eine solche Rente zu gewähren, die ein Einkommensniveau zumindest oberhalb der Sozialhilfegrenze sichert. Eine solche Mindestsicherung kann natürlich nicht mehr beitragsäquivalent verwirklicht werden.

Es scheint, daß in diesem Zusammenhang auf die Sozialhilfe nicht verzichtet werden kann. Aus Mitteln der Sozialhilfe könnte die zu niedrige Rente mit einem Aufstokkungsbetrag versehen werden, der von dem Rentenversicherungsträger zusammen mit der Basisrente in einem Betrag auszuzahlen wäre. Die praktischen und psychologischen Vorteile einer solchen Lösung sind zumindest auf absehbare Zeit nicht zu verkennen.

Die Sozialhilfe würde in diesem Rahmen eine erhebliche Bedeutung gewinnen (vgl. *H. HARTMANN*, 1979, S. 659 ff.). Allerdings darf die Zahl der Personen, für die eine derartige Lösung in Frage kommt, nicht überschätzt werden. Im Jahre 1980 erhielten nach Auskunft der Deutschen Bundespost etwa 200000 Personen Mehrfachleistungen in Form von Rente und Sozialhilfe. Dies sind etwa 1,6% der Rentenzahlfälle. Diese statistische Information scheint relativ zuverlässig zu sein (vgl. *TRANSFER-ENQUETE-KOMMISSION*, 1981, S. 175).

In der Sozialhilfediskussion wird sehr häufig auf eine „Dunkelziffer der Armut" hingewiesen. In der Tat wäre die **Nichtinanspruchnahme der Sozialhilfe** trotz erfüllter Anspruchsvoraussetzungen ein entscheidender Mangel dieses Sicherungssystems. In ihrem Zwischenbericht aus dem Jahre 1979 hat sich die Transfer-Enquête-Kommission darum bemüht, die Höhe der Dunkelziffer auf der Grundlage der Daten der Einkommens- und Verbrauchsstichprobe (EVS) 1973 zu ermitteln. Im Ergebnis waren rund 350000 Haushalte mit einem Haushaltseinkommen unterhalb der Armutsgrenze gemäß Sozialhilfestandard feststellbar. Aufgrund statistischer Unsicherheiten wurde dabei das Armutspotential vermutlich noch überschätzt. Bei näherer Auswertung der vorhandenen Informationen kam nämlich die Transfer-Enquête-Kommission zu dem Ergebnis, daß höchstens bei einem guten Drittel der Gesamtzahl von 350000 Haushalten nicht wahrgenommene Sozialhilfeansprüche vorgelegen haben können (*TRANSFER-ENQUETE-KOMMISSION*, 1981, S. 172). Diese Restgruppe von etwa einem Drittel wies allerdings noch eine Ersparnisbildung von 25 DM im Monatsdurchschnitt auf, was einer durchschnittlichen Sparquote von immerhin 5,5% entsprach. Allerdings ist durchaus nicht auszuschließen, daß diese Untersuchungsergebnisse mittlerweile revisionsbedürftig sind.

Im Rahmen der Auswertungen der Einkommens- und Verbrauchsstichprobe 1973 waren also kaum „Dunkelzifferarme" festzustellen (vgl. *F. KLANBERG*, 1980, S. 246 ff.). Natürlich birgt eine solche Analyse vielfältige Unsicherheiten in sich; aber von einem Millionenheer „verschämter Armer" kann in der Bundesrepublik zweifellos nicht gesprochen werden. Die Sozialhilfe hat sich durchaus als ein wirksames Auffangnetz erwiesen; soweit nachweisbar auf die Inanspruchnahme der Sozialhilfe verzichtet wird, handelt es sich überwiegend um sehr kleine Anspruchsbeträge, deren relative Bedeutung für den Einkommensstatus der Betroffenen jedoch nicht übersehen werden darf (vgl. *TRANSFER-ENQUETE-KOMMISSION*, 1981, S. 173).

3.3 Folgerungen

Alle Bemühungen um eine Harmonisierung unterschiedlicher Alterssicherungssysteme können kaum dem Ziel einer schematischen Angleichung dienen. Aus unterschiedlichen Rechtsgrundlagen und unterschiedlicher Funktionalität ergeben sich ebenso wie aus dem Fehlen eines allseits anerkannten Bewertungskonzepts unterschiedlicher Finanzierungs- und Leistungsstrukturen typische Begrenzungen des Möglichkeitsbereichs für Harmonisierungsbestrebungen (vgl. *B. v. MAYDELL*, 1981, S. 7 ff.).

Manche historisch gewachsenen Differenzierungen im Alterssicherungssystem sind zweifellos aus heutiger Sicht nicht mehr akzeptabel. Allerdings sind auch Differenzierungen der Alterssicherungssysteme vorhanden, die gegenwärtig politisch kaum angetastet werden können, es sei denn in Richtung auf höchstmögliche Leistungs- und niedrigstmögliche Belastungsniveaus. Ein solches Vorgehen aber wäre wiederum nicht finanzierbar. Bei realistischer Einschätzung der gesellschaftlichen Situation können Harmonisierungsbestrebungen insbesondere in dem engen Bereich von Über- und Unterversorgung Erfolge zeitigen.

Dabei ergibt sich jedoch die Notwendigkeit, die im Hinblick auf die langfristigen Finanzierungsprobleme der Rentenversicherung diskutierten Lösungsstrategien auch auf andere Sicherungssysteme zu übertragen. Es ist dies die Frage nach einer Harmonisierung der Reformen, die sich zweifellos in einem Zuge mit der Harmonisierung der vorhandenen Systeme vollziehen muß. Die Möglichkeiten einer Harmonisierung der Reformen unterliegen allerdings letztlich den gleichen Begrenzungen wie die Möglichkeiten einer Harmonisierung der vorhandenen Systeme (vgl. *BMA*, 1981, S. 78 ff.).

4. Einige Perspektiven

Die Finanzierungsprobleme der Rentenversicherung werden sich im demographischen Wandel der nächsten Jahrzehnte erheblich verschärfen; die Gefahr einer Verdoppelung des gegenwärtigen Beitragssatzes scheint im Bereich des Möglichen zu liegen. Von den zu erwartenden Veränderungen der Erwerbsbeteiligung und der Arbeitsproduktivität kann nur ein begrenzter Entlastungseffekt ausgehen. Der Möglichkeitsbereich einer Aktualisierung der Rentenanpassung ist weitgehend ausgeschöpft. Nettoanpassung und modifizierte Ertragsanteilsbesteuerung der Renten werden in ihren Wirkungen vielfach überschätzt und der Grad ihrer politischen Durchsetzbarkeit nicht ausreichend berücksichtigt. Auch Veränderungen der Finanzierungsbasis und des Finanzierungsverfahrens dürften keine durchgreifende Lösung der anstehenden Probleme mit sich bringen. Übrig bleibt letztlich der Zwang zu einer irgendwie gearteten Verteilung der steigenden Alterslast zwischen Beitragszahlern und Rentnern bei gleichzeitiger Verstärkung der Steuerfinanzierung.

Soweit sich diese Überlegungen in der aktuellen Diskussion allein auf den Bereich der Rentenversicherung der Arbeiter und Angestellten beziehen, vernachlässigen sie die systemübergreifende Geltung des demographisch bedingten Finanzierungsproblems. Die sich aus dem demographischen Prozeß ergebenden Zukunftsprobleme sind nicht allein auf diesen Bereich der Alterssicherung begrenzt:

(1) Seit Jahrzehnten ist in der knappschaftlichen Rentenversicherung eine ähnliche Entwicklung festzustellen, die zu einer immer höheren Alterslast geführt hat. Allerdings wirken hier demographische Prozesse und Probleme des wirtschaftlichen Strukturwandels einander verstärkend zusammen. Der Staat mußte eine Defizitdeckungsgarantie übernehmen mit der Folge, daß die Ausgaben der knappschaftlichen Rentenversicherung mittlerweile zu etwa 60% aus öffentlichen Zuweisungen finanziert werden.

(2) Ähnliche demographische und strukturelle Probleme zeigen sich auch im Bereich der landwirtschaftlichen Altershilfe, die nur eine minimale Grundsicherung im Alter gewährt. Die öffentlichen Zuweisungen zur landwirtschaftlichen Altershilfe belaufen sich auf mehr als vier Fünftel der gesamten Ausgaben.

(3) Auch für die Beamtenversorgung und die Zusatzversorgung im öffentlichen Dienst lassen sich demographisch bedingte Finanzierungsprobleme auf lange Sicht erkennen. Die Versorgungsbezüge werden aus allgemeinen Haushaltsmitteln finanziert. Im Zuge des demographischen Prozesses wird der Zahl der zu versorgenden Personen eine immer geringere Zahl der Steuerzahler gegenüberstehen. Die Steuerlast pro Kopf muß dann erheblich ansteigen, und sie wird gesellschaftlich nur dann tragbar sein, wenn durch ein kräftiges Wirtschaftswachstum die ausreichende Basis für diese Umverteilung geschaffen worden ist.

(4) Etwas veränderte Probleme ergeben sich für die betriebliche Altersversorgung sowie die Versorgungswerke. Da diese Bereiche im Falle von Finanzierungsschwierigkeiten grundsätzlich nicht mit staatlicher Hilfe rechnen können, erfolgt im allgemeinen im Zeitablauf eine Kapitalansammlung; aus dem angesammelten Kapital werden später die Renten finanziert. Bei dem relativ begrenzten Kreis der betroffenen Personen bzw. den andersartigen organisatorischen Gegebenheiten dieser Sicherungssysteme ist diese Vorgehensweise ohne erhebliche kontraktive bzw. inflatorische Prozesse möglich. Für das gesamte Alterssicherungssystem wäre ein Übergang zu einem Kapitaldeckungs- bzw. Anwartschaftsdeckungsverfahren jedoch kaum denkbar.

Sowohl für diejenigen Systeme der Alterssicherung, die sich als nach dem Umlageverfahren geordnete beitragsfinanzierte Bereiche darstellen, als auch für die steuerfinanzierten Alterssicherungssysteme ergeben sich im demographischen Wandel weitgehend ähnliche Finanzierungsprobleme. Letztlich werden auch hier zur Rentenversicherung analoge Lösungen diskutiert werden müssen. Wird jedoch das anstehende Problem in seiner Bedeutung verkannt und seine Lösung im politisch-administrativen System immer wieder vertagt, so können die Finanzierungsprobleme der Alterssicherung in der Zukunft kaum noch zu bewältigende Ausmaße erreichen. Dann aber werden nur noch einschneidende strukturelle Veränderungen der Alterssicherungssysteme übrig bleiben.

Immer häufiger werden daher auch Vorschläge diskutiert, die an die Stelle der bisherigen Alterssicherungssysteme, die überwiegend eine Vollsicherung bezwecken, lediglich eine staatliche Grundversorgung setzen wollen. Eine solche Staatsbürgerrente wäre an dem Niveau der Sozialhilfe zu orientieren und aus Steuermitteln zu finanzieren. Diese staatliche Grundversorgung könnte durch eine private Altersvorsorge oder durch eine Zwangsversicherung aufgestockt werden, die dann aber allein aus Beiträgen zu finanzieren wäre.

Diese Idee ist zweifellos nicht neu, denn in den verschiedenen Ländern Europas gibt es bereits im Rahmen der Alterssicherung Kombinationen von Grund- und Zusatzrenten, wenn auch mit differenzierten Finanzierungs- und Leistungsstrukturen. Teilweise sind auch von eigenen Finanzierungsbeiträgen der Leistungsempfänger unabhängige Mindestrenten bekannt.

Wenngleich auch diese Lösungen des Problems der Einkommenssicherung im Alter für die aktuelle Diskussion einige Hinweise geben können, so ist doch ihre unmittelbare Übertragung auf die Alterssicherung in der Bundesrepublik Deutschland kaum möglich. Einerseits sind die mit einer grundlegenden Neuordnung der Alterssicherungssysteme zweifellos verbundenen ökonomischen und sozialen Probleme noch nicht hinreichend untersucht worden. Andererseits sind auch grundlegende Strukturreformen der Alterssicherungssysteme, die letztlich mit einer weitgehenden Harmonisierung einhergehen müßten, gegenwärtig wohl nicht im politisch-administrativen System durchsetzbar. Es ist damit weitgehend unsicher, ob von einer grundlegenden Strukturreform der Alterssicherungssysteme eine Lösung der im demographischen Wandel entstehenden langfristigen Finanzierungsprobleme sowie der Harmonisierungsproblematik erwartet werden kann (vgl. *H. LAMPERT*, 1980a, S. 32 ff.; *M. MIEGEL*, 1981, S. 99 ff.; S. 133 ff.; S. 177 ff.; *P. CLAUSING*, 1985).

Kapitel 9: Probleme und Perspektiven der Sozialen Sicherung bei Krankheit und Invalidität

1. Problemstellung

Die **Anfänge** der Sozialen Sicherung bei Krankheit und Invalidität reichen zweifellos weit in die Geschichte zurück, aber erst mit der Bismarckschen Sozialgesetzgebung begann die Entwicklung zu einem umfassenden System der Versorgung mit Gesundheitsgütern und der Gewährung von Lohnersatzeinkommen bei vorübergehender oder dauernder Beeinträchtigung der Gesundheit. Die **ersten Sozialgesetze** bezogen sich auf relativ eng begrenzte Personenkreise und sollten den unbedingt notwendigen Sicherungsbedarf decken. In der Folgezeit weitete sich bis in die Gegenwart hinein der vom sozialen Sicherungssystem erfaßte Personenkreis immer mehr aus, und das Leistungsspektrum wurde deutlich umfassender. Mit einigem Recht kann die **Gegenwart** als das Zeitalter gesundheitlicher Massenversorgung bezeichnet werden (vgl. *B. BADURA*, 1979, S. 8).

Die Soziale Sicherung bei Krankheit und Invalidität vollzieht sich gegenwärtig im Rahmen eines **vielgegliederten Systems**. So erfaßt der Sozialbericht der Bundesregierung im Funktionsbereich Gesundheit Leistungen der Renten-, Kranken- und Unfallversicherung, der Altershilfe für Landwirte und der Versorgungssysteme, des beamtenrechtlichen Systems, Arbeitgeberleistungen, Leistungen der Entschädigungssysteme sowie Soziale Hilfen und Dienste und schließlich verschiedene Formen der Steuerermäßigungen. Zu unterscheiden sind Einkommensleistungen, Sachleistungen sowie Allgemeine Dienste und Leistungen in unterschiedlichster Form. Die Soziale Sicherung bei Krankheit und Invalidität ist mit über 10% des Bruttosozialprodukts ohne Zweifel zu einem unübersehbaren Faktor der gesellschaftlichen Wirklichkeit geworden.

In diesem komplexen System der Versorgung mit Gesundheitsgütern und der Einkommenssicherung bei Krankheit und Invalidität kommt dem **niedergelassenen Arzt** eine Schlüsselrolle zu. Er entscheidet kraft fachlicher Kompetenz, ob im Einzelfall eine Krankheit vorliegt oder nicht und welche Gesundheitsgüter einzusetzen sind. Indem der Arzt die ambulante Versorgung und Behandlung der Bevölkerung durchführt, obliegt ihm nicht nur überwiegend die Verordnung von Arzneimitteln sowie von Heil- und Hilfsmitteln, sondern auch die Durchführung von Spezialaufgaben der Vorsorge und Früherkennung, der Untersuchungen bei Mutterschaft sowie nach dem Jugendarbeitsschutzgesetz; er stellt Arbeitsunfähigkeitsbescheinigungen aus und muß die Notwendigkeit von Kuren bestätigen; er entscheidet letztlich auch über Art, Ausmaß und Dauer einer Minderung der Berufs- und Erwerbsfähigkeit. Zugleich bestimmt der Arzt die gesamte Arbeitsteilung im Gesundheitssystem; die Behandlung und Versorgung der Bevölkerung im stationären Bereich ist grundsätzlich von seiner Überweisung abhängig, gleiches gilt für die Überweisung zu anderen Fachärzten und letztlich auch für die Rückverweisung ins „Laiensystem“. Hat der niedergelassene Arzt in dieser Weise im System der Versorgung mit Gesundheitsgütern und der Einkommenssicherung bei Krankheit und Invalidität eine Schlüsselstellung inne, so kommt ihm zweifellos auch eine besondere Verantwortung im Hinblick auf die Ausgabenentwicklung im Gesundheitssektor zu (vgl. *G. BÄCKER*, u.a., 1980, S. 288 ff.).

Seit dem Bestehen der Bundesrepublik ist das **Sozialleistungssystem** durch eine nahezu **unaufhörliche Expansion** gekennzeichnet, die lange Zeit deutlich über derjenigen der Wirtschaftsleistung lag. Dieser Entwicklungstrend ist auch für den **Gesundheitssektor** typisch und zeigt sich in nahezu allen westlichen Industrieländern in ähnlicher Weise. Besorgniserregend ist dabei, daß die Entwicklungsdynamik der Gesundheitsausgaben nicht nur diejenige der Wirtschaftsleistung deutlich überschreitet, sondern auch wesentlich über derjenigen der anderen Sozialleistungen liegt. Mit beginnender Wirtschaftskrise, aber weiterhin ungebremstem Wachstum der Gesundheitsausgaben schien die zukünftige Finanzierbarkeit dieses Subsystems der Sozialen Sicherung noch mehr als die des Sozialleistungssystems überhaupt in Frage gestellt zu werden. Es begann eine intensive politische und wissenschaftliche Diskussion, in deren Rahmen die Ursachen dieser Entwicklung sowie die Möglichkeiten einer Gegensteuerung diskutiert wurden (vgl. *M. FELDSTEIN*, 1971, S. 835 ff.; *M. FELDSTEIN*, 1973, S. 251 ff.; *Ph. HERDER-DORNEICH*, 1976a; *H. HOFFMANN/B. JUNGE* 1976, S. 799 ff.; *F. NASCHOLD/E. NASCHOLD*, 1976, S. 223 ff.; *T. SIEBECK*, 1976; *K.-D. HENKE*, 1977a; *M. FELDSTEIN*, 1977a, S. 1681 ff. und 1977b, S. 88 ff.; *OECD*, 1977; *K.-D. HENKE/H. ADAM*, 1978, S. 81 ff.; *J. P. NEWHOUSE*, 1978; *P. OBERENDER*, 1980, S. 145 ff.; *H. A. ALLEKOTTE*, 1980, S. 355 ff.; *E. KNAPPE*, 1981, S. 499 ff.).

Es wäre allzu vordergründig, ausschließlich den niedergelassenen Arzt aufgrund seiner Schlüsselstellung im Gesundheitssektor für die besorgniserregende Entwicklung der Gesundheitsausgaben verantwortlich zu machen. Auf die „Ausgabenexplosion" im Gesundheitswesen hat vielmehr eine **Fülle von Faktoren** eingewirkt. Hierzu zählen Wandlungen in den gesellschaftlichen Rahmenbedingungen, wie sie sich in gesamtwirtschaftlichen Prozessen (Vordringen des tertiären Sektors, Inflation, technischer Fortschritt, konjunkturelle Schwankungen), demographischen Veränderungen (Geburtenrückgang und steigende Lebenserwartung, Veränderungen der Alters- und Geschlechtsstruktur der Bevölkerung) sowie in Veränderungen des Krankheitspanoramas zeigen. Hinzu kommen Veränderungen der sozialpolitischen Rahmenbedingungen, die sich in Einflüssen der Sozialgesetzgebung sowie der Sozialrechtsprechung auf die Ausgabenentwicklung im Gesundheitssektor äußern. Ferner ist der Markt für Gesundheitsgüter durch typische Steuerungsdefizite gekennzeichnet, die nicht nur zu spezifischen Verhaltensweisen der Ärzte, sondern auch der Patienten, der Apotheker und Pharmaproduzenten, der Krankenhäuser und Krankenkassen führen; dabei wird der Einfluß der einzelnen Akteure des Gesundheitssystems auf die Ausgabenentwicklung durch vielfältige Koordinationsdefizite zwischen den verschiedenen Ebenen der gesundheitlichen Versorgung noch in entscheidender Weise verschärft (vgl. *H. LAMPERT*/Hrsg., 1975; *Ph. HERDER-DORNEICH*, 1980).

Bevor im einzelnen auf die verschiedenen Ursachenbereiche der „Ausgabenexplosion" im Gesundheitssektor und auf Möglichkeiten und Grenzen einer effektiven Gegensteuerung eingegangen wird, soll zunächst ein Überblick über Ausmaß und Struktur der Ausgabenentwicklung gegeben werden. Die sich daran anschließende Ursachen- und Maßnahmenanalyse ist im weiteren mit den Kostendämpfungsmaßnahmen der letzten zehn Jahre zu kontrastieren, um vor diesem Hintergrund zusammenfassend die Politikalternativen für die Zukunft aufzeigen zu können.

2. Ausgabenentwicklung im Gesundheitssektor

Die Analyse der Entwicklungsdynamik der Gesundheitsausgaben geht von jenem Datenmaterial aus, das der **Abgrenzung** dieses Funktionsbereichs der Sozialen Sicherung nach dem **Sozialbericht** der Bundesregierung entspricht. Dabei ist zu bedenken, daß manche Leistungen der Sozialen Sicherung bei Krankheit und Invalidität im Sozialbudget gar nicht erfaßt werden. Hinzuweisen ist in diesem Sinne vor allem auf die Investitionen in Krankenhäuser sowie die Leistungen der privaten Kranken- und Lebensversicherungen. In eine weitere Abgrenzung des Funktionsbereichs Krankheit und Invalidität müßten auch die medizinisch-naturwissenschaftliche sowie psychologische und psychotherapeutische Forschung und Ausbildung einbezogen werden. Man schätzt, daß die Gesundheitsausgaben in dieser weiten Abgrenzung um etwa ein Drittel höher liegen als diejenigen Ausgaben, die im Sozialbericht ausgewiesen sind.

Die besondere **Dynamik der Ausgaben im Gesundheitssektor** wird vor allen Dingen dann sichtbar, wenn man sie in den Zusammenhang mit der Entwicklung des Bruttosozialprodukts sowie der gesamten Sozialleistungen hineinstellt:

(1) Das *Bruttosozialprodukt* belief sich 1960 auf 303,0 Mrd. DM und stieg bis 1965 auf 458,2 Mrd. DM an. Bis 1970 erfolgte eine weitere Zunahme des BSP auf 675,7, bis 1975 auf 1029,4, bis 1980 auf 1485,2 sowie bis 1986 auf 1950,0 Mrd. DM. In der Indexbetrachtung liegt für den gesamten Zeitraum eine Steigerung von 100,0 bis 643,6 vor. Die Wachstumsraten der zugrundegelegten Zeiträume beliefen sich 1960/65 auf 51,2%, 1965/70 auf 47,5%, 1970/75 auf 52,3%, 1975/80 auf 44,3% und 1980/86 auf 31,3%.

(2) Die *gesamten Sozialleistungen* beliefen sich 1960 noch auf 63,8 Mrd. DM, und sie stiegen bis 1965 auf 114,6 Mrd. DM an. 1970 waren es bereits 180,1 Mrd. DM, 1975 346,6 Mrd., 1980 475,7 Mrd. DM und 1986 603,8 Mrd. DM. Für den gesamten betrachteten Zeitraum stiegen die Sozialleistungen von 100,0 auf 945,7 und damit deutlich stärker als das Bruttosozialprodukt. Für die einzelnen Zeiträume lagen die Zuwachsraten der Sozialleistungen 1960/65 mit 79,5%, 1965/70 mit 57,2% und 1970/75 mit 92,4% deutlich über den Wachstumsraten des BSP. Für den Zeitraum 1975/80 ergab sich erstmals mit 37,3% eine unterdurchschnittliche Zuwachsrate; 1980/86 hielt sich die Zuwachsrate der Sozialleistungen mit 26,9% ebenfalls unter der Entwicklung des BSP.

(3) Die *gesamten Gesundheitsausgaben* beliefen sich in der Abgrenzung des Sozialberichts 1960 auf 19,1 Mrd. DM, und sie stiegen bis 1965 auf 30,9 Mrd. DM an. Für 1970 werden 53,1 Mrd., für 1975 107,5 Mrd., für 1980 157,8 Mrd. und für 1986 199,8 Mrd. DM ausgewiesen. Für den gesamten betrachteten Zeitraum liegt eine Steigerung von 100,0 auf 1046,0 vor. Diese Steigerung liegt nicht nur über derjenigen des BSP, sondern überschreitet auch die Steigerungsrate für die gesamten Sozialleistungen. 1960/65 belief sich die Zuwachsrate der Gesundheitsausgaben auf 61,6%, 1965/70 auf 72,0%, 1970/75 auf 102,5%, 1975/80 auf 46,8% und 1980/86 auf 26,6% (Kostendämpfungsmaßnahmen).

(4) Entsprechend der unterschiedlichen Entwicklungsdynamik von BSP, gesamten Sozialleistungen sowie Gesundheitsausgaben sind typische Veränderungen der *Sozialleistungsquoten* festzustellen. Die gesamte Sozialleistungsquote belief sich 1960 auf 21,1% und stieg bis 1965 auf 25,0% an; die Sozialleistungsquote der Gesundheitsausga-

ben stieg von 6,3 auf 6,7% und damit unterdurchschnittlich an. Von 1965 nach 1970 erhöhten sich die Sozialleistungsquoten auf 26,7% bzw. 7,9%; der prozentuale Anstieg der Sozialleistungsquote für die Gesundheitsausgaben lag nahezu dreimal so hoch wie derjenige für die Sozialleistungsquote insgesamt. Von 1970 nach 1975 stiegen die Sozialleistungsquoten auf 33,7 bzw. 10,4% an; auch in diesem Zeitraum lag der Anstieg der Sozialleistungsquote der Gesundheitsausgaben überdurchschnittlich hoch. Bis 1980 sank die gesamte Sozialleistungsquote auf 32,0% ab, während die Sozialleistungsquote der Gesundheitsausgaben noch leicht auf 10,6% anstieg. 1986 lag die gesamte Sozialleistungsquote bei 31,0%, diejenige für die Gesundheitsausgaben bei 10,3%; der Anteil der Gesundheitsausgaben an den gesamten Sozialleistungen blieb damit gegenüber 1980 nahezu konstant.

Der **gesetzlichen Krankenversicherung** kommt im Rahmen des gesamten Gesundheitssektors zweifellos eine herausragende Stellung zu. Hinsichtlich der Ausgabenentwicklung zeigen sich auch hier Phasen außerordentlich starker Zunahme und Phasen mäßiger Expansion:

(1) Die *gesamten Leistungsausgaben* der Krankenversicherung beliefen sich 1960 auf 9,0 Mrd. DM und stiegen bis 1965 auf 14,9 Mrd. DM an. 1970 beliefen sich die Leistungsausgaben der Krankenversicherung auf 23,8 Mrd. DM, 1975 auf 58,2 Mrd. DM, 1980 auf 86,0 Mrd. DM und 1985 auf 108,6 Mrd. DM. In dem gesamten betrachteten Zeitraum haben sich die Leistungsausgaben der Krankenversicherung von 100,0 auf 1211,7

Tabelle 37: Grunddaten der gesetzlichen Krankenversicherung 1960-1985

Jahr	Mitglieder insgesamt	Pflichtversicherte ohne Rentner	Rentenbezieher und -bewerber	Rentneranteil	Krankenstand	Arbeitsunfähigkeitstage	Arbeitnehmerbeitrag[1]	Beitragsbemessungsgrenze[4]
	Jahresdurchschnitt in 1 000			in %		je 100 Mitglieder	in %	DM/Monat
1960	27 060	17 655	5 504	20,3	6,0[2]	2 323,9[2]	4,2[2]	660
1965	28 740	17 201	5 884	20,5	5,6[2]	2 183,3[2]	4,95[2]	900
1970	30 646	17 839	8 009	26,1	5,6[3]	1 980,5[3]	4,1[3]	1 200
1975	33 493	19 137	9 632	28,8	5,3[3]	1 862,9[3]	5,25[3]	2 100
1980	35 395	20 638	10 303	29,1	5,7[3]	2 014,5[3]	5,7[3]	3 150
1981	35 705	20 798	10 329	28,9	5,3[3]	1 908,8[3]	5,9[3]	3 300
1982	35 820	20 812	10403	29,0	4,7[3]	1 711,0[3]	6,0[3]	3 525
1983	35 806	20 777	10 460	29,2	4,4[3]	1 611,7[3]	5,9[3]	3 750
1984	36 014	20 886	10 568	29,3	4,5[3]	1 611,3[3]	5,7[3]	3 900
1985	36 209	21 106	10 623	29,3	4,7[3]	1 505,7[3]	5,9[3]	4 050

[1] Beitragssätze in v.H. des beitragspflichtigen Bruttoarbeitsentgelts (Durchschnitt der Krankenkassen).
[2] 1960 und 1965 Pflichtmitglieder mit sofortigem Barleistungsanspruch (überwiegend Arbeiter).
[3] Pflichtmitglieder ohne Rentner und Studenten.
[4] die Beitragsbemessungsgrenze betrug 1969 = 990 DM, 1971 = 1 425 DM, 1972 = 1 575 DM, 1973= 1 725 DM, 1974 = 1 875 DM, 1976 = 2 325 DM, 1977 = 2 550 DM, 1978 = 2 775 DM, 1979 = 3 000 DM.
Quelle: Bundesministerium für Arbeit und Sozialordnung (Hrsg.): Arbeits- und Sozialstatistik, lfde. Jge., sowie Bundesarbeitsblatt, Heft 7-8/1986.

Tabelle 38: Umfang und Struktur der Leistungsausgaben der gesetzlichen Krankenversicherung 1960-1985

Jahr	Leistungsausgaben	Index[1]	jährliches Wachstum	Behandlung durch		Apotheken[2]	Zahnersatz	Krankenhauspflege
				Ärzte	Zahnärzte			
	Mrd. DM	1960 = 100	%	Anteile in %				
1960	9,0	100,0	+ 24,0[4]	20,9	5,2	12,2	3,0	17,5
1965	14,9	166,4	+ 13,3[4]	21,4	6,4	13,6	2,7	19,8
1970	23,8	266,0	+ 12,0[4]	22,9	7,2	17,7	3,5	25,2
1975	58,2	648,9	+ 28,8[4]	19,4	7,1	15,3	7,2	30,1
1980	86,0	958,8	+ 9,6[4]	17,9	6,4	14,6	9,1	29,6
1981	92,2	1 028,5	+ 7,3	17,9	6,4	14,8	8,8	29,6
1982	92,7	1 033,8	+ 0,5	18,3	6,6	14,9	7,5	31,9
1983	95,9	1 069,7	+ 3,5	18,5	6,5	15,1	6,9	32,3
1984	103,3	1 152,6	+ 7,8	17,8	6,4	15,0	7,1	32,0
1985[3]	108,6	1 211,7	+ 5,1	18,2	6,1	15,3	7,0	32,3

[1] aufgrund ungerundeter Zahlen.
[2] Arzneien, Verband-,Heil- und Hilfsmittel aus Apotheken.
[3] vorläufige Ergebnisse.
[4] durchschnittliches jährliches Wachstum der vorangegangenen Fünfjahresperiode.
Quelle: Bundesministerium für Arbeit und Sozialordnung (Hrsg.): Arbeits- und Sozialstatistik, versch. Jge., sowie Bundesarbeitsblatt, Heft 6/1986.

Tabelle 39: Leistungsausgaben der gesetzlichen Krankenversicherung je Mitglied 1960-1985

Jahr	Mitglieder insgesamt[2]			Mitglieder ohne Rentner[2]			Rentner[2]		
	Betrag in DM	Index 1960 = 100	jährl. Veränd. in %	Betrag in DM	jährl. Veränd. in %	Deckg. durch Beitr. in %	Betrag in DM	jährl. Veränd. in %	Deckg. durch Beitr. in %
1960	331,30	100,0	–	–	–	–	–	–	–
1965	518,90	156,5	–	–	–	–	–	–	–
1970	781,39	235,9	–	763,02	–	115,52	833,33	–	–
1975	1 739,73	525,1	–	1 662,98	–	113,28	1 919,63	–	71,45
1980	2 424,34	731,4	+ 8,9	2 251,90	+ 8,5	122,39	2 858,50	+ 10,7	48,79
1981	2 585,97	780,6	+ 6,7	2 347,36	+ 4,2	127,26	3 159,82	+ 9,9	46,54
1982	2 589,84	781,7	+ 0,1	2 309,83	– 1,6	136,93	3 265,05	+ 3,3	47,63
1983	2 680,95	809,2	+ 3,2	2 333,39	+ 1,0	138,53	3 513,96	+ 7,6	45,20
1984	2 879,37	869,1	+ 7,2	2 483,20	+ 6,4	131,08	3 820,57	+ 8,7	44,34
1985[1]	3 005,05	907,0	+ 4,4	2 563,37	+3,2	135,15	4 051,66	+ 6,0	42,61

[1] vorläufige Ergebnisse.
[2] einschl. deren Familienangehörige.
Quelle: Bundesministerium für Arbeit und Sozialordnung (Hrsg.): Arbeits- und Sozialstatistik, versch. Jge., sowie Bundesarbeitsblatt, Heft 3 und 6/1986.

erhöht. Dieser Zuwachs liegt über demjenigen der gesamten Gesundheitsausgaben. 1960/65 ergab sich eine Zuwachsrate von 66,4%, 1965/70 von 59,9%, 1970/75 von 143,9%, 1975/80 von 47,8% und 1980/85 von 26,4%. Herausragend ist insbesondere die Entwicklung von 1970/75, die auch zu entsprechenden Kostendämpfungsmaßnahmen Anlaß gab.

(2) Die *Leistungsausgaben* der gesetzlichen Krankenversicherung *je Mitglied* beliefen sich 1960 auf 331,30 DM, und sie stiegen bis 1965 auf 518,90 DM an. 1970 beliefen sich die Leistungsausgaben je Mitglied auf 781,39 DM, 1975 auf 1739,73 DM, 1980 auf 2424,34 DM sowie 1985 auf 3005,05 DM. Insgesamt stiegen die Leistungsausgaben je Mitglied von 1960 bis 1985 von 100,0 auf 907,0 an. Wegen der gestiegenen Mitgliederzahl fällt dieser Anstieg etwas geringer aus als der Anstieg der gesamten Leistungsausgaben der gesetzlichen Krankenversicherung. 1960/65 belief sich die Wachstumsrate der Leistungsausgaben je Mitglied auf 56,6%, und sie fiel für 1965/70 auf 50,6% ab. 1970/75 erfolgte eine ungewöhnliche Expansion der Leistungsausgaben je Mitglied mit einer Wachstumsrate von 122,6%. 1975/80 lag die Wachstumsrate bei 39,4 und 1980/85 bei 24,0%.

Seit 1960 unterlag die **Ausgabenstruktur** der gesetzlichen Krankenversicherung (ausgewählte Leistungsausgaben) deutlichen Veränderungen:

(1) Die Ausgaben für ärztliche Behandlung machten 1960 20,9% aus; 1965 waren es 21,4%, 1970 22,9%. In der Folgezeit verlief das Wachstum der Ausgaben für ärztliche Behandlung unterdurchschnittlich. 1975 machten sie 19,4%, 1980 17,9% aus. 1985 schließlich ergab sich ein Anteilswert von 18,2%.

(2) Die Kosten für zahnärztliche Behandlung machten 1960 5,2% der Leistungsausgaben aus; 1965 waren es 6,4%, 1970 7,2%, 1975 7,1%, 1980 6,4% und schließlich 1985 6,1%.

(3) Die Ausgaben für Arzneien, Verband-, Heil- und Hilfsmittel aus Apotheken hatten 1960 einen Anteil von 12,2% an den Leistungsausgaben der gesetzlichen Krankenversicherung. 1965 waren es 13,6%, 1970 17,7%, 1975 15,3%, 1980 14,6% und 1985 15,3%.

(4) Die Kosten für Zahnersatz machten 1960 3,0% der Leistungsausgaben aus. 1965 waren es 2,7%, 1970 3,5%, 1975 sogar 7,2%, 1980 9,1% und 1985 schließlich 7,0%.

(5) Die Kosten der Krankenhauspflege machten 1960 17,5% der Leistungsausgaben der gesetzlichen Krankenversicherung aus; 1965 waren es 19,8%, 1970 25,2%, 1975 30,1%, 1980 29,6% und 1985 32,3%.

In der Ausgabenstruktur der gesetzlichen Krankenversicherung nehmen die Krankenhauskosten eine herausragende Stellung mit überdurchschnittlichem Anteil und überdurchschnittlicher Entwicklungsdynamik ein. Es folgen die Ausgaben für ärztliche Behandlung, deren Zuwachs jedoch unterdurchschnittlich verlief. Erhebliche Steigerungen sind demgegenüber für zahnärztliche Behandlung und Zahnersatz zu verzeichnen; auch die Arzneimittelkosten zeigten eine überdurchschnittliche Entwicklungsdynamik.

Die Ausgabenentwicklung im Gesundheitssektor ist zu einem Teil auf die **Ausweitung des geschützten Personenkreises** zurückzuführen. Hatte die gesetzliche Krankenversicherung 1960 27,1 Mio. Mitglieder, so waren es 1985 36,2 Mio. Die Mitgliederzahl hat sich in dem betrachteten Zeitraum von 100,0 auf 133,8 erhöht. In demselben Zeitraum haben sich jedoch die Ausgaben je Mitglied mehr als verneunfacht. Dieser Anstieg ging deutlich über die Entwicklung der Löhne und Gehälter hinaus. Entsprechend mußten im Zeitablauf die Beitragssätze und die Beitragsbemessungsgrenze erhöht werden. 1960 belief sich der durchschnittliche **Beitragssatz** der Arbeitnehmer zur Krankenversicherung noch auf 4,2%; 1982 erreichte er einen vorläufigen Höchststand mit 6,0%. 1960 lag die **Beitragsbemessungsgrenze** für die Krankenversicherung noch bei 660 DM je Monat, 1982 aber schon bei 3525 DM je Monat. In der Folgezeit wurden Senkungen der Beitragssätze bei sehr vielen Krankenkassen möglich; der durchschnittliche Arbeitnehmerbeitrag fiel 1983 auf 5,9% und machte im Jahre 1984 5,7% aus. Allerdings kehrte sich der Trend in der Ausgabenentwicklung der gesetzlichen Krankenversicherung bereits in den ersten drei Quartalen des Jahres 1984 um, so daß sehr bald viele Beitragssenkungen zurückgenommen werden mußten. 1986 überschritt der durchschnittliche Arbeitnehmerbeitrag sehr deutlich die Marke von 6% bei einer Beitragsbemessungsgrenze von 4200 DM. Vorläufige Hochrechnungen lassen auch für die Zukunft einen weiteren überdurchschnittlichen Anstieg der Gesundheitsausgaben befürchten.

3. Wandlungen gesellschaftlicher Rahmenbedingungen

Die Ausgabenentwicklung im Gesundheitssektor kann nicht monokausal, sondern nur aus dem Zusammenwirken verschiedener Ursachenbereiche erklärt werden. Im folgenden sollen zunächst typische Veränderungen der gesellschaftlichen Rahmenbedingungen des Gesundheitssektors in ihrem Einfluß auf die Ausgabenentwicklung dargestellt werden. Betrachtet werden zuerst gesamtwirtschaftliche Prozesse, anschließend demographische Veränderungen und schließlich Veränderungen im Krankheitspanorama.

3.1 Gesamtwirtschaftliche Prozesse

Im langfristigen Wachstumsprozeß entwickelter Volkswirtschaften gewinnt der **tertiäre Sektor** eine immer größere Bedeutung; der Prozeß der sektoralen Differenzierung der Wirtschaftstätigkeit ist typischerweise mit einer zunehmenden Verlagerung der autonomen Nachfrage in den Dienstleistungssektor verbunden. Aus dieser Sicht, die ein wenig an die Entwicklungsgesetze historischer Schulen erinnert, ist die steigende Nachfrage nach Gesundheitsgütern geradezu eine Folge der endogenen Entwicklungsdynamik reifer Volkswirtschaften. Der Erklärungswert dieser These ist sehr umstritten; einmal muß auch eine zunehmende Tertiärisierung der Volkswirtschaft nicht unbedingt mit einem überproportionalen Wachstum des Gesundheitssektors verbunden sein, und andererseits ist die verstärkte Umlenkung der autonomen Nachfrage speziell in den Gesundheitssektor nicht unbedingt gesamtwirtschaftlich vorteilhaft, da gerade in diesem Bereich marktwirtschaftliche Steuerungsmechanismen weitgehend außer Kraft gesetzt sind.

Verlagerungen der gesamtwirtschaftlichen Nachfrage in den tertiären Sektor sind im allgemeinen mit **inflationären Prozessen** verbunden. Im Dienstleistungssektor steigen die Preise erheblich schneller als im primären oder sekundären Sektor. Überdurchschnittliche Preissteigerungen sind zwar ohne Zweifel auch in verschiedenen Bereichen des Gesundheitswesens zu beobachten; doch ist die Kostenexplosion im Gesundheitswesen in erster Linie ein reales und kein monetäres Phänomen; sie stellt sich vor allem als Mengenproblem und nicht als Preisproblem dar. Es waren vor allen Dingen Steigerungen des mengenmäßigen Behandlungsaufwandes, die die Ausgabenentwicklung prägten. Zeitweilig nahmen sich sogar die Preissteigerungen für bestimmte Arzneimittel oder ärztliche Leistungen im Vergleich zum allgemeinen Lebenshaltungskostenindex eher bescheiden aus. Nichtsdestoweniger könnte selbstverständlich die Begrenzung inflationärer Prozesse auch im Gesundheitswesen zu einer Reduzierung des Kostenanstiegs führen.

Wirtschaftliche Wachstumsprozesse sind regelmäßig mit innovatorischen Vorgängen verknüpft. **Technische Fortschritte** äußern sich aber in den verschiedenen Wirtschaftsbereichen in sehr unterschiedlicher Weise. So hat sich in den letzten Jahrzehnten gerade der Entwicklungsstand der **Medizintechnologie** deutlich verändert und damit gleichzeitig eine zusätzliche Nachfrage nach Gesundheitsgütern entstehen lassen:

(1) Früher wurden lebensbedrohende Organschäden als Schicksal angesehen. Mit der Expansion des medizinisch-technischen Fortschritts erweiterte sich der Möglichkeitsbereich kurativer Medizin über die bisherigen Grenzen hinaus. Indem der Leistungskatalog der Institutionen des Gesundheitswesens dieser Entwicklung angepaßt und der medizinisch-technische Fortschritt damit breiten Bevölkerungsschichten zugänglich gemacht wurde, mußten die Gesundheitsausgaben zwangsläufig ansteigen.

(2) Die Palette der Diagnose- und Heilverfahren ist in den letzten Jahrzehnten exponentiell gewachsen. Denken wir in diesem Zusammenhang nur an Herzschrittmacher, Herz-Lungen-Maschinen, künstliche Nieren, Techniken wie Isotopenverfahren, Endoskopien, Ultraschalldiagnostik, diagnostische und therapeutische Röntgenmethoden sowie die Vielfalt der komplizierten Operations- und Kontrollverfahren. Vergessen wir auch nicht die außerordentlich leistungsfähige biomedizinische Technik und Elektronik, die Perfektionierung der Möglichkeiten künstlicher Ernährung und die Vervollkommnung der Transfusionstechnik, die Entwicklung der Computertomographie und vieler neuer Arzneimittel. Ein Ende dieser Entwicklung ist kaum abzusehen.

(3) Die Einführung des jeweils neuesten medizinisch-technischen Fortschritts ist mit enormen Investitionskosten verbunden und bindet in erheblichem Umfange hochqualifiziertes Personal. Im Hinblick auf den Gesundheitszustand der Bevölkerung scheint dieser Prozeß jedoch mit sinkenden Ertragszuwächsen verbunden zu sein.

Zweifellos hat gerade der medizinisch-technische Fortschritt mit zu der Ausgabensteigerung im Gesundheitswesen beigetragen. Für die Zukunft müssen die finanziellen Grenzen des medizinisch Machbaren stärker beachtet werden, wenngleich auch medizinisch-technischer Fortschritt keineswegs aufgehalten werden soll.

Das wirtschaftliche Wachstum ist seit Bestehen der Bundesrepublik wiederholt mit **konjunkturellen Schwankungen** verbunden gewesen; soweit sie sich im Rahmen der Zuwachsraten des Bruttosozialprodukts hielten, wurden sie häufig nicht unmittelbar erkennbar. Von grundsätzlich anderer Qualität waren jedoch jene Einbrüche in der Wirtschaftstätigkeit, die sich in vorübergehender oder gar lang andauernder Arbeitslosigkeit äußerten; sie hatten zugleich einen signifikanten Einfluß auf den **Krankenstand** der Bevölkerung:

(1) Nach der *Statistik der gesetzlichen Krankenversicherung* belief sich der Anteil der arbeitsunfähigen kranken Pflichtmitglieder an der Gesamtzahl der Versicherten im Jahre 1960 auf 6,0%; die Zahl der Arbeitsunfähigkeitstage je Pflichtmitglied machte 23,2 aus. Bis Mitte der 60er Jahre war bei insgesamt uneinheitlichem Verlauf ein leichtes Absinken des Krankenstandes und der Arbeitsunfähigkeitstage festzustellen. In der Wirt-

schaftskrise des Jahres 1967 zeigte sich ein deutlicher Einbruch; der Krankenstand fiel auf 4,9% ab, die Zahl der Arbeitsunfähigkeitstage je Pflichtmitglied belief sich auf 19,3. In der Folgezeit stieg der Krankenstand wieder an und erreichte 1973 mit 5,9% bei 20,5 Arbeitsunfähigkeitstagen je Pflichtmitglied ein Maximum. Mit der Wirtschaftskrise sanken um die Mitte der 70er Jahre zunächst der Krankenstand sowie die durchschnittliche Zahl der Arbeitsunfähigkeitstage leicht ab, um sich Ende der 70er Jahre im Zuge einer leichten Erholung der Wirtschaft wieder zu erhöhen. Die Verschärfung der Wirtschaftskrise führte ab 1980 zu einem sukzessiven Abfallen des Krankenstandes und der durchschnittlichen Arbeitsunfähigkeitstage; 1983 wurde der niedrigste Krankenstand seit 1960 mit 4,4% erreicht; die Zahl der durchschnittlichen Arbeitsunfähigkeitstage belief sich 1983 auf 16,1.

(2) Die *Krankenstandsstatistik der Betriebskrankenkassen* zeigt die Abhängigkeit des Krankenstandes von der wirtschaftlichen Situation außerordentlich deutlich auf und gibt wegen ihrer täglichen Erhebung die Veränderungen im Zeitablauf besonders genau wieder. Der Krankenstand belief sich bei den Betriebskrankenkassen – unter Zugrundelegung einer zu (1) analogen Definition – 1966 auf 5,62%, sank 1967 auf deutlich unter 5% und stieg bis zum Jahre 1973 auf 7,51% an; 1975 wurde dann ein vorläufiger Tiefstand von 6,55% erreicht; mit der Verbesserung der konjunkturellen Situation in den Folgejahren stieg der Krankenstand bis 1979 wieder auf 7,43% an, sank aber anschließend mit der Verschärfung der Wirtschaftskrise deutlich ab. 1984 erreichte der Krankenstand das niedrigste Niveau seit Mitte der 60er Jahre.

Zur Deutung dieses Zusammenhangs zwischen der gesamtwirtschaftlichen Situation und der Höhe des Krankenstandes werden in der Literatur verschiedene **Erklärungsmuster** angeführt:

(1) Ein erster Erklärungsansatz geht davon aus, daß das Reservoir der Arbeitskräfte im konjunkturellen Aufschwung und in der Phase der Hochkonjunktur maximal ausgeschöpft wird. Dadurch werden alle Arbeitsfähigen in den Arbeitsprozeß eingegliedert, selbst diejenigen mit einem hohen Morbiditätsgrad; diese Mitarbeiter sind natürlich auch häufiger krank und treiben dadurch die Meßziffern des Krankenstandes und der durchschnittlichen Arbeitsunfähigkeitstage in die Höhe. Mit nachlassender Konjunktur werden vor allen Dingen die Mitarbeiter mit überdurchschnittlichem Morbiditätsgrad aus dem Arbeitsprozeß ausgegliedert; damit sinken wiederum der durchschnittliche Krankenstand sowie die durchschnittliche Zahl der Arbeitsunfähigkeitstage.

(2) Ein zweiter Erklärungsansatz geht davon aus, daß in einer länger andauernden Wirtschaftskrise vor allem nicht auf Krankheit zurückzuführende, aber häufig mit Krankheit begründete Fehlzeiten zurückgehen. Das Arbeitsplatzrisiko sorgt für eine Anhebung der Arbeitsmoral. In Zeiten der Hochkonjunktur sinkt demgegenüber die Arbeitsmoral wieder ab; die Fehlzeiten steigen erneut an.

(3) Ein dritter Erklärungsansatz stellt ebenfalls auf die Angst der Arbeitnehmer vor dem Verlust des Arbeitsplatzes ab; im Vergleich zu (2) kann sogar eine Überreaktion der Arbeitnehmer festzustellen sein. Die Arbeitnehmer unterziehen sich in einer wirtschaftlichen Krisensituation sehr viel weniger auch medizinisch notwendigen präventiven oder kurativen Behandlungen; sie kehren zudem im Krankheitsfalle früher als sonst an ihren Arbeitsplatz zurück. Damit sind in der Wirtschaftskrise der durchschnittliche Krankenstand und die durchschnittliche Zahl der Arbeitsunfähigkeitstage rückläufig; in der Hochkonjunktur setzt eine umgekehrte Entwicklung ein.

Diese Erklärungsansätze des Zusammenhangs zwischen konjunktureller Situation, durchschnittlichem Krankenstand und durchschnittlicher Zahl der Arbeitsunfähigkeitstage stützen sich bisher weitgehend auf **Vermutungen**, für die lediglich **Plausibilitätsüberlegungen** sprechen. Im einzelnen ist zu berücksichtigen, daß Arbeitslose grundsätzlich in der gesetzlichen Krankenversicherung pflichtversichert bleiben. Werden diese Personen aufgrund der Ausgliederung aus dem Arbeitsprozeß geringeren gesundheitlichen Risiken ausgesetzt, so kann das durchaus eine Bedeutung für den durchschnittlichen Krankenstand haben. Dieser Einfluß steigt in dem Maße, in dem bei zunehmender Dauerarbeitslosigkeit vor allem Personen mit hohem Morbiditätsgrad aus dem Arbeitsprozeß ausgegliedert werden. Für eine gewisse Relevanz der angeführten Erklärungsansätze scheint auch zu sprechen, daß der Rückgang des Krankenstandes in der Rezession eng verbunden ist mit einem Rückgang der Kuranträge. Ging es noch vor einigen Jahren darum, das „Kurunwesen" zu bekämpfen, so sind die Rentenversicherungen nunmehr bei steigender Massenarbeitslosigkeit von einem drastischen Rückgang der Kuranträge überrascht worden; dieser Rückgang war stärker als aufgrund der damaligen Spargesetze beabsichtigt und erwartet wurde. Die Angst der Arbeitnehmer vor dem Verlust des Arbeitsplatzes führt offensichtlich dazu, daß auch medizinisch an sich notwendige Kuren nicht mehr beantragt werden; diese Tendenz gilt verstärkt für jene Anträge auf Kuren, für die die medizinische Notwendigkeit nur schwer zu begründen ist.

Nach wie vor fehlt es jedoch an einer gründlichen wissenschaftlichen Erforschung des Zusammenhangs von konjunktureller Situation, durchschnittlichem Krankenstand und durchschnittlicher Zahl der Arbeitsunfähigkeitstage. Dabei ist die Bedeutung einer solchen wissenschaftlichen Arbeit nicht von der Hand zu weisen. Bereits hinter scheinbar geringfügigen Abweichungen des Krankenstandes verbergen sich beträchtliche wirtschaftliche Auswirkungen. Eine Erhöhung des Krankenstandes um 1% bedeutet nicht nur entsprechend erhöhte Leistungsausgaben der Krankenversicherung, sondern bedingt für die Betriebe auch den Ausfall von etwa 220000 Arbeitnehmern. Für die betroffenen Betriebe entstehen enorme Belastungen, die sich einmal in den Aufwendungen für die Entgeltfortzahlung zeigen und zum anderen Ausdruck vorhandener Produktionsverluste sind.

3.2 Demographische Veränderungen

In der Bundesrepublik Deutschland ist seit 1967 ein deutlicher **Geburtenrückgang** zu beobachten; das Tempo dieser Entwicklung hat sich zwar in den letzten Jahren etwas verlangsamt, dennoch ist auf absehbare Zeit keine Trendwende zu erwarten. Gleichzeitig ist die **Lebenserwartung** der Bevölkerung beträchtlich gewachsen. Geburtenrückgang und steigende Lebenserwartung haben neben Krieg und Kriegsfolgen den Altersaufbau der Bevölkerung entscheidend geformt.

Die demographischen Veränderungen führten bereits in der Vergangenheit zu deutlichen Verschiebungen der **Mitgliederstruktur** der gesetzlichen Krankenversicherung. 1960 lag der Anteil der Rentenbezieher und -bewerber an der Gesamtzahl der Mitglieder der gesetzlichen Krankenversicherung bei 20,3%; 1965 waren es 20,5%, 1970 26,1%, 1975 28,8%, 1980 29,1% und 1985 29,3%.

Die **durchschnittlichen Leistungsausgaben** der gesetzlichen Krankenversicherung für **Versicherte ohne Rentner** beliefen sich 1970 auf 763 DM, während diejenigen für **Rentner** bei 833 DM lagen; die durchschnittlichen Leistungsausgaben pro Rentner lagen um 9,2% höher als diejenigen für die Mitglieder ohne Rentner. 1985 lagen die entsprechenden Leistungsausgaben pro Kopf bei 2563 DM für die Mitglieder ohne Rentner und bei 4052 DM für die Rentner; die Pro-Kopf-Ausgaben für die Rentner lagen demzufolge um 58,1% höher als diejenigen für die Nicht-Rentner. Damit hat sich innerhalb weniger Jahre die vorhandene Differenzierung in den Leistungsausgaben pro Kopf deutlich verschärft. Zwischen 1970 und 1985 sind die Leistungsausgaben je Rentner um 386,2% angestiegen, während die Leistungsausgaben der gesetzlichen Krankenversicherung je Nicht-Rentner nur um 236,0% wuchsen. Die Entwicklung der Leistungsausgaben der gesetzlichen Krankenversicherung hat sich in den letzten 15 Jahren – noch stärker als in dem entsprechenden Zeitraum davor – auf die Leistungen für die Rentner konzentriert.

Die Veränderung der Alters- und Geschlechtsstruktur der Bevölkerung ist auch für die **künftige Ausgabenentwicklung im Gesundheitssektor** von erheblicher Bedeutung. Grundsätzlich steigen die Gesundheitsausgaben mit zunehmendem Alter an, und dieser Anstieg liegt für Frauen deutlich höher als für Männer. Die am durchschnittlichen Beitragssatz orientierten Zahlungen der Rentenversicherung an die Krankenversicherung deckten die Leistungsausgaben der Krankenversicherung für die Rentner bereits im Jahre 1975 nur zu etwa 71,5%; 1985 lag der **Grad der Ausgabendeckung durch Beiträge** mit 42,6% erheblich niedriger. Überdurchschnittlich ansteigenden Leistungsausgaben je Rentner steht eine immer geringer werdende Deckung dieser Ausgaben durch Beiträge für die Rentner gegenüber. Die Auswirkungen für die Finanzlage der Krankenversicherung liegen auf der Hand, und sie dürften sich im demographischen Wandel mit den weiteren Verschiebungen der Alters- und Geschlechtsstruktur der Bevölkerung erheblich verstärken.

3.3 Veränderungen im Krankheitspanorama

In der Bundesrepublik Deutschland haben sich in den letzten Jahrzehnten nicht nur demographische Veränderungen ergeben, die einen beträchtlichen Einfluß auf die Ausgabenentwicklung im Gesundheitssektor ausübten, sondern es hat sich auch das **Erscheinungsbild der dominierenden Krankheiten** wesentlich gewandelt. Während Tuberkulose und Infektionskrankheiten deutlich zurückgegangen sind, gewannen **chronisch-degenerative Morbiditäten** an Bedeutung.

Nach den Ergebnissen der Mikrozensen stehen Krankheiten der Atmungsorgane, des Kreislaufsystems, des Skeletts, der Muskeln und des Bindegewebes sowie der Verdauungsorgane an erster Stelle. Es folgen Krankheiten des Blutes und der Drüsen sowie Ernährungs- und Stoffwechselkrankheiten. An nächster Stelle stehen in der Statistik infektiöse und parasitäre Krankheiten, geistige und seelische Störungen, Schwachsinn, Krankheiten des Nervensystems, Krankheiten der Harn- und Geschlechtsorgane, Augen- und Ohrenkrankheiten, Hautkrankheiten sowie Neubildungen bösartigen, gutartigen und unbekannten Charakters.

Das damit deutlich werdende Vordringen der chronisch-degenerativen Erkrankungen geht gewiß auf **komplexe Ursachenzusammenhänge** zurück, die bisher kaum befriedigend geklärt sind. Eine Rolle spielen Gesundheitsgefährdungen aus der Arbeitswelt, die verstärkte Umweltbelastung im weitesten Sinne sowie aber auch veränderte Verhaltensweisen der Menschen in allen Lebensbereichen.

Für die Ausgabenentwicklung im Gesundheitswesen ist bedeutsam, daß chronisch-degenerative Prozesse in ihrer medizinischen Behandlung sehr **kostenintensiv** und **langwierig** sind; vielfach sind diese Krankheiten gar nicht zu beheben, sondern nur zu lindern. Hält der Trend in Richtung auf chronisch-degenerative Erkrankungen bei gleichzeitig steigender Lebenserwartung weiterhin an, so dürfte davon ein erheblicher Einfluß auf die Ausgabenentwicklung im Gesundheitssektor ausgehen, der in seiner Größenordnung nicht unterschätzt werden sollte.

4. Sozialgesetzgebung und Sozialrechtsprechung

Sowohl die Sozialgesetzgebung als auch die Sozialrechtsprechung haben in der Vergangenheit entscheidend zu der Ausgabenentwicklung im Gesundheitssektor beigetragen. Dies ist eigentlich eine banale Selbstverständlichkeit, denn die Leistungsabgaben des Gesundheitswesens erfolgen natürlich – abgesehen von möglichen Einzelfällen wirtschaftskriminellen Verhaltens der Akteure des Gesundheitssektors – auf der Basis von Recht und Gesetz. Wenn nunmehr trotzdem explizit die Rolle der Sozialgesetzgebung und Sozialrechtsprechung für die Entwicklung der Gesundheitsausgaben betrachtet wird, so geschieht dies lediglich beispielhaft, um von hier aus auf grundsätzliche Tendenzen und aktuelle Reformdiskussionen hinzuweisen.

4.1 Schließung personeller und materieller Sicherungslücken

Unter dem Einfluß von Sozialgesetzgebung und Sozialrechtsprechung ist die Sicherungsfunktion der gesetzlichen Krankenversicherung in den vergangenen Jahrzehnten sukzessive ausgeweitet worden, so daß gegenwärtig kaum noch personelle oder materielle Sicherungslücken existieren:

(1) Die *Schließung personeller Sicherungslücken* wird anhand der Entwicklung des *Mitgliederbestandes* der gesetzlichen Krankenversicherung deutlich. Einschließlich der mitversicherten Familienangehörigen sind gegenwärtig mehr als 90% der Bevölkerung der Bundesrepublik im Krankheitsfall durch die gesetzliche Krankenversicherung geschützt.

Die Ausweitung des Mitgliederbestandes der gesetzlichen Krankenversicherung war begleitet von einer zunehmenden Zahl der *Übertritte zur privaten Krankenversicherung*; 1971 waren es nach Angaben des Verbandes der privaten Krankenversicherungen erst 110000 Übertritte und 1981 bereits 218000. Diese Übertritte konzentrieren sich vor allem auf die alleinstehenden und gut verdienenden Personen sowie auf die doppelverdienenden Ehepaare. Dagegen dürften – wegen der Vorteile der Familienhilfe – Alleinverdiener mit mehreren Kindern kaum einen Grund zum Austritt aus der gesetzlichen Krankenversicherung sehen; auch für die zunehmende Zahl der Rentner ist die Mitgliedschaft in der gesetzlichen Krankenversicherung die vergleichsweise günstigste Form der sozialen Absicherung bei Krankheit.

Natürlich sind mit dem Zuwachs an Versicherten auch die Beitragseinnahmen gestiegen; aber die Finanzierungsprobleme der gesetzlichen Krankenversicherung haben sich nichtsdestoweniger dadurch verschärft, weil die *Mitgliederstruktur* sich verändert hat. Dem zunehmenden Gewicht „schlechterer“ Risiken trägt die Beitragsgestaltung nicht differenziert Rechnung; das Verursacherprinzip ist als Finanzierungsregel weitgehend außer Kraft gesetzt (vgl. *P.-H. HUPPERTZ*, 1979, S. 574ff.).

(2) Sozialgesetzgebung und Sozialrechtsprechung haben die Sicherungsfunktion der gesetzlichen Krankenversicherung im Laufe der Zeit derart verändert, daß kaum noch *materielle Sicherungslücken* existieren.

Im Leistungskatalog der gesetzlichen Krankenversicherung ist zwischen *Einkommensleistungen* und *Sachleistungen* zu unterscheiden. Die Einkommensleistungen können vergleichsweise eher als die Sachleistungen an objektiven Kriterien festgemacht und damit in ihrer Entwicklung kontrolliert werden; sie sind jedoch deutlich in den Hintergrund getreten. Die mittlerweile im Vordergrund stehenden Sachleistungen sind am individuellen Bedarf orientiert, der nur schwer kontrollierbar ist.

Seit den 60er Jahren hat sich ein deutlicher qualitativer Wandel in der Aufgabenstellung der gesetzlichen Krankenversicherung vollzogen. An die Seite der kurativen Behandlung trat mit zunehmendem Gewicht die *präventive Behandlung*, die zunächst mit weiteren Kostenschüben verbunden war. Diese Tendenz zur präventiven Sozialpolitik zeichnet sich auch in anderen Zweigen des Sozialleistungssystems ab (vgl. *B. BADURA*, 1978, S. 542 ff.; *Chr. v. FERBER*, 1978, S. 548 ff.; *F. NASCHOLD*, 1978, S. 573 ff.; *E. STANDFEST*, 1978b, S. 584 ff.; *R. MÖLLER*, 1978, S. 553 ff.; *W. MUDRA*, 1978, S. 566; *K. HOFEMANN/E.-U. HUSTER*, 1979, S. 554 ff.). Erst auf längere Sicht sind als Folge von Vorbeugungs- und Früherkennungsmaßnahmen Kostenentlastungen in der GKV zu erwarten.

Mit dem Vordringen der Sachleistungen sowie der präventiven Behandlung wurde gleichzeitig der *Krankheitsbegriff* wesentlich uminterpretiert. Der ursprünglich an der Arbeitsunfähigkeit orientierte Krankheitsbegriff der Reichsversicherungsordnung wurde in Richtung auf das Idealbild eines Gesundheitszustandes im Sinne eines vollständigen physischen, geistigen und sozialen Wohlbefindens und nicht nur der bloßen Abwesenheit von Krankheit und Gebrechlichkeit weiterentwickelt. Zusätzliche Leistungen der gesetzlichen Krankenversicherung waren die Folge.

Es ist sicherlich übertrieben zu sagen, daß die gesetzliche Krankenversicherung mittlerweile für alle Befindlichkeitsstörungen „von den Schweißfüßen bis zum Liebeskummer“ eine Sachleistungstherapie und diese sogar noch präventiv finanziere, aber die Bedeutung der gewandelten Aufgabenstellung der Krankenversicherung für die Kostenexplosion im Gesundheitssektor bedarf wohl keiner weiteren Begründung. Eine Einschränkung des Leistungskatalogs der gesetzlichen Krankenversicherung scheint für die Zukunft unumgänglich zu sein. Gleichzeitig muß das Verursacherprinzip als Finanzierungsregel wieder verstärkt an Bedeutung gewinnen.

4.2 Lohnfortzahlung für kranke Arbeiter

Als von besonderer Bedeutung für die Ausgabenentwicklung im Gesundheitssektor haben sich auch die gesetzlichen Regelungen über die Lohnfortzahlung für kranke Arbeitnehmer erwiesen. Die **Anfänge der Lohnfortzahlung** für kranke Arbeiter – Angestellte konnten bereits sehr viel früher mit einer Gehaltsfortzahlung rechnen – gehen in die 50er Jahre zurück. Von 1950 bis 1956 erhielten die Arbeiter ein Krankengeld in Höhe von 50% des Grundlohns bei gleichzeitiger Anrechnung von drei Karenztagen. Ab 1957 wurde die Zahl der Karenztage auf zwei reduziert; ferner erhielten die Arbeiter neben dem Krankengeld einen Arbeitgeberzuschuß, der das Krankengeld auf insgesamt 90% des Nettolohns aufstockte. Ab 1961 wurde der Arbeitgeberzuschuß zum Zwecke einer Aufstockung der Gesamtzahlung auf 100% des Nettolohnes erhöht; von da an wurde auch nur noch ein Karenztag berücksichtigt. Seit 1970 gilt die **volle Lohnfortzahlung** für sechs Wochen auch an Arbeiter unter Wegfall jeglicher Karenztage.

In dem Sozialbericht 1986 der Bundesregierung werden die **Kosten der Entgeltfortzahlung** im Krankheitsfalle für das Jahr 1965 noch auf 4,5 Mrd. DM beziffert. Für 1970 wurden Ausgaben in Höhe von 12,5 Mrd. DM errechnet. 1975 waren es dann 18,5 Mrd. DM, 1980 27,9 Mrd. DM und 1986 27,3 Mrd. DM. Im Vergleich zu diesen Angaben der Bundesregierung schätzte die Bundesvereinigung der Deutschen Arbeitgeber die Kosten der Entgeltfortzahlung für 1980 bereits auf 34 Mrd. DM; der Rheinisch-Westfälische Handwerkerbund bezifferte die Belastung der deutschen Wirtschaft in einer Hochrechnung auf 51 Mrd. DM; der Bundesverband Junger Unternehmer kam zu einem Schätzergebnis einschließlich Nebenkosten von 118 Mrd. DM. Unabhängig von der offensichtlichen Interessengebundenheit der durchgeführten Schätzungen und den Unsicherheiten in den Berechnungen im einzelnen, die auch in der erheblichen Spannweite der Ergebnisse zum Ausdruck kommen, muß die Belastung der deutschen Wirtschaft durch die Lohnfortzahlung für kranke Arbeitnehmer doch als recht bedeutsam angesehen werden.

Ohne Zweifel ist die Lohnfortzahlung für kranke Arbeitnehmer eine wichtige sozialpolitische Errungenschaft, die nicht leichtfertig aufs Spiel gesetzt werden sollte. Aber die **Mißbrauchsmöglichkeiten** sind gerade in diesem Bereich in erheblichem Umfange gegeben und sollten gezielt eingeschränkt werden:

(1) Wenngleich auch eine mißbräuchliche Geltendmachung von Ansprüchen aus der Lohnfortzahlungsregelung nur schwer in ihrer Größenordnung abgeschätzt werden kann, so gibt doch die enge Beziehung zwischen dem Entwicklungsstand der Lohnfortzahlungsregelung und dem Krankenstand einiges zu denken. Im Jahre 1950 belief sich die Zahl der Arbeitsunfähigkeitsfälle je 1000 Krankenversicherte auf 450, 1957 waren es 669, 1961 bereits 715, 1970 881 und schließlich 1980 1007. Deutliche Einbrüche im Krankenstand sind erkennbar nach Maßgabe der konjunkturellen Situation, wie bereits oben hervorgehoben wurde. Der langfristige Trend in Abhängigkeit von der Ausgestaltung der Lohnfortzahlungsregelung ist jedoch unübersehbar.

(2) Nach einer Untersuchung des Instituts der deutschen Wirtschaft gehen mehr als 8% der tariflich vereinbarten normalen Arbeitszeit durch Fehlzeiten verloren, die lediglich zu 80% krankheitsbedingt sind; dabei fehlen Arbeitnehmer am häufigsten an Freitagen und schließlich an Montagen.

Vor diesem Hintergrund entwickelte sich eine sozialpolitische Diskussion, die sich vor allen Dingen auf die Frage einer erneuten **Einführung von Karenztagen** im Rahmen der Entgeltfortzahlung für kranke Arbeitnehmer konzentrierte. Da die Einführung von Karenztagen als sozialpolitischer Rückschritt empfunden wurde und demnach politisch nicht durchsetzbar war, wurde nach weiteren Möglichkeiten zur **Eindämmung von Mißbrauchstatbeständen** gesucht:

(1) Ein gewisser Teil der betrieblichen Fehlzeiten, über dessen Größenordnung allerdings die Schätzungen erheblich voneinander abweichen, ist offensichtlich nicht krankheitsbedingt; in vielen Fällen wird jedoch Krankheit „vorgeschoben“, um einen gewissen Freiheitsspielraum für die Erledigung wichtiger persönlicher Dinge ohne Einkommenseinbuße zu erhalten. In diesem Zusammenhang wäre zu überlegen, ob die nur scheinbar krankheitsbedingten Fehlzeiten nicht durch die Einführung sog. „Verfügungstage“ reduziert werden könnten; derartige Verfügungstage könnte der Arbeitnehmer ent-

sprechend seinen persönlichen Vorstellungen nutzen; der Zwang zu vertragswidrigem Handeln wäre geringer.

(2) Seitens der Unternehmen könnten Anreizsysteme zwecks Reduzierung der Fehlzeiten eingeführt werden; hierdurch würde jedoch unter Umständen die Gefahr einer Verschleppung von Krankheiten heraufbeschworen werden.

(3) Die Ausstellung von Arbeitsunfähigkeitsbescheinigungen bereits bei leichten Befindlichkeitsstörungen sollte erschwert werden; manche Krankheiten und Unfälle verlangen kein 100%iges Krankschreiben (z.B. erlaubt ein Beinbruch als Folge eines Skiunfalls im allgemeinen bereits nach kurzer Zeit wieder die Ausübung einer Bürotätigkeit). Hier muß stärker den jeweiligen Umständen des Einzelfalles entsprechend entschieden werden.

(4) Eine Reduzierung der Lohn- und Gehaltsfortzahlung auf unter 100% wäre ebenfalls sozialpolitisch vertretbar, sofern sich der Abschlag in der Größenordnung der ersparten Aufwendungen (etwa für Fahrten zum Arbeitsplatz) hält.

(5) In anderen Ländern finden sehr viel schärfere Kontrollen kranker Arbeitnehmer durch Krankeninspektoren statt, ohne daß dadurch das soziale Klima „vergiftet" worden wäre. Auch in der Bundesrepublik sollte bei vermutetem Mißbrauch häufiger durch Einschaltung der Vertrauensärzte kontrolliert werden.

4.3 Soziale Sicherung bei Erwerbsminderung

Ein nicht unerheblicher Einfluß auf die Ausgabenentwicklung im Gesundheitssektor geht auch von den gesetzlichen Regelungen zur Sozialen Sicherung bei dauerhafter Minderung der Erwerbsfähigkeit aus. Besonders kontrovers wurde in den letzten Jahren die Diskussion um die **Schwerbehindertengesetzgebung** geführt; denn trotz eines Rückgangs der Kriegsversehrten ist die Zahl der Inhaber eines Schwerbehindertenausweises mittlerweile auf über 4 Mio. angestiegen, und dieser Trend zeigt weiterhin aufwärts:

(1) Die bisherigen Leistungen für Schwerbehinderte umfassen Freibeträge im Einkommensteuerrecht, Befreiung von der Kraftfahrzeugsteuer, Gebührenermäßigung im Telefonverkehr, Parkerleichterungen, Anspruch auf Wohnungsbauförderung, früherer Eintritt ins Rentenalter, frühere Pensionierung, Recht zum Beitritt zur sozialen Krankenversicherung, mehr Urlaub, erhöhter Kündigungsschutz, Befreiung von den Rundfunkgebühren, billigere Kfz-Haftpflichtversicherung, Vergünstigungen bei der Bundesbahn sowie billigere innerdeutsche Flugtickets.

(2) Die Ermittlung der für die Schwerbehinderung vorausgesetzten Minderung der Erwerbsfähigkeit um mindestens 50% kann im Einzelfall sehr problematisch sein. Bisher können sich viele kleine Behinderungen insgesamt zu einer Schwerbehinderung addieren. Der damit errechnete Behinderungsgrad muß jedoch nicht dem Gesamtbild der tatsächlichen Behinderung im Einzelfall entsprechen.

(3) Die Minderung der Erwerbsfähigkeit bedeutet nicht unbedingt in jedem Falle eine Behinderung in bezug auf den jeweils ausgeübten Beruf; es gibt bisher keinen engen Bezug zwischen der konkreten Behinderung und der ausgeübten Berufstätigkeit. Der Schwerbehindertenbegriff müßte stärker auf den Grad der beruflichen Behinderung ausgerichtet werden.

Die in der Gegenwart diskutierten Reformstrategien zielen auf eine grundsätzliche Einschränkung der Leistungen für Schwerbehinderte durch Einführung von Bedürftigkeitsnachweisen sowie auf eine Neufassung des Schwerbehindertenbegriffs (Einschränkung des Additionsprinzips; stärkere Berücksichtigung des Grades der beruflichen Behinderung) ab. Im Rahmen derartiger Reformen könnte sich die (statistische) Zahl der Schwerbehinderten vermindern; aber es könnten zugleich Mittel frei werden für diejenigen Personen, die am stärksten auf die Hilfe der Allgemeinheit angewiesen sind. Ein „Rückschritt" würde sich in dieser Weise letztlich als sozialpolitischer Fortschritt erweisen.

Neben der Schwerbehindertengesetzgebung spielen auch die gesetzlichen Regelungen zur Gewährung von **Renten bei dauerhafter Erwerbsminderung** eine nicht unbedeutende Rolle für die Ausgabenentwicklung im Gesundheitssektor. Die Invaliditätsrenten der gesetzlichen Rentenversicherung werden nach niedrigeren Berufsunfähigkeits- und höheren Erwerbsunfähigkeitsrenten unterschieden. In der Rechtsprechung besteht die Tendenz, anstelle der Berufsunfähigkeitsrente dann eine Erwerbsunfähigkeitsrente zuzuerkennen, wenn dem Behinderten keine Tätigkeit in seinem bisherigen oder einem vergleichbaren Beruf in angemessenem Umfang vermittelt werden kann. Die Vermittlung von Berufsunfähigkeitsrentnern auf Teilzeitarbeitsplätze ist gerade in der Gegenwart zunehmend schwieriger geworden; mit der Gewährung der höheren Erwerbsunfähigkeitsrente werden Arbeitsmarktprobleme auf die Rentenversicherung verlagert.

Diese begrenzte Diskussion der Bedeutung der Sozialgesetzgebung und der sich daran anschließenden Rechtsprechung für die Ausgabenentwicklung im Gesundheitssektor ist lediglich beispielhaft zu verstehen und nur an einigen wichtigen aktuellen Problemen orientiert. Auf weitere Bereiche des Rechtssystems der Sozialpolitik wird im folgenden im Zusammenhang mit der Analyse der Verhaltensweisen der Akteure des Gesundheitssystems eingegangen. Die Tatsache, daß die vorhandenen Sozialgesetze beträchtliche Schwachpunkte aufweisen oder aber zumindest zum Mißbrauch anreizen, sollte zu denken geben. Viel Überflüssiges könnte abgebaut werden; die Installierung effektiver Anreiz- und Sanktionsmechanismen könnte beträchtliche Mittel freisetzen, um einerseits den Ausgabenanstieg im Gesundheitssektor zu begrenzen und andererseits die knappen verfügbaren Mittel wieder stärker den wirklich Bedürftigen zukommen zu lassen.

5. Ordnungspolitische Probleme der Nachfrage nach Gesundheitsgütern

Nach der Erörterung des Einflusses veränderter gesellschaftlicher Rahmenbedingungen sowie der Sozialgesetzgebung und der Sozialrechtsprechung auf die Ausgabenentwicklung im Gesundheitssektor sollen nunmehr die Marktbeziehungen im Gesundheitswesen analysiert werden. Dabei muß beachtet werden, daß es sich bei den Märkten für Gesundheitsgüter um typische **unvollkommene Märkte** handelt. Dies zeigt sich in der Heterogenität der Marktobjekte (Differenzierung der Gesundheitsgüter nach Krankheitsbildern und -verläufen, Einsatz unterschiedlicher Behandlungsmethoden und -mittel, Grad der spezifischen Vertrauensbildung zwischen Arzt und Patient) und in dem hohen Maß an Intransparenz (fehlende Markt-, Leistungs- und Kostentransparenz). Im Gegensatz zu anderen Märkten sind die Gesundheitsmärkte damit durch ein hohes Maß an Anbieterdeterminiertheit der Nachfrage gekennzeichnet; die Nachfrage ist in erheblichem Umfange angebotsbestimmt (vgl. *Ph. HERDER-DORNEICH*, 1984, S. 6; *M. PFAFF*, 1984, S. 14). Vor diesem Hintergrund führt das umfassende System staatlicher Regulierungseingriffe zu gravierenden ordnungspolitischen Defekten, die die bisherige Ausgabenentwicklung wesentlich mitbestimmt haben (vgl. *Ph. HERDER-DORNEICH*, 1982; *Ph. HERDER-DORNEICH*, u.a., 1984).

Im folgenden stehen zunächst ordnungspolitische Probleme der Nachfrage nach Gesundheitsgütern zur Diskussion. Als erstes wird die Frage gestellt, in welcher Weise das gegenwärtige Gesundheitssystem die Nachfrager zu einem Verhalten veranlaßt, das schließlich zu einer unaufhörlichen Expansion der Gesundheitsausgaben führen muß. Sodann werden mögliche Reformstrategien bei grundsätzlicher Beibehaltung des vorhandenen Systems diskutiert. Zum Schluß sollen einige Perspektiven für eine behutsame Weiterentwicklung des Systems der Versorgung mit Gesundheitsgütern aufgezeigt werden.

5.1 Das Moral Hazard-Phänomen im Gesundheitswesen

In der Bundesrepublik Deutschland ist gegenwärtig der weitaus überwiegende Teil der Bevölkerung in der gesetzlichen Krankenversicherung versichert, die sich für die meisten Mitglieder als Pflicht- bzw. Zwangsversicherung darstellt. Die Wahlmöglichkeiten zwischen den verschiedenen Krankenkassen sind stark begrenzt; die Leistungskataloge sind überwiegend vereinheitlicht. Die Finanzierung der Leistungen erfolgt fast ausschließlich aus Beiträgen der Versicherten; die Beitrágssätze sind innerhalb einer Kasse grundsätzlich für alle Versicherten gleich und werden auf das beitragspflichtige Einkommen angewendet. Die Leistungsabgabe erfolgt nach dem Bedarfsprinzip und richtet sich nicht nach der Höhe der gezahlten Beiträge.

Im Krankheitsfalle muß sich der einzelne Versicherte zwischen der Selbstmedikation und dem Arztbesuch entscheiden. Durch die **Selbstmedikation** fallen monetäre Kosten (z.B. für selbst zu bezahlende Arzneimittel) und nichtmonetäre Kosten (z.B. Informationskosten sowie Organisationskosten) an. Auf der anderen Seite entstehen durch den **Arztbesuch** ebenfalls monetäre Kosten (z.B. Fahrtkosten) sowie nichtmonetäre Kosten (analog zur Selbstmedikation). Bei gleichem Nutzen von Selbstmedikation und Arztbesuch (z.B. bei leichten Befindlichkeitsstörungen) trifft der Versicherte seine Entscheidung aufgrund des **Kostenvergleichs** der beiden Alternativen.

Entscheidet sich der einzelne Versicherte für die Inanspruchnahme der Leistungen eines professionalisierten Anbieters von Gesundheitsgütern, so ergibt sich für ihn folgendes **Kalkül**:

(1) Die *Zielfunktion* des einzelnen Versicherten ist dadurch gekennzeichnet, daß er ein möglichst hohes Maß an gesundheitlichem Wohlbefinden erreichen will. Dabei ist allerdings die Inanspruchnahme von Gesundheitsgütern im allgemeinen mit einem fallenden Grenznutzen verbunden. Es existiert demzufolge ein Nutzenmaximum.

(2) Zwischen dem Grad der Versorgung mit Gesundheitsgütern und den gezahlten *Beiträgen* besteht keine direkte Beziehung. Die Beiträge müssen in jedem Fall gezahlt werden, und sie verändern sich für den einzelnen Versicherten nicht unmittelbar mit dem Grad der Leistungsinanspruchnahme.

(3) Die Nachfrage nach Gesundheitsgütern unterliegt somit im individuell-ökonomischen Kalkül einer *Nulltarifregelung*. Der einzelne Versicherte wird daher seine individuelle Nachfrage bis zur Sättigungsgrenze ausdehnen.

(4) Monetäre und nichtmonetäre Kosten der Inanspruchnahme der Leistungen professionalisierter Anbieter von Gesundheitsgütern können zu einer *mengenmäßigen Begrenzung* der Nachfrage vor dem Sättigungsniveau führen. Dies gilt insbesondere dann, wenn diese Kosten nicht durch zusätzliche Nutzen ausgeglichen werden (z.B. Freistellung von der Arbeit für die Zwecke des Arztbesuchs mit der Möglichkeit, im Wartezimmer die neuesten Zeitschriften zu lesen).

(5) Auf der anderen Seite geht von den *Preisen je Mengeneinheit* der Gesundheitsgüter kein Bremseffekt auf das Verhalten der Versicherten aus. Der Versicherte interessiert sich regelmäßig nicht für den Preis der Gesundheitsgüter, da dieser Preis von der Krankenversicherung gezahlt wird.

Unter diesen Voraussetzungen entwickelt sich bei den Nachfragern nach Gesundheitsleistungen eine Art **Freifahrer-Mentalität** im Sinne eines moral hazard-Phänomens. Die Versicherten fragen alle Gesundheitsleistungen nach, die gemäß ihrer Einschätzung überhaupt noch einen Nutzen stiften. Verhalten sich alle Versicherten in dieser Weise, so kommt es zu einer Ausgabenexplosion im Gesundheitssektor mit entsprechenden Rückwirkungen auf die Beitragsgestaltung. Diese Rückkoppelung empfinden die Versicherten zweifellos als negativ. Sie werden aber solange eine maximale Menge von Gesundheitsleistungen nachfragen, wie sie die Wahrscheinlichkeit von dadurch bedingten Beitragserhöhungen gering einschätzen oder aber der Auffassung sind, durch eine exzessive Nachfrage nach Gesundheitsgütern für sich selbst Vorteile im Vergleich zu anderen Versicherten erlangen zu können (vgl. *B. KÜLP*, 1963; *H. JOSEPH*, 1972, S. 152 ff.; *H. MÜLLER-GRÖLING*, 1973, S. 59 ff.; *H. WEISSENBÖCK*, 1974; *B. MOLITOR*, 1975, S. 11 ff.; *A. J. CULYER*, 1976; *Ph. HERDER-DORNEICH*, 1976b; *B. MOLITOR*, 1976a, S. 240 ff.; *K.-D. HENKE*, 1977b, S. 179 ff.; *H. BONUS*, 1978, S. 51 ff.; *E. FORSTER*, 1978, S. 241 ff.; *B. KÜLP*, 1978, S. 204 ff.; *W. MAHR*, 1978, S. 85 ff.; *K. SCHAPER*, 1978, *K. SCHAPER*, 1979, S. 178 ff.; *E. KNAPPE*, 1981, S. 499 ff.).

Damit ist die steigende Nachfrage nach Gesundheitsgütern eine zwangsläufige Folge ordnungspolitischer Defekte. Das Individualinteresse des Versicherten und das Gruppeninteresse aller Versicherten fallen aus systematischen Gründen auseinander; das System setzt vor allem Anreize für eine übermäßige Nachfrage nach Gesundheitsgütern und nicht für einen sparsamen Umgang mit ihnen. Die in der Diskussion befindlichen Reformstrategien bezwecken letztlich eine Annäherung des Individualinteresses an das Gruppeninteresse, um von daher die Ausgabenentwicklung im Gesundheitssektor zu bremsen (Überwindung der Rationalitätenfalle).

5.2 Möglichkeiten der Nachfragesteuerung im gegenwärtigen System

5.2.1 Probleme der Kostentransparenz

Die in der Diskussion befindlichen Reformstrategien zielen darauf ab, mehr marktwirtschaftliche Anreiz- und Sanktionsmechanismen in das vorhandene System der Versorgung mit Gesundheitsgütern einzubringen. Auch für den Gesundheitssektor soll ein Mehr an Markt zu einer Lösung der Probleme beitragen.

Marktliche Steuerungsmechanismen funktionieren aber umso besser, je größer die Markttransparenz ist, und daher verwundert es auch nicht, wenn in vielen Reformvorschlägen ein Abbau der im Gesundheitswesen vorherrschenden **Intransparenz** gefordert wird. Ein gesundheitspolitisch vernünftiges und gesamtwirtschaftlich verantwortliches Handeln sei im Gesundheitswesen nur zu erwarten, wenn die Entscheidungen von Patienten und Ärzten, von Krankenkassen und ihren Vertragspartnern in Kenntnis der medizinischen und ökonomischen Auswirkungen getroffen würden. In diesem Sinne beklagte auch der Sachverständigenrat zur Begutachtung der gesamtwirtschaftlichen Entwicklung (1983) die Intransparenz des Sachleistungsprinzips.

Zweifellos ist die **Kritik** an der mangelnden Information der Versicherten über die durch sie verursachten Kosten berechtigt. Der einzelne Versicherte der gesetzlichen Krankenversicherung hat keine Informationen darüber, welche Kosten durch seine Inanspruchnahme des Gesundheitssystems für die Solidargemeinschaft der Versicherten entstehen. Der Kassenpatient liefert regelmäßig seinen Krankenschein ab und erfährt niemals, welche Leistungen auf der Rückseite des Krankenscheins vermerkt werden. Es liegt auf der Hand, daß dieses System mißbraucht werden kann. Aber auch die Rechnungen der Privatärzte sind überwiegend für den Patienten schwer zu verstehen. In keinem Berufszweig gibt es eine ähnlich unverständliche Form der Rechnungstellung. Insgesamt taucht die Frage auf, wie denn überhaupt der einzelne Versicherte zu kostenbewußtem Verhalten im Interesse der Solidargemeinschaft veranlaßt werden kann, wenn er im Verhältnis zum Gesundheitssektor zeit seines Lebens als unmündiger Mensch betrachtet wird.

Die Bundesregierung fördert seit 1981 **Modellversuche** zur Erhöhung der Transparenz von Kosten und Leistungen in der gesetzlichen Krankenversicherung. Dabei soll untersucht werden, wie in geeigneter Weise Krankheitsfälle hinsichtlich der in Anspruch genommenen Leistungen überprüft und Versicherte und behandelnde Ärzte ohne viel Verwaltungsaufwand über diese Leistungen und ihre Kosten von der Krankenkasse unterrichtet werden können. An diesen Modellversuchen ist eine Reihe von Orts-, Betriebs-, Innungskrankenkassen und Ersatzkassen sowie Kassenärztlichen Vereinigungen in verschiedenen Regionen beteiligt. Berücksichtigt werden Bereiche wie die Arzneimittelversorgung, zahnärztliche Versorgung, Krankheitsfälle mit hohen Behandlungskosten, Krankenhauseinweisungen und betriebsbezogene Krankheitsschwerpunkte. Mit der Vorlage erster verwertbarer Ergebnisse ist wohl in naher Zukunft zu rechnen.

Die Kostentransparenz könnte für die Versicherten zweifellos dadurch erhöht werden, daß das bereits für die privaten Krankenversicherungen geltende **Kostenerstattungsprinzip** generell eingeführt würde. In diesem Falle erhielten alle Versicherten Rechnungen über die Kosten der von ihnen im Laufe einer Periode in Anspruch genommenen Gesundheitsleistungen. Allerdings ist der Kostendämpfungseffekt einer solchen Maßnahme ungewiß. „Versicherte, die sehen, daß ihr individuelles Kosten-Nutzen-Kalkül in der Vergangenheit aufgegangen ist, würden ihre Leistungsinanspruchnahme nach wie vor für gerechtfertigt erachten. Für diejenigen Versicherten aber, die feststellten, daß sie im Vergleich zur Höhe ihrer Beitragszahlung relativ wenig Ausgaben verursachten, würde es eher rational sein, ihren Konsum an Gesundheitsleistungen auszudehnen, um zumindest ein Äquivalent für ihre Beitragszahlungen zu erhalten" (*Ph. HERDER-*

DORNEICH, 1984, S. 7). In diesem Sinne könnte die Erhöhung der Markttransparenz sogar zu einer verstärkten Leistungsinanspruchnahme anregen und wäre damit im Hinblick auf die Ausgabenentwicklung im Gesundheitssektor negativ zu bewerten.

5.2.2 Selbstbeteiligungsmodelle

Die Auswirkungen erhöhter Markttransparenz könnten jedoch dann positiv sein, wenn mit der Einführung des Kostenerstattungsprinzips gleichzeitig Selbstbeteiligungssysteme eingeführt würden. Grundsätzlich zielen alle Selbstbeteiligungsstrategien darauf ab, dem **Verursacherprinzip als Finanzierungsregel** für Gesundheitsleistungen einen höheren Stellenwert als bisher einzuräumen. Indem die empfangenen Leistungen in mehr oder weniger begrenztem Umfange selbst bezahlt werden müssen, wird von der Nulltarifregelung abgegangen und eine partielle Einführung von marktlichen Steuerungsmechanismen bewirkt (vgl. *H. MARBURGER*, 1972, S. 573 ff.; *G. GRIESEWELL*, 1976, S. 221 ff.; *K.-D. HENKE*, 1976, S. 236 ff.; *H. SCHMIDT-KEMPTEN*, 1976, S. 5 f.; *E. STANDFEST*, 1976, S. 70 ff.; *H. G. TIMMER*, 1976, S. 269 ff.; *G. GRIESEWELL*, 1977, S. 84 ff.; *H. JÄGER*, 1977, S. 44 f.; *K. SCHAPER*, 1977, S. 637 ff.; *H. FRIEL*, 1978, S. 284 ff.; *U. KRUSE*, 1978, S. 115 ff.; *R. LÜDEKE*, 1978/79, S. 73 ff.; *G. BRENNER*, 1979, S. 8 ff.; *H.-L. DORNBUSCH*, 1979, S. 324 ff.; *G. BRENNER/J. BOESE*, 1980; *F. E. MÜNNICH*, 1980, S. 12 ff.). Die ordnungspolitischen Defekte des Gesundheitssektors könnten damit, wenn auch nicht beseitigt, so doch gemildert werden (vgl. *INTERN. GESELLSCHAFT*, 1980; *J. H. SOMMER/R. E. LEU*, 1984).

Der Erfolg derartiger Selbstbeteiligungsstrategien (vgl. *Ph. HERDER-DORNEICH*, 1984, S. 7 f.; *F. E. MÜNNICH*, 1984, S. 9 f.; *M. PFAFF*, 1984, S. 14 f.) ist jedoch solange ungewiß, wie nicht ausreichende empirische Befunde über die **Preiselastizität der Nachfrage** nach Gesundheitsgütern vorliegen. Bisher ist man weitgehend auf Vermutungen angewiesen:

(1) Es spricht einiges dafür, daß die Preiselastizität bei Vorsorge- und Früherkennungsmaßnahmen sehr hoch ist; in diesem Fall ist ja ein unmittelbarer Leidensdruck noch nicht vorhanden. Würde man daher die Vorsorge- und Früherkennungsuntersuchungen in eine solche Selbstbeteiligungsstrategie einbeziehen, so würde man sie weitgehend unterdrücken und damit letztlich die Gesundheit weiter Bevölkerungskreise gefährden.

(2) Sehr hoch dürfte auch die Preiselastizität der Nachfrage nach Bagatellarzneimitteln sein; für derartige Bagatellarzneimittel ist eine 100%ige Selbsttragung vertretbar, vorausgesetzt, daß sie nicht der Behandlung chronischer und langandauernder Gesundheitsdefizite dienen.

(3) Bei denjenigen Gesundheitsleistungen, die neben dem gesundheitsfördernden auch einen kosmetischen Wert haben, wie bestimmte Brillen oder Zahnersatzleistungen bestimmter Qualität, dürfte ebenfalls eine hohe Preiselastizität der Nachfrage vorliegen. Hier spricht nichts aus gesundheitspolitischer Sicht gegen eine hohe Selbstbeteiligung.

(4) Aussagen über die Preiselastizität der Nachfrage nach ambulanter Behandlung sind nur schwer zu treffen; es kommt im einzelnen auf den Grad der Gesundheitsgefährdung und den bereits bestehenden Leidensdruck an. Insbesondere für leichtere Befindlichkeitsstörungen dürfte eine sehr hohe Preiselastizität der Nachfrage unterstellt werden können; diese sollten in eine Selbstbeteiligungsstrategie einbezogen werden, während in anderen Fällen die Selbstbeteiligung gesundheitspolitisch bedenklich sein kann.

(5) Eine geringe Preiselastizität der Nachfrage dürfte im großen und ganzen für die Krankenhausleistungen unterstellt werden können. Da die Gesundheitsdefizite, die eine stationäre Behandlung erforderlich machen, regelmäßig überdurchschnittlich ernster Natur sind, sollte nicht versucht werden, die in diesem Bereich festzustellende geringe Preiselastizität der Nachfrage zu einer überproportional hohen Selbstbeteiligung im Vergleich zur ambulanten Behandlung zu nutzen.

Jede marktwirtschaftliche Lösung gesellschaftlicher Probleme setzt ein **funktionsfähiges Preissystem** voraus. Preise beziehen sich stets auf bestimmte Produkte, die in irgendeiner Weise abgegrenzt werden müssen. Von den Anbietern der Gesundheitsgüter wird im allgemeinen bestritten, daß eine solche **Produktdefinition** für ihre Leistungen möglich ist. Inzwischen ist jedoch in den USA für die Krankenhausabrechnungen des Sozialprogramms „medicare" das System der „diagnosis related groups" (DRG) verbindlich eingeführt worden. Für die ambulante und die stationäre Behandlung werden auf diese Weise Produktdefinitionen abgegeben, die es erstmals erlauben, vom Faktoreinsatz losgelöste Produktpreise zu bestimmen, die allgemeine Grundlage eines neuen Vergütungssystems werden können. Eher als die traditionellen Vergütungsformen ermöglichen die DRG-Preise ein besseres Funktionieren der Gesundheitsmärkte (vgl. *F. E. MÜNNICH*, 1984, S. 10).

Unterstellen wir im folgenden die Existenz angemessener Produktdefinitionen. Diese sollen sich auf typisierte Behandlungsfälle mit abgegrenztem Leistungsspektrum beziehen, die gesundheitspolitisch weitgehend unbedenklich in Selbstbeteiligungsstrategien einbezogen werden können. Für diese Behandlungsfälle ist in der Realität eine nicht unbeachtliche **Kostenspannweite** festzustellen, die nicht die Folge unterschiedlicher Preise bestimmter Teilleistungen ist, sondern vor allem auf unterschiedliche Leistungsmengen und -strukturen zurückgeht. Die Gründe können verschiedener Art sein:

(1) unterschiedliche Einschätzung des notwendigen Leistungsbündels im einzelnen Behandlungsfall durch die verschiedenen Ärzte;

(2) unterschiedliche individuelle Ziele (Arzt als „Wohltäter" oder „Einkommensmaximierer") und Verhaltensweisen (unterschiedliche Ausschöpfung des vorhandenen Möglichkeitsbereichs der Inrechnungstellung);

(3) unterschiedliche Kapitalintensität der Arztpraxen (Vordringen medizinisch-technischer Leistungen der eigenen Praxis anstelle der externen Leistungserstellung in notwendigen Fällen; Problem der Auslastungseffekte der vorhandenen medizinisch-technischen Apparatur).

Vor diesem Hintergrund werden verschiedene **Selbstbeteiligungsformen** diskutiert, die nicht zu sozial untragbaren Lasten führen oder aber sozial verträglich gestaltet werden können:

(1) Modell I:

Nach dem Modell der absoluten Selbstbeteiligung zahlen die Patienten je Behandlungsfall einen Festbetrag; die darüber hinausgehenden Behandlungskosten werden von der Krankenversicherung übernommen. Der Festbetrag kann nach Maßgabe des Einkommens des Versicherten einer sozialen Staffelung unterliegen.

(2) Modell II:

Nach dem Modell der proportionalen Selbstbeteiligung ist ein bestimmter Prozentsatz für die Kostenbeteiligung festzulegen. Dieser könnte dadurch sozial beschränkt werden, daß er erst ab einer bestimmten Einkommensgrenze zur Anwendung gelangt.

(3) Modell III:

Nach dem Indemnitätsmodell zahlt die Versicherung die Behandlungskosten bis zu einem Maximalbetrag; die Differenz zum Rechnungspreis hat der Versicherte im Einzelfall voll zu tragen. Die Kostenerstattungsbeträge sind innerhalb der Spannweite der empirisch vorkommenden Kosten je Behandlungsfall festzulegen. Sozialen Härten wäre dadurch Rechnung getragen, daß es bei den festgelegten Kostenerstattungen immer Anbieter von Gesundheitsleistungen geben wird, die diese zu diesen Beträgen erbringen wollen.

Übersicht 14: Selbstbeteiligungsmodelle in der Krankenversicherung

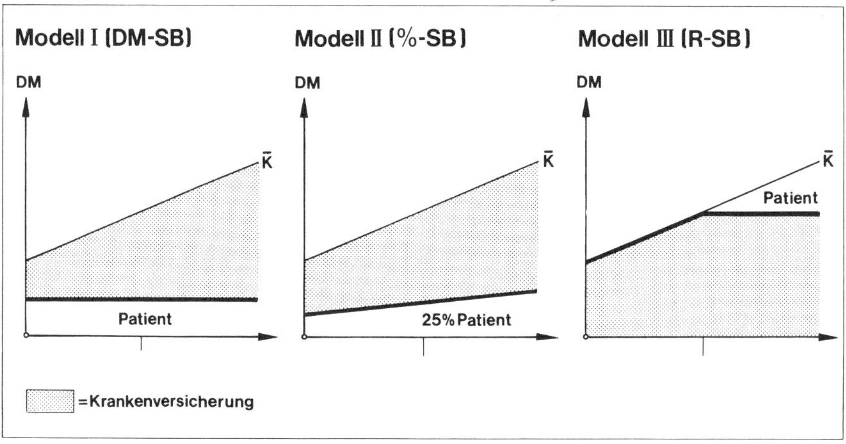

Durch Einführung jedweder Form der Selbstbeteiligung soll vorrangig das Patientenverhalten beeinflußt werden. Die Nachfrager nach Gesundheitsleistungen sollen dazu veranlaßt werden, überdurchschnittlich teure Anbieter abzuwählen. In diesem Sinne sind jedoch die **Erfolgsaussichten** der verschiedenen Selbstbeteiligungsmodelle unterschiedlich zu beurteilen:

(1) Nach dem Modell I kommt die beabsichtigte Steuerungswirkung der Nachfrage nach Gesundheitsleistungen kaum zustande. Der Versicherte muß in jedem Fall einen Festbetrag zahlen; den Rest zahlt die Versicherung. Dem Versicherten kann es daher gleichgültig sein, wie hoch die gesamten Kosten des Behandlungsfalls sind.

(2) Nach dem Modell II werden zwar Anreize für die Abwahl teurer Ärzte gesetzt. Da jedoch der Anstieg des Selbstbeteiligungsbetrages stets geringer ist als derjenige der Behandlungskosten, kann sich die Steuerungswirkung dieses Selbstbeteiligungsmodells nur begrenzt entfalten.

(3) Deutlich stärker sind die Anreize für die Abwahl teurer Ärzte im Modell III. Unterdurchschnittlich teure Ärzte werden keine Änderung des Patientenverhaltens erfahren; überdurchschnittlich teure Ärzte werden ganz oder teilweise abgewählt. Der hierfür gesetzte Anreiz ist kostenproportional ausgestaltet.

Im Rahmen der in der Gegenwart diskutierten Selbstbeteiligungsstrategien kommt dem Indemnitätsmodell eine besondere Bedeutung zu. Indem dem Versicherten für jede Gesundheitsleistung nur ein bestimmter Absolutbetrag erstattet wird und er die Differenz zum Rechnungspreis selbst tragen muß, kommt eine Steuerungswirkung im Hinblick auf die Nachfrage nach Gesundheitsleistungen zustande; der Versicherte wird danach trachten, die Selbstbeteiligung zu vermeiden; er wird sich einen entsprechenden Leistungsanbieter suchen. Auf diese Weise geht von der Nachfragesteuerung nach dem Indemnitätsmodell insgesamt ein Druck auf die Ausgabenentwicklung im Gesundheitssektor aus. Dabei müßte die Entstehung eines Preiswettbewerbs durch angemessene Veränderungen des Standesrechts flankiert werden.

Allerdings dürfen die **Implementationsprobleme** einer sachgerechten Abgrenzung typischer Behandlungsfälle und notwendiger Leistungen nicht übersehen werden. Die gesundheitspolitisch erforderliche Mindestversorgung der Bevölkerung muß ebenso sehr gewährleistet werden wie die Beibehaltung angemessener Handlungsspielräume für die Ärzte. Nur in diesem Rahmen lassen sich gesundheitspolitische und ökonomische Erfordernisse in Einklang bringen.

5.3 Nachfragesteuerung und Reform der Krankenversicherung

5.3.1 Kassenwahlfreiheit und Wettbewerb

Das System der Krankenversicherung ist in der Bundesrepublik Deutschland als ein **Mischsystem** ausgestaltet, in dem eine große Zahl gesetzlicher Krankenkassen und eine Reihe privater Krankenkassen nach unterschiedlichen Prinzipien arbeiten. Die gesetzlichen Krankenkassen verbinden das Versicherungsprinzip mit dem Prinzip des sozialen Ausgleichs, während die privaten Krankenkassen sich stärker an dem versicherungstechnischen Äquivalenzprinzip orientieren. Zwischen den gesetzlichen Krankenkassen ist nur ein begrenzter Wettbewerb festzustellen.

Ziel des Wettbewerbs der gesetzlichen Krankenkassen untereinander ist nicht die Erhöhung des Gewinns (satzungsmäßig ausgeschlossen), sondern die Erhöhung des Marktanteils und die Verbesserung der Risikostruktur (vgl. *D. CASSEL*, 1984, S. 31 f.):

(1) Hohe Mitgliederzahlen können die Verhandlungsmacht der Krankenkasse im Leistungsbereich verbessern. Dies kann sich günstig auf die Entwicklung der Beitragssätze auswirken.

(2) Eine überdurchschnittlich gute Mitgliederstruktur wird durch eine starke Konzentration guter Versicherungsrisiken in einer Krankenkasse realisiert. Dies wirkt sich auf die Dauer auf die Beitragssätze aus.

Ein freier Wettbewerb zwischen den gesetzlichen Krankenkassen müßte grundsätzlich zu gleichen Preisen für gleiche Leistungen führen. Erhebliche Unterschiede in den Beitrags-Leistungs-Relationen weisen auf einen **beschränkten Wettbewerb** hin, der diskriminierende Ergebnisse bedingt. „Die Beschränkung der Kassenwahlfreiheit insbesondere auf die in der Regel höherverdienenden Angestellten, verbunden mit einer Reihe weiterer Beschränkungen in der Anwendung von Wettbewerbsparametern, benachteiligt von vornherein bestimmte Kassenarten als Wettbewerber und führt im Wettbewerbsergebnis zu unterschiedlichen Beitragssätzen" (*D. CASSEL*, 1984, S. 32). Die Marktanteilsverschiebungen zwischen den Kassenarten sind kaum Ausdruck eines Preis- und Leistungswettbewerbs, sondern eher Ausdruck seiner systematischen Beschränkung durch rechtlich-institutionelle Wettbewerbsverzerrungen.

Der Wettbewerb zwischen den Krankenkassen könnte dadurch verstärkt werden, daß die **Kassenwahlfreiheit** auf seiten der Versicherten verbessert würde. Zwar regelt die geltende Reichsversicherungsordnung die Kassenzugehörigkeit nicht in der Weise, daß alle Personen jeweils einzelnen eindeutig zuständigen gesetzlichen Krankenkassen zugewiesen wären. Immerhin haben aber nur etwa 50% der Pflichtversicherten und der freiwillig Versicherten der gesetzlichen Krankenversicherung individuelle Wahlmöglichkeiten. Diese sind jedoch entscheidend für das Zustandekommen und die Intensität eines Wettbewerbs zwischen den Krankenkassen.

Unter **Effizienzgesichtspunkten** müßte den Versicherten die uneingeschränkte Wahlmöglichkeit zwischen verschiedenen Krankenkassen eingeräumt werden. Dies würde dazu beitragen, daß die Krankenkassen sich um ein vernünftiges Leistungsangebot zu vernünftigen Konditionen bemühen würden und daß wirtschaftlicher mit den Beiträgen der Versicherten umgegangen würde. Effizienzgesichtspunkte können auch im Bereich der Krankenkassen verstärkt zum Tragen kommen (vgl. *W. HAMM*, 1980, S. 88 f. und 95 f.).

Allerdings muß man sich darüber im klaren sein, daß sich hier ein **Grundwiderspruch zwischen Effizienzprinzip und Solidarprinzip** auftut. Die Leistungsinanspruchnahme ist nach Alter, Geschlecht, Familiengröße und Morbidität sehr unterschiedlich; es ist in dieser Weise zwischen „guten" und „schlechten" Risiken zu unterscheiden. In der bereits vorgegebenen Situation erheblich differenzierter Beitragssätze bei weitgehend einheitlicher Leistungsstruktur müßte die Einführung einer vollständigen Kassenwahlfreiheit zu einer weiteren Abwanderung „guter Risiken" zu den Kassen mit den niedrigeren Beitragssätzen führen. Die Differenzierung der Beitragssätze müßte sich von daher noch verstärken, dies möglicherweise sogar in einem kumulativen Prozeß. Im Ergebnis würde faktisch das Solidarprinzip zugunsten des Äquivalenzprinzips völlig aufgegeben. Das Verursacherprinzip würde sich als Finanzierungsregel bei gleichzeitiger Konzentration „guter" bzw. „schlechter" Risiken auf bestimmte Kassenarten vollständig durchsetzen.

5.3.2 Wahltarife und Wettbewerb

Wettbewerbspolitisch kann es nicht allein darum gehen, gleiche Wettbewerbschancen durch Einführung einer völligen Kassenwahlfreiheit herbeizuführen; das gewachsene Krankenversicherungssystem müßte vielmehr einer flankierenden Reform unterzogen werden (vgl. *D. CASSEL*, 1984, S. 33). Dem Wettbewerb zwischen den gesetzlichen Krankenkassen kann nur durch Freigabe aller Wettbewerbsparameter sinnvolle Funktionen gegeben werden. Hierzu gehört insbesondere eine **Auflockerung des bestehenden Vollversicherungszwanges** durch Einführung von Wahltarifen mit entsprechenden Beitragsstaffelungen und unterschiedlichen Selbstbeteiligungsgraden:

(1) Der weitgehend standardisierte Leistungskatalog der gesetzlichen Krankenkassen umfaßt auch solche Leistungen, die nicht unbedingt im Rahmen einer Zwangsversicherung geregelt werden müßten. Insbesondere könnten leichtere Befindlichkeitsstörungen aus dem Leistungskatalog der Zwangsversicherung herausgenommen werden. Die Bezahlung dieser Leistungen würde dann dem Versicherungsnehmer im Falle der Inanspruchnahme selbst obliegen; er könnte natürlich auch eine private Zusatzversicherung abschließen.

(2) Vorbeugungs- und Früherkennungsleistungen müßten von allen Krankenkassen in ähnlicher Weise angeboten werden; sie dürften weder für die Krankenkassen noch für die Versicherten im Rahmen von Wahltarifen zur Disposition stehen. Ähnliches gilt für gravierende Krankheitsrisiken.

(3) Zwischen den leichten Befindlichkeitsstörungen auf der einen Seite und den gravierenden Krankheitsrisiken sowie den Vorbeugungs- und Früherkennungsmaßnahmen auf der anderen Seite liegt ein weites Spektrum von Gesundheitsstörungen und entsprechenden Leistungen der Krankenkassen, für die Wahltarife mit einer Beitragsstaffelung eingeführt werden könnten. Durch unterschiedliche Selbstbeteiligungsgrade könnte darüber hinaus die Differenzierung des Leistungsangebots verstärkt werden.

Vollständige Kassenwahlfreiheit der Versicherten sowie Wahltarife mit Beitragsstaffelungen und unterschiedlichen Selbstbeteiligungsgraden würden nicht nur die Wettbewerbsintensität im Bereich der Krankenversicherung erhöhen, sondern auch die Möglichkeiten einer effektiven **Nachfragesteuerung** verbessern. Bei entsprechender Markttransparenz würden sich die Versicherten für diejenigen Krankenkassen entscheiden, die sich erfolgreich um ein vernünftiges Leistungsangebot zu vernünftigen Konditionen bemühen. Die Versicherten würden nicht mehr die Gesundheitsgüter bis zur Sättigungsmenge nachfragen, da mit den Wahltarifen, Beitragsstaffelungen und unterschiedlichen Selbstbeteiligungsgraden marktliche Anreiz- und Sanktionsmechanismen verstärkt zum Tragen kommen würden. Die Effizienz der Versorgung mit Gesundheitsgütern würde erhöht werden, ohne daß sich die **Marktanteile** zwischen den gesetzlichen Krankenkassen wesentlich verschieben müßten. Die gesetzliche Krankenversicherung könnte zugleich zum Versicherungsgedanken zurückfinden.

Unverkennbar ist jedoch mit einer solchen Reform ein **Abbau des Solidarprinzips** des sozialen Ausgleichs verbunden. Aber auch so ist es nur eine Frage der Zeit, bis das Äquivalenzprinzip die gesetzlichen Krankenkassen durchdrungen haben wird, dies dann allerdings mit diskriminierenden Wirkungen für diejenigen, die bei beschränkter Kassenwahlfreiheit in den Kassen mit höheren Beitragssätzen bleiben müssen. Effizienzgesichtspunkte und das Prinzip der Nichtdiskriminierung sprechen für eine Reform der gesetzlichen Krankenversicherung. Sozialen Härten, die nicht vermieden werden können, könnte durch eine verstärkte **Subjektförderung** (z.B. im Rahmen des Familienlastenausgleichs) begegnet werden, die in der Regel sowieso eine größere soziale Treffsicherheit aufweist als alle von den Leistungsempfängern selbst losgelösten Formen staatlicher Sozialpolitik.

6. Ordnungspolitische Probleme des Angebots an Gesundheitsgütern

Die Analyse der Angebotsprobleme des Gesundheitssektors erfolgt zweckmäßigerweise nach typischen Leistungsbereichen, denen zugleich bestimmte Anbieter mit spezifischen Interessen zugeordnet werden können. Wir betrachten zunächst die ärztlichen und zahnärztlichen Leistungen, sodann diejenigen der Krankenhäuser und schließlich die Versorgung der Kranken mit Arznei-, Heil- und Hilfsmitteln im weitesten Sinne.

6.1 Ärzte und Zahnärzte

Im Rahmen der Bereitstellung von Gesundheitsgütern kommt den niedergelassenen Ärzten die entscheidende **Steuerungsfunktion** zu. Auf sie entfällt nicht nur knapp ein Viertel der gesamten Leistungsausgaben der Krankenversicherung, sondern sie determinieren auch in entscheidender Weise die Nachfrage nach Gesundheitsgütern sowie die Angebotsentwicklung anderer Leistungsträger. In einer **ökonomischen Betrachtungsweise** kann für die Ärzte unterstellt werden, daß sie in erster Linie an ihrem persönlichen Nutzen, dargestellt durch ihr Einkommen, interessiert sind; daß diese Interessenlage durch ethische Randbedingungen relativiert wird, mag außer Frage stehen; aber in diesem Rahmen ist das Einkommensstreben das dominierende Argument in der ärztlichen Zielfunktion.

6.1.1 Anbieterinduzierte Leistungserstellung

Im Rahmen ihrer **Zielfunktion** bieten Ärzte und Zahnärzte nicht nur präventive und kurative Leistungen an, sondern bestimmen auch zugleich ihren Umfang. Der einzelne Arzt entscheidet aufgrund seiner fachlichen Kompetenz, welche Behandlungsmethoden über welchen Zeitraum mit welcher zeitlichen Verteilung eingesetzt werden. Der einzelne Versicherte hat hierauf kaum einen Einfluß, da er überwiegend fachlich uninformiert ist und seine Informationslücken auch während der ambulanten Behandlung kaum geschlossen werden. Da der einzelne Versicherte im gegenwärtigen Gesundheitssystem zudem grundsätzlich die Sättigungsmenge an Gesundheitsgütern nachfragt, stimmen seine Interessenlage und die des Arztes weitgehend überein. Die Nachfrage nach Gesundheitsleistungen ist in hohem Maße angebotsdeterminiert; Ärzte und Zahnärzte können die Entwicklung ihres Einkommens zu einem beachtlichen Teil selbst steuern.

Zur Entstehung dieser Situation haben nicht zuletzt der medizinisch-technische Fortschritt mit dem Vordringen der **apparativen Medizin** sowie der Übergang zur **Einzelleistungsvergütung** im Jahre 1965 beigetragen. Apparative medizinische Leistungen können von Hilfskräften erbracht werden und vergrößern das Einkommen des Arztes weitgehend ohne zusätzliche Arbeitsbelastung für ihn selbst. Die Einzelleistungsvergütung fördert den Trend zur Ausweitung des mengenmäßigen Behandlungsaufwandes je Patient, da nunmehr jede einzelne Leistung mit einem „Festpreis" honoriert wird. Der Arzt kann über eine Steuerung der Menge und Struktur seiner Leistungen sein Einkommen verbessern. Die Gesamtvergütungen haben sich kaum als eine wirksame Bremse erwiesen. So hat sich in den Jahren 1980 bis 1983 die pro Krankheitsfall abgerechnete „Punktzahl", in der die Leistungen je Patient zum Ausdruck kommen, um 3,5% p.a. erhöht, wobei der Zuwachs im Bereich der medizinisch-technischen Laborleistungen besonders ausgeprägt war (vgl. *DEUTSCHE BUNDESBANK*, 1985b, S. 34).

Allerdings hat in den letzten Jahren die **Inanspruchnahme der Ärzte** durch die Versicherten leicht abgenommen. 1981 war die Zahl der Behandlungsfälle pro Arzt praktisch nicht größer als ein Jahr zuvor; in den beiden folgenden Jahren ging sie sogar zurück. 1983 nahm die Zahl der behandelten Patienten pro Arzt um fast 4% ab; 1985 dürfte sich der Rückgang allerdings abgeschwächt haben. Nichtsdestoweniger liegt die durchschnittliche Zahl der Arztkontakte pro Jahr in der Bundesrepublik noch bei 8,3; dies ist eine im internationalen Vergleich sehr hohe Häufigkeit der Inanspruchnahme des Gesundheitswesens. In Frankreich liegt die durchschnittliche Zahl der Arztkontakte bei 3,5 und in den USA bei 2,3; für Großbritannien ist eine ähnliche Größenordnung nachgewiesen (vgl. *DEUTSCHE BUNDESBANK*, 1985b, S. 34f; *M. PFAFF*, 1984, S. 15).

Besonders deutlich sind in den letzten Jahren die **Kosten für Zahnärzte und Zahnersatz** gestiegen. Zwar war zu Beginn der 80er Jahre eine gewisse Dämpfung des Kostenanstiegs zu beobachten, aber für 1985 waren bereits wieder hohe Steigerungsraten errechnet worden. Dabei macht ein Vergleich mit anderen Ländern deutlich, daß auch eine billigere zahnärztliche Versorgung möglich ist. Im Vergleich zu Schweden liegen die Ausgaben pro Kopf für Zahnbehandlung und Zahnersatz in der Bundesrepublik um etwa 60% höher; in Großbritannien belaufen sich die Kosten pro Kopf auf etwa ein Sechstel der entsprechenden Kosten in der Bundesrepublik, wobei bereits unterschiedliche Selbstbeteiligungsraten berücksichtigt sind. Diese geringeren Ausgaben für Zahnärzte und Zahnersatz haben keineswegs gesundheitspolitisch bedenkliche Effekte mit sich gebracht. Sowohl in Schweden als auch in Großbritannien kommt vielmehr der Prophylaxe eine entscheidende Bedeutung zu; teure Spätfolgen sollen vermieden werden. Die Aufgeschlossenheit der Bevölkerung gegenüber der Prophylaxe ist nicht zuletzt auch deswegen besonders hoch, weil Zahnbehandlung und Zahnersatz mit beträchtlichen Selbstbeteiligungen verbunden sind. Die Nachfrage nach Gesundheitsgütern wird durch gezielte Selbstbeteiligung verstärkt in Richtung auf die Prophylaxe und weniger in Richtung auf Zahnbehandlung und Zahnersatz gelenkt.

In diesem Zusammenhang muß beachtet werden, daß von der Entwicklung der **Ärztedichte** – von 142,2 (1960) auf 256,5 (1984) – bisher kein spürbarer **Wettbewerbsdruck** auf die Ausgabenentwicklung im Gesundheitssektor ausgegangen ist (vgl. *H. ADAM*, 1983; *Ph. HERDER-DORNEICH/A. SCHULLER*, 1985). Nach Schätzungen der Kölner Ortskrankenkasse kostet jeder neue niedergelassene Kassenarzt die Kasse zusätzlich 100000 DM. Neue Kassenärzte erhalten ihr Einkommen nicht in erster Linie durch Verminderung des Einkommens ihrer Kollegen, sondern sie können ihr Einkommen vielmehr weitgehend selbst steuern. Demgegenüber führt auf anderen Märkten eine zunehmende Anbieterzahl regelmäßig zu einer Verschärfung des Wettbewerbs.

Schätzungen über die **Bruttoeinkommen vor Steuern** der niedergelassenen Ärzte und Zahnärzte kamen zu folgenden Ergebnissen:

(1) Nach den *Kostenstrukturstatistiken des Statistischen Bundesamtes*, die alle vier Jahre erstellt werden, läßt sich als Wert für 1979 (1983) ein durchschnittliches Bruttoeinkom-

Tabelle 40: Berufstätige Ärzte und Zahnärzte 1960-1984

Jahr	Ärzte					Zahnärzte		
	insgesamt		in freier Praxis	hauptamtlich im Krankenhaus	in Verwaltung und Forschung	insgesamt		darunter in freier Praxis
	Anzahl	je 100000 Einwohner[4]	Anzahl				je 100000 Einwohner	Anzahl
1960	79350	142,2	49225	22646	7479	32509	58,2	31689
1965	85801	144,7	50215	26535	9051	31434	53,0	30392
1970	99654	163,4	50731	38655	10268	31175	51,1	29765
1975	118726	192,6	55692	52371	10663	31774	51,5	30102
1980	139431[1]	226,1	62029[1]	65212	12190	33240	53,9	31250
1981	142934[2]	231,6	62785[2]	67550	12599	33501	54,3	31514
1982	146221[2]	237,6	64305[2]	68757	13159	33679	54,7	31775
1983[3]	147467[2]	244,7	65198[2]	69234	13035	33713	56,0	31686
1984	153895[2]	256,5	67891[2]	73010	12994	34415	57,4	32458

[1] in Bremen ohne Assistenten bei Ärzten in freier Praxis.
[2] in Bremen und Berlin ohne Assistenten bei Ärzten in freier Praxis.
[3] Bundesgebiet ohne Saarland.
[4] internationale Vergleichszahlen 1984: USA 192; Frankreich 172, Großbritannien 154, Japan 128 (vgl. K.-D. Henke, 1984, S. 11).
Quelle: Statistisches Bundesamt (Hrsg.): Statistische Jahrbücher für die Bundesrepublik Deutschland, versch. Jge.

men vor Steuern von 156276 DM (158091 DM) je Arztpraxisinhaber und 227879 DM (232521 DM) je Zahnarztpraxisinhaber errechnen. Die Kostenstrukturstatistik enthält auch Einkommensangaben zu einzelnen Facharztgruppen. Danach erzielten 1983 Allgemeinpraktiker mit 90%, Frauenärzte mit 88% und Kinderärzte mit 81% unterdurchschnittliche Bruttoeinkommen vor Steuern; überdurchschnittliche Einkommen erzielten Internisten mit 101%, Augenärzte mit 128%, HNO-Ärzte mit 104%, Orthopäden mit 136%, Chirurgen mit 105%, Hautärzte mit 111% sowie Neurologen mit 135%. Die Angaben zu den einzelnen Facharztgruppen sind allerdings mit besonderer Zurückhaltung zu interpretieren, da der Stichprobenumfang häufig relativ klein war.

(2) Eine zweite Quelle für Einkommensangaben bilden die jährlich vorgenommenen *Kostenstrukturanalysen des Zentralinstituts für die kassenärztliche Versorgung* in der Bundesrepublik und der *Kassenärztlichen Bundesvereinigung*. Aus diesen Quellen liegen Angaben (je Praxisinhaber) für das Jahr 1982 (1984) vor. Danach erzielten niedergelassene Ärzte im Durchschnitt ein Bruttoeinkommen vor Steuern von 172000 DM (176911 DM). Allgemeinärzte lagen um 16% (19%) unter dem Durchschnitt und Fachärzte insgesamt um 12% (14%) über dem Durchschnitt. Das entsprechende durchschnittliche Bruttoeinkommen vor Steuern für niedergelassene Zahnärzte betrug nach dieser Quelle 230408 DM (1982).

(3) Eine dritte statistische Quelle für Einkommensangaben stellen die alle drei Jahre erscheinenden *Einkommensteuerstatistiken des Statistischen Bundesamtes* dar. Diese Statistik erfaßt fast alle steuerpflichtigen Ärzte und Zahnärzte und basiert auf überprüften Einkommensteuerbescheiden. Sie ist die zuverlässigste Datenquelle, letztmalig erschienen im November 1984. Danach erzielten Ärzte 1980 im Durchschnitt Einkünfte überwiegend aus selbständiger Arbeit von 180858 DM und Zahnärzte von 239463 DM.

Diese Einkommen der Ärzte und Zahnärzte liegen auch im internationalen Vergleich sehr hoch. Ärzte und Zahnärzte zählen in der Bundesrepublik Deutschland zu den Spitzenverdienern. Dieser Einkommensunterschied gegenüber anderen Personen kann kaum allein mit dem Hinweis auf eine besonders hohe Verantwortung der Ärzte und Zahnärzte begründet werden; es gibt eine ganze Reihe anderer Berufe, die eine ähnliche Verantwortung für andere Menschen mit sich bringen und für die derart hohe Einkommen nicht typisch sind. Die Einkommensdifferenzierung ist eine notwendige Folge ordnungspolitischer Defekte des Gesundheitssektors.

6.1.2 Reformstrategien

Den niedergelassenen Ärzten und Zahnärzten kommt zweifellos eine wichtige Steuerungsfunktion im Gesundheitssektor der Bundesrepublik Deutschland zu. Aufgrund der institutionellen Besonderheiten des Gesundheitswesens sind jedoch Nachfrager- und Anbieterinteressen weitgehend identisch; marktliche Anreiz- und Sanktionsmechanismen können sich kaum auswirken. Das typische Zusammenwirken von Patienten und Ärzten trägt entscheidend zu jener Kostenexplosion bei, die die Finanzierbarkeit des Gesundheitssystems in Frage stellt.

Reformstrategien müssen notwendigerweise an die ordnungspolitischen Defekte der ärztlichen und zahnärztlichen Versorgung anknüpfen und zu einer effektiven **Angebotssteuerung** führen. Dabei sind verschiedene Systeme mit ergänzenden Maßnahmen denkbar:

(1) Im Rahmen einer *Strategie der Budgetlimitierung* könnte das Arzthonorar pro Patient für einen bestimmten Zeitraum pauschal festgelegt werden, um einen sparsamen Umgang mit Gesundheitsgütern herbeizuführen. Um im Einzelfall eine Unterversorgung der Patienten zu verhindern, müßte dieses Pauschalhonorar im Hinblick auf bestehende Erfahrungen hoch genug sein; auf der anderen Seite müßte ein effektiver Wettbewerb der Ärzte um die Patienten stattfinden können, der dem besten Arzt die größten Marktchancen einräumt. Vorhandene Markteintrittsschranken müßten beseitigt werden. Zugleich müßten Anreize für die Ärzte geschaffen werden, behandlungsintensive Fälle nicht an Krankenhäuser oder an Fachärzte abzuschieben. „Ausgehend von Erfahrungswerten sollten die niedergelassenen Ärzte mit einem hohen Anteil der eingesparten Ausgaben prämiiert werden, wenn es ihnen gelingt, die Erfahrungswerte je Patient zu unterschreiten. Dadurch werden beispielsweise Anreize geschaffen, Doppel- und Dreifachuntersuchungen zu unterbinden, tüchtige, aber nicht unangemessen hoch liquidierende Fachärzte einzuschalten und Überweisungen an ungewöhnlich teure Krankenhäuser, soweit medizinisch möglich, zu vermeiden" (*W. HAMM*, 1980, S. 94).

(2) Ähnlich wirksame Anreize für den sparsamen Umgang mit Gesundheitsgütern könnten auch von der allgemeinen *Einführung des Indemnitätsmodells* ausgehen. Die Einführung eines solchen Modells setzt allerdings voraus, daß es gelingt, die ärztlichen und zahnärztlichen Leistungen in aggregierter Form zu katalogisieren. Die in solchen Katalogen erfaßten Leistungen würden sich jeweils auf typische Behandlungsfälle und nicht nur auf einzelne ärztliche Verrichtungen innerhalb dieser Behandlungsfälle beziehen. Für jede wohldefinierte Leistung wäre nach dem Indemnitätsmodell maximal ein bestimmter Festbetrag zu zahlen, der sich in der Spannweite der bisherigen Kosten für derartige Behandlungsfälle hält. Die Differenz zwischen einem im Einzelfall höheren Arzthonorar und dem durchschnittlichen Pauschalhonorar wäre von dem Patienten zu tragen. Bei einer derartigen Selbstbeteiligung würden sich die Patienten darum bemühen, verstärkt jene Ärzte und Zahnärzte in Anspruch zu nehmen, die eine möglichst

günstige Kosten-Leistungs-Relation zu bieten haben. Überdurchschnittlich teure Ärzte wären bemüht, sich in ihren Honorarforderungen der durchschnittlichen Honorierung anzunähern, um möglichst wenige Patienten zu verlieren, während für unterdurchschnittlich teure Ärzte eine Annäherung an den Durchschnitt nicht sehr wahrscheinlich ist, da die gesamte Kostenspannweite prinzipiell schon vorher nutzbar war. Außerdem werden sich bei allgemeiner Einführung des Indemnitätsmodells neue Ärzte verstärkt in die letzte Kategorie einzuordnen suchen und eine übermäßige Kapitalintensität ihrer Praxen vermeiden. Auch in diesem Fall müßten natürlich flankierende Maßnahmen zwecks Ermöglichung eines effektiven Wettbewerbs der Ärzte um die Patienten getroffen werden; zugleich müßte eine entsprechende Kostentransparenz für die einzelnen Versicherten realisiert werden.

Derartige Systeme der Angebotssteuerung sind in den USA bereits in Ansätzen vorhanden. Selbst wenn ihre Übertragung auf bundesdeutsche Verhältnisse auch nicht ohne weiteres und vollständig möglich sein dürfte, so ist doch ein behutsames Vorgehen in dieser Richtung der Effizienzsteigerung im Gesundheitssektor dienlich.

6.2 Krankenhauskosten

Mit dem Blick auf die Ausgaben für die stationäre Krankenhausbehandlung werden die Finanzierungsprobleme des Gesundheitssektors noch deutlicher. Seit 1960 hat sich der Anteil der Krankenhauskosten an den gesamten Ausgaben der gesetzlichen Krankenversicherung nahezu verdoppelt. Auch 1986 drohte wiederum ein explosionsartiger Anstieg der Krankenhauskosten.

Die Ursachen der Ausgabenentwicklung im Krankenhauswesen liegen nicht zuletzt in ordnungspolitischen Defekten der **Krankenhausfinanzierung** sowie der daraus folgenden mangelhaften Erschließung von Rationalisierungsrückständen begründet (vgl. *M. SAUERZAPF*, 1980; *W. BUCHHOLZ*, 1983; *H. R. VOGEL*, 1983; *J. WIEMEYER*, 1984; *H.-W. WACHTEL*, 1984; *Ph. HERDERDORNEICH*, u.a., 1986). Dabei galt bis 1985 folgender Regelungsstand:

(1) Das Krankenhauswesen war durch ein striktes *duales Finanzierungssystem* gekennzeichnet. Nach dem Krankenhausfinanzierungsgesetz von 1972 wurden die Investitionskosten für Krankenhäuser von der öffentlichen Hand getragen, während die Versicherten über ihre Krankenkassen die Betriebskosten der Krankenhäuser nach Maßgabe der Pflegesätze finanzierten.

(2) Die gesamten *Neu- und Ersatzinvestitionen* für Krankenhäuser wurden von der öffentlichen Hand übernommen, wenn diese Krankenhäuser in den Krankenhausbedarfsplan bzw. in das Krankenhausbauprogramm eines Landes aufgenommen worden waren. Als Folge dieser Finanzierungspraxis und insbesondere im Hinblick auf die Nichtbelastung mit Folgekosten entstanden viele neue Krankenhäuser, die in ihrer Ausstattung auf den modernsten medizinisch-technischen Fortschritt abstellten. Kleinere Krankenhäuser, die häufig wegen minderer technischer Ausstattung noch kostengünstig arbeiten konnten, wurden verstärkt geschlossen. Trotzdem haben sich Überkapazitäten im Krankenhauswesen herausgebildet. Von ca. 700000 Krankenhausbetten in der Bundesrepublik werden gegenwärtig etwa 10% für überflüssig gehalten.

(3) Die *Betriebskosten* der Krankenhäuser wurden über die Pflegesätze finanziert. Auf die Festlegung der Pflegesätze hatten die Krankenkassen in der Vergangenheit nur einen begrenzten Einfluß. Die Pflegesätze waren nach Krankenhausgruppen differenziert; für jede Gruppe wurden Höchstsätze festgelegt; schließlich wurde für jedes einzelne

Tabelle 41: Krankenhäuser und planmäßige Betten 1960-1984

Jahr	Insgesamt			Öffentliche Krankenhäuser		Freie gemeinn. Krankenhäuser		Private Krankenhäuser	
	Krankenhäuser	planmäßige Betten		Krankenhäuser	planmäßige Betten	Krankenhäuser	planmäßige Betten	Krankenhäuser	planmäßige Betten
	Anzahl		je 100000 Einw.	Anzahl					
1960	3604	585513	1056	1385	326413	1307	215120	912	41980
1965	3619	631447	1077	1354	348364	1288	230787	977	52296
1970	3587	693254	1127	1337	373137	1270	249357	980	60760
1975	3481	729791	1184	1297	389429	1187	257365	997	82997
1980	3234	707710	1148	1190	370714	1097	248717	947	88279
1981	3189	695603	1127	1162	359482	1091	247563	936	88558
1982	3130	683624	1111	1143	351673	1070	244068	917	87883
1983	3119	682747	1114	1133	351885	1069	242570	917	88292
1984	3106	678708	1112	1119	347457	1054	240137	933	91114

Quelle: Statistisches Bundesamt (Hrsg.): Statistische Jahrbücher für die Bundesrepublik Deutschland, versch. Jge.

Tabelle 42: Krankenbewegung 1967-1984

Jahr	Krankenbestand am 1.1.	Krankenzugang	Stationär behandelte Kranke	Krankenabgang		Krankenbestand am 31.12.	Pflegetage der stationär behand. Kranken	Durchschnittl.	
				insgesamt	dar. durch Tod			Verweildauer[1]	Bettenausnutzung[2]
	in 1000							in Tagen	in %
1967	451,8	8113,7	8565,5	8111,8	350,0	453,7	214310,9	26,4	90,4
1970	478,6	8859,1	9337,7	8882,9	387,7	454,8	220825,8	24,9	88,5
1975	432,5	9994,2	10426,8	10013,2	407,9	413,5	221784,0	22,2	83,3
1980	420,4	11175,1	11595,6	11170,8	394,9	424,8	219884,8	19,7	84,9
1981	417,4	11138,2	11555,5	11133,4	387,8	422,1	213718,6	19,2	84,2
1982	419,9	11130,2	11550,1	11154,3	383,7	395,8	208407,4	18,7	83,5
1983	401,8	11162,4	11564,2	11148,4	383,0	415,8	207027,0	18,6	83,1
1984	412,0	11448,3	11860,2	11448,5	372,4	411,8	210738,5	18,4	84,8

[1] Pflegetage mal 2 dividiert durch Zugang plus Abgang.
[2] Pflegetage mal 100 dividiert durch planmäßige Betten mal 365.
Quelle: Statistisches Bundesamt (Hrsg.): Statistische Jahrbücher für die Bundesrepublik Deutschland, lfde. Jge.

Krankenhaus ein einheitlicher Pflegesatz bestimmt, der die Benutzerkosten abdecken sollte. Die kleineren und älteren Krankenhäuser wurden auch hier wie bei den Investitionen gegenüber den neueren und größeren Krankenhäusern diskriminiert.

(4) Das duale Finanzierungssystem im Krankenhauswesen führte zu einem Zwang, *mehr Leistungen als notwendig* zu erbringen. Bei allgemeiner Unterauslastung der Krankenhäuser verstärkte sich das Bemühen, auf höhere Einweisungszahlen hinzuwirken und die Verweildauer der Patienten zu verlängern.

Nach Ermittlungen des Arbeits- und Sozialministeriums in Düsseldorf waren die Einweisungszahlen und die durchschnittliche Verweildauer in denjenigen Städten besonders hoch, in denen die Bettenzahl weit über dem Landesdurchschnitt lag.

Die Krankenhäuser waren zu einem Verhalten, das die Einweisungszahlen und die durchschnittliche Verweildauer erhöht, weitgehend gezwungen. Das Dualsystem räumte den Krankenkassen bei Bettenauslastungen von durchschnittlich weniger als 75% das Recht ein, der betreffenden Klinik nur den auf der Basis dieser Belegquote errechneten Pflegesatz zu erstatten. Zudem führte eine mangelnde Bettenauslastung regelmäßig dazu, daß die Zahl der Ärzte und Pflegekräfte baldmöglichst reduziert wurde und daß Anschaffungsanträge abgelehnt wurden.

In Einzelfällen ist auch eine Interessenidentität zwischen Krankenhäusern und Patienten nicht auszuschließen. Viele Patienten haben eine Krankenhaustagegeldversicherung abgeschlossen, deren Zahlungen von der Verweildauer im Krankenhaus abhängig sind.

(5) Die überdurchschnittliche Entwicklung der Krankenhauskosten wurde in der Vergangenheit auch durch das den Pflegesätzen zugrundeliegende *Prinzip der Kostendeckung* begünstigt. Die Selbstkostenermittlungsrichtlinien bestimmten, welche Kostenarten bei der Ermittlung der Selbstkosten berücksichtigt werden sollten und welche Beträge für die Instandhaltung und Instandsetzung von Anlagegütern als Selbstkosten angesetzt werden konnten. Eine derartige Selbstkostendeckung enthält keine Anreize zu wirtschaftlichem Verhalten. Es fand vielmehr eine übermäßige Krankenversorgung hinsichtlich Diagnose und Therapie statt; Rationalisierungen wurden weitgehend unterlassen. Sparsamkeit und Wirtschaftlichkeit zahlten sich für das einzelne Krankenhaus kaum aus; sie enthielten eher das Risiko einer Pflegesatzkürzung für die Folgezeit.

Die staatliche Regulierung des Krankenhauswesens und der Krankenhausfinanzierung hat in der Vergangenheit zu einem enormen Kostenanstieg geführt. Die Reformnotwendigkeit der Krankenhausfinanzierung ist bereits seit vielen Jahren unbestritten. Im Rahmen einer umfassenden politischen und wissenschaftlichen Diskussion ergaben sich **Reformvorschläge**, die auch bei Beibehaltung des dualen Finanzierungssystems einen realistischen Möglichkeitsbereich umrissen (vgl. *BERATERGRUPPE*, 1984, S. 38ff.):

(1) Das Krankenhauswesen der Bundesrepublik Deutschland ist durch ein hohes Maß an bürokratischer Verkrustung gekennzeichnet. Die *Entbürokratisierung* der Planungs- und Finanzierungsverfahren könnte bei verbesserter Übereinstimmung von Planungskompetenz und Finanzierungsverantwortung sowie gleichzeitiger Stärkung der Eigenverantwortung und der betrieblichen Handlungsautonomie der Krankenhäuser die Grundlagen für eine Effizienzsteigerung im Krankenhauswesen schaffen (vgl. *G. GÄFGEN*, 1984, S. 20).

(2) Die Krankenhausplanung sollte stärker regional ausgerichtet sein, um in Zukunft das Entstehen weiterer *Überkapazitäten* zu vermeiden. Dabei sollten die Möglichkeiten der Selbstverwaltung der Krankenkassen und Krankenhäuser verstärkt genutzt werden. Der Einfluß der Länder sollte im wesentlichen auf die Rechtsaufsicht begrenzt werden (vgl. *Th. THIEMEYER*, 1984, S. 22f.).

(3) Das *Selbstkostenerstattungsprinzip* sollte fallengelassen werden; stattdessen sollten die Pflegesätze zwischen Krankenhäusern und Krankenkassen Jahr für Jahr ausgehandelt werden. Die Pflegesätze sollten der tatsächlichen Kostenverursachung entsprechen; an die Stelle der voll pauschalierten Pflegesätze müßten daher differenzierte und leistungsbezogene Entgelte treten (vgl. *BERATERGRUPPE*, 1984, S. 39).

(4) Ein wirtschaftlicher Betrieb mit der Ausschöpfung von Rationalisierungsrückständen müßte für die Krankenhäuser lohnend sein; *Gewinnerzielung* zum eigenen Nutzen

müßte zulässig werden; *Verluste* müßten von den Krankenhäusern selbst getragen werden. Im Wettbewerb der leistungsfähigen und weniger leistungsfähigen Krankenhäuser mit gegenwärtig teilweise gravierenden Unterschieden in den Pflegesätzen würde sich – bei gegebener Wahlfreiheit der Patienten und Ärzte sowie Setzung angemessener Anreize – dann der jeweils beste Anbieter durchsetzen können. Unwirtschaftlich arbeitende Krankenhäuser würden stillgelegt werden müssen (vgl. *Th. THIEMEYER*, 1984, S. 24).

(5) Zur Verkürzung der *Verweildauer* müßten Anreize gesetzt werden. Denkbar wäre eine Unterscheidung der *Pflegesätze* nach den Kosten für Unterbringung und Verpflegung sowie nach den eigentlichen medizinischen Leistungen der stationären Behandlung. Für Unterbringung und Verpflegung wäre eine von der Verweildauer abhängige Zahlung entsprechend dem heutigen Pflegesatz zu leisten; für die reinen medizinisch-technischen Leistungen könnte dagegen an eine Pauschalierung gedacht werden. Reine Pflegefälle sollten funktional ausgegliedert werden. Insgesamt würden auf diese Weise eine übermäßige Diagnose und Therapie vermieden und die Verweildauer verkürzt werden (vgl. *M. PFAFF*, 1984, S. 16; *Ph. HERDER-DORNEICH*, 1984, S. 6).

(6) Ein solches stärker an wirtschaftlichen Gesichtspunkten orientiertes System der stationären Versorgung enthielte auch Anreize, die *Zusammenarbeit* zwischen niedergelassenen Ärzten und Krankenhäusern zu verbessern und damit Doppelleistungen zu vermeiden (vgl. *G. GÄFGEN*, 1984, S. 19).

Die diskutierten Reformstrategien halten sich im Rahmen des vorhandenen dualen Finanzierungssystems. Darüberhinaus wurde aber auch die Frage aufgeworfen, ob das duale Finanzierungssystem nicht grundsätzlich beseitigt werden sollte. In der Tat hat die staatliche Vollfinanzierung des Investitionsbereichs bisher zu einer Aufblähung der Investitionsanträge und zu möglichst kapitalintensiver Leistungserstellung geführt. Ein Abgehen von der dualen Finanzierung der Investitionen einerseits und der laufenden Betriebskosten andererseits würde allerdings zu Erhöhungen der Pflegesätze führen müssen. Beitragssatzerhöhungen wären die Folge. Angesichts des immer wieder betonten Zieles der Beitragsstabilität scheut man bisher diesen Weg, obwohl die gesamte Abgabenbelastung der Arbeitnehmer dadurch nicht steigen müßte. Erhöhten Beitragssätzen zur Krankenversicherung könnten Lohnsteuerermäßigungen gegenüberstehen. Würde man in dieser Weise das duale Finanzierungssystem beseitigen, so könnten alle Kosten des Krankenhauses in seinen Preisen – nämlich in den Pflegesätzen – erkennbar werden. Dies würde die Leistungsfähigkeit pretialer Steuerung erhöhen. Allein die verstärkte Einführung von Marktprinzipien und nicht eine weitere staatliche Reglementierung und Bürokratisierung kann jene Finanzierungsprobleme lösen helfen, vor denen gegenwärtig das Krankenhauswesen in der Bundesrepublik steht (vgl. *G. GÄFGEN*, 1984, S. 20f.).

Einige dieser Reformideen wurden bei grundsätzlicher Beibehaltung des dualen Systems der Krankenhausfinanzierung im Krankenhaus-Neuordnungsgesetz vom 20. Dezember 1984 aufgegriffen. Zu einer grundlegenden Strukturreform des Krankenhauswesens kam es jedoch nicht; die Erfolge der punktuellen Einführung marktwirtschaftlicher Anreiz- und Sanktionsmechanismen dürften von daher begrenzt bleiben.

6.3 Arznei-, Heil- und Hilfsmittelkosten

Von erheblicher Bedeutung für die Entwicklung der Gesundheitsausgaben ist auch die Versorgung der Bevölkerung mit Arznei-, Heil- und Hilfsmitteln. Auch in diesem Bereich kommt den niedergelassenen **Ärzten** die entscheidende Steuerungsfunktion zu. Dabei ist folgendes zu beachten:

(1) Die Ärzte sehen sich einer nicht mehr überschaubaren Zahl von Arznei-, Heil- und Hilfsmitteln gegenüber; sie verfügen nur über begrenzte Informationen bezüglich der therapeutischen Wirkungen der einzelnen Mittel.

(2) Aus Arzneimittelhöchstbeträgen ergeben sich für die niedergelassenen Ärzte gewisse Einschränkungen ihrer Verschreibungspraxis; allerdings werden diese Arzneimittelhöchstbeträge laufend angepaßt. In diesem Rahmen muß der einzelne Arzt darauf achten, daß er nicht entscheidend von dem durchschnittlichen Verschreibungsumfang seiner Kollegen abweicht.

(3) Die Krankenhausärzte sind demgegenüber derartigen Einschränkungen kaum ausgesetzt; typisch ist, daß diese Ärzte sich nach ihrer Niederlassung erst allmählich an den Standard ihrer Kollegen herantasten.

(4) Die Informationstätigkeit der Produzenten der Arznei-, Heil- und Hilfsmittel begünstigt vor allem die Verschreibung teurer Produkte; auch die Versicherten sind regelmäßig an der Verschreibung teurer Produkte interessiert, da sie oft eine unmittelbare Entsprechung von Preis und Qualität unterstellen.

(5) In diesem Rahmen bewegt sich im allgemeinen die Verschreibungspraxis der Ärzte an der oberen Grenze der Arzneimittelhöchstbeträge.

Ein höherer Grad der Wirtschaftlichkeit bei der Arzneimittelversorgung könnte über **Preisvergleichslisten** herbeigeführt werden. 1985 wurde vom Bundesausschuß der Ärzte und Krankenkassen ein Konzept einer neuen Preisvergleichsliste für die Verordnung von Arzneimitteln in der gesetzlichen Krankenversicherung beschlossen. Diese Preisvergleichsliste umfaßt die für die Arzneimittelversorgung wichtigsten Indikationsgebiete und ist nach Stoffgruppen und Wirkstoffen geordnet. Sie enthält auch Kombinationspräparate. Durch eine umfassende Information des Kassenarztes soll die Preisvergleichsliste mehr Transparenz auf dem Arzneimittelsektor schaffen und eine therapiegerechte und wirtschaftliche Verordnungsweise ermöglichen. Diese Preisvergleichsliste wurde Ende 1986 vorgelegt.

Neben den Verhaltensweisen der Ärzte sind auch diejenigen der Pharmaproduzenten, der Apotheker, der Orthopädietechniker, der Optiker und Zahntechniker für die Entwicklung der Arznei-, Heil- und Hilfsmittelkosten relevant. Auch für diese Anbietergruppen muß davon ausgegangen werden, daß sie vorrangig an der Erzielung eines möglichst hohen Einkommens interessiert sind und daß der Ordnungsrahmen des Gesundheitssystems diesen Interessen weitgehend Rechnung trägt (vgl. *G. BORCHERT*, 1984, S. 25 f.; *P. OBERENDER*, 1984, S. 27 ff.).

Die in der Gegenwart vorhandene und nahezu unübersehbare Zahl von Arzneimitteln wird von einigen wenigen **Pharmaproduzenten** hergestellt:

(1) Die Pharmaproduzenten sind in ihrer *Preisgestaltung* für Arzneimittel völlig frei. Der Einfluß der Krankenkassen auf die Preispolitik der Pharmaindustrie ist auf ein Minimum reduziert. Die Krankenkassen müssen nahezu alle Arzneimittel bezahlen, die die Ärzte kraft ihrer fachlichen Kompetenz als therapeutisch sinnvoll verschrieben haben. Demzufolge zählen die Medikamente in der Bundesrepublik zu den teuersten in Europa. In manchen Fällen führen die Pharmaproduzenten eine ländermäßige Preisdifferenzierung für bestimmte Arzneimittel durch; in solchen Fällen kann ein Re-Import ur-

sprünglich exportierter Arzneimittel für die deutschen Patienten billiger kommen als ein Direktbezug.

(2) Zur Dämpfung des Kostenanstiegs bei Arzneimitteln könnten Preisvergleichslisten und Positivlisten beitragen. Diese Listen sollen es ermöglichen, aus einer Reihe therapeutisch gleichwertiger Arzneimittel diejenigen mit den niedrigsten Preisen auszuwählen. Erfolgreich wird diese Strategie jedoch nur dann sein, wenn auf die entsprechende Mitwirkung der Ärzte gezählt werden kann; auch müßten die Patienten mehr Kosten- und Therapieinformationen erhalten bei gleichzeitiger Setzung materieller Anreize für den Bezug therapeutisch gleichwertiger, aber billigerer Arzneimittel.

Auf der **Apothekenstufe** ist für Arzneimittel ein Regulierungssystem geschaffen worden, das durch eine Festzuschlagsregelung, ein Autsimile- und Auseinzelungsverbot sowie Importsperren gekennzeichnet ist:

(1) *Festzuschlagsregelung:*

Auf der Apothekenstufe findet eine Preisregulierung nach Maßgabe von Festzuschlägen statt. Der Zuschlag sinkt mit steigendem Herstellerabgabepreis prozentual; absolut wird er jedoch größer. Geht man davon aus, daß den Apotheken durch die Lagerung teurer Medikamente keine zusätzlichen Kosten entstehen, so induziert dieses Festzuschlagssystem einen Anreiz zur Förderung des Absatzes teurer Medikamente. Zumindest im freien Verkauf, bei dem der Apotheker eine gewisse Beraterfunktion ausübt, wird sich dieses Interesse der Apotheker leicht durchsetzen lassen; beim Verkauf rezeptpflichtiger Medikamente treffen sich die Interessen der Apotheker mit den-

Tabelle 43: Großhandelszuschläge und Apothekenzuschläge der Arzneimittelpreisverordnung

Großhandelszuschläge (Höchstzuschläge)			
Herstellerabgabepreis			
von ... DM bis ... DM	%	von ... DM bis ... DM	DM
bis 1,65	21,0	1,66 – 1,73	0,35
1,74 – 3,33	20,0	3,34 – 3,42	0,67
3,43 – 5,02	19,5	5,03 – 5,15	0,98
5,16 – 7,14	19,0	7,15 – 7,34	1,36
7,35 – 11,81	18,5	11,82 – 12,14	2,19
12,15 – 17,80	18,0	17,81 – 21,36	3,10
21,37 – 86,96	15,0	86,97 – 108,71	13,04
mehr als 108,71	12,0		

Apothekenzuschläge (Festzuschläge)			
Hersteller- bzw. Großhandelsabgabepreis			
von ... DM bis ... DM	%	von ... DM bis ... DM	DM
bis 2,40	68,0	2,41 – 2,63	1,63
2,64 – 7,60	62,0	7,61 – 8,26	4,71
8,27 – 14,28	57,0	14,29 – 16,96	8,14
16,97 – 23,75	48,0	23,76 – 26,51	11,40
26,52 – 38,00	43,0	38,01 – 44,16	16,34
44,17 – 57,00	37,0	57,01 – 70,30	21,09
mehr als 70,30	30,0		

Quelle: Preistafeln I und II der Arzneimittelpreisverordnung.

jenigen der Patienten, die in entsprechender Weise auf ihre Ärzte einwirken und weitgehend verkennen, daß sie mit ihren Beiträgen schließlich die besonders in Ballungsräumen enorm gestiegene Zahl der Apotheken finanzieren müssen. Dadurch, daß die Festzuschlagsregelung eine Preiseinheitlichkeit für gleiche Medikamente herbeiführt, wird ein Preiswettbewerb von vornherein unterbunden. Voraussetzung für einen Preiswettbewerb auf der Apothekenstufe ist die Abschaffung der Festzuschlagsregelung. Dann könnten leistungsfähige Apotheken über niedrige Preise zusätzliche Nachfrage auf sich ziehen, während weniger leistungsfähige Apotheken aus dem Markt ausscheiden würden. Für die Versicherten und die Krankenkassen würden sich niedrigere Arzneimittelpreise ergeben; volkswirtschaftlich gesehen würden darüberhinaus die Übersetzung dieser Branche und die damit verbundene Verschwendung knapper Ressourcen abgebaut werden.

(2) *Autsimileverbot:*

Nach dieser Einschränkung der Apothekentätigkeit darf ein ärztlich verordnetes Präparat durch kein anderes ersetzt werden. Dieses Verbot sollte auf diejenigen Fälle beschränkt werden, in denen der Arzt die Substitution aus therapeutischen Gründen ausdrücklich ausschließt. Im übrigen sollte der Arzt dann nur noch den Wirkstoff auf das Rezept schreiben; der Apotheker könnte im Einvernehmen mit dem Versicherten das konkrete Präparat bestimmen. Damit würden zugleich die Markteintrittsschranken für Nachahmerpräparate und Generika gesenkt. Insgesamt würde die generelle Zulassung von Produktsubstitution entscheidende Voraussetzungen dafür schaffen, daß ein höheres Preis- und Kostenbewußtsein der Versicherten als Folge der Einführung von Selbstbeteiligungssystemen überhaupt zum Tragen kommen kann.

(3) *Auseinzelungsverbot:*

Verschreibung und Abgabe von Arzneimitteln orientieren sich gegenwärtig an normierten Packungsgrößen, die nicht unbedingt dem individuellen therapeutischen Bedarf entsprechen müssen. Preisgünstige Arzneimittelgroßpackungen durften bisher lediglich von den Krankenhäusern bezogen werden. Aber auch hier sind nach dem Apothekengesetz für die Zukunft Einschränkungen vorgesehen. Das Apothekengesetz schreibt den Krankenhäusern vor, den Betrieb ihrer herkömmlichen Arzneimittelausgabestellen einzustellen und stattdessen eigene Krankenhausapotheken einzurichten; kleinere Krankenhäuser sollen gemeinsam eine Apotheke betreiben. Beide Lösungen können nur insoweit als sinnvoll betrachtet werden, wie die notwendigen finanziellen Mittel zum Aufbau derartiger Krankenhausapotheken zur Verfügung gestellt werden. Gerade hieran sind jedoch Zweifel angebracht, so daß den Krankenhäusern in vielen Fällen nur der dritte vom Apothekengesetz vorgesehene Weg offenbleibt, nämlich die Beschaffung der Medikamente in öffentlichen Apotheken. Diese Regelung des Apothekengesetzes dürfte eher kostentreibend als kostendämpfend wirken. Im Interesse einer Kostendämpfung bei Arzneimitteln wäre es sinnvoller, die ursprünglich den Krankenhäusern vorbehaltene Möglichkeit auch generell den Apotheken zu eröffnen. Die Belieferung der Apotheken mit preisgünstigen Großpackungen und anschließender bedarfsgerechter Stückelung nach Maßgabe der ärztlichen Verordnung könnte zugleich die Ansammlung unverbrauchter Arzneimittel bei den Patienten reduzieren und die zusätzlichen Kosten ihrer umweltschonenden Vernichtung vermindern.

(4) *Importsperren:*

Für Medikamente gelten nach wie vor strenge Importbeschränkungen, die der Arzneimittelsicherheit dienen sollen. Es wäre sinnvoll, diese Importbeschränkungen zu überprüfen, um vor allen Dingen die Einfuhr billigerer, aber therapeutisch gleichwertiger Medikamente aus dem Ausland zu gestatten. Dies könnte zugleich die Preispolitik der inländischen Hersteller beeinflussen und insgesamt zu einer billigeren Arzneimittelversorgung führen.

Im Bereich der **Orthopädietechniker**, der Hersteller und Vertreiber von **Seh- und Hörhilfen** sowie der **Zahntechniker** besteht ebenfalls ein Regulierungssystem, das einem effektiven Preiswettbewerb entgegensteht:

(1) Für die Erzeugnisse der Orthopädietechniker sind wie Festpreise wirkende Höchstpreisregelungen festzustellen. Wie andere Gruppen von Heil- und Hilfsmittelherstellern und -vertreibern ermitteln die Orthopädietechniker zunächst ihre Kosten und führen dann auf dieser Basis die Preisverhandlungen. In der Vergangenheit geschah dies regelmäßig als erstes mit der staatlichen Kriegsopferversorgung, die nicht unter dem gleichen Ausgaben- und Kostendruck stand wie die gesetzliche Krankenversicherung. Die Ergebnisse der Preisverhandlungen wurden im allgemeinen von den gesetzlichen Krankenkassen übernommen. Mit dem Wandel in der Struktur der Leistungsempfänger (relativ weniger Kriegsbeschädigte, relativ mehr Unfallbeschädigte und Krankheitsinvalide) hat sich zwar die Position der gesetzlichen Krankenversicherung wie auch der anderen Leistungsträger verbessert, ohne daß sich dadurch wesentliche Änderungen in der Preisgestaltung ergaben. Tatsächlich enthält das gegenwärtige System der Preisermittlung kaum Anreize zu einer rationellen Fertigung.

(2) Die Preise für Sehhilfen werden auf Landesebene zwischen den Krankenkassen und den jeweiligen Innungen ausgehandelt. Auch auf diesem Markt war in der Vergangenheit trotz des Höchstpreissystems kaum Wettbewerb spürbar; dies gilt sowohl für die Hersteller von Gläsern und Brillengestellen als auch für die nachgelagerten Optiker. Die Krankenkassen können sich auf diesem Markt nicht betätigen (BGH-Urteil von 1981). Zunehmend dringen jedoch Kaufhäuser und Versandhäuser in diesen Markt ein; im Wettbewerb um die Privatpatienten sind preisliche Wirkungen zu beobachten; vor allem aber wird den Kassenpatienten ein besseres Sortiment zu vergleichbaren Preisen geboten.

(3) Die Preise für Hörhilfen werden als Höchstpreise zwischen der Bundesinnung für Hörgeräteakustiker und den Spitzenverbänden der Krankenkassen ausgehandelt. Auch dieses Preissystem wirkt im wesentlichen wie ein Festpreissystem.

(4) Die Preise für zahntechnische Leistungen werden in der Regel als Höchstpreise zwischen den Landesverbänden der Krankenkassen und dem Landesinnungsverband der Zahntechniker – gegebenenfalls unter Einschaltung einer Schiedsstelle – ausgehandelt. Praktisch wirkt auch dieses Höchstpreissystem wie ein Festpreissystem.

Festzuschläge und Festpreise bzw. ähnlich wirkende Höchstzuschläge und Höchstpreise kennzeichnen die Situation der Versorgung der Bevölkerung mit Arznei-, Heil- und Hilfsmitteln. Die Einführung marktwirtschaftlicher Kontroll-, Anreiz- und Sanktionsmechanismen ist gerade in diesem Bereich eine weithin anerkannte Notwendigkeit. Bisherige Vorstöße in dieser Richtung waren jedoch nicht sehr erfolgreich. Künftige **Reformen** sollten sich verstärkt darauf konzentrieren, das Festzuschlags- und Festpreissystem generell durch ein System der Höchstzuschläge und der Höchstpreise mit Unterschreitungsmöglichkeiten zu ersetzen. Gleichzeitig müßten jedoch bestehende Marktzutrittsschranken ebenso wie vielfältige bürokratische Reglementierungen der Arznei-, Heil- und Hilfsmittelmärkte abgebaut werden. Es besteht weder aus gesamtwirtschaftlicher noch aus sozialpolitischer Sicht eine Notwendigkeit dazu, gerade hinsichtlich der Versorgung der Bevölkerung mit diesen Gesundheitsgütern einen wettbewerblichen Ausnahmebereich zuzulassen. Trifft ein verstärkter Preiswettbewerb in diesen Bereichen auf ein als Folge der Einführung von Selbstbeteiligungssystemen gesteigertes Kostenbewußtsein der Versicherten, so könnte von hier aus die Ausgabenentwicklung im Gesundheitssektor entscheidend gebremst werden (vgl. *E. KAUFER*, 1979; *B. ZIEGLER*, 1980; *B. RÖPER*/Hrsg., 1980; *B. RÖPER*/Hrsg., 1981; *P. OBERENDER*, 1984, S. 30).

7. Kostendämpfungsmaßnahmen als punktueller Interventionismus

7.1 Krankenversicherungs-Kostendämpfungsgesetz vom 27. Juni 1977

Ab Mitte der 70er Jahre waren die Finanzierungsprobleme im Gesundheitswesen und speziell bei der gesetzlichen Krankenversicherung nicht mehr zu übersehen. In der Tat waren in wenigen Jahren die Ausgaben der Krankenkassen sprunghaft angestiegen. Diese Entwicklung wurde als politisches Alarmsignal verstanden und führte zum Krankenversicherungs-Kostendämpfungsgesetz vom 27. Juni 1977; das Gesetz sollte einerseits eine Kostendämpfung im Gesundheitswesen bewirken, andererseits jedoch auch die Organisation und Wirtschaftlichkeit der medizinischen Versorgung verbessern; zudem brachte dieses Gesetz eine erste Neuregelung der finanziellen Grundlagen der Krankenversicherung der Rentner:

(1) Das Gesetz führte zu einer *Neuregelung der Honorare* für Ärzte und Zahnärzte. Jede Krankenkasse entrichtet an die Kassenärztliche Vereinigung eine Gesamtvergütung für die ärztlichen und entsprechend für die zahnärztlichen Leistungen, die in Verträgen auf Landesebene zwischen den Landesverbänden der Krankenkassen und den Kassenärztlichen Vereinigungen vereinbart werden. Die Veränderung dieser Gesamtvergütungen wurde nunmehr an verschiedene Kriterien gebunden: Entwicklung der durchschnittlichen Grundlohnsumme der beteiligten Krankenkasse, der Praxiskosten und der für kassenärztliche Tätigkeit aufzuwendenden Arbeitszeit sowie Art und Umfang der ärztlichen Leistungen, soweit sie auf einer gesetzlichen oder satzungsmäßigen Leistungsausweitung beruhen. Gleichzeitig sollten die unterschiedlichen Gebührenordnungen im Bereich der gesetzlichen Krankenversicherung durch Entwicklung einheitlicher Bewertungsmaßstäbe für ärztliche und zahnärztliche Leistungen neu gestaltet werden.

(2) Im Bereich der Arzneimittelversorgung sah das Gesetz vor, daß zwischen den Krankenkassenverbänden und den Kassenärztlichen Vereinigungen *Höchstbeträge für Arzneimittel* zu vereinbaren sind, wobei die Entwicklung der Arzneimittelpreise, die Zahl der behandelten Personen sowie die Entwicklung der durchschnittlichen Grundlohnsumme der beteiligten Krankenkassen zu berücksichtigen sind.

(3) Der nach dem Krankenversicherungs-Kostendämpfungsgesetz einberufenen *Konzertierten Aktion im Gesundheitswesen* wurde die Aufgabe zugewiesen, einmal jährlich Empfehlungen über eine angemessene Veränderung der ärztlichen Gesamtvergütungen und der Arzneimittelhöchstbeträge abzugeben. Arzthonorare und Arzneimittelkosten sollten auf diese Weise verstärkt in die allgemeine Einkommensentwicklung eingebunden werden.

(4) Das Krankenversicherungs-Kostendämpfungsgesetz führte auch zu einer *Überprüfung des Leistungsspektrums* der gesetzlichen Krankenversicherung. Arznei-, Verband- und Heilmittel, die allgemein bei geringfügigen Gesundheitsstörungen verordnet werden, sollten aus der Leistungspflicht der Krankenversicherung herausgenommen werden; das Gesetz nahm jedoch noch keine Abgrenzung dieser Mittel vor. An die Stelle der früheren Rezeptgebühr von 2,50 DM je Rezept trat nunmehr für jedes verordnete Arznei-, Verband- oder Heilmittel 1,00 DM *Selbstbeteiligung*; nur ein begrenzter Personenkreis war hiervon befreit. Die Eigenbeteiligung der Versicherten an den Kosten für Zahnersatz, Zahnkronen und kieferorthopädischen Behandlungen wurde einheitlich geregelt; nach Maßgabe der Satzung der Krankenkasse konnte der Versicherte mit 20% an den Gesamtkosten beteiligt werden, wobei allerdings verschiedene Eingren-

zungen zu beachten waren. Die Mitversicherung von Familienangehörigen wurde eingeschränkt, Zuschüsse zu Kuren sollten künftig nur noch unter einschränkenden Voraussetzungen gewährt werden.

(5) Neue Möglichkeiten eines engeren *Zusammenwirkens von Krankenhäusern und Krankenhausärzten* einerseits sowie *niedergelassenen Ärzten* andererseits wurden eröffnet. Die Krankenhausfachärzte konnten nunmehr an der ambulanten Versorgung der Versicherten mitwirken; ebenso wurde den niedergelassenen Ärzten die Möglichkeit eröffnet, ihre Patienten auch im Krankenhaus weiter zu betreuen. Die Krankenhäuser sollten nunmehr auch Leistungen im Bereich der vorstationären Diagnose und der nachstationären Behandlung erbringen. Das Zusammenwirken von ambulanter und stationärer Versorgung sollte auf diese Weise verbessert werden.

(6) Zu Kostendämpfungsmaßnahmen im *Krankenhausbereich* kam es zunächst noch nicht. Einzelne Regelungen zur Verbesserung des wirtschaftlichen Betriebs der Krankenhäuser wurden späteren Verordnungen vorbehalten (Einführung einer kaufmännischen Buchführung ab Januar 1979 sowie einer Kosten- und Leistungsrechnung ab Januar 1980).

(7) Mit dem Krankenversicherungs-Kostendämpfungsgesetz sollte auch die *Krankenversicherung der Rentner* neu geregelt werden. Der Beitrag der Rentenversicherung zu den Krankheitskosten der Rentner wurde auf 11% der Rentenausgaben begrenzt. Gleichzeitig wurde der Kreis der Rentner neu bestimmt, der ohne eigene Beitragsleistung der gesetzlichen Krankenversicherung angehören sollte. Die unterschiedliche Belastung der verschiedenen Krankenkassen durch die Krankenversicherung der Rentner wurde mittels eines besonderen Finanzausgleichs geregelt. Ab 1982 sollte der bisherige Pauschalbeitrag der gesetzlichen Rentenversicherung für die Krankenversicherung der Rentner durch einen Beitrag des einzelnen Rentners ersetzt werden, wobei für den Rentner selbst ein Ausgleich durch eine besondere Rentenanpassung vorgesehen war.

7.2 Krankenhaus-Kostendämpfungsgesetz und Kostendämpfungs-Ergänzungsgesetz vom 22. Dezember 1981

Die Kostendämpfungsmaßnahmen des Jahres 1977 sind durch das Fehlen einer umfassenden Ursachenanalyse und darauf aufbauender therapeutischer Maßnahmen gekennzeichnet; relativ willkürlich wurden einzelne Ursachenbereiche herausgegriffen, was eine Ungleichgewichtigkeit in den Kostendämpfungsbemühungen bewirkte; eine ordnungspolitische Neuorientierung ist nicht erkennbar (vgl. *W. HAMM*, 1980).

In der Folgezeit setzte sich dann auch der Ausgabenanstieg vor allem in Einzelbereichen des Gesundheitssektors (Krankenhauspflege, Zahnersatz, Heil- und Hilfsmittel) fort und übertraf dabei wesentlich die Zunahme der Löhne und Gehälter der Versicherten. Dies führte zum Krankenhaus-Kostendämpfungsgesetz und zum Kostendämpfungs-Ergänzungsgesetz vom 22. Dezember 1981:

(1) Das Krankenhaus-Kostendämpfungsgesetz sollte dazu beitragen, die *Planungs- und Steuerungsinstrumente* im Krankenhausbereich zu verbessern, die Krankenhäuser in ihren Bemühungen um eine wirtschaftliche Betriebsführung wirksamer zu unterstützen und die Selbstverwaltung im Krankenhausbereich zu stärken. Vor allen Dingen sollte durch eine verbesserte Bedarfsplanung das Leistungsangebot der Krankenhäuser an den tatsächlichen Bedarf angepaßt werden, um die zwischen den Ländern bestehenden großen Unterschiede bei den Bedarfsplänen, der Bettendichte, der Verweildauer und damit den Kosten abzubauen. Das Gesetz sah bei der Erfüllung dieser Aufgaben Mitwirkung und Mitverantwortung der Krankenkassen vor, brachte bundeseinheitliche

Rahmenvorgaben, bezog auch die Hochschulkliniken in die Bedarfsplanung ein, sah eine Abstimmung zwischen benachbarten Krankenhäusern hinsichtlich der Beschaffung, Nutzung oder Mitnutzung medizinisch-technischer Großgeräte vor und brachte die Verpflichtung, auch für größere Krankenhäuser in jedem einzelnen Fall zu prüfen, ob sie wirtschaftlich, leistungsfähig und auf die Dauer erforderlich sind. Ausdrücklich wurde die historisch gewachsene Vielfalt der Krankenhäuser anerkannt und der Bestandsschutz auch für kleinere leistungsfähige Krankenhäuser verbessert.

An dem *dualen Finanzierungssystem* wurde festgehalten. Allerdings wurden verschiedene Einzelkorrekturen eingeführt: Verpflichtung der Länder zur Beachtung nicht nur der Herstellungskosten, sondern auch der Folgekosten von Krankenhausinvestitionen; Erhöhung der finanziellen Anreize zur Erleichterung des Bettenabbaus, der Stillegung oder Umstellung von Krankenhäusern; Verbesserung der Möglichkeiten der Pauschalförderung bei kleineren Investitionen zur Erweiterung der Entscheidungsmöglichkeiten der Krankenhäuser und Vereinfachung des Verwaltungsverfahrens; Berücksichtigung der unterschiedlichen Versorgungsaufgaben und nicht nur der Bettenzahl bei der Höhe der Pauschalförderung; verstärkte Berücksichtigung der tatsächlichen Aufwendungen der Länder im Krankenhauswesen anstelle der bisherigen weitgehend einwohnerzahlorientierten Finanzhilfen des Bundes.

Hinsichtlich der *Festsetzung der Pflegesätze* wurde grundsätzlich das Verhandlungsprinzip eingeführt. Bisher hatten die Krankenkassen nur wenig Einfluß auf die Gestaltung der Pflegesätze; die Länder setzten die Pflegesätze fest; hierbei waren sie an die Pflegesatzverhandlungen zwischen Krankenkassen und Krankenhäusern nicht gebunden. Nunmehr sollten die Pflegesätze eigenverantwortlich zwischen den Krankenhäusern und den Sozialleistungsträgern ausgehandelt werden, wenngleich auch das Gesetz verschiedene inhaltliche Vorgaben traf (Entscheidungsvorbehalt der Länder) und die Konzertierte Aktion im Gesundheitswesen Empfehlungen über die Ausgaben der Krankenhauspflege geben sollte. Das Selbstkostendeckungsprinzip wurde nicht in entscheidender Weise berührt.

Ergänzende Regelungen des Krankenhaus-Kostendämpfungsgesetzes betrafen die psychiatrische Behandlung im Krankenhaus, die Behandlung von Versicherten in den poliklinischen Einrichtungen der Hochschulen und die Finanzierung der bei den Krankenhäusern eingerichteten Ausbildungsstätten.

(2) Das Kostendämpfungs-Ergänzungsgesetz sah Regelungen zur Ausgabenbegrenzung insbesondere für die bisher unzureichend in das Kostendämpfungskonzept einbezogenen Bereiche *Zahnersatz* und *Heil- und Hilfsmittel* vor. Erneut wurde darauf hingewiesen, daß Arznei- und Heilmittel, die üblicherweise bei leichten Gesundheitsstörungen angewandt werden, nicht mehr von den Krankenkassen bezahlt werden sollten. Die Rezeptblattgebühr bei Arzneimitteln wurde auf 1,50 DM je verordnetes Mittel erhöht. Für jede Verordnung von Heilmitteln und für jede Brille sind 4,00 DM zu zahlen. Die Kosten für eine Brille übernimmt die Kasse nur noch alle drei Jahre, sofern die Verordnung nicht durch eine Änderung der Sehfähigkeit vorher notwendig ist oder die Brillen von Kindern unter 14 Jahren benötigt werden. Fahrtkosten zum Arzt oder zum Krankenhaus werden nur noch erstattet, soweit diese den Betrag von 5,00 DM übersteigen. Kuren dürfen nur noch zu Lasten der Krankenkasse alle drei Jahre gewährt werden. Der Klinikaufenthalt nach einer Entbindung wird auf sechs Tage begrenzt, soweit nicht ein längerer Aufenthalt medizinisch geboten ist. Für Heilmittel, Hilfsmittel und Brillen wurde die Laufzeit der geltenden Preisvereinbarungen bis Ende 1983 verlängert; statt der bisherigen Festpreise sind Höchstpreise zu vereinbaren. Analog zu den Arzneimittelhöchstbeträgen sollten auch Heilmittelhöchstbeträge eingeführt werden. Die Vergütungen für zahntechnische Leistungen sollten nach Ablauf der geltenden Verträge für ein Jahr um 5% gesenkt werden; auch bei den zahntechnischen Leistungen dürfen nur noch Höchstpreise anstatt der bisherigen Festpreise vereinbart werden. Wichtige Änderungen ergaben sich beim Zahnersatz; das damit verbundene Zahnarzthonorar wird

über den Krankenschein abgerechnet; für die zahntechnischen Leistungen können die Kassen einen Zuschuß bis zu 60% zahlen; bisher betrug dieser Zuschuß 80% des gesamten Rechnungsbetrages, der sich aus dem Zahnarzthonorar und dem Preis für die zahntechnischen Leistungen zusammensetzte. Die geltenden Honorarvereinbarungen für Ärzte und Zahnärzte sollten bis Ende 1982 verlängert werden.

Auch in den anderen Sozialleistungszweigen kam es zu Neuregelungen, die die Ausgabenentwicklung des gesamten Gesundheitssektors berührten:

(1) Obwohl bereits durch das 20. Rentenanpassungsgesetz die versicherungsrechtlichen Voraussetzungen für *Kuren* verschärft wurden, war die Zahl der Versicherten, die eine Kur wiederholt in Anspruch nahmen, gegenüber 1976 um über 30% angestiegen. Die Inanspruchnahme von Kuren setzte von nun an eine erhebliche Gefährdung der Erwerbsfähigkeit voraus; mit Vollendung des 59. Lebensjahres erhalten Versicherte eine Kur nur dann, wenn dadurch eine bereits vorliegende oder bevorstehende Berufs- oder Erwerbsunfähigkeit abgewendet werden kann. Der Zeitraum zwischen zwei Kuren wurde auf drei Jahre verlängert.

(2) In der Kriegsopferversorgung wurde die Inanspruchnahme von *Badekuren* beschränkt; auch hier wurde der Mindestzeitraum zwischen zwei Kuren verlängert.

(3) Die Neuregelung der *Krankenversicherung der Rentner* sah vom 1. Januar 1983 an eine Ersetzung der bisherigen Pauschalzahlung der Rentenversicherung an die Krankenversicherung durch einen individuellen Beitrag des Rentners in Höhe von 11,8% vor; die Rentner erhalten einen Zuschuß zu ihrer Rente in gleicher Höhe. Allerdings sind zukünftig der Rente vergleichbare Alterseinnahmen (Versorgungsbezüge) in der gesetzlichen Krankenversicherung beitragspflichtig; gleiches gilt für Arbeitseinkommen aus selbständiger Tätigkeit, die neben einer Rente erzielt werden. Beitragsfrei bleiben Alterseinnahmen, die auf Beiträgen beruhen und unabhängig von früherer Erwerbstätigkeit gezahlt werden, wie beispielsweise Leistungen einer privaten Lebensversicherung; beitragsfrei bleiben auch Entschädigungen für Kriegsopfer, Opfer von Gewalttaten und Impfschäden sowie Unfallrenten, Unfallausgleichsrenten und ähnliche Leistungen. Die beitragspflichtigen Zusatzeinkommen werden mit dem halben Beitragssatz (5,9%) belegt. Dabei ist die Beitragsbemessungsgrenze der Krankenversicherung zu berücksichtigen; Bagatellzahlungen unter zehn DM monatlich sollten nicht erhoben werden.

7.3 Haushaltsbegleitgesetz 1983 vom 20. Dezember 1982

Mit dem Kostendämpfungs-Ergänzungsgesetz und dem Krankenhaus-Kostendämpfungsgesetz vom 22. Dezember 1981 sowie ergänzenden Maßnahmen in anderen Sozialleistungsbereichen wurde das Netz der punktuellen Eingriffe zur Verringerung des Anstiegs der Gesundheitsausgaben deutlich enger geknüpft. Diese Entwicklungslinie der staatlichen Gesundheitspolitik setzte sich auch im Jahre 1982 mit dem Bundeshaushaltsgesetz und dem Haushaltsbegleitgesetz 1983 fort:

(1) Im Mittelpunkt des Maßnahmenkataloges stehen Veränderungen der *Selbstbeteiligung* der Patienten. So wurde die Rezeptgebühr je Arzneimittel um 0,50 auf 2,00 DM erhöht; die Kosten für Bagatellarzneimittel (z.B. gegen Reisekrankheiten, Husten, Schnupfen, Heiserkeit) werden nicht mehr von der Krankenversicherung getragen (Ausnahme für Kinder bis zu 16 Jahren). Bei Krankenhausaufenthalten haben die Versicherten für längstens 14 Tage je Kalenderjahr täglich 5,00 DM zuzuzahlen; Kinder bis

zu 18 Jahren sind aus der Zuzahlungspflicht herausgenommen; für einen Krankenhausaufenthalt anläßlich einer Entbindung ist keine Zuzahlung zu leisten. Bei Kuren, die voll von der Krankenkasse oder von einem Rentenversicherungsträger finanziert werden, ist eine Zuzahlung von zehn DM je Kurtag zu leisten; hier sind Kinder bis zu 18 Jahren von der Zuzahlungspflicht ausgenommen; außerdem ist wie bei den Bagatellarzneimitteln eine Härteregelung vorgesehen. Andererseits sollten die einschränkenden Voraussetzungen für Kuren bei über 59jährigen ab 1983 nur noch für über 63jährige gelten.

(2) Bei der Überprüfung von Krankschreibungen wird der *Vertrauensärztliche Dienst* stärker eingeschaltet; die Krankenkassen wurden verpflichtet, auf Antrag des Arbeitgebers die Überprüfung der Arbeitsunfähigkeit bei begründeten Zweifeln zu veranlassen. Die Vorschriften über die Ahndung von Verstößen gegen die kassenärztlichen Pflichten (z.B. Ausstellung von Gefälligkeitsattesten) wurden konkretisiert; die Geldbußen wurden von 5000 auf 20000 DM erhöht.

(3) Zur Verkürzung der *Krankenhauspflege* wird den Krankenkassen die Möglichkeit eingeräumt, neben der medizinischen Pflege auch die Aufwendungen für die Hauspflege zu übernehmen, wenn dadurch ein Krankenhausaufenthalt verkürzt oder vermieden werden kann.

(4) Die *Rentner* sollten sich in Zukunft verstärkt an ihrer Krankenversicherung beteiligen. Ab 1. Juli 1983 sollte der Zuschuß zur Rente um 1%, ab 1. Juli 1984 um weitere 2% und ab 1. Juli 1985 um zusätzliche 2% gesenkt werden. Demzufolge sollten sich die Rentner an den Beiträgen für ihre Krankenversicherung im Jahre 1983 mit 1%, 1984 mit 3% und 1985 mit 5% beteiligen (später geändert: 1985: 4,5%; 1986: 5,2%). Die Regelungen zur Beitragspflicht für Zusatzeinkommen wurden nicht geändert.

(5) Die Heil- und Krankenbehandlung in der *Kriegsopferversorgung* wurde eingeschränkt; die Rechtsänderungen im Bereich der gesetzlichen Krankenversicherung galten auch für die Krankenversicherung der Landwirte.

7.4 Krankenhaus-Neuordnungsgesetz vom 20. Dezember 1984

Mit den Kostendämpfungsgesetzen zu Beginn der 80er Jahre verlangsamte sich zunächst der Ausgabenanstieg in Einzelbereichen des Gesundheitssektors. Nahezu ungebremst stiegen jedoch seit Beginn der 80er Jahre die Krankenhauskosten weiter an. Mit dem Krankenhaus-Neuordnungsgesetz vom 20. Dezember 1984 wurde schließlich an vorhergehende Gesetzeswerke angeknüpft, um insbesondere die finanzielle Entwicklung im Krankenhauswesen stärker beeinflussen zu können:

(1) Das duale System der *Krankenhausfinanzierung*, wonach die Investitionskosten von der öffentlichen Hand und die laufenden Betriebs- und Behandlungskosten von den Patienten bzw. der Krankenversicherung zu tragen sind, wurde grundsätzlich beibehalten. Eine Finanzierung auch der Investitionskosten über die Pflegesätze wurde nicht eingeführt. Allerdings wurde der bisherige starre Finanzierungsdualismus aufgelokkert; Krankenhäuser und Krankenkassen haben künftig die Möglichkeit, sog. Investitionsverträge abzuschließen und insbesondere Rationalisierungsinvestitionen über den Pflegesatz zu finanzieren.

(2) Die bisherige *Mischfinanzierung* der Investitionen wird kostenneutral aufgelöst. Die finanziellen Mittel für die öffentliche Förderung der Krankenhäuser werden künftig allein von den Ländern aufgebracht; die bisherigen Finanzhilfen des Bundes an die Länder nach dem Krankenhausfinanzierungsgesetz (etwa 1 Mrd. DM jährlich) entfallen. Zum Ausgleich entlastet der Bund die Länder von Ausgaben in entsprechender Höhe bei drei Geldleistungsgesetzen (Wohnungsbau-Prämiengesetz, Wohngeldgesetz und

Gesetz über die Sozialversicherung Behinderter in geschützten Einrichtungen). Die Befugnisse der Länder bei der Krankenhausplanung wurden entsprechend erweitert.

(3) Der Grundsatz der *Trägervielfalt* im Krankenhauswesen wurde konkretisiert. Bei der Durchführung des Krankenhausfinanzierungsgesetzes ist nach Maßgabe des Landesrechts inbesondere die wirtschaftliche Sicherung freier gemeinnütziger und privater Krankenhäuser zu gewährleisten; diese können im Gegensatz zu kommunalen Krankenhäusern in aller Regel nicht auf zusätzliche Betriebs- und Investitionszuschüsse ihrer Träger zurückgreifen; die Gesetzesänderung soll vor allem sicherstellen, daß dieser grundsätzlich gegebene Wettbewerbsnachteil bei der Durchführung des Gesetzes berücksichtigt wird. Ferner wurde ausdrücklich festgeschrieben, daß die Gewährung von Fördermitteln nach dem Krankenhausfinanzierungsgesetz nicht mit Auflagen verbunden werden darf, durch die die Selbständigkeit und Unabhängigkeit von Krankenhäusern über die Erfordernisse der Krankenhausplanung und der wirtschaftlichen Betriebsführung hinaus beeinträchtigt werden; die Gesamtverantwortung für die Unternehmens- und Betriebsentscheidungen des Krankenhauses soll grundsätzlich nicht beim Staat, sondern beim Krankenhausträger liegen.

(4) Der *Selbstkostendeckungsgrundsatz* wurde modifiziert. Ab 1986 sollten die Pflegesätze unter Berücksichtigung der Empfehlungen der Konzertierten Aktion im Gesundheitswesen zwischen den Krankenhäusern und den Krankenkassen im voraus vereinbart werden; sie sind damit an das Erfordernis einer Vorauskalkulation gebunden. Künftig werden Kosten, die durch die im voraus kalkulierten Pflegesätze nicht gedeckt sind, nicht mehr nachträglich erstattet. Krankenhäuser, die besonders wirtschaftlich geführt werden, können jedoch erzielte Gewinne behalten, wie umgekehrt Krankenhäuser mit Verlusten diese selbst zu tragen haben.

(5) Der *Einfluß der Länder* auf die Pflegesatzgestaltung wurde beträchtlich reduziert. Die vereinbarten Pflegesätze bedürfen lediglich noch der Genehmigung durch die zuständige Landesbehörde. Kommt jedoch eine Pflegesatzvereinbarung nicht zustande, so wird der Pflegesatz von einer unabhängigen, paritätisch mit Vertretern der Krankenhäuser und der Krankenkassen besetzten Schiedsstelle festgesetzt. Der Vorsitz der Schiedsstelle soll von den beteiligten Organisationen einem neutralen Vorsitzenden übertragen werden; wenn diese sich nicht einigen, hat das Land ein Bestellungsrecht. Auf diese Weise soll die Selbstverwaltung im Krankenhauswesen gestärkt werden.

Das Krankenhaus-Neuordnungsgesetz ist am 1. Januar 1985 in Kraft getreten. Ergänzend wurde im Laufe des Jahres 1985 eine neue **Bundespflegesatzverordnung** verabschiedet, die am 1. Januar 1986 in Kraft trat. Diese konkretisierte die gesetzlichen Vorgaben des Krankenhaus-Neuordnungsgesetzes vom 20.12.1984 bezüglich der Pflegesätze:

(1) Die Bundespflegesatzverordnung führte für das Krankenhauswesen eine *flexible Budgetierung* mit prospektiv ausgerichteten Pflegesätzen ein. Mit dem Budget erhält das Krankenhaus vor Beginn der Wirtschaftsperiode einen verbindlichen Finanzrahmen, mit dem es rechnen kann, aber grundsätzlich auch auskommen muß. Die Vergütung der stationären Krankenhausleistungen wird also nicht mehr nachträglich, sondern im voraus in einem von Krankenkassen und Krankenhäusern vereinbarten Budget festgelegt. Damit werden für das Krankenhaus Gewinn- und Verlustmöglichkeiten eröffnet, die sein Interesse an Kostensenkung stärken.

(2) Die Pflegesätze decken nach wie vor die gesamten Kosten der stationären medizinischen Behandlung pauschal ab. Dem Patienten ist jedoch mitzuteilen, welche *Teilbeträge* für die Leistungsbereiche Unterkunft und Verpflegung, Pflege sowie ärztliche und sonstige medizinische Versorgung in den Pflegesätzen enthalten sind.

(3) Die Bundespflegesatzverordnung bietet die vertragliche Möglichkeit der Bildung von

- *besonderen Abteilungspflegesätzen*, z.B. für die Behandlung von Querschnittsgelähmten, Schwerbrandverletzten oder von Kindern mit Krebserkrankungen,
- *Sonderentgelten* für besonders teure Leistungen, wie z.B. Herzoperationen oder Nierentransplantationen.

Durch die gesonderte Vergütung teurer Leistungen sollen die Pflegesätze zwischen den Krankenhäusern besser vergleichbar werden. Außerdem ermöglichen sie eine kostengerechtere Belastung der Patienten und der Krankenkassen für die vom Krankenhaus erbrachten Leistungen.

(4) Der Stärkung der Eigenverantwortung der Krankenhäuser dienen nicht nur Gewinn- und Verlustmöglichkeiten, sondern auch die Möglichkeit zur Festlegung von *Wagniszuschlägen* im Rahmen der Pflegesatzvereinbarungen. Wagniszuschläge können an die Stelle des sonst vorgesehenen Ausgleichs von Schätzfehler-Risiken treten, die nicht auszuschließen sind (z.B. falsche Einschätzung der Lohn- und Preisentwicklung).

(5) Die *Zuordnung von Kosten und Leistungen* wurde transparenter gestaltet. Das bisherige Selbstkostenblatt wurde zu einem Kosten- und Leistungsnachweis umgestaltet, mit dem die Krankenhäuser verpflichtet werden, neben ihren Kosten erstmals auch ihre Leistungen im medizinischen Bereich näher darzulegen. Dadurch wird künftig eine bessere Beurteilung der Kosten und Leistungen des Krankenhauses, auch im Vergleich mit anderen Krankenhäusern, möglich.

(6) In jedem Fall gilt für die Aushandlung des Budgets und der daraus abgeleiteten Pflegesätze künftig uneingeschränkt das *Vereinbarungsprinzip*. Können Krankenkassen und Krankenhäuser sich nicht einigen, so entscheidet eine unabhängige Schiedsstelle. Die bisherige staatliche Pflegesatzfestsetzung entfällt. Den Landesbehörden obliegt nur noch im Wege der Genehmigung die Rechtmäßigkeitskontrolle.

7.5 Weitere Entwicklungen

Ende 1986 wurde das Gesetz zur Verbesserung der kassenärztlichen Bedarfsplanung verabschiedet, durch das ab dem 1.1.1987 die ständig wachsende Zahl von Kassenärzten räumlich gleichmäßiger verteilt werden soll. Im einzelnen sieht das Gesetz folgende Neuregelungen vor:

(1) Nach differenzierten gesetzlichen Vorgaben können Landesausschüsse der Ärzte und Krankenkassen für überversorgte Gebiete Zulassungsbeschränkungen aussprechen. Diese Beschränkungen sind zeitlich zu befristen und nur für einzelne Arztgruppen zulässig. Ausnahmeregelungen bestehen in Fällen der Praxisnachfolge und bei Niederlassung in Gemeinschaftspraxen.

(2) In nicht überversorgten Gebieten kann die Niederlassung neuer Kassenärzte nicht beschränkt werden. In jedem Fall müssen mindestens 50% aller kassenärztlichen Planungsbereiche (Stadt- und Landkreise) für eine unbeschränkte Niederlassung freibleiben.

(3) Eine Altersgrenze für Kassenärzte ist nicht vorgesehen. Die Kassenärztlichen Vereinigungen können jedoch den Kassenärzten finanzielle Anreize geben, ihre Tätigkeit ab dem 62. Lebensjahr freiwillig aufzugeben.

Im Gesetzgebungsverfahren befand sich Ende 1986 das Gesetz zur Verbesserung der Leistungen bei Schwerstpflegebedürftigkeit. Danach sollen Pflege und Versorgung Schwerstpflegebedürftiger verbessert und die sie betreuenden Personen entlastet werden. Bei Ausfall der Pflegepersonen soll für längstens 4 Wochen je Kalenderjahr eine Ersatzpflegekraft gestellt werden, um die häusliche Krankenpflege und Haushaltshilfe aufrechtzuerhalten. Maßnahmen der medizinischen Rehabilitation sollen verstärkt eingesetzt werden, damit Pflegebedürftigkeit gemindert oder vermieden wird (vgl. Sozialbericht 1986).

8. Folgerungen

Das System der Versorgung der Bevölkerung mit Gesundheitsgütern sowie der Einkommenssicherung bei Krankheit und Invalidität hat im Laufe der letzten Jahrzehnte eine kaum zu übersehende gesellschaftspolitische Bedeutung gewonnen. Um so bedrohlicher muß die insbesondere seit den 60er Jahren zu beobachtende Ausgabenexplosion empfunden werden, die die zukünftige Finanzierbarkeit dieses Systems in Frage stellt. Das vorhandene Gesundheitssystem bedarf dringend grundlegender **Reformen**, die effektiv auf die Ausgabenentwicklung einwirken können.

Grundsätzlich können **zwei Wege** zur Kostendämpfung im Gesundheitswesen beschritten werden (vgl. *I. METZE*, 1983):

(1) *Mehr Staat im Gesundheitswesen*

Eine erste Möglichkeit zur Dämpfung des Kostenanstiegs im Gesundheitswesen könnte in einer Verstärkung der staatlichen Regulierung dieses Sektors bestehen. In diesem Sinne könnten verschärfte Budgetrestriktionen eingeführt werden, die sowohl die Nachfrager von Gesundheitsgütern als auch die Anbietergruppen zwingenden Begrenzungen unterwerfen. Eine solche Reglementierung müßte auf sehr vielen Ebenen ansetzen und auch die wechselseitigen Beziehungen der verschiedenen Akteure des Gesundheitssystems in medizinischer, technischer und ökonomischer Hinsicht berücksichtigen.

Mit einer solchen Vorgehensweise zeichnet sich die Gefahr ab, daß eine Interventionsspirale mit einem wachsenden Verwaltungs- und Kontrollapparat und zunehmenden bürokratischen Kosten bei den Kontrollierten in Gang gesetzt wird. Dabei ist die Effizienz immer schärfer werdender Interventionen durchaus fraglich, da die Betroffenen immer wieder Wege finden werden, das staatliche Interventions- und Kontrollsystem zu umgehen. Übrig bleiben letztlich Einbußen an individueller Freiheit sowie eine Effizienzsenkung des Gesundheitswesens, da der Zeit- und Kostenaufwand, der mit staatlichen Interventionen für alle Beteiligten verbunden ist, beträchtlich sein wird (vgl. *W. HAMM*, 1980, S. 84 ff.).

(2) *Mehr Markt im Gesundheitswesen*

Diese Reformstrategie führt zu einer stärkeren Orientierung auch des Gesundheitswesens an der ordnungspolitischen Leitidee der sozialen Marktwirtschaft. Bisher stellt sich das Gesundheitswesen weitgehend als wettbewerblicher Ausnahmebereich dar. Die ordnungspolitischen Rahmenbedingungen dieses Sektors begünstigen keinen sparsamen Umgang mit knappen Gesundheitsgütern, sondern vielmehr ihre Verschwendung. Marktliche Kontroll-, Anreiz- und Sanktionsmechanismen sind bisher kaum erkennbar; das System tendiert zu einer ständigen Ausweitung der Gesundheitsausgaben.

Die Verstärkung der wettbewerblichen Steuerung des Gesundheitssektors kann auf den verschiedenen Ebenen dieses Systems ansetzen. Sowohl im Bereich der Nachfrager als auch der Anbieter bestehen Möglichkeiten zur Einführung eines wirksamen Preis-, Produkt- und Qualitätswettbewerbs. Gesundheitspolitischen Bedenken könnte weitgehend Rechnung getragen werden; sozialpolitische Härten könnten berücksichtigt werden.

Von diesen beiden grundverschiedenen Wegen einer Reform des Gesundheitswesens ist demjenigen der Vorrang zu geben, der einerseits effizienter ist und andererseits die individuelle Freiheit und Eigenverantwortlichkeit der Akteure des Gesundheitssystems nicht unnötig einschränkt. Aus beiden Gründen sollte vorrangig der Weg einer **ordnungspolitischen Umorientierung** der staatlichen Gesundheitspolitik beschritten werden, um im Sinne einer wettbewerblichen Rahmenregelung einzelwirtschaftliche Interessen und gesamtwirtschaftliche Ziele kompatibel zu machen.

Die **bisherige Gesundheitspolitik** neigt mehr dem ersten Weg zu. Sie setzt vor allem in einem punktuellen Interventionismus an den Symptomen an, präferiert überwiegend eine einnahmenorientierte Ausgabengestaltung und vermeidet dadurch weitgehend eine ursachenorientierte Therapie. Lediglich ansatzweise sind Elemente einer Verstärkung des Wettbewerbs im Gesundheitswesen erkennbar; diese reichen jedoch nicht aus, um den verschwenderischen Umgang mit knappen Gesundheitsgütern abzubauen. Die zukunftsorientierte Lösung der im Gesundheitssektor entstandenen Probleme verlangt mehr als einen punktuellen Interventionismus, sondern vielmehr eine grundlegende ordnungspolitische Umgestaltung des Systems.

Natürlich ist eine umfassende ordnungspolitische Neuorientierung des Gesundheitssektors in gewisser Weise ein Tasten in der Ungewißheit. Jede Veränderung langfristig gewachsener Strukturen ist auch mit **Risiken** verbunden; von daher ist kaum eine radikale Umgestaltung des Gesundheitssystems von heute auf morgen erstrebenswert. Da aber die bisherige Politik in die Sackgasse geführt hat, ist eine behutsame Neuorientierung unumgänglich. Eine **Politik der kleinen Schritte** in Richtung auf eine Verbesserung der ordnungspolitischen Rahmenbedingungen des Gesundheitssystems kann eher eine Lösung der Zukunftsprobleme ermöglichen als ein punktuelles und häufig widersprüchliches Kurieren an den Symptomen. Kleine Schritte bringen kleine Konsequenzen, die leichter korrigiert werden können; sie müssen jedoch konsequent an einer **ordnungspolitischen Leitidee** orientiert sein; der ad hoc-Charakter der bisherigen Gesundheitspolitik muß überwunden werden.

Kapitel 10: Probleme und Perspektiven des Familienlastenausgleichs

1. Bevölkerungsentwicklung und Bevölkerungspolitik

Bis Mitte der 60er Jahre war der **demographische Prozeß** in der Bundesrepublik Deutschland durch eine deutlich über der langfristigen Bestandserhaltung liegende **Nettoreproduktionsrate** gekennzeichnet. Dann setzte jedoch ein entscheidender Umbruch in der Entwicklung ein, der bis in die Gegenwart zu einem starken Absinken der Nettoreproduktionsrate der Bevölkerung führte. Mittlerweile ist eine Situation erreicht, in der eine Bestandserhaltung der Bevölkerung auf lange Sicht nicht mehr möglich erscheint.

Mit einiger Verspätung setzte Anfang der 70er Jahre eine systematische **Erforschung der Ursachen und Wirkungen** der unübersehbaren Veränderungen im demographischen Prozeß ein. Dabei zeigte sich, daß die Ursachen der abnehmenden Geburtenhäufigkeit in der Bundesrepublik Deutschland – wie auch in anderen europäischen Industrieländern – in tiefgreifenden gesellschaftlichen Wandlungen wurzeln und daß der Geburtenrückgang zugleich erhebliche Konsequenzen für nahezu alle gesellschaftlichen Politikbereiche haben wird. **Praktisch-politische Folgerungen** wurden jedoch aus den Ergebnissen dieser Forschung bisher kaum gezogen. Hierfür sind verschiedene Gründe erkennbar:

(1) Seit den Erfahrungen mit der nationalsozialistischen Herrschaft stellt sich die Bevölkerungspolitik als ein weitgehend tabuisierter Bereich der Gesellschaftspolitik dar. Bevölkerungspolitische Maßnahmen sind auch in westlichen Demokratien regelmäßig dem Verdacht ausgesetzt, in der Nähe von Systemen der Unfreiheit angesiedelt zu sein. Rein bevölkerungspolitische Begründungen staatlicher Maßnahmen finden sich mithin auch sehr selten; in der Regel stehen andere gesellschaftliche oder wirtschaftliche Argumentationen für oder gegen staatliche Maßnahmen im Vordergrund; auf positive oder negative Effekte bevölkerungspolitischer Art wird häufig nur nebenbei hingewiesen, wobei die Unverletzlichkeit der individuellen Entscheidungsfreiheit gerade im regenerativen Bereich stets hervorgehoben wird.

(2) Der Zeithorizont der sich abzeichnenden demographischen Probleme reicht ebenso wie derjenige der möglichen Wirkungen bevölkerungspolitischer Maßnahmen weit über den üblichen Planungshorizont der politischen Entscheidungsträger hinaus. Die mit dem Geburtenrückgang verbundene Last wirtschaftlicher und sozialer Probleme wird in ihrer vollen Tragweite erst in einigen Jahrzehnten sichtbar werden. Die politisch-administrativen Systeme westlicher Demokratien sind in ihren gesellschaftlich relevanten zukunftsbezogenen Aktivitäten typischerweise auf kürzere Zeiträume festgelegt; diese vor allem mit demokratischen Wahlprozessen zusammenhängende Zeitpräferenz läßt bevölkerungspolitische Maßnahmen, deren Ergebnisse erst in Jahrzehnten sichtbar werden, für die politischen Entscheidungsträger als relativ unattraktiv erscheinen.

(3) In der seit Mitte der 70er Jahre einsetzenden und sich in der Folgezeit verschärfenden Wirtschafts- und Finanzkrise unserer Gesellschaft ist der Spielraum für staatliches Han-

deln erheblich eingeengt worden. Die knappen finanziellen Mittel fließen verstärkt in jene Bereiche, aus denen bereits auf kurze bzw. mittlere Sicht Erfolgsmeldungen kommen können. Bevölkerungspolitische Maßnahmen sind daher noch stärker, als dies für andere wirtschafts- und gesellschaftspolitische Bereiche festzustellen ist, dem Diktat der leeren Kassen ausgesetzt.

Allerdings ist ein anhaltend **starkes Bevölkerungswachstum** kaum eine wirtschafts- und gesellschaftspolitisch wünschenswerte Alternative zu der sich gegenwärtig abzeichnenden Entwicklung. Bekanntlich stellt die Bevölkerungsexplosion in den Entwicklungsländern die politischen Entscheidungsinstanzen vor nahezu unlösbare Probleme und erstickt weitgehend positive Entwicklungsimpulse in Wirtschaft und Gesellschaft; auch in den Industrieländern könnte ein weiterer Bevölkerungsanstieg angesichts der bereits vorhandenen Bevölkerungsdichte zu zusätzlichen Belastungen von Umwelt und Ressourcen führen, die die Lebensbedingungen der Menschen auf lange Sicht entscheidend beeinträchtigen könnten. Problematisch ist daher für die Bundesrepublik Deutschland nicht das fehlende Bevölkerungswachstum, sondern vielmehr der abrupte, tiefgreifende und offensichtlich andauernde Einbruch in der Nettoreproduktionsrate der Bevölkerung, wodurch ein **demographischer Übergang zu einer neuen stabilen Situation** gefährdet erscheint. Können die gegenwärtigen Entwicklungen nicht als Ausdruck einer demographischen Übergangsphase interpretiert werden, so entsteht ein bevölkerungspolitisches Dauerproblem mit tiefgreifenden wirtschaftlichen und gesellschaftlichen Folgen (vgl. *B. BERELSON*, 1974; *M. WINGEN*, 1978, S. 155 ff.).

Wenn die sich gegenwärtig abzeichnenden demographischen Perspektiven als wirtschafts- und sozialpolitisch bedenklich angesehen werden müssen und die Alternative eines starken Bevölkerungswachstums weder möglich noch sinnvoll erscheint, so entsteht zwangsläufig die wichtige gesellschaftspolitische Frage nach einer **bevölkerungspolitischen Leitvorstellung** für die Zukunft sowie diejenige nach den Möglichkeiten und Grenzen ihrer Realisierung. Ihre Diskussion scheint gerade in der Bundesrepublik Deutschland nach den Erfahrungen der Vergangenheit sehr schwierig zu sein; aber auch in anderen europäischen Ländern sind bisher kaum bevölkerungspolitische Konzeptionen entwickelt worden. Dabei steht außer Frage, daß sowohl in der Bundesrepublik als auch in den meisten anderen europäischen Ländern vielfältige Maßnahmen der Wirtschafts- und Sozialpolitik entweder in mehr oder weniger bewußter Orientierung an relativ ungenauen bevölkerungspolitischen Leitbildern erfolgen oder aber zumindest in ihrer Konsequenz eindeutig bevölkerungsrelevant sind. Für eine rationale Steuerung des Bevölkerungsprozesses bestehen jedoch nach wie vor erhebliche Legitimationsprobleme (vgl. *M. WINGEN*, 1972; *M. WINGEN*, 1975; *E. W. BUCHHOLZ/H. WANDER* 1975; *BUNDESREGIERUNG*, 1975; *F.-X. KAUFMANN*, 1975, S. 201 ff.; *M. WINGEN*, 1977, S. 435 ff.).

Dabei ist der **Orientierungsbereich** einer Konkretisierung bevölkerungspolitischer Leitvorstellungen nicht sehr umstritten:

(1) Verhältnismäßig selten wird ein starkes Bevölkerungswachstum zum Orientierungsmaßstab bevölkerungswissenschaftlicher und bevölkerungspolitischer Fragestellungen erhoben (vgl. *H. SCHADE*, 1974).

(2) Ebenso selten finden sich Forderungen nach einer drastischen Reduzierung der Bevölkerungszahl zwecks Eingrenzung der ökologischen und sonstigen Belastungen des Lebensraumes der Menschen (vgl. *P. LEYHAUSEN*, 1973, S. 79 ff.).

(3) In erster Linie wird in der bevölkerungswissenschaftlichen und bevölkerungspolitischen Diskussion ein auf mittlere Sicht stabilisierter demographischer Prozeß befürwortet (vgl. *K. SCHWARZ*, 1973, S. 9 ff.; *H. SCHUBNELL*, 1974, S. 43 ff.; *A. WAGNER*, 1975, S. 148 ff.; *H. WANDER*, 1975; *E. BATSCHELET* u.a., 1975; *E. W. BUCHHOLZ/H. WANDER* mit Beiträgen von *H. J. HEEREN, P. JOST* und *M. WINGEN*, 1975; *D. KUHN*, 1975).

Die Idee eines **Null-Wachstums der Bevölkerung** auf mittlere Sicht steht zweifellos im Mittelpunkt der bisherigen bevölkerungswissenschaftlichen und bevölkerungspolitischen Diskussion. Dabei wird nicht übersehen, daß – ausgehend von der gegenwärtigen Situation – die Realisierung dieses Leitbildes bedeutsame Konsequenzen auf der Ebene der Familie haben müßte. Ein Null-Wachstum der Bevölkerung wäre nur dann zu erreichen, wenn die gegenwärtige Nettoreproduktionsrate auf einen Wert von etwa 1,0 angehoben werden könnte. Dies würde zwangsläufig eine Zunahme des durchschnittlichen Fruchtbarkeitsniveaus um etwa 60% gegenüber dem jetzigen Zustand voraussetzen. Bei vorgegebener Heiratshäufigkeit müßte der Anteil der Ehen mit drei und mehr Kindern etwa dreimal so hoch sein wie heute. Eine Verdoppelung des Anteils dieser Ehen müßte zur Realisierung eines Null-Wachstums der Bevölkerung auch dann noch vorausgesetzt werden können, wenn der Anteil der kinderlosen und Ein-Kind-Ehen sich drastisch vermindern würde (vgl. M. WINGEN, 1978, S. 163).

Ohne Zweifel verbieten sich direkte Einwirkungen auf das regenerative Verhalten der Menschen zwecks Stabilisierung des Bevölkerungsprozesses von vornherein. Sie sind bereits in diktatorischen Systemen selten versucht worden und sind mit den Grundsätzen einer freiheitlich organisierten Gesellschaft erst recht nicht zu vereinbaren. Allerdings bestehen keine Gründe dafür, auf die Schaffung solcher wirtschaftlicher und sozialer Voraussetzungen für das familiale und regenerative Verhalten der Menschen zu verzichten, die dem demographischen Allgemeininteresse dienlich sind. In diesem Sinne bietet sich nur eine **Rahmensteuerung des Bevölkerungsprozesses** zur Annäherung an ein stabiles Null-Wachstum an (vgl. *M. WINGEN*, 1977, S. 460 ff.).

2. Familienpolitik und sozio-ökonomisches System

Die **Wirksamkeit familienpolitischer Maßnahmen** zur Stabilisierung des Bevölkerungsprozesses wird weitgehend mit Vorbehalten betrachtet. Diese skeptische Einschätzung beruht insbesondere darauf, daß das regenerative Verhalten der Menschen als Reflex differenzierter sozialer und kultureller, politischer und wirtschaftlicher Faktoren bisher kaum umfassend in eine empirisch relevante Theorie der Bevölkerungsentwicklung einbezogen werden konnte. Nichtsdestoweniger setzt jede effiziente Rahmensteuerung des Bevölkerungsprozesses eine stärker familien- und kindbezogene Orientierung der Gesellschaftspolitik voraus, die zugleich die veränderten Verhaltensmuster der Menschen und die gewandelten sozio-ökonomischen Lebensbedingungen der Familien berücksichtigt. Dabei ist von einer wachsenden Konkurrenz zwischen Mutterschaft und Berufstätigkeit im Zuge **steigender Frauenerwerbstätigkeit** ebenso auszugehen wie von **gestiegenen Lebensansprüchen** der Menschen sowie von **veränderten Einstellungen** der einzelnen sowie der Gesellschaft **gegenüber kinderreichen Familien**. Von hier aus

Tabelle 44: Erwerbstätige Frauen im Alter von 15 bis unter 65 Jahren nach Zahl und Alter der Kinder im April 1974 und April 1982 (in 1000)

Frauen / Kinder	Insgesamt		Davon							
			ledig		verheiratet		verwitwet		geschieden	
	Apr. 1974	Apr. 1982	Apr. 1974	Apr. 1982	Apr. 1974	Apr. 1982	Apr. 1974	Apr. 1982	Apr. 1974	Apr. 1982
	Erwerbstätige Frauen									
Frauen	9517	10183	2719	3080	5840	6057	475	435	483	612
	ohne Kinder unter 18 Jahren									
Frauen	5986	6676	2642	3003	2672	2949	378	354	294	372
	mit Kindern unter 18 Jahren									
Frauen	3531	3507	77	78	3169	3108	97	81	189	240
mit … Kind(ern)										
1	1816	2013	70	71	1567	1718	60	55	119	169
2	1115	1150	6	6	1033	1061	25	21	52	62
3 und mehr	600	343	–	–	569	329	12	–	18	9
Kinder	6132	5449	86	87	5613	4928	152	114	281	320
	und zwar: mit Kindern unter 15 Jahren									
Frauen	3054	2772	69	68	2760	2488	67	44	159	172
mit … Kind(ern)										
1	1698	1788	63	61	1480	1559	48	34	107	135
2	939	798	5	5	880	750	13	8	41	34
3 und mehr	417	186	–	–	400	180	6	–	11	–
Kinder	4997	3990	76	75	4602	3645	95	57	223	212
	mit Kindern unter 6 Jahren									
Frauen	1223	978	37	36	1134	911	9	–	42	27
mit … Kind(ern)										
1	1019	816	36	34	936	753	9	–	38	25
2 und mehr	204	162	–	–	198	158	–	–	–	–
Kinder	1450	1151	39	39	1355	1080	10	–	46	29

Quelle: Statistisches Bundesamt (Hrsg.): Statistische Jahrbücher für die Bundesrepublik Deutschland 1978, S. 98, und 1985, S. 105.

Tabelle 45: Erwerbstätigenquote von Frauen im Alter von 15 bis unter 65 Jahren nach Zahl und Alter der Kinder in Prozent der Wohnbevölkerung im April 1974 und April 1982

Frauen / Kinder	Insgesamt		Davon							
			ledig		verheiratet		verwitwet		geschieden	
	Apr. 1974	Apr. 1982	Apr. 1974	Apr. 1982	Apr. 1974	Apr. 1982	Apr. 1974	Apr. 1982	Apr. 1974	Apr. 1982
	Erwerbstätige Frauen									
Frauen	47,2	37,7	64,5	50,7	42,5	39,4	30,4	9,7	73,2	57,8
	ohne Kinder unter 18 Jahren									
Frauen	51,6	35,1	64,1	50,4	46,6	36,5	28,0	8,2	74,1	52,7
	mit Kindern unter 18 Jahren									
Frauen	41,2	44,1	80,6	64,2	39,6	42,6	45,5	43,6	71,8	68,0
mit … Kind(ern)										
1	46,5	49,1	84,9	66,8	44,2	47,1	47,0	44,5	81,6	77,0
2	37,8	40,7	57,3	47,9	36,7	39,8	48,0	46,0	69,6	60,1
3 und mehr	35,0	33,7	–	–	34,8	33,9	36,1	–	41,9	28,7
Kinder	38,7	41,3	75,8	61,3	37,6	40,2	43,2	42,3	62,8	60,7
	und zwar: mit Kindern unter 15 Jahren									
Frauen	40,3	42,6	79,7	61,9	38,8	41,4	45,1	41,0	70,4	63,9
mit … Kind(ern)										
1	45,7	47,9	84,2	64,4	43,4	46,2	49,6	43,1	81,0	72,7
2	36,2	37,2	55,3	47,7	35,4	36,7	40,6	35,2	65,0	50,4
3 und mehr	32,7	29,7	–	–	32,7	29,9	31,2	–	35,2	–
Kinder	37,6	39,5	74,8	59,2	36,5	38,6	41,3	39,6	61,0	56,6
	mit Kindern unter 6 Jahren									
Frauen	34,8	36,4	75,7	52,5	33,8	35,8	34,9	–	56,1	43,5
mit … Kind(ern)										
1	37,3	39,8	79,3	54,0	36,0	39,2	35,6	–	62,7	46,8
2 und mehr	26,2	25,4	–	–	26,2	25,3	–	–	–	–
Kinder	33,1	34,0	71,9	51,3	32,2	33,4	34,1	–	50,9	40,4

Quelle: Statistisches Bundesamt (Hrsg.): Statistische Jahrbücher für die Bundesrepublik Deutschland 1978, S. 98, und 1985, S. 105.

können zwar grundsätzlich mögliche bevölkerungspolitische Handlungsalternativen skizziert werden, deren Wirkungsweise im Bevölkerungsprozeß jedoch nach wie vor unsicher bleibt.

In der **zunehmenden Frauenerwerbstätigkeit** wird einer der entscheidenden Bestimmungsgründe des **Geburtenrückgangs** gesehen. Die vorliegenden statistischen Übersichten verdeutlichen nicht nur den grundsätzlichen Anstieg der Frauenerwerbstätigkeit, sondern zeigen zugleich, daß Frauen immer stärker Familienaufgaben und Kinderaufzucht mit Erwerbsarbeit zu verbinden suchen. Für dieses **veränderte Rollenverhalten** der verheirateten Frau mag in vielen Fällen das Streben nach finanzieller Unabhängigkeit sowie nach emanzipatorischer Selbstverwirklichung im Beruf ausschlaggebend sein. In jedem Fall erweitert aber auch die Erwerbstätigkeit verheirateter Frauen den Möglichkeitsbereich für die Realisierung gestiegener materieller Lebensansprüche als Folge einer deutlichen Zunahme des Familieneinkommens.

Allerdings ist die uneingeschränkte Erwerbstätigkeit der verheirateten Frau im allgemeinen nur mit der Aufzucht eines Kindes oder höchstens zweier Kinder zu vereinbaren, wobei bereits verändertes Rollenverhalten des Mannes vorausgesetzt werden muß. Das Hinzutreten weiterer Kinder führt regelmäßig zu einer Einschränkung oder gar zu einer **Aufgabe der Berufsausübung** seitens der verheirateten Frau; hierdurch sowie durch das Auftreten zusätzlicher Kinderkosten vermindert sich das Familieneinkommen. Es kommt zu einem entscheidenden **Einbruch in der Lebenslage kinderreicher Familien** im Vergleich zur Ausgangssituation:

(1) Nach einer repräsentativen Erhebung des Arbeitsministeriums in Baden-Württemberg (April 1982) ist das Einkommensgefälle zwischen kinderlosen Ehepaaren und Eheleuten mit Kindern beträchtlich. Verfügte beispielsweise ein kinderloses Ehepaar (Alter des Mannes zwischen 25 und 35 Jahren) über ein monatliches Haushaltseinkommen von durchschnittlich 3200 DM netto, so belief sich das entsprechende Nettoeinkommen eines gleichaltrigen Ehepaares mit einem Kind auf knapp 2600 DM, mit zwei Kindern auf etwa 2450 DM sowie mit drei Kindern auf etwa 2400 DM. Der Grund für diese Differenzierung ist vor allem darin zu sehen, daß die Frau als zweite Einkommensbezieherin mit wachsender Kinderzahl immer mehr ausfällt (vgl. *BMA*, 1984).

Das Einkommensgefälle zwischen kinderlosen Ehepaaren und Eheleuten mit Kindern ist noch ausgeprägter, wenn man den Vergleich auf das Pro-Kopf-Einkommen abstellt. Belief sich das Pro-Kopf-Einkommen des kinderlosen Ehepaares auf 1600 DM, so erreichten Familien mit einem Kind nur noch ein Pro-Kopf-Einkommen von 998 DM, mit zwei Kindern von 764 DM sowie mit drei Kindern von 632 DM. Dabei wurde ein Kind = 0,6 Erwachsene gesetzt. Mithin macht das Pro-Kopf-Einkommen einer Familie mit drei Kindern nur noch 40% des Pro-Kopf-Einkommens eines vergleichbaren Ehepaares ohne Kinder aus (vgl. *BMA*, 1984).

(2) Die relative Armut von Familien mit Kindern kann sich wirklicher Armut rasch nähern. Nach Berechnungen des Familienbundes der Deutschen Katholiken auf der Grundlage von Einkommen von Durchschnittsverdienern mit Familie (jeweils 2900 DM brutto im Monat) und vergleichbaren Sozialhilfeansprüchen im ersten Halbjahr 1986 rutschen gerade kinderreiche Familien leicht in den Kreis der Sozialhilfeempfänger ab. Bei einem Kind liegt das verfügbare Familieneinkommen (Bruttoeinkommen minus Steuern und Sozialabgaben plus Kinder- und Wohngeld) mit 2124 DM um 103 DM über der Sozialhilfe-Schwelle. Bei zwei Kindern übersteigt das verfügbare Familieneinkommen den Sozialhilfesatz noch gerade um 18 DM. Vom dritten Kind an sind jedoch Familien mit einem Durchschnittsentgelt von brutto 2900 DM bereits sozialhilfeberechtigt. Ob

diese Familien die Sozialhilfe tatsächlich in Anspruch nehmen, ist eine andere Frage (vgl. Familienbund, 1985, S. 137 f.).

Die **Opportunitätskosten der Kinderaufzucht** haben als Folge steigender Frauenerwerbstätigkeit extrem zugenommen. Der Verzicht auf Kinder überhaupt oder zumindest auf eine größere Kinderzahl ist aus ökonomischen Gründen naheliegend (vgl. *O. HATZOLD*, 1979, S. 150 ff.; *M. WINGEN*, 1978, S. 167 ff.).

Dies gilt umso mehr, als zunehmende Frauenerwerbstätigkeit und steigendes Familieneinkommen zu **höheren Anspruchsniveaus in bezug auf die Güterversorgung** geführt haben. So ist insbesondere die Nachfrage nach besser ausgestatteten Wohnungen erheblich gestiegen; ähnliches gilt für die Befriedigung von Freizeit- und Erholungsbedürfnissen. Ist bezüglich dieser Lebenswünsche einmal ein hohes Befriedigungsniveau realisiert, so muß regelmäßig die Ehefrau berufstätig bleiben, wenn nicht eine deutliche Einbuße an Wohlstand hingenommen werden soll. Aufgrund der mittlerweile entwickelten Lebensgewohnheiten sind jedoch die Anpassungsbereitschaft und die Anpassungsfähigkeit wesentlich eingeschränkt; in der Folge wird die Kinderzahl den veränderten Lebensbedingungen angepaßt.

Angebotsseitige Faktoren können die aufgezeigten Verhaltenslinien noch verstärken. So ist zu bedenken, daß familiengerechte Mietwohnungen kaum noch gebaut werden; Familien mit zwei Kindern sind bereits weitgehend auf die Eigentumswohnung bzw. das Einfamilienhaus verwiesen. Der Zwang zur weiteren Erwerbstätigkeit der Frau ist damit vorgegeben, und die Kinderzahl wird bewußt eingeschränkt (vgl. *O. HATZOLD*, 1979, S. 158 f.).

Steigende Lebensansprüche sowie als Folge zunehmender Frauenerwerbstätigkeit anwachsende Opportunitätskosten der Kinderaufzucht bedingen aber nicht allein die sich seit Jahren abzeichnende Einschränkung der Kinderzahl pro Familie. Hinzu treten **strukturelle Ordnungsdefizite** unserer Gesellschaft. Die Interessen kinderreicher Familien sind in unserer Gesellschaft nur in begrenztem Umfange organisations- und konfliktfähig (vgl. *M. WINGEN*, 1978, S. 175 ff.):

(1) Die Organisationsfähigkeit der Interessen kinderreicher Familien wird durch das weitgehende Fehlen der zur Bildung einer effizienten Organisation notwendigen finanziellen Mittel eingeschränkt. Ist eine solche Organisation kinderreicher Familien einmal gegründet, so leidet sie unter der ständigen Fluktuation der Mitglieder, da die Zugehörigkeit der einzelnen Familie zu einer solchen Organisation immer nur temporärer Art ist. Die Stabilität einer solchen Interessengruppe ist im Zeitablauf ständig und systematisch gefährdet.

(2) Auf der anderen Seite mangelt es den kinderreichen Familien an dem notwendigen Drohpotential, mit dem beispielsweise Gewerkschaften ihre Forderungen gegenüber den Arbeitgebern durchsetzen können. Die Gewerkschaften haben einen unmittelbaren Widerpart, an den sie sich wenden können, während die kinderreichen Familien sich nur an die Gesellschaft im allgemeinen oder an die Politiker halten können; hier ist ihr Einfluß jedoch nicht zuletzt wegen ihres geringen zahlenmäßigen Gewichts begrenzt; sie stellen nur ein kleines Wählerpotential dar.

Wenn die Interessen kinderreicher Familien lediglich in eingeschränktem Maße organisations- und konfliktfähig sind, so ist gleichzeitig die Durchsetzung einer ausgesprochen kind- und familienbezogenen sozialen Infrastruktur ebenso wie eine stärker kinderfreundliche Familienpolitik im politisch-administrativen System nur begrenzt möglich. Allein ein langfristiger Abbau struktureller Ordnungsdefizite unserer Gesellschaft könnte zu einer stärkeren Berücksichtigung auch von Minderheitengruppen führen. Eine Verminderung des Zentralisierungsgrades staatlicher Maßnahmen mit größerer Bürger- und Familiennähe könnte ein erster Schritt in diese Richtung sein (vgl. *M. WINGEN*, 1978, S. 179).

Steigende Frauenerwerbstätigkeit und steigende Opportunitätskosten der Kinderaufzucht sind ein Faktum, mit dem bei familienpolitischen Maßnahmen gerechnet werden muß. Der Wandel im Rollenverständnis der verheirateten Frau muß gerade dann zu **Rollenkonflikten** und damit zum Verzicht auf Kinder führen, wenn „der Versuch unternommen wird, Ehe und Haushaltsführung, Kinderbetreuung und -erziehung und außerhäusliche Erwerbstätigkeit gleichzeitig miteinander zu verbinden“ (vgl. *M. WINGEN*, 1978, S. 172).

Im Sinne einer **Milderung der Zielkonflikte** verheirateter Frauen kann der Familienlastenausgleich eine neue Dimension gewinnen. Im einzelnen bieten sich vor allem folgende **Problemlösungsstrategien** an:

(1) Das Angebot an Teilzeitarbeitsplätzen muß ausgeweitet werden. Hierzu sind Anpassungsprozesse in der Wirtschaft mit deutlichen Veränderungen der Betriebsorganisation bei gleichzeitigem Abbau bürokratisch-staatlicher Hemmnisse erforderlich. Außerdem wäre das Angebot an Einrichtungen zur Kleinkindbetreuung (Kindergärten usw.) zu verbessern.

(2) Ergibt sich durch die Entscheidung für ein zweites oder drittes Kind die Notwendigkeit einer Aufgabe der Erwerbstätigkeit der verheirateten Frau, so sollte diese zeitlich begrenzt bleiben können. Maßnahmen zur zeitweiligen Sicherung des Arbeitsplatzes sind hier ebenso relevant wie die Sicherung von Anwartschaften in der Sozialversicherung und weiterreichende berufsbildende Maßnahmen, die die spätere Wiederaufnahme der Berufstätigkeit erleichtern.

(3) Miet- und Lastenzuschüsse im Sinne des Wohngeldgesetzes müssen verstärkt kinderreichen Familien zufließen; die Kinderkomponente des Wohngeldes muß verbessert werden.

(4) Der Einkommensausfall als Folge einer teilweisen Einschränkung oder einer zeitweiligen Aufgabe der Berufstätigkeit muß in Grenzen gehalten werden. Erhöhungen des Kindergeldes für einkommensschwache Familien, erhöhte Familienzulagen zum Lohn oder Gehalt des berufstätig verbleibenden Ehepartners sowie die Einführung eines der Höhe nach angemessenen allgemeinen Erziehungsgeldes könnten wichtige Elemente einer solchen Familienpolitik sein. Gleichzeitig sollten bestimmte steuerliche Vorteile, die bisher auch kinderlosen Ehepaaren zugute kommen, auf Familien mit Kindern beschränkt werden (z.B. Ehegatten-Splitting bei der Einkommenssteuer). In der Sozialversicherung sollten Beitragsdifferenzierungen mit einer stärkeren Belastung kinderloser Ehepaare und einer Entlastung für kinderreiche Familien eingeführt werden (vgl. *R. DINKEL*, 1981, S. 101 ff.).

Diese Skizze möglicher Handlungsfelder der Familienpolitik darf nicht darüber hinwegtäuschen, daß die Stabilisierungseffekte derartiger Maßnahmen im demographischen Prozeß weitgehend unsicher bleiben. **Wirkungsanalysen** bevölkerungspolitischer Maßnahmen erwiesen sich bisher nur als begrenzt durchführbar; auch sind jegliche **Erfolgskontrollen** bereits durchgeführter Maßnahmen mit vielfältigen meßtheoretischen, aber auch empirisch-statistischen Problemen behaftet. Daher können auch **Motivationsuntersuchungen** zum veränderten regenerativen Verhalten in diesem Zusammenhang nur einen begrenzten Informationswert haben; sie eignen sich allenfalls dazu, grundsätzliche Strukturen der Wirksamkeit familienpolitischer Maßnahmen in Abhängigkeit von der Maßnahmenstärke und der einkommensmäßigen Situation der Familie abzuschätzen (vgl. *H. W. JÜRGENS/K. POHL*, 1975):

(1) Im Jahre 1978 führte das IfO-Institut für Wirtschaftsforschung eine nicht repräsentative Probeerhebung bei jungen Familien durch, um Anhaltspunkte über die Wirksamkeit verschiedener Maßnahmen zur Verbesserung der Familienpolitik zu erhalten. Der einen Hälfte der Befragten wurde ein Maßnahmenkatalog A vorgelegt, der anderen Hälfte der Befragten ein Maßnahmenkatalog B, wobei B deutlich besser als A ausgestattet war. Die befragten Personen konnten nach der Höhe des monatlichen Familieneinkommens unterschieden werden. In der Auswertung der Untersuchungsergebnisse zeigten sich einige interessante Resultate. Verbesserungen des Familienlastenausgleichs haben danach insbesondere bei Familien mit niedrigen monatlichen Einkommen eine deutliche Auswirkung auf den Kinderwunsch; die Intensität der Beeinflussung des Kinderwunsches nimmt mit steigendem Einkommen sukzessive ab. Auf der anderen Seite stellte sich heraus, daß der Kinderwunsch in jeder Einkommensgruppe umso ausgeprägter ist, je besser der Maßnahmenkatalog ausgestattet ist; die Ergebnisse bezüglich des Maßnahmenkataloges B liegen also deutlich höher als diejenigen für den Maßnahmenkatalog A (vgl. *O. HATZOLD*, 1979, S. 165 f.).

(2) Diese Ergebnisse stimmen auch sehr gut mit Forschungsergebnissen des Deutschen Instituts für Wirtschaftsforschung überein. Familien mit vergleichsweise hohen Einkommen sind eher in der Lage und auch willens, mehrere Kinder aufzuziehen, als Familien mit geringen Einkünften. Zusätzliche Anreize familienpolitischer Maßnahmen wirken sich daher bei den Beziehern hoher Einkommen relativ gering aus. Regenerative Effekte eines verstärkten Familienlastenausgleichs sind vor allen Dingen bei den Familien mit geringen Einkommen zu erwarten (vgl. *DIW*, 1983, S. 81).

(3) Beide Untersuchungen revidieren die alte These, wonach Kinderreichtum vor allem in armen Familien anzutreffen sei. Diese These mag noch für das 19. Jahrhundert insofern eine gewisse Gültigkeit gehabt haben, als durch Kinderarbeit ein niedriges Familieneinkommen aufgebessert werden konnte, kann jedoch auf die Gegenwart kaum übertragen werden. Kinder sind in unserer Gesellschaft im großen und ganzen Kinder des Wohlstandes; höhere Kinderzahlen sind vor allem bei den höheren Einkommensbeziehern festzustellen.

Die stärkere Orientierung staatlichen Handelns an den Lebensbedürfnissen kinderreicher Familien und die Schaffung von Bedingungen, unter denen Frauenerwerbstätigkeit und Kinderaufzucht vereinbar werden, stellen entscheidende Voraussetzungen einer auf Stabilisierung des Bevölkerungsprozesses gerichteten Familienpolitik dar. Hinzu treten müssen innerfamiliale Bedingungen mit einer auf dem Gleichheitsprinzip beruhenden flexiblen Rollenverteilung, die gerade die Einstellung zu Kindern entscheidend beeinflussen kann. Sozialpädagogische und sozialpsychologische Beratung können diesen Prozeß des Umdenkens, der eingesetzt hat, verstärken. Die Effizienz institutionalisierter Ehe- und Familienberatung muß unter diesen Gesichtspunkten erheblich gesteigert werden. In Kombination mit einer gezielten wirtschaftlichen, sozialen und kulturellen Förderung kinderreicher Familien hat eine sozialpädagogische und/oder sozialpsychologische Ehe- und Familienberatung eine strategische Bedeutung für die Rahmensteuerung des Bevölkerungsprozesses.

3. Handlungsbereiche und Handlungsdefizite der Familienpolitik

Spätestens zu Beginn der 70er Jahre wurde allgemein erkannt, daß der Rückgang der Nettoreproduktionsrate der Bevölkerung nicht mehr nur als ein vorübergehendes Phänomen interpretiert werden konnte. Es setzte eine umfangreiche bevölkerungswissenschaftliche und bevölkerungspolitische Diskussion ein, die auch zu umfassenden Vorschlägen für eine Reform des Familienlastenausgleichs führte. Mit der **Reformgesetzgebung des Jahres 1974** wurde an diese Diskussion angeknüpft und eine partielle Neuregelung des Familienlastenausgleichs vorgenommen:

(1) Im Rahmen der Neuregelung des Familienlastenausgleichs wurden die Leistungen nach dem Bundeskindergeldgesetz entscheidend verbessert. Mit Wirkung vom 1.1.1975 an wurde das Kindergeld bereits vom ersten Kind an gezahlt. Das Kindergeld betrug von da an 50 DM monatlich für das erste Kind, 70 DM für das zweite Kind und 120 DM für jedes weitere Kind. Berücksichtigt wurden Kinder bis zur Vollendung des 18. Lebensjahres; für Kinder, die sich noch in der Ausbildung befanden, wurde Kindergeld bis zur Vollendung des 27. Lebensjahres gezahlt. Die Zahlung des steuerfreien Kindergeldes erfolgte von da an durch die Arbeitsämter; die Angehörigen des öffentlichen Dienstes erhalten das Kindergeld jedoch von ihrem Dienstherrn.

(2) Für jedes Kind wurde ab dem 1.1.1975 nur einmal Kindergeld oder eine vergleichbare Leistung gezahlt. Daher gab es kein Kindergeld mehr für Kinder, für die bereits Kinderzuschüsse zu einer Rente aus der gesetzlichen Rentenversicherung oder Kinderzulagen zu einer Rente aus der gesetzlichen Unfallversicherung zu zahlen waren.

(3) Das neue Kindergeld ersetzte ab 1.1.1975 die Kinderfreibeträge bei der Lohn- und Einkommensteuer sowie den Kinderzuschlag im öffentlichen Dienst. Damit sollte der unbefriedigende Zustand beendet werden, daß die Bezieher niedriger Einkommen gar keine oder eine wesentlich geringere Entlastung für ihre Kinder erhielten als die Eltern mit höheren Einkommen.

(4) Die mit der Reform des Familienlastenausgleichs gleichzeitig durchgeführte Einkommensteuerreform führte ab 1.1.1975 zu wesentlichen Entlastungen für die Bezieher kleinerer und mittlerer Einkommen (Anhebung des tariflichen Grundfreibetrages; Ausdehnung der Proportionalzone; Verdoppelung des Arbeitnehmerfreibetrages). Außerdem wurde der steuerliche Haushaltsfreibetrag für alleinstehende Personen mit Kindern mehr als verdoppelt.

Durch das **Haushaltsstrukturgesetz vom 18. Dezember 1975** wurden jedoch mit Wirkung vom 1.7.1976 verschiedene Leistungen eingeschränkt:

(1) Auf Grund der Änderung des Bundeskindergeldgesetzes durch das Haushaltsstrukturgesetz wurde Kindergeld für volljährige in Ausbildung stehende Kinder nicht mehr gezahlt, wenn sie vom Träger der Ausbildung eine Ausbildungsvergütung in Höhe von wenigstens 750 DM brutto erhielten.

(2) Die gleiche Einschränkung galt von da an für die Zahlung des Kinderzuschusses aus der gesetzlichen Rentenversicherung und der Kinderzulage aus der gesetzlichen Unfallversicherung.

Durch die **Änderung des Bundeskindergeldgesetzes vom August 1976** sowie durch das **Steueränderungsgesetz 1977** wurde erneut eine Verbesserung des Familienlastenausgleichs versucht:

(1) Seit dem 1.9.1976 wurde das Kindergeld grundsätzlich auch für Kinder gezahlt, die das 18., aber noch nicht das 23. Lebensjahr vollendet hatten, wenn sie keinen Ausbildungs- oder Arbeitsplatz hatten, weder Arbeitslosengeld noch Arbeitslosenhilfe bezogen und der Arbeitsvermittlung zur Verfügung standen.

(2) Ab dem 1.1.1978 wurde das Kindergeld für Familien mit mehreren Kindern verbessert. Es betrug von da an für das zweite Kind 80 DM statt bisher 70 DM und für das dritte und jedes weitere Kind 150 DM statt bisher 120 DM monatlich.

(3) Ab dem 1.1.1978 wurden Kinder, die das 18., aber noch nicht das 23. Lebensjahr vollendet hatten, nicht nur durch Zahlung von Kindergeld, sondern auch einkommensteuerrechtlich berücksichtigt; Voraussetzung war, daß sie ausbildungswillig waren, aber noch keinen Ausbildungsplatz hatten, oder keine Ausbildung mehr anstrebten, jedoch keinen Arbeitsplatz finden konnten. Der verminderten steuerlichen Leistungsfähigkeit der unterhaltsverpflichteten geschiedenen und getrennt lebenden Eltern und der unterhaltsverpflichteten Eltern nichtehelicher Kinder wurde ab 1.1.1978 dadurch Rechnung getragen, daß der Elternteil, bei dem das Kind nicht berücksichtigt wurde, einen Pauschbetrag von 600 DM vom Gesamtbetrag der Einkünfte abziehen konnte. Zu diesen steuerrechtlichen Neuregelungen traten Steuerentlastungen für kleinere und mittlere Einkommen durch Erhöhung des Weihnachtsfreibetrages, durch Erhöhung des Grundfreibetrages sowie des Tariffreibetrages.

Unmittelbar nach diesen Neuregelungen setzte eine Diskussion um eine weitere Verbesserung des Familienlastenausgleichs ein, die schließlich zu folgenden **Neuregelungen** führte:

(1) Mit Wirkung vom 1.1.1979 an wurde das Kindergeld für das dritte und jedes weitere Kind um 50 DM auf 200 DM erhöht; zusätzlich wurde ab 1.7.1979 das Kindergeld für das zweite Kind von 80 DM auf 100 DM angehoben.

(2) Am 1. Juli 1979 trat das Gesetz zur Einführung eines Mutterschaftsurlaubs in Kraft. Nach diesem Gesetz konnte eine Mutter im Anschluß an die Schutzfrist nach der Entbindung bis zu vier Monate Mutterschaftsurlaub verlangen; während dieses Mutterschaftsurlaubs sollte die Mutter als Arbeitnehmerin ihren Arbeitsplatz behalten und in der Renten-, Kranken- und Arbeitslosenversicherung beitragsfrei versichert bleiben. Zugleich wurde vom 1. Juli 1979 an für die Zeit des Mutterschaftsurlaubs ein Mutterschaftsgeld in Höhe des Nettoentgelts bis zu maximal 25 DM pro Tag bzw. rd. 750 DM monatlich netto aus Bundesmitteln gezahlt.

(3) Das Steueränderungsgesetz 1979 brachte steuerliche Entlastungen für die Bezieher kleiner und mittlerer Einkommen, die an die bisherigen Maßnahmen anschlossen. Darüberhinaus waren ab 1980 Aufwendungen für Dienstleistungen zur Beaufsichtigung oder Betreuung minderjähriger Kinder grundsätzlich bis zu 600 DM bei Alleinstehenden und bis zu 1200 DM bei Verheirateten als außergewöhnliche Belastung steuerlich abzugsfähig.

Weitere **Neuregelungen** des Familienlastenausgleichs erfolgten **zu Beginn der 80er Jahre**:

(1) Mit Wirkung vom 1.2.1981 an wurde durch eine Änderung des Bundeskindergeldgesetzes das Kindergeld für das zweite Kind von 100 auf 120 DM und für jedes weitere Kind von 200 auf 240 DM erhöht.

Mit dem Zweiten Haushaltsstrukturgesetz wurde mit Wirkung vom 1.1.1982 das Kindergeld für das zweite und dritte Kind jeweils um 20 DM gesenkt; die Regelaltersgrenze für den Bezug des Kindergeldes wurde von 18 auf 16 Jahre herabgesetzt; nur in der Ausbildung befindliche Kinder über 16 Jahre blieben kindergeldberechtigt; an der Maximalgrenze von 27 Jahren wurde nichts geändert. Eine weitere wichtige Änderung des Zweiten Haushaltsstrukturgesetzes bezog sich auf die Neuregelung des Kindergeldbezuges für die Übergangszeiten zwischen einzelnen Ausbildungsstufen; ferner wurde die Regelung abgeschafft, nach der Jugendliche zwischen 18 und 23 Jahren, die nicht mehr ausgebildet werden wollten, jedoch keinen Arbeitsplatz fanden und auch keinen Anspruch auf Arbeitslosengeld hatten, weiter Kindergeld erhielten. Verheiratete, die in der Ausbildung standen und ganz oder überwiegend vom Ehepartner unterhalten werden konnten, verloren den Kindergeldanspruch. Der Zeitraum, in dem über das 27. Jahr hinaus Kindergeld bezogen werden konnte, wurde auf die Dauer des Grundwehr- oder Zivildienstes begrenzt; eine Verzögerung wegen fehlenden Studienplatzes oder Wohnortwechsels der Eltern wurde von da an nicht mehr anerkannt.

Mit dem Haushaltsbegleitgesetz 1983 trat mit Wirkung vom 1.1.1983 für Eltern mit zwei oder mehr Kindern eine Neuregelung ein, wonach bei Überschreiten bestimmter Einkommensgrenzen eine stufenweise Minderung des Kindergeldes vorgenommen wurde; diese Änderungen führten zum heutigen Regelungsstand.

Im Rahmen einer partiellen Korrektur der früheren Spargesetze wurde in der Folgezeit lediglich mit Wirkung vom 1.1.1985 an Kindergeld an Jugendliche zwischen 18 und 21 Jahren ohne Ausbildungs- oder Arbeitsplatz erneut gezahlt.

(2) Bezüglich der Kinderzuschüsse und Kinderzulagen der Renten- und Unfallversicherung ergaben sich durch die Haushaltsbegleitgesetze 1983 und 1984 verschiedene Neuregelungen.

Nach dem Haushaltsbegleitgesetz 1983 sollten die nach dem Bundeskindergeldgesetz vorgesehenen Kindergeldausgleichsbeträge künftig nicht mehr von den Rentenversicherungsträgern ausgezahlt werden; Rentner mit drei oder mehr kindergeldberechtigten Kindern erhielten von da an etwaige Ergänzungsleistungen zu den Kinderzuschüssen der Rentenversicherung von den Kindergeldstellen. In der Unfallversicherung erhielten Schwerverletzte bisher zu ihrer Rente eine Kinderzulage in Höhe von 10% der Rente für jedes Kind; sofern das Kindergeld aber höher war, wurde die Kinderzulage bisher auf die Höhe des Kindergeldes aufgestockt; von nun an erfolgte diese Aufstockung nicht mehr, allerdings sollte ein eventueller Differenzbetrag weiterhin von den Kindergeldstellen gezahlt werden.

Einschneidender waren die Neuregelungen des Haushaltsbegleitgesetzes 1984. Der Kinderzuschuß zu der gesetzlichen Rentenversicherung wurde beim Rentenzugang ab dem 1.1.1984 durch das Kindergeld ersetzt; die gleiche Regelung wurde auch für die Kinderzulage der Unfallversicherung eingeführt.

(3) Durch das Haushaltsbegleitgesetz 1984 wurde das Mutterschaftsurlaubsgeld von bisher etwa 750 DM auf 510 DM je Monat reduziert.

(4) Durch das Haushaltsbegleitgesetz 1983 wurde für die Lohn- und Einkommensteuer ein Kinderfreibetrag von 432 DM je Kind eingeführt; für Kinder dauernd getrennt lebender oder geschiedener Ehegatten sowie für nicht-eheliche Kinder, die dem Steuerpflichtigen nicht zugeordnet werden, wurde jeweils ein Kinderfreibetrag von 216 DM gewährt, wenn der Steuerpflichtige seiner Unterhaltsverpflichtung gegenüber dem Kinde nachkam.

Die seit 1980 bestehende Möglichkeit, sogenannte Kinderbetreuungskosten bis zu insgesamt 1200 DM für jedes Kind unter 18 Jahren als außergewöhnliche Belastungen ohne Anrechnung der zumutbaren Belastung geltend zu machen, ist durch das Haushaltsbegleitgesetz 1983 aufgehoben worden. Gleichzeitig ist aber der Abzugsbetrag bei Kindern von dauernd getrennt lebenden oder geschiedenen Ehegatten sowie bei nichtehelichen Kindern für den Elternteil, bei dem die Kinder berücksichtigt werden, noch nachträglich für 1980 bis 1982 von 600 DM auf 1200 DM angehoben worden.

Nach dem Steuerbereinigungsgesetz 1985 können alleinerziehende Elternteile Kinderbetreuungskosten für Kinder, die unbeschränkt steuerpflichtig sind und zu Beginn des Kalenderjahres das 16. Lebensjahr noch nicht vollendet haben, als außergewöhnliche Belastung im Sinne des Einkommensteuergesetzes geltend machen, soweit die Aufwendungen durch die Erwerbstätigkeit des Steuerpflichtigen veranlaßt sind; die steuerliche Berücksichtigung der nach Anrechnung der zumutbaren Belastung verbleibenden Aufwendungen ist bei einem Kind auf einen Höchstbetrag von 4000 DM begrenzt; der Höchstbetrag erhöht sich für das zweite und jedes weitere Kind um 2000 DM; werden die Aufwendungen im einzelnen nicht nachgewiesen, so wird ein Pauschbetrag von 480 DM bei einem Kind zuzüglich 480 DM für jedes weitere Kind berücksichtigt; diese steuerliche Berücksichtigung von Kinderbetreuungskosten konnte auch noch rückwirkend für die Kalenderjahre 1971 bis 1983 geltend gemacht werden, wenn bestimmte verfahrensrechtliche Voraussetzungen erfüllt waren.

Während die Haushaltsbegleitgesetze 1983 und 1984 verschiedene Einschränkungen der Leistungen des Familienlastenausgleichs mit sich brachten, wurden 1985 einige **Neuregelungen** vorbereitet, die mit Wirkung vom 1.1.1986 zu **Leistungsverbesserungen** führten:

(1) Im Zuge einer Änderung des Bundeskindergeldgesetzes wurden die Freibeträge, die für die einkommensabhängige Minderung des Kindergeldes gelten, erhöht. Ferner erhalten Eltern, die den ihnen nach dem Einkommensteuergesetz zustehenden Kinderfreibetrag wegen ihres niedrigen Einkommens nicht oder nicht voll nutzen können, als Ausgleich auf Antrag einen Zuschlag zum Kindergeld.

(2) Durch das Gesetz über die Gewährung von Erziehungsgeld und Erziehungsurlaub wurden die bisherigen Regelungen zum Mutterschaftsurlaub und Mutterschaftsgeld abgelöst.

(3) Im Zuge der Neuregelung des Hinterbliebenenrechts wurde in das Recht der Rentenversicherung die Anrechnung von Kindererziehungszeiten eingefügt.

(4) Im Rahmen der Neuregelungen des steuerlichen Familienlastenausgleichs wurde der bisherige Kinderfreibetrag vervielfacht. Gleichzeitig entfielen jedoch die Kinderadditive bei den Vorsorgeaufwendungen.

Seit **Mitte der 70er Jahre** wurde zunächst versucht, den Familienlastenausgleich sukzessive zu verbessern. Diese Bemühungen führten zu einer stufenweisen Anhebung des Kindergeldes, zur Einführung des erweiterten Mutterschaftsurlaubs in Verbindung mit der Zahlung eines Mutterschaftsgeldes sowie zu Entlastungen bei der Lohn- und Einkommensteuer; hinzu trat ein sukzessiver Ausbau der Ausbildungs- und Erziehungshilfen sowie der kindbezogenen sozialen Infrastruktur. All dies waren zweifellos wichtige Schritte im Sinne eines verbesserten Familienlastenausgleichs, wenngleich auch die notwendige Orientierung an den Belangen kinderreicher Familien nicht konsequent durchgehalten wurde.

Zu **Beginn der 80er Jahre** führten die im Zuge der Wirtschafts- und Finanzkrise eingeleiteten Sparmaßnahmen auch zu Einschränkungen des Familienlastenausgleichs. Es kam zu Kürzungen des Kindergeldes und des Mutterschaftsgeldes sowie zu einer Reduktion von Kinderzuschüssen und Kinderzulagen in der Sozialversicherung. Hinzu traten Einschränkungen der Sachleistungen bei Mutterschaft sowie Begrenzungen der öffentlichen Zuschüsse zu Kindergärten. Zwar wurde grundsätzlich versucht, einkommensschwache und kinderreiche Familien im Rahmen dieser Sparmaßnahmen zu schonen; dennoch trafen die Leistungseinschränkungen insbesondere solche Personenmehrheiten, für deren Interessenlage eine nur begrenzte Organisations- und Konfliktfähigkeit im politisch-administrativen System sichtbar geworden war.

Erst **1985** setzte ein **erkennbares Umdenken** in der Familienpolitik ein. Die Änderungen des Bundeskindergeldgesetzes, die Einführung eines Erziehungsgeldes und -urlaubs, die Anrechnung von Kindererziehungszeiten in der Rentenversicherung sowie die Neuregelung der Kinderfreibeträge in der Einkommensteuer und schließlich die Verstärkung der Kinderkomponente im Wohngeldgesetz, die sämtlich zum 1.1.1986 in Kraft traten, sind Ausdruck einer neuen punktuell eingreifenden Familienpolitik, die diesmal weitgehend zugunsten der betroffenen Personenkreise ging.

Eine systematische Reaktion des politisch-administrativen Systems auf den Rückgang der Geburtenhäufigkeit in der Bundesrepublik Deutschland ist allerdings bisher ausgeblieben. Insbesondere konnte die enorme Belastung gerade kinderreicher Familien nur begrenzt gemildert werden. Nach wie vor sind kinderreiche Familien in unserer Gesellschaft sowohl einkommensmäßig als auch sozial diskriminiert. Die bisherige Familienpolitik hat daran nur wenig ändern können; sie weist in Umfang und Struktur entscheidende Defekte auf, die ihre Wirksamkeit in bevölkerungspolitischer Hinsicht deutlich in Frage stellen müssen.

4. Einige Perspektiven

Wenngleich auch der Geburtenrückgang in der Bundesrepublik Deutschland gewiß nur als Reflex einer Vielzahl sozialer und kultureller sowie politischer und wirtschaftlicher Faktoren erklärt werden kann und sich damit eine monokausale Sicht des Problems von vornherein verbietet, so können doch **finanzwirksame Maßnahmen des Familienlastenausgleichs** einer Rahmensteuerung des Bevölkerungsprozesses durchaus dienlich sein. Dabei bieten sich neben einer Erhöhung der Kindergeldzahlungen auch Verbesserungen der finanziellen Leistungen bei Mutterschaft sowie weitere Entlastungen bei der Lohn- und Einkommensteuer an. Im einzelnen können sich dabei auch über bisherige Lösungsansätze hinausgehend **Perspektiven einer strukturellen Reform** des Familienlastenausgleichs abzeichnen.

Im Jahre 1985 legte eine von der CDU/CSU eingesetzte Kommission Vorschläge zur Verbesserung des Familienlastenausgleichs vor. Die Kommission sprach sich für eine Erhöhung des Kindergeldes von 220 auf 250 DM für das dritte Kind und von 240 auf 300 DM für jedes weitere Kind aus. Außerdem plädierte sie für die Einführung eines Erziehungsgeldes mit einer Bezugsdauer von zwei oder drei Jahren bei gleichzeitiger Berücksichtigung dieser Zeiten in der Rentenversicherung. Ferner schlug sie eine Anhebung des steuerlichen Kinderfreibetrages auf 3000 DM im Jahr vor und regte an, die Idee eines Familien-Splitting konsequent weiterzuverfolgen. Einige dieser Ideen wurden kurzfristig aufgegriffen.

Allerdings reicht die sozialpolitische Diskussion um das mit Wirkung vom 1.1. 1986 eingeführte **Erziehungsgeld** bereits viele Jahre zurück und führte auch in der Vergangenheit schon zu konkreten Lösungsansätzen. 1978 erhielten in Niedersachsen im Rahmen eines Modellversuchs bisher berufstätige Frauen und Männer, die zum Zwecke der Kindererziehung auf die Berufstätigkeit verzichteten, als Verheiratete ein Erziehungsgeld von 350 DM monatlich, als Alleinstehende von 426 DM monatlich; hinzu kamen Zuschläge bis zu einem Gesamtbetrag von 850 DM. Die Zahlung des Erziehungsgeldes wurde ergänzt durch Übernahme von Beiträgen zur Sozialversicherung (vgl. *L. REUBER*, 1974; *NIEDERSÄCHSISCHER SOZIALMINISTER*, 1978; *INSTITUT FÜR REGIONALE BILDUNGSPLANUNG*, 1978). Der Haushaltsentwurf für 1987 sieht diese Leistungen jedoch nicht mehr vor.

Weitergehende Pläne zur bundeseinheitlichen Regelung von Familiengeldern und Familiendarlehen führten bisher noch nicht zu konkreten Ergebnissen. Derartige **Familiengelder und Familiendarlehen** wurden im Mai 1985 in verschiedenen Bundesländern in sehr unterschiedlicher Form gewährt:

(1) Baden-Württemberg zahlte ein einmaliges Familiengeld von 4800 DM, wenn das Nettoeinkommen 1800 DM monatlich nicht überstieg.

(2) Bayern gewährte Familiengründungsdarlehen in Höhe von 5000 DM mit einer Laufzeit bis zu 7 Jahren; ein Jahr war tilgungsfrei. Hinzu kamen Tilgungszuschüsse bei der Geburt des ersten Kindes in Höhe von 1000 DM, des zweiten Kindes von 1500 DM und des dritten Kindes von 2000 DM bei gleichzeitiger Gewährung eines zusätzlichen Darlehens von 2000 DM.

(3) In Berlin wurde unter Berücksichtigung bestimmter Einkommensgrenzen ein Darlehen bis zu 5000 DM gewährt; außerdem wurde ein Familiengeld in Höhe von 3000 DM in zwei Teilbeträgen ausgezahlt. Die Einkommensgrenzen lagen bei 48000 DM brutto für Verheiratete, für Alleinstehende bei 30000 DM brutto.

(4) Niedersachsen zahlte ein Familiengeld in Höhe von 1000 DM bei Geburt eines jeden Kindes. Die Einkommensgrenze für diese Leistung lag für Verheiratete bei 24000 DM, für Alleinstehende bei 16000 DM brutto.

(5) In Rheinland-Pfalz gab es ab dem zweiten Kind ein Familiendarlehen bis zu 8000 DM sowie ein Familiengeld von 3000 DM, das in Teilbeträgen ausgezahlt wurde.

(6) Im Saarland wurden Geburtendarlehen bis zu 7000 DM gewährt, die an Einkommensgrenzen gebunden waren.

Mit der weiterhin geplanten **Reform des Einkommensteuertarifs** soll verstärkt die bisherige Progression gemildert werden, die bereits mittlere Einkommen erfaßt. Die Familienentlastung bleibt damit durch das duale System gekennzeichnet. Sie besteht nicht mehr vor allem im einheitlichen Kindergeld, sondern in einer Kombination von Kindergeld und Steuerfreibetrag.

Weitergehende strukturelle Reformen des Einkommensteuertarifs in Richtung auf ein **Familien-Splitting** sind nicht vorgesehen, wenngleich auch das Bundesverfassungsgericht das Familien-Splitting als verfassungsrechtlich unbedenkliche Möglichkeit des Familienlastenausgleichs qualifiziert hat; allerdings dürfe der Übergang zum Familien-Splitting nicht zu einer völligen Aufgabe des Ehegatten-Splitting führen; es sei nur eine Weiterentwicklung unter Einbezug der Kinderzahl möglich. Diese Aussagen des Bundesverfassungsgerichts sind bisher noch nicht zu einer wirklich neuen Perspektive des Familienlastenausgleichs weiterentwickelt worden. Es besteht die Gefahr, daß auch in Zukunft diese Möglichkeit einer echten Neuorientierung der Familienpolitik nicht aufgegriffen wird.

Kapitel 11: Probleme und Perspektiven des Ausbildungs- und Beschäftigungssystems

1. Ausgangslage

1.1 Arbeitsmarktsituation im Überblick

In den letzten Jahren war die **wirtschaftliche Entwicklung** in der Bundesrepublik Deutschland – bei mäßigem Wirtschaftswachstum und geringen Preissteigerungen – grundsätzlich aufwärts gerichtet. Hierzu haben angebotsseitige und nachfrageseitige Faktoren beigetragen. Auf der Angebotsseite waren insbesondere die erfolgreichen Bemühungen um eine Dämpfung des Kostenanstiegs in der Wirtschaft und verschiedene steuerliche Entlastungsmaßnahmen sowie die damit verbundene verbesserte preisliche (neben einer erhöhten technologischen) Wettbewerbsfähigkeit von Bedeutung. Auf der Nachfrageseite kamen Anstöße vor allem aus dem Ausland; die ausländische Nachfrage nach Investitionsgütern nahm erheblich zu; daneben gewann auch die Investitionskonjunktur im Inland weiter an Schwung (Ausnahme: Bauwirtschaft). Die Nachfragebelebung im Bereich der Investitionsgüter erfaßte mit einiger zeitlicher Verzögerung die private Verbrauchsnachfrage, was allerdings zum Teil zu Lasten der privaten Ersparnisbildung ging. Im Prinzip zeigt sich damit ein Ablaufmuster des konjunkturellen Aufschwungs, der mit demjenigen früherer Perioden vergleichbar ist (vgl. *DEUTSCHE BUNDESBANK*, 1986a, S. 5ff.).

Die **konjunkturellen Belebungstendenzen** der deutschen Wirtschaft führten zwar unverkennbar zu einer Ausweitung der Produktion, doch war diese auch mit arbeitssparenden Rationalisierungsmaßnahmen vor allem in der gewerblichen Wirtschaft verbunden. Wenngleich sich der Abbau von Arbeitsplätzen mittlerweile deutlich verzögert hat und sogar neue Arbeitsplätze geschaffen werden, so brachte der konjunkturelle Aufschwung bisher noch keine entscheidende Wende auf dem **Arbeitsmarkt**:

(1) Seit 1980 ist die Zahl der Arbeitslosen in der Bundesrepublik Deutschland sukzessive angestiegen. Im Jahresdurchschnitt 1985 belief sich die Zahl der Arbeitslosen auf 2,3 Mio. (Arbeitslosenquote: 9,3%). Mitte 1986 waren etwa 2,25 Mio. Arbeitslose (Arbeitslosenquote: 9,0%) registriert; 39000 ältere Erwerbslose wurden nicht mehr als Arbeitslose gezählt.

(2) Die durchschnittliche Dauer der Arbeitslosigkeit ist in den letzten 10 Jahren erheblich angestiegen. 1974 belief sie sich auf nur 4,5 Monate, 1979 waren es bereits 8,3 Monate und 1985 11,6 Monate.

(3) Die Zahl der Kurzarbeiter ist von 1980 bis 1983 zunächst von 136560 auf 675100 angestiegen, um bis 1985 auf 234500 abzusinken. Mitte 1986 belief sich die Zahl der Kurzarbeiter auf ca. 150000.

(4) Die Zahl der Überstunden ist in den letzten Jahren deutlich abgesunken. Im Januar 1985 belief sich die Zahl der Überstunden je Mitarbeiter und Woche auf 1,4, während

Tabelle 46: Arbeitsmarktsituation 1950-1985

Jahr[1]	Abhängig Beschäftigte	Arbeitslose	Kurzarbeiter	Offene Stellen	Arbeitsvermittlungen der BfA	Ausländische Arbeitnehmer[2]	Ausländeranteil[3]
	in 1000						
1950[4]	13963	1869,0	–	119,0	–	–	–
1955[4]	17160	1073,6	25,0	203,8	–	79,6	0,4
1960	20257	270,7	3,3	465,1	3794,5	279,0	1,3
1965	21758	147,4	1,1	649,0	2751,6	1118,6	5,3
1970	22246	148,8	9,6	794,8	2988,0	1806,8	8,5
1975	22014	1074,2	773,3	236,2	2126,7	2060,5	10,2
1980	22986	888,9	136,6	308,4	1905,1	2071,7[6]	9,9[6]
1981	22846	1271,6	346,9	207,9	1622,5	1929,8[6]	9,2[6]
1982	22395	1833,2	606,1	104,9	1394,7	1809,0[6]	8,8[6]
1983	22057[5]	2258,2	675,1	75,8	1557,2	1713,6[6]	8,5[6]
1984	22070[5]	2265,5	383,7	87,9	1754,2	1592,6[6]	8,0[6]
1985	22237[5]	2304,0	234,5	110,0	1876,4	1584,0[6]	7,1[6]

[1] Jahresdurchschnittswerte.
[2] bis 1973 ausländische Arbeitnehmer, die eine Arbeitserlaubnis besitzen bzw. einer bedürfen sowie EG-Staatsangehörige, ab 1974 sozialversicherungspflichtig beschäftigte ausländische Arbeitnehmer.
[3] in % der insgesamt Beschäftigten.
[4] 1950 und 1955 ohne Saarland und Berlin.
[5] vorläufiges Ergebnis.
[6] jeweils Ende Juni.
Quelle: Bundesanstalt für Arbeit: Amtliche Nachrichten der Bundesanstalt für Arbeit, lfde. Nrn., sowie Wirtschaft und Statistik, lfde. Nrn.

Tabelle 47: Arbeitnehmerbeiträge zur Arbeitslosenversicherung in v.H. des beitragspflichtigen Entgelts[1] 1949-1987

Zeitraum	v.H.	Zeitraum	v.H.
bis 31. Mai 1949	3,25	ab 1. Januar 1975	1,00
ab 1. Juni 1949	2,00	ab 1. Januar 1976	1,50
ab 1. April 1955	1,50	ab 1. Januar 1982	2,00
ab 1. März 1957	1,00	ab 1. Januar 1983	2,30
ab 1. August 1961	0,00	ab 1. Januar 1985	2,20
ab 1. April 1962	0,70	ab 1. Juni 1985	2,05
ab 1. Januar 1964	0,65	ab 1. Januar 1986	2,00
ab 1. Januar 1972	0,85	ab 1. Januar 1987	2,15

[1] Die monatliche Beitragsbemessungsgrenze wurde ab 1.6.1949 auf 375 DM, ab 1. September 1952 auf 500 DM, ab 1. März 1957 auf 750, ab 1.1.1967 auf 1300 DM und ab 1. Juli 1969 auf 1700 DM erhöht; seit 1.1.1970 entspricht die Beitragsbemessungsgrenze in der Arbeitslosenversicherung derjenigen für die Rentenversicherung der Arbeiter und Angestellten.
Die Versicherungspflichtgrenze für Angestellte belief sich ab 1. Juni 1949 auf 600 DM, ab 1. September 1952 auf 750 DM, ab 1. März 1957 auf 1250 DM und ab 1. Juli 1965 auf 1800 DM; ab 1.1.1968 ist die Versicherungspflichtgrenze für Angestellte entfallen.
Die knappschaftlich Versicherten sind seit dem 1. Juli 1969 beitragspflichtig. Beiträge werden von ihnen jedoch erst seit dem 1.1.1972 (mit einer Übergangsregelung bis zum 31.12.1974) erhoben.

es vier Jahre zuvor noch 1,7 Überstunden waren. Nach repräsentativen Erhebungen des Statistischen Bundesamtes war die branchenmäßige Differenzierung der durchschnittlichen Überstunden auch im Januar 1985 wie in den Vorjahren sehr hoch: Brotindustrie 3,9; Konserven 3,5; Schiffbau 3,0; Papiererzeugung 2,9; Sägereien 2,3; Maschinenbau 1,9; Steine und Erden 1,8; Werkzeugbau 1,7; Textil, Druckereien, EBM 1,6; Kunststoffwaren 1,5; Möbel 1,3; Auto 1,2; Büromaschinen und EDV 1,1; Chemie und Elektrotechnik 0,9; Bau, Mineralöl, Feinmechanik und Optik 0,7; Tabak 0,3. Insgesamt wurden 1978 noch 2,1 Mrd. Überstunden geleistet; 1981 waren es 1,8 Mrd., 1984 1,6 Mrd. und 1985 etwa 1,5 Mrd. Überstunden.

(5) Die Zahl der offenen Stellen lag 1980 noch bei 308350 und fiel bis 1985 auf 110000 ab. Mitte 1986 wurden etwa 150000 offene Stellen registriert.

(6) Erstmals seit 1980 nahm 1984/85 die Zahl der Arbeitsplätze wieder zu. Die Industriebeschäftigung lag Mitte 1985 um rund 100000 Beschäftigte höher als im Vorjahr. Ähnlich positive Entwicklungen wurden aus dem Dienstleistungsbereich gemeldet; dem steht eine Beschäftigungsabnahme vor allem im Bauhauptgewerbe gegenüber. Diese Entwicklungen setzten sich 1986 weitgehend fort.

Die Arbeitsmarktsituation wird aufgrund der monatlichen Statistik der Bundesanstalt für Arbeit regelmäßig analysiert. Allerdings wird der Wert dieser Stellenstatistik seit geraumer Zeit zunehmend in Frage gestellt. Häufig wird darauf hingewiesen, daß die **Arbeitslosenstatistik** zu einer Überschätzung der Zahl der „echten" Arbeitslosen führe:

(1) Viele auf einen Arbeits- oder Studienplatz wartende Jugendliche würden sich nur deswegen als arbeitslos melden, damit ihren Eltern das Kindergeld nicht gestrichen würde.

(2) Häufig seien Saisonarbeiter, wie z.B. Kellner (aber auch Familienmitglieder eines Gaststättenbesitzers), arbeitslos gemeldet, obwohl sie eine andere Stelle nie antreten würden.

(3) Verschiedene Arbeitslose könnten aus familiären Gründen (z.B. Kindererziehung) gar nicht arbeiten und würden sich bewußt um nicht verfügbare Teilzeitarbeitsplätze bewerben, um ihren Unterstützungsanspruch nicht zu verlieren.

(4) Viele ältere Arbeitslose seien an einer Vermittlung durch das Arbeitsamt gar nicht mehr interessiert; sie wollten vielmehr nur noch ein Jahr Arbeitslosengeld beziehen, um dann ein vorgezogenes Altersruhegeld erhalten zu können.

(5) Häufig seien auch dem Arbeitsamt gemeldete Arbeitslose längst nicht mehr arbeitslos, weil sie bereits ohne Hilfe des Arbeitsamtes eine neue Stelle erhalten hätten; manche Personen aus dieser Gruppe würden sogar noch zu Unrecht das Arbeitslosengeld weiterbeziehen.

(6) Manche Arbeitslose seien auch deswegen nicht an einer Vermittlung interessiert, weil sie ihre Arbeitslosenunterstützung in der Schattenwirtschaft beträchtlich aufbessern könnten; im Einzelfall könnten sie sogar wirtschaftlich besser dastehen als in einem normalen Beschäftigungsverhältnis.

Folgt man diesen Überlegungen, so müßte die Arbeitslosenstatistik der Bundesanstalt für Arbeit einen beträchtlichen Anteil an **Scheinarbeitslosigkeit** enthalten. Allerdings haben die angeführten Argumente nur Vermutungscharakter; ihr Wahrheitsgehalt konnte – von Einzelfällen abgesehen – bisher kaum belegt werden. Die Diskussion um die unechte Arbeitslosigkeit ist empirisch nur wenig fundiert; Einzelfälle werden häufig in unzulässiger Weise verallgemeinert (vgl. *G. BÄCKER*, u.a., 1980, S. 110ff.).

Auf der anderen Seite sind Überlegungen nicht von der Hand zu weisen, daß die amtliche Statistik nicht alle Arbeitslosen registriere und demnach neben der offenen auch eine beträchtliche **verborgene Arbeitslosigkeit** festzustellen sei:

(1) Verschiedene Arbeitnehmer suchen nur eine geringfügige versicherungsfreie Beschäftigung. Da sie gegenüber der Arbeitslosenversicherung keine Unterstützungsansprüche haben, melden sie sich bei Verlust des Arbeitsplatzes auch häufig nicht als arbeitslos.

(2) Manche Schulabgänger und Berufsanfänger suchen ohne Hilfe des Arbeitsamtes einen Arbeitsplatz, melden sich nicht beim Arbeitsamt arbeitslos und gehen deswegen nicht in die amtliche Statistik ein.

(3) Schulentlassene, die eine Ausbildungsstelle suchen, gehen nicht in die amtliche Statistik der Arbeitslosen ein.

(4) Ein Teil der Arbeitslosen läßt sich bei den Arbeitsämtern nicht mehr registrieren, weil der Anspruch auf Arbeitslosengeld erloschen ist und Ansprüche auf Arbeitslosenhilfe – etwa wegen vorhandener Unterhaltsansprüche gegenüber dem Ehegatten oder wegen anrechenbaren eigenen Vermögens – erst gar nicht entstehen können.

(5) Schließlich ist auch auf die zahlenmäßig immer mehr an Bedeutung gewinnende Gruppe der nicht oder nicht mehr erwerbstätigen und bei den Arbeitsämtern nicht als arbeitslos gemeldeten Frauen hinzuweisen, denen zwangsweise die Rolle als Hausfrau zugewiesen wird, die sich aber bei besserer Arbeitsmarktsituation um eine Erwerbstätigkeit bemühen würden.

Insbesondere die **steigende Dauer der Arbeitslosigkeit** führte dazu, daß der Anteil der unterstützungsberechtigten Arbeitslosen an der Gesamtzahl der Arbeitslosen deutlich gesunken ist und sich zudem innerhalb der Gruppe der Unterstützungsempfänger eine wesentliche Strukturverschiebung ergeben hat. 1985 erhielten nur noch etwa 58,0% aller registrierten Arbeitslosen Unterstützungszahlungen vom Arbeitsamt; etwa 54% der Leistungsempfänger erhielten Arbeitslosengeld, 46% waren Bezieher von Arbeitslosenhilfe. Dabei ist der Anteil der Bezieher von Arbeitslosengeld in den letzten Jahren wesentlich gesunken, während der Anteil der Bezieher von Arbeitslosenhilfe erheblich angestiegen ist. Da die Zahlung von Arbeitslosenhilfe von dem Ergebnis einer Bedürftigkeitsprüfung abhängig gemacht wird, spricht einiges dafür, daß sich ein zunehmender Teil dieser Arbeitslosen nicht oder nicht mehr registrieren läßt. Hinzu tritt eine wachsende Zahl von Personen, die von vornherein keinen Leistungsanspruch haben (z.B. Berufsanfänger wie Abiturienten, Hochschulabsolventen) und die sich deswegen auch nicht arbeitslos melden. Insgesamt dürfte die stille Reserve des Arbeitsmarktes nicht nur einen beträchtlichen Umfang haben, sondern auch eine zunehmende Tendenz aufweisen (vgl. hierzu bereits *G. BÄCKER*, u.a., 1980, S. 108 f.).

Selbstverständlich kann die stille Reserve des Arbeitsmarktes nur näherungsweise ermittelt werden. Einen gewissen **Schätzwert** erhält man dadurch, daß man das gesamte (deutsche und ausländische) Erwerbspersonenpotential um die Erwerbstätigen und die registrierten Arbeitslosen korrigiert. Nach einer Ifo-Schätzung für das Jahr 1984 beläuft sich die so abgegrenzte verborgene Arbeitslosigkeit auf 1,27 Mio. Personen (vgl. Ifo-Institut, 1984, S. A 9). Dies ist eine beachtliche Größenordnung, die zumindest jedwede Form der Scheinarbeitslosigkeit kompensieren dürfte. Die offiziell ausgewiesenen Arbeitslosenzahlen dürften sich eher an der unteren Grenze der tatsächlichen Arbeitslosigkeit bewegen, als daß sie ihr Ausmaß systematisch überhöht ausweisen würden.

1.2 Problemgruppen des Arbeitsmarktes

Die Arbeitslosigkeit, die Mitte 1985 den höchsten Stand seit 1948 erreicht hatte, wird in der Bundesrepublik Deutschland mehr und mehr als ein langfristiges strukturelles Problem von Wirtschaft und Gesellschaft verstanden. Bei nur mäßigem Wirtschaftswachstum – und hierfür spricht nach den bisherigen Erfahrungen doch einiges – wird es bis in die 90er Jahre hinein eine Massenarbeitslosigkeit geben können. Dabei ist auch nicht auszuschließen, daß der gegenwärtig erreichte Höchststand der Arbeitslosigkeit zeitweilig sogar noch überschritten wird.

Das Heer der mehr als zwei Millionen Arbeitslosen ist allerdings kein festgefügter Block. Häufigkeit und Dauer der Arbeitslosigkeit sind bei näherer Betrachtung sehr unterschiedlich. So gibt es verschiedene Gruppen von Arbeitnehmern, die überdurchschnittlich häufig arbeitslos werden, überdurchschnittlich lange arbeitslos sind und/oder besondere Schwierigkeiten haben, überhaupt Arbeit zu finden. Diese Problemgruppen des Arbeitsmarktes sind keineswegs nur Randgruppen, vielmehr sind **überdurchschnittliche Beschäftigungsrisiken** für die großen Arbeitnehmergruppen der jugendlichen, weiblichen, älteren, behinderten und ausländischen Arbeitnehmer typisch (vgl. *U. ENGELEN-KEFER*, 1978, S. 270f.):

(1) Als *jugendliche Arbeitnehmer* gelten nach der amtlichen Arbeitslosenstatistik nur Personen unter 20 Jahren; international üblich ist die Abgrenzung dieses Personenkreises unter Einbezug aller Personen unter 25 Jahren. Folgt man dieser Vorgehensweise, so liegt die gruppenspezifische Arbeitslosenquote der jugendlichen Arbeitnehmer deutlich über derjenigen aller anderen Arbeitnehmer. Besondere Beschäftigungsrisiken ergeben sich beim Übergang vom allgemeinen schulischen Ausbildungssystem in eine Berufsausbildung bzw. in ein Arbeitsverhältnis sowie beim Eintritt in ein Arbeitsverhältnis nach Abschluß der Berufsausbildung. Typisch ist für die jugendlichen Arbeitnehmer bisher eine Mehrfacharbeitslosigkeit bei gleichzeitig geringer Dauer (vgl. *G. BÄKKER*, u.a., 1980, S. 113 ff.). In der Gegenwart zeichnet sich jedoch bereits eine deutliche Verschärfung der Beschäftigungsrisiken für jugendliche Arbeitnehmer mit einer höheren Dauerarbeitslosigkeit ab.

(2) *Weibliche Arbeitnehmer* sind ebenfalls besonderen Beschäftigungsrisiken ausgesetzt. Die Arbeitslosenquote der Frauen lag bereits in der Vergangenheit immer über dem Durchschnitt. Der hohe Grad der Arbeitslosigkeit ist gerade bei weiblichen Arbeitnehmern mit einer langen Dauer kombiniert. Die Ursachen der Arbeitslosigkeit liegen in geringerer Qualifikation der weiblichen Arbeitskräfte sowie teilweise in der Beschränkung auf nicht in ausreichendem Maße vorhandene Teilzeitarbeitsplätze begründet; hinzu tritt die traditionelle Diskriminierung der Frauen im Beschäftigungssystem, die zu einer bevorzugten Freisetzung von weiblichen Arbeitskräften bei nachlassender Konjunktur führt; mit nachlassender Konjunktur verschärft sich außerdem der Wettbewerb um jene Arbeitsplätze, die ein geringes Qualifikationsniveau der Arbeitskräfte voraussetzen, und in diesem Wettbewerb unterliegen dann weitgehend die weiblichen Arbeitnehmer. Für die Frauenarbeitslosigkeit gilt ebenso wie für die Jugendarbeitslosigkeit ein relativ hoher Grad der Nichterfassung in der amtlichen Arbeitslosenstatistik (vgl. *G. BÄCKER* u.a., 1980, S. 116ff.; *U. ENGELEN-KEFER*, 1978, S. 274f.).

(3) Auch für *ältere Arbeitnehmer* über 55 Jahre liegt die Arbeitslosenquote weit über dem Durchschnitt. Erkennbar wird aus der amtlichen Statistik außerdem der hohe Anteil

Tabelle 48: Umfang und Struktur der Arbeitslosigkeit 1960-1985

Jahr	Arbeitslosenquoten			Leistungsempfänger		
	insgesamt	Frauen	Ausländer	insgesamt	Arbeits-losengeld	Arbeits-losenhilfe
	in % (Jahresdurchschnitt)			Anteile in % der Arbeitslosen insges.		
1960	1,3	1,3	–	83,5	64,6	18,9
1965	0,7	0,5	0,2	74,0	65,7	8,2
1970	0,7	0,8	0,3	75,9	64,4	11,5
1975	4,7	5,4	6,8	76,0	65,8	10,3
1980	3,8	5,2	5,0	64,8	51,1	13,7
1981	5,5	6,9	8,2	68,2	54,9	13,3
1982	7,5	8,6	11,9	66,4	50,5	15,9
1983	9,1	10,1	14,7	66,4	44,9	21,5
1984	9,1	10,2	14,0	60,4	34,0	26,3
1985	9,3	10,4	13,9	58,0	31,6	26,4

Jahr	Arbeitslose nach ausgewählten Merkmalen					
	Frauen[1]	Ausländer[1]	Angestell-tenberufe[2]	mit gesund-heitlichen Einschrän-kungen[2]	ohne Be-rufsaus-bildung[2]	Akade-miker[2]
	Anteile in % der Arbeitslosen ingesamt					
1960	34,1	–	–	–	–	–
1965	28,2	1,2	–	–	–	–
1970	37,6	3,4	–	–	–	–
1975	42,0	14,1	33,8	20,2	58,1	–
1980	52,0	12,1	38,4	32,2	54,0	5,1
1981	48,7	13,3	34,6	25,7	54,8	4,8
1982	44,3	13,4	33,6	12,1	51,8	4,5
1983	43,6	12,9	35,1	19,8	50,8	4,9
1984	43,6	11,9	36,0	19,5	49,4	5,4
1985	44,1	11,0	36,6	19,0	49,7	5,5

[1] Jahresdurchschnittswerte; [2] jeweils September.

Jahr	Arbeitslose nach Altersgruppen			Arbeitslose nach der Dauer der Arbeitslosigkeit		
	bis unter 25 Jahre	25 bis unter 55 Jahre	55 Jahre und älter	bis unter 3 Monate	3 Monate bis unter 1 Jahr	1 Jahr und darüber
	Anteile in % der Arbeitslosen insgesamt (jeweils September)					
1970	18,7	50,0	31,3	–	–	–
1975	28,6	61,2	10,2	–	–	–
1980	27,3	57,3	15,5	45,2	37,8	17,0
1981	29,9	57,6	12,5	42,3	41,4	16,2
1982	30,3	58,9	10,8	35,4	43,4	21,3
1983	29,2	59,7	11,0	29,1	42,3	28,5
1984	27,2	60,3	12,5	29,0	38,2	32,8
1985	26,2	60,8	13,0	32,5	36,5	31,0

Quelle: Bundesanstalt für Arbeit: Strukturanalysen der Bestände an Arbeitslosen und an offenen Stellen, Amtliche Nachrichten der Bundesanstalt für Arbeit, versch. Nrn.

der älteren Arbeitnehmer an den Langfrist-Arbeitslosen; die lange Dauer der Arbeitslosigkeit spiegelt die geringen Wiedereingliederungschancen dieser Gruppe wider (vgl. *U. ENGELEN-KEFER*, 1978, S. 276 f.; *G. BÄCKER* u.a., 1980, S. 119 ff.).

(4) Überdurchschnittlich hoch ist auch die Arbeitslosenquote für Personen mit *gesundheitlichen Einschränkungen*, insbesondere für Schwerbehinderte. Hier zeichnet sich ein weitgehendes Versagen der vorhandenen sozialen Schutzgesetzgebung ab.

(5) *Ausländer* sind ebenfalls von der Arbeitslosigkeit in überdurchschnittlicher Weise betroffen. Allerdings findet die hohe Arbeitslosenquote der Ausländer weniger ihre Erklärung in vereinzelt festzustellenden Diskriminierungspraktiken, sondern liegt vielmehr in dem häufig niedrigen Qualifikationsniveau dieser Arbeitnehmer sowie in dem besonders scharfen Wettbewerb um Arbeitsplätze, die ein geringes Qualifikationsniveau voraussetzen, begründet.

Offensichtlich ist für die Masse der Arbeitslosen ein unterdurchschnittliches Qualifikationsniveau typisch. So sind vor allen Dingen etwa 50% der Arbeitslosen ohne abgeschlossene Berufsausbildung. Das Scheitern dieser Arbeitslosen im Ausbildungssystem prägt ihr Versagen im Beschäftigungssystem bereits vor. Allerdings sichert auch ein hohes Qualifikationsniveau in der Zukunft nicht mehr die angemessene Eingliederung der Erwerbspersonen in das Beschäftigungssystem.

Mit der steigenden **Akademikerarbeitslosigkeit** wird eine neue Problemgruppe des Arbeitsmarktes sichtbar:

(1) Die Hochschulabsolventen geisteswissenschaftlicher Fachrichtungen – von den Studierenden in den letzten zwei Jahrzehnten zunehmend bevorzugt – traten nach abgeschlossener Ausbildung überwiegend in den öffentlichen Dienst ein. Mit der andauernden Wirtschafts- und Finanzkrise wurde ihnen jedoch der Zugang zum Staatsdienst weitgehend verschlossen. Diese Entwicklung betraf zunächst einmal die Gruppe der Lehrer und führte zu einer weitgehenden Zurückdrängung des Lehrerstudiums an den Hochschulen.

(2) Wegen der schlechten Perspektiven des Lehrerstudiums im Hinblick auf das Beschäftigungssystem wurden in der Folgezeit verstärkt andere geisteswissenschaftliche Fachrichtungen in der Hochschulausbildung bevorzugt. Mittlerweile wird jedoch nicht nur vor dem Lehrerstudium, sondern auch vor dem Jura-Studium gewarnt. Ähnliches zeichnet sich auch für die Absolventen wirtschaftswissenschaftlicher Fachrichtungen ab; zumindest sind für sie hochbezahlte Arbeitsplätze immer weniger verfügbar.

(3) Auch für Naturwissenschaftler sind in der Zukunft steigende Beschäftigungsrisiken nicht auszuschließen. Wenn auch Ingenieure, Chemiker, Physiker und Mathematiker gegenwärtig noch dringend gesucht werden, so ist doch schon die Aufnahme des Medizin-Studiums mit beträchtlichen Risiken verbunden. Es wird bereits über Maßnahmen diskutiert, wie die „Ärzteschwemme“ eingedämmt werden kann; geplant ist eine Verlängerung der Vorbereitungszeit auf die Arbeit als Kassenarzt von sechs auf 18 Monate; außerdem fordern die Krankenkassen Befugnisse, im Rahmen eines Vertragssystems den Zugang zur kassen- und vertragsärztlichen Versorgung begrenzen zu können. Für die übrigen naturwissenschaftlichen Berufe sind die Beschäftigungsrisiken zwar gegenwärtig noch nicht gravierend geworden, doch zeichnet sich bereits eine deutliche Einengung des beruflichen Möglichkeitsbereichs für die Hochschulabsolventen ab.

Das Arbeitsplatzdefizit wird sich für akademische Berufe in der Zukunft beträchtlich ausweiten (vgl. *M. TESSARING, G. WEISSHUHN*, 1985, S. 84 ff.):

(1) Nach einer Arbeitsmarktprognose des Instituts für Arbeitsmarkt- und Berufsforschung der Bundesanstalt für Arbeit wird sich die Zahl der Akademiker bis zur Jahrhundertwende verdoppeln. Jeder sechste Erwerbstätige wird dann einen Hochschulabschluß vorweisen können.

(2) Nur jeder dritte der jungen Hochschulabsolventen, die in den nächsten 15 Jahren die Hochschulen verlassen, wird nach derselben Vorausschätzung einen Arbeitsplatz vorfinden, der von einem aus dem Erwerbsleben ausscheidenden Akademiker freigemacht wurde. Etwa zwei Millionen Absolventen müssen entweder auf neu geschaffenen Arbeitsplätzen unterkommen oder Arbeitsplätze einnehmen, die bisher von Nicht-Akademikern besetzt waren.

Für die absehbare Zukunft wird nicht mehr von einer (faktischen) Arbeitsplatzgarantie für Akademiker gesprochen werden können; vielmehr zeichnen sich auch für diese Gruppe zunehmende Risiken im Beschäftigungssystem ab. Rückwirkungen auf das Ausbildungssystem sind zu erwarten. Bildungsplanung und Forschungsförderung müssen die veränderten Perspektiven der Hochschulabsolventen im Beschäftigungssystem verstärkt berücksichtigen.

Aus der Sicht des einzelnen Abiturienten stellt sich in der Zukunft immer mehr die Frage, ob überhaupt ein Hochschulstudium aufgenommen werden soll. Bereits gegenwärtig drängt eine wachsende Zahl von Abiturienten in berufliche Ausbildungsgänge, in denen bisher vor allem Absolventen der Realschulen anzutreffen waren. Hier zeichnet sich ein **allgemeiner Verdrängungsprozeß** nach unten ab, und die Leidtragenden dieser Entwicklung sind die Hauptschüler sowie die Jugendlichen ohne Schulabschluß. Die steigende Zahl von Jugendlichen mit geringem schulischem Bildungsniveau und gleichzeitig fehlender Berufsausbildung entwickelt sich zunehmend zu einem ernsten gesellschaftlichen Problem, dessen Bewältigung vorrangige Beachtung im politisch-administrativen System verdient.

1.3 Folgen der Arbeitslosigkeit

Die anhaltende Massenarbeitslosigkeit in der Bundesrepublik Deutschland hat die tradierte Armutsdiskussion in eine neue Richtung gedrängt. In der Tat liegt eine **Verarmung durch Arbeitslosigkeit** nicht nur im Bereich des Möglichen, sondern zeichnet sich bereits in vielfältiger Weise ab. Sie wird insbesondere bei jenen Arbeitslosen sichtbar, die vorher ein geringes Einkommen gehabt haben; aber auch Personen mit mittlerem Einkommen geraten mit zunehmender Dauer der Arbeitslosigkeit in Gefahr, unter die Armutsgrenze der Sozialhilfe abzusinken:

(1) Die Zahl der Sozialhilfeempfänger, die zugleich Arbeitslosenunterstützung beziehen, hat sich seit Mitte der 70er Jahre vervielfacht. Als Empfänger von Arbeitslosengeld sind insbesondere alleinverdienende verheiratete Arbeitnehmer mit Kindern sowie alleinstehende Frauen mit Kindern betroffen; von den Empfängern von Arbeitslosenhilfe liegt vermutlich der größte Teil unterhalb der Sozialhilfe-Schwelle.

(2) Nach einem Bericht des Instituts für Arbeitsmarkt- und Berufsforschung der Bundesanstalt für Arbeit auf der Grundlage einer Repräsentativuntersuchung und einer zweimaligen Befragung von Arbeitslosen zwischen 1981 und 1983 sind 31% der Arbeitslosen durch ihre Arbeitslosigkeit in sehr große finanzielle Schwierigkeiten geraden. Bei den langfristig Arbeitslosen seien es sogar 44% gewesen, die von erheblichen finanziel-

len Problemen berichteten. Im einzelnen mußten 72% der Dauer-Arbeitslosen ihre persönlichen Ausgaben einschränken, 56% ihre Anschaffungen zurückstellen, 47% ihre Ersparnisse aufbrauchen und 23% Schulden machen; finanzielle Schwierigkeiten mit der Einhaltung von Ratenzahlungen hatten 19%, mit der Zahlung von Versicherungsprämien 13%, mit der Aufrechterhaltung von Sparverträgen 13% sowie mit Mietzahlungen 12%. In der Mehrzahl dieser Fälle mußte die Sozialhilfe in Anspruch genommen werden.

(3) Für diese Personengruppe wird die entstandene Armutssituation bei erneuter Eingliederung in das Beschäftigungssystem nicht in jedem Fall wieder beseitigt werden; Langfrist-Arbeitslose müssen sehr häufig bei anschließender Aufnahme einer Erwerbstätigkeit Einkommenseinbußen hinnehmen. Bei wiederholter Arbeitslosigkeit sinkt dann die Arbeitslosenunterstützung ebenfalls ab, so daß die Gefahr besteht, daß diese Personengruppe auf Dauer unter die Armutsschwelle der Sozialhilfe gedrängt wird (vgl. hierzu bereits *G. BÄCKER,* u.a., 1980, S. 130f.).

Mit zunehmender Dauer und steigender Häufigkeit der Arbeitslosigkeit entsteht bei einzelnen Problemgruppen des Arbeitsmarktes eine typische **Entwertung beruflicher Qualifikationen**, die zugleich eine Wiedereingliederung der Arbeitslosen in das Beschäftigungssystem schwieriger werden läßt. Diese Risiken betreffen insbesondere ältere Arbeitnehmer, Arbeitslose mit gesundheitlichen Einschränkungen sowie Frauen, die von einer Vollzeit- auf eine Teilzeitstelle überwechseln. Nach Untersuchungen des Instituts für Arbeitsmarkt- und Berufsforschung der Bundesanstalt für Arbeit aus dem Jahre 1979 muß sich ein erheblicher Teil der erneut in das Beschäftigungssystem eingegliederten Arbeitslosen mit einem schlechteren Arbeitsplatz als vorher zufriedengeben. Diese Tendenz dürfte sich in der neueren Entwicklung eher noch verschärft haben. Der überwiegende Teil der Arbeitslosen muß bei Wiedereingliederung berufliche Nachteile in Kauf nehmen, indem nunmehr weniger qualifizierte Tätigkeiten ausgeübt werden, die mit einem Verlust an arbeitsplatzbezogener Verantwortung und Handlungsautonomie verbunden sind. Bei wiederholter Arbeitslosigkeit, wie sie insbesondere bei typischen Problemgruppen des Arbeitsmarktes auftritt, ist der soziale Abstieg unaufhaltsam vorgegeben (vgl. hierzu bereits *G. BÄCKER,* u.a., 1980, S. 131f.).

Die Entstehung eines neuen Armutspotentials bei gleichzeitiger Entwertung vorhandener beruflicher Qualifikationen und erhöhten Schwierigkeiten einer Wiedereingliederung der Arbeitslosen in das Beschäftigungssystem ist mit **psychisch-sozialen Folgen** verbunden. Insbesondere bei hoher Häufigkeit und/oder langer Dauer der Arbeitslosigkeit kommt es zu einer sozialen Stigmatisierung der betroffenen Personen. Ihnen wird sehr häufig individuelles Versagen und/oder Drückebergertum nachgesagt. Der soziale Status des einzelnen Arbeitslosen verändert sich beträchtlich; seine bisherige Einordnung in soziale Gruppen wird häufig gelockert; der Arbeitslose wird nicht mehr als gleichwertig in der Gruppe empfunden, er wird sozial desintegriert. Selbstwertgefühl und Selbstbewußtsein der betroffenen Arbeitslosen werden entscheidend in Frage gestellt; für sie löst sich die bisherige Trennung von Arbeits- und Freizeit auf; soziale Verhaltensweisen wie Pünktlichkeit und Zeitplanung werden entwertet und entfunktionalisiert. Diese psychisch-sozialen Veränderungen bewirken zusammen mit dem Verlust der finanziellen Sicherheit wesentliche Einengungen individueller Handlungsmöglichkeiten im familiären und außerfamiliären Bereich (vgl. *G. BÄCKER,* u.a., 1980, S. 133f.).

Diese sich zunächst primär im Bereich des einzelnen Arbeitslosen abzeichnenden Folgen der Arbeitslosigkeit haben weitreichende **gesamtgesellschaftliche Konsequenzen**; sie vermindern den Wohlstand großer Bevölkerungsgruppen und bedingen Finanzierungsschwierigkeiten im Staatshaushalt im allgemeinen sowie im System der Sozialen Sicherung im besonderen. Je länger die Massenarbeitslosigkeit zudem andauert, umso schärfer werden die sozialen Konflikte zwischen Arbeitsplatzinhabern und Arbeitssuchenden ausgetragen. Bei den (noch) Beschäftigten verändert die Angst vor Arbeitslosigkeit zudem die sozialen Verhaltensweisen; der Konkurrenzkampf zwischen ihnen wird schärfer, kollegiale Bindungen und solidarische Einstellungen zerbrechen. Der Kampf um die verfügbaren Arbeitsplätze gefährdet den sozialen Frieden; neue Klassenkampfsituationen können entstehen und die Stabilität der Gesellschaft in Frage stellen (vgl. *G. NAEGELE,* 1979, S. 650ff.; *G. BÄCKER,* u.a., 1980, S. 130ff.).

2. Probleme des Ausbildungssystems

2.1 Hochschulpolitik in der Krise

Seit Beginn der 70er Jahre hat sich die Situation an den westdeutschen Hochschulen entscheidend verändert. Nach etlichen Jahren eines hektischen Ausbaus in sachlicher und personeller Hinsicht ist nunmehr seit Beginn der 80er Jahre ein weitgehender Stillstand eingetreten. Die Finanzkrise des Staates zwingt zu einer deutlichen **Einschränkung des weiteren Hochschulbaus** sowie zu **Personal- und Sachmitteleinsparungen**. Freiwerdende Hochschullehrer- und Mitarbeiterstellen werden regelmäßig für eine gewisse Zeit gesperrt und zum Teil endgültig gestrichen; da in der vergangenen Ausbauphase die Zahl der Hochschullehrer in kurzer Zeit vervielfacht und damit die Altersstruktur deutlich verjüngt wurde, verbleiben dem wissenschaftlichen Nachwuchs nur geringe Chancen für ein Verbleiben an den Hochschulen. Die Sachmitteletats sind teilweise um ein Drittel und mehr gekürzt worden, so daß die Anschaffung notwendiger Bücher und Zeitschriften vielfach in Frage gestellt ist.

Noch immer sehen sich die Hochschulen **steigenden Studentenzahlen** gegenüber. Während früher nur etwa 5% eines Altersjahrgangs ein Hochschulstudium aufnahmen, sind es gegenwärtig immerhin noch etwa 20%. Bis Ende der 80er Jahre werden noch Studenten aus den geburtenstarken Jahrgängen nachrücken. In vielen Bereichen sind die kapazitativen Möglichkeiten der Hochschulen überschritten. Von hier aus wird vielfach die Forderung nach einem totalen Numerus clausus erhoben, um die Hochschulen funktionsfähig zu halten.

Eine faktische Schließung der Hochschulen dürfte jedoch gesamtgesellschaftlich kaum eine sinnvolle Lösung der anstehenden Probleme darstellen. Die von einem Hochschulstudium ausgeschlossenen Jugendlichen müßten dann in andere Ausbildungswege oder direkt auf den Arbeitsmarkt drängen. Hier eröffnen sich gerade in der Gegenwart kaum zukunftsweisende Perspektiven. Außerdem dürfte in der Zukunft der Bedarf an hochqualifizierten Fachkräften eher noch steigen als absinken. Vor diesem Hintergrund bieten sich grundsätzlich folgende **Lösungsstrategien** an:

(1) Unabdingbar für die Lösung der anstehenden Probleme ist eine Straffung des Studienangebots in allen Bereichen des Hochschulwesens, um das ständige Ansteigen der Studiendauer zu bremsen. Wenngleich auch bisherige Reformbemühungen weitgehend gescheitert sind, so zwingt doch die gegenwärtige Situation dazu, erneut über Studienreform und Straffung des Studienangebots nachzudenken.

(2) Die wissenschaftliche Ausbildung müßte auch an den Universitäten in differenzierter Form angeboten werden. Neben den bisherigen Studiengängen sollten verstärkt Kurzstudiengänge entwickelt werden. Ihrer Abqualifizierung als Studien zweiter Wahl müßte durch ein attraktives und konzentriertes Studienangebot entgegengewirkt werden. Allerdings ist die Akzeptanz neuer Studienabschlüsse auf dem Arbeitsmarkt sorgfältig zu prüfen.

(3) Für viele mehr praktisch interessierte Universitätsstudenten ist das schon immer kürzere anwendungsbetonte Fachhochschulstudium die bessere Lösung. Auch für die Wirtschaft mag ein höherer Anteil an stärker berufspraktisch orientierter Ausbildung von Bedeutung sein. Von daher sollte die stärkere Inanspruchnahme der Fachhochschulen gefördert werden.

Ein verstärkter Ausbau der Fachhochschulen sowie die Einführung von Kurzstudiengängen an den wissenschaftlichen Hochschulen könnten zu einer Entlastung der Universitäten beitragen. Ein solcher Weg wäre auch insofern sinnvoll, als angesichts des hohen Anteils von Studenten an jedem Altersjahrgang nicht von allen Studenten ein gleich hohes Leistungs-, Begabungs- und Motivationsniveau erwartet werden kann. Zusätzlich müßten verstärkt **Prioritäten** für den Einsatz der knappen finanziellen Mittel gesetzt werden. Diese hätten sich nicht nur an dem Bedarf in der **Lehre**, sondern auch an demjenigen in der **Forschung** zu orientieren:

(1) Unter dem Aspekt der Lehre mag es sinnvoll sein, manche Studiengänge und die daran angebundenen Kapazitäten regional zu konzentrieren und damit gleichzeitig einzugrenzen. Ein allgemeiner Abbau von Kapazitäten in Studienbereichen mit geringen Studentenzahlen dürfte jedoch kaum erstrebenswert sein. Manche Institute in den fraglichen Bereichen haben eine lange Tradition und haben sich durch beachtliche Forschungsergebnisse internationales Ansehen erworben; derartige Lehrstühle abzuschaffen, hieße dem Ansehen der jeweiligen Universität auf Dauer zu schaden. Insofern ist in jedem einzelnen universitären Bereich die Prüfung der Erhaltungswürdigkeit einzelner Lehrstühle und Institute nicht nur unter dem Aspekt der Lehre vorzunehmen, sondern auch unter demjenigen der Forschung, wobei gerade dem letzteren Gesichtspunkt für die Zukunft die größere Bedeutung zukommt.

(2) Die partielle Straffung und Eingrenzung von Kapazitäten in einzelnen Bereichen muß von einem weiteren Ausbau der Kapazitäten in den überlasteten Bereichen begleitet sein; nur auf diese Weise wird auch dort wieder eine wissenschaftliche Forschung im gesellschaftlich notwendigen Umfange möglich sein. Von daher müßten die globalen Einschränkungen des Hochschulbaus sowie die Personal- und Sachmittelkürzungen erneut überprüft werden.

2.2 Probleme der Ausbildungsförderung

Ende der 60er Jahre bestand zwischen allen im Bundestag vertretenen Parteien eine bemerkenswerte Übereinstimmung dahingehend, daß auf dem Gebiet der Ausbildungsförderung neue Wege zu beschreiten seien. Die Versuche aller drei Bundestagsfraktionen, **bundesgesetzliche Regelungen zur Ausbildungsförde-**

Tabelle 49: Studierende an Hochschulen 1950-1985[1]

Winter-semester	Studenten an Hochschulen				Studenten an wissenschaftlichen Hochschulen[2] nach Fächergruppen							
	insgesamt	Universitäten/Pädagogische Hochschulen	Kunsthochschulen	Fachhochschulen[5]	Theologie/Kultur- und Sprachwissenschaften/Sport	Rechts-, Wirtschafts- und Sozialwissenschaften	Naturwissenschaften und Mathematik	Ingenieurwissenschaften	Allgemeine Medizin	Zahnmedizin	Agrar-, Ernährungswissenschaften, Tiermedizin	Kunst und Kunstwissenschaften
	in 1000											
1950/51[3]	128,1	122,9	5,2	–	22,7	22,9	18,9	16,9	12,4	2,5	4,7	–
1955/56[3]	150,7	144,9	5,8	–	24,7	33,3	20,0	23,5	11,2	2,2	3,0	–
1960/61	291,1	238,4	8,5	44,2	51,4	44,9	35,9	40,1	26,0	3,4	4,4	–
1965/66	384,4	299,7	8,5	76,0	63,3	65,2	42,9	38,2	33,7	5,0	4,9	–
1970/71	510,5	410,1	10,9	89,5	88,3	85,0	73,7	36,9	33,1	6,0	7,1	–
1975/76	836,0	675,9	15,4	144,7	222,6	145,9	136,1	85,0	45,8	7,3	17,9	34,9
1980/81	1 036,3	818,5[4]	18,1	199,8	256,7	188,2	153,7	94,8	69,2	9,6	26,9	42,6
1981/82	1 121,4	879,6	18,9	223,0	273,2	202,9	162,6	102,1	73,2	10,1	28,2	44,2
1982/83	1 198,3	928,4	19,4	250,5	285,9	217,5	172,2	110,8	77,1	10,7	29,8	47,7
1983/84	1 267,3	971,5	20,1	275,7	291,1	233,8	181,6	119,8	79,9	11,2	30,3	49,0
1984/85	1 311,7	999,0	20,9	291,8	290,8	244,5	187,9	122,4	82,3	11,7	30,7	51,4
1985/86	1 341,4	1 017,3	21,7	302,4	289,4	250,1	191,6	125,1	84,1	122,2	31,8	52,1

[1] Deutsche und Ausländer, jeweils Wintersemester.
[2] Universität, Pädagogische Hochschule einschließlich Kunsthochschule.
[3] ohne Pädagogische Hochschulen und ohne Berlin (West). Wegen der Hochschulreformen sind die Angaben für 1950 und 1955 nur bedingt vergleichbar.
[4] ab 1980 einschl. Gesamthochschulen.
[5] einschl. Verwaltungsfachhochschulen.
Quelle: Statistisches Bundesamt: Fachserie 11, Reihe 4.1.

rung aus dem Fürsorgerecht des Art. 74 Nr. 7 GG abzuleiten, waren weitgehend gescheitert. Darum wurde Art. 74 Nr. 13 GG, wonach der Bund die konkurrierende Gesetzgebungskompetenz für die Förderung der wissenschaftlichen Forschung hat, durch die „Regelung der Ausbildungsbeihilfen" ergänzt. Kurz nach dieser Grundgesetzänderung im Mai 1969 wurde das Bundesgesetz über die einheitliche **Schülerförderung** Ende Juni 1969 verabschiedet; die **Studentenförderung** wurde im Juli 1971 im Einvernehmen aller Fraktionen und einvernehmlich zwischen Bund und Ländern bundesgesetzlich geregelt.

Bis 1981 wurden alle BAföG-Gesetze einvernehmlich verabschiedet. Der politische Gesamtwille begann erst dann zu zerbrechen, als die sozialliberale Koalition 1981 mit Zustimmung des Bundesrates, aber ohne Zustimmung der CDU/CSU im Bundestag erhebliche Einschränkungen der Förderung durchsetzte, die jedoch die Einheitlichkeit von Schüler- und Studentenförderung unangetastet ließen. Erst die **Haushaltsbegleitgesetze 1983** leiteten die entscheidende Wende in der Ausbildungsförderung ein:

(1) Nach der bis 1983 gültigen Ausbildungsförderung für Schüler erhielten Schüler der gymnasialen Oberstufe, der beruflichen Schulen (mit einigen Ausnahmen) und Studierende des Zweiten Bildungsweges nach verschiedenen Kriterien gestaffelte Förderungsbeträge. Ab dem Schuljahr 1983 wurde an Schüler, die zuhause wohnen können, keine Ausbildungsförderung mehr geleistet (Ausnahmen: Abendschulen und Kollegs). Anspruch auf Ausbildungsförderung haben demnach nur noch Schüler, die nicht bei ihren Eltern wohnen können, weil sie von deren Wohnort aus eine entsprechende zumutbare Ausbildungsstätte nicht erreichen können. Diese Grundsätze wurden ergänzt durch eine Härteregelung zugunsten der Schüler aus besonders einkommensschwachen Familien. Im Ergebnis konzentriert sich seitdem die Ausbildungsförderung auf etwa ein Drittel der bisher geförderten Schüler.

(2) Mit Beginn des Wintersemesters 1983/84 wurde die studentische Ausbildungsförderung auf Volldarlehen umgestellt, die sich ebenso wie die frühere Ausbildungsförderung nach Einkommensgrenzen richtet. Darlehenserlaß ist in gewissem Umfange für Studenten vorgesehen, die ihr Studium vorzeitig abschließen, zu den besten Studenten eines Examensjahrgangs gehören und/oder das Darlehen früher zurückzahlen. Auch unter Berücksichtigung dieser Aspekte liegt jedoch die Darlehensschuld nach der neuen Regelung im allgemeinen deutlich höher als bei der alten Regelung.

(3) Bereits vor dem Inkrafttreten der Neuregelungen zur Ausbildungsförderung für Schüler und Studenten wurden nach dem Graduiertenförderungsgesetz nur noch Darlehen und nicht mehr Stipendien gezahlt. Ende 1983 sollten die letzten Zahlungen auslaufen.

Die Neuregelungen der Ausbildungsförderung müssen unter bildungs-, verteilungs-, ordnungs- und finanzpolitischen Aspekten kritisch beleuchtet werden. Insbesondere sind die durchgeführten Gesetzesänderungen nicht ohne Bedeutung im Hinblick auf das **bildungspolitische Ziel der Chancengleichheit** in der Ausbildung:

(1) Zwischen dem 25. November und dem 2. Dezember 1982 führte das Allensbacher Institut verschiedene Befragungen zum Thema BAföG-Sparmaßnahmen durch. Dabei wurde unter anderem ein repräsentativer Querschnitt von 400 Schülern befragt. Von bisher geförderten Gymnasiasten und Realschülern glaubten 7%, von den bisher geförderten Berufsschülern aber 18%, daß sie ohne BAföG ihre Ausbildung abbrechen müßten; 93% der Gymnasiasten und Realschüler sowie 79% der Schüler an beruflichen Schulen gaben an, sie würden auf alle Fälle versuchen, ihre schulische Ausbildung fortzusetzen. Beide Gruppen waren weitgehend gleicher Meinung in der allgemeinen Be-

urteilung der Kürzungsmaßnahmen; 87% der Gymnasiasten und Realschüler und 88% der Berufsschüler lehnten die Sparmaßnahmen ab, weil damit die kinderreichen Familien und die Familien mit einem kleinen Einkommen ganz besonders hart betroffen würden; der These, der Staat müsse heute überall sparen und könne daher auch beim Schüler-BAföG keine Ausnahme machen, stimmten nur 7% der Gymnasiasten und Realschüler sowie 6% der Berufschüler zu (o.V., 1982).

(2) Das von Bund und Ländern getragene Institut Hochschul-Informations-System führte eine Befragung der Exmatrikulierten von 1979 durch. Die Auswertung ergab, daß die meisten der befragten ehemaligen Studierenden wissenschaftlicher Hochschulen auf der Grundlage des Geldes der Eltern studierten, die Förderung nach BAföG stand erst an zweiter Stelle; bei den Fachhochschulabsolventen stand jedoch die BAföG-Förderung an erster Stelle. Im Vergleich zu den ehemaligen Studenten, deren Studium von den Eltern finanziert wurde, schlossen die mit BAföG geförderten Studenten ihr Studium im Durchschnitt zügiger und erfolgreicher ab. Außerdem ergab die Befragung, daß etwa jeder zweite Studienabsolvent einer wissenschaftlichen Hochschule, der sein Studium mit BAföG finanzierte, ohne diese Förderung auf eine solche Ausbildung hätte verzichten müssen; offensichtlich hat das Bundesausbildungsförderungsgesetz einen wesentlichen Beitrag dazu geleistet, Kindern aus unteren sozialen Schichten den Zugang zur Hochschule zu ermöglichen (vgl. *R. REISSERT/L. BIRK*, 1982; *R. REISSERT*, A6/1982, A1/1983, A5/1983).

(3) Bedenklich sind darüber hinaus die bildungspolitischen Probleme der Einschränkung der Graduiertenförderung. In den zurückliegenden Jahrzehnten ist der Bedarf an Forschung in der Bundesrepublik ständig gestiegen; es spricht einiges dafür, daß ein rohstoffarmes Land mit hohem Reallohnniveau künftig noch mehr als bisher auf die volle Entfaltung seiner wissenschaftlichen und technischen Kräfte angewiesen sein wird. Die Einschränkung der Graduiertenförderung bringt die Gefahr mit sich, daß die bereits entstandenen Forschungsdefizite noch vertieft werden.

Die bildungspolitischen Implikationen der Neuregelungen zur Ausbildungsförderung sind zugleich **verteilungspolitischer** Art:

(1) Die Überrepräsentation der Arbeiterkinder unter Sonderschülern und Hauptschülern ohne Abschluß zählt zu den schwerwiegenden sozialen Ungleichheiten; mehr als die Hälfte aller Schüler, die ihre Schulausbildung ohne Abschluß abbrechen, stammen aus Arbeiterfamilien. Zwar hat die Zahl der Arbeiterkinder an den Gymnasien in der Vergangenheit grundsätzlich zugenommen, stagniert aber gegenwärtig wieder; nur eines von 10 Arbeiterkindern besucht ein Gymnasium, im Vergleich zu 5 von 10 Beamtenkindern. An den Hochschulen setzt sich diese Differenzierung fort; nur etwa 14% aller Studenten stammen aus Arbeiterfamilien (vgl. *BMBW*, 1981, S. 13 und 37; *BMBW*, Grund- und Strukturdaten 1985/86, S. 156).

(2) Natürlich ist der Begriff des Arbeiterkindes nur sehr schwer abzugrenzen, wie auch häufig in der sozialpolitischen Diskussion betont wird. Aber dennoch spricht einiges für die Vermutung, daß durch die getroffenen Sparmaßnahmen in der Ausbildungsförderung insbesondere die unteren sozialen Schichten getroffen werden und damit positive Entwicklungen der letzten Jahrzehnte gefährdet werden. Es droht das Risiko, daß Bildung wieder verstärkt ein Privileg für die höheren Einkommensschichten wird.

Die Neuregelungen zur Ausbildungsförderung werden sehr häufig auch mit **ordnungspolitischen Argumenten** begründet. Insbesondere wird darauf hingewiesen, daß sowohl die Leistungsfähigkeit als auch die Leistungsbereitschaft der in der Ausbildung Befindlichen in den vergangenen Jahren stark nachgelassen haben; hierfür seien nicht zuletzt ordnungspolitische Defekte des Bildungssystems verantwortlich:

(1) In der Tat belasten als Folge der vergangenen Bildungspolitik auch weniger leistungsmotivierte und weniger begabte Schüler und Studenten die verschiedenen Ausbildungswege. Die Einführung von Leistungskomponenten in das Ausbildungssystem wäre von daher an sich systemgerecht und auch mit dem ordnungspolitischen Rahmen der sozialen Marktwirtschaft vereinbar.

(2) Allerdings beschränkt sich die Einführung von Leistungskomponenten bisher weitgehend auf den Bereich der Neuregelung der Ausbildungsförderung. Sie bewirkt damit nur eine Auslese unter den einkommensschwächeren Personengruppen. Die einkommensstärkeren Personengruppen können nach wie vor das vorhandene Ausbildungssystem in voller Breite nutzen, obgleich auch bei ihnen Leistungsmotivation und Begabung sehr unterschiedlich gestreut sind.

(3) In dieser Situation würde sich die Einführung sozial gestaffelter und gleichzeitig leistungsdifferenzierter Studiengebühren empfehlen, mit denen verstärkt dem oft zitierten „Nulltarif-Effekt" in der Ausbildung entgegengewirkt werden kann. Als Nebeneffekt einer solchen Neuregelung würde sich die Finanzlage der Hochschulen verbessern.

Ohne Zweifel hat die **Finanzkrise des Staates** den entscheidenden Anstoß zur Neuregelung der Ausbildungsförderung gegeben:

(1) Auf kurze Sicht ist eine Haushaltsentlastung nur aus der Einschränkung der Schülerförderung zu erwarten. So rechnete die Bundesregierung für das Haushaltsjahr 1983 mit einem Einsparungseffekt von 310 Mio. DM.

(2) Finanzielle Effekte aus der Umstellung der Studentenförderung auf Darlehen ergeben sich erst nach etlichen Jahren. Dann aber wird der Gewinn für den Staatshaushalt denkbar gering bleiben. Der Bundesrechnungshof hat darauf hingewiesen, daß nur etwa 20 bis 30% der ausgelegten Finanzmittel wertmäßig zurückfließen werden. Zinsverluste, Inflation, Inkasso-Bürokratie und schlechte Zahlungsmoral schränken den finanzpolitischen Effekt der Darlehensregelung ein.

Sowohl unter bildungs- und verteilungspolitischen als auch unter ordnungs- und finanzpolitischen Gesichtspunkten sind erhebliche Bedenken gegen die Neuregelung der Ausbildungsförderung geltend zu machen. Von politischer Seite wird mittlerweile insbesondere die Neuregelung der Schülerförderung wieder in Frage gestellt. In einzelnen Bundesländern wurden bereits ab Mitte 1983 Überlegungen angestellt, um zumindest einem Teil der betroffenen Schüler weiterhin finanzielle Hilfen zukommen lassen zu können. Die bundeseinheitliche Schülerförderung droht damit endgültig verloren zu gehen. Diese Pläne der Bundesländer zur Neuordnung der Schülerförderung sind zwischenzeitlich – wenn auch teilweise in modifizierter Form – realisiert worden. Sie führen zu beachtlichen Zusatzlasten für die Länderhaushalte. Von daher ist es äußerst fraglich, ob die mit der Neuregelung der BAföG-Schülerförderung bezweckten Haushaltsentlastungen bei einer Gesamtbetrachtung der öffentlichen Haushalte jemals eintreten werden. Zusammen mit den weitergehenden bildungs-, verteilungs- und ordnungspolitischen Bedenken stellen die finanzpolitischen Schwachpunkte der BAföG-Neuregelungen ihren Sinn grundsätzlich in Frage, dies umso mehr, als mittlerweile die Schülerzahlen im gesamten Bundesgebiet im Sinken begriffen sind.

2.3 Probleme der betrieblichen Erstausbildung

Die Bereitstellung einer ausreichenden **Zahl betrieblicher Erstausbildungsplätze** ist in der Bundesrepublik Deutschland seit einigen Jahren zunehmend schwieriger geworden. Seit 1982 lag die Zahl der nachgefragten Ausbildungsplätze regelmäßig deutlich höher als die Zahl der angebotenen Ausbildungsplätze. An dem Phänomen eines umfangreichen Lehrstellendefizits gehen auch jene Arbeitsmarktpolitiker nicht mehr vorbei, die den **Zahlen der Bundesanstalt für Arbeit** mit erheblicher Skepsis begegnen. Diese Skepsis ist allerdings aus verschiedenen Gründen angebracht:

(1) In der Bundesrepublik Deutschland besteht keine Meldepflicht für Lehrstellen. Viele Lehrstellen werden unter Umgehung des Arbeitsamtes an Jugendliche vergeben, die

Tabelle 50: Berufliche Erstausbildung 1950-1985

Jahr	Auszubildende nach Ausbildungsbereichen				Angebotene Ausbildungsplätze[2]	Nachgefragte Ausbildungsplätze[2]	Neu abgeschlossene Ausbildungsverträge[2]
	insgesamt	Industrie und Handel	Handwerk	übrige Ausbildungsberufe[1]			
	in 1 000						
1950	970,1	380,3	500,8	–	–	–	–
1955	1 423,6	680,3	576,5	–	–	–	–
1960	1 223,9	714,8	431,5	43,9	–	–	–
1965	1 331,9	748,9	468,0	76,6	–	–	–
1970	1 270,1	723,4	420,9	87,6	–	–	–
1975	1 328,9	634,0	504,7	157,4	–	–	–
1980	1 715,5	786,9	702,3	223,5	694,6	667,3	650,0
1981	1 676,9	771,3	673,6	232,0	643,0	627,8	605,6
1982	1 676,2	764,7	665,5	246,0	651,4	665,5	631,4
1983	1 721,7	791,9	674,9	254,8	697,4	725,1	677,0
1984	1 800,1	841,1	693,2	265,7	726,7	764,0	705,6
1985	1 831,4	874,6	687,5	269,3	719,1	756,0	697,1

[1] insbesondere Dienstleistungsberufe in den Bereichen Ärzte, Rechtsanwälte, Apotheken, öffentlicher Dienst und Landwirtschaft.
[2] jeweils am 30. September.
Quelle: Bundesministerium für Bildung und Wissenschaft.

Tabelle 51: Nettokosten der betrieblichen Berufsausbildung in DM je Auszubildendem[1] 1971-1984

	1971/72	1976	1980	1984
IHK-Betriebe (1 000 und mehr Beschäftigte)	6 992	9 400	} 13 513	} 15 090
IHK-Betriebe (weniger als 1 000 Beschäftigte)	5 050	7 100		
Handwerkskammerbetriebe	2 582	3 600	8 214	9 600
Landwirtschaft	381	500	} 12 081[2]	} 14 670[2]
Gesundheitswesen	86	100		
Beratende Berufe	1 589	2 200		
Gesamtdurchschnitt	4 387	8 187	11 014	12 990

[1] grobe Schätzungen.
[2] einschließlich öffentlicher Dienst; die Werte für 1971/72 basieren auf den Ergebnissen der Sachverständigenkommission Kosten und Finanzierung betrieblicher Berufsausbildung, die übrigen auf Schätzungen der Gesamtkosten durch das Institut der deutschen Wirtschaft.

sich jedoch ihrerseits beim Arbeitsamt gemeldet haben können. In dem Maße, in dem diese Jugendlichen dann ihre Bewerbung um einen Ausbildungsplatz beim Arbeitsamt nicht zurückziehen, werden überhöhte Zahlen ausgewiesen.

(2) Der fehlenden Meldepflicht der Arbeitgeber für freie Ausbildungsplätze entspricht auf der anderen Seite eine fehlende Meldepflicht der Jugendlichen für von ihnen wieder freigegebene Ausbildungsplätze. Viele Jugendliche suchen relativ selbständig einen Ausbildungsplatz und schließen dabei sogar gegebenenfalls mehrere Lehrverträge ab. Treffen sie ihre persönliche Entscheidung für einen bestimmten Ausbildungsplatz erst sehr spät, so stehen die freiwerdenden Lehrstellen für andere Jugendliche zunächst nicht zur Verfügung. Diese Ausbildungsplätze können von anderen Lehrstellenbewerbern erst relativ spät in Anspruch genommen werden.

Die **Ursachen für das Lehrstellendefizit** sind vielfältiger Art:

(1) Die demographische Entwicklung sowie die sinkende Attraktivität anderer Ausbildungswege führten zu einer verstärkten Nachfrage nach betrieblichen Ausbildungsplätzen; hiermit hält die Entwicklung des Bedarfs an Auszubildenden bei schlechter Wirtschaftslage nicht Schritt. Die Wirtschaft bildet gegenwärtig bereits über ihren Bedarf hinaus aus, was zu zusätzlichen Risiken bei Abschluß der Ausbildung für die Berufsanfänger führt.

(2) Die als restriktiv empfundenen Wirkungen verschiedener Jugendarbeitsschutz-Regelungen sowie die aus dem dualen Ausbildungssystem für den ausbildenden Betrieb folgenden Nachteile reduzieren die Neigung, weit über den eigenen Bedarf hinaus auszubilden. Zu denken ist insbesondere an bestimmte Arbeitszeitregelungen für Jugendliche, die z.B. Bäckereien und Hotelgewerbe empfindlich treffen, an Vorschriften zur Schaffung getrennter hygienischer Einrichtungen für männliche und weibliche Auszubildende, an die Überlegungen zur Einführung eines weiteren Berufsschultages usw.

(3) Auch die direkten Ausbildungskosten schlagen mittlerweile bei den Betrieben erheblich zu Buche. In den letzten 15 Jahren haben sich die Ausbildungskosten nahezu verdreifacht. Auszubildende können nicht mehr als „billige Arbeitskräfte" angesehen werden.

Das vorhandene Lehrstellendefizit ist nur zu einem geringen Teil struktureller Art. Natürlich gibt es eine Reihe von Jugendlichen, die sich auf einen bestimmten Ausbildungsweg individuell festgelegt haben und zunächst auf einen entsprechenden Ausbildungsplatz warten; ein solches Verhalten ist aber auch sehr verständlich, und es kann nicht einfach mit dem Hinweis auf mangelnde Flexibilität und Mobilität abgetan werden. Zum überwiegenden Teil ist das Lehrstellendefizit jedoch ein quantitatives Problem. Dabei sind insbesondere – wie auch in der Vergangenheit – bestimmte Problemgruppen betroffen. Zu ihnen gehören Mädchen, behinderte Jugendliche, Ausländer, Jugendliche ohne Hauptschulabschluß sowie Jugendliche mit mangelhaften Deutsch-, Englisch- oder Mathematikkenntnissen. Besondere Schwierigkeiten der Vermittlung ergeben sich verständlicherweise im Schnittbereich der verschiedenen Problemgruppen.

In den vergangenen Jahren hat sich die deutsche Wirtschaft bemüht, einen Beitrag zum Abbau des Lehrstellendefizits zu leisten. Dabei zeigte sich eine herausragende Position insbesondere der **kleineren und mittleren Betriebe**:

(1) Im Mai 1983 kamen auf je 1000 Beschäftigte in größeren Industrie- und Handelsbetrieben (1000 und mehr Beschäftigte) nur 20 Lehrstellen.

(2) In kleineren Industrie- und Handelsbetrieben (20 bis 999 Beschäftigte) kamen auf je 1000 Beschäftigte 36 Lehrstellen. In größeren Handwerksbetrieben (20 und mehr Be-

schäftigte) waren es sogar 44 und in kleineren Handwerksbetrieben (3 bis 19 Beschäftigte) schließlich 82 Lehrstellen je 1000 Beschäftigte.

(3) Die herausragende Ausbildungsleistung der kleineren und mittleren Betriebe führt aber bereits in der Gegenwart zu strukturellen Problemen. Insbesondere in Teilbereichen des Handwerks wird über den eigenen Bedarf hinaus ausgebildet, wobei die Gefahr besteht, daß die so ausgebildeten Fachkräfte in ihrem erlernten Ausbildungsberuf möglicherweise keinen Arbeitsplatz finden. Demgegenüber fehlt es derzeit noch deutlich an Ausbildungskapazitäten für zukunftsorientierte Berufe, für welche sich in der High-tech-Industrie ein zunehmender Bedarf abzeichnet.

Zum Zwecke der Lösung der quantitativen Probleme im Bereich der beruflichen Erstausbildung wurden in den vergangenen Jahren auch von seiten des Staates bzw. der öffentlichen Hand verschiedene **Maßnahmen** getroffen:

(1) Das am 1. September 1976 in Kraft getretene Ausbildungsplatzförderungsgesetz sieht eine Umlagefinanzierung vor, um ein ausreichendes Angebot an Ausbildungsplätzen sicherzustellen. Von allen privaten und öffentlichen Arbeitgebern sollte eine Umlage in Höhe von maximal 0,25% der jeweiligen Lohn- und Gehaltssumme für den Fall erhoben werden, daß das Angebot an Lehrstellen die Nachfrage nicht um mindestens 12,5% übersteigt und eine entscheidende Verbesserung der Situation nicht abzusehen ist. Belastet werden sollten mit dieser Ausbildungsplatzabgabe nur jene Betriebe, deren jährliche Lohn- und Gehaltssumme 400000 DM überschreitet. Das Gesetz sah auch die Schaffung eines Bundesinstituts für Berufsbildung vor, das die aufgekommenen Finanzierungsmittel verwalten sollte. Auf die Erhebung der Abgabe nach dem Ausbildungsplatzförderungsgesetz ist bisher verzichtet worden (vgl. *D. SADOWSKI*, 1979, S. 14ff.; *G. BÄCKER*, u.a., 1980, S. 188f.).

(2) Bund, Länder und Gemeinden haben in den letzten Jahren eine Reihe von Programmen durchgeführt, die der Ausweitung des Ausbildungsplatzangebotes dienen sollten. Hierzu gehören die Förderung überbetrieblicher Ausbildungsstätten (im Rahmen des Programms für Zukunftsinvestitionen und des Zonenrandförderungsgesetzes), die Förderung der beruflichen Bildung im Rahmen der allgemeinen Gewerbeförderung und der regionalen Wirtschaftsförderung, die Förderung der Ausbildung im öffentlichen Dienst (bedarfsüberschreitende Ausbildung bei Bahn und Post) sowie spezielle Maßnahmen zur Bekämpfung der Jugendarbeitslosigkeit bei gleichzeitiger Förderung der beruflichen Bildung (Förderung zusätzlicher Ausbildungsplätze bei Betriebsgründungen, in Problemregionen sowie für Mädchen, für behinderte und benachteiligte Jugendliche). Weitere Sonderprogramme wurden in Erwägung gezogen oder sind zum Teil bereits in Angriff genommen worden.

(3) Nach dem Arbeitsförderungsgesetz sind Maßnahmen und Leistungen zur individuellen und institutionellen Förderung der beruflichen Bildung vorgesehen. Im Rahmen der individuellen Ausbildungsförderung wurde die Ausbildung in Betrieben sowie die Teilnahme an berufsvorbereitenden Maßnahmen verbessert. Weitere Maßnahmen dienten der betrieblichen Ausbildung von Behinderten sowie der Arbeitsbeschaffung durch sog. ABM-Projekte. Hinzuweisen ist auch auf die Eingliederungsbeihilfen sowie Einarbeitungszuschüsse an Arbeitgeber, die in erheblichem Umfange Jugendlichen unter 25 Jahren zugute kommen. Weitere Leistungen an Schwerbehinderte sowie an Arbeitgeber sind nach dem Schwerbehindertengesetz vorgesehen.

Diese Programme und Maßnahmen sollen entweder unmittelbar auf die Bereitstellung von Ausbildungsplätzen einwirken oder aber die Qualifikation verschiedener Problemgruppen des Lehrstellenmarktes erhöhen. Dies sind zweifellos wichtige Ansatzpunkte für politisches Handeln in der gegenwärtigen Situation. Allerdings hat sich bereits die Erkenntnis durchgesetzt, daß auch eine gute bis hervorragende schulische Qualifikation keine absolute Garantie mehr für einen Ausbildungsplatz bietet. Zunehmend tauchen in der Statistik der nichtvermittelten Lehrstellenbewerber nicht nur Schulabgänger mit Hauptschulabschluß auf, sondern auch solche mit Mittlerer Reife bzw. gleichartigem Schulabschluß sowie Schulabgänger mit Fachhochschul- oder Hochschulreife. Gegenwärtig scheint sogar ein abgeschlossenes Hochschulstudium keinen Ausbildungsplatz mehr zu garantieren; immerhin machten diejenigen Hochschulabsolventen, die eine Zweitausbildung im technischen oder kaufmännischen Bereich anstrebten, in der NRW-Landesstatistik der nichtvermittelten Lehrstellenbewerber 2,3% für das Jahr 1983 aus. Daß in dieser Situation gerade für Schulabgänger ohne Hauptschulabschluß besondere Vermittlungsschwierigkeiten auftreten, liegt auf der Hand. Der Verdrängungswettbewerb auf dem Lehrstellenmarkt muß von hier aus eine besondere Schärfe gewinnen.

2.4 Tendenzwende in der Arbeitsförderung

Das Arbeitsförderungsgesetz von 1969 war ganz im Sinne einer **aktiven Arbeitsmarktpolitik** konzipiert worden. Die nach diesem Gesetz vorgesehenen Maßnahmen sollten in erster Linie Arbeitslosigkeit verhindern oder bereits eingetretene Arbeitslosigkeit beseitigen helfen. Die Gewährung von Lohnersatzeinkommen bei Arbeitslosigkeit war grundsätzlich nachrangig eingeordnet.

Mit der anhaltenden Massenarbeitslosigkeit hat sich jedoch in den 80er Jahren sukzessive eine **Tendenzwende** in der Arbeitsförderung vollzogen. Die ursprünglich sekundäre Aufgabe der Gewährung von Lohnersatzeinkommen im Falle der Arbeitslosigkeit rückte immer mehr in den Vordergrund. Sie band nicht nur den größten Teil der Finanzmittel der Bundesanstalt für Arbeit, sondern auch in steigendem Maße das bei der Bundesanstalt sowie den Arbeitsämtern verfügbare Personal. Die Aufgaben der Beratung und Vermittlung von Arbeitslosen sowie die Maßnahmen zur Förderung der beruflichen Bildung und zur Arbeitsaufnahme sind nach und nach in den Hintergrund getreten, wobei auch der Gesetzgeber diesen Trend begünstigte.

Das **Arbeitsförderungskonsolidierungsgesetz** brachte ab 1982 beträchtliche Eingriffe in die bisherige Arbeitsmarktpolitik:

(1) Die Aufwendungen für die berufliche Bildung wurden erheblich eingeschränkt. Im einzelnen wurden folgende Maßnahmen getroffen: Kürzung des Unterhaltsgeldes von 80% auf 75% (bei Teilnehmern mit Kindern) bzw. 68% (bei Teilnehmern ohne Kinder) des letzten Nettoeinkommens; Umstellung des Unterhaltsgeldes bei der Zweckmäßigkeitsfortbildung auf Darlehen; Fortfall des Unterhaltsgeldes für Nichtbeitragszahler; Begrenzung des Umfangs der beruflichen Bildungsmaßnahmen durch Orientierung an den Grundsätzen der Sparsamkeit und Wirtschaftlichkeit; Beschränkung des Einarbeitungszuschusses an Arbeitgeber auf Arbeitslose und von Arbeitslosigkeit unmittelbar Bedrohte; Kürzung der Berufsausbildungsbeihilfe auf das Niveau der vergleichbaren BAföG-Sätze.

(2) Die Ausgaben für die berufliche Rehabilitation wurden eingeschränkt. Im einzelnen wurden folgende Maßnahmen getroffen: Kürzung des Übergangsgeldes von 100% auf 90% (Behinderte mit Kindern) bzw. 75% (Behinderte ohne Kinder) des früheren Nettoeinkommens; stärkere Anbindung des Anspruchs auf Übergangsgeld an die vorherige Beitragszahlung (zwei Jahre beitragspflichtige Beschäftigung innerhalb von 5 Jah-

ren); Einschränkung des Umfangs von Rehabilitationsmaßnahmen durch Orientierung an den Grundsätzen der Sparsamkeit und Wirtschaftlichkeit.

(3) Die Förderung der Arbeitsaufnahme wurde auf Arbeitslose und von Arbeitslosigkeit unmittelbar Bedrohte konzentriert. Die Höchstförderungsdauer für die Eingliederungsbeihilfe wurde von zwei Jahren auf ein Jahr herabgesetzt, und die Eingliederungsbeihilfen an Arbeitgeber wurden degressiv gestaffelt (Regelbetrag 50% mit einem Höchstbetrag von 70%, bisher 80%, Herabsetzung um 10% des Arbeitsentgelts nach spätestens jeweils 6 Monaten). Die Lohnkostenzuschüsse an Arbeitgeber für die Einstellung älterer Arbeitnehmer wurden begrenzt; die Altersgrenze wurde von 45 auf 55 Jahre angehoben; der Höchstförderungssatz wurde von 80% auf 70% gesenkt.

(4) Die ABM-Förderung wurde eingeschränkt: Begrenzung auf längerfristig arbeitslose Leistungsempfänger; regionale Konzentration.

Wenngleich auch verschiedene Einzelmaßnahmen des Arbeitsförderungskonsolidierungsgesetzes in der gegebenen Situation durchaus sinnvoll erschienen, so ist doch die in diesem Gesetz insgesamt zum Ausdruck kommende Tendenz bedenklich (vgl. *U. ENGELEN-KEFER*, 1982, S. 76 ff.).

Die mit dem Arbeitsförderungskonsolidierungsgesetz eingeleitete Entwicklung der Arbeitsmarktpolitik wurde mit dem **Haushaltsbegleitgesetz 1983** fortgesetzt. So wurden insbesondere die Förderungssätze für Maßnahmen der beruflichen Rehabilitation vom 1. Januar 1983 an von bisher 90% bzw. 75% auf 80% bzw. 70% herabgesetzt. Entsprechende Förderungssätze wurden auch für die anderen Träger der beruflichen Rehabilitation festgelegt. Damit wurden die Förderungssätze bei Rehabilitationsmaßnahmen den Förderungssätzen bei beruflichen Bildungsmaßnahmen (75% für Teilnehmer mit einem Kind oder einem pflegebedürftigen Ehegatten, 68% für Teilnehmer ohne Kinder) angenähert. Die Förderungssätze für Behinderte (Übergangsgeld) liegen allerdings nach wie vor über den für Nichtbehinderte geltenden Sätzen.

Weitere Entwicklungen in dieser Richtung zeichneten sich mit den **Haushaltsbeschlüssen 1984** ab:

(1) Das „große" Unterhaltsgeld für Teilnehmer an Maßnahmen der beruflichen Bildung wurde gesenkt; seitdem erhielten Arbeitslose, von Arbeitslosigkeit Bedrohte, Ungelernte und Umschüler in Mangelberufe Unterhaltsgeld in Höhe von 70%, wenn der Teilnehmer Kinder hatte oder sein Ehegatte pflegebedürftig war, Unterhaltsgeld in Höhe von 63% in allen übrigen Fällen. Die Anspruchsvoraussetzungen wurden zudem verschärft.

(2) Das „kleine" Unterhaltsgeld (58%) wurde von Pflicht- auf Kannleistung umgestaltet und seitdem denjenigen Arbeitnehmern nur noch als Darlehen gewährt, die an einer arbeitsmarktpolitisch lediglich zweckmäßigen Weiterbildungsmaßnahme teilnehmen (z.B. Weiterbildung vom Gesellen zum Meister).

(3) Die Einarbeitungszuschüsse wurden gekürzt. Der Förderungshöchstsatz von bisher 80% des Arbeitsentgelts wurde auf 70% gesenkt; seitdem werden außerdem keine Zuschüsse mehr für Arbeitnehmer gewährt, die bereits dem Betrieb angehören.

(4) Bei der Förderung der Arbeitsaufnahme wurden verschiedene Einschränkungen vorgenommen. Diese betreffen insbesondere die Mobilitätshilfen zur Förderung der Arbeitsaufnahme (u.a. Bewerbungskosten, Reisekosten, Zuschüsse zur Arbeitsausrüstung); hier wurden die Bagatellgrenzen angehoben.

(5) Das bei Maßnahmen der beruflichen Rehabilitation zu zahlende Übergangsgeld wurde entsprechend der Absenkung der Leistungssätze beim Unterhaltsgeld von 80% auf

75% (wenn der Teilnehmer Kinder hat oder sein Ehegatte pflegebedürftig ist) und von 70% auf 65% (für alle übrigen Fälle) gesenkt.

Im Laufe des Jahres 1984 besserte sich die Finanzlage der Bundesanstalt für Arbeit. Diese Tendenz setzte sich 1985 fort. Hierzu trugen nicht nur die durchgeführten Leistungseinschränkungen (neben Maßnahmen zur Erhöhung der Beitragseinnahmen) bei, sondern auch und gerade die zunehmende Dauer der Massenarbeitslosigkeit, in deren Gefolge der Anteil der Arbeitslosen ohne Anspruch auf Arbeitslosengeld sukzessive zunahm. Vor diesem Hintergrund wurden im Rahmen des **Siebten Gesetzes zur Änderung des Arbeitsförderungsgesetzes** mit Wirkung vom 1. Januar 1986 verschiedene Sparmaßnahmen korrigiert:

(1) Die Leistungssätze für das Unterhaltsgeld wurden von 70% auf 73% bzw. von 63% auf 65% des Nettoentgelts erhöht. Auf Förderung durch Unterhaltsgeld-Darlehen wurde ein Rechtsanspruch eingeräumt.

(2) Die Leistungssätze des Übergangsgeldes wurden von 75% auf 80% bzw. 65% auf 70% erhöht.

Unabhängig von diesen punktuellen Korrekturen, deren unmittelbare Veranlassung durch finanzielle Überschüsse der Bundesanstalt für Arbeit nicht übersehen werden darf, ist festzustellen, daß gerade diejenigen Bereiche der Arbeitsförderung, die den Kern einer aktiven Arbeitsmarktpolitik ausmachen, im Zuge der anhaltenden Wirtschafts- und Finanzkrise erheblich zurückgedrängt worden sind. Die Leistungsniveaus wurden generell gesenkt und die Anspruchsvoraussetzungen verschärft. Diese Tendenz ist insofern bedenklich, als bei einem weiteren Abbau der aktiven Arbeitsförderung, wie sie bei erneut auftretenden Finanzierungsdefiziten wahrscheinlich erscheint, die Funktionen der Bundesanstalt für Arbeit und der Arbeitsämter systematisch auf die Verwaltung der Arbeitslosigkeit reduziert werden.

3. Probleme des Beschäftigungssystems

3.1 Strategien der Beschäftigungspolitik

In der Bekämpfung der Massenarbeitslosigkeit hat sich die staatliche Politik bisher als weitgehend wirkungslos erwiesen. Auch auf seiten der Wissenschaft herrscht seit Jahren eine zunehmende Ratlosigkeit, die sich in **konkurrierenden ökonomischen Theorien mit unterschiedlichen wirtschaftspolitischen Mittelempfehlungen** äußert.

In den 60er und überwiegend noch in den 70er Jahren basierte die Wirtschaftspolitik des Staates ganz auf dem **kaufkrafttheoretischen Konzept** einer Steuerung des Wirtschaftsablaufs durch **Beeinflussung der Nachfrage**. Als geistiger Vater dieses wirtschaftspolitischen Konzeptes, das in der BRD 1967 mit der Verabschiedung des Gesetzes zur Förderung der Stabilität und des Wachstums der Wirtschaft sogar in Gesetzesform gebracht wurde, gilt mit Recht der britische Ökonom *J. M. KEYNES*. Die Situation, aus der heraus *KEYNES* seine wirtschaftstheoretischen und wirtschaftspolitischen Überlegungen entwickelte, unterscheidet sich jedoch wesentlich von der gegenwärtigen Lage.

J. M. KEYNES stand unter dem Eindruck einer **gesellschaftlichen Situation**, in der die ökonomischen und politischen Folgen des Ersten Weltkrieges noch nicht überwunden waren. In fast allen europäischen Staaten, nicht nur in der Weimarer Republik, lähmten radikale ideologische Auseinandersetzungen die politische Entscheidungskraft. Ein funktionsfähiger wirtschaftspolitischer Ordnungsrahmen existierte nicht; die Idee einer sozialen Marktwirtschaft war noch unbekannt. Der alte Nationalismus erlebte eine Renaissance und wurde auf ökonomischem Gebiet durch Protektionismus und Autarkiestreben ergänzt. Mit dem Ausbruch der Weltwirtschaftskrise verschärften sich diese Tendenzen und führten zu einer fast völligen Abschließung der einzelnen Volkswirtschaften.

In dieser Situation ging *J. M. KEYNES* davon aus, daß die **Ursache der Weltwirtschaftskrise** in einem konjunkturell bedingten gesamtwirtschaftlichen Nachfragerückgang zu sehen sei. In seiner konjunkturpolitischen Empfehlung an den Staat regte er daher eine Ausweitung der gesamtwirtschaftlichen Nachfrage im Konsum- und Investitionsgüterbereich durch vorübergehend kreditfinanzierte Mehrausgaben sowie eine Politik des billigen Geldes an. Die Güterproduktion sah er lediglich als eine von der Nachfrage abhängige Größe; die Investitionstätigkeit interessierte ihn in seinem auf eine kurze Sicht angelegten Modell nur im Hinblick auf den Einkommenseffekt, während längerfristige Kapazitätseffekte, technischer Fortschritt sowie die Schaffung neuer und dauerhafter Arbeitsplätze ihn in seiner Beschränkung auf das konjunkturelle Depressionsproblem ebensowenig berührten wie die komplexe Problematik außenwirtschaftlicher Verflechtungen und Abhängigkeiten.

Die gesamtwirtschaftliche Situation und die gesellschaftlichen Rahmenbedingungen haben sich jedoch seit *KEYNES* wesentlich verändert, und so ist es fraglich, ob in der Gegenwart **Nachfragepolitik und Kaufkraft-Theorie** zu einer Verminderung der Arbeitslosigkeit beitragen können:

(1) In der Bundesrepublik ist nach dem Zweiten Weltkrieg der Ordnungsrahmen einer sozialen Marktwirtschaft entstanden; der Sozialstaatsgedanke hat dabei im Laufe der Zeit ein erhebliches Gewicht erlangt. Nahezu ein Drittel des Sozialprodukts wird mittlerweile für Sozialleistungen verwendet.

(2) Die daraus resultierende Belastung der Wirtschaft führte zu veränderten Verhaltensweisen der Unternehmer, die noch durch andere sozialpolitische Gesetze (Mitbestimmung, Kündigungsschutz usw.) verschärft wurden.

(3) Im wirtschaftlichen und gesellschaftlichen Leben kommt den Gewerkschaften eine herausragende Stellung zu; sie haben durch ihre Lohnpolitik die Entscheidungsgrundlage der Unternehmen wesentlich verändert.

In dieser Situation ist eine Stärkung der gesamtwirtschaftlichen Nachfrage sicherlich nach wie vor eine wichtige Einflußgröße des gesamtwirtschaftlichen Geschehens. **Alleinige Nachfragesteuerung** ist jedoch – unabhängig davon, daß ihr Möglichkeitsbereich sehr eng begrenzt ist – **weitgehend verfehlt**; Konjunkturprogramme haben sich vielfach nur als Strohfeuer erwiesen. Angesichts außerordentlich hoher Löhne und beträchtlicher **Lohnnebenkosten**, einer mangelnden Flexibilität der Löhne nach unten und vielfältiger Einschränkungen der Unternehmertätigkeit durch Arbeitsschutzgesetze verschiedenster Art werden die Unternehmer bei chronisch unterausgelasteten Kapazitäten zusätzliche Nachfrage in dem sehr begrenzten Umfange, wie sie durch staatliche Programme mobilisiert werden kann, zwar grundsätzlich begrüßen, sie werden jedoch im allgemeinen in

Tabelle 52: Personalzusatzkosten in Prozent des Entgelts für geleistete Arbeit[1] 1966-1985

	1966	1972	1975	1978	1981	1983	1985
Gesetzl. Personalzusatzkosten	19,4	27,0	30,7	33,6	34,7	34,4	35,8
Sozialversicherungsbeiträge der Arbeitgeber	11,7	15,1	17,7	19,8	20,7	21,4	22,4
Bezahlte Feiertage[2]	4,0	4,3	5,1	5,2	5,6	5,6[5]	5,6[5]
Entgeltfortzahlung im Krankheitsfall	1,7	5,9	5,4	5,9	5,7	4,7	5,1
Sonstige gesetzliche Personalzusatzkosten[3]	1,9	1,7	2,5	2,7	2,7	2,7	2,7
Tarifliche und betriebliche Personalzusatzkosten	24,0	27,6	32,1	38,2	42,8	43,9	44,4
Urlaub, einschl. Urlaubsgeld	9,8	12,2	15,9	17,0	19,5	20,3	20,6
Sonderzahlungen (Gratifikationen, 13. Monatsgehalt usw.)	5,0	6,3	7,4	8,2	8,9	9,0	9,2
Betriebl. Altersversorgung	4,1	2,2	2,4	6,3	6,9	7,2	7,3
Vermögensbildung	0,2	1,5	1,5	1,8	1,9	1,7	1,6
Sonstige Personalzusatzkosten[4]	4,9	5,3	4,9	4,9	5,6	5,7	5,7
Insgesamt	43,4	54,6	62,8	71,8	77,5	78,3	80,2

[1] Arbeiter und Angestellte des produzierenden Gewerbes, nur Unternehmen mit 50 und mehr Beschäftigten.
[2] einschl. sonstiger Ausfallzeiten.
[3] Versicherung gegen Betriebsunfälle und Berufskrankheiten, Mutterschutzgesetz usw.
[4] Wohnungs- und Familienbeihilfe, Berufsausbildung usw.
[5] aus methodischen Gründen wurde mit einer konstanten Zahl von Feiertagen gerechnet.
Quelle: Institut der deutschen Wirtschaft: Zahlen zur wirtschaftlichen Entwicklung der Bundesrepublik 1985 und 1986.

der Lage sein, diese Nachfrage ohne Einstellung zusätzlicher Arbeitskräfte und ohne Kapazitätsausbau zu befriedigen. Hinzu kommt, daß durch staatliche Ausgabenprogramme die bereits hohe Staatsverschuldung ansteigt und der Kapitalmarkt belastet wird, wodurch schließlich die Finanzierungsmöglichkeiten für private Investitionen verstärkt eingeschränkt werden. Zugleich verkennt eine staatliche Nachfragepolitik, daß die gegenwärtige Massenarbeitslosigkeit überwiegend ein strukturelles und nicht ein konjunkturelles Phänomen ist und sich nicht als Problem isolierter Wirtschaftsräume darstellt, sondern in einem System stark verflochtener Volkswirtschaften weltweit auftritt.

An diese Überlegungen und an das bisherige Versagen der Nachfragepolitik knüpfen **wirtschaftspolitische Konzepte** an, die verstärkt **angebotsseitig** orientiert sind. Sie gehen davon aus, daß die private Unternehmertätigkeit durch den Staat in unerträglicher Weise eingeschränkt worden ist: durch hohe Steuern und Abgaben, durch verschiedenste gesetzliche Auflagen und Schutzgesetze zugunsten der Arbeitnehmer. Der private Unternehmer solle von seinen Fesseln befreit werden, der Staatseinfluß auf die private Wirtschaft solle zurückgedrängt werden. Um eine Verminderung der Steuer- und Abgabenlast für die Unternehmen finanzieren zu können, sollen insbesondere die Sozialleistungen gekürzt werden, da diese in Verbindung mit weitergehenden Schutzgesetzen den Leistungswillen der Menschen aushöhlen. Hinzukommen soll eine maßvolle Lohnpolitik, die den Kostenanstieg für den Faktor Arbeit begrenzt. Für die Arbeitnehmer soll zugleich die eigene Leistung wieder lohnender werden, indem Lohn- und Einkommensteuertarife modifiziert werden.

Allgemein setzt die angebotsseitige Politik auf einen **Rückzug des Staates**, zumindest auf einen deutlich verminderten Einfluß des Staates in weiten Bereichen von Wirtschaft und Gesellschaft. Sie propagiert eine Neubesinnung auf die Selbstheilungskräfte einer weniger staatlich reglementierten und belasteten Marktwirtschaft. Sowohl für die Unternehmer als auch für die Arbeitnehmer sollen Leistungsbereitschaft und Leistungsfähigkeit stärker belohnt werden als bisher; Anreize zur Verweigerung von Leistung sollen so weit wie möglich abgebaut werden.

Auch diese angebotsseitige Politik verkennt zumindest in ihrer praktischen Ausprägung wesentliche Bedingungen der gegenwärtigen Situation. Soweit sich die Massenarbeitslosigkeit überwiegend als strukturelles Problem darstellt, muß die angebotsseitige Politik konsequent zu einer Politik der **Förderung des Strukturwandels** in der Wirtschaft weiterentwickelt werden. Der Abbau der Steuer- und Abgabenbelastungen sowie der Sozialleistungen, die Verminderung des Kostenanstiegs in der Wirtschaft sowie die Einschränkung staatlicher Reglementierungen einer freien Wirtschaftstätigkeit müssen auch und gerade begleitet werden von einem Abbau der bisherigen **Subventionspolitik**, die weitgehend zu einer Verkrustung von Wirtschaftsstrukturen geführt hat. Das System der überwiegend zeitlich unbegrenzten Subventionen muß aufgegeben werden, und Subventionen müssen verstärkt wieder als zeitlich begrenzte Anpassungshilfen verstanden werden. Gerade in Zeiten einer auch politisch gewollten weitreichenden weltwirtschaftlichen Verflechtung und Arbeitsteilung muß es verfehlt sein, im strukturellen Wandel zurückgebliebene Wirtschaftszweige auf Dauer zu subventionieren, die international nicht wettbewerbsfähig sind.

Eine mit einer Rückbesinnung auf die Leistungsfähigkeit des marktwirtschaftlichen Systems verbundene Wirtschaftspolitik darf **weder allein angebots-, noch allein nachfrageorientiert** sein. Sie muß behutsam die angebotsseitigen Rahmenbedingungen des Wirtschaftens verbessern und darf nicht zu einer radikalen Einschränkung der gesamtwirtschaftlichen Nachfrage führen. Sie kann nicht auf kurzfristige Erfolge hoffen und darf sich nicht durch ihr Ausbleiben zu noch größerer wirtschaftspolitischer Hektik verleiten lassen. Sie muß vielmehr auf Dauer angelegt sein und muß eine langfristig verläßliche Entscheidungsgrundlage für einzelwirtschaftliche Entscheidungen schaffen. Sie muß den strukturellen Wandel der Wirtschaft fördern sowie im Hinblick auf die weitreichende weltwirtschaftliche Verflechtung aller Volkswirtschaften nach außen offen sein und darf protektionistischen sowie autarkistischen Bestrebungen keinen Raum lassen.

Eine derartige langfristig angelegte Politik ist in ihrem Kern wachstumsorientiert. Allerdings ist fraglich, ob dadurch allein das **Problem der Massenarbeitslosigkeit** bewältigt werden kann. Immerhin ist zu bedenken, daß zu einem Abbau der Arbeitslosigkeit bis etwa 2000 eine reale Wachstumsrate von annähernd 6% erforderlich ist. Langfristig hat es in den industrialisierten Volkswirtschaften niemals eine derartige Wachstumsrate gegeben, und auch die Zukunftsaussichten sind in dieser Hinsicht nicht sonderlich günstig. Folgt man dieser Auffassung, dann wird auch auf lange Sicht die Nachfrage nach Arbeitsplätzen das entsprechende Angebot übersteigen, und neue Strategien werden erforderlich sein, um das Spannungsverhältnis auf dem Arbeitsmarkt abzubauen (vgl. *Th. KUTSCH/*

F. VILMAR, 1983; *Th. DÜCKERT*, 1984; *M. LANGKAU-HERRMANN/U. SCHOLTEN*, 1986).

3.2 Arbeitszeitverkürzung und Arbeitszeitflexibilisierung

Der Gedanke, durch Verkürzung der Arbeitszeit Beschäftigung für alle zu erreichen, ist ebenso alt wie umstritten. Wenn weniger Arbeit da sei, dann gelte es, diese gleichmäßiger auf alle zu verteilen; nur mit einer Verkürzung der Arbeitszeit – so wird gesagt – sei der Arbeitslosigkeit Herr zu werden. Dieser Auffassung wird entgegengehalten, daß eine Arbeitszeitverkürzung sich grundsätzlich als Kostenfaktor für die Wirtschaft darstelle, damit den Rationalisierungsdruck verstärke und auf diese Weise die Arbeitslosigkeit nur noch weiter verschärfe. Diese in der aktuellen Diskussion vorgetragenen Argumente sind nicht ganz neu, wie ein Blick in die Geschichte der Arbeitszeitverkürzung vom 10-Stunden-Normalarbeitstag bis zur 40-Stunden-Woche zeigt (vgl. *C. OFFE*, u.a., 1982).

3.2.1 Entwicklungslinien der Arbeitszeitgestaltung

Bereits Kaiser Wilhelm II. maß der Arbeitszeitfrage eine „schwerwiegende wirtschaftliche und sittliche" Bedeutung zu; er zeigte sich um die Moral seiner Untertanen besorgt und beschwor die Gefahr herauf, daß „der erwachsene Arbeiter seine freie Zeit im Wirtshaus zubringt und mehr als bisher an agitatorischen Versammlungen" teilnimmt. „In wirtschaftlicher Beziehung", so der Kaiser, „ist zu erwägen, daß durch eine zu weitgehende Arbeiterschutz-Gesetzgebung eine unverhältnismäßige Belastung der deutschen Industrie gegenüber der ausländischen herbeigeführt und die erstere in dem Wettbewerb im Weltverkehr beeinträchtigt wird".

Auch Reichskanzler Otto von *BISMARCK* beschäftigte sich mit den wirtschaftlichen Konsequenzen einer Arbeitszeitverkürzung, als er im Januar 1885 vor dem Reichstag bei der Diskussion um die Einführung des zehnstündigen Arbeitstages erklärte: „Die ganze Sache wäre nur dann ausführbar, wenn wir ein Abkommen mit der ganzen Welt ... einen Weltarbeitsverein herstellen könnten zugleich mit einem Weltlohnersatzverein ... und keiner sich unterstünde, im Interesse der Konkurrenz von diesem Satz im mindesten abzuweichen".

Noch Ende des 19. Jahrhunderts war in Deutschland eine **tägliche Arbeitszeit** von mehr als 12 Stunden gang und gäbe. Aber schon ab 1890 kreisten die Forderungen der Arbeiter zum 1. Mai um eine Begrenzung der Arbeitszeit auf 8 Stunden täglich. Erreicht wurde dies erst im Zuge der November-Revolution des Jahres 1918. Der 8-Stunden-Tag und damit die 48-Stunden-Woche wurden damals als allgemein verbindliche Regelarbeitszeit vorgeschrieben.

Unter dem Eindruck der Massenarbeitslosigkeit in der Weltwirtschaftskrise riefen die Gewerkschaften verstärkt zur Arbeitszeitverkürzung auf, um das Heer der Arbeitslosen zu verkleinern. Der Allgemeine Deutsche Gewerkschaftsbund verlangte schon im Jahre 1931 die Verringerung der Arbeitszeit auf 40 Stunden pro Woche. In der Zeit des Nationalsozialismus konnten aber diese Forderungen nicht durchgesetzt werden, teilweise wurde sogar zum 10-Stunden-Arbeitstag wieder zurückgegangen.

Ab 1953 begann der Deutsche Gewerkschaftsbund seine langfristig angelegte Kampagne für die 5-Tage-Woche mit 40 Arbeitsstunden. Erstmals wurde 1956 in der Metallindustrie eine Verkürzung der Wochenarbeitszeit von 48 auf 45 Stunden vereinbart. 1965/67 wurde die 40-Stunden-Woche in der Druck- und Metallindustrie eingeführt. Anfang der 70er Jahre war die **40-Stunden-Woche** für die Mehrheit der Arbeitnehmer realisiert.

Damit verschob sich der Schwerpunkt gewerkschaftlicher Arbeitszeitpolitik auf den Ausbau des Jahresurlaubs sowie die Verkürzung der Lebensarbeitszeit. Hinsichtlich der **Verlängerung des Jahresurlaubs** wurden zunächst für ältere und/oder besonders belastete Arbeitnehmer Erfolge erzielt, die schließlich auf die Mehrheit der Arbeitnehmer ausgedehnt werden konnten. Die **Lebensarbeitszeit** wurde mit der Einführung der flexiblen Altersgrenze im Zuge der Rentenreform des Jahres 1972 deutlich verkürzt.

In der zweiten Hälfte der 70er Jahre kehrte man jedoch unter dem Eindruck der Wirtschaftskrise zu der Forderung nach einer Verkürzung der Wochenarbeitszeit zurück. Im Jahre 1977 forderte die IG-Metall die Einführung der 35-Stunden-Woche. 1982 wurde vom Deutschen Gewerkschaftsbund allgemein die Einführung der 35-Stunden-Woche verlangt. In den Arbeitskämpfen und Tarifauseinandersetzungen des Jahres 1984 nahm wiederum die IG-Metall mit ihren Forderungen nach Einführung der 35-Stunden-Woche eine Vorreiterrolle ein. Die Schlichtungsvereinbarungen führten zum 1. April 1985 zu einer flexiblen Gestaltung der Wochenarbeitszeit zwischen 37 und 40 Stunden auf der Basis von Betriebsvereinbarungen; im Durchschnitt sollte eine 38,5-Stunden-Woche erreicht werden. Nach wie vor kreisen jedoch die gewerkschaftlichen Forderungen um die Einführung der 35-Stunden-Woche, während die Arbeitgeber im allgemeinen ei-

Tabelle 53: Arbeitszeit 1960-1985

Jahr	Komponenten der Jahresarbeitszeit je Arbeitnehmer in der Gesamtwirtschaft						
	Potentielle Jahresarbeitstage	Tarifliche Vorgaben		Mehrarbeitsstunden	Ausfallstunden	Effektive Jahresarbeitszeit	Effektive Wochenarbeitszeit
		Jahresurlaubstage	Wochenarbeitsstunden				
	Tage		in Stunden				
1960-64	271,0	16,7	44,0	97,1	188,7	2020,1	38,8
1965-69	258,1	19,5	42,3	120,3	146,4	1932,0	37,2
1970	250,1	21,2	41,5	157,3	170,4	1885,0	36,3
1975	248,8	24,3	40,3	99,7	174,1	1736,5	33,4
1980	250,3	27,3	40,1	80,2	181,3	1688,3	32,5
1981	249,9	28,0	40,1	75,0	182,0	1672,1	32,2
1982	251,1	28,8	40,0	66,0	168,4	1677,5	32,3
1983	251,0	29,6	40,0	64,1	164,5	1671,3	32,1
1984	250,0	29,9	40,0	65,5	162,4	1662,7	32,0
1985[1]	248,3	30,1	39,8	67,6	162,1	1641,6	31,6

[1] vorläufige Ergebnisse.

Quelle: Institut der deutschen Wirtschaft: Zahlen zur wirtschaftlichen Entwicklung der Bundesrepublik Deutschland 1986; Institut für Arbeitsmarkt- und Berufsforschung.

ne Verkürzung der Lebensarbeitszeit und/oder eine Verlängerung des Jahresurlaubs präferieren.

3.2.2 Möglichkeitsbereich veränderter Arbeitszeitgestaltung

Der Möglichkeitsbereich einer veränderten Arbeitszeitgestaltung umfaßt die Verkürzung der Wochenarbeits-, Jahres- und Lebensarbeitszeit sowie die verstärkte Einführung von Teilzeitarbeit; in enger Verbindung mit der Arbeitszeitverkürzung sind Möglichkeiten einer weiteren Flexibilisierung der Arbeitszeit zu sehen (vgl. *M. NEUMANN*, 1984; *P. A. GÖRRES*, 1984; *INFRATEST*, u.a., 1985; *G. BUTTLER*, u.a., 1986).

Die Gewerkschaften streben gegenwärtig vor allem eine **Verkürzung der Wochenarbeitszeit** mit einem Übergang zur 35-Stunden-Woche an; die Arbeitgeber wenden sich dagegen, weil sie einen erheblichen Kostenschub befürchten, der sie zu zusätzlichen Rationalisierungen zwingen würde und damit die Arbeitslosigkeit sogar noch verschärfen könnte:

(1) Ohne Berücksichtigung von Produktivitätswirkungen müßte die Verkürzung der Arbeitszeit um nur eine Stunde wöchentlich bei vollem Lohnausgleich die Arbeit um 2,6% verteuern und für die Wirtschaft nach dem Stand von 1984 eine zusätzliche Kostenbelastung von jährlich 23 Mrd. DM herbeiführen. Eine Verkürzung der Wochenarbeitszeit um die angestrebten 5 Stunden würde demnach einen Kostenanstieg um 13% und eine zusätzliche Kostenbelastung von 115 Mrd. DM jährlich bedeuten. Der Zwang zu verstärkten Rationalisierungen liegt damit auf der Hand; mögliche Arbeitsplatzeffekte würden bereits im Ansatz zunichte gemacht.

(2) Vor diesem Hintergrund ist die Einführung der 35-Stunden-Woche nur bei weitgehender Kostenneutralität wirtschaftspolitisch sinnvoll. Da die Arbeitnehmer aber nicht auf wesentliche Teile ihres Lohnes verzichten werden, kann die Verkürzung der Wochenarbeitszeit nur sukzessive unter Anrechnung auf sonst mögliche Lohnsteigerungsraten erfolgen.

Der Arbeitsplatzeffekt einer Verkürzung der Wochenarbeitszeit ist rein rechnerisch erheblich. Allerdings begrenzen die vorhandenen technischen Produktionsapparate und die bestehenden Organisationsformen der Betriebe die Möglichkeiten zur zusätzlichen **Einstellung von Arbeitskräften**; strukturelle Probleme der Arbeitsmärkte (interregionale Immobilität der Arbeitskräfte, mangelnde Entsprechung von Arbeitsanforderungen der Wirtschaft und Qualifikationsprofilen der Arbeitssuchenden) engen den Möglichkeitsbereich der Arbeitsplatzeffekte weiter ein. Damit ist kaum zu erwarten, daß eine Verkürzung der Wochenarbeitszeit in vollem Umfange zu einer Neueinstellung von Arbeitskräften führen wird; alle bisherigen Kalkulationen zu den Arbeitsplatzeffekten der Verkürzung der Wochenarbeitszeit gehen davon aus, daß die **eingesparte Arbeitszeit nicht voll durch neue Arbeitskräfte** ersetzt wird:

(1) Das Ifo-Institut für Wirtschaftsforschung in München schätzte die Beschäftigungswirkung der Arbeitszeitverkürzung auf 30%; wird demnach die Arbeitszeit um etwa 10% gekürzt, so steigt die Zahl der Beschäftigten um 3%. Die Arbeitsplatzeffekte liegen also weit unter den rechnerisch möglichen Wirkungen. Nach einer Befragung, die das Ifo-Institut im Auftrag der Bundesvereinigung der Deutschen Arbeitgeberverbände im verarbeitenden Gewerbe und im Bauhauptgewerbe vorgenommen hat, würden die Arbeitsplatzeffekte sogar noch geringer ausfallen. Bei einer Verkürzung der Wochenar-

beitszeit auf 39 oder 38 Stunden würden nur 14% des ausfallenden Arbeitsvolumens durch Neueinstellung von Personal ausgeglichen; in der Industrie könnte demnach bei einer Verkürzung um eine oder zwei Stunden mit 25000 bis 50000 Neueinstellungen gerechnet werden, im Bauhauptgewerbe mit 4000 bis 10000 Neueinstellungen (vgl. Ifo-Institut, 1983).

(2) Das Deutsche Institut für Wirtschaftsforschung in Berlin hat für die Beschäftigungswirkung der 35-Stunden-Woche eine Berechnung vorgelegt, wonach die Zahl der Beschäftigten um 700000 bis 1,1 Mio. steigen könnte, je nachdem wie der Lohnausgleich geregelt würde; optimal erscheint dem *DIW* eine mittlere Variante, bei der 880000 Arbeitsplätze zusätzlich erwartet werden (vgl. *DIW*, 31/1983, S. 383 ff.).

(3) Nach Berechnungen der nordrhein-westfälischen Landesregierung führt die Reduzierung der Wochenarbeitszeit um eine Stunde bundesweit zu 190000 neuen Arbeitsplätzen; dabei wurde unterstellt, daß zwei Drittel der zusätzlich notwendigen Arbeitsplätze durch Rationalisierungen aufgefangen würden; bei Einführung der 35-Stunden-Woche wäre nach diesen Berechnungen eine Neueinstellung von etwa einer Million Arbeitnehmern möglich (vgl. MAGS, 1983, S. 79 ff. und S. 176).

Die Spannweite all dieser Berechnungen ist sehr groß und verdeutlicht zugleich die weitgehende Unsicherheit in der Einschätzung der Beschäftigungseffekte einer Verkürzung der Wochenarbeitszeit auf 35 Stunden.

Die zweifellos vorhandenen **organisatorischen Schwierigkeiten** bei der Einführung der 35-Stunden-Woche und gleichzeitiger Neueinstellung von Arbeitskräften werden vielfach überschätzt. Dies liegt nicht zuletzt daran, daß die Unternehmer und die Gewerkschaften in der Bundesrepublik weitgehend dazu neigen, in **starren Arbeitszeitordnungen** zu denken. Es wird übersehen, daß eine Auflösung dieser Arbeitszeitordnungen neue Möglichkeiten der Arbeitsmarktpolitik schafft:

(1) Der Christliche Unternehmerverband der Niederlande hat einen solchen Versuch unternommen und den Arbeitnehmern das Modell eines in vier Zeitblöcke unterteilten Arbeitstages vorgelegt. Die Mitarbeiter können sich in Abstimmung mit der Personalabteilung für die eine oder andere Kombination der Zeitblöcke entscheiden. Je nach Wahl der verschiedenen Zeitblöcke können sich daraus Wochenarbeitszeiten von 25, 30, 40 oder 45 Stunden ergeben. In jedem Unternehmen können die verschiedenen Zeitblöcke so zusammengestellt werden, wie es den Bedürfnissen der Belegschaft und den technischen Gegebenheiten des Betriebes entspricht. Die Arbeitnehmer können auf diese Weise die Zahl der gewünschten Wochenstunden sehr individuell bestimmen, die Unternehmen können ihre Anlagen besser nutzen als bei einem starren 8-Stunden-Tag (mit entsprechenden Kosteneinsparungen). Insgesamt erhalten auf diese Weise mehr Menschen eine Beschäftigungschance (vgl. *M. JUNGBLUT*, 1983, S. 27 f.).

(2) Aus den USA sind Beispiele bekannt, nach denen in der Reifenproduktion eine Wochenarbeitszeit von 36 Stunden – verteilt auf fünf Tage – eingeführt wurde; für das Wochenende wurde eine zweite Crew eingestellt, die insgesamt 24 Stunden arbeitete und so bezahlt wurde, als ob sie eine 36-Stunden-Woche hätte. Das Unternehmen erreichte auf diese Weise eine bessere Nutzung der kostspieligen Anlagen zur Reifenherstellung; die Mitarbeiter konnten ihrerseits zwischen zwei verschiedenen Arbeitsangeboten wählen (vgl. *M. JUNGBLUT*, 1983, S. 28 f.).

(3) Die Möglichkeiten der Arbeitszeitverkürzung und Arbeitszeitflexibilisierung gehen über diese Blocksysteme weit hinaus. Im Münchner Kaufhaus Beck wird den Mitarbeitern eine weitgehende Selbstbestimmung über die Arbeitszeit ermöglicht, wodurch zugleich der Personaleinsatz besser an den Bedarf angepaßt werden kann (vgl. *M. JUNGBLUT*, 1983, S. 28):

Seit 1978 kann jeder Mitarbeiter bestimmen, wieviel Stunden er im Monat arbeiten möchte; die Untergrenze sind 70 Stunden im Monat; in Stufen von jeweils 10 Stunden kann die Monatsarbeitszeit bis auf die Stundenzahl einer Vollarbeitskraft erhöht werden. Die gewählte Arbeitszeit ist nicht starr festgelegt; es wird vielmehr immer für einen Monat im voraus vereinbart, wie die individuellen Arbeitszeitwünsche der Mitarbeiter mit dem je nach Saison und Wetter wechselnden Kundenandrang am besten in Einklang gebracht werden können. Dabei besteht durchaus die Möglichkeit, daß statt der vertraglich vereinbarten 90 oder 100 Stunden im Monat nur 70 Stunden gearbeitet werden. Das vereinbarte Gehalt wird dennoch voll ausgezahlt. Die geschuldeten Stunden können im Laufe des Jahres abgearbeitet werden; umgekehrt kann ein Guthaben an Arbeitsstunden zu einem Zusatzurlaub genutzt werden. Die Beschäftigungswirkungen dieser Regelung waren beträchtlich. Früher waren von 600 Beschäftigten 65% Vollzeitkräfte und nur 35% Teilzeitkräfte. Mittlerweile haben 65% der Beschäftigten ihre Arbeitszeit freiwillig mehr oder weniger stark reduziert, und es wurden 50 neue Mitarbeiter eingestellt.

(4) Bei den Pegulan-Werken AG trat zum 1.7.1984 eine Betriebsvereinbarung in Kraft, die den Rahmen für eine möglichst weitreichende Flexibilisierung der Arbeitszeit bildet. Eine individuelle Gestaltung der Arbeitszeiten soll überall da eingeführt werden, wo Mitarbeiter dies wünschen und die technischen Bedingungen keine unüberwindlichen Hindernisse darstellen. Beispielsweise wurde mit einer Mitarbeiterin ein Vertrag geschlossen, der eine monatliche Arbeitszeit zwischen 80 und 172 Stunden vorsieht– je nach ihren häuslichen Verpflichtungen und dem Arbeitsanfall. Einige Mitarbeiter arbeiten freiwillig am Samstag, weil sie einen freien Tag in der Mitte der Woche besser nutzen können. Insbesondere für ältere Arbeitnehmer eröffnen sich mit diesem Modell Möglichkeiten eines gleitenden Übergangs in den Ruhestand. Die Betriebsvereinbarung enthält verschiedene Regelungen, die verhindern sollen, daß aus ausschließlich betrieblichen Überlegungen die Zahl der Vollarbeitsplätze reduziert wird. Insgesamt dürfen nur 15% aller Mitarbeiter in Teilzeitarbeit beschäftigt werden; die Mindestarbeitszeit muß die Sozialversicherungspflichtgrenze überschreiten; innerhalb von sechs Monaten hat jeder Arbeitnehmer mit reduzierter Arbeitszeit das Recht, ohne besondere Begründung zu der vollen Arbeitszeit zurückzukehren. Weihnachtsgeld und andere Sonderzahlungen werden in einer Übergangsphase ungekürzt gezahlt; Löhne und Gehälter richten sich nach der vereinbarten Stundenzahl. In diesem Modell verbindet sich die individuelle Gestaltung der Arbeitszeiten mit einem größeren Angebot an Teilzeitarbeitsplätzen, womit zugleich ein gleitender Übergang in den Ruhestand ermöglicht wird (vgl. *M. JUNGBLUT*, 1984, S. 20).

Diese Beispiele skizzieren einige Möglichkeiten, eine Verkürzung der Wochenarbeitszeit mit einer weitgehenden Arbeitszeitflexibilisierung zu verknüpfen und zugleich Perspektiven für einen gleitenden Übergang in den Ruhestand aufzuzeigen. Im Vergleich zu dieser Verkürzung der Wochenarbeitszeit wurde die **Verkürzung der Jahresarbeitszeit** in der Bundesrepublik weniger heftig diskutiert, zeitweilig war sie sogar kein Thema mehr. Dennoch sind auch hier Möglichkeiten gegeben, Arbeitszeitverkürzung und Arbeitszeitflexibilisierung miteinander zu verbinden:

(1) Diskutiert wurde anfangs vor allen Dingen eine Verlängerung des Jahresurlaubs. Selbst wenn diese Maßnahme kostenneutral durchgeführt werden könnte, wären jedoch die Beschäftigungseffekte recht gering, sofern dieser Zusatzurlaub an die für alle Arbeitnehmer weitgehend verbindlichen Betriebsferien angehängt wird. In Verbindung mit einer stärkeren zeitlichen Verteilung des Urlaubs über das gesamte Jahr könnten jedoch durchaus Beschäftigungswirkungen auftreten.

(2) An die Stelle der einfachen Verlängerung des Jahresurlaubs kann auch die Einführung sog. Verfügungstage treten. So könnten jedem einzelnen Arbeitnehmer beispielsweise

pro Quartal drei Verfügungstage zugestanden werden, die er innerhalb des jeweiligen Vierteljahres gemäß seinen persönlichen Wünschen, aber auch unter Berücksichtigung der betrieblichen Notwendigkeiten nehmen kann. Unter der Voraussetzung, daß die Einführung von Verfügungstagen mit sonst möglichen Lohnsteigerungen verrechnet würde, wäre sie weitgehend kostenneutral; für die Arbeitgeber würden sich mit der wahrscheinlichen Abnahme nicht-krankheitsbedingter Abwesenheit der Mitarbeiter Vorteile ergeben. Die Arbeitsplatzeffekte müssen jedoch ebenfalls wie bei der Verlängerung des Jahresurlaubs skeptisch eingeschätzt werden.

(2) Eine weitere Möglichkeit besteht in der Einführung eines Langzeiturlaubs. Ein solcher Langzeiturlaub könnte dadurch realisiert werden, daß Mitarbeiter eines Unternehmens zwei oder drei Jahre bei geringem Jahresurlaub voll arbeiten, dann aber entsprechend länger Urlaub machen. Die Idee des Langzeiturlaubs könnte auch in der Weise umgesetzt werden, daß zusätzliche Lohnprozente über einen gewissen Zeitraum angesammelt und zu einem zu vereinbarenden Zeitpunkt in Zusatzurlaub umgewandelt würden. Sowohl für die Mitarbeiter als auch für die Unternehmer ergeben sich auf diese Weise Vorteile; ihre Umsetzung in Arbeitsplatzeffekte ist jedoch sehr unsicher, wenn nicht zugleich eine stärkere zeitliche Verteilung des Urlaubs vorgenommen wird.

Sehr viel stärker als eine Verkürzung der Jahresarbeitszeit wird gegenwärtig eine **Verkürzung der Lebensarbeitszeit** bei gleichzeitiger Flexibilisierung diskutiert. Die Beschäftigungseffekte sind allerdings auch hier recht umstritten:

(1) Nach einer Befragung des Ifo-Instituts für Wirtschaftsforschung (1983) würden die Unternehmen des verarbeitenden Gewerbes und des Bauhauptgewerbes bei einer generellen Herabsetzung der flexiblen Altersgrenze auf 58 Jahre 54% des Arbeitsausfalls durch Neueinstellungen, Verzicht auf Entlassungen und/oder Umsetzungen ausgleichen. In deutlich geringerem Umfange würde der Arbeitsausfall ersetzt werden, wenn ältere Arbeitskräfte von 55 Jahren an in Teilzeitarbeit überwechseln würden; der Ausfall an Arbeitsvolumen würde – je nach Wirtschaftszweig und Ausmaß der Arbeitszeitverkürzung – zu 32 % bis 40% ersetzt werden (vgl. Ifo-Institut, 1983).

(2) Nach Schätzungen des Instituts für Arbeitsmarkt- und Berufsforschung der Bundesanstalt für Arbeit würde die Zahl der Arbeitslosen in der Bundesrepublik um 200000 sinken, wenn 600000 Arbeitnehmer von der Möglichkeit des vorzeitigen Ruhestandes ab 58 Jahre Gebrauch machen würden (vgl. *H. MICHAELS*, 1983, S. 21).

Gegenüber der generellen Herabsetzung der flexiblen Altersgrenze und dem totalen Ausscheiden aus dem Arbeitsleben zu einem bestimmten Zeitpunkt sprechen vor allen Dingen physiologische und psychologische Gesichtspunkte für einen **gleitenden Übergang in den Ruhestand**. Eine solche Lösung wäre wesentlich humaner und würde den oft feststellbaren Pensionierungsschock für den einzelnen vermindern. Auch wenn sich die Arbeitgeber- und Unternehmensverbände noch weitgehend gegen eine derartige Arbeitszeitverkürzung aussprechen, so ist doch festzustellen, daß bereits verschiedene Unternehmen älteren Arbeitnehmern eine Reduzierung der Arbeitszeit anbieten, wobei unterschiedliche Modelle vereinbart werden können:

(1) Zum Beispiel bietet *SIEMENS* langjährigen Firmenangehörigen vom 55. Lebensjahr an die Möglichkeit, auf Teilzeitarbeit überzugehen; für 20 Wochenstunden werden 75% des früheren Gehalts gezahlt; die wichtigsten sozialen Leistungen bleiben in voller Höhe erhalten. Dem einzelnen Mitarbeiter wird durch diese Regelung der Übergang in den Ruhestand erleichtert; dem Unternehmen bleiben die Kenntnisse und Erfahrungen des Mitarbeiters bei Teilzeitarbeit erhalten; jüngere Mitarbeiter können eingestellt werden (vgl. *M. JUNGBLUT*, 1983, S. 29).

(2) Etwas anders sehen jene Pläne aus, die von einzelnen Gewerkschaften im Hinblick auf eine vorzeitige Ruhestandsregelung propagiert werden. Die Gewerkschaft Nahrung, Genuß, Gaststätten hat sich bereits durch Tarifverträge zur Verkürzung der Lebensarbeitszeit in der Zigarettenindustrie hervorgetan und einen weiterreichenden Plan entwickelt. Dieser Plan sieht vor, daß Arbeitnehmer, die bereits mit 58 Jahren in den Ruhestand gehen, 75% ihres bisherigen Nettoeinkommens weitergezahlt bekommen; finanziert werden soll diese Zahlung seitens der Bundesanstalt für Arbeit aus ersparter Arbeitslosenunterstützung sowie durch die Arbeitgeber.

Die bisher diskutierten Pläne und Modelle zu einer vorzeitigen oder gleitenden Ruhestandsregelung werfen wie alle anderen Formen der Arbeitszeitverkürzung die Frage nach der **Kostendeckung** auf. Ohne Zweifel ist eine weitgehende Kostenneutralität für die Unternehmen Voraussetzung dafür, daß nennenswerte Beschäftigungseffekte entstehen. Im Einzelfall auftretende zusätzliche Belastungen müssen überwiegend durch Verzicht auf sonst mögliche Lohnsteigerungen ausgeglichen werden. Für die öffentliche Hand gilt, daß sie sich angesichts der gegenwärtigen Haushaltslage nur in dem Maße an derartigen Lösungen beteiligen kann, wie auf der anderen Seite Einsparungen, etwa bei der Bundesanstalt für Arbeit, zu verzeichnen sind. Sorgfältig überdacht werden müssen auch die Auswirkungen auf die Finanzlage der gesetzlichen Rentenversicherung; insbesondere bei den Überlegungen zu einer generellen Herabsetzung der gegenwärtig gültigen flexiblen Altersgrenze wird man an versicherungsmathematische Rentenabschläge denken müssen.

Die sich gegenwärtig auf die Verkürzung der Wochenarbeitszeit sowie der Lebensarbeitszeit konzentrierende Diskussion vernachlässigt weitgehend die Möglichkeiten einer Ausdehnung der Teilzeitarbeit sowie eines weitergehenden Job-Sharing. Dabei ist die **Teilzeitarbeit** in der Gegenwart wohl die bedeutendste Form der Arbeitszeitverkürzung. In der Bundesrepublik Deutschland haben sich etwa 10% der Beschäftigten für eine derartige Verkürzung der Arbeitszeit bei entsprechender Einkommensminderung entschieden; die Nachfrage nach Teilzeitarbeit liegt jedoch erheblich höher und kann nur wegen eines ungenügenden Angebots an geeigneten Arbeitsplätzen nicht befriedigt werden:

(1) Eine Allensbach-Umfrage aus dem Jahre 1982 führte zu dem Ergebnis, daß 26% der Beschäftigten eine kürzere Arbeitszeit mit entsprechender Lohnminderung der jetzigen Situation vorziehen würden. Die Realisierung dieser Arbeitszeitwünsche scheitere jedoch an einem ungenügenden Angebot an Teilzeitarbeitsplätzen (vgl. *M. JUNGBLUT*, 1983, S. 25).

(2) Nach einer Schätzung des Ifo-Instituts für Wirtschaftsforschung lassen sich in der Bundesrepublik etwa eine Million Arbeitsplätze teilen. Allein in Industrie, Handel und Baugewerbe könnten 650000 Arbeitsplätze jeweils auf zwei Arbeitnehmer aufgeteilt werden. Andere Untersuchungen kommen zu dem Ergebnis, daß nahezu 60% aller heutigen Vollarbeitsplätze teilbar wären; dies wären rund 13 Mio. Arbeitsplätze beim Staat und in der privaten Wirtschaft (vgl. *M. JUNGBLUT*, 1983, S. 25).

(3) Der Grad der Teilzeitarbeit liegt in der Bundesrepublik auch im internationalen Vergleich sehr niedrig. Nach einer OECD-Untersuchung für das Jahr 1981 belief sich der Anteil der Teilzeitbeschäftigten an der Gesamtzahl der Beschäftigten in der Bundesrepublik Deutschland auf 10,2%. In den westlichen Industrieländern liegen nur Japan mit 10,0%, Belgien mit 6,4%, Italien mit 2,7% und Frankreich mit 7,4% niedriger. Höhere Anteilswerte weisen die USA mit 14,4%, die Niederlande mit 19,4%, Schweden mit 25,2%, Norwegen mit 28,3%, Dänemark mit 20,8%, Großbritannien mit 15,4% und

Kanada mit 13,5% auf. Teilzeitarbeit wird überwiegend von Frauen ausgeübt; bei den Männern ist sie bisher viel weniger verbreitet und zu einem guten Teil auf ältere Arbeitnehmer beschränkt. Nur in Norwegen waren nach der OECD-Untersuchung mehr als 10% der männlichen Erwerbstätigen teilzeitbeschäftigt, in der Bundesrepublik, in Frankreich, in Großbritannien und Italien dagegen lediglich ein bis zwei Prozent. Dieser internationale Vergleich legt die Vermutung nahe, daß in der Bundesrepublik noch beträchtliche Möglichkeiten zur Forcierung der Teilzeitarbeit bestehen; die beschäftigungspolitischen Effekte dürften durchaus erheblich sein (vgl. OECD, 1983, S. 43 ff.).

(4) In den letzten Jahren sind in der Bundesrepublik gerade im öffentlichen Dienst die Bemühungen zur Einführung von Teilzeitarbeit aus haushalts- und arbeitsmarktpolitischen Gründen verstärkt worden (z.B. Teilzeitarbeit für Lehrer). Mit dem Fünften Gesetz zur Änderung dienstrechtlicher Vorschriften vom 25. Juli 1984 wird eine Erweiterung der Teilzeitbeschäftigungs- und Beurlaubungsmöglichkeiten insbesondere für Beamte und Richter bezweckt. Dadurch sollen die Beschäftigungsmöglichkeiten im öffentlichen Dienst ohne Ausdehnung des Stellenvolumens vermehrt werden.

Eine besondere Variante der Teilzeitarbeit besteht in dem sogenannten **Job-Sharing**. Dabei übernehmen beispielsweise zwei Arbeitnehmer gemeinsam die Verantwortung für die Ausfüllung einer bestimmten betrieblichen Funktion. Intern sind sehr flexible Arbeitszeitlösungen möglich, auf starre Regelungen kann weitgehend verzichtet werden. Da die Job-Partner einander wechselseitig für die Besetzung des Arbeitsplatzes oder die Erfüllung bestimmter Aufgaben verantwortlich sind, gibt es kaum Ausfallzeiten durch Krankheiten oder Urlaub; außerdem können die Arbeitszeiten besser den besonderen Bedingungen der Branche angepaßt werden; die Produktivität steigt regelmäßig, da in der halben Zeit meist deutlich mehr als die halbe Leistung erbracht wird. Die Arbeitnehmer gewinnen ein hohes Maß an individueller Freiheit und Flexibilität, die Arbeitgeber verzeichnen beachtliche Produktivitätssteigerungen:

(1) In den USA findet man ein derartiges Job-Sharing zumindest vereinzelt in allen Berufen; Ingenieure übernehmen ebenso wie Rechtsanwälte, Sekretärinnen, Busfahrer und Monteure die gemeinsame Verantwortung für einen Arbeitsplatz. Für das Job-Sharing ist in den USA eine steigende Tendenz zu verzeichnen.

(2) In der Bundesrepublik gibt es inzwischen auch vereinzelt Beispiele für eine derartige Lösungsform der Arbeitszeitverkürzung. So teilen sich bereits sehr häufig deutsche Pfarrer-Ehepaare den Arbeitsplatz und das Einkommen. Im Bereich des produzierenden Gewerbes hat der Arbeitgeberverband der Chemischen Industrie bereits Anfang der 80er Jahre einen Musterarbeitsvertrag für Job-Sharing entwickelt.

Von diesen Einzelfällen abgesehen ist die Haltung der öffentlichen und privaten Arbeitgeber in der Bundesrepublik Deutschland überwiegend durch eine typische Abwehrreaktion gegenüber derartigen Lösungsansätzen der Arbeitszeitverkürzung gekennzeichnet; gleiches gilt weitgehend für die Gewerkschaften.

3.2.3 Vorruhestandsregelung für Arbeitnehmer

Zum 1. Mai 1984 trat das Gesetz über eine Vorruhestandsregelung für Arbeitnehmer als wichtiger Beitrag zur Arbeitszeitverkürzung und Arbeitsmarktpolitik in Kraft. Nach diesem Gesetz können Arbeitnehmer, die in den Jahren 1984 bis 1988 58 Jahre alt werden oder bereits älter sind, vorzeitig in den Ruhestand gehen. Der Arbeitgeber zahlt aufgrund eines Tarifvertrages oder einer Einzelvereinbarung das sog. Vorruhestandsgeld an freiwillig ausscheidende ältere Arbeitnehmer. Die so frei gemachten Arbeitsplätze sollen in bestimmter Weise wieder besetzt werden. Kommt es zu einer Wiederbesetzung der Stelle, gewährt die Bundesanstalt für Arbeit dem Arbeitgeber einen Zuschuß zu der Vorruhestandsleistung.

Die **Höhe des Vorruhestandsgeldes** wird aufgrund eines Tarifvertrages oder einer Einzelvereinbarung zwischen Arbeitgeber und Arbeitnehmer festgelegt. Das Gesetz schreibt für den Zuschuß der Bundesanstalt für Arbeit vor, daß das Vorruhestandsgeld mindestens 65% des bisherigen Bruttoentgelts betragen muß; über diese Mindesthöhe können die Vertragsparteien selbstverständlich hinausgehen. Das Vorruhestandsgeld wird bis zum möglichen Rentenbeginn des Arbeitnehmers gezahlt, z.B. bis zur Vollendung des 63. Lebensjahres bei Inanspruchnahme der flexiblen Altersgrenze. Bis zum Betrag von 36000 DM p.a. besteht gem. Steuerbereinigungsgesetz 1986 (rückwirkend ab 1.1.1985) Steuerfreiheit.

Während des Bezugs des Vorruhestandsgeldes ist der ausgeschiedene Arbeitnehmer in der **Kranken- und Rentenversicherung** versichert. Die Höhe der Beiträge richtet sich nach dem Vorruhestandsgeld; sie werden je zur Hälfte vom Arbeitgeber und Arbeitnehmer getragen.

Übt ein Arbeitnehmer nach Eintritt in den Vorruhestand eine **mehr als geringfügige Beschäftigung oder Tätigkeit** aus, dann ist der Arbeitgeber berechtigt, das Vorruhestandsgeld um den Betrag zu kürzen, den er sonst als staatlichen Zuschuß erhält, da in solchen Fällen auch der staatliche Zuschuß ruht. Da der Anspruch auf den Zuschuß zum Vorruhestandsgeld dann erlischt, wenn er insgesamt mindestens 150 Kalendertage geruht hat, weil der Arbeitnehmer eine mehr als geringfügige Beschäftigung oder selbständige Tätigkeit ausübte, kann auch im Tarif- oder Einzelvertrag für solche Fälle das Entfallen der Vorruhestandsleistung an den Arbeitnehmer vorgesehen werden. Eine geringfügige Beschäftigung oder Tätigkeit liegt vor, wenn:

(1) die Beschäftigung regelmäßig weniger als 15 Stunden in der Woche ausgeübt wird und das Arbeitsentgelt im Monat 430 DM (1987) nicht übersteigt;

(2) die Beschäftigung innerhalb eines Jahres seit ihrem Beginn auf maximal zwei Monate oder 50 Arbeitstage begrenzt ist, es sei denn, sie wird berufsmäßig ausgeübt und das Entgelt übersteigt die unter (1) genannte Grenze;

Mehrere geringfügige Beschäftigungen sind zusammenzurechnen.

Der Arbeitgeber erhält zu den Vorruhestandsleistungen einen **Zuschuß** von der Bundesanstalt für Arbeit:

(1) Der Zuschuß bemißt sich nach einem Vorruhestandsgeld von 65% des letzten Bruttoentgelts des Arbeitnehmers und beträgt 35% dieses Vorruhestandsgeldes zuzüglich der Arbeitgeberbeiträge zur Kranken- und Rentenversicherung.

(2) Voraussetzung für den Zuschuß ist, daß der Arbeitnehmer innerhalb der letzten fünf Jahre vor Beendigung des Arbeitsverhältnisses mindestens 36 Kalendermonate eine Beschäftigung ausgeübt hat, die der Beitragspflicht zur Arbeitslosenversicherung unterlag. Zeiten des Bezugs von Arbeitslosengeld oder Arbeitslosenhilfe werden ebenso den Beschäftigungszeiten gleichgestellt, wie solche Zeiten, in denen der Arbeitnehmer wegen der Teilnahme an einer Maßnahme der beruflichen Fortbildung oder Umschulung, wegen einer berufsfördernden Maßnahme zur Rehabilitation oder wegen der

Teilnahme an einer Bildungsmaßnahme Unterhaltsgeld bzw. Übergangsgeld vom Arbeitsamt bezogen hat.

(3) Der Anspruch auf den finanziellen Zuschuß der Bundesanstalt für Arbeit setzt voraus, daß auf dem frei gewordenen Arbeitsplatz

- ein beim Arbeitsamt arbeitslos gemeldeter Arbeitnehmer oder
- ein Jugendlicher oder sonstiger Arbeitnehmer, für den im Anschluß an eine Ausbildung kein Arbeitsplatz zur Verfügung steht,

beschäftigt wird. Der Wiederbesetzungspflicht genügen Kleinbetriebe mit nicht mehr als 20 Beschäftigten auch, wenn sie stattdessen einen Auszubildenden einstellen. Der neueingestellte Arbeitnehmer muß nicht unbedingt auf dem von dem älteren Arbeitnehmer freigemachten Arbeitsplatz beschäftigt werden.

Die **arbeitsmarktpolitischen Auswirkungen** dieser Vorruhestandsregelung hängen davon ab, wieviele ältere Arbeitnehmer für diese Ruhestandsregelung in Frage kommen und in welchem Umfange die Tarifvertragsparteien sowie die älteren Arbeitnehmer von diesem Angebot Gebrauch machen:

(1) Nach statistischen Angaben der Bundesanstalt für Arbeit ist der Anteil der älteren Arbeitnehmer an der Gesamtzahl der Beschäftigten branchenmäßig sehr unterschiedlich. Von je 1000 Arbeitnehmern waren 1984 58 bis 64 Jahre alt (ohne Beamte):

Kfz-Handwerk und -Gewerbe	29
Baugewerbe	34
Verkehrsgewerbe	37
Einzelhandel	38
Gesundheitswesen	38
Banken und Sparkassen	39
Elektrotechnik	40
Maschinenbau	41
Holzverarbeitung	41
Nahrungs- und Genußmittel	42
Großhandel	43
Feinmechanik und Optik	45
Schulen	51
Chemie	53
Staatsverwaltung	80

(2) Die Gesamtzahl der 58-64jährigen Arbeitnehmer, die noch in Beschäftigung stehen, beträgt etwa eine Million. Es wird damit gerechnet, daß auf der Grundlage entsprechender Tarifverträge die 58- und 59jährigen Arbeitnehmer je zur Hälfte vom Vorruhestand Gebrauch machen sowie die 60jährigen und älteren zu zwei Dritteln. Von den betroffenen Arbeitnehmern könnten gut 600000 aus dem Erwerbsleben vorzeitig ausscheiden.

Im Tarifregister des Bundesarbeitsministeriums waren Mitte 1985 etwa 250 **Tarifverträge mit Vorruhestandsregelungen** dokumentiert. Bei vorsichtiger Schätzung könnten etwa 300000 Arbeitnehmer in diesen Tarifbereichen von der Ruhestandsregelung betroffen sein. Die Zahlen über die tatsächliche Inanspruchnahme spiegeln einen recht zögerlichen Beginn wieder; bis Ende August 1985 waren erst 20923 Anträge auf Zuschußgewährung bei der Bundesanstalt für Arbeit gestellt; in der GKV-Statistik waren am 1. September 1985 29950 Vorruhestandspersonen registriert; die Differenz beruht im wesentlichen auf Vorruheständlern, deren Arbeitsplatz nicht wieder besetzt wird und für die daher die Zuschußgewährung entfällt. Nach Angaben des BMA hatten bis zum 31.3.1986 rd. 50000 Arbeitnehmer von der Vorruhestandsregelung Gebrauch gemacht; allerdings waren Zuschüsse der Bundesanstalt für Arbeit nur in etwa 30000 Fällen festzustellen (vgl. Sozialbericht 1986, S. 19).

Im allgemeinen ist festzustellen, daß die **Höhe des Vorruhestandsgeldes** vielfach von den Tarifparteien großzügiger bemessen worden ist, als es der gesetzlichen Mindestregelung entspricht; meist liegt das Vorruhestandsgeld in der Größenordnung von 75% oder auch 80% des letzten Bruttoeinkommens. Damit ist gewährleistet, daß ältere Arbeitnehmer beim Ausscheiden aus der Erwerbstätigkeit ein Vorruhestandsgeld erhalten, welches zwar nicht das bisherige Nettoeinkommen erreicht, aber deutlich über den zu erwartenden Rentenleistungen wie auch über den Leistungen im Falle von Arbeitslosigkeit liegt. Von Fall zu Fall werden auch Sonderzahlungen einbezogen; in zahlreichen Fällen sind Dynamisierungsklauseln vorhanden. Zur Kontrolle sowohl des Vertrages als auch der Wiederbesetzung der Arbeitsplätze ist mitunter vorgesehen, den Betriebsrat zu beteiligen oder zumindest zu informieren. Einige Tarifverträge zum Vorruhestand regeln die Einrichtung von paritätisch besetzten Tarifrentenausschüssen, welche Kontroll- oder Schlichtungsfunktionen ausüben sollen. In der Mehrzahl der Fälle laufen die fraglichen Tarifverträge entsprechend der Terminierung durch das Vorruhestandsgesetz zum 31. Dezember 1988 aus.

Verkürzungen der Wochenarbeitszeit sowie der Lebensarbeitszeit stellen – zumindest in der vorwiegend diskutierten Form – nur einen sehr begrenzten Ausschnitt aus dem gesamten Möglichkeitsbereich der Arbeitszeitverkürzung und Arbeitszeitflexibilisierung dar. Hinzu treten unterschiedliche Möglichkeiten einer Verkürzung der Jahresarbeitszeit sowie der Einführung von Teilzeitarbeit. Wird nur ein Teil dieser Möglichkeiten genutzt, so können sich daraus – vor allen Dingen bei weitgehender Kostenneutralität für die Wirtschaft – beträchtliche Beschäftigungseffekte ergeben. Der Übergang zu neuen Formen der Arbeitszeitgestaltung setzt jedoch Flexibilität bei allen Beteiligten voraus und verlangt die Fähigkeit, tradierte Organisationsformen der Arbeit grundlegend in Frage zu stellen.

3.3 Schattenwirtschaft und Beschäftigungssystem

In der Bundesrepublik Deutschland ist wie auch in allen anderen westlichen Industrieländern die Steuer- und Abgabenbelastung der Arbeitnehmer und Unternehmer in den letzten Jahrzehnten beträchtlich gewachsen. Diese Entwicklung hat einerseits zu einer deutlichen Verminderung der für die Marktwirtschaft so wichtigen Leistungsanreize geführt und förderte andererseits die Entstehung einer Schattenwirtschaft, also all jener ökonomischen Aktivitäten, die mit einer weitgehenden Umgehung von Steuer- und Abgabenvorschriften verbunden sind (vgl. *G. HEDTKAMP*/Hrsg., 1983; *G. BUTTLER*, 1983; *E. LANGFELDT*, 1984):

(1) Hierzu zählt vor allen Dingen die Schwarzarbeit, bei der einzelne Arbeitnehmer oder Unternehmer gegen Entgelt für vor allen Dingen private Auftraggeber tätig werden, ohne daß die dafür anfallenden Steuern und Abgaben entrichtet werden. Eine beson-

ders „hochentwickelte" Form der Schwarzarbeit ist die illegale Leiharbeit, die dadurch gekennzeichnet ist, daß einzelne Verleiher unter Umgehung von Steuer- und Abgabenvorschriften Arbeitnehmer für vorübergehende Arbeiten auf Arbeitsstellen vermitteln, auf denen sie sehr häufig unterbezahlte und besonders risikoreiche Arbeiten verrichten müssen.

(2) Nicht zur Schattenwirtschaft sollen im folgenden jene ökonomischen Aktivitäten gerechnet werden, die sich in einem deutlichen Vordringen der Eigenhilfe (Do-it-yourself-Bewegung) zeigen oder in einem typischen Trend zum Naturaltausch (Nachbarschaftshilfe und andere Formen der Naturalwirtschaft) ausdrücken; betrachtet werden lediglich die illegalen Formen der Schattenwirtschaft.

(3) Auf kurze Sicht bringt die Schwarzarbeit regelmäßig allen Beteiligten wirtschaftliche Vorteile; der Auftraggeber erzielt günstigere Preise, der Auftragnehmer erhält für seine Tätigkeit ein höheres Nettoeinkommen. Selbst die illegalen Leiharbeiter (häufig ohne Arbeitserlaubnis eingeschleuste Ausländer) mögen die ausbeuterische Arbeit zu niedrigem Lohn einer Nichtbeschäftigung vorziehen.

Nach einer Emnid-Umfrage (1984) nimmt ein Viertel aller Bundesbürger gelegentlich oder regelmäßig die Dienste von Schwarzarbeitern in Anspruch, und jeder fünfte Arbeitnehmer arbeitet gelegentlich schwarz. Im Rahmen anderer Schätzungen wird vermutet, daß sich die Zahl der Schwarzarbeiter in der Bundesrepublik auf mehr als 2 Mio. und damit auf mehr als 8% aller Beschäftigten beläuft. Schwarzarbeiter finden sich vor allem im Bereich von Handwerk und Baugewerbe, aber auch im Dienstleistungsbereich einschließlich des öffentlichen Dienstes. Auf das Konto der Schwarzarbeiter geht vermutlich jede zehnte, möglicherweise sogar jede fünfte Handwerker-Reparatur; die nahezu einkommensidentischen Umsätze in der Schattenwirtschaft werden vorsichtig zwischen 30 und 60 Mrd. DM pro Jahr geschätzt.

Die Zahl der legalen Arbeitskräfte-Verleiher wird in der Bundesrepublik auf 1200 mit 36000 Arbeitnehmern beziffert; inoffiziell wird jedoch von 200000 bis 300000 Leiharbeitskräften gesprochen, die von einer unbekannten Zahl von illegalen Verleihfirmen vermittelt werden. Es wird vermutet, daß in den Spitzenzeiten der Bauwirtschaft (z.B. 1979/80) ein Fünftel aller Bauarbeiter Illegale waren, die nicht nur im freifinanzierten Wohnungsbau eingesetzt wurden, sondern auch vielfach öffentliche Bauaufträge auszuführen halfen.

Mit diesem Ausmaß der Schattenwirtschaft steht die Bundesrepublik jedoch nicht allein da:

(1) Das Internationale Arbeitsamt hat festgestellt, daß in den Vereinigten Staaten und in Kanada mindestens ein Viertel aller Beschäftigten neben ihrer legalen Ganztagsbeschäftigung noch einen oder mehrere „schwarze" Jobs ausfüllen; für die Vereinigten Staaten werden dabei Schatteneinkommen in Höhe von 220 Mrd. $ angenommen.

(2) In Italien existieren 10% bis 15% aller italienischen Arbeitskräfte offiziell überhaupt nicht; man vermutet, daß etwa 30% des Volkseinkommens in der Schattenwirtschaft erwirtschaftet werden.

(3) In Schweden wird der Anteil der Schwarzarbeiter an der Arbeitsbevölkerung auf 16% geschätzt; daneben zeigt sich gerade in Schweden ein ausgeprägter Trend zu verschiedenen Formen der Naturalwirtschaft.

(4) In Frankreich wird der Anteil der Schattenwirtschaft am gesamtwirtschaftlichen Ertrag mittlerweile auf 25% geschätzt; auch hier sind illegale Leiharbeit und ein Trend zur Naturalwirtschaft ausgeprägt.

Während es vor allen Dingen in den Boomzeiten der wirtschaftlichen Entwicklung sehr häufig notwendig war, Schwarzarbeiter in Anspruch zu nehmen, um bestimmte kleinere Aufträge überhaupt abgewickelt zu bekommen, ist Schwarzarbeit gegenwärtig kaum noch zwingend. Selbst wenn berücksichtigt wird, daß auch die Einkommen der Schwarzarbeiter erhebliche wirtschaftliche Folgeprozesse in Gang setzen, so sind doch die gesamtgesellschaftlichen Nachteile gravierend:

(1) Schwarzarbeiter und illegale Verleihfirmen reduzieren die Möglichkeiten der Schaffung neuer Dauerarbeitsplätze; sie gefährden bestehende „legale" Arbeitsplätze, indem sie den Unternehmen und Arbeitnehmern, die sich an die Gesetze halten, Wettbewerbsnachteile bringen. So mancher kleine oder mittelständische Unternehmer wird auf diese Weise gezwungen, ebenfalls mit einem Teil seiner Aktivität in die Schattenwirtschaft zu gehen, um überleben zu können.

(2) Insbesondere die illegale Leiharbeit führt zu teilweise sehr schlechten Lohn- und Arbeitsbedingungen; für die Auftraggeber jeglicher Schwarzarbeit entstehen beträchtliche Folgerisiken; die materiellen Schäden fehlerhafter Schwarzarbeit vor allem am Bau gehen in die Milliarden, ohne daß die Urheber dafür belangt werden könnten (Werkverträge mit Schwarzarbeitern sind nichtig).

(3) Die Steuerausfälle für den Staat aufgrund von Schwarzarbeit sind beträchtlich; sie werden in der Bundesrepublik auf mindestens 10-20 Mrd. DM pro Jahr geschätzt. Der Sozialversicherung entgehen Beiträge in beträchtlichem Ausmaß; man schätzt sie auf etwa 5-10 Mrd. DM im Jahr.

(4) Den Einnahmeausfällen der Sozialversicherung stehen erhebliche Zusatzlasten gegenüber; durch Schwarzarbeit entstehen zusätzliche Unfall-, Krankheits- und Invaliditätsrisiken, für die gegebenenfalls die Unfall-, Kranken- und Rentenversicherung aufzukommen haben. Auf die Belastungen der Arbeitslosenversicherung durch Unterstützungszahlungen an Schwarzarbeiter, die ihre Einkommenssituation in der Schattenwirtschaft beträchtlich aufbessern können, sei nur hingewiesen.

(5) Die Beteiligten betrachten Schwarzarbeit regelmäßig als reines Kavaliersdelikt; typisch ist ein weithin fehlendes Unrechtsbewußtsein. Von einigen spektakulären Fällen abgesehen findet eine Rechtsverfolgung kaum statt; an Absichtserklärungen der Politiker fehlt es ebensowenig wie an entsprechenden Forderungen der Wirtschaftsverbände. Hinsichtlich der Rechtsverfolgung dürfte sich jedoch in Zukunft einiges ändern.

Angesichts der erheblichen sozialen und wirtschaftlichen Auswirkungen der Schwarzarbeit sowie der illegalen Arbeitnehmerüberlassung sah sich der Gesetzgeber gezwungen, die einschlägigen gesetzlichen Vorschriften im Rahmen des **Arbeitsförderungskonsolidierungsgesetzes** sowie des **Gesetzes zur Bekämpfung der illegalen Beschäftigung** (1981) zu verschärfen. Im einzelnen wurden folgende Maßnahmen getroffen:

(1) Bisher konnten Auftraggeber und Auftragnehmer der Schwarzarbeit nur dann rechtlich belangt werden, wenn sie subjektiv aus Gewinnsucht gehandelt hatten, was regelmäßig sehr schwer nachweisbar war. Nunmehr genügt es zu einer Rechtsverfolgung, wenn wirtschaftliche Vorteile in erheblichem Umfang erzielt werden. Der Bußgeldrahmen für Auftraggeber und Auftragnehmer wurde von 30000 auf 50000 DM erhöht.

(2) Mangelnde Kontrollmöglichkeiten sowie der Umfang der illegalen Beschäftigung in der Bauwirtschaft führten zu einem generellen Verbot der Leiharbeit in diesem Bereich. Gegen das illegale Einschleusen von Ausländern wurden Strafvorschriften eingeführt; der Bußgeldrahmen für Arbeitgeber, die nichtdeutsche Arbeitnehmer ohne Arbeitserlaubnis beschäftigen, wurde von 50000 DM auf 100000 DM erhöht.

(3) Im gesamten Bereich der Arbeitnehmerüberlassung wurden die Kontrollen und Sanktionen verschärft. Bisher konnten nur gegen illegale Verleiher sowie gegen Entleiher, die nichtdeutsche Arbeitnehmer ohne Arbeitserlaubnis tätig werden ließen, Bußgelder eingesetzt werden; nunmehr kann generell ein Bußgeld bis zu 50000 DM gegen Entleiher bei Arbeitnehmerüberlassung ohne Erlaubnis eingesetzt werden; gleiches gilt für Verleiher ohne Erlaubnis zur Arbeitnehmerüberlassung. Die zulässige Überlassungsfrist von Arbeitnehmern wurde festgeschrieben; bei Überschreiten kann nach Beanstandung ein Bußgeld bis zu 5000 DM erhoben werden.

(4) Ein Schwerpunkt der Neuregelungen bestand in der Verbesserung und Koordinierung der Zusammenarbeit der Behörden, die mit illegaler Beschäftigung befaßt sind. In der Folgezeit richtete die Bundesanstalt für Arbeit in 25 (später 29) Stützpunkt-Arbeitsämtern Bearbeitungsstellen zur Bekämpfung illegaler Beschäftigung ein, die in der Zeit von Januar bis April 1983 ihre Arbeit aufnahmen. Eine enge Zusammenarbeit mit den Krankenkassen, den Berufsgenossenschaften, Gewerbeaufsichtsämtern, Finanz- und Ausländerbehörden sowie den für die Bekämpfung der Schwarzarbeit zuständigen Landesbehörden ist angestrebt. Die Möglichkeiten effektiver Kontrollen vor Ort sollen weiterhin verbessert werden.

Ab 1985 wurden die gesetzlichen Rahmenbedingungen zur Bekämpfung der illegalen Beschäftigung verbessert. Das **Beschäftigungsförderungsgesetz** 1985 bedroht Arbeitgeber, die Ausländer in größerer Zahl und über längere Zeit illegal beschäftigen, mit Freiheitsstrafe. Nach dem **Steuerbereinigungsgesetz 1986** haftet der illegale Entleiher allgemein für die Lohnsteuer der Leiharbeitnehmer. Die **7. Novelle zum Arbeitsförderungsgesetz** verstärkte ab 1. Januar 1986 die Möglichkeiten der Aufdeckung von Leistungsmißbrauch mittels Betriebsprüfungen der Bundesanstalt für Arbeit. Das **Zweite Gesetz zur Bekämpfung der Wirtschaftskriminalität** sieht eine gesamtschuldnerische Haftung des illegalen Verleihers und Entleihers für die Sozialversicherungsbeiträge der Leiharbeitnehmer vor. Lediglich punktuell wurden die Bestimmungen des **Arbeitnehmerüberlassungsgesetzes** zum Zwecke der Beschäftigungsförderung gelockert (Ausnahmen von der Anwendung des Gesetzes für bestimmte Arbeitsgemeinschaften im Baubereich sowie zur Sicherung von Arbeitsplätzen in Wirtschaftszweigen mit Beschäftigungsschwierigkeiten; Verlängerung des zulässigen Verleihs von drei auf sechs Monate).

Ob durch diese Maßnahmen Schwarzarbeit und illegale Leiharbeit wirksam eingedämmt werden können, sei dahingestellt. Es darf nicht vergessen werden, daß der Staat durch sein enormes Vordringen wesentlich zur Entstehung dieser Praktiken beigetragen hat. Schwarzarbeit und illegale Leiharbeit werden auch in Zukunft nicht nur sehr häufig für die Beteiligten lukrativ sein, sie sind auch weitgehend bequem, da sie die bürokratischen Belastungen der Beteiligten reduzieren. Schwarzarbeit und illegale Leiharbeit sind zwar ungesetzlich, sie sind aber in einer bürokratisierten Gesellschaft ein Bereich, der geradezu lebensnotwendige Flexibilität mit sich bringt. Sie gibt den Beteiligten zumindest die Illusion, „frei" zu sein und der allgegenwärtigen staatlichen Gewalt aus dem Wege zu gehen. Derartigen Entwicklungen allein mit Kontrollen und Sanktionen zu begegnen, heißt an den wesentlichen Ursachen vorbeizuoperieren. Wer verstärkt Anreize für Nichtstun bietet und Anreize zur legalen Leistung erstickt, darf sich über Schwarzarbeit und illegale Leiharbeit nicht wundern.

3.4 Ausländerpolitik und Beschäftigungssystem

In den Jahren der Massenarbeitslosigkeit hat sich die Beschäftigung ausländischer Arbeitnehmer in der Bundesrepublik zu einem herausragenden gesellschaftspolitischen Problem entwickelt. Mancherorts wird die Forderung nach einer weitgehenden Rückgliederung der Ausländer erhoben, um die Arbeitsmarktsituation für die deutschen Arbeitnehmer zu verbessern (vgl. im einzelnen *H. KÖRNER/U. MEHRLÄNDER*/Hrsg., 1986).

Eine Politik der zwangsweisen **Rückgliederung der Ausländer** wäre jedoch weder rechtlich durchsetzbar noch sozial und ökonomisch zu rechtfertigen:

(1) Rechtlich wäre eine zwangsweise Rückgliederung der Ausländer nicht durchsetzbar, weil die EG-Verträge sowie andere internationale Abkommen für die überwiegende Zahl der ausländischen Arbeitskräfte zu eindeutigen Rechtspositionen geführt haben, die derartigen Maßnahmen entgegenstünden.

(2) Ökonomisch wäre eine solche Politik aber auch deswegen nicht sinnvoll, weil die Struktur der Ausländerbeschäftigung deutlich von derjenigen der deutschen Arbeitnehmer abweicht und die bei einer Rückkehr der ausländischen Arbeitskräfte freiwerdenden Stellen kaum oder nur in geringem Umfange mit deutschen Arbeitslosen zu besetzen wären.

(3) Unter sozialen Aspekten ist darauf hinzuweisen, daß die ausländischen Arbeitskräfte in Boomzeiten in unser Land geholt wurden und nicht zuletzt durch ihre Anwesenheit wirtschaftliches Wachstum und Strukturwandel sowie zunehmende Arbeitszeitverkürzung ermöglichten und damit wesentlich zum gesellschaftlichen Wohlstand und sozialen Frieden beigetragen haben; die über lange Jahre hinweg entstandenen Vertrauenstatbestände dürfen auch in einer Zeit der Massenarbeitslosigkeit nicht angetastet werden.

Unter diesen Aspekten kann die Leitidee der Ausländerpolitik nur heißen: Integration der Ausländer in unsere Gesellschaft und zugleich Stabilisierung der Ausländerzahl durch wirksame Begrenzung der Zuwanderung und Wahrung der Rückkehrfähigkeit. Zu dieser Politik der Integration, der Zuzugsbegrenzung sowie der Wahrung der Rückkehrfähigkeit gibt es keine Alternative. Im Mittelpunkt steht dabei die **Integration der Ausländer** in unsere Gesellschaft. Dies bedeutet, daß die Ausländer in die Lage versetzt werden sollen, an dem gesellschaftlichen Leben in der Bundesrepublik voll und gleichberechtigt teilnehmen zu können. Ihre heimatlichen kulturellen Bindungen sollen aber aufrechterhalten werden. Eine so verstandene Integration ist an verschiedenen **Voraussetzungen** gebunden (vgl. *H. VIEHOF*, 1983):

(1) Der Rahmen jeder Integrationspolitik muß eindeutig und einheitlich festgelegt sein; an die Stelle von Verwaltungsvorschriften müssen in wesentlichen Bereichen das Ausländergesetz oder zumindest Rechtsverordnungen treten. Dies fördert die Rechtssicherheit für die Ausländer. Den Angehörigen der zweiten Generation sollte die Einbürgerung erleichtert werden; hier wäre auch die Möglichkeit einer Mehrstaatlichkeit zu prüfen.

(2) Die ausländischen Arbeitskräfte müssen durch geeignete Maßnahmen, insbesondere durch Aufklärung und Beratung, dazu gebracht werden, die Integrationsentscheidung für sich und vor allem für ihre Kinder möglichst frühzeitig zu treffen; sie dürfen die Entscheidung zwischen Verbleib in der Bundesrepublik und Rückkehr in ihre Heimatländer nicht endlos hinausschieben, um sich und ihren Kindern nicht die Sicherheit einer

klaren Lebensperspektive zu nehmen. Gerade ein verspäteter Zuzug von Kindern bringt diese in eine soziale Außenseiterrolle. Wenngleich auch die Frage nach dem Höchstzuzugsalter für Kinder politisch äußerst kontrovers ist, darf jedoch nicht verkannt werden, daß eine Integrationspolitik um so größere Erfolgschancen hat, je früher der Nachzug von Familienangehörigen und Kindern erfolgt.

(3) Den Ausländern, die sich für eine Integration entschieden haben, müssen Integrationshilfen gewährt werden. Der Bund sollte sich bei seinen Integrationshilfen wie bisher auf die Förderung der Ausländerberatungs- und -betreuungsdienste, die Berufsförderung junger Ausländer und die sprachliche Förderung ausländischer Jugendlicher konzentrieren. Ein weiterer Schwerpunkt ist die Öffentlichkeitsarbeit für Ausländer im Zusammenhang mit der Aufklärung der deutschen Bevölkerung über die Notwendigkeit der Ausländer-Integration. Von seiten der Länder und Gemeinden werden ebenfalls Integrationshilfen angeboten; über den Staat hinaus stehen jedoch auch alle gesellschaftlichen Gruppen und Kräfte in der Verantwortung.

Eine entscheidende Voraussetzung jeglicher Ausländer-Integration ist die **Stabilisierung der Ausländerzahlen**. Gerade die rasche Zunahme der Ausländer in der Bundesrepublik hat den Erfolg der Integrationsbemühungen entscheidend geschmälert. In manchen Großstädten stellt die Integration der Ausländer bereits ein quantitativ kaum noch zu bewältigendes Problem dar. Soziale Spannungen und Konflikte sind die Folge. Dies schmälert zugleich die Bereitschaft der deutschen Bevölkerung, die Integration der Ausländer solidarisch mitzutragen. Die Stabilisierung der Ausländerzahlen kann nur dann gelingen, wenn der Anwerbestopp von 1973 erhalten bleibt. Auf der anderen Seite sollte aus integrationspolitischen Gründen für die bereits längere Zeit in der Bundesrepublik befindlichen Ausländer die Liberalisierung des Arbeitserlaubnisrechts vorangetrieben werden; in diesem Sinne zielt die Ende 1986 in Vorbereitung befindliche 8. Verordnung zur Änderung der Arbeitserlaubnisverordnung auf den Erwerb des Rechtsanspruchs auf die Arbeitserlaubnis nach fünfjähriger Beschäftigung innerhalb der letzten acht Jahre ab (vgl. Sozialbericht 1986).

Am 29. November 1983 ist das **Gesetz zur Förderung der Rückkehrbereitschaft von Ausländern** mit überwiegend zeitlich befristeten Regelungen in Kraft getreten. Dieses Gesetz regelt die Gewährung von Rückkehrhilfen, die vorzeitige Beitragserstattung der Rentenversicherung, die vorzeitige Verfügung über Spareinlagen aller Art sowie die Abfindung von Anwartschaften aus der betrieblichen Altersversorgung:

(1) Arbeitnehmer aus Jugoslawien, Portugal, Spanien, der Türkei, Tunesien, Marokko und Korea konnten eine Rückkehrhilfe erhalten, wenn sie nach dem 30. Oktober 1983 infolge der Stillegung des ganzen Betriebes oder von wesentlichen Betriebsteilen oder durch Konkurs arbeitslos wurden. Rückkehrhilfe konnten ausländische Arbeitnehmer auch erhalten, wenn sie mindestens ein halbes Jahr vor Antragstellung von Kurzarbeit betroffen waren.

Die Höhe der Rückkehrhilfe betrug 10500 DM zuzüglich 1500 DM für jedes Kind. Vom zweiten Monat der Arbeitslosigkeit an reduzierte sich, wenn der Ausländer nicht ausreiste, der Grundbetrag von 10500 DM für jeden angefangenen Monat des Leistungsbezuges um 1500 DM, im Anschluß an Kurzarbeit um 750 DM. Um dem Ausländer nach Inkrafttreten des Gesetzes ausreichend Zeit für seine Entscheidung zu lassen, traten Abzüge allerdings erst ab Anfang Januar 1984 ein; Abzüge entfielen auch, wenn die Kinder und der Ehegatte erst später ausreisten, zum Beispiel, um noch das Ende des Schuljahres abzuwarten. Spätester Ausreisetermin war allerdings der 30. September 1984.

(2) Rückkehrende Ausländer, die schon nach geltendem Recht die Möglichkeit der Beitragserstattung in der gesetzlichen Rentenversicherung hatten (so Koreaner, Marokkaner, Portugiesen, Tunesier und Türken), sollten vom 1. Oktober 1983 an ohne die übliche Wartezeit von zwei Jahren die auf den Arbeitnehmer entfallenden Beträge erstattet bekommen. Arbeitgeberbeiträge wurden – wie das auch für Deutsche gilt – nicht zurückgezahlt. Auch eine Abfindung unverfallbarer Anwartschaften aus der betrieblichen Altersversorgung war dann möglich, wenn die Beiträge in der Rentenversicherung erstattet und die betrieblichen und tariflichen Voraussetzungen für eine vorzeitige Auszahlung geschaffen wurden.

(3) Arbeitnehmer aus Jugoslawien, Portugal, Spanien, der Türkei, Tunesien, Marokko und Korea sollten bei einer Rückkehr auf Dauer über ihre staatlich begünstigten Spareinlagen – in Form von Bausparverträgen, Sparverträgen oder vermögenswirksamen Lebensversicherungsverträgen – bereits vor Ablauf der Festlegungsfristen ohne Verlust der staatlichen Vergünstigungen verfügen dürfen.

(4) Die Rückkehrhilfe und die vorzeitige Beitragserstattung der Rentenversicherung mußten bis Ende Juli 1984 beantragt werden. Eine Ausreise war dann noch bis Ende September 1984 ohne Schaden für den Anspruch möglich. Die Regelung zur vorzeitigen Verfügung über Spareinlagen aller Art sowie zur Abfindung von Anwartschaften aus der betrieblichen Altersversorgung ist demgegenüber zeitlich unbegrenzt.

Alle Vergünstigungen setzten eine Rückkehr des ausländischen Arbeitnehmers auf Dauer voraus. Auf die Ausreise der ganzen Familie kam es lediglich bei der Inanspruchnahme der Rückkehrhilfe an. Auszahlungen der verschiedenen Leistungen erfolgten erst nach der Rückkehr in das Herkunftsland.

Das Gesetz zur Förderung der Rückkehrbereitschaft von Ausländern war vielfältiger **Kritik** ausgesetzt:

(1) Die Rückkehrhilfe wurde nur zeitlich befristet gezahlt und setzte die Ausreise des Ausländers auf Dauer bis zu einem bestimmten Stichtag voraus. Damit entstand für die betroffenen Ausländer ein erheblicher Entscheidungsdruck. Wohnungsaufgabe im Inland, Umzug ins Ausland und erneute Wohnungsbeschaffung im Ausland waren dazu geeignet, die mit der Rückkehrhilfe entstehende finanzielle Reserve schnell aufzuzehren. Für den Aufbau einer neuen Existenz blieb dann kein Spielraum mehr. Hinzu kam, daß seitens der Ausländer vielfach eine teure Vorfinanzierung der Hilfe in Anspruch genommen werden mußte. Bei einem Verbleib vorhandene Sozialleistungsansprüche (Arbeitslosenhilfe, Sozialhilfe) erloschen. In der Bundesrepublik bereits bestehende soziale Bindungen wurden zerstört, die Schulausbildung der Kinder wurde unterbrochen, die Reintegration im Heimatland stieß auf vielfältige Schwierigkeiten.

(2) Mit der Inanspruchnahme der Beitragserstattung in der Rentenversicherung zerstörten die ausländischen Arbeitnehmer ihre Altersversorgung. Sie erhielten nur den Arbeitnehmerbeitrag zinslos ausgezahlt; der Arbeitgeberbeitrag verblieb in der Rentenkasse. Die Rentenversicherung wurde langfristig entlastet, da die zukünftigen Rentenzahlungen bei durchschnittlicher Lebenserwartung – insbesondere bei Inanspruchnahme eines vorgezogenen oder flexiblen Altersruhegeldes – mit Sicherheit ein Vielfaches der Arbeitnehmerbeiträge ausmachen und darüberhinaus noch an die wirtschaftliche Entwicklung angepaßt werden. Ähnliche Überlegungen gelten für die Abfindung von Anwartschaften aus der betrieblichen Altersversorgung.

(3) Die vorzeitige Verfügung über staatlich begünstigte Spareinlagen unterschiedlicher Art widerspricht dem Zweck dieser Vergünstigungen. Es besteht die Gefahr, daß die ausgezahlten Beträge zur Lösung dringlicher Gegenwartsprobleme verwendet werden und nicht mehr für die Zukunftssicherung zur Verfügung stehen. Kurzfristige Vorteile werden zu Lasten der Zukunft erkauft.

Das Rückkehrförderungsgesetz ist mittlerweile ausgelaufen. Eine Neuauflage dieser direkten Form der Rückkehrförderung ist nicht geplant. Demgegenüber wurden die Bemühungen um eine indirekte Rückkehrförderung fortgesetzt. Das Gesetz über eine Wiedereingliederungshilfe im Wohnungsbau für rückkehrende Ausländer vom 18. Februar 1986 ermöglicht die Nutzung deutscher Bausparverträge durch ausländische Bausparer auch für den Wohnungsbau im Heimatland bei Rückkehr. Dadurch soll die Wiedereingliederung rückkehrender Ausländer durch Erwerb von Wohneigentum mit zinsgünstigen Bauspardarlehen erleichtert werden (vgl. *M. FREY*, 1986, S. 41; Sozialbericht 1986).

3.5 Grundprobleme der Arbeitsförderung

Seit mehreren Jahren werden verstärkt einige Grundprobleme der Arbeitsförderung diskutiert. Im Mittelpunkt dieser Diskussionen stehen das Vermittlungsmonopol der Bundesanstalt für Arbeit in Verbindung mit der Meldepflicht für offene Stellen sowie verschiedene Mißbrauchstatbestände in der Arbeitsförderung. Darüberhinaus spielen die wiederholten Finanzierungsprobleme der Bundesanstalt für Arbeit eine zentrale Rolle in der aktuellen Diskussion.

3.5.1 Vermittlungsmonopol und Stellenstatistik

Das Arbeitsförderungsgesetz legt den Vorrang der Arbeitsvermittlung gegenüber den Leistungen für Arbeitslose fest. Grundsätzlich steht dabei der Bundesanstalt für Arbeit ein Alleinvermittlungsrecht zu. In einer Zeit, in der die Überführung von Arbeitslosen in Arbeit zunehmend schwieriger wird, wird auch das **Vermittlungsmonopol der Arbeitsverwaltung** in Frage gestellt; gefordert wird vielfach mehr Wettbewerb bei der Vermittlung Arbeitsloser:

(1) Gesetzgeber und Bundesverfassungsgericht gehen in ihrer Unterstützung des Vermittlungsmonopols der Bundesanstalt für Arbeit davon aus, daß eine wirksame Arbeitsvermittlung nur durch hauptberufliche Kräfte erfolgen kann (Qualifikationsgesichtspunkt, Kapazitätsgesichtspunkt). Nur auf diese Weise könne dafür gesorgt werden, daß der Ausgleich von Angebot und Nachfrage auf den verschiedenen Arbeitsmärkten so reibungslos wie möglich verlaufe, daß Arbeitslosigkeit bekämpft und soweit wie möglich verhindert würde, daß wirtschafts- und gesellschaftspolitisch schädliche Qualifikationsentwertungen eingegrenzt würden und daß einem sozial wie auch gesamtgesellschaftlich schädlichen Lohndruck vorgebeugt würde. Zugleich könne nur die staatliche Arbeitsvermittlung den grundgesetzlich verbrieften Rechten jedes Bürgers in der Bundesrepublik (Recht auf freie Berufs- und Arbeitsplatzwahl, auf freie Entfaltung der Persönlichkeit, auf Gleichberechtigung und Gleichbehandlung, auf den Schutz von Ehe und Familie, auf Freizügigkeit und Gewährleistung des Eigentums) gerecht werden. Gerade in Zeiten eines hohen Arbeitsplatzdefizits bedürfe es einer einheitlichen, unparteiischen und unentgeltlichen Arbeitsvermittlung. Nur sie könne die arbeitsmarktpolitischen Mittel zur beruflichen und regionalen Anpassung wie auch die Maßnahmen zur Verhütung von Arbeitslosigkeit sinnvoll einsetzen. Nur eine einheitliche Arbeitsvermittlung gewährleiste, daß sozial Schwache (Behinderte, ältere Arbeitnehmer, Spätaussiedler) nicht vernachlässigt würden und gesellschaftspolitisch erwünschte Ziele auch mit Hilfe der Arbeitsvermittlung verwirklicht werden könnten.

(2) Es sollte nicht verkannt werden, daß diese Überlegungen gerade in der gegenwärtigen Situation eine besondere Bedeutung haben. Nichtsdestoweniger muß gesehen werden, daß die staatliche Arbeitsvermittlung sich in vielen Fällen als außerordentlich bürokra-

tisch, wenig flexibel und auch wenig erfolgreich erwiesen hat. Wiederholte Umfragen bei verschiedenen großen Unternehmen führten zu dem Ergebnis, daß von den dem Arbeitsamt gemeldeten offenen Stellen in vielen Fällen nur ein geringer Teil durch Vermittlung des Arbeitsamtes besetzt werden konnte.

(3) Die Folgerung kann jedoch nicht heißen, in vollem Umfange private Arbeitsvermittler zuzulassen. Private Vermittler könnten auch keine neuen Arbeitsplätze schaffen; sie würden jedoch häufig, um Gewinne zu erzielen, soziale Gesichtspunkte vernachlässigen; selbst durch eine umfangreiche Überwachungsbürokratie ließe sich nicht verhindern, daß private Vermittler aus der Not der Arbeitslosen bei objektiv viel zu wenigen Arbeitsplätzen ein lukratives Geschäft machen könnten. Zu befürchten wären insbesondere privatwirtschaftliche Verhaltensweisen mit einem Verlangen nach hohen Vorauszahlungen ohne Erfolgsgarantie; zu erwarten wäre aber auch, daß private Vermittler, um möglichst häufig Vermittlungsprovisionen kassieren zu können, kurzfristige Arbeitsverhältnisse vermitteln oder sogar sozial- und arbeitsmarktpolitisch unerwünschte Abwerbungen betreiben würden.

(4) Die Mängel der staatlichen Arbeitsvermittlung rechtfertigen von daher nicht die Aufhebung des Vermittlungsmonopols der Bundesanstalt für Arbeit; notwendig ist es vielmehr, die gesetzlich gegebenen Möglichkeiten einer Unterstützung der Bundesanstalt für Arbeit durch Dritte bei der Durchführung ihres Vermittlungsauftrages voll auszuschöpfen. Das Arbeitsförderungsgesetz stellt ausdrücklich klar, daß die gelegentliche und unentgeltliche Empfehlung von Arbeitskräften zur Einstellung nicht als Arbeitsvermittlung gilt; dasselbe gilt für Maßnahmen öffentlich-rechtlicher Träger der Sozialen Sicherung zur Anbahnung eines Arbeitsverhältnisses, soweit sie zur Durchführung der ihnen gesetzlich übertragenen Aufgaben im Einzelfalle erforderlich sind. Die Bundesanstalt für Arbeit ist ferner gehalten, bei der Arbeitsvermittlung die Kenntnisse und Möglichkeiten Dritter zu nutzen. Schließlich kann sie unter bestimmten Voraussetzungen Einrichtungen und Personen mit nicht auf Gewinn gerichteter Arbeitsvermittlung für einzelne Berufe oder Personengruppen beauftragen.

Diese gesetzlich vorgesehenen Möglichkeiten intensiver zu nutzen und das Arbeitsförderungsgesetz sowie das Vermittlungsmonopol der Bundesanstalt für Arbeit unbürokratisch und flexibel zu interpretieren, ist das Gebot der Stunde. Eine generelle Privatisierung der Arbeitsvermittlung müßte jedoch für die gesamten Arbeits- und Lebensbedingungen der abhängig Beschäftigten sowie die soziale und arbeitsrechtliche Schutzgesetzgebung zu unübersehbaren und kaum wünschenswerten Konsequenzen führen.

In diesem Zusammenhang ergeben sich für die Vermittlungsfunktion der Bundesanstalt für Arbeit besondere Probleme daraus, daß sie nur unvollständige Informationen über die vorhandenen offenen Stellen hat. Wiederholt haben Umfragen bei verschiedenen größeren Unternehmen gezeigt, daß bisher nur etwa 50% aller freien Arbeitsplätze der Arbeitsverwaltung gemeldet werden. In der arbeitsmarktpolitischen Diskussion wird darauf hingewiesen, daß durch die Einführung einer allgemeinen **Meldepflicht für alle offenen Stellen** die Vermittlung von Arbeitslosen auf Arbeitsplätze verbessert werden könnte. Das Arbeitsförderungsgesetz bietet die Möglichkeit, eine solche Meldepflicht einzuführen.

Bei den Tarifvertragsparteien sind diese Pläne heftig umstritten. Während von seiten der Gewerkschaften darauf hingewiesen wird, daß die Arbeitsämter nur dann effizient arbeiten könnten, wenn sie einen genauen Überblick über alle Stellen hätten, lehnt dagegen die Bundesvereinigung der Deutschen Arbeitgeberverbände die Einführung einer Meldepflicht ab, weil durch diesen dirigistischen Eingriff die Bereitschaft zu Neueinstellungen nur noch weiter vermindert würde.

Unabhängig von der offensichtlichen Interessengebundenheit der gegensätzlichen Positionen muß unter ordnungspolitischen Aspekten verhindert werden, daß ein Mehr an Informationen für die Arbeitsverwaltung eine weitergehende Interventionsspirale auslöst.

3.5.2 Probleme des Leistungsmißbrauchs

Die staatliche Arbeitsverwaltung nimmt eine Mittlerrolle zwischen den Arbeitssuchenden und den Arbeitgebern ein; zugleich soll sie Leistungsmißbräuche aufdecken und/oder verhindern. In der arbeitsmarktpolitischen Diskussion wird sehr häufig von einem Mißbrauch der Arbeitsförderung durch „unechte Arbeitslose" gesprochen. Dabei werden oft Vermutungen angestellt, wonach die Zahl der „unechten Arbeitslosen" sich auf 20% bis 30% der Arbeitslosen oder sogar mehr belaufe. Natürlich sind Mißbräuche nicht ganz von der Hand zu weisen; der Nachweis des Leistungsmißbrauchs ist jedoch im einzelnen sehr schwer zu führen.

Grundsätzlich kann Leistungsmißbrauch nur dadurch getestet und/oder vermieden werden, daß eine **zumutbare Arbeit** angeboten wird. Im politisch-administrativen System wird darüber gestritten, welche Arbeit für einen Arbeitslosen zumutbar oder unzumutbar ist:

(1) 1979 wurde das Arbeitsförderungsgesetz durch eine *Zumutbarkeitsanordnung* ergänzt, die seitdem mehrfach modifiziert wurde. In der Praxis hat sich die Zumutbarkeitsanordnung nicht immer als hilfreich erwiesen. So sind im Prinzip Schichtarbeit, Nachtarbeit, Wochenendpendeln oder Umzug zumutbar; andererseits müssen familiäre, gesundheitliche und sonstige persönliche Verhältnisse berücksichtigt werden. Auch die zumutbare tägliche Fahr- und Wegstrecke wird jeweils individuell und regionsüblich taxiert. Es gibt auch keine feste Dauer der Arbeitslosigkeit, nach der eine minderwertigere Arbeit aufgenommen werden muß; vielmehr müssen vorab vielseitige Vermittlungsbemühungen erfolglos geblieben sein. Es muß sich auch erweisen, daß weder berufsübliche Bildungsmaßnahmen weiterhelfen, noch daß in absehbarer Zeit eine günstigere Beschäftigung angeboten werden kann.

(2) Am deutlichsten ist noch die *untere Grenze* des Lohn- oder Gehaltsabstieges markiert; zumutbar ist ein Abstieg bis zur Höhe des Arbeitslosengeldes, also bis zu 68% der früheren Entlohnung, in Ausnahmefällen bis zu 58%. Allerdings lähmt ein Verdienst, dessen Höhe nicht spürbar über dem Arbeitslosengeld liegt, den Arbeitswillen; ein krasser sozialer Abstieg ist nicht wünschenswert; hier müssen Zugeständnisse gemacht werden.

(3) Dies bedeutet im einzelnen, daß der *Maßstab der Zumutbarkeit* umso milder anzulegen ist, je geringer die allgemeine Arbeitslosigkeit ist. Je besser die vorhandene Ausbildung und je mehr Berufsjahre vorzuweisen sind, desto schutzwürdiger ist der Beruf. Je kürzer die individuelle Arbeitslosigkeit, desto geringer ist die individuelle Zumutbarkeit; je größer der Lohnanreiz im Vergleich zur Arbeitslosenunterstützung ist, desto akzeptabler ist die Abstiegszumutung; je kurzfristiger die Abstiegsarbeit ist, umso eher kann sie zugemutet werden.

(4) Derartige generell akzeptierte *Regeln* dürfen jedoch nicht darüber hinwegtäuschen, daß im Einzelfall eine beträchtliche Entscheidungsunsicherheit besteht. Entsprechend widersprüchlich sind auch die Entscheidungen der paritätischen Widerspruchsausschüsse und der Sozialgerichte, die in dieser Frage immer wieder tätig werden müssen.

Die Diskussion um Mißbrauchstatbestände und um die Zumutbarkeitsfrage weist erneut darauf hin, woran das gegenwärtige System der Arbeitsförderung krankt. Die Anreize für Nichtstun sind grundsätzlich zu stark ausgebildet, und für Flexibilität und Leistungswillen gibt es zu wenig Anreize. Hier ist eine Umorientierung erforderlich, die mehr auf freiwillige Mitarbeit durch Belohnung für Verzichte und weniger auf Zwang setzt. In die Arbeitsvermittlung müßte verstärkt die Arbeit auf vielen Gebieten der sozialen und zivilen Dienste, der alternativen Energieversorgung, des Umweltschutzes, des Küstenschutzes, des Lärmschutzes, der Altbau- und Städtesanierung sowie der Verbesserung des Wohnumfeldes einbezogen werden. Angesichts der Fülle vorhandener Gemeinschaftsaufgaben ist die Zahlung von Milliardenbeträgen allein für Nichtstun auf die Dauer kaum vertretbar.

An dem möglichen **Mißbrauch des Systems** der Sozialen Sicherung sind aber nicht nur die Arbeitnehmer, sondern auch die **Arbeitgeber** beteiligt:

(1) An der Nahtstelle zwischen *Arbeitslosenversicherung und Rentenversicherung* sind Mißbrauchsmöglichkeiten angesiedelt, die vielfach von den Arbeitgebern genutzt wurden. Gemeint ist jene an sich begrüßenswerte Regelung, wonach Arbeitnehmer, die das 59. Lebensjahr vollendet haben, im Alter von 60 Jahren ein vorgezogenes Altersruhegeld beziehen können, wenn sie vorher in einem gewissen Umfange arbeitslos waren.

Im Hinblick auf diese Möglichkeiten versuchten viele Arbeitgeber, älteren Arbeitnehmern die Trennung von der Arbeitswelt unter Umgehung der Tarifverträge nahezulegen. Immer mehr Betriebe empfahlen ihren älteren Mitarbeitern die Annahme sogenannter „Auflösungsverträge“. Die Arbeitnehmer schieden freiwillig aus dem Unternehmen aus und meldeten sich beim Arbeitsamt arbeitslos, um nach Ablauf einer kurzen Sperrfrist Arbeitslosengeld zu beziehen. Die Firma sicherte den scheidenden Mitarbeitern zu, den Differenzbetrag zwischen der Unterstützungssumme aus der Kasse der Arbeitslosenversicherung und dem bisherigen Lohn bzw. Gehalt solange zu zahlen, bis die Rente fällig wurde.

Auf diese Weise konnten die Unternehmer verstärkt ältere Arbeitnehmer mit geringer eigener Belastung freisetzen. Eine Verjüngung der Belegschaft auf Kosten der Allgemeinheit wurde möglich; nicht selten wurden jedoch die freiwerdenden Arbeitsplätze nicht wieder besetzt.

(2) In Erkenntnis dieser Mißbrauchsmöglichkeiten, deren tatsächliche Nutzung wiederum kaum in vollem Umfange nachweisbar ist, wurden ergänzende Regelungen in das *Arbeitsförderungskonsolidierungsgesetz* 1981 aufgenommen (vgl. *R. WANKA*, 1982, S. 387 ff.).

Danach wurden Arbeitgeber, die ältere Arbeitnehmer mit mehr als 10-jähriger Betriebszugehörigkeit freisetzten, dazu verpflichtet, der Bundesanstalt für Arbeit das für die Zeit nach Vollendung des 59. Lebensjahres gezahlte Arbeitslosengeld einschließlich der Sozialversicherungsbeiträge für längstens ein Jahr zu erstatten. Eine Befreiung von dieser Erstattungspflicht war nur für jene Betriebe möglich, für die die Erstattung eine unzumutbare wirtschaftliche Belastung bedeutet hätte; dies war der Fall, wenn die Erstattung des Arbeitslosengeldes und der Sozialversicherungsbeiträge die Existenz des Betriebes gefährden hätte oder zur Fortführung des Betriebes öffentliche Kredite oder Bürgschaften geleistet oder wegen grundlegender Betriebsänderungen finanzielle Anpassungshilfen der öffentlichen Hand (z.B. Beihilfen nach dem Montanunion-Vertrag) gewährt wurden.

Diese Neuregelung auf dem Gebiet der Arbeitsförderung wurde im *Rentenrecht* dadurch ergänzt, daß der Anspruch auf vorgezogenes Altersruhegeld wegen Arbeitslosigkeit auf diejenigen Personen begrenzt wurde, die (neben der bisher schon erforderlichen Erfüllung der normalen Wartezeit von 15 Jahren) in den letzten zehn Jahren mindestens acht Jahre eine rentenversicherungspflichtige Beschäftigung ausgeübt hatten (bei gleichzeitiger Anrechnung von Zeiten einer Arbeitslosigkeit). Diese Einschränkung galt nicht für Versicherte, die am 2. September 1981 bereits arbeitslos waren und an diesem Tag das 59. Lebensjahr vollendet hatten.

(3) In der Folgezeit setzten Bestrebungen zu einer *Verschärfung der Erstattungspflicht* des Arbeitgebers ein:

Der Arbeitgeber, bei dem der Arbeitslose in den letzten 12 Jahren mindestens 10 Jahre beschäftigt war, muß neben dem Arbeitslosengeld und der Arbeitslosenhilfe in Zukunft auch das vorgezogene Altersruhegeld wegen Arbeitslosigkeit erstatten, wenn der Versicherte ein vorgezogenes Altersruhegeld nur wegen der Arbeitslosigkeit geltend machen kann.

Arbeitslosengeld, Arbeitslosenhilfe und vorgezogenes Altersruhegeld wegen Arbeitslosigkeit sollen für bis zu 48 Monate erstattet werden.

Für Arbeitgeber mit in der Regel nicht mehr als 20 Arbeitnehmern (ohne Auszubildende und Schwerbehinderte) mindert sich die Erstattungspflicht um drei Viertel, bei nicht mehr als 40 bzw. 60 Arbeitnehmern um die Hälfte bzw. ein Viertel des vollen Erstattungsbetrages.

Die gesetzliche Regelung, nach der die Erstattungspflicht bei „unzumutbarer wirtschaftlicher Belastung“ entfällt, wurde im Interesse der Rechtssicherheit konkretisiert. Die Erstattungspflicht soll entfallen, wenn

- zur Wiederherstellung der Ertragsfähigkeit des Betriebes öffentliche Zuschüsse, Kredite oder Bürgschaften oder wegen grundlegender Betriebsänderungen öffentliche Anpassungshilfen gewährt wurden,
- der Arbeitgeber sich in nachhaltigen und erheblichen finanziellen Schwierigkeiten befindet und die Zahl der Arbeitnehmer im Betrieb, in dem der Arbeitnehmer beschäftigt war, um mehr als 15% innerhalb von zwei Jahren absank oder
- die Erstattung die Existenz des Betriebes gefährden würde.

Dieses neue Recht gilt nur für Fälle, in denen das Arbeitsverhältnis nach Inkrafttreten des Gesetzes endet. Darüberhinaus sollte im Interesse des Vertrauensschutzes für den Arbeitgeber altes Recht auch dann noch gelten, wenn das Arbeitsverhältnis zwar erst nach dem Inkrafttreten des Gesetzes endete, der Arbeitnehmer sich aber bereits vor dem 6. Dezember 1985 auf die Beendigung des Arbeitsverhältnisses verbindlich festgelegt hat und das Arbeitsverhältnis spätestens am 30. Juni 1987 endet. Endet das Arbeitsverhältnis allerdings später, so gelten die Bestimmungen des neuen Gesetzes.

3.6 Finanzierungsprobleme der Arbeitsförderung

Die andauernde Massenarbeitslosigkeit zwingt bereits seit einigen Jahren dazu, über die Aufrechterhaltung der bisherigen Leistungen an Arbeitslose sowie über die finanziellen Grundlagen der Arbeitsförderung nachzudenken. Bereits für das Jahr 1982 mußten im Rahmen des **Arbeitsförderungskonsolidierungsgesetzes** (Operation ’82) die Einnahmen der Bundesanstalt für Arbeit verbessert und die Ausgabenseite entlastet werden:

(1) Die Einnahmen der Bundesanstalt für Arbeit wurden verbessert, indem der Beitrag zur Arbeitslosenversicherung von 3% auf 4 % angehoben wurde (bei gleichzeitiger Senkung des Beitrags zur gesetzlichen Rentenversicherung um 0,5%).

(2) Für den Bezug von Arbeitslosengeld wurden strengere Voraussetzungen eingeführt. Seitdem kann ein Arbeitsloser nur dann Arbeitslosengeld erhalten, wenn er mindestens 12 Monate innerhalb von drei Jahren beitragspflichtig beschäftigt war (bisher sechs Monate). Die Bemessung des Arbeitslosengeldes wurde in verschiedener Hinsicht modifiziert, um Mißbrauchsmöglichkeiten auszuschalten. Die Hinzuverdienstgrenze für Arbeitslose wurde herabgesetzt; Arbeitslosengeld und Nebenverdienst dürfen 80% des letzten Nettoeinkommens nicht überschreiten. Arbeitslosengeld, Arbeitslosenhilfe, Kurzarbeitergeld und Schlechtwettergeld werden künftig im Rahmen des Lohnsteuer-Jahresausgleichs bzw. bei der Veranlagung zur Einkommensteuer berücksichtigt. Dadurch wird verhindert, daß in Einzelfällen Arbeitslosengeld, Nebenverdienst und Lohnsteuererstattung ein tatsächliches Nettoeinkommen ergeben, das über dem früheren Netto-Arbeitsentgelt liegt. Die Sperrzeiten wegen Aufgabe einer Arbeit ohne wichtigen Grund und wegen Ablehnung einer zumutbaren Arbeit wurden von vier auf acht Wochen verlängert. Für Arbeitnehmer, die gegen Zahlung einer Abfindung vorzeitig, d.h. ohne Einhaltung der ordentlichen Kündigungsfrist, ausscheiden, kann der Anspruch auf Arbeitslosengeld – statt bisher sechs Monate – bis zu 12 Monate ruhen. Weiterhin wurden die Rechtsfolgen bei Verletzung der Meldepflicht verschärft.

(3) Durch das Arbeitsförderungskonsolidierungsgesetz wurde die originäre Arbeitslosenhilfe eingeschränkt. Originäre Arbeitslosenhilfe wurde nur noch Personen gewährt, die mindestens 150 Kalendertage (bisher 70 Kalendertage) beschäftigt waren. Eine vorherige Beschäftigung ist nicht erforderlich, wenn der Arbeitslose zuvor für mindestens 240 Tage Lohnersatzleistungen (z.B. wegen Krankheit) bezogen hat.

Die **Haushaltsbegleitgesetze 1983** trafen erneut Regelungen, die die Leistungen an Arbeitslose und ihre Finanzierung berührten:

(1) Die Einnahmen der Bundesanstalt für Arbeit wurden dadurch verbessert, daß der Beitrag zur Arbeitslosenversicherung auf insgesamt 4,6% angehoben wurde.

(2) Die Leistungsdauer beim Arbeitslosengeld wurde stärker als bisher nach der Dauer der beitragspflichtigen Beschäftigung differenziert. Das Gesetz sah folgende Staffelung vor: 12 Monate Beschäftigung = 4 Monate Anspruch; 18 Monate Beschäftigung = 6 Monate Anspruch; 24 Monate Beschäftigung = 8 Monate Anspruch; 30 Monate Beschäftigung = 10 Monate Anspruch; 36 Monate Beschäftigung = 12 Monate Anspruch. Das Verhältnis zwischen Dauer der Beschäftigung und Leistungsdauer des Arbeitslosengeldes beträgt also nunmehr 3:1, während vorher ein entsprechendes Verhältnis von 2:1 bestand.

(3) Die Beiträge, die die Bundesanstalt für Arbeit für ihre Leistungsempfänger an die Rentenversicherung zu zahlen hat, richten sich vom 1. Januar 1983 an nach der Höhe der Lohnersatzleistung. Diese betrug seinerzeit in % des letzten Nettoentgelts: Arbeitslosengeld 68%; Arbeitslosenhilfe 58%; Kurzarbeitergeld 68%; Schlechtwettergeld 68%; Unterhaltsgeld bei beruflicher Bildung 68% (75% für pflegebedürftige Teilnehmer oder Teilnehmer mit Kindern); Übergangsgeld in der Rehabilitation 70% (80% bei pflegebedürftigen Behinderten oder Behinderten mit Kindern). Hinsichtlich der Rentenbeiträge beim Kurzarbeitergeld und Schlechtwettergeld wurde der Anteil der Bundesanstalt für Arbeit von bisher 75% auf 50% gesenkt; die Arbeitgeber tragen nunmehr 50% (statt wie bisher 25%), allerdings von der reduzierten Beitragsbemessungsgrundlage. Damit die Arbeitslosen für die Zeit der Arbeitslosigkeit bei der späteren Rentenberechnung keinen Nachteil haben, werden Zeiten des Bezugs von Arbeitslosengeld, Arbeitslosenhilfe, Unterhaltsgeld und Übergangsgeld künftig wieder wie vor 1979 rentenrechtlich als Ausfallzeiten berücksichtigt.

(4) Die Beiträge der Arbeitslosenversicherung zur Krankenversicherung werden weiterhin nach 100% des letzten Bruttoeinkommens berechnet; jedoch war bereits ab 1982 der für Leistungsempfänger zu zahlende Krankenversicherungsbeitrag auf die Höhe des

allgemeinen Beitragssatzes für Versicherte mit Anspruch auf Lohnfortzahlung begrenzt worden.

Auch die **Haushaltsbeschlüsse 1984** sahen Eingriffe in das bestehende Leistungsrecht sowie Maßnahmen zur Verbesserung der Einnahmensituation der Bundesanstalt für Arbeit vor:

(1) Die Einnahmensituation der Bundesanstalt für Arbeit sollte insbesondere durch eine stärkere Einbeziehung von einmalig gezahltem Arbeitsentgelt in die Beitragspflicht verbessert werden. Für diese Zuwendungen sollte nicht mehr die Monatsbeitragsbemessungsgrenze, sondern die bei der Zahlung erreichte anteilige Jahresbeitragsbemessungsgrenze gelten. Die für die gesetzliche Rentenversicherung vorgesehenen Regelungen zur Einbeziehung des Krankengeldes und ähnlicher Lohnersatzleistungen in die Beitragspflicht sollten inhaltlich auch für die Beitragspflicht nach dem Arbeitsförderungsgesetz gelten; die Zeiten des Bezugs der genannten Leistungen können künftig wie Beschäftigungszeiten einen Anspruch auf Arbeitslosengeld begründen; Beeinträchtigungen des Arbeitslosenversicherungsschutzes wegen längerer Krankheit (oder wegen Teilnahme an einer medizinischen Maßnahme zur Rehabilitation) werden deshalb künftig weitgehend ausgeschlossen.

(2) Die Leistungssätze beim Arbeitslosengeld, beim Kurzarbeitergeld und beim Schlechtwettergeld wurden ab 1984 für Leistungsempfänger ohne Kinder um 5 Prozentpunkte auf 63% abgesenkt. Wer nach abgeschlossener Ausbildung arbeitslos wird, erhält ein Arbeitslosengeld nach der Hälfte des Arbeitslohnes, den der Ausgebildete aufgrund seiner während der Ausbildung erworbenen Kenntnisse und Fähigkeiten erzielen könnte, mindestens nach der bisherigen Ausbildungsvergütung.

(3) Der Leistungssatz der Arbeitslosenhilfe wurde für Leistungsempfänger ohne Kinder um 2 Prozentpunkte von 58% auf 56% gesenkt.

(4) Im Rahmen einer Neuregelung des Schlechtwettergeldes müssen die Bauarbeitgeber künftig der Bundesanstalt für Arbeit für jeden Bauarbeiter die Kosten des Schlechtwettergeldes für die ersten acht witterungsbedingten Ausfallstunden (voller Ausfalltag) eines jeden Monats der gesetzlichen Schlechtwetterzeit erstatten.

(5) Als Folgewirkung der Aktualisierung der Anpassung im Rentenrecht werden Arbeitslosengeld, Arbeitslosenhilfe und Unterhaltsgeld nur noch um die aktualisierten Anpassungssätze der Renten erhöht.

Im Laufe des Jahres 1984 zeichneten sich jedoch bei der Bundesanstalt für Arbeit erhebliche Überschüsse ab. Diese beruhten einerseits auf den bisher getroffenen Konsolidierungsmaßnahmen, andererseits jedoch – und dies vor allen Dingen – darauf, daß immer weniger Arbeitslose als Folge der Dauerarbeitslosigkeit Arbeitslosengeld beziehen. Zudem sanken auch die Zahlungen für Kurzarbeiter ab. Auf diese **Verbesserung der finanziellen Situation der Bundesanstalt für Arbeit** wurde sehr schnell reagiert:

(1) Nach dem Arbeitsförderungs- und Rentenversicherungs-Änderungsgesetz wurde der Beitragssatz zur Bundesanstalt für Arbeit mit Wirkung vom 1.1.1985 um 0,2% auf 4,4% gesenkt, um die gleichzeitige Erhöhung des Beitragssatzes zur Rentenversicherung um 0,2% auszugleichen.

(2) Mit dem Gesetz zur Stärkung der Finanzgrundlagen der gesetzlichen Rentenversicherung wurde der Beitragssatz zur Bundesanstalt für Arbeit für die Zeit vom 1.6.1985 bis zum 31.12.1986 um 0,3% auf 4,1% gesenkt; dadurch sollte eine Anhebung des Beitragssatzes zur Rentenversicherung für den gleichen Zeitraum um 0,5% teilweise ausgeglichen werden.

(3) Für ältere Arbeitslose ab Vollendung des 49. Lebensjahres wurde der Bezug des Arbeitslosengeldes um bis zu 6 Monate verlängert. Diese Verlängerung ist nach der Beitragsdauer gestaffelt. Der Arbeitslose bekommt für jedes halbe Jahr, für das er länger als drei Jahre Beiträge gezahlt hat, einen Monat länger Arbeitslosengeld. Nach dreieinhalb Jahren bekommt er also 13 Monate lang Arbeitslosengeld, nach vier Jahren 14 Monate lang usw. Wer in den letzten sieben Jahren insgesamt sechs Jahre Beiträge gezahlt hat, bekommt eineinhalb Jahre lang Arbeitslosengeld.

(4) Gleichzeitig wurde die Sperrzeit in der Arbeitslosenversicherung von acht auf zwölf Wochen für diejenigen Arbeitnehmer verlängert, die ihre Arbeitslosigkeit selbst herbeigeführt haben.

Auch 1985 entstanden bei der Bundesanstalt für Arbeit beachtliche Überschüsse. Mit Wirkung vom 1. Januar 1986 an wurden diese nach Maßgabe des **Siebten Gesetzes zur Änderung des Arbeitsförderungsgesetzes** u.a. zur Beitragssenkung und zur Leistungsverbesserung für Arbeitslose verwendet:

(1) Der Beitragssatz wurde vom 1.1.1986 an von 4,1% auf 4% herabgesetzt.

(2) Die Höchstdauer des Anspruchs auf Arbeitslosengeld wurde (befristet bis Ende 1989) für Arbeitslose ab dem vollendeten 44. Lebensjahr bis auf 16 Monate, ab dem vollendeten 49. Lebensjahr bis auf 20 Monate und ab dem vollendeten 54. Lebensjahr bis auf 24 Monate verlängert, mit einer Staffelung der Verlängerung nach der vorangegangenen Beitragszeit.

(3) Gleichzeitig wurde die Altersgrenze für die Teilnahme an Arbeitsbeschaffungsmaßnahmen für ältere Arbeitnehmer vom 55. auf das 50. Lebensjahr herabgesetzt.

Eher nachteilig für die Arbeitnehmer dürfte jene Neuregelung sein, nach der Arbeitslosengeldempfänger, die das 58. Lebensjahr vollendet haben, der Arbeitsvermittlung nicht mehr zur Verfügung stehen müssen; der Zwang zur frühzeitigen Verrentung mit der Folge sinkender Rentenansprüche ist offensichtlich.

Bereits für das Jahr 1986 wurden kaum noch Überschüsse bei der Bundesanstalt für Arbeit erwartet; für die Folgezeit ist wieder mit Defiziten zu rechnen. Vorsorglich wurde bereits mit dem Siebten AFG-Änderungsgesetz ab Jahresbeginn 1987 der Beitragssatz zur Bundesanstalt für Arbeit auf 4,3% festgelegt. Nur im Zuge einer deutlichen Verringerung der Arbeitslosigkeit könnte sich erneut ein Spielraum für eine Senkung des Beitragssatzes ergeben (vgl. *DEUTSCHE BUNDESBANK*, 1986b, S. 25-31).

4. Folgerungen

In der langandauernden Massenarbeitslosigkeit hat sich die Politik der Nachfragesteuerung und der Adhoc-Beschäftigungsprogramme bisher als weitgehend wirkungslos erwiesen. Eine Rückbesinnung auf die Leistungsfähigkeit des marktwirtschaftlichen Systems durch Verbesserung der Angebotsbedingungen wird immer dringlicher. Insbesondere geht es darum, sozialpolitisch unerwünschte Folgen der Sozialgesetzgebung abzubauen. In diesem Sinne sind die **Novellierung des Jugendarbeitsschutzgesetzes** vom 15.10.1984 sowie das **Beschäftigungsförderungsgesetz** vom 26.4.1985 zu verstehen:

(1) Nach den bisherigen Regelungen des Jugendarbeitsschutzes war der zulässige Arbeitsbeginn für Jugendliche grundsätzlich auf 7 Uhr festgelegt. Ausnahmen betrafen die Bäckereien und die Binnenfischerei, Bergbau und Hüttenwerke, mehrschichtige Betriebe, Kinderheime und Landwirtschaft. Weitere Sonderregelungen betrafen den täglichen Beginn der Ausbildung in Krankenanstalten, Fleischereien, in mehrschichtigen Betrieben der Papier- und Textilindustrie, auf Bau- und Montagestellen oder in der Tierhaltung. Das Arbeitsende lag für Jugendliche bisher grundsätzlich bei 20 Uhr; eine Reihe von Ausnahmeregelungen gestattete jedoch eine Beschäftigung bis maximal 23.30 Uhr. Die maximale Arbeitszeit war auf 8 Stunden täglich und 40 Stunden wöchentlich festgelegt. Die verschiedenen Ausnahmeregelungen zum frühestmöglichen Arbeitsbeginn hatten dazu geführt, daß der gesetzliche Arbeitsbeginn von 7 Uhr vor allem dort galt, wo ohnehin erst ab sieben Uhr gearbeitet wird.

Mit der Novellierung des Jugendarbeitsschutzgesetzes erfolgte nunmehr eine grundsätzliche Festlegung auf sechs Uhr als frühestmöglichem Arbeitsbeginn. In Bäckereien sollen jedoch Jugendliche über 17 Jahre schon ab vier Uhr ausgebildet werden können. In der Landwirtschaft und der Binnenfischerei ist ein Ausbildungsbeginn für Jugendliche über 16 Jahren bereits ab 5 Uhr möglich. In mehrschichtigen Betrieben ist für Auszubildende aus verkehrsbedingten Gründen und nach vorheriger Anzeige an die Aufsichtsbehörde ein Arbeitsbeginn bereits um 5.30 Uhr möglich.

Hinsichtlich des zulässigen Arbeitsendes brachte die Novellierung des Jugendarbeitsschutzgesetzes eine Erweiterung des geltenden Ausnahmekatalogs. Zukünftig dürfen Jugendliche über 16 Jahre in der Landwirtschaft bis 21 Uhr arbeiten, wenn sie nicht – wie es möglich ist – ab fünf Uhr arbeiten. Daneben dürfen in mehrschichtigen Betrieben auch Auszubildende bis 23 Uhr beschäftigt werden, was bisher bereits für Jungarbeiter galt. Aus verkehrsbedingten Gründen und nach vorheriger Anzeige an die Aufsichtsbehörde können Auszubildende bis 23.30 Uhr beschäftigt werden, was ebenfalls bisher bereits für Jungarbeiter galt.

Hinsichtlich der maximalen Tages- und Wochenarbeitszeit für Jugendliche können die Tarifpartner in Zukunft vereinbaren, die tägliche Arbeitszeit auf achteinhalb Stunden bei Einhaltung der 40-Stunden-Woche zu verlängern. Außerdem soll den Tarifpartnern ermöglicht werden, die Beschäftigung von Jugendlichen bis zu neun Stunden täglich, bis zu 44 Stunden und bis zu fünfeinhalb Tagen wöchentlich zuzulassen, falls dadurch die Wochenarbeitszeit von 40 Stunden in einem Ausgleichszeitraum von zwei Monaten nicht überschritten wird.

Diese Neuregelungen des Jugendarbeitsschutzes dienen dazu, die Einstellungsbereitschaft der Arbeitgeber zu verbessern und damit einen Beitrag zum Abbau der Jugendarbeitslosigkeit zu leisten.

(2) Am 1. Mai 1985 ist das Beschäftigungsförderungsgesetz in Kraft getreten. Auch dieses Gesetz soll den Betrieben den Entschluß erleichtern, zusätzliche Arbeitskräfte einzustellen. Vor allem sieht das Gesetz vor, für eine Übergangszeit bis zum 1. Januar 1990 die einmalige Befristung eines Arbeitsvertrages bis zur Dauer von 18 Monaten zuzulassen, wenn ein Arbeitnehmer neu eingestellt oder ein Auszubildender, für den kein Dauerarbeitsplatz vorhanden ist, im bisherigen Betrieb befristet weiterbeschäftigt wird; bei neu gegründeten Unternehmen mit bis zu 20 Arbeitnehmern kann die Befristung zwei Jahre betragen. In die Rechtsstellung der Arbeitnehmer mit unbefristeten Arbeitsverträgen wird nicht eingegriffen.

Für alle Arbeitsverhältnisse auf unbestimmte Dauer, die den kündigungsschutzrechtlichen Bestimmungen unterliegen, gilt der Kündigungsschutz fort. Er gilt auch während der Laufzeit befristeter Arbeitsverträge. Der Kündigungsschutz von Arbeitnehmern wird also durch das Beschäftigungsförderungsgesetz grundsätzlich nicht berührt.

Kettenarbeitsverträge werden durch das Beschäftigungsförderungsgesetz nicht erleichtert. Es bleibt bei der bisherigen rechtlichen Regelung mit ihren strengen Anforderungen.

Teilzeitarbeit wird arbeitsrechtlich grundsätzlich ebenso abgesichert wie Vollzeitarbeit. Teilzeitbeschäftigte sollen im Arbeitsverhältnis vor einer sachlich nicht gerechtfertigten Ungleichbehandlung im Vergleich zu Vollzeitarbeitnehmern geschützt werden.

Mit der Novellierung des Jugendarbeitsschutzgesetzes sowie mit dem Beschäftigungsförderungsgesetz sind einige Bedingungen geschaffen worden, die die Einstellungsbereitschaft der Arbeitgeber verbessern könnten. Zugleich wird die Rechtsstellung von Teilzeitbeschäftigten klarer umrissen, was die Neigung zur Aufnahme einer Teilzeitarbeit beeinflussen kann.

Diese Entwicklungen werden mit dem **Arbeitszeitgesetz** (BT-Drucksache 10/2706) sowie dem 1. Gesetz zur **Änderung des Schwerbehindertengesetzes** (BT-Drucksache 10/3138), die sich beide Ende 1986 in der parlamentarischen Beratung befanden, fortgesetzt:

(1) Das Arbeitszeitgesetz bezweckt die Vereinheitlichung der Vorschriften über tägliche Höchstarbeitszeiten, Mindestruhepausen und Mindestruhezeiten sowie über die Arbeitsruhe an Sonn- und Feiertagen; weiterhin ist die Übertragung von mehr Befugnissen auf die Tarifvertragsparteien und Betriebspartner vorgesehen; schließlich wird eine Neuregelung des Frauenarbeitsschutzes entsprechend dem Gleichbehandlungsgrundsatz angestrebt (vgl. Sozialbericht 1986).

(2) Das Änderungsgesetz zum Schwerbehindertengesetz dient der Anpassung des Schwerbehindertenrechts an die veränderten Verhältnisse in der Wirtschaft und auf dem Arbeitsmarkt und soll den Abbau von Einstellungsbarrieren für arbeitslose Schwerbehinderte begünstigen (vgl. Sozialbericht 1986).

Gleichzeitig mit diesen Maßnahmen muß über die **weitergehenden Defekte des Beschäftigungssystems** nachgedacht werden. Trotz erheblicher Eingriffe in den letzten Jahren enthält das System zuviele Anreize für Nichtstun; verstärkt müssen Anreize für Leistung gesetzt werden. Eine Neuverteilung des knappen Gutes Arbeit scheitert bisher weitgehend an den starren Fronten der beteiligten wirtschaftlichen und sozialen Gruppen; an die Stelle des Denkens in tradierten Organisationsformen müssen zunehmend Phantasie, Offenheit und Flexibilität im Hinblick auf neue Möglichkeiten der Arbeits- und Lebensgestaltung treten.

Wenn die Anpassungsfähigkeit von Wirtschaft und Gesellschaft gegenüber neuen beschäftigungspolitischen Problemlösungen gesteigert werden soll, so darf das **Ausbildungssystem** weder quantitativ noch qualitativ von der gegenwärtigen Finanzkrise in Mitleidenschaft gezogen werden. Im Ausbildungssystem werden die Weichen für die Zukunft gestellt. Ein rohstoffarmes Land wie die Bundesrepublik Deutschland kann es sich nicht leisten, die Ausbildung der gegenwärtigen und zukünftigen Arbeitskräfte zu vernachlässigen. Es kann nicht hingenommen werden, daß erhebliche Teile der Jugend ohne eine qualifizierte Berufsausbildung bleiben und Dequalifizierungsprozesse der Arbeitsbevölkerung unter dem Diktat leerer Kassen verstärkt werden. Nur wenn die Effizienz des Ausbildungssystems nicht weiter geschwächt wird, lassen sich die Probleme von heute und die von morgen überhaupt lösen.

Kapitel 12: Probleme und Perspektiven der Wohnungsversorgung

1. Entwicklung der Wohnungsversorgung

Der Wohnungsbestand in Deutschland hatte schon zu Beginn des Zweiten Weltkrieges nicht zur Bedarfsdeckung ausgereicht. Während der Kriegsjahre wurde die Bautätigkeit fast vollständig eingestellt; der vorhandene Wohnungsbestand wurde durch Kriegszerstörungen erheblich reduziert. Das damit entstandene Wohnungsdefizit wurde für das Gebiet der Bundesrepublik Deutschland durch den Zustrom von Flüchtlingen und Vertriebenen vergrößert. Bei der Gründung der Bundesrepublik Deutschland wurde die **Unterversorgung mit Wohnraum** auf etwa 50% des vorhandenen Bestandes geschätzt (vgl. *K.-H. PETERS*, 1984, S. 310ff.; *H. BERNDT*, 1985, S. 699ff.).

1.1 Wohnungsbau

Die folgenden Jahrzehnte des Bestehens der Bundesrepublik Deutschland brachten eine erhebliche **Wohnungsbauleistung**, die zu einem weitgehenden Abbau der vorhandenen Wohnungsdefizite führte:

(1) Wurden 1949 erst etwa 220000 Wohnungen fertiggestellt, so waren es 1950 bereits 370000; in der Folgezeit stieg die Bauleistung auf nahezu 600000 Wohnungen jährlich an. Anfangs dominierte der soziale Wohnungsbau mit einem Anteil von nahezu 70%, um bis 1960 – bei insgesamt 574402 fertiggestellten Wohnungen – auf einen Anteilswert von etwa 46% abzusinken. Die in Ein- und Zweifamilienhäusern fertiggestellten Wohnungen hatten 1949 einen Anteil von 33%; dieser stieg bis 1960 auf 45% an (vgl. *M. ZIERCKE*, 1982, S. 96f.).

(2) In den 60er Jahren wurden jährlich weit über 550000 Wohnungen fertiggestellt; 1964 waren es sogar 623847, und noch 1969/70 waren es knapp 500000 Wohnungen jährlich. Der Anteil des sozialen Wohnungsbaus an den gesamten Wohnungsfertigstellungen nahm jedoch sukzessive ab und belief sich 1970 auf knapp 29%. Die Fertigstellungen von Wohnungen in Ein- und Zweifamilienhäusern pendelten sich – nach einem zwischenzeitlichen Anstieg auf etwa 49% – schließlich 1970 etwa auf den Wert des Jahres 1960 mit 44% ein (vgl. *M. ZIERCKE*, 1982, S. 96f.).

(3) Bis zum Einsetzen der Wirtschaftskrise stieg auch Anfang der 70er Jahre die Zahl der fertiggestellten Wohnungen noch erheblich an. 1971 wurden über 550000 Wohnungen fertiggestellt, 1972 waren es über 660000, und 1973 wurde schließlich die Rekordmarke von über 714000 Wohnungen erreicht. In der Folgezeit sank jedoch die Zahl der fertiggestellten Wohnungen rapide ab; 1979 wurde mit knapp 360000 Wohnungen ein vorläufiger Tiefpunkt erreicht. Der Anteil des sozialen Wohnungsbaus an den fertiggestellten Wohnungen lag 1971 bei 26,8%, stieg 1976/77 auf ca. 33% an, um 1980 wieder auf das Ausgangsniveau dieser Periode abzufallen. Belief sich anfangs der Anteil der in Ein- und Zweifamilienhäusern fertiggestellten Wohnungen auf etwa 44%, so erfolgte bis 1980 ein Anstieg auf etwa 69%. Sowohl der soziale Wohnungsbau als auch der steu-

Tabelle 54: Fertiggestellte Wohnungen in Wohn- und Nichtwohnbauten 1960-1985

Jahr	Wohnungen							
	insgesamt	darunter: Neuerrichtete Wohnbauten						
		Wohnungen	Wohnfläche	Veranschlagte Kosten		Wohnungen in Ein-	Zwei-	Mehr- familienhäusern
	Anzahl		m² je Wohnung	je Wohnung in 1 000 DM	DM/m²	Anteile in %		
1960	574 402	522 855	70,4	25,7	362	19,6	25,4	55,0
1965	591 916	535 613	79,2	42,7	539	25,3	23,5	51,2
1970	478 050	444 904	83,8	53,5	639	25,1	19,0	55,9
1975	436 829	404 866	91,1	93,7	1 029	29,4	18,8	51,8
1980	388 904	363 094	102,0	146,0	1 431	44,2	24,4	31,4
1981	365 462	337 968	99,5	153,8	1 546	38,4	26,7	34,9
1982	347 002	315 336	96,2	161,8	1 680	32,2	27,7	40,1
1983	340 781	312 217	91,6	166,0	1 812	28,2	25,3	46,5
1984	398 373	366 816	87,8	165,4	1 883	25,5	22,5	52,0
1985	312 053	284 438	89,6	173,4	1 934	29,4	23,9	46,7

Quelle: Statistisches Bundesamt: Fachserie 5, Reihe 1.

Tabelle 55: Förderungsmaßnahmen und veranschlagte Finanzierungsmittel im sozialen Wohnungsbau 1960-1985

Jahr	Geförderte Wohnungen insgesamt[1]	Geförderte Wohnfläche	Bundes-/ Landesmittel insgesamt	Objektbezogene Beihilfen		Veranschlagte Finanzierungsmittel
				insgesamt	darunter Aufwendungsdarl.	
	Anzahl	in 1 000 m²	in Mio. DM			
1960	245 884	10 958	2 783[2]	–	–	8 808
1965	209 271	12 711	4 165[2]	–	–	13 045
1970	165 135	7 731	1 294[2]	–	–	10 424
1975	153 989	9 915	2 424	645	416	24 223
1980	97 175	9 596	3 646	318	238	23 770
1981	92 902	8 900	4 174	339	263	24 112
1982	98 886	8 935	4 812	359	253	25 491
1983	104 083	9 304	4 133	431	306	27 700
1984	80 408	7 288	3 005	384	298	21 998
1985	68 952	6 423	3 001	320	196	19 150

[1] 1960, 1965, 1970 und 1975 nur Bauvorhaben aus vollgeförderten Wohnungsbauten, für die eine vollständige Kostengliederung vorliegt.
[2] 1960, 1965 und 1970 öffentliche Mittel insgesamt.
Quelle: Statistisches Bundesamt (Hrsg.): Statistische Jahrbücher für die Bundesrepublik Deutschland, lfde. Jge., sowie Statistisches Bundesamt: Bewilligungsstatistik: Fachserie 5, Reihe 2.

Übersicht 15: Genehmigte und fertiggestellte Wohnungen in Wohn- und Nichtwohngebäuden

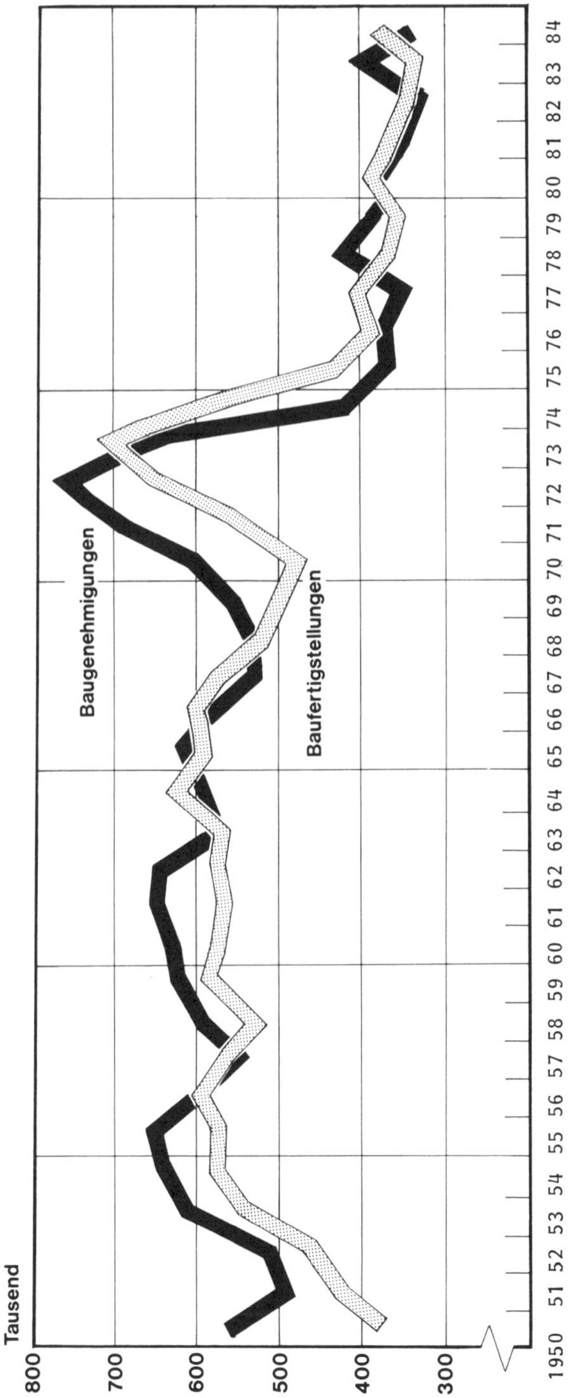

erbegünstigte und der frei finanzierte Mehrfamilien-Mietwohnungsbau sind ab Mitte der 70er Jahre beträchtlich geschrumpft, während der Bau von Wohnungen in Ein- und Zweifamilienhäusern zum entscheidenden Faktor der Wohnungsbautätigkeit wurde (vgl. *H. LAMPERT*, 1980b, S. 354; *WISSENSCHAFTLICHER BEIRAT*, 1982, S. 5 f.; *M. ZIERCKE*, 1982, S. 96 f.).

(4) Zu Beginn der 80er Jahre sank die Wohnungsbautätigkeit weiter ab. Im Zuge des 1983 befristet aufgelegten Sonderprogramms im Wohnungsbau stieg die Zahl der fertiggestellten Wohnungen 1984 gegenüber 1983 jedoch noch einmal beträchtlich an. Die Zahl der fertiggestellten Wohnungen wuchs 1984 um rund 17% auf 398400. Hiervon entfielen 25,5% auf Einfamilienhäuser (+6,1%), 22,5% auf Zweifamilienhäuser (+4,6%) und 52,0% auf Mehrfamilienhäuser (+31,4%). Nach Auslaufen des Sonderprogramms zeichnete sich erneut ein tiefer Einbruch in der Wohnungsbautätigkeit ab.

Von 1970 bis 1980 ist insbesondere der Bau von **Mietwohnungen in Mehrfamilienhäusern** deutlich zurückgegangen. Für diesen Einbruch der Bautätigkeit war zunächst einmal jener Angebotsüberhang bestimmend, der aus dem Bauboom der Jahre 1969/73 resultierte und die Rentabilität von Mehrfamilienhäusern erheblich beeinträchtigte. Hinzu kam eine gewisse Umschichtung der Nachfrage nach Wohnraum, die sich verstärkt auf Eigentumswohnungen und Eigenheime sowie Mietwohnungen in kleineren Gebäuden richtete. Die Unsicherheiten über die zukünftige Rentabilität von Mietwohnungen wurden zudem durch pessimistische Bevölkerungsprognosen sowie durch die Regelungen über die Mietpreisbegrenzung und die Kündigungsvorschriften verschärft, während gleichzeitig Baukosten, Grundstückspreise und Finanzierungskosten erheblich anstiegen.

Seit den 50er Jahren haben sich die **Baukosten** – bezogen auf das durchschnittliche Nettoeinkommen der Industriearbeiter – nahezu verdoppelt; zwar vollzog sich die Baukostensteigerung in den 70er Jahren deutlich gebremst, aber stattdessen stiegen dann die Grundstückspreise überdurchschnittlich an; gleichzeitig wirkten sich auch steigende Finanzierungskosten negativ auf die Bautätigkeit aus.

Tabelle 56: Preisindex für Wohngebäude (Bauleistungen am Bauwerk[3]) 1950-1985

Durchschnitt[1]	Index	Durchschnitt[1,2]	Index	Durchschnitt[1,2]	Index
1950	19,1	1962	34,9	1974	70,5
1951	22,2	1963	36,7	1975	72,1
1952	23,6	1964	38,4	1976	74,6
1953	22,8	1965	40,1	1977	78,2
1954	22,9	1966	41,3	1978	83,1
1955	24,2	1967	40,4	1979	90,4
1956	24,8	1968	42,2	1980	100,0
1957	25,7	1969	44,6	1981	105,9
1958	26,5	1970	52,0	1982	108,9
1959	27,9	1971	57,3	1983	111,2
1960	30,0	1972	61,2	1984	114,0
1961	32,2	1973	65,7	1985	114,5

1 ab 1952 errechnet aus 4 Erhebungsmonaten (Februar, Mai, August, November).
2 ab 1968 einschl. Umsatz-(Mehrwert-)steuer.
3 konventionelle Bauart mit Ausnahme der Einfamiliengebäude in vorgefertigter Bauart, 1950-1959 Bundesgebiet ohne Saarland und Berlin, 1960-1965 Bundesgebiet ohne Berlin.
Quelle: Statistisches Bundesamt: Fachserie 17, Reihe 4.

Diese **Kostensteigerungen** bei Neubauten betrafen nicht nur den frei finanzierten und steuerbegünstigten Mietwohnungsbau, sondern auch den sozialen Wohnungsbau und ließen dort den Subventionsbedarf explosionsartig ansteigen. In dem Maße, in dem seitens der öffentlichen Hand dieser Entwicklung nicht Rechnung getragen werden konnte (angesichts leerer Kassen), mußte auch der soziale Wohnungsbau schrumpfen. Sowohl im frei finanzierten und steuerbegünstigten als auch im sozialen Mietwohnungsbau in Mehrfamilienhäusern ging angesichts der Kostenentwicklung die Bautätigkeit zurück.

Die überproportionale Steigerung der **Baukosten** war durch verschiedene Faktoren geprägt:

(1) Das Anspruchsniveau der Bevölkerung hinsichtlich Wohnungsgröße und -ausstattung ist im Laufe der Zeit zweifellos deutlich angewachsen. Das steigende Anspruchsniveau der Bevölkerung wurde jedoch durch ein Planungsverhalten der Baubehörden begleitet, das zu einer kostenintensiven Weiterentwicklung normativer Bauvorgaben führte. Dabei ist fraglich, inwieweit der Wandel der Bauvorschriften lediglich den Wandel der gesellschaftlichen Anschauungen über eine angemessene Wohnungsversorgung widerspiegelt oder aber als Folge überzogener Normvorstellungen anzusehen ist, die nur eingeschränkt an dem Nutzen für Mieter und Vermieter orientiert sind. Offensichtlich kann in anderen Ländern mit weniger restriktiven Auflagen deutlich billiger gebaut werden als in der Bundesrepublik Deutschland, ohne daß damit zugleich erhebliche Nutzeneinbußen für die Bevölkerung oder gar spezifische Risiken entstanden wären (z.B. Niederlande).

(2) Weitere Faktoren des Baukostenanstiegs sind in der Materialkostenentwicklung, vor allen Dingen aber auch in der Entwicklung der Bauarbeiterlöhne zu sehen. Dabei muß beachtet werden, daß sich in der Bundesrepublik der Bau von Wohnungen nach wie vor recht arbeitsintensiv vollzieht (beträchtliche Rationalisierungsrückstände) und daß die Lohnnebenkosten gerade in dieser Branche überdurchschnittlich hoch sind (Schlechtwettergeld, Wintergeld usw.).

Nachteilig für die Entwicklung der Neubautätigkeit haben sich auch die gestiegenen **Grundstückspreise** erwiesen. Der Anstieg der Grundstückspreise ist in erster Linie auf eine nicht ausreichende Elastizität des Baulandangebots zurückzuführen:

(1) Die Gemeinden üben bei der Ausweisung von Bauland – häufig aus ökologischen Gründen – Zurückhaltung, da sie Bürgereinsprüche erwarten.

Tabelle 57: Durchschnittliche Kaufwerte für Bauland 1984 nach Gemeindegrößenklassen (DM/m²)

Gemeinden mit ... bis unter ... Einwohnern	Baulandarten insgesamt	Baureifes Land	Rohbau-land	Sonstiges Bauland
unter 2 000	35,94	56,51	20,23	8,49
2 000 – 5 000	63,43	86,17	34,22	19,12
5 000 – 10 000	79,21	108,31	43,77	27,65
10 000 – 20 000	88,44	114,18	47,27	32,95
20 000 – 50 000	102,24	133,53	60,66	33,40
50 000 – 100 000	124,02	181,31	74,10	37,53
100 000 – 200 000	171,48	251,17	98,86	56,90
200 000 – 500 000	199,20	291,12	84,63	55,47
500 000 und mehr	231,65	388,87	70,08	108,94

Quelle: Statistisches Bundesamt: Fachserie 17, Reihe 5, Kaufwerte für Bauland 1984, September 1985, S. 12.

(2) Das Baulandangebot aus der Umwidmung bisher landwirtschaftlich genutzter Flächen ist beträchtlich zurückgegangen, da die realisierten Wertzuwächse nach einem Urteil des Bundesverfassungsgerichts aus dem Jahre 1970 wie bei anderen Grundstücken, die zum Betriebsvermögen zählen, versteuert werden müssen (vgl. BVerfGE 28, S. 227ff.).

(3) Schließlich wird Bauland auch vielfach gehortet, weil es als inflationssichere und steuerbegünstigte Wertanlage gilt.

Tabelle 58: Entwicklung der durchschnittlichen Kaufwerte für Bauland 1962-1985 (DM/m^2)

Jahr	Baulandarten insgesamt	Baureifes Land	Rohbauland	Sonstiges Bauland
1962	11,54	14,83	9,50	8,24
1965	17,04	21,89	13,70	10,38
1970	25,29	30,74	19,60	16,56
1975	35,09	44,08	21,71	16,39
1980	62,43	82,01	32,88	24,41
1981	72,66	96,07	36,55	28,06
1982	82,99	111,51	42,85	25,93
1983	88,52	119,91	46,07	29,29
1984	87,72	121,95	45,09	29,56
1985[1]	76,92	113,05	40,32	37,67

[1] vorläufige Werte, errechnet aus den vier Quartalswerten 1985.
Quelle: Statistisches Bundesamt (Hrsg.): Statistische Jahrbücher für die Bundesrepublik Deutschland, lfde. Jge., sowie Fachserie 17, Reihe 5, Kaufwerte für Bauland, lfde. Nrn.

Es ist zu erwarten, daß das Bauland auch bei Abbau all dieser Hemmnisse ein außerordentlich knappes Gut bleiben wird, für das in der Zukunft weiterhin steigende Preise entrichtet werden müssen (vgl. *WISSENSCHAFTLICHER BEIRAT*, 1982, S. 10f.).

Der Einbruch der Bautätigkeit wurde zeitweilig durch einen explosionsartigen Anstieg der **Finanzierungskosten** mit verursacht; eine solche Situation entstand z.B. zu Beginn der 80er Jahre:

(1) Für Kapitalanleger war es zeitweilig günstiger, ihre flüssigen finanziellen Mittel in Rentenwerten anzulegen, anstatt sie in den mit beträchtlichen Rentabilitätsrisiken verbundenen Mietwohnungsbau fließen zu lassen.

(2) Auch auf den Eigenheimbau hat sich der Anstieg der Finanzierungskosten sehr negativ ausgewirkt, wenngleich auch hier die Bereitschaft der Bevölkerung zur Inkaufnahme höherer Lasten noch deutlich stärker ausgeprägt war.

(3) Parallel zum Anstieg der Zinsen für Hypotheken haben sich auch die Möglichkeiten der Inanspruchnahme billiger Bauspardarlehen verschlechtert; die Zuteilungsfristen sind immer länger geworden und haben die Attraktivität dieses Finanzierungsweges vermindert (vgl. *WISSENSCHAFTLICHER BEIRAT*, 1982, S. 14ff.).

1.2 Wohnungsbestand

Im Zuge der Wohnungsbautätigkeit der letzten Jahrzehnte hat sich der Wohnungsbestand in der Bundesrepublik Deutschland nahezu verdreifacht; die Zahl der Wohnungen je Haushalt läßt **kaum noch ein globales Wohnungsdefizit** erkennen; zugleich ist die **Qualität des Wohnungsbestandes** erheblich gewachsen:

(1) Belief sich der Wohnungsbestand im Jahre 1950 erst auf 9,4 Mio., so stieg er bis 1960 auf 16,1 Mio. an. 1970 waren 20,8 Mio. Wohnungen verfügbar; 1980 waren es 25,4 Mio. und 1984 26,8 Mio. Wohnungen.

(2) Diese Entwicklung des Wohnungsbestandes ging über die Zunahme der Zahl der privaten Haushalte weit hinaus. 1950 belief sich die Zahl der Wohnungen je Haushalt auf 0,61 und stieg bis 1960 auf 0,85 Wohnungen an. 1970 lag die Wohnungsdichte bei 0,95 Wohnungen je Haushalt; 1980 waren es 1,02 und 1984 1,06 Wohnungen je Haushalt.

(3) 1950 belief sich die Zahl der Personen je Wohnung auf 5,0. Die Belegungsdichte fiel bis 1960 auf 3,4 ab; 1970 wurde ein Wert von 2,9 erreicht, 1980 waren es 2,4 und 1984 2,3 Personen je Wohnung.

(4) Gleichzeitig ist die durchschnittliche Wohnfläche je Wohnung erheblich angestiegen. Während sich die durchschnittliche Wohnfläche der bis 1971 errichteten Wohneinheiten in Wohngebäuden auf 79 qm belief, so ergab sich für die 1972 und später (bis 1982) fertiggestellten Wohneinheiten ein Durchschnitt von 98 qm.

(5) Die Wohnungsversorgung ist nicht nur quantitativ, sondern auch qualitativ verbessert worden. 1950 stellten Warmwasserversorgung, Sammelheizung, Bad/Dusche und WC in der Wohneinheit Ausnahmen dar. Heute gehört eine entsprechende Ausstattung der Wohnungen zum allgemeinen Standard.

(6) Der Mietanteil am Nettoeinkommen von Arbeitnehmern (4-Personen-Arbeitnehmerhaushalte mit mittlerem Einkommen) schwankt seit Ende der sechziger Jahre leicht um etwa 13%. Für 1984/85 ergaben sich etwa 15%. Die Kaltmiete hat sich also fast einkommensproportional entwickelt.

Angesichts des mittlerweile erreichten hohen Grades der Wohnungsversorgung ist es nicht verwunderlich, daß sich auf den **Wohnungsmärkten** die ersten **Schwächeerscheinungen** zeigen. Hierfür sprechen folgende Anzeichen:

(1) Seit 1984 wird in der Wohnungswirtschaft verstärkt auf das Phänomen leerstehender Wohnungen hingewiesen. Mitte 1984 gelangte der Gesamtverband Gemeinnütziger

Tabelle 59: Entwicklung des Wohnungsbestandes 1950-1984

Jahr	Anzahl der Wohnungen in 1000	Räume je Wohnung	Räume je Person	Wohnungen je Haushalt	Personen je Wohnung
1950	9438	–	–	0,614	5,0
1960	16139	3 66	1,066	0,845*	3,4
1965	19019	3,90*	1,258*	0,897	3,1
1970	20807	4,14	1,420	0,946	2,9
1975	23621	4,17	1,593	0,996	2,6
1980	25406	4,22	1,741	1,024	2,4
1981	25748	4,22	1,762	1,026*	2,4
1982	26076	4,23	1,790	1,029	2,4
1983	26399	4,23	1,818	1,031*	2,3
1984	26782	4,23	1,852	1,060*	2,3

* geschätzte Werte.
Quelle: Statistisches Bundesamt (Hrsg.): Statistische Jahrbücher für die Bundesrepublik Deutschland, lfde. Jge., sowie Kronberger Kreis, 1984, S. 11.

Tabelle 60: Bewohnte Wohneinheiten in Wohngebäuden nach Ausstattung und Größe 1960-1982

Jahr	Anzahl insgesamt	WC in der Wohneinheit	mit Bad/Dusche	mit Sammelheizung	Ausstattungstyp		
					mit Bad, WC und Sammelheizung	mit Bad, WC ohne Sammelheizung	Sonstige Ausstattung
	in 1000	in %					
1960	–	61,6	48,5	–	10,7	37,8	51,5
1965	18444	–	62,9	23,4	21,6	41,3	37,1
1968	19640[1]	79,3	67,7	32,4	29,8	37,8	32,3
1972	20633	–	82,4	44,7	41,9	51,9	
1978	22254	92,8	89,2	63,4	59,0	27,6	13,4
1980	22801	94,0	90,0	66,1	62,0	25,4	12,6
1982	23232	95,6	91,8	69,8	66,2	24,0	9,9

[1] ohne Wohngelegenheiten.
Quelle: Statistisches Bundesamt (Hrsg.): Statistische Jahrbücher für die Bundesrepublik Deutschland, lfde. Jge.

Tabelle 61: Bewohnte Wohneinheiten in Wohngebäuden 1982

Kriterien	bis 1971 errichtet	1972 und später errichtet	insgesamt
Wohneinheiten insgesamt	19045,9	4177,4	23232,3
davon mit einer Wohnfläche von ... bis unter ... m² in %			
unter 40	7,2	4,3	6,7
40 – 60	21,5	10,3	19,5
60 – 80	29,1	19,5	27,4
80 – 100	18,9	21,1	19,3
100 – 120	10,1	16,3	11,2
120 und mehr	13,1	28,6	15,9
Durchschnittliche Wohnfläche in m² je Wohneinheit	79	98	82
Art der Beheizung in %			
Sammelheizung	64,5	93,5	69,8
Ofenheizung	35,5	6,5	30,2

Quelle: Statistisches Bundesamt (Hrsg.): Statistisches Jahrbuch für die Bundesrepublik Deutschland 1985, S. 228.

Wohnungsunternehmen aufgrund einer Erhebung bei seinen Mitgliedsunternehmen und Hochrechnung dieser Erhebungsergebnisse zu einem Schätzwert von 251000 leerstehenden Wohnungen; hiervon entfallen 102000 auf Mietwohnungen (davon 27000 in Sozialbauten), 95000 auf Wohnungen in Eigenheimen (davon 75000 Neubauten) und 54000 auf Eigentumswohnungen (davon 40000 in neugebauten Häusern nach dem Bauherrenmodell). Nach Schätzungen des Zentralverbandes der Deutschen Haus-, Wohnungs- und Grundeigentümer stehen im Bundesgebiet zwischen 800000 und eine Million Wohnungen leer. Das Bundesbauministerium geht von einem längerfristigen Leerstand von höchstens 250000 Wohnungen aus; dies seien vor allem Wohnungen mit überdurchschnittlich hohen Mieten. Die Spannweite dieser Schätzungen über den

Tabelle 62: Mieten 1950-1985

Jahr[1]	Durchschnittsmiete je qm im sozialen Wohnungsbau[2]		Veränderung d. Mietindex[3]			Mietanteil am Netto-einkommen von	
			Altbau (vom 1.4.1924 bis 20.6.48 erbaut)	Neubau sozialer Wohnungsbau	Neubau frei finanzierter Wohnungsbau	Rent-nern[4]	Arbeit-nehmern[5]
	DM	%	%	%	%	%	%
1950	·	·	+ 1,2	+ 0,2	·	·	10,1
1955	·	·	+ 3,3	+ 1,2	·	13,1	8,8
1960	1,55	+ 6,2	+ 7,0	+ 5,3	·	13,4	9,6
1961	1,68	+ 8,4	+ 9,4	+ 7,7	·	14,2	9,7
1962	1,87	+ 11,3	+ 1,9	+ 2,3	·	13,6	9,3
1963	2,01	+ 7,5	+ 7,6	+ 2,8	+ 4,6	14,0	9,6
1964	2,15	+ 7,0	+ 7,0	+ 5,1	+ 4,7	13,9	9,9
1965	2,36	+ 9,8	+ 5,8	+ 5,4	+ 5,2	15,3	9,9
1966	2,67	+ 13,1	+ 11,8	+ 6,7	+ 4,8	15,9	10,9
1967	2,96	+ 10,9	+ 5,5	+ 7,2	+ 7,1	17,2	12,1
1968	2,99	+ 1,0	+ 7,4	+ 6,9	+ 8,0	18,1	13,5
1969	3,05	+ 2,0	+ 6,7	+ 9,5	+ 4,5	19,2	13,8
1970	3,12	+ 2,3	+ 4,3	+ 3,6	+ 4,7	18,8	13,4
1971	3,51	+ 12,5	+ 7,0	+ 5,3	+ 5,8	18,6	12,8
1972	3,68	+ 4,8	+ 6,1	+ 5,3	+ 6,4	18,2	13,3
1973	4,07	+ 10,6	+ 6,2	+ 6,9	+ 5,7	18,5	12,9
1974	4,12	+ 1,2	+ 5,3	+ 5,8	+ 4,1	18,6	13,2
1975	4,37	+ 6,1	+ 7,1	+ 8,7	+ 4,5	19,7	12,7
1976	4,50	+ 3,0	+ 5,7	+ 5,8	+ 3,9	19,6	13,0
1977	4,57	+ 1,6	+ 4,0	+ 3,1	+ 2,9	18,8	13,2
1978	4,59	+ 0,4	+ 3,1	+ 2,7	+ 2,7	18,9	12,8
1979	4,87	+ 6,1	+ 3,6	+ 3,4	+ 3,0	19,4	12,8
1980	5,10	+ 4,7	+ 5,2	+ 6,2	+ 4,2	19,5	13,4
1981	5,62	+ 10,2	+ 4,9	+ 4,6	+ 3,9	19,4	13,1
1982	5,99	+ 6,6	+ 5,4	+ 5,5	+ 4,4	19,5	13,5
1983	6,10	+ 1,8	+ 6,2	+ 6,1	+ 4,0	20,4	14,2
1984	6,25	+ 2,5	+ 4,5	+ 3,9	+ 3,2	21,0	15,2
1985[6]	5,84	− 6,6	+ 3,6	+ 4,0	+ 2,1	21,9	15,6

[1] Mietindex: 1950 bis 1961 ohne Berlin; 1950 und 1955 ohne Saarland.
[2] nach § 18 des Wohnungsbaugesetzes voll geförderter Wohnungsbau (1. Förderungsweg).
[3] Teil des Preisindex für die Lebenshaltung aller privaten Haushalte auf der Basis 1970; ab 1979 auf der Basis 1980.
[4] 2-Personen-Haushalte von Renten- und Sozialhilfeempfängern.
[5] 4-Personen-Arbeitnehmerhaushalte mit mittlerem Einkommen.
[6] teilweise vorläufige Ergebnisse.
Quelle: Fachserien des Statistischen Bundesamtes.

Leerstand von Wohnungen verdeutlicht eine weitgehende Unsicherheit; hier hätte allein die 1983/84 gescheiterte Volkszählung mehr Klarheit bringen können.

(2) Mittlerweile sind mehrere Wohnungsbaugesellschaften in wirtschaftliche Schwierigkeiten geraten. Es wird berichtet, daß bei ihnen nicht nur manche Mietwohnungen zeitweilig leerstehen, sondern daß Wohnungen in bestimmten Gegenden Deutschlands überhaupt nur noch schwer zu vermieten seien. Deutliche Mietnachlässe und die Ge-

währung von Zusatzleistungen stellen zwar noch nicht die Regel, sondern die Ausnahme dar, weisen jedoch eine steigende Tendenz auf. Die Vermieter müssen sich zunehmend um die Mieter bemühen.

(3) Wertsteigerungen bei Immobilien sind nicht mehr selbstverständlich. Manche Bauherren, die vor einigen Jahren noch günstig gebaut haben, müssen heute zunehmend beim Verkauf Preisnachlässe hinnehmen. Im Bauherrenmodell errichtete Wohnungen sind teilweise nur noch schwer abzusetzen.

(4) Diese Entwicklungen haben auch die Beleihungsmodalitäten der Banken verändert. Vor Jahren waren die Banken noch regelmäßig zu einer sehr hohen Beleihung von Immobilien bereit, weil sie davon ausgingen, daß die betreffenden Objekte innerhalb weniger Jahre in die Beleihung hineinwachsen würden. Bedingt durch die wirtschaftliche Krise und die relativ hohen Zinsen kam es im Jahre 1983 zu schätzungsweise 30000 Zwangsversteigerungen, wobei in manchen Fällen die Versteigerungserlöse die Kreditbeträge nicht mehr deckten. Infolgedessen sind die Banken in ihrem Beleihungsverhalten deutlich vorsichtiger geworden.

1.3 Problemstellung

Zweifellos ist die Wohnungsversorgung in der Bundesrepublik Deutschland gegenwärtig so gut wie nie zuvor. Wenn dennoch oft von einer Wohnungsnot gesprochen wird, so ist diese gewiß nicht mit jener Wohnungsnot der unmittelbaren Nachkriegszeit zu vergleichen. Die „neue“ Wohnungsnot stellt sich kaum als ein globales Angebotsdefizit an Wohnraum dar, sondern läßt sich allenfalls auf **partielle Ungleichgewichte** auf den Wohnungsmärkten zurückführen:

(1) Da die Zahl der Wohnungen je Haushalt mittlerweile über 1,0 liegt, müßte eigentlich ein gewisser Sättigungsgrad mit Wohnungen erreicht sein. In dieser Situation ergeben sich dennoch Engpässe auf den Wohnungsmärkten dadurch, daß es viele Haushalte gibt, die eine billige Wohnung suchen, aber nicht finden. Gerade junge Familien sind oft auf die teuren Neubauwohnungen angewiesen, die für sie häufig kaum erschwinglich sind. Nicht Wohnungen im allgemeinen, sondern billige Wohnungen sind knapp.

(2) Partielle Angebotsdefizite betreffen einzelne Gruppen von Wohnungsnachfragern wie Kinderreiche, Geringverdienende, Ausländer usw. Die Lösung der Wohnungsversorgungsprobleme dieser „Problemgruppen“ der Wohnungsmärkte ist bisher nicht gelungen.

(3) Vielfach wird nicht nur auf personelle, sondern auch auf regionale Angebotsdefizite hingewiesen. Diese sind jedoch nicht generell für die Ballungsgebiete festzustellen. In der wirtschaftlichen Entwicklung wird es immer Regionen geben, die durch einen überdurchschnittlich hohen Lohn-, Wohn- und Freizeitwert gekennzeichnet sind. Nach neueren Umfrageergebnissen würden etwa 20% der Bevölkerung gerne in München wohnen; es ist verständlich, daß hier Engpässe in der Wohnungsversorgung bestehen (vgl. *KRONBERGER KREIS*, 1984, S. 13).

Der Abbau partieller Ungleichgewichte auf den Wohnungsmärkten ist zweifellos eine wichtige Zukunftsaufgabe der Wohnungspolitik. Allerdings ist fraglich, ob der gegenwärtige wohnungspolitische Interventionismus dazu geeignet ist, die anstehenden Probleme einer Lösung zuzuführen. Erfahrungen aus der jüngeren Vergangenheit lassen Zweifel aufkommen und die Forderung nach mehr marktlicher Steuerung auch im Bereich der Wohnungswirtschaft entstehen.

2. Wohnungsbestandspolitik

2.1 Marktversagen versus Politikversagen

In der ökonomischen Theorie werden Ungleichgewichtssituationen regelmäßig auf **Marktunvollkommenheiten** zurückgeführt, die sich in einer Heterogenität der Marktobjekte und/oder mangelnder Markttransparenz bei geringer Anpassungsflexibilität von Angebot und Nachfrage äußern. Wohnungsmärkte stellen (auch außerhalb der unmittelbaren Kriegs- und Nachkriegszeit) typische unvollkommene Märkte dar. So ist insbesondere eine erhebliche **Heterogenität der Marktobjekte** festzustellen. „Die Wohnungsmärkte unterscheiden sich nach der Beschaffenheit der Wohnungen in bezug auf Hausgröße und Hausart (Hochhaus, Zweifamilienhaus, Einfamilienhaus, Flachbau), in bezug auf die Eigentumsverhältnisse (Eigenheime, Eigentumswohnungen, Mietwohnungen), in bezug auf die Wohnungsgröße und die Wohnungsqualität (Lichtverhältnisse, Luftverhältnisse, sanitäre Ausstattung) und in bezug auf das Alter der Wohnungen" (*H. LAMPERT*, 1980b, S. 343). Diese Heterogenität der Marktobjekte, die gegebenenfalls regional und lokal verstärkt in Erscheinung tritt, verhindert – bei insgesamt relativ guter **Markttransparenz** – jedoch nicht von vornherein einen zufriedenstellenden Ausgleich von Angebot und Nachfrage. Dies geschieht erst dann, wenn sich angesichts der vorhandenen Marktstruktur typische **Verhaltensweisen der Marktteilnehmer** zeigen, die auch durch die wirtschafts- und sozialpolitischen Rahmenbedingungen mitgeformt werden.

Unvollkommene Märkte mit typischen Ungleichgewichtssituationen waren in der Vergangenheit stets das bevorzugte Objekt interventionistischer Eingriffe. So konnten sich denn auch die Befürworter staatlicher Interventionen in die Wohnungsmärkte lange Zeit einer breiten Zustimmung in Wissenschaft, Politik und Öffentlichkeit sicher sein. Unter Bezugnahme auf das Sozialstaatsprinzip des Grundgesetzes wurde – auch und gerade in Verbindung mit der grundgesetzlich verankerten Sozialpflichtigkeit des Eigentums – ein **System des wohnungspolitischen Interventionismus** geschaffen, das in seiner sozialpolitischen Tragweite schon bald nicht mehr zu übersehen war, aber dennoch lange Zeit nicht in Frage gestellt wurde. Insbesondere wurde die Überlegung, daß das Sozialstaatsprinzip als verfassungsrechtliche Fundamentalnorm in erheblichem Umfange interpretationsbedürftig ist und demnach nur eine relativ schwache Begründung für einen bestimmten wohnungspolitischen Interventionismus liefern kann, weitgehend verdrängt.

Mit dem **Sozialstaatsprinzip** verbindet sich die Vorstellung, daß staatliche Politik in irgendeiner Weise stets dem sozialen Ausgleich und der sozialen Gerechtigkeit dienen solle und für einen jeden Menschen ein Mindesteinkommen sichern müsse. „Eine Mindestversorgung mit ganz bestimmten Gütern kann daraus nicht abgeleitet werden, es sei denn, lebenswichtige Güter seien den sozial Schwachen oder Einkommensschwachen trotz einer allgemeinen finanziellen Unterstützung nicht zugänglich. Für Wohnungen trifft das sicherlich nur in Notsituationen, aber nicht auf Dauer zu. Einzelne Gruppen werden allerdings auch bei einer im ganzen befriedigenden Wohnungsmarktsituation Schwierigkeiten haben, geeignete Wohnungen zu finden. Dies gilt beispielsweise für Flüchtlinge und Evakuierte, für Haushalte, die durch Katastrophen, Unfälle usw. ihre Wohnung verloren haben und kurzfristig untergebracht werden müssen, sowie in eingeschränktem Maße für Ausländer, Kinderreiche und Behinderte, deren besondere Anforderungen an die Wohnung vom Staat mit geringeren Kosten (geringere Vermietungsrisiken) erfüllt werden können als von privaten Einzeleigentümern" (*J. EEKHOFF*, 1981, S. 465 f.). Aber auch für diese Problemgruppen der Wohnungsmärkte zwingt das Sozialstaatsprinzip nicht zu demjenigen wohnungspolitischen Interventionismus, wie er bis in die Gegenwart praktiziert wird.

Es ist sogar fraglich, ob die einzelnen Elemente der Marktunvollkommenheit des Wohnungswesens überhaupt **staatliche Interventionen** zwingend nahelegen oder ob durch Markteingriffe nicht sogar sozialpolitisch unerwünschte Ergebnisse herbeigeführt werden. Zumindest in neuerer Zeit wird verstärkt darauf hingewiesen, daß Marktdefekte im Bereich der Wohnungsversorgung nicht unbedingt allein auf marktstrukturelle Besonderheiten zurückzuführen sind, sondern auch die Folge von **Politikversagen** sein können. Umso notwendiger wird die Prüfung der Frage, ob durch das gegenwärtige System des wohnungspolitischen Interventionismus nicht die Verwirklichung von sozialer Gerechtigkeit eher beeinträchtigt denn gefördert wird (vgl. *J. EEKHOFF*, 1981, S. 455 ff.; *R. BEHNKEN*, 1982, S. 129 ff.).

2.2 Grundzüge des sozialen Mietrechts

Die Wohnungsbestandspolitik findet vor allen Dingen ihren Ausdruck in dem sozialen Mietrecht mit seinen **Miethöhe- und Kündigungsschutzregelungen**, die den Mieter vor überhöhten Wohnungspreisen sowie vor dem Verlust der Wohnung schützen sollen:

(1) Die *Gestaltung des Mietverhältnisses* zwischen Mietern und Vermietern ist grundsätzlich den Vertragsparteien überlassen; insofern gilt das *Prinzip der Vertragsfreiheit*. Verschiedene Rechte des Mieters und gesetzliche Schutzbestimmungen können jedoch durch den Mietvertrag nicht oder nicht zum Nachteil des Mieters abgeändert werden. Hierzu zählen der Kündigungsschutz einschließlich Sozialklausel, die Nichtbeschränkung der Kündigung unbefristeter Mietverträge auf bestimmte Termine (bei Einhaltung der Fristen zu jedem Monatsletzten zulässig), das Recht der Angehörigen eines verstorbenen Mieters zur Weiterführung des Mietverhältnisses, das Recht zur vorzeitigen Beendigung eines Mietvertrages bei vereinbarter Staffelmiete (spätestens nach vier Jahren), die Begrenzung und Verzinsung der Mietkaution (höchstens das Dreifache der Monatsmiete, zahlbar in drei gleichen Monatsraten), der Schutz des Vergleichsmietenverfahrens und der Mietminderung bei nicht unerheblichen Mängeln der Mietsache, die Möglichkeit der Aufrechnung von Schadensersatzansprüchen gegen die Mietforderung (nach schriftlicher Ankündigung ein Monat vor Fälligkeit), der Schutz bei der Modernisierung durch den Vermieter sowie das Recht zur Mitnahme von eingebauten Einrichtungen beim Auszug (wenn nicht ein angemessener Ausgleich vorgesehen ist).

(2) Die *Beendigung eines Mietverhältnisses* kann – sofern nicht eine bestimmte Mietzeit vereinbart ist – nur durch schriftliche Kündigung unter Angabe von Gründen innerhalb der sich nach der Wohndauer richtenden Kündigungsfristen erfolgen; kürzere als die gesetzlich vorgesehenen Kündigungsfristen dürfen nur zugunsten des Mieters gelten, längere Kündigungsfristen binden beide Vertragspartner; das Recht auf fristlose Kündigung ist auf schwerwiegende schuldhafte Vertragsverletzungen beschränkt.

Der *Kündigungsschutz* für die Mieter begrenzt die Kündigung seitens des Vermieters auf jene Fälle, in denen er ein berechtigtes Interesse an der Beendigung des Mietverhältnisses hat; dieses Interesse ist gegeben bei Eigenbedarf, bei schuldhaften und schwerwiegenden Vertragsverletzungen durch den Mieter sowie bei erheblichen wirtschaftlichen Nachteilen für den Vermieter im Falle der Fortsetzung des Mietverhältnisses; dabei ist eine Kündigung etwa nur zu dem Zweck, durch Vermietung an andere Interessenten mehr Miete zu erzielen, unzulässig.

Der Kündigungsschutz gilt grundsätzlich auch für möblierten Wohnraum; Ausnahmen bestehen für möblierten Wohnraum in der vom Vermieter selbst bewohnten Wohnung (sofern der Wohnraum nicht zum dauernden Gebrauch für eine Familie überlassen ist), für Wohnraum, der nur zu vorübergehendem Gebrauch vermietet ist (z.B. Ferienwohnungen), sowie für Wohnraum, der Teil eines Studenten- oder Jugendwohnheims ist.

Auch bei *Zeitmietverträgen* kann der Mieter innerhalb bestimmter Fristen die Fortsetzung des Vertrages verlangen, wenn nicht der Vermieter ein berechtigtes Interesse an der Beendigung des Mietvertrages hat. Hier gelten Ausnahmen vom Kündigungsschutz, um die Vermietung vorübergehend leerstehenden Wohnraums zu fördern; in diesen Fällen gilt auch die sog. Sozialklausel nicht, und Räumungsfristen können nicht gewährt werden (vom Vollstreckungsschutz in besonderen Härtefällen abgesehen). Auch für Einliegerwohnungen gelten besondere Regelungen.

Die *Sozialklausel* gibt dem Mieter die Möglichkeit, einer an sich berechtigten Kündigung zu widersprechen und die Fortsetzung des Mietverhältnisses zu verlangen, wenn die vertragsmäßige Beendigung des Mietverhältnisses für den Mieter oder seine Familie eine Härte bedeuten würde, die auch unter Würdigung der berechtigten Interessen des Vermieters nicht zu rechtfertigen ist (hohes Alter, Invalidität, schwere Krankheit, erhebliche Aufwendungen für die Wohnung auf Verlangen des Vermieters, kein angemessener Ersatzraum zu zumutbaren Bedingungen); der Widerspruch gegen eine berechtigte Kündigung muß schriftlich erfolgen und ist an bestimmte Fristen gebunden.

Wird ein gekündigtes Mietverhältnis nicht gütlich aufgehoben, so muß ggf. das Gericht entscheiden (Räumungsklage); für die Räumung einer Wohnung sind vom Gericht angemessene *Räumungsfristen* zu setzen, die auf Antrag innerhalb gewisser Grenzen verlängert werden können.

(3) Die *Höhe der Miete* bestimmt sich bei *nicht preisgebundenen Wohnungen* nach dem Mietvertrag; die Vereinbarungsfreiheit ist jedoch nicht für „Wuchermieten" gegeben. Für alle nicht preisgebundenen Wohnungen kann eine *Staffelmiete* vereinbart werden (vorher festgelegte Mieterhöhungen für einen Zeitraum bis zu 10 Jahren bei Ausschluß anderer Mieterhöhungen außer den durch Betriebskostenerhöhungen bedingten); bei Staffelmietverträgen kann die normale Kündigungsmöglichkeit des Mieters für einen Zeitraum von bis zu 4 Jahren ausgeschlossen werden; allerdings dürfen bestehende Mietverträge nur mit Zustimmung des Mieters auf Staffelmiete umgestellt werden.

Außerhalb von Staffelmietverträgen hat der Vermieter einen Anspruch auf Zustimmung des Mieters zu einer gerechtfertigten *Mieterhöhung*; dabei müssen jedoch verschiedene Voraussetzungen gegeben sein: Kein Ausschluß der Mieterhöhung durch Vereinbarung der Parteien; unveränderte Geltung der bisherigen Miete seit mindestens 1 Jahr; kein Überschreiten der sog. Vergleichsmiete (übliche Miete für vergleichbare Wohnungen aufgrund der Mietvereinbarungen der letzten drei Jahre); Begrenzung der Mieterhöhung innerhalb von drei Jahren auf maximal 30%; schriftliche Begründung des Mieterhöhungsverlangens (etwa unter Bezugnahme auf Mietspiegel, Sachverständigengutachten, Vergleichswohnungen auch aus dem eigenen Bestand). Geht dem Mieter ein Mieterhöhungsverlangen zu, so hat er eine Überlegungsfrist; auch ist die erhöhte Miete erst von bestimmten Terminen an zu zahlen.

Sozialwohnungen sind preisgebunden und dürfen nur gegen Kostenmiete überlassen werden (Kapitalkosten + Bewirtschaftungskosten). Die Kostenmieten gelten bis zur Rückzahlung der öffentlichen Baudarlehen (mit speziellen Bindungsfristen bei vorzeitiger Rückzahlung). Eine Bindung an die Kostenmiete besteht auch bei steuerbegünstigten oder frei finanzierten Neubauwohnungen, die mit Wohnungsfürsorgemitteln für Angehörige des öffentlichen Dienstes gefördert sind, und bei steuerbegünstigten Neubauwohnungen, für die Aufwendungszuschüsse oder Aufwendungsdarlehen gewährt worden sind. Mieterhöhungen bei Sozialwohnungen und vergleichbaren Wohnungen sind nur dann möglich, wenn sich die laufenden Aufwendungen des Vermieters ohne sein Verschulden erhöhen.

Das soziale Mietrecht sieht auch Regelungen zur **Renovierung** und **Modernisierung** von Wohnraum sowie **Zweckentfremdungsverbote** vor; außerdem enthält es Hinweise zur Erhebung von **Fehlbelegungsabgaben**:

(1) Der Mieterschutz erstreckt sich auch auf Regelungen zu den laufenden Schönheitsreparaturen sowie zur Renovierung bei Auszug. Eine Modernisierung muß der Mieter grundsätzlich dulden, es sei denn, sie bedeutet für ihn oder seine Familie eine nicht zu rechtfertigende Härte; dies gilt jedoch nicht für Luxusmodernisierungen. Bei Modernisierung (einschließlich energiesparender Maßnahmen) kann der Vermieter die Kosten auf die Mieter umlegen; die jährliche Miete darf dann höchstens um 11% der Kosten (abzüglich staatlicher Zuschüsse) erhöht werden. Der Vermieter hat den Mieter jedoch zwei Monate vorher über Art und Umfang der Modernisierungsmaßnahmen und die zu erwartende Mieterhöhung schriftlich zu unterrichten; muß der Mieter die Modernisierung dulden, steht ihm ein kurzfristiges Kündigungsrecht zu.

(2) Für Wohnraum gelten weitgehende Zweckentfremdungsverbote, die auch das Leerstehen bisher vermieteten Wohnraums zeitlich begrenzen. Von den als Folge von Einkommenserhöhungen nicht mehr anspruchsberechtigten Nutzern von Sozialwohnungen soll grundsätzlich eine Fehlbelegungsabgabe erhoben werden.

2.3 Partielle Marktungleichgewichte

Die Nachfrager nach Wohnraum streben im großen und ganzen nach einer zufriedenstellenden Wohnungsversorgung zu möglichst niedrigen Kosten. Allerdings sind die Wohnungskosten nicht nur nach Art, Qualität und Lage der Objekte unterschiedlich, sondern differieren auch und gerade für grundsätzlich vergleichbare Objekte nach Maßgabe des jeweiligen Baujahrgangs. Ältere Wohnungen sind unter sonst gleichen Bedingungen regelmäßig billiger als jüngere Wohnungen. In dieser Situation ergibt sich auf den Wohnungsmärkten vor allem ein **Defizit an preiswerten und geräumigen Wohnungen**:

(1) Das soziale Mietrecht mit seinen Kündigungsschutz- und Miethöhevorschriften hat in der Vergangenheit nicht nur marktmäßig mögliche Mietanpassungen für bestimmte Objekte begrenzt, sondern auch die Angleichung der Wohnungskosten für vergleichbare Objekte über die verschiedenen Baujahrgänge hinweg verhindert. Hierdurch sind die langjährigen Inhaber älterer Wohnungen begünstigt. Preiswerte ältere Wohnungen werden nicht aufgegeben, da mit einem Umzug neben den Umzugskosten auch regelmäßig Mieterhöhungen verbunden sind. Dies gilt nicht nur dann, wenn bei einem Umzug neuere Wohnungen bezogen werden, sondern ist auch für den Neubezug älterer Wohnungen festzustellen. Für mäßige Mietsteigerungen in der Vergangenheit halten sich die Vermieter bei einem Neubezug mit einem sprunghaften Anstieg der Miete schadlos. In dieser Situation werden die Inhaber preiswerter älterer Wohnungen geradezu zur Immobilität veranlaßt. Faktisch wird ein erheblicher Teil des Wohnungsbestandes aus dem Markt herausgenommen.

(2) Diese Feststellungen treffen nicht nur auf den frei finanzierten und steuerbegünstigten Wohnungsbau zu, sondern gelten verstärkt (Prinzip der Kostenmiete) für den sozialen Wohnungsbau. Auch hier sind für vergleichbare Objekte unterschiedlicher Baujahrgänge starke Mietdifferenzen zu beobachten. Langjährige Inhaber älterer Sozialwohnungen werden diese kaum zugunsten vergleichbarer Objekte neuerer Baujahrgänge aufgeben. Erst recht werden sie sich so verhalten, wenn ihr Einkommen mittlerweile über die für Sozialwohnungen gültigen Grenzen hinausgewachsen ist, da sie sich nunmehr bei Aufgabe ihrer alten Wohnung nur noch an den allgemeinen Wohnungsmarkt wenden können.

(3) Neben dem Problem der Fehlbelegung von Sozialwohnungen ist das Problem der Unterbelegung geräumiger Altbauwohnungen entstanden. Besonders häufig sind die billigsten Sozialwohnungen unterbelegt (vgl. *E. DICK*, 1981, S. 481 ff.). Die langjährigen Inhaber preiswerter und geräumiger Wohnungen werden diese im allgemeinen auch bei einem Rückgang der Familiengröße nicht aufgeben, da bei dem Bezug kleinerer und neuerer Wohnungen neben den Umzugskosten regelmäßig Mieterhöhungen in Kauf zu nehmen sind, die schließlich sogar die kleinere Wohnung teurer als die alte geräumige Wohnung machen können. Gerade die Inhaber preiswerter und geräumiger Altbauwohnungen werden zur Immobilität veranlaßt; es entsteht ein Versorgungsdefizit insbesondere für die nachwachsenden kinderreichen Familien, die auf solche Wohnungen angewiesen sind.

(4) Die mit der Immobilität preiswerter und geräumiger Wohnungen entstandenen Probleme werden dadurch entscheidend verschärft, daß der Bestand an solchen Wohnungen im Laufe der Zeit durch Modernisierungen erheblich reduziert worden ist. Die gegenwärtige Regulierung der Mietwohnungsmärkte läßt insbesondere dann Mieterhöhungen problemlos zu, wenn sie auf Modernisierungen zurückzuführen sind. Das Mietrecht erlaubt eine Erhöhung der Jahresmiete um 11% der entstandenen Aufwendungen, und dies nicht etwa nur für eine begrenzte Zahl von Jahren, sondern für die gesamte Zukunft. Außerdem läßt eine großzügige Steuergesetzgebung den Abzug der Modernisierungskosten im allgemeinen als Werbungskosten zu.

Vor diesem Hintergrund ist der Anreiz zur Durchführung von Modernisierungen erheblich. Bei aller positiv zu bewertenden Stadterneuerungswirkung wird damit der normale Lebensrhythmus des Wohnungsbestandes durchbrochen. Während sich früher im Lebensrhythmus des Wohnungsbestandes immer wieder erneut ein Angebot an älteren und relativ preiswerten Wohnungen ergab, verschiebt sich das Angebot an Wohnungen nunmehr systematisch in Richtung auf qualitativ hochwertige und teure Objekte, zumal auch ältere Stadtteile – wenn sie nicht mit problembehafteten Mietergruppen besetzt sind – vielfach eine steigende Attraktivität für Mieter mit hohem Sozialprestige erfahren haben.

Versorgungsdefizite mit preiswerten und geräumigen Wohnungen ergeben sich verstärkt für bestimmte **Problemgruppen der Wohnungsmärkte**. Hierzu zählen kinderreiche Familien, Ausländer aus fremden Kulturkreisen, Alleinerziehende mit Kindern, Suchtkranke usw. Gegenüber solchen Mietergruppen sind typische Abwehrreaktionen der Vermieter festzustellen:

(1) Abwehrreaktionen der Vermieter gegenüber bestimmten Problemgruppen der Wohnungsmärkte beruhen insbesondere auf erwarteten oder auf erfahrenen überdurchschnittlichen Belastungen der Wohnungen durch solche Mieter (überdurchschnittliche Beschädigungen, unterlassene Schönheitsreparaturen usw.). Die damit bewirkte Negativauslese unter den Mietern fällt dann besonders scharf aus, wenn auch die externen Nachteile der Vermietung an solche problembehafteten Mieter sehr hoch eingeschätzt werden. Es ist beobachtet worden, daß anfängliche Einzelfälle der Vermietung an problembehaftete Mieter zunächst zu einem negativen Instandsetzungsverhalten der Ver-

mieter, dann zu einem systematischen Wegzug der Mieter mit hohem Sozialprestige sowie zu einem weiteren Zuzug problembehafteter Mieter und schließlich zu einer typischen Ghettoisierung ganzer Stadtteile geführt haben. Von daher ist es verständlich, daß die Vermieter bei Freiwerden preiswerter und geräumiger Wohnungen diese bevorzugt an Mieter mit hohem Sozialprestige abgeben wollen, wobei auch eine Rolle spielt, daß diese Mieter sehr viel häufiger die nach erfolgter Modernisierung erhöhten Mieten tragen können.

(2) Die typische Abwehrreaktion der Vermieter gegenüber problembehafteten Mietergruppen drückt sich nicht nur im Bereich des frei finanzierten und steuerbegünstigten Wohnungsbaus aus, sondern prägt prinzipiell auch die Vermietung von Sozialwohnungen. In der Vergangenheit hat die Festlegung von Einkommensgrenzen für die Inanspruchnahme von Sozialwohnungen dazu geführt, daß zeitweilig etwa 70% der Wohnungssuchenden berechtigt waren, eine Sozialwohnung nachzufragen. Nach wie vor herrscht im Bereich der Sozialwohnungen ein erheblicher Nachfrageüberhang, wenngleich auch schon neuere Sozialwohnungen vielfach für die Problemgruppen des Wohnungsmarktes zu teuer geworden sind. Man schätzt, daß der Kreis der Anspruchsberechtigten mehr als doppelt so groß ist wie die Zahl der vorhandenen Sozialwohnungen. Der durch die Festlegung von Einkommensgrenzen künstlich geschaffene Nachfrageüberhang nach Sozialwohnungen führt dazu, daß die Vermieter erhebliche Wahlmöglichkeiten haben und im Rahmen einer Negativauslese die Abgabe von Sozialwohnungen an Problemgruppen der Wohnungsmärkte weitgehend vermeiden können.

Ohne Zweifel sind die Wohnungsmärkte unvollkommene Märkte mit weitreichenden partiellen Ungleichgewichten. Der staatliche Interventionismus hat die vorhandenen Marktdefekte nicht beseitigt, sondern sie sogar vielfach mitverursacht. Das soziale Mietrecht, die Modernisierungsförderung sowie die Steuergesetzgebung fördern Verhaltensweisen der Marktparteien, die eine Immobilität des Wohnungsbestandes begünstigen und zu einer systematischen Verminderung des Angebots aus dem Bestand insbesondere für problembehaftete Mieter beitragen. Die Überwindung der strukturellen Ungleichgewichte der Wohnungsmärkte durch einen verstärkten Neubau ist ebenfalls recht unwahrscheinlich, da sich der Neubau von Wohnungen weniger an Problemgruppen der Wohnungsmärkte als vielmehr an potentiellen Mietern mit hohem Sozialprestige und höheren Einkommen orientiert.

Der bisher praktizierte wohnungspolitische Interventionismus hat die **Verwirklichung von sozialer Gerechtigkeit** auch im Wohnungswesen eher gefährdet denn gefördert:

(1) Versteht man die soziale Gerechtigkeit im *horizontalen* Sinne, so ist nach der Gleichbehandlung von Personen in gleichartigen wirtschaftlichen und sozialen Verhältnissen zu fragen. Dieses Prinzip der Gleichbehandlung wird am Wohnungsmarkt als Folge wohnungspolitischer Interventionen durchbrochen. In der gegenwärtigen Wohnungspolitik zeigt sich ein Grundwiderspruch zwischen dem Bestandsschutz der bestehenden Mietverträge und der Versorgung der Nachfrager nach Wohnraum.

Das soziale Mietrecht schützt die Mieter mit laufenden Verträgen weitgehend vor Mieterhöhungen und vor Kündigungen. Die Inhaber von Altverträgen behalten ihre Wohnungen auch dann noch, wenn diese objektiv zu groß geworden sind. Die Probleme der Unterbelegung werden durch Fehlbelegungen verschärft; die Fehlbelegungsabgaben sind nicht dazu geeignet, die Inhaber von Altverträgen zu einer Aufgabe ihrer Wohnungen zu veranlassen. Im Vergleich zu den Mietern mit Altverträgen werden die neu in den Wohnungsmarkt eintretenden und häufig in der gleichen wirtschaftlichen und sozialen Situation befindlichen Wohnungssuchenden benachteiligt. Sie können entweder nur zu wesentlich höheren Mieten Verträge abschließen oder sind typischen Auswahlmechanismen unterworfen.

Dieser Grundwiderspruch der Wohnungspolitik zwischen dem Bestandsschutz der bestehenden Mietverträge und der Versorgung der Wohnungsnachfrager verschärft sich noch in dem Maße, indem als Folge der Wohnungspolitik mit einem weiteren Rückgang des Mietwohnungsangebots aus dem Bestand und aufgrund von Neubauten zu rechnen ist. Die soziale Ungerechtigkeit im Verhältnis von Wohnungsinhabern und Wohnungssuchenden wird dann noch deutlicher. „Ein als sozial gemeintes Gesetz droht seinen unmittelbaren Zweck zu verfehlen und zum Nachteil der Zielgruppe auszuschlagen" (*J. EEKHOFF*, 1981, S. 467; vgl. hierzu auch *J. EEKHOFF/G. WERTH*, 1978; *J. EEKHOFF/G. WERTH*, 1979; *WISSENSCHAFTLICHER BEIRAT*, 1982, S. 19 f. und S. 38 f.).

(2) Die Verletzung des Grundprinzips horizontaler Gerechtigkeit durch Ungleichbehandlung von Personen in vergleichbarer wirtschaftlicher und sozialer Lage setzt sich in einer ungenügenden Beachtung *vertikaler* Gerechtigkeitsaspekte fort. Die vertikale Gerechtigkeit ist in bezug auf verschiedene soziale Gruppen – insbesondere Einkommensgruppen – der Bevölkerung zu interpretieren. Auch dieses immer wieder hervorgehobene sozialpolitische Grundprinzip scheint durch den gegenwärtigen wohnungspolitischen Interventionismus eher gefährdet denn gefördert zu werden.

Grundsätzlich begünstigen die Kündigungsschutz- und Miethöhevorschriften die Bezieher hoher Einkommen schon dadurch, daß diese aufgrund von Herkunft, Ausbildung und sozialem Umfeld besser über ihre rechtlichen Möglichkeiten informiert sind als die ärmeren Schichten der Bevölkerung. Das soziale Mietrecht bewirkt darüberhinaus Ausleseprozesse unter den Mietern, die im allgemeinen zu Lasten der sozial Schwächsten gehen.

Auch die praktizierte Festlegung von Einkommensgrenzen für den Bezug von Sozialwohnungen führt dazu, daß Mieter mit niedrigem Sozialprestige und niedrigem Einkommen nicht zum Zuge kommen. Bezogen auf alle Mieterhaushalte sind die Mieter von Sozialwohnungen mit relativ hohen Einkommen überproportional und diejenigen mit ganz niedrigen Einkommen unterproportional durch Mietvorteile begünstigt (vgl. *E. DICK*, 1981, S. 481 ff.). Langjährige Inhaber von Sozialwohnungen werden auch dann noch geschützt, wenn ihre Einkommen mittlerweile über die festgelegten Grenzwerte hinaus gewachsen sind; die Fehlbelegungsabgaben sind nicht dazu geeignet, zu einem Freiwerden solcher Wohnungen für wirtschaftlich schwache Mieter beizutragen. Der durch das soziale Mietrecht beabsichtigte Schutz der sozial Schwachen verkehrt sich in sein Gegenteil.

Die mit der Verstärkung der sozialen Ungerechtigkeit im horizontalen und vertikalen Sinne gleichzeitig verbundenen **Effizienzverluste** für eine auf Mobilität aller Faktoren angewiesene Marktwirtschaft sind offensichtlich. Die Wohnungsbestandspolitik fördert die Immobilität der Arbeitskräfte und läßt typische räumliche Beharrungsmuster entstehen. Selbst Arbeitslose oder von Arbeitslosigkeit bedrohte Personen werden einen Wohnungswechsel zu vermeiden suchen. Arbeitsmarktprobleme werden auf diese Weise durch den wohnungspolitischen Interventionismus verschärft.

2.4 Wohnungsbestandspolitische Folgerungen

Eine Lösung der im Zuge der bisherigen Wohnungsbestandspolitik entstandenen Probleme durch weitergehende Interventionen scheint kaum sinnvoll zu sein; nach bisherigen Erfahrungen zwingen Staatseingriffe in Marktprozesse regelmäßig zu immer weiteren Interventionen, um vorhandene Umgehungsmöglichkeiten bisheriger Regelungen und erkennbar gewordene Schwächen abzubauen. Um einen derartigen circulus vitiosus der Interventionen zu vermeiden, ist eine Rückbesinnung auf die ordnungspolitischen Grundlagen der Marktwirtschaft notwendig. Hierzu gehört insbesondere die Ermöglichung einer größeren Vertragsfreiheit zwischen Vermietern und Mietern, was umso notwendiger ist, als gerade die mangelnde Gestaltungsfreiheit der Mietverträge zu sozialpolitisch unerwünschten Folgen geführt hat.

Eine **Verstärkung der Vertragsfreiheit** auf den Mietwohnungsmärkten ist aus verschiedenen Gründen ein wesentliches Element einer effizienten Wohnungsbestandspolitik:

(1) Die Verstärkung der Vertragsfreiheit zwischen Vermietern und Mietern ermöglicht einen erhöhten Wettbewerb auf den Wohnungsmärkten. Im Wettbewerb wird nicht nur die Verschwendung knapper Güter, wie sie durch politisch gesetzte Preise auf den Mietwohnungsmärkten typisch ist, reduziert, sondern Wettbewerbsmechanismen können auch stärker als staatliche Regulierungen der Unterschiedlichkeit von Präferenzen und Interessen der beteiligten Marktparteien Rechnung tragen. Unter den Bedingungen der Vertragsfreiheit abgeschlossene Verträge können individuell ausgestaltet werden und begünstigen eine weitgehende Begrenzung von späteren Mieter-Vermieter-Konflikten.

(2) Der durch eine Verstärkung der Vertragsfreiheit im Wettbewerb einsetzende Prozeß der Angleichung von Altbau- und Neubaumieten vermindert nicht nur die bestehenden sozialen Ungerechtigkeiten, sondern reduziert auch gleichzeitig die Mobilitätskosten der Inhaber von Wohnraum. Diese Mobilitätskosten finden nicht nur ihren Ausdruck in möglichen Umzugskosten, sondern vor allem in den erhöhten Mieten für neuen Wohnraum. Die Mietpreisdifferenzen dürften sich deutlich vermindern, was die negativen Mobilitätsanreize im Interesse einer effizienten Faktorallokation abbaut.

(3) Es ist allerdings zu erwarten, daß ein höheres Maß an Vertragsfreiheit auf den Mietwohnungsmärkten zunächst zu durchschnittlich höheren Mieten führen wird. Damit wird aber auch gleichzeitig auf mittlere und längere Sicht mit einem zusätzlichen Angebot an Mietwohnungen aus dem Bestand und aus Neubauten zu rechnen sein, was tendenziell wiederum den Mietanstieg begrenzt. Durch das zu erwartende erhöhte Angebot aus dem Bestand wird das Risiko des Verlustes des bisherigen sozialen Umfeldes bei einem Umzug eingeschränkt; zu große Wohnungen können zugunsten kleinerer Wohnungen unter Verbleib in dem bisherigen Umfeld aufgegeben werden, ohne daß allein als Folge dieser Entscheidung mit einem Mietanstieg zu rechnen ist.

Die Verstärkung der Vertragsfreiheit auf den Mietwohnungsmärkten bedeutet nicht – wie oft behauptet wird – die Einführung von Vermieterwillkür. Mieter und Vermieter können vielmehr **langfristige Verträge** abschließen, für die dann ein entsprechend vereinbarter **Kündigungsschutz** gilt. Denkbar (und sogar nachweisbar) sind Verträge über die gesamte Lebenszeit des Mieters; diese könnten mit an objektiven Indizes ausgerichteten Anpassungsklauseln für die Mieten verbunden werden, um einen sinnvollen Interessenausgleich zwischen Mietern und Vermietern zu realisieren. Vereinbarungen über Kündigungsrechte des Vermieters in besonderen Fällen könnten mit Kompensationszahlungen verbunden werden, die die Mobilitätskosten der Mieter im Falle des Auszugs ganz oder teilweise ausgleichen. Eine in diesem Sinne wohlverstandene Gestaltungsfreiheit der Mietverträge geht umso weniger zu Lasten der Mieter, als gleichzeitig das Angebot aus dem Bestand erhöht und dieser Bestand zusätzlich durch Neubauten ergänzt wird. Entstehende soziale Härten könnten gezielt durch **Sozialtransfers** ausgeglichen werden.

Überhaupt ist es unzulässig, die Gruppe der Mieter generell als die sozial Schwachen zu charakterisieren und die der Vermieter umgekehrt als die sozial Starken. Viele **Vermieter** mit wenigen Objekten haben die Ersparnisse ihres Arbeitslebens zum Zwecke ihrer Alterssicherung in Mietwohnungen investiert. Diese Vermieter sind sehr häufig gerade nicht die Reichen in unserer Gesellschaft. Eine solche Gruppe durch das soziale Mietrecht partiell zu enteignen, bedeutet zweifellos eine fundamentale soziale Ungerechtigkeit, deren Absicherung durch das Sozialstaatsprinzip sehr fraglich ist.

In den Prozeß der Liberalisierung der Mietwohnungsmärkte sollten auch die **Sozialwohnungen** – mit Ausnahme eines Bestandes, der für typische Problemgruppen vorgehalten werden muß – einbezogen werden. Die durch die Aufgabe von Mietpreis- und Belegungsbindungen entstehenden Vermietervorteile wären bis zur Rückzahlung der öffentlichen Finanzhilfen abzuschöpfen. Dies könnte eine gezielte Subjektförderung in Härtefällen erleichtern (vgl. *KRONBERGER KREIS*, 1984, S. 22).

Natürlich kann eine fundamentale **Rückbesinnung auf die Prinzipien der Marktwirtschaft** auch im Wohnungssektor nicht ad hoc und in vollem Umfange erfolgen. Es empfiehlt sich zunächst eine **Unterscheidung nach Alt- und Neuverträgen**. Während für die Neuverträge die Gestaltungsfreiheit unmittelbar gelten sollte, wäre für die Altmietverträge eine sukzessive Verstärkung der Gestaltungsfreiheit überlegenswert. In dieser Anpassungszeit sollten dann Begrenzungen der Mietsteigerungen oberhalb der Vergleichsmieten vorgesehen werden. Die allmähliche Gewöhnung an eine neue ordnungspolitische Situation würde auf diese Weise gefördert und die politische Durchsetzbarkeit einer Liberalisierung der Wohnungsmärkte erleichtert werden (vgl. *WISSENSCHAFTLICHER BEIRAT*, 1982, S. 48 f.).

3. Wohnungsbaupolitik

3.1 Meritorische Begründung der Objektförderung

Die meritorische Begründung interventionistischer Staatstätigkeit unterstellt dem einzelnen Wirtschaftssubjekt, daß es seine „wahren" Präferenzen für eine Versorgung mit bestimmten Gütern nicht kenne und diese deswegen auch nicht in marktliche Nachfrage transformieren könne. Überlasse man die Versorgung der Wirtschaftssubjekte mit solchen Gütern allein dem Markt, so müsse zwangsläufig eine auch gesellschaftlich nicht wünschenswerte **Unterversorgung** eintreten. Aus diesem Grunde müsse der Staat intervenieren und eine ausreichende Versorgung mit bestimmten Gütern herbeiführen, wobei er sich sogar über die am Markt geäußerten individuellen Präferenzen hinwegsetzen müsse.

Auch Wohnungen wurden sehr häufig als **meritorische Güter** in diesem Sinne betrachtet. Zu allen Zeiten galten Wohnungen als Güter ganz besonderer Art, deren Mieten stets als „zu hoch" empfunden wurden. In dieser Bewertung könnte eine Unterschätzung des „wahren" Nutzens von Wohnungen zum Ausdruck kommen.

Aus meritorischer Sicht berücksichtigen die einzelnen Bürger die Bedeutung größerer und besser ausgestatteter Wohnungen für ihr eigenes Wohlbefinden und das ihrer Familie nicht in genügender Weise. Insbesondere werden die negativen Wirkungen beengter und schlechter Wohnungen auf die Harmonie des Familienlebens, die physischen und sozialen Entwicklungsmöglichkeiten der Kinder, die Gesundheit der Familienmitglieder usw. nicht hinreichend bedacht. Würde man die Wohnungsversorgung allein dem Marktprozeß überlassen, so müßte sie gesellschaftlich unteroptimal ausfallen, da die Wirtschaftssubjekte die negativen Langzeitwirkungen einer unzureichenden Wohnungsversorgung systematisch unterschätzen.

Im Sinne einer meritorischen Begründung staatlicher Wohnungsbaupolitik sind **zwei Folgerungen** naheliegend:

(1) Da die Wirtschaftssubjekte den „wahren" Nutzen einer guten Wohnungsversorgung unterschätzen, muß der Staat durch eine gezielte Objektförderung diese Minderschätzung ausgleichen. Auf diese Weise würde eine quantitativ ausreichende Wohnungsbautätigkeit initiiert werden. In der Tat macht mittlerweile ein weitgefächertes System der Objektförderung im Wohnungswesen, dessen Anfänge zwar schon sehr weit zurückreichen, das aber im wesentlichen erst in den letzten Jahrzehnten entstanden ist, neben dem sozialen Mietrecht den Kern interventionistischer Eingriffe in den Wohnungssektor aus. Von politischer Seite wird immer dann, wenn sich Knappheitssituationen auf den Wohnungsmärkten abzeichnen, ein Mehr an Objektförderung verlangt; in dieser Hinsicht scheinen sogar vielfältige politische Strömungen im gesellschaftlichen Leben der Bundesrepublik einen gemeinsamen Nenner zu finden.

(2) Drückt sich die Minderschätzung einer guten Wohnungsversorgung nicht nur in quantitativer, sondern auch in qualitativer Hinsicht aus, so ist der Staat zur Festlegung von Qualitätsstandards aufgerufen. Das gegenwärtige Baurecht enthält eine Fülle von Vorschriften, die in diesem Sinne zu verstehen sind und zu einer beträchtlichen Baukostensteigerung geführt haben. Der Katalog der normativen Vorgaben ist mittlerweile so ausdifferenziert worden, daß er selbst für Fachleute kaum noch überschaubar ist. Die Festlegungen gehen weit über den sicherheitsrelevanten und städtebaulichen Grundkonsens hinaus und engen die Gestaltungsfreiheit der Bauherren bis in die kleinsten Einzelheiten ein.

In meritorischer Perspektive sind derartige **wohnungspolitische Interventionen** für die betroffenen Wirtschaftssubjekte deswegen von Vorteil, weil sie die negativen Folgen mangelhafter persönlicher Einsicht und entsprechender Präferenzierung geeigneten Wohnraums ausgleichen. Wohnungsbaupolitische Staatseingriffe würden zu einer gesellschaftlich wünschenswerten Optimierung der Wohnungsversorgung beitragen, weil der Staat in diesem Bereich besser wisse, was für den Bürger gut sei, als dieser selbst.

Allerdings ist der Beweis für die meritorische These kaum zu erbringen. „Selbst die Plausibilität des Arguments ist zweifelhaft, da die heutige Eltern- und Großelterngeneration vielfach unter beengten Wohnverhältnissen aufgewachsen sind, die heute als unzureichend angesehen werden, ohne daß daraus resultierende nachteilige Wirkungen festgestellt werden konnten. Im Gegenteil scheint die Wohlstandsbewältigung mehr Probleme mit sich zu bringen als ein Leben in ärmlichen Verhältnissen, soweit die Armut nicht existenzbedrohend ist. Die Notwendigkeit einer allgemeinen Subventionierung der Wohnungsnutzung läßt sich mit Hilfe dieser These jedenfalls kaum ableiten" (*W. ALBERS*, 1985, S. 1).

Aus ordnungspolitischer Sicht ist die meritorische Überlegung für freiheitliche Gesellschaften grundsätzlich abzulehnen. Aufgabe des Staates kann es nur sein, den Bürger über die negativen Folgen beengter und schlechter Wohnungen zu informieren. Ferner kann er auch gewisse und nicht zu hoch gegriffene Mindeststandards der Wohnungsversorgung formulieren. Damit müßte aber der Staat bereits die Grenze seiner interventionistischen Eingriffsrechte erreicht haben. Die freie Entscheidung des informierten Bürgers darf nicht durch behördliche Bevormundung ersetzt werden. In einem wohl verstandenen meritorischen Sinne sind jedenfalls generelle staatliche Reglementierungen des Wohnungsbaus nicht zu begründen (vgl. *J. EEKHOFF*, 1981, S. 463 ff.; *WISSENSCHAFTLICHER BEIRAT*, 1982, S. 31 ff.).

Die meritorische Begründung wohnungsbaupolitischer Interventionen in Form des weitgefächerten Systems der Objektförderung sowie der baurechtlichen Reglementierungen steht gesellschaftspolitisch auf sehr schwachen Füßen. Darüberhinaus ist es durchaus fraglich, ob gerade die Objektförderung dazu geeignet ist, das sozialpolitische Anliegen einer gezielten Förderung wirtschaftlich und/oder sozial schwacher Personenmehrheiten einer Realisierung entscheidend näher zu bringen oder ob nicht sogar als Folge der Objektförderung sozialpolitisch unerwünschte Entwicklungen zu verzeichnen sind. Hinzu kommt, daß allokative Fehlentwicklungen gerade durch eine Objektförderung, die in wachsendem Maße Finanzierungsprobleme mit sich bringt, in den Bereich des Möglichen rücken.

3.2 Verteilungspolitische, allokationspolitische und finanzpolitische Aspekte

Die staatliche Wohnungsbaupolitik wirkt mittels der Objektförderung sehr oft zugunsten der mittleren und oberen Einkommensschichten und vernachlässigt häufig die **Probleme der wirtschaftlich und sozial schwachen Bevölkerungsteile**. Diese Tendenz zeigt sich nicht nur bei dem Erwerb von Wohnungseigentum, sondern auch im Bereich des Mietwohnungsbaus:

(1) Der Erwerb von Wohnungseigentum stößt bei den Besserverdienenden selbstverständlich von vornherein auf günstigere finanzielle Voraussetzungen als bei den gering verdienenden Wirtschaftssubjekten. Darüberhinaus ist die Eigentumsbildung für die Besserverdienenden auch deswegen eher möglich, weil sich die einkommensteuerrechtlichen Abschreibungsvergünstigungen bei ihnen überproportional auswirken (Progressionswirkung der Einkommensteuer). Auch das Bausparsystem benachteiligt häufig die geringverdienenden Normalsparer, während die höher Verdienenden sehr viel schneller ansparen können und demzufolge nur einen geringeren inflationsbedingten Verlust ihrer Ersparnisse verzeichnen. Die oberen sozialen Schichten treten insgesamt verstärkt in den Möglichkeitsbereich des Erwerbs von Wohnungseigentum ein. Kinderreiche und/oder geringverdienende Familien sind kaum in der Lage, Wohnungseigentum zu bilden. Diese Politik zugunsten der oberen Schichten wiegt umso schwerer, je mehr die Baukosten, die Grundstückspreise und die Finanzierungskosten angestiegen sind.

(2) Diese Feststellungen gelten nicht nur für den Erwerb von Wohnungseigentum im Rahmen des frei finanzierten Wohnungsbaus, sondern schließlich auch für den steuerbegünstigten und sozialen Wohnungsbau. Die weitergehenden Förderungsmaßnahmen des steuerbegünstigten und sozialen Wohnungsbaus sind zwar an Einkommensgrenzen gebunden. Diese sind jedoch so hoch angesetzt, daß davon auch die mittleren Einkommensschichten erfaßt werden. Außerdem spricht einiges dafür, daß innerhalb dieser Einkommensgrenzen die Inanspruchnahmequote der öffentlichen Förderung mit steigendem Einkommen wächst. Ferner ist zu beachten, daß im allgemeinen nur das Einkommen im Jahr vor der Förderungsentscheidung relevant ist; junge Leute mit guter Ausbildung und überdurchschnittlichen Einkommensaussichten, aber zunächst noch niedrigen Anfangseinkommen, werden erheblich begünstigt, wobei das spätere Hinauswachsen über die Einkommensgrenzen für die staatliche Förderung irrelevant ist.

(3) Das Interesse der Anbieter im frei finanzierten, steuerbegünstigten und sozialen Mietwohnungsbau konzentriert sich wesentlich auf solvente Mieter mit hohem Sozialprestige. In diesem Ausschnitt des Wohnungsmarktes ist nicht nur das Angebot aus dem Bestand, sondern im allgemeinen auch aus dem Neuzugang beachtlich. Soweit es sich dabei um Sozialwohnungen handelt, mutet der Mietvorteil dieser Wohnungen im Vergleich zu frei finanzierten Wohnungen angesichts der erheblichen Förderungsvorteile für die Eigentümer relativ bescheiden an. Die Mietdifferenz zwischen beiden Bereichen belief sich 1965 nach Berechnungen des Deutschen Instituts für Wirtschaftsforschung auf etwa 62% des Subventionswertes; 1970 waren es nur noch 35% und schließlich 1975 lediglich 31%; nach *W. ALBERS* ist bis 1976 sogar ein Rückgang auf 26% festzustellen (vgl. *E. DICK*, 1981, S. 481ff.; *W. ALBERS*, 1985, S. 3). Belief sich der Überhang des Subventionswertes der öffentlichen Hilfen (Zinsverzicht für öffentliche zinsgünstige Darlehen und Aufwendungsbeihilfen) über die Mietendifferenz 1965 noch auf 0,55 DM je m^2 Wohnfläche und Monat, so stieg er bis 1970 auf 1,30 DM und schließlich bis 1975 auf 3,75 DM an (vgl. *E. DICK*, 1981, S. 481 ff.). Diese Auseinanderentwicklung dürfte sich bis in die Gegenwart hinein kaum wesentlich abgeschwächt haben. Die hohen Förderungsvorteile für die Eigentümer schlagen sich nur zu einem geringen Teil in Preissenkungen für Mieter nieder. Sie begünstigen vielmehr in erheblichem Umfange die Eigentumsbildung bei den Besserverdienenden.

Das Interesse der Träger des Mietwohnungsbaus konzentriert sich also in erster Linie auf zahlungskräftige **Mieter mit hohem Sozialprestige**. Erstellt werden dabei vor allem Wohnungen, für die angesichts demographischer Veränderungen und damit verbundener typischer Wandlungen der Haushaltsgrößen auch langfristig eine erhebliche Nachfrage erwartet werden kann:

(1) Die ökonomischen Überlegungen der Anbieter von neuem Wohnraum sind wegen der langen Lebensdauer neuerstellter Gebäude notwendigerweise langfristiger Natur. Grundsätzlich konzentrieren sich die Vermieter auf den Bau von „gängigen" Wohnungen, die auch bei rückläufiger Bevölkerungsentwicklung noch auf längere Sicht als gut vermietbar erscheinen. Der darüberhinaus gehenden Nachfrage nach Wohnraum wird nur eingeschränkt entsprochen. Insbesondere sind kinderreiche Familien deutlich benachteiligt; sie sind praktisch auf den Erwerb von Wohnungseigentum angewiesen, können aber die damit verbundenen finanziellen Lasten in der Mehrzahl der Fälle nicht tragen.

(2) Der Bevölkerungspessimismus wirkt sich auch in den gegenwärtig noch stark wachsenden Nachfragebereichen in einer verzögerten und teilweise eingeschränkten Angebotsreaktion aus. Diese kommt da verschärft zum Ausdruck, wo deutliche Anzeichen dafür bestehen, daß eine bestimmte Nachfrage nach Wohnraum angesichts demographischer Veränderungen nur vorübergehend entfaltet wird. So ist auf den gegenwärtig sehr hohen Anteil der 18-30jährigen an der Bevölkerung eine erhebliche Nachfrage nach relativ anspruchslosem Wohnraum zurückzuführen; da jedoch für die Zukunft mit einem

Rückgang dieses Bevölkerungsanteils zu rechnen ist, reagiert das Wohnungsangebot auf diese Nachfrage nur sehr zögernd, und es entstehen für die Gegenwart typische Wohnungsversorgungsdefizite.

Die gesamte staatliche Wohnungsbauförderung geht an den Problemgruppen der Wohnungsmärkte fast völlig vorbei. Sie wirkt vor allem zugunsten der oberen Einkommensschichten und läßt hier eine erhebliche **Vermögenskonzentration** in Form von Wohnungseigentum entstehen. Die Vorteile der Mieter von Sozialwohnungen sind im Vergleich zu diesem Eigentumsbildungseffekt bei den oberen Schichten außerordentlich bescheiden. Die Wohnungsbaupolitik wirkt tendenziell eher zugunsten der oberen Schichten denn zugunsten derjenigen Schichten, die aus sozialen Gründen an sich die Zielgruppe dieser Maßnahmen sein sollten (vgl. *WISSENSCHAFTLICHER BEIRAT*, 1982, S. 16 ff.).

An der gegenwärtigen Wohnungsbauförderung müssen nicht nur verteilungspolitische, sondern auch **allokationspolitische Bedenken** angemeldet werden. Die staatliche Subventionierung der Wohnungsbauinvestitionen führt dazu, daß die tatsächlich zu zahlenden Preise für Wohnungseigentum unter den volkswirtschaftlichen Herstellungskosten der Wohnobjekte liegen. Die vermögenspolitischen Steuerbegünstigungen sowie die direkten staatlichen Hilfen in Form von zinsverbilligten Darlehen und Zuschüssen bedingen eine deutliche Senkung der effektiven Kapitalkosten. Durch investive Maßnahmen bewirkte Wertsteigerungen der Wohnobjekte (z.B. durch Modernisierungsinvestitionen) werden über die Steuervergünstigungen ebenfalls zu einem erheblichen Teil von der öffentlichen Hand finanziert. Auch ohne weitere investive Maßnahmen erfuhren die meisten Wohnobjekte in der Vergangenheit sehr schnell beträchtliche Wertsteigerungen, die jedoch – selbst wenn sie realisiert wurden – nur in Ausnahmefällen zu versteuern waren.

Vor diesem Hintergrund ist die Auffassung nicht von der Hand zu weisen, daß das gegenwärtige Steuer- und Subventionssystem zu einer starken Begünstigung der **Kapitalbildung im Wohnungssektor** bei relativer Benachteiligung der Investoren im gewerblichen Sektor führt. Mit der typischen Verfälschung von Marktpreisen im Wohnungssektor sind Fehlallokationen nicht ausgeschlossen, wenn nicht sogar zwingend. Das Kapital wurde verstärkt in den Wohnungssektor gelenkt; es folgte den Subventionsströmen zumindest solange, bis vom sozialen Mietrecht entscheidende Gegenwirkungen ausgelöst wurden. Dabei veränderte sich zugleich die Struktur der Kapitalanlagen im Wohnungsbau. Aus der ursprünglich renditeorientierten Kapitalanlage wurde vor allen Dingen eine steuersparorientierte Investition. „An die Stelle der langfristig renditeorientierten größeren Kapitalanleger wie Versicherungen ist eine Vielzahl kleiner Investoren aus den oberen Einkommensschichten getreten, die sich vor allem unter dem Aspekt steueroptimaler Gewinnrealisierungen relativ kurzfristig im Wohnungsbau und im Handel mit Wohnungseigentum engagieren“ (*WISSENSCHAFTLICHER BEIRAT*, 1982, S. 24). Allein die Nachteile des sozialen Mietrechts haben bisher Überinvestitionen auf breiter Front verhindert (vgl. *WISSENSCHAFTLICHER BEIRAT*, 1982, S. 49 ff.; *J. EEKHOFF*, 1985, S. 36-40).

Die staatliche Förderung von Wohnungsbauinvestitionen ist auch unter **finanzpolitischen Aspekten** bedenklich. Das gegenwärtige Steuer- und Subventionssystem belastet den Staatshaushalt in erheblicher Weise, und die Finanzierungsprobleme werden für die Zukunft noch beträchtlich anwachsen. So zeichnet sich im

Wohnungssektor auch bei vorsichtiger Schätzung ein gravierender Anstieg des Subventionsbedarfs ab:

(1) Auch bei rückläufiger Bevölkerungsentwicklung muß bis zum Ende des Jahrhunderts mit einem Ersatzbedarf von etwa 150000 Wohnungen pro Jahr gerechnet werden. Dies sind innerhalb der nächsten 15 Jahre 2,25 Mio. Wohnungen. Die durchschnittliche Wohnungsgröße dürfte bei etwa 80 m^2 liegen.

(2) Der durchschnittliche monatliche Subventionsbedarf über alle Wohnungskategorien dürfte mit 15 DM je m^2 eher zu niedrig als zu hoch angesetzt sein; gegenwärtig liegt der entsprechende Subventionsbedarf für Sozialwohnungen bereits bei 20 DM (vgl. *W. ALBERS*, 1985, S. 3).

(3) Eine Begrenzung der Subventionsdauer auf 10 Jahre dürfte sich für eine vorsichtige Schätzung des Subventionsbedarfs als durchaus angemessen erweisen.

Unter diesen Voraussetzungen ergibt sich bis zur Jahrhundertwende ein Subventionsbedarf von 324 Mrd. DM; dies sind 21,6 Mrd. DM pro Jahr. Dieser Subventionsbedarf ist als Ergebnis einer sehr vorsichtigen Schätzung anzusehen; andere Schätzungen gehen von einem wesentlich größeren Ersatzbedarf an Wohnungen aus. Außerdem dürfte sich der Subventionsbedarf mit einem weiteren Anstieg der Wohnungsbaukosten bis zur Jahrhundertwende erheblich vergrößern (vgl. auch *KRONBERGER KREIS*, 1984, S. 16ff.).

3.3 Wohnungsbaupolitische Folgerungen

Verteilungspolitische, allokative und finanzielle Aspekte sprechen für eine erhebliche Einschränkung der Objektförderung im Wohnungswesen, die parallel zur Liberalisierung des sozialen Mietrechts zu realisieren wäre. Werden die investitionshemmenden Effekte des gegenwärtigen Mietrechts abgebaut, so ist der Objektförderung im Wohnungsbau zugleich eine entscheidende argumentative Grundlage entzogen. Allerdings wird die notwendige **Umorientierung der Wohnungspolitik** zu Mietsteigerungen führen; die daraus resultierende verstärkte Nachfrage nach kleineren und bescheideneren Wohnungen dürfte jedoch eher den gesellschaftlichen Möglichkeiten entsprechen als die gegenwärtig vielfach überzogenen Ansprüche bei traditionsgemäß niedrigen Mieten. Auch die potentiellen Wohnungseigentümer dürften bei einem Abbau der Subventionen ihre Ansprüche zurückschrauben und verstärkt bescheideneres Wohnungseigentum nachfragen. **Veränderungen des Nachfrageverhaltens** werden – in Verbindung mit Angebotsausweitungen als Folge eines Abbaus der investitionshemmenden Effekte des sozialen Mietrechts – einen beträchtlichen Teil der zusätzlichen Belastungen ausgleichen, die auf die Wirtschaftssubjekte im Zuge einer Umorientierung der Wohnungsbaupolitik zukommen.

Der Abbau der gegenwärtig vorherrschenden Objektförderung im Wohnungsbau bei gleichzeitiger Liberalisierung des sozialen Mietrechts wird die **öffentlichen Haushalte** beträchtlich entlasten. Damit werden Mittel frei zum Einsatz in jenen Fällen, in denen die Umorientierung der Wohnungspolitik sozialpolitisch unerwünschte Ergebnisse zeitigt. Zugunsten der sozial schwachen Mieter und Eigentümer könnte an die Stelle der bisherigen Objektförderung bei gleichzeitiger Liberalisierung des sozialen Mietrechts eine **verstärkte Subjektförderung** in Form von Mietzuschüssen und Lastenzuschüssen treten. Es spricht einiges dafür, daß derartige Individualförderungsmaßnahmen eine größere soziale Treffsicherheit aufweisen als das bisherige System der Objektförderung.

Individualförderungsmaßnahmen werden jedoch nicht immer ausreichen, um auch **problembehafteten Mietergruppen** mit schlechtem Sozialprestige, die sehr häufig von den Vermietern aus durchaus rationalen ökonomischen Erwägungen diskriminiert werden, angemessene Wohnungen zukommen zu lassen. Für derartige Gruppen könnte eine **Weiterführung der Objektförderung** sinnvoll sein. „Das könnte durch eine Objektförderung der Neubau- und gewisser Modernisierungstätigkeiten (mit Miet- und Belegungsbindungen) oder durch Belegungsbindungen eines Teils des Wohnungsbestands der durch subjektive Steuerbefreiung begünstigten gemeinnützigen Wohnungsgesellschaften und -genossenschaften geschehen oder auch durch ein Leasing-Verfahren, bei dem Kommunen Wohnungen global mieten und diese verbilligt unter Anrechnung der Wohngeldansprüche weiter vermieten" (*WISSENSCHAFTLICHER BEIRAT*, 1982, S. 71).

Der Umfang einer derartigen sozialpolitisch begründeten Objektförderung muß jedoch **in engen Grenzen** gehalten werden, wobei aus finanziellen Gründen weitgehend auf den vorhandenen Sozialwohnungsbestand zurückgegriffen werden müßte. Soweit der Sozialwohnungsbestand für diese Zwecke nicht benötigt wird, wäre seine sukzessive Liberalisierung mit teilweiser Abschöpfung der den Eigentümern entstehenden Liberalisierungsgewinne vorzusehen.

Die **investitionshemmenden Effekte des sozialen Mietrechts** werden gegenwärtig sehr hoch eingeschätzt; ein Abbau der Objektförderung wird daher nur dann möglich sein, wenn gleichzeitig das soziale Mietrecht liberalisiert wird. Allerdings wäre es kaum sinnvoll, bei diesen Maßnahmen stehen zu bleiben. Erwünscht ist vielmehr auch für die Zukunft eine Angebotsausweitung im Wohnungssektor, die sich nicht nur auf den Mietwohnungsbau beziehen, sondern auch und gerade zu einer Erhöhung der in der Bundesrepublik im internationalen Vergleich sehr niedrigen Wohnungseigentumsquote führen sollte. Zur Eingrenzung der Objektförderung und zur Liberalisierung des Mietrechts müssen daher flankierende Maßnahmen treten, die auf eine **Ausweitung des Baulandangebots**, eine **Senkung der Baukosten** und eine **Einschränkung der Finanzierungskosten** gerichtet sind:

(1) In den vergangenen Jahren haben sich Engpässe auf den Märkten für Bauland als ein besonderes Hemmnis der Investitionstätigkeit erwiesen. Derartige Engpässe resultieren nicht naturnotwendig aus der Begrenztheit des Bodens; auch ohne erhebliche zusätzliche Belastungen der naturräumlichen Ausgleichsfunktionen wäre eine Ausweitung des Baulandangebots möglich. Hierzu wäre jedoch der Abbau vielfältiger administrativer Restriktionen bei der Umwandlung von Nicht-Bauland in Bauland erforderlich, wobei auch ein verstärktes Baulandangebot der Kommunen aus eigenem Bestand wünschenswert wäre.

Wichtig ist aber vor allen Dingen eine Verminderung der gegenwärtig generell festzustellenden Anreize zur Hortung von Bauland. Derartige Anreize resultieren vielfach aus der Tatsache, daß Grund und Boden eine weitgehend inflationssichere und mit ständigen Wertsteigerungen verbundene Geldanlage ist, die zugleich verhältnismäßig niedrig besteuert wird (niedrige Einheitswerte, niedrige Grundsteuerbelastung); zur Durchbrechung der bestehenden Hortungsanreize müßten andere äquivalente Formen der Vermögenshaltung geschaffen und die laufende Besteuerung von Grund und Boden erhöht werden; gleichzeitig müßte jedoch die im Falle des Eigentumswechsels entstehende Steuerlast vermindert werden (Wegfall der Grunderwerbsteuer, Wegfall der

Besteuerung realisierter Wertsteigerungen bei aus land- und forstwirtschaftlichem Betriebsvermögen stammendem Boden).

Bei konsequenter Durchführung dieser Maßnahmen dürfte eine beträchtliche Steigerung des Baulandangebots möglich sein; die Auswirkungen auf die Grundstückspreise sind abzusehen.

(2) Parallel zur Ausweitung des Baulandangebots sind Maßnahmen zur Senkung der Baukosten einzuleiten. Bei vorgegebenen Baustandards und Bauvorschriften werden die Baukosten durch die Materialkosten und die Lohnkosten bestimmt; dabei erweist sich das Bauen nach wie vor als recht arbeitsintensiv (eng begrenzte Rationalisierungsmöglichkeiten). Eine Senkung der Baukosten ist daher nur dann zu erwarten, wenn die gegenwärtig teilweise überzogenen Baustandards gesenkt und die Bauvorschriften gelokkert werden. Einem bei Aufgabe der Objektförderung einsetzenden Trend zum einfachen Bauen mit der Notwendigkeit einer Lockerung der Bauvorschriften sind jedoch unter städtebaulichen Gesichtspunkten und Sicherheitsaspekten Grenzen gesetzt; dennoch dürfen die gerade in diesem Bereich vorhandenen Möglichkeiten zur Senkung der Baukosten bzw. des Baukostenanstiegs nicht unterschätzt werden.

(3) Wohnungsbauinvestitionen sind gerade im Vergleich zu anderen Investitionen deutlich zinsabhängig. Schwankungen in den Finanzierungskosten wirken sich daher in diesem Investitionsbereich erheblich aus. Wünschenswert wäre eine langfristig angelegte Stabilisierung der Finanzierungskosten auf einem „Normalniveau". Diese ist jedoch kaum zu erreichen, solange zum Zwecke der Inflationsbekämpfung zins- und liquiditätspolitische Mittel eingesetzt werden müssen.

Ersatzweise könnte die Indexierung privater Schuldverhältnisse, die zum Zwecke der Durchführung von Wohnungsbauinvestitionen begründet werden, erleichtert werden. „Ein Gläubiger, dessen Forderung nicht mehr der inflationsbedingten Erosion ausgesetzt wäre, könnte nun bereit sein, die Realwertsicherung des Kapitalbetrages dadurch zu honorieren, daß er sich mit einem vergleichsweise niedrigen Zinssatz begnügt. Diese Regelung würde gleichzeitig dem Schuldner für die gesamte Laufzeit des Darlehens Sicherheit über seine reale Belastung gewähren. Gläubiger und Schuldner wären daher bei Zulassung wertbeständiger Schuldverhältnisse im Realkreditgeschäft vermutlich auch wieder bereit, sich für wesentlich längere Kreditlaufzeiten bei festem Zins zu engagieren als gegenwärtig, wo die kurzen Laufzeiten im Aktiv- und Passivgeschäft der Realkreditinstitute zu einer Crux der Wohnungswirtschaft geworden sind" (*WISSENSCHAFTLICHER BEIRAT*, 1982, S. 62).

Da wohl auch in der Zukunft nicht auf den Einsatz zins- und liquiditätspolitischer Mittel zur Inflationsbekämpfung verzichtet werden kann, scheint in der Erleichterung indexgebundener langfristiger Kapitalschuldverhältnisse eine interessante Möglichkeit zur langfristigen Stabilisierung der Finanzierungskosten für Wohnungsbauinvestitionen auf einem allgemein akzeptablen Niveau zu liegen.

4. Subjektförderung in der Wohnungspolitik

Eine zunehmende Liberalisierung der Wohnungsmärkte durch Einführung von mehr Vertragsfreiheit zwischen Mietern und Vermietern wird in Verbindung mit einem Abbau der Objektförderung auch bei gleichzeitigen Angebots- und Nachfrageveränderungen zu allgemeinen **Mieterhöhungen** führen. Diese werden sich auf den einzelnen Märkten durchaus sehr unterschiedlich zeigen. Wenn auch grundsätzlich Knappheitsrenten nicht abgeschöpft werden sollten, um ihre weitere Anreizwirkung für die Ausweitung des Angebots zu erhalten, so werden par-

Tabelle 63: Empfänger von Wohngeld und Höhe des Wohngeldes 1965-1984

Ende Dezember	Empfänger insgesamt in 1000	Davon mit einem monatlichen Zuschuß von ... bis unter ... DM in %										
		unter 10	10–20	20–30	30–40	40–50	50–60	60–80	80–100	100–120	120–150	150 und mehr
1965	394,9	7,1	14,3	17,0	16,5	13,3	9,3	11,0	5,4	3,0	1,9	1,1
1970	908,3	6,2	12,0	13,7	14,0	14,2	12,7	14,5	5,9	3,0	2,2	1,8
		Davon mit einem monatlichen Zuschuß von ... bis unter ... DM in %										
		unter 20	20–40	40–60	60–80	80–100	100–140	140–180	180–220	220–260	260–300	300 und mehr
1975	1 665,7	7,8	19,0	22,1	17,6	12,3	12,3	4,9	2,1	1,0	0,5	0,4
1980	1 485,7	11,2	16,8	14,3	13,5	10,7	15,9	8,5	4,4	2,3	1,2	1,2
		Davon mit einem monatlichen Zuschuß von ... bis unter ... DM in %										
		unter 25	25–50	50–75	75–100	100–150	150–200	200–250	250–300	300–400	400–500	500 und mehr
1981	1 609,0	9,3	14,5	15,9	14,3	22,1	11,9	5,8	3,0	2,4	0,6	0,2
1982	1 610,9	10,6	14,5	15,4	13,9	21,7	11,8	5,9	3,0	2,4	0,6	0,2
1983	1 422,5	5,0	16,0	16,6	14,9	23,1	12,6	6,1	2,9	2,1	0,5	0,2
1984	1 548,5[1]	2,9	15,0	16,1	14,9	23,7	13,9	6,8	3,3	2,4	0,6	0,2
1985	1 511,9[1]	2,8	14,8	15,9	14,6	24,1	14,4	6,9	3,3	2,3	0,6	0,2

[1] einschl. rückwirkender Bewilligungen aus dem 1. Vierteljahr 1985.

Quelle: Statistisches Bundesamt (Hrsg.): Statistische Jahrbücher für die Bundesrepublik Deutschland, versch. Jge., sowie Fachserie 13, Reihe 4, Wohngeld.

tiell auftretende extreme Mieterhöhungen jedoch insbesondere die **sozial schwachen Gruppen** treffen. Darum muß die stärker marktwirtschaftlich orientierte Wohnungspolitik durch eine gezielte Subjektförderung ergänzt werden (vgl. *F.-A. JAHN*, 1986, S. 100 ff.).

Die Subjektförderung besitzt gegenüber allen Formen der Objektförderung den Vorzug einer größeren **sozialen Treffsicherheit**. Es werden unmittelbar jene Personengruppen begünstigt, die die Zielgruppe staatlicher Eingriffe sein sollen. Alle mittelbaren Eingriffe sind mit Sickereffekten verbunden, und nur ein Teil der erheblichen Aufwendungen dringt bis zur eigentlichen Zielgruppe durch. Der Sickereffekt muß sich im Laufe der Zeit noch verstärken, nämlich in dem Maße, in dem die Begünstigten aus dem Kreis der eigentlichen Zielgruppe herauswachsen und diesem Wandel durch Veränderung der Objektförderung nur begrenzt Rechnung getragen werden kann (Subventionierung der wohlhabenden Wohnungseigentümer und Fehlbelegung von Sozialwohnungen). Sehr viel stärker als die Objektförderung kann die Subjektförderung nach dem Grad der sozialen Hilfsbedürfigkeit differenziert werden; sie ist zudem recht **flexibel**, da die Veränderung dieses Merkmals von Zeit zu Zeit erfaßt und berücksichtigt werden kann. Größere soziale Treffsicherheit und höhere Flexibilität der Subjektförderung sind ihre Vorteile gegenüber allen Formen der Objektförderung.

Dabei taucht die Frage auf, ob die Subjektförderung in Form **gebundener oder freier Transfers** erfolgen sollte. Grundsätzlich sollte zwar im Bereich der Sozialpolitik den freien Transfers der Vorzug gegeben werden, um die Entscheidungsfreiheit der privaten Haushalte nicht unnötig zu beeinträchtigen, aber der in diesem Zusammenhang mit der Subjektförderung verfolgte Zweck gebietet eine Bevorzugung der gebundenen Transfers. Geht man nämlich davon aus, daß gerade die sozial schwachen Schichten den Nutzen einer angemessenen Wohnungsversorgung unterschätzen, so besteht die Gefahr, daß freie Einkommenstransfers teilweise zu anderen Konsumzwecken herangezogen werden. Das meritorische Anliegen der Subjektförderung würde damit verfehlt. Außerdem ist zu beachten, daß bei freien Transfers nicht etwa geringere verwaltungsmäßige Probleme hinsichtlich der Differenzierung der Transfers auftreten; auch die freien Transfers müßten an den jeweiligen regionalen Wohnkosten und nicht nur an den familiären Merkmalen ausgerichtet werden. Die Verwaltungskosten einer freien Transferzahlung würden damit kaum geringer sein als diejenigen des gebundenen Wohngeldes. Dann aber gewinnt bei der Entscheidungsfindung über gebundene oder freie Transfers der meritorische Aspekt die ausschlaggebende Bedeutung; der Vorzug ist den gebundenen Transfers einzuräumen.

Natürlich darf nicht übersehen werden, daß Wohngeldzahlungen auch die **Anbieter von Wohnraum** indirekt begünstigen; sie können – unter sonst gleichen Bedingungen – am Markt höhere Mieten durchsetzen, als dies ohne Wohngeldzahlung der Fall wäre. Diese Wirkung ist jedoch besonders dann zu erwarten, wenn der Kreis der Wohngeldberechtigten insgesamt sehr weit gefaßt ist und damit von der Wohngeldzahlung eine breit angelegte Erhöhung der Nachfrage nach Wohnraum ausgeht. Umso wichtiger ist es, den Kreis der Wohngeldberechtigten sehr eng zu fassen und auf die wirklich Bedürftigen zu beschränken. Zu dieser Subjektförderung könnte ergänzend eine begrenzte Objektförderung für die Problemgruppen der Wohnungsmärkte hinzutreten.

5. Tendenzen der Wohnungspolitik

In der Öffentlichkeit ist seit einigen Jahren eine wachsende Sensibilisierung für die Probleme der Wohnungsmärkte festzustellen. Während die Mietervereinigungen die Erhaltung des bestehenden Systems verlangen, wenn nicht sogar seinen weiteren Ausbau durch zusätzliche Staatsinterventionen fordern, führen die Vermieter die vorhandenen Wohnungsmarktprobleme wesentlich auf den bestehenden Interventionismus zurück. Von wirtschaftspolitischer Seite wird aus verteilungsmäßigen, allokativen und finanziellen Beweggründen eine wenigstens teilweise Begrenzung und/oder Verlagerung des Staatsinterventionismus befürwortet, und die Gesetzgebung entwickelt sich – wenn auch sehr zögernd – zumindest ansatzweise in diese Richtung.

5.1 Wohnungsbestandspolitik

Im Mittelpunkt der Wohnungsbestandspolitik der letzten Jahre stehen partielle Änderungen des sozialen Mietrechts sowie verschiedene Korrekturen an den Mietpreis- und Belegungsbindungen des sozialen Wohnungsbaus. Hinzu treten Zinsanhebungen und Erhöhungen der Pauschalsätze für Instandhaltung, die ebenfalls den sozialen Wohnungsbau betreffen. Ferner ist auf die Einführung einer Fehlbelegungsabgabe für Sozialwohnungen hinzuweisen:

(1) Mietrechtsänderungen:

Zum 1. Januar 1983 sind die wichtigsten Mietrechtsänderungen seit Verkündigung des Zweiten Wohnraumkündigungsschutzgesetzes im Jahre 1974 in Kraft getreten. Die Absicht dieser Mietrechtsänderungen ist eine gewisse Liberalisierung der bestehenden Regelungen, ohne jedoch den Kern des sozialen Mietrechts und das Verbot der Änderungskündigung anzutasten. Wesentliche Punkte dieser Mietrechtsänderungen sind die Einführung der Staffelmiete, die Ermöglichung von Zeitmietverträgen sowie die Vereinfachung des Mieterhöhungsverfahrens. Dabei sind jedoch im einzelnen sehr differenzierte Regelungen mit vielfältigen Einschränkungen zu beachten. Die Duldungspflicht des Mieters gegenüber Modernisierungsmaßnahmen des Vermieters ist relativiert worden (Abwehr von Luxusmodernisierungen); für die der Höhe nach begrenzten Mietkautionen ist eine Verzinsungspflicht begründet worden.

(2) Mietpreis- und Belegungsbindungen:

Im Juli 1985 trat das Gesetz zur Wohnrechtsvereinfachung in Kraft. Nach diesem Gesetz wird die gesetzliche Mietpreis- und Belegungsbindung bei Eigenheimen und eigengenutzten Eigentumswohnungen aufgehoben, sobald die Eigentümer die öffentlichen Mittel abgelöst haben (nicht mehr erst acht Jahre danach); die Neuregelung gilt auch für zurückliegende Fälle, in denen die öffentlichen Mittel bereits zurückgezahlt wurden.

Inbesondere wegen des Leerstands vieler Sozialwohnungen wurden in Nordrhein-Westfalen zum 1. Juli 1985 für 200000 bis 250000 Wohnungen die Sozialmieten gesenkt. Nach diesem Stichtag darf in Nordrhein-Westfalen die Miete mit allen Nebenkosten außer Heizung und Warmwasser in keiner mit öffentlichen Mitteln geförderten Wohnung mehr über 7 DM/m^2 pro Monat liegen; billigere, ältere Sozialwohnungen, die mit öffentlichen Mitteln modernisiert werden, dürfen künftig höchstens 6,50 DM/m^2 kosten. Höherverdienende, die in Sozialwohnungen wohnen, haben einschließlich der Fehlbelegungsabgabe ab dem 1. Juli 1985 nur noch maximal 8 DM/m^2 zu zahlen. Leerstehende, mit öffentlichen Mitteln geförderte Wohnungen, bei denen der Mietpreis über 8 DM/m² liegt, dürfen künftig frei vermietet werden; Voraussetzung hierfür ist allerdings, daß kein Mieter mit einem Wohnberechtigungsschein an diesem Wohnraum interessiert ist. Finanziert werden diese Maßnahmen aus dem Wohnungsbaufonds des Landeshaushalts.

(3) Zinsanhebungen für Sozialwohnungen:

Eigenheimer, denen bis Ende 1959 öffentliche Darlehen bewilligt worden sind, müssen hierfür vom 1.1.1983 an einheitlich 8% Zinsen zahlen; für Darlehen, die von 1960 bis Ende 1969 bewilligt worden sind, müssen 6% Zinsen gezahlt werden; die Höchstbelastung ist auf zusätzlich 200 DM pro Monat begrenzt. Wer die Einkommensgrenzen im sozialen Wohnungsbau um nicht mehr als 20% überschreitet, kann beantragen, daß die Zinsanhebung auf 80 DM pro Monat begrenzt wird. Bei den öffentlich geförderten Mietwohnungen sind diese Zinsanhebungen ebenfalls vorgesehen, werden jedoch teilweise nicht ausgeschöpft. Die Darlehen für die älteren Wohnungen, die bis Ende 1959 bewilligt worden sind, werden künftig mit 6% verzinst; für Wohnungen, die mit Mitteln der 60er Jahre gefördert worden sind, betragen die Zinsen von 1983 an 4%; die zusätzliche Mietbelastung darf 0,40 DM/m² im Monat nicht überschreiten. Durch diese Höherverzinsung von Darlehen für ältere Sozialwohnungen dürfte das Problem der Mietverzerrungen im sozialen Wohnungsbau jedoch wohl kaum entschärft werden.

(4) Pauschalsätze für Instandhaltung:

Zum 1.8.1984 trat die seit längerer Zeit geplante Erhöhung der Pauschalsätze für die Instandhaltungskosten der Sozialwohnungen in Kraft.

Nach diesem Zeitpunkt dürfen je m² Wohnfläche jährlich folgende Instandhaltungskosten angesetzt werden: für Wohnungen, die bis zum 31.12.1952 bezugsfertig wurden, höchstens 12,50 DM; für Wohnungen, die in der Zeit vom 1.1.1953 bis zum 31.12.1969 bezugsfertig wurden, höchstens 12 DM; für Wohnungen, die in der Zeit vom 1.1.1970 bis zum 31.12.1979 bezugsfertig wurden, höchstens 10 DM; für Wohnungen, die nach dem 31.12.1979 bezugsfertig wurden oder bezugsfertig werden, höchstens 8 DM.

Allerdings verringern sich diese Sätze, wenn in der Wohnung weder ein eingerichtetes Bad noch eine eingerichtete Dusche vorhanden sind, um 1,10 DM. Die Sätze erhöhen sich jedoch für Wohnungen mit einer Sammelheizung um 0,95 DM und für Wohnungen mit einem maschinell betriebenen Aufzug um 0,80 DM.

Wenn die Mieter die Kosten für kleine Instandhaltungen in den Wohnungen tragen, verringern sich die Sätze um 1,60 DM.

Die Kosten für Schönheitsreparaturen sind in den oben angegebenen Sätzen nicht enthalten; wenn der Vermieter diese Kosten trägt, so dürfen sie höchstens mit 8,30 DM pro m² Wohnfläche im Jahr angesetzt werden. Der Satz ermäßigt sich für Wohnungen, die überwiegend nicht tapeziert sind, um 0,80 DM; er erhöht sich jedoch für Wohnungen mit Heizkörpern um 0,65 DM und für Wohnungen, die überwiegend mit Doppelfenstern oder Verbundfenstern ausgestattet sind, um 0,70 DM.

Künftig dürfen für Garagen oder ähnliche Einstellplätze Instandhaltungskosten in Höhe von höchstens 75 DM jährlich je Garage oder Einstellplatz (früher 60 DM) angesetzt werden.

Insgesamt führten diese Neuregelungen zu Erhöhungen der Kostenmiete für Sozialwohnungen in der Größenordnung von 0,25 DM bis 0,35 DM pro m² und Monat. Für die Zukunft sind weitere Änderungen bei öffentlich geförderten Wohnungen zu erwarten (z.B. „Umlageausfallwagnis"). Die Wohnungswirtschaft befürchtet, daß sie diese Aufschläge nicht voll am Markt durchsetzen kann, weil schon jetzt viele Wohnungen wegen hoher Kostenmieten leerstehen.

(5) Fehlbelegungsabgabe:

Von den höher verdienenden Sozialmietern wurde seit 1983 eine Fehlbelegungsabgabe erhoben, wenn sie die Einkommensgrenzen im sozialen Wohnungsbau um mehr als 20% überschritten. Je nach dem Ausmaß der Überschreitung der vorhandenen Einkommensgrenzen konnte diese Fehlbelegungsabgabe zwischen 0,50 DM/m^2 und 2 DM/m^2 schwanken; bei einer Überschreitung der Einkommensgrenzen um 35% wurden 1,25 DM/m^2 fällig, bei mehr als 50% dann der Höchstbetrag von 2 DM/m^2.

Seit 1985 soll die Fehlbelegungsabgabe mit dem Mindestsatz von 0,50 DM erst dann verlangt werden, wenn das tatsächliche Familieneinkommen der Fehlbeleger die Einkommensgrenze um mehr als 35% überschreitet und nicht schon bei mehr als 20%; 1 DM soll zahlen, wer die Einkommensgrenze um mehr als 50% überschreitet, 1,50 DM bei mehr als 65%, 2 DM bei mehr als 80% und 2,50 DM bei mehr als 100%.

Allerdings können die Länder selbst regeln, in welcher Höhe und von welchem Personenkreis sie die Abgabe für die in Sozialmietwohnungen lebenden Fehlbeleger erheben wollen. Für alle Länder einheitlich festgelegt bleibt die Bestimmung, daß diese Abgabe nur in Städten mit mehr als 30000 Einwohnern sowie in Gemeinden erhoben werden darf, die mit den Städten einen zusammenhängenden Wirtschaftsraum bilden.

Ohne Zweifel ist diese Fehlbelegungsabgabe bei ihrer Durchführung mit erheblichen Verwaltungskosten verbunden; zudem ist nicht sicher, daß der Ertrag aus dieser Abgabe den Verwaltungsaufwand rechtfertigt. Dennoch sollte eine derartige Fehlbelegungsabgabe konsequent durchgeführt werden, da ihr ein hoher sozialpolitischer Symbolwert zukommt (vgl. *E. DICK*, 1981, S. 494 ff.).

5.2 Wohnungsbaupolitik

Die allgemeine Objektförderung im Wohnungsbau ist im Laufe der letzten Jahre durch eine Reihe von Maßnahmen mit unterschiedlichen Geltungsbereichen ergänzt worden. Der verstärkten Bildung von Wohnungseigentum dient insbesondere die sukzessive Erweiterung von Abschreibungsmöglichkeiten. Neben diesen und anderen Erleichterungen für Bauherren sind auch Einschränkungen der Objektförderung festzustellen, die einer sozialpolitisch wünschenswerten Konzentration der knappen finanziellen Mittel entsprechen. Hinzu tritt eine Neufassung des Grunderwerbssteuerrechts:

(1) Erweiterung von Abschreibungsmöglichkeiten:

Im Jahre 1981 wurden die Rahmenbedingungen für den Wohnungsbau entscheidend verändert. Ab 1987 wurde die Objektförderung im Rahmen der vermögenspolitischen Sparförderung und Eigentumsbildung erneut verstärkt.

(2) Weitere Erleichterungen:

Im Laufe des Jahres 1982 wurde ein zeitlich befristeter Schuldzinsenabzug für den Bau selbstgenutzter Eigenheime und Eigentumswohnungen eingeführt. Hinzu traten Regelungen zu einer Zinsverbilligung für Bausparzwischenfinanzierungen.

(3) Einschränkungen der Objektförderung:

Die Mehrwertsteueroption für das Bauherrenmodell wurde mit Wirkung vom 1. Juni 1985 gestrichen. Die steuerlichen Vorteile für weitgehend selbstgenutzte Zweifamilienhäuser mit Einliegerwohnung liefen zum 1. Januar 1987 aus. Ferner gilt die Neuregelung des § 10e EStG nicht mehr für vermietete Objekte.

(4) Neuordnung des Grunderwerbssteuerrechts:

Zum 1. Januar 1983 trat ein neues Grunderwerbssteuerrecht in Kraft, das das ländermäßig zersplitterte Recht zusammenfaßte und die zahlreichen Ausnahmen weitgehend beseitigte; der Steuersatz wurde von 7 auf 2% gesenkt. Diese Neuregelung begünstigt vor allen Dingen die Erwerber von höherwertigem Wohneigentum. Die Käufer von selbst genutzten Eigenheimen unter 350000 DM (Einfamilienhaus oder Eigentumswohnung) oder unter 420000 DM (Zweifamilienhaus) sind durch die Neuregelung schlechter gestellt; oberhalb dieser Grenzen ist eine Steuererleichterung wirksam.

Nach dem Gesetz zur Wohnrechtsvereinfachung vom Juli 1985 ergeben sich beachtliche Veränderungen der Objektförderung im sozialen Wohnungsbau, die zum Teil auch auf die bisherigen Inhaber öffentlich geförderter Wohnungen zurückwirken:

(1) Einkommensgrenzen:

Familien, die im sozialen Wohnungsbau bauen wollen oder einen Mietanspruch auf eine Sozialwohnung erheben, dürfen bestimmte Einkommensgrenzen nicht oder nur in Ausnahmefällen überschreiten; bei Ein-Personen-Haushalten beträgt das jährliche Höchsteinkommen 21600 DM, bei zwei Personen 31800 DM. Für jedes Kind werden ab sofort 8000 (bisher 6300) DM zusätzlich anerkannt.

(2) Einkommensbegriff:

Geändert wurde auch der für den sozialen Wohnungsbau maßgebliche Einkommensbegriff. So werden Nachteile der Erwerbstätigen gegenüber Rentnern und Unterhaltsempfängern dadurch gemildert, daß bei der Ermittlung der für die Förderung maßgeblichen Bruttoeinkommen zunächst Steuern und Sozialversicherung mit einem Pauschbetrag von 10% abgezogen werden können. Künftig können ferner Aufwendungen zur Erfüllung gesetzlicher Unterhaltsverpflichtungen für nicht zum Haushalt rechnende Verwandte des Wohnungssuchenden oder seines Ehegatten vom Jahreseinkommen steuerlich abgesetzt werden; dies gilt auch bei Unterhalt für geschiedene oder getrennt lebende Ehegatten.

(3) Kinderkomponente:

Die Kinderkomponente wurde verbessert. Konnten Bauherren bisher für das erste Kind kein öffentlich gefördertes Zusatzdarlehen in Anspruch nehmen, so gilt dafür künftig ein Betrag von 2000 DM; bei zwei Kindern werden 4000 (bisher 2000 DM) gewährt, bei drei Kindern 7000 (bisher 5000) DM; für jedes weitere Kind kommen 5000 (bisher 4000) DM hinzu.

(4) Weitere Änderungen:

Außerdem wurde ein Teil der Bestimmungen über Wohnraumgröße und Ausstattung einer Sozialwohnung als Voraussetzung für die Förderung im sozialen Wohnungsbau beseitigt.

Des weiteren wurde die Objektförderung im Wohnungsbau durch Sondermaßnahmen ergänzt, die gerade in diesem Bereich bereits eine lange Tradition aufweisen:

(1) Sonderprogramm des sozialen Wohnungsbaus:

Im Bereich des sozialen Wohnungsbaus hatte der Gesetzgeber mit dem Sonderprogramm 1983/84 die Objektförderung um 2 Mrd. DM aufgestockt, wobei gut 40% auf die Förderung des Mietwohnungsbaus und etwa 60% auf die Eigentumsförderung entfielen. Die Förderungssätze für den Mietwohnungsbau in Ballungsgebieten wurden von bisher 6,50 DM je m^2 und Monat auf 7,50 DM erhöht; Eigenheimer erhielten statt

4,50 DM maximal nunmehr einen Aufwendungszuschuß von 5,25 DM je m^2, in Ballungsgebieten sogar von 6,45 DM; die Förderungsdauer wurde von bisher 12 auf 15 Jahre ausgedehnt. Im Rahmen des Sonderprogramms 1983/84 war auch eine verstärkte Förderung des Studentenwohnraumbaus zwecks Schaffung von preisgünstigem Wohnraum für Studenten vorgesehen.

(2) Modernisierungshilfen:

Außerdem wurden die Modernisierungshilfen für Sanierungsgebiete verstärkt. Im Rahmen des Städtebauförderungsprogramms 1986/87 ist die Objektförderung aus Mitteln des Bundes, der Länder und der Gemeinden zum Zwecke der Stadtsanierung um 2,3 Mrd. DM angehoben worden. Die Zuschußförderung für Bauveränderungen zur Modernisierung und Energieeinsparung bzw. die alternativen Steuervergünstigungen für Bauherren werden für die Zukunft mit veränderten Schwerpunkten fortgesetzt.

Zum 1. Juli 1987 tritt ein Baugesetzbuch in Kraft, das das bisher weitgehend zersplitterte Bundesbaurecht zusammenfaßt und mit dem Städtebauförderungsgesetz zusammenfügt. Mit diesem Gesetz soll gleichzeitig eine weitgehende Entbürokratisierung des Bauwesens und eine Eingrenzung überzogener Eingriffsrechte des Staates erreicht werden. Die einzelnen Bauherren werden in Zukunft bei Bau-, Ausbau- und Umbaumaßnahmen zwar weiterhin den ländergesetzlichen Regelungen unterworfen sein, wobei aber davon auszugehen ist, daß auch diese Normensysteme im Laufe der Zeit von dem bisherigen Übermaß an restriktiven Auflagen befreit werden. Das neue Bundesbaurecht verzichtet jedenfalls bereits auf übersteigerte Normvorstellungen, die das Bauen bisher hemmten und teuer machten. Die Gemeinden erhalten weitreichende Möglichkeiten, den Prozeß der Zersiedlung zu bremsen und den Bau von reinen Urlaubswohnungen in Fremdenverkehrsgebieten einzugrenzen; allerdings sind sie dabei auf die Mithilfe der Länder angewiesen. Die Gemeinden können in Zukunft unter wesentlich erleichterten Bedingungen ihre Bebauungspläne aufstellen. Dies wird die Bereitstellung von Bauland begünstigen, die Bebaubarkeit beschleunigen und die Rechtsmittelanfälligkeit verringern.

5.3 Subjektförderung

Die Subjektförderung in Form des gebundenen Wohngeldes bleibt auch in der Zukunft erhalten. Allerdings wurden zum 1. Januar 1982 verschiedene Einschränkungen wirksam, von denen sowohl Wohnungseigentümer als auch Mieter (Arbeitnehmer und Rentner) betroffen wurden. Für Wohnungseigentümer richtet sich seitdem die zuschußfähige Belastung nicht mehr nach Pauschalsätzen, sondern nach den tatsächlichen Belastungsverhältnissen. Verschiedene Sonderregelungen für Schwerbehinderte wurden eingeschränkt. Bei lohnsteuerpflichtigen Arbeitnehmern wurde zunächst für die Wohngeldbemessung nicht mehr das Einkommen des letzten vollen Kalenderjahres, sondern der letzten 12 Monate zugrundegelegt. Personen, die weder Sozialversicherungsbeiträge noch Steuern zahlen, durften zur Ermittlung der Einkommensgrenze für die Wohngeldberechnung nunmehr statt 15% nur noch 12,5% pauschal von ihrem Bruttoeinkommen abziehen; diese Regelung traf vor allen Dingen die Rentner.

Zum 1. März 1983 wurden die Voraussetzungen für das Wohngeld erneut verschärft. Nach diesen Neuregelungen blieben die Höchstbeträge und die Einkommensgrenzen unverändert. Studenten erhalten seitdem kein Wohngeld mehr. Alleinerziehende können einen Freibetrag nur noch für Kinder unter 12 – bisher unter 16 Jahren – in Anspruch nehmen. Wohngeld unter 20 DM im Monat wird nicht mehr ausgezahlt. Von diesen Kürzungen wurde jeder zweite Wohngeldempfänger betroffen.

Ab dem 1. Januar 1986 wurde das Wohngeld allgemein erhöht, wobei gleichzeitig strukturelle Verbesserungen für einkommensschwache Wohngeldbezieher insbesondere durch die Verstärkung der Kinderkomponente realisiert wurden. Die Miethöchstbeträge und die Einkommensgrenzen wurden um jeweils 20% angehoben; für die Wohngeldberechnung sind künftig die Einnahmen im Bewilligungszeitraum maßgebend und nicht mehr die Einnahmen der letzten 12 Monate. Im einzelnen ergaben sich folgende durchschnittliche Wohngelderhöhungen: Ein-Personen-Haushalt 30 DM; Zwei- bis Drei-Personen-Haushalt etwa 50 DM; Mehr-Personen-Haushalt 60 bis 70 DM. Arbeitslose erhalten im Durchschnitt 60 DM mehr Wohngeld. Die Leistungen an Haushalte, in denen über 62 Jahre alte Personen mit Kindern zusammenleben, wurden durch einen Freibetrag von 2400 DM erhöht; dies führte zu einer zusätzlichen Wohngelderhöhung gegenüber den allgemeinen Maßnahmen von durchschnittlich 45 DM (Familienkomponente).

5.4 Folgerungen

Versucht man diese Entwicklungstendenzen der Gesetzgebung angemessen zu würdigen, so muß als erstes auf die punktuelle Liberalisierung im sozialen Mietrecht hingewiesen werden. Diese Liberalisierungsmaßnahmen betreffen sowohl die Miethöheregelung als auch den Kündigungsschutz. Von einer Einführung der Vertragsfreiheit zwischen Mietern und Vermietern ist man damit aber noch sehr weit entfernt; es sind allerhöchstens einige wenige Schritte in dieser Richtung zu beobachten.

Die bisherige starke Bevorzugung der Objektförderung im Wohnungswesen findet in den verschiedenen Neuregelungen ihre konsequente Fortsetzung. Die Objektförderung wird ungeachtet der diskutierten verteilungsmäßigen, allokativen und finanziellen Bedenken gegenüber allen anderen Formen der Wohnungspolitik bevorzugt. Dabei mögen beschäftigungspolitische Aspekte eine große Rolle spielen. Es bleibt jedoch abzuwarten, ob die steigenden Subventionslasten einer solchen Politik nicht bereits in naher Zukunft Grenzen setzen.

Die vorhandene Subjektförderung in Form des gebundenen Wohngeldes bleibt auch für die Zukunft erhalten; sie hat jedoch in der praktischen Politik eine im Vergleich zur Objektförderung nur nachrangige Bedeutung. Die verteilungspolitischen Konsequenzen der getroffenen Neuregelungen sind mangels Daten noch nicht zu übersehen. Es spricht einiges dafür, daß einerseits gewisse Auswüchse des vorhandenen Systems beschnitten wurden, während sich andererseits aber gerade die Lage der Rentnerhaushalte verschlechtert hat. Hervorzuheben sind die Verstärkung der Kinderkomponente und die Einführung einer Familienkomponente.

Insgesamt sind die gegenwärtigen Entwicklungstendenzen der Gesetzgebung kaum im Sinne einer grundlegenden ordnungspolitischen Neubesinnung zu verstehen. Einigen wenigen Liberalisierungsansätzen steht eine Verstärkung des Interventionismus gegenüber. Bei teilweiser Einschränkung der Subjektförderung wurde gleichzeitig die Objektförderung erheblich ausgeweitet. Die Wohnungspolitik wird damit stärker als zuvor in den Dienst beschäftigungspolitischer und vermögenspolitischer Absichten gestellt.

Kapitel 13: Probleme und Perspektiven anderer Sozialleistungsbereiche

1. Soziale Sicherung gegenüber den Folgen politischer Ereignisse

Im Funktionsbereich Folgen politischer Ereignisse werden in erster Linie die Kriegsfolgelasten sowie die Entschädigungen der Folgen nationalsozialistischen Unrechts erfaßt. Aus verschiedenen Gründen weist dieser Funktionsbereich im Gesamtsystem der Sozialleistungen eine **schrumpfende Bedeutung** auf:

(1) Mit zunehmendem Abstand vom Zweiten Weltkrieg und den anderen ursächlichen Ereignissen nimmt die Zahl der Leistungsempfänger absolut ab. Eine Ausnahme bilden lediglich jene Sondersysteme der sozialen Entschädigung, die durch eine analoge Anwendung der Regelungen zur Kriegsopferversorgung gekennzeichnet sind (Soldatenversorgungsgesetz, Zivildienstgesetz, Häftlingshilfegesetz, Gesetz über die Entschädigung für Opfer von Gewalttaten, Erstattung von Fahrgeldausfällen nach dem Schwerbehindertengesetz).

(2) Entsprechend dem allgemeinen Trend der Sozialleistungen vollzieht sich auch die Entwicklung der Pro-Kopf-Leistungen dieses Funktionsbereichs mittlerweile mit gemäßigten Wachstumsraten. Dies liegt einmal in strukturellen Leistungseinschränkungen begründet und ist zum anderen auf die analoge Anwendung der Anpassungsmechanismen anderer Sozialleistungsbereiche zurückzuführen.

Bei den Sachleistungen sowie Allgemeinen Diensten und Leistungen des Funktionsbereichs Folgen politischer Ereignisse handelt es sich überwiegend um Leistungen, die mit denjenigen des Funktionsbereichs Gesundheit vergleichbar sind. Insofern zeigen sich hier auch ähnliche Probleme der Ausgabenentwicklung, wie sie bereits für den Funktionsbereich Krankheit und Invalidität analysiert worden sind. Notwendigerweise werden demzufolge auch die Kostendämpfungsmaßnahmen im Gesundheitsbereich auf die entsprechenden Leistungen des Funktionsbereichs Folgen politischer Ereignisse übergreifen. Darüberhinaus sind bereits in der Vergangenheit Einzelmaßnahmen getroffen worden (Einschränkungen in der Heil- und Krankenbehandlung sowie bei den Zahnersatzleistungen zum 1. Januar 1983), die den spezifischen Strukturen des Funktionsbereichs Folgen politischer Ereignisse Rechnung tragen.

Die Einkommensleistungen im Funktionsbereich Folgen politischer Ereignisse unterliegen weitgehend jener Anpassungsdynamik, wie sie auch für die Altersrenten der gesetzlichen Rentenversicherung kennzeichnend ist. Reduzierte Anpassungsätze der Altersrenten als Folge der Aktualisierung der Allgemeinen Bemessungsgrundlage sowie der Erhebung von Krankenversicherungsbeiträgen wirken sich beispielsweise auch auf die Leistungen der Kriegsopferversorgung und des Lastenausgleichs aus.

(3) Weit mehr als die Hälfte aller Leistungen der sozialen Entschädigungssysteme fällt mittlerweile nicht mehr in den Funktionsbereich Folgen politischer Ereignisse. Sobald die Leistungsempfänger die Altersgrenze erreicht haben, werden die ihnen gewährten Leistungen, insbesondere die Einkommensleistungen, dem Funktionsbereich Alter und Hinterbliebene zugerechnet. Dieser Trend der Leistungsumschichtung wies be-

reits in der Vergangenheit eine steigende Tendenz auf und wird sich in der Zukunft fortsetzen.

Vor diesem Hintergrund erklärt sich die bereits seit vielen Jahren zu beobachtende Entwicklung des **Strukturanteils** des Funktionsbereichs Folgen politischer Ereignisse im Hinblick auf das gesamte Sozialbudget; gleiches gilt für die Entwicklung der **Sozialleistungsquote** dieses Funktionsbereichs:

(1) Belief sich der Anteil des Funktionsbereichs Folgen politischer Ereignisse an dem gesamten Sozialbudget im Jahre 1965 noch auf 3,4%, so fiel der Leistungsanteil bis 1986 bereits auf 1,7% ab. Bis zum Ende der 80er Jahre ist ein weiteres Absinken auf etwa 1,5% zu erwarten.

(2) Die Sozialleistungsquote des Funktionsbereichs Folgen politischer Ereignisse erreichte 1965 einen Wert von 0,84%; 1986 waren es nur noch 0,52%. Bis zum Ende der 80er Jahre ist ein Absinken auf 0,44% wahrscheinlich.

Der Funktionsbereich Folgen politischer Ereignisse umfaßt zwar auch Leistungen der Rentenversicherung und anderer Alterssicherungssysteme, ferner Sozialhilfeleistungen sowie schließlich Steuerermäßigungen, im Mittelpunkt stehen jedoch die Leistungen der **sozialen Entschädigungssysteme**. Hierzu zählen Kriegsopferversorgung, Lastenausgleich, Wiedergutmachung und sonstige Entschädigungen:

(1) Die Leistungen der Kriegsopferversorgung bestehen vor allem aus Leistungen nach dem Bundesversorgungsgesetz. Diese Leistungen wiesen bis 1980 eine leicht steigende, wenn auch deutlich unterdurchschnittliche Tendenz auf; seitdem stagnieren die Leistungen weitgehend. Die Leistungen nach dem Soldatenversorgungsgesetz, dem Zivil-

Tabelle 64: Leistungsempfänger und Ausgaben der Kriegsopferversorgung 1950-1985

am Jahresende	Versorgungsberechtigte[1]	darunter					Ausgaben	
		Beschädigte	Hinterbliebene				insgesamt[2]	für Renten
			insgesamt	darunter				
				Witwen	Waisen			
	in 1000						in Mio. DM	
1950	4 062,0	1 546,0	2 513,0	839,0	1 345,0		2 126	1 842
1955	4 134,0	1 503,0	2 640,0	1 169,0	1 131,0		3 614	2 817
1960	3 253,0	1 419,0	1 834,0	1 164,0	417,0		3 521	3 127
1965	2 806,4	1 337,1	1 496,3	1 157,1	97,8		5 195	4 601
1970	2 563,6	1 209,8	1 359,8	1 116,7	52,9		6 607	6 020
1975	2 260,6	1 058,4	1 202,2	1 041,0	33,8		9 661	8 726
1980	1 951,9	910,6	1 041,3	940,8	25,9		11 574	10 481
1981	1 885,4	879,8	1 005,6	916,2	24,4		11 709	10 531
1982	1 818,5	847,9	970,6	891,0	23,1		11 811	10 727
1983	1 751,9	817,1	934,8	864,4	21,6		11 675	10 573
1984	1 684,9	786,3	898,6	836,3	20,4		11 574	10 470
1985	1 620,4	755,4	865,0	810,1	19,3		11 266	10 172

[1] einschl. der für die Versorgung anwendbar erklärten Gesetze.
[2] ab 1960 ohne Verwaltungskosten.
Quelle: Bundesministerium für Arbeit und Sozialordnung.

dienstgesetz, dem Häftlingshilfegesetz, dem Gesetz über die Entschädigung für Opfer von Gewalttaten sowie die Erstattungen von Fahrgeldausfällen nach dem Schwerbehindertengesetz weisen seit Mitte der 70er Jahre eine leicht steigende Tendenz mit im Vergleich zu den gesamten Sozialleistungen deutlich unterdurchschnittlicher Entwicklungsdynamik auf.

(2) Die Zahl der Leistungsempfänger nach dem Lastenausgleichsgesetz ist in den letzten Jahrzehnten rapide abgesunken; eine deutlich sinkende Tendenz weist auch die Zahl der Leistungsempfänger nach dem Flüchtlingshilfegesetz sowie nach dem Reparationsschädengesetz auf. Das Absinken der Zahl der Leistungsempfänger ist in diesem Teilbereich so stark, daß die gesamten Leistungen – trotz gewisser Zunahmen der Pro-Kopf-Leistungen – seit Mitte der 70er Jahre laufend fallen. Entsprechend haben sich der Strukturanteil am gesamten Sozialbudget sowie die Sozialleistungsquote deutlich vermindert.

(3) Auch für die Wiedergutmachungsleistungen ist seit 1975 eine leichte Abnahme des absoluten Leistungsumfangs festzustellen. Dieser Trend prägt sich in einer entsprechenden Abnahme des Strukturanteils am gesamten Sozialbudget sowie der Sozialleistungsquote aus. Ähnliche Entwicklungstrends gelten auch für die sonstigen Entschädigungen.

Vor diesem Hintergrund wird deutlich, daß die Sozialleistungen im Funktionsbereich Folgen politischer Ereignisse nur noch eine begrenzte Zukunftsperspektive aufweisen. Von daher gilt dieser Sozialleistungsbereich kaum als Problembereich der Sozialen Sicherung. Für die Zukunft muß jedoch darauf geachtet werden, daß mit dem Absinken der Sozialleistungen auch der **institutionelle Apparat an-**

Tabelle 65: Empfänger[1] von Lastenausgleichsleistungen 1960-1985

am Jahres-ende	Vertrie-bene	Kriegs-sachge-schädigte	Währungs- und Ostge-schädigte	Flücht-linge[2]	Sonstige Geschä-digte[3]	insgesamt
1960	582923	60060	151157	–	–	794140
1965	539439	44692	107901	–	–	692032
1970	428389	26639	61130	16163	3229	535550
1975	308376	14974	26083	14434	3736	367603
1980	220749	8492	11597	11531	3865	256234
1981	204892	7479	9760	10857	3822	236810
1982	190110	6574	8315	10155	3718	218872
1983	175620	5748	6959	9434	3590	201351
1984	162318	5056	5971	8819	3430	185594
1985	149047	4418	5082	8197	3210	169954

[1] Empfänger (ohne zuschlagsberechtigte Ehegatten und Kinder) nachstehender Leistungsarten: Unterhaltshilfe, Beihilfe zum Lebensunterhalt, besondere laufende Beihilfe, Unterhaltshilfe; Berechtigte, die mehrere dieser Leistungsarten gleichzeitig empfangen, sind nur einmal erfaßt.

[2] Inhaber des Flüchtlingsausweises C einschl. übriger Geschädigter im Sinne der Zweiten Verordnung über Ausgleichsleistungen nach dem Lastenausgleichsgesetz (2. LeistungsDV-LA).

[3] Berechtigte nach dem Flüchtlingshilfegesetz (FlüHG), § 10 des 14. Gesetzes zur Änderung des Lastenausgleichsgesetzes (14. ÄndGLA), Reparationsschädengesetz (RepG), § 301b des Lastenausgleichsgesetzes (LAG) und ohne Angabe.

Quelle: Statistisches Bundesamt (Hrsg.): Statistische Jahrbücher für die Bundesrepublik Deutschland, lfde. Jge.

gepaßt wird. Hierin liegt eine bedeutsame Zukunftsaufgabe; denn in der Vergangenheit haben sich allzuoft bürokratische Organisationen sogar dann noch als lebensfähig erwiesen, wenn ihre Funktionen bereits auf ein Minimum zusammengeschrumpft waren.

2. Vermögenspolitische Sparförderung und Eigentumsbildung

2.1 Problemstellung

Wenngleich auch die weitgehende **Vermögenslosigkeit der Arbeitnehmer** sehr früh als ein entscheidender Faktor ihrer sozialen und wirtschaftlichen Abhängigkeit angesehen wurde, so ließ doch die staatliche Sozialpolitik diesen Problembereich zunächst weitgehend außer acht. Vertreter der katholischen Soziallehre hatten zwar bereits in der Zwischenkriegszeit eine verstärkte Vermögensbildung der Arbeitnehmer als **Mittel zu ihrer Entproletarisierung** gefordert (vgl. *O. v. NELL-BREUNING*, 1932, S. 105 ff.). Der Staat konnte sich jedoch nur zu einigen zaghaften Ansätzen einer Vermögenspolitik durchringen (vgl. *T. RUF*, 1977, S. 432). Erst nach dem Zweiten Weltkrieg sollte die vermögenspolitische Sparförderung und Eigentumsbildung einige Bedeutung gewinnen.

Die Forderungen nach einer verstärkten **Vermögensbildung in Arbeitnehmerhand** wurden nach dem Zweiten Weltkrieg von katholischer Seite erneut aufgegriffen (vgl. *O. v. NELL-BREUNING*, 1955; *E. KÜNG*, 1964, S. 55 ff.; *O. v. NELL-BREUNING*, 1970, S. 61 ff.), und auch die evangelische Kirche äußerte sich in entsprechender Weise zur Eigentumsfrage (vgl. *T. RUF*, 1977, S. 427). Parallel dazu wurden auch von Seiten der Wissenschaft und schließlich auch von politischer Seite verschiedenste Pläne zur Vermögensbildung vorgelegt (Büttner-Plan, Gleitze-Plan, Deist-Plan, Burgbacher-Plan, Schreiber-Draeger-Plan, O.A. Friedrichs-Plan).

Allerdings war man in den 50er Jahren noch weitgehend auf Vermutungen bezüglich des Grades der **Ungleichheit in der Vermögensverteilung** angewiesen. Erst 1964 legte *C. FÖHL*, nachdem er sich bereits im Jahre 1960 auf einer Tagung der Gesellschaft für Wirtschafts- und Sozialwissenschaften in Bad Kissingen zu Ursachen und Beeinflußbarkeit der Vermögenskonzentration vielbeachtet geäußert hatte, eine Untersuchung der Vermögensverteilung in der Bundesrepublik Deutschland vor; er wies darauf hin, daß in den Jahren von 1950 bis 1959 75% des privaten Vermögenszuwachses allein auf 17% aller Haushalte entfallen waren (vgl. *C. FÖHL*, 1964). Ende der 60er Jahre führte *W. KRELLE* Berechnungen zur Vermögensverteilung in der Bundesrepublik durch, die zu dem Ergebnis führten, daß 1,7% der privaten Haushalte 70% des Eigentums an den gewerblichen Unternehmen besaßen (vgl. *W. KRELLE*, u.a., 1968, S. 381). Zwar waren diese Forschungsergebnisse im einzelnen sehr umstritten, doch lag ihr sozialpolitischer Wert unzweifelhaft darin, daß erstmals die quantitativen Dimensionen des Grades der Ungleichheit in der Vermögensverteilung sichtbar wurden.

Inzwischen hatte auch die staatliche Sozialpolitik einige Anstrengungen unternommen, um die Vermögensbildung für breite Schichten der Bevölkerung zu begünstigen. Im Vordergrund der vermögenspolitischen Bestrebungen stand vornehmlich die **Bildung von Geldvermögen** sowie von **Haus- und Grundbesitz**, während die Beteiligung der Arbeitnehmer am Produktivvermögen bis in die Gegenwart über punktuelle und sehr bescheidene Ansätze nicht hinauskam (vgl. *H. LAMPERT*, 1980b, S. 421 f.).

Angesichts sinkender Eigenkapitalausstattung der deutschen Unternehmen und nur noch begrenzter Erfolge der Gewerkschaften in ihrem Bemühen um Reallohnsteigerungen gewinnen in der vermögenspolitischen Diskussion wieder jene Vorstellungen an Bedeutung, die eine Vermögensbildung in Arbeitnehmerhand durch **Investivlohn** bzw. durch **investive Ertrags- oder Gewinnbeteiligung** zum Inhalt haben. Diese Diskussion reicht teilweise weit zurück:

(1) Der Investivlohngedanke wird in der Bundesrepublik Deutschland seit vielen Jahren diskutiert. Überwiegend wird dabei der Investivlohn als Teil des Lohnes bzw. Gehaltes definiert, der direkt oder indirekt investiven Zwecken zugeführt und den Arbeitnehmern als Forderung übereignet wird (vgl. *H. LAMPERT*, 1980b, S. 459). Bekannt geworden sind insbesondere die Investivlohn-Pläne von *E. HÄUSSLER* aus dem Jahre 1954, von *F. BURGBACHER* aus dem Jahre 1959 sowie von *H. DRAEGER/W. SCHREIBER* aus dem Jahre 1962 (vgl. *E. HÄUSSLER*, 1956; *INSTITUT FÜR STÄDTEBAU, WOHNUNGSWIRTSCHAFT UND BAUSPARWESEN*, 1965; *W. SCHREIBER*, 1958). Diese Pläne lösten eine intensive Diskussion der wirtschaftlichen Auswirkungen des Investivlohnes sowie seiner verteilungspolitischen Möglichkeiten aus (vgl. *A. OBERHAUSER*, 1959; *H. WINTERSTEIN*, 1961; *G. LEBER*, 1965; *A. OBERHAUSER*, 1969, S. 273 ff.).

(2) Pläne zur betrieblichen Ertrags- oder Gewinnbeteiligung wurden – von einigen historischen Vorläufern abgesehen – vor allen Dingen von *H. BACHMANN* im Jahre 1953 und *Ph. ROSENTHAL* im Jahre 1960 vorgelegt (vgl. *H. BACHMANN*, 1953, S. 208 ff.; *DER VOLKSWIRT*, Nummer 36/1970, S. 73). Ergänzend traten Pläne zur freiwilligen überbetrieblichen Gewinnbeteiligung von *O. A. FRIEDRICH* im Jahre 1968 sowie *K. SCHILLER* im Jahre 1968, Pläne zur gesetzlichen überbetrieblichen Gewinnbeteiligung von *B. GLEITZE* im Jahre 1957, *H. W. BÜTTNER* im Jahre 1958 und *W. KRELLE* im Jahre 1968 sowie schließlich Pläne zur vermögenswirksamen Alterssicherung und Staatsverschuldung von *C. FÖHL* im Jahre 1964 sowie *B. SKRODZKI* im Jahre 1968 hinzu (*INSTITUT FÜR STÄDTEBAU, WOHNUNGSWIRTSCHAFT UND BAUSPARWESEN*, 1968; *K. SCHILLER*, 1968; *B. GLEITZE*, 1968; *H. W. BÜTTNER*, 1958; *W. KRELLE*, u.a., 1968; *C. FÖHL*, 1964).

Die **Sozialpartner** haben sich dieser intensiven Diskussion nicht verschlossen. Seit den 60er Jahren forderte der DGB die Bildung sog. **Tariffonds**. Dabei sollten die Betriebe eines Wirtschaftsbereichs aufgrund tariflicher Vereinbarungen bestimmte Leistungen (Aktien, stille Beteiligungen, Bargeld) an eine neu zu errichtende Kapitalsammelstelle abführen; die so aufgebrachten Mittel sollten von den Tarifpartnern gemeinsam verwaltet und angelegt werden, vornehmlich wieder in der eigenen Branche. Die Tariffonds sollten Zertifikate auf sich selbst ausstellen und diese Beteiligungspapiere an Arbeitnehmer des betreffenden Tarifbereichs ausgeben; auf diesem Wege würde über die zwischengeschalteten Fonds eine indirekte Beteiligung der Arbeitnehmer am Produktivvermögen der Unternehmen begründet werden.

Im Gegensatz zu diesen gewerkschaftlichen Vorstellungen, die auch von der SPD geteilt wurden, präferierten die Arbeitgeber von Anfang an Formen der **betrieblichen Ertrags- oder Gewinnbeteiligung**. Wenngleich auch die Vorteile einer überbetrieblichen Ertrags- oder Gewinnbeteiligung (Vermeidung zusätzlicher Vermögensrisiken und Mobilitätseinschränkungen für die Arbeitnehmer, Erweiterung des begünstigten Personenkreises über die Arbeitnehmer in gewinnträchtigen Branchen hinaus) nicht verkannt wurden, so wurden doch die Probleme der Fondsbildung und Fondsverwaltung (Meinungsunterschiede über die Leitungsorganisation derartiger Fonds, ihre Anlagepolitik sowie ihre Mitspracherechte in den Unternehmungen) zu kontrovers diskutiert, als daß man zu einer Einigung hätte kommen können.

Allerdings blieb es auf Unternehmerseite nicht bei unbestimmten Plänen, es wurden vielmehr in der Folgezeit unterschiedliche Formen betrieblicher Ertrags- und Gewinnbeteiligung mit einer flexiblen Gestaltung entsprechend den jeweiligen Gegebenheiten der einzelnen Unternehmen realisiert (vgl. *F. FROEMER*, 1973; *H.-G. GUSKI*, 1975; *U. ANDERSEN*, 1976; *U. SCHILLERT*, 1976; *BAYERISCHES STAATSMINISTERIUM FÜR ARBEIT UND SOZIALORDNUNG*, 1977). Mittlerweile sind Beteiligungsunternehmen in der Eisenerzeugung und Stahlverformung, im Stahl-, Maschinen- und Fahrzeugbau, in der Elektrotechnik und Feinmechanik, in der Holzindustrie, im Papier- und Druckgewerbe, im Nahrungs- und Genußmittelgewerbe, im Bauhauptgewerbe sowie im Groß- und Einzelhandel festzustellen (vgl. *H.-G. GUSKI*, 1984, S. 16).

Bis zum Beginn der 80er Jahre war die Beteiligung der Arbeitnehmer am Produktivvermögen der Unternehmen weitgehend ein Stiefkind der **staatlichen Sozialpolitik**. Zwar sahen die bisherigen Vermögensbildungsgesetze bereits Anlagemöglichkeiten vor, die in diese Richtung zielten, doch war der Anwendungsbereich dieser Regelungen recht schmal. Erst das Vermögensbeteiligungsgesetz 1984 erweiterte den Anlagekatalog in beträchtlicher Weise und führte – mit gewissen Höchstgrenzen – eine Lohnsteuerbefreiung für Vermögensbeteiligungen ein. Das Zweite Vermögensbeteiligungsgesetz 1986 setzt diese Entwicklung fort. Hiermit könnte eine deutliche Wende in der Vermögenspolitik in Richtung auf die Bildung von Produktivkapital in Arbeitnehmerhand eingeleitet werden. Dies ist umso wichtiger, als sich durch alle bisherigen Förderungsanstrengungen die Vermögensverteilung in der Bundesrepublik Deutschland nicht wesentlich verschoben hat und die Vermögensbildung für breite Schichten damit nach wie vor ein zentrales gesellschaftliches Problem ist.

Im folgenden sollen zunächst einige wichtige Probleme der vermögenspolitischen Sparförderung beleuchtet werden; sodann wird auf die Politik der vermögenspolitischen Steuerbegünstigungen eingegangen. Weiterhin wird die betriebliche Vermögensbeteiligung vor dem Hintergrund bisheriger Erfahrungen einer kritischen Analyse unterzogen, um schließlich einige Perspektiven für die Zukunft aufzuzeigen.

2.2 Vermögenspolitische Sparförderung

Die verschiedenen gesellschaftlichen Gruppen orientieren sich in ihren vermögenspolitischen Bestrebungen an unterschiedlichen Leitbildern. Als solche **Leitbilder** werden die Vergrößerung des individuellen Freiheitsbereichs, die Absicherung gegenüber Lebensrisiken, Abbau und Veränderung von Machtstrukturen in der Gesellschaft, Stabilisierung oder Umgestaltung der Wirtschaftsordnung usw. genannt. Relativ einheitlich wird aus diesen verschiedenen Leitbildern das **Gestaltungsziel** einer Beteiligung breiter Schichten an der Vermögensneubildung mittels vermögenspolitischer Sparförderung abgeleitet. Auch die konkrete Gestaltung der vermögenspolitischen Sparförderung ist kaum kontrovers diskutiert worden; eher zeigen sich deutliche Unterschiede zwischen den verschiedenen gesellschaftlichen Gruppen hinsichtlich jener vermögenspolitischen Vorschläge und Pläne, die auf eine verstärkte Beteiligung am Produktivvermögen sowie auf eine Ergebnisbeteilung abzielen (vgl. *TRANSFER-ENQUETE-KOMMISSION*, 1981, S. 269 f.; *K. GRESS*, 1983).

In der Vergangenheit sind die **vermögenspolitischen Sparförderungsmaßnahmen** nach dem Spar-Prämiengesetz, dem Wohnungsbau-Prämiengesetz sowie dem Dritten Vermögensbildungsgesetz in beträchtlichem Umfange **genutzt** worden:

(1) So wies die Einkommens- und Verbrauchsstichprobe 1973 im Rahmen einer Sondererhebung aus, daß etwa die Hälfte aller privaten Haushalte prämienbegünstigt auf Konten gespart hat. Von den rund 35% der Haushalte mit noch nicht zugeteilten Bausparverträgen hatten 84% die Absicht, Bausparprämien in Anspruch zu nehmen, während 7% die Bausparbeiträge als Sonderausgaben geltend machen wollten. 93% der Arbeitnehmer hatten sogar vermögenswirksam gespart (vgl. *M. EULER*, 1976, S. 14 ff.; *H. E. GIESE*, 1980, S. 367 ff.).

(2) Nach den Ergebnissen des Mikrozensus für das Jahr 1975 liegt die Nutzungsquote des vermögenswirksamen Sparens mit 68,5% deutlich niedriger als nach der Einkommens- und Verbrauchsstichprobe 1973. Allerdings bietet der Mikrozensus für das Jahr 1975 in Verbindung mit den Mikrozensen für die Jahre 1971 und 1977 die Möglichkeit eines zeitlichen Vergleichs. Seit 1971 ist danach die Nutzungsquote des vermögenswirksamen Sparens von 58% auf 76,5% im Jahre 1977 gestiegen (vgl. *WIRTSCHAFT UND STATISTIK*, 1974, S. 843 ff.; 1977, S. 647 ff.; 1979, S. 885 ff.).

Offensichtlich nutzt mittlerweile der größte Teil der anspruchsberechtigten Arbeitnehmer die Vorteile des Dritten Vermögensbildungsgesetzes. Die Nutzungsquoten liegen insbesondere bei mittleren Einkommen sehr hoch. Bei höheren Einkommen ergeben sich infolge der bestehenden Begünstigungsgrenzen und bei niedrigeren Einkommen infolge der geringen Sparfähigkeit deutlich unterdurchschnittliche Nutzungsquoten (vgl. *TRANSFER-ENQUETE-KOMMISSION*, 1981, S. 271 ff.).

Der hohe Grad der Inanspruchnahme der vermögenspolitischen Sparförderung sagt noch nichts über ihre **Effizienz** im Sinne einer zusätzlichen (Netto-) Ersparnisbildung aus. Angesichts des beträchtlichen staatlichen Aufwandes für die vermögenspolitische Sparförderung müssen derartige Effizienzüberlegungen jedoch angestellt werden:

(1) Der Umfang einer zusätzlichen Ersparnisbildung, der auf die *Gewährung allgemeiner Sparprämien* zurückzuführen ist, kann kaum mit Sicherheit bestimmt werden. Es spricht sogar einiges dafür, daß gerade in diesem Bereich der Sparförderung beträchtliche Mitnehmereffekte auftreten.

Mittlerweile haben die meisten Arbeitnehmer ein Einkommensniveau erreicht, aus dem sie – mit oder ohne Sparförderung – eine gewisse Ersparnis bilden können und wollen; insbesondere erfolgt im Hinblick auf die Anschaffung langlebiger Gebrauchsgüter regelmäßig ein gezieltes Zwecksparen. In dieser Situation können die Haushalte die staatliche Sparförderung in Anspruch nehmen, ohne die eigene Sparleistung effektiv zu erhöhen.

Für diese Überlegungen spricht vor allem die Tatsache, daß nach Ablauf der Bindungsfristen regelmäßig ein erheblicher Teil der mit staatlichen Prämien geförderten Ersparnisbildung wieder in den Konsum fließt. Der Konsumanteil beläuft sich etwa auf ein Drittel; zwei Drittel der ersparten Gelder werden im Durchschnitt wieder angelegt.

Selbst die wieder angelegten Gelder müssen nicht eine zusätzliche (Netto-) Ersparnisbildung darstellen, sondern können vielmehr jene langfristige Ersparnisbildung ausmachen, die auch ohne staatliche Förderung stattfinden würde. Grundsätzlich könnten sogar die staatlichen Sparprämien die sonst übliche eigene Ersparnisbildung reduzieren, da durch die gewährten Sparprämien das Sparkonto schneller anwächst und eigene Spartätigkeit zur Verwirklichung einer bestimmten Vermögensansammlung auf dem Sparkonto nur noch in geringerem Umfange erforderlich ist.

Es spricht also einiges dafür, daß die mit staatlichen Prämien geförderte Ersparnisbildung durch deutliche Mitnehmereffekte gekennzeichnet ist. Die Gewährung allgemeiner Sparprämien führt nach heutiger Einschätzung nur zu geringen Nettoeffekten in Form zusätzlicher Ersparnisse. Soweit solche Nettoeffekte auftreten, müssen sie zudem nicht dauerhafter Natur sein, da nach der Bindungsfrist über die angesparten Gelder einschließlich Prämien verfügt werden kann. Es ist fraglich, ob mit Hilfe der Gewährung allgemeiner Sparprämien eine längerfristig wirksame Verbesserung der Vermögenssituation in Arbeitnehmerhand bewirkt werden kann (vgl. *TRANSFER-ENQUETE-KOMMISSION*, 1981, S. 274 f.).

(2) Die vermögenspolitische Effizienz der *Bausparprämien* unterliegt einer deutlich anderen Beurteilung. Grundsätzlich ist das Bausparen für viele Haushalte mit geringeren und mittleren Einkommen eine wichtige Möglichkeit, zu einem Wohnungseigentum zu gelangen. Die Gewährung von Bausparprämien kann dazu führen, daß sehr frühzeitig mit dem Ansparvorgang begonnen wird. Dadurch entstehen Nettoeffekte in Form einer zusätzlichen Ersparnisbildung. Da das Bausparen regelmäßig dem Erwerb von Wohnungseigentum dient, stellt ein Abfluß der ersparten Mittel in den Konsum eher die Ausnahme denn die Regel dar. Kommt es aber zum Erwerb von Wohnungseigentum, so werden zusätzliche Sparprozesse in Verbindung mit dem Kapitaldienst für in Anspruch genommene Hypotheken ausgelöst. Die Gewährung von Bausparprämien dürfte von daher nicht nur einen deutlichen Nettoeffekt in Form zusätzlicher Ersparnisse haben, sondern führt regelmäßig auch zu einer langfristig veränderten Vermögenssituation der privaten Haushalte (vgl. *TRANSFER-ENQUETE-KOMMISSION*, 1981, S. 276 f.).

(3) Die unterschiedliche Bewertung der vermögenspolitischen Effizienz der Gewährung allgemeiner Sparprämien einerseits und Bausparprämien andererseits läßt auch eine unterschiedliche Bewertung der Leistungen nach dem *Dritten Vermögensbildungsgesetz* in Form von Arbeitnehmer-Sparzulagen und Arbeitgeberleistungen möglich erscheinen. Es ist zu vermuten, daß je nach der Anlageform bedeutsame Nettoeffekte zu erwarten oder aber gering einzuschätzen sind. Ähnliches gilt für die Frage nach der Dauerhaftigkeit möglicher Nettoeffekte und damit für die längerfristige Beeinflussung der Vermögenssituation der Arbeitnehmer (vgl. *TRANSFER-ENQUETE-KOMMISSION*, 1981, S. 275 f.).

Unter vermögenspolitischen Effizienzgesichtspunkten kommt der Gewährung von Bausparprämien eine erhebliche Bedeutung zu, während die vermögenspolitische Effizienz allgemeiner Sparprämien gering einzuschätzen ist; für die Leistungen nach dem Dritten Vermögensbildungsgesetz ergibt sich eine differenzierte Beurteilung in Abhängigkeit von der jeweiligen Anlageform, wobei auch die Einkommenssituation der betreffenden Haushalte nicht außer acht gelassen werden darf. Derartige Effizienzüberlegungen haben möglicherweise die **Gesetzgebung zur vermögenspolitischen Sparförderung** in den letzten Jahren beeinflußt:

(1) Nach den im Jahre 1980 getroffenen Neuregelungen wurden die Leistungen nach dem Spar-Prämiengesetz nur noch für Sparverträge gewährt, die bis einschließlich dem 12.11.1980 abgeschlossen wurden. Für alle vom 13.11.1980 an abgeschlossenen Verträge ist die Sparprämie entfallen; Einzahlungen auf „Altverträge" blieben jedoch weiterhin prämienbegünstigt. Die Zahlung der Sparprämie ist mittlerweile ausgelaufen.

(2) Im Zuge dieser Neuregelung wurde auch die Festlegungsfrist für Bausparbeiträge bei Inanspruchnahme der Wohnungsbauprämie für ab dem 13.11.1980 abgeschlossene Verträge auf 10 Jahre erhöht (1985 wieder auf 7 Jahre gesenkt). Unter dem Zwang der leeren Kassen wurde die frühere Grundprämie von 18% auf 14% gekürzt.

(3) Ab dem 1.1.1982 ist die steuerfreie und sozialabgabenfreie Arbeitnehmer-Sparzulage nach dem 624-DM-Gesetz gekürzt und nach Anlageformen gestaffelt. Die Sparzulage betrug bis dahin einheitlich 30% (bei Familien mit drei und mehr Kindern 40%). Nunmehr beläuft sie sich auf 23% (33% bei drei und mehr Kindern) für Anlagen nach dem Wohnungsbau-Prämiengesetz, beim Erwerb von Belegschaftsaktien sowie beim Abschluß von Wertpapier-Sparverträgen zum Erwerb von Aktien und Investmentanteilen von Aktienfonds. Für die übrigen Anlageformen, wie das Geldsparen und das Lebensversicherungssparen, gilt nur noch eine Sparzulage von 16% (bei drei und mehr Kindern 26%).

(4) Weitere Neuregelungen betrafen die Lohn- und Einkommensteuervergünstigung beim Erwerb von Belegschaftsaktien, die Steuerermäßigung für Arbeitgeber bei der Gewährung vermögenswirksamer Leistungen sowie die Sparpauschale für Wehrpflichtige nach dem Unterhaltssicherungegesetz. Die erfolgten Leistungskürzungen sind vor allem finanzpolitisch begründet.

In den getroffenen Neuregelungen kommen finanzpolitische und vermögenspolitische Überlegungen zum Ausdruck. Sämtliche Leistungseinschränkungen führten zu einer Entlastung des Staatshaushalts. Unter vermögenspolitischen Aspekten ist insbesondere der Wegfall der allgemeinen Sparprämien zu vertreten. Bezüglich der weiteren Leistungseinschränkungen müssen vor dem Hintergrund der obigen Überlegungen – wenn auch in jeweils unterschiedlicher Form – Bedenken geltend gemacht werden.

2.3 Vermögenspolitische Steuerbegünstigung

Nach dem Sozialbericht der Bundesregierung umfaßt die vermögenspolitische Steuerbegünstigung die Vergünstigungen für das Bausparen gemäß § 10 Abs. 1 Nr. 3 EStG sowie die erhöhten Absetzungen für Wohngebäude gemäß den §§ 7b und 54 EStG. Beide Steuervergünstigungen stehen in einem unmittelbaren Zusammenhang zum **Erwerb von Wohnungseigentum** und lassen von daher eine erhebliche vermögenspolitische Effizienz vermuten. Allerdings fällt diese vermögenspolitische Effizienz stärker als bei den sozial gestaffelten Bausparprämien wegen der Progressionswirkung der Einkommensteuer zugunsten der Bezieher mittlerer und höherer Einkommen aus. Für die Bezieher niedriger Einkommen sind die steuerlichen Anreize kaum dazu geeignet, die mit dem Bau oder Kauf eines Hauses verbundenen finanziellen Schwierigkeiten auszuräumen, während steuerliche Anreize für die Bezieher sehr hoher Einkommen gar nicht erforderlich sind, da für diese Einkommensgruppe der Erwerb von Wohnungseigentum selbstverständlich ist. Vermögenspolitische Nettoeffekte dürften daher vor allen Dingen bei den Beziehern mittlerer Einkommen zum Tragen kommen.

Der Sonderausgabenabzug für Bausparbeiträge sowie die erhöhten Absetzungen für Wohngebäude dienen nicht nur vermögenspolitischen Zielsetzungen, sondern werden auch – und dies in der Gegenwart verstärkt – mit **arbeitsmarktpolitischen Überlegungen** begründet. Angesichts eines deutlichen Rückgangs der Bautätigkeit seit Mitte der 70er Jahre wird eine Stützung der Bauwirtschaft durch Steuererleichterungen für Bauherren bereits seit Jahren als erforderlich angesehen. Dem Rückgang des Wohnungsbaus entsprach ein sukzessiver **Ausbau des Regelungsstandes** der vermögenspolitischen Steuerbegünstigungen:

(1) Mitte 1981 wurden die Rahmenbedingungen für den Wohnungsbau deutlich verbessert; die Abschreibungserleichterungen wurden ausgebaut, indem die Abschreibungshöchstbeträge um jeweils 50000 DM auf 200000/250000 DM (Einfamilienhaus/Zweifamilienhaus) angehoben wurden; außerdem kann seitdem bei Eigennutzung eines 7b-geförderten Wohnobjekts zusätzlich ein Steuerabzugsbetrag von 600 DM jährlich für das zweite und jedes weitere haushaltszugehörige Kind in Anspruch genommen werden.

(2) Im Zuge dieser Neuregelungen wurde auch die degressive Abschreibung für alle Gebäude (Wohn- und Betriebsgebäude) nach § 7 Abs. 5 EStG in den ersten 8 Jahren von 3,5% auf 5% angehoben.

(3) Alle diese Abschreibungserleichterungen gelten für Gebäude, für die der Bauantrag nach dem 29. Juli 1981 gestellt worden ist; dem Bauantrag ist der Erwerbsvorgang gleichgestellt.

Ab dem 1.1.1987 tritt an die Stelle der vermögenspolitischen Steuerbegünstigungen des § 7b EStG die Neuregelung des § 10e EStG mit erweiterten, aber auf eigengenutzte Objekte beschränkten Abschreibungsmöglichkeiten sowie einer verstärkten Kinderkomponente.

Mittlerweile hat das Bausparen gegenüber früheren Jahren deutlich an Attraktivität verloren. Das Neugeschäft der Bausparkassen stagniert weitgehend, die **Zuteilungsfristen für die Bauspardarlehen** werden immer länger, und ihr Zinsvorteil ist bei allgemein sinkenden Zinsen geschrumpft. Im Nachteil sind insbesondere jene Bausparer, die bereits vor Jahren neue Verträge abgeschlossen haben und nunmehr deutlich länger als geplant eine teure Überbrückungsfinanzierung in Anspruch nehmen müssen. Zeitlich befristet begegnete man dieser Situationsveränderung durch steuerliche Neuregelungen, die in der zweiten Jahreshälfte 1982 in Kraft traten:

(1) Wer zur Finanzierung seines Bauvorhabens einen noch nicht zugeteilten Bausparvertrag einsetzen wollte, hatte bis zum 30. November 1983 die Möglichkeit, einen Antrag auf Zinsverbilligung des benötigten Bausparzwischenkredits zu stellen. Der Staat übernahm 2,5% des Zinssatzes, so daß z.B. bei einem Zinssatz von 8% nur noch 5,5% gezahlt werden mußten. Gefördert wurden der Bau (incl. Ausbau und Erweiterung) und der Ersterwerb von selbstgenutzten Ein- und Zweifamilienhäusern sowie von Eigentumswohnungen, wenn der Baubeginn nach dem 30. September 1982 lag, die Wohnungen öffentlich gefördert oder steuerbegünstigt waren, der Auftrag für den Rohbau (bei Fertighäusern die Bestellung) vor dem 1. Januar 1984 vergeben wurde und der Rohbau (bei Fertighäusern das Fundament) vor dem 1. Juli 1984 fertig wurde. Verbilligt werden konnte ein Kredit von höchstens 80000 DM (erhöht pro Kind um 15000 DM) bis zur Zuteilung des vor- bzw. zwischenfinanzierten Bausparvertrages, höchstens jedoch vier Jahre lang. Die Mittel waren begrenzt; ein Anspruch auf Zinsverbilligung bestand nicht. Anträge waren bei den Banken, Sparkassen oder Bausparkassen zu stellen, die jeweils den Zwischenkredit gewährten.

(2) Ferner wurde in einer Abänderung des § 21a EStG ein zusätzlicher Schuldzinsenabzug bis zu 10000 DM jährlich auf die Dauer von jeweils 3 Jahren für in vollem Umfang selbst genutzte Gebäude und Eigentumswohnungen sowie Ausbauten und Erweiterungen daran eingeführt. Voraussetzung hierfür war, daß der Antrag auf Baugenehmigung nach dem 30.9.1982 gestellt wurde; war der Antrag vor dem 1.10.1982 gestellt worden, so genügte es, wenn mit den Bauarbeiten nach dem 30.9.1982 begonnen worden war. Mit dieser Regelung sollte die auf der Grundlage des Einheitswerts pauschalierte Nutzungswertbesteuerung selbstgenutzter Wohnobjekte in ihren besonders bei hoher Fremdmittelfinanzierung nachteiligen Auswirkungen gegenüber der Besteuerung zumindest teilvermieteter Wohnobjekte gemindert werden. Diese Vergünstigung war auf Fertigstellungen oder Anschaffungen vor dem 1.1.1987 begrenzt; Anschaffungen mußten bis zum Ende des Jahres der Fertigstellung erfolgt sein.

Nach dem **Sozialbericht** der Bundesregierung beliefen sich die Leistungen im Rahmen der vermögenspolitischen Sparförderung und Steuerbegünstigung im Jahre 1965 auf 2,7 Mrd. DM, und sie stiegen bis zum Jahre 1981 auf 17,8 Mrd. DM an; in den folgenden Jahren war ein sukzessives Absinken dieser Leistungen festzustellen; allerdings wird für die Zukunft mit einem leichten Anstieg gerechnet. Im Hinblick auf das Bruttosozialprodukt sowie das gesamte Sozialbudget verlief die Entwicklung bis 1975 über-, anschließend deutlich unterproportional. 1975 errechnete sich die Sozialleistungsquote auf 1,56%, und sie fiel bis zum Jahre 1980 auf 1,16% ab; dieser Trend setzte sich in den folgenden Jahren fort und wird auch für die Zukunft erwartet. Der Strukturanteil am gesamten Sozialbudget belief sich 1975 auf 4,6% und sank bis 1980 auf 3,6% ab; die Feststellungen für die folgenden Jahre sowie die Erwartungen für die Zukunft deuten ein weiteres, wenn auch gemäßigtes Absinken des Strukturanteils an. Diese Entwicklungen werden nicht so sehr von dem Trend der vermögenspolitischen Steuerbegünstigung bestimmt, die überwiegend parallel zum Bruttosozialprodukt wächst, sondern vielmehr durch die Reduzierung der vermögenspolitischen Sparförderung; sie erfolgte einerseits unter dem Diktat der leeren Kassen, ist andererseits aber auch Ausdruck einer verstärkten Skepsis gegenüber möglichen Nettoeffekten dieser Sparförderung.

2.4 Betriebliche Vermögensbeteiligung

Wenngleich auch der **Vermögenszuwachs der privaten Haushalte** beachtlich ist, wobei sich insbesondere der Besitz von Wohnungseigentum und Geldvermögen merklich ausgeweitet hat, so konnte doch auf diese Weise die Ungleichheit in der Vermögensverteilung zwischen Armen und Reichen nicht wesentlich verändert werden. Umso mehr richtet sich daher seit einigen Jahren das Interesse der verschiedenen gesellschaftlichen Gruppen wieder auf die betriebliche Vermögensbeteiligung (vgl. *G. LASSMANN/E. SCHWARK*, 1985; *E. BOETTCHER*, u.a., 1985).

In der Vergangenheit war die **betriebliche Vermögensbeteiligung** weitgehend außerhalb der staatlichen Sozialpolitik angesiedelt. Sie war überwiegend eine unternehmensinterne Angelegenheit; dementsprechend waren die Informationen über Art und Ausmaß der betrieblichen Vermögensbeteiligung lange Zeit gering. In der gesellschaftlichen Auseinandersetzung war man daher weitgehend auf Vermutungen angewiesen. Der Informationsstand über die betriebliche Vermö-

Tabelle 66: Gesamtwirtschaftliche Ersparnis und Vermögensbildung 1950-1985

Jahr	Ersparnis und Vermögensbildung insgesamt[2]		davon[2]			Sparquote der privaten Haushalte
			private Haushalte	Unternehmen	Staat	
	in Mio. DM	in %[5]	Anteile in %[3]			in %[4]
1950[1]	12750		16,8	63,7	19,5	3,2
1955[1]	36720	+ 27,8	19,9	43,2	36,9	6,4
1960	63120		25,5	46,3	28,2	8,6
1961	65370	+ 3,6	29,2	41,0	29,8	9,1
1962	66050	+ 1,0	29,3	43,4	27,3	8,6
1963	65490	− 0,8	35,1	35,9	28,9	9,9
1964	79290	+ 21,1	35,8	36,3	27,9	11,3
1965	80710	+ 1,8	42,7	37,3	20,0	12,2
1966	82250	+ 1,9	41,2	36,7	22,1	11,6
1967	73480	− 10,7	43,5	43,5	13,1	11,2
1968	88520	+ 20,5	43,7	40,7	15,7	12,5
1969	105920	+ 19,7	42,9	31,1	26,0	13,3
1970	121360	+ 14,6	45,0	30,8	24,2	13,8
1971	125200	+ 3,2	47,9	29,0	23,1	13,5
1972	131170	+ 4,8	53,1	27,6	19,3	14,4
1973	148540	+ 13,2	48,7	23,4	27,9	13,9
1974	137160	− 7,7	60,7	23,2	16,1	14,6
1975	98130	− 28,5	98,1	25,4	− 23,4	15,1
1976	127340	+ 29,8	68,5	35,3	− 3,8	13,3
1977	127310	− 0,0	65,5	31,6	2,9	12,2
1978	145850	+ 14,6	59,0	38,3	2,7	12,1
1979	157110	+ 7,7	62,2	35,4	2,4	12,6
1980	145200	− 7,6	74,3	24,9	0,8	12,8
1981	120220	− 17,0	101,2	13,0	− 14,2	13,4
1982	120180	− 0,0	97,0	18,3	− 15,4	12,8
1983	138640	+ 15,4	75,1	33,9	− 9,0	11,2
1984	153900	+ 11,0	72,1	30,9	− 2,9	11,4
1985	174120	+ 13,1	66,1	28,7	5,3	11,4

1 1950 und 1955 ohne Saarland und Berlin.
2 unter Berücksichtigung der Vermögensübertragungen.
3 Anteil an der gesamten Ersparnis.
4 Ersparnis in % des verfügbaren Einkommens.
5 jährliche Veränderung in %.
Quelle: Bundesministerium für Arbeit und Sozialordnung (Hrsg.): Arbeits- und Sozialstatistik 1986.

gensbeteiligung änderte sich erst 1977 mit der vom Institut der Deutschen Wirtschaft und der Gesellschaft für innerbetriebliche Zusammenarbeit vorgelegten Bestandsaufnahme, die zu Beginn der 80er Jahre durch eine weitere bundesweite Untersuchung ergänzt wurde. Die Auswertung der somit verfügbaren Daten führte zu verbesserten Erkenntnissen bezüglich der vermögenspolitischen Effekte, der unternehmenspolitischen Auswirkungen sowie gesellschaftspolitischer Aspekte der betrieblichen Vermögensbeteiligung (vgl. im einzelnen *H.-G. GUSKI*, 1984).

Die **Analyse der vermögenspolitischen Effekte** führte zu Ergebnissen, die dazu geeignet sind, bisherige Vermutungen weitgehend zu korrigieren. Es zeigte sich nicht nur ein signifikantes Anwachsen der betrieblichen Vermögensbeteiligung, sondern auch eine wachsende Bereitschaft der Arbeitnehmer, Risikokapital zu erwerben und auf Dauer zu halten:

(1) Die Mitarbeiter der untersuchten Beteiligungsunternehmen besaßen Ende 1977 ein Betriebsvermögen von 2,3 Mrd. DM; Ende 1983 waren es 5,5 Mrd. DM. In dem betrachteten Zeitraum wurde mehr Vermögen in Mitarbeiterhand gebildet als zuvor seit Beginn der 50er Jahre. Ende 1983 besaßen die Mitarbeiter im Durchschnitt ein Betriebsvermögen von 10000 DM; dieser Betrag ist dreimal so hoch wie derjenige, den Arbeiter und Angestellte im Durchschnitt als Sparguthaben halten.

(2) Noch in den 50er Jahren war die Bereitschaft der Arbeitnehmer zur Übernahme von Risikokapital sehr gering; nur jeder fünfte beteiligungsberechtigte Mitarbeiter hielt Anteile am Unternehmenskapital. In den 60er Jahren stieg bereits die Beteiligungsquote auf mehr als 25% an, und sie erhöhte sich schließlich in den 70er Jahren auf mehr als 60%. Maßgebliche Faktoren dieser Entwicklung waren die deutliche Verbesserung der Einkommenslage der Arbeitnehmer sowie ein verbesserter Informationsstand über Chancen und Risiken einer Beteiligung am Produktivvermögen.

(3) Die Bereitschaft der Arbeitnehmer, eine einmal erworbene Beteiligung am Produktivvermögen auch nach Ablauf der Sperrfrist aufrecht zu erhalten, ist deutlich höher als bei den Geldvermögensanlagen. Während nach Ablauf der Bindungsfrist für Geldvermögensanlagen damit gerechnet werden muß, daß etwa ein Drittel in den Konsum fließt, veräußert nur etwa ein Fünftel der Arbeitnehmer das verfügbar gewordene Beteiligungskapital. Wachsende Informationen über die Funktion des Mitarbeiterkapitals zur Stärkung der Finanzkraft des eigenen Unternehmens und zur Erhaltung der Arbeitsplätze mögen hierzu beigetragen haben.

Die **unternehmenspolitischen Auswirkungen** der betrieblichen Vermögensbeteiligung zeigen sich in Liquiditätseffekten sowie in Kapitalstruktureffekten:

(1) *Liquiditätseffekte* der betrieblichen Vermögensbeteiligung entstehen zunächst einmal in dem Maße, in dem die Mitarbeiter das Beteiligungskapital aus eigenen Mitteln finanzieren. Allerdings führen auch Arbeitgeberleistungen zu Liquiditätseffekten, die als Betriebsausgabeneffekt, Splittingeffekt oder Steuerstundungseffekt in Erscheinung treten.

Ein Betriebsausgabeneffekt entsteht, wenn durch Unternehmenszuwendungen zur Mitarbeiterkapitalbildung Gewinne in Betriebsausgaben umgewandelt werden; für diese Zuwendungen entfällt die Gewerbesteuer. Der Splittingeffekt äußert sich in der Steuerlastdifferenz von einbehaltenen Gewinnen der Unternehmen (56% bei den Kapitalgesellschaften, häufig ebenfalls 56% bei anderen Unternehmen) und Arbeitnehmereinkommen (durchschnittliche Lohnsteuerbelastung von 32,5%). Ein Steuerstundungseffekt tritt dann ein, wenn die Arbeitgeber die auf die Unternehmenszuwendungen entfallenden Lohnsteuern erst nach Ablauf der vereinbarten Sperrfrist an das Finanzamt abführen müssen; dieser Effekt ist bei bestimmten Beteiligungsmodellen möglich.

(2) Neben den Liquiditätseffekten werden auch *Kapitalstruktureffekte* sichtbar. Nach Berechnungen des Instituts der deutschen Wirtschaft ist das Eigenkapital (einschl. Posten mit Rücklageanteil) in % der Bilanzsumme langfristig abgesunken. Diese Verschlechterung der Eigenkapitalausstattung der deutschen Unternehmen ist in allen bedeutenden Wirtschaftszweigen zu beobachten. Die Unternehmen sind zunehmend auf Fremdkapital angewiesen, damit steigt der Zinsaufwand, die Erträge sinken weiter, und die Eigenkapitalbasis wird zunehmend geschwächt.

Die Verbesserung der Eigenkapitalbasis durch betriebliche Vermögensbeteiligung ist von daher von besonderer unternehmenspolitischer Bedeutung. Immerhin ist festzustellen, daß die untersuchten Beteiligungsunternehmen eine um 50% höhere Eigenkapitalquote als sämtliche Unternehmen im Durchschnitt haben; auch in der Branchenbetrachtung liegen die Eigenkapitalquoten der Beteiligungsunternehmen stets über dem Branchendurchschnitt. Eine besonders hohe Differenz ergibt sich für Unternehmen des Nahrungs- und Genußmittelgewerbes sowie des Baugewerbes.

Allerdings ist mit Sicherheit kaum festzustellen, daß diese bessere Eigenkapitalausstattung der Beteiligungsunternehmen gegenüber dem Durchschnitt aller Unternehmen auf die betriebliche Vermögensbeteiligung zurückzuführen ist. Der umgekehrte Schluß ist vielmehr genauso naheliegend: Unternehmen mit einer besseren Eigenkapitalausstattung sind eher dazu in der Lage, eine Mitarbeiterbeteiligung am Produktivvermögen einzuführen, als Unternehmen mit einer schlechten Eigenkapitalausstattung und hoher Belastung der Erträge durch Fremdkapitalzinsen.

Unabhängig davon ist jedoch nicht zu bestreiten, daß von einer Mitarbeiterbeteiligung, die entweder aus Eigenmitteln finanziert wird oder aber auf sonst mögliche Lohnsteigerungen angerechnet wird, die Eigenkapitalbasis der Beteiligungsunternehmen verbessert werden kann. Dies gilt umso mehr, je mehr auch die Liquiditätseffekte von Unternehmenszuwendungen in Erscheinung treten.

Tabelle 67: Rendite und Eigenkapitalausstattung der Industrie 1955-1984[1]

Jahr	Vergleichbare Quoten[2]		Zum Vergleich:	Vergleichbare Quoten[2] Eigenkapitalausstattung	
	Nettoumsatzrendite[3]	Nettoeigenkapitalrendite[4]	Fremdkapitalrendite[6]	horizontale[7]	vertikale[8]
1955	2,1	7,4	5,4	74,7	43,1
1960	3,0	14,7	6,3	68,2	39,6
1965	3,0	9,5	6,8	63,0	37,6
1970	3,0	9,8	8,2	65,9	36,0
1975	1,4	5,4	8,7	64,4	32,9
1980	1,4	5,6[5]	8,6	70,5	30,8
1981	1,1	4,7	10,6	69,7	30,0
1982	1,1	4,7	9,1	69,9	30,6
1983	1,2	5,2	8,0	70,6	30,4
1984	1,5	6,5	7,8	73,4	30,6

1 Aktiengesellschaften des produzierenden Gewerbes.
2 vergleichbare Quoten; Rückrechnung im Wege iterativer Verknüpfung der Vorjahresergebnisse.
3 Jahresüberschuß nach Unternehmenssteuern in % des Umsatzes.
4 Jahresüberschuß nach Unternehmenssteuern in % des Eigenkapitals (ab 1980 einschließl. Posten mit Rücklagenanteil).
5 einschl. der seit 1977 gewährten Körperschaftsteuergutschrift in Höhe von 9/16 auf die gezahlte Bardividende.
6 Umlaufrendite festverzinslicher Wertpapiere.
7 Eigenkapital einschl. Posten mit Rücklagenanteil in von Hundert des Anlagevermögens;
8 Eigenkapitel einschließlich Posten mit Rücklagenanteil in von Hundert der Bilanzsumme.

Quelle: Institut der deutschen Wirtschaft: Zahlen zur wirtschaftlichen Entwicklung der Bundesrepublik Deutschland 1986.

Nach wie vor ist die betriebliche Vermögensbeteiligung zwischen den Tarifpartnern heftig umstritten. Die **Gewerkschaften** befürchten nicht nur zusätzliche Vermögensrisiken für die Arbeitnehmer und eine Einschränkung ihrer Mobilität, sondern erwarten auch **Auswirkungen auf ihre eigene gesellschaftliche Position**. Die zu Miteigentümern gewordenen Arbeitnehmer könnten das Interesse an den Gewerkschaften verlieren und dadurch diese Organisationen in der Wahrnehmung ihrer gesellschaftspolitischen Aufgaben entscheidend schwächen. Bisherige Erfahrungen lassen jedoch die gewerkschaftlichen Befürchtungen als grundlos erscheinen:

(1) Der *gewerkschaftliche Organisationsgrad* der Beteiligungsunternehmen lag 1983 mit 50,9% deutlich höher als im Durchschnitt der gesamten Wirtschaft mit 35%. Außerdem ist in mehr als 80% der Beteiligungsunternehmen der gewerkschaftliche Organisationsgrad – bei teilweise bis zu 30 Jahren andauernder Beteiligungspraxis – nicht gesunken; 40% der Unternehmen verzeichnen sogar Zuwächse; nur bei etwa 17% der Unternehmen wurde eine Abnahme der Gewerkschaftsmitglieder registriert. Soweit eine Abnahme des gewerkschaftlichen Organisationsgrades festzustellen war, konnte sie auf Struktureffekte hinsichtlich der Zusammensetzung der Belegschaft sowie auf die gewerkschaftliche Beitragspolitik zurückgeführt werden.

(2) Die *Stellung der Betriebsräte* in den Beteiligungsunternehmen ist durch die betriebliche Vermögensbeteiligung nicht geschwächt worden. In der Hälfte der untersuchten Beteiligungsunternehmen sahen die Betriebsräte ihre Position unbeeinflußt; mehr als 40% der Betriebsräte registrierten eine Ausweitung ihrer Befugnisse, während in gut 7% aller untersuchten Beteiligungsunternehmen die Betriebsräte von einer Schwächung ihrer Position ausgingen. Es besteht die Vermutung, daß die Schwächung der Position dieser Betriebsräte auf Konflikte zwischen ihnen und den beteiligungswilligen Arbeitnehmern zurückzuführen sind; mit der Ablehnung der betrieblichen Vermögensbeteiligung, die von den Arbeitnehmern positiver gewertet wurde, entstand ein Autoritätsverlust bei den Betriebsräten; die Folge war eine Schwächung ihrer innerbetrieblichen Position.

(3) Im Gegensatz zur Gewerkschaftsspitze nehmen die *örtlichen Gewerkschaften* in der Frage der betrieblichen Vermögensbeteiligung eine weitgehend neutrale oder zustimmende Haltung ein. Vor Ort zeigt sich jedenfalls keine pauschale Ablehnung von Mitarbeiterbeteiligungen. Vielmehr registrierte nur ein geringer Teil der Beteiligungsunternehmen eine ablehnende Haltung der örtlichen Gewerkschaften.

Wenngleich auch die betriebliche Vermögensbeteiligung bisher nur ein geringes Ausmaß erreicht hat, so liegen in ihr doch beträchtliche Zukunftschancen zur Verbesserung der Vermögenssituation der Arbeitnehmer. Die Bereitschaft der Arbeitnehmer, Risikokapital zu erwerben und auf Dauer zu halten, ist offensichtlich im Laufe der letzten Jahre gewachsen. Die unternehmenspolitischen Auswirkungen in Form von Liquiditätseffekten sowie Kapitalstruktureffekten sind überwiegend positiv zu beurteilen; die Verbesserung der Kapitalbasis und der Liquiditätslage der Unternehmen verbessert ihre Zukunftschancen und trägt zu einer Sicherung von Arbeitsplätzen bei. Die ideologischen Gegensätze zwischen Kapital und Arbeit werden in Richtung auf eine partnerschaftliche Eingliederung der Arbeitnehmer in die Unternehmen weiterentwickelt. Die gesellschaftliche Funktion der Gewerkschaften wird durch die betriebliche Vermögensbeteiligung nicht geschwächt; Entwicklungstendenzen des gewerkschaftlichen Organisationsgrades, der Stellung der Betriebsräte und die zunehmend flexible Haltung örtlicher Gewerkschaften lassen derartige Befürchtungen der Gewerkschaften als grundlos erscheinen.

2.5 Perspektiven

In der Vergangenheit war die staatliche Vermögenspolitik vor allem auf die Bildung von Wohnungseigentum und Geldvermögen in Arbeitnehmerhand gerichtet. Eine stärkere Beteiligung der Arbeitnehmer an dem Produktivvermögen wurde von staatlicher Seite zwar oft gefordert, ohne daß sich jedoch die politischen Parteien auf eine Lösung einigen konnten. Die betriebliche Vermögensbeteiligung entwickelte sich damit weitgehend außerhalb der staatlichen Sozialpolitik. Mit dem **Vermögensbeteiligungsgesetz 1984** wurde in der vermögenspolitischen Sparförderung erstmals ein Weg beschritten, auf dem ausschließlich der Erwerb von Produktiveigentum in Arbeitnehmerhand begünstigt wird.

Das Vermögensbeteiligungsgesetz 1984 trägt den fundamentalen Grundsätzen einer freiheitlichen Gesellschaftsordnung Rechnung. Es ist Ausdruck einer staatlichen Vermögenspolitik, die auf die Schaffung individuellen Eigentums gerichtet ist und dabei von dem Grundsatz der Freiwilligkeit der Arbeitnehmer und Unternehmer ausgeht. Es setzt ordnungskonform wirtschaftliche Anreize und vermeidet jeglichen Zwang. Auf gesetzlich festgelegte Vermögensbildungsabgaben wird ebenso verzichtet wie auf die Einrichtung gewerkschaftlich kontrollierter Kapitalsammelstellen. Dennoch ist dieses Vermögensbildungsgesetz zweifellos kein Jahrhundertgesetz, sondern bedarf vielmehr weiterer Ergänzungen.

Die **Kritik** an dem Vermögensbildungsgesetz 1984 konzentrierte sich vor allem auf folgende Punkte (vgl. *H.-G. GUSKI*, 1984, S. 30ff.):

(1) Die Ausschöpfung der Möglichkeiten des Vermögensbildungsgesetzes 1984 durch den Abschluß vermögenswirksamer Tarifverträge stößt sehr schnell an Grenzen, die durch die Wahlfreiheit der Arbeitnehmer und Unternehmer gezogen sind. Manche Unternehmer wollen ihre Arbeitnehmer nicht an ihrer eigenen Firma beteiligen; andere Arbeitnehmer sind nicht zu einer innerbetrieblichen Beteiligung bereit. Hier müssen die Ausweichmöglichkeiten, die sich bisher auf Aktien und Investment-Fonds beschränken, erweitert werden. Dabei ist an den Aufbau auch außerbetrieblicher Einrichtungen zur Sammlung und Weitergabe von Kapital zu denken, die unter der Trägerschaft des Kreditgewerbes mittelständischen Unternehmen eine Verbesserung ihrer Finanzierungsgrundlagen ermöglichen könnten.

(2) Das Vermögensbeteiligungsgesetz 1984 sieht auch die Möglichkeit vor, daß die Tarifpartner Vereinbarungen über Arbeitnehmerdarlehen treffen. Mit solchen Vereinbarungen würden die Tarifparteien einen unzulässigen Einfluß auf einzelne Unternehmen erhalten und die Dispositionsfreiheit unternehmerischer Entscheidungen über die Höhe der Fremdfinanzierung gefährden.

(3) Die Regelungen des Gesetzes zur Sperrfrist von Vermögensanlagen müßten gelockert werden. Ein Arbeitnehmer, der für die von ihm erworbenen Aktien starke Kursrückgänge befürchtet, müßte die Möglichkeit erhalten, auch innerhalb der Sperrfrist andere Aktien anstelle der bisherigen zu erwerben. Die Anlage in Produktivwerten würde auf diese Weise nicht gefährdet werden.

Abgesehen von gewissen Startschwierigkeiten des neuen Gesetzes, die nicht zuletzt auch durch das Fehlen der für die Praxis erforderlichen Durchführungsverordnungen bedingt waren, stieß vor allen Dingen der **Abschluß vermögenswirksamer Tarifverträge** zur Ausschöpfung des Vermögensbeteiligungsgesetzes 1984 auf Probleme. Der erste bundesweite Vertrag kam für die 350000 Beschäftigten des Bankgewerbes und der Bausparkassen zustande; er sah die Aufstockung der

Arbeitgeberleistungen von 624 DM auf 780 DM im Jahr vor. Bei einem regionalen Tarifvertrag für die Stromversorgungsunternehmen in Baden-Württemberg gehörte die ÖTV, bei einem Tarifvertrag für die Beschäftigten in der Preußen-Elektra auch die IG-Metall auf der Gewerkschaftsseite zu den Unterzeichnern. Dies ist umso bemerkenswerter, als sich diese beiden Gewerkschaften – wie der DGB insgesamt – offiziell gegen eine reine Kapitalbeteiligung der Arbeitnehmer (ohne Mitsprache und Mitbestimmung) an Firmen ausgesprochen haben. Bis Ende 1986 waren 21 Tarifverträge gemäß dem Vermögensbeteiligungsgesetz 1984 abgeschlossen worden. Von diesen Ausnahmen abgesehen, blieben jedoch bisher tarifvertragliche Regelungen in den Anfängen stecken.

Umso bedeutungsvoller sind die beachtlichen Erfolge, die mit Hilfe des Vermögensbeteiligungsgesetzes 1984 im Bereich der **freiwilligen Beteiligungsinitiativen** erreicht worden sind. Während seit Anfang der 70er Jahre jährlich etwa 30 bis 40 neue Beteiligungsunternehmen gezählt werden konnten, haben 1984 120 Firmen Beteiligungsmodelle eingerichtet. 1985 und 1986 kamen etwa 250 Beteiligungsunternehmen hinzu. Allerdings muß davon ausgegangen werden, daß bei diesen Firmen Arbeitnehmer und Arbeitgeber sowieso eine grundsätzliche Bereitschaft zum Aufbau betrieblicher Vermögensbeteiligungen hatten; unter dem Einfluß des neuen Gesetzes ist nunmehr die vorhandene Beteiligungsbereitschaft konkretisiert worden. Für die Zukunft ist kaum mit einem ähnlichen Zuwachs an Beteiligungsunternehmen zu rechnen; dennoch dürfte der Zuwachs höher liegen als vor dem Inkrafttreten des Vermögensbeteiligungsgesetzes 1984.

Nach einer Untersuchung des Instituts der deutschen Wirtschaft und der Gesellschaft für innerbetriebliche Zusammenarbeit haben Ende 1986 1353 Unternehmen ihre Mitarbeiter am Kapital beteiligt. Inzwischen besitzen rd. 1,1 Mio. Arbeitnehmer Beteiligungskapital, vier Fünftel davon Aktien. Von den beteiligten Arbeitnehmern werden 14,2 Mrd. DM Betriebskapital gehalten; Ende 1983 betrug das Mitarbeiterkapital erst 5,5 Mrd. DM. Ende 1986 hatten zwei Drittel der in Frage kommenden Arbeitnehmer das Beteiligungsangebot ihres Arbeitgebers angenommen; Ende 1983 lag die Beteiligungsquote erst bei etwa 50%. Zu etwa 80% halten die Arbeitnehmer die Beteiligung auch langfristig aufrecht; nur etwa 20% der Arbeitnehmer veräußern die Beteiligung nach Ablauf der Sperrzeiten. In der neueren Entwicklung sind es vor allem kleinere und mittelständische Unternehmen, die ihre Mitarbeiter beteiligen; dabei haben nur noch in etwa 25% der Beteiligungsmodelle ausschließlich die Unternehmen die Finanzierung der Beteiligung übernommen; in etwa 50% der Fälle tragen sowohl Unternehmen als auch Arbeitnehmer zur Finanzierung bei; in vielen Fällen ist sogar die Eigenleistung der Arbeitnehmer deutlich höher als die des Unternehmens (vgl. H.-G. GUSKI/H. J. SCHNEIDER, 1986).

Ende Dezember 1986 sind das Zweite Vermögensbeteiligungsgesetz sowie das Gesetz über Unternehmensbeteiligungsgesellschaften in Kraft getreten. Das **Zweite Vermögensbeteiligungsgesetz** bringt insbesondere folgende Änderungen: Zulassung von Kapitalanlagegesellschaften mit Beteiligungs-Sondervermögen zur Erleichterung indirekter außerbetrieblicher Kapitalbeteiligung insbesondere der Arbeitnehmer; Erhöhung des Lohnsteuerfreibetrages nach § 19a EStG von 300 DM auf 500 DM; Aufnahme von GmbH-Geschäftsanteilen in die Förderungskataloge des Vierten Vermögensbildungsgesetzes und des § 19a EStG; Vereinfachung und Erleichterung des Erwerbs von Vermögensbeteiligungen und der Vermögensbildungsförderung. Das **Gesetz über Unternehmensbeteiligungsge-**

sellschaften sieht die Eröffnung des Zugangs für nicht börsennotierte Unternehmen zu den organisierten Märkten für Eigenkapital sowie die Ermöglichung mittelbarer Kapitalbeteiligung an mittelständischen Unternehmen für ein breites Anlegerpublikum, u.a. für Arbeitnehmer bei Anlage entsprechender vermögenswirksamer Leistungen, vor. Mit beiden Gesetzen soll auch eine Verbesserung der Kapitalstruktur insbesondere mittelständischer Unternehmen bewirkt werden (vgl. Sozialbericht 1986).

Zu dieser neueren Entwicklung ist **kritisch** anzumerken, daß gerade mit Beteiligungs-Sondervermögen beträchtliche Liquiditäts- und Bewertungsprobleme verbunden sein können, da die Fungibilität stiller Beteiligungen gegenüber börsennotierten Wertpapieren erheblich eingeschränkt ist; im Falle der Rückgabe von Anteilen ist ihre zweifelsfreie und aktuelle Bewertung in Frage gestellt. Die vermögenspolitische Effizienz der Einbeziehung von GmbH-Beteiligungen ist deswegen gering einzuschätzen, weil die Ausdehnung des Gesellschafterkreises zwecks Vermehrung der Anteile kompliziert und kostspielig ist. Während Beteiligungs-Sondervermögen gesetzlichen Anlegerschutz genießen, führen Unternehmensbeteiligungsgesellschaften zu deutlich höheren Risiken für die beteiligten Arbeitnehmer; gemeinsame Unternehmensbeteiligungsgesellschaften der Tarifparteien werden zudem von den Arbeitgebern bisher weitgehend abgelehnt; auch die Unternehmensbeteiligungsgesellschaften dürften von daher nur eine geringe vermögenspolitische Bedeutung gewinnen (vgl. FRANKFURTER INSTITUT, 1986).

Die **staatliche Vermögenspolitik** hat sich seit einigen Jahren **entscheidend gewandelt**. Die vermögenspolitische Sparförderung, die insbesondere auf die Bildung von Wohnungseigentum und Geldvermögen in Arbeitnehmerhand gerichtet war, ist deutlich abgebaut worden. Die vermögenspolitische Steuerbegünstigung hat im Vergleich dazu starke Impulse erfahren, die sich insbesondere im Ausbau der erhöhten Absetzungen für Wohngebäude zeigen; weitere Maßnahmen in dieser Richtung zeichnen sich bereits ab. Gleichzeitig gewann der Gedanke einer Beteiligung der Arbeitnehmer am Produktivvermögen auch für die staatliche Vermögenspolitik zunehmend an Bedeutung. Wenngleich auch die Vermögensbeteiligungsgesetze noch deutliche Schwachpunkte aufweisen, so gehen von ihnen doch zukunftsweisende Impulse für die Förderung der Vermögensbildung in Arbeitnehmerhand aus.

3. Perspektiven Allgemeiner Lebenshilfen

Allgemeine Lebenshilfen werden an **Personen in besonderen Notlagen** zum Zwecke der Milderung ihrer Situation oder zum Zwecke der sozialen Eingliederung gewährt. Der Leistungsumfang belief sich im Jahre 1965 auf 1,1 Mrd. DM und stieg bis zum Jahre 1980 auf 3,3 Mrd. DM an; auch in den Folgejahren war ein beachtlicher Zuwachs festzustellen. Die Entwicklungsdynamik der Allgemeinen Lebenshilfen hielt sich bisher weitgehend im Rahmen derjenigen des Bruttosozialprodukts sowie des gesamten Sozialbudgets. Die Sozialleistungsquote belief sich 1986 auf 0,2%, der Strukturanteil am gesamten Sozialbudget auf 0,6%. Beide Indikatoren haben sich im Zeitablauf nicht wesentlich verändert. Auch für die Zukunft ist mit einem im Hinblick auf das Bruttosozialprodukt und das gesamte

Sozialbudget weitgehend proportionalen Anwachsen der Allgemeinen Lebenshilfen zu rechnen. Bei vordergründiger Betrachtung scheint dieser Sozialleistungsbereich keine spezifischen Zukunftsprobleme aufzuweisen.

Bereits seit Jahren führt jedoch die **lang anhaltende Massenarbeitslosigkeit** zur **Entstehung außerordentlicher Notlagen**. Diese zeigen sich nicht nur bei älteren Arbeitnehmern, sondern auch bei Jugendlichen. Die Notwendigkeit einer verstärkten Hilfeleistung für gefährdete Personen, insbesondere für Jugendliche, wird allgemein anerkannt. Dennoch bestehen gerade in diesem Bereich bedeutsame gesellschaftliche Defizite (vgl. *R. SAEKEL*, 1978, S. 288 ff.).

Im **demographischen Prozeß** wird zudem für die weitere Zukunft der Anteil der älteren Menschen erheblich zunehmen. Die Veränderung der Familienstrukturen hat schon in der Vergangenheit dazu geführt, daß ältere Menschen zunehmend der **Heimpflege** überantwortet wurden. Die Heimunterbringung erfolgte nicht immer unter Umständen, die als menschenwürdig bezeichnet werden können. Regelmäßig waren vielmehr mit der Heimunterbringung eine vollständige wirtschaftliche Abhängigkeit und finanzielle Entmündigung der betreffenden Menschen verbunden. Der Streit um das Taschengeld für Heimbewohner setzte auch von politischer Seite bedrückende Akzente. Für die Zukunft muß mit dem Anwachsen der Zahl der älteren Menschen nach neuen Wegen gesucht werden, um das Entstehen spezifischer Notlagen zu verhindern. Erste Ansätze werden bereits diskutiert (z.B. die Einführung einer Pflegeversicherung), führten jedoch noch nicht zu einem politischen Handeln (vgl. *G. BUTTLER*, u.a., 1985).

Literaturverzeichnis

Abendroth, W.: Zum Begriff des demokratischen und sozialen Rechtsstaates im Grundgesetz der Bundesrepublik Deutschland, in: Aus Geschichte und Politik, Düsseldorf 1954, S. 279-300

Abendroth, W.: Das Grundgesetz – Eine Einführung in seine politischen Probleme, Pfullingen 1966

Achinger, H.: Soziale Sicherheit, Stuttgart 1953

Achinger, H.: Sozialpolitik und Wissenschaft, Stuttgart 1963

Achinger, H.: Sozialpolitik als Gesellschaftspolitik, in: Schriften des Deutschen Vereins für öffentliche und private Fürsorge. Schrift 249, Frankfurt/M. 1971

Achinger, H., Bogs, W., Meinhold, H., Neundörfer, L., Schreiber, W.: Soziale Sicherung in der Bundesrepublik Deutschland (Sozialenquête), Stuttgart, Berlin, Köln, Mainz 1966

Adam, H.: Ambulante ärztliche Leistungen und Ärztedichte, Berlin, München 1983

Adorno, Th. W., u.a.: Der Positivismusstreit in der deutschen Soziologie, Darmstadt, Neuwied/Rh., Berlin 1972

Albers, W.: Möglichkeiten einer stärker final orientierten Sozialpolitik, Göttingen 1976

Albers, W.: Einkommensumverteilung durch Transferzahlungen, in: Wirtschaftsdienst, 1978, XII, S. 598 ff.

Albers, W.: Die Zukunft der Wohnungswirtschaft, in: Volkswirtschaftliche Korrespondenz der Adolf-Weber-Stiftung, 24. Jahrgang, Nr. 6, München 1985

Albert, H.: Marktsoziologie und Entscheidungslogik, Ökonomische Probleme in soziologischer Perspektive, Neuwied/Rh., Berlin 1967

Albert, H.: Traktat über kritische Vernunft, Tübingen 1968

Albert, H. (Hrsg.): Theorie und Realität – Ausgewählte Aufsätze zur Wissenschaftslehre der Sozialwissenschaften, 2. Aufl., Tübingen 1972

Allekotte, H. A.: Hintergründe der Kostenentwicklung im Gesundheitswesen, in: Jahrbuch für Sozialwissenschaft, Heft 3/1980, S. 355-372

Altendorf, R.: Der soziale Ausgleich im System der Sozialversicherung, Diss. Köln 1971

Amonn, A.: Der Begriff der „Sozialpolitik", in: Schmollers Jahrbuch für Wirtschafts- und Sozialwissenschaften, Jg. 48, München, Leipzig 1924, S. 159 ff.

Andel, N.: Die einkommensteuerliche Behandlung der Beiträge an und der Leistungen von Altersversicherungen, in: Haller, H., u.a. (Hrsg.): Theorie und Praxis des finanzpolitischen Interventionismus, Tübingen 1970, S. 327-344

Andel, N.: Nettoanpassung und Besteuerung der Renten im Lichte der Gleichmäßigkeit der Besteuerung, der Verteilungsgerechtigkeit und des Sanierungsbedarfs der Rentenversicherungen, in: Bohley, P., Tolkemitt, G. (Hrsg.): Wirtschaftswissenschaft als Grundlage staatlichen Handelns, Tübingen 1979, S. 165-176

Andersen, U.: Einführung in die Vermögenspolitik, München 1976

Atkinson, A. B.: On the Measurement of Inequality, in: Journal of Economic Theory, Band 2, 1970, S. 244 ff.

Bachmann, H.: Kapitalbeteiligung der Arbeitnehmer, in: Gewerkschaftliche Monatshefte, 1953, S. 208 ff.

Badura, B.: Volksmedizin und Gesundheitsvorsorge, in: WSI-Mitteilungen, Heft 10/1978, S. 542-548

Badura, B.: Bedürfnisstruktur, politisches System und die Grenzen des Wachstums medizinischer Dienste und Leistungen, in: Konstanzer Diskussionsbeiträge, Nr. 3/1979

Bäcker, G., Bispinck, R., Hofemann, K., Naegele, G.: Sozialpolitik, Köln 1980

Bank, H.-P.: Rationale Sozialpolitik – Ein Beitrag zum Begriff der Rationalität, Berlin 1975

Batschelet, E., u.a.: Grundlagen einer schweizerischen Bevölkerungspolitik, in: Die Weltwoche, Nr. 51/1975

Bayerisches Staatsministerium für Arbeit und Sozialordnung (Hrsg.): Vermögenspolitik – Betriebliche Modelle für Arbeitnehmer in Bayern, München 1977

Becker, G. S.: A Theory of Marriage, in: Th. W. Schultz (Hrsg.), 1979, S. 299-344

Behnken, R.: Soziale Gerechtigkeit und Wohnungspolitik, Berlin, München 1982

Beratergruppe zur Neuordnung der Krankenhausfinanzierung: Krankenhausfinanzierung – Grundsätze und Vorschläge, in: Bundesarbeitsblatt, 12/1984, S. 38-41

Berelson, B. (Hrsg.): Population Policy in Developed Countries, New York 1974

Berié, H.: Das Sozialbudget als Instrument der staatlichen Sozialpolitik, in: Soziale Probleme der modernen Industriegesellschaft, Schriften des Vereins für Socialpolitik, Gesellschaft für Wirtschafts- und Sozialwissenschaften, N. F., Bd. 92 I u. II, Berlin 1977, S. 829-868

Berndt, H.: Wohnungsbau und Wohnungsversorgung in der Bundesrepublik Deutschland – Rückblick, Situation, Ausblick, in: Der Langfristige Kredit, Heft 21/22, 1985, S. 699-704

Berthold, N., Külp, B.: Regelgebundene Rentenanpassung als Mittel zur langfristigen Sanierung der Gesetzlichen Rentenversicherung, Berlin, München 1984

Bilimowic, A.: Das allgemeine Schema des wirtschaftlichen Kreislaufs, in: Zeitschrift für Nationalökonomie, Bd. X, 1943, S. 199 ff.

Binder, P.: Die Schalthebel der Konjunktur, München, Berlin 1939

Birg, H.: Simulationsrechnung zur Bevölkerungsentwicklung in der Bundesrepublik Deutschland für Deutsche und Ausländer bis zum Jahre 2030, in: DIW-Wochenbericht, Nr. 24/1981

Bischoff, G.-U.: Die Belastung mit Steuern und Sozialversicherungsbeiträgen, in: Arbeits- und sozialstatistische Mitteilungen, 26. Jg., Heft 5, 1975, S. 119 ff.

Bloch, E.: Das Prinzip Hoffnung, Bd. 5 der Gesamtausgabe, Frankfurt/M. 1959

Blüm, N.: Solidarität und Subsidiarität in der Sozialpolitik, in: A. Christmann, u.a. (Hrsg.): Sozialpolitik, Köln 1974, S. 279-284

Böhm-Bawerk, E. v.: Kapital und Kapitalzins, II. Abtlg., Positive Theorie des Kapitals, 1. Band, Jena 1921

Boettcher, E. (Hrsg.): Sozialpolitik und Sozialreform, Tübingen 1957

Boettcher, E., u.a. (Hrsg.): Vermögenspolitik im sozialen Rechtsstaat, Tübingen 1985

Bogs, W.: Grundfragen des Rechts der sozialen Sicherheit und seiner Reform, in: Sozialwissenschaftliche Abhandlungen der Hochschule für Sozialwissenschaften Wilhelmshaven-Rüstersiel, Heft 3, Berlin 1955

Bogs, W., Meinhold, H., Achinger, H.: Aspekte der Sozialenquête, in: Sozialer Fortschritt, 1967, S. 1 ff.

Bonus, H.: Ordnungspolitische Aspekte öffentlicher Güter, in: E. Helmstädter (Hrsg.): Neuere Entwicklungen in den Wirtschaftswissenschaften, Schriften des Vereins für Socialpolitik, N. F., Bd. 98, Berlin 1978, S. 51 ff.

Borchert, E.-J.: Die Berücksichtigung familiärer Kindererziehung im Recht der gesetzlichen Rentenversicherung – Ein Beitrag zur Rentenreform, Berlin 1981

Borchert, G.: Ordnungspolitik im Arzneimittelbereich – Integriertes Konzept, in: Bundesarbeitsblatt, 12/1984, S. 25-26

Borght, R. v. d.: Grundzüge der Sozialpolitik. Hand- und Lehrbuch der Staatswissenschaften, 1. Abt.: Volkswirtschaftslehre, Bd. 16 (Leipzig 1904), 2. umgearbeitete Auflage, Leipzig 1923

Bortkiewicz, L.v.: Der Begriff „Sozialpolitik", in: Jahrbücher für Nationalökonomie und Statistik, Bd. 72, Jena 1899, S. 332 ff.

Bosch, M.: Gelenkte Marktwirtschaft, Stuttgart, Berlin 1939

Boskin, M. J. (Hrsg.): The Crisis in Social Security – Problems and Prospects, 3. Aufl., San Francisco (California) 1979

Brenner, G.: Selbstbeteiligung – ein interessantes Rechenbeispiel, in: Der deutsche Arzt, Nr. 21, 1979, S. 8-17

Brenner, G., Boese, J.: Materialsammlung zur Inanspruchnahme niedergelassener Ärzte in Lindau, Köln-Lövenich 1980

Brentano, L.: Die Arbeitergilden der Gegenwart, 2 Bde., Leipzig 1871/72

Brentano, L.: Die christlich-soziale Bewegung in England, Leipzig 1883

Brentano, L.: Mein Leben im Kampf um die soziale Entwicklung Deutschlands, Jena 1931
Briefs, G.: Zur Kritik sozialer Grundprinzipien, in: Archiv für Sozialwissenschaft und Sozialpolitik, Bd. 49, Tübingen 1922, S. 1 ff., und Bd. 50, Tübingen 1923, S. 324 ff.
Briefs, G.: Das gewerbliche Proletariat, Tübingen 1926
Briefs, G.: Zwischen Kapitalismus und Syndikalismus – die Gewerkschaften am Scheidewege, München 1952
Briefs, G.: Das Gewerkschaftsproblem gestern und heute, Frankfurt/M. 1955
Brück, G. W.: Allgemeine Sozialpolitik, Köln 1976
Brümmerhoff, D.: Die Einkommensbesteuerung der Sozialversicherungsrenten, in: Steuer und Wirtschaft, 3/1979
Buchholz, E. W., Wander, H. (Hrsg.): Bevölkerungswissenschaft – Bevölkerungspolitik, Stuttgart, Kiel 1975
Buchholz, W.: Krankenhäuser im Wettbewerb – Ansätze zu einer Neuordnung des Krankenhauswesens, Berlin, München 1983
Büttner, H. W.: Eigentumsstreuung über Sozialkapital, in: Sozialer Fortschritt, 1958, S. 79ff.
Buggenhout, A. J.-F. v.: Soziale Sicherheit und Volkswirtschaft, Allgemeine Probleme und besondere Gesichtspunkte der wirtschaftlich entwickelten Länder, in: Internationale Zeitschrift für Versicherungsmathematische und Statistische Probleme der Sozialen Sicherheit, Nr. 13/14, 1967/68, S. 428-473
Bull, H. P.: Die Staatsaufgaben nach dem Grundgesetz, Frankfurt/M. 1973
Bundesministerium für Arbeit und Sozialordnung (Hrsg.): Vorschläge zur sozialen Sicherung der Frau und der Hinterbliebenen, Gutachten der Sachverständigenkommission für die soziale Sicherung der Frau und der Hinterbliebenen, Kurzfassung, Bonn 1979
Bundesministerium für Arbeit und Sozialordnung (Hrsg.): Gutachten des Sozialbeirates über langfristige Probleme der Alterssicherung in der Bundesrepublik Deutschland, Bundestagsdrucksache Nr. 9/632, Bonn 1981
Bundesministerium für Arbeit und Sozialordnung (Hrsg.): Das Transfersystem in der Bundesrepublik Deutschland, Stuttgart 1983
Bundesministerium für Arbeit und Sozialordnung (Hrsg.): Gutachten der Sachverständigenkommission Alterssicherungssysteme, Vergleich der Alterssicherungssysteme und Empfehlungen der Kommission, Stuttgart 1983
Bundesministerium für Arbeit und Sozialordnung (Hrsg.): Sozialpolitische Informationen, Nr. 10/1984
Bundesministerium für Bildung und Wissenschaft (Hrsg.): Arbeiterkinder im Bildungssystem, Schriftenreihe Bildung und Wissenschaft 19, Bad Honnef 1981
Bundesministerium des Inneren (Hrsg.): Vergleich des beamtenrechtlichen Versorgungssystems mit den Versorgungssystemen für Arbeitnehmer im öffentlichen Dienst und in der privaten Wirtschaft, Gutachten der „Treuarbeit", Bundestagsdrucksache Nr. 7/5569, Bonn 1976
Bundesministerium für Jugend, Familie und Gesundheit (Hrsg.): Konsequenzen des Geburtenrückgangs für ausgewählte Politikbereiche, Stuttgart 1978
Bundesregierung: Zweiter Familienbericht, Bundestagsdrucksache 7/3502, Bonn 1975
Bundestag, Deutscher: Bundestagsdrucksache 8/680, o.J.
Bundestag, Deutscher: Bundestagsdrucksache 8/4437, o. J.
Bundestag, Deutscher: Bundestagsdrucksache 10/863, o.J.
Burchardt, F.: Die Schemata des stationären Kreislaufs bei Böhm-Bawerk und Marx, in: Weltwirtschaftliches Archiv, 34. Bd., II, 1931, 35. Bd., I, 1932
Burkhardt, W.: Drei-Generationen-Solidarität in der gesetzlichen Rentenversicherung als zwingende Notwendigkeit, Berlin, München, 1985
Buttler, G.: Schattenwirtschaft – Grenzen der Erfaßbarkeit, in: Institut der deutschen Wirtschaft (Hrsg.): Beiträge zur Wirtschafts- und Sozialpolitik, Nr. 120/121, Köln 1983
Buttler, G., u.a.: Wege aus dem Pflegenotstand – Ordnungspolitische Prinzipien einer Reform der Pflegesicherung alter Menschen, Baden-Baden 1985
Buttler, G., u.a. (Hrsg.): Flexible Arbeitszeit gegen starre Sozialsysteme, Baden-Baden 1986

Buttler, G., Seffen, A.: Modellrechnungen zur Rentenfinanzierung, Köln 1975

Butz, W.: Zum Äquivalenzproblem in der Rentenversicherung, in: Institut der deutschen Wirtschaft (Hrsg.): Beiträge zur Wirtschafts- und Sozialpolitik, Nr. 86, Köln 1980

Cantillon, R.: Essai sur la Nature du Commerce en General, geschrieben 1725, London 1755

Cassel, D.: Wettbewerb in der Krankenversicherung – Möglichkeiten und Grenzen, in: Bundesarbeitsblatt, 12/1984, S. 31-33

Clausing, P.: Auswirkungen des Grundrentenmodells von Miegel/Wahl auf die Rentenversicherung, in: Die Angestelltenversicherung, 32. Jg., 1985, Heft 12, S. 480-484

Cleff, E. v.: Nationale Boekhoulding, Proove van een Jaaroverzicht Nederland 1938, in: De Economist, No. 7/8, 1941

Coale, A. J.: The Demographic Transition Reconsidered, in: International Population Conference, Liège 1973, Vol. I., S. 53-72

Culyer A. J.: Need and the National Health Service, London 1976

Derksen, J. B. D.: A System of National Bookkeeping, National Institute of Economic and Social Research, Occasional Papers X, Cambridge 1946

Derthick, M.: Policymaking for Social Security, Washington D. C. 1979

Dettling, W. (Hrsg.): Schrumpfende Bevölkerung – Wachsende Probleme?, München 1978

Deutsche Bundesbank (Hrsg.): Die finanzielle Entwicklung der gesetzlichen Rentenversicherung seit Beginn der achtziger Jahre, in: Monatsberichte, 37. Jg., Nr. 4, April 1985 (1985a)

Deutsche Bundesbank (Hrsg.): Aktuelle Tendenzen in der finanziellen Entwicklung der gesetzlichen Krankenversicherung, in: Monatsberichte, 37. Jg., Nr. 1, Januar 1985 (1985b)

Deutsche Bundesbank (Hrsg.): Die Wirtschaftslage in der Bundesrepublik Deutschland im Frühjahr 1986, in: Monatsberichte, 38. Jg., Nr. 6, Juni 1986 (1986a)

Deutsche Bundesbank (Hrsg.): Die Finanzentwicklung der Bundesanstalt für Arbeit seit 1981, in: Monatsberichte, 38. Jg., Nr. 3, März 1986 (1986b)

Deutsches Institut für Wirtschaftsforschung (Hrsg.): Sozialversicherung am Wendepunkt, in: Wochenbericht, 42. Jg., 9/1975, S. 70 ff.

Deutsches Institut für Wirtschaftsforschung (Hrsg.): Verlängerte Lebenserwartung – zusätzliche Probleme für die Alterssicherung, in: Wochenbericht, 48. Jg., 28/1981, S. 322-325

Deutsches Institut für Wirtschaftsforschung (Hrsg.): Was bringt der Einstieg in die 35-Stunden-Woche? Zu den ökonomischen Auswirkungen einer schrittweisen Verkürzung der tariflichen Arbeitszeit, in: Wochenbericht, 50. Jg., 31/1983, S. 383 ff.

Deutsches Institut für Wirtschaftsforschung (Hrsg.): Die Auswirkungen der Umverteilung auf die Einkommenslage der Familien in der Bundesrepublik Deutschland in den Jahren 1973 und 1981, Gutachten im Auftrage des BMJFG, Berlin 1983

Dick, E.: Zur Theorie des Interventionsstaates: Die Rolle der Mietsozialwohnungen für die Wohnungsversorgung, in: O. Issing (Hrsg.), 1981, S. 481-498

Dinkel, R.: Alterssicherung bei stagnierender oder schrumpfender Bevölkerung als Zukunftsaufgabe der Sozialen Marktwirtschaft, in: O. Issing (Hrsg.), 1981, S. 101-116

Dinkel, R.: Die Auswirkungen eines Geburten- und Bevölkerungsrückgangs auf Entwicklung und Ausgestaltung von gesetzlicher Alterssicherung und Familienlastenausgleich, Berlin, München 1984

Dornbusch, H.-L.: Für Kostenerstattung und Selbstbeteiligung, in: Arbeit und Sozialpolitik, Nr. 9, 1979, S. 324-328

Dräger, W.: Auffassungen der Arbeitgeber zur Neuordnung der Hinterbliebenenversorgung und der sozialen Sicherung der Frau, in: Zeitschrift für Sozialreform, 26. Jg., 1980, Heft 5, S. 346-350

Dückert, Th.: Arbeitsbeschaffungsmaßnahmen – ein beschäftigungspolitisches Instrument?, Frankfurt/M. 1984

Dünnwald, M.: Der „Maschinenbeitrag" – eine Steuer?, in: Deutsche Rentenversicherung, 1981, Heft 1, S. 51-53

Eekhoff, J.: Wohnungspolitik in der Sozialen Marktwirtschaft, in: O. Issing (Hrsg.), 1981, S. 455-479
Eekhoff, J.: Kapitalfehllenkung durch unproduktive Wohnungsbauinvestitionen?, in: Der Langfristige Kredit, Heft 2, 1985, S. 36-40
Eekhoff, J., Werth, G.: Auswirkungen des Zweiten Wohnraumkündigungsschutzgesetzes, Forschungsbericht des Instituts für empirische Wirtschaftsforschung, Abt. Struktur- und Regionalforschung, Nr. 39, Saarbrücken 1978
Eekhoff, J., Werth, G.: Hat sich das Zweite Wohnraumkündigungsschutzgesetz bewährt?, Forschungsbericht des Instituts für empirische Wirtschaftsforschung, Abt. Struktur- und Regionalforschung, Nr. 43, Saarbrücken 1979
Ellinghaus, H.: Wirtschaft und Staat, Hannover 1929
Engelen-Kefer, U.: Problemgruppen des Arbeitsmarktes, in: WSI-Mitteilungen, 5/1978, S. 270-278
Engelen-Kefer, U.: Arbeitsförderungskonsolidierungsgesetz – Arbeitsmarktpolitik am Scheideweg, in: WSI-Mitteilungen, 2/1982, S. 76-85
Engelhardt, W. W.: Utopien als Problem der Sozial- und Wirtschaftswissenschaften, in: Zeitschrift für die gesamte Staatswissenschaft, Bd. 125, 1969, S. 665 ff.
Engelhardt, W. W.: Leitbilder und Zielsysteme in der Politik: Grundsätzliche Aspekte, in: H. Sanmann (Hrsg.): Leitbilder und Zielsysteme der Sozialpolitik, Schriften des Vereins für Socialpolitik, N. F., Bd. 72, Berlin 1973, S. 9-60
Euler, M.: Nutzung der staatlichen Sparförderung durch private Haushalte im Jahr 1973, in: Wirtschaft und Statistik, Heft 1, 1976, S. 14 ff.
Familienbund der Deutschen Katholiken (Hrsg.): Stimme der Familie, 32. Jg., 12/1985, S. 137-138
Fechner, E.: Freiheit und Zwang im sozialen Rechtsstaat, Tübingen 1973
Feichtinger, G.: Ursachen und Konsequenzen des Geburtenrückgangs, in: B. Külp, H.-D. Haas (Hrsg.), 1977, S. 393-434
Felderer, B. (Hrsg.): Beiträge zur Bevölkerungsökonomie, Schriften des Vereins für Sozialpolitik, N.F. Bd. 153, Berlin, München 1986
Feldstein, M.: Hospital Cost Inflation – A Study of Nonprofit Price Dynamics, in: American Economic Review, Bd. 61, 1971, S. 835 ff.
Feldstein, M.: The Welfare Loss of Excess Health Insurance, in: The Journal of Political Economy, Bd. 81, 1973, S. 251 ff.
Feldstein, M.: Toward a Reform of Social Security, Cambridge 1975
Feldstein, M.: Quality Change and the Demand for Hospital Care, in: Econometrica, Bd. 45, 1977 (1977a), S. 1681 ff.
Feldstein, M.: Facing the Social Security Crisis, in: The Public Interest, Bd. 47/1977 (1977b), S. 88 ff.
Fenge, H.: Kausal- und Finalprinzip im Recht der sozialen Sicherheit, in: Bundesarbeitsblatt, 10/1970, S. 652 ff.
Ferber, Chr. v.: Der Werturteilsstreit 1909/1959 – Versuch einer wissenschaftsgeschichtlichen Interpretation, in: Kölner Zeitschrift für Soziologie und Sozialpsychologie, 11. Jg., 1959, S. 21-37
Ferber, Chr. v.: Sozialpolitik für Behinderte unter präventiven Gesichtspunkten, in: WSI-Mitteilungen, 10/1978, S. 548-553
Fischer, W.: Der Wandel der sozialen Frage in den fortgeschrittenen Industriegesellschaften, in: B. Külp, H.-D. Haas (Hrsg.), 1977, S. 35-68
Fischer, W.: Bevölkerung als prägendes Element in der Wirtschafts- und Sozialgeschichte, in: Probleme der Bevölkerungsökonomie, Beihefte der Konjunkturpolitik, Heft 26, Berlin 1979, S. 9-28
Fleischmann, G.: Nationalökonomie und sozialwissenschaftliche Integration, Tübingen 1966
Flohr, H.: Probleme der Ermittlung volkswirtschaftlicher Erfolge, Göttingen 1964
Flohr, H.: Parteiprogramme in der Demokratie, Göttingen 1968
Föhl, C.: Geldschöpfung und Wirtschaftskreislauf, München, Leipzig 1937

Föhl, C.: Kreislaufanalytische Untersuchung der Vermögensbildung in der Bundesrepublik Deutschland und der Beeinflußbarkeit ihrer Verteilung, Tübingen 1964
Forster, E.: Das moralische Risiko in der Individual- und Sozialversicherung, in: Zeitschrift für die gesamte Versicherungswissenschaft, Heft 6, 1978, S. 241-253
Frank, G.: Sozialstaatsprinzip und Gesundheitssystem, Frankfurt/M. 1983
Frankfurter Institut: Argumente zur Wirtschaftspolitik, Nr. 6, Bad Homburg 1986
Frey, M.: Direkte und indirekte Rückkehrförderung seitens der Aufnahmeländer – Überblick, in: H. Körner, U. Mehrländer (Hrsg.), 1986, S. 15-63
Frey, M., Müller, U. (Hrsg.): Ausländer bei uns – Fremde oder Mitbürger?, Bonn 1982
Frey, R. L.: Sozial- und Verteilungspolitik – Gestern, Heute, Morgen, in: Mitteilungen der List-Gesellschaft, Fasc. 8, 1973, S. 25-44
Friauf, K. H.: Gleichmäßigkeit der Besteuerung bei den Versorgungsbezügen der Unselbständigen, in: Deutsche Steuerzeitung, 62. Jg., 1974, Nr. 4
Friel, H.: Selbstbeteiligung – Brücke in die achtziger Jahre?, in: Arbeit und Sozialpolitik, Nr. 8, 1978, S. 284-287
Frisch, R. A., Bjerve, P. J., Aukrust, O.: A System of Concepts Describing the Economic Circulation and Production Process, Oslo 1948
Fritzsche, H.-A.: Gesetzliche Rentenversicherung für Selbständige, Arbeitnehmer, Hausfrauen und andere Personen, Schriftenreihe: Der Betrieb, Düsseldorf 1975
Froemer, F. (Hrsg.): Vermögensbildung in weiten Bevölkerungskreisen, 58 Modelle, Meinungen und Gesetze mit Einführung und einer Synopse, Opladen 1973
Fuest, W., Kroker, R.: Grenzen der Steuer- und Abgabenbelastung, in: Institut der deutschen Wirtschaft (Hrsg.): Beiträge zur Wirtschafts- und Sozialpolitik, Nr. 112, Köln 1983
Gäfgen, G.: Theorie der wirtschaftlichen Entscheidung, 2. Aufl., Tübingen 1968
Gäfgen, G.: Ordnungspolitik im Krankenhausbereich – Sparen durch Gestalten, in: Bundesarbeitsblatt, 12/1984, S. 19-22
Geck, A.: Sozialpolitische Aufgaben, in: Recht und Staat in Geschichte und Gegenwart, Bd. 147/148, Tübingen 1950
Geißler, H.: Neue Soziale Frage, Bonn 1975
Genosko, J.: Arbeitsangebot und Alterssicherung, Regensburg 1985
Geyer, O., Genzke, J.: Die voraussichtliche finanzielle Entwicklung der Rentenversicherung der Arbeiter und Angestellten bis zum Jahr 1984, in: Die Angestelltenversicherung, 27. Jg., 1980, Heft 12, S. 464-470
Giese, H. E.: Das Sparprämiengesetz, Ziele und Wirkungen – Eine Bestandsaufnahme, in: Die Sparkasse, 97. Jg., 1980, S. 367 ff.
Göbel, D.: Lebenseinkommen und Erwerbsbiographie, Frankfurt/M. 1983
Görres, P. A.: Die Umverteilung der Arbeit, Frankfurt/M. 1984
Gleitze, B.: Sozialkapital und Sozialfonds als Mittel der Vermögenspolitik, Köln 1968
Gress, K.: Transfers zur Förderung der Vermögensbildung aus verteilungs- und sozialpolitischer Sicht, Frankfurt/M. 1983
Griesewell, G.: Sockelbeträge für Rentner, in: Sozialer Fortschritt, 24. Jg., 1975, Heft 10, S. 222 ff.
Griesewell, G.: Wahltarife in der gesetzlichen Krankenversicherung – Überlegungen zur Praktikabilität des FDP-Modells, in: Die Krankenversicherung, 1976, S. 221-224
Griesewell, G.: Strategien der Kostendämpfung in der sozialen Krankenversicherung – Angebots- oder Nachfragesteuerung?, in: Sozialer Fortschritt, 26. Jg., 1977, Heft 4, S. 84-89
Grohmann, H.: Die Entwicklung eines Bevölkerungsmodells zur Beurteilung der Finanzierung der dynamischen Rente, Berlin 1965
Grohmann, H.: Rentenversicherung und Bevölkerungsprognosen, Frankfurt/M., New York 1980
Grohmann, H.: Die gesetzliche Rentenversicherung im demographischen Wandel, Gutachten für den Sozialbeirat, hrsg. vom Bundesministerium für Arbeit und Sozialordnung, Bonn 1981
Großhaus, C., Herber, R.: Sozialökonomische Analyse der Sozialversicherungswahlen, Berlin, München 1985

Grünig, F.: Der Wirtschaftskreislauf, München 1933
Grünig, F.: Versuch der praktischen Anwendung der Kreislaufuntersuchungen auf die deutsche Volkswirtschaft, Berlin 1934
Günther, A.: Sozialpolitik, Erster Teil: Theorie der Sozialpolitik, Handbuch der Wirtschafts- und Sozialwissenschaften, hrsg. von A. Günther und G. Kessler, Bd. 9, Berlin, Leipzig 1922
Günther, A.: Soziologie und Sozialpolitik, in: Schriften der Deutschen Gesellschaft für Soziologie, Serie I, Verhandlungen der Deutschen Soziologentage, Bd. 4, Tübingen 1925, S. 8 ff.
Guski, H.-G.: Vermögensbildung – Bilanz und Perspektiven, Köln 1975
Guski, H.-G.: Vermögenspolitik auf neuem Kurs, in: Institut der deutschen Wirtschaft (Hrsg.): Beiträge zur Wirtschafts- und Sozialpolitik, Nr. 127, Köln 1984
Guski, H.-G., Schneider, H. J.: Betriebliche Vermögensbeteiligung – Bestandsaufnahme 1986, in: Institut der deutschen Wirtschaft (Hrsg.): Beiträge zur Wirtschafts- und Sozialpolitik, Nr. 145, Köln 1986
Hamm, W.: Irrwege der Gesundheitspolitik – Ordnungspolitische Kritik an Vorschriften des Krankenversicherungs-Kostendämpfungsgesetzes, Tübingen 1980
Häussler, E.: Der Arbeitnehmer von morgen, 3. Aufl., Stuttgart 1956
Hartmann, H.: Standort und Perspektiven der Sozialhilfe im System sozialer Sicherung, in: WSI-Mitteilungen, 12/1979, S. 659-669
Hartwich, H.-H.: Sozialstaatspostulat und gesellschaftlicher Status quo, Köln, Opladen 1970
Hatzold, O.: Bevölkerungsentwicklung als Ergebnis der Wirtschafts- und Sozialpolitik, in: Probleme der Bevölkerungsökonomie, Beihefte der Konjunkturpolitik, Heft 26, Berlin 1979, S. 145-166
Hauser, R., Engel, B. (Hrsg.): Soziale Sicherung und Einkommensverteilung – Empirische Analysen für die Bundesrepublik Deutschland, Frankfurt/M. 1985
Hautzinger, H., Konanz, W.: Langfristige Perspektiven für die finanzielle Entwicklung der gesetzlichen Rentenversicherung unter Berücksichtigung des 20. Rentenanpassungsgesetzes, Basel 1977
Hedtkamp, G. (Hrsg.): Beiträge zum Problem der Schattenwirtschaft, Berlin 1983
Henke, K.-D.: Selbstbeteiligung als Kostenbremse?, in: Wirtschaftsdienst, Heft 5, 1976, S. 236-239
Henke, K.-D.: Öffentliche Gesundheitsausgaben und Verteilung, Göttingen 1977 (1977a)
Henke, K.-D.: Ursachen der Kostensteigerungen, in: Wirtschaftsdienst, Heft 4, 1977, S. 179-183 (1977b)
Henke, K.-D.: Ordnungspolitik im Gesundheitswesen – Ergebnisorientierung, in: Bundesarbeitsblatt, 12/1984, S. 11-13
Henke, K.-D., Adam, H.: Kostenexplosion im Gesundheitswesen, in: Wirtschaftswissenschaftliches Studium, 7. Jg., 1978, S. 81 ff.
Hensen, H.: Die Finanzen der Sozialen Sicherung im Kreislauf der Wirtschaft, Kiel 1955
Hensen, H.: Die Sozialfinanzen im Kreislauf der Wirtschaft, in: Sozialer Fortschritt, 1955, S. 104 ff.
Herder-Dorneich, Ph.: Anthropologie des pluralistischen Zeitalters, in: J. Broermann, Ph. Herder-Dorneich (Hrsg.): Soziale Verantwortung, Berlin 1968, S. 43 ff.
Herder-Dorneich, Ph.: Die Kostenexpansion und ihre Steuerung im Gesundheitswesen, Köln 1976 (1976a)
Herder-Dorneich, Ph.: Wachstum und Gleichgewicht im Gesundheitswesen, Köln, Opladen 1976 (1976b)
Herder-Dorneich, Ph.: Gesundheitsökonomik – Systemsteuerung und Ordnungspolitik im Gesundheitswesen, Stuttgart 1980
Herder-Dorneich, Ph.: Der Sozialstaat in der Rationalitätenfalle, Stuttgart 1982
Herder-Dorneich, Ph.: Ordnungspolitik im Gesundheitswesen – Zwischen Utopie und Pragmatik, in: Bundesarbeitsblatt, 12/1984, S. 5-8
Herder-Dorneich, Ph., Klages, H., Schlotter, H.-G. (Hrsg.): Überwindung der Sozialstaatskrise, Baden-Baden 1984

Herder-Dorneich, Ph., Schuller, A. (Hrsg.): Die Ärzteschwemme, Baden-Baden 1985

Herder-Dorneich, Ph., Wasem, J.: Krankenhausökonomik zwischen Humanität und Wirtschaftlichkeit, Baden-Baden 1986

Herkner, H.: Die Arbeiterfrage, 2 Bde., 1. Aufl., Berlin 1894

Hermann, C.: Gleichstellung der Frau und Rentenrecht, Berlin, München 1984

Herzog, R.: Demokratie und Gleichheit heute, in: Deutsches Verwaltungsblatt, 1970, S. 174 ff.

Herzog, R.: Zur Auslegung des Sozialstaatsprinzips, in: Bayerische Verwaltungsblätter, Heft 6, 1976, S. 161 ff.

Hess, W.: Ökonomische Aspekte der Sozialen Sicherung, Bern, Stuttgart 1975

Heuss, E.: Allgemeine Markttheorie, Tübingen, Zürich 1965

Heyde, L.: Soziologie und Sozialpolitik, in: Schriften der Deutschen Gesellschaft für Soziologie, Serie I, Verhandlungen der Deutschen Soziologentage, Bd. 4, Tübingen 1925, S. 71 ff.

Heyde, L.: Abriß der Sozialpolitik (Leipzig 1920), 9. Aufl., Heidelberg 1949; 12., überarb. u. erg. Aufl., hrsg. von St. Münke und P. Heyde, Heidelberg 1966

Hicks, J. R.: The Social Framework, Oxford 1948

Hofemann, K., Huster, E.-U.: Präventive Sozialpolitik – Ideologie und Realität, in: WSI-Mitteilungen, 10/1979, S. 554-564

Hoffmann, H., Junge, B.: Vergleichende Betrachtung der Kostenentwicklung für die medizinische Versorgung und der Entwicklung bedeutsamer Krankheiten und Gesundheitsindikatoren, in: Das öffentliche Gesundheitswesen, Bd. 38, 1976, S. 799 ff.

Huppertz, P.-H.: Das Verursacherprinzip als Finanzierungsregel im Gesundheitswesen?, in: WSI-Mitteilungen, 10/1979, S. 574-580

Ifo-Institut für Wirtschaftsforschung: Neue Umfragen zur Arbeitszeitverkürzung, in: Ifo-Schnelldienst, 36. Jg., Nr. 23, München 1983, S. 5-29

Ifo-Institut für Wirtschaftsforschung: Wirtschaftskonjunktur, in: Monatsberichte des Ifo-Instituts für Wirtschaftsforschung, 36. Jg., Nr. 7, München 1984

Infratest Sozialforschung GmbH: Flexible Arbeitszeiten – Erfahrungen aus der Praxis, Bd. 68 der Schriftenreihe „Humanisierung des Arbeitslebens", hrsg. v. Bundesminister für Forschung und Technologie, Frankfurt/M. 1985

Institut für regionale Bildungsplanung (Hrsg.): Modellversuch Erziehungsgeld, Zwischenbericht vom 31.12.1978

Institut für Städtebau, Wohnungswirtschaft und Bausparwesen: Materialien zur Vermögensbildung in Arbeitnehmerhand – Thesen, Pläne, Gesetze, 1946-1965, Bonn 1965; 1965-1968, Bonn 1968

Internationale Gesellschaft für Gesundheitsökonomie (Hrsg.): Selbstbeteiligung im Gesundheitswesen – Bestandsaufnahme, Materialien, Denkanstöße, Stuttgart 1980

Isensee, J.: Der Sozialversicherungsbeitrag des Arbeitgebers in der Finanzordnung des Grundgesetzes – Zur Verfassungsmäßigkeit eines „Maschinenbeitrages", in: Deutsche Rentenversicherung, 1980, Heft 3, S. 145-155

Isensee, J.: Der "Maschinenbeitrag" ist Steuer, in: Deutsche Rentenversicherung, 1981, Heft 1, S. 53-57

Issing, O. (Hrsg.): Zukunftsprobleme der sozialen Marktwirtschaft, in: Schriften des Vereins für Socialpolitik, Gesellschaft für Wirtschafts- und Sozialwissenschaften, N. F. Bd. 116, Berlin 1981

Jacoby, R.: Probleme der Finanzierung der gesetzlichen Altersrenten in der BRD auf lange Sicht, Diss. Köln 1974

Jäger, H.: Kostendämpfende Selbstbeteiligung, in: Der Deutsche Arzt, Nr. 11, 1977, S. 44-45

Jahn, F.-A. Wohnungs(bau)politik in Deutschland – was macht sie so schwierig?, in: Der Langfristige Kredit, Heft 4, 1986, S. 100-105

Jahnke, W.: Zur Frage der Bewertung von wirtschaftspolitischen Zielkombinationen, in: Zeitschrift für die gesamte Staatswissenschaft, Bd. 127, 1971, S. 296 ff.

Jochimsen, R., Knobel, H. (Hrsg.): Gegenstand und Methoden der Nationalökonomie, Köln 1971

Joseph, H.: Hospital Insurance and Moral Hazard, in: Journal of Human Resources, 7/1972, S. 152-161

Jürgens, H. W., Pohl, K.: Kinderzahl – Wunsch und Wirklichkeit, Stuttgart 1975

Jungblut, M.: Teile und arbeite – Ohne starre Arbeitszeit gäbe es genug Beschäftigungschancen, in: Die Zeit, Nr. 37 vom 9. Sept. 1983, S. 25-29

Jungblut, M.: Jeder nach seinen Bedürfnissen, in: Die Zeit, Nr. 27 vom 29. Juni 1984, S. 20

Jungk, R.: Modelle für eine neue Welt, in: R. Jungk, H. J. Mundt (Hrsg.): Modelle für eine neue Welt, Bd. 1, Der Griff nach der Zukunft, München, Wien, Basel 1964

Kaiser, E.: Problèmes centraux d'économétrie sociale, in: Sécurité sociale et Economie nationale, Etudes et Recherches, No. 1, hrsg. von der AISS, Genf 1970, S. VII/1-61

Kaltenbach, H.: Vorschläge der 84er Kommission und der Parteien zur Sozialen Sicherung der Frau und der Hinterbliebenen – Synopse mit Erläuterungen, in: Die Angestelltenversicherung, 27. Jg., 1980, Heft 8, S. 263-284

Kaltenbach, H.: Früher in Rente?, in: Die Angestelltenversicherung, 28. Jg., 1981, Heft 4, S. 167-177 (1981a)

Kaltenbach, H.: Früher in Rente mit versicherungsmathematischen Abschlägen?, in: Die Angestelltenversicherung, 28. Jg., 1981, Heft 12, S. 484-490 (1981b)

Kaltenbach, H., Orsinger, C.: Bevölkerungsentwicklung und Rentenversicherung, in: Die Angestelltenversicherung, 26. Jg., 1979, Heft 1, S. 1 ff.

Kannengießer, W.: Auf längere Sicht wächst die Unsicherheit, in: Die Angestelltenversicherung, 28. Jg., 1981, Heft 5, S. 246-249 (1981a)

Kannengießer, W.: Die finanziellen Spielräume schrumpfen, in: Die Angestelltenversicherung, 28. Jg., 1981, Heft 7, S. 325-328 (1981b)

Kannengießer, W.: Finanzierungsdefizite werden größer, in: Die Angestelltenversicherung, 28. Jg., 1981, Heft 12, S. 530-532 (1981c)

Kath, D.: Sozialpolitik, in: Vahlens Kompendium der Wirtschaftstheorie und Wirtschaftspolitik, Band 2, München 1981, S. 369-411

Kaufer, E.: Die Kostendämpfung bei Arzneimitteln – Ein Weg zur Verschärfung der Finanzierungskrise im Gesundheitswesen?, Baden-Baden 1979

Kaufmann, F.-X. (Hrsg.): Bevölkerungsbewegung zwischen Quantität und Qualität, Stuttgart 1975

Kirchhof, K.: Die steuerliche Behandlung der verschiedenen Leistungen zur Altersversorgung, in: Schriftenreihe des Deutschen Sozialgerichtsverbandes, Bd. XVII (1979)

Klanberg, F.: Armut und ökonomische Ungleichheit in der Bundesrepublik Deutschland, Frankfurt/M., New York 1978

Klanberg, F.: Sozialhilfe: Reform oder Umfunktionierung zum Volkshonorar?, in: Sozialer Fortschritt, Nr. 11, 1980, S. 246-252

Klauder, W.: Wirtschafts- und arbeitsmarktpolitische Konsequenzen der demographischen Entwicklung, in: BMJFG (Hrsg.): Konsequenzen des Geburtenrückgangs für ausgewählte Politikbereiche, Stuttgart 1978

Klauder, W.: Die Bedeutung des Bevölkerungsrückgangs für Arbeitsmarkt, Wirtschaft und Politik, in: Mitteilungen aus der Arbeitsmarkt- und Berufsforschung, Heft 4/1980

Klauder, W., Kühlewind, A., u.a.: Mittel- und längerfristige Arbeitsmarktprojektionen des IAB, Nürnberg 1977

Kleinhenz, G.: Probleme wissenschaftlicher Beschäftigung mit der Sozialpolitik, Berlin 1970

Klinkmüller, E., Janneck, R.: Wirtschaftliche Probleme bei schrumpfender Bevölkerung in der Zentralverwaltungs- und in der Marktwirtschaft, in: Probleme der Bevölkerungsökonomie, Beihefte der Konjunkturpolitik, Heft 26, Berlin 1979, S. 53-76

Knappe, E.: Ausgabenexplosion im Gesundheitssektor: Folge einer ordnungspolitischen Fehlsteuerung, in: O. Issing (Hrsg.), 1981, S. 499-528

Knips, W.: Die Problematik wirtschaftspolitischer Zielkonflikte, Tübingen 1970

Körner, H., Mehrländer, U. (Hrsg.): Die „neue" Ausländerpolitik in Europa, Erfahrungen in den Aufnahme- und Entsendeländern, Bonn 1986

Kolm, S.-C.: Unequal Inequalities, in: Journal of Economic Theory, Band 12, 1976, S. 416 ff.

Kraft, V.: Die Grundlagen einer wissenschaftlichen Wertlehre, 2. Auflage, Wien 1951
Kraus, W.: Volkswirtschaftliche Gesamtrechnung, Wiesbaden 1961
Krelle, W., u.a.: Überbetriebliche Ertragsbeteiligung der Arbeitnehmer, Tübingen 1968
Krelle, W., u.a.: Der "Maschinenbeitrag", Tübingen 1985
Kremp, H.-J.: Renten nach Mindesteinkommen, in: Arbeits- und sozialstatistische Mitteilungen, 25. Jg., 1974, Heft 7, S. 236 ff.
Kressmann, K.: Das versicherungstechnische Äquivalenzprinzip in der gesetzlichen Altersversicherung in der BRD, Diss. Frankfurt/M. 1971
Kronberger Kreis: Mehr Markt in der Wohnungswirtschaft, hrsg. v. Frankfurter Institut für wirtschaftspolitische Forschung, Bad Homburg 1984
Krupp, H.-J.: Modelle der eigenständigen Sicherung der Frau als Alternative zu den Vorstellungen der Sachverständigenkommission für die Neuordnung der Hinterbliebenenregelung und die soziale Sicherung der Frau, in: Zeitschrift für Sozialreform, 26. Jg., 1980, Heft 5, S. 329-341
Krupp, H.-J., u.a.: Alternativen der Rentenreform '84, Frankfurt/M., New York 1981
Krupp, H.-J., Meinhardt, V.: Die eigenständige soziale Sicherung der Frau – die Alternative zur Teilhaberente, in: WSI-Mitteilungen, 12/1979, S. 669-681
Kruse, U.: Nur der Markt kann die Krankheitskosten dämpfen, in: Monatsblätter für freiheitliche Wirtschaftspolitik, Nr. 2, 1978, S. 115-120
Külp, B.: Kontrollmechanismen innerhalb des Gesundheitswesens, in: W. Schreiber (Hrsg.): Gesetzliche Krankenversicherung in einer freiheitlichen Gesellschaft, Berlin 1963
Külp, B.: Zur Zielproblematik in der Lehre von der Gesellschaftspolitik, in: F. Greiß, Ph. Herder-Dorneich, W. Weber (Hrsg.): Der Mensch im sozioökonomischen Prozeß, Berlin 1969, S. 92 ff.
Külp, B.: Verteilungspolitik, in: Th. Pütz (Hrsg.): Wirtschaftspolitik – Grundlagen und Hauptgebiete, Bd. III, Wachstumspolitik – Verteilungspolitik, Stuttgart 1971, S. 91-232
Külp, B.: Zur Problematik kollektiver Leistungen im Gesundheitsbereich, in: Hauswirtschaft und Wissenschaft, Bd. 26, 1978, S. 204-210
Külp, B., Haas, H.-D. (Hrsg.): Soziale Probleme der modernen Industriegesellschaft, in: Schriften des Vereins für Socialpolitik, N. F. Bd. 92 I und II, Berlin 1977
Küng, E.: Eigentum und Eigentumspolitik, Tübingen, Zürich 1964
Kuhn, D.: Der Geburtenrückgang in Österreich, Wien 1975
Kutsch, Th., Vilmar, F. (Hrsg.): Arbeitszeitverkürzung – ein Weg zur Vollbeschäftigung?, Opladen 1983
Kuznets, S.: Commodity Flow and Capital Formation, Vol. I, New York 1938
Kuznets, S.: National Product in Wartime, New York 1945
Lampert, H.: Sozialpolitik, in: Evangelisches Staatslexikon, Stuttgart, Berlin 1966, Sp. 2077 ff.
Lampert, H. (Hrsg.): Aktuelle Probleme der Gesundheitspolitik in der BRD, Schriften des Vereins für Socialpolitik, N. F. Bd. 82, Berlin 1975
Lampert, H.: Entwicklungstendenzen und zentrale Probleme in der Altersrentenversicherung, in: Institut der deutschen Wirtschaft (Hrsg.): Beiträge zur Wirtschafts- und Sozialpolitik, Nr. 80, Köln 1980 (1980a)
Lampert, H.: Sozialpolitik, Berlin, Heidelberg, New York 1980 (1980b)
Lampert, H.: Nettolohnorientierung der Altersrenten, in: Institut der deutschen Wirtschaft (Hrsg.): Beiträge zur Wirtschafts- und Sozialpolitik, Nr. 101/102, Köln 1982
Langfeldt, E.: Die Schattenwirtschaft in der Bundesrepublik Deutschland, Tübingen 1984
Langkau-Herrmann, M., Scholten, U., u.a.: Strategien zur Flexibilisierung der Arbeitszeit und zur Arbeitszeitverkürzung, Bonn 1986
Laßmann, G., Schwark, E. (Hrsg.): Beteiligung der Arbeitnehmer am Produktivvermögen, Sonderheft 5 der Zeitschrift für Unternehmens- und Gesellschaftsrecht, 1985
Laux, H.: Die marginale Belastung von Arbeitnehmereinkommen durch Steuern und Sozialabgaben im Jahre 1976, in: Der Betriebsberater, Heft 15, 1976, S. 690 ff.
Leber, G. (Hrsg.): Vermögensbildung in Arbeitnehmerhand, Frankfurt/M. 1965

Lehmann, M. R.: Der Begriff der Wirtschaftlichkeit in Volkswirtschaft, Betrieb und Haushalt, in: Zeitschrift für Betriebswirtschaft, 3. Jg., 1926, S. 165 ff.

Leibenstein, H.: The Economic Theory of Fertility: Promising Path or Blind Alley?, in: Journal of Economic Literature, Vol. 12, 1974, S. 457 ff.

Leyhausen, P.: Bevölkerungsdichte und Ökologie, in: J. Gründel (Hrsg.): Sterbendes Volk?, Düsseldorf 1973, S. 79-114

Leontief, W.: Die Wirtschaft als Kreislauf, in: Archiv für Sozialwissenschaft und Sozialpolitik, 60. Bd., 1928, S. 603 ff.

Liebing, H. E.: Die Beziehungen zwischen Arbeitseinkommen und Renten sowie Arbeitseinkommen und Beiträgen – ein internationaler Vergleich, in: Deutsche Rentenversicherung, 1970, Heft 6, S. 353 ff.

Liefmann-Keil, E.: Ökonomische Theorie der Sozialpolitik, Berlin, Göttingen, Heidelberg 1961

Liefmann-Keil, E.: Gegenwart und Zukunft der sozialen Altersvorsorge, Göttingen 1967

Lindahl, E., u.a.: National Income of Sweden 1861-1930, London 1937

Littmann, K.: Die Besteuerung von Renten, Pensionen und anderen Altersbezügen als aktuelles Problem steuerlicher Gleichheit und Gerechtigkeit, Sonderveröffentlichung Nr. 2 des Finanzwissenschaftlichen Forschungsinstituts an der Universität Köln, Köln 1980

Littmann, K.: Besteuerung von Alterseinkommen, in: Bundesministerium für Arbeit und Sozialordnung (Hrsg.): Gutachten der Sachverständigenkommission Alterssicherungssysteme, Darstellung der Alterssicherungssysteme und der Besteuerung von Alterseinkommen, Stuttgart 1983

Löwe, H.: Die Auswirkungen des Geburtenrückgangs in der Bundesrepublik Deutschland auf die finanzielle Entwicklung der gesetzlichen Rentenversicherung, in: Bundesarbeitsblatt, 5/1971, S. 344 ff.

Löwe, H.: Finanzielle Aspekte der deutschen gesetzlichen Rentenversicherung bis ins 21. Jahrhundert, in: Die Rentenversicherung, 15. Jg., 1974, Heft 1/2, S. 1-6

Löwisch, M., Hetzel, M.: Früherer Ruhestand durch Vorverlegung der Altersgrenze in der Rentenversicherung und Versorgungsleistungen des Arbeitgebers, Berlin, München 1983

Lüdeke, R.: Kosten- und Ausgabendämpfung im Gesundheitswesen als Problem einer zielgerichteten Krankenversicherungsreform, in: Finanzarchiv, 1978/79, S. 73-93

Lütge, F.: Der Begriff Sozialpolitik, Ein neuer Versuch, in: Jahrbücher für Nationalökonomie und Statistik, Bd. 137, Jena 1932, S. 481 ff.

Mackenroth, G.: Die Reform der Sozialpolitik durch einen deutschen Sozialplan, in: Schriften des Vereins für Socialpolitik, N. F. Bd. 4, Berlin 1952, S. 39 ff.

Mahr, W.: Einführung in die Versicherungswirtschaft – Allgemeine Versicherungslehre, 2. Aufl., Berlin 1964

Mahr, W.: Korrekturen im System der sozialen Krankenversicherung, in: J. H. Müller (Hrsg.): Fortentwicklung der sozialen Sicherung, Limburg/Lahn 1978, S. 85-146

Manes, A.: Versicherung, in: Handbuch der Staatswissenschaften, 4. Aufl., 1928

Marburger, H.: Die Krankenscheinprämie – ein mißglücktes Experiment?, in: Zeitschrift für Sozialreform, 18. Jg., 1972, Heft 10, S. 573-580

Marburger Arbeitskreis für Sozialrecht und Sozialpolitik: Wirtschaftsentwicklung und soziale Sicherheit, Interdisziplinäre Fachtagung am 18. und 19. Juni 1982, Köln, Berlin, Bonn, München 1983

Marburger Arbeitskreis für Sozialrecht und Sozialpolitik: Maschinensteuer – Ausweg aus der Finanzkrise der Sozialversicherung?, Interdisziplinäre Fachtagung am 21. und 22. April 1983, Köln, Berlin, Bonn, München 1984

Marx, K.: Das Kapital, Kritik der politischen Ökonomie, 2. Bd., Neudruck, Berlin 1977

Maydell, B. v.: Die Neuordnung der sozialen Alterssicherung der Frau, in: Zeitschrift für Sozialreform, 26. Jg., 1980, Heft 5, S. 270-287

Maydell, B. v.: Rechtliche Probleme einer Harmonisierung der Alterssicherungssysteme, Gutachten für den Sozialbeirat, hrsg. vom Bundesministerium für Arbeit und Sozialordnung, Bonn 1981

Mayr, G. v.: Begriff und Gliederung der Staatswissenschaften, Zur Einführung in deren Studium, 4., neubearb. Aufl., Tübingen 1921

Meade, J. E., Stone, R.: The Construction of Tables of National Income, Expenditure, Savings and Investment, in: The Economic Journal, Vol. LI, 1941

Meade, J. E., Stone, R.: National Income and Expenditure, Oxford 1944

Mehler, F.: Ziel-Mittel-Konflikte als Problem der Wirtschaftspolitik, Berlin 1970

Menger, C. F.: Der Begriff des sozialen Rechtsstaates im Bonner Grundgesetz, Tübingen 1953

Metze, I.: Gesundheitspolitik – Die gesetzliche Krankenversicherung zwischen Wettbewerb und staatlicher Planung, Stuttgart 1983

Michael, R. T.: Education and the Derived Demand for Children, in: Th. W. Schultz (Hrsg.), 1979, S. 120-156

Michaels, H.: Der Streit um die Zeit – Bringt kürzere Arbeitszeit auch in Zukunft mehr Beschäftigung?, in: Die Zeit, Nr. 35 vom 26. August 1983, S. 21

Miegel, M.: Sicherheit im Alter. Plädoyer für die Weiterentwicklung des Rentensystems, IWG Impulse, Schriften des Instituts für Wirtschafts- und Gesellschaftspolitik, Stuttgart 1981

Ministerium für Arbeit, Gesundheit und Soziales des Landes Nordrhein-Westfalen (Hrsg.): Modelle zur Arbeitszeitverkürzung und Arbeitsverteilung, Bericht einer Arbeitsgruppe der Landesregierung, Düsseldorf 1983

Möller, R.: „Lebenslage" als Ziel der Politik, in: WSI-Mitteilungen, 10/1978, S. 553-565

Molitor, B.: Kausal- und Finalprinzip, in: E. Boettcher (Hrsg.): Sozialpolitik und Sozialreform, Tübingen 1957, S. 245-254

Molitor, B.: Bausteine einer Theorie der Sozialpolitik, Überblick über die Problemstellung anhand neuerer Veröffentlichungen, in: Hamburger Jahrbuch für Wirtschafts- und Gesellschaftspolitik, 2. Jahr, Tübingen 1957, S. 152 ff.

Molitor, B.: Vermögensverteilung als wirtschaftspolitisches Problem, Tübingen 1965

Molitor, B.: Die selbstgeschaffenen Risiken einer fehlgesteuerten Sicherheit. Das Phänomen des „moral hazard", in: Arbeit und Sozialpolitik, Heft 1, 1975, S. 11-15

Molitor, B.: Moral Hazard in der Sozialpolitik, in: Wirtschaftsdienst, Heft 5, 1976, S. 240-242 (1976a)

Molitor, B.: Sozialpolitik auf dem Prüfstand, Hamburg 1976 (1976b)

Mudra, W.: Präventive Gesundheitspolitik – Über das Verhältnis von Gesundheitssicherung und medizinischer Versorgung, in: WSI-Mitteilungen, 10/1978, S. 566-573

Müller, E.: Soziale Sicherung, Sichern – nicht überfordern, in: Der Arbeitgeber, Nr. 14/27, 1975, S. 540 ff.

Müller, H.-W.: Zur Problematik der Rentenniveausicherung, in: Deutsche Rentenversicherung, 1973, Heft 3, S. 144 ff.

Müller, H.-W., Steeger, W.: Grundsätzliche Aspekte von Modellrechnungen über die finanziellen Auswirkungen der Reform 1984, in: Deutsche Rentenversicherung, 1981, Heft 1, S. 20-31

Müller-Gröling, H.: Maximierung des sozialen Gesamtnutzens und Einkommensgleichheit, Köln, Berlin, Bonn, München 1965

Müller-Gröling, H.: Kollektivgutproblematik und Isolierungsparadoxon in der Krankenversicherung, in: Beiträge zu einer Theorie der Sozialpolitik, hrsg. von B. Külp, u.a., Berlin 1973, S. 59-70

Münnich, F. E.: Eigenverantwortung als Element der Selbststeuerung aus sozialökonomischer Sicht – Alternativen und Modelle, in: Forschungsinstitut für zahnärztliche Versorgung (Hrsg.): Eigenverantwortung in der Gesetzlichen Krankenversicherung, Köln 1980, S. 12-32

Münnich, F. E.: Ordnungspolitik im Gesundheitswesen – Mehr Markt, in: Bundesarbeitsblatt, 12/1984, S. 8-11

Muhr, G.: Konsequenzen aus der Finanzlage der sozialen Rentenversicherung, in: Soziale Sicherheit, Heft 1/2, 1977, S. 1 ff. und S. 33 ff.

Murswieck, A. (Hrsg.): Staatliche Politik im Sozialsektor, München 1976

Naegele, G.: Verarmung durch Arbeitslosigkeit, in: WSI-Mitteilungen, 12/1979, S. 650-658
Nahnsen, I.: Der systematische Ort der Sozialpolitik in den Sozialwissenschaften, in: Gesellschaft in Geschichte und Gegenwart, Berlin 1961, S. 115 ff.
Naschold, F.: Arbeitsschutz in den USA und präventive Sozialpolitik, in: WSI-Mitteilungen, 10/1978, S. 573-584
Naschold, F., Naschold E.: Die Kostenexplosion im Gesundheitswesen und ihre Ursachen, in: Der Bürger im Staat, 1976, S. 223 ff.
Neisser, H.: Der Kreislauf des Geldes, in: Weltwirtschaftliches Archiv, Bd. 33, I, 1931, S. 365 ff.
Nell-Breuning, O. v.: Die soziale Enzyklika, Köln 1932
Nell-Breuning, O. v.: Eigentumsbildung in Arbeiterhand, 2. Aufl., Paderborn 1955
Nell-Breuning, O. v.: Solidarität und Subsidiarität im Raume von Sozialpolitik und Sozialreform, in: E. Boettcher (Hrsg.), Sozialpolitik und Sozialreform, Tübingen 1957, S. 213-226
Nell-Breuning, O. v.: Gesellschaftspolitische Bedeutung breiterer Vermögensstreuung, in: O. v. Nell-Breuning: Aktuelle Fragen der Gesellschaftspolitik, Köln 1970, S. 61 ff.
Netzler, A.: Soziale Gerechtigkeit durch Familienlastenausgleich, Berlin, München 1985
Neumann, M.: Arbeitszeitverkürzung gegen Arbeitslosigkeit?, Berlin, München 1984
Neumann, M.: Möglichkeiten zur Entlastung der gesetzlichen Rentenversicherung durch kapitalbildende Vorsorgemaßnahmen, Tübingen 1986
Newhouse, J. P.: The Economics of Medical Care, Reading/Mass. 1978
Niedersächsischer Sozialminister: Modellversuch Erziehungsgeld, Informationsblatt vom Dez. 1978, Hannover 1978
Niehl, F.: Chancengleichheit ohne Chance?, Stuttgart 1975
Notestein, F. W.: Economic Problems of a Population Change, in: Proceedings of the Eighth International Conference of Agricultural Economists, 15.-22. August 1952, London, New York, Toronto 1953, S. 13-31
Oberender, P.: Mehr Wettbewerb im Gesundheitswesen. Zur Reform des Gesundheitswesens in der Bundesrepublik Deutschland, in: Jahrbuch für Sozialwissenschaft, Bd. 31, 1980, S. 145-176
Oberender, P.: Ordnungspolitik im Arzneimittelbereich – Für Marktwirtschaft, in: Bundesarbeitsblatt, 12/1984, S. 27-30
Oberhauser, A.: Die wirtschaftlichen Auswirkungen und Grenzen des Investivlohnes, Paderborn 1959
Oberhauser, A.: Der Investivlohn als Mittel der Verteilungspolitik, in: H. Arndt (Hrsg.): Lohnpolitik und Einkommensverteilung, Berlin 1969, S. 273 ff.
OECD (Hrsg.): Public Expenditures on Health, Paris 1977
OECD (Hrsg.): Employment Outlook, September 1983
OEEC (Hrsg.): A Standardized System of National Accounts, Paris 1952
Oeter, F.: Jugend und Alter in der Bundesrepublik Deutschland, in: Sozialer Fortschritt, 25. Jg., 1976, S. 230-233
Oeter, F.: Mit Familienpolitik Rentendefizite beseitigen, in: Arbeit und Sozialpolitik, Heft 1, 1977, S. 26-28
Offe, C., Hinrichs, K., Wiesenthal, H. (Hrsg.): Arbeitszeitpolitik, Frankfurt/M. 1982
Ohlsson, I.: On National Accounting, Stockholm 1953
Opp, K.-D.: Methodologie der Sozialwissenschaften, Reinbek bei Hamburg, 1976
Orsinger, C.: Bruttoanpassung der Renten und Entwicklung der Nettoentgelte, in: Die Angestelltenversicherung, 27. Jg., 1980, Heft 11, S. 420-422
o.V.: Unterschiede bei der Beurteilung des Nutzens von BAföG – Ergebnisse der detaillierten Auswertung einer Umfrage des Allensbacher Instituts, in: Frankfurter Allgemeine Zeitung vom 18.12.1982
Pappai, F.: Eigenständige soziale Sicherung der Frau – Ein Diskussionsbeitrag, in: Die Rentenversicherung, 14. Jg., 1973, S. 161-178
Pappai, F.: Rente nach Mindesteinkommen, in: Bundesarbeitsblatt, 1973, S. 147ff.
Pentenrieder, H.: Die Alterssicherung sozialer Gruppen in der Bundesrepublik Deutschland, Berlin, München 1982

Pentenrieder, J.: Zielprobleme und Lösungsansätze in der Alterssicherung, in: Die Angestelltenversicherung, 28. Jg., 1981, Heft 7, S. 318-325
Peter, H.: Strukturlehre des Wirtschaftskreislaufes, Berlin 1943
Peters, K.-H.: Wohnungspolitik am Scheideweg, Berlin, München 1984
Petersen, H.-G.: Finanzwirtschaftliche Folgen einer Harmonisierung der Belastung von Arbeits- und Alterseinkommen mit öffentlichen Abgaben, Kieler Arbeitspapier Nr. 39, Institut für Weltwirtschaft, Kiel, Juli 1979
Pfaff, A. B.: Erwerbsverhalten von Männern und Frauen im Lebenszyklus als Determinanten der Alterssicherung, in: Zeitschrift für Sozialreform, 26. Jg., 1980, Heft 5, S. 288-306
Pfaff, M. (Hrsg.): Effizienz und Effektivität staatlicher Transferpolitik in der Wirtschaftskrise, Berlin, München 1983
Pfaff, M.: Ordnungspolitik im Gesundheitswesen – Internationale Erfahrung, in: Bundesarbeitsblatt, 12/1984, S. 13-18
Pfaff, M., Voigtländer, H. (Hrsg.): Sozialpolitik im Wandel, Bonn 1978
Pilz, F.: Das sozialstaatliche System der Bundesrepublik Deutschland, München 1978
Plagemann, J., Plagemann, H.: Rentenversicherungsbeitrag und Bundeszuschuß, in: Die Angestelltenversicherung, 28. Jg., 1981, Heft 3, S. 125-129
Popper, K. R.: Logik der Forschung, 4. Aufl., Tübingen 1971; 6., verbesserte Aufl., Tübingen 1976
Popper, K. R.: Das Elend des Historizismus, 4. Aufl., Tübingen 1974
Popper, K. R.: Die offene Gesellschaft und ihre Feinde, 2 Bde., 5. Aufl., München 1977; 6. Aufl., München 1980
Prase, B.: „Voll eigenständiges System" – Das Frankfurter Wissenschaftlermodell zur 84er Reform, in: Die Angestelltenversicherung, 29. Jg., 1982, Heft 2, S. 68-75
Preller, L.: Sozialpolitik, Theoretische Ortung, Tübingen, Zürich 1962
Pribram, K.: Begriff und Aufgaben der Sozialpolitik und die Soziologie, in: Soziale Praxis und Archiv für Volkswohlfahrt, Jg. 34, Jena 1925, Sp. 2 ff., 36 f., 53 ff., 80 f. und 95 ff.
Pribram, K.: Die Sozialpolitik als theoretische Disziplin, in: Archiv für Sozialwissenschaft und Sozialpolitik, Bd. 55, Tübingen 1926, S. 577 ff.
Prim, R., Tilmann, H.: Grundlagen einer kritisch-rationalen Sozialwissenschaft, Heidelberg 1973
Quante, P.: Grundsätze der Versorgung, Versicherung und Fürsorge, in: E. Boettcher (Hrsg.): Sozialpolitik und Sozialreform, Tübingen 1957, S. 227-244
Quesnay, F.: Tableau économique, avec son explication, ou extrait des économies royales de M. de Sully, 1758; dt.: Analyse der Wirtschaftstabelle, Jena 1921
Rauschenbach, F., Maier, K.: Was bringt und was kostet die Partnerrente?, in: Arbeit und Sozialpolitik, Heft 7, 1975, S. 269-283
Rawls, J.: Eine Theorie der Gerechtigkeit, 1. Aufl., Frankfurt/M. 1975
Reissert, R.: Auswirkungen der Studienfinanzierung nach dem Bundesausbildungsförderungsgesetz auf den Studienverlauf, in: HIS-Kurzinformationen A6/1982
Reissert, R.: Studienabbruch im Widerstreit von Ergebnissen und Meinungen, in: HIS-Kurzinformationen A1/1983
Reissert, R.: Studienzeiten – Entwicklung und Ursachen, in: HIS-Kurzinformationen A5/1983
Reissert, R., Birk, L.: Studienverlauf, Studienfinanzierung und Berufseintritt von Hochschulabsolventen und Studienabbrechern des Studienjahres 1979, in: HIS-Hochschulplanung 41, Hannover 1982
Reuber, L.: Erziehungsgeld – Analyse eines Gesetzentwurfes, in: Material zu Problemen der Familienpolitik, Bonn 1974, S. 31-37
Röper, B. (Hrsg.): Wettbewerb in der pharmazeutischen Industrie, Berlin 1980
Röper, B. (Hrsg.): Wettbewerbsprobleme auf dem Markt für Arzneimittel und staatliche Gesundheitspolitik, Schriften des Vereins für Socialpolitik, N. F. Bd. 118, Berlin, München 1981
Rohwer-Kahlmann, H.: Die Rentenversicherung am Scheidewege, in: Zeitschrift für Sozialreform, 1976, S. 7 ff.

Roppel, U.: Die Geburtenentwicklung als Ergebnis von Konsum- und Investitionsentscheidungen der Eltern – Zu einigen Hypothesen der ökonomischen Theorie des generativen Verhaltens, in: Probleme der Bevölkerungsökonomie, Beihefte der Konjunkturpolitik, Heft 26, Berlin 1979, S. 107-139

Rorarius, M.: Zweite Sondererhebung zur sozialen Sicherung der Frau und der Hinterbliebenen – Erhebungsmethode und Erkenntniswert, in: Die Angestelltenversicherung, 27. Jg., 1980, Heft 10, S. 358-361

Ruf, T.: Zur Geschichte der Vermögenspolitik nach dem Krieg, in: R. Bartholomäi, u.a. (Hrsg.): Sozialpolitik nach 1945 – Geschichte und Analysen, Bonn-Bad Godesberg 1977, S. 427-440

Sadowski, D.: Zur Möglichkeit und Angemessenheit einer staatlichen Ausbildungsplatzförderungspolitik, Diskussionspapier, Bonn 1979

Saekel, R.: Gesellschaftliches Defizit – Ambulante soziale Dienste, in: WSI-Mitteilungen, 5/1978, S. 288-297

Sanmann, H.: Sozialpolitik, in: Kompendium der Volkswirtschaftslehre, hrsg. von W. Ehrlicher, I. Esenwein-Rothe, H. Jürgensen, K. Rose, 3. Aufl., Bd. 2, Göttingen 1972, S. 188-205

Sanmann, H.: Leitbilder und Zielsysteme der praktischen Sozialpolitik als Problem der wissenschaftlichen Sozialpolitik, in: H. Sanmann (Hrsg.): Leitbilder und Zielsysteme der Sozialpolitik, Schriften des Vereins für Socialpolitik, N. F. Bd. 72, Berlin 1973, S. 61-75

Sauerzapf, M.: Das Krankenhauswesen in der Bundesrepublik Deutschland, Institutionelle Regelungen aus ökonomischer Sicht, Baden-Baden 1980

Schade, H.: Völkerflut und Völkerschwund, Neckargmünd 1974

Schäuble, G.: Theorien, Definitionen und Beurteilung der Armut, Berlin, München 1984

Schaper, K.: Möglichkeiten und Grenzen der Nachfragesteuerung im System der Gesetzlichen Krankenversicherung, in: Zeitschrift für Sozialreform, 23. Jg., 1977, Heft 11, S. 637-649

Schaper, K.: Kollektivgutprobleme einer bedarfsgerechten Inanspruchnahme medizinischer Leistungen, Frankfurt/M. 1978

Schaper, K.: Zur Kritik des moral-hazard-Theorems der Überinanspruchnahme medizinischer Leistungen, in: Sozialer Fortschritt, Heft 7/8, 1979, S. 178-183

Schenke, K.: Die Problematik der Rentenniveausicherung, in: Die Rentenversicherung, 14. Jg., 1973, Heft 1, S. 1ff.

Schild, H.: Die Renten sichern – die Beitragszahler nicht überfordern, in: Die Angestelltenversicherung, 28. Jg., 1981, Heft 8/9, S. 360-362

Schiller, K.: 4-Punkte-Programm zur Vermögenspolitik, in: Informationsdienst der Gesellschaftspolitischen Kommentare 59/1968

Schillert, U.: Gewinne als Quelle der Vermögenspolitik – Die Belastbarkeit der Unternehmensgewinne durch vermögenspolitische Maßnahmen, Berlin 1976

Schmähl, W.: Flexible Altersgrenze, Senkung des Rentenniveaus und laufende Zahlungen, in: Jahrbuch für Sozialwissenschaft, Bd. 23, 1972, S. 75 ff.

Schmähl, W.: Das Rentenniveau in der Bundesrepublik Deutschland, Frankfurt/M. 1974

Schmähl, W.: Alterssicherung und Einkommensverteilung, Tübingen 1977

Schmähl, W.: Über die Notwendigkeit und Voraussetzungen einer koordinierten staatlichen Verteilungspolitik, in: Sozialer Fortschritt, Heft 3, 1978, S. 56 ff. (1978a)

Schmähl, W.: Gegen eine isolierte Betrachtung der Finanzierungsprobleme, in: Wirtschaftsdienst, 1978, II, S. 85 ff. (1978b)

Schmähl, W.: Alterssicherung von Frauen und die langfristige finanzielle Entwicklung der Rentenversicherung, in: Zeitschrift für Sozialreform, 26. Jg., 1980, Heft 5, S. 306-329

Schmähl, W.: Finanzierungsfragen einer Reform der Alterssicherung von Frauen und Hinterbliebenen in der Bundesrepublik Deutschland, in: Deutsche Rentenversicherung, Heft 1, 1981, S. 32-50 (1981a)

Schmähl, W.: Elemente einer künftigen Rentenreform: Veränderungen der Anpassung und der Besteuerung der Renten – Analysen und Vorschläge, Gutachten für den Sozialbeirat, hrsg. vom Bundesministerium für Arbeit und Sozialordnung, Bonn 1981 (1981b)

Schmähl, W. (Hrsg.): Ansätze der Lebenseinkommensanalyse, Tübingen 1983
Schmähl, W. (Hrsg.): Versicherungsprinzip und soziale Sicherung, Tübigen 1985
Schmähl, W., Göbel, D., Scheil, X., Schreyer, M.: Quantitative Auswirkungen einer veränderten Besteuerung von Renten – Eine Simulationsanalyse für die Bundesrepublik Deutschland, in: Die Angestelltenversicherung, 27. Jg., 1980, Heft 10, S. 348-357, Heft 11, S. 413-420
Schmähl, W., Henke, K.-D., Schellhaass, H. M.: Änderung der Beitragsfinanzierung in der Rentenversicherung? – Ökonomische Wirkungen des „Maschinenbeitrages", Baden-Baden 1984
Schmaltz, H.-J.: Belastungseffekte der öffentlichen Alterssicherung, Diss. Bochum 1970
Schmidt, K.-D., Schwarz, U., Thiebach, G.: Die Umverteilung des Volkseinkommens in der BRD 1955 und 1960, Tübingen 1965
Schmidt, K.-D., Schwarz, U., Thiebach, G.: Sozialhaushalt und Wirtschaftskreislauf in der BRD 1950-1960, Tübingen 1965
Schmidt, M.: Das Vertrauen in die Rentenversicherung, in: Die Angestelltenversicherung, 28. Jg., 1981, Heft 2, S. 99-102 (1981a)
Schmidt, M.: Von der Arbeitslosigkeit zum Arbeitskräftemangel – Folgen der Bevölkerungsentwicklung in den neunziger Jahren, in: Die Angestelltenversicherung, 28. Jg., 1981, Heft 6, S. 279-282 (1981b)
Schmidt, M.: Werden die Rentner zu alt? – Höhere Lebenserwartung bringt zusätzliche Probleme für die Rentenversicherung, in: Die Angestelltenversicherung, 28. Jg., 1981, Heft 8/9, S. 354-356 (1981c)
Schmidt-Kempten, H.: Wahltarif in der gesetzlichen Krankenversicherung, in: Soziale Sicherheit, 1976, S. 5-6
Schmoller, G.: Zur Social- und Gewerbepolitik der Gegenwart – Reden und Aufsätze, Leipzig 1890
Schneider, H.-P.: Alterseinkünfte und Gleichheitssatz – Zur Verfassungsmäßigkeit der Einkommensbesteuerung von Versorgungsbezügen und Renten, in: Deutsche Rentenversicherung 1980
Scholz, I.: Einkommensverteilung in der Bundesrepublik Deutschland, Frankfurt/M. 1983
Schreiber, W.: Soziale Ordnungspolitik heute und morgen, Stuttgart 1958
Schreiber, W.: Sozialpolitik, in: Handbuch der Wirtschaftswissenschaften, Bd. 2: Volkswirtschaft, 2. überarb. u. erw. Aufl., Köln, Opladen 1966, S. 269 ff.
Schubnell, H.: Probleme des Nullwachstums einer Bevölkerung, in: Mitteilungsblatt der Österreichischen Gesellschaft für Statistik und Informatik, Nr. 14/1974, S. 43-60
Schultz, Th. W.: Economics of the Family – Marriage, Children, and Human Capital, 2. Aufl., Chicago, London 1979
Schwarz, K.: Entwicklung und Ursachen des Geburtenrückgangs, in: J. Gründel (Hrsg.): Sterbendes Volk?, Düsseldorf 1973, S. 9-36
Seffen, A.: Hauptprobleme der Rentenpolitik – Ein Überblick, in: Institut der deutschen Wirtschaft (Hrsg.): Beiträge zur Wirtschafts- und Sozialpolitik, Nr. 131, Köln 1985
Seiffert, H.: Einführung in die Wissenschaftstheorie, 2 Bde., München 1975
Siebeck, T.: Zur Kostenentwicklung in der Krankenversicherung, Bonn 1976
Sombart, W.: Ideale der Sozialpolitik, in: Archiv für soziale Gesetzgebung und Statistik, Vierteljahresschrift zur Erforschung der gesellschaftlichen Zustände aller Länder, Bd. 10, Berlin 1897, S. 1 ff.
Sommer, J. H., Leu, R. E.: Selbstbeteiligung in der Krankenversicherung als Kostenbremse?, Grüsch/Schweiz 1984
Sozialbericht 1980, Textband und Materialband, Bonn 1980
Sozialbericht 1983, Textband und Materialband, Bonn 1983
Sozialbericht 1986, Textband und Materialband, Bonn 1986
Spindler, L.: Zur Begriffsbestimmung der Sozialpolitik und der Wohlfahrtspflege, in: Kölner Vierteljahreshefte für Sozialwissenschaften, Reihe B: Sozialpolitische Hefte, Jg. 1, München, Leipzig 1922, S. 58 ff.
Standfest, E.: Aspekte der materiellen Alterssicherung – Ziele und empirische Ergebnisse, in: WSI-Mitteilungen, 7/1974, S. 258-264

Standfest, E.: Probleme von Reformen im Bereich der materiellen Alterssicherung, in: WSI-Mitteilungen, 3/1975, S. 138-142

Standfest, E.: Wahltarif in der gesetzlichen Krankenversicherung – ein Lösungsvorschlag wofür?, in: Soziale Sicherheit, 25. Jg., 1976, S. 70-73

Standfest, E.: Zukunft der Alterssicherung – Zwischen Finanzierungsschwierigkeiten und Umverteilungsproblemen, in: WSI-Mitteilungen, 5/1978, S. 246-252 (1978a)

Standfest, E.: Präventive Sozialpolitik und die Organisation der Sozialversicherung, in: WSI-Mitteilungen, 10/1978, S. 584-590 (1978b)

Standfest, E.: Zur Diskussion um die soziale Sicherung der Frau und die Reform der Hinterbliebenenversorgung, in: WSI-Mitteilungen, 12/1979, S. 682-687

Standfest, E.: Vorstellungen des DGB zum Ausbau des eigenständigen Anspruchs der Frauen und zur Neuregelung der Hinterbliebenenversorgung, in: Zeitschrift für Sozialreform, 26. Jg., 1980, Heft 5, S. 341-346

Stegmüller, W.: Hauptströmungen der Gegenwartsphilosophie, 2 Bde., Stuttgart 1975/76

Steinmann, H.-J.: Modellrechnungen zur langfristigen Entwicklung der Rentenbestände und Rentenausgaben der ArV und AnV, in: Die Angestelltenversicherung, 28. Jg., 1981, Heft 7, S. 306-313

Stille, F.: Erwerbspotential, Nachfrage und Beschäftigung im demographischen Wandel – Perspektiven für die Bundesrepublik Deutschland auf mittlere Sicht, in: Probleme der Bevölkerungsökonomie, Beihefte der Konjunkturpolitik, Heft 26, Berlin 1979, S. 83-101

Stone, R.: Definition and Measurement of National Income and Related Totals, Sub-Committee on National Income Statistics of the League of Nations Committee of Statistical Experts: Measurement of National Income and the Construction of Social Accounts, Genf 1947

Stone, R.: The Use and Development of National Income and Expenditure Estimates, Cambridge 1951

Tessaring, M., Weißhuhn, G.: Der Bestand an Hochschulabsolventen bis zum Jahre 2000, in: MittAB, 1/85, S. 84-91

Thalheim, K. C.: Sozialpolitik, Leipzig 1934

Thiemeyer, Th.: Ordnungspolitik im Krankenhausbereich – Nicht-Markt-Steuerung, in: Bundesarbeitsblatt, 12/1984, S. 22-24

Timmer, H. G.: Die Wirkung von Selbstbeteiligungen, in: Arbeit und Sozialpolitik, Heft 8, 1976, S. 269-277

Tinbergen, J.: Government Budget and Central Economic Plan, in: Public Finance 1949

Tinbergen, J.: On the Theory of Economic Policy, Contributions to Economic Analysis, Amsterdam 1959

Tinbergen, J.: Gerechtigkeit als gesellschaftspolitisches Ziel. Der Beitrag der Theorie der Wirtschaftspolitik zur Entwicklung gesellschaftspolitischer Zielsysteme, in: B. Külp, H.-D. Haas (Hrsg.), 1977, S. 9-34

Topitsch, E. (Hrsg.): Logik der Sozialwissenschaften, 8. Aufl., Köln 1972

Transfer-Enquete-Kommission: Zur Einkommenslage der Rentner – Zwischenbericht der Kommission, veröffentlicht durch: Bundesregierung, Bundesminister für Arbeit und Sozialordnung, Bundesminister für Wirtschaft, Stuttgart 1979

Transfer-Enquete-Kommission: Das Transfersystem in der Bundesrepublik Deutschland, Stuttgart 1981

Varelmann, F.: Ungereimtheiten in der Rentenversicherung, in: Soziale Sicherheit, 26. Jg., 1977, S. 105 ff.

Viehof, H.: Ausländerpolitik – Integration und Zuzugsbegrenzung, in: Sozialpolitische Informationen, hrsg. vom Bundesminister für Arbeit und Sozialordnung, 17. Jg., 1983, Nr. 7

Vogel, H. R. (Hrsg.): Bedarf und Bedarfsplanung im Gesundheitswesen, Stuttgart 1983

Volkswirt, Der: Nr. 36/1970, S. 73

Voss, W.: Sozialpolitik als Wissenschaft – Eine Untersuchung über Objekt, Aufgabe und Methoden der Sozialpolitik, Jena 1925

Wachtel, H.-W.: Determinanten der Ausgabenentwicklung im Krankenhauswesen, Berlin, München 1984

Wagemann, E.: Konjunkturlehre, Berlin 1928
Wagner, A.: Über soziale Finanz- und Steuerpolitik, in: Archiv für soziale Gesetzgebung und Statistik, Bd. 4, Berlin 1891, S. 1 ff.
Wagner, A.: Wirtschaftswachstum ohne Gastarbeiter? Überlegungen zu einer konfliktfreien Verbindung bevölkerungs- und wirtschaftspolitischer Ziele, in: F.-X. Kaufmann (Hrsg.), 1975, S. 148-161
Wagner, A.: Der Geburtenrückgang als Ursache von Arbeitslosigkeit?, in: Jahrbücher für Nationalökonomie und Statistik, Bd. 195, 1980, S. 261 ff.
Wagner, G.: Umverteilung in der gesetzlichen Rentenversicherung, Frankfurt/M. 1983
Waldmann, H.: Zur Finanzierung des neuen Rentenreformgesetzes, in: Deutsche Rentenversicherung, Heft 5, 1972, S. 288
Wander, H.: Volkswirtschaftliche und soziale Implikationen sinkender Sterblichkeit bei anhaltendem Geburtenrückgang in West- und Nordeuropa, Kieler Diskussionsbeiträge Nr. 44, Kiel 1975
Wander, H.: Bevölkerungs- und Wirtschaftswachstum im Entwicklungsprozeß, in: Probleme der Bevölkerungsökonomie, Beihefte der Konjunkturpolitik, Heft 26, Berlin 1979, S. 31-50 (1979a)
Wander, H.: Ökonomische Theorien des generativen Verhaltens, in: BMJFG (Hrsg.): Ursachen des Geburtenrückgangs – Aussagen, Theorien und Forschungsansätze zum generativen Verhalten, Stuttgart, Berlin, Köln, Mainz 1979, S. 61-76 (1979b)
Wanka, R.: Arbeitsförderungs-Konsolidierungsgesetz (AFKG) – Problematik der „59jährigen", in: Der Arbeitgeber, Nr. 7/34, 1982, S. 387-389
Watrin, C.: Eine liberale Interpretation der Idee der sozialen Gerechtigkeit – Bemerkungen zum Buch von John Rawls „Eine Theorie der Gerechtigkeit", in: Hamburger Jahrbuch für Wirtschafts- und Gesellschaftspolitik, hrsg. von H.-D. Ortlieb, B. Molitor und W. Krone, 21. Jg., 1976, S. 45-61
Watrin, C.: Ordnungspolitische Aspekte des Sozialstaates, in: B. Külp, H.-D. Haas (Hrsg.), 1977, S. 963-985
Watrin, C., Meyer, W.: Untersuchung der Möglichkeiten des Ausgleichs der gegenwärtigen Belastung durch lohnbezogene Abgaben, Gutachten im Auftrage des Bundesministeriums für Arbeit und Sozialordnung, Köln 1963
Weber, A.: Sozialpolitik, Reden und Aufsätze, München, Leipzig 1931
Weber, M.: Die „Objektivität" sozialwissenschaftlicher und sozialpolitischer Erkenntnis, in: Gesammelte Aufsätze zur Wissenschaftslehre, 3., erw. u. überarb. Aufl., besorgt von J. Winckelmann, Tübingen 1968, S. 146 ff., zuerst abgedruckt in: Archiv für Sozialwissenschaft und Sozialpolitik, Bd. 19, Tübingen 1904, S. 22 ff.
Weber, M.: Der Sinn der „Wertfreiheit" der soziologischen und ökonomischen Wissenschaften, in: Gesammelte Aufsätze zur Wissenschaftslehre, 1968, S. 489 ff.
Weber, M. (Bern): Zum Begriff der Sozialpolitik, in: Wirtschaftstheorie und Wirtschaftspolitik, Bern 1953, S. 167 ff.
Weber, W., Topitsch, E.: Das Wertfreiheitsproblem seit Max Weber, in: Zeitschrift für Nationalökonomie, Bd. 13, 1952, S. 158-201
Weddigen, W.: Sozialpolitik als Wissenschaft, in: Archiv für Sozialwissenschaft und Sozialpolitik, Bd. 64, Tübingen 1930, S. 510 ff.
Weddigen, W.: Grundzüge der Sozialpolitik und Wohlfahrtspflege, Stuttgart 1957
Weise, H.: Rentenfinanzierung und Rentenbesteuerung – Das Besteuerungspotential der Renteneinkommen in der Bundesrepublik Deutschland, in: Finanzarchiv, N. F., Bd. 37, 1979
Weissenböck, H.: Studien zur ökonomischen Effizienz von Gesundheitssystemen, Stuttgart 1974
Weisser, G.: Sozialpolitik, in: Aufgaben deutscher Forschung, Bd. I: Geisteswissenschaften, 2. Aufl., Köln, Opladen 1956, S. 410 ff.
Wellner, W.: Grenzen des Sozialstaates, München 1977
Wendt, S.: Bemerkungen über das Verhältnis von Wirtschaftspolitik und Sozialpolitik, in: Sozialreform und Sozialrecht, Berlin 1959, S. 365 ff.

Wenk, E.: Die soziale Sicherheit im nationalen Wirtschaftskreislauf, in: Internationale Zeitschrift für Versicherungsmathematische und Statistische Probleme der Sozialen Sicherheit, Nr. 11, 1965, S. 143-163

Werner, J., Külp, B.: Wachstumspolitik – Verteilungspolitik, in: Wirtschaftspolitik – Grundlagen und Hauptgebiete, hrsg. von Th. Pütz, Bd. III, Stuttgart 1971

Westphalen, F. A.: Die theoretischen Grundlagen der Sozialpolitik, Deutsche Beiträge zur Wirtschafts- und Gesellschaftslehre, hrsg. von O. Spann und G. v. Below, Bd. 9, Jena 1931

Weyers, G., Oberhauser, A.: Kumulationsabbau bei den Sozialleistungen, Berlin, München 1984

Widmaier, H. P. (Hrsg.): Zur Neuen sozialen Frage, Schriften des Vereins für Socialpolitik, N. F. Bd. 95, Berlin, München 1978

Wiemeyer, J.: Krankenhausfinanzierung und Krankenhausplanung in der Bundesrepublik Deutschland, Berlin, München 1984

Wiese, L. v.: Einführung in die Sozialpolitik (Leipzig 1910), 2., neubearb. Aufl., Leipzig 1921

Wiese, L. v.: Sozialpolitik, (III) Sozialpolitik als Wissenschaft, in: Handwörterbuch der Sozialwissenschaften, Bd. 9, 1956, S. 547 ff.

Wilken, F.: Der Kreislauf der Wirtschaft, Jena 1928

Willis, R. J.: Economic Theory of Fertility Behavior, in: Th. W. Schultz (Hrsg.), 1979, S. 25-75

Wingen, M.: Familienlastenausgleich im internationalen Vergleich, München 1972

Wingen, M.: Grundfragen der Bevölkerungspolitik, Stuttgart 1975

Wingen, M.: Bevölkerungspolitische Leitvorstellungen in der gegenwärtigen wissenschaftlichen und politischen Diskussion, in: B. Külp, H.-D. Haas (Hrsg.), 1977, S. 435-473

Wingen, M.: Bevölkerungs- und familienpolitische Aspekte der sozialen Frage in entwickelten Industriegesellschaften, in: H. P. Widmaier (Hrsg.), 1978, S. 149-183

Winterstein, H.: Der Investivlohn in der Bundesrepublik Deutschland, Berlin 1961

Winterstein, H.: Leitbilder und Zielsysteme der Sozialpolitik in der Bundesrepublik Deutschland, in: H. Sanmann (Hrsg.): Leitbilder und Zielsysteme der Sozialpolitik, Schriften des Vereins für Socialpolitik, N. F. Bd. 72, Berlin 1973, S. 77-100

Winterstein, H.: Steigende Sozialabgaben – eine zwangsläufige Entwicklung?, Berlin 1980

Winterstein, H. (Hrsg.): Selbstverwaltung als ordnungspolitisches Problem des Sozialstaates, Schriften des Vereins für Socialpolitik, N. F. Bd. 133, Berlin, München 1983/84

Winterstein, H. (Hrsg.): Sozialpolitik in der Beschäftigungskrise I, Schriften des Vereins für Socialpolitik, N. F. Bd. 152/I, Berlin, München 1986

Wissenschaftlicher Beirat beim Bundesministerium für Wirtschaft: Probleme der Wohnungswirtschaft, Bonn 1982

Wittmann, W.: Einführung in die Finanzwissenschaft, III. Teil, Stuttgart 1972

Zacher, H. F.: Das Vorhaben des Sozialgesetzbuches, Percha 1973

Zacher, H. F.: Sozialstaatsprinzip, in: Handwörterbuch der Wirtschaftswissenschaften, Bd. 7, 1977, S. 152-160

Zacher, H. F. (Hrsg.): Die Rolle des Beitrags in der sozialen Sicherung, Schriftenreihe für internationales und vergleichendes Sozialrecht 4, Berlin, München 1980

Zeppernick, R.: Transfer-Einkommen und Einkommensverteilung, Schriftenreihe des Rheinisch-Westfälischen Instituts für Wirtschaftsforschung, N. F. Heft 47, Berlin, München 1986

Ziegler, B.: Arzneimittelversorgung und Wettbewerb – Eine Analyse von Marktstruktur, Marktverhalten und Marktergebnis, Göttingen 1980

Ziercke, M.: Entwicklungen auf den Wohnungsmärkten der Bundesrepublik Deutschland, Hamburg 1982

Zwiedineck-Südenhorst, O. v.: Sozialpolitik, Leipzig, Berlin 1911

Zwiedineck-Südenhorst, O. v. (Nachl.): Mensch und Gesellschaft, bearbeitet von O. Neuloh, Berlin 1961

Verzeichnis der Rechtsgrundlagen des Sozialleistungssystems

Rentenversicherung
Viertes Buch der Reichsversicherungsordnung vom 19. Juli 1911, zuletzt geändert durch das Siebte Gesetz zur Änderung des Arbeitsförderungsgesetzes vom 20. Dezember 1985 (BGBl. I S. 2484). Gesetz über eine Rentenversicherung der Handwerker vom 8. September 1960, zuletzt geändert durch das Beschäftigungsförderungsgesetz 1985 vom 26. April 1985 (BGBl. I S. 710). Angestelltenversicherungsgesetz vom 20. Dezember 1911, zuletzt geändert durch das Siebte Gesetz zur Änderung des Arbeitsförderungsgesetzes vom 20. Dezember 1985 (BGBl. I S. 2484). Reichsknappschaftsgesetz vom 23. Juni 1923, zuletzt geändert durch das Siebte Gesetz zur Änderung des Arbeitsförderungsgesetzes vom 20. Dezember 1985 (BGBl. I S. 2484).

Krankenversicherung
Zweites Buch der Reichsversicherungsordnung vom 19. Juli 1911, zuletzt geändert durch das Siebte Gesetz zur Änderung des Arbeitsförderungsgesetzes vom 20. Dezember 1985 (BGBl. I S. 2484). Gesetz zur Weiterentwicklung des Rechts der gesetzlichen Krankenversicherung (Gesetz über die Krankenversicherung der Landwirte – KVLG) vom 10. August 1972, zuletzt geändert durch das Dritte Agrarsoziale Ergänzungsgesetz vom 20. Dezember 1985 (BGBl. I S. 2475).

Unfallversicherung
Drittes Buch der Reichsversicherungsordnung vom 19. Juli 1911, zuletzt geändert durch das Siebte Gesetz zur Änderung des Arbeitsförderungsgesetzes vom 20. Dezember 1985 (BGBl. I S. 2484).

Arbeitsförderung
Arbeitsförderungsgesetz vom 25. Juni 1969, zuletzt geändert durch das Siebte Gesetz zur Änderung des Arbeitsförderungsgesetzes vom 20. Dezember 1985 (BGBl. I S. 2484). Gesetz über Bergmannsprämien vom 20. Dezember 1956, zuletzt geändert durch das Änderungsgesetz vom 7. Mai 1980 (BGBl. I S. 532).

Kindergeld
Bundeskindergeldgesetz (BKGG) in der Fassung der Bekanntmachung vom 21. Januar 1986 (BGBl. I S. 222).

Erziehungsgeld
Gesetz zur Neuordnung der Hinterbliebenenrenten sowie zur Anerkennung von Erziehungszeiten in der gesetzlichen Rentenversicherung (Hinterbliebenenrenten- und Erziehungszeiten-Gesetz – HEZG) vom 11. Juli 1985 (BGBl. I S. 1450). Gesetz über die Gewährung von Erziehungsgeld und Erziehungsurlaub (BGBl. I S. 2154).

Altershilfe für Landwirte
Gesetz über eine Altershilfe für Landwirte (GAL) vom 27. Juli 1957 (BGBl. I S. 1063) in der Fassung der Bekanntmachung vom 14. September 1965 (BGBl. S. 1448), zuletzt geändert durch das Dritte Agrarsoziale Ergänzungsgesetz vom 20. Dezember 1985 (BGBl. I S. 2475). Drittes Agrarsoziales Ergänzungsgesetz vom 20. Dezember 1985 (BGBl. I S. 2475).

Beamtenrechtliches System
Alters- und Hinterbliebenenversorgung: Gesetz über die Versorgung der Beamten und Richter in Bund und Ländern vom 24. August 1976, zuletzt geändert durch das Vierte Gesetz zur Änderung besoldungsrechtlicher Vorschriften vom 20. Dezember 1985 (BGBl. I S. 2466). Gesetz zur Regelung der Rechtsverhältnisse der unter Artikel 131 des Grundgesetzes fallenden Personen in der Fassung der Bekanntmachung vom 13. Oktober 1965, zuletzt geändert durch das 2. Haushaltsstrukturgesetz vom 22. Dezember 1981 (BGBl. I S. 1523).

Gesetz über die Versorgung für die ehemaligen Soldaten der Bundeswehr und ihre Hinterbliebenen in der Fassung der Bekanntmachung vom 21. April 1983 (BGBl. I S. 457), zuletzt geändert durch das Vierte Gesetz zur Änderung besoldungsrechtlicher Vorschriften vom 20. Dezember 1985 (BGBl. I S. 2466).

Familienbezogene Teile der Dienstbezüge: Bundesbesoldungsgesetz in der Fassung der Bekanntmachung vom 13. November 1980, zuletzt geändert durch das Vierte Gesetz zur Änderung besoldungsrechtlicher Vorschriften vom 20. Dezember 1985 (BGBl. I S. 2466).

Fürsorgemaßnahmen einschl. Beihilfen: § 79 des Bundesbeamtengesetzes, § 48 des Beamtenrechtsrahmengesetzes und entsprechendes Landesrecht.

Gleichartige Leistungen: Autonomes Recht der sonstigen öffentlich-rechtlichen Körperschaften.

Versorgungswerke und Arbeitgeberleistungen

Gesetz zur Verbesserung der betrieblichen Altersversorgung vom 19. Dezember 1974 (BGBl. I S. 3610), zuletzt geändert durch das Gesetz zur Erleichterung des Übergangs vom Arbeitsleben in den Ruhestand vom 13. April 1984 (BGBl. I S. 601). Gesetz zur Neuordnung der Pensionskasse Deutscher Eisenbahnen und Straßenbahnen vom 5. März 1956, zuletzt geändert durch das Gesetz zur Anpassung gesetzlich festgelegter Zuständigkeiten an die Neuabgrenzung der Geschäftsbereiche von Bundesministern vom 18. März 1975 (BGBl. I S. 705). Gesetz zur Neuregelung der Hüttenknappschaftlichen Pensionsversicherung im Saarland vom 22. Dezember 1971, zuletzt geändert durch das Gesetz zur Neuordnung der Hinterbliebenenrenten sowie zur Anerkennung von Erziehungszeiten in der gesetzlichen Rentenversicherung (Hinterbliebenenrenten- und Erziehungszeiten-Gesetz – HEZG) vom 11. Juli 1985 (BGBl. I S. 1450). Gesetz über das Schornsteinfegerwesen vom 15. September 1969, zuletzt geändert durch das Gesetz zur Neuordnung der Hinterbliebenenrenten sowie zur Anerkennung von Erziehungszeiten in der gesetzlichen Rentenversicherung (Hinterbliebenenrenten- und Erziehungszeiten-Gesetz – HEZG) vom 11. Juli 1985 (BGBl. I S. 1450). Gesetz über die Errichtung einer Zusatzversorgungskasse für Arbeitnehmer in der Land- und Forstwirtschaft vom 31. Juli 1974, zuletzt geändert durch Artikel II § 34 Sozialgesetzbuch vom 18. August 1980 (BGBl. I S. 1469). Gesetz zur Sicherstellung der Leistungen der Zusatzversorgungsanstalten des öffentlichen Dienstes vom 21. Dezember 1971 (BGBl. I S. 2077). Landesrechtliche Regelungen.

Gesetz über die Fortzahlung des Arbeitsentgelts im Krankheitsfalle vom 27. Juni 1969, zuletzt geändert durch das Gesetz über die Verwaltung der Mittel der Träger der Krankenversicherung vom 15. Dezember 1979 (BGBl. I S. 2241). Bürgerliches Gesetzbuch (§ 616), Handelsgesetzbuch (§ 63).

Rahmengesetz zur Vereinheitlichung des Beamtenrechts in der Fassung der Bekanntmachung vom 3. Januar 1977 (§§ 48ff.), zuletzt geändert durch das Staatshaftungsgesetz vom 26. Juni 1981 (BGBl. I S. 553). Gesetz über Betriebsärzte, Sicherheitsingenieure und andere Fachkräfte für Arbeitssicherheit vom 12. Dezember 1973, zuletzt geändert durch das Jugendarbeitsschutzgesetz vom 12. April 1976 (BGBl. I S. 965).

Tarifvertragliche Vereinbarungen und freiwillige Leistungszugeständnisse.

Kriegsopferversorgung

Gesetz über die Versorgung der Opfer des Krieges in der Fassung der Bekanntmachung vom 22. Januar 1982, zuletzt geändert durch das Siebte Gesetz zur Änderung des Arbeitsförderungsgesetzes vom 20. Dezember 1985 (BGBl. I S. 2484). Bundesgesetz zur Wiedergutmachung von nationalsozialistischem Unrecht in der Kriegsopferversorgung für Berechtigte im Ausland vom 25. Juni 1958, zuletzt geändert durch Artikel II § 22 Sozialgesetzbuch (SGB) – Verwaltungsverfahren – vom 18. August 1980 (BGBl. I S. 1469). Gesetz über die Versorgung für die ehemaligen Soldaten der Bundeswehr und ihre Hinterbliebenen in der Fassung der Bekanntmachung vom 21. April 1983, zuletzt geändert durch das Vierte Gesetz zur Änderung besoldungsrechtlicher Vorschriften vom 20. Dezember 1985 (BGBl. I S.

2466). Gesetz über den Bundesgrenzschutz vom 18. August 1972, zuletzt geändert durch das Gesetz zur Änderung des Gesetzes über das Fahrpersonal im Straßenverkehr vom 14. Juli 1976 (BGBl. I S. 1801). Gesetz über den Zivildienst der Kriegsdienstverweigerer in der Fassung der Bekanntmachung vom 29. September 1983 (BGBl. I S. 1221, ber. S. 1370). Gesetz über Hilfsmaßnahmen für Personen, die aus politischen Gründen außerhalb der Bundesrepublik Deutschland in Gewahrsam genommen wurden, in der Fassung der Bekanntmachung vom 29. September 1969, zuletzt geändert durch Sozialgesetzbuch – Verwaltungsverfahren – vom 18. August 1980 (BGBl. I S. 1469). Gesetz über die Unterhaltsbeihilfe für Angehörige von Kriegsgefangenen in der Fassung der Bekanntmachung vom 18. März 1964 (BGBl. I S. 218). Gesetz über die Entschädigung der Opfer von Gewalttaten in der Fassung der Bekanntmachung vom 7. Januar 1985 (BGBl. I S. 1). Gesetz zur Verhütung und Bekämpfung übertragbarer Krankheiten beim Menschen (Bundes-Seuchengesetz) in der Fassung der Bekanntmachung vom 18. Dezember 1979, zuletzt geändert durch das Fünfte Gesetz zur Änderung des Bundes-Seuchengesetzes vom 27. Juni 1985 (BGBl. I S. 1254).

Lastenausgleich

Gesetz über den Lastenausgleich in der Fassung der Bekanntmachung vom 1. Oktober 1969, zuletzt geändert durch das Haushaltsgesetz 1986 vom 19. Dezember 1985 (BGBl. I S. 2338). Flüchtlingshilfegesetz in der Fassung der Bekanntmachung vom 15. Mai 1971, zuletzt geändert durch das Adoptionsanpassungsgesetz vom 24. Juni 1985 (BGBl. I S. 1144). Gesetz zur Abgeltung von Reparations-, Restitutions-, Zerstörungs- und Rückerstattungsschäden vom 12. Februar 1969, zuletzt geändert durch Artikel 37 Einführungsgesetz zur Abgabenordnung 1977 vom 14. Dezember 1976 (BGBl. I S. 3341). Gesetz über die Angelegenheiten der Vertriebenen und Flüchtlinge in der Fassung der Bekanntmachung vom 3. September 1971, zuletzt geändert durch das Sechste Gesetz zur Änderung des Bundesvertriebenengesetzes vom 2. Dezember 1985 (BGBl. I S. 2138).

Wiedergutmachung

Bundesgesetz zur Entschädigung für Opfer der nationalsozialistischen Verfolgung vom 18. September 1953, zuletzt geändert durch das Gesetz zur Änderung des Bundesentschädigungs- und des Rechtsträger-Abwicklungsgesetzes vom 19. Dezember 1985 (BGBl. I S. 2460).

Sonstige Entschädigungen

Gesetz über die Sicherung des Unterhalts der zum Wehrdienst einberufenen Wehrpflichtigen und ihrer Angehörigen in der Fassung der Bekanntmachung vom 9. September 1980, zuletzt geändert durch das Adoptionsanpassungsgesetz vom 24. Juni 1985 (BGBl. I S. 1144). Gesetz über die Entschädigung ehemaliger deutscher Kriegsgefangener in der Fassung der Bekanntmachung vom 2. September 1971, zuletzt geändert durch das Achte Gesetz zur Änderung des Häftlingshilfegesetzes vom 17. März 1980 (BGBl. I S. 322). Gesetz über Hilfsmaßnahmen für Personen, die aus politischen Gründen außerhalb der Bundesrepublik Deutschland in Gewahrsam genommen wurden, in der Fassung der Bekanntmachung vom 29. September 1969, zuletzt geändert durch Artikel II § 19 Sozialgesetzbuch (SGB) – Verwaltungsverfahren – vom 18. August 1980 (BGBl. I S. 1469, ber. S. 2218). Gesetz zur allgemeinen Regelung durch den Krieg und den Zusammenbruch des Deutschen Reiches entstandener Schäden vom 5. November 1957, zuletzt geändert durch das Haushaltsstrukturgesetz vom 18. Dezember 1975 (BGBl. I S. 3091).

Sozialhilfe

Bundessozialhilfegesetz (BSHG) vom 30. Juni 1961 (BGBl. I S. 815 und 1875) in der Fassung vom 24. Mai 1983 (BGBl. I S. 613), zuletzt geändert durch das Vierte Änderungsgesetz vom 21. Juni 1985 (BGBl. I S. 1081).

Jugendhilfe

Gesetz für Jugendwohlfahrt (JWG) in der Fassung der Bekanntmachung vom 25. April 1977 (BGBl. I S. 633 und 795), zuletzt geändert durch das Haushaltsbegleitgesetz 1984 vom 22. Dezember 1983 (BGBl. I S. 1532). Gesetz zur Errichtung einer Stifung „Mutter und

Kind – Schutz des ungeborenen Lebens" vom 13. Juli 1984 (BGBl. I S. 880) in der Fassung des Änderungsgesetzes vom 2. Dezember 1985 (BGBl. I S. 2140). Gesetz zur Sicherung des Unterhalts von Kindern alleinstehender Mütter und Väter durch Unterhaltsvorschüsse oder -ausfalleistungen vom 23. Juli 1979 (BGBl. I S. 1184), geändert durch Artikel II § 19 Sozialgesetzbuch vom 4. November 1982.

Ausbildungsförderung
Bundesgesetz über individuelle Förderung der Ausbildung in der Fassung der Bekanntmachung vom 6. Juni 1976, zuletzt geändert durch das 9. BAföG-Änderungsgesetz vom 26. Juni 1985 (BGBl. I S. 1243).

Wohngeld
Wohngeldgesetz vom 14. Dezember 1970 in der Fassung der Bekanntmachung vom 11. Juli 1985 (BGBl. I S. 1421, ber. S. 1661).

Öffentlicher Gesundheitsdienst
Gesetz über die Vereinheitlichung des Gesundheitswesens vom 9. Juli 1934 (RGBl. I S. 531).

Vermögensbildung
Viertes Gesetz zur Förderung der Vermögensbildung der Arbeitnehmer in der Fassung der Bekanntmachung vom 6. Februar 1984 (BGBl. I S. 201), zuletzt geändert durch das Steuersenkungsgesetz 1986/1988 vom 26. Juni 1985 (BGBl. I S. 1153). Spar-Prämiengesetz in der Fassung der Bekanntmachung vom 10. Februar 1982 (BGBl. I S. 125), zuletzt geändert durch das Steuersenkungsgesetz 1986/1988 vom 26. Juni 1985 (BGBl. I S. 1153). Wohnungsbau-Prämiengesetz in der Fassung der Bekanntmachung vom 10. Februar 1982 (BGBl. I S. 131), zuletzt geändert durch das Wohnungsrechtsvereinfachungsgesetz 1985 vom 11. Juli 1985 (BGBl. I S. 1277). Tarifvertragliche Vereinbarungen.

Steuerermäßigungen
Einkommensteuergesetz in der Fassung der Bekanntmachung vom 12. Juni 1985 (BGBl. I S. 977), zuletzt geändert durch das Steuerbereinigungsgesetz 1986 vom 19. Dezember 1985 (BGBl. I S. 2436). Vermögensteuergesetz vom 17. April 1974, in der Neufassung vom 14. März 1985 (BStBl. I S. 129/85). Kraftfahrzeugsteuergesetz in der Fassung der Bekanntmachung vom 1. Februar 1979 (BGBl. I S. 132), zuletzt geändert durch das Gesetz über steuerliche Maßnahmen zur Förderung schadstoffarmer Pkw vom 22. Mai 1985 (BStBl. I S. 211/85).

Vergünstigungen im Wohnungswesen
Zweites Wohnungsbau- und Familienheimgesetz vom 27. Juni 1956 in der Fassung der Bekanntmachung vom 11. Juli 1985 (BGBl. I S. 1284, ber. S. 1661). Richtlinien der öffentlichen Arbeitgeber.

Übergreifende Gesetze
Gesetz zur Sicherung der Eingliederung Schwerbehinderter in Arbeit, Beruf und Gesellschaft in der Fassung der Bekanntmachung vom 8. Oktober 1979, zuletzt geändert durch das Gesetz zur Erweiterung der unentgeltlichen Beförderung Schwerbehinderter im öffentlichen Personenverkehr vom 18. Juli 1985 (BGBl. I S. 1516). Gesetz über die Sozialversicherung Behinderter in geschützten Einrichtungen vom 7. Mai 1975, zuletzt geändert durch das Krankenhaus-Neuordnungsgesetz vom 20. Dezember 1984 (BGBl. I S. 1716). Gesetz über die Angleichung der Leistungen zur Rehabilitation vom 7. August 1974, zuletzt geändert durch das Siebte Gesetz zur Änderung des Arbeitsförderungsgesetzes vom 20. Dezember 1985 (BGBl. I S. 2484). Sozialgesetzbuch vom 11. Dezember 1975, Erstes Buch, zuletzt geändert durch das Dritte Gesetz zur Verbesserung und Ergänzung sozialer Maßnahmen in der Landwirtschaft vom 20. Dezember 1985 (BGBl. I S. 2475). Sozialgesetzbuch (SGB) – Verwaltungsverfahren – vom 18. August 1980, zuletzt geändert durch das Haushaltsbegleitgesetz 1984 vom 22. Dezember 1983 (BGBl. I S. 1532). Gesetz über Hilfsmaßnahmen für

Heimkehrer vom 19. Juni 1950, zuletzt geändert durch das Sechste Gesetz zur Änderung des Bundesvertriebenengesetzes vom 2. Dezember 1985 (BGBl. I S. 2138). Gesetz zur Verbesserung der Haushaltsstruktur vom 18. Dezember 1975, zuletzt geändert durch das Änderungsgesetz vom 22. Dezember 1977 (BGBl. I S. 3102). Gesetz zum Schutz der erwerbstätigen Mutter vom 24. Januar 1952, zuletzt geändert durch das Bundeserziehungsgeldgesetz vom 6. Dezember 1985 (BGBl. I S. 2154). Gesetz über die Durchführung von Statistiken auf dem Gebiet der Sozialhilfe, der Kriegsopferfürsorge und der Jugendhilfe vom 15. Januar 1963, zuletzt geändert durch das Erste Gesetz zur Änderung statistischer Rechtsvorschriften vom 14. März 1980 (BGBl. I S. 294). Gesetz über die unentgeltliche Beförderung Schwerbehinderter im öffentlichen Personenverkehr vom 9. Juli 1979, zuletzt geändert durch das Haushaltsbegleitgesetz 1984 vom 22. Dezember 1983 (BGBl. I S. 1532). Gesetz über die Sozialversicherung der selbständigen Künstler und Publizisten vom 27. Juli 1981, zuletzt geändert durch das Gesetz über die Erhebung der Künstlersozialabgabe in den Jahren 1986 und 1987 vom 20. Dezember 1985 (BGBl. I S. 2474). Gesetz zur wirtschaftlichen Sicherung der Krankenhäuser und zur Regelung der Krankenhauspflegesätze in der Fassung der Bekanntmachung vom 23. Dezember 1985 (BGBl. I S. 33).

Verzeichnis der Übersichten

Verzeichnis der Tabellen

Verzeichnis der Abkürzungen

ABM	=	Arbeitsbeschaffungsmaßnahmen
AfA	=	Absetzung für Abnutzung
AFG	=	Arbeitsförderungsgesetz
AKG	=	Allgemeines Kriegsfolgengesetz
AnV	=	Angestelltenversicherung
ArV	=	Arbeiterrentenversicherung
BAföG	=	Bundesausbildungsförderungsgesetz
BAfU	=	Bundesausführungsbehörde für Unfallversicherung
BAT	=	Bundes-Angestellten-Tarif
BewG	=	Bewertungsgesetz
BfA	=	Bundesanstalt für Arbeit
BGBl	=	Bundesgesetzblatt
BGH	=	Bundesgerichtshof
BMA	=	Bundesministerium für Arbeit und Sozialordnung
BMBW	=	Bundesministerium für Bildung und Wissenschaft
BMJFG	=	Bundesministerium für Jugend, Familie und Gesundheit
BSP	=	Bruttosozialprodukt
BVerfGE	=	Entscheidungen des Bundesverfassungsgerichts (amtliche Sammlung)
BVG	=	Bundesversorgungsgesetz
DGB	=	Deutscher Gewerkschaftsbund
DIW	=	Deutsches Institut für Wirtschaftsforschung
EG	=	Europäische Gemeinschaft(en)
EStDV	=	Einkommensteuer-Durchführungsverordnung
EStG	=	Einkommensteuergesetz
EU	=	Erwerbsunfähigkeit
FlüHG	=	Flüchtlingshilfegesetz
GAL	=	Gesetz über eine Altershilfe für Landwirte
GG	=	Grundgesetz
GKV	=	Gesetzliche Krankenversicherung
GmbH	=	Gesellschaft mit beschränkter Haftung
GUVV	=	Gemeindeunfallversicherungsverbände
HGB	=	Handelsgesetzbuch
HHG	=	Häftlingshilfegesetz
HIS	=	Hochschul-Informations-System GmbH
KfzStG	=	Kraftfahrzeugsteuergesetz
KnRV	=	Knappschaftliche Rentenversicherung
KOV	=	Kriegsopferversorgung
KV	=	Krankenversicherung
KVdR	=	Krankenversicherung der Rentner
KVLG	=	Gesetz über die Krankenversicherung der Landwirte
LAG	=	Lastenausgleichsgesetz
LStDV	=	Lohnsteuer-Durchführungsverordnung
LVA	=	Landesversicherungsanstalt
MAGS	=	Ministerium für Arbeit, Gesundheit und Soziales
NRR	=	Nettoreproduktionsrate
NRW	=	Nordrhein-Westfalen

OECD	=	Organisation for Economic Co-Operation and Development
OEEC	=	Organisation for European Economic Co-Operation
RepG	=	Reparationsschädengesetz
RV	=	Rentenversicherung
RVO	=	Reichsversicherungsordnung
SGB	=	Sozialgesetzbuch
SKAG	=	Selbstverwaltungs- und Krankenversicherungsangleichungsgesetz Berlin
StÄndG	=	Steueränderungsgesetz
STREG	=	Strafrechtsreform-Ergänzungsgesetz
SVAG	=	Sozialversicherungsanpassungsgesetz
USG	=	Unterhaltssicherungsgesetz
VAP	=	Versorgungsanstalt im Bereich der Postverwaltung
VBL	=	Versorgungsanstalt des Bundes und der Länder
VStG	=	Vermögensteuergesetz
VVaG	=	Versicherungsverein auf Gegenseitigkeit
WSI	=	Wirtschafts- und Sozialwissenschaftliches Institut des Deutschen Gewerkschaftsbundes
WoBauG	=	Wohnungsbaugesetz
ZLA	=	Zusatzversorgungskasse für Arbeitnehmer in der Land- und Forstwirtschaft
ZLF	=	Zusatzversorgungswerk für Arbeitnehmer in der Land- und Forstwirtschaft
ZRL	=	Zusatzversorgungsanstalt des Reiches und der Länder

Personenregister

Sachregister

B

L

S

Z

Oldenbourg · Wirtschafts- und Sozialwissenschaften · Steuer · Recht

Oldenbourg · Wirtschafts- und Sozialwissenschaften · Steuer · Recht

Oldenbourg · Wirtschafts- und Sozialwissenschaften · Steuer · Recht

Oldenbourg · Wirtschafts- und Sozialwissenschaften · Steuer · Recht